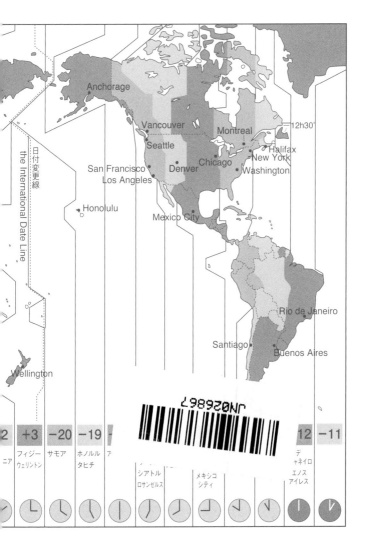

Anchorage

Vancouver

Montreal

12h30'

Seattle

Halifax

New York

San Francisco

Chicago

Denver

Washington

Los Angeles

Honolulu

Mexico City

Rio de Janeiro

Santiago

Buenos Aires

Wellington

日付変更線

the International Date Line

2	+3	−20	−19							12	−11
ニア	フィジー ウェリントン	サモア	ホノルル タヒチ	ア	シアトル ロサンゼルス		メキシコ シティ			デ ャネイロ エノス アイレス	

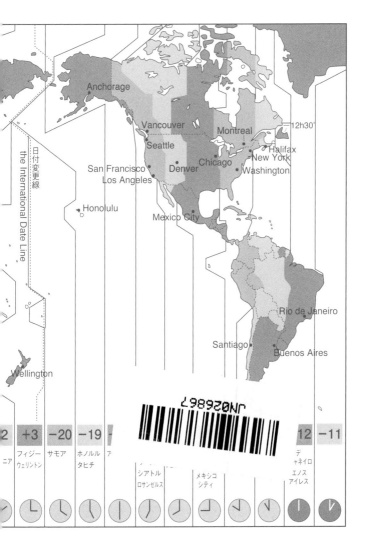

ポケット版

実用
英和・和英
辞典

［第3版］

元桐蔭横浜大学教授
石山宏一編

成美堂出版

◆まえがき◆

　本辞典は、読む、書く、聞く、話すといった日常の言語生活の中で役立つように実用性を重視し編集された英和・和英辞典である。2003年に上梓した初版『ポケット版実用英和・和英辞典』を改訂・増補したものである。もちろん学習やビジネスの場面でも十分活用できるように考慮してある。

　近年において、実用中心の軽便な中型英和・和英辞典の出版は皆無に等しく、実用辞典とよべる類書が上梓されたのは30年以上も前のことである。そこで本辞典では、英語学習でいうところの基本語・重要語や生活語彙に加え、最近になって一般にも定着しつつある現代語・新語を吟味選択して編集し、相当数を収録した。その際、次の点に注意した。

[英和編]
(1) 新語 (例：COVID-19) を加えた生活語彙・生活関連用語の充実
(2) 新語だけでなく新語義も記述
(3) 経済・金融・ビジネス・経営用語 (例：online trading)、政治・社会用語を充実
(4) ＩＴ (情報技術) 関連用語 (例：digital natives) を充実
(5) 英米の著名新聞・雑誌等に頻出する語彙を収録
(6) 略語を多く採録
[和英編]
(1) 新しい生活語彙・生活関連用語 (例：薄型テレビ) を充実
(2) 最新の時事用語・現代用語 (例：電子書籍) も収録
(3) ＩＴ関連・科学技術用語などのカタカナ語 (例：ワンセグ放送) を多く採録
(4) ビジネス実務に関連する経済・経営用語 (例：モラルハザード) を拡充
(5) 社会問題・政治問題関連の用語 (例：族議員) にも留意

　さらに実用の面から国名・地域名およびその派生語の充実をはかり、その結果、収録語数は凡そ英和2万8千語、和英2万3千語を数え、中型の実用英和・和英辞典としては極めて多いものとなった。

　なお、資料として、本文でカバーできなかった「数・数式」の英語表現なども掲載した。

　本辞典は生きた現代語を網羅し、簡潔な記述によって実用に役立つ最新中型英和・和英辞典として、世界を理解し世界にメッセージを送る双方向型・発信型の辞典となることを願っている。読者の必携の書となれば幸いである。

                                                            石山　宏一

英和辞典

◆本書の使い方（英和）◆

1. 見出し項目
　　ＡＢＣ順に配列した。二通りのつづりがある語は、一方の一部を - で省略したものもある。

2. 発音
　(1) 米式を基準として発音記号により表記した。アクセントは第一アクセントのみを示した。
　(2) 複合語・略語については一部を除いて発音を省略した。

3. 語義
　(1) 複数の語義は；でつづけて記述した。また同義の言い換えなどは , で並列して表記した。
　(2) 〔 〕は語義の限定あるいは分野、または直前の単語との置き換え可能を示す。
　　　　例：**blow**〔風が〕吹く /**matrix**〔数学〕行列 /**decide** 決心する〔させる〕
　(3) ( ) は省略可能を示す。または補足説明に用いる。
　　　　例：**journey** 旅行 (をする) **Koran** コーラン (イスラム教の教典)
　(4) 名詞・形容詞・自動詞・他動詞・副詞など品詞の異なる語義は / で区切って表記した。ただし上記の〔 〕( ) で表記可能な場合はこの限りではない。
　(5) 《 》はアメリカ・イギリスで主に使われるもの、またスピーチラベルを示す。
　　　　《米》アメリカ /《英》イギリス
　　　　《話》話し言葉 /《文》文章語 /《俗》俗語 /《古》古語 /《卑》卑語
　　　また、外来語を示す。
　　　　《L》ラテン語 /《F》フランス語 /《G》ドイツ語
　　　　《I》イタリア語 /《D》オランダ語
　　　また、成句として密接に結びつく助詞・前置詞・副詞などを示す。
　　　　　例：listen 聴く 《to》
　(6) 【標示】で主に標識や掲示に使われる成句を示す。
　(7) 〔略…〕で略語を示す。また〈…〉で略語などの元になった語を示す。
　(8) 複数形、あるいは冠詞で特定の語義をもつ場合は (複) (the ～) などで示す。

4. 複合語・派生語
　　見出し項目 (親項目) の記述に続けて、複合語・派生語の順に太字で記述した。その際 ～で見出し項目を省略した。派生語については 名, 形, 動, 副 の記号により品詞名のみを示したものもある。

A

a[ə, 強éi]**an**[ən, 強æn]《不定冠詞，子音の前では a, 母音の前では an》1つの, ある(日・人など)；同じ；…ごとに, …につき.

AAA 米国自動車協会〔< American Automobile Association〕= Triple A.

AAM 空対空ミサイル〔< air-to-air missile〕.

AB 文学士〔<《L》Artium Baccalaureus = Bachelor of Arts〕.

ABA 米国弁護士会〔< American Bar Association〕.

aback[əbæk] 後ろへ〔に〕. be taken ~ by びっくりする.

abacus[æbəkəs] そろばん.

abalone[æbəlóuni] アワビ.

abandon[əbændən] 捨てる；断念する；ゆだねる. ~ oneself to…にふける. **abandoned** 捨てられた；堕落した. **abandonment** 放棄.

abase[əbéis] 卑しめる. **abasement** 名

abash[əbǽʃ] 当惑させる. be abashed 恥ずかしがる.

abate[əbéit] 〔勢いや力が〕減る；〔風などが〕和らぐ. **abatement** 減少；減額.

abbacy[ǽbəsi] 大修道院長の職〔任期〕.

abbess[ǽbəs] 尼僧院長.

abbey[ǽbi] 修道院；僧院.

abbot[ǽbət] 僧院；修道院〔長〕.

abbreviate[əbríːvieit] 短縮する. **abbreviation** 省略；略語.

ABC[1] ABC放送(正式名・アメリカ放送会社, 米国の三大テレビネットワーク)〔< American Broadcasting Companies〕.

ABC[2] 物事の基本, 初歩；(the ~ ('s))《米》アルファベット.

ABC weapóns ABC兵器(原子・生物・化学兵器)〔< atomic, biological,

and chemical〕.

abdicate[ǽbdəkeit] 辞任する；〔王が〕退位する. **abdication** 名

abdomen[ǽbdəmən] 腹部. **abdominal** 形

abduct[æbdʌkt] 誘拐する. **abduction** 形 **abductor** 誘拐者.

aberrant[əbérənt] 異常な. **aberration** 名

abeyance[əbéiəns] 中止.

abhor[əbhɔ́ːr] 忌み嫌う. **abhorrence** 名 **abhorrent** 大嫌いな, ぞっとする.

abide[əbáid] 待つ；我慢する／住む. ~ by…を守る. **abiding** 永続する.

ability[əbíləti] 能力；手腕；才能. to the best of one's ~ 力の及ぶ限り.

abject[ǽbdʒekt] 卑しい, 卑劣な；惨めな.

abjure[əbdʒúər] 誓ってやめる. **abjuration** 名

able[éibl] できる《be able to の形で》；才能のある.

able-bodied 丈夫な.

ably[éibli] 上手に.

ABM 弾道弾迎撃ミサイル〔< Anti-Ballistic Missile〕.

abnegate[ǽbnigeit] 〔権利などを〕放棄する. **abnegation** 名

abnormal[æbnɔ́ːrməl] 普通ではない, 変態の. **abnormality** 名

aboard[əbɔ́ːrd] 〔船・電車・バス・飛行機に〕乗って.

abode[əbóud] abide の過去・過去分詞.

abolish[əbáːliʃ] 廃止する. **abolishment** 名

abolition[æbəlíʃən] 廃止. **abolitionism** (奴隷制度の)廃止論. **abolitionist** 廃止論者

A-bomb 原子爆弾〔< Atomic bomb〕.

abominable[əbáːmənəbl] いまわしい；ひどい.

abominate[əbáːməneit] ひどく嫌う. **abomination** 名

A

aborigine[æbərídʒəni:]先住民，(A-)
オーストラリア先住民；土着の動
〔植〕物. **aboriginal** 最初の；土着の
/ 先住民.

abort[əbɔ́:rt]流産する；堕胎する；失
敗する. **abortion** 名 **abortive** 形

abound[əbáund]富む《in》；充満す
る《with》.

about[əbáut]…について；…のあた
りに；…ごろ；…の手もとに / 約；
まわりに；あちこちに；~ -face〔主
義などの〕転向.

above[əbʌ́v]…の上に；…を越えて.
~ all とりわけ.

aboveboard 公明正大に〔な〕.

abrade[əbréid]すりむく；摩滅させ
る.

abrasion[əbréiʒən]すり傷；摩滅.

abreast[əbrést]横に並んで；遅れず
に《of, with》.

abridge[əbrídʒ]要約する；縮める.
abridgement 名

abroad[əbrɔ́:d]外国で，海外に；広
まって；戸外に.

abrogate[æbrəgeit]取り消す，廃止
する.

abrupt[əbrʌ́pt]不意の；急な. **abrupt-
ly** 副 **abruptness** 名

ABS アンチロック・ブレーキ・システム
《< anti-lock braking system》.

abscess[æbses]膿瘍.

abscissa[æbsísə]横座標.

abscond[əbskánd]逃亡する.

absence[æbsəns]不在；欠席；ない
こと；空虚.

absent[æbsənt]《be absent from》不
在〔欠席〕の；ぼんやりした. ~
-minded 放心した. **absentee** 欠席〔不
在〕者. **absently** ぼんやりして.

absinth, absinthe[æbsinθ]アブサ
ン酒；ニガヨモギ.

absolute[æbsəlu:t]完全な；絶対の；
純粋な；専制的な. ~ temperature
絶対温度. **absolutism** 絶対主義.
absolutely 絶対に.

absolution[æbsəlú:ʃən]免罪；免除.

absolve[əbzá:lv, -sá:lv]ゆるす；解
除する；免罪する.

absorb[æbsɔ́:rb,-zɔ́:rb]吸収する；〔注
意を〕奪う. be absorbed in…に熱中
している；合併する. **absorbedly** 夢
中になって. **absorbing** 夢中にさせ
る. **absorbingly** 夢中にさせるほど.
absorption 名

absorbent[æbsɔ́:rbənt,-zɔ́:rbənt]吸
収性の. ~ cotton 脱脂綿.

abstain[æbstéin]控える；禁酒する
《from》.

abstemious[æbstí:miəs]節制する；
ひかえめの.

abstention[æbsténʃən]節制；棄権.

abstinence[æbstənəns]慎むこと；
禁欲；禁酒.

abstract[æbstrækt,æbstrǽkt]抽象的
な；空想的な /[æbstrǽkt]抽出する；
取り去る / 要約；抜粋；抽象芸術作
品. **abstracted** ぼんやりした. **ab-
straction** 抽象；分離；放心；要約.

abstruse[æbstrú:s]難解な；深遠な.

absurd[əbsɔ́:rd]不合理な；ばかげ
ている. **absurdity** 名 **absurdly** 副

abundance[əbʌ́ndəns]豊富；富裕.
abundant 形 **abundantly** 副

abuse[əbjú:z]乱用する；いじめる；
ののしる / 乱用；ののしり；虐待；
弊害. ~ of power 職権乱用.
abusive 乱用的な. **abusively** 副

abut[əbʌ́t]〔土地や建物が〕隣接する
《on》.

abysm, abyss[əbízm, əbís]深淵，
深海；混沌. **abysmal** 形

A/C 会計，口座《< account》.

A.C. 〔電気〕交流〔alternating current〕.

acacia[əkéiʃə]アカシア.

academic[ækədémik], **academi-
cal**[-l]学問的な；大学の. **academ-
ically** 副 **academism** 伝統主義.

academy[əkǽdəmi]〔私立の〕学園，
専門学校；学会；学士院. Academy
award アカデミー賞.

accede [æksíːd] 同意する；〔官職に〕就く；加盟する《to》.

accelerate [æksélэreit] 速める；はかどらせる **acceleration** 促進；加速（度）. **accelerator** 加速機；アクセル；促進剤.

accent [æksent] アクセント（符号）；強調；なまり／アクセントをつける；アクセント符号を付ける.

accentuate [ækséntʃueit] 強調〔力説〕する. **accentuation** アクセントをおくこと；力説.

accept [æksépt] 受け入れる；承諾する. **acceptance** 受諾，承認；手形の引き受け. **accepter, acceptor** 受領書；受諾者；手形の引き受け人.

acceptation [ækseptéiʃэn] 是認；〔語句の〕意味.

accepted [ækséptid] 容認された；正当とされる；〔手形が〕引き受け済みの.

access [ǽkses, æksés] 接近（の方法）；入口／〔コンピュータ〕アクセスする.

accessary [æksésэri] = accessory.

accessible [æksésэbl] 近づきやすい；手に入れやすい.

accession [ækséʃэn] 到達；即位；就任；増加（物）.

accessory [æksésэri] 付属の；従犯の／（複）付属品，アクセサリー；従犯者.

accident [æksэdэnt] 事故；偶然. by ～ 偶然に. **accidental** 形 **accidentally** 副

acclaim [эkléim] 喝采／喝采して迎える.

acclamation [æklэméiʃэn]（通例複）喝采.

acclimate [ǽklэmeit, эkláimэt]〔新しい風土・状態に〕順応させる. **acclimatize** [эkláimэtaiz] = acclimate.

acclivity [эklívэti] 上り坂.

accolade [ǽkэleid] 栄誉；ナイト爵位の授与（式）.

accommodate [эkámэdeit] 順応させる；調停する；融通する；〔必要品を〕支給する；収容する. ～ oneself to …に順応する. **accommodating** 世話好きな；融通のきく. **accommodation** 適応；和解；融通；宿泊設備.

accompany [эkámpэni] 同行する；伴う；伴奏する. **accompaniment** 随伴物〔者〕；伴奏. **accompanist** 伴奏者.

accomplice [эkámplэs] 共犯者.

accomplish [эkámpliʃ, эkʌm-] なしとげる；完了する. **accomplished** 完成された；熟達した. **accomplishment** 名（複）才芸.

accord [эkɔ́ːrd] 一致する《with》／与える／一致，調和；和解；協定；任意；和音.

accordance [эkɔ́ːrdns] 一致. in ～ with …に従って. **accordant** 一致した，調和している.

according [эkɔ́ːrdiŋ] 従って. ～ as …（する）に従って. ～ to …に従って；…によれば. **accordingly** それゆえに.

accordion [эkɔ́ːrdiэn] アコーディオン.

account [эkáunt] 計算（書），勘定（書）；口座；記事，…談；説明. on ～ of… のために，…によって／…と思う；〔理由を〕説明する《for》. on no ～ 決して…しない. take … into ～ …を考慮する. turn … to ～ 利用する. ～ settlement 決算. **accountability** 説明責任. **accountable** 説明できる；責任ある. **accountant** 会計士. **accounting** 会計学；経理. tax-effect accounting 税効果会計.

accouter, accoutre [эkúːtэr] 装う. **accouterments**（複）軍装，装備.

accredit [эkrédit] …を…とみなす；信任状を授ける，…に帰する.

accretion [эkríːʃэn]〔添加による〕増

A

大；添加（付着）物.

accrue[əkrúː]〔利子などが〕生じる.

accumulate[əkjúːmjəleit]ためる／たまる. **accumulation** 累積，堆積；貯蓄. **accumulative** 累積の. **accumulator** 蓄財家；《英》蓄電池.

accurate[ǽkjərət]正確な；精密な. **accuracy** 名 **accurately** 副

accursed[əkə́ːrsid],**accurst**[əkə́ːrst] 呪われた；いまいましい.

accusation[ækjuzéiʃən]告訴，告発；非難.

accusative[əkjúːzətiv]対格（の）.

accusatory[əkjúːzətɔ̀ːri]告発人の；非難の.

accuse[əkjúːz]告発する《of》；非難する. **the accused** 被告.

accustom[əkʌ́stəm]慣らす. **accustomed** 慣れた.

ace[éis]一流の，最優秀な／〔トランプ・さいころなどの〕1；優秀選手；最上のもの.

acerbity[əsə́ːrbəti]渋味；〔言語などの〕辛辣 .

acetate[ǽsəteit]酢酸塩；アセテート.

acetic[əsíːtik, əsétik]酢の. ~ **acid** 酢酸.

acetylene[əsétəliːn]アセチレン.

ache[éik]痛み／痛む；《話》切望する《for, to do》.

achieve[ətʃíːv]なしとげる；達成する. **achievement** 成就；業績；勲功.

Achilles[əkíliːz]〔ギリシャ神話〕アキレス. ~ **heel** 唯一の弱点. ~ **tendon** アキレス腱.

achromatic[ækrəmǽtik]無色の；色消しの.

acid[ǽsid]すっぱい；酸〔性〕の／酸. ~ **rain** 酸性雨. ~ **test** 酸性テスト；〔価値などの〕厳密な検査. **acidic** 酸のような. **acidly** 意地悪く.

acidity[əsídəti]酸味；酸性度.

acknowledge[æknάːlidʒ, ək-]認める；感謝する. **acknowledg(e)ment** 認めること；受取証；感謝〔の言葉〕.

acme[ǽkmi]頂点，絶頂；極致.

acne[ǽkni]にきび；〔医学〕座瘡 .

acolyte[ǽkəlait]〔カトリック〕従者；新参者.

acorn[éikɔːrn]カシの実，ドングリ.

acoustic[əkúːstik]聴覚の；音響(学)の；自然音の. ~ **guitar**〔エレキでない〕ギター. **acoustics** 音響効果；音響学.

acquaint[əkwéint]知らせる. **be acquainted with…** を知っている. **acquaintance** 知識；知人. **acquaintanceship** 知人関係.

acquiesce[ækwiés]黙認する. **acquiescence** 名

acquire[əkwáiər]得る；習得する. **acquired** 獲得した；後天的な. **acquirement**（複）習得；学識，芸能.

acquisition[ækwəzíʃən]取得.

acquit[əkwít]無罪とする；免除する；支払う. **acquittal** 無罪釈放；〔義務の〕履行.

acre[éikər]エーカー（約 40 アール）.

acreage エーカー数.

acrid[ǽkrid]苦い，辛い；辛辣 な.

acrimonious[ækrəmóuniəs]きびしい. **acrimony** 名

acrobat[ǽkrəbæt]軽わざ師. **acrobatic** 軽わざの. **acrobatics** 軽わざ，アクロバット.

acronym[ǽkrənim]頭字語（例・UNESCO など）

acrophobia[ækrəfóubiə]高所恐怖症.

acropolis[əkrάːpələs]〔古代ギリシャ都市の〕城塞（the A-）アクロポリス.

across[əkrɔ́ːs, əkrάːs]横切って；交差して；向かいに.

ACRS 原子炉安全諮問委員会〔< Advisory Committee on Reactor Safeguards〕.

acrylic[əkrílik]アクリル樹脂〔繊維〕；(複)アクリル絵の具.

ACSA 日米物品役務相互提供協定〔< Acquisition and Cross-Serving

Agreement].

ACT 米国大学入学学力テスト〔＜ American College Test〕.

act［ǽkt］行為；条例；〔演劇の〕幕，だしもの / 為す，行う；〔劇を〕演じる，〔役を〕務める / ふるまう；働く，作用する. ～ of God 不可抗力. the Acts (of the Apostles)〔新約聖書中の〕使徒行伝.

ACTH［eisi:ti:éitʃ, ækθ］副腎皮質刺激ホルモン〔＜ adrenocorticotropic hormone〕.

acting 代理の / 上演.

action［ǽkʃən］動き，活動；行為，作用；訴訟.

activate［ǽktəveit］活動的にする；活性化する.

active［ǽktiv］活動的な；〔文法〕能動の；〔軍隊〕現役の / 〔文法〕能動態. ～ learning アクティブ・ラーニング. **actively** 副. **activist**〔政治運動の〕活動家.

activity［æktívəti］活動（の範囲）；活気.

actor［ǽktər］俳優；行為者.

actress［ǽktrəs］女優.

actual［ǽktʃuəl］実の，現実の. **actually** 実際に，現に.

actuality［æktʃuǽləti］現実；現状.

actuate［ǽktʃueit］動かす；刺激して…させる.

acuity［əkjúːəti］鋭敏；鋭さ.

acumen［əkjúːmən, ǽkjə-］鋭敏；洞察力.

acupuncture［ǽkjəpʌŋktʃər］鍼療法. **acupuncturist** 鍼医.

acute［əkjúːt］鋭い，鋭敏な；激しい；〔医学〕急性の；鋭角の. **acutely** 副 **acuteness** 名.

ad［ǽd］広告〔＜ advertisement〕.

A. D. 西暦.〔《L》Anno Domini〕

adage［ǽdidʒ］格言.

Adam［ǽdəm］〔聖書〕アダム. ～ 's apple のどぼとけ.

adamant［ǽdəmənt］断固とした.

adapt［ədǽpt］適応させる《to》；改作する. **adaptability** 適応性. **adaptable** 融通のきく. **adapter, adaptor** 脚色者；アダプター.

adaptation［ædəptéiʃən］適合，適応；改作，脚色.

ADB アジア開発銀行〔＜ Asian Development Bank〕.

add［ǽd］加える；加算する；増す《to》. ～ up 合計する. ～ -on 付属品.

addendum［ədéndəm］付録；補遺.

adder［ǽdər］毒蛇，マムシ.

addict［ǽdikt］ふけらせる /〔麻薬などの〕常習者. ～ oneself to にふける. be addicted to におぼれる. **addictive** 中毒性の；〔人が〕凝り性の.

addiction［ədíkʃən］(薬物) 乱用；耽溺.

addition［ədíʃən］付加（物）；〔数学〕加法. in ～ ほかに. **additional** 付加の；一層の. **additionally** さらに.

additive［ǽdətiv］添加する；付加的な /（食品）添加物.

addle［ǽdl］腐った / 混乱する〔させる〕；腐る〔らせる〕.

address［ədrés, ǽdres］〔手紙の〕宛名；住所演説；話しぶり；《米》大統領の教書 / 話しかける；演説する；宛名を書く. ～ oneself to …に取りかかる；…に話しかける. **addressee** 受信者.

adduce［ədjúːs］〔証拠・理由などを〕提示する；引用する.

adenoid［ǽdənoid］(複)〔医学〕アデノイド.

adept［ədépt, ǽdept］上手な / 熟練者.

adequate［ǽdikwət］十分な；…に適した《for》. **adequacy** 十分；妥当. **adequately** 副.

ADF 自動方向探知装置〔＜ automatic direction finder〕.

adhere［ædhíər, əd-］付着する；執着する《to》. **adherence** 名 **adherent** 付着〔固守〕する / 信奉者，支持者.

A

adhesion[ædhíːʒən, əd-]粘着；付着.

adhesive[ædhíːsiv]粘着性の／接着剤；粘着物. ~ **tape** ばんそうこう.

ad hoc[æd hάːk]特別に〔の〕；臨時の.

ADIZ 防空識別圏〔< air defense identification zone〕.

adjacent[ədʒéisnt] 付近の《to》. **adjacency** 名

adjective[ædʒiktiv]〔文法〕形容詞／形容詞の〔的〕.

adjoin[ədʒóin]接する.

adjourn[ədʒə́ːrn]延期する／閉会する，休会する. **adjournment** 名

adjudge[ədʒʌ́dʒ]〔賞などを〕授与する；判決する.

adjudicate[ədʒúːdikeit]判決する，裁定する.

adjunct[ædʒʌŋkt]付属物《to, of》；助手；〔文法〕修飾語.

adjure[ədʒúər]厳命する；懇願する. **adjuration** 名

adjust[ədʒʌ́st]調整する；順応させる〔する〕. **adjustable** 調節できる. **adjustment** 名

adjutant[ædʒutənt]補助の／〔軍隊〕副官.

ad lib[ædlíb]《話》即興で／アドリブ. **ad libber** アドリブする人.

administer[ædmínəstər]管理する；治める；供給する；管財する. **administration** 管理；行政；政府，行政機関；遺産管理. **administrative** 管理の；行政の. **administrator** 管理者；行政官；管財人.

admirable[ædmərəbl]賞賛すべき. **admirably** 副

admiral[ædmərəl]提督；海軍司令官.

admiralty[ædmərəlti]海軍大将の職権；《英》(the A-)海軍省.

admiration[ædməréiʃən]感嘆，賛美.

admire[ædmáiər]感嘆する；ほめる. **admirer** 賛美者.

admissible[ædmísəbl]入る資格のある；承認できる.

admission[ædmíʃən]入るのを許すこと，入学(許可)；入場(料)；承認.

admit[ædmít]入れる；許す；認める. **admittance** 入場許可；入場. **admittedly** 明らかに.

admixture[ædmíkstʃər]混合；添加物.

admonish[ædmάːniʃ]訓戒する. **admonition** 名 **admonitory** 訓戒の.

ado[ədúː]騒ぎ；骨折り. with much ~ 大騒ぎして. much ~ about thing 空騒ぎ.

adobe[ədóubi]日干しれんが.

adolescence, adolescency[ædəlésns,-i]思春期. **adolescent** 青年(期)の.

adopt[ədάːpt]採用する；養子にする. **adoption** 採用；養子縁組み.

adorable[ədɔ́ːrəbl]崇拝すべき；愛らしい.

adore[ədɔ́ːr]崇拝する；敬愛する；《話》大好きである. **adoring** 崇拝する；愛すべき. **adoration** 名

adorn[ədɔ́ːrn]飾る. **adornment** 装飾(品).

ADR 米国預託証券〔< American Depository Receipt〕.

adrenal[ədríːnl]副腎(の).

adrenaline[ədrénəlin]アドレナリン(副腎ホルモン).

adrift[ədríft]〔人が〕途方に暮れて；漂って.

adroit[ədrɔ́it]器用な，巧みな；抜け目のない.

ADSL 非対称デジタル加入者線〔< asymmetric digital subscriber line〕.

adulate[ædʒuleit]へつらう. **adulation** 名

adult[ədʌ́lt, ǽdʌlt]おとな(の)，成人(した). ~ **child** アダルト・チャイルド(親の愛情不足で育った子供).

adulterate[ədʌ́ltəreit]混ぜものをする；品質を悪くする.

adultery[ədʌltəri] 姦通.

adumbrate[ǽdʌmbreit] 輪郭を示す；予示する.

advance[ədvǽns] 進める；提出する；昇進させる；〔値段などを〕上げる；前払いする／進む；昇進する；〔価格などが〕上がる／前進；進軍；進歩；昇進；値上がり；前貸し. **advanced** 進んだ；高等の；〔年齢が〕老いた. **advancement** 前進；進歩；昇進；前貸し.

advantage[ədvǽntidʒ] 利益／利益をもたらす. take ～ of …を利用する；…を欺く. **advantageous** 形

advent[ǽdvent] 到来；(the A-) キリストの降臨；降臨節.

adventitious[ædvəntíʃəs] 偶然の.

adventure[ədvéntʃər] 冒険；向こう見ずな行動；投機. **adventurer**, **adventuress** 冒険家；やま師. **adventurous** 冒険好きな；大胆な.

adverb[ǽdvə:rb] 〔文法〕副詞.

adverbial[ədvə́:rbiəl] 副詞の. **adverbially** 副

adversary[ǽdvərsəri] 敵, 相手.

adverse[ædvə́:rs, ǽdvə:rs] 逆の, 反対の；不利益な；不運な. **adversely** 副

adversity[ædvə́:rsəti] 不幸, 逆境.

advertise[ǽdvərtaiz] 広告する. **advertiser** 広告主. **advertisement**[ədvə́:tizmənt, ǽdvərtaiz-] 名

advertising[ǽdvərtaiziŋ] 広告を出すこと；〔集合的〕広告；広告業.

advice[ədváis] 忠告；意見；(通例複) 報道, 報告.

advisable[ədváizəbl] 得策の；賢明な.

advise[ədváiz] 忠告する；知らせる. **adviser**, **advisor** 助言者；顧問. **advisory** 助言の；顧問の.

advocacy[ǽdvəkəsi] 擁護；主張.

advocate[ǽdvəkət] 擁護者；主唱者／[-keit] 主唱する；擁護する.

AE 自動露出〔< auto exposure〕.

AEA《英》原子力公社〔< Atomic Energy Authority〕.

AED 自動体外式除細動器〔< Automated External Defibrillator〕.

Aegean[idʒíːən] エーゲ文明の；エーゲ海の. the ～ Sea エーゲ海.

aegis[íːdʒəs] 保護；楯.

aerate[éəreit] 〔液体に〕(炭酸) ガスを入れる.

aerial[éəriəl] 空気の；航空の, 空中の；希薄な／アンテナ.

aerobics[eəróubiks] エアロビクス.

aerogram[éərəgræm], **aerogramme**[éərəgræm] 航空書簡.

aeronautics[erənɔ́:tiks] 飛行術；航空学.

aeroplane[éərəplein]《おもに英》飛行機 (= airplane).

aerosol[éərəsɑːl] エアゾール (剤).

aerospace 航空宇宙 (の).

Aesop[íːsəp] イソップ. ～'s Fables「イソップ物語」.

aesthetics[esθétiks] 美学；美的感覚.

AET 英語教授助手〔< Assistant English Teacher〕.

AF 自動焦点〔< auto focus〕.

afar[əfáːr] はるかに. from ～ 遠方から.

affable[ǽfəbl] 愛想のよい；丁寧な. **affability** 名

affair[əféər] 事件；仕事；(複) 業務；恋愛関係. love ～ 不倫；《文》情事.

affect[1] [əfékt] 影響する；感動させる；〔病気が〕冒す. **affected** 影響をうけた

affect[2] ふりをする；好む. **affected** 気取った；感動した. **affectedly** 気取って；わざとらしく.

affectation[æfektéiʃən] ふりをすること；気取り.

affection[əfékʃən] 愛情；感情；病気.

affectionate[əfékʃənət] 愛情の深

A

い. **affectionately** 副

affidavit [æfədéivit] 宣誓供述書.

affiliate [əfílieit] 合併する；加入させる；養子とする／提携する；加盟する. ~ oneself with に加入する. ~ program アフィリエイト・プログラム. **affiliated** 関連のある；系列下の.

affiliation [əfíliéiʃən] 加入する；養子縁組み；関係，提携.

affinity [əfínəti] 縁故；類似；好み；〔化学〕親和力.

affirm [əfɔ́:rm] 断言する；肯定する. **affirmation** 断言；肯定. **affirmative** 承諾(の)，肯定的(な).

affix [əffks] 添付する；〔印を〕押す／[æfiks] 添付物.

afflict [əflíkt] 苦しめる，悩ます.

affliction [əflíkʃən] 不幸，災難.

affluent [æfluənt] 豊富な，富裕な. **affluence** 豊富，富裕.

afford [əfɔ́:rd] …できる；(…する) 余裕がある；生じる，与える. **affordable** 入手可能な；〔価格が〕手頃な.

afforest [əfɔ́:rəst] 植林する.

affray [əfréi] けんか；騒動.

affront [əfrʌ́nt] 侮辱(する)；敢然と対する.

Afghan [æfgæn] アフガニスタン(人・語)の／アフガニスタン人〔語〕.

Afghanistan [æfgǽnəstæn] アフガニスタン(・イスラム共和国) (Islamic Republic of Afghanistan).

aflame [əfléim] 燃えて；輝いて.

AFL-CIO 米労働総同盟産業別組合会議 [< American Federation of Labor and Congress of Industrial Organizations].

afloat [əflóut] 水に浮かんで；船上に；広まって；破産せずに.

AFN アメリカ軍放送網 [< American Force's Network].

afoot [əfút] 進行中で；活動して.

aforementioned 《文》前述の.

aforesaid [əfɔ́:rsed] 前述の.

afoul [əfául] 衝突して.

AFP フランス通信 [< Agence France-Presse].

afraid [əfréid] 恐れて(いる)；気づかって(いる)《of》.

afresh [əfréʃ] 新たに，改めて.

Africa [æfrikə] アフリカ；アフリカ人(の).

African [æfrikən] アフリカ(人)の／アフリカ人. ~ -American《米》アフリカ系アメリカ人(の).

Afro [æfrou] アフロヘア(の)；アフリカ系黒人(の).

aft [æft] 船尾に；〔飛行機の〕尾部に.

AFTA [æftə] アセアン自由貿易地域 [< ASEAN Free Trade Area].

after [æftər] 後に；次いで／後の. ~ all 結局. ~ -hours 営業時間外の. ~ -party パーティー後の社会的集まり. ~ -school 放課後の. **afterward** (s) 後に.

aftercare 退院〔出所〕後の世話；アフターサービス.

aftereffect 後遺症.

afterglow 夕焼け.

aftermath 余波；結果.

aftermost 最後の.

afternoon 午後.

aftershock 余震.

afterthought 後からの思いつき.

again [əgén, əgéin] 再び. ~ and ~ 幾度も.

against [əgénst, əgéinst] 反対して；…に対して；背景として.

agape [əgéip] 口を開いて；あっけにとられて.

agate [ǽgət] 瑪瑙ゥの.

age [éidʒ] 年齢；成年；老年；時代. come of ~ 成年に達する. ~ -old 昔からある. **aged** 年をとった；…歳の. **ag(e)ing** 年をとること；老化；熟成. **aging society** 高齢化社会.

agency [éidʒənsi] 働き；作用；代理；代理店；〔政府の〕庁，局.

agenda [ədʒéndə] 議事日程；協議事

項.

agent[éidʒənt]行為者；代理人〔店〕；作因；情報員.

agglomerate[əglá:məreit]凝集する / 集塊 / 固まった. **agglomeration** 名

aggrandize[əgrǽndaiz]大きくする，増大する.

aggravate[ǽgrəveit]悪化させる；悩ます. **aggravating** 悪化する；重大にする；癪にさわる. **aggravation** 名

aggregate[ǽgrigət]集合した；合計の / 集合；総計 / 集める；総計…となる. **aggregation** 名

aggression[əgréʃən]攻撃，侵略. **aggressive** けんか腰の；積極的な. **aggressor** 攻撃〔侵略〕者.

aggrieve[əgríːv]苦しめる；侵害する；圧制する. **aggrieved** 虐げられた；不服な；侵害を受けた.

aghast[əgǽst]びっくりして；あっけにとられて《at》.

agile[ǽdʒl]軽快な；敏捷な. **agility** 名

agio[ǽdʒiou]両替差額；打歩. **agiotage** 両替業.

agitate[ǽdʒəteit]揺り動かす；扇動する. **agitation** 名 **agitator** 扇動者；攪拌器.

aglow[əglóu]燃えて；赤らんで.

AGM《英》(株主)総会〔< annual general meeting〕.

agnostic[ægná:stik] 不可知論者(の).

ago[əgóu]以前に. long ~ずっと前に，昔.

agog[əgá:g]興奮して，夢中で.

agonize[ǽgənaiz]苦しむ〔める〕.

agonizing[ǽgənaiziŋ]苦しい，苦痛を伴う.

agony[ǽgəni]苦悶；激痛. ~ column 人生相談欄；私事広告欄.

agrarian[əgréəriən]土地の，耕地の.

agree[əgríː]一致する《with》；同意する《to》；適合する《with》. **agreeable** 快い. **agreeably** 副

agreed 一致した，協定した；承知した. **agreement** 一致；同意；契約；協定.

agriculture[ǽgrikʌltʃər]農業，農耕. **agricultural** 形

aground[əgráund]座礁して. run ~座礁する.

ague[éigju:]おこり；悪感. **aguish** 形

ah[á:]ああ！(喜び・悲しみ・驚き・苦しみなどを表す).

aha[ɑ:há:, əhá:]ははあん！(喜び・軽蔑・驚きなどを表す).

ahead[əhéd]前に，前方に；まさって；勝ち越して. go ~それで.

AI 人 工 知 能〔< artificial intelligence〕. ~ **speaker** ～スピーカー.

AID《米》国際開発局〔< Agency for International Development〕.

aid[éid]助ける / 助力.

aide[éid]助手；補佐官.

AIDS[éidz]後天性免疫不全症候群，エイズ〔< acquired immuno deficiency syndrome〕.

ail[éil]苦しめる；病む. **ailing** 病弱の；不調の. **ailment** 病気.

aim[éim]ねらう；目指す / ねらい；目標，目的. take ~ねらいを定める. **aimless** 目的のない. **aimlessly** あてもなく.

ain't[éint]are〔am, is, have, has〕not の短縮.

air[éər]空気；空中；風采，様子；歌曲 / 空気にさらす；公表する；《米》放送する. in the ~噂が広まって. on the ~放送されて. ~ **base** 空軍基地. ~ **brake** エアブレーキ，空気制動機. ~ **conditioned** 冷暖房装置のある. ~ **conditioning** エア・コン(装置). ~ **force** 空軍. ~ **gun** 空気銃. ~ **mail** 航空郵便. ~ **pocket** エアポケット. ~ **raid** 空襲. ~ **space** 領空. ~ **strike** 空爆，航空攻撃. **airborne** 空輸の. **airy** 空気のような；風通しのよい；幻想の；快活な. **airstrip** 滑走路. **airwaves**

A

放送(電波).

aircraft 航空機. **aircraft carrier** 航空母艦.

airfield 滑走路;飛行場.

airing 虫干し;[戸外の]散歩;公表.

airlift 空輸(されたもの) / 空輸する.

airline 航空路;航空会社.

airliner (大型)定期旅客機.

airman 飛行士.

airplane 飛行機.

airport 空港.

airship 飛行船.

airtight 気密の.

airway [鉱山の]通風口;航空路.

airworthy 飛行に適する.

aisle [áil] [教会などの]通路, 側廊.

ajar[¹] [ədʒáːr] 少し開いて.

ajar[²] 不調和で《with》.

AK アラスカ州[< Alaska].

AKA, aka またの名を[< also known as].

akimbo [əkímbou] 両手を腰に当てて〔た〕.

akin [əkín] 血族の;似た《to》.

AL, Ala アラバマ州[< Alabama].

á la [áːlɑ, áːlə] [F] …風に. ~ **carte** 一品料理の. ~ **mode** 流行の.

alabaster [æləbǽstər, -bɑːs-] 雪花石膏.

alacrity [əlǽkrəti] 敏捷 びんしょう. with ~ てきぱきと.

alarm [əláːrm] 驚き;警報;警報機/驚かす;警報する. ~ **clock** めざまし時計. **alarming** びっくりするような.

alas [əlǽs, əlɑ́ːs] 悲しいかな！, ああ！

Albania [ælbéiniə] アルバニア(共和国) (Republic of Albania).

Albanian [ælbéiniən] アルバニア(人・語)の / アルバニア人[語].

albatross [ǽlbətrɔːs] アホウドリ.

albeit [ɔːlbíːit] [文] …ではあるが;…であろうとも.

ALBM 空中発射弾道ミサイル[< air-launched ballistic missile].

album [ǽlbəm] アルバム.

ALC 軽量気泡コンクリート[< autoclaved lightweight concrete].

alchemist [ǽlkəmist] 錬金術師.

alchemy [ǽlkəmi] 錬金術.

ALCM 空中発射巡航ミサイル[< air-launched cruise missile].

alcohol [ǽlkəhɔːl] アルコール;酒. **alcoholism** アルコール依存症.

alcoholic [ælkəhɔ́lik] アルコールの / アルコール(中毒者).

alcove [ǽlkouv] [壁などを切りこんで]へこませた所.

al dente [æl dénti] 《I》[パスタが]歯ごたえのある.

alder [ɔ́ːldər] ハンノキ属の植物.

alderman [ɔ́ːldərmən] 《米》市会議員;《英》参事会員.

ale [éil] ビール.

aleatoric [eiliətɔ́ːrik] 射幸的な;偶然にまかせた.

alehouse ビヤホール.

alert [əláːrt] 油断のない;敏捷 びんしょう な / 警戒;警報 / 警戒させる. on the ~ 警戒して. **alertly** 油断なく. **alertness** 名

algae [ǽldʒiː] 藻, 藻類 (単 alga).

algebra [ǽldʒəbrə] 代数学.

Algeria [ældʒíəriə] アルジェリア(民主人民共和国) (People's Democratic Republic of Algeria).

Algerian [ældʒíəriən] アルジェリア(人)の / アルジェリア人.

algorithm [ǽlgəriðm] アルゴリズム.

alias [éiliəs] 別名で / 別名, 偽名.

alibi [ǽləbai] アリバイ.

alien [éiljən, -liən] 外国の;地球外の;無関係な / 外国人, 異星人;外来種.

alienate [éiliəneit] 遠ざける;疎遠にする;譲り渡す.

alight[¹] [əláit] 降りる;着陸する.

alight[²] 燃えた〔燃えて〕;輝いた〔輝いて〕.

align [əláin] 一列に並ぶ〔べる〕. **alignment** 整列;提携.

alike[əláik] 等しい，同じ / 同様に，等しく.

aliment[ǽləmənt] 滋養物；食物.

alimentary[æləméntəri] 栄養の.

alimony[ǽləmouni] [離婚後夫が妻に支払う] 扶助料.

alit[əlít] alight[1] の過去・過去分詞.

alive[əláiv] 生きて；生き生きして；活発で；にぎわって.

alkali[ǽlkəlai] アルカリ **alkaline** アルカリ性の. **alkaloid** アルカロイド (の).

all[ɔːl] すべての / みんな；全体. at 〔否定文〕少しも；〔条件文〕いやしくも / なん. in ～全部の；～along で沿って，始めから. ～ but ほとんど. ～ over 至るところ；からだ中，全く（終わって）. All right! よろしい. **All-around**《米》万能の，多芸の. **All Fools' Day** 万愚節 (= April fool's day). ～**-night** 徹夜の；終夜営業の. ～**-out**《話》総力をあげた. ～**-round**《英》= all-around. **All Saints' Day** 諸聖人の祝日. **All Souls' Day** 万霊節. ～**-star** オールスターの. ～**-time** 空前の，記録的な.

Allah[ǽlə, áːlə] アラー（イスラム教の最高神）.

allay[əléi] 静める，和らげる.

allegation[æləɡéiʃən] 主張；申し立て，陳述.

allege[əlédʒ] 主張する；申し立てる. **alleged** 主張された；仮定の. **allegedly** 申し立てられによれば.

allegiance[əlíːdʒəns] 忠節；忠実.

allegoric, allegorical[æləɡɔ́rik, -əl] 寓話の；象徴的な.

allegory[ǽləɡɔːri] 比喩；寓話.

allergy[ǽlərdʒi] アレルギー. **allergic** 形

alleviate[əlíːvieit] 和らげる. **alleviation** 緩和，軽減；慰謝.

alley[ǽli] 小道；路地；裏通り.

alleyway 路地.

alliance[əláiəns] 同盟 (国).

alligator[ǽləɡeitər] 〔アメリカ・中国産の〕ワニ.

alliteration[əlitəréiʃən] 頭韻 (法).

allocate[ǽləkeit] 割り当てる. **allocation** 名

allot[əláːt] 割り当てる. **allotment** 割当.

allow[əláu] 許す；承認する；与える. **allowable** 許される；さしつかえない. **allowance** 許可；手当；割当量 [額].

alloy[ǽlɔi, əlɔ́i] 合金；混ぜ物 / [əlɔ́i] 合金にする；混ぜる.

allude[əlúːd] ほのめかす；言及する《to》.

allure[əlúər] そそのかす；誘い込む. **allurement** 誘惑. **alluring** 形 **alluringly** 副

allusion[əlúːʒən] あてつけ；言及《to》；比喩.

alluvium[əlúːviəm] 〔地質〕沖積層 [土]. **alluvial** 形.

ally[əlái] 同盟する / [ǽlai, əlái] 同盟国，連合国. **allied** 同盟 [連合] している；姻族関係にある；同類の.

alma mater[ǽlmə máːtər] 母校.

almanac[ɔ́ːlmənæk] 暦；年鑑.

almighty[ɔːlmáiti] 全能の / (the A-) 全能の神.

almond[áːmənd] アーモンド.

almost[ɔ́ːlmoust, ɔːlmóust] ほとんど；大抵.

alms[áːmz] 施し；施し物.

almshouse 救貧院.

aloe[ǽlou] アロエ，ロカイ汁（下剤）.

aloft[əlɔ́ːft] 上に；高く.

aloha[əlóuhə, əlóuhaː] 〔ハワイ〕ようこそ！さようなら！

alone[əlóun] ただひとり；…ばかりが；…だけで. let ～ …は言うまでもなく.

along[əlɔ́ːŋ] 前に；ずっと；進んで / 沿って；共に. all ～はじめから / 並んで；…づたいに. ～ with …とともに. along side (…の) かたわらに.

aloof[əlúːf] 離れて / 冷淡に.

aloud[əláud] 声を出して；大声で.

alp[ǽlp] 高山.

A

alpaca[ǽlpækə]アルパカ（の毛・織物）．

alpenstock[ǽlpənstɑːk]登山杖．

alpha[ǽlfə]ギリシャ文字の第１字〔A・α〕．

alphabet[ǽlfəbet]アルファベット；初歩．**alphabetical**アルファベット（順）の．**alphabetically**副．

alpine[ǽlpain]高山(性)の；(A-)アルプス山脈の．**alpinist**登山家．

Alps[ǽlps](the～)アルプス山脈．

already[ɔːlrédi]すでに；もはや．

ALS筋萎縮性側索硬化症〔＜amyotrophic lateral sclerosis〕；自動着陸装置〔＜automatic landing system〕．

also[ɔ́ːlsou]また；やはり；その上．

alt[ǽlt]アルト(の)，中高音(の)．

altar[ɔ́ːltər]祭壇．

altarpiece祭壇飾り．

alter[ɔ́ːltər]変える〔わる〕．**alterable**変えられる．**alteration**変更．

altercation[ɔːltərkéiʃən]口げんか，論争．

alternate[ɔ́ːltərnət, ǽl-]交互の；１つおきの；交流の /[ɔ́ːltərneit]交代する；交流する．**alternately**交互に；１つおきに．**alternation**名．

alternative[ɔːltɔ́ːrnətiv, ǽl-]どれか１つの／二者択一；他に選びうる道．

although[ɔːlðóu]たとえ…でも．

altitude[ǽltətjuːd]高さ；海抜；(通例複)高所．

alto[ǽltou]アルト；アルト歌手．

altogether[ɔːltəgéðər, ɔ́ːltəgeðər]全く；合計して；大体において．

altruism[ǽltruizm]利他主義，愛他心．**altruist**利他主義者．**altruistic**形

alum[əlʌ́m]卒業生；交友（男女両用）．

aluminium[əljúːmənəm]，**aluminum**[əlúːmənəm]《英》アルミニウム．

alumna[əlʌ́mnə]女子卒業生（alumnsの女性形）．

alumnus[əlʌ́mnəs]卒業生；校友．

always[ɔ́ːlweiz, -wəz]常に．not～必ずしも…と限らない．

Alzheimer[ɑ́ːltshaimə]**Alzheimer's disease**アルツハイマー病．

AM振幅変調〔＜amplitude modulation〕；文学修士〔＜《L》Artium Magister (Master of Arts)〕．

am[əm,m 強 ǽm]be の１人称・単数・直接法．

a.m.午前．〔＜《L》ante meridiem ＝ before noon〕

AMA米国医学学会〔＜American Medical Association〕．

amalgam[əmǽlgəm]アマルガム（水銀と他の金属との合金）；混合物．

amalgamate[əmǽlgəmeit]水銀と混ぜる；合併〔混合〕する〔させる〕．**amalgamation**名．

amaryllis[æmərílis]アマリリス．

amass[əmǽs]積む，蓄積する．

amateur[ǽmətʃuər, -tər]アマチュア(の)．

amateurish[æmətʃúəriʃ]素人の，素人くさい．

amatory[ǽmətɔːri]恋の；好色な．

amaze[əméiz]驚かす．**amazement**驚き．

amazing[əméiziŋ]驚くべき．**amazingly**驚くほど；非常に．

amazon[ǽməzɑːn]（男まさりの）女；(the A-)アマゾン川．

ambassador[æmbǽsədər]大使．

amber[ǽmbər]琥珀(色)．

ambiance, ambience[ǽmbiəns]環境；雰囲気．**ambient**形

ambidextrous[æmbidékst(ə)rəs]両手ききの；二心のある．

ambiguity[æmbigjúːəti]あいまいさ．

ambiguous[æmbígjuəs]あいまいな．**ambiguously**副

ambition[æmbíʃən]野心；大望．**ambitious**大望のある；野心的な．

ambivalence[æmbívələns]反対感情の併存．**ambivalent**形

amble[ǽmbl][馬が]側対歩(で歩く).

ambrosia[æmbróuʒə][ギリシャ・ローマ神話]神の食物;美味なもの.

ambulance[ǽmbjələns]救急車;野戦病院;病院船.

ambush[ǽmbuʃ]待ち伏せ;伏兵;待ち伏せする.

ameba[əmíːbə] = amoeba.

AMeDAS 地域気象観測システム,アメダス[< automated meteorological data acquisition system].

ameliorate[əmíːliəreit]改善する;よくなる. **amelioration** 名

amen[eimén, ɑːmén]アーメン!

amenable[əmíːnəbl]素直な, 御しやすい;服従すべき.

amend[əménd]修正する;改める. **amendment** 修正(案).

amends[əméndz]賠償. make ～償いをする.

amenity[əménəti, əmíːn-][場所の]快適さ;[性質・態度の]感じのよさ;(複)快楽;生活を楽しくするもの(設備・場所など).

America[əmérikə]アメリカ(米国または米大陸全体).

American[əmérikən]アメリカの / アメリカ人(米語)～ dream アメリカの夢(建国の理想), ～ **football**《英》アメリカンフットボール, アメフト. ～ **Revolution** アメリカ独立戦争. **Americanism** アメリカの特質;米国風;アメリカ語(法). **Americanize** アメリカ風にする(なる).

Amerind[ǽmərind]アメリカ先住民(の).

amethyst[ǽməθist]紫水晶.

Amex, AmEx アメリカン・エクスプレス, アメックス(クレジットカード)[< American Express];アメリカ証券取引所[< American Stock Exchange].

amiable[éimiəbl]愛らしい;やさしい;人に好かれる. **amiability** 名 **amiably** 副

amicable[ǽmikəbl]友好的な, 平和

的な. **amicably** 副

amid[əmíd]…の中に;…の間に.

amidship(s) 船のまん中に.

amidst[əmídst] = amid.

amino acid[əmíːnouǽsid]アミノ酸.

amiss[əmís]具合悪く;誤って;まずく. go ～うまくいかない.

amity[ǽməti]親睦. in ～ with…と睦まじく.

AMM ミサイル迎撃ミサイル[< anti-missile missile].

ammeter[ǽmiːtər]電流計.

ammonia[əmóunjə, -niə]アンモニア. **ammoniac** 形

ammonite[ǽmənait]アンモナイト, 菊石.

ammunition[æmjuníʃən]弾薬;軍需品.

amnesia[æmníːʒə]健忘症.

amnesty[ǽmnəsti]恩赦(を与える).

amoeba[əmíːbə]アメーバ.

amok[əmʌ́k, -mɔ́k]逆上.

among[əmʌ́ŋ], **amongst**[əmʌ́ŋkst]…の間に;…の中に.

amoral[eimɔ́ːrəl]道徳意識のない.

amorous[ǽmərəs]好色な;恋の.

amorphous[əmɔ́ːrtfəs]無定形の;非結晶質の.

amortize[ǽmərtaiz][減債基金で]償却する. **amortization** 償却.

amount[əmáunt]総計…になる;(…に)等しい[to] / 合計;量. a large ～ of 大量の.

ampere[ǽmpiər]アンペア;電流量.

ampersand[ǽmpərsænd] and[&]の記号名.

amphetamine[æmfétəmiːn]アンフェタミン(覚醒剤).

amphibian[æmfíbiən]水陸両生の / 両生動[植]物;水陸両用戦車. **amphibious** 水陸両生の;[軍隊]陸海空共同の.

amphitheater, amphitheatre[ǽmfəθiːətər]円形劇場;《米》階段

A

教室.

ample[ǽmpl]広い；豊かな；十分な. **amply**副

amplification[æmpləfikéiʃən]拡大；〔電気〕増幅.

amplifier[ǽmpləfaiər]アンプ；〔電気〕増幅器.

amplify[ǽmpləfai]拡大する；敷衍(ふえん)する；〔電気〕増幅する.

amplitude[ǽmplət(j)u:d]広さ；十分；〔物理〕振幅.

ampoule, ampul, ampule[ǽmpju:l]〔注射液の〕アンプル.

amputate[ǽmpjəteit]〔手や足を〕切断する. **amputation**名

amuck[əmʌ́k]血に飢えて. run ～あばれ回る.

amulet[ǽmjələt]お守り.

amuse[əmjú:z]楽しませる. ～oneself with…で楽しむ. **amused**楽しんでいる；楽しそうな. **amusement**遊び，娯楽. **amusement arcade** ゲームセンター〔ゲーセン〕.

amusing[əmjú:ziŋ]おもしろい.

an[ən, n, 強ǽn]a と同じであるが母音で始まる語に冠する.

anachronism[ənǽkrənizm]時代錯誤.

anagram[ǽnəgræm]つづり換え（語）.

anal[éinl]肛門(部)の.

analog[ǽnəlɔ:g]相似形の；アナログ式の／《米》= analogue.

analogical[ænəlá:dʒikəl]類似の；類推的な；相似の. **analogically**副

analogous[ənǽləgəs]類似した；相似の《to》.

analogue[ǽnəlɔ:g]類似物；〔生物〕相似器官.

analogy[ənǽlədʒi]類似(点)；類推；〔生物〕相似.

analysis[ənǽləsis]分析；分解；解析；精神分析.

analyst[ǽnəlist]分析家；精神分析医；投資アドバイザー.

analytic[ænəlítik]**, analytical**[-ikl]分析の(的). **analytically**副

analyze[ǽnəlaiz]分析する；分解する；解析する〔精神分析する〕.

anaphylaxis[ænəfəlǽksis]過敏症.

anarchic[ænɑ́:rkik], **-chical**[-kikl]無政府主義の；無法な.

anarchy[ǽnərki]無政府(状態). **anarchism**無政府. **anarchist**無政府主義者.

anathema[ənǽθəmə]呪い；呪われた人.

anatomical[ænətá:mikəl]解剖(学上)の.

anatomy[ənǽtəmi]解剖；解剖学. **anatomist**解剖学者. **anatomize**解剖する.

ANC アフリカ民族会議〔< African National Congress〕.

ancestor[ǽnsestər]祖先. **ancestral**形 **ancestry**〔集合的に〕祖先；家系；家柄.

anchor[ǽŋkər]錨；頼みになるもの.〔リレーの〕最終走〔泳〕者／錨をおろす；停泊する. cast ～投錨する. lie〔ride〕at ～停泊している. weigh ～錨をあげる.／〔船を〕錨で止める. **anchorman, anchorwoman** 最終走者；ニュースキャスター. **anchorage** 停泊地；停泊税.

anchovy[ǽntʃouvi]アンチョビー，カタクチイワシ.

ancient[éinʃənt]古代の；大昔の. ～ history 古代史；言い古された話.

ancillary[ǽnsəleri]補助的な；補助職員；付属物.

and[ənd,nd 強ǽnd]…と…，…および；そして；しかも；また〔命令文に従って〕そうすれば. ～so on…など.

andiron[ǽndaiərn]〔炉の〕薪台.

Andorra[ændɔ́:rə]アンドラ(公国)(Principality of Andorra).

androgen[ǽndrədʒən]アンドロゲン，男性ホルモン.

android[ǽndrɔid]アンドロイド，人造人間.

Android(商標) = Google が開発したスマートフォン（スマホ）等携帯端末のオープンソースの OS，アンドロイド.

anecdote[ǽnikdout]逸話，奇談. **anecdotal** 形

anemia[əníːmiə]貧血(症). **anemic** 形

anemometer[ænəmáːmətər]風速計.

anemone[ənéməni]アネモネ；イソギンチャク. → sea anemone

anesthesia[ænəsθíːʒə]麻酔. **anesthetic** 麻酔の / 麻酔剤.

aneurism[ǽnjərizm]《文》動脈瘤.

anew[ənjúː]《文》改めて；もう一度.

angel[éindʒəl]天使. **angelic** 天使の；天使のような.

Angelus[ǽndʒələs]〔カトリックの〕お告げの祈り〔鐘〕.

anger[ǽŋɡər]怒り / 怒らせる；腹をたてる.

angle[^1][ǽŋɡl]角度；すみ；観点 / 曲げる.

angle[^2]釣針 / 魚を釣る. **angler** 釣師. **angling**(魚)釣り.

Anglican[ǽŋɡlikən]英国国教会の / 英国国教会派の人々.

Anglicism[ǽŋɡləsizm]英国風；英国の語法.

Anglicize[ǽŋɡləsaiz]英国式〔風〕にする.

Anglo-[ǽŋɡlou]「英国(人)」の意の連結形. **Anglophobia** 英国嫌い.

Anglomania[ǽŋɡlouméiniə]英国狂〔好き〕.

Anglo-Saxon[ǽŋɡləusǽksn]英国人，アングロサクソン民族(語)(の).

Angola[æŋɡóulə]アンゴラ（共和国）(Republic of Angola).

Angora[æŋɡóːrə]アンゴラ猫〔ヤギ，ウサギ〕；アンゴラ毛糸(の織物).

angry[ǽŋɡri]怒った；〔傷などが〕炎症を起こした. **angrily** 副

angst[áːŋkst]《G》恐怖，不安；苦悩.

anguish[ǽŋɡwiʃ]苦痛，苦悶 / 苦しむ. **anguished** 苦痛の.

angular[ǽŋɡjələr]角のある，骨ばった. **angularity** 名

aniline[ǽnəlin]アニリン(の).

animadvert[ænəmædvə́ːrt]非難する《on》. **animadversion** 名

animal[ǽnəməl]動物；人でなし. **animalism** 人間動物説，獣性.

animate[ǽnəmeit]生命を与える；活気づける / [ǽnimit]生きている（ような）；活気のある. **animated** 生き生きとした；にぎやかな.

animation[ænəméiʃən]生気；活気；動画(製作).

animism[ǽnəmizm]アニミズム；精霊信仰.

animosity[ænəmáːsəti]敵意，うらみ.

ankle[ǽŋkl]くるぶし，足首. **anklet**[-it]足首につける飾り，アンクレット；〔足首までの〕短ソックス.

annalist[ǽnlist]年代記の編者.

annals[ǽnlz]年代記；記録.

anneal[əníːl]〔陶器などを〕焼きなます；きたえる.

annex, annexe[ənéks, ǽneks]追加する；併合する / [ǽneks]付加物；別館；付録. **annexation** 付加；併合.

annihilate[ənáiəleit]全滅させる. **annihilation** 名

anniversary[ænəvə́ːrsəri]記念日；記念祭 / 記念日の；例年の.

annotate[ǽnəteit]注釈を付ける. **annotation** 注釈. **annotator** 注釈者.

announce[ənáuns]知らせる，発表する. **announcer** 発表者；アナウンサー. **announcement** 公告，発表.

annoy[ənɔ́i]いらいらさせる. **annoyance** 困惑. **annoyed** 困って，悩んで. **annoying** 迷惑な，うるさい. **annoyingly** うるさく.

A

annual[ǽnjuəl]1年の；例年の；年1回の. **anual ring** 年輪. **annually** 副

annuity[ən(j)úːəti]年金.

annul[ənʌ́l]無効にする，取り消す. **annulment** 名

annunciate[ənʌ́nsieit]告知する. **annunciation** 名；**(the A-)**〔聖母マリアへの〕受胎告知.

anodyne[ǽnədain]鎮痛剤／鎮痛の.

anoint[ənɔ́int]油を塗る. **anointment** 塗油式.

anomalous[ənɑ́mələs]変則的な；破格の.

anomaly[ənɑ́məli]変則；異例.

anonymity[ænəníməti]匿名；作者不詳. **on condition of ～** 名前をふせるという条件で.

anonymous[ənɑ́nəməs]匿名の；作者不詳の. **anonymously** 副

anorak[ǽnəræk]アノラック.

anorexia[ænəréksiə]食欲減退；拒食症.

another[ənʌ́ðər]もう1つの，他の，別の／もう1つのもの〔人〕. **one ～** お互いに.

ANSI 米国規格協会〔< American National Standards Institute〕.

answer[ǽnsər]返答，解答／答える；応じる；役立つ；責任をとる《for》；かなう；一致する《to》；うまくいく. **answerable** 答えられる；責任のある.

answering machine 留守番電話.

ant[ǽnt]アリ.

antagonism[æntǽgənizm]敵対；反抗. **antagonist** 敵；反対者. **antagonistic** 形 **antagonize** 敵にする，対抗する.

antarctic[æntɑ́ːrktik]南極の／南極. **the Antarctic Ocean** 南氷洋. **Antarctica** 南極大陸.

ante[ǽnti]出資金；個人分担金.

anteater アリクイ.

antebellum[æntibéləm]戦前の；《米》南北戦争前の.

antecedence[æntisíːdns]先行；上位. **antecedent** 先行の／前例；先行詞；(複)経歴.

antechamber[ǽntətʃeimbər]控室，次の間.

antedate[ǽntideit, æntidéit]日付を早める；推測する／前日付.

antediluvian[æntidilúːviən]ノアの洪水前の；大昔の；古風な／時代遅れの（人）.

antelope[ǽntəloup]レイヨウ.

antenatal[æntinéitl]誕生前の.

antenna[ænténə]アンテナ；触覚.

antenuptial[æntinʌ́pʃəl]婚前の.

anterior[æntíəriər]前の，先だった；前面の.

anteroom[ǽtiruːm]控室，次の間.

anthem[ǽnθəm]賛美歌，賛歌.

anthology[ænθɑ́ːlədʒi]選集；名詩選.

anthrax[ǽnθræks]炭疽菌〔病〕.

anthropoid[ǽnθrəpɔid]人間に似た／類人猿.

anthropology[ænθrəpɑ́lədʒi]人類学. **anthropologist** 人類学者.

anti-[ǽnti]「反…」「対…」「…でない」.

antiaircraft[æntieərkræft]対空の. **～ gun** 高射砲.

antibiotic[æntibaiɑ́tik]抗生の／抗生物質.

antibody[ǽntibɑːdi]**～ drug** 抗体医薬.

antic[ǽntik]風変わりな／(通例複)ふざけ，道化.

anticipate[æntísəpeit]予期する，期待する；先んじる；早める. **anticipation** 予想；期待；先回り. **anticipatory** 形

anticlimax[æntikláimæks]〔修辞学〕漸降法；急落；竜頭蛇尾.

anti-COVID-19[Covid-19]**vaccine** 新型コロナウイルスワクチン.

antidepressant[æntidiprésənt]抗うつ剤.

antidote[ǽntidout]解毒剤.

antigen[ǽntidʒən]抗原. **COVID-19**〔Covid-19〕~**test** 新型コロナウイルス抗原検査.

antiknock[ǽntináːk]〔エンジンの〕ノッキング防止剤.

antimony[ǽntəmouni]アンチモン,アンチモニー.

antinomy[æntínəmi]矛盾;二律背反.

antipathy[æntípəθi]反感;いやなもの.

antipodes[æntípədìːz] 対蹠(たいせき)地(地球の正反対側にある地点). **antipodal** 対蹠地の;正反対の.

antipoverty[æntipάːvərti]貧困をなくすための.

antipyretic[æntipairétik]解熱剤.

antiquarian[æntəkwéəriən]古物研究の,骨董趣味の;古書売買の/古物研究〔収集家〕.

antiquary[ǽntəkwəri]古物研究〔収集〕家;骨董商.

antiquated[ǽntəkweitid]古くなった,時代遅れの.

antique[æntíːk]古くからの;旧式の/古物;古美術品.

antiquity[æntíkwəti]古いこと;古代(人);(複)遺物;古代の風習.

anti-Semitic 反ユダヤ主義の.

antiseptic[æntəséptik]消毒の;防腐の/消毒薬;防腐剤.

antisocial[æntisóuʃəl]反社会的な;社交嫌いの.

antithesis[æntíθəsis]〔修辞学〕対照法;対句;正反対. **antithetic, antithetical** 対照(法)の,正反対の.

antitoxin[æntitάːksin]抗毒素.

antitrust トラスト反対の,独占禁止の.

anti-vax[ǽntivæks]反ワクチン派の.

antler[ǽntlər]〔シカの〕枝角.

antonym[ǽntənim]反意語.

anus[éinəs]肛門.

anvil[ǽnvil]金敷き,金床.

anxiety[æŋzáiəti]心配,気がかり;熱望.

anxious[ǽŋkʃəs]心配して(いる)《about》,気にして(いる);切望して《for, to do》. **anxiously** 副

any[əni, 強 éni]〔否定文・条件文〕何か,どれか,いくらか,だれか;〔否定文〕どれも,何も,少しも;〔肯定文〕どんな…でも/いくらか;少しも.

anybody[énibaːdi, -bʌdi]〔疑問文・条件文〕だれか;〔肯定文〕だれでも,だれも〔否定文〕/ひとかどの人物;(複)つまらぬ人.

anyhow[enihau]とにかく;どうにか;どうしても.

anymore[enimóːr]もはや.

anyone[éniwʌn, -wən]だれか;だれでも;だれも.

anything[éniθiŋ]何か;何でも;何も. ~ **but** …どころではない. ~ **like** 少しは;全然…でない. **if** ~ どちらかといえば.

anytime[énitaim]《米》きまって,いつも/《米語》どういたしまして.

anyway[éniwei]ともかく;どうしても.

anywhere[énihwèər]どこにでも;どこにも;どこかに.

A/O, a/o …の勘定〔< account of〕.

AOB (議題の) その他〔< any other business〕.

A-OK, A-Okay 完全な〔に〕,申し分ない〔なく〕.

aorta[eióːrtə]大動脈. **aortic** 形

AP AP 通信(米国の大手通信社)〔< Associated Press〕;アメリカン・プラン(宿泊費と食事代合算のホテル料金制)〔< American Plan〕.

apart[əpάːrt]分かれて;離れて;ばらばらに.

apartheid[əpάːrtheit]アパルトヘイト,人種隔離政策;〔一般に〕差別待遇.

apartment [əpάːrtmənt]〔一世帯分の〕住居. ~ **complex** 団地. ~

A

house アパート.

apathy[ǽpəθi]無感覚；冷淡. **apathetic** 形

ape[éip]猿；類人猿；人まねする人／人まねする. **apish** 猿に似た；人まねする.

APEC アジア太平洋経済協力会議，エイペック〔< Asia-Pacific Economic Cooperation〕.

aperitif[ɑːperətíːf]アペリティフ（食前酒）.

aperture[ǽpərtʃuər]穴；すきま；〔レンズなどの〕口径.

APEX 事前購入航空運賃割引制度，エイペックス〔< advance purchase excursion〕.

apex[éipeks]頂点；絶頂.

aphasia[əféiʒə]失語症.

aphid[éifid] = aphis アリマキ.

aphorism[ǽfərizm]警句；格言.

aphrodisiac[ǽfrədíːziæk]性欲をおこさせる／媚薬.

apiary[éipiəri]養蜂所. **apiarist** 養蜂家.

apiculture[éipikʌltʃər]養蜂.

apiece[əpíːs]1 人〔1 個〕につき，めいめいに.

aplomb[əplάːm]沈着；垂直.

APO 軍junkie事便局〔< Army Post Office〕.

apocalypse[əpάːkəlips]黙示文学；(the A-) ヨハネの黙示録；天啓. **apocalyptic, -tical** 黙示録の；〔災害などの〕前兆となる.

apocryphal[əpάːkrəfəl]典拠のあやしい（文書）.

apolitical[eipəlítikəl]政治に無関心な.

Apollo[əpάːlou]〔ギリシャ・ローマ神話〕アポロ. ~ **Project** アポロ計画.

apologetic[əpɑːlədʒétik]謝罪の；弁解の.

apology[əpάːlədʒi]弁解，詫び《for》. **apologize** 弁解する，詫びる.

apophthegm[ǽpəθem] = apothegm.

apoplexy[ǽpəpleksi]卒中.

aporia[əpɔ́ːriə]難問.

apostasy[əpάːstəsi]背教；脱党.

apostate[əpάːsteit]背教者；脱党者／背教の；脱党の.

apostle[əpάːsl]使徒；伝道者. (the A-s)キリストの 12 使徒.

apostrophe[əpάːstrəfi]アポストロフィ〔'〕.

apothecary[əpάːθəkəri]薬剤師；薬屋.

apothegm[ǽpəθem]格言；警句.

apotheosis[əpə:θióusəs]神格化.

appal, appall[əpɔ́ːl]ぞっとさせる. **appalling** 恐ろしい.

apparatus[ǽpərætəs]器具；装置；機構.

apparel[əpǽrəl]衣服／着せる.

apparent[əpǽrənt]明白な；目に見える，うわべの. **apparently** 副

apparition[ǽpəríʃən]幽霊；〔幽霊などの〕出現.

appeal[əpíːl]訴える；…の気に入る《to》；控訴する／訴え；魅力；控訴. **appealing** 哀願的な；魅力的な.

appear[əpíər]現れる；見える；…らしい. **appearance** 出現；外観，様子.

appease[əpíːz]なだめる；和らげる；〔食欲などを〕満たす. **appeasement** 慰撫；宥和 ゆう 政策.

appellation[ǽpəléiʃən]名称.

append[əpénd]付加する. **appendage** 付加物.

appendicitis[əpendəsáitəs] 盲腸炎.

appendix[əpéndiks]付属物；付録；虫垂突起.

appertain[ǽpərtéin]属する，関する《to》.

appetite[ǽpətait]食欲；欲望；好み.

appetizer[ǽpətaizər]食欲を促すもの（前菜・酒など）. **appetizing** 食欲をそそるうまそうな.

applaud[əplɔ́ːd]拍手喝采する；賞賛する.

applause[əplɔ́ːz]喝采；賞賛.

apple[ǽpl]リンゴ. ～ -polisher《米俗》ごますり.

appliance[əpláiəns]器具；応用；家電.

applicable[ǽplikəbl, əplík-]適用〔応〕できる《to》. **applicability** 名

applicant[ǽplikənt]志願者, 応募者；申請人.

application[æplikéiʃən]適用；応用；志願；願書；塗布；専念；〔コンピュータ〕応用ソフト；アプリ.

applied[əpláid]応用の. ～ **chemistry** 応用化学.

appliqué[æplíːkei, æpləkéi]アップリケ(をつける).

apply[əplái]適用する；応用する；当てる；つける／当てはまる；申し込む. ～ **oneself to** …に専念する.

appoint[əpɔ́int]任命する；指定する. **appointed** 定められた，約束の. **appointment**〔会合の〕約束；任命.

appointee[əpɔintíː]任命された人.

apportion[əpɔ́ːrʃən]割り当てる.

apposite[ǽpəzit]適当な《to》. **appositely** 副 **appositeness** 名

apposition[æpəzíʃən]並置／〔文法〕同格. **appositional** 形

appositive[əpɑ́ːzətiv]〔文法〕同格の／同格語・句・節.

appraisal[əpréizl]評価；鑑定.

appraise[əpréiz]評価する；鑑定する. **appraiser** 鑑定人.

appreciable[əpríːʃiəbl, -ʃə-]評価できる；感知できる.

appreciate[əpríːʃieit]真価を認める；鑑賞する；感謝する；市価を増す／相場があがる. **appreciation** 名 **appreciative** 鑑賞眼のある；感謝している.

apprehend[æprihénd]逮捕する；理解する；懸念する. **apprehensible** 理解できる. **apprehension** 逮捕；理解；不安；意見. **apprehensive** 理解の早い；気づかう.

apprentice[əpréntis]見習い, 徒弟. **apprenticeship** 徒弟奉公；年季期間.

apprise[əpráiz]知らせる.

approach[əpróutʃ]近づく；ほぼ…に等しい《to》／近づく；取りかかる／接近；入り口；取り上げ方. **approachable** 近づきやすい.

approbation[æprəbéiʃən]是認, 許可.

appropriate[əpróuprieit, əpróupriət]着服する；流用する／…に適した, ふさわしい. **appropriately** 副 **appropriateness** 名

appropriation[əprouprieíʃən]着服；充当；特別支出金.

approval[əprúːvəl]是認, 賛成《on》.

approve[əprúːv]是認する；賛成する. **approved** 是認された.

approximate[əprɑ́ːksəmət]接近した；近似の／[əprɑ́ːksəmeit]…に近づく；概算する. **approximately** おおよそ.

approximation[əprɑːksəméiʃən]近似；概算(額).

appurtenance[əpə́ːrtənəns]付属品. **appurtenant** 付属する.

APR 実質年利《< annual percentage rate》.

Apr. 四月《< April》.

apricot[ǽprəkɑt, éip-]アンズ.

April[éiprəl]四月〔略 Apr.〕 ～ **fool** 四月ばか.

a priori[eipraióːrai]演繹的に〔な〕；先天的に〔な〕.

apron[éiprən]エプロン. **be tied to a** person's ～ **strings** …の言いなりで.

apropos[æprəpóu]適切な；…について《of》.

apt[ǽpt]適当な；利発な. **aptly** 適切に.

aptitude[ǽptətjuːd]能力；素質；傾向；適応性.

Apts. …アパート〔< Apartments〕.

aqualung[ǽkwəlʌŋ]アクアラング.

A

aquamarine[ǽkwəmərí:n]藍玉；淡青色.

aquaplane[ǽkwəplein]水上スキーの板.

aquarium[əkwéəriəm]水槽；水族館.

Aquarius[əkwéəriəs]水瓶座.

aquatic[əkwǽtik]水生の，水上の／水生動植物；(複)水上競技.

aquavit[ά:kwəvi:t]アルコール，強い蒸溜酒.

aqueduct[ǽkwədʌkt]導水管；水道(橋).

aqueous[éikwiəs]水の；水成の.

aquiline[ǽkwəlain]ワシのような；ワシ鼻の.

AR アーカンソー州[< Arkansas].

Arab[ǽrəb]アラビア人[馬]／アラビア(人)の.

arabesque[ærəbésk]唐草模様(の)／アラビア風(の).

Arabia[əréibiə]アラビア．**Arabian** アラビア(人)の.

Arabic[ǽrəbik]アラビア(人・語)の／アラビア語. ~ **numerals** 算用数字.

arable[ǽrəbl]耕作に適した. ~ **land** 耕地.

arbiter[ά:rbətər]仲裁人；裁決者.

arbitrage[ά:rbətrɑ:ʒ]〔金融〕仲介，裁定.

arbitrary[ά:rbətreri]気ままな；任意の；独断的な. **arbitrarily** 副 **arbitrariness** 名

arbitrate[ά:rbətreit]仲裁する；仲裁に任す. **arbitration** 仲裁(裁判). **arbitrator** 仲裁人，裁決者.

arbor, arbour[ά:rbər]あずまや. **Arbor Day** 《米》植樹祭.

arboretum[a:rbərí:təm]樹木園；森林公園.

ARC[ά:rk]エイズ関連症候群[< AIDS-related complex].

arc[ά:rk]弧；弓形；〔電気〕アーク. ~ **lamp** アーク灯.

arcade[a:rkéid]アーケード；ゲームセンター.

arcane[a:rkéin]不可解な；深遠な.

arch[ά:rtʃ]アーチ，迫持；弓形；半円形／弓形にする. **triumphal** ~ 凱旋門. **arched** アーチ形の.

arch² 主要な；ずるい. **archly** 副

archaeology[a:rkiálədʒi]考古学. **archaeological** 形 **archaeologist** 考古学者.

archaic[a:rkéiik]古代の；古風なすたれた.

archaism[ά:rkiizm]古語；古風.

archangel[ά:rkeindʒəl]大天使.

archbishop[a:rtʃbíʃəp]大監督；大司教.

archdeacon[a:rtʃdí:kən]副監督.

archer[ά:rtʃər]射手；(the A-)射手座. **archery** 弓術.

archetype[ά:rkitaip]原型. **archetypal** 原形的な；手本の.

archfiend[a:rtʃfí:nd]大悪魔，サタン.

archipelago[a:rkəpéləgou]群島；(the A-)エーゲ海.

architect[ά:rkətekt]建築家，設計者.

architecture[ά:rkətəktʃər]建築(術・学)／建築様式. **architectural** 形

archive[ά:rkaiv]記録，公文書；(複)記録保管所.

archivist[ά:rkəvist](古)記録保管人.

arctic[ά:rktik]北極(地方)の. the **Arctic Ocean** 北極海.

ardent[ά:rdnt] 熱心な. **ardency** 名 **ardently** 副

ardor, ardour[ά:rdər]熱心；灼熱.

arduous[ά:rdʒuəs]骨の折れる；根気強い. **arduously** 副

are¹[ər, 強 ά:r]be の複数形. 2人称・単数・直説法・現在.

are²[ά:r]アール(百平方メートル).

area[éəriə]面積；地域；範囲.

arena[ərí:nə]〔古代ローマの〕闘技場；活動の舞台.

aren't[ά:rnt]are not の短縮.

A

ARF アセアン地域フォーラム〔< ASEAN Regional Forum〕.

Argentina[ɑ:rdʒəntíːnə] アルゼンチン (共和国) (Argentine Republic)

Argentine[ɑ́:rdʒəntìn] アルゼンチンの／アルゼンチン人.

argon[ɑ́:rgɑːn] アルゴン.

argosy[ɑ́:rgəsi] 《詩》大商船.

arguably[ɑ́:rgjuəbli] ほぼ間違いなく.

argue[ɑ́:rgjuː] 議論する；説き伏せる；証拠だてる.

argument[ɑ́:rgjumənt] 議論；論拠；要旨.

argumentation[ɑ̀:rgjumentéiʃən] 立論；討論.

argumentative[ɑ̀:rgjuméntətiv] 議論好きな，理屈っぽい.

aria[ɑ́:riə] 詠唱，アリア.

arid[ǽrid] 乾燥した. **aridity** 乾燥；退屈.

Aries[éəriz] 牡羊座.

aright[əráit] 正しく.

arise[əráiz] 起こる，生じる；起き上がる.

aristocracy[æristɑ́:krəsi] 貴族政治；貴族階級.

aristocrat[ərístəkræt, ǽris-] 貴族. **aristocratic** 貴族の，貴族的な.

arithmetic[əríθmətik] 算術／[æriθmétik] 算術の. **arithmetical** 形

Ariz アリゾナ州〔< Arizona〕.

Ark アーカンソー州〔< Arkansas〕.

ark[ɑ́:rk] 〔聖書〕〔ノアの〕箱船；契約の箱(十戒を刻んだ石板を入れた箱).

arm[ɑ́:rm] 腕；腕形のもの；入り江. **armlet** 腕輪；小入り江. **armful** 形

arm[2] 武器；兵器／武装させる〔する〕.

armada[ɑ:rmɑ́:də, -méi-] 艦隊.

armadillo[ɑ̀:rmədílou] アルマジロ.

Armageddon[ɑ̀:rməgédn] 〔聖書〕ハルマゲドン(この世の終わりに起こる善と悪の決戦)；最後の大決戦.

armament[ɑ́:rməmənt] 軍備；兵器；武装.

armchair 肘掛けいす.

armed[ɑ:rmd] 武装した. **~ neutrality** 武装中立. **the ~ forces** 国軍.

Armenia[ɑ:rmíːniə] アルメニア(共和国) (Republic of Armenia).

Armenian[ɑ:rmíːniən] アルメニア(人・語)の／アルメニア人〔語〕.

armhole〔服の〕袖ぐり.

armistice[ɑ́:rməstis] 休戦.

armor, armour[ɑ́:rmər] 甲冑かっちゅう；装甲. **~ plate** 装甲板. **armored** 形 **armorer** 武具師；兵器係. **armory** 兵器庫，兵器工場.

armpit 脇の下.

army[ɑ́:rmi] 軍隊，陸軍. **~ corps** 軍団.

aroma[əróumə] 芳香，香気. **aromatic**[æroumǽtik] 香りの高い.

aromatherapy アロマテラピー，芳香療法.

arose[əróuz] arise の過去形.

around[əráund] (…の) まわりに；《米》近所に；…ごろ.

arouse[əráuz] 起こす，目覚めさせる；励ます；喚起する. **arousal** 覚醒；喚起.

arraign[əréin] 罪状の認否をただす；非難する. **arraignment** 名

arrange[əréindʒ] 整える；取り決める；編曲する／手配する. **arrangement** 名

arrant[ǽrənt] 全くの；極悪の.

arras[ǽrəs] つづれ織り (の壁掛け).

array[əréi] 配置整列；勢ぞろい；衣装；配列；陪審員候補者名簿／装わせる；整列させる；〔陪審員候補者名簿に〕登録する.

arrears[əríərz] 遅滞；未払い金.

arrest[ərést] 逮捕する；止める；〔心を〕奪う，〔注意を〕引く／逮捕；防止. **arresting** 印象的な.

arrival[əráivəl] 到着；到達；到着者.

A

on ~着きしだい.
arrive[əráiv]到着する;到達する;起こる.
arrogant[ǽrəgənt]傲慢な. **arrogance** 名 **arrogantly** 副
arrogate[ǽrəgeit]偽って名のる;横取りする.
arrow[ǽrou]矢.
arrowhead 矢じり.
arsenal[á:rsənl]兵器庫.
arsenic[á:rsənik]砒素.
arson[á:rsn]放火(罪).
　arsonist 放火犯人.
art[á:rt]《古・詩》〔主語が thou の時〕be の2人称・単数・直説法・現在.
art[²] 芸術;美術;技術;(通例複)学芸;教養科目;策略. **artful** 狡猾な. **artfully** 副 **artfulness** 名
artefact[á:rtəfækt]加工品.
arterial[a:rtíəriəl]動脈の(ような). ~ **road** 幹線道路.
arteriosclerosis[a:rtiəuskləróusis]動脈硬化.
artery[á:rtəri]動脈.
arthritis[a:rθráitis]関節炎.
article[á:rtikl]箇条;記事,論説;品物;〔文法〕冠詞.
articulate[a:rtíkjələit]明瞭な;分節的;考えを口に出せる /[-leit]明瞭に発音する. **articulation** 明瞭な発音;関節.
artifact[á:rtəfækt]加工品;人工物.
artifice[á:rtəfis]工夫;策略,手管.
artificial[a:rtəfíʃəl]人工の,人造の;まがいの;不自然な. ~ **intelligence** 人 工 知 能〔略 AI〕. **artificially** 副
artillery[a:rtíləri]〔集合的〕大砲;砲兵(隊).
artisan[á:rtəzən, a:rtizǽn]職人,熟練工.
artist[á:rtist]芸術家;美術家;名人;芸能人.
artistic[a:rtístik], **artistical**[-əl]芸術の;芸術的な;巧みな. **artistically**

副
artistry[á:rtistri]芸術的手腕;技巧.
artless[á:rtləs]飾らない;無邪気な;不細工な. **artlessly** 副 **artlessness** 名
Art Nouveau[a:rt nu:vóu]《F》アールヌーボー.
artwork 手工芸品.
ARV エイズ関連レトロウイルス〔< AIDS-associated retrovirus〕.
Aryan[ɛ́əriən]アーリア人(の).
AS 理学準学士〔< Associate in〔of〕Science〕.
as[əz, 強 ǽz]のように;そのように;だけ;時に;…も;…ながら;ゆえに;いえど…も;として. ~[so]…も;…と同じほど…. ~ **for**[to]…はと言えば,…に関しては. ~ **it is** そのまま. ~ **it were** いわば.
ASAP, asap《米俗》至急〔< as soon as possible〕.
ASAT 衛星攻撃兵器,アサット〔< anti-satellite〕.
asbestos[æsbéstəs]アスベスト,石綿. **asbestosis** アスベスト肺.
ASBM 空対地弾道ミサイル〔< air-to-surface ballistic missile〕;対艦弾道ミサイル〔< anti-ship ballistic missile〕.
ascend[əsénd]上がる;登る. **ascendance, ascendancy, ascendence, ascendency** 優越;権勢. **ascendant, ascendent** 登りつつある;優勢な;優越,優勢.
ascension[əsénʃən]上昇;(the A-)キリストの昇天.
ascent[əsént]上昇,登ること;上り坂(道).
ascertain[æsərtéin]確 か め る. **ascertainment** 名
ascetic[əsétik]苦行者 / 禁欲主義の;苦行の. **asceticism** 禁欲主義;難行苦行.
ASCII 米国情報交換標準コード,アスキー(米国規格協会が定めたコンピュータ情報交換用標準コード)〔< American Standard Code for

Information Interchange].

ascot[ǽskət](A-)アスコット競馬；幅広ネクタイ.

ascribable[əskráibəbl] …に帰せられる《to》.

ascribe[əskráib]…に帰す, …のせいにする《to》.

ASDF 航空自衛隊［< Air Self-Defense Force].

ASEAN 東南アジア諸国連合, アセアン(インドネシア, マレーシア, フィリピン, シンガポール, タイ, ブルネイ, ベトナム, ミャンマー, ラオス, カンボジアの 10 カ国)［< Association of Southeast Asian Nations].

ASEM アジア欧州首脳会議［< Asia-Europe meeting].

aseptic[əséptik]無菌の；防腐性の / 防腐剤.

asexual[eiséksʃuəl]〔生物〕無性(生殖)の.

ash[ǽʃ](通例複)灰；遺骨；廃墟. **Ash Wednesday** 聖灰水曜日. **ashen** 灰色の. **ashy** 灰；灰色の.

ashamed[əʃéimd] 恥 じ て《of, to do》；赤面して.

ashore[əʃɔ́:r]岸に；陸上に. run ～ 座礁する.

ashtray 灰皿.

Asia[éiʒə]アジア. **Asia Minor** 小アジア.

Asian, Asiatic[éiʒən, eiʃiǽtik]アジア(人)の / アジア人.

aside[əsáid]わきに；離れて / わきぜりふ.

asinine[ǽsənain]ロバのような；愚鈍な.

ask[ǽsk]問う；頼む；招く.

askance[əskǽns]怪しんで；横目で.

askew[əskjú:]斜めに；曲がって.

asking たずねること；求めること. for the ～ただで(くれる). ～ **price**〔売り手の〕言い値.

aslant[əslǽnt]斜めに.

asleep[əslí:p] 眠って；麻痺して.

fall ～ 眠り込む.

ASM 空対地ミサイル［< air-to-surface missile].

ASP 米国内販売価格［< American Selling Price].

asp[ǽsp]エジプトコブラ.

ASPAC アジア太平洋協議会, アスパック［< Asian and Pacific Council].

asparagus[əspǽrəgəs]アスパラガス.

aspect[ǽspekt]様子；局面；顔つき；方位.

aspen[ǽspən]ポプラ, ハコヤナギ.

asperity[æspérəti]荒々しさ, 厳しさ；無愛想；〔天候の〕険悪.

asperse[əspə́:rs]そしる. **aspersion** 中傷.

asphalt[ǽsfɔ:lt]アスファルト.

asphyxia[æsfíksiə]仮死, 窒息.

aspirant[əspáiərənt, ǽspər-]大望のある / 野心家.

aspirate[ǽspərət]気息音, h 音 /[ǽspəreit]気音を出して発音する.

aspiration[æspəréiʃən] 大望, 抱負；吸気；気音発声.

aspire[əspáiər]熱望する. **aspring** 大望のある.

aspirin[ǽspərən]アスピリン(解熱薬).

ass[ǽs]ロバ；ばか. make an ～ of を愚弄する.

ass[ǽs]《米俗》尻, けつの穴；(one's ～)身体.

assail[əséil]攻撃する. **assailable** 攻撃できる. **assailant** 攻撃する / 攻撃者；加害者.

asshole《卑》ばかなやつ.

assassin[əsǽsən]刺客, 暗殺者.

assassinate[əsǽsəneit]暗殺する. **assassination** 暗殺.

assault[əsɔ́:lt]猛攻撃；暴行 / 襲う. **assaulter** 襲撃者.

assay[æséi]分析検査 / 試験する；試金する.

assemblage[əsémblidʒ]集合；会衆；

A

〔機械の〕組み立て.

assemble [əsémbl] 集める；組み立てる／集まる. **assembler** 組み立て工；〔コンピュータ〕アセンブラー.

assembly [əsémbli] 集会；会議，(the A-) 議会. ～ line 流れ作業.

assent [əsént] 同意，賛成／同意する《to》.

assert [əsə́:rt] 主張する；明言する，断言する. **assertion** 名 **assertive** 断定的な；断固とした.

assess [əsés] 〔財産などを〕査定する；課税する. **assessment** 査定(額)；(課) 税額. **assessor** 課税評価人；査定者.

asset [æset] 価値のあるもの；資産項目；(複) 資産.

asseverate [əsévəreit] 断言する，言い張る. **asseveration** 名

asshole [ǽʃoul] 《俗》けつの穴；くそったれ.

assiduity [æsidjú:əti] 勤勉；(複) 心づくし；おせっかい.

assiduous [əsídʒuəs] 勤勉な／心づくしの. **assiduously** 副

assign [əsáin] 割り当てる；指定する；…に帰する；譲渡する. **assignation** [æsignéiʃən] 会見の約束. **assignee** 譲り受け人；受託者. **assigner** 割当人. **assignment** 割当；宿題；指定；譲り渡し. **assignor** 譲渡人.

assimilate [əsíməleit] 消化する；同化する. **assimilation** 名

assist [əsíst] 助ける. **assistance** 援助，助力. **assistant** 補助の／助手.

associate [əsóuʃieit, -si-] 連合させる；連想する；交わる／[-ʃiit] 仲間；準会員.

association [əsousiéiʃən, -ʃi-] 連合；協会；連想；交際.

assort [əsɔ́:rt] 分類する；取りそろえる；(各種) 組み合わす／合う；交わる. **assorted** 組み合わせた. **assortment** 分類；各種取り合わせ.

assuage [əswéidʒ] 和らげる，静める.

assuagement 緩和.

assume [əsú:m] 仮定する；負う；引き受ける；身に付ける；横領する；ふりをする；装う. **assuming** 横柄な，僭越な.

assumption [əsʌ́mpʃən] 仮定；引き受け；専有；尊大.

assurance [əʃúərəns] 保証；保険；確信；鉄面皮.

assure [əʃúər] 保証する；確信させる；保険をかける. **assured** 確かな；自信のある；保険のついた. **assuredly** 確かに.

aster [ǽstər] シオン，ヨメナ，エゾギク.

asterisk [ǽstərisk] アスタリスク，星じるし[*].

astern [əstə́:rn] 船尾に〔の方へ〕；〔飛行機の〕尾部に〔の方へ〕.

asteroid [ǽstərɔid] 小惑星；ヒトデ.

asthma [ǽzmə] 喘息. **asthmatic** 喘息の／喘息患者.

astigmatism [əstígmətizm] 乱視.

astir [əstə́:r] 騒いで；動いて；起きて.

astonish [əstániʃ] 驚かす. be astonished at ～ に驚く. **astonishing** 形 **astonishingly** 副 **astonishment** 名

astound [əstáund] 仰天させる. **astounding** 驚くべき.

astrakhan [ǽstrəkən] アストラカン (産の子羊の毛皮).

astral [ǽstrəl] 星の；星のような.

astray [əstréi] 迷って. go ～ 迷う，誤る.

astride [əstráid] 跨がって／…に跨がって.

astringent [əstríndʒənt] 収斂性の；きびしい；渋い.

astrology [əstrá:lədʒi] 占星学〔術〕. **astrologer** 占星家.

astronaut [ǽstrənɔːt] 宇宙飛行士.

astronomical [æstrəná:mikəl] 天文学上の.

astronomy [əstrá:nəmi] 天文学. **astronomer** 天文学者.

astute[əstjúːt]抜け目のない. **astutely**副 **astuteness**名

asunder[əsʌ́ndər]別々に；真っ二つに.

asylum[əsáiləm]養育〔養老〕院；避難所. ～ **seeker** 政治亡命希望者.

asymmetry[eisímətri, æs-]不均衡；非対称. **asymmetric**形

AT 自動変速機，オートマチック・トランスミッション〔< automatic transmission〕.

at[ət, 強 ǽt, æt]〔場所・地点〕…において；〔時・年齢〕…に；〔状態〕…して；最中.

AT&T 米 国 電 話 電 信 会 社〔< American Telephone & Telegraph Company (旧社名)〕.

atavism[ǽtəvizm]隔世遺伝.

ATC 自動列車制御装置〔< automatic train control〕.

ate[éit, ét]eat の過去.

atelier[ætəljéi]アトリエ，画室；製作場.

atheism[éiθiizm]無神論 **atheist** 無神論者.

Athens[ǽθinz]アテネ(ギリシャの首都).

athlete[ǽθliːt]競技者，運動選手. **athlete's foot** 水虫.

athletic[æθlétik]競技の；強壮な. **athletics** 競技；体育実技.

at-home[ǽthóum]ホームパーティー／家庭での. ～ **day** ホームパーティー.

ATL 成人 T 細胞白血病〔< adult T-cell leukemia〕.

Atlantic[ætlǽntik, ət-] 大西洋の. the ～ (Ocean) 大西洋.

atlas[ǽtləs]地図帳；〔ギリシャ神話〕(A-)アトラス.

ATM 現金自動預払機〔< automatic teller machine〕.

atmosphere[ǽtməsfiər]大気；気圧；雰囲気；環境.

atmospheric[ætməsférik]大気(中)の. **high(low)** ～ **pressure** 高(低)気圧.

ATO 自動列車運転装置〔< automatic train operation〕.

atoll[ǽtɔːl, ætɔ́l]環状サンゴ島，環礁.

atom[ǽtəm]原子.

atomic[ətɑ́mik]原子の；極微の. ～ **bomb** 原子爆弾. ～ **energy** 原子力.

atomize[ǽtəmaiz]原子に分離する；〔水薬などを〕霧に吹く. **atomizer** 噴霧器.

atone[ətóun]償う. **atonement** 償い；(the A-) キリストの贖罪 ⟨ˌ⟩.

atop[ətɑ́p]《文》…の頂上に，…の上に《of》.

ATR 新型転換炉〔< advanced thermal reactor〕.

atrium[éitriəm]アトリウム；心房.

atrocious[ətróuʃəs]極悪な；言語道断な. **atrociously**副

atrocity[ətrɑ́səti]極悪；残虐行為.

atrophy[ǽtrəfi]萎縮；発育不能.

ATS 自動列車停止装置〔< automatic train stop〕.

attach[ətǽtʃ]取り付ける；…に帰する／付着する；属する《to》. **attachment** 付着；付属品；愛着；執着.

attache[ætəʃéi]随行員；大〔公〕使館員. ～ **case** 書類かばん.

attached[ətǽtʃt]…にくっついた，…に付属した；愛情で結びついた《to》.

attack[ətǽk]攻撃する；冒す／攻撃；非難；発作；着手. **attacker** 攻撃者；〔球技の〕アタッカー.

attain[ətéin] 達する；得る；遂げる. **attainable** 達しうる；得られる. **attainment** 達成；(複)学識.

attempt[ətémpt]試みる；企てる／試み；襲撃《on》.

attempted[ətémptid] 未遂の. ～ **suicide** 自殺未遂.

attend[əténd](…に)出席する；伴う／出席する；注意する；世話をする. **attendance** 出席；付き添い；看護；

来場者数. **attendant** 付き添う；伴う／付添人；出席者.

attention[əténʃən] 注意；配慮. **attentive** 注意深い；丁寧な. **attentively** 圖 ～ **deficit hyperactivity disorder** 注意欠陥多動性障害〔略 ADHD〕.

attenuate[əténjueit] 希薄にする〔なる〕；弱くする〔なる〕. **attenuation** 名

attest[ətést] 証明する. **attestation** 証明(書)；証言.

attic[ǽtik] 屋根裏(部屋).

attire[ətáiər] 服装／着る，装う.

attitude[ǽtitju:d] 姿勢，態度. strike on ～ 気取る.

attn. … 宛(手紙・メモ で)〔< attention〕.

attorney[ətə́:rni] 代理人；弁護士. ～ **general** 《米》法務長官；《英》検事総長. power of ～ 代行権限. a letter of ～ 委任状.

attract[ətrǽkt] 引く；魅惑する. **attraction** 引きつけること；引力；魅力；人目を引くもの. **attractive** 魅力のある；引力のある. **attractively** 魅力的に. **attractiveness** 牽引力；魅力.

attributable[ətríbjətəbl] …に帰せられる《to》.

attribute[ətríbju:t] …に帰する，…のせいにする《to》／[ǽtrəbju:t] 属性；付き物；〔文法〕限定詞.

attributive[ətríbjutiv] 属性の／〔文法〕限定詞. **attributively** 圖

attrition[ətríʃən] 摩擦；摩滅.

attune[ətjú:n] 調子を合わせる.

ATV オフロードカー，全地形用車〔< all-terrain vehicle〕.

atypical[eitípikəl]，**-ic**[-ik] 変則的な.

aubergine[óubərdʒi:n] ナス.

auburn[ɔ́:bərn] 赤褐色(の).

auction[ɔ́:kʃən] せり売り，競売／競売にかける.

auctioneer[ɔ:kʃəníər] せり売り人，

競売人／競売する.

audacious[ɔ:déiʃəs] ずぶとい，傍若無人な. **audaciously** 圖

audacity[ɔ:dǽsəti] 大胆，図々しさ.

audible[ɔ́:dəbl] 聞こえる. **audibly** 圖

audience[ɔ́:diəns] 聴衆；観客；〔テレビの〕視聴者；〔雑誌などの〕読者；謁見.

audio[ɔ́:diou] 音の. ～ **frequency** 可聴周波数. ～ **-visual aids** 視聴覚教材.

audit[ɔ́:dət] 会計検査，監査／会計検査をする；聴講する. **auditor** 会計検査人，監査役；聴講生.

audition[ɔ:díʃən] 聴覚；オーディション／オーディションをする〔受ける〕.

auditorium[ɔ:dɔ́:riəm] 聴衆席；講堂；公会堂.

auditory[ɔ́:dətɔ:ri] 耳の，聴覚の.

Aug. 八月〔< August〕.

auger[ɔ́:gər] らせん錐⸣.

aught[ɔ́:t] 何でも，何か. for ～ I know 私の知る限りでは.

augment[ɔ:gmént] 増大する. **augmentation** 名

augur[ɔ́:gər]〔古代ローマの〕卜鳥⸣官；占う.

augury[ɔ́:gjəri] 占い；前兆.

August[ɔ́:gəst] 八月〔略 Aug.〕.

august[ɔ:gʌ́st] 荘厳な.

au naturel[ou næturél]《F》自然のままの；生で；手を加えない.

aunt[ǽnt, ɑ́:nt] おば；おばさん(愛称).

auntie, aunty[ǽnti] おばちゃん(愛称) = aunt.

au pair[ou péər]《F》オーペア(語学習得のための住み込み留学).

aura[ɔ́:rə] オーラ，〔独特な〕雰囲気.

aural[ɔ́:rəl] 耳の，聴覚の.

aureole[ɔ́:rioul]〔太陽の〕光輪；〔聖像の〕後光.

aurora[ɔ:rɔ́:rə] オーロラ.

auspice[ɔ́:spis] 前兆；(複)後援. under the auspices of …の後援で.

auspicious[ɔ:spíʃəs] 吉兆の，縁起のよい

よい. **auspiciously** 副

Aussie[ɔ́:si]オーストラリア(人)の / オーストラリア人.

austere[ɔ:stíər]厳しい;厳粛な;飾らない. **austerely** 副

austerity[ɔ:stérəti]峻厳;厳格;耐乏(生活).

Australia[ɔ:stréiljə]オーストラリア大陸;オーストラリア(連邦)(Commonwealth of Australia).

Australian[ɔ:stréiljən]オーストラリア(人・英語)の / オーストラリア人〔英語〕.

Australasia[ɔ:strəléiʒə]オーストラレーシア(オーストラリア・ニュージーランド・周辺諸島の総称).

Austria[ɔ́:striə]オーストリア(共和国)(Republic of Austria).

Austrian[ɔ́:striən]オーストリア(人)の / オーストリア人.

autarchy[ɔ́:tɑ:rki]絶対主権;専制政治.

autarky[ɔ́:tɑ:rki]〔国家の経済的〕自給自足.

authentic[ɔ:θéntik]信頼できる;本物の.

authenticate[ɔ:θéntikeit]〔真実であると〕証明する. **authentication** 名

authenticity[ɔ:θentísəti]確実性;真偽.

author[ɔ́:θər]著者;作家;張本人. **authoress** [-ris] 女流作家. **authorship** 原作者;著述業.

authoritarian[əθɔ:rətéəriən, əθɑr-] 権威〔独裁〕主義者の / 権威主義者.

authoritative[əθɔ́:rəteitiv]権威ある;厳然たる;当局の.

authority[əθɔ́:rəti, əθɑr-, -tət-]権威, 権力《over》;権限(複) 官憲, 当局.

authorization[ɔ:θərəzéiʃən]委任;認可.

authorize[ɔ́:θəraiz]権限を与える;認可する. **authorized** 公認の.

autism[ɔ́:tizm]自閉症. **autistic** 形

auto[ɔ́:tou]《話》自動車.

autobahn[ɔ́:təbɑ:n]〔ドイツの〕高速道路.

autobiography[ɔ:təbaiágrəfi]自叙伝. **autobiographic(al)** 自伝(風)の.

autocracy[ɔ:tákrəsi]独裁政治.

autocrat[ɔ́:təkræt]独裁者;専制君主.

autocratic[ɔ:təkrǽtik], **autocratical**[-əl]独裁的な.

autograph[ɔ́:təgræf]自筆, 自署 / サインする. **autographic** 自筆の.

automat[ɔ́:təmæt]自動販売機;自動販売式料理店.

automate[ɔ́:təmeit]オートメーション化する. **automated** オートメーション化された.

automatic[ɔ:təmǽtik]自動の;無意識の. **automatically** 副

automation[ɔ:təméiʃən]オートメーション, 自動操作.

automaton[ɔ:tá:mətən]自動機械;ロボット.

automobile[ɔ:təməbí:l,ɔ́:təməbi:l]自動車.

automotive[ɔ:təmóutiv]自動の;自動車の.

autonomous[ɔ:tá:nəməs]自治の, 自治権のある.

autonomy[ɔ:tá:nəmi]自治(団)体 / 自治(権).

autopsy[ɔ́:təpsi]検死.

autumn[ɔ́:təm]秋. **autumnal** 秋の;秋に咲く. **autumnal equinox** 秋分.

aux., auxil[< auxiliary]

auxiliary[ɔ:gzíljəri]補助の, 副の / 補助物[者];〔文法〕助動詞;(複) 外人部隊. ～ **verb** 助動詞.

AV 視聴覚の, オーディオビジュアルの(< audiovisual).

avail[əvéil]役に立つ / 利益;効用. ～ oneself of 利用する. **available** 役に立つ;手にはいる.

A

avalanche[ǽvəlæntʃ]雪崩.

avant-garde[əvɑːntgάːrd]〔芸術上の〕前衛(的な).

avarice[ǽvəris]貪欲. **avaricious**形

avatar[ǽvətɑːr]アバター (仮想現実の自分の分身). ~ **robot** アバターロボット.

Ave …通り,〔…街〕<avenue].

avenge[əvéndʒ]復讐する. **avenger**復讐者

avenue[ǽvənjuː]大通り;並木路.

average[ǽvəridʒ]平均(の) / 平均する;平均…である. above (below) ~ 平均より上(未満). on an ~平均して.

averse[əvə́ːrs]嫌って.

aversion[əvə́ːrʒən, -ʃən]嫌悪;いやなもの.

avert[əvə́ːrt]〔目・顔などを〕そむける, そらす.

aviary[éivieri]鳥小屋.

aviation[eivéiʃən, æv-]飛行(術). **aviator**飛行士.

avid[ǽvid]貪欲な;ほしがる《of, for》. **avidity**名

avocado[ævəkάːdou]アボカド.

avocation[ævəkéiʃən]副業;余技.

avoid[əvɔ́id]避ける;…しないようにする《doing》. **avoidable**避けられる. **avoidance**回避.

avoirdupois[ævərdəpɔ́iz]常衡(16オンスを1ポンドと定めた衡量);《米》体重.

avouch[əváutʃ]公言する;白状する;保証する. **avouchment**名

avow[əváu]公言する;認める;白状する. **avowal** 公言;告白. **avowed** 公言した;公然の. **avowedly** 公然と.

AWACS [éiwæks]空中警戒管制機〔< airborne warning and control system〕.

await[əwéit]待つ.

awake[əwéik]起こす;喚起する / 覚める;気付く;悟る / 目が覚めて(いる);用心して.

awaken[əwéikən]覚ます〔める〕;喚起する;奮起する;悟らせる.

award[əwɔ́ːrd]〔賞などを〕与える;裁定する / 賞品;審判.

aware[əwéər]知って(いる);気付いて;感づいて.

away[əwéi]離れて;あちらへ;不在で. Away with him! 彼を追い払え.

awe[ɔ́ː]畏怖, 畏敬 / 畏敬の念を起こさせる. ~ **-inspiring** 畏敬の念を起こさせる. **awestricken, awestruck** 畏敬の念に打たれた. **awesome** 恐ろしい.

awful[ɔ́ːfl]恐ろしい;荘厳な;《話》ひどい;すごい. **awfully** 副 **awfulness** 名

awhile[əhwáil]しばらく.

awkward[ɔ́ːkwərd]へたな, 不器用な;落ち着かない;やりにくい. **awkwardly** 副 **awkwardness** 名

awl[ɔ́ːl]突き錐.

awn[ɔ́ːn]芒.

awning[ɔ́ːniŋ]日〔雨〕よけ.

awoke[əwóuk]awake の過去・過去分詞.

awoken[əwóukən]awake の過去分詞.

AWOL, awol[éidʌbəljuːouel, éiwɔ́ːl]無断欠勤(者), 無断外出(者)〔< absence without leave〕(元来警察用語).

awry[ərái]曲がって, ねじれて;間違って.

ax , axe[ǽks]斧.

axial[ǽksiəl]軸の.

axiom[ǽksiəm]原理;格言;〔数学〕公理. **axiomatic, axiomatical** 形

axis[ǽksis]軸;枢軸;(the A-) 枢軸国.

axle[ǽksl]心棒;車軸.

ay, aye[ái]はい;賛成 / 賛成;(複) 賛成者.

AZ アリゾナ州〔< Arizona〕.

azalea[əzéiljə]ツツジ.

Azerbaijan[ɑːzərbaidʒάːn]アゼルバ

イジャン（共和国）(Republic of Azerbaijan).

AZT アジドチミジン(AIDS 治療薬)〔< azidothymidine〕.

azimuth[ǽzəməθ]方位〔角〕.

azure[ǽʒər]空色(の)／淡青の.

B

BA 文学士〔< Bachelor of Arts〕；銀行引受手形〔< banker's acceptance〕.

baa[bǽː,báː]メエ(羊・ヤギなどの鳴き声)／羊などが鳴く.

babble[bǽbl]片言を言う；むだ口をきく；さらさら鳴る／片言；おしゃべり；〔流水などの〕せせらぎ.

babe[béib]《文》赤ん坊，うぶな人，《米俗》〔魅力的な〕娘；〔呼びかけ〕可愛こちゃん.

Babel[béibəl,bǽb-]〔聖書〕バベルの塔；騒がしい声；騒然たる場所.

babish, babyish 赤子のような. ～ talk 赤ん坊言葉.

baboon[bæbúːn]ヒヒ.

baby[béibi]赤ん坊；《俗》少女；愛人.～ boom ベビーブーム.～ boomer ベビーブーム世代の人.～ buggy ベビーカート.～ carriage 乳母車. babyhood 幼児期.

babysit 子守をする.

babysitter〔臨時雇いの〕ベビーシッター.

baccalaureate[bækəlɔ́ːriət]学士(bachelor)の学位.

bacchanal[bǽːkənæl]酒神バッカスの／飲み騒ぐ(人).

bacchanalia[bækənéiliə]（複）(B-)バッカス祭；痛飲乱舞；大酒宴.

Bacchus[bǽkəs]〔ギリシャ・ローマ神話〕バッカス(酒の神).

bachelor[bǽtʃələr]〔男の〕独身者；学士(号). Bachelor (Master) of Art 文学士(文学修士)～ hood〔男の〕独身(時代).

bacillus[bəsíləs]バチルス；桿状菌〔一般に〕細菌.

back[bǽk]背，背部；後部；奥／支持(する)，後援(する)〔up〕.～ off 撤回する；譲歩する. behind one's ～ひそかに. turn one's ～ on…に背を向ける.～ door 裏口；陰謀.～ and forth 前後に；行きつ戻りつ.～ margin バックマージン；印刷の際の行末の空き；リベート ～ street 裏通り；裏町 ～ talk 口答え.

backache 背中の痛み.

backbite 陰口を言う.

backbone 背骨；中軸，中堅.

backdrop 背景(幕).

backer 後援者，支持者〔物〕.

backfire 向かい火／逆火を起こす；〔計画などが〕裏目に出る.

backgammon[bǽkgæmən]西洋すごろく.

background 背景.

backhand〔庭球などの〕バックハンド(の).

backhanded = backhand；間接の；皮肉な.

backing 後援，支持；裏張り；伴奏.

backlash 激しい反動.

backlog〔商品の〕在庫分；〔仕事の〕未処理分／〔商品などを〕未処理のままにする.

back number〔雑誌などの〕古い号；時代遅れの人.

backroom 裏の部屋；〔政治などの〕舞台裏.

backside 尻.

backstage 楽屋(の・で).

backstairs 秘密(の・に).

backstop〔野球〕バックネット；捕手.

backstretch 正面観覧席の反対側の直線コース.

backstroke〔テニスの〕バックハンド打；背泳.

backup 後援(者)；渋滞；予備，代替物；〔コンピュータ〕バックアップ(万一の場合のためデータを保存

すること）.

backwater 戻り水；よどみ；知的な沈滞.

backwoods 奥地／未開の；素朴な.

backward 後に；後方へ；逆（に，の）；遅れた. ＝~ wards.

backyard 裏庭；すぐ近くの場所.

bacon[béikən]ベーコン.

bacteria[bæktíəriə]バクテリア, 細菌.

bactericide[bæktíərəsaid]殺菌剤.

bacteriology[bæktiəriálədʒi]細菌学.

bad[bǽd]悪い；不良な；病気の／悪い状態. ~ **egg** やくざ者；だめな計画. **badly** 悪く；ひどく. **badness** 悪いこと.

bade[bæd]bid の過去.

badge[bædʒ]しるし, 記章；象徴.

badger[bædʒər]アナグマ／いじめる；悩ます.

badminton[bǽdmintn]バドミントン.

Baedeker[béidikər]（ベデカー）旅行案内書.

baffle[bǽfl]邪魔をする；どぎまぎさせる／調節装置.

BAFTA[bǽftə]英国映画テレビ芸術アカデミー賞〔< British Academy of Film and Television Arts〕.

bag[bǽg]袋；かばん；〔猟の〕獲物. ~ **lady** ホームレスの女性.

baggage[bǽgidʒ]手荷物；おてんば娘. ~ **claim** 手荷物引渡し所. ~ **room** 手荷物一時預かり所.

bagpipe[bǽgpaip]（通例複）〔スコットランドの楽器〕バグパイプ.

bah[bɑ́:]ふん！（軽蔑の意を表す発声）.

Bahamas[bəhɑ́:məz]バハマ諸島.

Bahrain[bɑ:réin]バーレーン.

baht[bɑ́:t]バーツ（タイの貨幣単位）.

Baikal[baikɑ́:l]バイカル湖.

bail¹[béil]保釈（金）；保釈保証人／出獄させる. **on** ~ 保釈金を出して；保釈中で.

bail² 落下傘で飛び降りる；船から水をくみ出す. ~ **out** 緊急援助する.

bailiff[béilif]執行官.

bait[béit]わな；誘惑物／餌をつける；犬をけしかけて悩ます；いじめる.

baize[béiz]ベーズ（緑色の柔らかいフェルト風生地）.

bake[béik]焼く／パン・陶器などを焼く／〔パンなどが〕焼ける. **baking powder** ふくらし粉. **baker** パン屋. **bakery** パン製造所.

baksheesh[bǽkʃi:ʃ]チップ；祝儀／チップをやる.

balalaika[bæləláikə]バラライカ（ロシアの弦楽器）.

balance[bǽləns]秤；平均；つり合い；貸借の差額, 残高／〔秤で〕はかる；つり合わせる；比較する. ~ **of payments**〔一国の〕国際収支. ~ **of power**〔国家間などの〕勢力均衡. ~ **sheet** 貸借対照表.

balanced[bǽlənst]バランスのとれた, 安定した.

balcony[bǽlkəni]バルコニー, 露台；〔劇場の〕2階桟敷.

bald[bɔ́:ld]はげた；むき出しの.

baldhead はげ頭の人.

baldly むきだしに.

baldness はげ頭；むきだし.

bale[béil]包；梱/梱包する.

baleful[béilfəl]有害な.

balk, baulk[bɔ́:k]邪魔；失敗；〔野球〕ボーク／妨げる；くじく；〔馬が〕急に止まる.

ball¹[bɔ́:l]球；まり；球戯；野球；弾丸／球にする〔なる〕. ~ **game** 球技；野球；状況

ball² 舞踏会.

ballad[bǽləd]民謡.

ballade[bəlɑ́:d]バラード, 叙事曲.

ballast[bǽləst]〔船の〕底荷；底敷き砂利, バラスト.

ball club 野球チーム

ballerina[bæləríːnə]バレリーナ.

ballet[bǽlei]バレエ；バレエ団（員）.

ballistic[bəlístik] 弾道(学)の. **~ missile** 弾道ミサイル.

balloon[bəlú:n] 風船；気球. **~ satellite** 気球衛星.

ballot[bǽlət] [無記名]投票(用紙)；くじ；投票総数 /[無記名]投票する.

ballpark 野球場.

ballplayer 野球選手.

ballpoint pen ボールペン.

ballroom 舞踏室.

balm[bá:m] 香油；芳香；鎮痛剤. **balmy** 芳しい；まぬけな.

baloney[bəlóuni]ばかげたこと.

balsam[bó:lsəm]バルサム(芳香性樹脂)；バルサム樹；ホウセンカ類.

baluster[bǽləstər]手すりの支え棒. **balusters** 欄干 ，手すり.

bambino[bæmbí:nou] 赤ん坊；幼いキリストの像.

bamboo[bæmbú:]竹. **~ curtain** 竹のカーテン(中国と西側諸国を隔てていた政治的障壁). **~ shoot** タケノコ.

bamboozle[bæmbú:zl]《話》欺く；迷わす；[人を]だまして…を巻き上げる.

ban[bǽn]禁令／禁じる.

banal[bənǽl, -nɑ́:l]平凡な；陳腐な. **banality** 平凡；陳腐.

banana[bənǽnə] バナナ. **~ republic** 中南米の小国.

band[bǽnd]帯；ひも；周波数.

band² 一団，一行；楽団，バンド／団結させる[する]；集める[集まる].

bandage[bǽndidʒ]包帯／包帯でしばる.

B and B 朝食付き宿泊(民宿) [< bed and breakfast] (バケーションレンタルで有名なAirbnb, Inc. のbnbの由来).

bandanna[bændǽnə]バンダナ；大型ハンカチ；スカーフ.

bandit[bǽndit]山賊；強盗；悪漢.

bandmaster バンドマスター，楽隊長.

bandstand 野外音楽堂.

bandwagon [パレードの先頭の]楽隊車.

bandy[bǽndi] [球などを]打ち合う；やりとりする；言いふらす《about》 **~ -legged** がにまたの.

bane[béin]破滅のもと. **baneful** 有害な，有毒な.

bang[bǽŋ]どんと打つ；ばたんとしめる；[人を]ひどくぶつ；《俗》[人に][知識などを]たたき込む／ずどん，ばたん.

banish[bǽniʃ]追放する；[心配などを]払いのける. **banishment** 追放，駆逐.

banister[bǽnəstər] = baluster.

banjo[bǽndʒou]バンジョー(弦楽器). **banjoist** バンジョー奏者.

bank¹[bǽŋk]堤防；堤 ；岸；[航空機が旋回するときの]バンク，傾斜／堤防を築く；積み重ね[な]る；傾いて飛行する. **banking** 築堤；横傾斜.

bank² 銀行；貯蓄所. **~ account** 銀行預金口座. **~ bill** 紙幣；銀行手形. **~ holiday** 《英》[日曜以外の]銀行休日[法定休日]. **central ~** 中央銀行. **banker** 銀行家；[ばくちの]元締め. **banking** 銀行業.

bank³[座席などの]列／列に並べる.

bankbook 銀行通帳.

banknote 紙幣.

bankroll 資金(源)；金融資金／…に資金援助する.

bankrupt[bǽŋkrʌpt]破産者.

bankruptcy 破産；破綻 ；[名声の]失墜.

banner[bǽnər]旗，[スローガンなどを書いた]旗じるし；全段抜きの大見出し／《米》第一の／大々的に報道する.

banquet[bǽŋkwit]正式の宴会／饗応する；宴を張る[に出る].

bantam[bǽntəm] チャボ；小柄でけんか好きな人／小柄な. **bantam-weight**[ボクシング]バンタム級(の

選手).

banter[bǽntər]〔悪意のない〕ひやかし / からかう, ひやかす.

banyan[bǽnjən]ベンガルボダイジュ.

baptism[bǽptizm]洗礼；命名式. **baptismal**形

baptize[bæptáiz]…に洗礼を施す；命名する.

bar[bá:r]棒；かんぬき；格子；〔法定内の〕法廷；被告席；弁護士〔業〕；酒場；バール(圧力の単位) /〔戸などを〕とざす；〔通行などを〕妨げる；禁じる. ～ **association** 弁護士会. ～ **chart** 棒グラフ. ～ **code** バーコード.

barb[bá:rb]〔鏃・釣り針などの〕あご；〔針金などに付ける〕とげ；〔魚類の〕口ひげ. **barbed wire** 有刺鉄線.

barbarian[ba:rbéəriən]野蛮な；異教徒の / 野蛮人；粗暴な人.

barbaric[ba:rbǽrik]野蛮な；粗野な.

barbarism[bá:rbərizm]野蛮；未開；粗野な言葉づかい〔ふるまい〕.

barbarity[ba:rbǽrəti]蛮行；残忍.

barbarize[bá:rbəraiz]野蛮にする〔なる〕；粗野な言語を用いる.

barbarous[bá:rbərəs]野蛮な；残忍な；野卑な.

barbecue[bá:rbikju:]バーベキュー；〔豚・牛などの〕丸焼き台 / 丸焼きにする.

barbell[bá:rbel]バーベル.

barber[bá:rbər]理髪師.

barbershop 理髪店.

bard[bá:rd]〔古代ケルト族の〕吟遊詩人；詩人.

bare[béər]裸の；むきだしの；赤裸々の / 裸にする；暴露する. **barely** わずかに, 辛うじて. **bareness** むきだし；無装備.

barefoot はだしの〔で〕.

bareheaded 帽子をかぶっていない.

bargain[bá:rgən]売買契約；取引；買物 / 商談する《with》；契約する；予期する《for》. into the ～その上に.

～ **basement**〔デパートの〕地階特売場. ～ **day** 特売日. ～ **hunter** 特売品をあさる人. ～ **sale** 特売. **bargaining** 取引；交渉. **collective bargaining** 団体交渉. **bargaining power** 交渉力. **bargaining rights** 団体交渉権.

barge[bá:rdʒ]はしけ；平底荷船；屋形船.

baritone[bǽrətoun]バリトン；バリトン歌手(男性中音).

barium[béəriəm]バリウム.

bark[1][bá:rk]〔犬の〕ほえ声；どなり声；大砲の音 /〔犬などが〕ほえる；〔人が〕どなる.

bark[2] 樹皮；キナ皮 / 樹皮をはぐ；擦りむく.

barkeeper《米》酒場の主人；バーテン(ダー).

barley[bá:rli]大麦. ～ **water** 大麦のおも湯〔病人用〕.

barmaid 酒場の女給.

barman バーテン(ダー) (bartender).

barn[bá:rn]　納屋 . ～ **dance**《米》農家の納屋でのダンスパーティ；〔ポルカに似た〕いなか踊り.

barnacle[bá:rnəkl]フジツボ；地位にかじりつく人.

barnstorm《米》地方を遊説〔巡業〕する.

barnyard 裏庭.

barometer[bərá:mitər]晴雨計；気圧計；〔世論などの〕指標.

barometric[bærəmétrik], **barometrical**[-əl]晴雨計の.

baron[bǽrən]男爵；〔英国以外の国の〕貴族；《米語》〔実業界の〕大立て者. **baroness** [-is]男爵夫人；女男爵. **baronet**[-it]准男爵. **barony** 男爵の領・地位.

baronial[bəróuniəl]男爵の.

baroque[bəróuk]バロック様式(の)；装飾をこらした / バロック様式の作品；過度に装飾された(もの).

barrack[bǽrək](通例複)兵営；兵舎.

barrage[bərάːʒ]〔軍隊〕弾幕;〔質問などの〕連発;櫃﹒.

barrel[bǽrəl]樽;樽詰めのもの;樽1杯の分量;バレル(石油は約159リットル). ~ **organ**手回しオルガン.

barren[bǽrən]不妊の;〔土地が〕不毛の;…のない《of》/ 不毛の土地;やせ地. **barrenness**不妊;不毛.

barricade[bǽrəkeid, bæ̀rəkéid]バリケード;障害物/バリケードを築く.

barrier[bǽriər]さく;障壁;関門. ~ **-free**〔障害者のための〕障害物のない.

barring[bάːriŋ]…を除いて, …以外は.

barrister[bǽrəstər]《英》法廷弁護士;《米》〔一般に〕弁護士.

barroom酒場(ホテルなどの).

barrow[bǽrou]〔一輪または二輪の〕手押し車.

BART[bɑːrt]サンフランシスコ高速鉄道(< Bay Area Rapid Transit).

bartender[バーテン].

barter[bάːrtər]物々交換(の品)/物々交換する.

basal[béisəl]基礎的な;基底の;根本的に重要な.

base[1][béis]基礎;土台;〔軍隊の〕基地;〔化学〕塩基;〔競争などの〕出発点;〔野球の〕塁/…に基礎を置く《on》. ~ **hit**安打. ~ **runner**〔野球の〕走者. **baseman**〔野球の〕塁手. **basement**地階, 地下室.

base[2] 卑しい;下品な. **basely**下品に. **baseness**卑劣さ.

baseball野球(用のボール).

baseline〔野球などの〕ベースライン;基礎, 土台.

bash[bæʃ]強打する/強打;《英》試み. **bashing**たたくこと.

bashful[bǽʃfəl]恥ずかしがる;内気な. **bashfulness**图

BASICベーシック(プログラミング用言語)(< Beginner's All-purpose Symbolic Instruction Code).

basic[béisik]基礎の;〔化学〕塩基性の. ~ **income**(政府から保障する)ベーシックインカム, 最低所得 **basically**基本的に.

basil[bǽzəl]バジル, バジリコ.

basilisk[bǽsəlisk, bǽz-]バシリスク(息や眼光で人を殺すという伝説的怪獣);〔熱帯アメリカ産の〕トカゲ.

basin[béisn]水ばち;洗面器;はち一杯;盆地;流域.

basis[béisis]基礎;根拠;土台.

bask[bǽsk]暖まる, 日向ぼっこする;〔恩恵を〕にさう.

basket[bǽskit]かご;ざる;かご一杯. **basketful**かご一杯分.

basketballバスケットボール(用のボール).

basketworkかご細工.

bass[béis]低音(部);低音歌手;〔楽器〕ベース/低音の.

bassist[béisist]ベース奏者;低音歌手.

bassoon[bæsúːn]バスーン(低音木管楽器).

bastard[bǽstərd]私生児;にせ物/私生の;にせの.

baste[1][béist]仮縫いする.

baste[2]〔肉に〕焼き汁・たれなどをかける.

baste[3] なぐる;どなりつける.

bastion[bǽstʃən]稜堡﹒;とりで;要塞.

bat[1][bǽt]〔野球・クリケットの〕バット/バットで(球を)打つ.

bat[2] 蝙蝠﹒.

batch[bǽtʃ]一組;〔パン・陶磁器の〕一焼き分;一束;〔コンピュータ〕バッチ. ~ **processing**〔コンピュータ〕一括〔バッチ〕処理.

bate[béit]減じる;和らげる.

bath[bæθ]入浴;水浴び;日光浴;浴室;浴槽/入浴させる〔する〕.

bathe[béið]浸す/水泳する;入浴する. **bathing cap**水泳帽. **bathing suit**水着.

bathhouse 浴場；〔海水浴場の〕脱衣所.

bathrobe バスローブ；ガウン.

bathroom 浴室；便所.

bathtub 浴槽.

baton[bətá:n] 杖 ；〔官職の表章〕；バトン；〔警官の〕警棒；指揮棒；〔リレーの〕バトン.

battalion[bətǽljən]〔軍隊〕大隊；軍勢；（複）多人数.

batten[bǽtn] がつがつ食べる；〔人を〕食いものにする《on》.

batter[bǽtər] 乱打する；たたきこわす；使いつぶす／〔牛乳・卵・小麦粉の〕こねもの.

batter[野球などの]打者.

battery[bǽtəri]〔軍隊〕砲兵中隊；砲台；電池；一そろいの機械；〔野球〕バッテリー（投手と捕手）；殴打.

batting[bǽtiŋ]〔野球・クリケットの〕打撃. ～ **average**《話》打率.

battle[bǽtl] 戦闘，闘争；戦争. **-ax(e)**〔昔の〕いくさ斧 ；～ **cry** ときの声. **battlefield** 戦場. ～ **battlefront** 戦線. **battleground** 戦場. **battlement** 銃眼つき胸壁. **battleship** 戦艦.

bauble[bɔ́:bl] 安ぴかもの.

baud[bɔ́:d]〔コンピュータ〕ボー（データ伝送速度単位）.

baulk[bɔ́:k] = balk.

bauxite[bɔ́:ksait] ボーキサイト.

bawd[bɔ́:d] 売春宿のおかみ. **bawdy** ひわいな.

bawl[bɔ́:l] わめく；どなる／わめき声. ～ **out** わめきたてる；〔人を〕しかりつける

bay[béi]〔gulf より小さい〕湾.

bay〔猟犬が獲物を追うときに太く長くほえる，ほえつく《at》／〔犬の〕ほえ声；太くうなる声. **at**～追い詰められて.

bay 鹿毛 の／鹿毛の馬.

bay 月桂樹；月桂冠；（複）栄誉；名声.

bay 壁の柱と柱の間；〔気体の〕隔室；干し草〔穀物〕置場.

bayonet[béiənət] 銃剣／銃剣で刺す.

bayou[báiju:]〔米国南部の〕沼状の入江；支流.

bazaar[bəzá:r]〔東洋の〕市場；商店街；特売場；慈善市；バザー.

bazooka[bəzú:kə] バズーカ砲.

BBC BBC 放送（正式名・英国放送協会）〔< British Broadcasting Corporation〕.

BBQ バーベキュー〔< barbecue〕.

BBS 電子掲示板〔< bulletin board system〕.

B.C., BC 西暦紀元前 .〔< before Christ〕cf. A.D.

B/E, b. e. 為替手形〔< bill of exchange〕.

be[弱 bi, 強 bí:]〔主語と補語を結ぶ〕…である；〔ある場所・状態に〕ある，いる. ～ **to do**…することになっている；…すべきだ；…できる.

beach[bí:tʃ] 浜；磯／〔船を〕浜に引き上げる.

beachcomber 打ち寄せる波；浜辺をうろつく浮浪者.

beacon[bí:kən] かがり火；のろし；航路〔水路〕標識；無線標識；灯台；指針.

bead[bí:d] 数珠 玉；（複）数珠；〔汗などの〕玉；泡／玉で飾る；玉になる.

beadle[bí:dl]〔昔教会の雑務をした〕教区吏員；〔教会・大学の〕儀官.

beak[bí:k]〔特に猛鳥のわん曲した〕くちばし；くちばし状のもの. **beaked** くちばしのある.

beaker[bí:kər]〔台付きの〕大型コップ；〔化学実験用の〕ビーカー.

beam[bí:m]〔建物・船の〕梁 ；けた；〔秤 の〕棹 ；〔表情などの〕輝き；ほほえみ；方向表示梁／〔光を〕放つ；…に信号電波を送る／にっこりほほえむ. **beaming** 光り輝く；陽気な.

bean[bí:n] 豆，インゲン豆；《米俗》銭；

頭. full of ~s《語》元気いっぱいで.
beanball〔野球〕ビーンボール(打者の頭の近くをねらった投球).

bear¹[béər]クマ;ぶこつで粗暴な人;〔株式〕売り方, 弱気筋. **bearish** クマのような;粗野な;〔株式〕弱気含みの.

bear² 運ぶ;支える;…に耐える;〔感情を〕いだく;〔子を〕産む;〔実を〕生じる. ~ down …を圧倒する;大いに努力する. ~ out …を確証する. **bearable** 耐えられる.

beard[bíərd]ひげ; あごひげ. **bearded** ひげのある. **beardless** ひげのない.

bearer[béərər]運ぶ人;〔小切手などの〕持参人;受け台;実がなる〔花の咲く〕草木;在職者.

bearing[béəriŋ]挙動;態度;関係;意義〔on, upon〕;(しばしば複).方角;位置;出産;結実;〔機械〕軸受け.

beast[bíːst]動物;獣⁶⁶⁶;畜生;獣のような人. **beastliness** 獣性;残忍. **beastly** 粗暴な;不潔な;ひどい.

beat¹[bíːt]打つ;打ち負かす;《米》ごまかす;砕く;〔道を〕踏みならす;〔卵・クリームを〕強くかきまぜる ~ (around) the bush 遠回しに探る〔言う, する〕. ~ down …を打ち倒す;たたきくずす;値切る /〔続けざまに〕打つこと;鼓動;〔巡査などの〕巡回区域;拍子 ~ it 立ち去る;値切る. ~ off 撃退する. ~ up かきまぜる;召集する;不意を襲う

beat² 疲れ切った; ビート族の. **Beat Generation** ビート族(の世代). **beater** 打つ人;〔卵〕泡だて器.

beaten[bíːtn]beatの過去分詞 / 打たれた;打ち負かされた.

beatify[biːǽtəfai]幸福にする;〔カトリック〕〔死者が福者に〕列したことを宣言する.

beating 打つこと;攪拌;敗北;羽ばたき;鼓動〔水泳の〕ばた足.

beatitude[biːǽtətjuːd]至福, 無上の幸福.

beatnik[bíːtnik]〔主に 1950 ～ 1960 年代の〕ビート族.

beau[bóu]《F》しゃれ者;色男.

beauteous[bjúːtiəs]うるわしい;美しい.

beautician[bjuːtíʃən]美容師.

beautiful[bjúːtəfəl]美しい;きれいな;快適な;みごとな. **beautifully** 副

beautify[bjúːtəfai]美しくする.

beauty[bjúːti]美;美人;美しいもの.

beaver¹[bíːvər]ビーバー(の毛皮);《俗》働き者 /《英俗》よく働く.

beaver² 〔かぶとの〕あご当て.

becalm[bikáːm]〔風が凪いで〕〔帆船を〕止める;静める.

became[bikéim]become の過去.

because[bikɔ́z]…だから;…だからといって. ~ of …の理由で.

beck[bék]うなずき;手まねき. be at a person's ~ (and call) 人の言いなりになる.

beckon[békən]手まねきする;合図する.

becloud[bikláud]曇らせる;あいまいにする.

become[bikʌ́m]…になる / 似合う. **becoming** 似合う, ふさわしい.

B. Ed. 教 育 学 士〔< Bachelor of Education〕.

bed[béd]寝床, 寝台;苗床;花壇;河床;地層;土台 / 寝かせる;寝る;〔家畜などに〕寝床をつくってやる;花壇に植える;土台にすえる. **bedding** 寝具;〔牛馬の〕敷きわら.

bedaub[bidɔ́ːb]汚す.

bedbug ナンキン虫;トコジラミ.

bedclothes 寝具.

bedeck[bidék]飾る.

bedevil[bidévəl]困らせる;混乱させる;悪魔にとりつかせる.

bedew[bidjúː]〔露で〕濡らす.

B

bedfellow 寝床を共にする者；仲間；友人．

bedizen[bidáizn] 飾り立てる《with》．

bedlam[bédləm] 騒がしい所；大混乱．

bedraggle[bidrǽgl] 〔衣服などを〕ずるずる引きずって汚す；びしょぬれにする．

bedridden 床についたきりの．

bedrock 基盤；根底；底．

bedroom 寝室．

bedside まくら元．

bedstead ベッドの台．

bedtime 就寝時．

bee[bíː] ミツバチ；よく働く人；《米》集まり．

beech[bíːtʃ] ブナ；ブナ林．

beef[bíːf] 牛肉；《話》筋肉；力．~ **tea** 牛肉を煮詰めて作るスープ．

beefeater 英王の衛兵，ロンドン塔の守衛．

beefsteak ビフテキ；ビーフステーキ．

beehive ミツバチの巣(箱)；人の群れ集まった場所．

beekeeper 養蜂家．

beeline 直線距離．

been[bin, 強 bíːn]be の過去分詞．

beer[bíər]ビール，麦酒．**beerhouse**《英》ビヤホール．**low-malt** ~ 発泡酒．

beeswax みつろう．

beet[bíːt]ビート(サトウダイコンの類)．~ **sugar** てんさい糖．

beetle[1][bíːtl]甲虫(カブトムシなど)；近視の人．

beetle[2] 突き出た／突き出る．~ **-browed** まゆ毛の太い；にがい顔をした；むっつりした．

beetle[3] 大槌(で打つ)；杵(で打つ)．

befall[bifɔ́ːl]《文》〔よくないことが〕(身に)振りかかる．

befallen[bifɔ́ːlən]befall の過去分詞．

befell[bifél]befall の過去．

befit[bifít] …に適する；似合う．**befitting** 適当な；ふさわしい．

before[bifɔ́ːr](…の)前に／…より前に；そのときまでに；かつて．

beforehand あらかじめ．

befriend[bifrénd]…の友〔味方〕となる；助ける．

befuddle[bifʌ́dl] 混乱〔困惑〕させる．

beg[bég]請い求める；〔許し・恩恵などを〕懇願する；頼む；請う；乞食をする．

began[bigǽn]begin の過去．

beget[bigét]〔男親が〕〔子を〕もうける；招来する；生む．

beggar[bégər]乞食；貧乏人．

beggarly 乞食のような；赤貧の．

begin[bigín]始まる／始める；着手する．~ **to** ~ **with** まず第一に．**beginner** 初心者，初学者；創始者．

beginning 初め；発端；起源．

begone[bigɔ́ːn, -gáːn] 立ち去る．

begonia[bigóunjə]ベゴニア；シュウカイドウ．

begot[bigát]beget の過去・過去分詞．

begotten[bigátn]beget の過去・過去分詞．

begrudge[bigrʌ́dʒ]〔人に〕〔与える物を〕惜しむ；出ししぶる；〔許可を〕しぶる；ねたむ．

beguile[bigáil]だます；退屈をまぎらす．**beguilement** ぎまん；気晴らし．

begun[bigʌ́n]begin の過去分詞．

behalf[biháéf] in〔on〕~ **of** …に代わって；…を代表して；…のために．

behave[bihéiv]ふるまう；行儀よくする；〔機械などが〕動く．~ **oneself** 行儀よくする

behavior,《英》**behaviour** [bihéivjər]ふるまい；行儀；行動；品行；態度；〔機械などの〕動き．

behead[bihéd]…の首をはねる．

beheld[bihéld]behold の過去・過去分詞．

behemoth[bihíːməθ]《米話》巨大な

人〔もの・動物〕.

behind[biháind]〔場所〕後ろに, 後に;〔時間・進度〕おくれて.

behindhand《文・叙述》〔時間・進度などに〕おくれて;〔家賃などが〕滞って.

behold[bihóuld]見る.

beige[béiʒ]ベージュ色.

being[bíːiŋ]be の現在分詞 / 存在;人生;生き物;人間.

bejewel[bidʒúːəl]宝石で飾る;…に宝石をちりばめる.

belabor,《英》belabour[biléibər]くどくどと述べる;強く打つ.

belated[biléitid]おくれた;《古》行き暮れた.

belch[béltʃ]げっぷをする;〔煙などを〕吐き出す / げっぷ;噴出する火煙.

beleaguer[bilíːgər]包囲(攻撃)する;取り巻く.

belfry[bélfri]鐘楼;《俗》頭;煩悩.

belief[bilíːf]信念;信仰(in);信用.

believe[bilíːv]信じる;信仰する;…だと思う(that). **believable** 信じられる. **believer**. 信じる人;(…の)信者(in).

belittle[bilítl]軽視する;けなす.

bell[bél]ベル〔呼びりん・鐘・鈴〕(の音) / 鈴を付ける. ～ the cat 難局に当たる. **bellman**〔昔の〕町のふれ回り役;鐘を鳴らす人;《米》ボーイ.

bellboy《米》ホテルのボーイ.

belle[bél]《F》(一番の)美人.

belles-lettres[bellétrə]《F》美文;純文学.

bellflower ホタルブクロ.

bellhop《米俗》= bellboy.

bellicose[bélikous]好戦的な.

belligerence[bəlídʒərəns]好戦性;交戦性. **belligerency** 交戦状態. **belligerent** 交戦中の;交戦国の.

bellow[bélou]雄牛の鳴き声;どなり声 / ほえる;どなる.

bellows[bélouz]鞴⸂.

belly[béli]腹;腹部. **bellyful** 腹いっぱい;十分.

bellyache 腹痛.

belong[bilɔːŋ]…に属する(to).

belonging 所持品, 所有物;財産.

beloved[bilʌvid, -lʌvd] かわいい(人) / 最愛の人.

below[bilóu]…の下に〔へ・を〕.

belt[bélt]帯;ベルト;〔産出〕地帯 / …に帯を巻く;…を帯で付ける.

bemoan[bimóun]悲しむ;嘆く.

bemuse[bimjúːz]ぼんやりさせる. **bemused** ぼんやりした.

bench[béntʃ]ベンチ;仕事台;(the ～)裁判所;裁判官;〔判事〕席;法廷.

benchmark 基準;水準点;標準価格.

bend[bénd]曲げる / 曲が〔げ〕る;屈服させ〔させ〕る;〔目などを〕向ける / 屈曲, 曲がり角;おじぎ;〔海事〕結索;結び目.

beneath[biníːθ]下方に;下位に;劣って;…に値せずに.

benediction[benədíkʃən]祝福;〔食前・食後の〕感謝の祈り.

benefaction[bénifisns]善行;施し物. **benefactor** 恩人;〔養護院などの〕後援者;寄贈者.

beneficence[bənéfisns]善行;施し物. **beneficent** 慈善の;情深い.

beneficial[benəfíʃəl]有益な;有利な(to). **beneficially** 副

beneficiary[benəfíʃieri]〔保険金・遺産などの〕受取人;受益者.

benefit[bénəfit]利益;恩恵;特典;〔社会保障制度による〕給付金 / 益する;利を得る.

Benelux[bénəlʌks]ベネルクス三国(Belgium, the Netherlands, Luxembourg)

benevolent[bənévələnt]慈悲深い;慈善の. **benevolence** 名 **benevolently** 副

benign[bənáin]親切な;優しい;〔気

候の)温和な；〔医学〕良性の. ~
neglect 意図的無関心；いんぎんな
無視. **benignly** 副

benignant[biníɡnənt]親切な；優し
い；温和な. **benignancy** 名 **benig-
nantly** 副

bent[bént]bend の過去・過去分詞 /
曲がった；熱中した，決心した /
傾向；嗜好；性癖；わん曲.

benumb[binʌ́m]感覚を失わせる，
しびれさせる；〔心を〕麻痺させる.

benzene, benzol[bénziːn, -zɔːl]ベ
ンゼン.

benzine[bénziːn, -benzíːn]揮発油；
ベンジン.

bequeath[bikwíːð, -kwíːθ]〔動産を〕遺
贈する；後世に伝える. **bequeathal**
名

bequest[bikwést]遺贈；遺産；形見.

berate[biréit]《米》ひどく叱る.

bereave[biríːv]〔希望などを〕奪う.
be bereaved of …に死に別れる. be
bereft of… を失っている.
bereavement〔愛児などとの〕死別；
喪失.

bereft[biréft]bereave の過去・過去分
詞.

beret[bəréi]ベレー帽.

berg[bɑ́ːrɡ]氷山；〔南アフリカで〕山.

beriberi[beribéri]脚気.

berry[béri]〔ブドウ・イチゴなどの〕
実；〔コーヒーなどの〕実；エビ・カ
ニなどの卵.

berserk[bərsɑ́ːrk, -zɑ́ːk]狂暴な. go
~キレる.

berth[bɑ́ːrθ]停泊所；〔船・列車など
の〕寝台；職；地位.

beryl[bérəl]緑柱石.

beseech[bisíːtʃ]《文》嘆願〔懇願〕す
る.

beseechingly 嘆願するように.

beseem[bisíːm]《文》似合う；ふさ
わしい.

beset[bisét]包囲する；攻撃する.
besetting つきまとう.

beside[bisáid]…の側に；…と比べる
と；…をはずれて. ~ oneself われ
を忘れて；狂っている.

besides[bisáidz]その上に；…に加え
て /…のほかに.

besiege[bisíːdʒ]《軍》包囲する；…
に押しかける；要求する. **besieger**
包囲者.

besmear[bismíər]〔糊などを〕…に塗
りつける.

besmirch[bismɔ́ːrtʃ]〔人格・名誉な
どを〕よごす；汚す.

besotted[bisɑ́təd]酔った；ぼうっとな
った.

besought[bisɔ́ːt]beseech の過去・過
去分詞.

bespatter[bispǽtər]…に泥水をはね
かける；悪口を浴びせかける，中
傷する.

bespeak[bispíːk]予約する；予示す
る.

best[bést]〔good, well の最上級〕最も
よい，最上の；最大の / 最良，最上；
全力 /〔well の最上級〕最もよく；い
ちばん. at(the) ~せいぜい，うま
くいっても. do one's ~全力を尽く
す. get the ~ of〔議論などに〕勝つ.
make the ~ of …を大いに利用する.
~ seller ベストセラー.

bestial[béstʃəl]獣類の；獣のような；
野卑な. **bestially** 獣的に.

bestir[bistɔ́ːr]奮起させる.

best man 新郎の付添人.

bestow[bistóu]与える《on》；〔時・
力などを〕費やす. **bestowal** 贈り物；
処置.

bestrew[bistrúː]一面におおう；散布
する.

bestride[bistráid]…にまたがる；ま
たいで立つ.

bet[bét]賭ける《on》；《話》…だと思
う / 賭け；賭け金. you ~ 《米話》
確かに；そうだとも.

beta[béitə]ギリシャ字母の 2 番目の
文字〔B・β〕；第 2 位のもの.

betray [bitréi] 裏切る；敵に売る；〔秘密などをうっかり〕漏らす；示す.
betrayal 裏切り；暴露；密告.
betrayer 裏切り者；売国奴.

betroth [bitróuð] 婚約する.
betrothal 婚約.

better [bétər] [good, well の比較級] よりよい；〔病人が〕快方に向かった；より大きい / よりよいもの；(通例複) 目上の人，先輩 / [well の比較級] さらによく；さらに；一層 / 改善する；…にまさる；よくなる〔する〕. be ~ off 前より裕福である. had ～ do … した方がよい.
betterment 改善，改良.

between [bitwín] (…の) 間に〔で〕.

betwixt [bitwíkst]《古》= between.

bevel [bévəl] 斜面；角度；定規.

beverage [bévəridʒ] 飲み物，飲料.

bevy [bévi] 〔ヒバリ・ウズラなどの〕群れ；〔少女の〕一団.

bewail [biwéil] 悲しむ，嘆く.

beware [biwéər] 用心する，警戒する《of》.

bewilder [biwíldər] 当惑させる；うろたえさせる. **bewilderment** 名

bewitch [biwítʃ] …に魔法をかける；悩殺する.

beyond [bijánd] …を越えて；…より優れて；…以上に.

BFN 今日はこのへんで，じゃあ〔< Bye for now〕.

BIAC《英》産業諮問委員会〔< Business and Industry Advisory Committee〕.

biannual [baiǽnjuəl] 年2回の，半年ごとの.

bias [báiəs] 斜線；ゆがみ；偏見；傾向.

biathlon [baiǽθlən] バイアスロン (スキーと射撃の二種競技).

bib [bíb] よだれ掛け；胸当て.

Bible [báibl] (the ~) 聖書；(ときに b-) 聖典；(b-) 権威ある書籍.

Biblical [bíblikəl] 聖書の；聖書に関する.

bibliography [bibliá:grəfi] 書誌学；参考書目. **bibliographer** 書誌学者.

bibulous [bíbjələs] 酒好きな；酒におぼれた.

bicameral [baikǽmərəl] 二院制の.

bicarbonate [baiká:rbənət, -eit] 重炭酸塩.

bicentenary [baisenténəri], **bicentennial** [-téniəl] 200周年(記念) (の)；200年祭(の).

bicker [bíkər] 口論(する)；〔小川などが〕さらさら流れる.

bicycle [báisikl] 自転車 / 自転車に乗る. **bicyclist** 自転車に乗る人.

bid [bíd] 値をつける；〔せり札を〕宣言する；《文》命じる；〔あいさつなどを〕述べる / つけ値；入札；試み；企て；努力；提案. **collusive** ～ 談合. **bidder** 入札者. **bidding** せり；入札；つけ値；命令.

bidden [bídn] bid の過去分詞.

bidet [bi:déi] ビデ；子馬.

biennial [báieniəl] 2年に1度の /2年ごとの試験；2年生の植物.

bifocal [báifoukəl] 二焦点の.

big [bíg] 大きい；成長した；偉い；重大な；傲慢な；寛大な. talk ~ 大言壮語する. **Big Apple** ニューヨーク市の愛称. ～ **business** 大企業, 巨大組織；大きな商売. ～ **deal**《米俗》重要人物；大事. ～ **name** 名士, 有名人；名声. the ~ **time** 第一線, トップクラス. **bigness** 名

bigamy [bígəmi] 重婚. **bigamist** 重婚者.

bigot [bígət] がんこな迷信家；偏屈者. **bigoted** 頑固な；偏屈な. **bigotry** 頑固；偏屈.

bijou [bí:ʒu:]《F》宝石；小さな装飾物.

bike [báik]《話》自転車(に乗る).

bikini [bikí:ni] ビキニ(水着).

bilateral [bailǽtərəl] 両側の；左右同

形の；双務的な；二国間の.
bile[báil]胆汁；不機嫌.
bilingual[bailíŋgwəl]二国語の；二国語を話す〔で書かれた〕/二国語を話す人.
bilious[bíljəs]胆汁質の；怒りっぽい.
bill¹[bíl]請求書；ビラ；ポスター；プラカード；為替手形；証書；〔米〕紙幣；議案；法案；起訴状；調書／勘定書きを送る；ビラ広告する；発表する. ～ **of exchange** 為替手形. ～ **of fare** 献立表，メニュー. ～ **of lading** 船荷証券.
bill²くちばし；くちばし状のもの／くちばしを合わせる. ～ **and coo** 愛情を示し合う.
billboard 掲示板.
billet[bílət]〔兵隊の〕営舎，宿舎，宿泊所提供命令／官舎につかせる；宿泊させる.
billiards[bíljərdz]玉突き，ビリヤード.
billion[bíljən]10億；〔英古〕兆.
billionaire[biljənéər]，《女性》**-airess**[-éris]億万長者.
billow[bílou]大波／大波が立つ；うねる. **billowy** 形
billy goat[bíli góut]〔話〕雄ヤギ.
bimbo[bímbou]見かけはいいが頭の悪い女. ～ **eruption** 女性関係スキャンダルの噴出.
bimetal[baimétl]バイメタル.
bimonthly[baimʌ́nθli]隔月の〔に〕；隔月刊行物.
bin[bín]貯蔵物；置場.
binary[báinəri]二要素からなる；〔数学〕二進数の；二連星.
bind[báind]縛る，結ぶ；巻く；束縛する；縁を付ける；製本する／縛る；固まる；(衣服が)きつい／縛るもの. **binder** 縛る人〔もの〕；製本屋；バインダー.
binding 拘束；締める；製本；手付金；包帯.
binge[bíndʒ]《話》どんちゃん騒ぎ.

binocular[bainá:kjələr, bə-]両眼用の／(おもに複)双眼鏡.
binomial[bainóumiəl]二項(式)の.
biochemistry[baioukéməstri]生化学.
biodegradable[baioudigréidəbl]微生物で分解される.
biography[baiá:grəfi]伝記，伝記文学. **biographer** 伝記作者. **biographic, biographical** 伝記の.
bioinformatics[baiouinfərmǽtiks]バイオインフォマティクス(bio，information，-tics の三語からの合成語)，生命情報工学.
biology[baiá:lədʒi]生物学. **biological** 生物学(上)の. **biologist** 生物学者.
biopsy[báia:psi]生体組織検査.
biorhythm[báiouriðm]バイオリズム(生体のもつ周期性).
biosphere[báiəsfiər] (the ～)生物圏.
biotechnology[baiəteknálədʒi]生物工学(触媒剤として微生物や遺伝子などを使用する技術)；バイオテクノロジー.
bipartisan[baipá:rtəzən]2党の；超党派的な.
bipartite[baipá:rtait]2部〔2通〕からなる.
biped[báiped]二足動物.
biplane[báiplein]複葉飛行機.
birch[bə́:rtʃ]カバの木；カバ材；カバのむち／カバのむちで打つこと.
bird[bə́:rd]鳥；《俗》やつ；人；若い女性. ～ **call** 鳥の鳴き声；鳥のまね声；鳥笛. ～ **-watcher** 野鳥観察者. **bird's-eye view** 鳥瞰図；概観.
birdie[bə́:rdi]〔愛称〕小鳥；〔ゴルフ〕バーディー.
birdlime 鳥もち(で捕える).
birdman 鳥類研究者；鳥を捕る人；《話》鳥人；飛行家.
birth[bə́:rθ]出産；誕生；生まれ，家柄；〔特によい〕家系. ～ **control** 産

児制限.

birthday 誕生日.

birthmark 生まれつきの痣；ほくろ.

birthplace 出生地；故郷.

birthrate 出生率.

birthright 生得権.

birthstone 誕生石.

BIS 国際決済銀行〔< Bank of International Settlements〕.

biscuit[bískit]《英》ビスケット(色)；《米》菓子パンの一種.

bisect[baisékt, báisekt]二等分する.
bisector 二分するもの.

B-ISDN 広帯域総合デジタル通信網〔< Broadband Integrated Service Digital Network〕.

bisexual[baisékʃuəl]両性の；両性愛の.

bishop[bíʃəp]〔プロテスタントの〕監督；〔カトリックの〕司教；〔仏教の〕僧正；〔ギリシャ正教・英国国教会の〕主教；〔チェスの〕ビショップ.
bishopric bishop の職・管区.

bismuth[bízməθ]蒼鉛，ビスマス.

bison[báisn]バイソン，野牛 (やぎゅう).

bisque[bísk]〔貝・野菜などの〕濃厚なスープ；〔粉末の木の実の入った〕アイスクリーム；素焼きの陶器.

bistro[bístrou]小酒場.

bit ¹[bít]小片；一口；〔news など数えられない名詞とともに〕1つ；少し；《俗》12 セント半.

bit ² くつわ；拘束；〔錐の〕穂先；〔機械の〕ビット /〔馬に〕はみをかませる；拘束する.

bit ³〔コンピュータ〕ビット(情報量の基本単位).

bit ⁴ bite の過去・過去分詞.

bitch[bítʃ]〔犬・オオカミ・キツネなどの〕雌；《俗》あばずれ女；いやな女；ばいた；《米話》不平を言う.

bite[báit]咬 む；かじる；〔虫が〕刺す；〔寒さが〕しみる；傷める；腐食する / 咬むこと；腐蝕. **biting** 刺

すような.

bitten[bítn]bite の過去分詞.

bitter[bítər]苦い；ひどい；悲しい；つらい / 苦い / 苦みビール. to the ～ end あくまで；死ぬまで.
bitterly 悲しく；ひどく；毒々しく.
bitterness 苦味；悲哀. **bitters** 苦味薬(健胃剤) 苦味酒(カクテルの風味・強壮剤用).

bittersweet ほろ苦い.

bituminous[bitʃúːminəs]瀝青 ${}^{れき}_{せい}$ 質の.

bivalve[báivælv]両弁の；二枚貝の / 二枚貝.

bivouac[bívuæk]ビバーク / 露営する.

biweekly[baiwíːkli] 2 週 1 回の(出版物).

biz[bíz]ビジネス，商売.

bizarre[bizáːr]変な，奇怪な.

B/L, b/l, b.l. 船荷証券, 運送証券〔< bill of lading〕.

blab[blǽb]べらべらしゃべる；漏らす.

black[blǽk]黒い；汚い；暗い；陰気な；不吉な；陰険な；邪悪な；黒人の / 黒色；黒絵の具, 黒インキ；喪服；汚れ；すす；黒人 / 黒く塗る；汚す〔靴などを〕磨く. ～ out 黒く塗りつぶす；灯火管制する；一時的に意識を失う. ～ -and-white〔写真などが〕モノクロの. ～ coffee 牛乳またはクリームを入れないコーヒー. ～ currant クロフサスグリ, カシス. **Black Death** ペスト. ～ eye 目の縁のあざ. ～ -hearted 腹黒い. ～ hole ブラックホール. ～ letter 黒体活字(昔風の装飾的な書体). **Black Lives Matter (BLM)**(スローガン)「黒人の命は大切だ」. ～ market 闇市〔商人〕. ～ marketeer 闇屋. ～ pepper 黒コショウ. ～ power《米》黒人運動. ～ sheep 黒羊；厄介者. ～ tea 紅茶. ～ tie 黒の蝶ネクタイ；男子夜会服.
blacken 黒くする〔なる〕；人を悪く

B

言う. **blacking** 黒色塗料；靴ずみ.
blackish 黒ずんだ. **blackness** 黒さ；
腹黒いこと.

blackbeetle 黒褐色のゴキブリ.

blackberry 黒イチゴ.

blackbird〔ヨーロッパ産の〕クロウ
タドリ；〔英国産の〕ムクドリモドキ.

blackboard 黒板.

blacklist ブラックリスト，注意人物.

blackmail ゆすり.

blackout〔舞台の〕暗転，停電，灯火
〔報道〕管制，一時的意識喪失.

blacksmith 鍛冶屋.

blackthorn リンボクの一種；〔米
国産〕サンザシ.

bladder[bl金dər] 膀胱；〔魚の〕浮
き袋.

blade[bléid]〔草・麦の〕葉；〔刀など
の〕刃；〔オール・プロペラ・骨な
どの〕薄く平らな部分.

blah[blá:]《米話》くだらないこと／
退屈な，くだらない.

blame[bléim] 非難；責任；責め《for》
／とがめる；…のせいにする.
blameworthy 当然非難されるべき.
blamable 非難されるべき.
blameless 何の落ち度もない.

blanch[blǽntʃ] 晒す；白くする；〔果
物の〕皮をはぐ／白くなる；蒼白に
なる.

bland[blǽnd] おだやかな；柔和な；
口当たりのよい. **blandly** 副 **bland-
ness** 名

blandish[blǽndiʃ] 媚びる. **blan-
dishment** おせじ，追従.

blank[blǽŋk] 白紙の；　空白の；
興味のない；無表情の；単調な；全
くの／記入用紙；からくじ；空白
を示す印（—）. **~ verse** 無韻詩.
blankly ぼんやりと；きっぱりと.
blankness 名

blanket[blǽŋkət] 毛布；一面におお
うもの／毛布で包む／総括的な；一
括の.

blare[bléər] 大声で叫ぶ〔宣言する〕／

響き；叫び.

blaspheme[blæsfí:m]〔神に〕不敬の
言を吐く；ののしる. **blasphemous**
冒涜的な；口汚い. **blasphemy** 不敬；
冒涜(の言辞).

blast[blǽst] 一吹き；一陣の風，疾風；
吹奏(する音)；爆破，爆発；非難；
《米俗》らんちきパーティー／爆破
する；爆発で吹き飛ばす；枯らす；
〔名誉などを〕台なしにする；非難す
る. **at full ~**〔話〕能力いっぱいに.
~ furnace 熔鉱炉；高炉. **~ off**〔ロ
ケットなどの〕打ち上げ，発射.

blatant[bléitənt] 騒々しい；けばけ
ばしい；〔うそなどが〕みえすいた.

blather[blǽðər] ばか話(をぺちゃく
ちゃしゃべる).

blaze[bléiz] 炎；火炎；強い光；き
らめき；興奮激発／燃える；輝く；
激昂する.

blaze[2] 言いふらす；ふれ回る.

blazer[bléizər] ブレザー・コート；
こうこうと輝くもの.

blazon[bléizn] 紋章；誇示／〔紋章を〕
描く；誇示する.

bldg. ビル〔< building〕.

bleach[blí:tʃ] 白くなる／漂白する／
漂白(剤). **bleachers**〔野球などの〕屋
根なし観覧席.

bleak[blí:k] 吹きさらしの；寒い；荒
涼とした. **bleakly** 副

blear[blíər]〔涙などで目の〕かすんだ
／〔目を〕かすませる. **bleary-eyed** 目
のかすんだ；目先のきかない.

bleat[blí:t] 鳴き声／〔羊などが〕鳴く；
泣き言を言う.

bled[bléd] bleed の過去・過去分詞.

bleed[blí:d] 出血する；心が痛む；〔木
が切り口から〕樹液を出す／出血さ
せる〔する〕；金を絞り取る.
bleeder 血友病患者.

bleep[blí:p] ピーッと鳴る(音).

blemish[blémiʃ] 欠点；よごれ／〔美・
名声を〕傷つける.

blench[bléntʃ] ひるむ.

blend[blénd]まぜる／まざる；調和する／混合；〔酒・茶などの〕混合物.

blent[blént]《詩》blend の過去・過去分詞.

bless[blés]祝福する；〔神が〕…に恵みを与える；〔神を〕あがめる；…に十字を切る. (God) Bless you! 神の祝福あれ；まあお気の毒に. **blessed** 恵まれた，幸福な；神聖な. **blessedness** 幸福，至福. **blessing** 祝福；恵み；〔食前・食後の〕祈り.

blest[blést]bless の過去・過去分詞.

blew[blú:]blow の過去.

blight[bláit]〔樹木を枯死させる〕胴枯れ病；虫害；破滅をもたらすもの；暗影／枯らす；〔希望を〕くじく. **blighter** いやなやつ.

blind[bláind]目の不自由な；見る目のない；わからない；行き止まりの／失明させる；…の目をくらます／日除(ひよ)け；口実；ごまかし. **blindman's buff** 目隠し遊び. ～ **spot** 盲点；自分の知らない弱点；〔テレビ・ラジオの〕難視聴地域. **blindfold** 目を隠す；だます／目をおおわれた〔て〕；向こう見ずな〔に〕. **blindly** 無分別に，向こう見ずに. **blindness** 目の見えないこと；無分別.

blink[blíŋk]まばたきする；〔灯火などが〕ちらちら光る；無視する／まばたき，きらめき. **blinker** 明滅信号.

blip[blíp]レーダーの信号映像；ピッという音／〔録音〔録画〕の一部を〕カットする.

bliss[blís]（無上の）幸福. **blissful** 至福の，多幸な.

blister[blístər]水〔火〕ぶくれ（になる・にする）／酷評する；やっつける.

blistering[blístəriŋ]〔天気・太陽が〕ひどく暑い；〔言葉などが〕痛烈な；猛烈な.

blithe[bláið] 楽しげな；気楽な. **blithely** 楽しげに；気楽に

blitz[blíts]電撃的攻撃，集中空爆／電撃攻撃する.

blizzard[blízərd]猛吹雪.

bloat[blóut]ふくれる；うぬぼれる／ふくらます；うぬぼれさす；薫製(くんせい)にする. **bloated** ふくれた；高慢な.

blob[blá:b]〔どろどろした液の〕一滴；かたまり；汚れ，汚点；うすのろ，愚か者.

bloc[blá:k]〔政治・経済上の〕連合，団体；〔国家間などの〕ブロック；圏；《米》議員連合.

block[blá:k]〔木・石・氷などの〕塊(かたまり)；台(木)；首切り台；船台；《米》〔市街の〕一区画；〔座席・切手などの〕数列の組；障害；阻止／妨げる；〔通路などを〕塞ぐ；〔通貨などの〕使用を禁止する. **blockade**〔港などを〕封鎖(する)；道路封鎖；経済封鎖.

blockbuster 大型爆弾；影響力がある人〔作品〕；大ヒットした映画〔本〕.

bloke[blóuk]《英》やつ，男.

blond, blonde [blá:nd]ブロンドの(人)；金髪で色白の(人).

blood[blʌ́d]血液；流血；血統；気質；遊び人. in cold ～冷静に；残忍に. in hot ～激怒して. ～ **bank** 血液銀行. ～ **clot** 血栓. ～ **poisoning** 敗血症. ～ **pressure** 血圧. ～ **relation** 血族者. ～ **test** 血液検査. ～ **vessel** 血管. **bloodless** 血の気のない；血を流さない；冷淡な. **bloody** 血で汚れた；血まみれの；冷血の；残忍な；血の；《俗》いまいましい；ひどい.

bloodshed 流血；殺害.

bloodshot〔目が〕充血した.

bloodstained 血まみれの；血痕のついた；殺人犯の.

bloodstone 血石，血玉髄.

bloodsucker 蛭(ひる)；吸血鬼；強欲漢.

bloodthirsty 血に飢えた；残忍な.

bloom[blú:m]花；開花；(the ～)真盛り；美しさ／花が咲く／開花させる；栄えさせる. **blooming** 花の

B

咲いた；青春の；盛りの.

bloomers[blú:mərz]ブルマ(婦人用の運動着、下着).

bloop[blú:p]ヒューヒューいう音. ～ **hit**〔野球〕ポテンヒット.

blossom[blá:səm]花；開花／花が咲く；栄える. **cherry ～ front** 桜前線.

blot[blá:t]〔インクなどの〕しみ、汚れ；〔人格などの〕きず；汚名／汚す；塗りつぶす／にじむ；〔吸取紙で〕吸い取る.

blotch[blá:tʃ]しみ；できもの. **blotchy** できもの〔しみ〕だらけの.

blotter[blá:tər]吸取紙；〔警察の〕事故記録帳.

blouse[bláus, -z]ブラウス；〔婦人・子供用の〕シャツ.

blow[blóu]〔風が〕吹く；〔風で〕吹き飛ぶ；あえぐ；〔笛が〕鳴る；口笛を吹く；〔物が〕破裂する. ～ **one's nose** 鼻をかむ. **blow out**〔タイヤが〕パンクする. **blow up** …を爆破する；だめにする；〔暴風雨が〕勢いをつける；〔タイヤなどに〕空気を入れる；どなりつける；〔写真を〕引き伸ばす. ～ **job**《卑》フェラチオ，尺八.

blow[blóu]打撃；ショック；災難.

blowfly アオバエ.

blown[blóun]blow[1]の過去分詞.

blowup 爆発.

BLT ベーコン・レタス・トマト(のサンドイッチ)〔< bacon, lettuce, tomato〕.

blubber[blábər]おいおい泣く；泣きながら話す.

blubber[blábər] 鯨脂.

bludgeon[bládʒən]棍棒‌(でなぐる)；無理に…させる.

blue[blú:]青い；青ざめた；陰気な；ゆううつな；猥褻‌な／(複)気のふさぎ；(複)ブルース. ～ **-black** 濃い藍色の. ～ **book**《英》政府の報告書；《米》紳士録；大学の試験の答案用紙. ～ **chip** 優良株. ～ **-collar** ブルーカラーの，肉体労働者の. ～ **jeans** ブルージーンズ，ジーパン. ～ **ribbon**

〔英国の〕ガーター勲章の青リボン；〔コンクールの〕最優秀賞.

bluebeard 青ひげ(妻を次々と殺してとりかえた伝説上の人物)；むごい夫.

bluebell〔野生の〕ヒアシンス・ツリガネズイセンの類.

blueberry ブルーベリー.

bluebird〔北米産の〕ルリコマドリ.

bluebottle ヤグルマ草，ムスカリ；アオバエ.

blueprint 青写真；計画.

Bluetooth ブルートゥース(パソコンやスマホの音声やデータをやりとりする無線ネットワーク).

bluff[bláf]絶壁の；切り立った；ぶっきらぼうな；率直な／絶壁.

bluff[bláf] 虚勢(を張っておどかす).

blunder[blándər]へま，失策／大失策をする；やりそこなう；つまずく.

blunderbuss[blándəbʌs]〔筒先の太い〕らっぱ銃；とんま.

blunt[blánt]鈍い；不作法な；無愛想な／鈍くする. **bluntly** 副

blur[blə́:r]汚れ；汚点；かすんだ状態／汚す；曇らせる.

blurb[blə́:rb]〔本のカバーに書かれた〕広告(宣伝)(文).

blurt[blə́:rt]うっかり口走る.

blush[bláʃ]顔を〔が〕赤らめる〔くなる〕；恥じる／赤面；恥じらい；紅潮.

bluster[blástər]〔風が〕吹きすさぶ；〔波が〕立ち騒ぐ；威張る／どなりつける／激しく吹くこと；荒れ；威張ること.

blvd. 大通り，並木路〔< boulevard〕.

BM 排便，便通〔< bowel movement〕.

BMD 弾道ミサイル防衛〔< ballistic missile defense〕.

BMEWS[bi:mju:z]弾道ミサイル早期警戒システム〔< ballistic missile early warning system〕.

BMI 肥満度指数〔< body mass index〕.

B Mus《英》音楽学士〔< Bachelor of

Music〕.

BMX 自転車モトクロス〔< bicycle motocross〕.

bn. (歩兵)大隊〔< battalion〕;10億〔< billion〕.

BO 体臭，わきが〔< body odor〕；チケット売り場〔< box office〕.

boar[bɔ́:r]〔去勢しない〕雄豚(の肉)；イノシシ.

board[bɔ́:rd]板(材)；黒板；掲示板；ボール紙；食事；賄ない；委員会；〔証券取引所の〕立会場；〔官庁の〕部局；(複)舞台；舷側，船内；〔列車などの〕車内／板で囲う；賄う，下宿させる；〔船・車などに〕乗り込む. across the ~ 全面的に. on ~車中に，機〔船〕上〔内〕に. ~ **of directors** 取締役会.

boarder[bɔ́:rdər]下宿人；寮生.

boarding[bɔ́:rdiŋ]板囲い；〔集合的〕板，下宿，寄宿；乗船(者). ~ **school** 寄宿学校.

boardinghouse〔食事つきの〕寄宿舎；下宿屋.

boardroom 重役用会議室；〔証券取引所の〕立会場.

boast[bóust]誇る，自慢する；〔誇りになるものを〕持つ／誇り，自慢(の種). **boaster** 自慢する人，ほら吹き. **boastful** 自慢する. **boastfully** 副

boat[bóut]ボート，汽船，舟形のもの／ボートに乗る〔を漕ぐ〕. ~ **people** ボートピープル，漂流難民. **boating** ボート漕ぎ；舟遊び.

boathouse ボート小屋；艇庫.

boatman 船頭；貸しボート屋.

boatswain[bóusn, bóutswein]〔商船の〕甲板長；〔軍艦の〕掌帆長ほ.

bob[bá:b]急に上下に動く〔動かす〕；ひょいとお辞儀する／ひょいと動くこと；お辞儀.

bob[bá:b]断髪；〔振子の〕玉；〔はかりなどの〕おもり；断髪；〔馬などの〕切り尾；〔釣りの〕浮き／短く切る；

断髪にする.

bobbin[bá:bən]糸巻き，ボビン；〔コイルの〕巻きわく.

bobby[bá:bi]《英俗》巡査.

bobolink[bá:bəliŋk]〔米国産の〕コメクイドリ.

bobsled[bá:bsled], **bobsleigh** [-slei]二連そり，ボブスレー.

bobtail 切り尾(の)犬(馬).

BOD 生物化学的酸素要求量〔< biochemical oxygen demand〕.

bode[bóud]…の前兆である〔となる〕.

bode bide の過去.

bodice[bá:dis]〔婦人服の〕胸衣・胴衣.

bodiless[bá:diləs]無形の.

bodily[bá:dəli]身体の；肉体の；有形の.

bodkin[bá:dkin]さし針；千枚通し；長いヘアピン.

body[bá:di]肉体；胴体；〔木の〕幹；主要部；国体；組織体；群；多数；物体；死body；〔具体化する〕体現する. in a ~一団となって. ~ **language** 身体言語(身ぶり・表情・態度など). ~ **politic**〔政治的統一体としての〕国家.

bodyguard 護衛.

Boer[bɔ́:r, búər]ボーア人.

bog[bá:g]沼地，湿地／〔沼などに〕沈める；沈む. **boggy** 沼地の.

bogey[bóugi]=bogy.

boggle[bá:gl]〔馬などが〕驚いてとびのく；たじろぐ《at》.

bogie[bóugi]《英》台車；= bogy.

bogus[bóugəs]にせの.

bogy[bóugi]おばけ，妖怪よう；鬼；人につきまとうもの.

Bohemian[bouhí:miən]ボヘミアの；ボヘミア人〔語〕の；ボヘミア人；(b-)自由奔放な人.

boil[bóil]煮る，沸かす／沸く；煮える；〔人が〕激昂する；〔海などが〕荒れる／沸騰；(the ~)沸騰点；腫

boiler 煮沸器；ボイラー.
boiling point 沸(騰)点.
boisterous[bɔ́istərəs]〔風・海・天候が〕荒れ狂う；〔人が〕騒々しい. **boisterously** 副
BOJ 日本銀行(< Bank of Japan).
bold[bóuld]大胆な；ずうずうしい；〔輪郭の〕きわだった；険しい. **boldly** 大胆に，はっきりと.
boldface 太字.
boldness 大胆；鉄面皮.
bole[bóul]木の幹.
bolero[bəléərou]（複）ボレロ(のダンス・曲)［bólərou］ボレロ(婦人用の短い上着).
Bollywood ボリウッド(Bombay と Hollywood の合成語).
Bologna[bəlóunjə]ボローニャ(北イタリアの都市).
bolster[bóulstər]〔下敷きの〕長枕；支え(まくら木・材など)/枕で支える；支持する.
bolt[bóult]かんぬき；ボルト；電光，稲妻；〔布の〕一巻き；逃走/かんぬきをかける；ボルトで締める；《米》脱党(退)する/まっすぐに.
bomb[bám]爆弾；手榴 しゅり 弾/爆撃する.
bombard[bɑmbáːrd]砲撃する；〔質問などを〕浴びせる. **bombardment** 名
bombast[bámbæst]　大言壮語. **bombastic** 大げさな.
Bombay[bɑmbéi]ボンベイ，ムンバイ(Mumbai)(インド最大の港湾都市).
bomber[bámər]爆撃機〔手〕.
bombproof 防弾の.
bombshell 爆弾.
bonanza[bənǽnzə]福運；大当たり.
bond[bánd]接合剤；拘束；約定；債券；保証人. **government ～** 国債. **bondage** 奴隷の身分；束縛.
bondman 奴隷.
bondholder 債権所有者；社債権者.

bondsman 奴隷；保証人.
bone[bóun]骨/骨を除く. **～ marrow** 骨髄.
boner[bóunər]《俗》大間違い.
bonesetter 接骨医.
bonfire[bánfaiər]大かがり火；たき火.
bongo[báːŋgou]ボンゴ(指でたたく小型の太鼓).
bonito[bəníːtou]カツオ.
bonnet[bánət]ボンネット，〔あごの下でひもを結ぶ〕帽子，〔スコットランドの〕縁なし帽；《英》〔自動車の〕ボンネット.
bonny, bonnie[báːni]《スコットランド・英》きれいな；はつらつとした.
bonus[bóunəs]ボーナス，賞与.
bony[bóuni]骨の多い；骨張った.
boo[búː]ブー(という観客などが発する軽蔑・非難の声)/やじる.
boob[búːb]《話》まぬけ/へま(をする).
booby[búːbi]ばか者；まぬけ. **～ trap** 落し穴；仕掛け爆弾.
boogie[búgi]〔音楽〕ブギ/(ブギで)踊る；《俗》急いで行く.
book[búk]書物；帳簿；巻；台本/記入する；記帳する；〔劇場の席などを〕予約する. **～ value**〔市場価格に対する〕帳簿価格. **bookish** 書物からの；本好きの；学者ぶる.
booklet 小冊子，パンフレット.
bookcase 本箱，書棚.
booking 予約；記入；出札.
bookkeeping 簿記.
bookmark 栞 しおり.
bookseller 本屋.
bookshelf 本棚.
bookshop《英》書店.
bookstall 新聞・書籍売店；古本の露店.
bookstore《米》書店.
bookworm 本好き.
Boolean[búːliən]**～ algebla** ブール代

数.

boom[búːm]にわか景気;とどろき /〔砲など〕どんどんいう;〔蜂など〕ぶんぶんいう;うなる;景気づく;人気が出る.

boomerang[búːməræŋ]ブーメラン(投げると戻ってくる).

boon[búːn]利益;恩恵.

boon[2] 愉快な;気の合う.

boonies[búːniz]いなか.

boor[búər]いなか者;粗野な人. **boorish** 粗野な,がさつな.

boost[búːst]《米》押し上げる;激励する / 後押し,後援;値上げ. **booster**《話》後援者,支持者;〔電気〕昇圧機;〔ロケットの〕ブースター;増幅機.

boot[1][búːt]〔複〕長靴,深靴;《英》トランク / 靴で蹴る;〔コンピュータ〕起動する. **bootblack** 靴磨き(人). ～ **tree** 靴型(靴の型くずれを防ぐ).

boot[2] 利益. to ～おまけに,その上.

booth[búːθ, búːð]〔複～s〕売店;屋台;電話ボックス.

bootleg 密造〔密売〕酒;密売 /〔酒を〕密売する.

bootlicker 追従者.

booty[búːti]戦利品;もうけ.

booze[búːz]《話》大酒を飲む / 酒;酒宴.

bop[báp]〔音楽〕バップ(初期のモダンジャズ) /(バップで)踊る;殴る,ぶつ.

Bordeaux[bɔːrdóu]ボルドー(フランス南西部の海港);ボルドー産のブドウ酒.

border[bɔːrdər]境界;国境;縁 / 接する,境する.

borderland (the) 国境地方;どっちつかずの状態.

borderline 境界線;どっちつかずの.

bore[1][bɔːr]穴をあける,掘り抜く;押し分けて進む / 穴;口径.

bore[2] 退屈させる;うんざりさせる /

退屈な人〔仕事〕. **boredom,** 〔-dam〕退屈. **bored** 退屈して,うんざりして.

bore[3] bear[2] の過去.

borer[bɔːrər]穴をあける人〔器具・虫〕;錐.

boring[bɔːriŋ]穴をあけること;ボーリング;試掘.

born[bɔːrn]生まれた;生まれながらの / bear[2] の過去分詞.

borne[bɔːrn] bear[2] の過去分詞.

borough[bárou]《米》自治町村;〔ニューヨークの〕特別区;《英》自治都市.

borrow[bárou]借りる;借金する. **borrower** 借用者.

borsch[bɔːrʃ]ボルシチ(東スラヴ語圏のスープ).

bosh[báʃ]《話》たわごと / ばかを言え!

bosom[búzəm]胸;内心;懐. ～ **friend**《俗》心の友,親友;酒;《俗》シラミ.

boss[bɔːs]《話》親方;上司,ボス;《米》〔政界の〕大立者 / 指揮する;命令する.

bossa nova[báːsə nóuvə]〔音楽〕ボサノバ.

BOT《米》商工会議所;《英》商務省[< Board of Trade].

botanical[bətǽnikəl]植物学の. ～ **garden** 植物園.

botany[bátəni]植物学. **botanist** 植物学者.

botch[bátʃ]〔へまをして〕やり損なう / やり損ない,不手際.

both[bóuθ]両方(の) /2つとも. ～ A and B A も B も.

bother[báðər]悩ます;迷惑をかける / 悩む;気にする.

bothersome 面倒くさい,うるさい,厄介な.

bottle[bátl]びん / びんに詰める;〔怒りなどを〕抑える.

bottleneck びんの首;障害.

bottled びん詰めの.

B

bottom[bátəm]底；麓ふもと；基礎，根本；船底；船；末席／最低の；根本の／基づかせる. at (the) 〜 ほんとうは，実際は. be at the 〜 of …の主因である. 〜 line 最終損益；結論；とどのつまり；肝心かなめの点. **bottomless** 底のない；計り知れない.

boudoir[búːdwɑ:r]婦人の居間.

bough[báu]枝，大枝.

bought[bɔ́:t] buy の過去・過去分詞.

bouillon[búljɑːn]《F》 ブイヨン（澄ましスープ）.

boulder[bóuldər]丸石；巨石.

boulevard[búləvɑ:rd, búːləvɑːd] 並木道；《米》大通り.

bounce[báuns]飛ぶ，跳ねる／飛ばせる，跳ね返らせる；おどかして…させる；《米俗》解雇する／跳ね返り；はずみ；大ぼら. **bouncing** 元気のいい.

bouncer[báunsər]跳び跳ねるもの；用心棒.

bouncy[báunsi]はつらつとした；弾力のある.

bound¹[báund]限界；（複）限界；境界(線).

bound²はずむ；跳ね返(らせ)る／はずみ；跳躍.

bound³ bind の過去・過去分詞／縛られた；製本した. be 〜 to 必ず…しなければならない；きっと…する.

bound⁴…行きの《for》.

boundary[báundəri]境界；限界.

bounder[báundər]《英話》野卑な男，にわか紳士.

boundless[báundləs] 限りない，無限の. **boundlessly** 限りなく；無限に.

bounteous[báuntiəs], **bountiful**[báuntifəl]物惜しみせぬ，気前のよい；豊富な. **bounteously, bountifully** 圖

bounty[báunti]寛大；恵み；〔政府の〕助成〔奨励〕金. 〜 **hunter** 賞金稼ぎ.

bouquet[boukéi]《F》花束，ブーケ；

香気.

bourbon[bɔ́:rbən]バーボンウィスキー（トウモロコシ製ウィスキー）.

bourgeois[buərʒwɑ́:]ブルジョア；有産階級の(人)；中流意識の(人).

bourgeoisie[buərʒwɑːzíː]中産階級，ブルジョア階級.

bout[báut]〔仕事などの〕一区切り；一勝負.

boutique[buːtíːk]ブティック；小規模の専門店.

bovine[bóuvain]牛のような；のろまな.

bow¹[báu]おじぎ；あいさつ／〔腰を〕かがめる；おじぎをする；屈服させる〔する〕.

bow²[bóu]弓；弓形のもの；蝶結び. 〜 **hand** 弓手ゆんで，（右利きの人は左手，左利きの人は右手）. 〜 **window** 弓形張り出し窓.

bow³[báu] 船首，軸ぢく.

bowel[báuəl]（複）腸；内臓.

bower[báuər]四阿あずまや；木陰の場所.

bowl¹[bóul]鉢，碗.

bowl²〔木製などの〕球／球をころがす；ボウリングをする. **bowler** ボウリングをする人.

bowling ボウリング；〔クリケットの〕球転がし.

bowman 弓術家，射手.

bowstring 弓弦.

box¹[bɑ́ks]箱；〔劇場の〕特別席；〔証人・陪審員などの〕席；駁者ぎょしゃ台；交番；〔野球〕打席／箱に入れる；仕切る. 〜 **office**〔劇場の〕切符売り場.

box² 平手打ち／なぐる；ボクシングをする.

boxer ボクサー；ボクサー犬.

Boxing Day[bɑ́:ksiŋdei]《英》ボクシングデー（クリスマスの翌日，使用人・郵便配達夫などに贈り物（Christmas box）をする法定休日）.

boy[bɔ́i]少年，男の子. 〜 **scout** ボーイスカウト団員. **Boy Scouts** ボーイ

B

スカウト. **boyhood** 少年期, 少年時代. **boyish** 少年らしい. **boyishly** 少年らしく.

boycott[bóikɑːt]ボイコット(する).

boyfriend〔女性の〕男友達, 恋人.

BP …末前[< before the present].

bps ビット毎秒(データ転送速度の単位)[< bits per second].

bra[brɑ́ː]〔< brassiere〕.

brace[bréis]締め金, 留め金;(複)大括弧゚〔{}〕;(複)一つがい;《英》ズボンつり / 締める;ささえる. ～ **up** 元気をだす. **bracelet** 腕輪.

bracing さわやかな.

bracken[bráekən]ワラビ;シダ類等の茂み.

bracket[bráekət]腕木;(複)(角型の)括弧゚〔[]・[]〕/腕木[括弧]を付ける;対等に扱う.

brad[bráed]無頭くぎ;折れくぎ.

brag[bráeg]自慢;ほら / 自慢する;ほらを吹く.

braggadocio[bræɡədóuʃiou]ほら吹き;大言.

braggart[bráeɡərt]ほら吹き.

Brahman[brɑ́ːmən], **Brahmin**[brɑ́ːmin]バラモン(婆羅門)(インド四階級中の最高位である僧階級の人).

braid[bréid]打ち紐゚;編んだ髪 / 組む;編む.

braille[bréil]点字(にする).

brain[bréin]脳, 脳髄;(複)頭脳;知性. ～ **trust** ブレーントラスト;専門家委員会. ～ **wave**(複)脳波;《話》霊感;名案. **brainless** おろかな. **brainy**《米話》頭のよい.

brainstorm 突然の精神錯乱.

brainstorming 創造的集団思考法(の).

brainwash 洗脳する.

brainwork 頭脳労働.

braise[bréiz]とろとろ煮込む.

brake[bréik]歯止め, 制動機, ブレーキ(をかける).

brake² ワラビの類.

brake³ やぶ, 茂み.

bramble[bráembl]キイチゴ, 黒イチゴ;イバラ.

bran[bráen]ふすま, ぬか.

branch[bráentʃ]枝;支派;支店 / 分かれる;分岐する;脇道に入る《off》;〔仕事の〕手を広げる《out》.

brand[bráend]燃え木, もえさし;商標;焼き印 / 焼き印を押す;汚名をきせる. ～ **name** ブランド名;ブランド商品. ～ **-new** 真新しい.

brandish[bráendiʃ]振り回す.

brandy[bráendi]ブランデー. **brandied** ブランデーに漬けた;ブランデーで風味をつけた.

brash[bráeʃ]性急な;不作法な;けばけばしい;もろい / 砕石;〔植木などの〕切りくず.

brass[bráes]真鍮゚゚(製品);(the ～)金管楽器部;《俗》厚かましさ;《英俗》金銭. ～ **band** 吹奏楽団. **brassily** 図々しく. **brassy** 真鍮(色)の;厚かましい.

brassware 真鍮製品.

brassiere[brəzíər, bráesiə]《F》ブラジャー.

brat[bráet]子供, 餓鬼(軽蔑的).

bravado[brəvɑ́ːdou]から威張り.

brave[bréiv](the ～)勇者たち. **bravely** 副 **bravery** 勇敢, 華美.

bravo[brɑ́ːvou]《I》いよお!うまい!でかした!

brawl[brɔ́ːl]けんかする;〔水などが〕ごうごういう / けんか. **brawler** けんかする人. **brawling** 騒がしい, やかましい.

brawn[brɔ́ːn]筋肉;腕力. **brawny** 筋肉たくましい.

bray[bréi]〔ロバが〕嘶゚く;〔らっぱなどが〕鳴り響く / ロバの嘶き;らっぱの音.

brazen[bréizn]真鍮゚゚製の;鉄面皮な / ずうずうしくやり通す.

brazier[bréiʒər]〔金属製の〕火ば

B

ち.

breach[brí:tʃ] 違反；不履行．**~ of the peace** 治安妨害．

bread[bréd] パン；食物；《俗》金銭．**~ and butter** 生計のための．**breadbasket** パンかご；《俗》胃 (袋)；《米》穀類生産地.

breadth[brédθ, brétθ] 幅，横幅.

break[bréik] こわす；割る；破る／〔法律・約束を〕破る；〔平和・静寂を〕乱す／〔気力などが〕くじける；〔嵐などが〕突然始まる；夜明けになる／失敗，失策．**~ away** 脱走する；《米》〔雲などが〕散る．**~ down** 崩壊する；衰える．**~ forth** 突然発する．**~ in** 押入る；〔馬などを〕馴らす．**~ off** 中絶する；急にやめる．**~ up** こわれる；解散する．**~ upon** …に突然現れる．**~ with** …と関係を絶つ．**breakable** こわれやすい．**breakage** 破損．**breaker** こわす人〔もの〕.

breakdown 破損；挫折；〔健康などの〕衰え.

breakfast[brékfəst] 朝食／朝食を食べる.

breakneck きわめて危険な.

breakout 脱出.

breakthrough 難関突破.

breakup 解散.

breakwater 防波堤.

bream[brí:m] コイ科の淡水魚；タイの類.

breast[brést] 胸；乳房；心／大胆に立ち向かう．**~ -fed** 母乳育ちの.

breaststroke 平泳ぎ.

breath[bréθ] 息，呼吸．out of ~息切れして．**breathless** 息の絶えた；息切れして，息を殺して.

breathe[brí:ð] 呼吸する；休息する；そよそよ吹く／吹き込む；休ませる．**~ one's last** 息をひきとる，死ぬ．**breathing** 呼吸；微風；休息.

breathtaking はらはらさせる.

bred[bréd] breed の過去・過去分詞.

breech[brí:tʃ] 尻；銃尾.

breeches[brítʃiz] 乗馬用の半ズボン；《話》ズボン.

breed[brí:d] 産む；育てる；生じる；飼う／品種，種類．**breeder** 飼育者．**~ reactor** 増殖型原子炉.

breeding 繁殖；飼育；行儀.

breeze[brí:z] 微風，そよ風；《話》騒ぎ，けんか／そよ風が吹く；勢いよくやって来る.

breezy 微風の吹く；快活な.

brethren[bréðrən] 同胞；信者仲間.

brevity[brévəti] 短さ；簡潔.

brew[brú:] 醸造する；調合する；〔陰謀を〕たくらむ／〔暴風雨などが〕起ころうとしている．**brewery** 醸造所.

briar[bráiər] = brier.

bribe[bráib] 賄賂；賄賂で誘う，買収する／賄賂を使う．**briber** 贈賄者．**bribery** 贈賄，収賄.

bric-a-brac[bríkəbræk]《F》〔雑多な〕骨董品.

brick[brík] 煉瓦；積み木；《話》快男子.

bricklayer 煉瓦職人.

brickwork 煉瓦造りのもの；煉瓦積み工事.

bridal[bráidl] 花嫁の，新婦の；婚礼の／婚礼.

bride[bráid] 花嫁.

bridegroom 花婿，新郎.

bridesmaid 花嫁の付き添い女.

bridge[brídʒ] 橋；船橋；鼻柱.

bridge[トランプ] ブリッジ.

bridgehead 橋頭堡.

bridle[bráidl] 馬勒；たづな；拘束／馬勒を掛ける；制する；拘束する／反り身になる；つんとする.

brief[brí:f] 短い，暫時の；簡単な／要領；要領報告(書)／電話して報告する；弁護を依頼する．in ~, to be ~ 手短に言えば，要するに．**briefing** 簡単な報告〔発表〕．**briefly** 圖 **briefness** 图.

briefcase 書類かばん.

brier[bráiər] 野バラ；イバラ.

brigade[brigéid]旅団；隊.

brigadier[brigədíər]〔軍隊〕旅団長；《米》陸軍准将.

brigand[brígənd]山賊, 強盗. **brigandage**強奪, 山賊行為.

bright[bráit]輝く；明るい；晴れた；利発な；快活な. **brighten**輝かす；輝く, 明るくなる；晴れる. **brightly**輝いて. **brightness**輝き；快活.

brilliance[bríljəns], **brilliancy**[-si]光輝；光沢；明るさ；りっぱ. **brilliant**輝く；才能のある. **brilliantly**副

brim[brím]縁。, 辺。/縁まで満たす/いっぱいにする. **brimful**縁いっぱいの, 溢れるばかりの. **brimless**縁なしの.

brimstone[brímstoun]硫黄。(sulfurの古名)

brindle[bríndl]まだら；ぶちの動物. **brindled**ぶちの, まだらの.

brine[bráin]塩水；(the ～)大海.

bring[bríŋ]〔ものを〕持ってくる；〔人を〕連れてくる；もたらす；生じる. ～ about ひき起こす. ～ back 返す；思い出させる. ～ down 倒す. ～ forward〔案・論などを〕提起する. ～ on ひき起こす. ～ over 味方に引き入れる. ～ up 育てる；つける.

brink[bríŋk]際。, 縁。；瀬戸際.

briny[bráini]塩水の, 海水の.

brioche[bríːóuʃ]《F》ブリオッシュ(軽くて甘いパン)

brisk[brísk]きびきびした/活発になる. **briskly**副 **briskness**名

bristle[brísl]剛毛, 針毛/毛を逆立てる；激する. **bristly**剛毛の.

Britain[brítn]《俗》英国, 大ブリテン島(= Great ～)(England, Scotland及びWalesの総称).

British[brítiʃ]大ブリテンの, 英国(人)の. (The) British Commonwealth of Nations イギリス連邦. (The) British Empire 大英帝国. ～ National Overseas (BNO) 英国海外市民 (1986年英国政府が1997年の香港返還に控えて制定した資格).

Briton[brítn]《文》ブリテン人；英国人.

brittle[brítl]こわれやすい, 脆。い. **brittleness**名

broaden 広がる/広げる. **broadly** 広く；明白に. **broadness** 広大；明白なこと；露骨.

broach[bróutʃ]きり；焼き串/〔樽などに〕口をあける；言い出す.

broad[brɔ́d]広い；明白な；下卑な/〔軽蔑〕女, すけ. ～ gauge〔鉄道の〕広軌の. ～ jump 幅跳び. ～ -minded 心の広い.

broadcast[brɔ́ːdkæst] 放送する；〔種を〕蒔く；吹聴する/放送の；ばらまかれた/放送された. **broadcaster** アナウンサー. **broadcasting** 放送.

broadcloth《英》ブロード〔幅広の上等シャツ地〕；《米》ポプリン.

broadside 舷側の；〔非難などの〕一斉攻撃.

broadsword 広刃の剣.

brocade[broukéid]錦；金襴。.

brochure[brouʃúər]《F》パンフレット, 小冊子.

brogue[bróug]方言のなまり.

brogue[bróug]〔穴飾りのある〕短靴.

broil[bróil]けんか；騒ぎ/けんかする, 口論する.

broil 焼く, あぶる/焼ける/焼くこと；あぶること. **broiler** 焼肉用器具；焼肉用若鶏. **broiling** 焼けつくような.

broke[bróuk]break の過去/《俗》破産した.

broken[bróukən]break の過去分詞/破れた；折れた；砕けた；破産した. ～ -down 砕けた；壊れた. ～ English 片言交じりの英語. ～ -hearted 気落ちした；失恋した. **brokenly** とぎれとぎれに；変則に.

broker[bróukər]ブローカー, 仲買

B

人. **brokerage** 委託売買；仲買業務.

bromide[bróumaid] 臭化物；《米》陳腐な言葉〔人〕；ブロマイド.

bromine[bróumi:n] 臭素.

bronchitis[braŋkáitəs] 気管支炎.

bronchus[bráŋkəs] 気管支.

bronco[bráŋkou] [米国西部の] 野生馬.

bronze[bránz] 青銅 (製のもの)；ブロンズ the Bronze Age 青銅器時代.

brooch[bróutʃ] ブローチ，衿止め.

brood[brú:d] ひな鳥；一孵 の子供たち／卵を抱く；くよくよ思う.

brooding[brú:diŋ] 薄気味悪い；思い悩むような／(しばしば複) 思い悩むこと.

brook¹[brúk] 小川. **brooklet** 細流.

brook² 許す；耐える.

broom[brú:m] 箒 ；エニシダ.

broomstick 箒の柄.

broth[bró:θ] 肉汁，うすいスープ.

brothel[bráθəl] 女郎屋，淫売宿.

brother[bráðər] 兄弟；同一教会員；同僚；同業者(など). ～-in-law 義兄弟. **brotherhood** 兄弟であること；団体，組合. **brotherly** 兄弟のような；友情にあつい.

brougham[brú:əm] 1頭立て四輪馬車.

brought[bró:t] bring の過去・過去分詞.

brow[bráu] (通例複) まゆ，まゆ毛；がけっぷち.

browbeat おどしつける.

brown[bráun] 褐色(の)，茶色(の)／褐色にする〔なる〕.

brownie[bráuni]《米》ナッツ入りの四角いチョコレートケーキ.

browse[bráuz] (動物が) 新芽を食む；閲覧する(こと)〔コンピュータ〕〔ネットワークを通じて〕データファイルを見る(こと)／新芽，若葉. **browser** ブラウザ，閲覧ソフト.

bruise[brú:z] 打撲傷，きず／打ち傷をつける.

brunch[brántʃ] 朝食兼昼食.

brunet, brunette[brunét] 髪と目が黒または褐色で肌の浅黒い(人).

brunt[bránt] 主力；ほこ先.

brush[bráʃ] ブラシ／ブラシをかける；はらい落とす／すれすれに過ぎる. ～ up みがきをかける；勉強し直す.

brusque[brásk] ぶっきらぼうな. **brusquely** 副

Brussels[bráslz] ブリュッセル(ベルギーの首都).

Brussels sprouts 芽キャベツ.

brutal[brú:tl] 獣的な；残忍な. **brutality** 残忍；蛮行. **brutally** 副

brute[brú:t] 獣 ，畜生；人非人／野蛮な.

brutish[brú:tiʃ] 獣 のような；粗野な；残酷な.

BS 放送衛星〔< broadcasting satellite〕；英国標準規格〔< British Standards〕.

B.S(c) 理学士〔< Bachelor of Science〕.

b-school〔< business〕ビジネススクール.

BSE 狂牛病〔< bovine spongiform encephalopathy〕.

BST 英国標準時〔< British Standard Time〕.

BTA 英国政府観光庁〔< British Tourist Authority〕.

BTU 英国式熱量単位〔< British thermal unit〕.

BTW ところで〔< by the way〕

bubble[bábl] あぶく，泡立ち／泡立つ；泡立たせる. ～ economy バブル経済.

bubblegum 風船ガム.

bubbly[bábli] 泡立つ；陽気な／シャンパン.

buccaneer[bʌkənár] 海賊.

buck¹[bák]〔トナカイ・カモシカ・ウサギなどの〕雄；しゃれ者；《米話》黒人の男.

buck²《米俗》《豪俗》ドル.

buck³〔馬が〕背を曲げてはねる；はねて振り落とす. 〜 **up** 元気づける；元気を出す.

bucket[bákət]バケツ, 水桶. **bucketful** バケツ一杯.

buckle[bákl]しめ金, バックル／しめ金で締める；曲げる, 曲がる. 〜 **(down) to** …に身を入れる.

buckram[bákrəm]バックラム(膠ニ・糊などで固めた布地).

buckshot シカ弾.

buckskin シカ皮.

buckwheat 蕎麦ニ(の実).

bucolic[bjuká:lik]牧歌的な.

bud[bád]芽；つぼみ／発芽する〔させる〕／芽つぎをする. **budding** 芽を出しかけた.

Buddha[bú:də]仏陀, 仏. **Buddhism** 仏教. **Buddhist** 仏教徒(の)

buddy[bádi]《米話》仲間, 相棒.

budge[bádʒ]少し動く；少し動かす.

budget[bádʒət]予算(案)／〔ニュース・手紙の〕集まり, 一束.

budgetary[bádʒəteri]予算上の.

buff[báf]黄褐色／(the 〜)素肌；熱中する人.

buffalo[báfəlou]水牛；〔北米産の〕野牛.

buffer[báfər]緩衝器；緩衝剤；〔コンピュータ〕バッファー.

buffet¹[báfət]打撃／打ちのめす；闘う.

buffet²[bəféi]食器棚；配膳台；立食.

buffoon[bəfú:n]道化者. **buffoonery** 道化, おどけ.

bug[bág]虫；南京虫；隠しマイク；《話》病原菌；《米俗》…マニア；〔コンピュータ〕バグ.

bugaboo, bugbear[bágəbu:, bágbeər]おばけ, 妖怪.

buggy[bági]軽装馬車；《米》ベビーカー.

bugle[bjú:gl]〔軍隊の〕らっぱ. **bugler** らっぱ手.

build[bíld]建てる, 建築〔建造〕する／構造；体格. 〜 **in**〔家具などを〕作りつけにする. 〜 **up**〔名声などを〕築きあげる；でっちあげる；〔健康を〕増進させる；建物でふさぐ. **build up**〔兵力などの〕増強. **builder** 建築者；建築業者.

building 建物, ビルディング.

built[bílt]build の過去・過去分詞. 〜 **-in** 作りつけの；内蔵された. 〜 **-up** 組み立ての.

bulb[bálb]球茎〔根〕；球；電球.

bulge[báldʒ]たる・おけなどの胴；ふくらみ／ふくれる.

bulimia[bju:límiə]過食；過食症.

bulk[bálk]大きさ, 容積；(the 〜)大部分, 大多数；船荷／かさばる；ふくれる. **bulky** かさばる；大きな.

bull[búl]雄牛；〔株式〕買い方, 強気筋. 〜 **pen**《米》牛のための囲い地；《米話》留置場；〔野球〕投手練習場. **bull's-eye**の〔的〕星；命中. **bullshit**《俗》でたらめ；うそ.

bulldog ブルドッグ.

bulldozer《米話》威嚇ニ者；ブルドーザー.

bullet[búlət]弾丸. **bulletproof** 防弾の.

bulletin[búlətn]告示；掲示；報告. 〜 **board**《米》掲示板.

bullfight 闘牛.

bullfinch ウソ(鳥)の一種.

bullion[búljən]〔貨幣の〕金〔銀〕塊.

bullish[búliʃ]強情な；雄牛のような；〔相場が〕強気の；楽観的な.

bullock[búlək]去勢牛.

bully[búli]暴漢；がき大将／《俗》第一流の；素敵な／いじめる／いばる. **bullying** いじめ.

bulrush[búlrʌʃ]ホタルイ属・イグサ属・ガマ属の総称.

bulwark[búlwərk]砦ニ；防壁；防波堤.

bum[bám]《米話》なまけ者；飲んだくれ.

B

bumble[bʌ́mbl]へま(をやる)／しくじる

bumblebee[bʌ́mblbi:]マルハナバチ.

bump[bʌ́mp]衝突；〔道路の〕隆起．～ **off**《米話》…を(撃って)殺す．

bumper[bʌ́mpər]〔自動車の〕バンパー；満杯；《俗》大入りの芝居．

bumpkin[bʌ́mpkin]いなか者．

bumptious[bʌ́mpʃəs]横柄な，生意気な.

bumpy[bʌ́mpi]でこぼこの．

bun[bʌ́n]〔干しブドウ入りの〕ロールパン．

bunch[bʌ́ntʃ]房；束；《話》〔人の〕一団；群れ／集まる；束ねる.

bundle[bʌ́ndl]束，包，巻いたもの.

bungalow[bʌ́ŋgəlou]小住宅．

bungee jumping[bʌ́ndʒi dʒʌ́mpiŋ]バンジージャンプ(伸縮性のある綱を足首などに結び高所から飛び降りるスポーツ).

bungle[bʌ́ŋgl]不手際(にやる)；へま／へまをやる.

bunk[bʌ́ŋk]〔船・列車などの〕寝台．

bunker[bʌ́ŋkər]〔船の〕燃料庫；〔ゴルフ〕バンカー．

bunny[bʌ́ni]《話・児》うさちゃん．

bunt[bʌ́nt]突き，押し；〔野球〕バント／〔角・頭などで〕突く，押す／〔野球〕バントする.

bunting[bʌ́ntiŋ]旗布，旗.

buoy[bú:i, bɔ́i]浮標，ブイ／浮かせる；浮く；示す．**buoyancy** 浮力；快活．**buoyant** よく浮く；気軽な．

bur[bə́:r]〔クリなどの〕いが；いがのある植物．

burden[bə́:rdn]荷物；重荷；負担／重荷を負わせる；悩ます．**burdensome** 重苦しい；わずらわしい.

burdock[bə́:rdɑ:k]ゴボウ．

bureau[bjúərou]〔官庁の〕庁，局，部；《米》たんす；《英》引き出し付きの大机.

bureaucracy[bjuərɑ́:krəsi]官僚政治，官僚主義.

bureaucrat[bjúərəkræt]官僚，官僚主義者．**bureaucratic** 官僚政治の；官僚的な.

burgeon[bə́:rdʒən]芽(を出す)／急に成長する.

burger[bə́:rgər]ハンバーガー.

burgess[bə́:rdʒis]〔英国の〕自治都市の住民.

burglar[bə́:rglər]夜盗，どろぼう．～ **alarm** 自動盗難警報器.

burglary[bə́:rgləri]押し込み強盗(行為).

Burgundy[bə́:rgəndi]ブルゴーニュ；ブルゴーニュ産の赤ワイン.

burial[bériəl]埋葬，葬式．～ **service** 埋葬式，葬儀.

burlesque[bə:rlésk]茶番劇；戯作／おどけた；こっけいな／こっけいにまねる.

burly[bə́:rli]頑丈な，たくましい，でっぷりした.

burn[bə́:rn]日焼けする；ぴりぴりする；熱中する；燃える；焼ける／燃やす；焼く／火傷；日焼け．**burner** 焼く人；バーナー；火口.

burning 燃える(ような)；白熱した.

burnish[bə́:rniʃ]磨く；研ぐ.

burnt[bə́:rnt]焼いた；火傷した／burn の過去・過去分詞.

burp[bə́:rp]《米俗》げっぷ(が出る).

burr[bə́:r]r の喉音；ごうごう，ひゅうひゅう／喉音で話す.

burrow[bə́:rou]〔キツネ・ウサギなどの〕穴／穴を掘る.

bursar[bə́:rsər]〔大学などの〕会計係.

burst[bə́:rst]爆発する；破裂する／破裂，爆裂；突発.

bury[béri]埋める；葬る；隠す.

bus[bʌ́s]バス；《話》乗り物；〔コンピュータ〕母線；バス．～ **stop** バスの停留所.

bush[búʃ]低木.

bushel[búʃəl]ブッシェル《英》約

36.4, 《米》約35.2リットル).

bushman〔豪州の〕奥地の居住民;(B～)
ブッシュマン(アフリカ南部の原住民).

bushy[búʃi]〔毛髪などが〕もじゃも
じゃした;低木が生い茂った.

busily[bízəli]忙しく;熱心に.

business[bíznəs]事業;業務;ビジ
ネス;所作. Mind your own ～!
《話》よけいなお世話だ. ～ hours
営業時間, 執務時間. ～ -man 実業
家;実務家. ～ -like 事務的な. ～
-to- (B to B, B2B) 企業間の. ～
-to-consumer (B to C, B2C) 企業
対消費者の.

bust¹[bʌ́st]胸像;胸部, バスト.
busty(女性の)胸が大きい.

bust²《俗》= burst;破産させる;な
ぐる〔価格の〕暴落;破産;飲み過ぎ.

bustle[bʌ́sl]騒ぎ回る;急ぐ / 大騒
ぎ;混雑.

busy[bízi]忙しい;せっせと働く;
にぎやかな〔電話で〕お話し中 /
忙しく働かせる.

busybody世話好き, おせっかい者.

but[bət, 強 bʌ́t]しかし, けれど…のほか
は;…でなければ / ただ, 単に /…の
ほかは. ～ for…if…がなかったならば.

butane[bjú:tein]ブタン(無色可燃性
ガス).

butcher[bútʃər]肉屋;屠殺 ^{さつ} 者 /
屠殺する;《話》台なしにする.
butchery食肉処理(業);虐殺.

butler[bʌ́tlər]執事, 使用人頭.

butt¹[bʌ́t]太い方の端;〔銃の〕台じ
り;切り株;〔タバコの〕吸いさし.

butt²頭で突く(こと);突き当たる.
～ in 口出しをする.

butt³大だる.

butter[bʌ́tər]バター / バターを塗
る;～ up《話》おべっかをいう.
butteryバターのような(を塗っ
た);《話》おせじたらたらの.

buttercupキンポウゲ

butterfingersよく物を落とす人.

butterflyチョウ.

buttermilkバターを取った後の牛
乳.

buttock[bʌ́tək](通例複)尻.

button[bʌ́tn]ボタン / ボタンをつけ
る;ボタンでとめる〔とまる〕.

buttonholeボタン穴(をかがる)/
長話で引き留める.

buttress[bʌ́trəs]控え壁(で支える);
支持(する).

buxom[bʌ́ksəm]丸ぽちゃの;健康
で快活な.

buy[bái]買う;買収する. ～ out〔権
利などを〕買い取る. ～ up 買い占
める. **buyer**買い手;仕入れ係.
impulse ～ing 衝動買い. **share
buyback** 自社株買い.

buzz[bʌ́z]〔蜂などが〕ぶんぶんいう;
がやがやいう / ざわめき;うわさ.
～ saw《米》小型丸のこぎり.
buzzer ブザー, サイレン.

buzzword〔役人・技術者が使うも
ったいぶった〕専門語.

BWV バッハ作品番号〔<《G》Bach
Werke-Verzeichnis〕.

by¹[bái]…のそばに;…だけ;…に
よって;…までに / そばに. ～ the
bye[way]ついでに, ちなみに. ～
and…やがて.

by², bye[bái]副次的なもの;〔競技
で〕不戦勝者.

by-blow[báiblou]私生子.

by-election[báilekʃən]補欠選挙.

bygone[báigɔːn]過去の(こと).

bylaw[báilɔː]内規;細則;条令.

byline[báilain]〔新聞・雑誌の〕筆者
名のある行.

bypass[báipæs]迂回路, バイパス;
〔ガスなどの〕側管 / バイパスを設
ける;回り道する;無視する.

BYO (B) 酒は各自持参のこと〔<
bring your own (booze, bottle)〕.

by path[báipæθ], **by road**[-roud]
わき道.

by-product[báiprɑːdʌkt]副産物.

bystander[báistændər]見物人, 傍

観者.

bystreet[báistri:t]わき道，抜け道；裏通り.

byte[báit]〔コンピュータ〕バイト(情報の単位).

byway[báiwei]わき道.

byword[báiwə:rd]ことわざ；笑い種.

bywork[báiwə:rk]副業.

Byzantine[bízənti:n]ビザンチン人(の)；ビザンチンの.

C

C[sí:]ローマ数字の100.

CAカリフォルニア州〔< California〕.

cab[kǽb]タクシー；〔トラックなどの〕運転席.

cabal[kəbǽl]徒党；陰謀.

cabaret[kæbəréi]キャバレー.

cabbage[kǽbidʒ]キャベツ.

cabby[kǽbi]《話》タクシーの運転手.

cabin[kǽbin]小屋；〔乗り物の〕客室.

cabinet[kǽbənət]飾り棚；内閣；閣議；キャビネ判. ～ **level** 閣僚レベル.

cabinetmaker 家具職人.

cable[kéibl]大綱；海底電線；ケーブル. ～ **car** ケーブルカー. ～ **TV** ケーブルテレビ.

cacao[kəkáːou]カカオの実(ココアの原料)；カカオの木.

cache[kǽʃ]貯蔵場；貯蔵物；〔コンピュータ〕キャッシュ.

cachet[kæʃéi]封印；〔品質を保証する〕印；〔薬の〕カプセル.

cackle[kǽkl]くっくっ(と鳴く)；おしゃべり(する).

cacophony[kəkáːfəni]耳障りな音.

cactus[kǽktəs]サボテン.

CAD コンピュータ援用設計〔< computer-aided (-assisted) design〕.

cad[kǽd]下品な人. **caddish** 下品な.

cadaver[kədǽvər]死体. **cadaverous**

死人のような；青ざめた.

caddie, caddy[kǽdi]〔ゴルフ〕キャディー.

caddy[kǽdi]茶筒；入れ.

cadence[kéidns]リズム；調子；抑揚；楽章の終止(法).

cadet[kədét]士官学校生徒；次男以下の子.

cadge[kǽdʒ]物乞いする，ねだる.

cadmium[kǽdmiəm]カドミウム.

cadre[kǽdri, káːdrei]幹部；幹部団；骨組み.

caecum[síːkəm]盲腸.

cafe[kæféi]喫茶店；食堂；コーヒー.

cafeteria[kæfətíəriə]カフェテリア(セルフサービス式の食堂).

caffeine[kæfíːn]カフェイン.

cage[kéidʒ]鳥籠；おり(に入れる).

cagey, cagy[kéidʒi]《話》用心深い. **cagily** 圖

CAI コンピュータ援用学習〔< computer-aided instruction〕.

cairn[kéərn]ケルン，石塚.

caisson[kéisn]潜函ᵉᵉ.

cajole[kədʒóul]おだててだます.

cake[kéik]ケーキ／固める；固まる.

CAL コンピュータ援用学習〔< computer-aided learning〕.

calamitous[kəlǽmətəs]災難の；いたましい；災難を生じる. **calamitously** 圖 **calamity** 災難, 惨事；不幸.

calciferous[kælsífərəs]炭酸カルシウムを含む.

calcify[kǽlsəfai]石灰化する.

calcine[kǽlsain]焼いて生石灰にする〔なる〕.

calcite[kǽlsait]方解石.

calcium[kǽlsiəm]カルシウム.

calculate[kǽlkjuleit]計算する；あてにする. **calculable** 予想できる. **calculated** 故意の，計画的な. **calculating** 打算的な. **calculator** 計算器〔機〕.

calculation[kælkjuléiʃən]計算；打

算；予想.

calculus[kǽlkjuləs]〔医学〕結石；〔数学〕計算法；微積分学.

caldron[kɔ́:ldrən]大釜.

calendar[kǽlindər]暦.

calf[kǽf]子牛；〔鯨・アザラシ・象などの〕子.

calf² ふくらはぎ.

caliber, calibre[kǽləbər]口径；才能. **calibrate** 目盛りをつける.

calico[kǽlikou]キャラコ；さらさ.

Calif カリフォルニア州〔< California〕.

calipers[kǽləpərz]カリパス(測径器の一種).

calisthenics[kæləsθéniks]柔軟体操.

calk[kɔ́:k]〔船などに〕詰めものをして水漏れを防ぐ.

call[kɔ́:l]呼ぶ；招く；名付ける；叫ぶ；見なす；呼び起こす；命じる；請求する；中止する／電話をかける；立ち寄る；訪問する／呼び声；呼び出し；電話；要求；招請, 召集；鳴き声；訪問；請求. ~ at …を訪問する. ~ for …を要求する；…を取りに行く. ~(a person)names 悪口を言う. ~ on …を訪問する. ~ loan コール・ローン, 当座貸し. ~ money コール・マネー, 当座借り. ~-up《英》召集令；徴兵. **caller** 呼出し人；訪問者.

calligraphy[kəlígrəfi]書道；筆跡.

calling 点呼；招請；召集, 職業.

callisthenics = calisthenics.
[kælisθéniks]

callosity[kəlá:səti]無感覚；冷淡；たこ.

callous[kǽləs](皮膚の)硬くなった；冷淡な《to》. **callously** 副 **callousness** 名

callow[kǽlou]まだ羽毛の生えていない；未熟な.

calm[ká:m]穏やかな；冷静な／静める〔まる〕／平穏；無風状態. **calmly** 副 **calmness** 名

caloric[kəlɔ́:rik]カロリーの, 熱の.

calorie, calory[kǽləri]カロリー.

calumniate[kəlʌ́mnieit]中傷する. **calumniation** 名 **calumniator** 名

calumny[kǽləmni]中傷.

calves[kǽvz]calf¹·²の複数.

CAM[kǽm]コンピューター援用製造システム〔< computer-aided (assisted) manufacturing〕.

cam[kǽm]〔機械〕カム.

cambric[kéimbrik]薄地の白い麻〔綿〕.

came[kéim]come の過去.

camel[kǽməl]ラクダ.

camellia[kəmí:ljə]ツバキ.

cameo[kǽmiou]カメオ(浮き彫りを施した石・貝殻)

camera[kǽmərə]カメラ.

cameraman 〔映画・テレビの〕カメラマン

camisole[kǽməsoul]キャミソール(婦人用袖なし下着).

camomile[kǽməmail]カミツレ, カモミール.

camouflage[kǽməflɑːʒ]カムフラージュ；偽装；迷彩；ごまかし〔す〕.

camp[kǽmp]キャンプ；テント生活；仲間. ~ chair 折りたたみいす. **camper** キャンプする人.

campaign[kæmpéin]〔政治・選挙・宣伝などの〕運動(をする)；従軍(する). **campaigner** 〔選挙などの〕運動家

camphor[kǽmfər]樟脳. ~ ball 樟脳玉. **camphorated** 樟脳入りの.

campus[kǽmpəs]〔学校の〕構内, キャンパス.

can¹[kən, 強 kǽn]…できる；…してよい；…かもしれない；〔否定形で〕あろうはずがない；〔疑問形で〕はずがあろうか.

can²[kǽn]缶／缶詰めにする；解雇する；退学させる.

canal[kənǽl]運河；管. **canalize**…に運河を造る.

canape[kǽnəpi]《F》〔前菜〕カナッ

ペ.

canard [kəná:rd] 虚報；デマ.

canary [kənéəri] カナリア.

cancel [kǽnsəl] 取り消す；削除する；清算する；相殺する. **cancellation** 抹殺；取消し；消印.

cancer [kǽnsər] 癌だ；(C-) かに座. **cancerous** 形

candelabrum [kændəlá:brəm] (複) 枝付き燭台.

candid [kǽndid] 率直な；公平な. **candidly** 率直に. **candidness** 名

candidacy [kǽndidəsi], **candidature** [-dətʃər] 立候補.

candidate [kǽndədeit] 候補者；志願者.

candied [kǽndid] 砂糖漬けにした；口のうまい.

candle [kǽndl] ろうそく.

candlestick 燭台.

candor, candour [kǽndər] 公平；率直.

C and W カントリー・アンド・ウエスタン〔< country and western〕.

candy [kǽndi] キャンディー；氷砂糖／砂糖漬けにする.

cane [kéin] 籐；〔竹・サトウキビなどの〕茎／籐で造る. ～ **sugar** 蔗糖とき.

canine [kéinain] 犬の(ような)／犬歯.

canister [kǽnəstər] 缶，小箱.

canker [kǽŋkər] 〔口内の〕潰瘍；〔犬・猫の〕耳潰瘍；〔樹木の〕癌腫病；害毒／潰瘍にかかる；腐らせる. **cankerous** 形

canna [kǽnə] 〔植物〕カンナ.

cannabis [kǽnəbis] 大麻.

canned [kǽnd] 缶詰めの；録音された；酔った. ～ **food** 缶詰.

canner [kǽnər] 缶詰め業者. **cannery** 缶詰め工場.

cannibal [kǽnəbəl] 人食い人種；共食いする動物／人食いの；共食いの. **cannibalism** 人食い；残忍. **cannibalistic** 形

cannon [kǽnən] 大砲.

cannonball 砲弾；特急列車.

cannot [kǽni:t] = can not.

canny [kǽni] 抜け目ない；用心深い.

canoe [kənú:] カヌー.

canon [kǽnən] 戒律，規範.

canonical [kəná:nikəl] 教会法上の；正統派の.

canonize [kǽnənaiz] 〔死者を〕聖者の列に加える.

canopy [kǽnəpi] 天蓋ぶ；空／天蓋でおおう.

cant [kǽnt] 流行語；決まり文句；特殊用語(を使う).

cant [kǽnt] 傾斜／傾ける〔傾く〕.

can't [kǽnt, ká:nt] can not の短縮.

cantaloup [kǽntəloup] カンタロープ (マスクメロンの一種).

cantankerous [kæntǽŋkərəs] 意地悪な.

canteen [kæntí:n] 水筒；売店.

canter [kǽntər] 〔馬の〕普通の駆け足.

canticle [kǽntikl] 賛美歌.

canto [kǽntou] 〔詩歌の〕編.

Canton [kæntá:n] 広東 (広州〔Guang-zhou〕の旧称).

canton [kǽntən] 〔スイスの〕州；〔フランスの〕小郡.

canton [kǽntən, -tóun] 宿舎を割り当てる. **cantonment** 宿営(所).

canvas [kǽnvəs] キャンバス；帆；油絵.

canvass [kǽnvəs] 〔投票・注文・寄付などを〕頼んで回る／勧誘；遊説；検査. **canvasser** 運動員，勧誘員.

canyon [kǽnjən] 峡谷.

CAP 共通農業政策〔< Common Agricultural Policy〕.

cap [kǽp] 縁なし帽子；ふた；雷管／帽子をかぶせる；凌駕びする. ～ **in hand** うやうやしく.

capability [keipəbíləti] 能力；容量；可能性.

capable [kéipəbl] 有能な.

capacious[kəpéiʃəs] 広い；心の大きい.

capacitate[kəpǽsəteit] …を可能にする；〔人に〕能力を与える.

capacity[kəpǽsəti] 収容力；容量；資格；才能.

caparison[kəpǽrəsn] 盛装(させる).

cape [1] [kéip] 岬　Cape of Good Hope 喜望峰.

cape [2] 〔婦人服の〕ケープ.

caper[kéipər] はね回る.

capillary[kǽpəleri, kəpíləri] 毛管／毛状の.

capita[kǽpətə] per ～ 一人あたりの.

capital[kǽpətl] 首都／大文字の；主要な；死刑の；すばらしい；柱頭　～ gain(s) 資本利得，キャピタル・ゲイン. ～ punishment 極刑；死刑. **capitalism** 資本主義. **capitalist** 資本家. **capitalistic** 資本主義の. **capitally** すばらしく.

capitalize[kǽpətəlaiz] 大文字で書く；資金を供給する；資本化する.

capitation[kæpətéiʃən] 頭割り；人頭税.

Capitol[kǽpətl] 《米》国〔州〕会議事堂.

capitulate[kəpítʃuleit] 〔条件を定めて〕降伏する. **capitulation** 名

capon[kéipɑːn] 去勢した鶏.

cappuccino[kɑːpətʃíːnou] 《I》カプチーノ(牛乳とシナモンを加えたコーヒー).

caprice[kəpríːs] 気まぐれ. **capricious** 形

Capricorn[kǽprikɔːrn] やぎ座.

capsize[kǽpsaiz] 転覆させる〔する〕.

capstan[kǽpstən] キャプスタン；巻き上げ装置.

capsule[kǽpsl, -sjuːl] カプセル；〔スギゴケなどの〕蒴.

captain[kǽptən] 〔集団などの〕長；指導者.

caption[kǽpʃən] 見出し；説明文；字幕／…に見出しを付ける.

captious[kǽpʃəs] あらさがしをする.

captivate[kǽptəveit] 魅惑する. **captivation** 名

captive[kǽptiv] 捕虜／とらわれた. **captivity** とらわれの身.

captor[kǽptər] 捕える人.

capture[kǽptʃər] 捕獲／逮捕；ぶんどり(品)／捕らえる；占領する.

car[kɑːr] 車；車両；〔エレベーターの〕箱. ～ boot sale 《英》不要品の市. ～ park 駐車場. ～ wash 洗車場.

caramel[kǽrəml] キャラメル.

carat[kǽrət] カラット(宝石の重量の単位・金位).

caravan[kǽrəvæn] 隊商，キャラバン；ほろ馬車；トレーラーハウス.

caraway[kǽrəwei] ヒメウイキョウ.

carbide[kɑ́ːrbaid] 炭化物／カーバイド.

carbine[kɑ́ːrbiːn] 騎兵銃，カービン銃.

carbohydrate[kɑːrbouháidreit] 炭水化物.

carbolic[kɑːrbɑ́lik] 石炭酸. ～ soap 石炭酸せっけん.

carbon[kɑ́ːrbən] 炭素. ～ copy 写し. ～ dioxide 二酸化炭素，炭酸ガス. ～ monoxide 一酸化炭素. ～ paper カーボン紙. **carbonate** 炭酸塩／炭化する. **carbonic** 炭素の. **carbonize** 炭化する.

carboniferous[kɑːrbənífərəs] 石炭を生じる〔含む〕.

Carborundum[kɑːrbərʌ́ndəm] カーボランダム(床のすべり止め).

carboy[kɑ́ːrbɔi] 籠入りガラスびん.

carbuncle[kɑ́ːrbʌŋkl] 悪性の吹き出物；カーバンクル(丸くカットしたざくろ石).

carburet[kɑ́ːrbəreit] 炭素と化合させる. **carburet(t)or** 〔内燃機関の〕キャブレター.

carcass, carcase [kɑ́ːrkəs] 〔獣の〕死体；〔軽蔑語〕人体.

carcinogen [kɑːrsínədʒən] 発癌

物質. **carcinogenic** 発癌ボ性の.
card[ká:rd]カード；トランプ；はがき（など）；番組；《俗》やつ，人物.
cardboard 厚紙.
cardiac[ká:rdiæk]心臓（病）の.
cardigan[ká:rdigən]カーディガン.
cardinal[ká:rdənl]主要な；基本的な；深紅の／〔カトリック〕枢機卿；深紅色.
cardiogram[ká:rdiəgræm]心電図.
cardiology[ka:rdiá:lədʒi]心臓（病）学.
cardphone カード式公衆電話.
cardsharper トランプ詐欺師；トランプの名人.
care[kéər]心配；世話；監督；用心／心配する. ~ of …気付〔略 c/o〕.
take ~ of 世話をする；気をつける.
~ about … を気にする. ~ for …を好む；…を世話する；…を心配する.
~-worn 心配でやつれた. **carefree** のんきな.
careen[kərí:n]〔修理のため〕船を傾ける〔傾く〕；かしぐ.
career[kəríər]履歴；職歴，職業；生涯／快走する. ~ diplomat 専門職の〔キャリア〕外交官. **careerism** 出世主義.
careful[kéərfəl]注意深い；念入りな. **carefully** 副 **carefulness** 名
careless[kéərləs]不注意な. **carelessness** 不注意. **carelessly** 副
caress[kərés]愛撫／愛撫する. **caressingly** 副
caret[kérət]挿入符号〔∧〕.
caretaker 管理人.
carfare 交通費.
cargo[ká:rgou]船荷，積み荷.
Caribbean[kærəbí:ən]カリブ海〔人〕の.
caribou[kærəbu:]〔北米産の〕トナカイ.
caricature[kærikətʃər, -tʃuər]風刺画，漫画（にする）.
caries[kéəri:z]カリエス.

carillon[kærəla:n]カリヨン；組み鐘の曲.
caring[kéəriŋ]同情心のある；親切な；〔職業などが〕福祉関係の.
carload 車1台分の貨物.
carnage[ká:rnidʒ]虐殺.
carnal[ká:rnl]性欲の；世俗の. **carnally** 副
carnation[ka:rnéiʃən]カーネーション；淡紅色.
carnival[ká:rnəvəl]謝肉祭；お祭り（騒ぎ）.
carnivore[ká:rnəvɔ:r]肉食動物.
carnivorous[ka:rnívərəs]肉食の.
carol[kærəl]賛美歌／喜び歌う.
carouse[kəráuz]酒宴／飲んで騒ぐ.
carousal 酒宴.
carp[1][ká:rp]コイ.
carp[2] 口やかましく言う；あら探しをする.
carpenter[ká:rpəntər]大工. **carpentry** 大工仕事；木工細工.
carpet[ká:rpət]じゅうたん（を敷く）；カーペット（を敷く）. on the ~ 審議中；しかられて. ~-bombing じゅうたん爆撃. **carpeting** 敷物類.
carport[ká:rpɔ:rt]カーポート（簡易車庫）.
carrel(l)[kærəl]〔図書館の〕個人閲覧席〔室〕.
carriage[kæridʒ]車；馬車；《英》客車；車両；《英》運送；運賃. ~-porch 車寄せ.
carrier[kæriər]運搬人；運送会社；保菌者；空母；搬送波. ~ pigeon 伝書バト.
carrion[kæriən]腐肉，死肉（の）.
carrot[kærət]ニンジン；（複）報酬；《俗》赤毛（の人）.
carrousel[kærəsel]回転木馬.
carry[kæri]連れて行く；持ち歩く；伝える；導く；延長させる；納得させる；〔議案を〕通過させる；支える；繰り上げる；占領する；〔新聞に〕掲載する；店に置く.／〔声・砲などが〕とどく

~ away 持ち去る；夢中にさせる．
~ off 誘拐する；獲得する；うまく
やる． ~ on 続ける；営む． ~ out 遂
行する． ~ over 繰り越す．

carsick 乗り物酔い．

cart[ká:rt]荷馬車；手押し車．put the
~ before the house 本末転倒する．

carte blanche[ka:rt blæ:ntʃ]白紙委
任(状)．

cartel[ka:rtél]カルテル，企業連合．

Cartesian[ka:rtí:ʒən]デカルト(学派
の)． ~ **coordinates** デカルト座標．

cartilage[ká:rtəlidʒ]軟骨．

carton[ká:rtn]ボール箱[紙]．

cartoon[ka:rtú:n]風刺漫画；アニメ．
cartoonist 漫画家．

cartridge[ká:rtridʒ]弾薬筒；カート
リッジ．

carve[ká:rv]彫刻する；[肉を]切り
分ける． **carver** 彫刻者；肉を切り
分ける人；肉切りナイフ．

carving 彫刻．

cascade[kæskéid]小滝／滝になって
落ちる．

case[kéis]場合；事件；事情；訴訟；
言い分；事例；患者，症症；[文法]
格．**history** 病歴；身上書． ~
study 事例研究．

case² 箱；容器；[ドア・窓などの]枠；
[時計の]側／ケースに入れる．

casein[kéisin]カゼイン(蛋白質)．

casement[kéismənt]窓(の枠)．

cash[kæʃ]現金／現金(で払う・に換え
る)． ~ **flow** 現金流動，キャッシュ・
フロー． ~ **register** レジ． ~ **dispenser**,
cashpoint 現金自動支払機．

cashier[kæʃíər]レジ係；出納係．

cashmere[kæʒmiər]カシミヤ(毛織
りの衣服)．

casing[kéisiŋ]包装；枠．

casino[kəsí:nou]カジノ，娯楽場．

cask[kæsk]おけ，たる．

casket[kæskət]小箱；《米》ひつぎ．

cassava[kəsá:və]カッサバ(根から
でん粉を採る)．

casserole[kæsəroul]ふた付き蒸し
焼きなべ(料理)．

cassette[kəsét, kæ-]カセット．

cassock[kæsək]法衣．

cast[kæst]投げる；投げすてる；[視
線・非難などを]投げかける；[票を]
投じる；解雇する；計算する；鋳造
する；配役する． ~ **away** すてる；
難破させる． ~ **off** 脱ぎすてる． ~
out 追い出す． ~ **up** [岸に]打ち上げ
る；合計する． ~ **iron** 鋳鉄． ~
steel 鋳鋼．**caster**, **castor** 薬味入れ；
キャスター．**casting** 鋳造；投げ釣り；
配役．**casting vote** 決定票

castanets[kæstənéts]カスタネット．

caste[kæst]姓；カースト；身分制度；
階級．

castigate[kæstəgeit]酷評する．**cas-
tigation** 图

castle[kæsl]城；館[たか]． a ~ in the air
空中楼閣，空想．

castor¹[kæstər] = caster.

castor² ビーバー香．

castor³ ~ **oil** ひまし油．

castrate[kæstreit]去勢する．**castra-
tion** 图

casual[kæʒuəl]偶然の；何気ない；
あてにならない；うちとけた．
casually 偶然に．**casualties** 死傷者
(数)．**casualty** 災難．

casuist[kæʒuəst]詭弁家．**casuist-
ry** 詭弁．

CAT[kæt]コンピュータ利用試験[＜
computer-assisted[-aided]testing]；コ
ンピュータによる体軸断層写真，
CTスキャン[＜computerized axial
tomography]；晴天乱気流[＜clear
air turbulence]．

cat[kæt]猫．**cat's cradle** あや取り．
cat's-paw 手先(として使われる人)．

catabolism[kətæbəlizm][生物]異
化作用．

cataclysm[kætəklizm]洪水；[地核
の]激変；変革．**cataclysmic** 圏

catacomb[kætəkoum]地下墓地．

catalepsy [kǽtəlèpsi] 硬直症.

catalog, catalogue [kǽtəlɔ̀ːɡ] カタログ；目録／カタログを作る.

catalysis [kətǽləsis] 触媒作用. **catalyst** 触媒. **catalyze** …に触媒作用を及ぼす.

catamaran [kæ̀təmərǽn] 双胴船.

catapult [kǽtəpʌ̀lt] 石弓；ぱちんこ；〔空母の〕飛行機射出機，カタパルト.

cataract [kǽtərækt] 大滝；白内障.

catarrh [kətάːr] カタル；風邪.

catastrophe [kətǽstrəfi] 大災害；悲劇的結末；破局. **catastrophic** 形

catcall やじ；やじる.

catch [kǽtʃ] つかまえる；つかむ；間に合う；奪う；〔心などを〕ひく；ひっかける；分る；聞き取る／感染する；ひっかかる；火が点く；〔野球〕捕手となる／捕えること；〔野球〕捕球；捕獲高；よい結婚相手；掛けがね；引き手；〔声の〕つかえ. be caught in〔雨など〕にあう；…にかかる. ~ on 人気を博する；《話》理解する. ~ up 追いつく. ~ phrase 人の注意をひく文句，標語. ~ -22《米口》金縛り状態；〔ジレンマ〕. **catchword** 見出し語；キュー. **catcher**〔野球〕捕手. **catching** 伝染する；心を奪う. **catchy** 魅力のある；覚えやすい.

catchup [kǽtʃəp, kétʃ-] = ketchup.

catechism [kǽtəkìzm] 教義問答書.

catechize, catechise [kǽtəkàiz] 問答で教える；詰問する.

categorical [kæ̀təɡɔ́ːrikəl] 無条件の，絶対的な；範疇 (はんちゅう) の.

categorize [kǽtigəràiz] 分類する；特徴づける.

category [kǽtəɡɔ̀ːri] 範疇；種類.

cater [kéitər] まかなう；満足を与える. **caterer** 仕出し屋.

catercornered [kǽtərkɔ̀ːrnərd] 対角線の.

catering [kéitəriŋ] 仕出し(業).

caterpillar [kǽtərpìlər] イモムシ；毛虫；軌道式トラクター.

catfish ナマズ.

catgut [kǽtɡʌ̀t] ガット.

catharsis [kəθάːrsis] カタルシス，浄化；便通，排便.

cathedral [kəθíːdrəl] 大聖堂.

catheter [kǽθətər] カテーテル.

cathode [kǽθoud]〔電気〕陰極. ~ -ray tube ブラウン管.

catholic [kǽθəlik] (C-) カトリック教の；普遍的な；心の広い／カトリック教徒.

Catholicism [kəθάːləsìzm] カトリック教(の教義).

cation [kǽtaiən] 陽イオン.

catsup [kǽtsəp, kétsəp] = ketchup.

cattle [kǽtl]〔集合的〕牛；家畜.

cattleman 牧場主.

CATV 共同聴視アンテナテレビ〔< community antenna television〕；ケーブルテレビ〔< cable television〕.

catwalk 狭い通路.

Caucasian [kɔːkéiʒən, -ʃən] 白人(の)；コーカサス人(の).

caucus [kɔ́ːkəs]〔政党の〕幹部会議.

caught [kɔ́ːt] catch の過去・過去分詞.

cauldron [kɔ́ːldrən] = caldron.

cauliflower [kɔ́ːliflàuər] カリフラワー.

caulk [kɔ́ːk] = calk.

causal [kɔ́ːzəl] 原因の；因果関係の. **causality** 因果関係.

causation [kɔːzéiʃən] ひき起こすこと；因果関係；原因.

causative [kɔ́ːzətiv] 原因となる；〔文法〕使役の／使役動詞.

cause [kɔ́ːz] 原因；理由；訴訟(事件)；主義；目的／ひき起こす；原因となる；…させる. **causeless** 理由のない.

causerie [kòuzəríː] 《F》おしゃべり；随筆.

causeway [kɔ́ːzwèi] 土手道.

caustic [kɔ́ːstik] 腐食性の；辛辣 (しんらつ) な／腐食剤.

cautery [kɔ́ːtəri]〔医学〕焼灼 (しょうしゃく)；焼

きごて. **cauterize**〔医学〕〔電気メスなどで〕焼く.

caution[kɔ́ːʃən]用心(させる);警告(する);《話》要注意人物. **cautionary** 警告の.

cautious[kɔ́ːʃəs]用心深い. **cautiously** 副 **cautiousness** 名

cavalcade[kævəlkéid]行列;行進;パレード.

cavalier[kævəlíər]騎士;騎士道精神を持つ人.

cavalry[kǽvəlri]騎兵(隊).

cavalryman 騎兵.

cave[kéiv]洞窟. ～ **-in** 落盤.

caveman 穴居人.

cavern[kǽvərn]洞窟. **cavernous** 洞窟のような.

caviar, caviare[kǽviɑːr]キャビア(チョウザメの卵の塩漬け).

cavity[kǽvəti]〔虫歯の〕穴;《俗》虫歯.

cavort[kəvɔ́ːrt]《話》はね回る;うかれ騒ぐ;〔犬などが〕たわむれる.

caw[kɔ́ː]〔カラスの〕鳴き声.

cayman, caiman[kéimən]カイマン(中南米産のワニ).

CB 市民帯ラジオ〔< citizens band〕;転換社債〔< Convertible Bond〕.

CBC カナダ放送協会〔< Canadian Broadcasting Corporation〕.

CBD 生物の多様性に関する条約〔< Convention on Biological Diversity >〕. ～ **/ COP** ～締約国会議.

CBI《英》英国産業連盟〔< Confederation of British Industry〕.

CBS CBS 放送(正式名・コロンビア放送網, 米国三大テレビネットワーク)〔< Columbia Broadcasting System〕.

CBW 生物化学戦〔< chemical and biological warfare〕.

CC ゴルフ場〔< country club〕;クローズドキャプション, 限定字幕〔< closed captioning〕.

cc, c.c. 立方センチメートル〔< cubic centimeter〕.

CCD 電荷結合素子〔< charge- coupled device〕.

CCTV 閉回路〔有線〕テレビ〔< closed-circuit television〕.

CD コンパクトディスク〔< compact disc〕;現金自動支払機〔< cash dispenser〕;預金証書〔< certificate of deposit〕.

CD-R 書き込み可能な CD-ROM〔< compact disc-recordable〕.

CD-ROM CD ロム, コンパクトディスク型読み出し専用メモリー〔< compact disc read-only memory〕.

CDC《米》疾病管理予防センター〔< Centers for Disease Control and Prevention〕.

CDT〔米国時間帯〕中央夏時間〔< Central Daylight Time〕.

CE (the) 西暦紀元〔< common era〕.

CEA《米》大統領経済諮問委員会〔< Council of Economic Advisers (for President)〕;フランス原子力代替エネルギー庁〔< French Alternative Energies and Atomic Energy Commission〕.

cease[síːs]終わる;絶える;やめる. ～ **-fire** 停戦. **ceaseless** 絶え間ない.

cedar[síːdər]ヒマラヤ杉.

cede[síːd]譲る;認める.

ceiling[síːliŋ]天井;限度.

celebrate[séləbreit]〔祭典を〕行なう;祝う;ほめたたえる. **celebrated** 有名な. **celebration** 祝賀;祭典.

celebrity[səlébrəti]名声;名士.

celerity[səlérəti]敏速.

celery[séləri]セロリ.

celesta[səléstə]チェレスタ(鍵盤楽器).

celestial[səléstʃəl]天の;神々しい.

celibacy[séləbəsi]独身(生活).

celibate[séləbət]独身(主義)者.

cell[sél]細胞;小部屋;独房;電池;〔政治団体などの〕グループ. ～ **phone** 携帯電話. ～ **system** セル生産方式.

cellar[sélər]地下室;ワイン貯蔵室.

cellist[tʃélist]チェロ奏者.

cello[tʃélou]チェロ.

cellophane[séləfein]セロファン.

cellular[séljələr]細胞(状)の;目の粗い.

cellular phone[séljələr foun]携帯電話.

cellulite[séljəlait](皮下)脂肪.

celluloid[séljəloid]セルロイド.

cellulose[séljəlous]セルロース, 繊維素.

Celt[sélt, kélt]ケルト人. **Celtic** ケルト人[語](の).

cement[səmént]セメント(で接合する).

cemetery[séməteri]共同墓地.

cenotaph[sénətæf]記念碑.

censer[sénsər]つり香炉.

censor[sénsər]検閲官 / 検閲する. **censorship** 検閲.

censorious[sensɔ́:riəs]口やかましい;あら探しをする.

censure[sénʃər]非難する / 非難;酷評.

census[sénsəs]国勢調査.

cent[sént]セント(1/100 ドル).

centaur[sénto:r]〔ギリシャ神話〕ケンタウロス(半人半馬の怪物).

centenarian[sentənéəriən]100 歳(以上)の(人).

centenary[senténəri, séntəneri]100年間;百年祭.

centennial[senténiəl]100 年(ごと)の / 百年祭.

center, centre[séntər]中心;(C-)中道派;中堅 / 中心に集まる[める]. **centerpiece** テーブルの中央に置く飾り物.

centered, 《英》**-tred**[séntərd]中心となる, 中央にある.

centi ～[séntə-]「100 分の 1」の意の結合形. **centigrade** 百分度の;摂氏の. **centigram(me)** センチグラム. **centimeter**, **centimetre** センチメートル.

centime[sá:nti:m]サンチーム(1/100 フラン).

centipede[séntəpi:d]ムカデ.

cento[séntou]名作の寄せ集め.

central[séntrəl]中心の;主要な. ～ **government** 中央政府. ～ **heating** 集中暖房(装置). **centralize** 中心に集める;中央集権化する. **centralization** 名

centrifugal[sentrífju:gəl]遠心(性)の.

centrifuge[séntrəfju:dʒ]遠心分離機.

centripetal[sentrípitl]求心(性)の.

centrist[séntrist]中道〔穏健〕派(の).

century[séntʃəri]100 年, 1 世紀.

CEO 最高経営責任者〔< chief executive officer〕.

ceramic[səræmik]陶磁器(の);セラミック(の). **ceramics** 製陶;窯業. **ceramist** 陶芸家.

cereal[síəriəl]穀物の /(通例複)穀物;シリアル.

cerebellum[serəbéləm]小脳.

cerebral[sərí:brəl, sérə-](大)脳の.

cerebrum[sərí:brəm, sérə-]大脳;脳.

ceremonial[serəmóuniəl] 儀式(の).

ceremonious[serəmóuniəs]儀式ばった;かたくるしい. **ceremoniously** 副

ceremony[sérəmouni]儀式. **master of ceremonies** 司会者.

CERN[sá:rn]欧州原子核研究機構〔< 《F》 Conseil Europeen pour la Recherche Nucleaire (=European Organization for Nuclear Research)〕.

certain[sá:rtn]確かな;一定の;ある / …を確信している. **for** ～ 確かに. **certainly** 確かに;よいとも. **certainty** 名

Cert Ed《英》教職免許〔< Certificate in Education〕.

certificate[sərtífikət]証明書;免許状 /[-keit] 証明書〔免許状〕を与え

る. **certification** 証明(書).

certify [sə́:rtəfai] 〔正しいと〕証明する；保証する.

certitude [sə́:rtətju:d] 確信；確実性.

cervix [sə́:rvəks] 首.

cessation [seséiʃən] 停止，休止.

cession [séʃən] 譲渡；割譲.

cesspool [séspu:l] 汚水だめ.

cetacean [sitéiʃən] 鯨目の(動物). **cetaceous** 形

cf. [kəmpéər, si:éf] 参照せよ. 〔<《L》confer(=compare)〕.

CFC フロンガス〔< chlorofluoro-carbon〕.

CFE 欧州通常戦力(条約)〔<(Treaty of)Conventional Armed Forces in Europe〕.

CFO 最高財務責任者〔< chief financial officer〕.

CFS 慢性疲労症候群〔< chronic fatigue syndrome〕.

CG コンピュータグラフィックス〔< computer graphics〕.

Ch. 章〔< chapter〕.

chafe [tʃéif] こすって暖める；すりむく；いらいらさせる / すり傷；いらだち.

chaff [tʃǽf] もみがら；つまらないもの.

chaff [tʃǽf] からかい，ひやかし / からかう，ひやかす.

chaffer [tʃǽfər] 値切る.

chaffinch [tʃǽfintʃ] ズアオアトリ.

chagrin [ʃəgrín] 無念がらせる.

chain [tʃéin] 鎖；ひと続きの；チェーン；(複)束縛 / 鎖でつなぐ；束縛する. ~ reaction 連鎖反応. ~ -smoker 立て続けに喫煙する人. ~ store チェーンストア.

chair [tʃéər] いす；講座；議長；司会者 / いす〔地位〕につかせる；司会する. ~ lift 〔スキー場の〕リフト.

chairman, chairwoman, chairperson 司会者；議長.

chaise [ʃéiz] 1 頭立てほろつき馬車.

chalet [ʃæléi] シャレー(スイス山地

の独特の家)；シャレー風の家.

chalice [tʃǽlis] 聖餐杯；杯.

chalk [tʃɔ́:k] 白墨，チョーク(で書く)；白亜. **chalky** 白亜の.

challenge [tʃǽlindʒ] 挑戦，課題；難問；誰何 / 挑戦する；異議を申し立てる；〔説明などを〕要求する；誰何する. **challenger** 挑戦者.

challenged [tʃǽləndʒd] 努力を要する(「障害のある」の婉曲語).

chamber [tʃéimbər] 部屋；寝室；会議室；《英》(複)弁護士事務室. ~ of commerce 商工会議所. ~ music 室内楽. ~ pot 寝室用便器.

chamberlain [tʃéimbərlin] 侍従；会計係. **Lord Chamberlain** 《英》宮内大臣.

chameleon [kəmí:liən] カメレオン；移り気な人.

chamois [ʃǽmi] シャモア.

champ [tʃǽmp] むしゃむしゃ食べる；いらいらする.

champ =champion.

champagne [ʃæmpéin] シャンパン(色).

champion [tʃǽmpiən] 優勝者；戦士；擁護者 / …のために戦う；擁護する. **championship** 選手権.

chance [tʃǽns] 偶然(の)；機会；見込み / 偶然…する，偶然起こる / 運まかせでやってみる.

chancel [tʃǽnsəl] 〔教会の〕内陣.

chancellery [tʃǽnsələri] chancellor の職；大使館事務局.

chancellor [tʃǽnsələr] 長官；大臣；閣僚；首〔総〕相；《米》〔州立大学の〕総長；《英》〔大学の〕総長. **Chancellor of the Exchequer** 《英》財務大臣.

chancy [tʃǽnsi] 《話》偶然の；不確実な.

chandelier [ʃændəlíər] シャンデリア.

chandler [tʃǽndlər] 雑貨商；ろうそく屋.

change [tʃéindʒ] 変える；交換する；

両替する；乗り換える／変わる／変化；変更；異動；取り替え；小銭，つり銭．**changeable** 変わりやすい．**changeful** 変化に富む；不安定な．

channel[tʃǽnl]海峡；水路；川底；経路；〔敷居などの〕みぞ；〔放送〕チャンネル／水路を開く；みぞを掘る；伝える；伝える．

chant[tʃǽnt]歌う；吟じる／〔単調な〕歌；シュプレヒコール．

chanticleer[tʃǽntəkliər]〔擬人的に〕おんどり君．

chaos[kéias]混沌 ；混乱．**chaotic** 混沌としている；混乱している．

chap[tʃǽp]《話》やつ．

chapel[tʃǽpəl]礼拝堂．

chaperon, chaperone[ʃǽpəroun]若い未婚の女性に付き添う婦人．

chaplain[tʃǽplin]（礼拝堂の）牧師；従軍牧師；教戒師．

chapter[tʃǽptər]章；区切り；支部；牧師総会．～ **house** 参事会会場；〔大学同窓会などの〕支部会館．

char[tʃάːr]炭にする；焦がす．

character[kǽriktər]性質；品性；人格；資格；評判；登場人物；変わり者；文字．

characteristic[kæriktərístik]特徴／特有の．

characterize[kǽriktəraiz]性質を描く；特徴づける．

charade[ʃəréid, -rάːd]シャレード（ジェスチャーゲームの一種）．

charcoal[tʃάːrkoul]木炭．

charge[tʃάːrdʒ]〔税などを〕課する；〔料金を〕請求する；つけにする；ゆだねる；非難する；罪を負わせる；告訴する；〔容器などを〕満たす；〔銃に弾を〕装填する；突撃する／料金；負担；預かりもの；命令；責任；非難；告発；容疑；突撃；装填，荷．**chargeable** 負わなければならない．**charger** 装填手；充電器．

chariot[tʃǽriət]〔古代の〕戦車；馬車．

charisma[kərízmə]カリスマ（人々を引きつける力）．**charismatic** カリスマ的．

charity[tʃǽrəti]慈愛；慈善；施し；慈善施設．**charitable** 慈悲深い；心の広い．**charitably** 副

charivari[ʃivərí:]どんちゃん騒ぎ（結婚の祝福）．

charlatan[ʃάːrlətn]ペテン師；やぶ医者．

charm[tʃάːrm]魅力；魔力；（複）愛きょう；まじない／魅了する；楽しませる．**charmer** へび使い；魔法使い；人気者．

charming 魅力的な；楽しい．**charmingly** 副

charnel (house)[tʃάːrnl]納骨堂．

chart[tʃάːrt]海図；図表；カルテ；ヒットチャート／海図を作る；図に示す．

charter[tʃάːrtər]特許（状）；憲章；用船契約（書）／借り切る；〔用船契約で〕雇う．

charwoman[tʃάːrwumən]雑役〔掃除〕婦．

chary[tʃέəri]用心深い；…しようとしない《of》．

chase[tʃéis]追う；狩る；追い出す／追跡；狩猟；猟場；獲物．

chase[金属に浮き彫りをする．

chasm[kǽzm]深い割れ目；隔たり．

chassis[tʃǽsi]車台／〔飛行機の〕主脚部．

chaste[tʃéist]汚れのない；洗練された．**chastely** 副 **chasteness** 名

chasten[tʃéisn]こらしめる；抑制する；洗練する．

chastise[tʃæstáiz]せっかんする．**chastisement** 名

chastity[tʃǽstəti]貞節；簡素．

chat[tʃǽt]おしゃべりする／談笑．

chateau[ʃætúu]城；館《F》．

chatter[tʃǽtər]おしゃべり（する）；〔歯などが〕ガタガタ鳴る（音）；さえずる（声）．**chatterbox** おしゃべり（な

人).

chauffeur[ʃóufər]〔自家用車の〕運転手.

chauvinism[ʃóuvənizm]盲目的愛国主義;〔特定の主義・主張への〕熱狂的信奉. **chauvinist** 盲目的愛国主義者;〔特定の主義・主張への〕熱狂的信奉者.

cheap[tʃíːp]安い. **cheapen** 安くする〔なる〕. **cheaply** 副 **cheapness** 名

cheat[tʃíːt]だます;裏切る;だまして…させる/詐欺;カンニング.

check[tʃék]阻止〔抑制〕する;照合〔検査〕する《米》〔荷物を〕預ける/《米》小切手(=cheque);合札;格子じま;〔チェス〕王手(をかける). ~ **in**〔旅館に記帳して〕宿泊する. ~ **out**〔勘定を払って〕ホテルを出る. **complete medical** ~ 人間ドック. **checked** 格子じまの.

checkbook《米》小切手帳.

checker,《英》**chequer**[tʃékər]〔複〕チェッカー, 西洋碁;格子じま(にする). **checkered** 格子じまの.

checkerboard チェッカー盤.

checklist 照合表, 一覧表.

checkmate[tʃékmeit]王手詰め(にする).

checkpoint 検問所;チェック項目.

checkroom 手荷物預り所.

checkup 検査, 点検;健康診断.

Cheddar[tʃédər]チェダーチーズ.

cheek[tʃíːk]ほお;ずうずうしさ ~ **by jowl** 仲むつまじく. **cheeky** なまいきな.

cheekbone ほお骨.

cheer[tʃíər]かっさい(する);励まし〔す〕;機嫌;ごちそう. **Cheers!** 乾杯. **Cheer up!** がんばれ. **cheerful** 機嫌のいい, 元気のいい;喜んでする. **cheerfully** 副 **cheerfulness** 名

cheerio[tʃíəriou]《英語》さようなら!

cheerleader チアリーダー.

cheery[tʃíəri]機嫌のいい;活気づける. **cheerily** 副

cheese[tʃíːz]チーズ.

cheeseburger チーズバーガー.

cheesecake チーズケーキ.

cheeseparing チーズの皮の削りくず;つまらないもの;けちな.

cheetah[tʃíːtə]チータ.

chef[ʃéf]シェフ, 料理長. **chef's salad** 野菜に細切りのチーズ, 肉などを添えたサラダ.

chemical[kémikəl]化学の;化学作用の/(しばしば複)化学製品;薬品. ~ **formula** 化学式. ~ **weapon** 化学兵器. **chemically** 副

chemise[ʃəmíːz]シュミーズ(婦人の肌着).

chemist[kémist]化学者;《英》薬剤師;薬屋.

chemistry[kéməstri]化学(作用);〔人との〕相性;不思議な力(作用, 変化).

chemotherapy[ki:mouθérəpi]化学療法.

cheque[tʃék]《英》小切手(= check).

cherish[tʃériʃ]かわいがる, 大事にする;心に抱く.

cherry[tʃéri]サクランボ.

cherub[tʃérəb]ケルビム, 智天使;かわいい子供. **cherubic** 天使のような.

chess[tʃés]チェス.

chessman〔チェスの〕こま.

chest[tʃést]胸;箱. ~ **of drawers** たんす.

chestnut[tʃésnʌt]クリ(色)(の).

chevron[ʃévrən]〔下士官・警官の〕山形袖章.

chew[tʃúː]かむ;よく考える. ~ **the cud**〔牛などが〕反芻する. **chewing gum** チューインガム.

chic[ʃíːk]《F》粋な/あかぬけた.

chicane[ʃikéin]障害物;ごまかし〔す〕. **chicanery** ごまかし;詭弁.

chick[tʃík]ひよこ;〔愛称語〕子供.

chicken[tʃíkən]ひな, ひよこ;若い女;鶏肉. ~ **pox** 水痘, 水ぼうそう.

chickweed ハコベ.

chide [tʃáid] しかる，小言を言う．

chidden [tʃídn] chide の過去分詞．

chief [tʃíːf] 長；長官 / 主要な． **chiefly** 主として．

chieftain [tʃíːftən] 首領；しゅう長．

chiffon [ʃifɑ́n]《F》シフォン．

chigger [tʃígər] ツツガムシ= chigoe.

chigoe [tʃígou] スナノミ．

chihuahua [tʃiwɑ́ːwɑ:] チワワ (小型犬)．

chilblain [tʃílblein] しもやけ．

child [tʃáild] 子供；未熟者；子孫．with ~ 妊娠して． ~ benefit《英》育児手当． **childhood** 幼児期． **childish** 子供っぽい． **childishly** 副 **childishness** 名 **childlike** 子供らしい，無邪気な．

childbed 産褥(さんじょく)．

childbirth 出産(率)．

childcare 保育． ~ center 保育所，託児所． ~ leave 育児休暇．

chili [tʃíli] チリ；トウガラシ．

chill [tʃíl] 冷たさ；寒気；興ざめ / 冷淡な / 冷やす〔える〕；〔興などを〕さます / 冷える． ~ out 落ち着く；ゆっくりする． **chilled** 冷たくなった． **chilly** 冷たい；冷淡な．

chilling [tʃíliŋ] ぞっとするような；冷淡な；《俗》すごい，すばらしい，かっこいい．

chime [tʃáim]〔一組の〕鐘；鳴る〔らす〕；調和する《with》． ~ in 相づちを打つ．

chimera [kimíərə]〔ギリシャ神話〕キメラ．

chimney [tʃímni] 煙突；〔ランプの〕ほや． ~ pot 炉ばた，炉辺． ~ sweep (er) 煙突掃除人．

chimneypiece 暖炉の前飾り．

chimpanzee [tʃimpænzíː] チンパンジー．

chin [tʃín] あご． **chinless** あごのない；気弱な．

China [tʃáinə] 中国． ~ Syndrome 破局の原発事故．

china (ware) [tʃáinə(weər)] 陶磁器．

chinchilla [tʃintʃílə]〔南米産〕チンチラ；その毛皮．

Chinese [tʃainíːz] 中国(人)の / 中国人〔語〕．

Chink [tʃíŋk]《俗・軽蔑》中国人．

chink[1] [tʃíŋk] ガラスや小銭の音 / ちゃりんちゃりん，ちりんちりん鳴る〔鳴らす〕．

chink[2] 割れ目 (をふさぐ)．

chintz [tʃínts] さらさ木綿． **chintzy** 安っぽい．

chip [tʃíp] 切れはし；かけら；ジャガイモのから揚げ；点棒 / 削る，割る．

chipper [tʃípər]《米語》陽気な．

chiropractic [kaiərəpræktik] 指圧療法．

chirp [tʃɔ́ːrp] 小鳥・虫の声 / ちいちい鳴く．

chisel [tʃízəl] のみ (で彫る)；彫刻刀．

chit[1] [tʃít] 子供，〔なまいきな〕小娘．

chit[2]〔飲食店などの〕伝票；短い手紙；メモ．

chitchat [tʃíttʃæt] おしゃべり (する)．

chitterlings [tʃítərliŋz]〔豚などの〕食用小腸．

chivalry [ʃívəlri] 騎士制度；騎士道；〔女性に対する〕丁重な態度． **chivalric** 騎士道的な． **chivalrous** 騎士道の．

chive [tʃáiv] エゾネギ，エゾアサツキ．

chlamydia [kləmídiə] クラミジア (性感染症)．

chloride [klɔ́ːraid] 塩化物．

chlorine [klɔ́ːriːn] 塩素．

chlorofluorocarbon [klɔːroufluərouká:rbən] フロンガス (オゾン層破壊物質)〔略 CFC〕．

chloroform [klɔ́ːrəfɔːrm] クロロホルム (麻酔薬)．

chlorophyll, chlorophyl [klɔ́ːrəfil] クロロフィル，葉緑素．

chock [tʃɑ́k] 留めくさび (でとめる) / ぎっしり詰める． ~ -full ぎっしり詰まった．

chocolate[tʃɔ́ːklət]チョコレート(色)(の).

choice[tʃɔis]選択(権);選り好み/精選された.

choir[kwáiər]〔教会の〕聖歌隊(席).

choke[tʃóuk]窒息させる〔する〕;ふさぐ;抑制する/むせる;詰まる/窒息. **choker**息を詰まらせる人〔もの〕;短い首飾り. **choky**息が詰まるような.

choler[kálər]短気. **choleric**形

cholera[kálərə]コレラ.

cholesterol[kəléstəroul]コレステロール.

choose[tʃúːz]選ぶ;決める;望む.

chop[¹][tʃáp]たたき切る, 切り刻む;切り倒す《down》;切り離す《off》/切断;厚切りの肉. **chopping block**まないた.

chop[²]〔風が〕急に変える〔変わる〕. **choppy**〔風が〕変わりやすい;波立つ.

chophouse肉料理店.

chopper[tʃápər]肉切り包丁;《話》ヘリコプター;〔改造〕バイク.

chopsticks[tʃápstiks]箸.

chop suey[tʃáp súːi]チャプスイ(中華料理).

choral[¹][kɔ́rəl]合唱(隊)の.

chorale, choral[²][kəræl](合唱)聖歌;聖歌隊.

chord[kɔ́rd]〔楽器の〕弦;〔心の〕琴線;和音;腱.

chore[tʃɔ́r]雑用;いやな仕事.

choreography[kɔ:riágrəfi]〔バレエ・舞台舞踊などの〕振り付け.

chorus[kɔ́rəs]合唱(曲・隊)/合唱する. **choric**合唱の.

chose[tʃóuz]choose の過去.

chosen[tʃóuzn]choose の過去分詞/選ばれた.

chow mein[tʃau méin]チャーメン(焼きそば).

Christ[kráist]キリスト, 救世主.

christen[krísn]洗礼を施す;命名する. **christening**洗礼式;〔船の〕命名式.

Christian[krístʃən]キリスト教徒(の);(文明)人;《話》上品な(人). ~ **Era**西暦紀元. ~ **name**(洗礼)名. ~ **Science**キリスト教の一派(信仰療法を特色とする). **Christianity**キリスト教.

Christmas[krísməs]クリスマス, キリスト降誕祭(12月25日). ~ **box**クリスマスの贈り物. ~ **carol**クリスマスの歌. ~ **Day**クリスマス祭日. ~ **Eve**クリスマスの前夜. ~ **tree**クリスマスツリー.

Christmastideクリスマス季節.

chromatic[kroumætik]色の;半音階の.

chrome[króum]クロム(染料).

chromium[króumiəm]クロム.

chromosome[króuməsoum]染色体.

chronic[kránik]慢性の.

chronicle[kránikl]年代記(に載せる);記録(する).

chronology[krəná:lədʒi]年代記(学);年表. **chronological**年代順の.

chronometer[kráná:mətər]クロノメーター, 精密時計.

chrysalis[krísəlis]さなぎ;準備段階.

chrysanthemum[krəsǽnθəməm]キク(菊).

chubby[tʃábi]丸々太った.

chuck[¹][tʃʌ́k]ひょいと投げる;捨てる;軽くつつく/解雇.

chuck[²]〔旋盤などの〕チャック, つかみ;牛の首と肩の肉.

chuckle[tʃʌ́kl]くすくす笑う(声);めんどりがこっこっと鳴く(声).

chug[tʃʌ́g]〔機関車などの〕シュッシュッ(ポッポッ)という音/《米俗》ごくごくと飲む, 一気に飲む. ~ **chugalug**一気飲みする.

chum[tʃʌ́m]《話》親友/同室する. **chummy**仲の良い.

C

chump[tʃʌmp] 大きな木〔肉〕片；《話》まぬけ.

chunk[tʃʌŋk] 大きなかたまり；厚切り. **chunky** ずんぐりした.

church[tʃə́:rtʃ] 教会(堂)；礼拝.

churchwarden 教区委員.

churchyard 教会の境内；墓地.

churl[tʃə́:rl] 卑しい人. **churlish** 卑しい.

churn[tʃə́:rn] 撹乳かくにゅう器／かきまわす；泡立つ.

chute[ʃúːt]（ダスト）シュート；急流.

chutney[tʃʌ́tni] チャツネ(インド風薬味).

CI 企業イメージ統一戦略〔< corporate identity〕.

CIA《米》中央情報局〔< Central Intelligence Agency〕.

cicada[sikéidə] セミ.

cicatrice[síkətris], **cicatrix**[-triks] 傷あと.

cider[sáidər] りんご酒(ジュース).

CIF 運賃保険料込み値段〔< cost, insurance and freight〕.

cigar[sigáːr] 葉巻き.

cigaret, cigarette[sigərét] 巻きタバコ. **~ holder** パイプ.

cigarillo[sigərílou] 細い葉巻き.

cilia[síliə] まつ毛；繊毛.

CIM コンピュータ統合生産〔< computer-integrated manufacturing〕.

cinch[síntʃ]《米》《馬の》腹帯；《俗》確かなこと；楽な仕事.

cinder[síndər] 燃えがら；消し炭；(複)灰.

Cinderella[sindərélə] シンデレラ.

cinema[sínəmə] 映画(館). **~ complex** 複合映画館〔シネマコンプレックス(シネコン)〕. **cinematic** 映画の.

cinematograph[sinəmǽtəgræf] 映写機.

cinerarium[sinəréəriəm] 納骨所.

cinnamon[sínəmən] シナモン；肉桂(色の).

CIO 産業別労働組合会議〔< Congress of Industrial Organizations〕.

cipher[sáifər] ゼロ；暗号；つまらない人・もの／計算する；暗号で書く.

circa[sə́:rkə]〔年代・日付が〕およそ，…ごろ.

circle[sə́:rkl] 円；円形(広場)；仲間；圏；循環；軌道；範囲／回る；取り囲む.

circlet[sə́:rklət] 小円；飾り輪(腕輪・指輪など).

circuit[sə́:rkət] 周囲；巡回(区・路)；巡回裁判(区)；〔電気〕回路；〔映画館などの〕興行系統. **~ breaker**〔電気〕遮断器.

circuitous[sərkjúːətəs] 回り道の. **circuitously** 副

circular[sə́:rkjələr] 円形の；循環の；巡回の／円状；ビラ. **circularly** 副

circulate[sə́:rkjəleit] 循環する〔させる〕；流通する〔させる〕. **circulation** 循環；流通；流布；発行部数；通貨. **circulatory** 循環の.

circumcise[sə́:rkəmsaiz] 割礼を施す. **circumcision** 名

circumference[sərkʌ́mfərns] 円周；周囲.

circumflex[sə́:rkəmfleks] 曲折アクセント記号(^, ˆ, ˜,).

circumlocution[sə:rkəmlokjúː-ʃən] 回りくどい言い方；婉曲. **circumlocutory** 形

circumnavigate[sə:rkəmnǽvəgeit] 周航する.

circumscribe[sə:rkəmskráib] 制限する；周囲に線を引く；〔数学〕外接させる.

circumspect[sə́:rkəmspekt] 慎重な. **circumspection** 名

circumstance[sə́:rkəmstæns] (複)事情, 状況；境遇；できごと；物々しさ. **according to ～ s** 臨機な.

circumstantial[sə:rkəmstǽnʃəl] 状況による；付随的な；詳しい. **~ evidence** 状況証拠. **circumstan-**

tially 副

circumvent[sə:rkəmvént]出し抜く，計略の裏をかく.

circus[sə́:rkəs]サーカス(団)；円形広場.

cirrhosis[səróusis]肝硬変.

CIS 独立国家共同体(ソ連解体後の)〔< Commonwealth of Independent States〕.

cistern[sístərn]水槽；貯水池.

citadel[sítədl]とりで；よりどころ.

citation[saitéiʃən]引用(文)；召喚(状)；表彰(状).

cite[sáit]引用する；召喚する；表彰する.

CITES 絶滅のおそれのある野生動植物の種の国際取引に関する条約(ワシントン条約)〔< Convention on International Trade in Endangered Species of Wild Fauna and Flora〕.

citizen[sítəzən]市民，公国民. **citizenry**〔集合的に〕一般市民. **citizenship** 市民権；国籍.

citric[sítrik]クエン酸の. ～ **acid** クエン酸.

citron[sítrən]シトロン(の木・実・皮).

citrus[sítrəs]かんきつ類の総称.

city[síti]都市，都会；市；(**the C-**)ロンドン旧市部(商業区)．**hall**(しばしば **C- H-**)《米》市役所.

civet[sívit]ジャコウ(ネコ).

civic[sívik]市(民)の；公民の. **civics** 公民学，市政学.

civil[sívəl]市民の；民事の；文の；国内の；礼儀正しい. ～ **law** 民法. ～ **rights** (しばしば **C- R-**)公民権. ～ **servant** 公僕，公務員. ～ **service** 行政事務〔機関〕；〔集合的〕公務員. ～ **union**《米》同性結婚. ～ **war** 内乱. **civilly** 礼儀正しく；民法上.

civilian[sivíljən]〔軍人・聖職者でない〕一般人(の)，民間人(の).

civility[səvíləti]丁重.

civilization[sivələzéiʃən]文明開化；文明諸国.

civilize[sívəlaiz]文明化する. **civilized** 文化的な；洗練された.

CJD クロイツフェルト・ヤコブ病(海綿状脳症)〔< Creutzfeldt-Jakob Disease〕.

cl クラス〔< class〕.

clad[klǽd]clothe の過去・過去分詞.

claim[kléim]要求(する)；主張(する). **claimant**，**claimer** 請求者；申請者.

clairvoyance[klɛərvɔ́iəns]透視(力)，千里眼. **clairvoyant** 透視力のある(人).

clam[klǽm]ハマグリ(を採る)；二枚貝；無口な人. ～ **up** 黙りこむ.

clamber[klǽmbər]よじ上る(こと).

clammy[klǽmi]しっとりと冷たい；ねばねばする.

clamorous[klǽmərəs]そうぞうしい. **clamorously** そうぞうしく.

clamor, clamour[klǽmər]騒ぎ／騒ぐ；やかましく言う.

clamp[klǽmp]留め金(で締める).

clan[klǽn]〔スコットランドの〕氏族；一門，藩.

clandestine[klændéstin]秘密の. **clandestinely** 副

clang[klǽŋ]がらんと鳴らす〔鳴る〕／がらん〔という音〕.

clangor, clangour[klǽŋgər]がらんがらんと鳴る音. **clangorous** 形

clank[klǽŋk]がちゃんと鳴らす〔鳴る〕／がちゃん〔という音〕.

clansman 同族の人.

clap[klǽp]拍手する／ぴしゃり，ぱんぱん〔という音〕；《俗》性病，〔特に〕淋病. ～ **eyes on**《話》…を見つける. **clapper** 鐘の舌；拍子木.

claptrap 場当り.

claque[klǽk]さくら(劇場に雇われて拍手喝采する人).

claret[klǽrət]赤ワイン.

clarify[klǽrəfai]明らかにする〔なる〕；透明にする〔なる〕. **clarification** 名

clarinet[klærənét] クラリネット.

clarity[klǽrəti] 清澄；明快.

clash[klǽʃ] がちゃがちゃ(鳴らす・鳴る)；衝突(する).

clasp[klǽsp] 留め金(でとめる)/ 抱擁する；しっかり握る. **～ knife** 折りたたみナイフ.

class[klǽs] 等級；階級；学級；項目[生物]綱 / 分類する；等級分けする.

classic[klǽsik] 古典(の)；一流(の)/由緒のある.

classical[klǽsikəl] 古典の；古典主義(様式・時代)の；古典的な；伝統的な. **～ music** クラシック音楽.

classicism[klǽsəsizm] 古典[擬古]主義.

classify[klǽsəfai] 分類する；等級に分ける；機密扱いにする. **classified ad**[新聞などの]項目別広告. **classification** 名

classmate 同級生.

classroom 教室.

classy[klǽsi] センスのいい；上等の.

clatter[klǽtər] がたがた[かちかち](鳴る)/ ぺちゃくちゃしゃべる.

clause[klɔ́ːz] 箇条，条項；[文法]節. **escape ～** 免責事項.

claustrophobia[klɔːstrəfóubiə] 閉所恐怖症.

clavichord[klǽvikɔːrd] クラビコード(ピアノの前身).

claw[klɔ́ː] [動物の]爪(でかく)；[カニなどの]はさみ.

clay[kléi] 粘土，土；[聖書]肉体. **clayey** 粘土質の.

clean[klín] 清潔な；欠点のない；鮮やかな/まったく；きれいに/きれいにする，掃除する；からにする. **～ up** 一掃する. **～-cut** 輪郭のはっきりした. **cleaner** クリーニング店；掃除人[機]

cleaning 掃除；洗濯.

cleanly[klénli] きれい好きな；清潔な. **cleanliness** 名

cleanse[klénz] 清潔にする. **cleanser** 洗剤，クレンザー.

clear[klíər] 澄んだ；明るい；晴れた；明らかな；じゃまのない/明らかに；すっかり；離れて / きれいにする[なる]；明瞭にする[なる]；潔白を証明する；取り払う；突破する；出[入]国手続きをすます；飛び越す；[手形を]交換清算する. **～ up** 整理する；解く. **～-cut** 輪郭のはっきりした. **～-sighted** 理解力がある. **clearance** 除去；すきま；出[入]国許可；手形交換；森林開拓(地). **clearing** 掃除；開拓地；手形交換；清算. **clearing house** 手形交換所. **clearly** 明らかに. **clearness** 名

cleavage[klíːvidʒ] 裂け目；分裂.

cleave[klíːv] 割(れ)る；切り開いて進む. **cleaver** 肉切り包丁.

cleft[kléft] cleave の過去・過去分詞 / 割れ目.

clemency[klémənsi] 慈悲；[天候・性格の]温和. **clement** 寛大な；温和な. **clemently** 副

clench[kléntʃ] 握り締める[締まる]，くいしばる.

clergy[klɔ́ːrdʒi] [集合的]牧師；聖職者.

clergyman 牧師.

cleric[klérik] 牧師. **clerical** 牧師(の).

clerk[klɑːk, -ɔ́ːr-] 書記；事務員；[米]店員.

clever[klévər] 利口な；器用な. **cleverly** 副 **cleverness** 名

clew[klúː] 糸玉.

cliche[kliːʃéi] 決まり文句.

click[klík] カチッ(と鳴らす・と鳴る). **one ～ fraud** ワンクリック詐欺.

client[kláiənt] 依頼人，顧客.

clientele[klaiəntél] [集合的]訴訟依頼人；顧客.

cliff[klíf] がけ，絶壁. **cliffhanger** [毎回はらはらさせる場面で終わる]連続ドラマ；最後まで接戦の競争.

climacteric[klaimǽktərik] 更年期(の)；厄年(の).

climactic[klaimæktik] 絶頂の.

climate[kláimət] 気候；風土；〔時代などの〕風潮. **climatic** 形

climax[kláimæks] 頂点；最高潮；〔修辞学〕漸層法.

climb[kláim] よじ登る. **climber** 登山者；はい上がる植物(ツタなど).

clime[kláim]〔詩〕国、地方.

climbing よじ登ること；上昇. ~ **irons**〔登山用の〕アイゼン.

clinch[klíntʃ]〔くぎなどの〕先を打ち曲げる；固定させる；〔議論など〕に決着をつける〔ボクシング〕クリンチ；抱擁. **clincher**〔話〕決め手.

cling[klíŋ] くっつく；すがりつく；固守する《to》. **clingy** 形

clinging[klíŋiŋ] まといつく；〔服が〕体にぴったりした.

clinic[klínik] 臨床講義(室)；診療所. **clinical** 臨床(講義)の. **clinical thermometer** 体温計. **clinician** 臨床医.

clink[klíŋk] ちりん〔かちん〕(と鳴る・鳴らす).

clip[klíp] 刈り込み；〔羊毛の〕一季の刈り込み量；強打 / 刈る；切り取る. **clipper** 刈り手；大型旅客機；快速帆船；(複)はさみ；バリカン. **clipping** 切り取られたもの；〔新聞などの〕切り抜き.

clip[klíp] クリップ(で留める).

clique[klíːk] 徒党；派閥. **cliquish, cliqu(e)y** 派閥の；排他的な.

clitoris[klítəris] 陰核.

cloak[klóuk]〔そでなしの〕マント；仮面；口実 / 覆い隠す. ~ **-and-dagger** スパイ活動の.

cloakroom 携帯品預かり所.

clobber[kláːbər] ひどく殴る；ひどい目にあわせる；こきおろす.

clobber 衣服；装備 / 衣服を着る.

cloche[klóuʃ]《F》ガラスの覆い；婦人帽

clock[kláːk] 時計；速度計；タイムレコーダー；〔タクシーの〕メーター /

タイムを計る；〔時間・スピードなどを〕達成する. **clockwise** 右回りに.

clockwork ぜんまい仕掛け.

clod[kláːd] 土くれ；のろま.

clog[kláːg] 邪魔(する)；木靴 / ふさぐ；詰まる.

cloisonne[klɔizənéi] 七宝焼(の).

cloister[klɔ́istər] 修道院；回廊 / 修道院に閉じ込める. **cloistral** 修道院の；隠通した.

clone[klóun] クローン；栄養系；コピー人間；クローン〔コピー〕で作る. **a Biden** — バイデンそっくりの人.

close[klóuz] 閉じる；詰める；締結する / 閉まる；終わる；まとまる / 終わり.

close[klóus] 接近した《to》；親密な；綿密な；忠実な；密集した；接戦の；窮屈な；むし暑い；限られた；けちな；禁猟の / すぐ近くに；密接して. ~ **at hand** 手近に. ~ **by** 間近に. ~ **-contact**《医》濃厚接触. ~ **-fitting**〔衣服が身に〕ぴったり合っている. ~ **-grained** きめの細かい. ~ **-mouthed** 無口の. ~ **-up** 大写し. **closely** 密接に. **closeness** 密集.

close[klóus] 構内；境内.

closefisted けちな.

closet[kláːzət] 小部屋；戸棚；便所.

closing[-z-] 終わり(の)；閉鎖.

closure[klóuʒər] 閉鎖；終止；〔議会の〕討論終結.

clot[kláːt]〔血などの〕固まり / 凝結する〔させる〕. **blood** ~ 血栓.

cloth[klɔ́ːθ] 布；テーブルクロス；ふきん.

clothe[klóuð] 着せる；覆う；与える.

clothes[klóuz] 衣服.

clotheshorse 物干し掛け.

clothesline 物干し綱.

clothespin 洗濯ばさみ.

clothespress 洋服だんす.

clothing[klóuðiŋ] 衣類.

cloud[kláud] 雲；大群；煙；〔大理石などの〕曇り / 曇る〔らせる〕. ~

-capped 雲を頂いた. **cloudless** 雲のない, 晴れ渡っている.

cloudburst 突然の豪雨.

cloudy[kláudi] 曇った；もうろうとしている. **cloudiness** 曇り.

clout[kláut]〔こぶしで〕なぐる(こと)；影響力.

clove¹[klóuv] cleave の過去.

clove² チョウジ(の木).

cloven[klóuvən] cleave の過去分詞 / 割れた.

clover[klóuvər] クローバー. live in ～ ぜいたくに暮らす.

cloverleaf〔クローバー型の〕立体交差点.

clown[kláun] 道化役者；無骨者. **clownish** おどけた.

cloy[klói] 飽き飽きさせる〔する〕.

club[kláb] こん棒；クラブ(室) / こん棒で打つ. ～ **sandwich**〔パンを3枚重ねた〕サンドイッチ.

clubfoot 曲がった足.

clubhouse クラブハウス.

clue[klú:] 手がかり(を与える)；糸口.

clump[klámp] 木立；茂み / どしんどしん(と歩く)；集めて植える.

clumsy[klámzi] 不器用な；不格好な. **clumsily** 副 **clumsiness** 名

clung[kláŋ] cling の過去・過去分詞.

cluster[klástər]〔果実などの〕房；群れ(をなす).

clutch[klátʃ] しっかりと握る, つかむ / 把握；(複) 支配；危機；〔機械〕クラッチ.

clutter[klátər] 散乱 / 散らかす；騒ぐ.

CNN CNN 放送〔< Cable News Network〕.

CO コロラド州〔< Colorado〕.

C/O, c/o …気付〔< care of〕；繰り越し(< carried over〕.

coach[kóutʃ] 四輪馬車；〔長距離〕バス；客車；コーチ / 指導する.

coadjutor[kouédʒətər] 助手, 補佐.

coagulate[kouégjəleit] 凝固させる〔する〕.

coal[kóul] 石炭(を積み入れる). ～ **field** 炭田. ～ **gas** 石炭ガス. ～ **mine** 炭坑. ～ **oil** 石油；灯油. ～ **tar** コールタール.

coalesce[kouəlés] 合体〔合同〕する. **coalescence** 名

coalition[kouəlíʃən] 連合, 提携. ～ **cabinet** 連立内閣.

coarse[kɔ́rs] あらい；粗末な；下品な. **coarsely** 副 **coarseness** 名

coast[kóust] 沿岸(地方)；滑降；惰力走行 / 海岸沿いに航行する；滑降する；惰力走行する. from ～ to ～《米》全国中の. The ～ is clear 邪魔者なし. **Coast Guard** 沿岸警備隊(員). **coastal** 海岸の. **coaster** 沿岸貿易〔航行〕船；コースター.

coastline 海岸線.

coat[kóut] 上着；コート；外套 / 覆う；塗る. a ～ of arms 紋章. a ～ of mail くさりかたびら. **coating** 上着の生地；上塗り.

coax[kóuks] 説得する；なだめる.

cob[káb]《米》トウモロコシの穂軸；雄の白鳥；コップ種の馬；《英》丸形パン.

cobalt[kóubɔːlt] コバルト.

cobble¹[kábl] 丸石(= ～ stone)(を敷く).

cobble²〔靴を〕修繕する；つぎはぎする. **cobbler** 靴直し.

cobra[kóubrə] コブラ.

cobweb[kábweb] くもの巣；古くさいもの；落とし穴.

cocaine, cocain[koukéin] コカイン(局所麻酔剤).

cock[kák] 雄鶏；鳥の雄；飲み口；栓；〔銃の〕撃鉄；親方；《卑》陰茎(penis) /〔銃の〕打ち金を起こす；上に向ける；斜めにかぶる. ～ **-a-doodle-doo** コケコッコー.

cockcrow 夜明け.

cocker¹[kákər] 甘やかす.

cocker², cocker spaniel スパニ

エル犬の一種.

cockeyed 斜視の.

cockfighting 闘鶏.

cockney[kákni]〔(C-)〕〔East End の〕ロンドン育ち；ロンドンなまり.

cockpit 闘鶏場；操縦室；運転席.

cockroach ゴキブリ.

cockscomb とさか；ケイトウ.

cocksure 確信する；うぬぼれの強い.

cocktail[kákteil] カクテル；〔エビなどの〕前菜. ~ **dress** カクテルドレス.

cocky[káki]《話》なまいきな；うぬぼれの強い.

coco[kóukou] ココヤシ.

cocoa[kóukou] ココア.

coconut ココヤシの実.

cocotte[kouká:t] ココット，キャセロール(蒸し焼き鍋).

COD, c.o.d. 代金引き換え渡し.〔< cash (collect) on delivery〕；Concise Oxford Dictionary の略.

cod[kád] タラ **codfish**. ~ **-liver oil** 肝油.

coddle[kádl] とろ火で煮る；甘やかす.

code[kóud] 法典(にする)；〔コンピュータ〕コード；規約.

codger[kádʒər] 偏屈者(おもに老人).

codicil[kádəsəl] 遺言の補足書.

codify[kádəfai] 成文化する.

codling[1][kádliŋ]〔料理用の細長い〕リンゴ，未熟なリンゴ.

codling[2] タラの幼魚.

coed[kóuéd]〔共学制大学の〕女子学生.

coeducation[kouedʒukéiʃən] 男女共学. **coeducational** 形

coerce[kouə́:rs] 強制する. **coercive** 形 **coercion** 名

coeval[kouí:vəl] 同時代〔同年代〕の(人).

coexist[kouigzíst] 共存する. **coexistence** 共存.

C of E 英国教会〔< Church of England〕.

coffee[kɔ́:fi] コーヒー(色). ~ **break** 《米》休憩時間.

coffer[kɔ́:fər] 貴重品箱；(複)資産.

cofferdam 防水堰.

coffin[kɔ́:fin] 棺(に納める).

cog[kág]〔歯車の〕歯.

cogency[kóudʒənsi] 説得力. **cogent** 説得力のある.

cogitate[kádʒəteit] 熟慮する. **cogitation** 名 **cogitative** 形

cognac[kóunjæk] コニャック(ブランデー).

cognate[kágneit] 同族の(人)；同起源の.

cognition[kagníʃən] 認識(力).

cognizance[kágnəzəns] 認識，認定，審理. **cognizable** 認識できる；審理されるべき. **cognizant** 認識した.

cohabit[kouhǽbit] 同棲する. **cohabitation** 名

cohere[kouhíər] 密着する；筋が通る.

coherent[kouhíərənt] 密着した；筋が通った. **coherence** 名

cohesion[kouhí:ʒən] 密着；凝集(力)；結合力. **cohesive** 形

cohort[kóuhɔ:rt] 歩兵隊；軍隊；仲間.

coiffeur[kwɑ:fjúər]《F》理髪師.

coiffure[kwɑ:fjúər] 髪型.

coign[kɔ́in] 突角. ~ **of vantage** 有利な地位.

coil[kɔ́il] ぐるぐる巻き〔巻く〕；〔電気〕コイル.

coin[kɔ́in] 硬貨 / 鋳造する；造る. **coinage** 硬貨鋳造；〔集合的〕硬貨；〔新語などの〕発明.

coincide[kouinsáid] 一致する，符合する《with》.

coincidence[kouínsədəns] 一致；符合；同時発生. **coincident** 形

coition[kouíʃən] 性交.

coitus[kóuətəs] = coition.

Coke[kóuk] コカ・コーラ(商標名) =

Coca-cola.

coke[kóuk] コークス；コカイン(cocaine).

Col コロラド州〔< Colorado〕；大佐，連隊長〔< colonel〕.

colander[kʌ́ləndər] 水切り，こし器.

cold[kóuld] 寒い，冷たい；冷淡な／冷静な；かすかな；見当はずれな／寒冷，寒さ；風邪. catch(a) ～ 風邪をひく. ～ -blooded 冷血の. ～ front 寒冷前線. ～ -hearted 冷淡な. ～ -shoulder〔話〕冷たくする. ～ storage 冷蔵. ～ war 冷戦. **coldly** 副 **coldness** 名

coliseum[ka:ləsí:əm] 大競技場；(C-) = colosseum.

collaborate[kəlǽbəreit] 協力する. **collaboration** 協力，提携；合作. **collaborative** 形 **collaborator** 共同制作者.

collage[kəlá:ʒ] コラージュ；いろいろな物の寄せ集め.

collagen[ká:lədʒən] 膠原質, コラーゲン.

collapse[kəlǽps] 崩壊〔挫折〕(する)；失敗(する)；折りたためる〔たたむ〕. **collapsible** 折りたたみ式の.

collar[ká:lər] えり；首飾り；首輪／えりを付ける〔つかむ〕.

collarbone 鎖骨.

collate[kəléit] 照合する. **collation** 照合；対照；軽い食事. **collator** 照合する人.

collateral[kəlǽtərəl] 平行した；二次的な／傍系親族；副抵当. ～ damage (戦闘での)民間人殺傷. **collaterally** 副

colleague[ká:li:g] 同僚.

collect[kəlékt] 集める〔まる〕；徴集する；取りに行く. ～ oneself 気を取り直す；落ち着く. **collected** 集めた；落ち着いた. **collectedly** 副 **collectedness** 名 **collection** 収集物；徴集；集金. **collector** 収集者；収税吏；集金人.

collective[kəléktiv] 集めた；共同の；

集合的な／集団組織；集合名詞. ～ bargaining 団体交渉. **collectively** 副

collectivism[kəléktivizm] 集団主義.

college[ká:lidʒ] (単科)大学；学部；専門学校；学寮.

collegiate[kəlí:dʒiət] college の学生の.

collide[kəláid] 衝突する《with》.

collie[ká:li] コリー犬.

collier[ká:ljər] 坑夫；石炭船. **colliery** 炭鉱.

collision[kəlíʒən] 衝突.

collocate[ká:ləkeit] 並べる；配置する. **collocation** 並置；配列；〔文法〕連語.

colloid[ká:lɔid] コロイド，膠状体.

colloquial[kəlóukwiəl] 口語体の；話し言葉の；会話の. **colloquialism** 口語体. **colloquially** 副

colloquy[ká:ləkwi] 会話，対話.

collusion[kəlú:ʒən] 共謀，結託；なれ合い.

Colo コロラド州〔< Colorado〕.

cologne[kəlóun] オーデコロン(化粧水).

colon[kóulən] コロン〔:〕.

colonel[ká:rnl] 大佐.

colonial[kəlóuniəl] 植民地(風)の. **colonialism** 植民地風；植民政策.

colonnade[ka:lənéid] 柱廊.

colony[ká:ləni] 植民(地)；移民(国)；集団；〔植物の〕群落. **colonist** [ká:lənist] 植民地開拓者. **colonize** [ká:lənaiz] 移民する〔させる〕.

colo(u)r[kʌ́lər] 色；肌の色；(複)絵の具；外見；(複)旗；見せかけ／口実／色を塗る，染める；ゆがめる／色づく；赤面する. ～ -blindness 色盲. **colored** 着色した；有色の；黒人の. **colorful** 色彩に富んだ，派手な. **colorless** 無色の；面白みのない；公平な.

coloring 着色(法)；絵の具.

colossal[kəlάːsl]巨大な；大量の；とてつもない.

Colosseum[kɑːləsíːəm]コロシアム（ローマの大円形演技場）.

colossus[kəlάsəs]巨像；巨人.

Colt[kóult]コルト式ピストル.

colt[kóult]子馬；未熟者. **coltish** 子馬のような.

Co., Ltd.　株式会社〔< Company Limited〕.

columbine[kάːləmbain]オダマキ.

Columbus[kəlΛmbəs] コロンブス. **Columbus Day** コロンブス記念日（米国の祝日，10 月 12 日）.

column[kάːləm]円柱，柱；〔新聞などの〕欄；〔軍隊〕縦隊. **columnist** 特別欄寄稿家，コラムニスト.

coma[kóumə]昏睡 梵.

comb[kóum]くし；とさか(状のもの)；ハチの巣 / とかす；くしけずる；くまなく捜す / 波立つ.

combat[kəmbǽt, kάːmbæt]格闘(する)；戦闘(する). **combatant** 戦う / 戦闘員. **combative** 好戦的な.

combination[kɑːmbənéiʃən]結合；連合；団結；化合.

combine[kəmbáin]結合〔合同〕させる〔する〕；組み合わす；合同する / [kάmbain]連合組合；刈り取り脱穀機. **combined** 結合〔合同・協力〕した；合わせた.

combustibility[kəmbʌstəbíləti]燃焼性；可燃性. **combustible** 可燃性の(もの).

combustion[kəmbʌstʃən]燃焼；酸化；激情.

come[kʌm]来る；行く；達する；《俗》オルガスムに達する，いく《off》. Come! さあ！　～ about 起こる．　～ across 出会う．　～ back 帰ってくる．　～ down 降りる．　～ down in the world おちぶれる．　～ down on〔upon〕…に襲いかかる；…をひどく叱る．　～ home 帰宅〔国〕する．　～ in 入る；流行してくる．　～ off 取れる；…に

なる；実現する．　～ on 進む；登場する．Come on! さあ来い．　～ out 現れる．　～ out with …を公にする．　～ round 回って来る；回復する．　～ to 意識が戻る；停める．　～ up 昇る．　～ up to …に達する．　～ up with …に追いつく．　～ upon …に出会う；…を襲う．**comer** 来る人；新来者.

comedian[kəmíːdiən]喜劇俳優. **comedienne**[kəmiːdién]喜劇女優.

comedy[kάːmədi]喜劇.

comely[kΛmli]顔立ちのよい. **comeliness** 名

comestible[kəméstəbl]食べられる /（通例複）食料品.

comet[kάːmit]彗星 梵.

comeuppance[kʌmΛpəns]当然の報い.

COMEX ニューヨーク商品取引所〔< commodity exchange〕.

comfort[kΛmfərt]慰め(る). **comfortable** 心地良い；慰めになる. **comfortably** 副 **comforter** 慰める人. **comfortless** 慰めのない；わびしい.

comfy[kΛmfi]《話》=comfortable.

comic[kάːmik]喜劇の；こっけいな．　～ strip 続き漫画. **comical** 形 **comically** 副

coming[kΛmiŋ]接近，到着 / 来たるべき，今度の；新進の.

comma[kάːmə]コンマ〔,〕.

command[kəmǽnd]命令(する)；指揮(する)；見渡す〔し〕；得る. **commandant** 指揮官. **commander** 指揮官，司令官；海軍中佐. **commander in chief** 最高司令官. **commanding** 堂々とした；見晴らしの良い. **commandment** おきて，戒律. **the Ten Commandments**〔聖書〕モーセの十戒.

commandeer[kɑːməndíər]徴発〔徴用〕.

commando[kəmǽndou]特別奇襲隊(員).

commemorate[kəméməreit]祝う，

記念する. **comemoration** 記念(祭).
in commemoration of …を記念して.
commemorative 記念の品.

commence[kəméns] 始め〔ま〕る.
commencement 開始；学位授与式
〔日〕，卒業式.

commend[kəménd] 推薦する；賞賛
する；委託する. **commendable** 推
薦〔賞賛〕できる. **commendation** 名
commendatory 形

commensurable[kəménsərəbl] 同
一単位で計れる；〔数学〕通約でき
る《with》；つり合った《to》.

commensurate[kəménsərət] 同量
〔質〕の；比例した《to》；ふさわし
い《with》.

comment[káment] 注釈(する)；批
評(する). **commentary** 注釈；批評.
commentator 注釈者；ニュース解
説者.

commerce[kámərs] 商業, 貿易.

commercial[kəmərʃəl] 商業の；貿
易の；宣伝用の，広告放送の，
CM, コマーシャル. **commercialism**
営利主義. **commercialize** 商業化す
る，商品化する. **commercially** 通
商上，商業上.

commingle[kəmíŋgl] 混合する.

commiserate[kəmízəreit] 哀れむ,
同情する. **commiseration** 名

commissary[káməseri] 代理人；
〔軍隊などの〕売店.

commission[kəmíʃən] 委任(する)；
任務；将校辞令；委員会；取次ぎ；
手数料. **commissioned officer** 将校；
士官. **commissioner** 委員，理事，
長官；〔プロ野球などの〕コミッシ
ョナー.

commit[kəmít] 委任する；(罪を)犯
す；引き渡す. ～ oneself 約束する；
言質を与える. ～ to memory 暗
記する. **commitment**, **committal**
遂行；犯行；委任；約束.

committee[kəmíti] 委員(会).

commode[kəmóud] たんす；戸棚；

〔移動式〕洗面台；便器.

commodious[kəmóudiəs] 広くて便
利な.

commodity[kəmá:dəti] 日用品；商
品. ～ test 商品テスト.

commodore[ká:mədɔ:r] (海軍) 准
将；艦隊司令官.

common[ká:mən] 共同の；共通の；
普通の；通俗な / 共〔公〕有地. in
～ 共通に. out of the ～ 異常な. ～
divisor 公約数. ～ law 慣習法. ～
sense 常識. **commoner** 庶民, 《英》
下院議員 **commonly** 副 **common-
ness** 名

commonplace 平凡な；陳腐な.

commons[ká:mənz] 平民；民衆；定
食；食堂. House of Commons , the
Commons 《英》下院.

commonwealth[ká:mənwelθ] 国家；
国民；共和国. the British Com-
monwealth of Nations イギリス連邦.

commotion[kəmóuʃən] 騒動；動揺.

commune[1][ká:mju:n] 地方自治体；
生活共同体；communal 自治体の；
共同の.

commune[2][kəmjú:n] 親しく語り合
う；聖餐を受ける.

communicate[kəmjú:nəkeit] 伝える
/ 通信する《with》；聖餐を与える.
communicable 伝えられる；伝染す
る. **communicative** 話好きな.

communication[kəmju:nikéiʃən] 伝
達；通信；交通(機関). ～ satellite (cs)
通信衛星.

communion[kəmjú:niən] 霊的交渉；
(C-)聖餐(式).

communique[kəmjú:nəkei] 公式発
表，コミュニケ.

communism[ká:mjənizm] 共産主
義. **communist** 共産主義者. **com-
munistic** 形

community[kəmjú:nəti] (地域) 社
会；生活共同体；共有. ～ chest 共
同募金.

commutation[ka:mjətéiʃən] 交換；

減刑. ～ **ticket**《米》回数券；定期
券.
commute[kəmjúːt] 交換する，代え
る；整流する；定期券で通う.
commuter 定期券使用者；通勤者.
compact[káːmpækt] 契約.
compact[kəmpǽkt] ぎっしり詰まっ
た；引き締まった；簡潔な／堅く締
める；ぎっしり詰める／[kámpækt]
〔化粧用の〕コンパクト；小型自動車.
companion[kəmpǽnjən] 仲間，連
れ；付き添い. **companionable** 親し
みやすい. **companionship** 友情；交際.
companion 甲板天窓.
companionway 昇降口階段.
company[kámpəni] 仲間；一行；同席；
来客；会社. in ～ いっしょに；人
前で.
comparable[káːmpərəbl] 比較でき
る；匹敵する. **comparably** 比較の
できるほどに；同等に.
comparative[kəmpǽrətiv] 比較の／
〔文法〕比較級. **comparatively** 比較
的に.
compare[kəmpéər] 比 較 す る
《with》；たとえる《to》／匹敵する
《with》／〔文法〕比較.
comparison[kəmpǽrəsn] 比較；類
似；匹敵；〔文法〕比較変化.
compartment[kəmpáːrtmənt] 仕切
り；コンパートメント.
compass[kámpəs] 周り；限界；範囲；
羅針盤；(複)コンパス／囲む；巡る；
達成する.
compassion[kəmpǽʃən] 哀 れ み.
compassionate 哀れみ深い. **compas-
sionately** 副
compatible[kəmpǽtəbl] 矛盾しな
い；両立する. **compatibility** 名
compatriot[kəmpéitriət, -pǽt-] 同
国人.
compel[kəmpél] 強いる，無理に…
させる. **compelling** 強力な；感嘆
せざるをえない.
compendious[kəmpéndiəs] 簡略

な.
compendium[kəmpéndiəm] 要約.
compensate[káːmpənseit] 償 う.
compensation 補償；埋め合わせ；
報酬. **compensatory** 形
compete[kəmpíːt] 競争する；匹敵
する《with》.
competence[káːmpətəns], **com-
petency**[-si] 適性；能力；権限；
資格. **competent** 適任の；能力のあ
る. **competently** 副
competition[kɑːmpətíʃən] 競争；競技
(会)；コンペ；コンテスト. **com-
petitive** 形 **competitor** 競争者.
compilation[kɑːmpəléiʃən] 編 集
(物).
compile[kəmpáil] 編集する. **com-
piler** 編集者.
complacence[kəmpléisns], **com-
placency**[-si] (自己)満足；安心.
complacent 形
complain[kəmpléin] 不平を言う；
訴える.
complaint[kəmpléint] 不平，苦情；
告訴；病気.
complaisance[kəmpléisns] ていね
い；従順. **complaisant** 形
complement[káːmpləmənt] 補充；
全数，全量；定員；〔数学〕余角；〔文
法〕補語／完全にする；補充する.
complementary 補足的な，補充の.
complete[kəmplíːt] 完全な；全くの
／完成する. **completely** 副 **comple-
teness** 名 **completion** 完成；成就.
complex[kəmpléks] 複雑な；合成
の；〔文法〕複文(の)／コンプレッ
クス；複合体；コンビナート.《話》
固定〔強迫〕観念. **inferiority** ～劣
等感. **complexity** 複雑さ.
complexion[kəmplékʃən] 顔色；様
子；局面.
compliance[kəmpláiəns] 服 従.
compliant 従順な.
complicate[káːmpləkeit] 複雑にす
る；悪化させる. **complicated** 複雑な.

complication 複雑；紛糾 ﾌﾝｷｭｳ.

complicity[kəmplísəti] 共犯《in》.

compliment[kámpləmənt] お世辞(を言う)；讃辞；(複)祝辞；あいさつ(する). **complimentary** 賞賛の；お世辞のうまい.

comply[kəmplái] 応じる，従う《with》.

component[kəmpóunənt] 成分(の)；構成している.

comport[kəmpɔ́:rt] 適合する／ふるまう.

compose[kəmpóuz] 組み立てる；[詩文・楽曲などを]作る；落ち着かせる；調停する；[活字を]組む. **composed** 落ち着いた. **composedly** 副 **composer** 作曲家；作者.

composite[kəmpázit, kómpəzit] 合成(の)(物)，混合(の).

composition[kɑːmpəzíʃən] 構成(物)；組織；構図；作文；作曲.

compositor[kəmpázətər] 植字工.

compost[kámpoust] 堆肥 ﾀｲﾋ；混合物.

composure[kəmpóuʒər] 平静，冷静.

compote[kámpout] 砂糖煮の果物；足付きの皿，コンポート.

compound[1][kámpaund] 複合物；化合物；[文法]複合語／複合の；合成の；[文法]重文の／[kəmpáund] 混合する；組み立てる；内金を払う；[利子を]複利で払う／和解する《with》.

compound[2][kámpaund] 屋敷；構内；囲いのある場所.

comprehend[kɑːmprihénd] 理解する；包含する. **comprehensible** わかりやすい. **comprehension** 理解(力)；包含. **comprehensive** 理解力のある；包括的な；範囲の広い. **comprehensively** 副

compress[kəmprés] 圧縮する；縮める／[kámpres] 湿布. **compressible** 圧縮できる. **compression** 名

comprise[kəmpráiz] 含む；…を構成する.

compromise[kámprəmaiz] 妥協(する)(案)；危うくする；[名前などを]傷つける.

comptroller[kəntróulər] (会計)検査官.

compulsion[kəmpálʃən] 強制. **compulsive** 形

compulsory[kəmpálsəri] 強制的な；義務の；必修の. ～ education 義務教育.

compunction[kəmpáŋkʃən] 後悔；良心の苛責 ｶｼｬｸ.

compute[kəmpjú:t] 計算する. **computation** 計算.

computer[kəmpjú:tər] コンピューター. **computerize** 動

comrade[kámræd] 仲間，同志. **comradeship** 友情，同志関係.

Comsat[kámsæt] コムサット(米国の通信衛星会社).

con[1][kán] 学ぶ；暗記する.

con[2] 反対して／反対(投票).

con[3][< confidence] だます／詐欺 さぎ；ごまかす／詐欺. ～ game 詐欺. ～ man 詐欺師.

concave[kɑːnkéiv] くぼんだ，凹面の. **concavity** 名

conceal[kənsí:l] 隠す. **concealment** 隠匿，隠れ(隠し)場所.

concede[kənsí:d] (しぶしぶ)認める；譲歩する.

conceit[kənsí:t] うぬぼれ；思いつき，奇想. **conceited** うぬぼれの強い.

conceive[kənsí:v] 思いつく；想像する；考える；妊娠する. **conceivable** 想像できる；考えられる.

concentrate[kánsəntreit] 集中する《on》；凝縮する.

concentrated[kánsəntreitid] 集中した；濃縮された；密集した.

concentration[kɑːnsəntréiʃən] 集中. ～ camp [敵国人・捕虜などの] 収容所.

concept[kánsept] 概念；考え. **conceptual** 形

conception[kənsépʃən] 概念；着想；妊娠.

concern[kənsə́ːrn] 事柄；心配；関心；関係；利害；会社；営業／関係する. as concerns …に関しては. so far as … be concerned …に関する限りでは. **concerned** 心配そうな；関係のある，当該の. **concernment** 関係(事項)；重要.

concerning…に関して.

concert[kɑ́ːnsəːrt] 演奏会；協定(する)；一致.

concerted[kənsə́ːrtəd] 一致団結した；断固とした；協定された.

concertina[kɑːnsərtíːnə] コンサーティーナ(小楽器).

concerto[kəntʃéərtou] 協奏曲，コンチェルト.

concession[kənséʃən] 譲歩；許可；土地使用権；居留地. **concessive** 形 **concessively** 副

conch[kɑ́ːŋk, -ntʃ] 貝(殻)；ほら貝.

conchology[kɑŋkɑ́lədʒi] 貝類学. **conchologist** 名

conciliate[kənsílieit] なだめる；調停する. **conciliation** 名 **conciliator** 調停人. **conciliatory**[-sílìətɔ̀ːri] 懐柔的な.

concise[kənsáis] 簡潔な. **concisely** 副 **conciseness, concision** 名

conclave[kɑ́ːnkleiv] 秘密会議(室).

conclude[kənklúːd] 決定する；終わ〔え〕る；結論する；断定する；推論する.

conclusion[kənklúːʒən] 決定；終結；締結；結論. **conclusive** 確かな；最終的な. **conclusively** 決定的に；確実に. **conclusiveness** 名

concoct[kɑːnkɑ́kt] 〔飲食物を〕混ぜて作る；作り上げる. **concoction** 調合(物)；でっち上げ.

concord[kɑ́ːnkɔːrd] 調和する；一致；協和音；〔文法〕一致；呼応.

concordance[kɑːnkɔ́ːrdns] 一致；用語索引. **concordant** 調和する；

concourse[kɑ́ːnkɔːrs] 集合；合流；群集；広場；広いホール.

concrete[kɑ́ːnkriːt, kɑːnkríːt] 具体的な／コンクリート(製の)／[kɑnkríːt]〔コンクリートで〕固ま〔め〕る；具体化する. in the ～具体的に. **concretely** 具体的に.

concubine[kɑ́ːŋkjəbain] 内縁の妻；妾，二号 (今は mistress が一般的).

concur[kənkə́ːr] 同時に起こる；一致する；同意する. **concurrence** 同時発生；一致；同意. **concurrent** 同時の；一致している；協力する. **concurrently** 副

concuss[kənkʌ́s] 激しく揺する；脳震とうを起こさせる. **concussion** 衝撃；脳震とう.

condemn[kəndém] 責める；非難する；有罪を宣告する；没収する. **condemnation** 有罪の宣告；非難；没収. **condemned** 有罪の宣告を受けた；死刑囚の.

condense[kəndéns] 凝縮する；集める；要約する. **condensation** 名 **condensed milk** 練乳. **condenser** 濃縮器；蓄電器；集光装置.

condescend[kɑːndəsénd] へりくだって…する《to do》. **condescending** 謙遜した；恩着せがましい. **condescension** 謙遜.

condiment[kɑ́ːndəmənt] 調味料，薬味.

condition[kəndíʃən] 条件(をつける)；(健康)状態；地位，身分；(複)状況；事情；《米》再試験／決定する；適当な状態にする. **conditional** 条件付きの. **conditionally** 副

conditioner[kəndíʃənər]〔洗髪用の〕コンディショナー；〔洗濯後の〕柔軟剤；調節器；エアコン；訓練者.

condole[kəndóul] 悔みを言う，見舞う，慰問する. **condolatory** 形 **condolence** 悔み；弔詞；哀悼.

C

condom[kɑ́:ndəm] コンドーム.

condone[kəndóun] 許す，大目に見る.

condor[kɑ́:ndər] コンドル(ハゲタカの一種).

conduce[kəndjú:s] (よい結果に)導く；貢献する《to》. **conducive** 形

conduct[kɑ́:ndʌkt] 案内(する)；管理(する)；指揮(する)；伝導(する). **conduction** 引くこと；〔物理〕伝導. **conductive** 伝導性の. **conductor** 案内者；指揮者；支配人；車掌；伝導体.

conduit[kɑ́:ndwət, -dʒuit] 導管；水路；溝.

cone[kóun] 円錐 {{(形)(のもの)；球果, マツカサ；アイスクリームコーン.

confabulate[kənfǽbjəleit] 談笑する；作り話をする. **confabulation** 名

confection[kənfékʃən] 糖菓；既製婦人服. **confectioner** 菓子屋；菓子製造人. **confectionery** 菓子(屋).

confederacy[kənfédərəsi] 同盟；連邦；共謀；(the C-)《米》南部連邦.

confederate[kənfédəret] 同盟する〔させる〕，連合する〔させる〕/[-rit] 同盟した；同盟者〔国〕；共謀者. **confederation** 同盟(国)；(the C) 《米》南部連邦(支持)の.

confer[kənfə́:r] 与える《on》/ 相談する. **conferment** 授与.

conference[kɑ́:nfərəns] 相談，協議；会議.

confess[kənfés] 白状する；告白する；認める. **confessed** 明白な；一般に認められた. **confessedly** 明白に；自白によれば. **confession** 白状，告白；ざんげ. **confessional** 自白の；ざんげの. **confessor** 告白者；ざんげ聴聞司祭.

confetti[kənféti] 紙ふぶき.

confidant[kɑ́:nfədænt] 親友；腹心.

confide[kənfáid] 委託する；打ち明ける / 信頼する.

confidence[kɑ́:nfədəns] 信頼；自信；

秘密；厚かましさ. ～ **game**〔trick〕信用詐欺. ～ **man** 詐欺師.

confident[kɑ́:nfədənt] 自信のある；大胆な；確信して.

confidential[kɑːnfədénʃəl] 秘密の；信用できる；(C-) 親展. **confidentially** 副

configuration[kənfigjəréiʃən] 外形，輪郭；惑星の星位；〔原子の〕配置.

confine[kɑ́:nfain] (複) 境界 /[kənfáin] 制限する；監禁する. be confined お産をする. **confinement** 制限；監禁；引きこもり；お産.

confirm[kənfə́:rm] 確かにする；承認する；強める；堅信礼を施す. **confirmation** 確証；確認；堅信礼. **confirmative**, **confirmatory** 確かめる，確証的な. **confirmed** 確認された；固められた.

confiscate[kɑ́nfiskeit] 没収する；徴発する. **confiscation** 名

conflagration[kɑːnfləgréiʃən] 大火；突発.

conflict[kənflíkt] 闘争(する)；衝突(する). **conflicting** 相争う；矛盾する.

confluent[kɑ́:nfluənt] 合流する(川) / 支流. **confluence** 合流(点)；群衆.

conform[kənfɔ́:rm] 一致させる〔する〕；従わせる；従う《to》. **conformable** 一致している；従順な. **conformist** 順応者；(C-) 英国国教徒. **conformity** 適合；一致.

conformation[kɑːnfɔːrméiʃən] 構造；形態；配置；順応.

confound[kənfáund] 混同する；当惑させる. be confounded 当惑する. **confounded** 形 **confoundedly** 副

confraternity[kɑːnfrətə́:rnəti] 〔宗教・慈善などの〕団体.

confront[kənfrʌ́nt] 向かい合う；立ち向かう；対決させる. **confrontation** 名 **confrontational** 対立的な.

Confucian[kənfjú:ʃən] 孔子の / 儒

者. **Confucianism** 儒教.

confuse [kənfjúːz] 混同する；困惑させる. **confused** 混乱した；困惑した. **confusedly** 混乱して；うろたえた. **confusing** 訳の分からない. **confusion** 混雑，混乱；困惑.

confute [kənfjúːt] 論駁 ないする. **confutation** 論破.

congeal [kəndʒíːl] 凍(らせ)る；凝結する〔させる〕.

congenial [kəndʒíːniəl] 気の合った；性に合った.

congenital [kəndʒénətl] 生まれつきの.

conger (**eel**) [káŋɡər] アナゴ.

congest [kəndʒést] 充満させる〔する〕；充血させる〔する〕．**congested** 混雑した；〔鼻などが〕詰まった. **congestion** 混雑；過剰；充血；渋滞.

conglomerate [kənɡlámərət] 集塊(状の)；礫岩 かな；複合企業，コングロマリット /[-eit] 集めて固める；集塊になる〔する〕. **conglomeration** 名

Congo [káŋɡou] コンゴ(共和国) (Republic of Congo)；コンゴ民主共和国(Democratic Republic of the Congo)；(the ~) コンゴ川.

Congolese [kɑ:ŋɡəlíːz] コンゴ(人)の /コンゴ人.

congratulate [kənɡrǽtʃuleit] 祝う；祝詞を述べる. **congratulation** 名 Congratulations! おめでとう！ **congratulatory** 形

congregate [káŋɡriɡeit] 集める〔まる〕. **congregation** 集合，集会；〔教会の〕会衆. **congregational** 集合の；会衆の.

congress [káŋɡrəs] 会議；大会；(C-)《米》国会；議会. **congressional** 形

congressman, -woman (しばしば C-)《米》連邦議会議員，下院議員.

congruence [káŋɡruəns] 適合，一致；〔数学〕合同. **congruity** 名 con-

gruencely 副

conic [kánik] 円錐 ☆ 体の /円錐曲線.

conifer [kóunəfər] 球果；植物；針葉樹. **coniferous** 形

conjecture [kəndʒéktʃər] 推測(する). **conjectural** 形

conjoin [kəndʒóin] 結合する〔させる〕. **conjoint** 結合した；共同の. **conjointly** 副

conjugal [káːndʒuɡəl] 婚姻の，夫婦の.

conjugate [káːndʒəɡeit] 〔文法〕活用〔変化〕する〔させる〕. **conjugation** 名

conjunction [kəndʒʌŋkʃən] 結合；関連；〔文法〕接続詞. in ～ with 共同して. **conjunctive** 連結する；〔文法〕接続語. **conjunctively** 連結して，共に.

conjunctivitis [kəndʒʌŋktəváitis] 結膜炎.

conjuncture [kəndʒʌŋktʃər] 事態；危機.

conjure [káːndʒər] 呪文で呼び出す /魔法〔手品〕を使う. **conjurer, conjuror** 魔法使い；手品師.

conk [káŋk] 頭；鼻(をなぐる). ～ out 急にだめになる；故障する；くたくたになる.

Conn コネチカット州〔< Connecticut〕.

connect [kənékt] つなぐ，結合する /接続する《with》. **connected** 関連した. **connectedly** 副

connection, connexion [kənékʃən] 連結；接続；関係；縁故；脈絡；取引先.

connective [kənéktiv] 連結する，接続の /《文法》連結詞.

connive [kənáiv] 見逃がす，黙認する《at》；共謀する《with》. **connivance** 名

connoisseur [kɑ:nəsə́:r] 鑑定家；目利き.

connote [kənóut] 意味する；暗示する；内包する. **connotation** 内包；

C

含蓄；言外の意味.

connubial [kənjúːbiəl] 結婚の.

conquer [káŋkər] 征服する；獲得する；克服する／勝利を得る. **conqueror** 勝利者，征服者. **conquest** 名

conquistador [kɑːnkwístədɔːr] 征服者(コルテス，ピサロなど).

conscience [kάnʃəns] 良心.

conscientious [kɑːnʃiénʃəs] 良心的な；入念な. ~ **objector** 良心的兵役忌避者. **conscientiously** 副 **conscientiousness** 名

conscious [kάnʃəs] 自覚している；意識のある. **consciously** 副 **consciousness** 自覚；意識.

conscript [kənskrípt] 徴兵(された)／[kάnskript] 兵隊に取る. **conscription** 徴兵；徴用.

consecrate [kάnsəkreit] 奉納する；神聖にする；捧げる《to》. **consecration** 名

consecutive [kənsékjutiv] 連続的な. ~ **interpretation** 逐次通訳. **consecutively** 副

consensus [kənsénsəs] 一致，合意. ~ **building** 根まわし.

consent [kənsént] 同意〔承諾〕(する)《to》.

consequence [kάnsəkwens] 結果；影響；重要. in ~ したがって. **consequent** 結果として起こる；必然の. **consequently** それゆえに.

conservation [kɑːnsərvéiʃən] 保存；保護. ~ **area** 保護管理地区.

conservative [kənsə́ːrvətiv] 保守的な(人)；(C-) 保守党(員)の. **the Conservative Party** (英国の) 保守党. **conservatism** 保守主義.

conservatoire [kənsəːrvətwάːr] 音楽〔美術〕学校.

conservatory [kənsə́ːrvətɔːri] 温室；音楽学校.

conserve [kənsə́ːrv] 保存する；砂糖漬け(にする).

consider [kənsídər] 熟考する；見なす；考慮する. **considerate** 思いやりのある；慎重な. **consideration** 熟慮；思いやり；考慮；尊敬；重要；報酬；対価. **considered** よく考えた上の；尊敬されている.

considerable [kənsídərəbl] かなりの；多くの；重要な. **considerably** よほど，かなり.

considering …を思えば；…にしては.

consign [kənsáin] (引き)渡す；委託する. **consignee** 受託者, 荷受け人. **consignment** 名 **consignor** 委託者, 荷送り人.

consist [kənsíst] …から成り立つ《of》；…にある，…に存する《in》；…と一致〔両立〕する《with》. **consistence**, **consistency** 堅さ；密度；一致；首尾一貫. **consistent** 一致した；一貫した；堅実な. **consistently** 副

console [kənsóul] 慰める. **consolation** 慰め；敗者復活戦. **consolatory** 慰めの.

consolidate [kənsάlədeit] 固め〔ま〕る；合併する；整理する. **consolidated financial statements** 連結財務諸表. **consolidation** 名

consomme [kɑːnsəméi] コンソメ，澄ましスープ.

consonance [kάnsənəns] 一致；調和；協和(音) **consonant** 一致〔調和〕する；子音(の).

consort [kάnsɔːrt] 配偶者；僚艦；仲間／付き合う《with》；調和する.

consortium [kənsɔ́ːrʃiəm, -tiəm] 合弁企業；国際(借款)団.

conspicuous [kənspíkjuəs] 目立つ；明らかな；著名な. **conspicuously** 副 **conspicuousness** 名

conspiracy [kənspírəsi] 陰謀；共謀.

conspirator [kənspírətər] 共謀者；陰謀をたくらむ人.

conspire [kənspáiər] 共謀する；陰

謀をたくらむ.

constable[kάːnstəbl]《英》警官.

constabulary[kənstǽbjəleri]警官の
/ 警官隊.

constancy[kάːnstənsi]不変；誠実.
貞節.

constant[kάːnstənt]不変の；一定の；
休みなく続く；誠実な；貞節な /
不変なもの；定数. **constancy** 名
constantly 副

constellation[kɑːnstəléiʃən]星座；
きらびやかなもの；人の群れ.

consternation[kɑːnstərnéiʃən]驚
き, 仰天.

constipate[kάːnstəpeit]便秘させる.
constipation 名

constituent[kənstítʃuənt]構成する；
選挙権のある / 選挙人；要素, 成分.
constituency 選挙民[区].

constitute[kάːnstətʃuːt]構成する；設
置する；制定する；指令する；任命
する. **constitution** 構成；組織；制定；
体質, 素質；憲法. **constitutional** 生
来の；構造上の；憲法の；健康のた
めの. **constitutional government** 立憲
政体. **constitutionalism** 立憲主義.
constitutionally 生来；憲法上.

constrain[kənstréin]強いる；阻止
する；束縛する. **constrained** 無理な.

constraint[kənstréint]強制；拘束；
気がね.

constrict[kənstríkt]締めつける；圧
縮する. **constriction** 名 **constrictor**
圧縮するもの；獲物を絞め殺す蛇；
収縮筋.

construct[kənstrʌ́kt]組み立てる；建
てる；構成する. **constructer** , **con-
structor** 建設(業)者. **construction**
建造；建築；構成；解釈；構文.
constructive 構造上の；建設的な.

construe[kənstrúː]解釈する；分析
する.

consul[kάːnsəl]領事；〔ローマ史の〕
執政官. ～ **general** 総領事. **con-
sular** 領事の. **consulate** 領事の職〔任

期〕；領事館.

consult[kənsʌ́lt]〔専門家に〕相談す
る；〔辞書などを〕調べる；考慮に
入れる；話し合う；〔医師に〕診察
を受ける《with》. **consultation** 名

consultant[kənsʌ́ltənt]相談役；顧
問.

consultative[kənsʌ́ltətiv]相談の；
諮問の.

consume[kənsúːm]消費する；使い
果たす；食べ〔飲み〕尽くす；消滅
させる〔する〕；夢中にさせる.

consumer[kənsúːmər]消費者. ～
goods 消費財.

consummate[kάːnsəmeit]完成す
る / [kənsʌ́mət]無上の；完全な.
consummation 名

consumption[kənsʌ́mpʃən]消費
(量)；消耗；肺病. **consumptive** 形

contact[kάːntækt]接触(させる・する)；
連絡；交際. ～ **lens** コンタクトレン
ズ.

contagion[kəntéidʒən]接触感染；
伝染(病). **contagious** 形

contain[kəntéin]含む；収容できる；
抑制する. **container** 容器.

containment[kəntéinmənt]抑制；
束縛；封じ込め.

contaminate[kəntǽməneit]汚染す
る. **contamination** 名

contemplate[kάːntəmpleit]熟視〔熟
慮〕する；意図する / 沈思する, 瞑
想する. **contemplation** 名

contemplative[kəntémplətiv]瞑想
的な / 〔宗教的〕瞑想にふける人.

contemporaneous
[kəntempəréiniəs]同時代の.

contemporary[kəntémpəreri]同時
代の(人).

contempt[kəntémpt]軽蔑；不真面
目. **contemptible** 卑しい, 軽蔑す
べき. **contemptibly** 卑劣に.
contemptuous 軽蔑的な；横柄な.
contemptuously 副

contend[kənténd]争う, 競う《with》；

論争する／主張する. **contention** 論争；争い；主張.

contender[kənténdər]競争者，ライバル；〔タイトルマッチの〕挑戦者.

content¹[kəntént]満足(させる)／満足して，甘んじて. **contented** 満足した. **contentedly** 副 **contentment** 満足.

content²[ká:ntent]面積；中身；内容；趣旨；目次；容量.

contentious[kənténʃəs]けんか好きの；論争の.

conterminous[kəntə́:rmənəs]隣接する；同一の広がりを持つ.

contest[kántest]争い；勝負(する)；論争(する). **contestant** 競争者.

context[ká:ntekst]文脈；前後関係. **contextual** 文脈上の.

contiguity[ka:ntəgjú:əti]接触；接近.

contiguous[kəntígjuəs]接触する《to》. **contiguously** 副

continent¹[ká:ntənənt]自制する；禁欲の；排泄を我慢する. **continence** 名

continent² 大陸；(the C-)《英》ヨーロッパ大陸；《米》北米大陸. **continental** 大陸の. **continental breakfast** ヨーロッパ大陸式の簡単な朝食. **continental shelf** 大陸棚.

contingent[kəntíndʒənt]偶然の；臨時の；依存する；…次第の《on, upon》／偶然の出来事；派遣隊. **contingency** 偶然(性)；万一のこと.

continual[kəntínjuəl]連続の；頻繁な. **continually** 絶えず；しばしば.

continue[kəntínju:]続く〔ける〕；引き続き…である. **continuance** 連続，継続. **continuation** 名 **continuity** 連続；〔映画などの〕台本，コンテ.

continuous[kəntínjuəs]連続している，絶えない. **continuously** 引き続いて.

contort[kəntɔ́:rt]ねじる，曲げる／ゆがむ. **contortion** ねじれ；ゆがみ.

contortionist〔体を自由に曲げる〕曲芸師.

contour[ká:ntuər]輪郭. ～ line 等高線.

contraband[ká:ntrəbænd](輸出入)禁製品(の).

contrabass[ká:ntrəbeis]最低音の／コントラバス.

contraception[ka:ntrəsépʃən]避妊(法). **contraceptive** 避妊の；避妊薬.

contract[ká:ntrækt]契約(する)；契約書；協定；婚約/[kəntrǽkt]縮める《まる》；〔病気などに〕かかる；〔借金を〕作る；〔契約・親交などを〕結ぶ. **contraction** 収縮；短縮(形). **contractor** 契約者；請負人.

contractual[kəntrǽktʃuəl]契約上の.

contradict[ka:ntrədíkt]反対する；矛盾する. **contradiction** 名 **contradictory** 形

contradistinction[ka:ntrədistíŋkʃən]対照，対比；区別. **contradistinguish** 対比する.

contrail[ká:ntreil]飛行機雲.

contralto[kəntrǽltou]コントラルト(最低女声音).

contraption[kəntrǽpʃən]新案；風変わりな仕掛け〔機械〕.

contrarian[kəntréəriən]反対意見；へそ曲がりの人；〔相場〕逆張り(する人).

contrariety[kantrəráiəti]反対；矛盾.

contrariwise[ká:ntreriwaiz]これに反対して；逆に.

contrary[ká:ntreri]反対(の)；矛盾した《to》. on the ～ それどころか. to the ～ それと反対に〔の〕. **contrarily** これに反して；《話》ひねくれて. **contrariness**；《話》強情.

contrast[ká:ntræst]対照(させる)；きわだって違う. **contrastive** 形

contravene[ka:ntrəví:n]違反する；反対する；矛盾する. **contravention**

名

contribute[kəntríbju:t] 寄付する《to》；寄稿する《to》；に貢献する《to》. **contribution** 貢献；寄付(金)；貢献；寄稿. **contributive** 貢献する；寄付の. **contributor** 貢献者；寄贈者；寄稿家. **contributory** 形

contrite[kəntráit] 悔恨の. **contrition** 名

contrive[kəntráiv] 工夫する；たくらむ；うまく…する. **contrived** 仕組まれた；無理に作った. **contriver** 考案者. **contrivance** 名

control[kəntróul] 管理(する)；統御(する)；抑制(する)；操縦(する)；監督(する)；操縦装置. **controllable** 制御できる. **controller** 支配人；管理人；会計監査役；制御器.

controversial[ka:ntrəvə́:rʃəl] 論争の. **controversialist** 論争する人.

controversy[ká:ntrəvə:rsi, kón-] 論争，議論.

controvert[ka:ntrəvə:rt] 論争する；反対する. **controvertible** 議論の余地のある.

contumacious[ka:ntjuméiʃəs] 反抗的な；応じない. **contumacy** 名

contumely[ká:ntu:məli] 傲慢ぇん；侮辱.

contuse[kəntjú:z] 打撲傷を負わせる. **contusion** 打撲傷.

conundrum[kənʌ́ndrəm] 謎；難問題.

conurbation[ka:nərbéiʃən] 集合都市.

convalesce[ka:nvəlés] 快方に向かう，健康を回復する. **convalescence** 回復期. **convalescent** 回復期の(患者).

convene[kənvín] 召集する / 集まる.

convenience[kənví:njəns], **conveniency**[-jənsi] 便利，好都合；便所. **convenient** 便利な，都合のよい. **conveniently** 副

convent[ká:nvent] 女子修道院.

convention[kənvénʃən] 集会，会議；条約；協定；慣習.

conventional[kənvénʃənl] 慣例の，ありきたりの. **conventionalism** 慣例主義；決まり文句. **conventionalize** 慣例に従わせる. **conventionally** 慣例的に.

converge[kənvə́:rdʒ] 一点に集まる〔集める〕. **convergent** 形 **convergence**, **convergency** 名

conversant[kənvə́:rsənt] 熟知している《with》.

conversation[ka:nvərséiʃən] 会話；交際. **conversational** 形

converse[1](kənvə́:rs) 談話(する)《with》.

converse[2](ká:nvə:rs) 逆 /[kənvə́:rs] 逆の. **conversely** 逆に，逆に言えば.

conversion[kənvə́:rʒən] 転換；改変；改宗.

convert[kənvə́:rt] 変える；転向させる；交換する；兌換ぶ する /[ká:nvə:rt] 転向者，改宗者. **convertible** 変えられる；ほろ付きの自動車. **convertible securities** 転換証券. **convertor**, **converter** 改宗者；〔電気〕変換器；転炉.

convex[ka:nvéks] 凸面の. **convexity** 名

convey[kənvéi] 運ぶ；伝える；譲渡する. **conveyance** 輸送(機関)；伝達；交付，運搬. **conveyor** 運送業者〔装置〕；コンベア.

convict[kənvíkt] 有罪を宣告する /[ká:nvikt] 罪人，囚人. **conviction** 有罪の判決；確信，信念.

convince[kənvíns] 確信させる. **be convinced** 確信する. **convinced** 確信した；確信に満ちた. **convincing** 説得力のある，有力な. **convincingly** 納得のいくように；明確に.

convivial[kənvívial] 宴会の；浮かれた.

convocation[ka:nvəkéiʃən] 召集；集会. **convoke** 召集する.

convolution[ka:nvəlú:ʃən] 渦巻き.

convoy[kánvɔi] 護送(する)；護送船.

convulse[kənvʌ́ls] 震動させる；けいれんさせる. **convulsion** 震動；動乱；けいれん. **convulsive** けいれんを起こす；震動的な.

COO 最高執行責任者〔< chief operating officer〕.

coo[kúː] くうくう(鳴く)／恋をささやく.

cook[kúk] 料理する／料理人. ～ up 捏造(ねつぞう)する. ～ out 野外料理，バーベキュー. **cooker** 炊事用具，調理道具. **cookery** 料理法；調理場.

cookie, cooky[kúki] クッキー.

cooking 料理(の).

cool[kúːl] 涼しい；冷たい；冷静な，冷淡な；無遠慮な；正味の；《話》すばらしい；冷える〔やす〕；静まる〔める〕；涼しくなる〔する〕. ～-headed 落ち着いている，冷静な. **coolant** 冷却剤. **cooler** 冷却器. **coolly** 冷ややかに；冷静に；遠慮なく. **coolness** 名

coolie, cooly[kúːli] クーリー(中国語「苦力」から)；人夫.

coon[kúːn]《話》= raccoon.

co-op[kóuɑːp]《話》= cooperative.

coop[kúːp] 鶏小屋／閉じ込める.

cooperate[kouɑ́pəreit] 協力する《with》. **cooperation** 名 **cooperative** 協力的な；協同組合(の売店). **cooperatively** 副 **cooperator** 協力者.

coordinate[kouɔ́ːrdənət] 同等にする〔なる〕；調整する；協調する／[-danit] 同等の(人・もの)／座標. **coordination** 名 **coordinator** 調整者.

COP 締約国会議〔< Conference of Parties〕.

cop[káp]《俗》警官.

copartner[koupáːrtnər] 協力者；組合員. **copartnership** 協力；組合.

COPD 慢性閉塞性肺疾患〔< Chronic Obstructive Pulmonary Disease〕.

cope[kóup] 争う；適当に処置する《with》.

cope[kóup]〔僧服の上に着る〕大法衣.

copilot[kóupailət] 副操縦士.

coping[kóupiŋ] かさ石(工事).

copious[kóupiəs] 多い；豊かな. **copiously** 副 **copiousness** 名

copper[kápər] 銅；銅貨；銅器.

coppice[kápəs], **copse**[káps] 雑木林.

copra[káprə] コプラ(やし油の原料).

copula[kápjələ]〔文法〕連辞，繋辞(けいじ)；結合筋.

copulate[kápjəleit] 交尾する《with》／結合した. **copulation** 名 **copulative** 形

copy[kápi] 写し，複写；謄本；〔同じ本の〕部；原稿／写す；まねる；《米俗》〔無線のメッセージなどを〕受信する；コピーする. **copyist** 複写係.

copybook 習字帳.

copyleft 非営利利用ソフト無料使用許可.

copyright 版権，著作権(のある・をとる).

copywriter 広告文作者.

coquetry[kóukətri] なまめかしさ. **coquette** 浮気女. **coquettish** なまめかしい.

coral[kɔ́ːrəl] サンゴ(色)，赤. ～ **reef** サンゴ礁.

cord[kɔ́ːrd] 綱，なわ；〔電気〕コード；腱(けん). **cordage**〔集合的〕なわ，ひも.

cordial[kɔ́ːrdʒəl] 心からの／親切な；強心性の／強心剤；リキュール酒. **cordially** 副 **cordiality** 誠実；親切.

cordon[kɔ́ːrdn] 飾りひも；綬章(じゅしょう)；非常線.

cordovan[kɔ́ːrdəvən] コードバン皮(の).

corduroy[kɔ́ːrdərɔi] コーデュロイ，コール天；(複)コール天のズボン.

CORE [kɔ́:r]《米》人種平等会議〔< Congress of Racial Equality〕.

core [kɔ́:r]芯(を取る);中心;髄.

coriander [kɔ́:riændər]コリアンダー.

cork [kɔ́:rk]コルク;栓／コルクをつめる;〔感情を〕抑える.

corkscrew コルク抜き／らせん状の／らせん状に進む.

cormorant [kɔ́:rmərənt]鵜゜;貪欲な人.

corn [kɔ́:rn]《米》トウモロコシ;《英》小麦;穀物;穀類. (the) **Corn Belt**〔米国の〕トウモロコシ地帯. **～ bread** トウモロコシパン.

corn [kɔ́:rn]たこ, うおのめ.

corncob トウモロコシの穂軸.

corned [kɔ́:rnd]塩づけの. **～ beef** コンビーフ.

corner [kɔ́:rnər]角;隅;へんぴな所;窮地／隅に置く;角を付ける《with》;やりこめる.

cornerstone 隅石;基石;基礎.

cornet [kɔ́:rnit]コルネット. **cornet-(t)ist** コルネット奏者.

cornflakes コーンフレーク.

cornice [kɔ́:rnis]軒蛇腹゜゜;雪庇゜゜.

Cornish [kɔ́:rniʃ]英国コーンウォール地方の;コーンウォール人〔語〕の.

cornstalk トウモロコシの茎.

cornstarch コーンスターチ.

cornucopia [kɔ:rnjukóupiə]〔ギリシャ神話〕豊饒゜゜゜の角゜;角形容器;豊富.

corny [kɔ́:rni]穀物の;《話》陳腐な;古めかしい;感傷的な.

corollary [kɔ́:rəleri]〔数学〕系;必然の結果;推論.

corona [kəróunə] 光冠, コロナ. **coronary** 冠の;冠状動脈の. **～ virus** コロナウイルス→ COVID-19.

coronation [kɔ:rənéiʃən]戴冠(式), 即位(式).

coroner [kɔ́:rənər]検死官.

corporal [kɔ́:rpərəl] 肉 体 の. **corporally** 副

corporal 伍長.

corporate [kɔ́:rpərət]法人組織の;団体の. **a body ～= a ～ body** 法人団体. **～ governance** 企業統治, 企業ガバナンス. **corporation** 法人, 会社;団体;太鼓腹.

corporeal 有体の.

corps [kɔ́:r]兵団, 軍団;団体.

corpse [kɔ́:rps]死体.

corpulence [kɔ́:rpjələns] 肥 満. **corpulent** 形

corpus [kɔ́:rpəs]集成;(死)体;コーパス, 言語資料.

corpuscle [kɔ́:rpəsl]微粒子;血球. **corpuscular** 形

corral [kərǽl]《米》〔家畜用の〕さく;〔野営の際の〕車陣／囲いに入れる;円陣に並べる;捕える.

correct [kərékt]訂正する;調整する;罰する／正確な. **correction** 訂正;校正;矯正;こらしめ. **corrective** 改める;矯正する(もの). **correctly** 正しく, 正確に. **correctness** 正確さ. **corrector** 訂正者.

correlate [kɔ́:rəleit]相関関係のあるもの／関連づける. **correlation** 相互関係. **correlative** 相関の;相関語句. **correlatively** 相関して.

correspond [kɔ:rəspánd]相当する《to》;一致する《with, to》;通信する《with》. **correspondence** 名 **corresponding** 一致する;通信する.

correspondent [kɔ:rəspá:ndənt]一致する／文通者;通信員;取引先.

corridor [kɔ́:rədər]廊下.

corrigendum [kɔ:rədʒéndəm]誤植;(単)正誤表.

corrigible [kɔ́:rədʒəbl]訂正〔矯正〕できる.

corroborate [kərá:bəreit]補強する;確証を与える. **corroboration** 名 **corroborator** 確証する人〔もの〕.

corrode [kəróud]腐食〔浸食〕する. **corrosion** 名 **corrosive** 腐食性の;腐食物〔剤〕.

corrugate[kɔ́ːrəgeit]しわを寄せる〔が寄る〕；波形にする〔なる〕.

corrugated[kɔ́ːrəgeitid]波形の，うね状の．**～ paper** 段ボール紙．

corrupt[kərʌ́pt]腐敗〔堕落〕した；なまった；間違いの多い／腐敗させる〔する〕；なま〔らせ〕る；買収する．**corruptible** 腐敗〔堕落〕しやすい．**corruption** 腐敗；汚職，贈収賄；なまり．**corruptive** 腐敗させる．**corruptness** 腐敗；背徳．

corsage[kɔːrsáːʒ]コサージュ．

corsair[kɔ́ːrsɛər]海賊(船)．

corset[kɔ́ːrsət]コルセット．

cortege[kɔːrtéʒ]従者(の一隊)；〔葬式の〕行列．

cortex[kɔ́ːrteks]外皮；皮質；樹皮；皮層．

cosignatory[kousígnətɔːri]連署の／連署人[国]．

cosine[kóusain]〔数学〕余弦，コサイン．

cosmetic[ka:zmétik]化粧用の；美容の／化粧品．**cosmetician** 美容師；化粧品製造業者．

cosmic[ká:zmik], **-mical**[-mikəl]宇宙の；広大無辺の．

cosmonaut[ká:zmɔnɔːt](旧ソ連・ロシアの)宇宙飛行士．

cosmopolitan[ka:zməpá:lətən]世界(主義)的な／世界主義者；国際人．

cosmos[ká:zməs]宇宙；秩序；コスモス．

Cossack[ká:sæk]コサック人(騎兵)．

cost[kɔ́ːst]値段；原価；費用；損；(複)訴訟費用／[金・労力などが]かかる，要する；〔犠牲を〕払わせる．**at all costs**, **at any ～** ぜひとも．**at the ～ of** …を犠牲として．**～ -effective** 費用効果の高い．**～ of living** 生活費．**costing** 原価計算．**costliness** 高価．**costly** 高価な．

co-star[kóustɑːr] 共演者／[koustáːr]共演する〔させる〕．

Costa Rica[ká:stə ríːkə]コスタリカ(共和国) (Republic of Costa Rica).

costive[ká:stiv]便秘の；のろい．**costiveness** 图

costume[ká:stjuːm]衣服，服装．**costumer**, **costumier**〔芝居などの〕衣装屋．

cosy[kóuzi] = cozy.

cot[ká:t]小児用ベッド；つり床．

Côte d'Ivoire[kout di:vwáːr]コートジボアール(共和国) (Republic of Côte d'Ivoire).

coterie[kóutəri]仲間，一派．

cottage[ká:tidʒ]田舎家；小屋；別荘．**～ cheese** カッテージチーズ．

cotton[ká:tn]綿(花)；綿糸／仲良くやっていく《on》．**～ wool** 原綿

couch[káut]長いす；横たえる；くまる；するする．**～ potato** カウチポテト (TV ばかり見て過ごす人々)．**couchant**[紋章]([獣が]頭を上げてうずくまっている)．

cough[kɔ́ːf]せき(をする)．**～ drop** せき止めドロップ．

could[kəd, 強 kúd]can の過去．

couldn't[kúdnt]could not の短縮

coulee[kúːli]《米》深い峡谷；溶岩流．

council[káunsəl]会議．**～ chamber** 会議室．**～ tax** 《英》地方税．**councilman** 議員．**councilor** 議員；評議員；顧問官，参事官．

counsel[káunsəl]相談(する)；助言(する)；目的；計画；法律顧問，弁護士．**counselor** 顧問；弁護士；相談相手，カウンセラー．

counseling, -selling[káunseliŋ]カウンセリング；相談．

count¹[káunt]計算する，数える；思う；考慮する；拍子をとる；価値がある；あてにする《on》／計算；総数；訴因．**～ out** 数え出す；除外する；〔ボクシング〕ノックアウトする．**countable** 数えられる(名詞)．**countless** 無数の．

count²[英国以外の]伯爵．

countdown〔ロケット発射などの〕秒読み.

countenance[káuntənəns]顔つき；表情；支援；平静 / 承認する.

counter[káuntər]計算者〔器〕；勘定台, カウンター.

counter[²] 反対(物)；〔靴の〕かかと革 / 撤回の；逆の〔に〕.

counteract 中和する；逆らう.

counteraction 反対作用；中和.

counterattack 逆襲.

counterbalance つり合わせる, 平衡させる；埋め合わせる；平衡量〔力〕.

counterclockwise 時計と逆回りの〔に〕.

countercyclical[kauntərsaiklikəl, kauntərsi-]反循環的. ～ **measures** 景気対策.

counterfeit[káuntərfit]模造(の)；虚偽(の) / 偽造する.

counterintelligence 対敵情報活動.

countermand[kauntərmǽnd]注文取り消し / 取り消す.

counteroffensive 逆襲.

counterpane[káuntərpein]掛け布団.

counterpart よく似た人；対応するもの；複本；写し.

counterplot 計略の裏をかく.

counterpoise[káuntərpoiz]釣り合わせる / 釣り合い, 平衡(力).

counterproductive 逆効果を生じる；意に反する.

counterrevolution 反革命.

countess[káuntəs]伯爵夫人.

country[kʌ́ntri]国(家)；田舎；土地. ～ **club** カントリークラブ(ゴルフなどの施設がある郊外の社交クラブ). ～ **house** 地主の邸宅；田舎の屋敷. **countrywide** 全国的な.

countryman 田舎者；同国人.

countryseat 田舎の屋敷.

countryside 田舎.

county[káunti]郡, 州. ～ **council**《米》郡評議会；《英》州議会.

coup[kú:]《F》予期しないこと；大成功. ～ **d'etat** クーデター.

coupe[ku:péi]クーペ形自動車.

couple[kʌ́pl]一対；2つ；夫婦；つがい / 合わせる；つなぐ. **coupler** 連結者〔器〕. **coupling** 連結(機)；交尾.

couplet[kʌ́plət]《詩》対句.

coupon[kú:pa:n]切り取り切符；クーポン；利札.

courage[kə́:ridʒ]勇気. take ～ 勇気を奮い起こす. **courageous** 勇ましい. **courageously** 副 **courageousness** 名

courier[kə́:riər]急使；〔旅行の〕添乗員.

course[kɔ́:s]進行；進路；経過；方針；過程, 科；連続；〔料理の〕一品 / 進路をとる；追う；狩る.

court[kɔ́:rt]裁判(所)；宮廷；中庭；テニスコート. **Court of Appeals**《米》控訴裁判所. **courtly** 品のよい；丁寧な.

courteous[kə́:rtiəs]礼儀のある, 丁寧な. **courteously** 副

courtesan, courtezan[kɔ́:rtəzn]売春婦.

courtesy[kə́:rtəsi]礼儀；好意；おじぎ.

courthouse 裁判所.

courtier[kɔ́:rtiər]廷臣；機嫌をとる人.

court-martial[kɔ́:rtma:rʃəl]軍法会議(にかける).

courtroom 法廷.

courtyard 中庭.

cousin[kʌ́zn]いとこ, 親類.

couture[ku:túər]〔婦人服〕仕立て業；〔集合的〕ファッションデザイナー. **couturier**[-riei]婦人服デザイナー.

COVAX コバックス〔＜ COVID-19 Vaccines Global Access〕〔新型コロナウイルスのワクチンを共同購入し途上国などに分配する枠組みで, 2020 年世界保健機構・WHO が主導し,

発足した).

cove[kóuv]小湾，入江.

covenant[kʌ́vənənt]契約(書)/契約する.

cover[kʌ́vər]おおう，包む；隠す；ねらう；援護する；全面にわたる；通過する；十分に償う；〔野球〕防備する；報道する／おおい；封；ふた；〔本の〕表紙；隠蔽策；かこつけ；援護. ～ up隠す；かばう. ～charge(料理店の)席料. **coverage** カバーすること〔範囲〕；報道. **covered** 隠された；屋根のある. **coverlet** ベッドの上掛け.

covering おおい，援護.

covert[kóuvərt]隠れた；保護されている／隠れ場所；隠しだて. **covertly** こっそりと.

covet[kʌ́vət]むやみにほしがる.

covetous[kʌ́vətəs]強欲な；切望する. **covetously** 形 **covetousness** 名

COVID[kóuvid]**-19** [Covid-19] 新型コロナウイルス感染症〔< corona virus disease 2019〕(2020年世界保健機構が命名). ～ variant ～変異株. ～ community infection ～市内感染 new ～ cases ～件数.

cow[káu]雌牛，乳牛；〔象・鯨などの〕雌.

cow[káu] おどす，おびえさせる.

coward[káuərd]臆病者／臆病な. **cowardice, cowardliness** 臆病，卑怯. **cowardly** 臆病な；卑怯な.

cowboy 牛飼い，カウボーイ.

cower[káuər]すくむ，ちぢこまる.

cowherd 牛飼い.

cowl[kául]頭巾(つき僧衣)；通風帽，カウル.

co-worker[kóuwəːrkər]同僚，協力者.

coxcomb[ká:kskoum]気取り屋；ケイトウ.

coxswain[ká:ksən, -swein]艇長；〔ボートの〕舵手.

coy[kói]はにかむ，内気な. **coyly** 副 **coyness** 名

coyote[kaióuti, kɔi-]コヨーテ.

cozen[kʌ́zn]だます.

cozy[kóuzi]こぢんまりしている；居心地のよい. **cozily** 副 **coziness** 名

cp. 比較〔< compare〕.

CPA 公認会計士〔< certified public accountant〕.

CPI 消費者物価指数〔< Consumer Price Index〕.

CPU 中央演算処理装置〔< central processing unit〕.

crab[kráb]カニ.

crab[kráb]酷評する．妨害する.

crabbed[kráebid]わかりにくい、難解な；判読しにくい.

crack[kráek]ぴしっと音を立てる；割る〔割れる〕；〔声を〕からす〔かれる〕／鋭い音；割れ目；ひび；好機；強打；気の利いた冗談／〔話〕すてきな，一流の／ぱちっと；鋭い音を立てて. ～ -up〔飛行機の〕墜落，衝突；破滅. **cracked** 割れた，ひびのはいった；気の変な. **cracker** 爆竹；薄いビスケット.

cracking〔コンピュータ〕クラッキング(システムに侵入すること)；分解蒸留；亀裂／《英話》すごい，すてきな.

crackbrained 気の狂った.

crackdown 取り締まり.

crackle[kráekl]ぱちぱちという音(を立てる)；〔陶器の〕ひび焼き(模様). **crackling** ぱちぱちと音を立てること.

crackpot 変わった(人).

cradle[kréidl]揺りかご；発祥地；初期；船架／揺りかごに入れる；台に置く.

cradlesong 子守歌.

craft[kráeft]技巧；手工業；同業組合；悪知恵；船. **crafty** 狡猾(ずる)な.

craftsman 職人.

craftsmanship〔職人の〕技能；熟練.

crag[kráeg]ごつごつした岩，絶壁. **craggy** 岩だらけの.

cragsman 岩登りの名人.

cram[kráem]詰め込む；詰め込み勉

強をする.

cramp¹[krǽmp]締め金;かすがい;束縛／締めつける;拘束する.

cramp²[krǽmp]けいれん;(複)激しい腹痛／けいれんさせる〔する〕.

cramped[krǽmpt]窮屈な;〔字が〕読みにくい.

crampon[krǽmpɑn]アイゼン;〔重いものを持ちあげる〕つかみ金具.

cranberry[krǽnberi]ツルコケモモ.

crane[kréin]ツル;起重機／〔首を〕伸ばす.

cranium[kréiniəm]頭蓋(骨).

crank[krǽŋk]〔機械〕曲げ柄, クランク;変わり者. **cranky** 意地悪い;気まぐれな;ゆらゆらする.

crankshaft[機械]クランク軸.

crape[kréip]ちりめん＝crepe.

crash[krǽʃ]がらがらという音(をたてる);失敗(する);墜落(する), 衝突(する)／がちゃんと砕く;衝撃(を受ける). ～ helmet ヘルメット. ～-land 不時着せる〔する〕. **crashing**全くの, 徹底的な.

crass[krǽs]愚鈍な.

CRT 陰極線管, ブラウン管〔＜cathode-ray tube〕.

crate[kréit]〔運送用の〕箱;ぼろ車〔飛行機〕.

crater[kréitər]噴火口;クレーター.

cravat[krəvǽt]ネクタイ.

crave[kréiv]切望する《for》. **craving**熱望.

crawfish[krɔ́:fiʃ], 《英》**crayfish**[kréifiʃ]ザリガニ.

crawl[krɔ́:l]はうこと;徐行;クロール泳法／はう;のろのろ進む;うまく取り入る;むずむずする. **crawly**《話》むずむずする.

crayon[kréiɑn]クレヨン(画).

craze[kréiz]発狂させる〔する〕／狂気;熱狂;大流行. **crazed** 頭のおかしい;熱狂的な.

crazy[kréizi]発狂した;熱中している;無分別な;ぐらぐらする. **crazily**夢

中になって. **craziness** 発狂;熱中.

creak[krí:k]きいきいいう(音). **creaky** 形

cream[krí:m]クリーム, 乳脂;最良の部分／クリーム状にする〔なる〕;クリームを取る〔入れる〕. ～ puff シュークリーム. **creamer** クリーム入れ, クリーム分離器. **creamy** クリーム状の.

crease[krí:s]折り目, しわ(をつける・がつく).

create[kriéit]創造〔作〕する;ひき起こす;授ける. **creation** 創造(物);(the C-)天地創造. **creative** 創造的な. **creativity** 創造性. **creator** 創造者.

creature[krí:tʃər]創造物;生物;人間;子分.

creche[kréʃ]《英》保育所, 託児所;《米》キリスト生誕の像.

credence[krí:dns]信用.

credential[kridénʃəl](複)信任状;証明書.

credible[krédəbl]信用できる. **credibly** 確実に.

credit[krédit]信用;名声;預金;信用貸し;〔学科の〕履修単位／信用する;貸し方に記入する. ～ card クレジットカード. **creditable** りっぱな;信用できる. **creditably** みごとに. **creditor** 債権者;〔簿記〕貸し方.

credo[krí:dou]信条;(C-)使徒信経.

credulous[krédʒələs]信じやすい. **credulity** 名

creed[krí:d]信条;主義, 綱領.

creek[krí:k]入江, 小湾;《米》小川.

creep[krí:p]はう;からまる;ゆっくり動く;ぞっとする／徐行;(the ～ s)ぞっとする感じ;嫌な〔陰気な〕やつ;《英話》おべっか使い. **creeper** はうもの,つる草;キバシリ. **creepy** はう;ぞっとする.

cremate[krí:meit]火葬にする. **cremation** 火葬. **crematory**[krémətəri]火葬の／火葬場.

creme[krém]《F》クリーム;クレー

ム(リキュール酒). ～ **de menthe** ハッカ入りリキュール.

Creole[krí:oul] クレオール人〔語〕.

creosote[krí:əsout] クレオソート.

crepe, crêpe[kréip] ちりめん；クレープ. ～ **de Chine**[-də ʃí:n] クレープデシン.

crept[krépt] creep の過去・過去分詞.

crescendo[krəʃéndou] 次第に強い〔強く〕；クレッシェンドの.

crescent[krésnt] 三日月(状の).

cresol[krí:sɔːl] クレゾール.

crest[krést]〔鳥の〕とさか；冠毛, 〔かぶとの〕前立て；波がしら；山頂；紋章.

crestfallen しょげた.

cretonne[kritán] クレトンさらさ.

crevasse[krəvǽs]〔氷河の〕割れ目, クレバス.

crevice[krévis] 割れ目.

crew[krú:] 乗組員；仲間；一団.

crib[kríb] かいばおけ；ベビーベッド；小屋；〔米〕穀物貯蔵室；盗用；とらの巻／閉じ込める；盗用する.

cribbage[kríbidʒ] クリベージ(トランプ遊びの一種).

crick[krík] 筋肉けいれん／筋を違える.

cricket[¹][kríkət] コオロギ.

cricket[²][kríkət]〔球技〕クリケット. **cricketer** クリケット競技者.

crier[kráiər] 泣く人；触れ役；呼び売り商人.

crime[kráim] 罪, 犯罪；罪悪.

criminal[krímənl] 刑事上の；罪を犯した／犯罪者. **criminally** 副

criminology[krimənáːledʒi] 犯罪学.

crimp[¹][krímp] 縮れさせる；ひだを付ける；〔皮に〕形をつける／ひだ；(通例複)縮れ髪. **crimpy** 縮れた.

crimp[²][krímp] 誘拐する／誘拐周旋人.

crimson[krímzn] 深紅色(の)／深紅色にする〔なる〕.

cringe[kríndʒ] 縮こまる, すくむ；

恥じ入る；へつらう.

crinkle[kríŋkl] 縮れ；しわ／しわを寄せる〔が寄る〕かさかさ鳴る.

crinoline[krínəlin] 張り入りスカート；ペチコート.

cripple[krípl] 身体障害者；手足の不自由な人／手足を不自由にする；損なう.

crisis[kráisis] 危機；分かれ目；〔医学〕危期.

crisp[krísp] 縮れた；もろい；ぱりぱりする；きびきびした／縮れる〔せる〕；波立たせる；かりかりにする.

crispy[kríspi] = crisp.

crisscross[krískrɔːs] 十文字(の・に)／交差した／十文字を記す.

criterion[kraitíəriən] 標準.

critic[krítik] 批評家. **critical** 批評の；あら探しする；危機の；重大な；鑑識眼のある. **critically** 副

criticism[krítəsizm] 批評, 評論；非難.

criticize, 《英》criticise[krítəsaiz] 批評する；非難する.

critique[krití:k] 批評.

croak[króuk]〔カラス・カエルなどが〕があがあ鳴く(声)；不吉を予告する.

Croatia[krouéiʃə] クロアチア(共和国) (Republic of Croatia).

Croatian[krouéiʃən] クロアチア(人・語)の／クロアチア人.

crochet[krouʃéi] かぎ針編み(をする).

crock[¹][kráːk]〔土器の〕つぼ, かめ；瀬戸物のかけら.

crock[²] 老いぼれ；能なし／だめにする〔なる〕.

crockery[kráːkəri]〔集合的に〕陶器類.

crocodile[kráːkədail] ワニ. ～ **tears** そら涙.

crocus[króukəs] クロッカス.

croft[krɔːft] 小農場；小作地.

crone[króun]〔しわだらけの〕老婆.

crony[króuni] 旧友.

crook[krúk] 柄の曲がったつえ；曲ったもの；かぎ；《俗》詐欺師／曲げる〔がる〕. **crooked** 曲がった；不正の.

croon[krúːn] 柔らかく感傷的に歌う.

crop[krάːp] 収穫；作物；刈り込み；群れ；むちの柄；〔鳥の〕餌袋／刈る；食い切る／発生する；現れる《out, up》. **cropper** 刈り込み機.

cropped[krάpt]（標準より）短い.

croquet[króukéi] クローケー（芝生の上でする球戯）.

croquette[króukét] コロッケ.

cross[krɔ́ːs] 十字架；十字（記号）；苦難；〔牛・馬などの〕雑種(の)／横切った；斜めの；反対の；不機嫌な／交差する；横に引く；越す；横切る；妨げる；十字を切る；抹殺する. ～-**border** 国境を越える. ～-**country** 田舎を横切る；クロスカントリー（競技）. ～-**examination** 反対尋問. ～-**eyed** 斜視の. ～ **fire** 十字砲火. ～-**grained** 木目の不規則な；すねた. ～-**legged** 足を組んだ. ～-**purpose** 反対の目的. ～-**question** 反対尋問する. ～-**reference** 前後参照. ～ **section** 横断面. ～ **stitch** 十字縫い，千鳥掛け. ～ **word puzzle** クロスワードパズル. **crossly** 副 **crossness** 名 **crosswise** 横に；交差した.

crossbar かんぬき.

crossbreed 雑種（を作る）.

crosscut 横断；近道；〔のこぎりが〕横引きの.

crossing 横断(歩道)；交差(点)；踏切.

crossover《英》交差路，陸橋；交差；〔音楽〕クロスオーバー.

crosspiece 横木.

crossroad 交差路；(複)交差点.

crossway = crossroad.

crotch[krάtʃ]〔手・木の〕また.

crotchet[krάtʃət] 奇想；四分音符. **crotchety** 風変わりな.

crouch[kráutʃ] うずくまる（こと）.

crouton[krúːtɑːn] クルトン（スープに浮かべるパンのかけら）.

crow[króu] カラス. **crow's-foot** 目じりのしわ.

crow[króu]〔雄鶏が〕鳴く；歓声をあげる／〔雄鶏の〕鳴き声.

crowbar かなてこ.

crowd[kráud] 群衆；人ごみ；観衆；群がる；詰め込む；押し入る. **crowded** 混雑した；満員の.

crown[kráun] 王冠；王位；絶頂；頭；帽子のてっぺん；歯冠；クラウン貨幣／王冠を与える；王位につかせる；報いる；上に載せる. **prince** 皇太子. **princess** 皇太子妃. **Crown Court**《英》刑事裁判所. **crowning** 最高の.

crucial[krúːʃəl] 厳しい；重大な；決定的な.

crucible[krúːsəbl] るつぼ；厳しい試練.

crucifix[krúːsəfiks] キリストはりつけの像. **crucifixion** はりつけ；(the C-) キリストの十字架上の死.

cruciform[krúːsəfɔ̀ːrm] 十字形の.

crucify[krúːsəfai] 十字架に打ちつける；苦しめる.

crude[krúːd] なまの，天然のままの；未熟な；粗末な. ～ **oil**〔petroleum〕原油. **crudely** 副 **crudeness** 名 **crudity** なま；生硬；未熟；粗野.

cruel[krúːəl] 残酷な. **cruelly** 副 **cruelness** 名

cruelty[krúːəlti] 残酷；(複)残虐行為，虐待.

cruet[krúːət]〔食卓用〕薬味入れ.

cruise[krúːz] 巡航(する)；〔タクシーが〕流す. ～ **missile** 巡航ミサイル. **cruiseer** 巡洋艦；流しのタクシー；パトカー；〔遊覧用〕モーターボート.

crumb[krʌ́m] くず；パン粉；パンの中味；少量／パン粉をまぶす；こなごなにする.

crumble[krʌ́mbl] 砕く〔ける〕. **crumbly** 砕けやすい.

crummy[krʌ́mi] 汚い；気分が悪い，

むかつく.

crumpet[krʌ́mpət]〔マフィンに似た〕薄焼きパン；性的魅力.

crumple[krʌ́mpl]しわにする〔なる〕.

crunch[krʌ́ntʃ]ばりばり音を立ててかむ；ざくざく踏んで歩く／砕ける音；危機.

crusade[kru:séid]十字軍(に加わる)；改革運動(に参加する). **crusader** 十字軍戦士；改革運動家.

crush[krʌ́ʃ]押しつぶす；粉砕する；つき砕く；圧倒する；しわくちゃにする／つぶれる／粉砕；つぶれること；雑踏；《俗》夢中. **crushing** 圧倒的な.

crust[krʌ́st]外皮；パンの皮；地殻；甲殻／外皮で覆う. **crusty** 堅い；意地の悪い

crustacean[krʌstéiʃən]甲殻類の.

crutch[krʌ́tʃ]松葉づえ；支え；クラッチ.

crux[krʌ́ks]難問；なぞ；要点；(the C-)南十字星.

cry[krái]叫ぶ；泣く；鳴く；大声で叫ぶ；叫び売りする／叫び；泣き〔鳴き〕声；嘆願；宣伝の声. ~ down けなす. ~ up ほめ立てる. **crying** 叫ぶ；泣く；緊急の.

crypt[krípt]聖堂地下室；穴. **cryptic** 隠れた；身を隠すに適した.

crypto-[kríptou]隠れた；暗号の. ~ **currency** 暗号通貨（ビットコインなど）.

cryptogam[kríptəgæm]隠花植物.

cryptogram[kríptəgræm]暗号(文).

cryptography[kriptɑ́:grəfi]暗号作成〔解読〕法.

crystal[krístl]結晶(体)；水晶；ガラス；〔電気〕検波用鉱石／水晶の；透明な. ~ **clear** きわめて明瞭な. ~ **gazing** 水晶占い.

crystalline[krístələn]水晶の；結晶からできた；透明の.

crystallize 結晶させる〔する〕；具

体化する；砂糖づけにする.

CS 通信衛星[< communication satellite].

CST〔米国時間帯〕中央標準時間[< Central Standard Time].

CT コンピューター断層撮影[< computed tomography].

CT, Ct. コネチカット州[< Connecticut].

ct. 個，数[< count].

CTBT 包括的核実験禁止条約[< Comprehensive Nuclear Test Ban Treaty].

CTC 列車集中制御装置[< centralized traffic control].

CTS 原油貯蔵基地[< central terminal station]；電算写植組版システム[< computer type-setting system].

cu. 立方の，3 乗の[< cubic].

cub[kʌ́b]〔クマ・キツネなどの〕子；若者. ~ **reporter**《話》新米の新聞記者.

Cuba[kjú:bə]キューバ(共和国)(Republic of Cuba).

Cuban[kjú:bən]キューバ(人)の／キューバ人.

cubby, cubbyhole[kʌ́bi]狭い場所；こぢんまりした部屋.

cube[kjú:b]立方(体)(にする)；3 乗(にする)；体積を求める；さいの目に切る. ~ **sugar** 角砂糖. **cubic** 立方(体)の；3 乗の.

cubicle[kjú:bikl]小部屋.

Cubism[kjú:bizm]立体派，キュービズム. **Cubismist** 立体派画家.

cuckold[kʌ́kld]不貞な女の夫／不義をする.

cuckoo[kú:ku:]カッコウ. ~ **clock** はと時計.

cucumber[kjú:kʌmbər]キュウリ. **cool as a ~** 落ち着き払って.

cud[kʌ́d]〔反芻動物の〕食いもどし.

cuddle[kʌ́dl]〔人・物を愛情を込めて〕抱きしめる；抱き合う／抱擁. **cuddly** 抱きしめたいような.

cudgel[kʌ́dʒəl]こん棒(で打つ). ～ one's brains 脳みそを絞る.

cue¹[kjúː]手がかり、きっかけ；暗示.

cue²[ビリヤードの]キュー；弁髪；[人の]列.

cuff¹[kʌ́f]そで口、カフス；手錠. off the ～ 《話》即座に.

cuff² 平手打ち(をする).

cuirass[kwiræs]胸よろい.

cuisine[kwizíːn]《F》料理(法)；調理場.

CUL またね[< see you later].

culinary[kʌ́lənəri, kjúːlənəri]台所の、料理の.

cull[kʌ́l][花などを]摘む；より抜く / 不良品.

culminate[kʌ́lməneit]絶頂に達する；ついに…になる《in》. **culmination** 絶頂；南中.

culottes[kjúːlɑːts]キュロット.

culpable[kʌ́lpəbl]罪に値する；有罪の. **culpably** 副

culprit[kʌ́lprit]罪人；容疑者；刑事被告人.

cult[kʌ́lt]礼拝；祭儀；崇拝；流行.

cultivate[kʌ́ltəveit]耕す；栽培する、培養する；教化する；修める；[ひげを]生やす. **cultivated** 栽培された、養殖の；教養のある. **cultivation** 名 **cultivator** 耕作者；耕作機.

cultural[kʌ́ltʃərəl]教養の；文化の. ～ anthropology 文化人類学.

culture[kʌ́ltʃər]教養；文化；修業；耕作；栽培、培養. **cultured** 教養のある；栽培された. **cultured pearl** 養殖真珠.

cum[kʌ́m]～付き(兼用)；《話》オルガスムに達する、いく(come)；《卑》精液、愛液.

cumber[kʌ́mbər]じゃまする. **cumbersome**, **cumbrous** やっかいな；じゃまな；扱いにくい.

cumin[kʌ́mən]ヒメウイキョウ.

cumulate[kjúːmjəleit]積み重ねた / 蓄積する[される]. **cumulation** 名

cumulative 累積的な.

cumulus[kjúːmjələs]積雲；堆積.

cuneiform[kjuníːəfɔːrm]くさび形(文字)(の).

cunnilingus[kʌnəlíŋgəs]クンニ(リングス).

cunning[kʌ́niŋ]狡猾な(な)；たくみ(な)；《米》かわいい. **cunningly** 副

cup[kʌ́p]茶わん、カップ；賞杯；カップ一杯分；運命. **cupful** カップ1杯(の量).

cupboard[kʌ́bərd]戸棚.

Cupid[kjúːpid][ローマ神話]キューピッド.

cupidity[kjuːpídəti]貪欲.

cupola[kjúːpələ]丸屋根；回転砲塔；溶鉄炉.

cur[kɑ́ːr]野良犬；やくざ者.

curable[kjúərəbl]治療できる.

curaçao[kjúərəsou]キュラソー(リキュールの一種).

curate[kjúərət]《英》牧師補. **curacy** 牧師補の職.

curative[kjúərətiv]治療(の)(力のある) / 医薬.

curator[kjuərreitər][美術館などの]館長；学芸員；管理人.

curb[kɑ́ːrb][馬の]とめ綱(をつける)；抑制(する). ～ **service**[ドライブインなどで車まで飲食物を運んでくれる]サービス.

curd[kɑ́ːrd]凝乳(状食品).

curdle[kɑ́ːrdl]凝結する[させる]；固まる[める]. ～ the blood ぞっとさせる.

cure[kjúər]治療；回復；解決策 / 治す；取り除く；(くん製にして)保存する. ～ -all 万能薬.

curfew[kɑ́ːrfjuː]外出禁止(時間)；晩鐘.

curio[kjúəriou]珍品、骨董品.

curiosity[kjuəriɑ́səti]好奇心；奇妙；骨董品. ～ **shop** 骨董店.

curious[kjúəriəs]知りたがる、せんさく好きの；珍しい；変な. **curiously**

副 **curiousness** 名

curl[kə́:rl] カールにする〔なる〕；巻きつける；ねじる／巻毛；ねじれ；うずまき．**curly** 巻毛の．

curmudgeon[kərmʌ́dʒən] けち；意地悪．

currant[kə́:rənt] 小さい種なし干しブドウ；スグリ．

currency[kə́:rənsi] 通貨；流通；時価．

current[kə́:rənt] 通用する；現在の／流れ；潮流；電流．**~ account** 当座勘定．**~ affairs** 時事問題．**currently** 一般に．

curriculum[kəríkjələm] 教科課程．**~ vitae**[váiti:] 履歴書．**curricular** 教科課程の．

currier[kə́:riər] 〔なめし革〕仕上げ工．

curry[1], **currie**[kʌ́ri] カレー（で味付けする）．

curry[2] 〔なめし革を〕仕上げる；〔馬などの毛を〕すく．

curse[kə́:rs] 呪う；ののしる／呪い，悪口；天罰；破門．**cursed** 呪われた；いまいましい．

cursive[kə́:rsiv] 草書体（の）．

cursory[kə́:rsəri] 粗略な，大急ぎの．**cursorily** 副 **cursoriness** 名

curst[kə́:rst] curse の過去・過去分詞．

curt[kə́:rt] 短い；ぶっきらぼうの．**curtly** 副

curtail[kərtéil] 切り詰める．**curtailment** 削減；切り詰め．

curtain[kə́:rtn] カーテン；幕（を張る）．**~ call** カーテンコール．**~ raiser** 開幕劇．

curtsy[kə́:rtsi] 〔女性の〕膝をかがめてするおじぎ．

curvaceous[kərvéiʃəs] 曲線美の．

curvature[kə́:rvətʃər] 湾曲（；〔数学〕曲率．

curve[kə́:rv] 曲がり，反そり；曲線；〔野球〕カーブ／曲げる；曲がる．**curved** 湾曲した．

curvet[kə́:rvət] 〔馬術〕騰躍ダダ（する）．

cushion[kúʃən] クッション，座ぶとん／クッションをつける；〔衝撃を〕緩和する；〔人を〕…から守る《against》．

custard[kʌ́stərd] カスタード．

custody[kʌ́stədi] 保管；保護；監禁；収容．**be in the ~ of…** に保管〔保護〕されている．**take…into** 〜 拘留する．

custodian[kʌstóudiən] 管理人；保護者．

custom[kʌ́stəm] 習慣；愛顧；（複）関税／注文の．**~(s) house** 税関．**~-made** 注文品の．**customary** 通例の，習慣的な．**customarily** 副 **customer** 顧客．

customize[kʌ́stəmaiz] 特別注文で作る；〔コンピュータ〕カスタマイズする．

cut[kʌ́t] 切る；裁つ；刈る；彫る；交差する；短縮する；さぼる；〔人を〕無視する／切れる；急に進路を変える／切った；切り詰めた．**~ away** 切り払う．**~ back** 刈り込む；縮小する **~ off** 切り離す；削除する．**~ out** 裁つ；省略する；やめる．**~ up** 切り裂く；酷評する；悩ます．**cutter** 切る人；カッター．

cute[kjú:t] かわいらしい；《話》抜け目のない．

cutlass[kʌ́tləs] そり身の短刀．

cutler[kʌ́tlər] 刃物師．**cutlery** 刃物（商）．

cutlet[kʌ́tlət] カツレツ．

cut-price〔商品が〕特価の；〔店が〕安売りの．

cutthroat 殺人者／凶悪な；殺人的な．

cutting[kʌ́tiŋ] 鋭い／切断；〔映画の〕編集；（複）切り抜き．**~ edge** 刃先；〔技術の〕最先端．

cutup おどけ者．

CV, cv 履歴書〔< curriculum vitae〕．

CWT ハンドレッドウェイト（重さの単位，C はローマ数字の 100）〔< hundredweight(s)〕．

cyanide[sáiənaid] シアン化物，青酸

カリ.

cyber(-)[sáibər]サイバー；インターネット〔オンライン〕の；人工頭脳の；電脳の；サイバーに関連した.

cybernetics[saibərnétiks]人工頭脳学，サイバネティックス.

cyberspace[sáibərspeis]電脳空間.

cyborg[sáibɔːrg]サイボーグ(改造人間).

cyclamen[sáikləmən]シクラメン.

cycle[sáikl]循環；周期；一群(の物語〔詩〕)；〔電気〕周波；自転車／循環する；自転車に乗る. **cyclist** 自転車に乗る人.

cyclic, cyclical[sáiklik, sík-, -klikəl]周期(的)の；循環する.

cycling サイクリング.

cyclometer[saiklɑːmətər]〔車輪の〕回転記録器，走程計.

cyclone[sáikloun]サイクロン(熱帯性低気圧)；大竜巻.

cyclopedia, cyclopaedia[saikləpíːdiə]百科事典. **cyclopedic** 形

cyclotron[sáiklətrɑn]サイクロトロン.

cygnet[sígnit]白鳥のひな.

cylinder[síləndər]円筒／〔幾何〕円柱；シリンダー. **cylindrical** 形

cymbals[símblz]シンバル.

cynic[sínik]冷笑家；皮肉屋；(C-)犬儒学派の人／犬儒学派の. **cynical** 皮肉な **cynically** 冷笑的に. **cynicism** 冷笑；(C-)犬儒主義.

cynosure[sáinəʃuər, -sjuə]注目の的；指針.

cypher[sáifər]=cipher.

cypress[sáiprəs]イトスギ.

Cypriot[sípriət]キプロス(人・語)の／キプロス人〔語〕.

Cyprus[sáiprəs]キプロス(共和国) (Republic of Cyprus).

cyst[síst]囊胞 ；小袋.

Czar[záːr](旧ロシア)皇帝. **Czarist** 帝政ロシアの.

Czech[tʃék](the ～)チェコ(共和国) (Czech Republic)；チェコ人〔語〕／

チェコ(人・語)の.

D

D ローマ数字の 500.

DA 地方検事〔< District Attorney〕.

dab [dǽb]軽くたたく；ぺたぺた塗る／軽打；一塗り.

dab 名人(で)，達人(の).

dab マコガレイ.

dabber[dǽbər]タンポン；打ち刷毛.

dabble[dǽbl](水を)はねかける；道楽半分にやる《in》.

dace[déis]ウグイ類.

dachshund[dáːkshund, dǽks-]ダックスフント(胴長短足の犬).

dad, daddy[dǽd, dǽdi]《話》お父さん. **daddy longlegs**《米》メクラグモ；《英》ガガンボ.

daffodil[dǽfədil]ラッパズイセン.

daffy[dǽfi]《話》ばかな；愚かな.

daft[dǽft]《米》ばかな；気の狂った.

dagger[dǽgər]ダガー，短剣；〔印刷〕短剣符〔†〕.

dahlia[dǽljə]ダリア.

daily[déili]毎日の／毎日／日刊新聞.

dainty[déinti]優美な；美味な／美味；うまいもの. **daintily** 副

daiquiri[dáikəri]ダイキリ(ラム酒をベースにしたカクテル).

dairy[déəri]酪農場；牛乳店. ～ **cattle** 乳牛. ～ **farm** 酪農場.

dairymaid 搾乳婦.

dairyman 酪農場主；搾乳夫；牛乳屋.

dais[déiəs]上段；高座；壇.

daisy[déizi]ヒナギク，デージー.

dale[déil]《詩》谷.

dalesman〔北英の〕谷間の住人.

dally[dǽli]ぐずつく；いちゃつく；もてあそぶ《with》. **dalliance** 名

Dalmatian[dælméiʃən]ダルメシアン犬.

Daltonism[dɔ́ːltənizm](紅緑)色盲.

dam[dǽm]堰 ，ダム／せき止める.

damage[dǽmidʒ] 損害;賠償金;《俗》費用 / 害する;損害を与える / 傷がつく.

damask[dǽməsk] 緞子 ‡ シ (の), 綾織り(の);淡紅色(の).

dame[déim]《古・詩》貴婦人;中年の婦人;《米俗》女.

damn[dǽm] 呪う;だめにする;酷評する;〔間投詞的に〕くそっ, いまいましい. Damn you!〔軽蔑的に〕バカヤロウ! **damnable** 憎むべき, いやな. **damnation** 名/〔間投詞的に〕ちえっ!しまった! **damnatory** 地獄に落とす;永劫 ♣ に罰する;非難の;呪いの. **damned** 永劫の罪を宣せられた;嫌うべき;ひどい;《話》ひどく.

damning[dǽmiŋ] 身を滅ぼさせる,〔証拠などが〕のっぴきならない.

damp[dǽmp] 湿気;失意 / 湿気のある / 湿らせる;くじく;〔火や音を〕弱める. **dampen** 湿らせる;くじく / 湿る. **damper** 〔炉の〕空気調節装置;〔ピアノの〕消音装置. **dampish** 湿っぽい. **damply** じめじめして. **dampness** 湿気.

damson[dǽmzən] インシチアスモモ. ~ **cheese** ダムソンのスモモジャム.

dance[dǽns] 踊る;踊らせる / ダンス;舞踏(会). ~ **hall** 舞踏場. **dancer** 踊り子;舞踏家.

dancing 舞踏.

dandelion[dǽndəlaiən] セイヨウタンポポ.

dander[dǽndər] 怒り;瘢瘡 ** .

dandle[dǽndl] 〔赤ん坊を〕あやす;可愛がる.

dandruff[dǽndrəf] ふけ.

dandy[dǽndi] おしゃれの;《米》すてきな / しゃれ者.

Dane[déin] デンマーク人.

danger[déindʒər] 危険.

dangerous[déindʒərəs] 危険な. **dangerously** 副 **dangerousness** 名

dangle[dǽŋgl] ぶら下がる〔下げる〕;ぶらぶらする〔させる〕;見せびらかす.

Danish[déiniʃ] デンマーク(人・語)の / デンマーク語.

dank[dǽŋk] じめじめした, 湿った.

dap[dǽp] 〔釣りで餌を〕水に浮き沈みさせる;〔石で〕水面を切る.

dapper[dǽpər] きびきびした;こぎれいな. ~ **Dan**《米俗》だて男.

dapple[dǽpl] 斑 ☆ にする / まだらの. ~ **-gray**, ~ **-grey** 連銭 ☆☆ あし毛の(馬).

dare[déər] 思い切ってする, はばからずする;挑む;冒す. I ~ say 多分.

daredevil 大胆な, 向こう見ずな(人).

daring[déəriŋ] 大胆(な), 奇抜(な).

dark[dá:rk] 暗い, 暗黒の;不可解な;未開の / 暗黒;日暮れ. in the ~ 秘密に;知らずに. **dark horse** 穴馬, ダークホース. **darken** 暗くする〔なる〕;あいまいにする. **darkly** 暗く;かすかに;秘密に. **darkness** 暗黒;秘密;盲目. **darksome** ほの暗い;陰気な.

darkroom 暗室.

darling[dá:rliŋ] 可愛い / 愛人;たいせつなもの;〔呼びかけ〕あなた!.

darn¹[dá:rn] 縫い繕う, かがる / かがり.

darn² = damn.

dart[dá:rt] 投げ矢〔槍〕;突進;(複)ダーツ / 〔槍などを〕投げる /〔矢のように〕飛んでいく;突進する.

dash[dǽʃ] ぶつける;打ち砕く / 勢いよく…する;突進する / 突進;衝突;元気;ダッシュ. **dashing** 勇ましい;はでやかな. **dashingly** 副 **dashy** はでな;粋な.

dashboard 計器盤;〔馬車の〕泥除け;〔船首の〕波除け.

dastardly[dǽstərdli] 臆病な;卑劣な.

DAT デジタル・オーディオ・テープ(レコーダー)〔< digital audio tape/

taperecorder〕.

data [déitə, dǽtə, dá:tə] 資料, データ; 事実; 情報. **～ cleansing software** 名寄せソフト.

date [deit] 日付; 会合の約束;《話》デート(の相手)/日付を書く; 日時を定める; …とデートをする/日付を有する; 始まる; デートする. **out of ～** 時代遅れの, 陳腐な. **to ～** 現在まで. **up to ～** 現在まで; 最新式の. **～ back to** …にさかのぼる. **～ line** 日付変更線. **dateless** 日付のない; 太古の.

date [2] ナツメヤシ(の実). **～ palm** ナツメヤシ.

dative [déitiv] 〔文法〕与格(の).

datum [déitəm] 資料; 論拠.

daub [dɔ́:b] 塗りつけること; へたな絵/塗る; へたな絵をかく.

daughter [dɔ́:tər] 娘. **daughterly** 娘としての; 娘らしい. **～-in-law** 息子の妻, 嫁.

daunt [dɔ́:nt] ひるませる; くじく. **daunting** ひるむような. **dauntless** 不屈の.

davenport [dǽvənpɔːrt] 書き物机の一種;《米》寝台兼用の長いす.

daw [dɔ́:] コクマルガラス.

dawdle [dɔ́:dl] のらくら過ごす《away》. **dawdler** のろま, ぐず, なまけ者.

dawn [dɔ́:n] 夜明け; きざし/夜が明ける; だんだん明らかになる.

day [déi] 昼; 日; 時代; 勝利. **win〔lose〕the ～** 勝利を得る〔負ける〕. **～ boy**〔寄制学校の〕通学生. **～ center**〔通いの〕介護施設. **～ labo(u)rer** 日雇い労働者. **～ off** 休日. **～ school**〔寄制に対して〕通学学校. **～-to-day** 日々の; その日限りの. **～-trip** 日帰り旅行.

daybed 寝台兼用の長椅子.

daybreak 夜明け, 暁.

daydream 白昼夢, 空想.

daylight 日光; 昼間; 明け方. **～-saving time** 夏時間.

daytime 昼間.

daze [déiz] 幻惑/目を眩ませる, ぼ

んやりさせる.

dazzle [dǽzl] まぶしくする; ぼうっとさせる/幻惑. **dazzling** まぶしい, 幻惑的な, めくるめく.

DB データベース〔< database〕.

DBJ 日本政策投資銀行〔< Development Bank of Japan〕.

DBMS データベース管理システム〔< database management system〕.

DBS 直接放送衛星〔< direct broadcasting satellite〕.

DC《米》コロンビア特別区(連邦政府直轄区)〔< District of Columbia〕; 直流〔< direct current〕.

DCC デジタル・コンパクト・カセット〔< digital compact cassette〕.

DDS 歯科医師〔< doctor of dental surgery〕.

DDX デジタルデータ交換網〔< digital data exchange〕.

DE デラウェア州〔< Delaware〕.

DEA《米》麻薬取締局〔< Drug Enforcement Administration〕.

deacon [dí:kən] 〔教会の〕執事; 助祭.

dead [déd] 死んだ; 無感覚の; すたれた/〔夜などの〕最中; 死者/全く, 全然. **～ end** 行きどまりの街路. **～ heat** 互角の競走. **～ language** 死語. **～ letter** 受取人のない郵便;〔法律の〕空文. **～ load** 死荷重, 風袋. **～ set** 行きづまり; 必死の努力. **～ weight** 死量; 重荷; 自重.

dead beat 疲れ切った.

deaden [dédn] 弱める; 和らげる;〔床などを〕防音にする; 光らぬようにする.

deadline 死線; 射殺線; 締切時間.

deadlock 行きづまり/行きづまらせる/行きづまる.

deadly [dédli] 命にかかわる, 致命的な;生かしてはおけない; 辛辣な; 耐えがたい/死んだように; ひどく. **deadliness** 图

deadpan 無表情な(顔).

deaf [déf] 耳の遠い，耳が聞こえない 聴覚障害者の；聞き入れない《to》. **deafen** 音が聞こえなくなる；〔床などを〕響かぬようにする. **deafening** 耳をつんざくような.

deal[1] [díːl] 分ける；施す／取引する，扱う／分量；〔トランプの〕配り（番）；《話》取引，売買；《米》政策. a good〔great〕~ たくさん. **dealer** 商人；〔トランプの〕配り手.

deal[2] 松板；モミ板；松材，モミ材.

dealership 商品販売資格（をもつ特約店）.

dealing 待遇，取扱；取引，交際；〔トランプの〕分配.

dealt [delt] deal の過去・過去分詞.

dean [díːn]〔宗教〕司祭長，副監督；〔大学の〕学部長.

dear [díər] 高価な；貴重な；いとしい／愛人；可愛いもの／高価に／おや！まあ！ My ~ あなた（呼びかけ）Dear me! おやおや！はてな！ **Dear John** 縁切り状. **dearly** 高価に；せつに（愛するなど）.

dearest [díərist] 最愛の人.

dearth [dáːrθ] 不足，欠乏.

deary, dearie [díəri]《話》可愛い人.

death [déθ] 死；絶滅；死刑. to ~ ひどく；全く. ~ **mask** 死面（死者の顔塑）. ~ **penalty** 死刑. ~ **rate** 死亡率. ~'s-head 髑髏 ;髑髏の画〔像〕. ~ **squad** 暗殺団. ~ **toll**〔事故などの〕死者数. ~ **warrant** 死刑執行令状. **deathless** 不死の，不滅の. **deathlike** 死んだような. **deathly** 死んだような；死の.

deathbed 死の床；臨終.

deathblow 致命的打撃.

deathwatch 臨終のみとり；通夜；シバンムシ.

debacle [deibáːkl] 大災害；瓦解；〔水流の〕奔流；敗走.

debar [dibáːr] 除外する；禁じる《from》.

debark [dibáːrk] = disembark.

debase [dibéis]〔品性・値打ちなどを〕落とす. **debasement** 低下.

debate [dibéit] 討論／討論する／熟考する. **debatable** 争論の種となる，問題となる.

debauch [dibɔ́ːtʃ] 堕落させる；そこなう；〔女性を〕誘惑する／放蕩 . **debauchee** 放蕩者. **debauchery** [-əri] 放蕩；道楽.

debenture [dibéntʃər] 債務証書；《英》社債（券）.

debilitate [dibíləteit] 弱らせる.

debility [dibíləti] 衰弱.

debit [débət]〔簿記〕借方／借方に記入する. ~ **card** デビットカード（銀行口座からの引き落としで決済する）.

debonair [debənéər] 快活な；あいそのいい.

debouch [dibúːʃ]〔狭いところから〕平地に出る；流出する.

debrief [diːbríːf]〔帰還した飛行士などから〕報告を聴取する.

debris [dəbríː] 屑 ，破片，崩壊物；堆積 物.

debt [dét] 借金，債務；義理. **debtor** 債務者.

debug [diːbʌ́g]〔害虫・欠陥・盗聴装置などを〕取り除く；プログラムのミスを修正する，デバッグする；故障を直す.

debunk [diːbʌ́ŋk]《話》暴露する.

debut [deibjúː] 初舞台；社交界への初入り.

debutant [débjutaːnt] 初舞台の人；初めて社交界に出た人.

Dec. 十二月〔< December〕.

deca- [dékə-]「10（倍）」の意の結合形. **decameter, decametre** デカメートル（10 メートル）.

decade [dékeid, dikéid] 10 年間.

decadence [dékədəns] 衰微；頽廃；堕落. **decadent** 衰退に向かっている；頽廃派の（芸術家）；頽廃者.

decamp [dikǽmp] 陣を引き払う；逃

走する.

decant [dikǽnt] 静かに注ぐ;上澄みを取る;〔ぶどう酒を〕びんからデカンターに移す. **decanter** [ぶどう酒を入れる]食卓用びん.

decapitate [dikǽpəteit] 首を斬る;解雇する. **decapitation** 名

decathlon [dikǽθlɑːn] 十種競技.

decay [dikéi] 衰える;腐る / 衰えさせる;腐らす / 衰微;腐朽,腐敗.

decease [disíːs] 死,死亡 / 死亡する.

deceased [disíːst] 死んだ,故…(the ~)死者,故人.

deceit [disíːt] あざむき,詐欺. **deceitful** 詐欺の,ぺてんの.

deceive [disíːv] あざむく,だます. **deceivable** だましやすい.

December [disémbər] 十二月〔略 Dec.〕.

decency [díːsnsi] 礼儀正しさ,礼節;体裁.

decennial [disénial] 10年ごとの / 十年祭.

decent [díːsnt] 礼儀正しい;上品な;かなりの. **decently** 副

decentralize [diːséntrəlaiz] 分散させる;地方分権にする. **decentralization** 名

deception [disépʃən] ごまかし,詐欺. **deceptive** 迷わす;詐欺の;当てにならない. **deceptively** 副

deci- [désə-]「10分の1」の意味の結合形. **deciliter** デシリットル(0.1リットル).

decibel [désəbel] デシベル(音の強さの単位. 略 db.).

decide [disáid] 決定する;決心する〔させる〕.

decided [disáidid] 明確な;決定的な;断固たる. **decidedly** 明白に,疑いなく;断固として.

deciduous [disídʒuəs] 脱落性の;落葉性の;はかない.

decimal [désəməl] 十進法の;小数の / 小数. ~ **fraction** 小数. ~ **point** 小数点. ~ **system** 十進法. **decimally** 小数で.

decipher [disáifər] 〔暗号文・意味などを〕解く.

decision [disíʒən] 決定;判決;決議;決心;果断. ~ **-making** 意志決定(の).

decisive [disáisiv] 決定的な;決然たる;断固たる. **decisively** 副

deck [dék] 甲板;テープデッキ / 飾る《with》;甲板を張る. ~ **chair** 折りたたみいす. ~ **hand** 甲板員,水夫.

declaim [dikléim] 弁じたてる;朗読する;非難する.

declamation [dekləméiʃən] 演説;朗読. **declamatory** 演説口調の;朗読風の.

declaration [dekləréiʃən] 宣言(書),布告;陳述;申告. **declarative** 宣言する;陳述の;叙述の.

declare [diklɛ́ər] 宣言する,布告する;明言する;申告する;陳述する. ~ **oneself** 所信をのべる;身分を名乗る.

declension [diklénʃən] 〔文法〕語形変化;下落,衰退.

declination [deklənéiʃən] 辞退;(地磁気)偏角;赤緯.

decline [dikláin] 傾ける;謝絶する,ことわる / 傾く;垂れる;衰える;辞退する / 傾き;下落;〔年の〕暮れ;晩年;衰弱;衰微. **declining** 傾く;衰える.

declivity [diklívəti] 傾斜 / 下り坂.

decoct [dikɑ́kt] 煎じ出す,煎じる. **decoction** 煎じること;煮出し汁;煎じ薬.

decode [di:kóud] 〔暗号を〕解読する;〔記号などを〕平文に戻す.

decollete [dèika:lətéi] 〔襟ぐりが〕肩を露出した,デコルテの.

decolonize [di:kɑ́:lənaiz] 非植民地化する. **decolonization** 名

decolorize [di:kʌ́ləraiz] 脱色する.

decompose [di:kəmpóuz] 分解する;腐敗する. **decomposition** 名

decompress[di:kəmprés]減圧する. **decompression**名

deconstruct 解体する.

decontaminate[di:kəntǽməneit]汚染を除く；危険物を除く. **-nation**[-neiʃən]除染.

decor[deikɔ́ːr]装飾；舞台装置.

decorate[dékəreit]飾る；勲章を授ける. **decoration** 装飾；勲章. **decorative**形 **decorator**(室内)装飾家.

decorous[dékərəs]礼儀正しい. **decorously**副

decorum[dikɔ́ːrəm]礼儀正しさ.

decoy[díːkɔi]餌；おとり／おびき寄せる，つり出す.

decrease[dikríːs]減る；減らす／[díkriːs]減少.

decree[dikríː]命令；法令；告示；判決／布告する；〔天が〕命じる.

decrement[dékrəmənt]漸減；減少（量）.

decrepit[dikrépət]老衰した，老朽の. **decrepitude**名

decrescent[dikrésnt]漸減的な，〔月が〕かけていく.

decry[dikrái]けなす，非難する. **decrial** 罵倒，非難.

dedicate[dédəkeit]献じる；〔一身を〕捧げる；献納する. ~ **oneself to…** に身を捧げる. **dedicated** 打ちこんだ，ひたむきな. **dedication** 奉納；献身；献呈のことば. **dedicatory** 献納の；献呈の.

deduce[didjúːs]推論する，演繹する《from》.

deduct[didʌ́kt]ひく，除く，控除する. **deduction** 差引(高)；推論；演繹. **deductive** 推論の，演繹的な. **deductively**副

deed[díːd]行為；事業；功績；事実；〔法律〕証書.

deem[díːm]見なす；考える.

deep[díːp]深い；深さ…；奥深い；濃い〔色〕；太い〔声〕／深淵；海；〔夜などの〕さなか／深く. ~ **-freeze** 冷凍庫；冷凍する. ~ **-fry** 揚げる. ~ **-laid** 深い魂胆のある. ~ **-rooted** 深く根ざした. ~ **-sea** 深海の. ~ **-seated** 根深い. ~ **-set** 深くくぼんだ；根深い.

deepen[díːpən]深くする；深遠にする；濃くする；低くする／深くなる；濃くなる；難しくなる.

deer[díər]鹿.

deerskin 鹿皮.

de-escalate[di:éskəleit]段階的に縮小する. **de-escalation**名

deface[diféis]外面を傷つける；汚す；摩滅させる. **defacement** 汚損；摩滅.

de facto[di:fǽktou]《L》 事実上（の）.

defalcate[difǽlkeit]〔委託金を〕使い込む.

defame[diféim]そしる；名誉を毀損する. **defamation** 名誉毀損；中傷. **defamatory** 名誉を傷つける；中傷的な.

default[difɔ́ːlt]怠慢；〔法律〕欠席；〔債務〕不履行；〔コンピュータ〕既定値／滞納する；欠席する；欠席裁判する；既定値として…になる《to》. **in** ~ **of** …のないため，…の不足なときは. **judgment by** ~ 欠席裁判. **make** ~ 欠席する. **defaulter** 不履行者；滞納者；欠席者.

defeat[difíːt]敗北；挫折；破棄／打ち破る；挫折させる；無効にする. **defeatist** 敗北主義者.

defecate[défəkeit]汚物を除く；排便する.

defect[díːfekt, difékt]欠点；欠乏，不足／[difékt]脱党する；変節する；脱走する. **defection**名 **defective** 欠点のある，不完全な.

defector[diféktər]亡命者；離反者.

defend[difénd]防ぐ，守る；弁護する. **defendant** 被告. **defender** 擁護者；弁護者；選手権保持者.

defense,《英》**defence**[diféns]防御，守備；弁護；被告の答弁. **in** ~ **of**

… を守って；… を弁護して.
defenseless 無防備の. **defensible** 防がれる；弁護しうる. **defensive** 防御用の；弁護の；守勢（的）. **defensively** 防衛的に，守勢で.

defer¹[difɔ́:r]延ばす，延期する／延びる，ぐずぐずする. **deferred annuity** 据え置き年金. **deferred payment** 後払い；延べ払い. **deferment** 延期；据え置き.

defer² 敬意を払う；（人の意見に）従う.

deference[défərəns]服従；敬服，尊敬.

deferential[defərénʃəl]丁重な. **deferentially** 副

defiance[difáiəns]反抗；無視；挑戦. **defiant** 挑戦的な，反抗的な；傲慢な；無視する. **defiantly** 副

deficiency[difíʃənsi]欠乏，不足；不備，欠陥. **deficient** に不足している《in》；不十分な；知恵の足りない.

deficit[défəsit]不足（額），赤字.

defile¹[difáil]汚す. **defilement** 名

defile² 一列縦隊で進む／狭い道，峡谷.

define[difáin]限定する；定義を下す.

definite[défənət]明確な；定まった. ~ **article** 定冠詞. **definitely** 副 **definiteness** 名

definition[defəníʃən]定義；限定；鮮明度.

definitive[difínətiv]決定的な. **definitively** 副

deflagrate[défləgreit]〔化学〕急激に燃焼させる〔する〕.

deflate[difléit]空気を抜く；ガスを出す；〔通貨を〕収縮させる. **deflation** 空気〔ガス〕を抜くこと；通貨収縮，デフレ.

deflect[diflékt]そらす／それる. **deflection** それ；偏り.

deflower[di:fláuər]花を摘み取る；美を奪う；〔処女を〕汚す.

deforest[di:fɔ́:rəst]森林を切り開く；樹木を切り払う.

deform[difɔ́:rm]醜くする；不具にする；変形させる. **deformation** 毀損；不具；変形. **deformity** 奇形，不具；欠陥.

defraud[difrɔ́:d]欺き取る；欺く.

defray[difréi]支払う. **defrayal, defrayment** 名

defriend[difrénd]（SNS の）友人の輪から外す.

defrost[di:frɔ́:st]霜〔氷〕を取り除く. **defroster** 霜取り〔除氷〕装置.

deft[déft]器用な. **deftly** 器用に.

deftness[déftnis]器用.

defunct[difʌ́ŋkt]死んだ，今はない；通用しない. **the** ~ 故人.

defuse[di:fjú:z]信管を取り除く；爆発を未然に防ぐ.

defy[difái]いどむ；無視する；拒む；〔事物が〕許さない.

degeneracy[didʒénərəsi]退化；堕落.

degenerate[didʒénəreit]悪くなる，堕落する；退化する／[-rit]悪くなった，堕落した；退化した／堕落者；退化動物；変質者. **degeneration** 退歩，堕落；変質；退化.

degrade[digréid]位を下げる；品性を落とす；堕落させる. **degradation** 左遷；低下；堕落. **degrading** 品位を下げる，下劣な.

degree[digrí:]等級；度合；〔温度・角度などの〕度；学位；親等；〔数学〕次（数）.

degressive[digrésiv]逓減的な.

dehumanize[di:hjú:mənaiz]人間性を奪う.

dehumidify[di:hju:mídəfai]除湿する. **dehumidifier** 除湿器.

dehydrate[di:háidreit]〔化学〕脱水する，乾燥する.

deification[di:əfaikéiʃən]神にまつること，神聖視.

deify[dí:əfai]神にまつる，神と崇

める.

deign[déin] (かたじけなくも)…し給ぅ;賜わる.

deity[díːəti] 神;神格, 神性.

deject[didʒékt] しょげさせる, がっかりさせる. **dejected** 元気のない;がっくりした. **dejection** 落胆;ゆううつ;便通, 排泄物.

Del. デラウェア州〔< Delaware〕.

delay[diléi] 〔進行を〕遅らす;延ばす/ぐずつく, 手間取る/遅滞;猶予. without ~ さっそく.

delectable[diléktəbl] 喜ばしい, 愉快な. **delectation** 愉快.

delegate[déligət, -geit] 代理として派遣する;〔権利などを〕委任する/[déligit] 委員;代表者;代理. **delegation** 代理派遣;委任;代表団.

delete[dilíːt] 削除する;抹殺する. **deletion** 名

deleterious[delətíəriəs] 有害な. **deleteriously** 副

deli[déli] 〔< delicatessen〕.

deliberate[dilíbərət] 熟考する;評議する《on》/[-rit] 思慮ある;ゆうゆうとした;故意の;慎重な. **deliberately** 副 **deliberateness** 名 **deliberation** 熟考;評議;慎重. **deliberative** 慎重な;審議の.

delicate[délikət] 優美な;美味な;精緻な;〔体質などの〕弱々しい, きゃしゃな;上品な;敏感な;微妙な;細心の注意を要する;至難な. **delicacy** 名 デリケートさ;豪華なもの, 珍味. **delicately** 副

delicatessen[delikətésn]《G》調理済み食品(店), デリカ(テッセン).〔略 deli, delly〕

delicious[dilíʃəs] 美味な;快い;楽しい. **deliciously** 副

delight[diláit] 喜び;楽しみ;好物/喜ぶ, 楽しむ. be delighted with …を喜ぶ;…が気に入る.

delightful[diláitfəl] 喜ばしい, 愉快きわまる. **delightfully** 副 **delightful-**

ness 名

delineate[dilínieit] 描写する;抽出する;叙述する. **delineation** 描写;叙述, 記述.

delinquency[dilíŋkwənsi] 〔義務などの〕怠慢;過失;非行. **delinquent** 義務を怠った;罪のある/怠慢者;違反者;未成年犯罪者(juvenile delinquent).

delirious[dilíəriəs] 狂乱状態の;うわごとをいう;無我夢中の.

delirium[dilíəriəm] 精神錯乱;夢中, 熱狂.

deliver[dilívər] 救い出す;引き渡す;配達する;〔打撃を〕加える;述べる. be delivered of 〔子〕を生む;〔詩〕を作る. **deliverance** 救助;釈放. **deliverer** 救助者;引渡し人.

delivery[dilívəri] 引き渡し, 交付;配達;分娩;話しぶり;〔野球〕投球(法).

dell[dél] 小さい谷.

delta[déltə] デルタ(ギリシャ文字の第4字〔Δ・δ〕);三角州.

delude[dilúːd] 欺く, 迷わせる.

deluge[délju:dʒ] 〔特にノアの時の〕大洪水/あふれさせる;殺到する.

delusion[dilúːʒən] 惑わし;思い違い;妄想. **delusive** 形

deluxe[dəlʌ́ks, -lúks] 豪華な/豪華に.

delve[délv] 探求する;《古》掘る.

demagogue, demagog[déməgɑg] 扇動家.

demand[dimǽnd] 要求する;要する;尋問する/要求, 請求;需要. **demanding** 要求の多い;過酷な;〔仕事などが〕きつい.

demarcate[dimáːrkeit] 境界を定める;限定する;区分する. **demarcation** 境界画定;限界, 区画.

demarketing[dimɑːrkitiŋ] 不買の勧め.

demean¹[dimíːn] 卑しくする;品位を落とす.

demean² 〜 oneself ふるまう.

demeanor, demeanour[di-míːnər]挙動，態度；行状；品行.

demented[diméntid]発狂した.

dementia[diménʃə]〔医学〕認知症. **senile** 〜 老人性認知症.

demerit[dímərət]欠点，短所；〔学校などの〕罰点.

demesne[diméin, -míːn]土地の領有；領有地；活動範囲.

demigod[démigad]半神半人.

demijohn[démidʒɑːn]細口の大びん（かご細工で包んだもの）.

demilitarize[diːmílitəraiz]非武装化する. **demilitarized zone** 非武装地帯.

demi-pension[demipáːŋsjɔːŋ]〔ホテル・下宿の〕2食付き.

demise[dimáiz]死去；遺贈；賃貸／賃貸する；譲渡する.

demitasse[démitæs]デミタス，小型コーヒー茶わん.

demo[démou]実演；試用；宣伝用見本.

demobilize[diːmóubəlaiz]〔軍隊〕復員させる；除隊させる. **demobilization** 名

democracy[dimákrəsi]民主制；民主主義国；民主主義.

democrat[déməkræt]民主主義者；(D-)民主党員.

democratic[deməkrǽtik]民主主義の；民主的な；(D-)民主党の. **democratically** 副

democratize[dimákrətaiz]民主化する. **democratization** 名

demography[dimágrəfi]人口統計学. **demographic** 人口学の.

demolish[dimáliʃ]破壊する，くつがえす；《話》食い尽くす. **demolition** 破壊(複)；打破.

demon[díːmən]悪魔；鬼のような人.

demoniac[dimóuniæk],**demoniacal**[diːmənáiəkəl]悪魔に取りつかれた人；狂人／悪魔のような；悪魔に取りつかれた.

demonstrable[dimáːnstrəbl]証明のできる. **demonstrably** 明瞭に.

demonstrate[démənstreit]証明する，実証する，あらわす；実演してみせる；示す／示威運動をする；〔軍隊〕陽動する. **demonstration** 証明；表明；実演；示威；陽動. **demonstrator** 実演者；デモ参加者.

demonstrative[dimáːnstrətiv]〔感情を〕表に出す；示威的な. 〜 **pronoun** 指示代名詞. **demonstratively** 証明的に；明白に.

demoralize[dimáːrəlaiz]風紀を乱す；士気を喪失させる.

demote[dimóut]降格／左遷する.

demount[diːmáunt]取り外す.

demulcent[dimʌ́lsənt]鎮痛の／緩和剤.

demur[dimə́ːr]異議(を唱える)；抗弁(する)；躊躇(する).

demure[dimjúər]まじめくさった；取り澄ました. **demurely** 副

demurrage[dimə́ːridʒ]滞船(料)；車両留置(料).

den[dén]穴；おり；巣窟；私室.

denationalize[diːnǽʃənəlaiz]〔企業などを〕非国有化する，民営化する；国籍を剥ぐ；国民性を奪う. **denationalization** 名

denaturalize[diːnǽtʃərəlaiz]本性を変える；帰化権〔国籍・市民権〕を奪う.

denial[dináiəl]否認；否定；拒絶；克己.

denigrate[dénəgreit]黒くする；名を汚す.

denim[dénəm]デニム（厚地の綿布）；〔デニム地の〕衣服.

denizen[dénəzən]住民，居住者；外来語.

Denmark[dénmɑːrk]デンマーク（王国）(Kingdom of Denmark).

denominate[dináːməneit]…と命名する；…と呼ぶ.

D

denomination[dinɑ:mənéiʃən] 貨幣単位；金種；宗派.

denote[dinóut] 示す，表示する；意味する.

denouement[deinu:mɑ́:ŋ] 大団円，落着，けり.

denounce[dináuns] 公然と非難する；告発する，摘発する；廃棄を宣言する.

dense[déns] 密な；隙間のない；茂った；濃厚な；稠密な；愚鈍な. **densement** 名

density[dénsəti] 密度；濃度；愚鈍.

dent[dént] 凹みみ/凹ます；凹む.

dental[déntl] 歯の；〔音声〕歯音の/歯音. **~ floss** 糸ようじ.

dentifrice[déntəfris] 歯みがき粉，練り歯みがき.

dentist[déntəst] 歯科医. **dentistry** 歯科医術.

denture[déntʃər] 一組の義歯. **denturist** 歯科技工士.

denude[dinjú:d] 裸にする；剥ぐ；〔地質〕削剥する.

denunciation[dinʌnsiéiʃən] 弾劾，非難.

deny[dinái] 打ち消す，否定する，拒む. **~ oneself** 自制する.

deodorant[dióudərənt] 臭気を止める/脱(防)臭剤.

deodorize[dióudəraiz] 脱臭する，防臭する.

depart[dipɑ́:rt] 去る，出発する；はずれる/…を去る. **departed** 過ぎ去った；過去の；この世にいない.

department[dipɑ́:rtmənt] 部門；省. **~ store** 百貨店. **departmental** 部門(別)の；各部の.

departure[dipɑ́:rtʃər] 出発；発車；逸脱.

depend[dipénd] あてにする；…次第である；未決である. **~ on**(upon)…次第である；…を信頼する. **dependable** 頼りになる. **dependant**《英》= dependent. **dependence** 依頼；信頼；従

属；扶養されること. **dependency** 従属物；属国. **dependent** 頼る；…次第の；従属の/従者；寄食者；扶養家族.

depict[dipíkt] 描写する；叙述する. **depiction** 名

depilate[dépəleit] 毛を抜き取る；脱毛する. **depilation** 名

deplete[diplí:t] 使い果たす. **depletion** 欠乏，涸渇.

deplorable[diplɔ́:rəbl] 嘆かわしい；哀れな.

deplore[diplɔ́:r] 悲しむ，嘆く，悼む.

deploy[diplɔ́i] 〔隊の〕展開/〔部隊を〕展開する. **deployment** 名

depopulate[di:pɑ́:pjəleit] 住民を絶やす；人口を減らす.

deport[dipɔ́:rt] 〔国外に〕追放する. **~ oneself** ふるまう. **deportation** 追放. **deportment** 品行；態度.

depose[dipóuz] 廃する；免職する/証言する.

deposit[dipɑ́:zət] 置く；〔卵を〕産みつける；預ける/委託物；預金；堆積物. **depositary** 貯蔵所；保管人.

depositor 供託者；預金者.

deposition[depəzíʃən] 免職；沈殿(物)；供述；証言.

depository[dipɑ́:zətɔ:ri] 置き場，貯蔵場；保管人.

depot[dí:pou, dép-] 倉庫；〔軍隊〕兵站部；連隊本部；《米》駅，バスセンターなど.

deprave[dipréiv] 堕落させる；悪くする. **depraved** 堕落した；下劣な；不良の. **depravity**[diprǽvəti] 堕落，腐敗；悪風.

deprecate[déprəkeit] …のないように祈る；非とする，反対する. **deprecation** 名 **deprecatory** 不賛成の；哀願的な.

depreciate[diprí:ʃieit] 価値が下がる/価値を下げる；けなす；《米》減価償却する. **depreciation** 名

depredation[deprədéiʃən] 略奪.

depress[diprés] 下げる；ゆううつにさせる；弱める；不景気にする；下落させる．**depressed** 元気のない；不景気の，不況の．**depressing** 陰気な；気をふさがせる．

depression[dipréʃən] 低下；くぼみ；くぼ地；うつ病；意気消沈；不景気，不況；低気圧．

deprive[dipráiv] 奪う；失わせる；職を奪う．**deprived** 貧しい；恵まれない．**deprivation** 剥奪；喪失．

depth[dépθ] 深さ；奥行き；〔色の〕濃さ；低温；(複)深い所，深海；真ん中；深遠さ．

depute[dipjú:t] 代理を命じる；委託する．**deputation** 代理任命；代表団．**deputize**[dépjətaiz] 代理をする《for》；代理を命じる．

deputy[dépjəti] 代理人，使節；〔フランスなどの〕代議士．

deracinate[dirǽsəneit] 根こそぎにする．

derail[di:réil] 脱線させる〔する〕．**derailment** 脱線．

derailleur[diréilər]〔自転車の〕変速装置．

derange[diréindʒ] 乱す；発狂させる．**deranged** 乱れた；狂った．**derangement** 発狂．

Derby[dá:rbi] 英国の Epsom Downs で毎年行われる競馬，ダービー；〔英国外の〕大競馬；(d-)《米》山高帽子．

deregulate[di:régjəleit] …の規制を緩和する．**deregulation** 規制緩和．

derelict[dérəlikt] 放棄された(船など)／〔法律〕遺棄物．

deride[diráid] 嘲笑 する．**deridingly** 嘲笑的に．

derision[diríʒən] 嘲笑 ；嘲笑の的．

derisive[diráisiv] 嘲笑 的な；くだらぬ．**derisively** 嘲笑的に．

derivation[derəvéiʃən] 出所，起源；派生．

derivative[dirívətiv] 派生の／派生語〔商品〕；〔化学〕誘導体；〔数学〕導関数．financial ～ 金融派生商品．

derive[diráiv] 引き出す；起源を尋ねる／由来する《from》．

dermatitis[də:rmətáitəs] 皮膚炎．

dermatology[də:rmətάːlədʒi] 皮膚病学．**dermatologist** 皮膚科医．

derogate[dérəgeit]〔名声などが〕落ちる；逸脱する《from》．**derogatory**[dirɑ́gətəri] 価値を下げる；軽蔑的な．

derrick[dérik] 巻上げ起重機；〔石油などの〕掘削 やぐら．

derringer [dérindʒər] 大口径の小型ピストル．

desalinate[di:sǽləneit] = desalt, [di:só:lt] 塩分を除く．

descant[deskǽnt, dis-] 述べたてる，詳説する；歌う．

descend[disénd] 下る，降りる；伝来する，伝わる；襲う《upon》；〔細事などに〕わたる；身をおとす．**descendant** 子孫，後裔；**descendent** 下る；先祖伝来の．

descent[disént] 降下；下り坂；没落；襲撃；相続；素性；後裔 ；一代．

describe[diskráib] 述べる，叙述する；描写する．

description[diskrípʃən] 記述；描写；種類；銘柄；人相(書き)．**descriptive** 記述の，描写する．**descriptively** 記述的に．

desecrate[désikreit]〔神物を〕俗用に供する，神聖を汚す．

desegregate[di:ségrəgeit] 人種差別待遇をやめる．

desert[1][dézərt] 砂漠の／砂漠．

desert[2][dizá:rt] 見捨てる；立ち去る；逃亡する，脱走する．**deserted** 荒廃した；捨てられた．**deserter** 逃亡者；脱走兵．

desert[3][dizá:rt] (通例複)応分の賞〔罰〕；当然の報い．

desertion[dizá:rʃən] 遺棄；逃走；脱

走;脱党;荒廃.

deserve[dizə́ːrv]受けるに足る，…に値する/報いを受けるに足る. **deservedly** 正当に；当然. **deserving** 資格のある，…に値する.

desiccate[désəkeit]乾かす，乾く；〔食物を〕乾燥保存する. **desiccant** 乾燥用の；乾燥剤.

design[dizáin]企てる；計画する；設計する；立案する；下絵を描く/計画する；図案を作る/計画；設計；意向；意匠，図案，下絵. **designedly** わざと，故意に. **designing** 計画的な；たくらみのある.

designate[dézigneit]示す；名ざす；指名する. **designation** 指名；任命；選定；名称.

designer[dizáinər]設計者；デザイナー.

desirable[dizáiərəbl]望ましい. **desirably** 副 **desirableness** 名

desire[dizáiər]願う，欲する，望む/欲望；要求.

desirous[dizáiərəs]願う，ほしがる《of》.

desist[dizíst, -síst]やめる，思い止まる《from》.

desk[désk]机；カウンター；〔新聞社の〕編集部(主任).

desktop 机上；〔パソコンが〕据置型〔デスクトップ〕の；〔組版が〕パソコンでできる.

desolate[désələt]住む人のない；荒廃した；寂しい；心細い/[-leit]無人にする，寂しくする，荒廃させる；心細くする. **desolately** 副 **desolateness** 名 **desolation** 荒廃，荒涼；荒地；心細さ.

despair[dispéər]絶望；断念/絶望する；見切る《of》. **despairing** 絶望の；自暴自棄の. **despairingly** 副

despatch[dispǽtʃ]= dispatch.

desperado[despərá:dou]ならず者；命知らず.

desperate[déspərət]自暴自棄の；向

こう見ずの；絶望的な，ひどい. **desperately** 副 **desperateness** 名 **desperation** 自暴自棄.

despicable[déspikəbl, dispíkə-]卑しむべき，卑劣な. **despicably** 副

despise[dispáiz]軽蔑する，見くびる.

despite[dispáit]恨み，憎み.《in》~ of …にもかかわらず，…をものともせず.

despoil[dispóil]掠奪する.

despond[dispánd]力を落とす，落胆する. **despondence, despondency** 落胆，意気消沈. **despondent** がっかりした. **despondently** 元気なく. **despondingly** 元気なく.

despot[déspət]専制君主. **despotism** 専制；専制政治. **despotic**[dispótik] 専制の；暴虐な. **despotically** 副

dessert[dizə́ːrt]デザート，食後の菓子，果物.

destabilize[di:stéibəlaiz]〔政府などを〕不安定にする.

destination[destənéiʃən]目的地；行く先；届け先.

destined[déstind]〔人が〕…する運命にある《to do》；〔乗り物が〕…行きである《for》.

destiny[déstəni]運命.

destitute[déstətju:t]貧困な. ~ of …がない. **destitution** 欠乏；貧困.

destroy[distrói]破壊する；滅ぼす，絶やす；殺す；無効にする. **destroyer** 破壊者；駆除者；駆逐艦.

destruct[distrʌ́kt]〔ロケット・ミサイルなどを発射後〕爆破すること；意図的破壊/破壊用の/破壊する. **destructible** 破壊し得る. **destruction** 破壊；滅亡；駆除. **destructive** 破壊的な；有害な. **destructively** 副 **destructor** 爆破装置；廃物焼却炉.

desuetude[déswitju:d]廃止；不用.

desultory[désəltɔːri]とりとめのない，散漫な. **desultorily** 副

detach[ditǽtʃ]離す；派遣する；分遣する. **detachable** 分離しうる.

detached〔考えなどが〕公平な;〔人が〕超然とした;〔物が〕分離した. **detachment** 分離;超越;分遣;分遣隊;支隊.

detail[ditéil, dí:teil]詳しく述べる / 詳しいこと;(複)詳細, 細目;〔軍隊〕小分遣隊, 選抜隊. **detailed** 詳細な.

detain[ditéin]引き留める;手間どらせる;拘留する. **detainee** 抑留者.

detect[ditékt]見つける;見破る;検波する. **detection** 発見;看破;露見.

detective[ditéktiv]探索する;探偵の / 探偵. ~ **story** 探偵〔推理〕小説.

detector[ditéktər]発見者;検出器;検波器.

detente[deitáːnt]緊張緩和;デタント.

detention[diténʃən]引き止め;とどめおき, 拘留.

deter[ditáːr]妨げる;思い止まらせる《from》.

detergent[ditáːrdʒənt]洗剤 / 洗浄力のある.

deteriorate[ditíəriəreit]悪くする〔なる〕, 低下させる〔する〕;堕落させる〔する〕. **deterioration** 名

determinable[ditáːrmənəbl]決定できる.

determinate[ditáːrmənət]限定された;一定の;決定的な. **determinately** 副

determination[ditáːrmənéiʃən]決定;確定;決心. **determinative** 限定的な / 限定要因.

determine[ditáːrmən]決する;決心する. **determined** 決然たる;決定的な;決心している. **determinedly** 副

deterrent[ditáːrənt]妨げる;防止する / 引き止めるもの;抑止力. **deterrence** 制止(物);妨害(物).

detest[ditést]嫌悪する. **detestable** 嫌悪すべき. **detestation** 名

dethrone[di:θróun]退位させる;引きずりおろす. **dethronement** 名

detonate[détəneit]爆発させる;爆裂する. **detonation** 名 **detonator** 起

爆装置.

detour[dí:tuər]回り道(する・させる);迂回(する・させる).

detox[dí:taːks]解毒 / [di:táks]解毒する.

detract[ditrǽkt]〔価値・名声などを〕引き下げる〔がる〕;落とす〔ちる〕;減じる. **detraction** 毀損ࢨ;悪口. **detractor** 中傷者.

detriment[détrəmənt]害. **detrimental** 有害な.

detritus[ditráitəs]破片の山;廃棄物.

deuce[1][djúːs]〔トランプ・さいころの〕2;〔球技〕ジュース.

deuce[2] 悪魔, 災い.

devaluation[di:væljuéiʃən]平価切り下げ.

devalue[di:vǽlju:]〔貨幣の〕価値を切り下げる.

Devanagari[deivənáːgəri]デヴァナーガリ(インド諸言語で用いる文字).

devastate[dévəsteit]荒らす, 荒廃させる. **devastation** 名

devastating[dévəsteitiŋ]壊滅的な;痛烈な;ひどい.

develop[divéləp]発達させる〔する〕;開発する;現像する. **developer** 開発者;宅地開発業者;現像液.

developed[divéləpt]発達した;先進の.

developing[divéləpiŋ]発展途上の.

development[divéləpmənt]発達, 発展;現像. **developmental** 形

deviant[dí:viənt]逸脱者;性倒錯者.

deviate[dí:vieit]〔常道・規則などから〕それる〔させる〕;邪道に入る. **deviation** 脱線, 逸脱《from》;偏向, 偏差. **deviation value** 偏差値.

device[diváis]工夫;計画;仕掛け;策略.

devil[dévəl]悪魔;極悪人. ~ **-may-care** 向こう見ずな. **devilish** 悪魔のような, 極悪非道の. **devilishly** 副 **deviltry** 悪行, 悪さ.

devious[díːviəs]回りくどい，迷った；よこしまな．**deviously**副

devise[diváiz]工夫する；発明する；〔不動産を〕遺贈する；〔遺言中の〕遺贈条項．**devisee**被遺贈者，受遺者．**devisor**遺贈者．

devitalize[diːváitəlaiz]活力生命を奪う．

devoid[divɔ́id]…のない，…を欠いた《of》．

devolution[devəluːʃən]継承；譲渡；〔権利の〕移行；退化．

devolve[diválv]譲り渡す；ゆだねる／〔財産などが〕〔人に〕帰する《to》；〔責任などが〕〔人の〕肩にかかってくる《on, upon》．

devote[divóut]捧げる；ゆだねる；当てる．**devoted**献身的な；熱心な；愛情深い．**devotedly**副 **devotee**熱心家，帰依者《of》．**devotion**献身；専心，熱心；信心；(複)祈祷㌟．**devotional**敬虔㌟な；祈祷の．

devour[diváuər]むさぼり食う；滅ぼす．

devout[diváut]敬虔㌟な；真心からの．**devoutly**副 **devoutness**名

DEW指向性エネルギー兵器〔< directed energy weapon〕．～ **Line**遠距離早期警戒線〔< distant early warning line〕．

dew[djúː]露/露を結ぶ，露でうるおす．**dewy**露を帯びた；さわやかな〔眠りなど〕．

dewdrop露の玉．

dexter[dékstər]右(側)の．

dexterous[dékstərəs]器用な，巧妙な；敏捷な．**dexterity**器用さ；敏捷性．

dextrous[dékstərəs]= dexterous.

DFLPパレスチナ解放民主戦線〔< Democratic Front for the Liberation of Palestine〕．

DH指名打者〔< designated hitter〕．

DHAドコサヘキサエン酸〔< docosahexsaenoic acid〕．

DI景気動向指数〔< diffusion index〕．

diabetes[daiəbíːtis]糖尿病．**diabetic**糖尿病の(患者)．

diabolic[daiəbálik]**, diabolical**[-iəl]悪魔の，悪魔的；極悪の．

diabolism[daiǽbəlizm]悪魔崇拝；悪魔的な行為．

diachronic[daiəkrániːk]歴史的変化に関する；通時的．

diacritic[daiəkrítik]**, diacritical**[-əl]区別するための．**diacritical mark**発音区別符号．

diadem[dáiədem]王冠；王権．

diagnose[dáiəgnous, -z]診断する．

diagnosis[daiəgnóusis]診断．

diagnostic[daiəgnáːstik]診断(上)の；特徴的な；診断に役立つ《of》．**diagnostics**診断学．

diagonal[daiǽgənl]対角線の；斜めの／対角線；綾織り．**diagonally**斜めに．

diagram[dáiəgræm]図表，図式；ダイア(グラム)/図表で示す．**diagrammatic**形

dial[dáiəl]指針盤；目盛り盤；回転盤，ダイアル/電話をかける．

dialect[dáiəlekt]方言；言葉づかい．**dialectal**方言の．

dialectic[daiəléktik]弁証的な/弁証法；(しばしば複)論法．**dialectical** = dialectic.

dialogue, dialog[dáiələːg]対話；対話劇／〔小説の〕会話の部分．

diamante[diːəmɑːntéi]人工宝石などをちりばめた布地．

diameter[daiǽmətər]直径；倍．

diametric[daiəmétrik]**, diametrical**[-rikəl]直径の；正反対の．**diametrically**正反対に．

diamond[dáiəmənd]ダイヤモンド，金剛石；〔トランプの〕ダイヤ；〔野球〕内野／ダイヤモンド入りの；ひし形の．

Diana[daiǽnə]〔ローマ神話〕ダイアナ(月の女神)．

diapason[daiəpéizn]〔声または楽器

の]音域；オルガンの主音栓.

diaper[dáiəpər] ひし形模様（の布地）；《米》おむつ.

diaphanous[daiǽfənəs] 透明な，すきとおる.

diaphragm[dáiəfræm] 隔膜；横隔膜.

diarist[dáiərist] 日記をつける人；日記係；日記作者.

diarrhea, diarrhoea[daiərí:ə] 下痢.

diary[dáiəri] 日記.

diastase[dáiəsteis] ジアスターゼ，澱粉糖分解酵素.

diatonic[daiətɔ́nik] 全音階の.

diatribe[dáiətraib] 悪口，誹謗罵.

dice[dáis] さいころ；ばくち / さいころ賭博する；〔野菜などを〕さいの目に切る；**dicebox** さい筒.

dichotomy[daikɔ́təmi] ２つに分かれること；二分法.

dick[dík]《俗》間抜け，うすのろ，《俗》ペニス.

dicker[díkər]《米》物々交換（する）；交渉（する）/ 値切る.

dickey¹, dicky[díki]〔ワイシャツの〕胸当て；〔馬車の〕後部従者席.

dickey², dicky 危っかしい，心もとない.

dictate[díkteit, diktéit] 命令する，指図する；（口で言って）書き取らせる / [díkteit] 命令 指図；口授；書き取り，**dictation** 指図；口授，**dictator** 独裁者；口授者. **dictatorship** 独裁政権. **dictatorial** 独裁者の；専断の.

diction[díkʃən] 言葉づかい，語法.

dictionary[díkʃəneri] 辞書.

dictum[díktəm]〔権威ある〕断言，言明；格言；〔専門家の〕意見.

did[díd] do の過去.

didactic[daidǽktik] 教訓的な. **didactics** 教訓法；教授学.

diddle[dídl] だます，だまし取る / 時間を無駄に費やす.

didn't[dídnt] did not の短縮.

dido[dáidou] ふざけ騒ぎ，おどけ.

die¹[dái] 死ぬ；枯れる；絶える. ～ away〔down〕徐々に消える，静まる. ～ out 絶える；すたれる. ～ -hard 頑固に抵抗する（人）.

die² 賽ぶ.

die³ 雄ねじ切り，ダイス；ダイス型；〔硬貨・メダルなどの〕打ち型.

dielectric[daiəléktrik] 誘電体.

diesel[dí:zəl] ディーゼル. ～ **engine** ディーゼル機関.

diet¹[dáiət] 飲食；食物；食餌療法 / 食事を制限する；ダイエットする / 低カロリーの. **dieter** ダイエットする人.

diet²〔日本などの〕国会.

dietary[dáiəteri] 飲食の，食事の. ～ **cure** 食餌療法.

differ[dífər] 違う；一致せぬ；意見が違う.

difference[dífərəns] 相違；〔意見の〕不一致；〔数学〕差.

different[dífərənt] 異なる，違う；別の；種々の. **differently** 異なって，別に.

differential[difərénʃəl] 差別する；特定の；〔数学〕微分の / 差動装置；微分. ～ **calculus** 微分法. **differentiate** 区別する；微分する. **differentiation** 区別；微分.

difficult[dífikʌlt] 難しい，困難な. **difficulty** 困難；支障；異論；（複）財政困難.

diffident[dífidənt] 自信のない；遠慮がちな. **diffidence** 名 **diffidently** 副

diffraction[difrǽkʃən]〔物理〕回折.

diffuse[difjú:z] まき散らす；広める / 広がる，散らばる /[-s] 散った；まわりくどい.

diffusion[difjú:ʒən] 伝播，蔓延まん；普及；〔物理〕拡散. **diffusive** 広がりやすい，拡散性の.

dig[díg]〔土を〕掘る；突っ込む；探究する / 発掘；一突き；あてこすり；

digest[didʒést, dai-]消化する；摘要する；要約する /[dáidʒest]摘要；要約. **digestible** 消化しやすい；摘要できる. **digestion** 消化. **digestive** 消化力のある；消化を助ける.

digger[dígər]掘る人；掘削機.

digit[dídʒit]指；[桁単位の]数字, 桁；指幅(約3/4インチ).

digital 指の；デジタルの, 計数的な. ~ **divide** デジタル・デバイド[情報格差]. ~ **natives** デジタルネイティブ. ~ **transformation** (**DX**) デジタルトランスフォーメーション.

digitalis[didʒitǽlis]ジギタリス(の干し葉)(強心剤).

dignify[dígnəfai]威厳をつける；もったいをつける. **dignified** 威厳のある；高貴な.

dignitary[dígnəteri]高位の人, 高官；高僧.

dignity[dígnəti]威厳；気品；高位；高官.

digress[digrés]本題を離れる, 枝葉にわたる《from》. **digression** 名 **digressive** 形 **digressively** 副

dike[dáik]堤防；溝, 堀 / 堤防を築く；堀をめぐらす.

dike[2] 男役のレズビアン.

dilapidated[dilǽpədeitid]荒れた, くずれかけた. **dilapidation** 名

dilate[dailéit]広げる, 広がる；膨張する《させる》；詳述する. **dilatation** 拡張；膨張；敷衍；詳述.

dilatory[dílətɔːri] のろい, ぐずぐずした；引き延ばしの. **dilatoriness** 名

dildo[díldou]張形.

dilemma[dilémə]両刀論法；板挟み, 窮地, ジレンマ.

dilettante[dílətɑːnt]好事家, ディレッタント. **dilettantism** 芸術好き[趣味]；道楽, なまかじり.

diligent[dílidʒənt] 勤勉な. **diligence** 名 **diligently** 副

dill[díl][植物]ディル.

dilly-dally[dílidæli]ぐずぐずする.

dilute[dilúːt, dai-][水で]割る, 薄くする[なる]／希薄な. **diluted share** 希薄株. **dilution** 希釈；希薄になったもの.

dim[dím]薄暗い；[目が] かすんだ／薄暗くする[なる]；かすむ[ませる]. **dimly** 副 **dimness** 名

dime[dáim]《米》10 セント硬貨. ~ **novel** 三文小説.

dimension[diménʃən]寸法；次元；規模；(複)容積, 面積.

diminish[dimíniʃ]減少させる[する]；小さくする[なる].

diminuendo[diminjuéndou]次第に弱く.

diminution[diminjúːʃən] 減少. **diminutive**[diminjətiv]小さい／小さい人[物]；[文法]指小辞；愛称.

dimity[díməti][縞・格子模様の]浮き畝織り綿布.

dimmer[dímər][照明などの]調光器.

dimple[dímpl]えくぼ；凹み；さざなみ／えくぼができる；くぼませる, くぼむ.

din[dín]耳をつんざく, 鳴り響く；うるさく言う／騒音.

dinar[dináːr]ディナール(アラブ諸国・旧ユーゴスラビアなどの貨幣単位).

dine[dáin]正餐をとる；食事する／正餐に招く；食事させる. **diner** 食事する人；簡易食堂. **dining car** 食堂車. **dining room** 食堂.

ding[díŋ]《話》くり返して言い聞かす《into》／[鐘などが]がんがん鳴る／鐘の音.

ding-dong[díŋdɔːŋ]じゃん, ごおん(鐘などの擬音)／じゃんじゃんと, ごんごんと／追いつ追われつの.

dingey, dinghy[díŋgi]小舟；上陸用水艦；小型ヨット.

dingy[díndʒi]薄黒い；汚れた, 汚い.

dinky[díŋki]《米》ちっぽけな, つまらない；《英》きれいな；かわいい.

dinner[dínər]正餐；晩〔午〕餐；ご馳走. **~ jacket** 略式夜会服. **~ party** 午餐会, 晩餐会. **dining** 食事.

dinosaur[dáinəsɔːr]恐竜.

dint[dínt]打ったあと, へこみ /〔たたいて〕へこませる. **by ~ of** …の力で, …によって

diocese[dáiəsis]監督〔司教・主教〕管区.

diode[dáioud]〔電子工学〕二極管, (半導体)ダイオード.

dioxide[daiάksaid]二酸化物.

dioxin[daiάːksin]ダイオキシン(環境汚染物質).

dip[díp]浸す；ちょっと下げてすぐ上げる；くみ取る /ちょっと沈む〔浸る〕, ちょっとのぞく；下に傾く /浸すこと；浴びること；傾斜.

diphtheria[difθíəriə]ジフテリア.

diphthong[dífθɔːŋ]二重母音.

diploma[diplóumə]免許状；卒業証書；賞状.

diplomacy[diplóuməsi]外交；外交手腕；駆け引き.

diplomat[dípləmæt]外交官. **diplo-matist**《英》= diplomat.

diplomatic[dipləmǽtik]外交の；外交手腕のある. **~ relation** 外交関係

dipper[dípər]柄杓；カワガラス(など川鳥)；(**the D-**) 北斗七星.

dipsomania[dipsəmćiniə]飲酒癖.

dire[dáiər]恐ろしい；悲惨な；差し迫った.

direct[dərékt, dai-]直接の；まっすぐな〔に〕；率直な〔に〕/ 指導する；命令する；差し向ける；〔手紙を人に〕宛てる. **~ action** 直接行動. **~ current**〔電気〕直流(略 D.C.). **directly** まっすぐに；直接に；すぐに；《話》するやいなや. **directness** 名

direction[dərékʃən dai-]指導；指揮；方向；〔手紙の〕宛名. **directive** 指導する；指揮する / 指令.

director[dəréktər dai-]指導者；支配人；取締役；〔映画〕監督. **direc-**

torate director の職；理事会, 重役会.

directory[dəréktəri dai-]人名簿；〔コンピュータ〕ディレクトリー.

direful[dáiərfəl]恐ろしい；悲惨な.

dirge[dɔ́ːrdʒ]挽歌, 葬送歌.

dirigible[díridʒəbl]操縦しうる. **~ (ballon)** 飛行船；気球.

dirk[dɔ́ːrk]短剣 / 短剣で突き刺す.

dirndl[dɔ́ːrndl]チロル農民風ドレス.

dirt[dɔ́ːrt]〔どろ・あかなど〕不潔物；土. **eat ~** 屈辱を忍ぶ.

dirty[dɔ́ːrti]不潔な；ぬかっている(道)；荒れ模様の〔天気〕；卑しい, 下劣な〔行為など〕/ 汚す〔れる〕. **~ trick** 卑劣な企み. **dirtily** 不潔に；下品に；卑しく. **dirtiness** 不潔；下品；卑劣.

disability[disəbíləti]無能；無資格.

disable[diséibl]役に立たなくする；不具にする；無資格にする. **disabled** 身体障害のある；(**the ~**) 身障者. **disablement** 名

disabuse[disəbjúːz]迷いを解く, 誤りを悟らせる.

disadvantage[disədvǽntidʒ]不利(益)；損失 / 不利を与える. **disad-vantaged**〔社会的・経済的に〕恵まれない. **disadvantageous** 不利(益)な, 不都合な. **disadvantageously** 副

disaffected[disəféktid]不満をいだいている；謀叛 気 心のある. **disaffec-tion** 不平, 不満；謀叛.

disagree[disəgríː]合わぬ, 違う；争う. **disagreeable** 気にくわぬ, いやな. **disagreeably** 不快に；おもしろくなく. **disagreement** 名

disallow[disəláu]許さない；却下する；〔要求を〕拒否する.

disappear[disəpíər]見えなくなる；失踪 する；消失する. **disap-pearance** 消失, 失踪.

disappoint[disəpɔ́int]失望させる；挫く；妨げる. **disappointed** 失望した, 当て外れの.

disappointing[disəpɔ́intiŋ]期待は

ずれの，つまらない．

disappointment[disəpɔ́intmənt] 失望．

disapprobation[disæprəbéiʃən] 不賛成；不認可；非難．

disapproval[disəprúːvəl] = disapprobation.

disapprove[disəprúːv] いけないと言う；認可しない．**disapprovingly** 不可として，不賛成で．

disarm[disɑ́ːrm] 武装を解除する；和らげる /〔軍備を〕縮小する；静める．

disarmament[disɑ́ːrməmənt] 武装解除；軍備縮小，軍縮．

disarrange[disəréindʒ] 乱す；混乱させる．

disarray[disəréi] 乱す / 乱雑，混乱《in》；乱れた服装．

disassemble[disəsémbl] 解きほぐす，分解する．

disassociate[disəsóuʃieit] 分離〔分裂〕させる．

disaster[dizǽstər] 不幸，災難，災害．**disastrous** 形 **disastrously** 副

disavow[disəváu] 否認する，否定する．**disavowal** 名

disband[disbǽnd]〔兵役などを〕解く；〔会社などを〕解散させる / 除隊する；解散する．**disbandment** 除隊；解散．

disbelief[disbilíːf] 不信，疑惑《in》；不信仰．

disbelieve[disbilíːv] 信じない，疑う《in》．

disburden[disbə́ːrdn]〔重荷を〕おろす；ほっとする〔させる〕．

disburse[disbə́ːrs] 支払う；支出する．**disbursement** 名

disc[dísk] = disk. ~ **jockey** ディスク・ジョッキー．

discard[diskɑ́ːrd]〔不用として〕捨てる．

discern[disə́ːrn, -z-] 認める；見分ける．**discernible** 見分けられる．**discerning** 識別力ある；明敏な．**dis-**

cernment 識別．

discharge[distʃɑ́ːrdʒ] 流出する；放電する；荷揚げする / 解除する，放出させる；解雇する；〔義務などを〕果たす；〔借金などを〕返済する / 荷揚げ；発射；流出；排泄(物)；放電；除隊，解雇；履行；返済．

disciple[disáipl] 弟子，門弟；キリスト 12 使徒の１人．

disciplinarian[disəplənέəriən] 訓練主義者；厳格な人．

disciplinary[dísəpləneri] 訓練の；懲戒的な．

discipline[dísəplən] 訓練；規律，修養；戒律，しつけ；学科，〔学問の〕分野 / 訓練する；懲戒する．**disciplined** 訓練された；規律の厳しい．

disclaim[diskléim] 放棄する；否認する．**disclaimer**〔責任の〕放棄；否認(者)．

disclose[disklóuz]〔秘密などを〕明らかにする；あばく．

disclosure[disklóuʒər] 暴露，発覚；漏らされたもの．

disco[dískou]《< discotheque》ディスコ；ディスコミュージック〔ダンス〕/ ディスコで踊る．

discolor,discolour[diskʌ́lər] 変色させる〔する〕；汚す〔汚れる〕．

discomfit[diskʌ́mfət] 狼狽させる；閉口させる；負かす．**discomfiture** 名

discomfort[diskʌ́mfərt] 不安にさせる / 不安，不快；不自由．

discommode[diskəmóud] 不自由にする；困らせる．

discompose[diskəmpóuz] 不安にする；取り乱させる．**discomposedly** 平静を失って．**discomposure** 不安；狼狽．

disconcerting[diskənsə́ːrtiŋ] まごつかせるような；不安にさせるような．

disconnect[diskənékt] 分離する，分割，切る．**disconnected** 切れ切れの；支離滅裂の．

disconnection, disconnexion
[diskənékʃən] 分離，切断.

disconsolate[diskɑ́nsələt] 憂いに沈
む，わびしい．**disconsolately** 副

discontent[diskəntént] 不平(な)，不
満(な) / 不満にさせる．**discontented**
不平な，不満な.

discontinuance[diskəntínjuəns] 停
止，廃止，中止.

discontinue[diskəntínju:] やめる；
停止する，中止する.

discord[dískɔ:rd] 不一致，不調和；
不協和音 / 調和しない，一致しない.
discordance，**discordancy** = discord
名 **discordant** 一致しない，調和し
ない；調子はずれの.

discotheque[dískətek] ディスコ(生
あるいは録音演奏に合わせて踊る
ダンスホール).

discount[dískaunt, diskáunt] 割引，
斟酌 ;, / 割引する；〔大げさな話
などを〕斟酌して聞く．**discounted
cash flow method** 割引現在価値〔収
益還元〕法〔略 DCF〕．**~ rate**〔日本
銀行の〕公定歩合（1990 年代まで
日本の金融調節の手段として使わ
れてきたが，現在は使用されてい
ない．2006 年に「基準割引率およ
び基準貸付利率」に名称変更).

discountenance[diskáuntənəns] 反
対する；どぎまぎさせる.

discourage[diskə́:ridʒ] 落胆させる；
思い止まらせる．**discouragement** 名
discouraging がっかりさせる.

discourse[dískɔ:rs, diskɔ́:rs] 談話；
講話；論考 /[diskɔ́:rs] 談話する；論
ずる.

discourteous[dískə́:rtiəs] 失礼な.
discourtesy 名

discover[diskʌ́vər] 発見する；わか
る．**discoverer** 発見者．**discovery** 発
見；発見物.

discredit[diskrédət] 不信；疑惑；不
名誉 / 信用しない；…の信用を害
する．**discreditable** 信用を害する；

不名誉な．**discreditably** 副

discreet[diskrí:t] 思慮ある；慎重な.
discreetly 副

discrepancy[diskrépənsi] 相違；矛
盾．**discrepant** 形

discretion[diskréʃən] 分別；思慮；
随意，自由裁量．**discretionary** 任意
の，自由裁量の.

discriminate[diskríməneit] 識別す
る，区別する；差別待遇する．**discrim-
inating** 識別力のある；差別的な.
discrimination 名 **discriminative,
discriminatory** 識別力のある；差別的
な.

discursive[diská:rsiv] 散漫な，取り
とめのない．**discursively** 副 **discur-
siveness** 名

discus[dískəs] 円盤．**~ throw** 円盤投
げ.

discuss[diskʌ́s] …について論じる，
討論する；吟味する.

discussion[diskʌ́ʃən] 議論，討議；
吟味.

disdain[disdéin] 軽蔑 / 軽蔑する.
disdainful 軽蔑的な．**disdainfully** 軽
蔑して.

disease[dizí:z] 病気．**diseased** 病気に
かかった；病的な.

disembark[disembá:rk] 上陸させる
〔する〕.

disembarrass[disembǽrəs]〔重荷
を〕取り去る，解放する．**disembar-
rassment** 名

disembody[disembá:di]〔霊魂など
を〕肉体から離す.

disembowel[disembáuəl] 腸 ;;, を抜
く.

disenchant[disəntʃǽnt] 魔法を解
く；迷いをさます．**disenchantment**
名

disencumber[disənkʌ́mbər] …から
解放する《of, from》.

disengage[disəŋgéidʒ] 離す〔れる〕，
解放する．**disengaged** 約束のない；
解放された．**disengagement** 解放；

解約；暇.

disentangle[disəntǽŋgl]ほどく；解決する.

disequilibrium[disi:kwəlíbriəm]不均衡, 不安定. (複 disequilibria).

disesteem[disəstí:m]侮る, 軽んじる／軽視, 冷遇.

disfavor, disfavour[disféivər]冷遇；気に入らないこと／冷遇する；嫌う.

disfigure[disfígjər]醜くする；形を傷つける.

disfranchise[disfrǽntʃaiz]公民権〔選挙権〕を奪う.

disgorge[disgɔ́:rdʒ]吐き出す；〔川が〕注ぐ.

disgrace[disgréis]不名誉／辱める. **disgraceful** 不面目な. **disgracefully** 副

disgruntled[disgrántld]不満な；不機嫌な.

disguise[disgáiz]変装；見せかけ／変装させる；偽る.

disgust[disgást]胸を悪くさせる／いや気, 嫌悪. be disgusted at〔by・with〕…がいやになる. **disgustful** 嫌悪すべき, 愛想のつきる. **disgusting** 全くいやな, むかつく.

dish[díʃ](大)皿；皿に盛った料理／皿に盛る；負かす, 挫く.

dishabille[disəbí:l]くつろいだ〔だらしない〕服装.

disharmony[dishá:rməni]不調和；不協和(音)；調子はずれ. **disharmonious** 形 **disharmonize** 調和を破る.

dishearten[dishá:rtn]落胆させる, 落ち込ます.

dishevelled[diʃévəld]乱れている(髪など).

dishonest[disá:nist]不正直な；不正な. **dishonestly** 副 **dishonesty** 名

dishonor, dishonour[disá:nər]不名誉；〔手形などの〕不渡り／辱める；〔手形などを〕不渡りにする.

dishonorable 恥ずべき.

dishpan 洗いおけ.

dishwasher 皿洗い人〔機〕.

disillusion[disəlú:ʒən]迷いを覚ます；幻滅させる／幻滅. **disillusioned** 幻滅した. **disillusionment** 幻滅.

disincentive[disənséntiv]活動を抑制する(もの)；意欲をくじく(もの).

disinclination[disinklənéiʃən]好まぬこと, 嫌い.

disincline[disənkláin]いやにならせる.

disinfect[disənfékt]消毒する. **disinfectant** 消毒の；消毒剤, 殺菌剤. **disinfection** 消毒. **disinfector** 消毒器(具).

disinfest[disənfést]害虫(ネズミなど)を駆除する.

disingenuous[disəndʒénjuəs]腹黒い, うそのある.

disinherit[disənhérət]…の相続権を奪う. 勘当する. **disinheritance** 名

disintegrate[disíntəgreit]崩す, 崩れる；分解させる〔する〕. **disintegration** 名

disinter[disəntə́:r]〔墓から〕掘り出す, 発掘する；世に出す. **disinterment** 発掘.

disinterested[disíntərestid]私欲のない, 公平な；無関心の. **disinterestedly** 副 **disinterestedness** 名

disjoin[disdʒɔ́in]ばらばらにする.

disjoint[disdʒɔ́int]関節をはずす, 脱臼させる；〔機械を〕解体する；順序を乱す. **disjointed** 関節のはずれた；ちぐはぐの.

disk[dísk]円盤；ハード〔光〕ディスク；レコード. 〜 drive ディスクドライブ.

diskette[diskét]フロッピーディスク.

dislike[disláik]嫌う／嫌い, 嫌悪.

dislocate[dísloukeit]関節をはずす, 脱臼させる；位置を乱す. **dislocation** 名

dislodge[dislá:dʒ]追い出す；取り除く；撃退する.

disloyal[dislɔ́iəl]不忠な；不実な. **disloyally** 副 **disloyalty** 名

dismal[dízməl]陰気な. **dismally** 副

dismantle[dismǽntl]分解する；装置を外す；おおいを剥ぐ.

dismay[disméi]狼狽／狼狽させる.

dismember[dismémbər]手足を切り離す；〔国などを〕分割する. **dismembered body** ばらばら死体. **dismemberment** 名

dismiss[dismís]解雇する；解散させる；去らせる；却下する. **dismissal** 名 **dismissive** 無視するような，横柄な.

dismount[dismáunt]〔馬・自転車などから〕降りる／降ろす；台〔枠〕から外す.

Disneyland ディズニーランド.

disobedience[disəbíːdiəns]不従順；違反. **disobedient** 形 **disobediently** 副

disobey[disəbéi]言うことをきかない，背く.

disobliging[disəbláidʒiŋ]不親切な；迷惑な.

disorder[disɔ́rdər]乱雑；騒動；病気／乱す；病気にする. **disorderly** 無秩序な；乱暴な；安寧を害する；乱暴に.

disorganize[disɔ́rgənaiz]組織〔秩序〕を乱す. **disorganized** まとまりのない. **disorganization** 名

disorient[disɔ́rient]道に迷わせる；方向を分からなくさせる. **disorientation** 方向感覚喪失.

disown[disóun]自分のものでないと言う；関係を否認する.

disparage[dispǽridʒ]けなす. **disparagement** 軽視.

disparate[díspərət]異種の；本質的に異なる.

disparity[dispǽrəti]ふつりあい；相違.

dispassionate[dispǽʃənət]冷静な；公平な. **dispassionately** 副

dispatch[dispǽtʃ]急送〔派〕する；手早く処理する；殺す／急送；特派；至急便；手早い処理.

dispel[dispél]追い散らす，追い払う.

dispensable[dispénsəbl]なくてもよい.

dispensary[dispénsəri]薬局，診療所，施薬所.

dispensation[dispənséiʃən]分配；配剤；特免.

dispense[dispéns]分配する；施す；調剤する；施行する；免じる. ～ with …なしですませる.

dispenser[dispénsər]分配者；薬剤師；〔紙コップなどの〕補給器；自動販売機.

disperse[dispɔ́rs]散らす，散る；分散させる〔する〕；消散させる〔する〕. **dispersion** 散乱；散布；分散.

dispirit[dispírət]落胆させる．気を挫く. **dispirited** 元気のない，意気消沈した.

displace[displéis]置き換える；免職する. **displacement** 置換；排水量.

display[displéi]表に出す；陳列する／発揮；誇示；陳列.

displease[displíːz]機嫌を損じる；怒らす. **displeasing** 不愉快な，腹立たしい.

displeasure[displéʒər]不快；立腹.

disport[dispɔ́rt]遊ぶ，戯れる；楽しませる. ～ oneself 遊び戯れる，楽しむ／遊び，楽しみ.

disposable[dispóuzəbl]自由に使える；使い捨ての／使い捨て用品.

dispose[dispóuz]配置する；…する気にさせる；処理する. ～ of …を処分する. **disposal** 処理；処分〔権〕；配置.

disposed[dispóuzd]…する傾向がある《to》；…したい気がする《to, for》.

disposition[dispəzíʃən]性癖，性質；傾向；意向；配置；処分.

dispossess[dispəzés]〔財産・権利を〕取りあげる；追い出す. **dispossession**

dispraise[dispréiz]非難する，けなす / そしり，非難.

disproof[disprú:f]反証，反論.

disproportion[disprəpɔ́:rʃən]不均衡，不釣合. **disproportionate** 形 **disproportionately** 副

disprove[disprú:v]反証を挙げる；誤りを立証する.

disputable[dispjú:təbl]議論の余地のある.

disputant[dispjú:tənt]論争者 / 論争中の.

dispute[dispjú:t]論争する，討議する；異議を唱える；争う. **disputation** 論争. **disputatious** 論争的な；論争好きな.

disqualify[diskwá:ləfai]失格とする；無資格にする. **disqualification** 資格剥奪；失格(理由).

disquiet[diskwáiət]〔心などを〕乱す；不安にする / 不安，心配. **disquieting** 不安な. **disquietude** 名

disregard[disrigá:rd]無視する，問題にしない / 無視.

disreputable[disrépjətəbl]不評の；人聞きのわるい.

disrepute[disripjú:t]不評，悪評，汚名.

disrespect[disrispékt]無礼(をする). **disre-spectful** 無礼な.

disrobe[disróub]着物を脱がす〔脱ぐ〕.

disrupt[disrʌ́pt]分裂させる；〔国家を〕瓦解させる；〔交通などを〕途絶させる. **disruptive** 破壊的な，分裂的な. **disruption** 名

dissatisfaction[dissætəsfǽkʃən]不満，不平. **dissatisfactory** 形

dissatisfy[dissǽtisfai]不満をいだかせる. **dissatisfied** 満足していない.

dissect[disékt]解剖する；詳細に調べる. **dissection** 名

dissemble[disémbl]隠す；見せかける / しらばくれる.

disseminate[diséməneit]〔種を〕ばらまく；広める.

dissension[disénʃən]意見の相違；軋轢（あつれき）.

dissent[disént]意見を異にする，異議を唱える《from》/ 異議；不同意. **dissenter** 反対者；非国教徒.

dissentient[disénʃənt]異議を唱える / 反対者.

dissertation[disərtéiʃən]論説；論文. **doctoral ~** 博士論文.

disservice[dissə́:rvis]虐待；危害.

dissidence[dísidəns]不一致；不同意. **dissident** 不同意の / 反対者.

dissimilar[dissímələr]異なる《to》. **dissimilarity** 不同，相違；相違点.

dissimulate[disímjəleit]そらとぼける / ふりをする. **dissimulation** 名

dissipate[dísəpeit]散らす；〔憂いなどを〕消す；浪費する / 散る；放蕩（ほうとう）する. **dissipated** 放蕩な；消散した. **dissipation** 名

dissociate[disóuʃieit]分ける《from》；関係を絶つ. **dissociation** 分離；分裂.

dissoluble[disáljubl]分解できる；溶解性の.

dissolute[dísəlu:t]放蕩（ほうとう）な. **dissolutely** 副 **dissoluteness** 名

dissolution[disəlú:ʃən]分解；溶解；解散；崩壊.

dissolve[dizá:lv]溶かす；〔議会などを〕解散する；〔映画・テレビ〕溶暗〔ディゾルブ〕にする；取り消す / 溶解する；消散する；溶暗になる. **dissolvent** 溶解力のある；溶剤.

dissonance[dísənəns]不調和；〔楽〕不協和音. **dissonant** 形

dissuade[diswéid]思い止まらせる.

dissuasion[diswéiʒən]思い止まらせること. **dissuasive** 思い止まらせる；諫（いさ）める.

distaff[dístæf]糸巻きざお；(the ~) 女の領分.

distance[dístəns]距離；遠方；隔たり / 追い抜く. keep … at a ~ …を

遠ざける. keep one's ～ 近づかない.

distant [dístənt] 遠い, 隔たった；冷淡な；かすかな. **distantly** 副

distaste [distéist] 嫌い, 嫌悪《for》. **distasteful** まずい；気に入らぬ. **distastefully** 副

distemper [distémpər] ジステンパー（犬の病気）.

distend [disténd] 膨らます；膨らむ. **distension, distention** [disténʃən] 膨張.

distill, distil [distíl] 蒸留する〔される〕；したたる〔らせる〕.

distillation [distəléiʃən] 蒸留, 蒸留法；蒸留液.

distillery [distíləri] 蒸留酒製造所.

distinct [distíŋkt] 明確な, 別個の. **distinctly** 副 **distinctness** 名

distinction [distíŋkʃən] 区別；特質；卓越；栄誉. people of ～ 著名な人々. **distinctive** 差別を示す；特殊の. **distinctively** 明らかに.

distinguish [distíŋgwiʃ] 区別する；見分ける；目だたせる. ～ oneself で有名になる. **distinguishable** 区別しうる. **distinguished** 顕著な, 名高い, 秀дでた.

distort [distɔ́:rt] ゆがめる, ねじる；曲解する, こじつける. **distorted** ゆがんだ；こじつけの. **distortion** 名

distract [distrǽkt] 紛らす, そらす；乱す；迷わす. **distracted** 当惑した；発狂した. **distractedly** 副 **distracting** 気を散らすような；気狂いにでもなりそうな. **distraction** 気の散ること, 気晴らし；混乱；狂気.

distrain [distréin] 〔財産を〕差し押える. **distrainer〔distrainor** 差し押え人. **distraint** 財産差し押え.

distraught [distrɔ́:t] 取り乱した；狂気の.

distress [distrés] 苦痛；貧苦；災難／苦しめる. **distressing** 苦しい, 悲惨な.

distribute [distríbju:t] 分配する, 分

布させる；分類する. **distribution** 分配（物）；利潤分配；分類；分布. **distributive** 分配の；配分の. **distributor** 分配者, 配給者；販売者.

district [dístrikt] 地区；地方；《米》選挙区. ～ **attorney** 《米》地方検事. **District of Columbia** コロンビア特別区（米国の首都 Washington 市の行政名. 連邦政府直轄の特別区, Columbia は Colombus から転じた米国の雅名）.

distrust [distrʌ́st] 疑惑；不信／信用しない；疑う, 危ぶむ. **distrustful** 信用しない, 疑い深い《of》；疑わしい. **distrustfully** 疑い深く.

disturb [distə́:rb] 乱す；不安にする；妨害する. **disturbance** 妨害；不安. **disturbing** 平static穏を乱す；不安.

disturbed [distə́:rbd] 気持ちが動転している；心に障害がある. be ～ that …を心配する.

disunite [disjú:náit] 分裂させる〔する〕.

disuse [disjú:s] 不使用, 廃棄／[-z] 使用をやめる.

ditch [dítʃ] 溝, 堀／溝を掘る；《俗》見捨てる／溝に落ちる；脱線する.

dither [díðər] 取り乱し／混乱／おろおろする.

ditto [dítou] 同上；同様のもの／前と同じに.

ditty [díti] 小（歌）曲.

diuretic [daijərétik] 利尿の／利尿剤.

diva [dí:və] 〔オペラの〕著名な女性歌手《I》.

divan [divǽn] 長いす.

dive [dáiv] 潜水；飛び込み；急降下／《話》安酒場／〔水に〕もぐる, 飛び込む；急降下する；没頭する；探求する《into》. **diver** 潜水夫；水にもぐる鳥.

diverge [dəvə́:rdʒ, dai-] 分岐する；それる；〔意見などが〕分かれる《from》. **divergence** 分岐；〔意見などの〕相違. **divergent** 形

divers[dáivərz]種々の.

diverse[dəvə́:rs, dai-]異なった；種々の. **diversely**副

diversify[dəvə́:rsəfai, dai-]変化させる，様々にする，多様化する. **diversion** 転換；気晴らし；〔軍隊〕牽制. **diversity** 不同；雑多，多様性. **diversification**名

divert[dəvə́:rt, dai-]他に転じる；そらす. **diverting** 気晴らしになる，楽しい.

divest[divést, dai-]奪う；はぎ取る，脱がせる.

divide[diváid]分ける，分類する；分配する；〔数学〕割る／分かれる；賛否を決する，採決する／分割；分水嶺.

dividend[dívədend]〔数学〕被除数；配当金. ～ **yield** 配当利回り.

divider[diváidər]分ける人〔もの〕；(複)デバイダー.

divination[divənéiʃən]占い；予知；予言.

divine[diváin]神の；神のような；神聖な／神学者／予言する；見抜く. **divinely**副

diviner[diváinər]予言者，易者.

diving[dáiviŋ]潜水用の／潜水；飛び込み，ダイビング.

divinity[divínəti]神性；(the D-)神；神学.

divisible[divízəbl]分けられる；〔数学〕割り切れる.

division[divíʒən]分割；区分；組，部，区；分裂；《英》採決；除法；〔軍隊〕師団. ～ **of labor** 分業. **divisional** 分割上の；区分の；師団の.

divisive[diváisiv]区分のある；議論を生じる.

divisor[diváizər]除数；約数.

divorce[divɔ́:rs]離婚(する)／離婚した男性. **divorcee** 離婚した女性. **divorcement** 離婚.

divot[dívət]〔ゴルフのクラブで削り取られた〕芝生の断片.

divulge[dəváldʒ, dai-]漏らす；〔秘

密を〕あばく. **divulgence**名

divvy[dívi]配当，分配／《話》分ける，山分けする.

Dixieland[díksilænd]ジャズ音楽の一種.

DIY 日曜大工の〔＜ do-it-yourself〕.

dizzy[dízi]目まいがする；目まいがするような／目まいを起こさせる. **dizzily** 目まいがするように. **dizziness** 目まい.

DJ ディスクジョッキー〔＜ disk(disc) jockey〕.

Djibouti[dʒibú:ti]ジブチ(共和国) (Republic of Djibouti).

D. Litt. 文学博士〔＜《L》Doctor Litterarum ＝ Doctor of Letters〕.

DM ドイツマルク(ドイツの通貨単位)〔＜ Deutsche mark〕.

DMV 車両管理局〔＜ Department of Motor Vehicles〕.

DMZ 非武装地帯〔＜ demilitarized zone〕.

DNA デオキシリボ核酸〔＜ deoxy-ribonucleic acid〕.

DNB 英国人名辞典〔＜ Dictionary of National Biography〕.

DO 溶存酸素量〔＜ dissolved oxy-gen〕；ディーゼル油〔＜ diesel oil〕.

do[du, də, 強 dú:]行う；与える；処理する；〔国などを〕見物する；世話する；ひどくやっつける，殺す／為す，行う；暮らす；間に合う. ～ **away with** …を除く；を殺す. ～ **over** 繰り返す，やり直す. ～ **up** 包む；〔髪を〕束ねる. **have done with** すます；…と関係を絶つ. **have to ～ with** …と関係がある.

DOB, **d.o.b.** 生年月日〔＜ date of birth〕.

docile[dá:səl, dóusail]教えやすい；すなおな；細工しやすい. **docility**名

dock¹[dá:k]船渠，ドック；波止場／ドックに入れる〔入る〕；宇宙空間で結合する.

dock²〔刑事法廷の〕被告席.

dock³ 動物の尾の心½ /〔尾などを〕切り落とす；削減する.

dockyard 造船所.

doctor[dάːktər] 医者；博士〔略 Dr., D.〕/ 治療する；医者をする；修正する. **doctoral** 博士(号)の. **doctorate** 博士号.

doctrinaire[dɑːktrənéər] 純理論家 / 空論的な.

doctrine[dάːktrən] 教義；主義；学説. **doctrinal** 形

document[dάːkjəmənt] 文書；書類；証書 / 文書で証明する〔裏付ける〕. **documentary** 書類の；証書の；記録的な / 記録映画. **documentation** 文書交付；証拠調べ.

DOD《米》国防総省〔< Department of Defense〕.

dodder[dάːdər] よろめく, ふらつく.

dodge[dάːdʒ] ひらりと身をかわす；言い抜ける / 身をかわすこと；言い抜け. ~ **ball** ドッジボール. **dodger** ごまかす人；《米》小形ビラ, 引き札. **dodgy** 巧みに身をかわす, 巧妙な.

DOE《米》エネルギー省〔< Department of Energy〕；教育省〔< Department of Education〕.

doe[dóu] 雌ジカ；雌ウサギ.

doer[dúːər] 実行者, 行為者.

does[dəz, 強 dʌ́z] do の 3 人称・単数・現在.

doesn't[dʌ́znt] does not の短縮.

doff[dάːf]〔帽子などを〕脱ぐ.

dog[dάːg] 犬；つかみ(器具)；まき架½；やつ / 尾行する. ~ **days** 暑中, 土用. **~ house** 犬小屋. ~('s)-**ear** 書物のページの隅ౣの折れ. ~('s)-**eared** ページの隅の折れた. ~-**tired** 疲れきった.

dogcart 軽装の二輪馬車.

dogfish サメ (小型のサメの総称).

dogged[dάːgid] 強情な. **doggedly** 副

doggerel[dάːgərəl] へぼ詩 / 稚拙な (詩など).

doggie[dάːgi] = doggy.

doggish[dάːgiʃ] 犬のような；意地の悪い；《話》おしゃれな.

doggy[dάːgi] 犬のような / 犬；わんわん(幼児語). ~ **bag** レストランからの持ち帰り用容器.

dogma[dάːgmə] 教義；独断説. **dogmatism** 独断；独断主義(論). **dogmatist** 独断家. **dogmatize** 独断する.

dogmatic[dɔːgmǽtik] 教義の；独断的な. **dogmatically** 独断的に. **dogmatics** 教理論.

dogtooth 犬歯, 糸切り歯.

doings[dúːiŋz]《話》行為；仕業；ふるまい.

do-it-yourself 自分でやる, 手製の / 日曜大工.

doldrums[dóuldrəmz]〔赤道付近の〕無風帯；意気消沈. be in the ~〔船が〕無風帯にある；ふさぎ込んでいる.

dole[dóul] 施し(物)；《英》失業手当 / 少しづつ与える；惜しそうに分ける《out》.

doleful[dóulfəl] 悲しい；陰気な. **dolefully** 副

doll[dάːl] 人形.

dolly[dάːli] 手押し車, 台車；《幼児》お人形さん / 魅力的な.

dollar[dάːlər] ドル〔$〕. **dollarization** ドル化.

dolorous[dóulərəs]《詩》悲しい；痛ましい.

dolphin[dάːlfin] イルカ；シイラ.

dolt[dóult] まぬけ, うすのろ.

domain[douméin] 領土；範囲；インターネットアドレスの区分 (com, edu など).

dome[dóum] 丸屋根, 円蓋 ౣ.

domestic[dəméstik] 家庭(向き)の；国内(製)の；自家製の；飼い慣らされた / 召し使い. ~ **economy** 家政.

domesticate[dəméstikeit] 飼い慣らす；土地に慣らす.

domesticity[doumestísəti] 家庭生活；(複) 家事.

domicile[dá:məsail]住所；本籍／住所を定める.

dominance[dá:mənəns], **dominancy**[-nənsi]優勢；〔遺伝〕顕性. **dominant** 支配的な；有力な，優勢な.

dominate[dá:məneit]支配する；勢力がある《over》；〔山などが〕そびえる，見下ろす. **domination** 支配；統治；優勢.

domineer[da:məníər]威張り散らす. **domineering** 権力をふりまわす，横柄な.

Dominica[da:məní:kə]ドミニカ国(Commonwealth of Dominica).

Dominican[dəmínikən]ドミニコ会の；ドミニカ共和国の(人). **the Dominican Republic** ドミニカ共和国.

dominion[dəmínjən]主権；領土；(the D-)大英帝国の自治領.

domino[dá:mənou]ドミノ牌芸，(複)ドミノ遊び(28 の目で行なう).

don[dán](D-)スペイン人の敬称(Sir に相当)；大人物；〔英大学の〕研究員.

donate[dóuneit]寄付〔寄贈〕する. **donation** 寄付；贈物；恩賜金. **donator** 寄贈者.

done[dán]do の過去分詞.

donee[douní:]寄贈をうける人，受贈者.

dong[dó:ŋ]ドン(ベトナムの貨幣単位).

donkey[dá:ŋki]ロバ；ばか.

donnybrook[dánibruk](しばしば D-)大騒動，乱闘.

donor[dóunər]寄贈〔提供〕者.

don't[dóunt]do not の短縮.

doom[dú:m]宿命；滅亡／運命を定める.

doomsday 最後の審判の日.

door[dó:r]戸，とびら；出入り口，戸口. next ～ to …に近い. out of doors 戸外に.

doorbell 玄関のベル.

doorkeeper 門番.

doorplate 門札，標札.

doorstep 戸口階段.

doorway 戸口.

dope[dóup]興奮剤；麻薬(患者)／麻薬〔興奮剤〕を飲ませる；ごまかす.

dormancy[dó:rmənsi]休眠(状態)；不活動；静止. **dormant** 眠っている；休止している.

dormitory[dó:rmətɔ:ri]寄宿舎，寮；ベッドタウン.

DOS ディスク・オペレーティング・システム，ドス(< disc operating system).

dosage[dóusidʒ]〔1 回の〕服用(量).

dose[dóus]〔薬の〕一服；服用量／投薬する.

doss[dá:s]《英・俗》眠り. ～ down 間に合わせのベッドで寝る.

dossier[dá:siei]書類一式.

dost[dəst, 強 dást]〔主語が thou の時〕do の第 2 人称・単数・現在.

DOT《米》運輸省(< Department of Transportation).

dot[1][dát]点／点を打つ. **dotted** 点の付いた；点で構成された.

dot[2] 持参金.

dotage[dóutidʒ]耄碌芬；溺愛芬.

dotard[dóutərd]耄碌芬した人，おいぼれ.

dote[dóut]耄碌芬する；溺愛芬する《on, upon》.

dotingly[dóutiŋli]溺愛芬して.

dotty[dá:ti]足がふらつく；気がふれた.

double[dábl]倍の；二重の；対ぷの；二心のある／2 倍に，二重に／倍，2 倍；二重；折り重ね；二塁打／2 倍にする；2 つにたたむ；重ねる／倍になる. on the ～ 早く. ～ -barrel(l)ed 二連の〔銃〕. ～ -bed 2 人用寝台. ～ -breasted 両前(ダブル)の〔服〕. ～ -cross《俗》裏切り. ～ -dealer 二心のある人. ～ -dealing 二心のある. ～ -edged 両刃の. ～ entry 〔簿記の〕

複式 ～-faced 両面のある；二心の
ある. ～ header《米》2両機関車付
き列車. ～play〔野球〕重殺, 併殺. ～-quick〔軍
隊〕かけ足；かけ足で〔の〕. ～
standard 複本位制；二重基準. ～
-tongued 二枚舌の.

doublespeak あいまいな話.

doublet[dʌ́blət] 対の片方；胴衣の一種.

doubly[dʌ́bli] 2倍に；二重に.

doubt[dáut] 疑い／疑う；危ぶむ.
doubtful 疑わしい；疑わしく思う
《of》. doubtless 疑いなく；無論.

dough[dóu] 練り粉；《俗》現なま.
doughy 練り粉のような；生焼けの.

doughnut ドーナツ.

dour[dúər] むっつりした, 気難しい.

douse[dáus] 水に突っ込む；ぬらす；
《俗》〔灯火を〕消す.

dove¹[dʌ́v] ハト.

dove²[douv]《米》dive の過去.

dovecot, dovecote 鳩舎 きゅう.

dovetail[dʌ́vteil]〔建築〕蟻差 あり, あ
り／蟻差にする, 切り組む；うま
く合わせる.

dowager[dáuədʒər] 太后；王公の未
亡人.

dowdy[dáudi]〔服装が〕みすぼらし
い, だらしない〔女〕.

dower[dáuər]〔法律〕寡婦 か 産(亡夫
の遺産中寡婦の受ける部分).

down¹[dáun] 下へ／下り／下への；
下りの／打ち倒す. ～ payment〔分
割払いの〕頭金, 手付け金. ～ -to-
earth 現実的な. ～ under オースト
ラリア, ニュージーランド(の・で・へ).

down²〔羽毛ぶとんなどにする〕わた
毛；うぶ毛. downy わた毛の；ふ
わふわ柔らかい.

down³〔英〕(通例複)小高い草原.

downcast うなだれた, 萎 しおれた.

downfall 墜落；没落.

downgrade 下り坂／格下げする.

downhearted 落胆した.

downhill 下りの, 下り坂の；丘を
下って；下へ.

Downing Street ダウニング街(ロ
ンドンの官庁街, 10番地は首相官
邸)；英国政府.

downplay 軽視する, 見くびる.

downpour どしゃ降り.

downright 率直な；徹底的な／徹底
的に, 完全に.

downside 下側(の)；下落傾向；マ
イナス面.

downstairs 階下の／階下に.

downstream 川下へ.

downtown 繁華街(の)／繁華街に,
繁華街へ.

down-train 下り列車.

downtrodden 踏みにじられた.

downturn 〔景気の〕下降；〔物価の〕
下落.

downward 下方の, 下向の；下方へ；
以来.

dowry[dáuri] 結婚持参金.

doyen[dóiən] 大御所, 長老.

doz. 〔略 dozen(s)〕.

doze[dóuz] 居眠りする, うとうとす
る／居眠り, まどろみ.

dozen[dʌ́zn] ダース, 12.

D. Phil. [di:fíl] 博士(号)〔< Doctor of
Philosophy〕.

DPRK 朝鮮民主主義人民共和国(北
朝 鮮)〔< Democratic People's
Republic of Korea〕.

Dr, Dr. …博士, …医師〔< Doctor〕；
…通り〔< Drive〕.

drab¹[dræb] 褐色の；単調な／褐色.

drab² だらしない女；売春婦.

drabble[dræbl] 泥だらけにする〔な
る〕；ひきずって汚す.

drachma[drǽkmə] ドラクマ(ギリ
シャの貨幣単位).

draconian[dreikóuniən] 過酷な, 厳
格な.

draft[dræft] 起草する；下絵〔図面〕
を書く；選抜する；《米》徴兵する／
引くこと；隙間 すきま 風；選抜隊, 援

兵；《米》徴兵；ドラフト制度；為替手形；草案；下絵；〔以下の意味では通例《英》draught〕一引き；一飲み；〔船の〕喫水．**drafty** 隙間風の入る．

draftsman 起草者；図案家，製図者．

drag[drǽg]引く；引きずる；〔水底を〕探る／牽引漿；引きずり；引かれるもの；妨害物．

draggle[drǽgl]引きずり汚す／すそを引きずる．

dragnet 地引き網；捜査網．

dragon[drǽgən]龍，竜．

dragonfly トンボ．

dragoon[drəgúːn]竜騎兵．

drain[dréin]排水する／〔財源などを〕涸渇燥させる／滴壕り出る；水がかれる／排水渠漿，下水．**drainage** 排水，放水；排水区域．

drainpipe 排水管，下水管．

drake[dréik]雄ガモ．

DRAM D ラム，ダイナミック RAM〔＜ dynamic random access memory〕．

dram[drǽm]ドラム(重量の単位)；微量．

drama[dráːmə, -drǽmə]演劇；戯曲，脚本；劇的事件．**dramatic** 戯曲の；劇的な．**dramatist** 劇作家．**dramatize** 劇化する，脚色する．

dramatis personae[drǽmətəs pərsóuniː]登場人物；〔脚本の〕配役表．

drank[drǽŋk]drink の過去．

drape[dréip]〔布で〕おおう；飾る／掛け布；《米》厚地のカーテン．

draper[dréipər]《英》呉服商．

drapery[dréipəri]反物，織物；ひだつきの掛け布．

drastic[drǽstik]激烈な；思いきった．**drastically** 副

draught[drǽft][drɔ́ːt]たる抜き；〔水薬などの〕1 回分．

draughtboard チェッカー盤．

draw[drɔ́ː]引く；引き抜く〔出す・寄せる・起こす〕；吸い込む；〔線で〕描く；〔手形を〕振り出す／寄り集まる；抜ける，通る；人気を呼ぶ；引き分ける(ドロー)／牽引漿；引き抜き；引き分け．~ **back** 回収する；退く．~ **down**〔幕などを〕引きおろす；〔喝采・怒りなどを〕招く．~ **in** 引き入れる；〔一日が〕暮れる；縮小する．~ **near** 近づく．~ **on** 誘致する．~ **out** 延ばす；抜き取る；話をさせる；〔証書などを〕書く．~ **up** 作成する；整列する；〔車などが〕止まる．

drawback 故障；不利益；払い戻し金．

drawbridge 跳ね橋．

drawee[drɔ́ːíː]手形支払人．

drawer[drɔ́ːər]手形振出人；[drɔ́ːr]引き出し；(複)ズロース，ズボン下．

drawing[drɔ́ːiŋ]製図，図画；図面．~ **board** 製図板．~ **paper** 画用紙．~ **pin** 画鋲漿．~ **room** 応接室．

drawl[drɔ́ːl]ものうげに話す／ものうげな話しぶり．

drawn[drɔ́ːn]draw の過去分詞／抜き身の；引き分けの；引きつった(顔など)．~ **game** 引き分け，ドローゲーム．

dread[dréd]恐怖／恐ろしい／恐れる；はばかる．**dreadful** とても恐ろしい；《話》実にひどい．**dreadfully** 副

dreadnought[drédnɔːt]弩ど級戦艦．

dream[dríːm]夢／夢想する；夢を〔に〕見る．~ **away** 夢うつつにすごす．~ **of** を夢に見る．~ **land** 夢想郷．**dreamer** 夢見る人；夢想家．**dreamy** 空想にふける；夢のような．

dreamt[drémt]dream の過去・過去分詞．

drear, dreary[dríər, dríəri]もの寂しい；荒涼たる；陰気な．**drearily** 副 **dreariness** 名

dredge¹[dréd]浚渫聲する，さらう．**dredger** 浚渫機(船)．

dredge²〔粉・砂糖などを〕まぶす.

dregs〔drégz〕澱ホ, 滓ホ, 沈殿物.

drench〔dréntʃ〕ずぶぬれにする. **drenching** ずぶぬれ.

dress〔drés〕着せる；着飾らせる；〔隊を〕整列させる；手入れをする；〔包帯・髪・料理などを〕適正に整える／着物を着る；整列する／衣服；正装. ~ **circle**〔劇場などの〕2階正面席. ~ **coat** 礼服, 燕尾ホ服. ~ **rehearsal** 衣装を着けての舞台げいこ.

dressage〔dresá:ʒ〕馬場馬術, 調教〈F〉.

dresser¹〔drésər〕着つけ係；〔芝居の〕衣装方；《英》〔外科医の〕助手.

dresser² 料理台；食器戸棚；《米》化粧台.

dressing〔drésiŋ〕着つけ；衣装；〔傷の〕手当；包帯；(サラダ)ドレッシング；(調味用)詰め物. ~ **case** 化粧道具入れ. ~ **gown** 化粧着. ~ **room** 楽屋；化粧室. ~ **table**《英》化粧台.

dressmaker〔婦人服の〕仕立て屋.

dressy〔drési〕服装の凝った；めかした, ドレッシーな.

drew〔drú:〕draw の過去.

dribble〔dríbl〕したたらせる／したたる；よだれをたらす；〔球技〕ドリブルする／したたり.

driblet〔dríblət〕小滴；少量.

drier, dryer〔dráiər〕乾かす人；乾燥機, ドライヤー；乾燥剤.

dried〔dráid〕dry の過去・過去分詞／乾いた；干した.

drift〔dríft〕流されること；漂流(物)；吹きだまり；成り行き；漂流させる〔する〕, 吹き流される〔す〕；転々とする；吹き積む. ~ **ice** 流氷. **drifter** 漂流するもの；放浪者；流し網漁船.

driftwood 流木.

drill〔dríl〕錐ォ；教練；練習／錐で穴をあける；訓練する.

drink〔dríŋk〕飲む；酒を飲む；祝杯を挙げる／酒, 飲み物；1 杯. **drinkable**

飲用の. **drinkables** 飲料. **drinker** 飲んべえ；飲酒家.

drinking〔dríŋkiŋ〕飲むこと；飲酒. ~ **bout** 酒宴, 飲みくらべ. ~ **fountain**〔公設の噴水式〕飲料泉. ~ **water** 飲料水.

drip〔dríp〕したたり；しずく／したたる／したたらせる. ~ **-dry** しぼらずに干す；ノーアイロンの. ~ **-feed** 点滴(注入する). **dripping** したたり；〔焼き肉から出る〕肉汁.

drive〔dráiv〕御する；運転する；駆りたてる；押し流す／車で行く(遊ぶ)；走る, 突進する／〔車での〕遠乗り, ドライブ；車道；狩り立て；推進力；衝動；〔募金などの〕運動；〔ディスク〕駆動装置. ~ **-in** 乗車のまま買物・映画見物などのできる施設.

drivel〔drívəl〕よだれ〔鼻水〕をたらす；くだらぬことを言う／よだれ；たわごと, ぐち.

driven〔drívən〕drive の過去分詞.

driver〔dráivər〕御者, 運転手, 操縦士；〔機械〕動輪；〔ゴルフ〕ドライバー. ~ **'s licence**《米》自動車運転免許.

driveway《米》私道.

driving〔dráiviŋ〕運転／〔風などが〕吹きつける；精力的な. ~ **licence**《英》自動車運転免許証.

drizzle〔drízl〕しとしとと降る／霧雨. **drizzly** しとしとと降る, 霧雨の降る.

droll〔dróul〕おどけた. **drollery** おどけ(話).

drone〔dróun〕雄ミツバチ；怠け者；〔ハチなどの〕ブーンという音；(無線操縦の)ドローン／なまける；ブーンという；ものうげな声で言う.

drool〔drú:l〕よだれをたらす；たわごとを言う.

droop〔drú:p〕たれる；しおれる；〔勇気が〕くじける／たれ下がり；うちしおれ.

drop〔drá:p〕しずく, したたり；少量；アメ玉；降下, 落下；〔野球〕ドロ

ップ／したたらす；こぼす；落とす；
下げる；(一筆)書き送る／したたる；
落ちる；下がる，たれる．～ in 立
ち寄る．～ curtain たれ幕〔舞台の〕.

droplet 小滴.

dropout 脱落者；中途退学者.

drought[dráut]ひでり，かんばつ；
乾燥. **droughty** 形

drove[1][dróuv]drive の過去.

drove[2] 家畜の群れ；群集.

drown[dráun]溺なれる〔さす〕；溺で
死する〔させる〕；浸す；〔音声を〕
消す；〔憂いなどを〕まぎらす．～
oneself 身投げをする.

drowse[dráuz]居眠り／居眠りをす
る.

drowsy[dráuzi]眠い．**drowsily** 眠そ
うに．**drowsiness** 名

drudge[drʌdʒ]あくせく働く／あくせ
く働く人．**drudgery** 骨折り仕事.

drug[drʌg]薬品；麻酔薬；麻薬／薬
を入れる；麻酔薬を飲ませる.
druggist 《米》薬剤師，薬局.

drugstore 《米》ドラッグストア(薬
以外の品も置き軽食の設備がある).

drum[drʌm]太鼓，ドラム；鼓膜；〔機
械〕筒形部／〔曲を〕太鼓で奏する，や
かましく繰り返し言う／太鼓を打ち鳴
らす；どんどんいわせる．～ up〔太鼓
を打って〕呼び集める．**drummer** 鼓手，
ドラマー；《米》行商人．**drumming**
ドラムを打つこと；がんがん鳴る音.

drumstick 太鼓のばち；〔料理した〕
鶏の足.

drunk[drʌŋk]drink の過去分詞／酔
った．**drunkard** 大酒飲み；飲んだ
くれ．**drunken** 酔っぱらった，飲ん
だくれの.

dry[drái]乾かす／乾く；ひからびる．～
up 干上がる；《話》黙る／乾いた；ひ
からびた；禁酒(制)の；無味乾燥な.
go ～ 禁酒制をしく．～ battery[cell]乾
電池．～ bones 骨と皮ばかりの人．～
cleaning ドライ・クリーニング．～ goods
呉服類；雑穀；雑貨．～ measure 乾

量(穀物などを量る)．～ nurse 保母(乳
を飲まさず養育する)．～ plate 乾板.
～-shod 足〔靴〕をぬらさぬ．**dry-
ing** 乾かす，乾燥用の；乾く．**dryly** 冷
淡に．**dryness** 冷淡.

dryad[dráiəd]〔ギリシャ神話の〕森
林の女神，木の精.

DSC 理 学 博 士〔＜〔L〕Scientiae
Doctor＝Doctor of Science〕.

DSL デジタル加入者回線〔＜digital
subscriber line〕；深海散乱層〔＜
deep scattering layer〕.

DST 《米》夏時間，サマータイム〔＜
Daylight Saving Time〕.

DTP デスクトップ出版〔＜desktop
publishing〕.

dual[djú:əl]2 の；二重の；二元的.
dualism 二元論；二神教．**dualist** 二
元論者.

dub[1][dʌb]称号を与える；ナイト爵
を授ける；あだなをつける，称す
る／どんと打つ；突く，つつく.

dub[2]〔吹き替えの〕音声を加える；〔テ
ープを〕ダビングする.

dub[3] 不器用者，へまな人.

dubious[djú:biəs]曖昧な；不確か
な；疑って．**dubiously** 副 **dubious-
ness** 名

ducal[djú:kəl]公爵の.

duchess[dʌtʃis]公爵夫人.

duchy[dʌtʃi]公 爵 領(duke または
duchess の鳴る地).

duck[1][dʌk]頭を水に突っ込む；水に
もぐる；ひょいと頭を下げる／水
に突っ込む；避ける，逃れる／ひ
ょいと頭を下げること.

duck[2] アヒル；カモ；雌ガモ(雄は
drake).

duckbill カモノハシ.

duckboard〔ぬかるみなどに敷く〕
敷板，踏板.

duckling アヒルの子；子ガモ.

duct[dʌkt]管，導管.

ductile[dʌktəl, -tail]引き伸ばしやす
い；しなやかな；素直な.

dud[dʌd]だめな人〔物〕；役立たず；不発弾／価値のない；役立たずの.

dude[djú:d]《米》しゃれ者，めかし屋.

dudgeon[dʌ́dʒən]立腹．in high ～ 大いに立腹して.

due[djú:]当然支払うべき；当然の；正当の；到着するはずの；…のせいで(ある)《to》／正しく，正当に／当然払われるべきもの，当然なすべきこと；税，料金，会費．～ to …のため．～ date〔手形などの〕期日,満期日.

duel[djú:əl]決闘／決闘する.

duet[djuét]二重奏〔唱〕(曲).

duff[dʌf]プディングの一種(干しブドウなどを入れる).

duff[dʌf]〔古物・盗品を〕新品に見せかける；〔ゴルフで〕打ちそこねる，ダフる.

duffer[dʌ́fər]まぬけ，能なし.

dug[dʌg]dig の過去・過去分詞.

dugout[dʌ́gaut]丸木舟；横穴；塹壕；〔野球〕ダッグアウト.

DUI 飲酒運転(< driving under the influence).

duke[djú:k]公爵；公．**dukedom** 公国；公爵の位.

dulcet[dʌ́lsət]美音の.

dulcimer[dʌ́lsəmər]ダルシマー(打弦楽器).

dull[dʌl]鈍い，不活発な；さえない／鈍くする；〔疼痛などを〕和らげる／鈍くなる；和らぐ．**dul(l)ness** 愚鈍；不活発；陰気．**dully** 副

duly[djú:li]正しく，当然に；十分に；滞りなく.

dumb[dʌm]口のきけない．～ show だんまり(芝居)；身振り．**dumbly** 黙して．**dumbness** 口がきけないこと；無言.

dumbbell ダンベル，亜鈴.

dumbwaiter 回転式食品台；《米》料理運搬用小型エレベーター.

dum(b)found びっくりさせる，あきれさせる.

dummy[dʌ́mi]替え玉；かいらい，手先；〔店頭の〕飾り人形；まがいもの／贋のの.

dump[dʌmp]ごみ捨て場；〔軍隊〕臨時(弾薬)集積場／〔塵芥などを〕どさっとあける，投げ捨てる；ダンピングする，〔外国市場で〕投げ売りする．～ car ダンプカー．～ truck ダンプトラック.

dumpling[dʌ́mpliŋ]〔シチューなどに入れる〕蒸し団子；果物などを皮でくるんでゆでた〔焼いた〕デザート.

dumps[dʌmps]意気消沈，ゆううつ．in the ～ ふさぎ込んで.

dumpy[dʌ́mpi]ずんぐりした，太くて短い.

dun[dʌn]こげ茶色(の).

dun[dʌn] うるさく借金の催促をする／借金取り.

dunce[dʌns]できない生徒；ばか.

dunderhead[dʌ́ndərhed]大ばか者.

dune[djú:n]〔海辺の〕砂丘.

dung[dʌŋ]〔動物の〕糞．**dungy** 糞だらけの.

dungeon[dʌ́ndʒən]土牢，地下牢.

dunghill〔動物の〕糞の山；堆肥.

dunk[dʌŋk]〔パンなどをミルクなどに〕浸す；水に浸す；〔バスケット〕ダンクショットする.

duo[djú:ou]二重奏〔唱〕；2人組.

duodecimal[djuːədésəməl]十二進法(の).

duodenum[djuːədí:nəm]十二指腸.

dupe[djú:p]だまされやすい人，まぬけ／欺く，だます.

duplex[djú:pleks]二重の，二連式の．～ -apartment メゾネットアパート(上下2階を含む高級アパート).

duplicate[djú:pləkeit]倍にする；二重にする；写しをとる，複写する／[-kit]二重の，対の；副の／複製；謄本；写本；控え．**duplication** 名

duplicity[djuplísəti]二枚舌；かげひなた.

durability[djuərəbíləti]耐久性；耐久力.

durable[djúərəbl]持ちのよい，持続する，堅牢な．**durably** 副

duralumin[djurǽljəmən]ジュラルミン.

duration[djuréiʃən]持続〔耐用〕期間.

duress[djurés]強迫；監禁.

during[djúəriŋ]…の間じゅう；…の間に.

durst[də́:rst]dareの過去.

dusk[dʌsk]薄暗がり，たそがれ. at ~ 日暮れに.

dusky[dʌ́ski]薄暗い；浅黒い. **duskily**副 **duskiness**名

dust[dʌst]ちり，ほこり，粉/花粉/ちりを払う；粉をふりかける. bite the ~ 倒れる；殺される；敗北する. **duster**ちり払い，はたき；《米》ダスター・コート；粉振りかけ器. **dusty**ほこりだらけの.

dustbin《英》ごみ箱.

dustman《英》掃除夫.

dustpanちり取り.

Dutch[dʌtʃ]オランダ人；オランダ語/オランダ(人)の；オランダ語の. ~ treat《米語》わりかん.

Dutchmanオランダ人.

duteous[djú:tiəs] = dutiful.

dutiful[djú:tifəl]従順な；礼儀正しい. **dutifully**副

duty[djú:ti]義務，本分，任務；忠順；税，関税. ~ -free無税の，免税の.

duvet[dju:véi]羽毛布団.

DV家庭内暴力，ドメスティック・バイオレンス〔< domestic violence〕.

DVDデジタル・ビデオ〔多用途〕ディスク〔< digital video〔versatile〕disc〕.

DVT深部静脈血栓(エコノミークラス症候群の症状)〔< deep vein thrombosis〕.

dwarf[dwɔ́:rf]こびと，矮小 の動物〔植物〕/成長を妨げる；小さく見せる〔見える〕. **dwarfish**矮小な.

dwell[dwél]住む. ~ on 思案する；詳説する；ぐずつく. **dweller**居住者.

dwelling住居；居所.

dwelt[dwélt]dwellの過去・過去分詞.

DWI飲酒運転，酒気帯び運転〔<

driving while intoxicated〕.

dwindle[dwíndl]だんだん減る；少なくなる；衰える.

DWT積載重量トン〔< deadweight tonnage〕.

DX¹遠距離(通信)〔< distance〕.

DX²デジタルトランスフォーメーション〔< digital transformation〕.

dye[dái]染める〔まる〕/染料. **dyeing**染色(法)；染め物業. **dyer**染め物師.

dyestuff染料.

dying[dáiiŋ]死にかかっている，臨終の；《話》しきりに…したがっている.

dynamic[dainǽmik]力学(上)の；動的な；力強い.

dynamics[dainǽmiks](単)力学，動力学；(複)原動力.

dynamite[dáinəmait]ダイナマイト/《米俗》すごい，抜群の.

dynamism[dáinəmizm]力強さ；活力；大きな変化.

dynamo[dáinəmou]発電機，ダイナモ；《俗》精力的な人.

dynast[dáinæst]世襲君主. **dynastic**王朝の. **dynasty**王朝；名門.

dysentery[dísəntri]赤痢 .

dyspepsia[dispépʃə], **dyspepsy**[-si]消化不良.

dyspeptic[dispéptik]胃弱の人/消化不良の.

dystrophy[dístrəfi]栄養失調(症)；発育不全；筋ジストロフィー.

dz.ダース〔< dozen(s)〕.

E

each[í:tʃ]各自の〔に〕/各自. ~ other互いに.

EAEC東アジア経済会議〔< East Asia Economic Caucus〕.

eager[í:gər]熱心な《in》；熱望して〔いる《about, for》. **eagerly**副 **eagerness**名

eagle[í:gl]ワシ；ワシ印. ~ -eyed眼光の鋭い.

E&OE 誤記脱落は除く〔< Errors and Omissions Excepted〕.

ear¹[íər] 耳；聴覚；〔水差しなどの〕取っ手．up to the ears〔恋や借金などに〕はまりこむ．

ear²〔麦などの〕穂．

earache 耳(の) 痛み．

eardrop 耳飾り；耳薬．

eardrum 鼓膜．

earl[ə́ːrl]〔英国の〕伯爵．**earldom** 伯爵の身分〔領地〕.

earlap 耳たぶ．

early[ə́ːrli] 早い；初期の／早く．keep ~ hours 早寝早起きする．~ **bird** 早起きの人．

earmark〔所有者を示す家畜の〕耳印；〔資金・品物などを〕取っておく《for》.

earn[ə́ːrn] 働いて得る；取る．**earner** 金を稼ぐ人．**earning** 働いて稼ぐこと／収入；収益．

earnest¹[ə́ːrnist] 熱心(な)；まじめ(な)．in ~ 本気で．**earnestly** 副 **earnestness** 名

earnest² 手付金，保証金．

earnings 収入，利益．~ **stripping rules** 収益剥離規則.

earphone イヤホーン．

earring イヤリング．

earshot 声の届く距離．

earth[ə́ːrθ] 地球；陸地；土；世界；世間；アース／土に埋める；〔キツネなどを〕穴に追い込む．**--friendly** 地球にやさしい．

earthen[ə́ːrθən] 土 製 の，陶 製 の．**eathenware** 土器 (の)，陶器 (の)．

earthly[ə́ːrθli] 地球の；この世の．**earthliness** 現世的なこと．

earthquake 地震．

earthward(s) 地面の方に．

earthwork 土木工事；土塁．

earthworm ミミズ．

earthy[ə́ːrθi] 土の；現実的な；世俗的な．

earwax 耳あか．

earwig[íərwig] ハサミムシ／入れ知恵する．

ease[íːz] 安楽；安心；容易／楽にする；緩和する；弛 ゅる める．at(one's) ~ 気楽に．with ~ 容易に．

easel[íːzəl] 画架．

easily[íːzili] 容易に；すらすらと；気楽に．

easiness[íːzinəs] 容易，安楽；〔挙動の〕ゆったり．

east[íːst] (the) 東，東部；(the E-) 東洋；《米》東部地方／東(方・部) の；東からの／東に；東へ．**the East Coast**(米国の) 東海岸．**the Far East** 極東．**the Near East** 近東．**easterly** 東(方) からの，東への／東から；東へ．**eastern** 東(方・部) の；東洋の．**eastward** 東方の〔へ〕；東に〔へ〕．**eastwards** 東に，東へ．

Easter[íːstər] 復活祭．**Easter egg**〔復活祭の〕彩色卵．**Easter Monday** 復活祭の翌日(英国では休日)．**Eastertide** 復活祭節．

easy[íːzi] 容易な，安楽な；ゆったりした；裕福な；穏やかな．~ **chair** 安楽いす．~ **mark**《話》だまされやすい人．

easygoing のんきな．

eat[íːt] 食べる；冒す／食事する；食い込む《into》．**eatable** 食用の．**eatables** 食料品．**eater** 食べる人．

eaten[íːtn] eat の過去分詞．

eaves[íːvz] 軒．

eavesdrop 立ち聞きする／雨だれ．

ebb[éb] 干潮；衰退／(潮が) 引く；衰える．at a low ~引潮で．~ **tide** 干潮．

ebonite[ébənait] 硬化ゴム，エボナイト．

ebony[ébəni] 黒檀 だ／真っ黒な．

EBRD 欧 州 復 興 開 発 銀 行〔< European Bank for Reconstruction and Development〕.

EBU ヨーロッパ放送連合〔< European Broadcasting Union〕.

ebullient[ibʌ́ljənt]沸騰した；熱狂した. **ebullition**名

EC 欧州共同体(欧州連合の前身)〔< European Community〕.

ECA 国連アフリカ経済委員会〔< Economic Commission for Africa〕.

ECB 欧州中央銀行〔< European Central Bank〕.

eccentric[ikséntrik]風変わりな；中心を異にした／変人. **eccentricity** 風変わり；奇行；奇癖.

ecclesiastic[ikli:ziǽstik]聖職者；牧師. **ecclesiastical** 教会の. **ecclesiastically** 副

ECE 欧州経済委員会〔< Economic Commission for Europe〕.

ECG 心電図〔< electrocardiogram〕.

echelon[éʃəla:n]〔軍隊〕梯形陣, 梯陣.

echo[ékou]こだま(する)，反響(する〔させる〕)；まねごと／まねして言う.

eclair[eikléər]エクレア(菓子).

eclat[eiklá:]喝采；大成功.

eclectic[ekléktik]折衷の／折衷主義の〔者〕. **eclecticism** 折衷主義.

eclipse[iklíps]〔太陽・月の〕食／食を起こす；失墜する.

ecliptic[iklíptik]黄道(の)；食の.

eclogue[éklɔ:g]牧歌, 田園詩.

ECM 電子戦対策〔< electronic counter measures〕.

eco-[ékou-, -kə-]「環境, 生態系」の意の結合形. **~-friendly** 環境にやさしい. **ecotourism** 環境保護の観光；エコツーリズム.

ecocide[ékəsaid]環境破壊.

E. coli [í:kóulai] 大腸菌〔< Escherichia coli〕.

ecological[ekəlá:dʒikəl]生態学の；環境保全上の. **ecologically** 副

ecology[iká:lədʒi]生態学；生態環境. **ecologist** 生態学者.

economic[ekənámik]経済の；経済学の；採算のとれる. **~ growth** 経済成長. **~ value added** 経済付加価

値〔略 EVA〕/**economical** 経済的な；倹約の. **economically** 経済的に.

economics 経済学.

economy[iká:nəmi]経済；倹約. **~ class** エコノミークラス. **~ class syndrome** エコノミークラス症候群.

economist 経済学者；節約家.

economize 節約する；有益に使う.

ECOSOC[ékousak]経済社会理事会〔< Economic and Social Council〕.

ecosphere[í:kousfiər]生態圏.

ecosystem[í:kousistəm]生態系.

ecotype[í:koutaip]生態型.

ecru[ékru:]生*き*なりの；亜麻色(の).

ecstasy[ékstəsi]エクスタシー；恍惚；有頂天. **ecstatic**[ekstǽtik]形

ECT 電気ショック療法〔< electroconvulsive therapy〕.

ectopic[ektá:pik]転位の. **~ pregnancy** 子宮外妊娠.

ectoplasm[éktəplæzm]〔細胞質の〕外層；霊気.

ECU, ecu 欧州通貨単位, エキュー〔< European Currency Unit〕.

Ecuador[ékwədɔ:r]エクアドル(共和国) (Republic of Ecuador).

ecumenical[ekjəménikəl]全般の, 万国の；全キリスト教の.

eczema[éksəmə, égzə-]湿疹*しん*.

ED 勃起不全〔< erectile dysfunction〕.

Ed. D. 教育学博士〔< Doctor of Education〕.

eddy[édi]渦, 旋風／渦を巻かせる；渦巻く.

edelweiss[éidlvais]エーデルワイス.

edema[idí:mə]浮腫, 水腫, むくみ.

Eden[í:dn]エデンの楽園；楽園；極楽.

edge[édʒ]刃；縁*ち*, 辺*ん*／刃〔辺〕を付ける；少しずつ進める／そろそろ進む；斜めに進む. **edged** 刃のある；縁の付いた；鋭い.

edgeways, edgewise 端を向けて；刃を向けて；横から.

edgy[édʒi]いらいらした；輪郭のはっ

きりした.

edible[édəbl]食用に適する, 食用の / 食用品. **edibility** 名

edict[íːdikt]勅令, 布告.

edification[edəfikéiʃən]教化.

edifice[édəfis](大) 建築物.

edify[édəfai]徳に導く, 教化する.

edit[édət]編集する.

edition[idíʃən];出版部数.

editor[édətər]編集者[長], 主筆 (editor-in-chief);[コンピュータ]エディター(編集ソフト). **editorship** 編集者[主筆] の地位・職.

editorial[editɔ́ːriəl]編集(者) の / 社説, 論説.

EDP 電子データ処理[< electronic data processing].

EDT [米国時間帯] 東部夏時間[< Eastern Daylight Time].

EDTV 高画質テレビ, クリアビジョン [< extended definition television].

educable[édʒukəbl]教育できる.

educate[édʒukeit]教育する, 養成する. **educated** 教育を受けた. **educative** 教育的な. **educator** 教育者.

education[edʒəkéiʃən]教育, 養育; 教育学. **educational** 教育の. **education(al)ist** 教育学者[理論家]. **educator** 教育者.

educe[idjúːs]引き出す; 推論する.

EEA 欧州経済地域[< European Economic Area].

EEG 脳波図[< electroencephalogram].

eel[íːl]鰻 🐍.

eerie, eery[íəri]不気味な; すごい.

EEZ 排他的経済水域[< exclusive economic zone].

efface[iféis]消す. **effacement** 抹殺; 削除.

effect[ifékt]結果;効果;影響;意味; 外見; (複) 家財 / 果たす, 遂げる; 生じる. in ~ 実際には.

effective[iféktiv]効果的な. **effec-**

tively 副 **effectiveness** 名

effectual[iféktʃuəl]有効な. **effectually** 副 **effectuality** 名

effectuate[iféktʃueit]有効にする;果たす.

effeminate[ifémənət]女々しい, 柔弱な. **effeminacy** 名

effervesce[efərvés]沸騰する;興奮する. **effervescence** 名 **effervescent** 形

effete[efíːt]精力の尽きた;無力の.

efficacious[efəkéiʃəs]有効な. **efficaciously** 副 **efficaciousness** 名

efficacy[éfikəsi]ききめ, 効力.

efficiency[ifíʃənsi]能力;能率.

efficient[ifíʃənt]能率的な;有能な; 実力ある. **efficiently** 有効に;能率的に.

effigy[éfidʒi]像, 肖像.

effloresce[eflərés]開花する;栄える; 風化する. **efflorescence** 名 **efflorescent** 形

effluent[éfluənt]流出[放出] する / 放流;廃棄汚水.

efflux[éflʌks]流出(物);満期.

effort[éfərt]努力, 労苦;成果. **effortless** 努力をしない;骨のおれない.

effrontery[ifrʌ́ntəri]鉄面皮.

effulgence[ifʌ́ldʒəns]光輝. **effulgent** 光輝ある.

effuse[ifjúːz]放出[流出]する, 流れ出る;[心情を] 吐露する. **effusion** 流出;発散;吐露. **effusive** あふれるような.

EFL 外国語としての英語[< English as a Foreign Language].

E-free [食品が] 無添加の.

EFTA [éftə] 欧州自由貿易連合[< European Free Trade Association].

e.g. [iːdʒíː, fərigzǽmpl]たとえば[<L exempli gratia].

egalitarian[igælətéəriən]平等主義の / 平等主義者.

egg¹[ég]卵;卵子.

egg² おだてる，扇動する《on, to do》.

eggnog 卵酒.

eggplant ナス.

eggshell 卵の殻.

eglantine[égləntain] 野バラ.

ego[íːgou, égou] 自我. **egoism** 利己主義；自分勝手. **egoist** 利己主義者 **egoistic** 利己的な；自分勝手な. **egotism** 自己中心癖；わがまま. **egotistic** 自己中心の.

egregious[igríːdʒəs] 法外な；ばかげた. **egregiously** 副

egress[íːgres] 退去；出口.

egret[íːgrət] シラサギ.

Egypt[íːdʒipt] エジプト（・アラブ共和国）(Arab Republic of Egypt).

Egyptian[idʒípʃən] エジプト（人・語）の／エジプト人［語］.

Egyptology[iːdʒiptáːlədʒi] エジプト学. **Egyptologist** 名

eh[éi] えっ，何，あ!

EIB 欧 州 投 資 銀 行〔< European Investment Bank〕.

eider[áidər] ケワタガモ.

eiderdown ケワタガモの綿毛（の羽ぶとん）.

eight[éit] 8（の）. ～**fold** 8 倍の〔に〕，八重の〔に〕.

eighteen[eitíːn] 18（の）. **eighteenth** 18 番目（の）；18 分の 1（の）.

eighth[éitθ] (the ～) 8 番目（の）；8 分の 1（の）. ～ **note** 8 分音符. **eighthly** 副

eighty[éiti] 80（の）. **eightieth** 80 番目（の）；80 分の 1（の）.

either[íːðər, áiðər]〔否定文で〕〔二者または数者中の〕どちらか，どちらも；おのおの／～ … or …どちらか.

ejaculate[idʒǽkjəleit] 叫 び 出 す；射精する. **ejaculation** 射精. **ejaculatory** 形

eject[idʒékt] 追い出す；立ち退かす；排 出 す る. **ejectment, ejection** 名 **ejective** 放出する，噴出する.

eke[íːk] 補う.

EKG 心電図(= ECG).

el[él]《米語》高架鉄道.

elaborate[ilǽbərət] 苦心して作る，念入りに仕上げる／念入りな，緻密 ﾁﾐﾂ な. **elaborately** 副 **elaborateness elaboration** 名 **elaborative** 丹精をこめた.

elapse[ilǽps]〔時が〕経過する.

elastic[ilǽstik] 弾力のある；伸縮自在な；軽快な／ゴムひも. **elastically** 副 **elasticity** 弾力(性)；回復力.

elate[iléit] 得意がらせる. **elated** 意気揚々とした. **elation** 得意満面.

elbow[élbou] 肘 ﾋｼﾞ；L 字形の；屈曲. at one's ～ そばに. ～ **grease**《話》力仕事.

elbowroom 活動の余地.

elder[éldər] 年上の；古参の／年長者；長老, (複) 先輩. **elderly** 初老の.

eldest[éldist] 最年長の.

El Dorado[el dəráːdou] エルドラド，〔想像上の〕黄金郷.

elect[ilékt] 選ぶ；選挙する／選ばれた. **elector** 選挙人，有権者；《米》大統領(副大統領) 選挙人.

election[ilékʃən] 選挙，選出. **electioneer** 選挙運動をする(人).

elective[iléktiv] 選挙による；選択の／《米》選択科目.

electoral[iléktərəl] 選挙人(の). ～ **college**《米》〔大統領・副大統領を選出する〕選挙人団.

electorate[iléktərət] (the ～)〔集合的〕選挙民，有権者.

electric[iléktrik] 電気の. ～ **chair**〔死刑用の〕電気いす. **electrical** 電気に関する. **electrically** 副

electrician[ilektríʃən] 電気学者；電気技師.

electricity[ilektrísəti] 電気；電気学.

electrify[iléktrəfai] 電気を通じる；感電させる；充電する；電化する.

electrification 感電；電化.

electrocardiograph[ilektrou-ká:rdiəgræf]心電計. **electrocardiogram** 心電図.

electrochemistry[ilektrou-kéməstri]電気化学.

electrocute[iléktrəkju:t]電気いすで死刑にする. **electrocution** 名

electrode[iléktroud]電極.

electroencephalograph
[ilektrouenséfələgrɑ:f]脳波記録装置. **electroencephalogram** 脳波（図）.

electrolysis[ilektrá:ləsis]電気分解，電解.

electrolyte[iléktrəlait]電解質；電解液.

electrolyze[iléktrəlaiz]電気分解する.

electromagnet[ilektroumǽgnət]電磁石. **electromagnetic** 電磁石の；電磁気の. **electromagnetism** 電磁気；電磁気学.

electromotive[ilektroumóutiv]電動の／電気機関車.

electron[iléktrɑ:n]電子，エレクトロン.

electronic[ilektrɑ́:nik] 電 子 の. **electronics manufacturing service** 電子機器受託製造サービス〔略 EMS〕. **electronics** 電子工学. ~ **commerce**〔EC〕Eコマース；電子商取引. ~ **-learning** eラーニング. ~ **mail** Eメール. ~ **-sports** eスポーツ.

electroplate[iléktroupleit]電気めっきする／電気めっき製品.

electrostatic[ilektroustǽtik]静電気の.

eleemosynary[elimásəneri]慈善の；施しを受ける.

elegance[éligəns]優美，上品.

elegant[éligənt]優美な，優雅な；趣の深い. **elegantly** 副

elegiac[elidʒáiək]悲歌の／(複) 悲歌，挽歌ぼ゚.

elegy[élədʒi]挽歌ぼ゚，悲歌.

element[éləmənt]要素；元素；四大〔地・水・火・風〕の1つ／(the ~ s) 自然力，風雨；本領；原理；初歩. **the Elements** 聖餐用のパンとぶどう酒. **elemental** 要素〔元素〕の；基本的な；原理の；初歩の；自然力の.

elementary[eləméntəri]基本の；初歩の；初等の；基礎の, ~ **education** 初等教育. ~ **school** 小学校.

elephant[éləfənt]象.

elephantiasis[eləfəntáiəsis]象皮病.

elevate[éləveit]上げる；高める；昇進させる；励ます；〔心を〕向上させる. **elevated railway** 高架鉄道. **elevation** 上げること，高めること；高さ，高度；高地；高尚；昇進.

elevator[éləveitər]《米》エレベーター，昇降機《英》；〔飛行機の〕昇降舵ɖ；《米》穀物倉庫.

eleven [ilévən] 11(の). **eleventh** 11番目(の)；11分の1(の). at the eleventh hour きわどい時に.

elevenses[ilévənziz]《英話》〔午前11時ごろの〕お茶.

elf[élf]小妖精. **elfish** いたずらな.

elfin[élfin]小妖精(の)；いたずらっ子.

elicit[ilísət]〔真理などを〕引き出す；〔返事などを〕誘い出す.

elide[iláid]〔母音または音節を〕省略する.

eligible[élədʒəbl]被選挙資格のある；適当な／有資格者，適任者. **eligibility** 被選挙資格；適任. **eligibly** 副

eliminate[ilíməneit]排除する，除く. **elimination** 排除；除去；予選.

ELINT [élint] 電子情報収集〔< electronic intelligence〕.

elite[ilí:t, eil-]エリート；精鋭〔選り抜き. **elitism** 精鋭主義；エリート意識. **elitist** 精鋭主義者／精鋭主義の.

elixir[ilíksər]エリキシル，錬金薬；万能薬.

E

Elizabethan[ilizəbíːθən] エリザベス朝の(人).

elk[élk][北欧・アジア産] ヘラジカ.

ellipse[ilíps] 楕円形(形).

ellipsis[ilípsis]〔文法〕省略;省略符号.

elliptic, elliptical[ilíptik, -tikəl] 楕円形(形の;省略の). **elliptically** 楕円形に;省略して.

elm[élm]ニレ.

elocution[eləkjúːʃən] 雄弁術, 朗読法. **elocutionary** 雄弁術の. **elocutionist** 雄弁家.

elongate[ilɔːŋgeit] 延ばす/延びた;細長い. **elongation** 延長(線).

elope[ilóup] 駆け落ちする. **elopement** 駆け落ち.

eloquent[éləkwənt] 雄弁(術)の. **eloquence** 名 **eloquently** 副

El Salvador[el sælvədɔ:r] エルサルバドル(共和国)(Republic of El Salvador).

else[éls] 他の, 別の/その他に;(or else で) さもなければ.

elsewhere[élshwèər] よそに.

elucidate[ilúːsədeit] 明らかにする, 説明する. **elucidation** 説明, 解説.

elude[ilúːd] 避ける;逃れる.

elusion[ilúːʒən] 回避;ごまかし.

elusive, elusory[ilúːsiv, ilúːsəri] うまく逃げる;雲をつかむような.

elves[élvz] elf の複数.

emaciate[iméiʃieit] 憔悴(しょうすい)させる, やせ衰えさせる. **emaciated** やせ衰えた. **emaciation** 名

e(-)mail[íːmeil] (電子) メールする/(電子) メール.

emanate[éməneit] 放射する, 発散する《from》. **emanation** 放射(物).

emancipate[imǽnsəpeit] 解放する. **emancipated** 形 **emancipation** 名 **emancipationist**(奴隷) 解放論者.

emasculate[imǽskjəleit] 去勢する;弱くする/[-lit] 弱々しい. **emasculation** 名

embalm[imbáːm] 防腐処理をする;ミイラにする.

embank[embǽŋk] 堤を築く. **embankment** 堤, 堤防.

embargo[imbáːrgou] 出〔入〕港を停止する;押収する/出〔入〕港停止;輸出禁止.

embark[imbáːrk] 乗船する;関係する/船に乗せる;〔冒険的に〕投資する. **embarkation** 乗船;搭載.

embarrass[imbǽrəs] 当惑させる;邪魔する;金に困らす. **embarrassed** ばつの悪い;照れくさい. **embarrassing** 困る, やっかいな. **embarrassment** 当惑;困難;(通例複) 財政困難.

embassy[émbəsi] 大使館;大使館員;大使一行;大使の任・職.

embattle[imbǽtl] 陣容を整える;防備を固める. **embattled** 戦闘隊形をとった;敵に包囲された.

embay[imbéi] 湾内に入れる.

embed[imbéd] 埋める;深く〔心に〕留める.

embellish[imbéliʃ] 飾る. **embellishment** 名

ember[émbər] (通例複) 燃えさし.

embezzle[imbézl]〔委託金などを〕着服する. **embezzlement** 使い込み, 横領罪. **embezzler** 横領者.

embitter[imbítər] 苦しくする;一層悪くする;憤激させる.

emblazon[imbléizn] 紋章で飾る;はでに飾る;称賛する. **emblazonry** 紋章描画(法);紋飾り.

emblem[émbləm] 象徴;記章;紋章/象徴する. **emblematic , emblematical** 形

embodiment[imbáːdimənt] 具体化;化身.

embody[imbáːdi] 具体化する;体現する;包含する.

embolden[imbóuldən] 勇気を与える;大胆にする.

embolism[émbəlizm] 塞栓(そくせん)症.

embosom[imbúzəm] 胸に抱く；囲む.

emboss[imbɔ́:s] 浮き彫りにする；〔物の表面などを〕浮き上がらせる.

embower[imbáuər]〔樹木で〕隠す.

embrace[imbréis] 抱きしめる；囲む；包含する／抱擁. **embraceable** 形

embrasure[imbréiʒər]〔城壁上部に切りこんだ〕狭間 ﬔ.

embrocation[embrəkéiʃən]〔薬の〕塗布；塗り薬.

embroider[imbrɔ́idər] 刺繍 ﬔ する；飾る；粉飾する. **embroidery** 刺繍；粉飾.

embroil[imbrɔ́il] 巻き込む；紛糾させる. **embroilment** 名

embryo[émbriou] 胚 ﬔ (の)；胎児(の)；幼虫(の)；初期(の) **embryonic stem cell** 胚性幹〔万能〕細胞.

embryology[embriá:lədʒi] 発生学；胎生学.

emcee[émsí:]《話》〔ラジオ・テレビの〕司会者.

emend[iménd] 校訂する，修正する. **emendation** 名

emerald[émərəld] エメラルド (のような)；エメラルド色(の).

emerge[imə́:rdʒ] 現れる；抜け出る. **emergence** 出現；脱出. **emerging** 形 **emerging country** 新興国.

emergency[imə́:rdʒənsi] 非常の場合，緊急事態. ～ **exit** 非常口. the ～ **services** 救急隊.

emergent[imə́:rdʒənt] 表面に出た；突然現れた；新興の.

emeritus[imérətəs] 名誉退職の. ～ **professor** 名誉教授.

emery[éməri] 金剛砂. ～ **paper** 紙やすり.

EMF 電磁場[< electromagnetic field].

Emf 起電力[< electromotive force].

emigrant[émigrənt]〔他国に〕移住する(人)；出稼ぎの(人).

emigrate[éməgreit]〔他国に〕移住る〔させる〕. **emigration** 移住〔民〕.

eminence[émənəns] 高所；高位；卓越；著名. ～ **grise** 黒幕.

eminent[émənənt] 優秀な；著名な. **eminently** 副

emir[imíər] アラビアの首長，王族.

emirate[imíərət] 首長の権限；首長国.

emissary[éməseri] 密使.

emission[imíʃən] 放射，発出，発散. ～ **control** 排出規制.

emit[imít] 放射する；発行する.

emollient[imá:ljənt] 柔らかにする／軟化剤.

emolument[imá:ljəmənt] (通例複) 給料，手当.

emotion[imóuʃən] 情緒，感情.

emotional[imóuʃənl] 情緒の，感情的な；感動的な；感情に訴える. **emotionally** 副 **emotionalism** 感情主義.

emotive[imóutiv] 感情の；感情に訴える；感動的な.

empathy[émpəθi] 感情移入.

emperor[émpərər] 皇帝；天皇.

emphasis[émfəsis] 強調；強勢. **emphasize**[-saiz] 力説する；強調する.

emphatic[imfǽtik] 力を入れた；著しい. **emphatically** 副

emphysema[emfəsí:mə] 気腫 ﬔ；肺気腫.

empire[émpaiər] 帝国.

empiric[impírik] 経験主義者(の). **empirical** 経験上の，経験的な. **empirically** 経験的に. **empiricism** 経験主義；経験論.

emplacement[impléismənt] 据え付け；位置づけ；銃座.

employ[implɔ́i] 雇う；使う／雇用；使用. in the ～ of … に雇われて. **employer** 雇い主.

employee[implɔ́ii] 使用人；従業員. ～ **stock ownership plan** 従業員持株制度[略 ESOP].

employment[implɔ́imənt]使用；雇用；仕事，職. out of ~ 失業して.

emporium[empɔ́ːriəm]中央市場；商業中心地；大商店.

empower[impáuər]権力を与える. **empowerment** 名

empress[émprəs]女帝；皇后. ~ dowager 皇太后.

emptiness[émptinəs]空虚；空腹；空所；無知.

empty[émpti]からの；空腹の；空虚の；無意味な / からにする / からになる；〔川などが〕海に注ぐ. ~ -handed 手ぶらで. ~ -headed 知恵のない.

empyema[empaíːmə]蓄膿症.

empyreal[empírəl]〔古代人の宇宙論の〕最高天の，浄火の；空の. **empyrean** 最高天；天空.

EMS 国際スピード郵便〔< Express Mail Service〕；欧州通貨制度〔< European Monetary System〕.

EMT 救急救命士〔< emergency medical technician〕.

EMU 経済通貨同盟〔< economic and monetary union〕.

emu[íːmjuː]エミュー（オーストラリア産のダチョウに似た鳥）.

emulate[émjəleit]張り合う；見習う；まねる. **emulation** 名

emulous[émjələs]競争の；負けまいとする.

emulsion[imʌ́lʃən]乳剤.

enable[inéibl]できるようにする；力を与える.

enact[inǽkt]〔法律を〕制定する；〔役者が〕…の役を演じる. **enactment** 制定；条例，法令.

enamel[inǽməl]エナメル（を塗る），ほうろうびきにする；ほうろう細工；〔歯の〕ほうろう質.

enamelware ほうろう器具.

enamor[inǽmər]魅惑する. be enamored of〔with〕にほれこむ.

encamp[inkǽmp]陣取る；野営する

〔させる〕. **encampment** 野営（地）.

encapsulate[inkǽpsjuleit]カプセルに包む；要約する.

encase[inkéis]容器に入れる，包む.

encash[inkǽʃ]〔小切手などを〕現金化する.

encephalitis[ensefəláitəs]脳炎.

enchain[intʃéin]鎖でつなぐ；束縛する.

enchant[intʃǽnt]魔法をかける；魅惑する. **enchanter** 魔法使い. **enchanting** 魅惑的な，あでやかな. **enchantment** 魔法（を使うこと）；魅惑. **enchantress** 女魔法使い；魅惑的な女.

enchase[intʃéis]彫り込む；ちりばめる.

encircle[insə́ːrkl]取り巻く；回る.

enclave[énkleiv]飛び領地.

enclose[inklóuz]囲む；包む；同封する.

enclosure[inklóuʒər]囲いこみ；同封のもの；構内；垣.

encode[inkóud]暗号化する.

encomium[enkóumiəm]賛辞，讃美.

encompass[inkʌ́mpəs]取り巻く；包含する. **encompassment** 包囲.

encore[áːŋkɔːr]アンコール（する・を望む）／もう1回！

encounter[inkáuntər]遭遇（する）；会戦，衝突（する）.

encourage[inkə́ːridʒ]元気づける；奨励する. **encouragement** 激励；鼓舞，刺激. **encouraging** 元気づける；励みになる. **encouragingly** 副

encroach[inkróutʃ]侵す《on》，侵害する；蚕食する《on》. **encroachment** 侵害，蚕食.

encrust[inkrʌ́st]皮でおおう.

encumber[inkʌ́mbər]邪魔する《with》；ふさぐ；〔債務を〕負わせる. **encumbrance** 邪魔物；抵当（権）.

encyclopedia, encyclopaedia[insaikləpíːdiə]百科事典. **encyclo-**

pedic 百科全書的；博学な. **ency-clopedist** 百科事典編集者.

end[énd]端；終わり；果て；結果；目的；最期，死／終える／終わる，止む. come to an ~ 終了する. in the ~ 結局. put an ~ to をやめる. ~ -**all** 終結；最終目標. ~ **paper**〔本〕見返し. ~ **product** 最終生成物.

endanger[indéindʒər]危険にさらす，危うくする. **endangered species** 絶滅危機にある種.

endear[indíər]愛させる. **endearing** 可愛い；懐しい. **endearment** 寵愛;愛撫.

endeavor,《英》**endeavour** [indévər]努力／努力する，試みる.

endemic[endémik]風土(病)の／風土病.

ending 終止；終末；語尾.

endgame 終盤；大詰.

endless[éndləs]果てしない，永遠の；不断の. **endlessly** 副

endorse[indɔ́:rs]裏書きする；保証する. **endorsement** 名

endoscope[éndəskoup] 内視鏡. **endoscopy** 内視鏡検査.

endow[indáu]〔基金を〕寄付する；〔能力などを〕賦与する. **endowment** 基金(の寄付)；寄付金；天賦の才.

endue[indjú:]授ける；着せる.

endurable[indjúərəbl]耐えられる.

endurance[indjúərəns]忍耐；耐久力；持続.

endure[indjúər]耐える；持ちこたえる. **enduring** 辛抱する；長持ちする. **enduringly** 副

endways, endwise[éndweiz, éndwaiz]縦に；端を前に〔上に〕して；端を接して.

enema[énəmə]浣腸(剤・器).

enemy[énəmi]敵；敵兵.

energetic[enərdʒétik]精力的な；きびきびした. **energetically** 副

energize[énərdʒaiz]元気をつける.

energy[énərdʒi]精力；(複) 活動力；エネルギー. ~ **saving** 省エネ化.

enervate[énərveit]弱らせる. **enervation** 衰弱.

enfeeble[infí:bl]弱らす，衰えさせる.

enfilade[énfəleid]〔軍隊〕縦射／縦射する.

enfold[infóuld]包む，抱く.

enforce[infɔ́:rs]施行する；強いる. **enforceable** 実行できる. **enforcement** 強制.

enfranchise[infræntʃaiz]釈放する；選挙権を与える.

engage[ingéidʒ] 雇う；〔心を〕引きつける；婚約する；…と戦う／約束する，請け合う；従事する；交戦する. **engaged** 婚約した；仕事をして(いる)；忙しい. **engagement** 約束；婚約；雇用. **engaging** 魅力のある.

engender[indʒéndər]発生させる；引き起こす.

engine[éndʒən]エンジン；機関車；《英》消防車.

engineer[endʒəníər]技師；工学者；機関士；工兵.

engineering 工学.

England[íŋglənd]英国；イングランド. **Englander** イングランド人.

English[íŋgliʃ]英国(人) の；英語の；イングランド(人) の／英語；(the ~) 英国人. ~ **horn** イングリッシュホルン(木管楽器).

Englishman 英国人.

Englishwoman 英国婦人.

engorge[ingɔ́:rdʒ]むさぼり食う；むやみに詰め込む；充血する.

engraft[ingrǽft]つぎ木する；加える.

engrave[ingréiv]彫刻する；〔心に〕銘記する. **engraver** 彫刻師. **engraving** 彫刻術；版(木版・銅版など)；版画.

engross[ingróus]〔心を〕奪う，夢中にさせる；買い占める；独占する；大きな字で書く. **engrossing** 面白い. **engrossment** 大きな字で書くこと；

夢中, 没頭.

engulf[ingʌ́lf]巻き込む.

enhance[inhǽns]増す; 高める. **enhancement**名

enigma[ənígmə]謎.

enigmatic[enigmǽtik], **enigmatical**[-ikl]謎のような. **enigmatically**副

enjoin[indʒóin]命じる; 禁止する.

enjoy[indʒói]楽しむ; 受ける ～ oneself 愉快に過ごす. **enjoyable**愉快な. 楽しい. **enjoyment**享楽; 享受.

enkindle[inkíndl]火をつける; 激励する, 扇動する.

enlace[inléis]巻きつける; 取り巻く; からませる. **enlacement**名

enlarge[inlá:rdʒ]拡大〔拡張〕する; 増補する;〔写真を〕引きのばす/広がる;詳述する. **enlargement**拡大; 引き伸ばし;増補;増築;詳説.

enlighten[inláitn]啓蒙する; 教化する;照らす. **enlightened**啓発された;文明の. **enlightenment**啓蒙, 教化;文化 **the Enlightenment**〔18世紀ヨーロッパの〕啓蒙思想.

enlist[inlíst]兵籍に編入する〔加わる〕;〔兵を〕徴募する;応募する;協力させる〔する〕《in》. **enlistment**兵籍登録;徴募;応募.

enliven[inláivən]活気づける.

en masse[ɑ:ŋ mǽs]一団となって, 一斉に《F》.

enmesh[inméʃ]〔網の目に〕からませる;陥らせる.

enmity[énməti]敵意, 憎しみ, 不和.

ennoble[inóubl]気高くする;貴族に列する.

enology[i:nɑ́:lədʒi]ワイン学.

enormity[inɔ́:rməti]極悪(犯罪); 大罪;法外.

enormous[inɔ́:rməs]巨大な;莫大な;《古》極悪な. **enormously**副

enough[inʌ́f]十分な, ～するに足りる《for》/十分/十分に. **more than**

～十二分の.

enquire[inkwáiər]尋ねる;調べる;＝inquire.

enrage[inréidʒ]怒らせる.

enrapture[inrǽptʃər]狂喜させる, うっとりさせる.

enrich[inrítʃ]富ませる;肥やす;**enriched food**強化食品 . **enrichment**富ませること, 濃縮;強化 **enriched uranium**濃縮ウラン.

enrobe[inróub]衣服を着せる, 正装させる.

enrol(l)[inróul]登録する;兵籍に加える;入会〔入学〕させる〔する〕. **enrol(l) ment**名

ensconce[inskɑ́:ns]安置する;〔身を〕隠す. ～ oneself 身を据える, おさまる.

ensemble[ɑ:nsá:mbl]総体;総合的効果;合奏(曲・団);〔服・家具などの〕アンサンブル.

enshrine[inʃráin]まつる, 安置する;秘蔵する. **enshrinement**名

enshroud[inʃráud]包む, 隠す, おおう.

ensign[énsain]記章, 旗;[énsn]《米》海軍少尉.

enslave[insléiv]奴隷にする.

ensnare[insnéər]わなに掛ける;誘惑する.

ensue[insú:]続いて〔結果として〕起こる. **ensuing**次の.

ensure[inʃúər]確実にする;保証する.

ENT 耳鼻咽喉科〔< ear, nose and throat〕.

entablature[entǽblətʃuər]長押.

entail[intéil]限嗣相続〔財産〕;世襲財産/相続人を限定する;伴う;必要とする.

entangle[intǽŋgl]もつれさす;巻き込む;困らす. **entanglement**もつれ;混乱;当惑; (複) 鉄条網.

entente[ɑ:ntá:nt]協商;協商国. ～ **cordiale**和親;協商.

enter[éntər] 入る；加わる；始める；差しこむ；記入する／入る；登場する. ～ **into** [話など] を始める；〔関係など〕を結ぶ；思いやる；…に加わる. ～ **on** [**upon**] …を始める.

enteric[entérik] 腸の. ～ **fever** 腸チフス.

enteritis[èntəráitəs] 腸炎.

enterprise[éntərpraiz] 事業；冒険心. **enterprising** 企業心のある.

entertain[èntərtéin] もてなす；楽しませる；〔提議などを〕容れる；心にいだく／歓待する、響応する；**entertainer** 芸能人 **entertaining** おもしろい. **entertainingly** 副 **entertainment** もてなし、歓待；宴会；娯楽；演芸、余興.

enthrall, enthral[inθrɔ́ːl] 心を奪う. **enthralling** 魅惑的な.

enthrone[inθróun] 王位につかせる. **enthronement** 即位(式).

enthuse[inθúːz] 熱中する〔させる〕；熱狂する〔させる〕.

enthusiasm[inθúːziæzm] 熱心、熱狂；意気ごみ《for》. **enthusiast** 熱心家、熱狂家. **enthusiastic** 熱狂的な. **enthusiastically** 副

entice[intáis] 誘う；そそのかす《into doing》. **enticement** 誘惑. **enticing** 誘惑的な. **enticingly** 副

entire[intáiər] 完全な；全体の／全体. **entirely** 全くの. **entirety** 完全；全体.

entitle[intáitl] 名付ける；題名〔資格〕を与える. **entitlement** 資格；権利；政府の給付.

entity[éntəti] 実在；本質.

entomb[intúːm] 埋葬する；…の墓となる.

entomology[èntəmɑ́ːlədʒi] 昆虫学. **entomologist** 昆虫学者.

entourage[ɑ̀ːnturɑ́ːʒ] 環境；随員団.

entr'acte[ɑ́ːntrækt]《F》 幕あい(の劇)、間奏曲.

entrails[éntreilz] 内臓.

entrain[intréin] 列車〔電車〕に乗る〔乗せる〕.

entrance[éntrəns] 入学、入社、入会；入場〔入会〕権；入口. ～ **examination** 入学試験. ～ **fee** 入場料.

entrance[intráns] うっとりさせる. **entrancement** 有頂天(にするもの).

entrant[éntrənt] 新入者；出場者.

entrap[intræp] わなに掛ける；落とし入れる；だまして…させる《to do, into doing》.

entreat[intríːt] 懇願する、哀願する. **entreaty** 名

entrée[ɑ́ːntrei] 入場(権)；《米》主要料理.

entremets[ɑ́ːntrəmei]《F》アントルメ(主要料理に添える料理).

entrench[intréntʃ] 塹壕で囲む. **entrenchment** 塹壕；堡塁.

entrepreneur[ɑ̀ːntrəprənə́ːr] 起業家；興業主.

entropy[éntrəpi]〔熱力学・情報理論〕エントロピー.

entrust[intrʌ́st] 任せる、委任する.

entry[éntri] 入ること；入口；登録；記入(事項)；参加(者)；通関手続き. **new** ～ 新規参入. ～ **form** 応募用紙. ～ **permit** 入館許可証. ～ **visa** 入国許可証. **double** ～〔簿記の〕複式.

entwine[intwáin] からませる／からまる.

enumerate[injúːməreit] 数え(上げ)る；列挙する. **enumeration** 計算；列挙.

enunciate[inʌ́nsieit] 言明する；発表する. **enunciation** 名

envelop[invéləp] 包む；囲む. **envelopment** 名

envelope[énvəloup] 封筒、包み紙；〔気球などの〕気のう.

envenom[invénəm] 毒を入れる；悪意をこめる.

enviable[énviəbl] うらやましい. **enviably** 副

envious[énviəs] うらやましそうな、ねたましげな. **enviously** 副 **envious-**

ness 名

environ[inváiərən]取り巻く，囲む．

environs[énvirəns]〔都市の〕近郊，郊外．

environment[inváiərənmənt]環境，周囲の状況；包囲．

environmental[invaiərənméntl]環境の．～ **assessment** 環境アセスメント．～ **disruption** 環境破壊．**environmentalist** 環境保護主義者．

envisage[invízidʒ]心に描く；直視する．

envision[invíʒən]想い描く．

envoy[énvɔi]使節；（全権）公使．

envy[énvi]うらやむ，ねたむ／ねたみ，嫉妬；せん望（の的）．out of ～ 嫉妬のあまり．

enwrap[inrǽp]包む．

enzyme[énzaim]酵素．

eon[íːən]無限に長い時代；永久．

EP レコードのEP盤（45回転）〔< extended play〕．

EPA《米》米国環境保護庁< Environmental Protection Agency〕；エイコサペンタエン酸〔< eicosapentaenoic acid〕．

epaulet, epaulette[épəlet]肩章．

ephedrine[ifédrən]エフェドリン（喘息などの薬）．

ephemera[ifémərə]カゲロウ．**ephemeral** はかない．

epic[épik]叙事詩，史詩／叙事詩の；壮大な．

epicenter, epicentre[épəsentər]震央，震源地．

epicure[épikjuər]美食家；快楽主義者．

epicurean[epikjuəríːən]快楽主義の；食道楽の／快楽主義〔食道楽〕者．**epicureanism** 快楽主義；美食主義．

epidemic[epədémik]伝染病；流行／伝染性の；流行している．

epidermis[epədə́ːrmis]表皮．

epiglottis[epəglátis]喉頭蓋．

epigone[épəgoun]エピゴーネン，〔芸

術・思想の〕亜流；追随者，模倣者．

epigram[épəgræm]警句；風刺詩．**epigrammatic** 形

epigraph[épəgræf]〔墓碑・肖像などの〕碑文，碑銘；題詞．

epilepsy[épəlepsi]てんかん．**epileptic** てんかんの（患者）．

epilogue, epilog[épələːg]結末；結語；演劇の終わりの口上；終曲．

epiphany[ipífəni]〔重大な・突然の〕啓示，（the E-）顕現祭．

episcopal[ipískəpəl]〔宗教〕監督（派）の；（E-）監督派教会の．**episcopalian** 監督派の（人）．

episode[épəsoud]エピソード，挿話；挿話的な出来事．**episodic, episodical** 挿話の，エピソード風の．

epistemology[ipistəmáːlədʒi]認識論．

epistle[ipísl]書簡；（the E-）〔新約聖書中の〕使徒の書簡．

epistolary[ipístəleri]書簡（体）の．

epitaph[épətæf]（墓）碑銘．

epithalamium[epəθəléimiəm]祝婚詩〔歌〕．

epithet[épəθet]形容語（句）．

epitome[ipítəmi]概略；縮図．**epitomize** 要約する．

epoch[épək, íːpɔk]新紀元，〔画期的な〕時代．～ **-making** 新時代を開く，画期的な．

eponym[épənim]名祖 ^祖名(国家などの名の起こりとなった人）．**eponymous** 名祖となった．

epoxy[ipáːksi]エポキシ樹脂／エポキシの．

EQ 教育指数〔< educational quotient〕；感情指数〔< emotional quotient〕．

equable[ékwəbl]均等な，むらのない；平静な．**equably** 副

equal[íːkwəl]等しい；平等な；匹敵する；…する力のある《to, with》／同等の人；同輩；匹敵するもの／…に及ぶ，匹敵する．**equally** 等しく，平

等に. **equality** 同等，平等，均等.

equalize[í:kwəlaiz]等しくする，同等にする. **equalization** 名 **equalizer** 平衡装置；等化器.

equanimity[i:kwəníməti]平静，落ち着き.

equate[ikwéit]等式にする；平等にする.

equation[ikwéiʒən, -ʃən]均分；方程式，等式.

equator[ikwéitər] (the ～) 赤道. **equatorial** 形

Equatorial Guinea 赤道ギニア(共和国)(Republic of Equatorial Guinea).

equestrian[ikwéstriən]馬術の；馬上の / 馬術家；曲馬師.

equilibrium[i:kwəlíbriəm]平均，均衡.

equine[í:kwain]馬の(ような).

equinox[í:kwənaks]昼夜平分時；〔彼岸の〕中日. **equinoctial** 彼岸の.

equip[ikwíp]装備する；艤装する；身につけさせる；授ける. **equipment** 仕度；設備，装置.

equipage[ékwəpidʒ]〔従者付き〕馬車；用具一式；装備.

equipoise[í:kwəpoiz]平衡，釣り合う力.

equitable[ékwətəbl]公平な；正当な. **equitably** 副 **equitableness** 名

equity[ékwəti]公平；正当；衡平.

equivalent[ikwívələnt]同等の；同義の / 同等のもの；〔化学〕当量，当価. **equivalence** 同等.

equivocal[ikwívəkəl]曖昧な；疑わしい. **equivocally** 副

equivocate[ikwívəkeit]言葉をにごす. **equivocation** 名

ER 救急治療室〔< emergency room〕.

ERA 〔野球の〕防御率〔< earned run average〕.

era[íərə]紀元；年代；時代.

eradicate[irédəkeit]根絶する，一掃する. **eradication** 名

erase[iréis]消しとる；削除する. **eraser** 消しゴム；黒板ふき. **erasure** 削除(箇所).

ere[εər]《詩・古》…の前に /…するに先だって.

erect[irékt]直立した / 立てる；建設する. **erection** 直立；建設；勃起. **erector** 設立者. **erectile** 形

eremite[érəmait]隠者.

ergonomics[ə:rgənáːmiks]人間工学.

ergosterol[ə:rgá:stərɔːl]エルゴステロール(紫外線によってビタミン D_2 になる).

Eritrea[eritríːə]エリトリア(State of Eritrea).

ermine[ə́:rmin]白貂；貂の毛皮；法官の宮服・身分.

erode[iróud]侵蝕する；腐蝕する.

erogenous[irádʒənəs]性欲を刺激する；性的に敏感な.

Eros[íərɑːs, érɑːs]〔ギリシャ神話〕エロス(愛の神)；性愛.

erosion[iróuʒən]侵蝕，腐蝕. **erosive** 形

erotic[irátik]性愛の；色情的な. **eroticism** エロチシズム，好色.

err[ə́:r, έər]誤る；罪を犯す. **erring** 身を誤っている.

errand[érənd]使い(の用向き)，使命. go on an ～ 使いに行く.

errant[érənt]遍歴する；間違った. **errantry** 武者修業.

erratic[irétik]風変わりな；移り気な；不規則な. **erratically** 常軌を逸して.

erratum[irá:təm]誤字，誤植. (複) 正誤表.

erroneous[iróuniəs]誤った. **erroneously** 副

error[érər]誤り；思い違い；過失，失策. **errorless** 間違いのない.

ersatz[έərza:ts]代用品 / 代用の.

ERT エストロゲン代償療法〔< estrogen replacement therapy〕.

eructation[irʌktéiʃən]げっぷ.

erudite[érjudait]博学な. **eruditely** 副 **erudition** 名

erupt[irʌ́pt]噴火する. **eruption** 爆発、噴火；噴出物；発疹など. **eruptive** 噴出する；発疹性の. **eruptive fever** 発疹チフス.

erythrocyte[iríθrəsait]赤血球.

ESA 欧州宇宙機関[< European Space Agency].

escalate[éskəleit]〔段階的に〕拡大する；エスカレーターで上〔下〕がる. **escalation** 名

escalator[éskəleitər]エスカレーター.

ESCAP[éskæp]国連アジア太平洋経済社会委員会[< Economic and Social Commission for Asia and the Pacific].

escapade[éskəpeid]勝手気ままな行為；脱線.

escape[iskéip]逃げる；免れる；漏れる／逃亡、脱出；漏れること. **escapement** 逃げ口；〔時計の歯車の〕逃し止め. **escapism** 現実逃避.

escargot[eska:rgóu]エスカルゴ(食用カタツムリ).

eschew[istʃúː]避ける.

escort[éskɔːrt]護衛(兵)；護送(者)／[iskɔ́ːrt]護衛する；護送する.

escritoire[eskritwáːr]ライティングデスク.

escudo[eskúːdou]エスクード(ポルトガルの旧通貨単位).

esculent[éskjələnt]食用になる(もの)〔特に野菜〕.

escutcheon[iskʌ́tʃən]紋章を描いた楯.

Eskimo[éskəmou]エスキモー人(語).

ESL 第二言語としての英語[< English as a Second Language].

ESOP[íːsap]従業員持ち株制度[< employee stock ownership plan].

esophagus[isáːfəgəs]食道.

esoteric[esətérik]奥義の、秘伝の；秘密の.

ESP 超感覚的知覚[< extrasensory perception].

esp. 特に、とりわけ[< especially].

especial[ispéʃəl]特別の、格別の. **especially** 特に.

Esperanto[esperáːntou]エスペラント語.

espial[ispáiəl]探偵、探索.

espionage[éspiəna:ʒ]スパイ行為〔組織〕.

esplanade[ésplənaːd]遊歩道.

espouse[ispáuz]支持する；妻にする. **espousal** 支持；(複) 婚約(披露)、結婚(式).

espresso[esprésou]エスプレッソコーヒー.

esprit[espríː]《F》機知；精神、エスプリ.

espy[ispái]見つける.

Esq., esquire[éskwaiər]《英》 (E-) 様、殿.

essay[ései]随筆；試み／試みる、企てる. **essayist** 随筆家. ～ **examination** 論文試験.

essence[ésns]本質；精髄；エキス；香水；香油. in ～本質的には.

essential[isénʃəl]本質的な；根本的；不可欠の《to》；エキスの／本質的；要素；不可欠のもの. **essentially** 本質的に、本来は.

EST〔米国時間帯〕東部標準時間[< Eastern Standard Time].

est(d) 創立、創業[< established]；推定、予定、見積もり[< estimated].

establish[istǽbliʃ]確立する；設立する；〔地位や場所に〕落ち着かせる；認めさせる. **established** 確立した；既成の.

establishment[istǽbliʃmənt]確立；設立；建設；編成；職員；世帯；建設物；会社；体制；(the E-) 英国国教会.

estate[istéit]所有地〔権〕；財産；《英》団地；身分. ～ **agent** 不動産業者. ～ **car** ステーションワゴン. ～ **tax**

《米》遺産税.

esteem[istíːm]尊重 / 尊重する；…と思う.

esthete[ésθiːt]耽美主義者；美学者.

esthetic[esθétik]美の；美学の. **esthetics**美学.

estimable[éstəməbl]尊重すべき；見積りできる.

estimate[éstəmeit]見積もる，評価する /[-mət]見積り，評価；予算. by ～概算で. **estimation**見積り，概算；評価；判断；尊重.

Estonia[estóuniə]エストニア(共和国) (Republic of Estonia).

estrange[istréindʒ]疎遠にする. **estranged**[夫婦が]別居している；〔人が〕疎遠になった. **estrangement** 名

estrogen[éstrədʒən]エストロゲン(卵胞ホルモン).

estrus[éstrəs]発情期.

estuary[éstʃuəri]河口.

Eswatini[eswát'iːni]エスワティニ王国 (Kingdom of Eswatini, 2018 年に Swaziland から名称変更).

ET 地球外生物[< extraterrestrial].

ETA 到着予定時刻[< estimated time of arrival].

et al. およびその他の人〔物〕〔<《L》 et alia〕.

etc., et cetera[et sétərə]その他；…など.

etch[étʃ]エッチングする. **etching** エッチング(腐蝕銅版画).

eternal[itə́ːrnl]永遠の；果てしない. **eternally** 副

eternity[itə́ːrnəti]永遠；不滅；来世.

ETD 出発予定時刻[< estimated time of departure].

ETF 上場投資信託〔< exchange traded fund〕.

ether[íːθər]エーテル；青空.

ethereal[iθíəriəl]エーテルの；軽い；天上の；霊妙な.

ethic[éθik], **ethical**[-ikəl]倫理(学) の. **ethically** 副 **ethics** 倫理学；道徳.

Ethiopia[iːθióupiə]エチオピア(連邦民主共和国) (Federal Democratic Republic of Ethiopia).

Ethiopian[iːθióupiən]エチオピア (人) の / エチオピア人.

ethnic[éθnik]民族の；人種の；エスニックな；少数民族の.

ethnology[eθnáládʒi]民族(人種) 学. **ethnologist** 名

ethos[íːθɑːs]気風；エートス(pathos の反).

ethyl[éθəl]エチル.

ethylene[éθəliːn]エチレン.

etiolate[íːtiəleit]青白くする；蒼白になる.

etiquette[étikət]エチケット，礼儀，作法.

etude[éitjuːd]練習曲；〔絵などの〕習作.

etymology[etəmáːlədʒi]語源(学)；品詞論. **etymological** 語源(学) の. **etymologist** 名

EU 欧州連合〔< European Union〕.

eucalyptus[juːkəlíptəs]ユーカリ(オーストラリア産の巨樹).

Eucharist[júːkərist]聖餐；聖体(パンとぶどう酒).

eugenics[juːdʒéniks]優生学.

eulogy[júːlədʒi]賛辞；称賛. **eulogize** 称賛する.

eunuch[júːnək]宦官；去勢された男.

euphemism[júːfəmizm]婉曲法；婉曲な言葉. **euphemistic** 婉曲な.

euphonic[juːfáːnik], **euphonious** [juːfóuniəs]音調のよい.

euphony[júːfəni]音調のよいこと.

euphoria[juːfɔ́ːriə]〔病的な〕幸福感.

euphuism[júːfjuizm]誇飾体；美辞麗句.

Eurasia[juəréiʒə]ユーラシア(ヨーロッパとアジア).

Euratom 欧州原子力共同体，ユーラトム〔< European Atomic Energy Community〕.

eureka[juərí:kə] わかった！しめた！《ギリシャ語》.

euro[júərou] EU の通貨単位.

Europe[júərəp] ヨーロッパ.

European[juərəpí:ən] ヨーロッパ(人)の／ヨーロッパ人. **the ～ Union** 欧州連合.

euthanasia[ju:θənéiʒə] 安楽死. **euthanize** 安楽死させる.

euthenics[ju:θéniks] 環境学(環境・生活を改善する).

eutrophic[jutrá:fik] 富栄養化した.

EV 電気自動車〔< electric vehicle〕.

EVA 宇宙船外活動〔< extravehicular activity〕.

evacuant[ivǽkjuənt] 排泄を促す；下剤.

evacuate[ivǽkjueit] からにする；明け渡す；疎開する；排泄する；撤退する. **evacuation** 名

evacuee[ivækjuí:] 疎開者；避難民.

evade[ivéid] 避ける；言い抜ける；〔法律・規則を〕くぐる.

evaluate[ivǽljueit] 評価する. **evaluation** 名

evanescent[evənésnt] すぐに消える；はかない. **evanescence** 名

evangelic[i:vændʒélik]**, evangelical**[-ikəl] 福音(書)の. **evangelism** 福音伝道. **evangelist**(福音)伝道者.

evaporate[ivǽpəreit] 蒸発させる；消滅させる／蒸発する；消滅する. **evaporation** 蒸発；脱水；消滅. **evaporator** 蒸発〔乾燥〕器. **evaporated milk** エバミルク(濃縮牛乳).

evasion[ivéiʒən] 回避；逃避，言い抜け. **evasive** 回避する；あいまいな. **evasively** 副

eve[í:v] 前夜祭；間ぎわ.

even[í:vən] 平らな；なめらかな；互角の《with》；一様な；公平な；平静 な；偶数の／平らにする；同等に扱う／《詩》夕方，晩. **evenly** 平らに；平等に. **evenness** 平均；平等；平静.

even[2] …でも，さえ. **～ if** たとえ…といえば.

evening[í:vniŋ] 夕方，晩. **～ dress** 夜会服. **～ paper** 夕刊. **～ primrose** 月見草. **～ star** 宵の明星.

evensong 晩祷.

event[ivént] 出来事；事件；行事；種目；一勝負. **eventful** 多事な. **eventless** 平穏無事な.

eventide 日暮れ.

eventual[ivéntʃuəl] 終局の；起こるかも知れぬ. **eventuality** 不測の事件；偶発性. **eventually** 結局.

eventuate[ivéntʃueit] 結局…となる，帰する《in》；《米》起こる，生じる.

ever[évər] かつて；いつか；いやしくも；《古》常に，絶えず. **～ so** 大いに.

everglade 沼沢地.

evergreen 常緑の；常緑植物.

everlasting 永久の，果てしない／永久.

evermore 常に；永遠に.

every[évri] あらゆる，…ごとに.

everybody だれでも.

everyday 毎日の，日常の，ふだんの.

everyone = everybody.

everything 何でも；一切.

everyway あらゆる方法で〔点で〕.

everywhere どこでも.

evict[ivíkt] 立ちのかせる；追い出す. **eviction** 名

evidence[évədəns] 証拠；形跡／証言する.

evident[évədənt] 明らかな. **evidential** 証拠となる，証拠に基づく. **evidently** 明らかに.

evil[í:vəl] 悪い／不幸；不吉な／邪悪；災害；悪弊／悪く. **～ -minded** 腹黒い.

evildoer 悪人.

evince[ivíns]表す；証明する.

evoke[ivóuk]呼び出す；喚起する. **evocative** 呼び起こす；思い出させる.

evolution[evəlúːʃən]発展，展開；進化. **evolutional**, **evolutionary** 発展の；進化の. **evolutionism** 進化論. **evolutionist** 進化論者.

evolve[iváːlv]展開する；引き出す；進化する[させる].

ewe[júː]雌羊.

ewer[júːər]水差し.

ex. 例[< example].

exacerbate[igzǽsərbeit]悪化させる. **exacerbation** 名

excl. …を除いて[< excluding].

exact[igzǽkt]正確な；厳密な / 強要する，強いる《from, of》. **exacting** 厳しい；骨の折れる. **exactness** 名

exaction[igzǽkʃən]強要；取立金；苛税.

exactitude[igzǽktətjuːd]正確；厳密.

exactly [igzǽktli]正確に；厳密に；[返事として] その通りです.

exaggerate[igzǽdʒəreit]誇張する. **exaggerated** 誇張された，大げさな. **exaggeration** 名

exalt[igzɔ́ːlt]高める；ほめる. **exalted** 高尚な；有頂天の. **exaltation** 高めること；有頂天.

exam[igzǽm]《話》試験[< examination].

examination[igzæmənéiʃən]試験；検査；調査；尋問；診察.

examine[igzǽmən]調査する；検査する；試験する；尋問する；診察する. **examiner** 試験官；審査官.

examinee[igzǽməníː]受験者.

example[igzǽmpl]例；見本；模範. for ～ たとえば.

exasperate[igzǽspəreit]〔病気などを〕悪化させる；怒らせる. **exasperated** 憤激して. **exasperating** しゃくにさわる. **exasperation** 憤激；悪

化.

excavate[ékskəveit]掘る；発掘する. **excavation** 発掘(物). **excavator** 発掘者；開削機.

exceed[iksíːd]勝る；[限度を] 越える. **exceeding** 非常な. **exceedingly** はなはだ，非常に.

excel[iksél]優れる，卓越する《in》.

excellence[éksələns]優秀；美点，長所. **excellency**(E-) 閣下.

excellent[éksələnt]優れた；優良な. **excellently** 副

excelsior[iksélsiər]さらに高く(New York 州の標語) /《米》木毛 ⅋ (詰め物用).

except[iksépt]…を除いて，他の / 除く，除外する / 反対する. ～ for… を除いて. **excepting** …を除いて，…のほか.

exception[iksépʃən]例外；除外；異議. without ～ 例外なく. **exceptionable** 非難すべき. **exceptional** 例外の；異常な. **exceptionally** 副

excerpt[iksə́ːrpt]抜粋する；引用する《from》/ [éksəːrpt] 抜粋；引用(句)；抜き刷り.

excess[iksés]超過，過度；不節制. ～ fare のりこし料金. **excessive** 過度の. **excessively** 過度に.

exchange[ikstʃéindʒ]交換する《for》；両替する；交わす / 両替できる；交替する / 交換；両替；為替(相場)；取引所；電話交換局. in ～ for… と交換に. ～ rate(外国) 為替レート. ～ student 交換学生. ～ table 為替換算表. ～ traded fund 上場投資信託[略 ETF].

exchangeable[ikstʃéindʒəbl] 交換できる. ～ bond 他社転換株債[略 EB].

exchequer[ékstʃekər]国庫；財源；(E-)《英》大蔵省.

excise¹[éksaiz] 国内消費税 / [eksáiz, iksáiz]国内消費税を課する.

excise²[iksáiz]削除する；切除する. **excision** 切除, 摘出.

exciseman 収税吏.

excitable[iksáitəbl]激しやすい, 気の早い.

excitant[iksáitənt]刺激性の／刺激物.

excitation[eksaitéiʃən]刺激, 興奮.

excite[iksáit]興奮させる, 刺激する；扇動する；〔興味などを〕そそる. **excited** 興奮した. **excitedly** 興奮して. **excitement** 興奮；刺激；さわぎ.

exciting 刺激的な；おもしろい.

exclaim[ikskléim]叫ぶ；大声で言う.

exclamation[ekskləméiʃən]感嘆；叫び；感嘆詞；~ **mark** 感嘆符〔!〕. **exclamatory** 感嘆の.

exclave[ékskleiv]〔他国内の〕飛領地.

exclude[iksklú:d]除く, しめ出す；追い出す.

excluding[iksklú:diŋ]…を除いて.

exclusion[iksklú:ʒən]除外；排斥；放逐.

exclusive[iksklú:siv]排他的な；独占的な；唯一の；高級な. ~ **economic zone** (**EEZ**) 排他的経済水域. ~ **of** …を除いて. **exclusively** もっぱら.

excommunicate [ekskəmjú:nəkeit]破門する／破門された. **excommunication** 名

excoriate[ikskɔ́:rieit]皮を剥ぐ；擦りむく.

excrement[ékskrəmənt]排泄物；大便.

excrescence[ikskrésns]異常発生物；瘤；無用なもの. **excrescent** 贅肉の；無用な.

excrete[ikskrí:t]排泄する. **excretion** 排泄(物). **excretory** 形

excruciate[ikskrú:ʃieit]拷問する, 苦しめる. **excruciating** 非常に苦しい, 耐え難い.

exculpate[ékskʌlpeit]無罪にする.

excursion[ikskɔ́:rʒən]遠足, 遊覧；周遊旅行.

excursive[ikskɔ́:rsiv]散漫な.

excursus[ekskɔ́:rsəs]〔巻末の〕付記, 補説.

excusable[ikskjú:zəbl]申し訳の立つ. **excusably** 副

excuse[ikskjú:z]許す；免除する；弁解する／[ikskjú:s]弁解；口実. Excuse me ちょっと失礼；ごめんなさい.

execrable[éksəkrəbl]憎らしい；いまいましい.

execrate[éksəkreit]呪う；憎み嫌う. **execration** 呪い, 憎悪.

execute[éksəkju:t]実行する；執行する；記名調印する；〔財産を〕譲渡する；死刑を執行する；制作する；演奏する. **execution** 名 **executioner** 死刑執行人.

executive[igzékjətiv]実行の；執行の；行政上の. ~ **committee** 実行委員会. the Executive Mansion 大統領邸. ／経営者；〔会社の〕経営幹部；行政部(官).

executor[igzékjətər]遺言執行人.

exegesis[eksədʒí:sis]注釈；聖書の注解.

exemplar[igzémplər]模範, 手本；類例. **exemplary** 模範になる；みせしめの.

exemplify[igzémpləfai]例証する；例になる.

exempt[igzémpt]免除する／免除された. **exemption** 免除.

exercise[éksərsaiz]行使；練習；運動；体操；(複)式・働かす；〔力などを〕振う；練習させる；心配させる／運動する.

exert[igzɔ́:rt]〔力・知力などを〕用いる. ~ **oneself** 努力する. **exertion** 働き, 尽力.

exhale[ekshéil]蒸発する；発散する；吐き出す. **exhalation**[eksəléiʃən]名

exhaust[igzɔ́:st]使い尽くす；消耗させる；枯らす；疲労させる；流出する／排出；排気(装置). **exhausted** 消耗した. **exhaustible** 使い尽くされる. **exhaustion** 消耗；枯渇；疲労. **exhaustive** 余すところのない，徹底的な.

exhibit[igzíbit]陳列する；示す；発揮する；現す；公演する／展示；出品物，陳列品；証拠物件. **exhibitor** 参加者，出品者.

exhibition[eksəbíʃən]展覧会；博覧会；陳列；〔証拠書類などの〕提出. **exhibitioner** 奨学生，《英》給費生. **exhibitionism** 露出症.

exhilarate[igzíləreit]陽気にする；気を引き立たせる. **exhilarating** 陽気にさせる；興奮性の. **exhilaration** 陽気.

exhort[igzɔ́:rt]勧める；勧告する；訓戒する. **exhortation** 名

exhume[igzjú:m, ekshjú:m]掘り出す；明るみに出す. **exhumation** 発掘.

exigent[éksədʒənt]緊急の，差し迫った. **exigence, exigency** 危篤，緊急事態.

exiguity[eksigjú:əti]僅少；微小. **exiguous** 乏しい，わずかな.

exile[égzail]追放；流刑，亡命(者)／追放する.

exist[igzíst]存在する；生存する. **existing** 現存の. **existent** 存在する；現行の.

existence[igzístəns]存在；実在；生存；生活. come into ~ 生まれる；成立する.

existential[egzisténʃəl]存在の；実存主義(者)の. **existentialism** 実存主義(者).

exit[égzit, éksit]出口；退去／退場する. ~ visa 出国査証.

exodus[éksədəs]退去；〔移民などの〕出国；(E-) 出エジプト記(旧約聖書中の一書).

exogamy[eksá:gəmi]異族〔族外〕結婚.

exonerate[igzá:nəreit]ゆるす；無罪とする. **exoneration** 免罪；免除.

exorbitant[igzɔ́:rbətənt]法外な；途方もない. **exorbitance** 名

exorcise, exorcize[éksɔ:rsaiz]魔よけをする，祓い清める.

exorcism[éksɔ:rsizm]魔よけ. **exorcist** 魔よけの祈祷師，エクソシスト.

exoteric[eksətérik]公開の；通俗的な.

exotic[igzá:tik]異国風の／外来物；外来語. **exoticism** 異国情緒(趣味).

expand[ikspǽnd]広げる；拡張する；敷衍_{ふえん}する／広がる，膨らむ.

expanse[ikspǽns]広がり，拡張.

expansion[ikspǽnʃən]拡張，膨張；発展；広さ. **expansionist**(領土) 拡張論者. **expansive** 膨張性の；広い.

expatiate[ikspéiʃieit]詳しく述べる《on，upon》. **expatiation** 詳述，敷衍.

expatriate[ekspéitrieit]〔国外に〕追放する／[-triət, -eit] 国外追放者；派遣社員. 〔略 expat〕**expatriation** 名

expect[ikspékt]予期する；期待する；思う. **expectance, expectancy** 見込み. **expectant** 期待する；妊娠している. **expectantly** 副

expectation[ekspektéiʃən]期待；(複) 遺産. against all ~ 予想に反して. beyond expectations 予想以上に.

expectorate[ikspéktəreit]つば〔痰〕を吐く.

expedience[ikspí:diəns], **expediency**[-ənsi]便宜；方便；便宜主義.

expedient[ikspí:diənt]好都合な；政略的な／手段；方便. **expediently** 副

expedite[ékspədait]促進する；急送する.

expedition[ekspədíʃən]遠征(隊)；探検(隊)；迅速. **expeditionary** 遠

E

征の；探険の．**expeditious** 迅速な．

expel[ikspél]放逐する；発射する．

expend[ikspénd]費やす，消費する．
expendable 消費してよい．

expenditure[ikspénditʃər]消費；経費；支出(額)．~ **tax** 消費税．

expense[ikspéns]出費；支出；(複)経費；損失．at the ~ of…の金で；…に迷惑をかけて．~ **account** 交際費．

expensive[ikspénsiv]費用のかかる；高価な．**expensively** 副 **expensiveness** 名

experience[ikspíəriəns]経験 / 経験する．**experienced** 経験のある；老練な．

experiment[ikspérəmənt]実験，試み / 実験する．**experimental** 実験上の，試験的な．**experimentalism** 経験主義．**experimentation** 実験，試験．

expert[ékspəːrt]熟練者；専門家《at, in, on》/ 熟達した．**expertly** 副 **expertness** 名

expertise[ekspəːrtíːz]専門(の)技術〔知識；意見〕．

expiate[ékspieit]贖(あがな)う，償う．**expiation** 罪滅ぼし．**expiatory** 罪滅ぼしの．

expire[ikspáiər]息を吐く；火が消える；死ぬ；満期になる．

expiration[ekspəréiʃən]満期．

expiry[ikspáiri]終了；満期．

explain[ikspléin]説明する，解釈する，釈明する．

explanation[eksplənéiʃən]説明；解説；弁明．**explanatory** 形

expletive[éksplətiv, iksplíː-]付加的な / 虚辞；ののしり．

explicate[ékspləkeit]説明する．**explicable** 説明できる．

explicit[iksplísit]明白な；あからさまの．**explicitly** 副 **explicitness** 名

explode[iksplóud]爆発させる〔する〕．

exploit[iksplɔ́it]開発する；搾取する．**exploitation** 開発；搾取．

explore[iksplɔ́ːr]探険する，踏査する；探る．**exploration** 探険，踏査．**explorer** 探検家．**exploratory** 探検の．

explosion[iksplóuʒən]爆発；〔怒りなどの〕激発．**explosive** 爆発性の / 爆発物；爆薬；破裂音(の)．

expo[ékspou]博覧会；国際見本市；(E-) 万国博覧会．

exponent[ikspóunənt]説明者；代表者；型；〔数学〕指数．

export[ikspɔ́ːrt]輸出する /[ékspɔːrt]輸出；(複)輸出品．**exportable** 輸出向きの．**exporter** 輸出商．**exportation** 輸出．

expose[ikspóuz]晒(さら)す；露出する；陳列する；〔写真〕露出する．**exposed** 露出した；野晒しの．

exposition[ekspəzíʃən]解釈；展覧；博覧会〔略 expo〕．**expository** 解釈の，説明の．

expostulate[ikspɑ́ːstʃəleit]いさめる《with》．**expostulation** 名

exposure[ikspóuʒər]晒(さら)すこと；接触；露顕；〔写真〕露出．~ **meter** 露出計．

expound[ikspáund]解釈する；説明する．

express[iksprés]言い表す，述べる；至急便で送る；絞る / 明白な；特別の；急行の / 速達；急行列車．~ **company**《米》運送会社．~ **highway** 高速道路．**expressage** 速達料．**expressly** 明白に；特別に．

expression[ikspréʃən]表現；表情；辞句；〔数学〕式．**expressionless** 無表情な．

expressive[iksprésiv]を表す《of》；表情に富んだ；意味深長な．**expressively** 副 **expressiveness** 名

expropriate[ekspróuprieit]〔土地財産を〕没収する．

expulsion[ikspʌ́lʃən]追放；除名．

〜 **order** 国外退去命令. **expulsive**
形

expunge[ekspʌ́ndʒ]削除する.

expurgate[ékspərgeit] 削除する.
expurgation 名

exquisite[ikskwízət, -ékskwi]精巧
な；精緻な；鋭い. **exquisitely** 副
exquisiteness 名

Ext., extn. 内線番号〔< extension
(number)〕.

extant[ékstənt]現存する.

extemporaneous[ekstempəréini-
əs]**, extemporary**[ikstémp-
əreri]即席の, 即興の.

extempore[ikstémpəri]即席の / 即
席に.

extemporize[ikstémpəraiz]即席に
作る〔話す〕.

extend[iksténd]伸ばす, 広げる；延
期する；及ぼす / 広がる；及ぶ；亙た
る. **extended** ぴんと張った；延長した；
広範な.

extension[iksténʃən]拡張；延長；延
期；増築；内線(電話). 〜 **course**
大学公開講座. 〜 **ladder** 繰り出し
梯子ばし. 〜 **number** 内線番号.

extensive[iksténsiv]広い；大規模な.
extensively 副 **extensiveness** 名

extent[ikstént]広さ；範囲；程度. **to a
certain** 〜 いく分か, 多少. **to the** 〜
of …まで, …ほど.

extenuate[iksténjueit]軽くする；酌
量する. **extenuation** 軽減, 酌量.

exterior[ikstíəriər]外の, 表面の / 外
面；外観, 外構.

exterminate[ikstə́ːrmineit]根絶す
る. **extermination** 名

external[ikstə́ːrnl]外部の；外界の；
表面の；外国の /(複) 外観, 外形.
externally 外面的に；外見上.

extinct[ikstíŋkt]消えた；絶滅した.
〜 **volcano** 死火山. **extinction** 消火；
消滅；絶滅.

extinguish[ikstíŋgwiʃ]消す；絶滅さ
せる；絶やす；〔負債を〕償却する.

extinguishable 消しうる. **extinguish-
er** 消火器.

extirpate[ékstərpeit]根絶する, 撲
滅する. **extirpation** 名

extol, extoll[ikstóul]賞賛する.

extort[ikstɔ́ːrt]強要する, ゆする.
extortion ゆすり, 強奪；強奪したも
の.

extra[ékstrə] 余分の；特別の；臨時
の / 余分のもの；割増し金；号外,
特別号；エキストラ.

extract[ékstrækt]抽出物；エキス；抜
粋 /[ikstrǽkt] 摘出する, 引き出す；
抜粋する.

extraction[ikstrǽkʃən]抜き取り, 摘
出；抜粋；血統. **extractive** 抽出でき
る / 抜粋.

extracurricular[ekstrəkəríkjələr]
課外の.

extradite[ékstrədait]〔外国からの逃
亡犯を〕引き渡す, 送還する.
extradition 名

extramarital[ekstrəmǽrətl]〔性関
係が〕婚外の；不倫の.

extraneous[ikstréiniəs]外来の；無
関係な. **extraneously** 副

extraordinary[ikstrɔ́ːrdəneri]異常
な；特別の；特命の. **extraordinar-
ily** 非常に.

extrasensory[ekstrəsénsəri]超感覚
的な.

extraterrestrial[ekstrətəréstriəl]地
球外の.

extraterritorial[ekstrətərətɔ́ːriəl]
治外法権の. **extraterritoriality** 治外
法権.

extravagant[ikstrǽvəgənt]過度の；
法外な；贅沢ぜいな. **extrava-
gance** 浪費；とっぴな言行. **extrava-
gantly** 副

extravaganza[ikstrævəgǽnzə]豪華
超大作.

extravehicular[ekstrəviːhíkjələr]
宇宙船外の.

extravert[ékstrəvəːrt] = extrovert.

E

extreme[ikstríːm]極端な；過激な；一番はしの／極端，（複）両極端．Extremes meet.〔ことわざ〕両極端は相通じる. go to extremes, run to an 〜 極端に走る. in the 〜 極めて. **extremely**極端に，非常に.

extremism[ikstríːmizm]過激主義.

extremist[ikstríːmist]過激論者.

extremity[ikstréməti]末端，極端；窮境，（複）四肢；（複）最後の手段.

extricate[ékstrəkeit]救い出す〔from〕；〔化学〕遊離させる.

extrinsic[ikstrínsik]外部(から)の，非本質的な；付帯的な. **extrinsically** 副

extrovert[ékstrəvəːrt]外向的な人(introvert の反対).

exuberant[igzúːbərənt]繁茂した；豊富な；元気いっぱいの. **exuberance** 名 **exuberantly** 副

exude[igzúːd]ж出させる；しみ出る. **exudation** 滲出(物・液).

exult[igzʌ́lt]踊り喜ぶ；勝ち誇る. **exultant** 大喜びの. **exultation** 狂喜，大得意.

eye[ái]目；瞳孔；視力；〔クジャクの尾の〕たま；〔針の〕めど；〔まとの〕図星；若芽／注視する；うかがう. an 〜 for an 〜 目には目を. be all 〜 s 目を皿のようにして. have an 〜 to を狙う. in the eyes of …の目から見れば. 〜-catching 目を引く. 〜 shadow アイシャドー.

eyeball 眼球.

eyebrow まゆ，まゆ毛.

eyeglasses めがね.

eyehole 眼窩；のぞき穴.

eyelash まつ毛.

eyelet ひも通し穴.

eyelid まぶた.

eyeopener 目を見張らせるような事件.

eyepiece 接眼レンズ.

eyeshot 視界.

eyesight 視力；視覚.

eyesore 目障り.

eyetooth 犬歯.

eyewitness 目撃者.

F

F 華氏〔< Fahrenheit〕；虚偽〔< false〕；女性〔< female〕.

FA (野球) フリーエージェント〔< free agent〕；工場自動化〔< factory automation〕.

FAA 《米》連邦航空局〔< Federal Aviation Administration〕.

fable[féibl]寓話；伝説；作り話. **fabled** 物語で有名な；伝説的な.

fabric[fǽbrik]織物，布；建物；構造.

fabricate[fǽbrikeit]作りあげる；捏造する. **fabrication** 名

fabulist[fǽbjəlist]寓話作者.

fabulous[fǽbjələs]伝説的な；信じがたい. **fabulously** 副 **fabulousness** 名

facade[fəsáːd]正面，表面.

face[féis]顔，顔色；面目；厚顔；正面；額面；〔時計などの〕文字面. 〜 to 〜 面と向かって in(the) 〜 of …を前にして；…にもかかわらず. make faces 顔をしかめる. pull〔wear〕a long 〜 悲しそうな顔をする，直面する／向かう. 〜 card トランプの絵札. 〜 mask 〔顔全体を覆う〕マスク. 〜 powder おしろい. 〜-saving 面子をたてる(こと). 〜 value 額面金額. **faceless** 顔のない；個性のない.

facelift 美容整形；改装.

facet[fǽsit]〔特に宝石の〕刻面／面.

facetious[fəsíːʃəs]滑稽な，おかしな，軽薄な. **facetiously** 副 **facetiousness** 名

facia[féiʃə]ダッシュボード.

facial[féiʃəl]顔の／美顔術.

facies[féiʃiːz]外観；面；相.

facile[fǽsil, -sail]やさしい；流暢な；くみしやすい.

facilitate[fəsíləteit]容易にする；促

進する.

facility[fəsíləti]容易；器用；流暢；（複）便宜；設備.

facing[féisiŋ]〔衣服の〕縁取り；〔壁などの〕上塗り；（複）兵種定色(軍服のえり，袖章).

facsimile[fæksíməli]複写，模写；ファックス(fax).

fact[fǽkt]事実；実際；（複）論拠；事件. after the ～ 事後に. as a matter of ～ 実際は，実は. in ～実に；実際（は）；要するに. in point of ～ 事実上. ～-finding 実情[現地]調査の. the facts of life 現実；《婉曲》性的な知識.

faction[fǽkʃən]　党派；派閥；党派心. **factional** 党派の[的].

factious[fǽkʃəs]党　派　的　な. **factiously** 副

factitious[fæktíʃəs]人為的な；まがいの. **factitiously** 副

factor[fǽktər]要素，要因；代理商，問屋；因数；係数；率. **factorage** 代理業；仲買手数料. **factorization** 因数分解.

factory[fǽktəri]工場；製造所.

factotum[fæktóutəm]雑用をする人.

factual[fǽktʃuəl]事実の；実際の.

faculty[fǽkəlti]能力，才能；〔身体の〕機能；〔大学の〕学部，分科；〔大学の〕教授団.

fad[fǽd]気まぐれ；熱中；一時の流行. **faddish** 形

fade[féid]色あせる[あせさせる]；（だんだんと）消える[消す]；しぼむ，しぼませる. ～ -in[-out]〔映画・テレビ〕画面が次第に明るく[暗く]なる.

faeces[fíːsiːz]feces.

fag[fǽg]あくせく働く；疲れさせる；〔下級生を〕こき使う／労役；疲労；〔英国の学校で上級生に使われる〕下級生；《俗》紙巻きタバコ；《米語》ホモ. ～ end〔物の〕残りくず；吸いがら.

fagot,《英》**faggot**[fǽgət]　薪束，

そだ束；《英》ファゴット（豚レバーの肉だんご）；《米語》ホモ.

Fahrenheit[fǽrənhait]華氏温度計（の）〔略F.〕

FAI 国際航空連盟〔<〔F〕Federation Aeronautique Internationale〕.

fail[féil]失敗する；欠乏する，不足する；衰える；破産する／期待を裏切る；見捨てる／失敗. without ～ 必ず，きっと. ～-safe 自動制御安全装置の. **failing** 失敗；欠点；破産；…がないので.

failure[féiljər]失敗；落第〔in〕；衰弱；怠慢；破産；支払い停止；故障.

faint[féint]弱い；かすかな；元気のない；気の弱い／気絶する《away》；気絶. **faintly** かすかに；弱々しく. **faintness** 名

fair¹[féər]〔定期の〕市；博覧会，見本市.

fair² 公明正大な；かなりの；きれいな；金髪の，金色の；色白な／公明正大に；好都合に；明らかに；みごとに. ～ copy 清書. ～ play フェアプレイ. (the) ～ sex〔集合的〕女性. ～ minded 公平な. ～ spoken 口先のうまい. ～ trade 公正取引〔貿易〕. **fairly** 副 **fairness** 名

fairground 催し物会場.

fairway 通路；〔ゴルフ〕フェアウェイ.

fairy[féəri]妖精／妖精のような；空想的な；優美な. ～ tale おとぎ話，童話.

fairyland おとぎの国；仙境.

faith[féiθ]信用，信頼；信仰；信条；誓約. bad ～ 不実；背信. in good ～ 誠実に. **faithful** 忠実な，誠実な. **faithfully** 副 **faithless** 不誠実な；不信心の；あてにならぬ.

fake[féik]偽造品；ごまかし；虚報／偽造する，でっち上げる《up》. **faker** ペてん師.

fakir[fəkíər]〔イスラム・ヒンズー教の〕行者，托鉢僧.

falcon[fɔ́ːlkən]タカ. **falconer** タカ匠.

falconry タカ狩り.

fall[fɔ:l]落ちる；倒れる；下がる；散る；降る；滅びる；衰える；戦死する；起こる，生じる；陥る；〔ある状態に〕なる；堕落する／落下；転倒；堕落；降下；下落；滅退；滝；降雨，降雪；《米》秋；〔レスリング〕フォール／秋の．～ away 落ちる；遠ざかる；滅る．～ back 退く．～ back on〔upon〕…に頼る．～ in 落ちる．～ in with …に出くわす；…と一致する．～ off 落ちる；滅る；衰える；離反する．～ on〔upon〕…の身にふりかかる；…を攻撃する；〔ある日が〕…に当たる．～ out 争う；起こる，列を去る．～ over つまずいて倒れる．～ through 失敗する．～ to …を急に始める．～ under〔部類など〕に入る．

fallacious[fəléiʃəs]不合理な；いつわりの．**fallaciously** 副

fallacy[fǽləsi]誤謬；虚偽.

fallen[fɔ́:lən]fall の過去分詞／倒れた；堕落した；死んだ.

fallible[fǽləbl]誤りやすい．**fallibility** 名

fallopian tube[fəlóupiən]〔哺乳類の〕卵管.

fallout[fɔ́:laut]放射性降下物，死の灰.

fallow [1][fǽlou]休耕地.

fallow [2][fǽlou]淡黄褐色(の)．～ deer〔ヨーロッパ産〕ダマジカ.

false[fɔ́:ls]虚偽の；不正直な；模擬の；人造の；不法の；にせの；仮の．～ -hearted 不実な．～ start〔競走などの〕フライング．**falsehood** 偽り；虚言.

falsetto[fɔ:lsétou] 裏声／裏声の〔で〕.

falsies[fɔ́:lsiz]〔胸を豊かに見せるための〕パッド.

falsify[fɔ́:lsəfai]偽る；偽造する；偽りを明らかにする．**falsification** 名

falsity[fɔ́:lsəti]虚偽；不正直.

falter[fɔ́:ltər]よろめく；口ごもる；ひ

るむ／口ごもりながら言う．**falteringly** 副

fame[féim]名声，評判／名高くする．come to fame 有名になる．**famed** 有名な《for, to do》.

familial[fəmíljəl]家族の；〔病気が〕血統上の.

familiar[fəmíljər]親しい；よく知っている；見〔聞き〕慣れた；日常の／親友．**familiarly** 親しく；なれなれしく．**familiarity** 親密；熟知；気やすさ．**familiarize** 慣らす；広める.

family[fǽməli]家族；家庭；家柄；家；一族；〔生物の分類〕科. in the ～ way 妊娠して．～ **doctor** かかりつけの医者．～ **man** 家庭を大事にする男．～ **planning** 家族計画，産児制限．～ **name** 姓．～ **tree** 家系図.

famine[fǽmin]飢饉；欠乏；飢え.

famish[fǽmiʃ]飢えさせる／飢える.

famous[féiməs]有名な．《for》**famously** 副

fan [1][fǽn]扇，うちわ；扇風機；扇状のもの／あおぐ；送風する；吹きわたる.

fan [2]〔スポーツ・映画などの〕ファン，愛好者.

fanatic[fənǽtik]狂信者，熱狂家．**fanatical** 熱狂的な．**fanaticism** 熱狂；狂信.

fancier[fǽnsiər]愛好者；〔鳥獣の〕飼育家.

fanciful[fǽnsifəl]空想にふける；空想上の；奇抜な．**fancifully** 副

fancy[fǽnsi]空想；想像(力)；気まぐれ；嗜好；(物)／意匠をこらした；気まぐれな；法外な／想像する；好む；うぬぼれる；道楽に飼う〔育てる〕. take a ～ to …を好きになる．～ **ball** 仮装舞踏会．～ **dive**〔水泳の〕曲芸飛び込み．～ **dress** 仮装服．～ **-free** まだ恋を知らない．～ **goods** 装身具，小間物.

fanfare[fǽnfɛər]ファンファーレ.

fang[fǽŋ]〔犬などの〕牙；〔蛇の〕

毒牙.

fanlight[fǽnlait]〔ドアの上の〕明かりとり.

fantasia[fæntéiʒə]幻想曲.

fantasize[fǽntəsaiz]空想する.

fantastic[fæntǽstik] **-tical**[-tikəl] 空想的な, とりとめのない;風変わりな;すばらしい. **fantastically** 副

fantasy[fǽntəsi]想像;空想;幻想;幻想曲.

fanzine[fǽnzíːn]ファン雑誌.

FAO 国連食糧農業機関〔< Food and Agriculture Organization〕.

FAQ よくある質問(への回答集)〔< Frequently Asked Questions〕.

far[fáːr]〔場所・時間・程度〕はるか, 遠い / はるかに, 遠く. a ~ cry 大きな相違. as ~ as …まで;…限り, むかいに. ~ from 決して…でない. so ~ これまでは. how ~ 〔距離・程度〕どのくらい. so ~ as …だけでは, …する限りでは. ~ **-fetched** こじつけの, 不自然な. ~ **-off** 遠方の. ~ **-out** 斬新な. ~ **-reaching**〔影響などが〕広く及ぶ. ~ **-seeing** 先見の明のある. ~ **-sighted** 遠視の;先見の明のある.

faraway 遠方の.

farce[fáːrs]道化芝居. **farcical** 滑稽な. **farcically** 副

fare[féər]料金;運賃;乗客;料理 / 食べる;暮らす;成り行く.

Far East 極東, 東アジア地域.

farewell[fèərwél]告別の / さようなら / 告別.

farina[fəríːnə]穀粉;澱粉;花粉. **farinaceous** 粉末の;澱粉質の.

farm[fáːrm]農場, 農地 / 耕作する. ~ **hand** 作男. **farmer** 農民, 農場経営者. **farming** 農業.

farmhouse 農家.

farmland 農地.

farmstead 農場.

farmyard 農家の庭.

farrago[fərɑ́ːgou]寄せ集め, ごちゃまぜ.

farsightedness[fáːrsáitidnəs]遠視.

fart[fáːrt]《俗》屁(をひる).

farther[fáːrðər]もっと向こうの, もっと遠い;その上 / もっと遠く;その上に. ~ on 先に / 後で(説明するなど). No ~! もうよい!もうたくさんだ!もう分かった! **farthermost** 最も遠い.

farthest[fáːrðist]最も遠い〔長い〕 / 一番遠くに.

farthing[fáːrðiŋ]英国の旧銅貨(4 分の 1 ペニー).

fasces[fǽsiːz]〔古代ローマで用いた〕束桿(たばねづか);権威の象徴の棒.

fascinate[fǽsəneit]とりこにする;魅惑する. **fascinating** 魅惑的な;妖艶(ようえん)な. **fascination** 魅力;幻惑.

fascism[fǽʃizm]ファシズム.

fascist[fǽʃist]ファシスト;独裁者;(F-)〔イタリアの〕ファシスト党.

fashion[fǽʃən]ファッション;流行;流儀;様式;上流社会 / after[in]a ~ 一応は. come into ~ はやりだす. **fashionable** 流行の;上流社会の. **fashionably** 当世風に.

fast¹[fǽst]速い;〔時計が〕進んでいる;しっかりした;忠実な;長持ちする;放蕩(ほうとう)な / 速く;しっかりと;ぐっすりと(眠るなど). ~ **food** 〔立ち食いの〕ファースト・フード. ~ **track** 出世街道;急行車線. **fastness** 堅固;迅速(じんそく);要塞(ようさい).

fast²断食する / 断食. ~ **day** 断食日.

fasten[fǽsn]締める, 留める;〔目・注意などを〕向ける. **fastener** 締め具, チャック. **fastening** 締め具, 留め具.

fastidious[fæstídiəs]気難しい. **fastidiously** 副 **fastidiousness** 名

fat[fǽt]肥えた;あぶらっこい;肥沃な;収益の多い / 脂肪;脂身 / = **fatten**. ~ **tail** 予想不能数値. ~ **finger** タイプミスをする. **fatness** 名

fatal[féitl]致命的な;宿命の;決定的な. **fatalism** 宿命論. **fatalist** 宿命論者. **fatally** 致命的に.

F

fatality[feitǽləti]宿命；不運；死亡；死者.

fate[féit]運命，宿命. **fated** 宿命的な. **fateful** 運命を定める；決定的な.

father[fáːðər]父；祖先；(the F-) 神；神父；創始者 /…の父となる；創始する；作者であると名乗る. 〜 **-in-law** 義父. 〜 **hood** 父であること；父権. **fatherless** 父のない. **fatherly** 父らしい.

fatherland 祖国.

fathom[fǽðəm]尋尺（水深の測量単位，約1.83m）/〔綱などで〕深さを測る；〔人の心を〕見ぬく. **fathomable** 形 **fathomless** 底の知れぬ.

fatigue[fətíːg]疲労，疲れ / 疲労させる；疲れる.

fatling[fǽtliŋ]〔食肉用に太らせた〕家畜.

fatten[fǽtn]太らす；肥やす；太る；肥える.

fatty[fǽti]脂肪質の；あぶらっこい / おでぶさん.

fatuity[fətjúːəti]愚鈍，ばか.

fatuous[fǽtʃuəs]愚鈍な，ばかな.

faucet[fɔ́ːsət]〔水道などの〕蛇口.

fault[fɔ́ːlt]欠点，短所；過失；罪；〔電信の〕障害；断層. **faultless** 過失のない；申し分のない. **faultlessly** 副 **faulty** 欠点の多い.

faultfinder 咎め立てする人，やかましや.

faultfinding 咎め立てする；粗探し.

fauna[fɔ́ːnə]〔一地方・一時代の〕動物；動物群.

Fauvism[fóuvizm]〔美術〕野獣主義.

favor,《英》favour[féivər]親切；愛顧；好意；親切な行い；えこひいき；〔好意・愛を表すための〕贈り物；書簡 / 好意をよせる；ひいきする；賛成する；助ける / 好都合である；似る. **in** 〜 **of** …に賛成して；…のために. **out of** 〜 **(with)**，(に) 嫌われて. **favorable** 都合のよい；有望な；好意のある. **favorably** 副 **favored** 恵まれた. **the most** 〜 **ed nation clause** 最恵国条款.

favorite,《英》favourite[féivərit]お気に入り；人気者；流行児 / 気に入りの；得意の；秘蔵の. 〜 **son**《米》〔大統領指名大会の〕支持を受けている候補者. **favoritism** えこひいき；情実.

fawn[1][fɔ́ːn]子ジカ；鹿毛色.

fawn[2][犬が] じゃれる；おもねる.

fax[fǽks]ファックス(の文書) / ファックスを送る.

FB ファームバンキング〔< Firm Banking〕.

FBI《米》連邦捜査局〔< Federal Bureau of Investigations〕.

FBR 高速増殖炉〔< fast breeder reactor〕.

FCC《米》連邦通信委員会〔< Federal Communications Commission〕.

FD フロッピーディスク〔< floppy disk〕.

FDA《米》食品医薬品局〔< Food and Drug Administration〕.

FDD フロッピーディスク駆動装置〔< floppy disk drive〕.

fealty[fíːəlti]忠義，忠節.

fear[fíər]恐怖；心配，懸念 / 恐れる；気づかう. **fearful** 恐ろしい；恐れて；気づかって. **fearfully** 恐ろしく，ひどく. **fearless** 恐れを知らぬ，大胆な. **fearlessly** 副 **fearsome** 恐ろしい.

feasible[fíːzəbl]実行できる，可能なもっともな.

feast[fíːst]〔宗教上の〕祝祭日；〔村の〕祭礼；祝宴；もてなし / 宴に列する；楽しむ／ご馳走する；楽しませる.

feat[fíːt]芸；功績；手練.

feather[féðər]羽；羽毛 / 羽を付ける，羽で飾る. **feathered** 羽毛の生えた. **feathery** 羽の生えた；羽のような.

ごく軽い.
featherbed 水増し雇用の〔をする〕.
featherweight 〔ボクシング〕フェザー級(の)選手).
feature[fíːtʃər]特色；(複) 顔だち，目鼻；呼びもの / 特色づける；際立たせる；呼びものにする. **featured** 呼びものの；主演の；…の顔つきの. **featureless** 特色のない.
Feb. 二月(< February).
febrifuge[fébrifjuːdʒ]解熱剤.
febrile[fíːbrəl]発熱の.
February[fébrueri] 二月(略 Feb.).
feces[fíːsiːz]排泄物，糞便.
feckless[fékləs]弱々しい；無能な.
fecund[fíːkənd] 多産の；肥沃な. **fecundity** 多産；生殖力；肥沃.
Fed, fed [féd]《米》連邦政府；(< federal government)；《米》連邦準備制度(< Federal Reserve System)；《米》FBI 捜査官.
fed[féd]feed の過去・過去分詞.
federal[fédə rəl]連邦制度〔政府〕の；(F-)《米》米国(政府) の. ～ **funds rate** フェデラルファンドレート(米国の政策金利) **federalism** 連邦主義. **federalist** 連邦主義者.
federate[fédəreit]同盟の，連合の / [-əreit] 連合させる；連邦制度をしく. **federation** 連盟；連合，同盟；連邦政府.
FedEx 国際宅配便，フェデックス(で送る) 〔< Federal Express〕.
fedora[fidóːrə]《米》中折帽の一種.
fee [fíː]報酬；手数料；入会金；入場料；授業料；領地 / 謝礼・入会金などを払う.
feeble[fíːbl]かよわい；微弱な. **feebly** 副 **feebleness** 名
feed [fíːd]養う；育てる；餌をやる；〔機械に〕供給する / 食う；餌とする / 飼育；食料；まぐさ；〔機械の〕供給装置. **feeder** 飼育者；寄食者；哺乳びん；配電線；じょうご. **feeding**

bottle 哺乳びん.
feedback フィードバック；《話》〔視聴者などからの〕反応.
feel[fíːl]〔…を〕感じる；さわる；知る；経験する / 感じる；感動する；探る；思いやる / 触感；知覚；手ざわり. **feeler** 触角，触毛；暗示；探り.
feeling 触感，感触；知覚；感情.
feelingly 感動して；同情して.
feet[fíːt]foot の複数.
feign[féin]ふりをする；こしらえる.
feint[féint]見せかけ；攻撃のふり，牽制(けんせい).
feisty[fáisti] 怒りっぽい；積極的な；元気のよい.
felicitate[fəlísəteit]祝う. **felicitation** 祝賀，祝辞.
felicitous[fəlísətəs]適切な；巧妙な. **felicitously** 副
felicity[fəlísəti]幸福；慶事；名文句.
feline[fíːlain]猫の；猫のような.
fell[1][fél]fall の過去.
fell[2] 切り倒す，打ち倒す.
fell[3] 残忍な；恐ろしい.
fell[4] 獣皮，毛皮，〔もじゃもじゃの〕毛髪.
fell[5] 高原地帯；丘.
fella[félə]《話》男の人；男友達.
fellatio[fəléiʃiou]フェラチオ. **fellate** 動
fellow[félou]同僚；人；やつ；仲間；〔対をなすものの〕片方；〔大学の〕特別研究員；学会員. ～ **feeling** 同情；仲間意識. ～ **traveller** 道づれ；シンパ. **fellowship** 交わり，親交；団体；特別研究員の地位(奨学金).
felon[félən]重罪人；悪人 / 凶悪な. **felony** 重罪. **felonious** 重罪の；凶悪な.
felt[1][félt]feel の過去・過去分詞.
felt[2] フェルト，毛氈(もうせん). ～ **hat** フェルト帽，中折れ帽.
FEMA 連邦緊急事態管理庁(< Federal Emergency Management Agency).

female[fíːmeil]女性；雌／女の；女性の；雌の.

feminine[fémənin]　女性の；女々しい；柔和な. **femininity** 女性であること；女らしさ.

feminism[fémənizm]男女同権主義；女性解放運動. **feminist** 名

Fem Lib ウーマンリブ.

fen[fén]沼地.

fence[féns]垣，塀，柵；フェンシング；盗品買い受け者／垣で囲む；防御する；フェンシングをする. 〜 in 囲い込む. **fencer** 剣士. **fencing** フェンシング；塀材料；塀囲い.

fend[fénd]防ぐ；やりくりする. 〜 for oneself《話》自活する.

fender[féndər]ストーブの囲い；〔車の〕泥除け；《米》〔電車などの〕緩衝板.

feng shui[féŋ ʃui]風水《中国語》.

fennel[fénl]〔植物〕ウイキョウ，フェンネル.

feral[fíərəl]野生の.

ferment[fə́ːrment]酵素；発酵／動乱／発酵させる〔する〕；大騒ぎする，わきたたせる. **fermentation** 名

fern[fə́ːrn]シダ.

ferocious[fəróuʃəs]獰猛な；残忍な. **ferociously** 副 **ferocity** 獰猛；残忍性.

ferret[férət]フェレット，白イタチ／白イタチで狩る；狩り出す.

Ferris wheel[férisʰwiːl]〔遊園地の〕大観覧車.

ferrule[férəl]金輪；石突き.

ferry[féri]連絡船〔飛行機〕；渡船場／〔フェリーで〕渡す〔渡る〕；〔船が〕通う；空輸する.

ferryboat 渡し船.

ferryman 渡し守り.

fertile[fə́ːrtl, -tail]肥沃な；生殖力のある；受精した. **fertility** 肥沃；多産；豊富. **fertilize** 肥沃にする；受精〔胎〕させる. **fertilizer** 肥料.

fervent[fə́ːrvənt]熱い；熱烈な **fer-**

vency 名 **fervently** 副

fervid[fə́ːrvid]熱烈な. **fervidly** 副

fervor,《英》**fervour**[fə́ːrvər]熱烈；熱情.

fester[féstər]化膿する，ただれ／膿ませる；膿む；ずきずき痛む.

festival[féstəvəl]祝祭の／祝祭，祭り；祝日.

festive[féstiv]　祝祭の；楽しい. **festivity** 祝祭；お祭り気分，歓楽.

festoon[festúːn]花づな／花づなで飾る.

fetch[fétʃ]取って来る；連れて来る；…に売れる；〔打撃を〕加える；〔溜息を〕つく. **fetching**《話》人目をひく；魅惑的な.

fete[féit]祝祭(日)；祝宴／宴で祝う；もてなす. 〜 day 祝日.

fetid[fétid]臭い.

fetish[fétiʃ]呪物，物神，迷信の対象物. **fetishism** 呪物崇拝，フェティシズム.

fetter[fétər]足かせ；(通例複)束縛／足かせを掛ける；束縛する.

fettle[fétl]〔心身の〕状態. in good 〜 元気いっぱいで.

fetus[fíːtəs]〔妊娠3か月以降の〕胎児.

feud[fjúːd]不和；宿恨. at 〜 with と反目して.

feud[2] 領地，封土.

feudal[fjúːdl]封建制の；封建的な；領地の. 〜 system 封建制度. **feudalism** 封建制度. **feudalist** 封建主義者.

fever[fíːvər]熱；熱病；熱狂／発熱させる；熱病にかからす. **feverish** 熱のある；熱病の；熱狂した.

few[fjúː]少ない；〔a をつけて〕少しはある／少数の人〔もの〕. not a 〜 少なからぬ，かなりの. **fewness** 名

fey[féi]〔特に女性に〕夢想的な.

FF 機能性食品〔＜ functional food〕；強制給排気式〔＜ forced flue〕.

ff. 以下の〔＜ following〕.

fiance[fi:ɑːnséi, fiɑ́ːnsei] 婚約者.

fiasco[fiǽskou] 大失敗.

fiat[fáiæt] 認可；命令.

fib[fíb] 軽いうそ／軽いうそをつく.

fiber, 《英》fibre[fáibər] 繊維.

fiberglass グラスファイバー.

fiberscope ファイバースコープ.

fibrin[fáibrin] 繊維素.

fibrous[fáibrəs] 繊維(状) の.

fickle[fíkl] 変わりやすい；うつり気な.
fickleness 名

fiction[fíkʃən] 小説；虚構の話；作り
話；仮定. **fictional** 虚構の；小説の.

fictitious[fiktíʃəs] 偽りの；虚構の.
fictitiously 副

fiddle[fídl]《話》バイオリン／バイオ
リンを弾く〔で奏する〕；もてあそぶ.
fit as a ～ 元気で. ～ **-faddle**《話》
ばかげたこと. **fiddler** バイオリン演
奏者；カニの一種.

fiddlestick バイオリンの弓；つまら
ぬこと.

fidelity[fidéləti] 忠誠；貞節；正確；
真に迫っていること；〔ビデオなど
の〕忠実度.

fidget[fídʒət] もじもじする；せかせか
する／もじもじ；せかせか. **fidgety**
せかせかする；気難しい.

fie[fái] ええい！(軽蔑・不快などを表
す).

fief[fíːf] 封土，領土.

field[fíːld] 野，原，(複) 田畑；広場；
戦場；現地；競技場；〔野球〕球場，
外野，〔集合的に〕外野手；活動の
範囲；〔物理〕場；界；視界／〔野球
で球を〕さばく／〔野球〕守備する.
～ **artillery** 野砲／野砲兵. ～ **glass**
(es) 双眼鏡. ～ **hospital** 野戦病院.
～ **marshal** 陸軍元帥. **fielder**〔野球〕
(外) 野手.

fieldwork 野外研究；実地活動.

fiend[fíːnd] 悪魔；極悪人；常習者.
fiendish 極悪の.

fierce[fíərs] 激しい；猛烈な. **fiercely**
副 **fierceness** 名

fiery[fáiəri] 火の(ような)，燃えるよう
な，激しい；熱情的な；引火しやす
い.

fiesta[fiéstə] 祭礼；休日.

FIFA 国際サッカー連盟，フィファ〔<
《F》Federation Internationale de
Football Association〕.

fife[fáif] 横笛(を吹く). **fifer** 横笛吹
き.

fifteen[fiftíːn] 15(の). **fifteenth** 第 15
(の) ；15 分の1(の).

fifth[fífθ] (the ～) 第 5(の) ；5 分の1
(の).

fifty[fífti] 50(の). 50 歳代 **fifty - fifty**
《話》半分ずつの〔に〕. **fiftieth** 第 50
(の) ；50 分の1(の).

fig[fíg] イチジク. not care a ～ 少しも構
わない.

fight[fáit] と戦う〔争う〕；戦わす；指
揮する／戦う，争う／戦い；競争；け
んか. ～ it out あくまで戦う. **fighter**
戦士，闘士；戦闘機.

fighting 戦う，戦争の／闘い，格闘.

figment[fígmənt] つくりごと.

figurative[fígjərətiv] 比喩的な；
形容の多い. **figuratively** 副

figure[fígjər, fígə] 形；姿；人物；肖像；
図；様子；数字；絵／描写する；想
像する；図で表す；数字で示す；(…
を) 計算する／目立つ；計算する.
《米》思う. cut a ～ 頭角を現す. ～
out 合計を出す. ～ up 総計する. ～
of speech 言葉のあや.

figurehead 船首飾り.

figurine[fìgjəríːn] 小立像.

Fiji[fíːdʒiː] フィジー(共和国) (Republic
of Fiji).

Fijian[fíːdʒiən] フィジー (諸島・人・語・
文化) の／フィジー人〔語〕.

filament[fíləmənt] 細糸；フィラメン
ト.

filch[fíltʃ] くすねる，盗む.

file[1][fáil] 書類とじ；書類；とじ込み，
名前付き資料；〔コンピュータ〕ファ
イル／整理保存する；出稿する；申

F

請する《for》.

file² やすり／やすりをかける. **filings** やすり屑.

filial[fíliəl]子の；子としての；孝行な. 〜 **piety** 親孝行. **filially** 副

filibuster[fíləbʌstər]議事妨害／議事進行を妨害する.

Filipino[filəpí:nou]フィリピン(人)の.

fill[fíl]満たす《with》；詰める；補充する；務める；…に満ちる／充満する；いっぱいになる／十分. **filler** 詰め物；増し草. **filling** 詰め物；充填材. **filling station**《米》ガソリンスタンド.

fillet[fílit]細帯；リボン，ヘアバンド；ヒレ肉.

fillip[fílip]指ではじく(こと)；刺激(する).

filly[fíli]雌の子馬；《俗》おてんば娘.

film[fílm]薄皮[膜]；フィルム；映画／薄皮[膜]でおおう[おおわれる]；かすむ；映画になる. 〜 **star**《英》映画スター. **filming** 映画撮影，映画製作. **filmmaker** 映画会社. **filmy** 薄皮[膜]の(ような)；ぼんやりした.

filter[fíltər]濾過器；フィルター／濾こす；漏れてくる. 〜 **tip** フィルター(付きのタバコ).

filth[fílθ]汚物，あか；不潔；みだら.

filthy[fílθi]不潔な；みだらな. **filthily** 副 **filthiness** 名

filtrate[fíltreit]濾過する；漏れてくる／[-trit]濾過液. **filtration** 名

fin[fín]〔魚の〕ひれ；魚類；〔飛行機の〕安定板.

finable[fáinəbl]罰金を課せられる.

final[fáinl]最後の／〔競技の〕決勝戦；(しばしば複)最終試験. 〜 **four** 準決勝まで残った4チーム. **finalist** 決勝戦出場選手. **finality** 終局；最後の判決(回答など). **finalize** …に決着をつける／完成させる. **finally** 最後に；結局.

finale[fináːli]終わり；終楽章；〔劇の〕大詰.

finance[fənǽns, fáinæns]財政；金融；財政学；(複)歳入／所得／融資する，金主となる. **financier** 財務官；財政家；財界人.

financial[fənǽnʃəl, fái-]財政の. 〜 **capital** 金融資本. 〜 **policy** 金融政策. **financially** 財政上.

finch[fíntʃ]アトリ・ヒワの類.

find[fáind]見つける；見出す；認める；気付く／発見；掘出しもの. **finder** 発見者；ファインダー.

finding 発見；調査結果；決定，判定.

fine¹[fáin]きれいな；りっぱな；良い；晴れた；健康な；細かい；精巧な／純化する；晴天. **finely** りっぱに；繊細に；巧みに. **fineness** 美しさ；りっぱ；優雅；細かさ；〔金銀の〕純度.

fine² 罰金／罰金を課す.

fine arts 美術.

finery[fáinəri]飾り；装身具；美服；精錬炉.

finesse[finés]巧みな処理；策略／山をかける.

finger[fíŋgər]指；指状のもの；〔時計などの〕針／いじる；指でひく. 〜 **bowl**〔ディナーの〕フィンガーボウル. 〜 **post** 道しるべ. **fingering**〔音楽〕運指法.

fingerboard 鍵盤；指板.

fingernail 指の爪. **to the** 〜 完全に，すっかり.

fingerprint 指紋.

fingertip 指先；指サック.

finicky[fíniki]気難しい；厄介な.

finis[fínis]終わり，終結.

finish[fíniʃ]終える；完成する；仕上げをする；殺す／終える，止める／終わり，完結；仕上げ. **finished** 仕上がった；上品な；申し分のない. **finishing school** 教養学校.

finite[fáinait]有限の.

Finland[fínlənd] フィンランド(共和国)(Republic of Finland).

Finn[fín]フィンランド(人). **Finnish** フィンランド(人・語) の.

finny[fíni]ひれのある.

fiord[fjɔ́:rd]フィヨルド, 峡湾.

fir[fə́:r]モミ.

fire[fáiər]火;燃焼;火事;射撃;砲火;炎症;閃く光;熱情/火をつける;燃やす;焼いて作る;〔茶などを〕ほうじる;発射[砲]する;《米話》解雇する/火がつく;燃える;熱する;発砲する. ～ away どしどしやる. ～ up 激する. ～ **alarm** 火災報知機. ～ **brigade** 消防隊. ～ **engine** 消防自動車. ～ **escape** 非難階段, 避難はしご. ～ **extinguisher** 消火器. ～ **insurance** 火災保険.

firearms 火器;銃砲.

firebrand たいまつ;燃えさし;扇動者.

firebrick 耐火れんが.

firecracker 爆竹, かんしゃく玉.

firedamp[炭坑内の] 爆発性ガス.

firedog 薪のせ台.

firefly ほたる.

fireman 消防士;ボイラー係.

fireplace 暖炉.

fireplug 消火栓.

fireproof 耐火性の.

fireside 炉辺;家庭.

firewood 薪.

fireworks 花火.

firm¹[fə́:rm]堅い;しっかりした;丈夫な;断固たる;不変の. **firmly** 副 **firmness** 名

firm² 商社, 会社.

firmament[fə́:rməmənt]大空, 蒼穹.

first[fə́:rst] (the ～)第一の;最初の/最初, 第一;1番;1等;〔月の〕. at ～ hand 直接に. at ～ sight 一目で. for the ～ time 初めて. in the ～ place まず第一に. (the) ～ thing 何よりも先に第一に, 最初に, 初めて at(the) ～ 最初は. from the ～ 最初から. **the** ～ **floor**《米》1階;《英》2階. ～ **of all** まっ先に. ～ **aid** 応急手当. ～ **-born** 最初に生まれた;長男[女]. ～ **-class** 1等(の・で). ～ **-ever** 空前の, 初の. ～ **-name** 洗礼名で;ごく親しい. **the First World War** 第一次世界大戦. **the** ～ **lady**《米》大統領夫人. ～ **-rate** 一流の;非常によく. **firstling** (通例複) 初物;〔家畜の〕初子. **firstly** 第一に.

firsthand 直接(の) に.

firth[fə́:rθ]入江;河口.

FIS 国際スキー連盟, フィス〔《F》Fédération Internationale de Ski〕.

FISA 国際自動車スポーツ連盟, フィサ〔《F》Federation Internationale de Sport Automobile〕.

fiscal[fískəl]国庫の;財政の;会計の. ～ **year** 会計年度.

fish[fíʃ]魚;魚肉;《俗》人, やつ/〔魚を〕釣る;捜し出す(for).

fisher[fíʃər]漁師.

fisherman 漁師.

fishery[fíʃəri]漁業;漁場;漁業権.

fishhook 釣針.

fishing[fíʃiŋ]漁業;魚釣り. ～ **boat** 釣船, 漁船. ～ **-line** 釣糸. ～ **rod** 釣ざお. ～ **tackle** 釣道具. ～ **village** 漁村.

fishmonger 魚屋.

fishpond 養魚池.

fishwife 魚売り女.

fishy[fíʃi]魚のような;魚の多い;《話》いかがわしい.

fissile[físəl, -sail]裂けやすい, 割れやすい.

fission[fíʃən]分裂;(原子) 核分裂.

fissure[fíʃər]裂け目, 割れ目.

fist[físt]こぶし, げんこつ/こぶしで打つ.

fisticuffs[fístikʌfs]殴り合い.

fit¹[fít]適合する;似合う, 合う;合わせる, 適合させる;装備する/適

当な；強壮な / 適合；仕立て具合.
～ in はめる；適合する〔させる〕. ～
out[up] 装備する. **fitly** 適当に；きち
んと. **fitness** 適切；〔健康上の〕良好.
fitment〔作り付けの〕家具；建具.
fitted ぴったり合った；作り付けの.
fitter〔機械などの〕取り付け人；着
付け[仕立]人.

fit² 発作；ひきつけ，痙攣 %%；〔感
情の〕激発. **fitful** 発作的な；気まぐ
れの. **fitfully** 副

fitting[fítiŋ]適当な / 着け付け；取り
付け ～ **room** 試着室；(複) 造作；
付属品. **fittingly** 適当に.

five[fáiv] 5(の)；5人[個・歳]. **fivefold** 五重の；5倍の.

fiver[fáivər]《米》5ドル(紙幣)；
《英》5ポンド(紙幣).

fix[fíks]据えつける；〔目・心などを〕
注ぐ；固定する；定める；一定する；
修理する；〔写真〕定着させる / 固
着する；落ち着く；固まる；きまる /
《話》苦境，板ばさみ. **fixation** 固着；
定着. **fixative** 定着剤. **fixer**〔不法
なことなどの〕まとめ役. **fixity** 定着；
固定.

fixed[fíkst]固定した；確固たる；一定
の；据えつけの. ～ **assets** 固定資産.
～ **income** 定収入. ～ **price** 定価.
～ **rate** 固定金利. **fixedly** 固定して.

fixture[fíkstʃər]定着物；据えつけ品，
造作.

fizz[fíz]しゅう(という音)；ソーダ水，
シャンペン / 発泡性の.

fjord[fjɔːrd] = fiord.

FL, Fla フロリダ州[< Florida].

flabbergast[flǽbərgæst]《話》びっ
くり仰天させる.

flabby[flǽbi]軟弱な. **flabbiness** 名

flaccid[flǽksəd]たるんだ，ぐにゃぐ
にゃした. **flaccidity** 軟弱；無気力.

flag¹[flǽg] 旗 / 旗で信号する〔知らせ
る〕；旗を掲げる. ～ **at half mast** 半
旗；弔旗 ～ **officer** 海軍将官. **flagpole** 旗ざお.

flag² 板石；(複) 舗道.

flag³ しおれる，だらりとたれる；衰
える.

flag⁴ ショウブ・アヤメの類.

flagellate[flǽdʒəleit]むちで打つ.

flagitious[flədʒíʃəs]　極廉の；破廉
恥な.

flagon[flǽgən]〔取っ手と口がある〕
酒びん；大びん.

flagrancy[fléigrənsi]　極悪. **flagrant** 名うての；極悪の. **flagrantly**
副

flagship 旗艦；〔会社の〕主力製品
/ 最重要な.

flagstone[flǽgstoun] = flag².

flail[fléil]殻ざお(で打つ).

flair[fléər]直感；才能.

flak[flǽk]対空砲火；激しい非難.

flake[fléik]薄片 / 薄片になる〔なる〕.
flaky 薄片の；片々の.

flamboyant[flæmbóiənt]華麗な；
炎のような；火炎〔フランボワイアン〕
式の〔建築〕. **flamboyance** 華麗さ.

flame[fléim]炎；熱情；恋人 / 燃え
上がる；〔炎のように〕輝く；かっと
なる；燃やす. **flaming** 燃えるような；
熱烈な.

flamenco[fləméŋkou]　フラメンコ(ス
ペインのジプシーの踊り)(の曲).

flamethrower 火炎放射器.

flamingo[fləmíŋgou]フラミンゴ.

flan[flǽn]ジャム・果物ののっている
タルト〔ショートケーキ〕.

flank[flǽŋk]横腹；側面 / 側面に立
つ〔ある〕.

flannel[flǽnl]フランネル(製衣類).

flap[flǽp]平手打ち；〔鳥の〕羽ばた
き；蝶番 %%；〔ポケットなどの〕垂れ；
〔飛行機〕下げ翼 / ばたばた動かす；
ぴしゃりと打つ / ひるがえる；羽ば
たきする.

flapjack[flǽpdʒæk]大型のホットケ
ーキ.

flapper[flǽpər]ハエ叩き；《俗》おて
んば娘；手.

flare[fléər] ゆらめく炎；〔スカートなどの〕フレアー／めらめらと燃える；アサガオ形に開く；立腹する《up》. ～ -up 燃え上がること；激怒.

flash[flǽʃ] 閃光；ひらめき；瞬間／きらめかす／閃光を発する；ひらめく；さっと過ぎる／けばけばしい；贋物の. **flashy** 一時的な；華美な.

flashback フラッシュ・バック.

flashlight 回転灯；懐中電灯.

flask[flǽsk] フラスコ；〔酒などの〕携帯用小びん.

flat[1][flǽt] 平らな；しぼんだ；単調な；不景気の；半音下げた／平らに；ちょうど／平面，地味，浅瀬；平たい部分；変音，変記号. **flatly** 平らに；単調に. **flatness** 平ら，平坦.

flat[2] アパート，マンション（1区画）.

flatfish ヒラメ・カレイの類.

flatiron アイロン，こて.

flatten[flǽtn] 平らにする〔なる〕；単調にする；味気なくする；半音下がる.

flatter[flǽtər] へつらう；お世辞をいう；実物よりもよく見せる. **flatterer** おべっか使い. **flattery** へつらい，お世辞. **flattering** 形

flatulence[flǽtʃələns], **flatulency** [-lənsi] 鼓腸；空虚. **flatulent** ガスで腹が張った；空虚な.

flatways, flatwise 平たく.

flaunt[flɔ́ːnt] 〔旗などが〕翻る；見せびらかす.

flavor, 《英》**flavour**[fléivər] 味；風味（を付ける）；趣（を添える）；気味. **flavored** 風味を付けた；…風味の. **flavoring** 調味料.

flaw[1][flɔ́ː] ひび，きず；欠点；〔法律上の〕欠陥／ひびを入れる〔が入る〕；破れる；無効にする. **flawed** 欠点のある. **flawless** きずのない.

flaw[2] 突風；はやて.

flax[flǽks] 亜麻；亜麻布，リンネル. **flaxen** 亜麻（製）の；亜麻色の.

flaxseed 亜麻仁.

flay[fléi] 皮を剥ぐ；酷評する.

flea[flíː] ノミ.

fleabite ノミにくわれた跡.

fleck[flék] ぶちにする／斑点；斑紋；しみ.

fled[fléd] flee の過去・過去分詞.

fledge[flédʒ] 羽がはえる. **fledg(e)-ling** 羽のはえたてのひな；青二才.

flee[flíː] 逃げる；避ける.

fleece[flíːs] 被毛；羊毛／羊毛を刈る；まきあげる. **fleecy** 羊毛でおおわれた.

fleet[1][flíːt] 艦隊；隊.

fleet[2] 飛び去る／速い，つかの間の. **fleeting** 疾走する；はかない.

Flemish[flémiʃ] フランドル（Flanders）の；フランドル人〔語〕の／フランドル人〔語〕.

flesh[fléʃ] 肉；果肉；肉体；肉欲；人類；骨肉. gain〔put on〕～ 肥える. **fleshly** 肉欲の；現世の. **fleshy** 肥えた；肉のような；多肉質の.

fleur-de-lis[fləːrdəlíː] アヤメ；フランス王家の紋章.

flew[flúː] fly の過去.

flex[fléks] 曲げる；曲がる／延長コード.

flexible[fléksəbl] 曲げやすい；柔順な；融通のきく. **flexibly** 副 **flexibility** 柔軟；融通制；伸縮自在.

flextime フレックスタイム.

flexure[flékʃər] 屈曲；ひずみ.

flibbertigibbet[flíbərtidʒíbit] おしゃべり（女）；はすっぱな女；浮気女.

flick[flík] ぱちんと打つこと；はねとばし／ぱちんと打つ；指ではじく；《米》映画. ～ -knife 飛び出しナイフ.

flicker[flíkər] 光のゆらぐこと；ちらちらする光；〔木の葉などの〕そよぎ／ちらつく，ゆらめく，そよぐ；明滅させる；震わせる.

flier[fláiər] 飛ぶもの；飛行家.

flight[1][fláit] 飛行；移行；〔思想などの〕奔放；飛ぶ群れ；〔時間の〕経過；飛行距離；〔飛行機の〕便；階段

F

〜**attendant**〔飛行機の〕乗務員.

flight² 逃走, 敗走. put to 〜 敗走させる. take(to) 〜 逃げる.

flighty[fláiti]そわそわした.

flimsy[flímzi]転写紙／浅薄な.

flinch[flíntʃ]しりごみ(する).

fling[flíŋ]投げる；放り出す；憤然として去る／投げ；スコットランドの踊り. have a 〜 at …をちょっとやってみる.

flint[flínt]火打ち石. 〜 **glass** 鉛ガラス. **flinty** とても堅い；冷酷な.

flintlock 火打ち石銃.

flip[flíp]指ではじくこと；軽打／指ではじく；軽く打つ；めくる, 裏返す. 〜 **side** レコードのB面；裏側.

flip-flop[flípflɑ:p]とんぼがえり(する).

flippancy[flípənt]軽率な；生意気な. **flippancy** 名 **flippantly** 副

flirt[flə́:rt]いちゃつく；もてあそぶ／〔はずみをつけて〕ひょいと投げる；〔活発に〕振り動かす／浮気女[男]. **flirtation** いちゃつき. **flirtatious** 浮気な.

flit[flít]ひらりと飛ぶ(こと)；過ぎ去る(こと)；夜逃げ.

flitch[flítʃ]豚のわき腹肉のベーコン.

flitter[flítər]ひらひら飛び回る；ひらひら動かす.

flivver[flívər]安自動車.

float[flóut]浮かぶ；伝わる／浮かべる；〔会社・計画などを〕成立させる, 起こす；発行する；流布する／いかだ；救命具；浮子；山車；〔水上飛行機の〕浮舟. **floater** 浮かぶもの；流れ者；浮動票. **floating** 浮かんでいる；流動的な.

flock¹[flɑ́:k]群；信徒の群れ, 会衆／群がる.

flock² 羊毛の房.

floe[flóu]浮氷；流氷.

flog[flɑ́:g]むち打つ. **flogging** むち打ち；体罰.

flood[flʌ́d]洪水, 出水；満潮；たくさん；〔雨の〕土砂降り／氾濫する；

灌漑する；殺到する.

floodgate 水門.

floodlight 照明灯(で照らす).

floor[flɔ́:r]床；階〔2階・3階など〕；議員席；発言権；《米俗》最低価格／床板を張る；床上に打ち倒す；閉口させる. 〜 **show** ナイト・クラブなどのフロアーショー. **flooring** 床張り；床材.

floorboard(通例複) 床板.

floorwalker《米》売り場監督.

floozy, floozie[flú:zi]《俗》じだらくな女；売春婦.

flop[flɑ́:p]ばたりと落とす〔落ちる〕；ばたばた動かす；ばたりと倒れる；失敗する／ばたりと落とすこと. 《俗》失敗. **floppy** ばたばたする；だらけた；〔コンピュータ〕フロッピーディスク.

flophouse 安宿, どや.

flora[flɔ́:rə]〔一地方または一時代の〕植物(群).

floral[flɔ́:rəl]花の, 花のような.

florescence[flɔ:résns]開花(期).

floret[flɔ́:rət]小花；〔菊などの〕小筒花.

floriculture[flɔ́:rəkʌltʃər]草花栽培.

florid[flɔ́:rid]華やかな；血色のよい.

florin[flɔ́:rin]フロリン貨幣.

florist[flɔ́:rist]花屋；花卉栽培者.

floss[flɔ́:s]真綿；〔トウモロコシなどの〕髭. **flossy** 真綿のような；ふわふわする.

flotation[floutéiʃən]浮くこと, 浮力；〔会社などの〕設立；〔公債などの〕発行.

flotsam[flɑ́:tsəm]浮き荷.

flounce¹[fláuns]〔スカートの〕ひだ飾り／ひだ飾りをつける.

flounce² 身もだえする；〔怒って〕飛び出す／身もだえ.

flounder¹[fláundər]もがく；あがく；まごつく／もがき；まごつくこと.

flounder² カレイ.

flour[fláuər]粉；小麦粉／粉をふりかける. **floury** 粒状の；粉まみれの.

flourish[flə́ːriʃ]繁茂する；繁盛する；誇る／振り回す；飾る；誇示する／振り回し；〔文章の〕はなやかさ；飾り書き；〔曲の〕装飾部；〔らっぱの〕はなやかな吹奏.

flout[fláut]嘲る／嘲弄する／嘲弄.

flow[flóu]流れる；すらすらと出る；すらりと垂れる；〔源から〕発する，湧く；〔潮が〕さす／流れ；流出量；上げ潮.

flower[fláuər]花；開花；精華；青春；真っ盛り；〔化学〕華／花が咲く／花で飾る，花模様で飾る；花を咲かす. **flowering** 花の咲いている. **flowery** 花の多い；はなやかな(文章など).

flowerbed 花壇.

floweret 小花.

flown[flóun]fly の過去分詞.

fl. oz 〔薬剤用単位〕液量オンス(約30cc) (< fluid ounce).

flu[flúː]《話》流行性感冒，インフルエンザ(= influenza).

flub[fláb]《米語》しくじる.

fluctuate[fláktʃueit]上下する，動揺する；変動する〔させる〕. **fluctuation** 名

fluency[flúːənsi]能弁；流暢. **fluent** 能弁な；流暢な，よどみない. **fluently** 副

fluff[fláf]けば；綿毛；うぶ毛／けば立つ〔立てる〕；ふわりとなる〔させる〕；しくじる，間違える. **fluffy** けばの(ような)；軟らかい；ふんわりした.

fluid[flúːid]流動体, 液体／流動する. **fluidity** 流動性, 変移性.

fluke¹[flúːk]〔錨の〕つめ；〔やり・もりなどの〕かかり；〔鯨の〕尾ひれ.

fluke² まぐれ当たり；〔玉突きの〕フロック. **fluky** まぐれ当たりの.

flume[flúːm]峡谷；用水路.

flummox[fláməks]まごつかせる.

flump[flámp]どさりと落とす〔落ちる〕／どさり, どしん.

flung[fláŋ]fling の過去・過去分詞.

flunk[fláŋk]《米》〔試験などに〕失敗(する)，落第(する) 《out》.

fluorescence[fluərésns]蛍光；蛍光性.

fluorescent[fluərésnt] 蛍光の. ～ **lamp** 蛍光灯.

fluorine[flúəriːn]フッ素.

fluoride[flúəraid] フッ素化合物.

fluorite[flúərait]ホタル石.

flurry[fláːri]疾風；狼狽／狼狽させる.

flush[fláʃ]ぱっと赤らめる；水を流して洗う／どっと流れる；赤らむ／ほとばしり；芽生え；紅潮；興奮；激発／満ちあふれた；平らな；たくさんある；裕福な. ～ **toilet** 水洗便所.

fluster[flástər]狼狽／狼狽させる〔する〕.

flute[flúːt]笛；フルート；柱の溝／笛を奏でる；笛のような声で歌う；溝を彫る. **flutist** フルート奏者.

flutter[flátər]羽ばたきする；〔旗などが〕翻る；ひらひら飛ぶ；〔心が〕騒ぐ；まごつく／ばたつかす；翻す；そわそわさせる／〔鳥などの〕羽ばたき；はためき；〔胸の〕動悸；まごつき；動揺.

flux[fláks] 流動；氾濫；絶え間ない変化；溶剤；上げ潮. ～ **and reflux** 潮の干満.

fly¹[flái]飛ぶ；飛行する；飛び散る；飛び砕ける；飛ぶように行く；急ぐ；逃げる；翻る／飛ばせる；〔凧などを〕揚げる；放つ；翻す；避ける／飛行；〔洋服の〕ボタン隠し；〔テントの入口の〕垂れ幕；〔野球〕飛球；(複)〔演劇〕舞台の天井部；〔印刷〕あおり. **flyer** = flier；ビラ.

fly² ハエ；蚊針，毛針.

flyblown ハエが卵を産みつけた；汚れた.

F

flying[fláiiŋ]飛ぶ，飛行する；翻る；あわただしい. **the Flying Dutchman** 幽霊船. **~ fish** とびうお. **~ saucer** 空飛ぶ円盤.

flyleaf〔本の〕見返し.

flyover《英》高架道路.

flyweight〔ボクシング〕フライ級(の選手).

flywheel はずみ車.

FM エフエム，周波数変調〔< frequency modulation〕.

FMS フレキシブル生産システム〔< flexible manufacturing system〕.

fn 脚注〔< footnote〕.

FO 《英》外務省〔< Foreign Office〕.

foal[fóul]馬〔ロバ〕の子.

foam[fóum]泡；玉の汗／泡立たせる；泡立つ. **foamy** 泡立つ.

FOB 本船渡し値段〔< free on board〕.

fob¹[fá:b]時計用ポケット；時計に付ける鎖.

fob² だます. **~ off**〔不良品を〕つかませる.

focal[fóukəl]焦点の／焦点を合わせる. **~ length〔distance〕** 焦点距離. **~ point** 焦点. **focalize** 焦点を合わせる.

focus[fóukəs]焦点；中心／焦点を合わせる；焦点に集める；焦点が合う.

fodder[fá:dər]まぐさ.

foe[fóu]敵；かたき.

foehn[féin]フェーン(山から吹き下ろす乾燥した熱風).

fog[fɔ:g]霧；〔写真〕かぶり；霧で包む；困惑させる／朦朧となる. **foggy** 霧の深い；ぼんやりした.

fogy, fogey[fóugi]旧弊な人(通例 old fogy として用いる).

foible[fóibl]弱点.

foil¹[fóil]箔や，薄い金属片；引き立たせるもの；葉形飾り.

foil² フォイル(先端にたんぽをつけたフェンシングの練習用剣).

foil³ 裏をかく，くじく.

foist[fóist]こっそりはめこむ；〔偽物などを〕押しつける.

fold¹[fóuld]折り目；ひだ地；褶曲／折り重ねる；〔腕を〕組む；〔手を〕合わせる；抱く. **folder** 紙ばさみ；折りたたみ式時間表・地図(など).

fold² 羊囲い；羊の群れ；一教会の信者たち；教会／囲いに入れる，囲いの中で飼う.

folding[fóuldiŋ]折りたたみ式の. **~ chair** 折りたたみいす. **~ doors** 両開き戸；折り戸.

foliage[fóuliidʒ]群葉，木の葉；葉飾り. **~ plant** 観葉植物.

foliate[fóuliət]葉のある；葉状の／〔-eit〕葉飾りで飾る；〔本に〕丁づけをする；葉を出す. **foliation** 图

folio[fóuliou]全紙二つ折り；二つ折り判の本.

folk[fóuk]人々；国民；(複)《話》家族，一族. **~ dance** 民俗舞踊. **folklore** 民間伝承；民俗学. **~ song** 民謡. **~ tale** 民話.

folkways 習俗.

folksy[fóuksi]親しみやすい；庶民的な.

follicle[fá:ləkl]小胞；袋果や；卵胞.

follow[fá:lou]ついて行く；続く，継ぐ；従事する；理解する／従う；後を追う／〔ビリヤード〕押し玉；〔料理の〕お代わり. **as follows** 次の通り. **~-on** 後続. **~-through**〔テニスなど〕フォロースルー；〔計画などの〕実行，完遂. **~-up** 追跡；続行；続報；再度の. **follower** 従者，随員；門人；後継者. **following** 次の，続く／随員たち，門人たち；部下.

folly[fá:li]愚かさ；愚行.

FOMC 連邦公開市場委員会〔< Federal Open Market Committee〕.

foment[fóumént]温湿布する；助長する. **fomentation** 图

fond[fá:nd]盲目的に可愛がる，甘い. **be ~ of…** を好む. **fondly** 副

fondness 名

fondle[fάːndl] 可愛がる.

fondue[fάːndju:] フォンデュ(スイス料理).

F1 フォーミュラ・ワン, F1 レース〔< Formula One〕.

font[1] [fάːnt] 洗礼盤と;〔灯火の〕油壺な.

font[2] 〔コンピュータ〕フォント, 書体.

food[fúːd] 食物;食品. ~ **chain** 食物連鎖; 食料品チェーン店. ~ **poisoning** 食中毒. ~ **processor** フード・プロセッサー(みじん切りやすりおろしなどのできる万能調理器具). ~ **stamp**《米》〔低所得者用の〕食料クーポン券.

foodstuff 食料品.

fool[fúːl] ばか者;道化者;ばかにされる人 / ばかにする; 欺く;ばかなことをする make a ~ of 人をばかにする. ~ **away** 浪費する. ~ **'s cap** 道化師の帽子. **foolery** 愚行.

foolish[fúːliʃ] 愚かな, ばかげた. **foolishly** 副 **foolishness** 名

foolhardy 無謀な.

foolproof ばかでも扱えるような.

foot[fút] 足;足台;麓な;〔集合的〕歩兵;フィート(約 30cm);〔詩〕韻脚;基部 / 歩く;足部を付ける;支払う /《俗》合計…となる. **on** ~ 歩いて. ~ **and mouth disease** 口蹄疫. **footpound** フィートポンド〔エネルギーの単位〕. **footless** 足のない.

footage[fútidʒ] フィート数, 全長.

football アメリカンフットボール(用のボール);《英》ラグビー;《英》サッカー.

footboard 足台;踏み板.

footfall 足音.

footgear はきもの.

foothold 足掛かり, 足場.

footing[fútiŋ] 足場, 基礎;立場;地位;相互関係;歩み;足拍子;合計.

footle[fúːtl] ばかげたこと / ばかなことをする〔言う〕.

footlights フットライト, 脚光.

footlocker 兵士用小型トランク.

footman 下男.

footnote 脚注.

footpace 並足.

footpath 歩道.

footprint 足跡. **carbon** ~ カーボンフットプリント(二酸化炭素排出量).

footsie[fútsi] 〔卓の下の足でする〕いちゃつき.

footsore 足を傷めた.

footstep 歩;足音;足跡.

footstool 足台, 踏み台.

footwear はきもの.

footwork 足さばき.

foozle[fúːzl] へまをやる;〔ゴルフで〕打ちそこなう.

fop[fάːp] しゃれ者, にやけ男. **foppery** めかすこと, おしゃれ. **foppish** めかした, にやけた.

for[fər, 強 fɔ́ːr] 〔方向〕…に向かって, …行きの;〔役割〕…として;〔理由〕のために;〔目的〕の目的で;ゆえに;〔代価〕代わりに対して;関しては;…間;賛成して;…の割には;…に与えた;…にとっては;…に適する;…で〔買うなど〕;…を求める / なぜかというと; というのは. (as) ~ **me** 私だけは, 私なら. ~ **all that** それにも拘らず. ~ **ever** 永久に;いつまでも.

forage[fɔ́ːridʒ] まぐさ / 糧食を奪う;まぐさを与える.

forasmuch[fɔ̀ːrəzmʌ́tʃ, fər-]《古》~ **as** …であるがゆえに.

foray[fɔ́ːrei] 侵略する;略奪する / 侵略.

forbade, forbad[fərbǽd, -béid] forbid の過去.

forbear[fɔ̀ːrbέər] 耐える;制する, 控える《from》/ = **forebear**. **forbearance** 忍耐, 我慢. **forbearing** 我慢強い. 過去形は forbore.

forbid[fərbíd] 禁じる, 妨げる. God〔heaven〕~! 断じてないように!. **forbidding** 近づきがたい;険悪な.

forbidden[fərbídən] forbid の過去分詞.

forborne[fɔːrbɔ́ːrn]forbear の過去分詞.

force[fɔ́ːrs]力；暴力，腕力；威力；意義；効力；兵力；(複)軍隊／強いる；こじつける；強行する；〔植物を〕促成栽培する. **by ～** 力ずくで，無理に. **in ～** 実施中，有効で；大挙して. **forceful** 力強い，激しい.

force majeure[fɔ́ːrs mæʒə́ːr]《F》不可抗力.

forced[fɔ́ːrst] 強制的な；不自然な；無理な. **～ labor** 強制労働. **～ march** 強行軍. **～ smile** 作り笑い.

forcemeat[fɔ́ːrsmiːt](詰め物用) 味付けひき肉.

forceps[fɔ́ːrsəps]抜くもの(毛抜き・歯抜き・やっとこなど)；鉗子.

forcible[fɔ́ːrsəbl]力のある；激しい；無理な，強制の. **forcibly** 副

ford[fɔ́ːrd]歩いて渡る／浅瀬.

fore[fɔ́ːr]前の／前部／前に／…の前に／〔ゴルフ〕(警告) 球が行くぞ！

forearm[fɔ́ːrɑːrm]前腕，前膊.

forebear[fɔ́ːrbɛər](通例複) 祖先.

forebode[fɔːrbóud]前兆となる；予知する. **foreboding**〔不吉な〕予感，前兆.

forecast[fɔ́ːrkæst]予想；予報／予想する；予報する. **forecaster** 予報者.

forecastle[fóuksl]〔軍艦の〕前甲板.

foreclosure[fɔːrklóuʒər]質流れ.

forecourt[fɔ́ːrkɔːrt]〔建物の〕前庭；〔テニスなどの〕フォアコート.

foredoom[fɔ́ːrdúːm]あらかじめ運命を定める.

forefather[fɔ́ːrfɑːðer](通例複) 祖先.

forefinger[fɔ́ːrfiŋgər]人差し指.

forefoot[fɔ́ːrfut]〔獣の〕前脚.

forefront[fɔ́ːrfrʌnt]最前部；最前戦.

forego[fɔːrgóu]先だつ. **foregoing** 前述の，上記の. **foregone** 既往の；先だった.

foreground[fɔ́ːrgraund]前景；最も目立つ位置.

forehand[fɔ́ːrhænd]〔テニスなどの〕フォアハンド(の)；前部の，前方の. **forehanded** フォアハンドの；《米》将来に備える.

forehead[fɔ́red, fɔ́ːrhed]額.

foreign[fɔ́ːrən]外国の；外来の；関係のない. **foreigner** 外国人. **～ affairs** 外交問題. **～ exchange** 外国為替. **～ minister** 外務大臣. **the Foreign Office**《英》外務省.

foreknow[fɔːrnóu]前もって知る，予知する.

foreknowledge[fɔ́ːrnɑlidʒ]先見の明，予知.

foreland[fɔ́ːrlænd]岬.

foreleg[fɔ́ːrleg]前脚.

forelock[fɔ́ːrlɑːk]前髪.

foreman[fɔ́ːrmən]陪審長；職工長，工夫長，監督.

foremast[fɔ́ːrmæst]前檣.

foremost[fɔ́ːrmoust]まっ先の〔に〕；一流の，主要な.

forename[fɔ́ːrneim]〔姓に対する〕名(前).

forenoon[fɔ́ːrnuːn]午前.

forensic[fərénsik]法廷の；討論の. **～ medicine** 法医学. **forensics** 鑑識課.

foreordain[fɔ́ːrɔːrdéin]あらかじめ運命を定める；予定する. **foreordination** 宿命.

forepart[fɔ́ːrpɑːrt]前部；初期.

forerun[fɔːrrʌ́n]先立つ；予報する. **forerunner** 先駆者；前兆；先人.

foresail[fɔ́ːrseil]前檣の大帆.

foresee[fɔːrsíː]見通す，予知する. **foreseeable** 予知〔予測〕できる.

foreshadow[fɔːrʃǽdou]の前兆となる，予示する.

foresight[fɔ́ːrsait]先見；用心.

foreskin[fɔ́ːrskin]包皮.

forest[fɔ́rist]森林，山林；(通例 F-)〔英〕御猟場／植林する. **forester** 林務官；森林労働者. **forestry** 森林；

林業，林学.

forestall[fɔːrstɔ́ːl]機先を制する.

foretaste[fɔ́ːrteist]前もって味わう〔試す〕；試食する / 先試し；試食.

foretell[fɔːrtél]予言する；予示する.

forethought[fɔ́ːrθɔːt]先見；深慮，用心.

foretoken[fɔ́ːrtoukən]前兆 / 前兆となる.

foretold[fɔːrtóuld]foretell の過去・過去分詞.

forever[fərévər, fər-]永遠に；常に.

forevermoreいつまでも.

forewarn[fɔːrwɔ́ːrn]あらかじめ警告する.

foreword[fɔ́ːrwəːrd]はしがき，序文.

forfeit[fɔ́ːrfət]〔地位・権利・利益・名誉などを〕喪失する / 失った，没収された / 罰金.

forfeiture[fɔ́ːrfətʃər]〔地位・権利などの〕喪失；没収(物)；罰金.

forgather[fɔːrgǽðər]《形式》集まる；交わる，親しむ《with》.

forgave[fərgéiv]forgive の過去.

forge¹[fɔ́ːrdʒ]鍛冶場・工場 / 鍛える；作り出す；偽造する. **forger** 鍛冶士；偽造者. **forgery** 偽造(物)；文書偽造罪.

forge² 徐々に進む.

forget[fərgét]忘れる. **forgetful** 忘れっぽい；不注意な. **forgetfully** 副 **forgetfulness** 健忘症；不注意.

forget-me-not[fərgétminaːt]ワスレナグサ.

forgive[fərgív]許す. **forgiveness** 容赦，寛容. **forgiving** 寛大な，情深い.

forgiven[fərgívən]forgive の過去分詞.

forgo[fɔːrgóu]なしで済ます；差し控える.

forgot[fərgáːt]forget の過去・過去分詞.

forgotten[fərgáːtn]forget の過去分詞.

fork[fɔ́ːrk]フォーク；分岐；分岐点；音叉 / フォークで刺す；分岐する. **forklift(truck)** フォークリフト. ~ **lunch** 立食用昼食会. **forked** 二またの.

forlorn[fərlɔ́ːrn]絶望した；見捨てられた. ~ **hope** はかない望み.

form[fɔ́ːrm]姿，形；書式，用紙；形式，形態；礼式；《英》学年 / 形づくる；編成する；考え出す / 形をなす. **former** 形成者. **formless** 形のない.

formal[fɔ́ːrməl]正式の；形式的の；外形の. **formalism** 虚礼；形式主義. **formality** 儀式ばること；礼式；(複)手続. **formalize** 形式化する；正式にする，儀式ばらせる〔張る〕. **formalization** 形式化. **formally** 正式に；あらたまって；形式的に.

format[fɔ́ːrmæt]〔書籍などの〕体裁，型；構成；書式 / 構成する；フォーマットする.

formation[fɔːrméiʃən]形成；組織；〔地学〕層，〔軍隊〕隊形.

formative[fɔ́ːrmətiv]形成する.

former[fɔ́ːrmər]以前の；昔の；前者の. **formerly** 以前は.

formidable[fɔ́ːrmidəbl]恐ろしい，手ごわい. **formidably** 副

Formosa[fɔːrmóusə]台湾(Taiwan の旧称).

formula[fɔ́ːrmjələ]公式，式；きまり文句；処方.

formulary[fɔ́ːrmjəleri]定式の，公式的な；規定の.

formulate[fɔ́ːrmjəleit]公式化する，式で示す. **formulation** 名

fornication[fɔːrnikéiʃən]密通.

forsake[fərséik]捨てる，見捨てる；断念する.

forsaken[fərséikən]forsake の過去分詞.

forsook[fərsúk]forsake の過去.

forswear[fɔːrswéər]誓ってやめる. ~ **oneself** 偽証〔誓〕する.

fort[fɔ́ːrt]とりで.

forte[1][fɔ́ːrt, fɔ́ːrtei]得意;長所.

forte[2][fɔ́ːrtei]〔音楽〕強い〔強く〕.

forth[fɔ́ːrθ]前へ, 前に, 先に;外へ. and so ～ …など, 等々.

forthcoming 来るべき, 今度の;手近に.

forthright まっすぐの.

forthwith ただちに.

fortify[fɔ́ːrtəfai]要塞 ੍ を設ける;堅固にする. **fortification** 築城(学);(複) 防御工事, 要塞;強化.

fortissimo[fɔːrtísəmou]〔音楽〕最も強く.

fortitude[fɔ́ːrtətjuːd]辛抱強さ, 不屈.

fortnight[fɔ́ːrtnait]2 週間, 14 日. **fortnightly** 2 週間ごとの〔に〕.

fortress[fɔ́ːrtrəs]要塞 ੍ .

fortuitous[fɔːrtjúːətəs]偶然の;意外の. **fortuity** 偶然.

fortunate[fɔ́ːrtʃənət]幸せな;運のよい. **fortunately** 幸いに.

fortune[fɔ́ːrtʃən]運;幸運;財産;(F-) 運命の女神; (複) 栄枯盛衰. ～ hunter 財産目当てに結婚しようとする人. ～-teller 占い師, 易者.

forty[fɔ́ːrti]40(の). **fortieth** 第 40 (の);40 分の1(の).

forum[fɔ́ːrəm]〔古代ローマの〕公会所;裁判所;公開討論会.

forward[fɔ́ːrwərd]前方の, 進んで…する;先ものの;早熟の;出過ぎた/はかどらせる;転送する;発送する/〔スポーツ〕前衛. **forwarding business** 運送業. **forwardly** 前に;ずうずうしく. **forwardness** 早熟.

forward(s)[fɔ́ːrwərd (z)]前の方に;先に;将来に向かって.

forwent[fɔːrwént]forgo の過去.

fossil[fɑ́səl]化石の;古くさい/化石;時代遅れの人. **fossilize** 化石化する. **fossilization** 名.

foster[fɔ́ːstər]養う;助長する. ～ **brother** 乳兄弟. ～ **child** 養子. ～

father 養父. ～ **mother** 養母.

fought[fɔ́ːt]fight の過去・過去分詞.

foul[fául]汚い;いやな;もつれた;不正な;口汚い/衝突;〔競技での〕反則;〔野球〕ファウル/汚す;衝突する/汚れる. ～ **play**〔競技の〕反則;不正行為. ～-**up** 混乱;〔機械の〕不調. **foully** 副 **foulness** 名.

foulmouthed 口汚い.

found[1][fáund]find の過去・過去分詞.

found[2] 創立する;基礎を築く;基づかせる.

found[3] 鋳造する.

foundation[faundéiʃən]創立;土台, 基礎;根拠;寄付金;基金;寄付金でできた施設;財団. ～ **stone** 礎石;根底.

founder[1][fáundər]崩れる;浸水して沈没する;失敗する.

founder[2] 創立者;発起人.

founding father 創始者.

foundling[fáundliŋ]捨て子.

fount[fáunt]《詩》泉;源泉.

fountain[fáuntn]泉;水源;源;噴水. ～ **pen** 万年筆.

fountainhead 水源.

four[fɔ́ːr] 4(の). on all fours よつんばいになって;一致して. ～-**in-hand** 4 頭立ての馬車;結びネクタイ. ～-**score** 80(の). **foursquare** 四角の;不動の. ～-**fold** 四重の, 4 倍の, 四つ折りの. **fourth** 第四(の);4 分の1(の). **the Fourth of July** 7 月 4 日 (米国独立記念日).

foursome[fɔ́ːrsəm] 四人組.

fourteen[fɔːrtíːn]14(の). **fourteenth** 第 14(の);14 分の1(の).

4WD 四輪駆動(車)〔< four-wheel drive〕.

fowl[fául]鶏;家禽 ੍ .

fox[fɑ́ːks]キツネ;ずるい人. ～ **trot**〔社交ダンス〕フォックス・トロット(を踊る). **foxy** キツネのような;ずるい;きつね色の.

foxglove ジギタリス.

foxhole 1人用塹壕ざん.

foxhound キツネ狩り用猟犬.

foyer[fɔ́iər]〔劇場などの〕ロビー, 休憩室.

Fr. Father;franc;France;French.

fracas[fréikəs, frǽkɑ:](けんか) 騒ぎ.

fraction[frǽkʃən]分数;小数;破片;はんぱ.**fractional** はんぱの;分数[小数] の.

fractious[frǽkʃəs]怒りっぽい, 気難しい.

fracture[frǽktʃər]破砕分;挫き傷, 骨折/砕く;〔骨を〕折る.

fragile[frǽdʒəl, -dʒail]もろい;虚弱な;きゃしゃな. **fragility**名

fragment[frǽgmənt]破片, 断片/破片にする. **fragmental, fragmentary**形

fragrance[fréigrəns], **fragrancy** [-grənsi]芳香. **fragrant** 芳香のある;楽しい. **fragrantly**副

frail[fréil]もろい;虚弱な;誘惑に負けやすい. **frailty** もろさ;弱点;意志薄弱.

frame[fréim]構造, 組み立て, 組織;骨組み;体格;額縁;気分/組み立てる, 構成する;骨組みをつくる;計画する;たくらむ. ~ **house** 木造家屋. ~ **-up** 陰謀. ~ **work** 骨組み;組織.

franc[frǽŋk]フラン(フランス・ベルギー・スイスの貨幣単位).

France[frǽns] フランス(共和国) (French Republic).

franchise[frǽntʃaiz]特許;特権;選挙権;一手販売権;チェーン店本拠地. **franchisee** フランチャイズ加盟店.

Francophile[frǽŋkəfail]フランスびいきの(人).

frank[frǽŋk]正直な, 率直な. to be ~ with you 打ち明けて言うと. **frankly**副 **frankly speaking** 率直に言うと. **frankness**名

frankfurter[frǽŋkfərtər]フランクフルトソーセージ.

frankincense[frǽŋkinsens]乳香.

frantic[frǽntik]気も狂わんばかりの. **frantically**副

frappe[træpéi]フラッペ, 冷凍果汁.

fraternal[frətə́:rnl]兄弟の, 友愛の.

fraternity[frətə́:rnəti]兄弟の情, 友愛;《米》大学生クラブ〔友愛会〕.

fraud[frɔ́:d]詐欺, ぺてん;ぺてん師.

fraudulent[frɔ́:dʒələnt]詐欺の, 不正な. **fraudulence** 名 **fraudulently** 副

fraught[frɔ́:t]積載した;充満した.

fray[fréi]こする;すりきれる;ほつれさせる;ほつれる.

fray[2] 騒動;争い, けんか.

frazzle[frǽzl]《話》すり切れさせる;すり切れる/ほつれ;疲労困憊ぱい.

FRB《米》連邦準備制度理事会〔< Federal Reserve Board〕.

freak[frí:k]気まぐれ;いたずら;奇形;熱狂者, 愛好者. **freakish** 気まぐれの;奇怪な.

freckle[frékl]そばかす/そばかすを生じ(させ)る.

free[frí:]自由な;解放された;…にとらわれない;遠慮のない;ゆったりした;物惜しみしない;無税の《of》;無料の/自由にする, 解放する;免れさせる《from》/自由に;無料で. for ~ ただで. set…~ …を解放する. ~ **agent** フリーエージェント;自由契約選手. ~ **-for-all** 飛び入り自由の(競技). ~ **-handed** 物惜しみしない. ~ **lance** フリーランサー;自由契約者. ~ **market** 自由市場. ~ **will** 自由意志. **freely** 自由に;率直に;大まかに.

freebase 純化コカイン;コカインを純化する.

freebie, freebee[frí:bi]無料の品, 景品.

freeborn 自由の身に生まれた.

freedom[fríːdəm]自由;無遠慮;免除;特権;出入権. ～ **of the press** 出版の自由.

freehand 手で描いた.

freeloader 居候.

freeman 自由民;公民権を有する人,公民.

Freemason[fríːmeisn]フリーメーソン,国際秘密結社会員. **Freemasonry** フリーメーソン組合の組織・主義など.

freemium[fríːmiəm]フリーミアム(最初のサービスは無料とし,それ以上は課金するビジネスモデル).

freestyle[水泳の]自由形;〔レスリングの〕フリースタイル/自由形の;即興の.

freethinker 自由思想家.

freeway 高速道路.

freewheeling 自由奔放な.

freeze[fríːz]凍らせる;こごえさせる;〔資金などを〕凍結する;凍りつかせる〔身動きできなくする〕/凍る;凍える;凍りつく;身動きしない. **Freeze！** 動くな！ **freezer** 冷凍庫. **freezing** 氷結する;ひどく寒い;冷淡な. **freezing point** 氷点.

freight[fréit]運輸;貨物,船荷;運賃/貨物を積む,輸送する. ～ **car**《米》貨車. **freightage** 貨物運送;貨物;運賃. **freighter** 貨物船;貨物運送業者.

French[fréntʃ]フランス(人)の/フランス語;(the ～)フランス国民. ～ **chalk**〔裁縫用〕チャコ. ～ **cuff** ダブルのカフス. ～ **fries** フライドポテト. ～ **leave** 無断退席すること. ～ **letter** コンドーム. ～ **toast** フレンチトースト.

Frenchman, -woman フランス人.

frenetic[frənétik]熱狂的な;逆上した/熱狂者.

frenzy[frénzi]逆上させる/逆上,凶暴. **frenzied** 形

frequency[fríːkwənsi]頻繁;頻度;周波数.

frequent[fríːkwent]たびたびの/[frikwént]しばしば訪れる. ～ **flier〔flyer〕program** マイレージサービス. **frequenter** 常連. **frequently** たびたび.

fresco[fréskou]フレスコ画法;壁画.

fresh[fréʃ]新鮮な;爽快な;若々しい;新規の;あざやかな;塩気のない,生の;生意気な. ～ **-air** 戸外の,野外の. **freshly** 新たに;元気よく;さわやかに. **freshness** 新鮮;新規;はつらつ/新たに/出水;清新な時期.

freshen[fréʃən]新鮮にする;塩気を除く/新鮮になる;〔風が〕強くなる.

freshet[fréʃit]出水;奔流.

freshman 新入生;初心者.

freshwater 淡水(産)の.

fret[frét]じらす;いらだたす,悩ます;食い込む,浸食する/いらだつ,悩む/いらだち,焦燥;腐蝕,侵蝕. **fretful** いらだち,気難しい. **fretfully** 副 **fretfulness** 名

fret[2] 雷文;雷文で飾る. ～ **saw** 糸のこ.

fret[3]〔弦楽器の〕フレット,駒.

friable[fráiəbl]砕けやすい.

friar[fráiər]托鉢僧,修道僧. **friary** 修道院.

fricassee[frikəsíː]フリカッセ(細切り肉の煮込み).

friction[fríkʃən]摩擦;軋轢.

Friday[fráidei, -di]金曜日〔略 Fri.〕.

fridge[frídʒ]冷蔵庫. ～ **-freezer** 冷凍冷蔵庫.

friend[frénd]友だち;味方;賛助者;(F-)フレンド派の人,クエーカー教徒. **friendless** 友のない,孤立した. **friendliness** 友情;親切;親密.

friendly[fréndli]親しい;親切な;敵意のない. ～ **fire** 味方兵士への攻撃.

friendship[fréndʃip]友情.

frieze¹[frí:z]毛羽立てる／片面だけ毛羽立せせた厚手生地.

frieze²帯状装飾，小壁.

frig[fríg]《卑》性交〔手淫〕（する）.

frigate[frígət]フリゲート艦；巡洋艦；《英》小型駆逐艦.

fright[fráit]驚き；恐怖；恐ろしい物；《俗》醜い人. **frightful** 恐ろしい；怪奇な. **frightfully**《話》非常に.

frighten[fráitn] おどして…させる，驚かす. **frightened** 驚いた；おびえた. **frightening** 恐ろしい，ぞっとするような.

frigid[frídʒid]寒い；冷淡な；堅苦しい；不感症の. **Frigid Zone** 寒帯. **frigidity** 寒冷；不感症. **frigidly**副

frill[fríl]襞ひだのある縁飾り；（複）《話》気取り，虚飾／フリルをつける.

fringe[fríndʒ]房ふさ；縁飾り；端／房をつける. **～ benefit** 付加給付（本給以外の年金・有給休暇など）.

frippery[frípəri]安っぽく派手なもの.

frisbee[frízbi]フリスビー（プラスチックの円盤）.

frisk[frísk]跳回り／跳ね回る；じゃれる／（着衣をなで回して）所持品を調べる. **frisky** 跳ね回る；じゃれる.

fritter¹[frítər]ばらばらになる. **～ away** 浪費する.

fritter² フリッター〔果物・肉などの揚げ物〕.

frivolous[frívələs]軽々しい，浮薄な；くだらぬ. **frivolously** 副 **frivolity**名

frizz[fríz]縮れ（毛）／縮らす；毛羽立たす.

frizzle¹[frízl]縮れ毛／縮らす. **frizzly**, **frizzy** 縮れ毛の.

frizzle² 〔揚げ物が〕じゅうじゅう音がする；揚げる.

fro[fróu]あちらへ. **to and ～** あちこちに.

frock[frák]ドレス；（仕事着；僧衣）.

～ coat フロックコート〔男子の礼装〕.

frog[frág, fró:g]カエル；〔軽蔑的〕フランス人.

frogman 潜水工作員.

frolic[frálik]ふざける／戯れ.

from[frəm, 強 frʌm, frá:m] …から；…せぬように.

frond[fránd]〔シダ・海草などの〕葉，葉状体.

front[frʌnt]前面；正面；戦線，戦地；前線；顔／前の，正面の／向かう，面する. **in ～ of…** の正面に. **～ desk** 受付. **～ door** 正面玄関. **～ line** 最前線. **～-page**〔新聞などで〕第一面の；重要な. **～ runner** トップ走者，先行馬；最有力候補. **frontage** 前面；間口；眺望；街路・河川などに接する土地.**frontal** 前の；額ひたいの；正面の.

frontier[frʌntíər]国境；辺境；未知の領域. **～ spirit**《米》開拓者精神.

frontiersman 辺境開拓者.

frontispiece[frʌ́ntəspi:s]口絵.

frontrunner 先頭に立つ人.

frost[frɔ́:st]霜；氷結；寒気；氷点下の温度；《俗》失敗／霜でおおう；霜で害する；〔菓子に〕砂糖をふりかける. **frosted** 霜害を受けた；霜焼けにかかった；砂糖がけの；艶消しの. **frosty** 霜のおりる；霜のように白い；冷淡な.

frostbite 霜焼け.

frostbitten 霜害を受けた；凍傷にかかった.

frostwork 霜模様.

froth[frɔ́:θ]泡；くだらぬもの；空談／泡立たせる〔立つ〕. **frothy** 泡立つ；泡のような；空虚な.

froward[fróuərd]強情な，つむじまがりの.

frown[fráun]眉をひそめること／眉をひそめる（ひそめて不賛成を示す）.

frowst[fráust]人いきれ／人いきれの中にいる.

frowzy, frowsy[fráuzi]うす汚い；

かびた；だらしない.

froze[fróuz] freeze の過去.

frozen[fróuzn] freeze の過去分詞／氷結している. ～ **food** 冷凍食品.

FRP 繊維強化プラスチック〔< fiber-reinforced plastic〕.

FRS 《米》連邦準備制度〔< Federal Reserve System〕.

fructify[frʌ́ktəfai] 実を結ぶ〔結ばせる〕；〔土地を〕肥やす.

frugal[frúːgəl] 倹約な；質素な. **frugality** 名 **frugally** 副

fruit[frúːt] 実，果物；結果；所産／実を結ぶ〔結ばせる〕. **fruitage** 果実；結実. **fruitful** よく実る；肥沃な；効果の多い. **fruitfully** 副 **fruitfulness** 名 **fruitless** 実らぬ；子のない；無益な.

fruition[fruíʃən] 結実；実現；享有.

fruity[frúːti] 果実の(ような)；果物の香味のある.

frustrate[frʌ́streit] くじく；失敗させる；だめにする. **frustration** 挫折，失敗；欲求不満.

fry[frái]¹ 油でいためる，揚げる／油で焼いた〔揚げた〕もの. **frying pan** フライパン.

fry² 稚魚，小魚.

ft〔長さの単位〕フィート〔< foot, feet〕.

FT/PT 全日またはパート，常勤または非常勤〔< full-time/part-time〕.

FT-SE 《英》フィナンシャル・タイムズ株価指数〔< Financial Times Stock Exchange 100 share index〕.

FTAA 米州自由貿易地域〔< Free Trade Area of the Americas〕.

FTC 連邦取引委員会〔< Federal Trade Commission〕.

FTP ファイル転送プロトコル〔< file transfer protocol〕.

fuchsia[fjúːʃə]〔植物〕フクシア；明るい紫紅色.

fuck[fʌ́k] 性交する，ファック(する)；虐待する；台無しにする；だます. ～ around ふざけ回る. ～ off ずるける. ～ up ぶち壊す. shut the ～ up うるさい! Fuck you! くたばれ. **fucking** いまいましい；ひどい.

fuddle[fʌ́dl] 酩酊ᵗᵉⁱさせる〔する〕／酩酊.

fudge[fʌ́dʒ] たわごと；チョコレート入りキャンデー／ばかな! でっち上げる／ごまかす.

fuel[fjúːəl] 燃料.

fugitive[fjúːdʒətiv] 逃亡する；変わりやすい；一時的な／逃亡者；亡命者.

fugue[fjúːg] フーガ，遁走曲ᵗᵉⁱ曲.

fulcrum[fúlkrəm] 挺子ᵗᵉ台；支点；支柱.

fulfill, 《英》**fulfil**[fulfíl] 果たす；成就する；満たす. **fulfillment** 遂行；成就；実現.

full[fúl] 満ちた，いっぱいの；満員の；豊富な；完全な／十分，完全／十分に，完全に. ～ **-blown** 満開の. ～ **-dress** 正装. ～ **-grown** 十分に成長した. ～ **house** 満員の；〔ポーカー〕フルハウス. ～ **-length** 短縮していない；等身大の. ～ **-scale** 実物大の；全面的な. ～ **-size** 標準サイズの. ～ **stop** 終止符. ～ **-time** 専任の；正規の. **fullness** 充満；満足；充実. **fully** 十分に.

fullback〔フットボール〕後衛.

fullfledged 羽毛のはえ揃った；一人前の；十分発達した.

fulminate[fʌ́lməneit] 爆発させる〔する〕；どなる. **fulmination** 雷鳴；爆破；怒号.

fulsome[fúlsəm] しつこい，いやらしい. **fulsomely** 副

fumble[fʌ́mbl] 手探りする；いじくる／ぶざまに取り扱う；〔野球〕(球を)取り損なう.

fume[fjúːm] 煙，ガス，蒸気；激怒／〔煙・蒸気などを〕出す；発散させる；いぶす；ぷりぷりする.

fumigate[fjúːməgeit] いぶす；燻ᵗᵉ

蒸する；〔香を〕焚たく. **fumigation** 名

fun[fʌn] 戯れ；じょうだん. be good 〔great〕～ 実におもしろい. for〔in〕～ じょうだんに. make ～ of …をからかう.

function[fʌ́ŋkʃən] 機能，作用，目的；職務；祝典，関数／役目を果たす；作用する. **functional** 機能の；職務の，関数の. **functionary** 職員，役員，役人；機能上の；職務の.

fund[fʌnd] 資金，基金；（複）公債；蓄え，蘊蓄うんちく／資金に向ける；公債にする.

fundamental[fʌndəméntl] 基本的な，根本の／（通例複）基本，基礎，原理. **fundamentality** 基本的であること. **fundamentally** 根本的に；本来.

fundamentalism[fʌndəméntəlizm] 根本主義，原理主義.

funding[fʌ́ndiŋ] 財源；財政支援.

funeral[fjúːnərəl] 葬式／葬式の.

funereal[fjuːníəriəl] 葬式にふさわしい；陰気な.

fungus[fʌ́ŋgəs] キノコ，菌類.

funk ¹ [fʌŋk] おじけ；臆病者／おじけづく，しりごみする.

funk ² ファンキーな音楽.

funky[fʌ́ŋki]《俗》飾り気のない，〔ジャズの演奏などが〕ファンキーな；いかす.

funnel[fʌ́nl] 漏斗じょうご；（船の）煙突.

funny[fʌ́ni] おもしろい，おかしな；《俗》奇妙な. **funnily** 副

fur[fɔ́ːr] 毛；毛皮；舌苔ぜったい；（複）毛皮の衣服／毛皮を付ける.

furbelow[fɔ́ːrbəlou]（婦人服の）縁飾り；けばけばしい飾り.

furbish[fɔ́ːrbiʃ] 磨く；新しく見せる.

furious[fjúəriəs] 怒り狂う；猛烈な. **furiously** 猛然と.

furl[fɔ́ːrl]〔帆などを〕たたむ；たたまれる.

furlong[fɔ́ːrlɔːŋ] ファーロング，ハロン

（長さの単位，約 220 ヤード・201.168m）〔略 fur.〕.

furlough[fɔ́ːrlou] 休暇，賜暇〔休暇を与える.

furnace[fɔ́ːrnəs] 炉，かまど；溶鉱炉；試練.

furnish[fɔ́ːrniʃ] 供給する；家具を備えけける. **furnished** 家具付きの.

furnishing 家具，造作.

furniture[fɔ́ːrnitʃər] 家具，備品；内容.

furor, furore[fjúərɔːr] 熱狂；かっさい.

furrier[fɔ́ːriər] 毛皮商.

furrow[fɔ́ːrou]（田畑の）溝；すきあと；しわ.

furry[fɔ́ːri] 毛皮の；毛皮に似た.

further[fɔ́ːrðər] その上の；もっと遠い／さらに／進める；促進する. **furtherance** 増進，促進. **furthermore** その上に. **furthermost** 最も遠い.

furthest[fɔ́ːrðist] 一番遠い／最も遠く.

furtive[fɔ́ːrtiv] ひそかな，内証での. **furtively** 副

fury[fjúəri] 憤怒；狂暴；猛烈；**(F-)** 復讐ふくしゅうの女神.

furze[fɔ́ːrz] ハリエニシダ. **furzy** ハリエニシダの茂った.

fuse[fjúːz] 信管，導火線；ヒューズ／ヒューズ〔信管〕をとりつける.

fuselage[fjúːsəlɑːʒ]（飛行機の）胴体.

fusillade[fjuːsəléid] 一斉射撃(する).

fusion[fjúːʒən] 溶解，融合；合併. ～ point 融点.

fuss[fʌs] から騒ぎ，大騒ぎ／騒ぎ立てる；騒がす；いらいらさせる〔する〕. **fussy** 騒ぎ立てる，気難しい.

fustian[fʌ́stʃən] ファスチャン織り(の)；誇大な(言葉).

fusty[fʌ́sti] かびくさい；古くさい.

futile[fjúːtl, -tail] むだな，無益な. **futility** 無益.

future[fjúːtʃər]未来, 将来／未来の. **futurism**〔美術の〕未来派. **futurist** 未来派の芸術家. **futuristic** 未来（派）風の. **futurity** 未来, 将来；来世；未来の事物.

fuze[fjúːz] = fuse.

fuzz[fʌz]毛羽, むくげ；警官. **fuzzy** むくげでおおわれた；ファジーな.

fwy（無料の）高速道路, 自動車専用道路〔< freeway〕.

FYI ちなみに, ご参考までに〔< for your information〕.

G

GA, Ga. ジョージア州〔< Georgia〕.

gab[gæb]むだ話, おしゃべり.

gabardine[gǽbərdiːn]〔服地〕ギャバジン.

gabble[gǽbl]早口でしゃべる.

gabfest[gǽbfest]おしゃべりの会.

gable[géibl]切り妻. ～ **roof** 切り妻屋根.

Gabon[gæbɔ́n] ガボン(共和国) (Gabonese Republic).

gadfly[gǽdflai]アブ；こうるさい人.

gadget[gǽdʒit]《話》装置；小道具；工夫.

Gaelic[géilik] ゲール族〔語〕の／ゲール語〔人〕.

GAFA ガ ファ〔< Google, Apple, Facebook, Amazon〕.

gaff[gǽf]魚釣り；やす.

gaff[gǽf] 安っぽい演芸場.

gaffe[gǽf]〔社交上の〕失敗；非礼.

gag[gǽg]猿ぐつわ(をはめる)；言論抑圧(する)；だます／ギャグ(を言う).

gage[géidʒ]〔挑戦の印で〕投げた手袋；抵当；挑戦.

gaiety[géiəti]快活；はで；お祭り騒ぎ.

gaily, gayly[géili]快活に；華美に.

gain[géin]進む／獲得する, 利益を得る；〔時計が〕進む；増進する／利益,

もうけ；増加. ～ **on** …を浸食する；…に追いつく；…に取り入る. **gainful** 利益のある.

gainsay[geinséi]反駁する, 反対する.

gait[géit]足どり, 足並み；《米》歩度, 歩速.

gaiter[géitər] (通例複)きゃはん, ゲートル.

gal[gǽl]《俗》= girl.

gala[géilə]祝祭. in ～ 晴れ着を着て. ～ **day** 祭日.

galactic[gəlǽktik]乳の；銀河の.

galantine[gǽləntiːn]鶏・子牛などの冷肉料理.

galaxy[gǽləksi]銀河；はなやかな一団.

gale[géil]強風.

gall[gɔ́ːl]胆汁；苦味；怨み恨み；《俗》鉄面皮. ～ **bladder** 胆嚢.

gall[gɔ́ːl] すり傷；心痛；悩みの種／すりむく；じらす；怒らす.

gallant[gǽlənt]りっぱな；雄々しい；勇壮な；[gəlǽnt]〔婦人に〕親切な／[gəlǽnt] しゃれ者, だて男；色男／〔婦人に〕親切にする；言い寄る. **gallantly** 副 **gallantry** 勇気, 豪勇.

galleon[gǽliən]ガレオン船(昔のスペインの大帆船).

gallery[gǽləri]画廊；回廊；〔劇場の〕桟敷；観客席；一般見物人.

galley[gǽli]ガレー船(昔奴隷にこがせた帆船)；船内炊事室；ゲラ.

Gallic[gǽlik]ゴール(人) の；フランス(人) の.

gallicism[gǽləsizm] (or **G-**) フランス語風.

gallivant[gǽləvænt]遊び回る.

gallon[gǽlən] ガロン(液量単位 《米》3.785 リットル, 《英》4.546 リットル).

gallop[gǽləp]〔馬の〕駆け足, 疾駆／〔馬を〕駆けさせる；疾駆する. at a ～ 全速力で.

gallows[gǽlouz]絞首台.

gallstone胆石.

galore[gəlɔ́ːr]豊富に.

galosh[gəlɑ́ʃ]〔ゴム製の〕オーバーシューズ.

galumph[gəlʌ́mf]《話》意気揚々と歩く.

galvanize[gǽlvənaiz]電気メッキをする；刺激する.

galvanometer[gælvənɑ́mətər]電流計.

Gambia[gǽmbiə]ガンビア(共和国) (Republic of the Gambia).

gambit[gǽmbət]〔チェスの〕さし始めの手，先手；手始め.

gamble[gǽmbl]賭博をする／賭けごとで失う／賭場；冒険. **gambler**賭博うち. **gambling**ギャンブル，賭博.

gambol[gǽmbl]跳ね／跳ね回る(こと).

game[géim]競技；遊戯；娯楽；一勝負；勝ち；〔猛獣・猟鳥〕獲物／元気旺盛な，勇敢な／勝負ごとをする. ～ **preserve** 禁猟区. **gamesome** 遊び好きな. **gaming** 賭け事(用の).

gamecock 闘鶏.

gamete[gǽmiːt]配偶子.

gamification[geimifikéiʃən] ゲーム化／ゲーミフィケーション.

gamin[gǽmin]浮浪児.

gamma[gǽmə] ガンマ(ギリシャ語アルファベットの第3字，Γ・γ)；ガンマ(質量単位，100万分の1グラム).

gammon[gǽmən]ベーコンのわき腹肉；ハム.

gammon[2] たわごと；ごまかし／たわごとを言う；ごまかす.

gamut[gǽmət]全音階；全域.

gamy[géimi]獲物の多い；勇ましい.

gander[gǽndər]ガチョウの雄；馬鹿.

gang[gǽŋ]一群；ギャングの一味／集団になる[で襲う].

gangland 暗黒街.

ganglion[gǽŋgliən]神経節.

gangplank[gǽŋgplæŋk]タラップ.

gangrene[gǽŋgriːn]壊疽(になる)／腐る[らせる]. **gangrenous** 形

gangster[gǽŋstər]ギャング(の一員).

gangway[gǽŋwei]通路；タラップ.

gantlet[gǽntlət] = gauntlet[1,2].

gantry[gǽntri]構台；跨・線橋.

gaol[dʒéil]《英》= jail.

gap[gǽp]割れ目；すきま；隔たり；山あい；割れ目をつくる. **gappy** 形

gape[géip]大口をあける(こと)；あくび(する)；裂ける.

garage[gərɑ́dʒ]車庫；修理所／車庫にいれる.

garb[gɑ́ːrb]服装／着せる；装う.

garbage[gɑ́ːrbidʒ]〔台所の〕くず；廃物. ～ **can** ごみ入れ.

garble[gɑ́ːrbl]〔書類などに〕勝手に手を加える／文字化け.

garbling[gɑ́ːrbliŋ] 〔コンピュータ〕文字化け.

garden[gɑ́ːrdn]庭；庭園；菜園，果樹園；…街／庭を造る；園芸をする. ～ **party** 園遊会. **gardener** 植木屋；園芸家.

gardening 造園，園芸.

gargle[gɑ́ːrgl]うがい薬／うがいをする.

gargoyle[gɑ́ːrgɔil]〔怪物の形をした屋根の〕水落とし口.

garish[géəriʃ]ぎらぎら光る，けばけばしい.

garland[gɑ́ːrlənd]花輪，王冠；名句集.

garlic[gɑ́ːrlik]ニンニク. **garlicky** ニンニクの味[におい]のする.

garment[gɑ́ːrmənt]衣服の一品；(複)衣服.

garner[gɑ́ːrnər]穀倉／たくわえる.

garnet[gɑ́ːrnət]ざくろ石；深紅色.

garnish[gɑ́ːrniʃ]装飾(物)；付け合わせ；つま／装飾する；趣を添える. **garnishment** 装飾；差し押えの告知，〔第三者への〕出廷命令.

garret[gǽrət]屋根裏部屋.

garrison[gǽrəsn]守備隊(を置く).

garrulity[gərúːləti] おしゃべり.
garrulous 形

garter[gáːrtər] 靴下どめ. **(the Order of) the Garter** ガーター勲章(勲位).

gas[gǽs] 気体, ガス;《米》ガソリン / ガスを出す;《俗》むだ話をする / ガスを供給する;ガスで中毒させる. **～ burner** ガスの火口;ガスストーブ. **～ mask** 防毒マスク. **～ station** ガソリンスタンド. **～ stove** ガスレンジ.

gaseous[gǽsiəs, -sʃəs] ガス状の, 気体の.

gash[gǽʃ] 深傷.

gasolene, gasoline[gǽsəliːn] ガソリン, 揮発油.

gasometer[gæsámətər] ガスタンク.

gasp[gǽsp] あえぐ / あえいで言う / あえぎ, 息ぎれ.

gastric[gǽstrik] 胃の. **～ juice** 胃液.

gastritis[gæstráitəs] 胃炎.

gastronome[gǽstrənoum] 美食家, 食通.

gastroscope[gǽstrouskoup] 胃カメラ.

gate[géit] 門, 水門;出口;入場料〔数〕.

gateway 門口, 門.

gather[gǽðər] 集める;つみ取る, 採集する;〔布に〕ひだをとる;推断する / 集まる;増す;膿む / (複) 襞;ギャザー. **～ head** 膿む. **gathering** 集会;化膿.

GATT 関税および貿易に関する一般協定, ガット(旧)〔＜ General Agreement on Tariffs and Trade〕(1995年 GATT は WTO = World Trade Organization に発展・改称した).

gauche[góuʃ] 不器用な;気のきかない(《F》gauche から).

gaud[góːd] 安ぴかもの. **gaudily** はでに, けばけばしく. **gaudy** 形

gauge[géidʒ] 規格;計器, ゲージ;〔鉄道〕軌間 / 測る;評価する. **gauger** 検量官;収税吏.

gaunt[góːnt] やせこけた;無気味な. **gauntness** 名

gauntlet[góːntlət] 籠手;長手袋. **fling〔throw〕down the ～** 戦いをいどむ. **pick〔take〕up the ～** 挑戦に応じる.

gauntlet[2] むちうちの刑.

gauze[góːz] 紗;ガーゼ. **gauzy** 薄い.

gave[géiv] give の過去.

gavel[gǽvəl] 議長〔競売人〕の槌.

gavot(te)[gəváːt] ガボット(活発なダンス(曲)).

gawk[góːk] のろま /《話》ぽかんとながめる. **gawky** のろまな;不器用な.

gay[géi] 陽気な;華美な;同性愛の. **gayly** = gaily.

gayety[géiəti] = gaiety.

gaze[géiz] 凝視 / 見つめる.

gazebo[gəzíːbou] 見晴らし台.

gazelle[gəzél] ガゼル(小型レイヨウ).

gazette[gəzét] 新聞;官報 / 官報に載せる.

gazetteer[gæzətíər] 地名辞典.

GB 大ブリテン(島), 英国〔＜ Great Britain〕;〔記憶容量の単位〕ギガバイト〔＜ giga byte〕.

GCD 最大公約数〔＜ greatest common divisor〕.

GCF 最大公約数〔＜ greatest common factor〕.

GCSE《英》中学校課程修了試験〔General Certificate of Secondary Education〕.

GDP 国内総生産〔＜ gross domestic product〕.

gear[gíər] 伝導装置, ギア;装置;道具. **high(low) ～** 〔自動車等の〕高(低)速ギア;《話》高(低)速 / ギアを入れる;〔機械を〕掛ける;適合させる. **gearing**《英》資本と借入金の比率.

gearbox〔自動車等の〕変速装置, ギアボックス.

gearshift 変速レバー.

gearwheel 大歯車.

gecko[gékou] ヤモリ.

GED 一般教育発達(テスト)〔< general educational development〕.

gee[dʒíː]〔馬への掛け声〕前へ!右へ向け!;《米俗》おや!驚いた.

geese[gíːs] goose の複数.

geezer[gíːzər]〔年寄りの〕変人.

Geiger counter[gáigərkauntər]ガイガー計数管.

gel[dʒél]〔整髪用の〕ジェル / ゲル化する.

gelatin, gelatine[dʒélətn]ゼラチン, にかわ.

geld[géld] 去勢する. **gelding** 去勢(馬).

gelid[dʒélid]氷のように冷たい, 冷淡な.

gem[dʒém]宝石 / 宝石で飾る.

geminate[dʒéməneit]双生の, 一対の / 二重にする〔なる〕.

Gemini[dʒémənai]双子座, 双子宮.

gendarme[ʒáːndɑːrm]憲兵.

gender[dʒéndər]〔文法〕性.

gene[dʒíːn]遺伝子;因子. ~ **bank** 遺伝子銀行.

genealogy[dʒiːniǽlədʒi]系図;系図学. **genealogical** 形 **genealogist** 系図学者.

genera[dʒénərə]genus の複数.

general[dʒénərəl]一般の;普通の;最高位の /〔軍隊〕陸軍大将;将軍. in ~ 一般に. ~ **election** 本選挙〔予備選挙に対して〕;《英》(下院)総選挙. ~ **strike** ゼネスト. ~ **staff** 参謀本部. ~ **manager** 総支配人. **generally** 大概;一般に. generally speaking 概して言えば. **generalship** 大将の職.

generalissimo[dʒenərəlísəmou]大元帥;総司令官.

generality[dʒenərǽləti]一般性;概略;大部分.

generalize[dʒénərəlaiz]一般化する;概括する;普及させる. **generalization** 名

generate[dʒénəreit]産む;生じる;

起こす. **generating station** 発電所.

generation[dʒenəréiʃən]産出;発生;子孫;一世代(通例 30 年).

generative[dʒénərətiv, -reit-]生殖の.

generator[dʒénəreitər]発生器;発生炉;発電機.

generic[dʒənérik]〔生物〕属の;一般的な;総称的な.

generous[dʒénərəs]気前のよい;寛大な;たくさんの. **generously** 副 **generosity** 気前のよさ;寛大さ;〔物などの〕豊富さ.

genesis[dʒénəsis]発生;起源; (the G-)〔聖書〕創世紀.

genetic[dʒənétik]発生の;遺伝の. **genetics** 遺伝学. ~ **code** 遺伝情報. **genetically-modified〔engineered, altered〕food** 遺伝子組み換え食品.

genial[dʒíːnjəl]愛想のよい;優しい;温暖な. **genially** 副 **geniality** 名

genie[dʒíːni]魔神, 鬼.

genii[dʒíːniai]genius, genie の複数.

genital[dʒénətl]生殖の /(複)生殖器.

genitive[dʒénətiv]〔文法〕所格の /有格.

genius[dʒíːnjəs]天才(の人);素質,〔時代などの〕精神;守護神, 霊鬼.

genocide[dʒénəsaid]〔ある民族の〕計画的な大虐殺.

genome[dʒíːnoum] ゲノム. ~ **research-based pharmaceuticals〔drugs, products〕** ゲノム創薬.

genre[ʒáːnrə]種類, 様式;ジャンル;風俗画.

gent[dʒént]《俗》紳士; (the Gents)男性用トイレ.

genteel[dʒentíːl]育ちのよい;優雅な;上品ぶった.

gentile[dʒéntail]〔ユダヤ人から見ての〕異邦人(の).

gentility[dʒentíləti]上品;優雅, お上品ぶり.

gentle[dʒéntl]優しい;上品な;穏や

かな；良家の. **gentleness** 柔和；上品；穏やかさ. **gently** 副

gentlefolk(s) 良家の人々.

gentleman[dʒéntlmən] 紳士. **gentlemanlike, gentlemanly** 紳士的な；礼儀正しい.

gentlewoman[dʒéntlwumən] 貴婦人.

gentry[dʒéntri] 紳士階級；名門の人々；連中.

genuine[dʒénjuin] 本物の；純正な，真正の. **genuinely** 誠実に. **genuineness** 名

genus[dʒíːnəs] 種類，類；〔生物〕属.

geography[dʒiáːɡrəfi] 地理学；地勢. **geographer** 地理学者. **geographic, geographical** 形 **geographically** 副

geology[dʒiáːlədʒi] 地質学；地質. **geologic, geological** 形 **geologically** 副 **geologist** 地質学者.

geomagnetic[dʒiːəmæɡnétik] 地磁気の.

geometry[dʒiáːmətri] 幾何学. **geometric, geometrical** 幾何学（上）の，幾何学的な. **geometrical progression(series)** 等比数列(級数). **geometrically** 副 **geometrician** 幾何学者.

geophysics[dʒiːoufíziks] 地球物理学.

geopolitics[dʒiːoupálətiks] 地政学.

Georgia[dʒɔ́ːrdʒə] ジョージア(旧称グルジア) (Republic of Georgia)；ジョージア(米国南東部の州).

Georgian[dʒɔ́ːrdʒən] ジョージ王朝(時代) の；ジョージア(人・語) の／ジョージア州の／ジョージ王朝時代の人；ジョージア人〔語〕；ジョージア州の住民〔出身者〕.

geranium[dʒəréiniəm] ゼラニウム.

geriatrics[dʒèriǽtriks] 老人病学〔科〕(の) の／老人病患者.

germ[dʒɔ́ːrm] 幼芽，胚；種；細菌；根源.

German[dʒɔ́ːrmən] ドイツの；ドイツ

人〔語〕の／ドイツ語(人).

german[dʒɔ́ːrmən] 同(祖) 父母から生まれる.

germane[dʒəːrméin] 密接な関係のある；適切な.

Germanic[dʒəːrmǽnik] ドイツ(人) の；ゲルマン(民族) の／ゲルマン語.

Germany[dʒɔ́ːrməni] ドイツ.

germicide[dʒɔ́ːrməsaid] 殺菌剤. **germicidal** 殺菌(性) の.

germinal[dʒɔ́ːrmənl] 幼芽の，胚の；初期の.

germinate[dʒɔ́ːrməneit] 発芽する〔させる〕；発生する〔させる〕. **germination** 名

gerontology[dʒerəntáːlədʒi] 老化現象研究；老人学.

gerrymander[dʒérimændər, gér-] 〔選挙区を〕自党に有利に改める／選挙区不正改定.

gerund[dʒérənd] 〔文法〕動名詞.

gestate[dʒésteit] 受胎する／〔考えなどを〕練る. **gestation** 懐妊〔形成〕期間.

gesticulate[dʒestíkjuleit] 身ぶり手ぶりをする〔で表現する〕. **gesticulation** 名

gesture[dʒéstʃər] 身ぶり／ = gesticulate.

get[ɡét] 得る；受け取る；捕まえる；〔病気に〕かかる；取って来る；…させる，…してもらう；覚える，暗記する／なる；達する；着く. have got 持っている；have got to …しなければならない. ～ along with 仲良くやる. ～ at …に手が届く；見つける. ～ away 逃げる. ～ back 取り戻す；帰る. ～ behind《米》後援する. ～ by《米》うまく逃げる；どうやら成功する. ～ doing …しはじめる. ～ down おりる. ～ in にはいる；乗る. ～ off のがれる；おりる. ～ on 進む；乗る；成功する. ～ out 出す；出る；〔命令〕出て行け！；ばれる. ～ to …に着く. ～ together 集まる；集める. ～ up

起きる；登る；書きあげる. ～
-together《話》懇親会. get-up《話》
装い；こしらえ.

getaway 逃亡，脱出；〔競走の〕ス
タート；短期休暇.

gewgaw[gjúːgɔː]安ぴかもの.

geyser[gáizər]間欠泉；《英》[gíːzər]
ガス湯沸し器.

Ghana[gáːnə] ガーナ（共和国）
（Republic of Ghana）.

Ghanian[gáːniən]ガーナの／ガーナ
人.

ghastly[gæstli]青ざめた〔て〕；もの
すごい〔く〕.

ghetto[gétou]ユダヤ人街；〔都市の〕
少数民族の居住地区.

ghost[góust]幽霊；霊魂. **ghostly**幽
霊の（ような）.

ghostwrite 代作する.

ghoul[gúːl]食屍鬼. **ghoulish** 残忍
な.

GHQ 連合国軍最高司令官総司令部
〔＜ general headquarters〕.

GHz 〔周波数の単位〕ギガヘルツ〔＜
gigahertz〕.

GI《米》（陸軍）兵士〔＜ government
issue〕.

giant[dʒáiənt]巨人；巨大なもの／巨
大な. ～ **panda** ジャイアントパンダ.

giantess[dʒáiəntəs]女の巨人.

gibber[dʒíbər]べらべらわからぬこと
をいう. **gibberish** たわごと.

gibbon[gíbən]テナガザル.

gibbous[gíbəs]せむしの；隆起した.
～ **moon** 凸月.

gibe[dʒáib]嘲弄する／あざける.

giblets[dʒíbləts]鶏の臓物.

giddy[gídi]めまいのする；軽率な.
giddily 副 **giddiness** 名

gift[gíft]贈り物；贈与；天賦の才／贈
る，授ける. **gifted** 天賦の才能のある.

gigantic[dʒaigæntik]巨大な.

giggle[gígl]くすくす笑い／くすくす笑
う.

gigolo[dʒígəlou]年増女に養われる

男，「つばめ」；売春婦のひも；〔男
性の〕職業ダンサー.

gild[gíld]金メッキする；粉飾する／＝
guild. **gilded** 金メッキした；金ぴか
の. **gilding** 金箔をかぶせること.

gill[dʒil]ジル（液量単位，1/4 パイン
ト）.

gill[gil]（通例複）〔魚の〕えら.

gilt[gilt]gild の過去・過去分詞／金メ
ッキした／金箔. ～**-edged** 金縁の；
最上等の.

gimcrack[dʒímkræk]安ぴかもの／
安ぴかの.

gimlet[gímlət]手錐.

gimmick[gímik]《俗》いかさま；ト
リック，仕掛け.

gin[dʒin]ジン（酒）. ～ **mill** 酒場.

gin 綿繰り機；三脚起重機；わな／
綿繰り機で種を取る；わなで捕える.

ginger[dʒíndʒər]ショウガ／活気づけ
る. ～ **ale** ジンジャー・エール（清涼
飲料）.

gingerbread ショウガいり菓子パン.

gingerly[dʒíndʒərli]用心深い.

gingham[gíŋəm]ギンガム，縞綿
布.

ginkgo,《英》**gingko**[gíŋkou]イチョ
ウ.

gipsy[dʒípsi] ＝ Gypsy.

giraffe[dʒəræf]キリン.

gird[gəːrd]帯で締める；したくする；
囲む／備える.

girder[gəːrdər]桁；大梁.

girdle[gəːrdl]帯；ガードル／帯で巻く；
囲む.

girl[gəːrl]少女；女の子. **girlhood** 少
女時代. **girlish** 少女の；少女らしい.

girlfriend[ステディの関係になって
いる] ガールフレンド，恋人，愛人；
女友達（男性から，《米》では女性か
らもいう）.

girt[gəːrt]gird の過去・過去分詞.

girth[gəːrθ]腹帯；〔人間の〕胴回り；
周囲.

gist[dʒist]要点，要旨.

G

give[gív] (…を) 与える，送る；伝える；描写する；人に…させる；開く；催す；出す，発する／与える；負ける；ゆるむ；退く．〜 **back** 返す．〜 **in** 提出する；屈服する．〜 **oneself up** あきらめる；耽る．〜 **out** 言いふらす．〜 **over** 捨てる．〜 **up** 降参する；捨てる；よす．〜 **way** 崩れる；屈服する；譲歩する．〜 **-and-take** 妥協；やりとり．

giveaway《米話》問わず語り，口をすべらすこと．

given[gívn] give の過去分詞／与えられた；既定の，一定の．

giver[gívər] 寄贈者．

gizzard[gízərd]〔鳥の〕砂囊．

glace[glæséi] 砂糖をかぶせた；光沢のある．

glacial[gléiʃəl] 氷の，氷結した；氷河（時代）の．〜 **epoch** 氷河時代．

glacier[gléiʃər] 氷河．

glad[glǽd] 喜んで；うれしい．**gladly** 喜んで．**gladness** 喜び．**gladsome** 喜ばしい．

gladden[glǽdn] 喜ばせる．

glade[gléid] 林間の空地．

gladiator[glǽdieitər]〔古代ローマの〕剣闘士．

gladiolus[glædióuləs] グラジオラス．

glair[gléər] 卵白て；〔卵白製の〕うわぐすり（つやだし剤）．

glamour, glamor[glǽmər] 魅力．**glamorous** 魅惑的な．

glamping グランピング（ぜいたくなキャンプ）〔< glamorous + camping〕．

glance[glǽns] 一瞥《at》；きらめき／ちらりと見る；きらめく．at a 〜 一見して．

gland[glǽnd] 腺て．**glandular** 腺の；腺（状）の．

glans[glǽnz] 亀頭て．

glare[gléər] まぶしい光；鋭い目つき／ぎらぎら光る；にらみつける．**glaring** まばゆい；にらみつける；明白な．**glaringly** 副

glass[glǽs] ガラス；ガラス器，コップ；鏡；(複) めがね，双眼鏡；砂時計；晴雨計／ガラスをはめる．〜 **blower** ガラス吹き工．〜 **cutter** ガラス切り〔人・道具〕．**glassful** コップ1杯．**glassy** ガラスの；ガラス質の；ガラスのような．

glasshouse 温室．

glassware ガラス器．

glaucoma[glɔːkóumə] 緑内障．

glaze[gléiz] ガラスをはめる；釉ぎをかける／なめらかになる；どんよりする／釉．**glazed** 光沢のある；なめらかな；どんよりした．

glazier[gléiʒər] ガラス屋．

GLCM 地上発射巡航ミサイル〔< ground-launched cruise missile〕．

gleam[glíːm] 閃て光，かすかな光／きらめく．

glean[glíːn] 落ち穂を拾う；集める．**gleanings**〔拾い集めた〕落ち穂；断片の収集．

glee[glíː] 喜び；無伴奏合唱曲．**gleeful** 大喜びの．

glen[glén] 峡谷て．

glib[glíb] 流暢て な．**glibly** 副

glide[gláid] 滑走；滑空；〔音の〕わたり；スラー／すらすら動く，すべる；滑空する．**glider** すべる人〔もの〕；グライダー．

glimmer[glímər] 微光，薄明かり／ぼんやり光る．

glimpse[glímps] ちらりと見ること／ちらと見る〔見える〕．

glint[glínt] きらめく；反射する／きらめき；閃光．

glissade[glisáːd]〔登山〕制動滑降，グリセード．

glisten[glísn] きらめく，輝く，光る．

glitter[glítər] 輝き／ぴかぴか光る．**glittering** 光り輝く；きらびやかな．

gloat[glóut] 満足そうにながめる．

global[glóubəl] 地球の；全世界の；球状の．〜 **warming** 地球温暖化．**globalization** グローバリゼーション，

世界化.

globe[glóub] 球(体)；(the ～) 地球；ランプのかさ.

globefish フグ.

globule[glá:bju:l] 小球. **globular** 球状の.

gloom[glú:m] 薄暗がり；陰気，ゆうつう/暗くする(なる)；陰気にする(なる). **gloomy** 暗い；陰気な；ふさいだ. **gloomily** 暗く；陰気に.

glorify[gló:rəfai] 讃美する；栄光を授ける. **glorification** 名

glorious[gló:riəs] 光栄ある；こうごうしい. **gloriously** 副

glory[gló:ri] 名誉；光栄；讃美；壮観；繁栄；後光 / 誇.

gloss[1][glás] 光沢；虚飾 / つやをつける；うわべを飾る.

gloss[2] 注釈，解釈；もっともらしい説明(をする).

glossary[glá:səri] 語彙 集, 用語辞典.

glossy[glá:si] 光沢のある；もっともらしい. **glossily** 副 **glossiness** 名

glottal[glá:tl] 声門の. **glottis** 声門.

glove[glʌ́v] 手袋，グローブ.

glow[glóu] 白熱；赤らみ；熱心/白熱する；熱し輝く；紅潮する. **glowing** 灼ど熱の；まっかな.

glower[gláuər] にらみつける《at》.

glowworm ツチボタル.

glucose[glú:kous] グルコース，ブドウ糖.

glue[glú:] 膠↓；接着剤 / 膠づけにする. ～ -sniffing シンナー遊び. **gluey** 膠ぇ質の.

glum[glʌ́m] 気難しい. **glumly** 副

glut[glʌ́t] 過多 / 飽き足らせる.

gluten[glú:tn] 麩 質, グルテン.

glutinous[glú:tənəs] 粘着性の，ねばねばする.

glutton[glʌ́tn] 大食家. **gluttonous** 大食の. **gluttony** 大食.

glycerin, glycerine[glísərin] グリセリン.

GM 総支配人，(本) 部長，統括マネージャー〔< general manager〕；〔重さの単位〕グラム〔< gram〕；遺伝子組み換えの〔< genetically-modified〕.

G-man[dʒí:mæn]《米》連邦捜査局 (FBI) の捜査官〔< Government man〕.

GMAT《米》ジーマット (大学卒業者のビジネススクール入学学力試験)〔< Graduate Management Admission Test〕.

GMO 遺 伝 子 組 み 換 え 生 物〔< genetically-modified organisms〕.

GMT グリニッジ標準時〔< Greenwich Mean Time〕.

gnarl[ná:rl] 木の節；こぶ. **gnarled** 節のある，節だらけの.

gnash[nǽʃ] 〔歯を〕くいしばる.

gnat[nǽt] 蚊；ブヨ.

gnaw[nó:] 噛む，かじる；腐蝕する；悩ます.

gnawn[nɔːn] gnaw の過去分詞.

GNE 国民総支出〔< gross national expenditure〕.

G

GNI 国民総所得〔< gross national income〕.

gnome[1][nóum] 地の精；小鬼.

gnome[2] 格言，金言.

GNP 国民総生産〔< gross national product〕.

gnu[njú:] ヌー (レイヨウ).

GNW 国民総福祉〔< gross national welfare〕.

go[góu] 行く；至る；去る；通用する，役立つ；運転する；動く；ふるまう；達する；流通する；広まる；…に変じる；死ぬ. なくなる / 行くこと；《話》元気. 試み. be going to …しようとしている，するつもりだ. ～ about 歩きまわる；広まる；着手する. ～ across 横切る. ～ after 追いかける. ～ back 帰る；解雇される. ～ down おりる；沈む. ～ for …を取りに行く. ～ in …にはいる. ～ in for …に賛成する；…に従事する. ～ over 去る. ～ on 進む；やる；…し続ける. ～

out 外へ出る；消える．～ over 渡る；
復習する．～ round 行き渡る．～
through …を通過する；…を経験する；
やり通す. no ～ もうだめだ．～
-ahead 前進する；進取的な；〔緑の〕
進行信号．～-between 媒介者，仲人．
～-cart〔幼児の〕歩行器；うば車．
～-getter 敏腕家，やり手．

goad[góud]〔家畜を駆るための〕突き
棒；刺激物／突き棒で突く；扇動す
る．

goal[góul]目的(地)；決勝点〔線〕；
得点場所；得点(獲得)．

goalkeeper ゴールキーパー．

goat[góut]ヤギ. **goatish** ヤギのような；
淫乱な．

goatee[goutí:]ヤギひげ．

gob[gá:b]かたまり. **gobs of** たくさん
の．

gobble[gá:bl]ごろごろ(七面鳥の鳴
き声)／ごろごろ鳴く. **gobbler** 七面
鳥の雄．

gobble[2] がつがつ食う．

gobbledygook[gá:bldiguk]《話》や
やこしい言いまわし；ちんぷんかん．

goblet[gá:blət]台付きの杯．

goblin[gá:blin]小鬼．

god[gá:d]神；(G-)天帝. My God 大
変だ. **goddess** 女神. **godhood** 神性.
godless 不信心な. **godlike** 神のよう
な，こうごうしい. **godliness** 敬神，
信心. **godly** 神を敬う；信心深い．

godchild 名付け子．

goddaughter 名付け娘．

godfather 教父，名付け親．黒幕．

godhead 神性；(G～)神，天帝．

godmother 教母，名付け親．

godparent 教父，教母，名付け親．

godsend 天の賜物．

Godspeed 成功・安全の祈願〔God
speed you〕．

godson 名付け子〔男子の〕．

goggle[gá:gl]目玉を回す；ねめ回す／
(複)ゴーグル，保護めがね．～
-eyed ぎょろ目の．

go-go 活気のある／ゴーゴー(ダンス)．

going[góuiŋ]出発；進み具合；状況／
生存する；現行の；進行中の．

goiter, goitre[gɔ́itər]甲状腺腫 はん
の．

gold[góuld]黄金；富／金(色)の．～
dust 砂金；金粉．～ **rush** ゴールド
ラッシュ．

goldbeater 金箔 ぱく 師．

goldbug コガネムシ．

goldfinch ヒワ．

goldfish 金魚．

goldsmith 金細工師．

golden[góuldən]金の；黄金色の；貴
重な．～ **age** 黄金時代．～ **mean** 中
庸．～ **rule** 黄金律．～ **wedding**〔50
年記念の〕金婚式．

golf[gá:lf]ゴルフ．～ **club** ゴルフクラ
ブ．～ **course**〔links〕ゴルフ場．
golfer ゴルファー．

golliwog[gá:liwɔg]怪奇な顔つきの人
形；おばけ．

golly[gá:li](by～)あれ！まあ！(驚き
を表す)．

gonad[góunæd]性腺．

gondola[gá:ndələ]ゴンドラ船(Ven-
ice の平船)；《米》無蓋 がい 貨車；平
底船；〔飛行船の〕吊り籠．

gondolier[ga:ndəlíər]ゴンドラ船の
船頭．

gone[gɔ́:n]go の過去分詞／去った；
死去した；気絶した．

goner[gɔ́:nər]《俗》死んだ人；見込
みのない人．

gong[gɔ́:ŋ]銅鑼 ら／ゴングで合図す
る．

gonorrhea,《英》**gonorrhoea**
[ga:nəríːə]淋病．

good[gúd]良い；すぐれた；善良な；
親切な；楽しい；真の；丈夫な；十分
な；相当な；じょうずな《at》；適当
な；有益な／善；利益；ため；幸福；
(複)品物，商品；貨物. as ～ as
も同様，事実上. do ～ to …に親切
を尽くす. for ～(and all)永久に；こ

れを最後に. come to no ～《話》役に立たない. ～ **day**《英古風》こんにちは. ～ **-for-nothing** 無益の、やくざの；やくざ者. ～ **-humo(u)red** 機嫌のよい. ～ **-looking** 器量のよい. ～ **morning** おはよう. ～ **-natured** 人のよい、温厚な. ～ **night**〔夜に〕さようなら；おやすみなさい. ～ **-sized** 大きな. ～ **-tempered** 優しい、おとなしい.
goodly りっぱな；美貌の；かなり大きい、かなり多い. **goodness** よさ. for goodness' sake 後生ですから.

goodby, goodbye[gudbái]さようなら！／別れ.

goods[gúdz]商品；財産.

goodwill 好意、親切；お得意、のれん.

goody[gúdi] (通例複) うまいもの；ボンボン.

goody-goody[gúdigúdi]道徳家ぶる／善良さる人.

gooey[gúːi]ねばねばする、べとつく；感傷的な.

goof[gúːf]《俗》おろか者. **goofy** まぬけな.

goose[gúːs]ガン；ガチョウ.

gooseberry[gúːsbəri]スグリ.

gooseflesh 鳥肌.

gopher[góufər]〔北米産〕ジネズミ.

gore[gɔ́ːr]流れた血；凝血.

gore[2] 三角布；〔衣類の〕まち／まちをつける.

gore[3] 突き刺す.

gorge[gɔ́ːrdʒ]小峡谷；胃の中身／たらふく食わせる；貪り食う.

gorgeous[gɔ́ːrdʒəs] 華麗な. **gorgeously** 副 **gorgeousness** 名

Gorgon[gɔ́ːrgən]〔ギリシャ神話〕ゴルゴン(髪が蛇の怪物)；(g-) 醜女.

gorilla[gərílə]ゴリラ.

gormandize[gɔ́ːrməndaiz]がつがつ食う. **gormandizer** 食い道楽.

gormless[gɔ́ːrmləs]愚かな、まぬけな.

gorse[gɔ́ːrs]ハリエニシダ.

gory[gɔ́ːri]血だらけの.

gosh[gáʃ]えっ！おやっ！きっと！

gosling[gázliŋ]ガチョウのひな.

gospel[gáspəl]福音；(G-) 福音書. 〔ジャズ化された黒人の〕宗教音楽.

gossamer[gásəmər]小グモの巣〔糸〕；薄紗の.

gossip[gásəp]雑談；うわさ話、ゴシップ；うわさ好きな人／うわさ話をする. **gossipy** おしゃべりの；ゴシップの多い.

got[gát]get の過去・過去分詞.

Gothic[gáθik]ゴート族の；ゴート人〔語・の〕；ゴシック式(の)；ゴシック文字(の).

gotten[gátn]《米》get の過去分詞.

gouge[gáudʒ]丸のみ／丸のみで削る；だましとる.

goulash[gúːlaːʃ]パプリカで味付けした牛肉と野菜のシチュー.

gourd[gɔ́ːrd]ヒョウタン.

gourmand[guərmáːnd]美食家；大食漢.

gourmet[guərméi]《F》食通；美食家、グルメ.

gout[gáut]痛風. **gouty** 痛風にかかっている.

govern[gʌ́vərn]治める；支配する；管理する；押える. **governance** 統治、支配. **governing** 運営する；支配的な.

governess[gʌ́vərnəs]住み込みの女性家庭教師.

government[gʌ́vərnmənt]政治、統治、行政；政府；政庁；支配；管理；政体. **governmental** 政治の；政府の.

governor[gʌ́vərnər]統治者；総裁；知事、総督；調速機.

gown[gáun]長上衣、ガウン；ロングドレス；正服(法服・大学服など).

GPS 全地球的測位システム〔< Global Positioning System〕.

grab[grǽb]ひったくり／ひっつかむ；

ひったくる.

grabble[grǽbl]手探りする.

grace[gréis]優美；愛嬌；美質，
美徳；好意，恩恵；天恵；〔支払いの〕
猶予；特赦権；食前または食後の祈
り；〔敬称〕(G-)閣下(夫人)／優美
にする；恵む. **graceful** 優美な.
graceless 品のない.

gracious[gréiʃəs]慈悲深い；親切な.
graciously 副 **graciousness** 名

grackle[grǽkl]ムクドリ；〔北米産〕
ムクドリモドキ.

gradate[gréideit, grədéit]〔色が〕し
だいに変わる；ぼかす；段階(等級)
をつける. **gradation** 等級づけ；段階；
ぼかし，濃淡.

grade[gréid]等級；位階；学年；成績；
勾配／等級をつける；成績をつける；
徐々に変化する. at ～ 同一水平面で.
～ **crossing**. 平面交差点，踏切り.
grader …年生.

gradient[gréidiənt]勾配；〔温度・
気温の〕変化.

gradual[grǽdʒuəl]ゆるやかな，徐々
の. **gradually** 副

graduate[grǽdʒuət]学位を受ける，
卒業する《米 from》,《英 at》／学位
を授ける，卒業させる；目盛りをつけ
る／[-it]卒業生. ～ **school** 大学院.

graduation[grædʒuéiʃən]卒業
(式)；目盛り(等級)づけ.

graffito[grəfíːtou]〔遺跡の壁などに
ひっかいて書かれた〕絵画〔文字〕；
〔壁などの〕落書き.

graft[grǽft]接ぎ木，接ぎ穂；〔皮膚・
肉などの〕移植／接ぎ木する；移植
する.

graft[grǽft]《話》不正利益(を得る)，汚
職(する).

grail[gréil]杯；火皿. **Holy Grail** 聖
杯.

grain[gréin]粒；穀物；グレイン(0.
0648 グラム)；少量；木目；石目.
grainy 粒状の；耳ざわりな；木目状
の.

gram, gramme[grǽm]グラム(重
さの単位，略 g.).

grammar[grǽmər]文法. ～ **school**
《米》小学校；《英》公立中等学校.
grammarian 文法学者.

grammatical[grəmǽtikəl]文法
(上)の. **grammaticaly** 副

gramophone[grǽməfoun]蓄音機.

gran[grǽn]《英》おばあちゃん.

granary[gréinəri]穀倉；穀倉地帯.

grand[grǽnd]雄大な；崇高な；堂々
たる. **Grand Canyon** グランドキャニ
オン(米コロラド川の大峡谷). ～
jury 大陪審. ～ **slam** 満塁ホームラン.
grandly 副

grandchild 孫.

granddaughter 孫娘.

grandeur[grǽndʒər]壮大，壮厳.

grandfather 祖父. ～ **'s clock** 箱
形大時計.

grandiloquence[grændíləkwəns]
大言壮語. **grandiloquent** 大げさな，
仰々しい.

grandiose[grǽndious]壮大な；誇大
の.

grandma, grandma(m)ma《話》
おばあちゃん.

grandmother 祖母.

grandpa, grandpapa《話》おじ
いちゃん.

grandparent 祖父(母).

grand prix[grɑ́n príː]大賞，グラン
プリ.

grandson〔男の〕孫.

grandstand[grǽndstænd] 特別観
覧席.

grange[gréindʒ]農場；豪農の邸宅；
《米》農民共済組合.

granite[grǽnit]花崗岩.

granny, grannie[grǽni]《話》おば
あちゃん.

grant[grǽnt]認可；授与；譲渡証書；
補助金／許す；仮定する；与える；
譲渡する. **grantee** 譲り受け人.
grantor 譲渡人.

granular[grǽnjələr]粒状の.

granulate[grǽnjəleit]粒にする〔なる〕. granulated sugar グラニュー糖. granulation 名

granule[grǽnju:l]小粒, 細粒；顆粒.

grape[gréip]ブドウ. 〜 juice ブドウ液. 〜 sugar ブドウ糖.

grapefruit グレープフルーツ.

grapevine ブドウの蔓ざ；ブドウの木.

graph[grǽf]グラフ, 図式／グラフで示す.

graphic[grǽfik]絵画の, グラフの；図解の；筆写の；絵を見るような.

graphite[grǽfait]石墨, 黒鉛.

grapnel[grǽpnl]四つ爪錨(状の引っ掛け具).

grapple[grǽpl]つかむ／つかみ合う／つかみ合い.

grasp[grǽsp]握る；会得する／つかもうとする《at》／つかみ；把握(力), 理解(力). grasping 欲の深い.

grass[grǽs]草；牧草；草原. grassy 草深い；草のような. 〜 roots 田園地帯；大衆,「草の根」.

grasshopper バッタ.

grassland 草原；牧草地.

grate[gréit]¹炉；炉格子；格子. grating 格子(戸).

grate²すりおろす, すりつぶす；軋ぎる, 軋らせる；いらいらさせる. grater おろし金ぎ.

grateful[gréitfəl]恩に感じる, 感謝の, うれしい. be 〜 for ありがたく思う. gratefully 感謝して.

gratification[grætəfikéiʃən]満足.

gratify[grǽtəfai]満足させる, 喜ばせる. gratifying 喜ばしい, 満足な.

gratin[grǽtn]グラタン料理.

gratis[grǽtəs]ただで.

gratitude[grǽtətju:d]感謝, ありがたさ.

gratuitous[grətjú:ətəs]無料の, 無報酬の；理由のない.

gratuity[grətjú:əti]祝儀, 心付け.

grave[gréiv]¹墓；死. from the cradle to the grave ゆりかごから墓場まで.

grave²重大な；厳粛な；落ち着いた. gravely 副

grave³彫刻する；〔心に〕銘記する.

gravedigger 墓掘り(人).

gravel[grǽvəl]砂利(を敷く). gravelly 砂利の多い.

graven[gréivən]grave の過去分詞／彫った；強く印象づけられた.

graver[gréivər]彫刻師；彫刻刀.

gravestone 墓石.

graveyard 墓地.

gravitate[grǽvəteit]重力に引かれる；引きつけられる. gravitation 引力；重力. gravitational 重力(作用)の.

gravity[grǽvəti]荘重, 重大；重力.

gravure[grəvjúər]グラビア印刷.

gravy[gréivi]肉汁〔ソース〕；余録.

gray[gréi]灰色の；白髪の；〔顔色が〕青白い；老いた／灰色.

graybeard 老人, 白ひげの人.

graze[gréiz]¹草を食わせる；〔生草を〕食ぃむ；放牧する.

graze²かする；すりむく／かすり傷.

grazier[gréizər]牧畜業者.

grease[grí:s]獣脂；グリース／[grí:z]油を塗る；贈賄する. greaser 油差し器；(G-)〔米で〕メキシコ人・スペイン系米人に対する蔑称.

grease paint ドーラン；メーキャップ.

greasy[grí:si, -zi]脂ぎった；油じみた；お世辞たらたらの.

great[gréit]大きい, 偉大な；多い；重大な／偉人, 大物. a 〜 deal of たくさんの. 〜 -aunt 大おば(祖父母の姉妹). Great Britain 大ブリテン島〔England, Scotland, Wales を総称する呼称〕. 〜 -hearted 勇敢な；心の広い. 〜 -uncle 大おじ(祖父母の兄弟). greatly 大いに. greatness 名

greatcoat 外套.

greave[grí:v]〔よろいの〕すねあて.

Greece[grí:s] ギリシャ.

greed[grí:d] 貪欲. **greedily** がつがつと; 欲ばって. **greediness** 欲ばり; 食欲. **greedy** がつがつ食う; 強欲な; 熱望する.

Greek[grí:k] ギリシア(風) の / ギリシア人(語); 訳のわからないこと.

green[grí:n] 緑色の; 未熟の; 蒼白な; 活気のある / 緑色; 草原; 緑色顔料; (複) 緑葉, 緑枝; (複) 野菜, 青物 / 緑色にする〔なる〕. **greenback** 米国紙幣. ～-**eyed** 嫉妬深い. ～ **fingers** 園芸の才. ＝ **thumb** ＝～ **fingers. greenish** 緑がかった. **greenly** 緑色に; 未熟に; 新しく. **greenness** 緑色; 未熟; 新鮮.

greenery[grí:nəri] 〔集合的〕青葉, 緑樹.

greengrocer 青物商.

greenhouse 温室.

greenroom 〔劇場の〕楽屋.

greensward 芝生.

greenwood 青葉の茂った森.

greet[grí:t] 挨拶する; 迎える. **greeting** 挨拶; (複) 挨拶の言葉; 挨拶状. **Season's Greetings**〔クリスマス・新年〕おめでとう.

gregarious[grigéəriəs] 群居する; 社交的な. **gregariously** 圖

gremlin[grémlin] グレムリン(悪さをする小悪魔).

grenade[grənéid] 手榴弾.

grenadier[grenədíər] 選抜歩兵, 手榴弾兵.

grenadine[grenədí:n] ザクロ〔赤スグリ〕のシロップ; 紗織りの薄地布.

grew[grú:] grow の過去.

grey[gréi]《英》＝ gray.

greyhound グレーハウンド(猟犬).

grid[gríd] 格子, グリッド.

griddle[grídl] 〔菓子などを焼く〕鉄板.

gridiron[grídaiərn] 焼き網;《米》フットボールの競技場.

grief[grí:f] 悲しみ, 悲嘆. come to ～

災難に遭う.

grievance[grí:vəns] 苦情, 不平(のたね).

grieve[grí:v] 悲しませる, 悩ます / 悲しむ.

grievous[grí:vəs] 悲しませる; 痛ましい. **grievously** 圖

griffin[gríffin] 〔ギリシャ神話〕グリフィン.

grill[gríl] 焼き網; 焼き肉(料理) / あぶる; 焼き網で焼く; 厳しく尋問する.

grille[gríl] 格子, 鉄格子.

grillroom 食堂.

grim[grím] 厳格な; 頑強な; 容貌のこわい. **grimly** 圖

grimace[gríməs] しかめ面.

grime[gráim] しみ込んだ汚れ, 垢 / 汚す.

grimy[gráimi] 汚れた.

grin[grín] 歯をみせて笑う(こと); にやりと笑う.

grind[gráind] 挽く; 研ぐ; しいたげる / 挽ける; 粉になる; 研がれる; ガリ勉する / 挽くこと; 研ぐこと; 骨の折れる仕事;《米》ガリ勉家. **grinder** 砥石. **grindstone** 奥歯.

grindstone 砥石, 研磨機.

grip[gríp] つかむこと; 握力; 取っ手; 会得 / 握る; 締める; 理解する.

gripe[gráip] (複) 腹痛, しぶり腹, 不平, 苦情 / きりきり腹を痛ます / 不平を言う.

grippe[gríp] 流行性感冒, インフルエンザ.

grisly[grízli] 恐ろしい, ものすごい.

grist[gríst] 製粉用穀物; ひき割り穀粉〔麦芽〕.

gristle[grísl] 軟骨. **gristly** 軟骨の(ような).

grit[grít] 細かい砂;《話》豪胆, 勇気 / 軋る〔らせる〕. **gritty** 勇気のある.

grits[gríts] 粗挽き穀物.

grizzle¹[grízl] 灰色. **grizzled** 灰色の;

白髪まじりの.

grizzle²〔子供が〕むずかる，しくしく泣く.

grizzly[grízli]灰色の/〔北米産〕ハイイログマ.

groan[gróun]うめき/うめく;うなって言う;苦しむ.

groats[gróuts]挽ᵈき割りカラスムギ.

grocer[gróusər]乾物屋，食料品屋. **grocery**(通例複)食料雑貨類;《米》食料雑貨店.

grog[grág]強い酒. **groggy**《話》酒に酔った，グロッキーの.

groin[gróin]足の付け根，股間.

grommet[grá:mət]鳩目;金属環.

groom[grú:m]別当;馬丁;新郎/〔馬などの〕手入れをする;身支度させる.

groomsman 新郎の付き添い人.

groove[grú:v]〔敷居などの〕溝;慣例，きまり/溝を彫る. **groovy** 型にはまった;いかす.

grope[gróup]手探りする;暗中模索する.

gross[gróus]統計の，全体の;粗ᵈい;粗野な;大きい;肥大した;はなはだしい/総計;グロス(数量の単位，12ダース). **grossly** はなはだ，ひどく. **grossness** 粗悪. ~ **domestic product** 国内総生産〔略 GDP〕.

grotesque[groutésk]おかしな，奇怪な，異様な/〔動物を花や草にからませた〕グロテスク風. **grotesquely** 副 **grotesqueness** 名

grotto[grá:tou]洞穴;岩屋.

grouch[gráutʃ]《話》不機嫌/不平を言う.

ground¹[gráund]地面;土地;〔野球〕競技場，球場;基礎，根拠;〔美術画の〕下地;(複)邸内，構内;(複)沈殿物/基づかせる;打ちたてる/座礁する. ~ **crew** 地上整備員. ~ **floor**《英》1階. ~ **plan** 平面図;基本図. ~ **rule** 基本原則. ~ **staff**《英》= ~ **crew**. **grounder**〔野球〕ゴ

ロ. **groundless** 根拠のない，基礎のない.

ground² grind の過去・過去分詞.

groundbreaking 革新的な;草分けの.

groundhog マーモット.

grounding[gráundiŋ]基礎知識.

groundwork 基礎，根拠;地形.

group[grú:p]群;集団/集まる;集める. ~ **therapy** 集団療法. **grouping** グループ分け.

groupie[grú:pi]熱狂的ファン，追っかけ.

grouse[gráus]ライチョウ.

grove[gróuv]小さい林，木立ち.

grovel[grávəl]腹ばう;平伏する. **grovel**(l)**er** おべっか使い.

grow[gróu]成長〔生長〕する;生える;なる/栽培する. ~ **up** 成人する. **growing** 成長する;増大する.

grower[gróuər]栽培者;飼育者.

growl[grául]うなり声/うなる.

grown[gróun]grow の過去分詞.

grown-up 成人(した)，大人.

growth[gróuθ]成長，生長;増大;茂み;腫れ物.

grub[gráb]掘る;掘って探す;せっせと働く/幼虫，地虫;《俗》食物. **grubby** 汚い.

grudge[grádʒ]怨恨ᶻᶻ;悪意/ねたむ;惜しむ. **grudging** いやいやながらの;けちけちした. **grudgingly** いやいやながら.

gruel[grú:əl]粥ᵈ.

gruel(l)**ing**[grú:əliŋ]厳しい，辛ᵈい.

gruesome[grú:səm]気味のわるい，すごい.

gruff[gráf]粗暴な;ぶあいそうな;声の荒い. **gruffly** 副

grumble[grámbl]不平，苦情;遠雷の音/不平を言う;〔遠雷などが〕とどろく.

grumpy[grámpi]気難しい，渋面の.

grunt[gránt]〔豚が〕ぶうぶう鳴く;

G

〔人が〕ぶうぶう言う / ぶうぶう言う声〔音〕.

GSDF 陸上自衛隊〔< Ground Self-Defense Force〕.

G-7 主要先進7カ国(日本, アメリカ, イギリス, ドイツ, フランス, イタリア, カナダ)〔< Group of Seven〕.

GSL 保証学生ローン〔< Guaranteed Student Loan〕.

GST グリニッジ恒星時〔< Greenwich Sidereal Time〕.

guano[gwá:nou]グアノ, 糞尿石.

guarantee[gærəntí:]保証人〔書〕;担保;被保証人 / 保証する. **guarantor** 保証人. **guaranty** 保証;担保.

guard[gá:rd]警戒, 見張り;番兵, 衛兵, 守衛, ガードマン;(複)近衛部隊;防護物;当てもの;防衛;《車の》泥よけ;《英》車掌 / 防ぐ;守る;保護する / 用心する. ~ **of honor** 儀仗兵. **guarded** 用心深い.

guardhouse 衛兵所;営倉.

guardian[gá:rdiən]後見人;保護者. ~ **angel** 守護天使. **guardianship** 後見.

guardrail 手すり, ガードレール.

guardroom 衛兵所;営倉.

guardsman 衛兵;近衛兵.

Guatemala[gwa:təmá:lə]グアテマラ(共和国)(Republic of Guatemala).

guava[gwá:və]〔アメリカ熱帯地方産〕グアバ.

gubernatorial[gju:bərnətó:riəl]知事の, 地方長官の.

gudgeon[gʌ́dʒən]セイヨウカマツカ;だまされやすい人.

Guernsey[gá:rnzi]ガーンジー種の乳牛;(g-)ニットのシャツ.

guerrilla[gərílə]ゲリラ兵(の);ゲリラ戦(の).

guess[gés]推量 / 推量する, 言い当てる.

guesswork 当て推量.

guest[gést]客;宿泊人. **paying** ~ 下宿人.

guesthouse 迎賓館, 客用の離れ.

guff[gʌ́f]《話》ばか話, ナンセンス.

guffaw[gʌfɔ́:]げらげら笑い(する).

GUI グラフィック・ユーザ・インターフェース〔< graphic user interface〕.

guidance[gáidns]案内, 指導

guide[gáid]案内者, ガイド;指導者;旅行案内;手引き;道しるべ;〔機械〕誘導装置 / 導く, 案内する. **guided missile** 誘導弾. ~ **dog** 盲導犬. ~ **rope** 張り綱;誘導綱.

guidebook 旅行案内書.

guideline 指導基準;指針;罫線.

guidepost 道標.

guidon[gáidn]三角旗, 部隊旗〔旗手〕.

guild[gíld]〔中世の〕ギルド;同業組合.

guildhall 市役所.

guile[gáil]ずるさ;裏切り. **guileful** 狡猾な. **guileless** 無邪気な.

guillotine[gíləti:n]断頭台, ギロチン / 首を切る.

guilt[gílt]罪;有罪;罪悪感. **guiltily** 有罪に;罪ありげに. **guiltless** 罪のない. **guilty** 罪のある, 有罪の.

Guinea[gíni]ギニア(共和国)(Republic of Guinea).

guinea[gíni]ギニー金貨(1.05ポンド). ~ **fowl** ~ **hen** ホロホロ鳥. ~ **pig** テンジクネズミ;モルモット.

Guinea-Bissau[gínibisáu]ギニアビサウ(共和国)(Republic of Guinea-Bissau).

guise[gáiz]外観;姿;ふり. in the ~ of …に見せかけて.

guitar[gitá:r]ギター. **guitarist** ギター奏者.

gulch[gʌ́ltʃ]峡谷.

gulf[gʌ́lf]湾;深淵;渦. the Gulf stream メキシコ湾流.

gull[gʌ́l]カモメ.

gull[gʌ́l]² だます / だまされやすい人.

gullet[gʌ́lət]食道;喉;峡谷.

gullible[gÁləbl]だまされやすい.

gully[gÁli]溝;小峡谷.

gulp[gÁlp]ぐい飲み;一飲み;ごくりと飲む.

gum[gÁm]ゴム;樹膠;;《米》チューインガム/ゴムを塗る;ゴムを分泌する. ~ arabic アラビアゴム. ~ tree ゴムの木.

gumbo[gÁmbou]オクラ;オクラ入りの濃厚なスープ.

gummy[gÁmi]ゴムのような;ねばねばした.

gumption[gÁmpʃən]《話》積極性,ガッツ;知恵, 常識.

gun[gÁn]銃, 大砲/銃砲で撃つ. big ~ 大立者. ~ -shy〔犬など〕銃声を恐れる.

gunboat 砲艦.

gunfire 号砲;砲火.

gung-ho[gÁn hóu]熱心な.

gunk[gÁŋk]ぬるぬるした.

gunman 拳銃使い, ガンマン.

gunner[gÁnər]砲手. gunnery 砲術.

gunpoint 銃口.

gunpowder 火薬.

gunshot 射撃;射程, 着弾距離.

gunsmith 鉄砲工.

gunwale[gÁnl]船の上端, 船べり.

guppy[gÁpi]グッピー(熱帯魚).

gurgle[gə́:rgl]どくどく(いう音)/どくどく流れる;ごくごくのどを鳴らす.

guru[gúru]導師;専門家;教師.

gush[gÁʃ]噴出(する);ほとばしり(出る). gusher 噴油井;感情的な人.

gust[gÁst]突風に,〔感情の〕激発. gusty 突風の, 突発的な.

gustatory[gÁstətɔ:ri]味覚の.

gusto[gÁstou]趣味, 嗜し好;風味.

gut[gÁt]腸管;腸;内臓;腸線, ガット/腸を取り出す;中の物を掠奪する, 内部を破壊する. blind ~ 盲腸.

gutsy[gÁtsi]ガッツのある.

gutta-percha[gÁtəpə:rtʃə]グッタペルカ(ゴムの一種).

gutter[gÁtər]雨樋;;小溝;貧民街

/ 樋を付ける;溝を作る/蠟;;がたれる;溝になる.

guttersnipe 浮浪児.

guttural[gÁtərəl]喉の/喉音;;(字).

guy¹[gái]男, やつ/からかう, なぶる.

guy² 張り綱, 支え綱.

Guyana[gaiǽnə]ガイアナ共和国(Republic of Guyana).

guzzle[gÁzl]酒びたりになる. guzzler 大酒飲み. gas guzzler ガソリン大量消費車.

gym[dʒím]《話》体育館;体操.

gymnasium[dʒimnéiziəm]体育館;〔ドイツの〕高校, 大学予備校.

gymnast[dʒímnæst]体育教師〔選手〕.

gymnastic[dʒimnǽstik] 体 操 の. gymnastics 体操, 体育.

gynecology[gainəká:lədʒi],《 英 》 gynaecology[-kəl-]婦人科医学. gynecologist 婦人科医.

gyp[dʒíp]ぺてん師;詐欺/ぺてんにかける, だまし取る.

Gypsy, Gipsy[dʒípsi]ジプシー(もとインドから出た放浪の民).

gyrate[dʒáirəit]渦巻き状の/旋回する. 回転する. gyration 名

gyroscope[dʒáirəskoup]ジャイロ(スコープ)/回転儀.

H

H 高気圧〔< high〕.

HA ホームオートメーション〔< home automation〕.

ha[há:]ほう!まあ!(驚き・喜び・ためらいなどを表わす発声)

haberdasher[hǽbərdæʃər]《英》小間物屋;《米》男子装身具商. haberdashery《英》小間物類;《米》男子装身雑貨類.

habiliment[həbíləmənt](おもに複)服装.

habit[hǽbət]習慣;習性;気質/着

せる. **habitable** 住むに適した.

habitat[hǽbətæt]〔植・動物の〕生息地;産地, 本場;住所.

habitation[hæbətéiʃən] 居住(地).

habitual[həbítʃuəl] 習慣的な;いつもの, 日ごろの. **habitually** 副

habituate[həbítʃueit]〔人を〕慣らす. 《米話》…へよく行く.

habitude[hǽbitjuːd] 習性.

habitue[həbítʃuei]〔F〕常連.

HACCP 危害(衛生)分析に基づく重要管理点方式, ハサップ〔< Hazard Analysis and Critical Control Point〕.

hacienda[haːsiéndə]〔中南米の〕大農場, 大牧場.

hack[hǽk] たたき切る;〔コンピューターシステムに〕侵入する/切り刻み. **hacker** ハッカー, コンピュータに不正侵入する人.

hack[2]《米》普通の速さで馬を駆る;貸し馬を使う/貸し馬(車).

hackle[hǽkl](複)〔怒ると逆立つ雄鳥などの〕首の毛/すきほぐし.

hackney[hǽkni] 乗用馬;貸し馬車/使い古す. **hackneyed** 使い古した.

had[強 hǽd, 弱 həd]have の過去・過去分詞.

haddock[hǽdək] タラの一種.

Hades[héidiːz]〔ギリシャ神話〕黄泉ょの国〔の支配者〕;《話》地獄.

hadn't[hǽdnt] had not の短縮.

haft[hǽft] 刃物の柄.

hag[hǽg] 醜い老婆.

haggard[hǽgərd] やつれた;やせこけた.

haggis[hǽgis] ハギス(スコットランドの煮込み料理).

haggle[hǽgl] 言い争う;値切る.

hail[1][héil] あられ;ひょう/あられが降る;雨あられと降る.

hail[2] 大声で呼ぶ;挨拶する;呼びかける/歓呼;呼び声/ようこそ!万歳! ~ from …から, …の出身である. ~ -fellow 親しい, 仲が良い.

hailstone あられ; ひょう.

hair[héər] 毛;頭髪;ほんのわずか. by a ~ かろうじて;あぶなく. **haircloth**〔馬の毛を用いた〕毛織り布. **haircut** 散髪;髪の刈り方. ~ 's-**breadth** 間一髪(の). **hairy** 毛深い;毛のような.

hairdo《話》女性の髪型.

hairdresser 美容師.

hairpin ヘアピン.

hairsplitting 細事にこだわる(こと).

hairspring〔時計の〕ひげぜんまい.

hairstyle ヘアスタイル, 髪型.

Haiti[héiti] ハイチ(共和国) (Republic of Haiti).

Haitian[héiʃən] ハイチ(人) の.

halation[heiléiʃən] ハレーション, 強い光による写真のぼやけ.

halberd[hǽlbərd], **halbert**[-bərt] 矛槍ほこ.

halcyon[hǽlsiən] カワセミ/静穏な, 平穏な.

hale[héil]〔老人が〕元気な. ~ and hearty 老いてますます元気な.

half[hǽf] 半分/半分の. ~ **binding** 半革装丁. ~ -**blood** 異父〔異母〕兄弟(の). ~ **brother** 異父〔母〕兄弟. ~ **sister** 異父〔母〕姉妹. ~ **note** 二分音符. ~ -**and-half** 半々のどっちつかずの. ~ -**breed** 混血児. ~ -**hearted** 気乗りのしない. ~ -**mast** 半旗の位置(に). ~ -**moon** 半月. ~ -**track** 半無限軌道(軍用)トラック. ~ -**witted** まぬけな.

halfback〔フットボール・サッカーなど〕ハーフバック, 中衛.

halftime〔試合などの〕ハーフタイム.

halfpenny[hǽipéni] 半ペニー(銅貨).

halftone 網版画(の);半音.

halfway 中途の〔で〕, 不十分に.

halibut[hǽləbət] オヒョウ.

halitosis[hǽlətóusis] 口臭.

hall[hɔ́ːl] 大広間;会館;〔英国大学の〕食堂;《英》〔地主の〕邸宅. the Hall of Fame 殿堂.

hallway 廊下;玄関.

halleluiah, hallelujah[hæləlúːjə]

ハレルヤ(神を賛美する言葉).

hallmark[hɔ́ːlmɑːrk]〔金銀の〕純分
検証刻印;品質証明(をする).

hallo[həlóu]= hello.

halloo[həlúː]それっ(と猟犬を励ま
す).

hallow[hǽlou]神聖にする;あがめ
る.

Halloween, Hallowe'en[hæ̀lo-
uíːn]ハロウィーン, 万聖節前夜(10
月31日の晩).

hallucination[həlùːsənéiʃən]幻覚.

halo[héilou]〔日・月などの〕暈(かさ);後
光.

halt[hɔ́ːlt]停止(する・させる).

halt[²]ためらう. **halting** ためらいがち
な.

halter[hɔ́ːltər]〔馬の〕端綱;絞首索
(刑).

halve[hǽv]二等分する;山分けする.

halves[hǽvz]half の複数.

halyard[hǽljərd]揚げ網.

ham[hǽm]ハム;腿(もも);大根役者;ア
マチュア無線家.

hamburger[hǽmbəːrɡər]ハンバーガ
ー;ハンバーグ.

hamlet[hǽmlət]小村.

hammer[hǽmər]ハンマー;槌(つち);〔銃
の〕打ち金 / 槌でたたく《at》;せっ
せと働く《away》.

hammock[hǽmək]ハンモック.

hamper[¹][hǽmpər]妨げる, 邪魔す
る.

hamper[²]ふたつき大型バスケット.

hamstring[hǽmstriŋ]ひざの腱(けん),
ひかがみ /〔人・馬などの〕腱を切って
不具にする.

hand[hǽnd]手;前足 / 手渡す;伝え
る. at first ~ 直接に. at ~ 手近に,
近く. at second ~他人の手を経て.
come to ~ 手に入る. from ~ to
mouth その日暮らしに. ~ in ~手を
携えて. Hands off ! 手を触れるな!
in ~ 手にして. on the other ~ 他方
では, これに反して. ~ down …を

後世に伝える. ~ on …を伝える. ~
over 渡す. ~ -me-down お下がり.

handrail 手摺り. **handful** 一つかみ,
少数(量). ~ -to-hand(敵に)接近
した. ~ -to-mouth その日暮らしの.

handbag ハンドバッグ.

handbill ビラ.

handbook 便覧.

handcuff(通例複) 手錠.

handicap[hǽndikæp]ハンディ(キャ
ップ), 不利な条件 / 不利な立場に
立たせる, ハンディをつける. **handi-
capped** 障害のある;障害者.

handicraft[hǽndikræft]手細工;手
芸.

handily[hǽndili]じょうずに;便利
に.

handiwork[hǽndiwəːrk]手仕事.

handkerchief[hǽŋkərtʃif]ハンカ
チ;ネッカチーフ.

handle[hǽndl]取っ手;ハンドル / い
じる;取り扱う;商う.

handlebar(s)〔自転車やオートバイ
などの〕ハンドル.

handmade 手細工の, 手製の.

handout〔試供品・施し物・ビラ・配
布資料など〕配られるもの.

handset 送受話器.

handshake 握手.

handsome[hǽnsəm]顔立ちの整っ
た;風さいのよい. **handsomely** 副

handstand 逆立ち.

handwork 手細工.

handwriting 筆跡;書風.

handy[hǽndi]手近な;便利な;器用
な.

handyman 便利屋.

hang[hǽŋ]掛ける;つるす;下げる;
壁紙をはる;絞殺する;《米》未決
にする / 掛かる;たれる;ぶらさがる.
~ around[about]ぶらつく. ~ out 遊
ぶ. ~ together まとまる. ~ up(受話
器を) 掛ける. ~ **glider** ハンググライ
ダー. ~ **-up**《話》困難, 悩み.

hangar[hǽŋər]〔飛行機の〕格納庫.

hanger[hǽŋər]つるす人，つり手；鉤；洋服かけ．～**-on** 居候；子分，取り巻き．

hanging[hǽŋiŋ]絞首刑；掛け布；(複) カーテン/ぶら下がった．

hangman 絞首刑執行人．

hangnail ささくれ．

hangout《俗》隠れ家，たまり場．

hangover《俗》二日酔い．

hanker[hǽŋkər]切望する，あこがれる《after》．

hankie, hanky[hǽŋki]《話》 = handkerchief.

hanky-panky[hǽŋkipǽŋki]手品，ごまかし；詐欺．

haphazard[hæphǽzərd]偶然(の)．

hapless[hǽpləs]不運な．

happen[hǽpən]起こる，生じる；偶然…する．

happening(通例複) できごと，ハプニング．

happy[hǽpi]幸福な；うれしい；適切な．～**-go-lucky** のんきな．**happily** 楽しく；幸いに．**happiness** 名

harangue[hərǽŋ]熱弁；演説/熱弁をふるう．

harass[hǽrəs, hərǽs]困らせる，悩ます；〔軍隊〕反復攻撃する．**harassed** 疲れ切った；悩んで《with》；迷惑そうな．

harassment 困らせること；嫌がらせ；迷惑．**sexual**〔**academic**〕～ セクハラ〔アカハラ〕．

harbinger[háːrbindʒər]先駆者；前ぶれ，前兆/先触れとなる．

harbor，《英》**harbour**[háːrbər]港；避難所/かくまう；〔思いを〕いだく．

hard[háːrd]堅い；難しい；…しにくい；ひどい；熱心な；厳格な/熱心に；やっと；懸命に．～**up** 困窮して．～**-boiled** 堅くゆでた；情に動かされない．～**cash** 現金．～**-core** 徹底した；本格的な；(ポルノの) 非常

にわいせつな，本番を行っている．～**core** 強硬派；最下層の貧困者．～**currency** 安定通貨；硬貨．～**-hitting** 辛辣な；強気の；効果的な．～**line** 強硬路線．～**-pressed** 追いつめられた．**hardness** 堅さ；無情；難しさ．**hardship** 苦境，辛酸．

hardcover 厚表紙の〔本〕．

harden[háːrdn]堅くする〔なる〕；無情にする．

hardhearted 無情な．

hardly[háːrdli]ほとんど…ない〔しない〕，～… when …するやいなや．

hardware 金物，鉄器；〔コンピュータ〕ハードウェア．

hardwood 硬材(カシ・マホガニーなど)/硬材で作った．

hardy[háːrdi]勇敢な；向こう見ずな；不屈の；耐寒性の．**hardihood, hardiness** 大胆．

hare[héər]野ウサギ．～**lip** 兎唇．

harebrained 軽率な．

harem[héərəm]〔イスラム教国の〕妻達(の部屋)．

harlequin[háːrləkwin](**H-**) 〔無言劇の〕道化役；道化者．

harlot[háːrlət]売春婦．

harm[háːrm]害，損害(を与える)/害する．**harmful** 有害な．**harmless** 無害な；悪意のない；無邪気な．

harmonic[haːrmάnik]調和した；和声の/倍音．

harmonica[haːrmάnikə]ハーモニカ．

harmonious[haːrmóuniəs]調和した；むつまじい．

harmonize[háːrmənaiz]調和する〔させる〕．

harmony[háːrməni]調和，一致；和声．

harness[háːrnəs]馬具(をつける)；〔動力として〕利用する．

harp[háːrp]ハープ，竪琴/竪琴を弾く；くどくど言う〔説く〕．

harpoon[haːrpúːn]〔捕鯨用の〕銛/

銛を打ち込む.

harpsichord[háːrpsikɔːrd]ハープシコード(ピアノの前身).

Harpy[háːrpi][ギリシャ神話]ハルピュイア(女面鳥身の怪物);(**h**-) 強欲な人.

harrow[hǽrou]馬鍬(でならす);悩ます. **harrowing** 悲惨な.

harry[hǽri]侵略する;掠奪する;悩ます.

harsh[háːrʃ]ぎらぎらの;耳障りな;苛酷な. **harshly** 副 **harshness** 名

hart[háːrt]雄のアカジカ;雄ジカ.

hartebeest[háːrtəbiːst][南アフリカ産の]シカレイヨウ.

harum-scarum[hɛ́ərəmskɛ́ərəm]無鉄砲な[に];軽率な[に].

harvest[háːrvist]収穫(期);結果 / 収穫する. ~ **home** 収穫祭. ~ **moon** 中秋の名月.

harvestman 刈り入れ人;メクラグモ.

harvester 刈取り機.

has[həz, əz, z, s, 弱 hǽz]have の３人称・単数・現在.

has-been[hǽzbiːn]人気のなくなった人[もの];過去の人[もの].

hash[hǽʃ]こま切れ肉料理, ハヤシ料理 / こま切れにする.

hasn't[hǽznt]has not の短縮.

hasp[hǽsp]掛け金(をかける).

hassle[hǽsl]《米話》口論(する) /《米俗》いじめる.

hassock[hǽsək][祈る時の] ひざ布団.

haste[héist]急ぎ;迅速. in ~ 急いで;あわてて.

hasten[héisn]急がせる, 促す / 急ぐ.

hasty[héisti]急ぎの;せっかちな;軽率な. **hastily** 副 **hastiness** 名

hat[hǽt]帽子;肩書. ~ **trick**[ホッケー・サッカー] 1試合に 1人で 3ゴール獲得すること.

hatch¹[hǽtʃ]孵す;計画する;たくらむ / 孵化;一孵り(のひな).

hatch²昇降口, ハッチ(のふた). **hatchway**[船の]昇降口.

hatch³陰影(をつける). **hatching** けば.

hatchet[hǽtʃit]手斧. bury the ~ 和睦する.

hate[héit]憎む, 嫌う / 憎悪. **hateful** 憎むべき. **hatefully** 副

hatpin 帽子を髪に留める長いピン.

hatred[héitrid]憎悪.

hatter[hǽtər]帽子製造人. (as)mad as a ~《俗》全く気が狂って.

haughty[hɔ́ːti]傲慢な, 横柄な. **haughtily** 副 **haughtiness** 名

haul[hɔ́ːl]引っ張る / 強く引くこと. ~ **off** 方向を変える.

haunch[hɔ́ːntʃ]腰;臀部.

haunt[hɔ́ːnt]足繁く通う;出没する;つきまとって悩ます / たまり場. **haunted house** ばけもの屋敷. **haunting** 脳裡を去らない.

haute couture[out kúːtúər]《F》オートクチュール, 高級婦人服店.

haute cuisine[out kwizíːn]《F》[フランスの]高級料理.

have[həv, əv, 弱 hǽv]持つ, 持っている;食べる. ~ **on** 着ている, はいている. ~ **to** …しなければならない. ~ **done**[完了]したところ[ばかり]だ;[継続]してきた;[経験]したことがある(過去分詞を伴い現在完了形を作る). ~ **been doing**(ずっと)…している. the haves《話》持てる者:《俗》詐欺. the ~ **nots**《話》持たざる者.

haven[héivən]港;避難所.

haven't[hǽvnt]have not の短縮.

haversack[hǽvərsæk][兵士・旅行者などの] 雑嚢.

havoc[hǽvək]大破壊.

haw[hɔ́ː]サンザシの実.

hawk¹[hɔ́ːk]タカ / タカ狩りをする.

hawk²売り歩く. **hawker** 行商人.

hawk³せき払い(をする), [痰を]はき出す.

hawthorn[hɔ́ːθɔːrn]サンザシ.

hay[héi]干し草. **~ fever** 枯草熱, 花粉症.

haycock 小さな干し草の山.

hayloft 干し草置き場.

haystack 大きな干し草の山.

haywire《米俗》もつれた；気の狂った.

hazard[hǽzərd]危険(要素)／危険にさらす；運に任せてやってみる. **at all hazards** 万難を排して. **at ~** 運まかせに. **hazardous** 危険な；運まかせの. **hazardously** 冒険的に.

haze[héiz]靄を；かすみ.

haze² いじめる；しごく.

hazel[héizəl]ハシバミ(色).

hazelnut ハシバミの実.

hazy[héizi]かすんだ；ぼんやりした. **hazily** 副 **haziness** 名

HB ホームバンキング〔< home banking〕.

HBV B型肝炎ウイルス〔< hepatitis B virus〕.

HCF 最大公約数〔< highest common factor〕.

HD ハードディスク〔< hard disk〕.

HDD 〔コンピュータ〕ハードディスクドライブ〔< hard disk drive〕.

HDL 高密度リポ蛋白質〔< high-density lipoprotein〕.

HDMI エッチディーエムアイ〔< High Definition Multimedia Interface〕.

HDPE 高密度ポリエチレン〔< high-density polyethylene〕.

HDTV 高品位テレビ, ハイビジョン〔< high-definition television〕.

HE 閣下〔< His〔Her〕Excellency〕.

he[hi, íː, i, 強 híː]彼は, 彼が.

head[héd]頭；一人；頭数；項目；〔ビールなどの〕泡／先に立つ. **~ of state** 国家元首. **~ start** 有利なスタート. **~-on** 正面の(から). **header**(サッカー)ヘディング；〔ページの先頭に付ける〕見出し. **heading** 表題；見出し；方角；〔サッカー〕ヘディング.

headmost 真っ先の.

headache 頭痛.

headband はち巻.

headdress 頭飾り.

headfirst 無鉄砲に；まっさかさまに.

headgear かぶりもの；帽子.

headland 岬.

headlight ヘッドライト.

headline〔新聞の〕見出し.

headlong まっさかさまに(の)；むてっぽうに(の).

headmaster,《女性》**-mistress**〔小中学校の〕校長.

headphones ヘッドホン.

headquarters 本部, 司令部.

headsman 首切り役人.

headstrong 強情な.

headteacher《英》校長.

headway 前進；船脚を.

headword 見出し語.

heady[hédi]性急な；向こうみずな.

heal[híːl]癒やす；癒える. **healer**〔信仰療法の〕治療師.

health[hélθ]健康；健全. **~ food** 健康食品. **healthful** 健康によい.

healthy[hélθi]健康な；健康的な. **healthily** 副 **healthiness** 名

heap[híːp]積み重ね／積み重ねる.

hear[híər]聞く；聞こえる. Hear ! hear !《英》謹聴謹聴. I … …だそうだ. **hearer** 聞く人；傍聴人.

heard[həːrd]hearの過去・過去分詞.

hearing 聞きとり, 聴力；公聴会. **~ aid** 補聴器.

hearken[háːrkən]耳を傾ける, 傾聴する.

hearsay[híərsei]うわさ, 風聞.

hearse[háːrs]霊柩ぎ車.

heart[háːrt]心臓；胸；心；愛情；中心. **at ~** 心底は. **by ~** 暗記して. **have the ~ to** 大胆にも…する. **heartache** 心痛. **~ failure** 心臓麻痺；心不全. **heartless** 無情な.

heart attack 心臓発作, 心不全.

heartbeat 動悸ぎ.

heartbreak 悲嘆.
heartbroken 悲嘆にくれた.
heartburn 胸焼け.
hearten[háːrtn]元気づける, 励ます.
heartfelt 心からの.
hearth[háːrθ]炉辺; 家庭.
hearthstone 炉石; 炉辺; 家庭.
heartland〔国・産業などの〕中心地域.
heartrending 断腸の.
heartsick 悲嘆にくれた.
hearty[háːrti]心からの; 元気な; 豊富な. **heartily** 心から.
heat[híːt]熱さ; 熱;〔競技の〕予選1回;〔獣の〕さかり;《米俗》警察/熱くする〔なる〕. ～ wave 長期にわたる酷暑. **heated** 激した. **heater**〔電熱器・ストーブなど〕加熱〔暖房〕装置. **heating** 暖める; 暖房の/暖房.
heath[híːθ]ヒース(荒れ地に自生する小低木);ヒースの茂った荒れ地.
heathen[híːðən]異教徒/異教の.
heather[héðər]ヒース属の植物. **heathery** ヒースの(おい茂った).
heave[híːv]〔重いものを〕上げる;膨らます;〔嘆声などを〕出す/上がる;上下する/上げること;〔波の〕うねり.
heaven[hévən]天;天国. **heavenly** 天国のような;神聖な. **heavenly body** 天体. **heavenward(s)** 天の方へ.
heavy[hévi]重い;激しい;重くるしい. ～ **-duty** 頑丈な. ～ **-handed** 高圧的な;過酷な ～ **metal** 重金属;〔音楽〕ヘビーメタル. **heavily** 重く, どっかりと;重々しく;ひどく, 激しく.
heavyweight 重量のある;〔ボクシング〕ヘビー級選手.
Hebrew[híːbruː]ヘブライ人;ユダヤ人;古代ヘブライ語.
heck[hék]《俗》〔婉曲的〕地獄/くそ!畜生!
heckle[hékl]質問攻めにする, やじる.

heckler やじる人.
hectare[héktɛər]ヘクタール(1万平方メートル).
hectic[héktik]消耗熱の;熱狂した.
hecto-[héktou, -tə-]「100」の意の結合形. **hectometer**,《英》**hectometre** ヘクトメートル(100メートル).
hector[héktər]からいばりする.
hedge[hédʒ]生け垣, 人垣.
hedge fund ヘッジファンド〔投資信託組合〕.
hedgehog ハリネズミ;《米》ヤマアラシ.
hedgehop 超低空飛行する.
hedgerow 生け垣.
heed[híːd]注意, 用心/気をつける. **heedful** 注意深い. **heedless** 不注意な;軽率な.
heel[híːl]踵 ʦ ;踵状のもの. take to one's heels さっさと逃げる.
hefty[héfti]《米話》重い;たくましい.
hegemony[hidʒéməni]指導権;覇権.
Hegira[hidʒáirə]イスラム暦紀元;西暦622年.
heifer[héfər]〔まだ子を産まない〕若い雌牛.
height[háit]高さ;(しばしば複) 高地;高台.
heighten[háitn]高める;増す;強める.
heinous[héinəs]極悪な. **heinously** 副
heir[ɛər]相続人;跡取り. **heirship** 相続権.
heist[háist]強奪(する).
held[héld]hold の過去・過去分詞.
helicopter[hélikɑptər]ヘリコプター.
heliograph[híːliəɡræf]日光反射信号機(で通信する).
heliotrope[híːliətroup]ヘリオトロープ.
heliport[hélipɔːrt]ヘリコプター発着所.

H

helium[híːliəm]ヘリウム.

hell[hél]地獄.hellish 地獄の(ような);《話》ぞっとする.

he'll[hil, 強 híːl]he will , he shall の短縮.

hellcat あばずれ女;魔女.

Hellene[hélíːn]ギリシャ人. Hellenism ギリシャ文化[精神]. Hellenist ギリシャ学者. Hellenistic 古代ギリシャ文化[語] (研究者の).

hello[helóu, hélou]もしもし! おい!

helm[hélm]舵;(the ～)支配/舵を繰る. helmsman 舵た手.

helmet[hélmit]ヘルメット, かぶと.

help[hélp]助ける;手伝う;〔食事などを〕盛る/救助;助力;《米》従業員たち;〔食物の〕一盛り. cannot ～ but … , cannot ～ …ing …せざるを得ない. ～ oneself to 取って食べる. Please ～ yourself. 御自由にお取りください. helper 助手;手伝い.

helpful 役に立つ. helpless どうすることもできない;無力な. helplessly 副

helpline 電話相談サービス.

helpmate, helpmeet 協力者;妻または夫.

helter-skelter[héltərskéltər]あわてふためいて〔た〕.

hem[hém]へり, 縁ち;へり縫い/〔布・服の〕縁かがりをする;取り巻く. ～ out 閉め出す.

hematology[himətálədʒi]血液学.

hemiplegia[hemiplíːdʒiə]半身不随.

hemisphere[hémisfiər]〔天体・地球の〕半球.

hemline 裾ま線.

hemlock[hémlak]毒ニンジン.

hemoglobin[hiːməglóubin]ヘモグロビン, 血色素.

hemophilia[hiːməfíliə]血友病. hemophiliac 血友病患者.

hemorrhage[héməridʒ]出血/多量に出血する.

hemorrhoids[hémərɔidz]痔ぃ＝piles.

hemp[hémp]麻(の繊維). hempen 形

hemstitch[hémstitʃ]飾りへり縫い(する).

hen[hén]雌鳥.

hence[héns]《文》それゆえに;今から.

henceforth 今後.

henchman[héntʃmən]信頼できる部下;取り巻き.

henpecked 妻の尻に敷かれている.

hepatitis[hepətáitis]肝炎. ～ C C型肝炎.

heptagon[héptəgan]七角(辺)形. heptagonal 形

her[hər, 強 háːr]彼女の;彼女を〔に〕.

herald[hérəld]伝令官;先駆者;使者/伝達する;先触れとなる. heraldry 紋章学.

herb[áːrb]草;薬草. Chinese herbal food 薬膳料理. herbal 草の;薬草の.

herbaceous[əːrbéiʃəs]草の;葉状の.

herbage[áːrbidʒ]草;牧草.

herbicide[áːrbəsaid]除草剤.

herbivorous[əːrbívərəs]草食の.

Hercules[háːrkjuliːz]〔ギリシャ神話〕ヘラクレス(怪力の英雄). Herculean 怪力のある;非常に困難な.

herd[háːrd]〔牛・羊の〕群れ;(the ～)群衆/〔牛・羊の〕群の番をする;追い集める;群がる.

herdsman 牧者.

here[híər]ここに[で・へ]. Here ! はい(返事).

hereabout(s) この辺に.

hereafter 今後.

hereby これによって.

heredity[hərédəti]遺伝. hereditary 世襲の;遺伝の.

herein この中に.

hereof これについて.

hereon ここにおいて.

heresy[hérəsi] 異教.

heretic[hérətik] 異教徒. **heretical** 異教の.

heretofore これまで.

hereupon ここにおいて.

herewith これとともに；ここに.

heritage[héritidʒ] 相続財産，遺産.

hermaphrodite[həːrmǽfrədait] 両性具有者；雌雄同株.

hermetic[həːrmétik],**-ical**[-ikəl] 密封した；神秘な.

hermit[həːrmit] 隠者，~ **crab** ヤドカリ. **hermitage** 庵 いお.

hernia[həːrnia] ヘルニア，脱腸.

hero[híərou] 勇士，英雄；〔小説などの〕主人公. ~ **worship** 英雄崇拝. **heroism**[hérouizm] 英雄的行為.

heroic[hiróuik] 英雄的な；壮烈な. **heroically** 副

heroin[hérouin] ヘロイン(モルヒネ剤).

heroine[hérouin]〔小説などの〕女主人公.

heron[hérən] アオサギ.

herpes[həːrpiːz] ヘルペス；疱疹 ほうしん. ~ **zoster** 帯状疱疹.

herring[hériŋ] ニシン.

herringbone ニシンの骨；杉綾(の).

hers[həːrz] 彼女のもの.

herself[həːrsélf] 彼女自身.

hertz[həːrts] ヘルツ(周波数の単位).

he's[iːz, 強 híːz] he is，he has の短縮.

hesitant[hézətənt] 躊躇 ちゅうちょ する；ためらいがちの. **hesitancy** 躊躇. **hesitantly** 副

hesitate[hézəteit] 躊躇する；口ごもる. **hesitation** 名

heterodox[hétərədɑks] 異端の. **heterodoxy** 異端.

heterogeneous[hetərədʒíːniəs] 異種の，異分子からなる.

heterosexual[hetərəsékʃuəl] 異性(愛)の(人).

heuristic[hjuərístik] 学習を助ける.

hew[hjuː]〔斧などで〕伐 きる；伐り倒す. **hewer** 伐り倒す人；炭坑夫.

hewn[hjuːn] **hew** の過去分詞.

hexadecimal[heksədésəməl] 16 進数の；16 進法.

hexagon[héksəgɑn] 六角形.

hexahedron[heksəhíːdrən] 六面体.

hexameter[heksǽmətər]〔韻律学〕六歩格(の詩).

hey[héi] へえ！やあ！おい！(驚き・注意を促すときなどの声).

heyday[héidei] 全盛期.

HF 高周波〔< high frequency wave〕.

HGH ヒト成長ホルモン〔< human growth hormone〕.

HH 殿下〔妃殿下〕〔< His〔Her〕Highness〕；聖下(ローマ法皇)〔< His Holiness〕.

HHS《米》保健福祉省〔< Department of Health and Human Services〕.

HI ハワイ州〔< Hawaii〕.

hiatus[haiéitəs] すき間；裂け目.

hibernal[haibəːrnl] 冬の.

hibernate[háibərneit] 冬ごもりする，冬眠する. **hibernation** 名

hiccup, hiccough[híkʌp] しゃっくり / しゃっくりする.

hickory[híkəri] ヒッコリー(材).

hid[hid] **hide** の過去・過去分詞.

hidden[hidn] **hide** の過去分詞.

hide[háid] 隠す；秘密にする；かくまう / 隠れる. ~ **-and-seek** かくれん坊. **hiding** 隠す〔隠れる〕こと；隠し場所.

hide[háid]〔獣の〕皮；皮革 /《話》むち打つ.

hideaway 隠れ家.

hidebound 保守的で；かたくなな.

hideous[hídiəs] 恐ろしい；ぞっとする. **hideously** 副 **hideousness** 名

hideout《話》潜伏所.

hie[hái]《古・詩》急ぐ.

hierarchical[haiərɑːrkikəl] **-chic**[-kik] 階級制の.

hierarchy[háiərɑːrki] 階級制.

H

hieroglyph[háiərəglif]象形文字ヒエログリフ. **hieroglyphic** 形

hi-fi[háifái]ハイファイの. ＝ high fidelity.

higgledy-piggledy[hígldipígldi]めちゃくちゃに.

high[hái]高い；高貴な；高尚な；〔色が〕濃い／高く；大いに. ～ **-class** 高級な；上流階級の. ～ **command** 首脳陣. ～ **commissioner** 高等弁務官. **High Court**《米》最高裁判所. ～ **fidelity**〔電気〕高忠実度，ハイファイ. ～ **-flown** 野心的な；大げさな. ～ **-flying** 高く上がる；野心的な. ～ **ground**〔議論などでの〕優位. ～ **-handed** 高圧的な. ～ **heels** ハイヒール. ～ **-pitched** かん高い；高尚な；激しい；急角度の. ～ **-powered** 強力な；精力的な. ～ **-rise** 高層の(建築物). ～ **street**《英》大通り. ～ **school**《米》ハイスクール, 高等学校. ～ **seas** 公海. ～ **-speed** 高速の. ～ **-spirited** 元気のよい. ～ **-strung** 神経質な；興奮しやすい. ～ **-tech** 先端技術(を用いた)；ハイテク(の). ～ **technology** 先端技術. ～ **-up** 地位〔身分〕の高い. ～ **tide(water)** 高潮(時). ～ **time** ちょうどよい時. ～ **-toned** 高潔な, 高尚な. **highness** 高いこと；(H-) 殿下〔敬称〕.

highball《米》炭酸水で割ったウイスキー.

highbrow《話》学識のある人；インテリぶる人.

higher education 高等教育.

high jump 高飛び.

highland 高地. **highlander** 高地の居住者；(H-) スコットランド高地方の人.

highlight〔絵などの〕最も明るい部分.

highly[háili] 高く；大いに, 非常に.

high-minded 気高い, 高尚な.

highroad 幹線道路.

high tea 夕方早くのお茶.

highway 主要道路. **highwayman** 追いはぎ.

hijack[háidʒæk] ハイジャックする. **hijacker** 名

hike[háik]ハイキング／〔賃金などを〕引き上げる／徒歩旅行. **hiker** ハイキングする人. **hiking** 名

hilarious[hiléəriəs]陽気な，はしゃいだ. **hilariousity** 名

hill[híl]小山，丘；塚. **hilly** 小高い.

hillbilly[hílbili]《米話》いなか者.

hillock[hílək]小丘.

hillside 山腹.

hilltop 小山の頂.

hilt[hílt]柄；つか.

HIM 天皇〔皇后〕陛下〔＜ His〔Her〕Imperial Majesty〕.

him[強 him, im, hím] 彼を；彼に. **himself** 彼自身.

hind[háind]後ろの. ～ **most** 最も後ろの.

hind[2] 雌ジカ(特に3歳以上のアカジカ).

hinder[1][háindər]後ろの.

hinder[2][híndər]妨げる／邪魔をする.

Hindi[híndi:]ヒンディー語(の)〔インド公用語の1つ〕.

hindrance[híndrəns]妨害；邪魔物.

hindsight あと知恵.

Hindu[híndu:]ヒンズー教(徒)(の). **Hinduism** ヒンズー教.

hinge[híndʒ]蝶番 ちょうつがい；要点／蝶番で付ける／蝶番で動く；…によって決ま〔め〕る(on).

hint[hínt]暗示；ヒント／ほのめかす.

hinterland[híntərlænd]奥地；背後地.

hip[híp]尻 しり；腰.

hipbone 座骨；無名骨.

HIPC 重債務貧困国〔＜ heavily-indebted poor countries〕.

hip-hop ヒップホップ(ラップミュージ

ック・ダンスなど〕.

hippie, hippy[hípi]《米俗》〔1960年代に登場した〕ヒッピー(族).

hippo[hípou]《話》カバ[< hippopotamus].

hippodrome[hípədroum]〔古代ギリシャ・ローマの〕競技場;曲馬場.

hippopotamus[hipəpátəməs]カバ.

hipster[hípstər]《米俗》通人;ジャズ狂.

hire[háiər]賃借り;雇用/雇う;賃借り〔貸し〕する《英》分割払い購入. **hireling** 金のために働く人.

hirsute[hə́:rsu:t]毛深い.

his[強 hiz, iz, híz]彼の(もの).

Hispanic[hispǽnik]《米》ヒスパニック(の);ラテン系アメリカ人(の).

hiss[hís]シューという;〔非難・軽蔑などで〕シーッと言う/〔人を〕やじる〔ののしる〕/シューという音.

historian[histɔ́:riən]歴史家.

historic[histɔ́:rik]歴史上有名な;歴史に残る. **historical** 歴史の, 歴史上の. **historically** 副

history[hístəri]歴史.

histrionic[histriánik]俳優の;演劇の;わざとらしい.

hit[hít]打つ;なぐる/命中;成功, 当たり;名言;〔野球〕ヒット. ~ on〔upon〕にふと会う;思いつく. ~ and run〔野球〕ヒットエンドラン. ~-and-run accident ひき逃げ事故. **hitter**〔野球〕打者. **hitting streak** 連続安打.

hitch[hítʃ]ぐいと引っ張る;ぐいと動かす;《米俗》結婚する/繋ぎ;引き上げ. without a ~ 滞りなく.

hitchhike ヒッチハイク(する).

hither[híðər]ここへ.

hitherto[híðərtu:]これまで, 今まで.

HIV エイズウイルス, ヒト免疫不全ウイルス[< human immunodeficiency virus].

hive[háiv]ミツバチの巣(箱);がやがやした場所;群衆/巣箱に入れる〔入る〕;群居する.

hives[háivz]蕁麻疹 ﾋ ﾝ.

HK 香港[< Hong Kong].

HM 女王[国王]陛下(の)〔Her[His] Majesty('s)〕.

HMI《英》視学官[< Her[His] Majesty's Inspector].

HMO 健康維持機関[< health maintenance organization].

HMS 英国軍艦[< Her[His] Majesty's Ship].

HNC《英》高等二級技術検定合格証〔< Higher National Certificate〕.

HND《英》高等一級技術検定合格証〔< Higher National Diploma〕.

ho[hóu]ほう!おーい!

hoar[hɔ́:r]《文》白髪.

hoard[hɔ́:rd]蓄積;買いだめ/たくわえる. **hoarding**[1] 蓄積;(複)貯蔵物.

hoarding[2][hɔ́:rdiŋ]板囲い;掲示板.

hoarfrost 霜.

hoarse[hɔ́:rs]しわがれ声の. **hoarsely** 副 **hoarseness** 名

hoary[hɔ́:ri]白髪の;古めいた.

hoax[hóuks]いっぱい食わす;かつぐ/かつぐこと.

hob[1][háb]暖炉内部の横棚;〔輪投げの〕的棒.

hob[2]いたずら小鬼. play[raise] ~ with いたずらをする;…に害を与える.

hobble[hábl]足を引きずって歩く/足を引きずって歩くこと.

hobby[hábi]趣味;道楽.

hobgoblin[hábgɑblin]おばけ, いたずら小鬼.

hobnail[hábneil]鋲 ﾋ ｮ, くぎ.

hobo[hóubou]《米》浮浪者;渡り労働者.

hock[1][hák]《米俗》質(に入れる).

hock[2] ドイツ産白ワイン.

hockey[háki]ホッケー.

hocus[hóukəs]だます.

H

hocus-pocus[hóukəspóukəs]手品(を使う)；ごまかし(をする).

hod[hád]ホッド(れんが・しっくいなどを運ぶ器)；炭取り.

hodgepodge[hádʒpadʒ]＝ hotchpotch.

hoe[hóu]鍬分／鍬で耕す，〔雑草を〕鍬で除く.

hog[hɔ́g]《米》豚；《英》去勢した雄豚；粗悪な人／自分の分け前以上に取る. **hoggish**豚のような，欲深い.

hogwash〔豚にやる〕残飯.

hoist[hɔ́ist]揚げる；引き上げる／引き上げ；昇降機.

hoity-toity[hɔ́ititɔ́iti]横柄な／いやはや！(驚き・非難などを表わす発声).

hokey-pokey[hóukipóuki]手品；〔街頭で売る〕安物アイスクリーム.

hokum[hóukəm]たわごと；〔映画などの〕おきまりの感傷的な筋.

hold[hóuld]持つ；握る；つかむ；抱く／しかと保つ；持ちこたえる／握ること. 〜 back 食い止める. 〜 down 押えつける. 〜 good 有効である；適用される. 〜 on 続く；しがみつく《to》. 〜 out 差し出す；持ちこたえる. 〜 to を固執する. 〜 together 団結する. 〜 up …を差し上げる；《米》人を止めて強奪する. take 〜 of …をつかまえる. lose 〜 of …手がかりを失う. **holder**保持者，所有者；入れ物. **holding**保有；支持；(しばしば複)所有地；持ち株.

hold[2]船倉.

holdup《米話》ピストル強盗.

hole[hóul]穴；〔獣ξ゚の〕巣；欠点.

holiday[hálədei]休日；(通例複)《英》長期休暇.

holidaymaker休日の行楽客.

holiness[hóulinis]神聖；(His H-)猊下ぷゕ(ローマ教皇に対する尊称).

Holland[hálənd]　オランダ(the Netherlands).

holler[hálər]叫ぶ／叫び(声).

hollo[hálou]＝ halloa おおい！おい！／おおいと呼ぶ.

hollow[hálou]くぼみ；中空の；くぼんだ；うつろな／完全に／くぼませる；うつろにする. **hollowness**くぼみ；がらんどう.

holly[háli]セイヨウヒイラギ.

hollyhockタチアオイ.

Hollywood[háliwud]ハリウッド(米国ロサンゼルス北西部，映画産業の中心地)；アメリカ映画(産業).

holocaust[háləkɔːst]大虐殺.

hologram[háləgræm]《米》ホログラム；レーザー写真.

holograph[háləgræf]自筆の／自筆の文書.

holography[həlágrəfi]レーザー写真術.

holster[hóulstər]拳銃用皮ケース.

holy[hóuli]神聖な. **Holy Ghost**聖霊.

homage[hámidʒ]〔臣下となる〕忠誠の誓い.

home[hóum]家，家庭；故国；本国；故郷／わが家に，自宅に；本国に. at 〜 在宅して；本国に；気楽に；精通して；家庭の；地元の；自国の. come 〜 家に帰る；帰国する；胸にこたえる. 〜 base〔plate〕〔野球〕本塁. 〜 equity loan 第二抵当住宅ローン. 〜 office 本社；自宅の仕事場. the Home Office《英》内務省. the Home Secretary《英》内務大臣. **homeless**宿なしの. **homelike**わが家のような；気楽な. **homely**家庭的な；質素な. **-ward**家路へ向かう／家〔本国〕へ向かって. **homey**《話》家庭らしい；気楽な.

homecoming帰国(宅)；《米》同窓会.

homegrown〔野菜など〕自分のうちで作った；地方産の.

homeland自国，故国.

homemade手製の；国産の.

homepage〔コンピュータ〕ホームペ

ージ.

homer[hóumər]《話》〔野球〕本塁打; 伝書バト.

homesick ホームシックの.

homespun 手織りの.

homestead 家屋敷.

homestretch 決勝点前の直線コース.

hometown 住んでいる町の;故郷の 町の.

homework 宿題;家庭でする仕事.

homicide[hámɔsaid]殺人;殺人者. **homicidal** 形

homily[hámɔli]説教;訓戒.

homing[hóumiŋ]家に帰る;〔ハトなど〕帰巣性のある.

Homo[hóumou]ヒト属. ~ **sapiens** 人類;ホモサピエンス(学名).

homo[hóumou]《話》ホモ(< homo-sexual).

homogeneous[houmədʒíːniəs]同種の, 均質の;〔数学〕同次の.

homogenize[həmádʒənaiz]均質にする.

homologous[həmáləgəs]〔構造・性質が〕一致する.

homonym[hámənim]同音異義語 (meet と meat など).

homophobia[houməfóubiə]同性愛(者)嫌悪.

homosexual[houməsékʃuəl]同性愛の(人).

homy[hóumi] = homey.

honcho[hántʃou]《米俗》指導者;班長.

Honduran[hændjúərən]ホンジュラスの / ホンジュラス人.

Honduras[hændjúərəs]ホンジュラス(共和国) (Republic of Honduras).

hone[hóun]砥石(で研ぐ).

honest[ánist]正直な;正しい;真正の. **honestly** 副 **honesty** 正直;誠実.

honey[háni]ハチミツ;《米》おまえ, あなた(最愛の人への呼びかけ).

honeyed 蜜の多い;甘ったるい.

honeybee ミツバチ.

honeycomb ミツバチの巣.

honeymoon 蜜月, 新婚旅行.

honeysuckle スイカズラ.

honk[háŋk]ガンの鳴き声;自動車などの警笛の音.

honky-tonk[háŋkitaŋk]《米俗》安キャバレーの.

honorarium[anərέəriəm]報酬.

honorary[ánəreri]名誉の;名誉職の. ~ **degree** 名誉学位.

honorific[anərífik]敬称の / 敬語.

honor,《英》**honour**[ánər]名誉;面目;自尊心;(H-)閣下(敬称, Your, His, Her を前につける);(複)儀礼;(複)優等/尊敬する;栄誉を与える. in ~ of …に敬意を表して.

honorable, honourable[ánərə-bl]尊敬すべき;名誉ある;(the H-)閣下. **honorably** 副

hood[húd]頭巾, フード;車蓋. **hooded** フード付きの.

hoodlum[húːdləm]《米俗》不良;暴力団員.

hoodwink[húdwiŋk]あざむく;目隠しをする.

hoof[húf]蹄;人の足.

hook[húk]鈎, ホック;釣針;〔ボクシング〕フック;〔鈎状に〕曲げる, 曲がる. ~ **up** 留める;〔ラジオ・電話などを〕接続する. **hooked** 鈎状の;鈎のついた.

hooker[húkər]釣り船.

hooknose ワシ鼻.

hookup 接続(図);〔放送〕中継, 連携.

hooky[húki]play ~ 学校をさぼる.

hooligan[húːligən]ならず者;〔サッカーなどの〕不良観客, フーリガン.

hoop[húːp]たが;輪;張り骨(昔スカートを張り広げるのに用いた)(複)《俗》バスケットボール. / たがを掛ける.

hoopla[húːplɑː]輪投げ遊び;大騒

ぎ.

hooray[huréi] = hurrah.

hoot[hú:t]やじる;〔フクロウが〕ほうほう鳴く/ほうほう.

hop[háp]片足で跳ぶ;片足飛び;《話》舞踏;《話》飛行機の離陸. ~, step [skip], and jump〔競技の〕三段跳び.

hop[ホップ;(複)ホップの実(ビールの芳香苦味剤)/ホップを摘む.

hope[hóup]希望;期待;見込み/望む;希望する;期待する. past(all) ~ 絶望的で. **hopeful** 望みのある;有望な. **hopefully** うまくいけば;できることなら. **hopeless** 見込みのない.

hopper[hápər]跳ぶ虫;〔製粉機などの〕漏斗.

horde[hɔ́:rd]遊牧民の群れ.

horizon[həráizn]地平線;水平線.

horizontal[hɔ:rəzántl]地〔水〕平線上の;水平の;横の. **horizontally** 副

hormone[hɔ́:rmoun]ホルモン.

horn[hɔ́:rn]角;ホルン(管楽器);角製の杯;三日月の端/《俗》でしゃばる. **horned** 角のある;角状の. **horny** 角(状)の;《俗》好色な.

hornet[hɔ́:rnit]スズメバチ.

horoscope[hɔ́:rəskoup]星占い;〔占星用〕十二宮図.

horrendous[hɔ:réndəs]恐ろしい,ものすごい.

horrible[hɔ́:rəbl]恐ろしい,《俗》ひどい,いやな. **horribly** 副

horrid[hɔ́:rid]恐ろしい;《話》いやな. **horridly** 副

horrific[hɔ:rífik]恐ろしい.

horrify[hɔ́:rəfai, hár-]こわがらせる.

horror[hɔ́:rər]恐怖;嫌悪.

hors-d'oeuvre[ɔ:rdɔ́:rv]《F》前菜,オードブル.

horse[hɔ́:rs]馬/馬をつける;馬に乗せる.

horseback 馬の背;馬に乗って.

horsefly ウマバエ,アブ.

horsehair 馬の毛.

horseman 騎手. **horsemanship** 馬術.

horsepower 馬力.

horse race 競馬.

horse sense あたりまえの;常識.

horseshoe 蹄鉄.

horsewhip 馬鞭ち(で打つ).

hortative[hɔ́:rtətiv], **hortatory** [hɔ́:rtətɔ:ri]勧告的な.

horticulture[hɔ́:rtəkʌltʃər]園芸術. **horticultural** 形 **horticulturist** 名

hosanna[houzǽnə]ホザナ!(神を賛美する語).

hose[hóuz](複)ストッキング;ホース/ホースで水をかける.

hosier[hóuʒər]靴下屋,メリヤス商. **hosiery** 靴下類,メリヤス類.

hospice[háspis]ホスピス.

hospitable[háspitəbl]もてなしのよい,親切な. **hospitably** 副

hospital[háspitl]病院. **hospitalize** 入院させる.

hospitality[haspətǽləti]もてなしのよいこと,厚遇.

host[hóust]主人;主催者;〔寄生動・植物の〕宿主.

host[大勢,多数,群れ;軍勢.

hostage[hástidʒ]人質;抵当.

hostel[hástl](ユース)ホステル,簡易宿泊所. **hosteler** ホステル利用者.

hostess[hóustis]女主人役.

hostile[hástl, -tail]敵意のある,敵対する;敵の. **hostility** 敵意;反感;(複)戦争.

hot[hát]熱い;暑い;辛い;短気な;激しい;熱心な;熱狂的な. ~ air 熱気. ~ spot 紛争地帯;歓楽街. ~ -blooded 激しやすい;短気な. ~ dog ホットドッグ. ~ spring 温泉. ~ stuff すばらしいもの(人). **hotly** 副

hotbed 温床.

hotchpotch[hátʃpatʃ]ごった煮;ごたまぜ.

hotel[houtél]旅館,ホテル.

hotheaded 短気な.

hothouse 温室.

hotline 各国の最高責任者間の直通電話, ホットライン.

hound[háund] 猟犬 / 猟犬で狩る; けしかける.

hour[áuər] 時間, 時刻. ～ **hand**〔時計の〕短針. **hourly** 1 時間ごとに〔の〕.

hourglass 砂時計.

house[háus] 家 ; (the H-) 議会;下院 /[hauz] 家に入れる;泊める. ～ **arrest** 自宅監禁, 軟禁. ～ **husband** 主夫(家事を専業とする夫). ～ **-to-** ～ 戸別訪問の. the House of Commons〔英国の〕下院. the House of Lords〔英国の〕上院. the House of Representatives〔米国の〕下院.

houseboat 屋形船.

housebreaker 強盗.

household 家族 / 家庭の. **double-income** ～ 共働き世帯.

householder 世帯主.

housekeeper 主婦;家政婦.

housekeeping 家政.

housemaid 女中.

housewarming 新居移転の祝い.

housewife[háuswaif] 主婦 ;[házif] 針箱. **housewifely** 主婦らしい.

housework 家事.

housing[háuziŋ] 住宅供給;〔集合的〕住宅. ～ **development**《米》団地. ～ **estate**《英》住宅団地. ～ **project** 住宅計画;公営団地.

hove[hóuv] heave の過去・過去分詞.

hovel[hávəl] 小屋, 物置 ; あばら屋.

hover[hávər] 空に舞う;うろつく;踏躇ちゅうする. **Hovercraft**《商品名》ホバークラフト.

how[háu] いかに;どれほど, いくら;どうも, まあ.

however[hauévər] いかに…でも / けれども.

howitzer[háuitsər] 曲射砲.

howl[hául] 吠ほえる;〔風が〕ひゅう

ひゅう鳴る. **howler** 吠えるもの;《話》大しくじり.

HP《英》分割払い購入制度〔< hire purchase〕;ホームページ〔< home page〕.

hp 馬力〔< horsepower〕.

HQ 本部, 司令部〔< headquarters〕.

HR ホームラン〔< home run〕.

hr 時間〔< hour〕.

HRH 殿下〔妃殿下〕〔< His〔Her〕Royal Highness〕.

HRT ホルモン補充療法〔< hormone replacement therapy〕.

HS 高校〔< high school〕.

HSST 高速地表輸送機〔< high speed surface transport〕.

HST 〔米国時間帯〕ハワイ標準時間〔< Hawaiian Standard Time〕;極超音速旅客機〔< hypersonic transport〕.

ht 高さ〔< height〕.

HTLV ヒト T 細胞白血病ウイルス〔< human T cell leukemia virus〕.

HTML, html 〔インターネット〕ホームページ記述言語〔< HyperText Markup Language〕.

HTTP, http 〔インターネット〕ハイパーテキスト転送プロトコル〔< Hypertext Transfer Protocol〕.

hub[háb] こしき;中心, 中枢. ～ **airport** ハブ空港. ～ **-and-spoke system**(航空) 大都市ターミナル方式.

hubbub[hábʌb] がやがや, やかましい音;騒動.

hubby[hábi]《話》= husband.

hubris[hjú:bris] 傲慢, おごり.

huckster[hákstər]《米話》広告業者;強引に売り込む; 宣伝する.

HUD《米》住宅都市開発省〔Department of Housing and Urban Development〕.

huddle[hádl] 群がる《together》;ごたごた集まる / 群集.

hue¹[hjú:] 色, 色合い.

hue²[hjú:] ～ and cry 追跡の叫び声;非難の声.

H

huff[hʌf] 怒らせる / 怒る；立腹.
huffy 怒りっぽい；不機嫌な.

hug[hʌg] 抱きしめる；固執する.

huge[hjúːdʒ] 巨大な；ばく大な.
hugely 副 **hugeness** 名

huh[hʌ]〔驚き・困惑・不信・軽蔑などを表す〕ふん，へえ，〔付加疑問を表す〕…ね?

hula-hula[húːləhúːlə]〔ハワイの〕フラダンス.

hulk[hʌlk] 老朽船；廃船. **hulking** かさばる；不格好な.

hull¹[hʌl] 殻，皮，さや / 殻をとる，皮をむく.

hull² 船体 / 船体を貫く.

hullabaloo[hʌləbəlúː] 大騒ぎ；騒音.

hullo[həlóu] = hello.

hum[hʌm] ぶんぶんいう / 鼻歌を歌う / ぶんぶんいう音 (ハチの羽音・こまの音など)；遠い騒音.

human[hjúːmən] 人間の；人間的な. ~ **being** 人間. the ~ **race** 人類. ~ **rights** 人権.

humane[hjuːméin] 人情のある，親切な. **humanely** 副

humanism[hjúːmənizm] 人間(中心)主義. **humanist** 人道主義者. **humanistic** 人道的な；人文主義の.

humanitarian[hjuːmænətέəriən] 人道主義者；博愛家 / 人道主義の. **humanitarianism** 名

humanity[hjuːmǽnəti] 人類；人間性；人情；(複) 古典文学；人文科学.

humanize[hjúːmənaiz] 人間らしくする；教化する.

humble[hʌmbl] 謙遜 ⁇ な；質素な；卑しい / 卑しめる. **humbly** 卑下して.

humbug[hʌmbʌg] 大うそ，でたらめ / ぺてんにかける.

humdinger[hʌmdiŋər]《米話》すばらしい人〔もの〕.

humdrum[hʌmdrʌm] 平凡な；単調な.

humid[hjúːmid] 湿気のある，しめっぽい. **humidity** 湿気. **humidor** 貯蔵容器.

humiliate[hjuːmílieit] 辱 ⁇ める，へこます. **humiliating** 屈辱的な；不面目な. **humiliation** 屈辱；不面目.

humility[hjuːmíləti] 謙遜 ,(複) 謙遜な行為.

HUMINT [hjúːmint] スパイによる情報収集〔< human intelligence〕.

hummock[hʌmək] 小山.

humor,《英》**humour**[hjúːmər] ユーモア / 機嫌を取る；〔人を〕うまく扱う. **humorist** ユーモア作家. **humorous** ユーモアのある.

humorous[hjúːmərəs] 滑稽な. **humorously** 副

hump[hʌmp]〔ラクダなどの背の〕こぶ / 〔背を〕丸める / こぶになる.

humpback 猫背の人.

Hun[hʌn] 匈奴 ⁇ ，フン族；〔第一次・第二次大戦中の〕ドイツ兵.

hunch[hʌntʃ] 瘤 ⁇ ；《米》予感 /〔背などを〕丸く曲げる.

hunchback 猫背の人.

hundred[hʌndrəd] 100(の).

hundredth(the ~)第 100 番目(の)；100 分の 1(の).

hundredweight 重さの単位《米》100 ポンド,《英》112 ポンド，略 cwt.).

hung[hʌŋ] hang の過去・過去分詞.

Hungarian[hʌŋgέəriən] ハンガリー(人・語) の / ハンガリー人〔語〕.

Hungary[hʌŋgəri] ハンガリー (共和国) (Republic of Hungary).

hunger[hʌŋgər] 飢え，空腹；渇望 / 飢える，空腹になる；渇望する〔for, after〕. ~ **strike** ハンガーストライキ，ハンスト.

hungry[hʌŋgri] 飢えた；渇望する；不毛の. **hungrily** 副

hunk[hʌŋk]〔パン・肉などの〕厚切り；《米俗》すばらしい.

hunt[hʌnt] 狩る；追う；捜す / 狩りをする / 狩猟；捜索. ~ **down** 追い詰

める. ~ out 捜し出す. hunter 猟人,
猟師;猟犬. hunting 狩猟;追求.

huntsman 猟師;猟犬監督者.

hurdle[hə́:rdl] 障害物, ハードル;
(複) ハードル競走 /(ハードル) を跳
び越す.hurdler ハードル競走の選手.

hurl[hə́:rl] 投げつける(こと) /〔悪口な
どを〕浴びせる(こと) /〔野球〕hurler
投手.

hurly-burly[hə́:rlibə́:rli] 騒ぎ, ごた
ごた.

hurrah[hərɑ́:] 万歳!フレー! / 歓声
/ 万歳を叫ぶ.

hurricane[hə́:rəkein] ハリケーン;大
暴風雨.

hurry[hə́:ri, hʌ́ri] 急がせる / 急ぐ / 急
ぎ, あわてること. ~ -scurry あわ
てて. hurried 大急ぎの, あわただし
い. hurriedly 急いで, あわてて, あ
わただしく.

hurt[hə́:rt] 傷つける;感情を害す / 傷.
hurtful 害になる. hurtfully 副
hurtless 害にならぬ.

hurtle[hə́:rtl] 突進する;音を立てて
行く / 突進する音.

husband[hʌ́zbənd] 夫 / 節約する.
husbandry 農業;倹約.

hush[hʌ́ʃ] 静かにさせる;黙らせる /
静まる. ~ up 揉み消す. hushed 静
かな, 静まった. ~ money 口止め料.

husk[hʌ́sk] 皮, 殻, 莢ᵆ;トウモロコ
シの皮 / 皮〔殻·莢〕をむく. husky 皮·
殻の多い;しわがれ声の;《米》頑
丈な.

hussar[huzɑ́:r] 軽騎兵.

hussy[hʌ́si] おてんば娘.

hustle[hʌ́sl] 乱暴に押す / 押し合い.

hut[hʌ́t] 小屋, あばらや.

hutch[hʌ́tʃ]〔ウサギなどの〕檻ᵒᵣ;箱;
小屋.

huzza[hʌzɑ́:] = hurrah.

hyacinth[háiəsinθ] ヒヤシンス.

hyaena[haiíːnə] = hyena.

hybrid[háibrid] 雑種(の);混血児
(の).

hydra[háidrə](H-) ヒュドラ(ヘラクレ
スに殺された九頭の蛇);ヒドラ;根
絶しがたい災い.

hydrant[háidrənt] 消火栓.

hydrate[háidreit] 含水化合物.

hydraulic[haidrɔ́:lik] 水力の;水圧の.
hydraulics 水力学.

hydrocarbon[haidrəkɑ́:rbən] 炭化
水素.

hydroelectric[haidrəiléktrik] 水力
電気の.

hydrogen[háidrədʒən] 水 素. ~
peroxide 過酸化水素.

hydrophobia[haidrəfóubiə] 恐水病,
狂犬病.

hydroplane[háidrəplein] 水上滑走
艇;水上飛行機.

hydroponics[haidrəpániks]〔農業〕
水耕法.

hyena[haiíːnə] ハイエナ;強欲非道な
人.

hygiene[háidʒiːn] 健康法;衛生(学).
hygienic 衛生的な;衛生学〔上〕の.
hygienics 衛生学.

hygrometer[haigrámətər] 湿度計.

hymen[háimən] 処女膜.

hymn[hím] 賛美歌(を歌う). hymnal
賛美歌集.

hype[háip]《俗》詐欺;誇大広告 /
だます;あおりたてる.

hyper[háipər] 非常に興奮した.

hyper- 超~, 過度の.

hyperactive 非常に活発な;じっと
していない.

hyperbola[haipə́:rbələ]〔数学〕双曲
線.

hyperbole[haipə́:rbəli]〔修辞学〕誇
張(法).

hypercritical[haipərkrítikəl] 批評が
厳しすぎる.

hypersensitive[haipərsénsətiv] 過
敏な;過敏症の;〔写真〕超高感度
の.

hypersonic[haipərsánik] 極超音速の
(音速の 5 倍以上).

H

hypertension[haipərténʃən]過度の緊張；高血圧(症).

hypertext[háipərtekst][コンピュータ]ハイパーテクスト(関連する画像・音声などを検索できる).

hyphen[háifən]連字符，ハイフン[-].

hyphenate[háifəneit]ハイフンでつなぐ.

hypnosis[hipnóusis]催眠(状態).

hypnotism[hípnətizm] 催眠術. **hypnotic** 催眠の，催眠術の. **hypnotize** 催眠術をかける.

hypochondria[haipəkándriə]心気症. **hypochondriac** 心気症の(患者).

hypocrisy[hipákrəsi]偽善.

hypocrite[hípəkrit]偽善者. **hypocritical** 形

hypodermic[haipədə́ːrmik]皮下注入の；皮下注射(薬).

hypotension[haipouténʃən]低血圧(症).

hypotenuse[haipátənjuːs][直角三角形の]斜辺.

hypothesis[haipáθəsis] 仮説. **hypothesize** 仮定する.

hypothetical[haipəθétikəl]仮説の. **hypothetically** 仮に.

hysteria[histériə]ヒステリー.

hysterectomy[histəréktəmi]子宮摘出(術).

hysteric[histérik], **hysterical** [-kəl]ヒステリックな. **hysterics** ヒステリーの発作.

Hz〔周波数の単位〕ヘルツ〔< hertz〕.

I

I¹[ái]私は〔が〕.

I² 州間道路('I-80'など)〔< Interstate Highway〕；…島,…諸島〔< Island(s)〕.

IA, Ia. アイオワ州〔< Iowa〕.

IAC いずれにしても〔< in any case〕.

IAEA国際原子力機関〔< International Atomic Energy Agency〕.

iambic[aiǽmbik]弱強格(の詩).

IATA 国際航空運送協会，イアタ〔< International Air Transport Association〕.

iatrogenic[aiætrədʒénik]〔病気が〕医師に原因する.

ibid. 〔íbid〕同書[同章・同ページ]に(すでに引用したものを表す).

ibis[áibis]トキ.

IBRD 国際復興開発銀行〔別名世界銀行〕〔< International Bank for Reconstruction and Development〕.

IBS 過敏性腸症候群〔< irritable bowel syndrome〕.

IC 集積回路〔< integrated circuit〕.

ICAO 国際民間航空機関，イカオ(国連)〔< International Civil Aviation Organization〕.

ICBM 大陸間弾道ミサイル〔< intercontinental ballistic missile〕.

ICC 国際商業会議所〔< International Chamber of Commerce〕.

ice[áis]氷；アイスクリーム；《俗》ダイヤモンド／凍らす；氷で覆う；砂糖衣をつける. **the ～ age** 氷河時代. **～ cream** アイスクリーム. **～ cube** アイスキューブ，角氷. **～ hockey** アイスホッケー. **～ pack** 浮氷群；氷嚢. **iced** 氷で冷やした.

iceberg 氷山；冷淡な人.

iceboat 砕氷船；氷上ヨット.

icebound 氷に囲まれた.

icebox 冷蔵庫；冷凍庫.

icebreaker 砕氷船.

icehouse 氷室.

Iceland[áislənd] アイスランド(共和国)(Republic of Iceland).

Icelandic[aislǽndik] アイスランド(人・語)の／アイスランド人[語].

iceman 氷屋；氷上旅行に慣れた人.

ichthyology[ikθiálədʒi]魚類学.

icicle[áisikl]つらら.

icily[áisəli]冷淡に.

icing[áisiŋ]砂糖衣.

ICJ 国際司法裁判所〔< International Court of Justice〕.

icon[áikɑn]像；聖像；壁画；アイコン.

iconoclasm[aikɑ́nəklæzm]偶像破壊；因襲打破**iconoclast** 偶像破壊者. **iconoclastic** 形

ICPO 国際刑事警察機構〔< International Criminal Police Organization〕= Interpol.

ICRC 赤十字国際委員会〔< International Committee of the Red Cross〕.

ICU 集中治療室〔< intensive care unit〕.

icy[áisi]氷の(多い)；冷淡な.

ID 身分証明(書)/…の身元を確認する〔< identification, identity〕.

ID, Id. アイダホ州〔< Idaho〕.

id[id]イド, 本能的衝動.

I'd[áid] I would, I should, または I had の短縮.

IDA 国際開発協会〔第二世界銀行〕〔< International Development Association〕.

IDB 米州開発銀行〔< Inter-American Development Bank〕.

idea[aidíːə]観念；考え；思いつき；理念；印象.

ideal[aidíːəl]理想(の)；想像(の)；観念(の). **idealism** 理想主義；唯心論. **idealist** 理想主義者；唯心論者. **idealistic** 理想主義(者)の；観念論(者)の. **ideality** 理想的なこと. **idealize** 理想化する. **ideally** 理想的に；理論上.

identical[aidéntikəl]同一の；等しい. **identically** 副

identify[aidéntəfai]同定する；同一視する. **identifiable** 同定〔識別〕可能な. **identification** 〔ID〕身元確認；同一視. ~〔ID〕**card** 身分証明書.

identity[aidéntəti]同一性；同一であること；〔数学〕恒等式. ~〔ID〕**card** 身分証明書.

ideogram[ídiəgræm,áid-], **ideograph**[ídiəgræf,áid-]表意文字.

ideologic[aidiəládʒik], **-ical** [-ikəl]イデオロギーの；観念的な.

ideology[aidiálədʒi, id-, -ɔ́l-]イデオロギー；観念論.

idiocy[ídiəsi]非常に愚かな状態；白痴(的言動).

idiom[ídiəm]慣用句, 熟語；〔言語・作家などの〕特徴. **idiomatic** 形

idiosyncrasy[idiəsíŋkrəsi]特質；特異体質. **idiosyncratic** 特有の, 特異体質の.

idiot[ídiət] ばか；白痴. **idiotic** 形 **idiotically** 副

IDL 国際日付変更線〔< International Date Line〕.

idle[áidl]怠惰な；仕事をしていない；無用の；根拠のない/なまける《away》；空費する；〔機械が〕空転する. **idleness** 怠惰；無為. **idler** なまけ者. **idly** なまけて.

idol[áidl]偶像；人気者. **idolater** 偶像崇拝者. **idolatrous** 偶像崇拝の. **idolatry** 偶像崇拝. **idolize** 偶像化する.

IDU 国際民主同盟〔< International Democratic Union〕.

idyl, idyll[áidl, ídil]牧歌(的風景), 田園詩. **idyllic** 牧歌的な.

IE 生産工学〔< industrial engineering〕.

i.e.[áíː, ðætíz]すなわち〔<《L》id est (= that is)〕.

IEA 国際エネルギー機関〔< International Energy Agency〕.

IEEE (I triple E)〔米〕電気電子通信学会, アイトリプルイー〔< Institute of Electrical and Electronics Engineers〕.

if[if]もし…ならば；…かどうか；…のときはいつでも. as ~ まるで…のように. ~ anything どちらかと言えば.

IFAD 国際農業開発基金〔< International Fund for Agricultural Development〕.

IFC 国際金融公社〔< International

Finance Corporation].

IFN インターフェロン〔< interferon〕.

IFR 計器飛行規則〔< instrument flight rules〕.

Ig 免疫グロブリン〔< Immuno-globulin〕.

igloo[íglu:]〔エスキモーの〕氷雪の家.

igneous[ígniəs]火の(ような);火成の.

ignite[ignáit]点火する;強熱する／火がつく. **ignition** 名

ignoble[ignóubl]卑しい;下劣な. **ignobly** 副 **ignobleness** 名

ignominious[ignəmíniəs]下劣な;卑しむべき. **ignominy** 恥辱;不面目;恥ずべき行為. **ignominiously** 副

ignoramus[ignəréiməs]無学な人.

ignorant[ígnərənt]無知な;知らない. **ignorance** 名 **ignorantly** 副

ignore[ignɔ́:r]無視する;却下する.

iguana[igwá:nə]イグアナ.

IHS 人の世の救い主イエス〔< Iesus Hominum Salvator〕.

IJF 国際柔道連盟〔< International Judo Federation〕.

IL イリノイ州〔< Illinois〕;インターロイキン〔< interleukin〕.

ilk[ílk]同一の. of that ~ 同種の.

ill[íl]悪い;不吉な;病気の／悪く;不十分に／不幸;病苦;罪悪. ~ -advised 無分別な. ~ -bred 育ちの悪い. ~ -disposed 悪意のある. ~ -fated 不運な. ~ -favo(u)red 不快な;醜い. ~ -gotten 不正に得た. ~ -humo(u)red 不機嫌な. ~ -mannered 無作法な. ~ -natured 根性の悪い. ~ -omened 不吉な. ~ -starred 不運な. ~ -tempered 短気な;不機嫌な. ~ -timed タイミングの悪い. ~ -treat 虐待する. ~ -use 乱用する. ~ will 悪意;敵意.

I'll[áil] I will, I shall の短縮.

illegal[ilí:gəl]違法の. **illegality** 名 **illegally** 副

illegible[ilédʒəbl]読みにくい. **illegibly** 読みにくく.

illegitimate[ilidʒítəmət]違法な;私生の;私生児. **illegitimacy** 名

illiberal[ilíbərəl]けちな;心の狭い. **illiberality** 名

illicit[ilísit]不正な;禁制の. **illicitly** 副

illimitable[ilímitəbl]限りない. **illimitably** 副

illiterate[ilítərət]無学な;文盲の. **illiteracy** 名

illness[ílnis] 病気;不快.

illogical[ilɑ́dʒikəl]非論理的な. **illogically** 副

illuminate[ilú:məneit]照らす;イルミネーションをつける;明らかにする;啓発する. **illuminant** 照らす／発光体. **illumination** 照明;啓蒙. **illuminative** 明るくする;啓蒙的な.

illumine[ilú:min]照らす;啓発する.

illusion[ilú:ʒən]幻影;錯覚.

illusive, illusory[ilú:siv, səri]人を迷わせる.

illustrate[íləstreit]説明する;例証する;図解する,挿し絵を入れる. **illustrated** 挿し絵入りの. **illustrator** イラストレーター. **illustrious** 顕著な.

illustration[iləstréiʃən]挿し絵,イラスト;図解.

ILO 国際労働機関(国連)〔< International Labour Organization〕.

ILS 計器着陸装置〔< instrument landing system〕.

I'm[áim] I am の短縮.

image[ímidʒ]像,映像;偶像;印象;心象／を作る;映す;想像する. **imagery** 像;心象;比喩.

imagine[imædʒin]想像する;思う. **imaginable** 想像のできる. **imaginary** 想像上の. **imagination** 想像(力). **imaginative** 想像の,想像力に富む.

imago[iméigou]成虫.

imam[imáːm]〔イスラム教の〕導師.

imbalance[imbǽləns]不均衡.

imbecile[ímbəsil]低能な(人). **imbecility** 图

imbibe[imbáib]飲む；吸収する.

imbroglio[imbróuljou]紛糾ふんきゅう；複雑な筋.

imbrue[imbrúː](血などで)汚す.

imbue[imbjúː]染める；しみこます.

IMF 国際通貨基金(国連)〔< International Monetary Fund〕.

IMHO 私見では〔< in my humble opinion〕.

imitate[ímiteit]模造(偽造)する. **imitable** まねできる. **imitation** 模造(品)；まね. **imitative** 模倣の. **imitatively** 副 **imitator** 模倣者.

immaculate[imǽkjulət]清浄な；欠点のない.

immanent[ímənənt]内在の，宇宙遍在の. **immanence** 图 **immanently** 副

immaterial[imətíəriəl]非物質的な，無形の；重要でない. **immateriality** 图

immature[imətʃúər]未熟な. **immaturely** 副 **immaturity** 图

immeasurable[iméʒərəbl]果てしない. **immeasurably** 副

immediate[imíːdiət]直接の；即座の. **immediately** すぐさま；直接に. **immediacy** 直接性. **immediateness** 图

immemorial[iməmɔ́ːriəl]遠い昔の，太古の.

immense[iméns]巨大な，広大な；すばらしい. **immensely** 莫大に；とても. **immensity** 图

immerse[imɔ́ːrs]沈める；浸礼を施す. be immersed in に耽ふける. **immersion** 浸すこと；浸礼；熱中.

immigrate[íməgreit]移住する〔させる〕. **immigrant** 移民.

immigration[iməgréiʃən]移住；移民団.

imminent[ímənənt]切迫した. im-

minence 图

immobile[imóubəl]動かしにくい；静止した. **immobilizer** イモビライザー(車両固定装置). **immobility** 不動.

immoderate[imádərət]過度の；法外な. **immoderately** 副

immodest[imádist]不謹慎な，無遠慮な. **immodestly** 副 **immodesty** 图

immolate[íməleit]犠牲にする. **immolation** 图

immoral[imɔ́ːrəl]不道徳な；みだらな. **immorality** 图 **immorally** 副

immortal[imɔ́ːrtl]不朽の，不死の／不滅の人；(複) 神話の神々. **mortalize** 動 **immortality** 图

immovable[imúːvəbl]動かない；不変の；無感動の／不動産.

immune[imjúːn]免れた；免疫のある. **immunity** 免除；免疫；免税.

immunize, -ise[ímjunaiz]免疫性を与える. **immunization** 图

immure[imjúər]閉じこめる.

immutable[imjúːtəbl]不変の.

IMO 国際海事機関(国連)〔< International Maritime Organization〕.

IMP 惑星間調査衛星〔< interplanetary monitoring platform〕.

imp[ímp]小鬼；いたずらっ子.

impact[ímpækt]衝撃，衝突；影響.

impair[impéər]害する；損なう. asset impairment accounting 減損会計.

impale[impéil]突き刺す；くし刺し(の刑) にする. **impalement** 图

impalpable[impǽlpəbl]触知できない. **impalpably** 副

impart[impáːrt]与える；伝える.

impartial[impáːrʃəl]公平な. **impartiality** 图 **impartially** 副

impassable[impǽsəbl]通れない.

impasse[ímpæs]行き止まり.

impassible[impǽsəbl]無感覚な.

impassioned[impǽʃənd]感動的な；熱烈な.

impassive[impǽsiv]苦痛を感じな

I

い；冷淡な.

impatient[impéiʃənt]短気な；辛抱できない. **impatience** 名 **impatiently** 副

impeach[impíːtʃ]弾劾する；告訴する. **impeachment** 名

impeccable[impékəbl]欠点のない.

impecunious[impikjúːniəs]無一文の. **impecuniosity** 名

impedance[impíːdns]インピーダンス，交流における電気抵抗.

impede[impíːd]妨げる.

impediment[impédəmənt](言語)障害. **trade ~** 貿易障害.

impel[impél]推進する；強いる. **impellent** 形

impend[impénd]差し迫る. **impending** 切迫した.

impenetrable[impénətrəbl]突き通せない；見通せない；受けつけない.

impenitent[impénətənt]悔い改めない. **impenitence** 名 **impenitently** 副

imperative[impérətiv]命令的な；避けられない；緊急の；〔文法〕命令法(の). **imperatively** 副

imperceptible[impərséptəbl]感知できない，気付かないほどの. **imperceptibly** 副

imperfect[impə́ːrfikt]不完全な. **imperfection** 名 **imperfectly** 不完全に.

imperial[impíəriəl]帝国の；皇帝の. **imperialism** 帝国主義. **imperialist** 帝国主義者. **imperialistic** 帝国主義的な.

imperil[impérəl]危うくする.

imperious[impíəriəs]横柄な；緊急な.

imperishable[impériʃəbl]不滅の. **imperishably** 副

impermeable[impə́ːrmiəbl]しみ通らない.

impersonal[impə́ːrsənl]個人に関係ない，非個人的な；〔文法〕非人称の. **impersonally** 副

impersonate[impə́ːrsəneit]〔役を〕演じる；まねをする；体現する. **impersonator** 役者.

impertinent[impə́ːrtənənt]不適当な；生意気な. **impertinence** 名 **impertinently** 副

imperturbable[impərtə́ːrbəbl]冷静な. **imperturbably** 副

impervious[impə́ːrviəs]〔水などを〕通さない；感じない《to》.

impetigo[impətáigou]膿痂疹ᵈⁿ，とびひ.

impetuous[impétʃuəs]激しい；衝動的な. **impetuously** 激しく. **impetuosity** 名

impetus[ímpətəs]原動力；刺激，はずみ.

impiety[impáiəti]不信心；親不孝. **impious** 形 **impiously** 副

impinge[impíndʒ]突き当たる《on，against》；侵害する《on，upon》.

impish[ímpiʃ]小児のような，いたずら好きの.

implacable[implækəbl]和解しがたい，執念深い.

implant[implǽnt]植えつける；移植する；教え込む/〔皮膚・臓器の〕移植.

implausible[implɔ́ːzəbl]ありそうもない.

implement[ímpləmənt]道具(一式)/[-ment]履行する,実施する：果たす. **implementation** 履行，実施.

implicate[ímplikeit]巻き込む；連座させる；暗示する. **implication** 含蓄；かかわり合い；連座.

implicit[implísit]暗黙の；絶対の. **implicitly** 副

implore[implɔ́ːr]懇願する.

imply[implái]暗に意味する；暗示する. **implied** 暗示された. **impliedly** 副

impolite[ìmpəláit] 失礼な. **impolitely** 副 **impoliteness** 名

impolitic[impálətik] 愚かな.

imponderable[impándərəbl] 非常に軽い; 計り知れない.

import[impɔ́ːrt] 輸入する; 意味する; 重要である /[ímpɔːrt]（複）輸入（品）; 意味; 重要. **importable** 輸入のできる. **importation** 輸入（品） **importer** 輸入業者, 輸入国.

importance[impɔ́ːrtəns] 重要性.

important[impɔ́ːrtənt] 重要な; 尊大な. **importantly** 副

importunate[impɔ́ːrtʃunət] しつこい; 差し迫った. **importunately** 副

importune[impɔːrtʃúːn] しつこくせがむ. **importunity** 名

impose[impóuz] 課する; 押しつける;（だまして）つかませる. **imposing** 堂々たる.

imposition[impəzíʃən] 課すこと; 賦課; 詐欺; 負担, 重荷.

impossible[impásəbl] 不可能な, できない. **impossibility** 名

impost[ímpoust]（関）税.

impostor[impástər] 詐欺師.

imposture[impástʃər] 詐欺.

impotence[ímpətəns] 無力; 性的不能, インポ. **impotent** 形

impound[impáund] 囲いの中へ入れる; 押収する.

impoverish[impávəriʃ] 貧乏にする; 低下させる. **impoverishment** 貧乏.

impracticable[impræktikəbl] 実行不可能の; 実行に適さない.

impractical[impræktikəl] 実際的でない; 非現実的な.

imprecation[imprikéiʃən] 呪い. **imprecate** 動

impregnable[imprégnəbl] 難攻不落の; 動じない.

impregnate[imprégneit] 妊娠させる; 受精させる; 満たす; 吹き込む《with》.

impresario[imprəsáːriou]〔歌劇などの〕興行主; 主催者.

impress[imprés] 押す; 印象づける; 感銘させる /[ímpres] 刻印; 印象; 特徴. **impressible** 感じやすい.

impression[impréʃən] 印象; 感銘; 刻印; 印刷. **impressionable** 感じやすい. **impressionism** 印象主義. **impressionist** 印象主義者.

impressive[imprésiv] 印象的な; 感動的な. **impressively** 副

imprint[imprínt] 刻印する; 印象づける /[ímprint] 印, 痕跡; 奥付.

imprison[imprízn] 投獄する; 監禁する. **imprisonment** 名

improbable[imprábəbl] ありそうもない. **improbability** 名 **improbably** 副

impromptu[imprámptju:] 即席の〔に〕; 即興の〔に〕/ 即席演説〔演奏〕; 即興曲〔詩〕.

improper[imprápər] 不適当な; みだらな. **improperly** 副

impropriety[imprəpráiəti] 不適当; 不正.

improve[imprúːv] 改良する; 利用する / 良くなる. **improvement** 改良; 進歩. **improvable** 改良できる.

improvidence[imprávədəns] 先見の明のないこと; 軽率. **improvident** 形 **improvidently** 副

improvise[ímprəvaiz] 即席に作る〔演奏する〕. **improvisation** 即興（作品）.

impudence[ímpjudns] 生意気. **impudent** 形 **impudently** 副

impugn[impjúːn] 非難する. **impugnable** 非難することができる.

impulse[ímpʌls] 刺激; 衝動; 推進力;〔物理〕衝撃; 力積. **impulsion** 刺激; 衝動. **impulsive** 形 **impulsively** 副

impunity[impjúːnəti] 罰〔害・損失〕を免かれること. with ～ 罰を受けずに, 無事に.

I

impure[impjúər]不純な;汚い. **impurely** 副 **impureness** 名 **impurity** 不純;不潔.

impute[impjúːt]〔もの・人の〕せいにする. **imputation**〔罪を〕負わせること;非難;汚名. **imputable** 転嫁できる《to》.

IN インディアナ州《< Indiana》.

in[in, ən, 強 ín]…の中に〔で・の〕;に;…において;…で;…の状態で;…に属する /〔ín〕中に〔の〕, 内に〔の〕;在宅で;到着して;流行して /（複）与党. the ins and outs 与党と野党;曲折.

inability[inəbíləti]無能.

inaccessible[inəksésəbl]近づきにくい;得がたい. **inaccessibility** 名

inaccurate[inǽkjərit]不正確な;誤った. **inaccuracy** 名 **inaccurately** 副

inaction[inǽkʃən]何もしないこと;怠惰. **inactive** 活動的でない;怠惰な. **inactively** 副

inadequate[inǽdikwət]不十分な;不適当な. **inadequacy** 名 **inadequately** 副

inadmissible[inədmísəbl]許せない.

inadvertence[inədvə́ːrtns]不注意;手落ち. **inadvertent** 形 **inadvertently** 副

inadvisable[inədváizəbl]勧められない;賢明でない.

inalienable[inéiljənəbl]譲渡できない.

inalterable[inɔ́ːltərəbl]変更できない, 不変の.

inane[inéin]意味のない;空しい;愚かな.

inanimate[inǽnəmət]生命のない;活気のない.

inanition[inəníʃən]空虚;栄養失調.

inanity[inǽnəti]空虚;無意味.

inapplicable[inǽplikəbl]適用〔応用〕できない.

inappreciable[inəpríːʃiəbl]微々たる.

inapprehensible[inæprihénsəbl]不可解な.

inappropriate[inəpróupriət]不適当な. **inappropriately** 副

inapt[inǽpt]不適当な;へたな. **inaptly** 副

inaptitude[inǽptətjuːd]不適当;不手際;へた.

inarticulate[inɑːrtíkjulət](発音の)はっきりしない;口のきけない. **inarticulately** 不明瞭に. **inarticulateness** 名

inartistic[inɑːrtístik]美的でない;無意味な.

inasmuch[inəzmʌ́tʃ]~ as …だから, …なので.

inattention[inəténʃən]不注意;怠慢;無愛想. **inattentive** 形 **inattentively** 副

inaudible[inɔ́ːdəbl]聞き取れない. **inaudibly** 副

inaugural[inɔ́ːgjurəl]就任の;開始の. ~ address 就任演説.

inaugurate[inɔ́ːgjureit]就任式を行う;就任させる;開始する. **inauguration** 就任(式);開業〔落成・開通・発会〕(式).

inauspicious[inɔːspíʃəs]不吉〔不運〕な. **inauspiciously** 副

in-between[inbitwíːn]仲介(者);中間者〔物〕/ 介在する.

inboard[inbɔːrd]船(機)内の〔に〕.

inborn[inbɔ́ːrn]生まれつきの.

inbred[inbréd]生来の;近親交配の.

inbreed[inbríːd]近親交配させる.

Inc. 株式会社《< incorporated》.

Inca[ínkə]インカ(人).

incalculable[inkǽlkjuləbl]無数の;当てにならない. **incalculably** 副

incandescence[inkəndésns]白熱. **incandescent** 形

incantation[inkæntéiʃən]まじない, 呪文.

incapable[inkéipəbl]…ができない, 能力がない《of》. **incapability** 無能.

incapacitate[inkəpǽsəteit]できなくさせる, 資格を奪う.

incapacity[inkəpǽsəti]無能, 無力; 失格.

incarcerate[inká:rsəreit]監禁する.

incarnate[inká:rnət]肉体を備えた; 化身させる; 具体化された / [inká:rnit]化身となる. **incarnation** 権化; 具体化.

incase[inkéis] = encase.

incautious[inkɔ́:ʃəs]不注意な. **incautiously** 副

incendiary[inséndieri]放火の; 扇動的な / 放火犯人; 扇動者. **incendiarism** 名

incense¹[ínsens]香(気) / [香を]焚く.

incense² 怒らせる.

incentive[inséntiv]刺激(的な); 誘因.

inception[insépʃən]発端.

incertitude[insə́:rtətjuːd]不確実.

incessant[insésnt]絶え間ない. **incessantly** 副

incest[ínsest]近親相姦.

inch[íntʃ]インチ(1フィートの1/12); 少量.

inchoate[inkóuət]始まったばかりの; 未熟な.

inchworm シャクトリムシ.

incidence[ínsədəns]発生(率); 影響(の範囲); [物理]投射.

incident[ínsədənt]起こりやすい; 投射の; 付随する / 出来事, 事件; 付随的なもの.

incidental[insədéntl]ありがちな; 偶然の; 二次的な / (複)雑費. **incidentally** 偶然に; ついでながら.

incinerate[insínəreit]焼いて灰にする. **incinerator** 焼却炉.

incipient[insípiənt]始まりの, 初期の. **incipience, incipiency** 名 **incipiently** 副

incise[insáiz]切開する; 刻む. **incision** 切り口; 切開.

incisive[insáisiv]鋭い; 辛辣な. **incisively** 副

incite[insáit]刺激する; 扇動する. **incitation, incitement** 名

incivility[insəvíləti]無作法(な行為).

Incl. …を含む, …内蔵の[< including].

inclement[inklémənt](天候が)きびしい; 険悪な. **inclemency** 名

inclination[inklənéiʃən]傾斜; 傾向; 性癖; 好み.

incline[inkláin]傾く[傾ける]; 傾向がある; …したい気にさせる / 傾斜, 坂. **inclined** 傾いた; …したい気がする; …の傾向がある.

inclose[inklóuz], **inclosure**[-klóuʒər] = enclose, enclosure.

include[inklúːd]含む; 勘定に入れる. **inclusion** 包含; 算入.

included[inklúːdid]囲まれた; 含まれた.

including[inklúːdiŋ]…を含む, 含めて.

inclusive[inklúːsiv][費用などが]すべて含んだ; [考慮などに]含めて. ～ **of** …を含めて. **inclusively** 包括して.

incognito[inkɑ́gniːtou]おしのびで[の]; 匿名で[の] / 変名(者); 匿名(者).

incognizant[inkɑ́gnəzənt]意識しない, 気付かない.

incoherent[inkouhíərənt]筋道の通らない, 矛盾した. **incoherence** 名

incombustible[inkəmbʌ́stəbl]不燃性の. **incombustibility** 名

income[ínkʌm]所得, (定期)収入. ～ **tax** 所得税.

incomer[ínkʌmər]新来者; 移住者.

incoming 入ってくる;生じる;到着の;〔潮が〕満ちてくる / 到着;入来;(通例複) 収入.

incommensurable[inkəménsərəbl] 比較できない;〔数学〕約分できない.

incommensurate[inkəménsərət] = incommensurable; つり合わない.

incommode[inkəmóud] 迷惑をかける, 困らせる. **incommodious** 不便な.

incommunicable [inkəmjú:nikəbl] 伝えられない.

incommunicado[inkəmju:niká:rdou] 外部との連絡を断たれた.

incommutable[inkəmjú:təbl] 交換できない;不変の.

incomparable[inkámpərəbl] 比較できない.

incompatible[inkəmpǽtəbl] 気が合わない;両立しない;矛盾の;〔コンピュータが〕非互換性の. **incompatibility** 名

incompetence[inkámpətəns], **incompetency**[-tənsi] 不適当;無資格, 無能力. **incompetent** 形 **incompetently** 副

incomplete[inkəmplí:t] 不完全な. **incompletely** 副

incomprehensible[inkəmprihénsəbl] 理解できない;不可能な《to》. **incomprehensibly** 副

inconceivable[inkənsí:vəbl] 想像のできない;思いもよらない. **inconceivably** 副

inconclusive[inkənklú:siv] 未決の;決定的でない. **inconclusively** 副

incongruous[inkáŋgruəs] 調和しない. **incongruously** 副 **incongruity** 不調和.

inconsequent[inkánsikwent] 一貫性のない;不合理な. **inconsequential** 取るに足らない;不合理な.

inconsiderable[inkənsídərəbl] 取るに足りない.

inconsiderate[inkənsídərət] 思いやりのない. **inconsiderately** 副

inconsistency[inkənsístənsi] 矛盾. **inconsistent** 一致しない, 矛盾した. **inconsistently** 副

inconsolable[inkənsóuləbl] 慰めようのない.

inconsonant[inkánsənənt] 不調和な. **inconsonance** 名

inconspicuous[inkənspíkjuəs] 目立たない. **inconspicuously** 副

inconstant[inkánstənt] 変わりやすい, 気まぐれな. **inconstantly** 副 **inconstancy** 名

incontestable[inkəntéstəbl] 明白な.

incontinent[inkántənənt] 抑制できない;失禁の. **incontinence** 名

incontrovertible [inkɑntrəvə́:rtəbl] 論争の余地のない.

inconvenience[inkənví:njəns] 不便 (にする). **inconvenient** 不便な, 都合の悪い. **inconveniently** 副

inconvertible[inkənvə́:rtəbl] 引き換えられない.

inconvincible[inkənvínsəbl] 納得せられない;わからずやの.

incorporate[inkɔ́:rpərət] 合体した;法人組織の /[inkɔ́:rpəreit] 合体する;編入する;法人組織とする;具体化する. **incorporation** 合併;法人 (組織), 会社.

incorporeal[inkɔ:rpɔ́:riəl] 実体のない;無体の(特許権など).

incorrect[inkərékt] 不正確な, まちがった;穏当でない. **incorrectly** 副 **incorrectness** 名

incorrigible[inkɔ́:ridʒəbl] 矯正できない(人).

incorruptible[inkərʌ́ptəbl] 腐敗しない;買収されない.

increase[inkrí:s] 増加する〔させる〕 /[ínkri:s] 増加, 増進. **increasingly**

ますます.

incredible[inkrédəbl]信じられない. **incredibly**信じられないほど.

incredulous[inkrédʒuləs]容易に信じない，疑い深い. **incredulity**名

increment[ínkrəmənt]増加；利益.

incriminate[inkríməneit]罪を着せる，有罪にする.

incrust[inkrʌst]外皮でおおう.

incubate[ínkjubeit]〔卵を〕かえす；もくろむ. **incubation**潜伏；孵卵. **incubator**孵卵器；保育器.

incubus[ínkjəbəs]夢魔；重荷.

inculcate[ínkʌlkeit, inkʌlkeit]教え込む. **inculcation**名

inculpate[inkʌlpeit]罪を負わせる；非難する.

incumbent[inkʌmbənt]義務としてかかる，責任がある《on, upon》；現職の／牧師；在職者. **incumbency**在職(期間).

incur[inkə́:r]こうむる，受ける，招く.

incurable[inkjúərəbl]不治の(病人).

incursion[inkə́:rʒən]侵入；急襲.

indebted[indétid]借金がある；恩がある.

indecent[indí:snt]下品な；みだらな；見苦しい；わいせつな. **indecency**名 **indecently**副

indecipherable[indisáifərəbl]判読できない.

indecision[indisíʒən]優柔不断.

indecisive[indisáisiv]決定的でない；優柔不断の；はっきりしない. **indecisively**副

indecorous[indékərəs]無作法な.

indeed[indí:d]実際に；まったく／ほんとうに!

indefatigable[indifǽtigəbl]疲れを知らない，根気ある.

indefeasible[indifí:zəbl]破棄できない，無効にできない.

indefensible[indifénsəbl]防御〔弁護〕できない.

indefinable[indifáinəbl]定義〔説明〕できない.

indefinite[indéfənit]漠然とした；決まってない；〔文法〕不定の. **indefinitely**副

indelible[indéləbl]消えない；いつまでも残る.

indelicate[indélikət]下品な；みだらな. **indelicately**副 **indelicacy**名

indemnify[indémnəfai]補償する；保障する；免責する. **indemnification**名 **indemnity**損害賠償(金)；赦免.

indent¹[indént]ぎざぎざを付ける.

indent²[indént]へこませる；刻印する. **indentation**刻み目(を付けること)，ぎざぎざ. **indention**初行の字下がり.

indenture[indéntʃər]契約書；刻み目／年季奉公させる.

independence[indipéndəns]独立. **Independence Day**《米》独立記念日(7月4日).

independent[indipéndənt]独自の；たよらない. **independently**副

indescribable[indiskráibəbl]言葉で言い表せない，筆舌に尽くしがたい. **indescribably**副

indestructible[indistrʌktəbl]壊すことのできない，不滅の.

indeterminable[inditə́:rmənəbl]決定〔確定〕できない.

indeterminate[inditə́:rmənət]漠然とした；未解決の. **indeterminately**副 **indetermination**名

index[índeks]索引；人差し指；指数；指標／索引を付ける. ～ **finger**人差し指.

India[índiə]インド. ～ **rubber**消しゴム.

Indian[índiən]インド(人)の；インディアンの／インド人；インディアン. ～ **corn**トウモロコシ. ～ **summer**小春日和.

indicate[índikeit]指し示す；簡単に

述べる. **indication** 指示；徴候；（計器の）示度（数）. **indicative** 指示する；〔文法〕直説法（の）. **indicator** 支持者；指示薬；表示器.

indices[índəsiz] index の複数.

indict[indáit] 起訴する. **indictment** 起訴（状）.

indie[índi] 〔レコード・映画などの〕独立プロダクション／個人経営の.

indifferent[indífərənt] 無関心の；公平な；無頓着な；どうでもよい；取り柄のない. **indifference** 名 **indifferently** 副

indigence[índidʒəns] 貧困, 困窮. **indigent** 形

indigenous[indídʒənəs] 土着の；生まれつきの.

indigestible[indidʒéstəbl, -dai-] 不消化の；理解しにくい.

indigestion[indidʒéstʃən, -dai-] 不消化, 消化不良. **indigestive** 形

indignant[indígnənt] 憤慨している. **indignantly** 副 **indignation** 名

indignity[indígnəti] 侮辱, 冷遇.

indigo[índigou] 藍（色）.

indirect[indərékt] まっすぐでない；間接の. **indirectly** 副 **indirection** 間接的手段；不正.

indiscernible[indisə́:rnəbl] 識別できない, 見分けられない.

indiscipline[indísəplin] 不規律, 訓練の欠如.

indiscreet[indiskrí:t] 分別のない；軽率な. **indiscreetly** 副 **indiscretion** 名

indiscrete[indiskrí:t] (部分に) 分かれていない；均質の.

indiscriminate[indiskrímənət] 差別のない；乱雑な. **indiscrimination** 無差別. **indiscriminately** 副

indispensable[indispénsəbl] 必要な, 欠くことのできない；余儀ない. **indispensably** 必ず.

indispose[indispóuz] 不向きにする；する気をなくさせる. **indisposed** 気分が悪い. **indisposition** 不快；気分が悪いこと.

indisputable[indispjú:təbl] 論議の余地なし, 明白な. **indisputably** 副

indissoluble[indisáljubl] 溶解〔分離〕できない；不変の.

indistinct[indistíŋkt] はっきりしない. **indistinctly** ぼんやりと.

indistinguishable[indistíŋgwiʃəbl] 見分けのつかない.

indite[indáit] 〔演説・文言・詩などを〕書く.

individual[indəvídʒuəl] 個々の；単一の／個人；個体；人. **individualism** 個人主義. **individuality** 人格；個性. **individualize** 個性を与える；個々に区別する〔扱う〕. **individually** 個々に；特徴的に.

indivisible[indəvízəbl] 分割できない.

indoctrinate[indáktrəneit] 教え込む, 吹き込む.

Indo-European[índoujuərəpí:ən] インド・ヨーロッパ語族の.

indolence[índələns] 怠惰. **indolent** 形 **indolently** 副

indomitable[indámətəbl] 不屈の.

Indonesia[indəní:ʒə] インドネシア（共和国）(Republic of Indonesia).

Indonesian[indəní:ʒən] インドネシア（人・語）の／インドネシア人〔語〕.

indoor[índɔ:r] 屋内の. **indoors** 屋内で〔に〕.

indorse[indɔ́:rs] = endorse.

indraft, indraught[índræft] 吸入, 流入；引き込むこと.

indrawn[índrɔ:n] 吸い込んだ；内省的な.

indubitable[indjú:bətəbl] 疑いない, 明らかな. **indubitably** 副

induce[indjú:s] 誘う；勧めて…させる；ひき起こす；帰納する. **inducement** 刺激；動機.

induct[indʌ́kt] 導く；就任させる；伝授する. **induction** 誘導；帰納；

就任式. **inductive**〔電気〕誘導性の；帰納的な.

indulge[indΛldʒ]甘やかす；満足させる；ふける. **indulgence** 気まま，耽溺；甘やかし；免罪. **indulgent** 甘やかす；寛大な. **indulgently** 副

indurate[índjureit]固くする〔なる〕；無感覚にする〔なる〕.

industrial[indΛstriəl]産業の，工業の. ～ **estate** 工業団地. ～ **relations** 労資関係(管理). **industrialism** 産業〔工業〕主義. **industrialist** 企業経営者；実業家.

industrialize, -ise[indΛstriəlaiz]産業〔工業〕化する.

industrious[indΛstriəs]勤勉な. **industriously** 副

industry[índəstri]勤勉；工業；産業.

indwell[indwél]内在する.

inebriate[iní:brieit]酔わせる／[iní:briət]酔った；大酒飲み. **inebriation, inebriety** 酔うこと.

inedible[inédəbl]食用に適さない.

ineffable[inéfəbl]言い表せない；口にすべきでない. **ineffably** 副

ineffective[iniféktiv]効果のない；無能な. **ineffectively** 副

ineffectual[iniféktʃuəl]無力な；効果のない.

inefficacious[inefikéiʃəs]効果のない. **inefficacy** 名

inefficient[inifíʃənt]非能率的な；無能な. **inefficiencey** 名 **inefficiently** 副

inelastic[inilǽstik]弾力(性)のない. **inelasticity** 名

ineligible[inélidʒəbl]選ばれる資格のない. **ineligibility** 名

ineluctable[inilΛktəbl]避けられない.

inept[inépt]不適当な；愚かな. **ineptly** 副 **ineptitude** 名

inequality[inikwáləti]不(平)等；凹凸，起伏；不定；〔数学〕不等式.

inequity[inékwəti]不公平. **inequitable** 形

ineradicable[inirǽdikəbl]根絶できない.

inert[iná:rt]不活発な；自動力のない；活動力のない. **inertly** 副

inertia[iná:rʃə]不活発；惰性.

inescapable[inəskéipəbl]避けられない.

inessential[inisénʃəl]重要でない(もの)，本質的でない(もの).

inestimable[inéstəməbl]この上もなく大きい；計り知れない. **inestimably** 副

inevitable[inévətəbl]避けられない，必然の. **inevitably** 副

inexact[inigzǽkt]不正確な. **inexactly** 副 **inexactness** 名

inexcusable[inikskjú:zəbl]言い訳の立たない；許せない.

inexhaustible[inigzɔ́:stəbl]無尽蔵の；根気のよい.

inexorable[inéksərəbl]情け容赦のない.

inexpedient[inikspí:diənt]不便な.

inexpensive[inikspénsiv]費用のかからない.

inexperience[inikspíəriəns]未経験. **inexperienced** 未熟な.

inexpert[inékspə:rt]未熟な.

inexplicable[inéksplikəbl]説明できない. **inexplicably** 不可解にも，どういうわけか.

inexplicit[inikksplísit]はっきりしない.

inexpressible[inikksprésəbl]言い表せない.

inexpressive[inikksprésiv]無表情の.

inextricable[inékstrikəbl]解決できない.

INF 中距離核戦力〔＜ intermediate (-range) nuclear forces〕.

infallible[infǽləbl]誤りのない；絶対に確かな. **infallibility** 名 **infal-**

libly 副

infamous[ínfəməs] 悪名の高い；ひどい.

infamy[ínfəmi] 汚名；破廉恥（な行為）.

infancy[ínfənsi] 幼少（時代）；未成年.

infant[ínfənt] 幼児；未成年者／幼児の. ～ **seat** チャイルド・シート.

infanticide[infǽntəsaid] 幼児殺し.

infantile[ínfəntail] 幼児の；子供らしい. ～ **paralysis**（旧）小児まひ（=poliomyelitis, 略 polio）.

infantry[ínfəntri]〔集合的〕歩兵（隊）.

infatuate[infǽtʃueit] 熱中させる. **infatuation** 名

infeasible[infíːzəbl] 実行不可能な.

infect[infékt] 感染させる；感化する. **infection** 伝染（病）；感染；汚染；感化. **infectious** 伝染性の.

infelicity[infəlísəti] 不幸；不適当. **infelicitous** 形

infer[infɔ́ːr] 推論する；暗示する. **inferable** 推論できる. **inference** 推論；結論. **inferential** 推理上の.

inferior[infíəriər] 劣る；下位の／下級者.

inferiority[infiəriɔ́ːrəti] 下級；劣等. ～ **complex** 劣等感.

infernal[infɔ́ːrnl] 地獄の；極悪非道の. **infernally** 非道にも；《話》ひどく.

inferno[infɔ́ːrnou] 地獄（のような場所）.

infertile[infɔ́ːrtl, -tail] 不毛の.

infest[infést] 荒らす；はびこる. **infestation** 出没；横行；侵略；荒らすこと.

infidel[ínfidəl] 無信仰の／不信心者；異教徒. **infidelity** 不信心；不貞.

infield[ínfiːld]〔野球〕内野. ～ **fly** 内野フライ. **infielder** 内野手.

infighting[ínfaitiŋ] 接近戦；内部抗争.

infiltrate[infíltreit, ínfiltreit] 浸透する〔させる〕；潜入する〔させる〕《into, through》

infinite[ínfənət] 無限の；莫大な；〔文法〕不定の／無限のもの；無限；神. **infinitely** 副

infinitesimal[infinətésəməl] 無限小の；とても少ない.

infinitive[infínətiv]〔文法〕不定詞（の）.

infinitude[infínətjuːd] 無限（の量）.

infinity[infínəti] 無限（性）；無限大.

infirm[infɔ́ːrm] 弱い；優柔不断な. **infirmly** 副 **infirmity** 虚弱；病気.

infirmary[infɔ́ːrməri] 病院.

inflame[infléim] 燃やす〔燃える〕；憤激させる〔する〕；炎症を起こさせる〔起こす〕. **inflammation** 発火；炎症.

inflammable[inflǽməbl] 可燃性の；怒りやすい.

inflammatory[inflǽmətɔːri] 怒りをかき立てる；刺激的な；炎症（性）の.

inflatable[infléitəbl] 膨らませることができる；膨張性の.

inflate[infléit] 膨張させる；〔物価などを〕つり上げる；得意がらせる.

inflation[infléiʃən] 膨張；通貨膨張, インフレ. **inflationary** インフレの.

inflect[inflékt] 屈曲〔語尾変化〕させる；抑揚をつける. **inflection** 名 **inflectional** 形

inflexible[infléksəbl] 曲げられない；柔軟性がない；頑固な.

inflexion[inflékʃən] = inflection.

inflict[inflíkt]〔苦痛を〕与える；〔罰などを〕科する. **infliction** 名

inflorescence[inflɔːrésns] 開花；〔集合的に〕花.

inflow[ínflou] 流入（物）.

influence[ínfluəns] 影響（力）；感化力；勢力；〔電気〕誘導／影響を及ぼす；感化する；左右する.

influential[influénʃəl]影響を及ぼす.

influenza[influénzə]インフルエンザ, 感冒, 風邪(= flu).

influx[ínflʌks]流入；殺到；河口.

info[ínfou] = information. ~ technology 情報技術〔略 IT〕.

inform[infɔ́ːrm]知らせる；活気づける / 通知する；密告する. **informant** 通知者；密告者；言語資料提供者. **informative** 有益な；知識を与える. **informer** 告発者；密告者.

informal[infɔ́ːrməl]非公式の, 略式の. **informality** 名 **informally** 副

information[infərméiʃən]通知；情報；知識；告訴. ~ desk 案内所；受付. ~ technology 情報工学.

informed[infɔ́ːrmd]知識のある. ~ consent インフォームド・コンセント（手術や治療を受ける際の告知に基づく同意）, 納得診療.

infraction[infrǽkʃən]違反.

infrared[infrəréd]赤外線の.

infrastructure[ínfrʌstrʌktʃə]基幹施設, インフラ(道路・鉄道など)；〔組織などの〕下部構造.

infrequent[infríːkwənt] まれ な. **infrequently** 副

infringe[infríndʒ]破る；侵害する. **infringement** 名

infuriate[infjúərieit]激怒させる. **infuriating** ひどく腹立たしい.

infuse[infjúːz]注ぐ；吹き込む；煎じる. **infusion** 注入；鼓吹.

infusible[infjúːzəbl]溶解しない.

ingenious[indʒíːnjəs]巧妙な；器用な；発明の才ある.

ingenue[ǽnʒenjuː]無邪気な娘(を演じる女優).

ingenuity[indʒənjúːəti]巧妙；精巧；発明の才.

ingenuous[indʒénjuəs]率直な；無邪気な. **ingenuously** 副

ingest[indʒést]〔食物などを〕摂取する, 吸収する.

ingot[íŋɡət]鋳塊 , インゴット.

ingrain[ingréin]しっかりしみ込ませる；植えつける / 刻まれた；深くしみ込んだ. **ingrained** 刻まれた；深くしみ込んだ.

ingrate[íŋgreit, ingréit]恩知らず.

ingratiate[ingréiʃieit]取り入る, 迎合する. ~ oneself with …に取り入る.

ingratitude[ingrǽtətjuːd]恩知らず；忘恩.

ingredient[ingríːdiənt]成分.

ingress[íŋgres]入場(権)；入口.

ingrowing[íŋgrouiŋ]内に向かって伸びる、〔爪などが〕肉に食い込む.

inhabit[inhǽbit]住む. **inhabitable** 住める. **inhabitant** 住人.

inhale[inhéil]吸入する. **inhaler** 吸入者〔器〕.

inharmonious[inhɑːrmóuniəs]不調和な.

inhere[inhíər]備わる；属する.

inherent[inhíərənt]固有の, 生来の. **inherence** 名

inherit[inhérit]相続する；遺伝する. **inheritable** 相続できる. **inheritance** 遺産；相続；遺伝. **inheritor** 相続人.

inhibit[inhíbit]抑制する；禁止する. **inhibited** 抑制された；内気な. **inhibition** 名

inhospitable[inhɑ́spitəbl]愛想のない, 不親切な；荒れ果てた. **inhospitably** 副

inhospitality[inhɑspətǽləti]無愛想；冷遇.

in-house[ínhaus]組織内の；社内の. ~ party 社内パーティー.

inhuman[inhjúːmən]冷酷な；非人間的な.

inhumanity[inhjuːmǽnəti]残忍；(複) 非人道的な行為.

inimical[inímikəl]敵意のある；有害な.

inimitable[inímətəbl]まねのできない.

I

iniquitous[iníkwətəs] 不正な. **iniquity** 名

initial[iníʃəl] 最初の；頭文字(の)；(複) 姓名の頭文字. **initially** 最初に；冒頭に.

initiate[iníʃieit] 始める；手ほどきする；加入させる. **initiation** 加入, 入会(などの儀式). **initiator** 創始者；発起人.

initiative[iníʃiətiv] 手始めの / 率先；進取の気性；発議権；先制. take the ～ 率先する.

inject[indʒékt] 注射する；さしはさむ. **injection** 注射.

injudicious[indʒ:udíʃəs] 分別のない.

injunction[indʒʌ́ŋkʃən] 禁止命令, 命令.

injure[índʒər] 傷つける；〔感情などを〕害する. **injured** 傷ついた；害された. **injurious** 有害な. **injuriously** 副

injury[índʒəri] けが, 障害；侮辱.

injustice[indʒʌ́stis] 不公正, 不正.

ink[íŋk] インク(をつける) / 署名する. **inky** インクで汚れた〔書かれた〕；黒い.

inkling[íŋkliŋ] 暗示；薄々感づくこと.

inkstand インクスタンド.

inlaid[ínleid] inlay の過去・過去分詞 / ちりばめた.

inland[ínlənd] 内陸(の・へ)；奥地(の・へ). ～ sea 内海.

in-law[ínlɔ:] (通例複) 姻戚.

inlay[ínlei, inléi] ちりばめる；象眼する /[ínlei] 象眼細工〔模様〕.

inlet[ínlet] 入江；入口；象眼物.

inmate[ínmeit] 家人；同居人；収容者.

inmost[ínmoust] 最も奥の；胸に秘めた.

inn[ín] 居酒屋；宿屋.

innate[inéit] 生来の. **innately** 副

inner[ínər] 内部の；精神の. ～ city 都市の旧市街地区, スラム街.

inning[íniŋ] 回；在職期間；全盛期.

innocent[ínəsənt] 無邪気な(人)；無罪の(人)；無害の / お人よし, ばか. **innocently** 副 **innocence** 名

innocuous[inákjuəs] 無害の. **innocuously** 副

innominate[inámənət] 無名の；匿名の.

innovate[ínəveit] 革新する, 刷新する. **innovator** 改革者.

innovation[inəvéiʃən] 革新.

innuendo[injuéndou] 風刺, 当てこすり.

innumerable[injú:mərəbl] 無数の.

inoculate[inákjuleit] 予防接種する；〔思想などを〕吹き込む. **inoculation** 名

inoffensive[inəfénsiv] 害にならない；悪気のない.

inopportune[inapərtjú:n] 折りの悪い. **inopportunely** 副

inordinate[inɔ́:rdənət] 過度の, 不節制な. **inordinately** 副

inorganic[inɔ:rgǽnik] 無機の. ～ chemistry 無機化学.

inpatient[ínpeiʃənt] 入院患者.

input[ínput] 入力する.

inquest[ínkwest] 審問, 審理；検死.

inquietude[inkwáiətju:d] 不安.

inquire[inkwáiər] 尋ねる；調査する. **inquiring** 聞きたがる. **inquiringly** 副

inquiry[inkwáiəri] 質問；照会；調査.

inquisition[inkwəzíʃən] 調査；尋問, 審問；(the I-) 宗教裁判(所). **inquisitor** 尋問者；宗教裁判官.

inquisitive[inkwízətiv] 好奇心が強い, 知りたがる. **inquisitively** 副

INRI ユダヤの王, ナザレのイエス〔<《L》Iesus Nazarenus, Rex Iudaeorum〕.

inroad[ínroud] 侵入；侵害.

inrush[ínrʌʃ] 突入.

INS 高度情報通信システム〔< Information Network System〕；慣性航法システム〔< inertial navigation system〕.

insalubrious[insəlú:briəs]健康に悪い.

insane[inséin]狂気の；非常識な. **insanely** 発狂して. **insanity** 精神異常.

insanitary[insǽnəteri]不衛生な.

insatiable[inséiʃəbl]貪欲な. **insatiably** 副

inscribe[inskráib]記入する；刻む；銘記する；贈る；〔数学〕内接させる.

inscription[inskrípʃən]銘；碑文.

inscrutable[inskrú:təbl]計り知れない；不思議な.

insect[ínsekt]虫，昆虫.

insecticide[inséktəsaid]殺虫(剤).

insecure[insikjúər]安全でない；不安な. **insecurely** 副 **insecurity** 名

inseminate[inséməneit]〔種を〕まく；授精〔妊娠〕させる. **insemination** 名 **artificial insemination** 人工授精.

insensate[insénseit]感覚のない.

insensible[insénsəbl]無感覚な；無神経な；目に見えないほどの. **insensibility** 名

insensitive[insénsətiv]鈍感な；無感覚な.

insentient[insénʃiənt]無感覚な；生命のない.

inseparable[insépərəbl]分離できない.

insert[insə́:rt]挿入する /[ínsə:rt]挿入物；折り込み(広告). **insertion** 挿入；折り込み広告.

in-service[insə́:rvis]現職の.

inset[ínset]挿入(する).

inshore[ínʃɔ:r]海岸近くの.

inside[ínsaid]内部(に)；内側(に)；(複)腹.

insider[insáidər]内情を知っている人. ～ **trading**〔**dealing**〕インサイダ

一取引(内部情報を利用した取引).

insidious[insídiəs]ずるい；陰険な. **insidiously** 副

insight[ínsait]洞察(力)；見識.

insignia[insígniə]記章，勲章；〔一般的に〕しるし.

insignificant[insignífikənt]無意味な；重要でない. **insignificance** 名 **insignificantly** 副

insincere[insinsíər]誠意のない；偽善的な. **insincerity** 名 **insincerely** 副

insinuate[insínjueit]巧みに植えつける〔取り入る〕；ほのめかす. **insinuating** ごきげん取りの；当てこすりの. **insinuatingly** 副 **insinuation** 名

insipid[insípid]風味のない；気力〔興味〕のない. **insipidity** 名

insist[insíst]強いる；主張する《on》. **insistence** 強要；主張；固執. **insistent** 主張する；目立つ；しつこい.

insofar[insəfɑ́:r] ～ as …する限り.

insolence[ínsələns]横柄. **insolent** 形

insoluble[insáljubl]溶けない；解決できない.

insolvent[insálvənt]支払い不能の，破産した(人). **insolvency** 名

insomnia[insámniə]不眠症.

insomuch[insəmʌ́tʃ]…の程度まで，…ほどに《as, that》.

insouciance[insú:siəns]無頓着. **insouciant** 形

inspect[inspékt]検査する；視察する. **inspector** 検査者；警部. **inspection** 名

inspiration[inspəréiʃən]息を吸うこと；霊感，妙案；鼓舞. **inspirational** 霊感の；感動を与えるような.

inspire[inspáiər]吹き込む；霊感を与える；鼓舞する /息を吸う. **inspiring** 鼓舞する.

instability[instəbíləti]不安定；移り気.

install[instɔ́:l]据えつける；座らせる；

就任させる；〔ソフトを〕インストールする. **installation** 名

installment, 《英》instalment
[instɔ́:lmənt] 分割払い金；1回分.

instance [ínstəns] 場合；例；訴訟(手続). at the ～ of …の勧めで. for ～ たとえば.

instant [ínstənt] 緊急の；今月の；即時の／瞬間；即時. **instantly** ただちに.

instantaneous [instəntéiniəs] 即時の；同時の.

instead [instéd] その代わりに《of》.

instep [ínstep] 〔足・靴・靴下の〕甲.

instigate [ínstəgeit] 扇動する. **instigation** 名 **instigator** 扇動者.

instill, 《英》instil [instíl] したらす；徐々にしみ込ませる. **instillation** 点滴；教え込むこと.

instinct [ínstiŋkt] 本能；天性. **instinctive** 本能的な. **instinctively** 副

institute [ínstətju:t] 協会, 学会；会館；大学；原理；組織／設立する；制定する；始める；任命する.

institution [instətjú:ʃən] 設立；設定；慣例；制度；会, 学会；公共機関；《俗》名物. **institutional** 制度上の.

institutionalize, -ise [instətjú:-ʃənəlaiz] 制度化する；組織化する.

instruct [instrʌ́kt] 教える；指図する.

instruction [instrʌ́kʃən] 教育, 教授；(複) 指図, 命令. **instructional** 形 **instructive** 教育上の. **instructor** 教師, 教官.

instrument [ínstrəmənt] 器具；楽器；手段；証書.

instrumental [instrəméntl] 器具の；楽器の；手段となる. **instrumentalist** 楽器奏者. **instrumentality** 手段, 助け.

instrumentation [instrəmentéiʃən] 計装；計測器；計器化；計器による運転.

insubordinate [insəbɔ́:rdənət] 反抗的な(人).

insufferable [insʌ́fərəbl] 耐えられない.

insufficient [insəfíʃənt] 不十分な；不適当な. **insufficiency** 名 **insufficiently** 副

insufflate [insʌ́fleit] 吹き込む，吹き入れる.

insular [ínsələr] 島国(根性) の；偏狭な. **insularism** 島国根性；偏狭性. **insularity** 名

insulate [ínsəleit] 隔離する，孤立させる；〔電気〕絶縁する. **insulation** 名 **insulator** 隔離者〔物〕；絶縁体.

insulin [ínsəlin] インシュリン.

insult [insʌ́lt] 侮辱(する). **insulting** 無礼な.

insuperable [insú:pərəbl] 打ち勝てない.

insupportable [insəpɔ́:rtəbl] 耐えられない.

insurance [inʃúərəns] 保険(料・契約).

insure [inʃúər] 保証する；保険をかける.

insured [inʃúərd] 被保険者.

insurer [inʃúərər] 保険会社〔業者〕.

insurgency [insɔ́:rdʒənsi] 反乱；暴動.

insurgent [insɔ́:rdʒənt] 反乱を起こした／反乱者；《米》反抗分子.

insurmountable [insərmáuntəbl] 打ち勝てない.

insurrection [insərékʃən] 反乱, 暴動. **insurrectional, insurrectionary** 反乱の.

insusceptible [insəséptəbl] 無感覚の；動かされない.

intact [intǽkt] 損なわれない；完全な.

intake [ínteik] 取り入れ口〔量〕.

intangible [intǽndʒəbl] 触れることのできない；不可解な.

integer [íntidʒər] 完全なもの；整数.

integral[íntigrəl] 完全(な); 必要な; 整数の; 積分(の). ~ **calculus** 積分学.

integrate[íntəgreit] 統合する; 積分する / 人種差別をしない. **integration** 名

integrity[intégrəti] 正直; 完全.

integument[intégjumənt] 外皮.

intellect[íntəlekt] 知力, 知能; 知的(な人).

intellectual[intəléktʃuəl] 知力の; 知的な / 知識人. **intellectually** 副

intelligence[intélədʒəns] 知能; 聡明; 通信; 情報(機関). ~ **quotient** 知能指数〔IQ〕. **human** ~ ヒューミント.

intelligent[intélədʒənt] 知能の高い, 聡明な. **intelligently** 副

intelligentsia, intelligentzia[intelədʒéntsiə] (the ~) 知識階級.

intelligible[intélədʒəbl] 分かりやすい. **intelligibly** 副

intemperance[intémpərəns] 不摂生; 暴飲; 過激. **intemperate**[-pərit] 形

intend[inténd] …するつもりである, 企てる.

intended[inténdid] 故意の, 意図された; 未来の.

intense[inténs] 激しい; 熱心な. **intensely** 副

intensify[inténsəfai] 強める; 増大する.

intension[inténʃən] 強度; 緊張.

intensity[inténsəti] 強さ.

intensive[inténsiv] 強い; 激しい; 集中的な; 〔文法〕強意の. ~ **care unit** 集中治療室〔略 ICU〕.

intent[intént] 意図; 趣旨 / 集中した; 熱心な. **intently** 副

intention[inténʃən] 意志; 意味.

intentional[inténʃənl] 意図的な. ~ **walk** 敬遠. **intentionally** 副

inter[intə́ːr] 埋葬する.

interact[intərǽkt] 相互に作用する.

interaction 相互作用. **interactive** 対話式の; 双方向の.

interbreed[intərbríːd] 異種交配させる〔する〕.

intercalary[intáːrkəleri] 閏³⁶(年)の; 挿入した.

intercede[intərsíːd] 仲裁する. **intercession** 名

intercept[intərsépt] さえぎる; 横取りする; 〔ミサイルなどを〕迎撃する. **interception** 名 **interceptor** 妨害者; 迎撃戦闘機.

intercession[intərséʃən] とりなし, 仲裁.

interchange[intərtʃéindʒ] 交換(する); 交替(させる); 複式立体交差点. **interchangeable** 交換のできる; 交替する.

intercollegiate[intərkəlíːdʒiət] 大学間(対抗)の.

intercommunication[intərkəmjuːnəkéiʃən] 相互交通; 連絡.

intercontinental[intərkantənéntl] 大陸間の.

intercourse[íntərkɔːrs] 性交; 《古》交際; 通商.

interdependent[intərdipéndənt] 相互依存の. **interdependence** 名

interdict[íntərdikt] 禁止; 破門 / [intərdíkt] 禁止する; 破門する. **interdiction** 禁止.

interdisciplinary[intərdísəplineri] 学際的な.

interest[íntərəst] 関心; 興味; 利益; 重要性; 利害関係; 権利; 株; 利子 / 興味を起こさせる; 関係させる.

interested[íntərəstid] 興味を持った, 関心のある; (利害)関係のある; 私心のある. **be ~ in** …に興味を持っている.

interesting[íntərəstiŋ] 興味を起こさせる; 面白い. **interestingly** 面白いことに.

interface[íntərfeis] (境)界面; 共通

領域 /〔異なるものを〕連結する.

interfere[ìntərfíər]衝突する;干渉する;妨害する. **interfering** 形 **interference** 名

interferon[ìntərfíərɑn]インターフェロン(抗ウイルス物質).

interfuse[ìntərfjúːz]浸透する;混ぜる〔混ざる〕.

intergalactic[ìntərgəlǽktik]銀河系間の.

interim[íntərəm]合間 / 仮の;中間の.

interior[intíəriər]内部(の);内地(の).

interject[ìntərdʒékt]不意にさしはさむ. **interjection** 感嘆;〔文法〕間投詞, 感嘆詞.

interlace[ìntərléis]組み合わせる;織り混ぜる〔混ざる〕.

interlard[ìntərlɑ́ːrd]〔変化をつけるために〕混ぜる.

interleukin[ìntərlúːkin]インターロイキン.

interline[ìntərláin]行間に書く. **interlinear** 形

interlining[íntərlàiniŋ]〔服の〕芯地.

interlock[ìntərlɑ́k]抱き合う〔合わせる〕;つなぎ合う〔合わせる〕.

interlocutor[ìntərlɑ́kjutər] 対話者.

interloper[íntərlòupər](不法)侵入者;でしゃばり. **interlope** 動

interlude[íntərlùːd]合間;エピソード;幕間(劇).

intermeddle[ìntərmédl]干渉する.

intermediary[ìntərmíːdieri]中間の;媒介の / 媒介者, 仲裁人.

intermediate[ìntərmíːdiət]中間の / 調停者. **intermediately** 副 **intermediation** 仲介. **disintermediation** 中抜き.

interminable[intə́ːrmənəbl]果てしない.

intermingle[ìntərmíŋgl]混ぜる〔ざる〕.

intermission[ìntərmíʃən]中止, 中断;休憩時間.

intermit[ìntərmít]一時中断する;断続する.

intermittent[ìntərmítnt]断続的な, 間欠的な. **intermittently** 副

intermix[ìntərmíks]混ぜる〔ざる〕. **intermixture** 混合(物).

intern ¹[íntəːrn]抑留する. **internment** 名

intern ²[íntəːrn](医学等)研修生(を勤める).

internal[intə́ːrnl]内部の;国内の;心の. ～ - combustion engine 内燃機関. **internally** 副

international[ìntərnǽʃənl]国際的な /(I-)インターナショナル(国際労働者同盟);国際的な団体;国際競技. ～ law 国際法. **internationalize** 国際的にする.

internecine[ìntərníːsiːn]共倒れの.

Internet[íntərnet]インターネット(国際コンピューターネットワーク).

interoffice[ìntərɔ́ːfis]各部局間の.

interpersonal[ìntərpə́ːrsənl]対人関係の.

interplay[íntərplei]相互作用.

Interpol[íntərpoul]国際警察機構.

interpolate[intə́ːrpəleit]〔語句などを〕挿入する;改ざんする.

interpose[ìntərpóuz]間に置く, さしはさむ / 間にはいる;仲裁する;干渉する. **interposition** 名

interpret[intə́ːrprit]解釈する;判断する;演出する / 通訳する. **interpreter** 通訳. **interpretation** 解釈;通訳;演出.

interracial[ìntərréiʃəl]人種間の.

interrelate[ìntərriléit]相互に関係づける〔関係する〕.

interrogate[intérəgeit]質問〔尋問〕する. **interrogation** 名

interrogative[ìntərɑ́gətiv]疑問の /〔文法〕疑問詞. **interrogatory** 質問〔尋問〕(の). **interrogatively** 副

interrupt[intərʌ́pt] 妨げる；じゃまする. **interrupted** さえぎられた. **interruption** 名

intersect[intərsékt] 横切る／交わる. **intersection** 交差(点)；〔数学〕交点.

intersession[íntərseʃən]〔二学期制の〕学期と学期の間.

interspace[íntərspeis] (物と物の)間；合間／[intərspéis] 間をあける；間を占める.

intersperse[intərspɘ́ːrs] まき散らす；点在させる. **interspersion** 散布；点在，散在.

interstate[intərstéit] 各州間の.

interstice[intɘ́ːrstis] すき間；割れ目.

intertwine[intərtwáin] からみ合わせる[合う].

interurban[intərɘ́ːrbən] 都市間の.

interval[íntərvəl] 間隔；休止時間. **at intervals** 時々.

intervene[intərvíːn] 間に入る；調停する；干渉する. **intervention** 調停；介入.

interview[íntərvjuː] 会見(する)；取材訪問(する)；面接(する)；会見談〔記事〕. **interviewee** インタビューされる人；面接を受ける人. **interviewer** インタビュアー；面接官.

interweave[intərwíːv] 織り混ぜる[ざる].

intestine[intéstin] 腸. **intestinal** 形

intimacy[íntəməsi] 親密(な行為)；《婉曲》情交.

intimate¹[íntəmət] 親しい；詳しい／親友. **intimately** 副

intimate²[íntəmeit] ほのめかす. **intimation** 名

intimidate[intímədeit] 脅迫する. **intimidation** 名

int'l 国家間の，国際の，海外の[< international].

into[íntə, -tu, 強 íntu] …の内へ，…に.

intolerable[intálərəbl] 耐えられない.

intolerably 副

intolerant[intálərənt] 狭量の；(ある成分を)受けつけない；耐えられない. **intolerance** 偏狭；過敏性.

intonation[intounéiʃən, -tə-] (音の)抑揚.

intone[intóun] 抑揚をつける；吟じる.

intoxicate[intáksikeit] 酔わせる；夢中にさせる. **intoxication** 酩酊；熱中. **intoxicant** 酔わせるもの；酒.

intractable[intræktəbl] 強情な，手に負えない；扱いにくい.

intransitive[intrænsitiv]〔文法〕自動詞の. ～ **verb** 自動詞.

intravenous[intrəvíːnəs] 静脈内の；点滴の／静脈注射.

intrepid[intrépid] 大胆な. **intrepidity** 名 **intrepidly** 副

intricate[íntrikət] 込み入った；複雑な. **intricately** 副 **intricacy** 名

intrigue[intríːg] 陰謀(を企てる)；密通(する)／興味をそそる. **intriguing** 興味をそそる，魅力のある；面白い.

intrinsic[intrínsik, -zik] 本質的な. **intrinsically** 本来，本質的に.

introduce[intrədjúːs] 紹介する；導〔輸〕入する；提出する；〔議案などを〕持ち出す；開始する；導く. **introducer** 紹介者；創始者；提出者.

introduction[intrədʌ́kʃən] 紹介；導入；提出；入門(書)；序曲. **introductory** 前置きの；紹介の.

introspection[intrəspékʃən] 内省. **introspective** 内省的な.

introvert[íntrəvəːrt] 内向的な人／内へ向ける.

intrude[intrúːd] 押しつける／でしゃばる；じゃまする. **intruder** 侵入者. **intrusion** 侵入；押しつけ. **intrusive** 形

intuition[intjuːíʃən] 直覚，直観. **intuitional** 形

intuitive[intjúːətiv] 直覚の，直観的な. **intuitively** 副

Inuit[ínjuːit] イヌイット(Eskimo).

inundate[ínəndeit] 水浸しにする；充満させる. **inundation** 洪水，浸水；充満.

inure[injúər] 慣らす / 役立つ；効力を生じる.

invade[invéid] 侵略する；襲う. **invader** 侵入者；侵略者.

invalid[1][ínvələd] 病人 / 病身の / [ínvəlíːd] 病弱にする〔なる〕. **invalidism** 病弱.

invalid[2][inválid] 役に立たない. **invalidate** 無効にする. **invalidity** 無効.

invaluable[inváljuəbl] 評価できない；貴重な.

invariable[invéəriəbl] 不変の. **invariably** 副

invasion[invéizən] 侵略；侵害；殺到.

invasive[invéisiv] 侵入する；侵略的な.

invective[invéktiv] 毒舌(の).

inveigh[invéi] 悪口を言う.

inveigle[invéigl] 誘惑する，だます.

invent[invént] 発明する；捏造する. **inventor** 発明者.

invention[invénʃən] 発明(の才)；捏造. **inventive** 発明の(才のある)；工夫に富む.

inventory[ínvəntɔːri] 商品目録；在庫 / 目録を作る〔記入する〕.

inverse[invə́ːrs, ínvəːrs] 反対の，逆の. **inversely** 副

inversion[invə́ːrʒən] 反対，逆；転倒. **corporate ~** 企業税退避.

invert[invə́ːrt] ひっくり返す，逆さにする；転化させる〔する〕. **inverted comma** 引用符(" ").

invertebrate[invə́ːrtəbrət] 無脊椎の(動物).

invest[invést] 投資する；授ける. **investor** 投資者.

investigate[invéstəgeit] 調査〔研究〕する. **investigation** 名 **investigative** 調査に携わる；調査好きの. **investigator** 研究者，調査者.

investiture[invéstətʃər] 授与(式).

investment[invéstmənt] 投資；投下資本；授与.

inveterate[invétərət] 根深い；習慣となった. **inveterately** 副 **inveteracy** 名

invidious[invídiəs] しゃくにさわる；不公平な.

invigilate[invídʒəleit] 試験監督をする.

invigorate[invígəreit] 元気をつける，鼓舞する. **invigorating** 元気づける；すがすがしい. **invigoration** 名

invincible[invínsəbl] 無敵の. **Invincible Armada** スペイン無敵艦隊(16世紀). **invincibly** 副

inviolable[inváiələbl] 犯すことのできない，神聖な. **inviolably** 副

inviolate[inváiələt] 犯されたことのない，神聖な，無垢の.

invisible[invízəbl] 目に見えない；隠れた. **invisibility** 名 **invisibly** 副

invitation[invətéiʃən] 招待(状).

invite[inváit] 招待する；引きつける；誘う；勧める. **inviting** 人目を引く；魅力的な.

invocation[invəkéiʃən] 祈願；呪文.

invoice[ínvɔis] 請求書(インボイス)；送り状(を作る).

invoke[invóuk] 祈り願う；〔霊などを〕呼び出す.

involuntary[inválənteri] 無意識の；不本意の. **~ manslaughter** 過失致死(罪). **involuntarily** 副

involute[ínvəluːt] 入り組んだ；内巻きの；らせん状の.

involution[invəlúːʃən] 内巻き；巻き込み；混乱，退化；〔医学〕退縮.

involve[inválv] 巻き込む；包む；含む；意味する. **involved** 巻き込まれた；打ち込んだ；入り組んだ. **involvement** かかわりあい；困った

こと；没頭.

invulnerable[invΛlnərəbl]傷つけることのできない.

inward[ínwərd]内の〔へ〕；心の〔で〕/(複) 腸；内臓. **inwardly** 内に；心の内で. **inwards** = inward.

I/O〔コンピュータ〕入出力〔< input/output〕.

IOC 国際オリンピック委員会〔< International Olympic Committee〕.

iodide[áiədaid]ヨウ化物.

iodine[áiədain]ヨウ素，ヨード.

iodoform[aióudəfɔːrm]ヨードホルム.

IOJ 国際ジャーナリスト機構〔< International Organization of Journalists〕.

IOM 国際移住機関〔< International Organization for Migration〕.

ion[áiən]イオン. **ionize** イオン化する，電離する.

ionosphere[aiánəsfiər]電離層.

IoT モノのインターネット〔< Internet of Things〕.

IOU 借用証書〔< I owe you〕.

IP インターネットプロトコル〔< Internet Protocol〕. ～ **address** IP アドレス.

iPS cell 人工多能性幹細胞〔< induced pluripotent stem cell〕.

IOW つまり〔< in other words〕.

IQ 知能指数〔< intelligence quotient〕.

IR 情報検索，情報回収〔< information retrieval〕.

Ir. アイルランド(の)〔< Ireland, Irish〕.

IRA アイルランド共和軍〔< Irish Republican Army〕.

Iran[irǽn]イラン(・イスラム共和国)(Islamic Republic of Iran).

Iranian[iréiniən]イラン(人・語)(の).

Iraq[irǽk]イラク(共和国)(Republic of Iraq).

Iraqi[irǽki]イラク(人・語)の/イラク人〔語〕. ～ **-Iranian War** イラン・イラク戦争.

irascible[irǽsəbl]短気な.

irate[airéit]怒った.

IRBM 中距離弾道ミサイル〔< inter-mediate-range ballistic missile〕.

IRC 国際赤十字〔< International Red Cross〕.

ire[áiər]怒り. **ireful** 形

Ireland[áiərlənd]アイルランド(Ireland)；アイルランド島(アイルランドと英国の北アイルランドからなる).

iridescence[irədésns]虹色, 玉虫色. **iridescent** 虹色の.

iridium[irídiəm]イリジウム.

iris[áiəris]〔眼球の〕虹彩膜；虹；アイリス.

Irish[áiəriʃ]アイルランド人(の). **Irishism** アイルランド風；アイルランド語法.

Irishman,-woman アイルランド人.

irk[ə́ːrk]うんざりさせる. **irksome** 退屈な.

iron[áiərn]鉄；鉄器；アイロン；(複) 足〔手〕かせ/鉄製の；鉄のように堅い/アイロンをかける；足〔手〕かせをはめる.

ironclad 装甲の.

ironic[airánik], **ironical**[airánikəl] 皮肉な；風刺的な. **ironically** 副

ironmonger 金物屋.

ironmongery 鉄器類.

ironstone 鉄鉱.

ironware 金物.

ironwork 鉄製品, (複) 製鉄所.

irony[áiərəni]反語；皮肉. **ironist** 皮肉屋.

irradiate[iréidieit]照らす；放射する；輝く. **irradiation** 発光；啓発.

irrational[irǽʃənl]理性のない；不合理な. **irrationally** 副

irreconcilable[irékənsailəbl]和解できない，調和しない.

irrecoverable[irikΛvərəbl]回復できない.

irredeemable[iridíːməbl]買い戻せない；救いようのない.

irreducible[iridjúːsəbl]これ以上削減〔単純化〕できない；〔数学〕既約の.

irrefutable[iréfjutəbl, irifjúː-]反駁できない.

irregular[irégjulər]不規則な，不正規の；ぞろいな；《米》生理不順の；便秘がちの/（複）不正規兵. **irregularity** 名 **irregularly** 副

irrelevant[iréləvənt]見当違いの. **irrelevancy** 名

irreligious[irilídʒəs]無宗教の；不信心の.

irremediable[irimíːdiəbl]不治の；矯正できない.

irreparable[irépərəbl]取り返しのつかない.

irreplaceable[iripléisəbl]取り替えられない.

irrepressible[iriprésəbl]抑制できない.

irreproachable[iripróutʃəbl]非難できない，申し分のない.

irresistible[irizístəbl]抵抗できない；抑えられない. **irresistibly** 副

irresolute[irézəluːt]判断力のない. **irresolutely** 副 **irresolution** 名

irrespective[irispéktiv]無関係の/…に関係なく《of》. **irrespectively** 副

irresponsible[irispánsəbl]無責任な. **irresponsibility** 名

irretrievable[iritríːvəbl]取り返しのつかない.

irreverence[irévərəns]不敬；非礼. **irreverent** 形

irreversible[irivəːrsəbl]逆転できない；変更不能の. **irreversibly** 副 **irreversibility** 名

irrevocable[irévəkəbl]呼び戻せない；取り消せない.

irrigate[írəgeit]灌漑かんする. **irrigable** 灌漑できる. **irrigation** 名

irritable[írətəbl]怒りっぽい；刺激に感じやすい.

irritant[írətənt]刺激する/刺激物〔薬〕.

irritate[írəteit]怒らせる，いらいらさせる；刺激する. **irritating** 形 **irritation** 名

irruption[irʌ́pʃən]突入；侵入.

IRS《米》内国歳入庁〔< Internal Revenue Service〕.

is[z, s, 強 iz]beの三人称・単数・現在形.

ISBN 国際標準図書番号〔< International Standard Book Number〕.

ISC 国際学術連合会議〔< International Science Council〕.

ISDN 総合デジタル通信網〔< Integrated Services Digital Network〕.

isinglass[áizinglæs]アイシングラス；雲母うんも.

Islam[islɑ́ːm, iz-]イスラム教〔教徒・教国〕. **Islamic** イスラム教(徒)の. **Islamism** イスラム教〔文化〕.

island[áilənd]島；〔道路の〕安全地帯. **islander** 島民.

isle[áil]《文》島.

-ism[-izm]主義・体系などの意味の抽象名詞を作る接尾辞.

isn't[íznt]is not の短縮.

ISO 国際標準化機構〔< International Organization for Standardization〕. ～ **film speed** 国際標準化機構に基づくフィルム感度.

isobar[áisəbɑːr]等圧線.

isolate[áisəleit]隔離〔分離〕する，孤立させる. **isolated** 隔離〔分離〕された；孤立した；単発的な.

isolation[aisəléiʃən]隔離，孤立；遮断. ～ **hospital** 隔離病院. **isolationism** 孤立主義. **isolationist** 孤立主義者.

isotherm[áisəθəːrm]等温線.

isotope[áisətoup]同位元素，アイソトープ；うりふたつの人.

ISP インターネットサービスプロバイダー〔< Internet Service Provider〕.

Israel[ízriəl]イスラエル(国) (State of Israel). 〔集合的〕イスラエル人，

ユダヤ人.

IS イスラム国〔< Isramic State〕.

Israeli[izréili] イスラエル(人)の／イスラエル人.

ISS 国際宇宙ステーション〔< International Space Station〕.

issuance[íʃuəns] 給与；発行.

issue[íʃuː] 発行(する)；流出(する)；問題点；結果；子孫／由来する／出す；支給する.

isthmus[ísməs] 地峡.

ISU 国際スケート連盟〔< International Skating Union〕.

IT 情報技術〔< information technology〕.

it[ít] それは〔が・を・に〕.

Italian[itǽljən] イタリアの／イタリア人〔語〕.

italic[itǽlik] イタリック体の(文字).
italicize イタリック体にする.

Italy[ítəli] イタリア(共和国) (Italian Republic).

ITC 《米》国際貿易委員会〔< International Trade Commission〕.

itch[ítʃ] かゆいこと；疥癬；渇望／かゆい, むずむずする；…したくて〔ほしくて〕たまらない. **itchy** かゆい；渇望する.

item[áitəm] 箇条；項目；種目；品；出し物；情報. **itemize** 箇条書きにする, 項目に分ける.

iterate[ítəreit] 繰り返す. **iteration** 繰り返し. **iterative** 繰り返しの.

ITF 国際テニス連盟〔< International Tennis Federation〕.

itinerant[aitínərent] 巡回する(人)；旅回りの(役者). **itinerancy** 巡回；巡業；遍歴.

itinerary[aitínəreri] 旅程；旅行計画；旅行案内書／旅行の.

itinerate[aitínəreit] 巡回する.

its[íts] それの(もの).

it's[íts] it is の, it has の短縮.

itself[itsélf] それ自身, そのもの.

itsy-bitsy[ítsibítsi] ちっぽけな. (= itty-bitty)

ITTF 国際卓球連盟〔< International Table Tennis Federation〕.

ITU 国際電気通信連合＝国連〔< International Telecommunication Union〕.

IU (ビタミン等の)国際単位〔< international unit〕.

IUCN 国際自然保護連合〔< International Union for Conservation of Nature and Natural Resources〕.

IUD 子宮内避妊リング〔< intrauterine (contraceptive) device〕.

IV 静脈注射, 点滴〔< intravenous〕.

ivory[áivəri] 象牙；象牙色；(複) 象牙細工物. ～ **tower** 象牙の塔(実生活から離れた思索の場所).

ivy[áivi] ツタ.

IWA 国際小麦協定〔< International Wheat Agreement〕.

IWC 国際捕鯨委員会〔< International Whaling Commission〕.

iX 国際取引所〔< International Exchange〕

J

jab[dʒǽb] 突く；刺す／突き；〔ボクシング〕ジャブ.

jabber[dʒǽbər] 早口にしゃべる.

jabot[ʒæbóu] 婦人服の胸のひだ飾り.

jack[dʒǽk] やつ, 男；水兵；ジャッキ；船首旗；〔トランプの〕ジャック. ～ **-in-the-box** びっくり箱. **Jack of all trades** よろず屋. ～ **-o'-lantern** 鬼火；〔ハロウィーンの〕カボチャのちょうちん.

jackal[dʒǽkəl] ジャッカル；人の手先.

jackass[dʒǽkæs] 雄ロバ；まぬけ.

jackdaw[dʒǽkdɔː] コクルマガラス.

jacket[dʒǽkit] 上着, ジャケット；〔本の〕カバー；〔焼き芋の〕皮.

jackknife ジャックナイフ.

jackpot 特賞.

JACL 日系アメリカ人市民連盟〔< Japanese American Citizen League〕.

jacuzzi[dʒəkúːzi]ジャグジー；気泡風呂.

jade[dʒáid]ひすい.

jade² やせ馬；やくざ女，あばずれ女. **jaded** 疲れ果てた.

JADGE 自動警戒管制システム〔< Japan Aeroaspace Defense Ground Environment〕.

JAF 日本自動車連盟，ジャフ〔< Japan Automobile Federation〕.

jag[dʒǽg]ぎざぎざ(を付ける)；突端. **jagged**[-id]，**jaggy** 形.

jag² 飲み騒ぎ.

jaguar[dʒǽgwaːr]ジャガー，アメリカヒョウ.

jai alai[hái əlai]《S》ハイアライ(球技の一種).

jail[dʒéil]刑務所 / 投獄する. **jailer** 看守.

jailbait 未成年の女性.

jailbird 囚人；常習犯.

jalop(p)y[dʒelápi]ぽろ自動車〔飛行機〕.

jam[dʒǽm]ジャム；雑踏；詰め込み；困難 / 詰め込む；妨害する / 群がる；〔ジャズで〕即興的に演奏する.

Jamaica[dʒəméikə]〔国名〕ジャマイカ.

Jamaican[dʒəméikən]ジャマイカ(人) の / ジャマイカ人.

jamboree[dʒæmbərí:]陽気な騒ぎ；ボーイスカウトの大会.

jangle[dʒǽŋgl]じゃんじゃん(鳴る)；口論(する)；騒音.

janitor[dʒǽnətər]門番；管理人.

January[dʒǽnjueri]一月〔略 Jan.〕.

japan[dʒəpǽn]漆(を塗る).

Japan[dʒəpǽn]日本. the ~ current 黒潮.

Japanese[dʒæpəníːz]日本の / 日本人〔語〕. ~ apricot ウメ.

Japanification[dʒəpænɪfikéɪʃən]日本化.

jape[dʒéip]冗談(を言う) / からかう.

jar¹[dʒáːr]びん；つぼ.

jar² 耳ざわりな音；いら立たせるもの；震動；不調和 / 震動させる；きしる；不快感を与える；口論する；調和しない.

jardiniere[ʒɑːrdəníər]〔装飾用〕植木鉢.

jargon[dʒáːrgən]わけの分からない言葉；専門用語.

JAS 日本農林規格，ジャス〔< Japanese Agricultural Standards〕.

jasmine[dʒǽzmin]ジャスミン.

jasper[dʒǽspər]碧玉.

jaundice[dʒɔ́ːndis]黄疸. **jaundiced** 黄疸にかかった；偏見のある，ひがんだ.

jaunt[dʒɔ́ːnt]遠足(に行く).

jaunty[dʒɔ́ːnti]陽気な；いきな. **jauntily** 副

Javanese[dʒævəníːz]ジャワの / ジャワ人〔語〕.

javelin[dʒǽvəlin]投げ槍. ~ throw(ing) 槍投げ.

jaw[dʒɔ́ː]あご；(複) 口部.

jawbone あごの骨.

jay[dʒéi]カケス；おしゃべり(な人)；ばか.

jaywalker 交通規則を無視して道路を横断する人.

jazz[dʒǽz]ジャズ. **jazzy** ジャズ的な，派手な.

JCCI 日本商工会議所〔< Japan Chamber of Commerce and Industries〕.

JCP 日本共産党〔< Japan Communist Party〕.

JCS《米》統合参謀本部〔< Joint Chiefs of Staff〕.

JD 法学博士〔<《L》Juris Doctor = Doctor of Jurisprudence〕.

jealous[dʒéləs]嫉妬深い；ねたむ. be ~ of …を失わないように用心する. **jealously** 副 **jealousy** 名

jeans[dʒíːnz]ジーンズ，ジーパン.

jeep[dʒíːp]ジープ.

jeer[dʒíər]あざけり / ひやかす《at》.
Jehovah[dʒihóuvə][聖書]エホバ.
~'s Witnesses エホバの証人.
jejune[dʒidʒúːn]退屈な;不毛な.
jell[dʒél]固まる[める].
jello[dʒélou]フルーツゼリー(の素).
jelly[dʒéli]ゼリー(状のもの) / ゼリー(状)になる[する].
jellyfish クラゲ.
jenny[dʒéni]多軸紡績機;[ロバなどの]雌.
jeopardy[dʒépərdi]危 険《in》.
jeopardize 危うくする.
jeremiad[dʒèrəmáiəd]悲嘆.
jerk[dʒə́ːrk]ぐいと引く(こと);痙攣(を起こす);まぬけ. **jerky** 急に動く.
jerk[2] 干し肉(にする).
Jersey[dʒə́ːrzi]ジャージー種(の牛);ジャージー島(英仏海峡の島);(j-)ジャージー(運動用シャツ).
jest[dʒést]冗談(を言う);ひやかし.
jester 道化師.
Jesuit[dʒéʒuit]イエズス会士.
Jesus[dʒíːzəs]イエス(キリスト).
jet[1][dʒét]噴出(物・口);射出;ジェット機 / 噴出する[させる];ジェット機で搬送する. ~ **airplane** ジェット機. ~ **lag** 時差ボケ. ~ **-propelled** ジェット式の. ~ **set** ジェット機で遊び回る金持ち階級.
jet[2] 黒玉(色の).
JETRO 日本貿易振興機構、ジェトロ[< Japan External Trade Organization].
jetsam[dʒétsəm][難船時の]投げ荷.
jettison[dʒétəsn]投げ荷(する).
jetty[1][dʒéti]波止場;突堤;張り出し.
jetty[2] 真黒な.
Jew[dʒúː]ユダヤ人. Jews'(Jew's)harp 口琴. **Jewish** ユダヤ人(風) の.
jewel[dʒúːəl]宝石;装身具;貴重な人[もの];(時計の)石 / 宝石で飾る.

jewel(l)er 宝石商. **jewel(le)ry** 宝石類.
JFK ジョン・F・ケネディ[< John Fitzgerald Kennedy];ケネディ空港(ニューヨーク).
jib[1][dʒíb][起重機の]腕;船首三角帆.
jib[2][馬が]先へ進もうとしない.
jibe[1][dʒáib] = gibe.
jibe[2] 賛成する、一致する.
JICA 国際協力機構、ジャイカ[< Japan International Cooperation Agency].
jiffy[dʒífi][話]瞬間. in a ~ すぐに.
jig[dʒíg]ジグ(速い軽快なダンス・曲)(を踊る) / 跳ね回る.
jiggered[dʒígərd]驚いた、いまいましい.
jiggle[dʒígl]軽く揺さぶる(こと).
jigsaw[dʒígsɔː]糸鋸(のこ). ~ **puzzle** ジグソーパズル.
jihad[dʒihɑ́ːd][イスラム教徒の]聖戦.
jilt[dʒílt][恋人を突然または冷酷に]捨てる、振る.
Jim Crow[dʒímkróu]黒人(差別).
jimmy[dʒími]かなでこ.
jingle[dʒíŋgl][鈴など]りんりん鳴る[鳴らす](音).
jingo[dʒíŋgou]強硬外交論者. **jingoism** 強硬外交論.
jink[dʒíŋk]ひらりと身をかわす(こと).
jinks[dʒíŋks]騒ぎ.
JIS 日本工業規格、ジス[< Japanese Industrial Standards].
jinx[dʒíŋks]《俗》ジンクス;不運(をもたらす).
JIT 間に合わせの、使い捨ての[< just-in-time].
jitter[dʒítər](複) いらいら(する). **jittery** 神経過敏な.
jitterbug[dʒítərbʌg]ジルバ(を踊る);神経質な人.
jive[dʒáiv]スイング;《米》でたらめ.

J

job[dʒáb]仕事;職／賃仕事をする;〔株式・商品の〕仲買をする;役職を利用する;汚職をする. ～ **-hunt** 職捜しをする. ～ **work** 賃仕事. **jobless** 失業中の／(the ～) 失業中の人々.

jobber[dʒábər]卸商;職人.

JOC 日本オリンピック委員会〔< Japan Olympic Committee〕.

jock[dʒák] 運動選手.

jockey[dʒáki]〔競馬に出る〕騎手／だます.

jockstrap[dʒákstræp](男性用) サポーター.

jocose[dʒoukóus]滑稽な. **jocosely** 副 **jocosity** 名

jocular[dʒákjulər]滑稽な, おどけた. **jocularity** 名

jocund[dʒákənd]明るい, 陽気な. **jocundity** 名 **jocundly** 副

jodhpurs[dʒádpərz]乗馬用ズボン.

jog[dʒág] ちょっと突く〔揺する〕(こと);〔注意を〕呼び起こす;とぼとぼ歩く;〔運動のため〕ゆっくり走る.

joggle[dʒágl]揺さぶる;揺れる／揺れ.

John Bull[dʒán búl] 典型的英国人.

johnny[dʒáni]男;やつ;(患者の)上着;《英俗》コンドーム;《米俗》ペニス.

join[dʒɔ́in]つなぐ;接合する;加入する／結びつく;加わる.

joiner[dʒɔ́inər] 結合する人〔もの〕;建具屋.

joint[dʒɔ́int]継ぎ目;関節;大きな肉の切り身;《俗》安酒場／連合の,共同の／接合する;関節から切る. out of ～ 関節がはずれて;狂って. ～ **committee** 両院委員会. ～ **stock** 合資;株式組織. **jointly** 一緒に;連合して.

joist[dʒɔ́ist]根太;梁.

joke[dʒóuk]冗談(を言う);からかう. **joker** 冗談を言う人;《トランプ》ジョーカー. **jokingly** 冗談に.

jollity[dʒáləti]陽気;酒宴.

jolly[dʒáli]愉快な;陽気な;《話》すてきな／《英》非常に／《話》からかう;おだてる.

jolt[dʒóult]がたがた揺れる;揺さぶる／動揺.

jonquil[dʒáŋkwil]キズイセン.

Jordan[dʒɔ́:rdn]ヨルダン(・ハシェミット王国) (Hashemite Kingdom of Jordan).

josh[dʒáʃ]冗談(を言う);からかう.

jostle[dʒásl]押し合い／押しのける／押し合う《against》.

jot[dʒát] 少量／ざっと書き留める《down》.

joule[dʒú:l]ジュール(エネルギーの単位).

journal[dʒɔ́:rnl]日誌;新聞;雑誌;仕訳帳. **journalism** 新聞雑誌放送業.

journalist[dʒɔ́:rnəlist]新聞〔雑誌〕記者, ジャーナリスト;日記をつける人. **journalistic** 新聞〔雑誌〕の.

journalese[dʒɜ:rnəlí:z]新聞調(の文章).

journey[dʒɔ́:rni]旅行(をする).

journeyman 日雇い職工;一人前の職人.

joust[dʒáust]馬上試合(を行なう).

Jove[dʒóuv] = Jupiter.

jovial[dʒóuviəl]陽気な;愉快な. **jovially** 副

jowl[dʒául]頬;顎.

joy[dʒɔ́i]喜び／喜ぶ. **joyful** うれしい, 楽しげな. **joyfully** 副 **joyfulness** 名 **joyous** 喜ばしい, うれしそうな. **joyously** 副 **joyousness** 名

joystick 操縦桿.

JP 治安判事〔< justice of the peace〕.

JPL 《米》ジェット推進研究所〔< Jet Propulsion Laboratory〕.

JR 旧国鉄の分割・民営化後の新名称〔< Japan Railway〕.

Jr. …二世, …ジュニア〔< Junior〕.

JRA 日本中央競馬会〔< Japan

Racing Association〕.

JST 日本標準時〔< Japan Standard Time〕.

JT 日本たばこ産業〔< Japan Tobacco Inc.〕.

jubilant[dʒúːbələnt]歓声をあげる, 歓喜に満ちた.

jubilate[dʒúːbəleit]歓喜する. **jubilation** 名.

jubilee[dʒúːbəliː]〔25・50・60・75周年などの〕記念祭；祝典.

Judaism[dʒúːdiizm]ユダヤ教；〔集合的〕ユダヤ人.

judge[dʒʌdʒ]裁判官；判事；審判官；審査員，鑑定家 / 裁判する；判断する；鑑定する.

judgment,《英》judgement
[dʒʌdʒmənt]裁判；判決；判断；審査；見識.

judicature[dʒúːdikeitʃər]司法；裁判所；司法部.

judicial[dʒuːdíʃəl]裁判(所) の；司法の；公平な. **judicially** 副

judiciary[dʒuːdíʃieri]裁判所の / 司法権；裁判官.

judicious[dʒuːdíʃəs]思慮のある；判断力のある. **judiciously** 副 **judiciousness** 名

judo[dʒúːdou]柔道.

jug[dʒʌg]水差し；ジョッキ；刑務所.

juggernaut[dʒʌgərnɔːt](J-) クリシュナ(Krishna) 神像；巨大な破壊力.

juggle[dʒʌgl]手品を使う；だまして取る. **juggler** 手品師；詐欺師.

jugular[dʒʌgjulər]頸部の / 頸静脈.

juice[dʒúːs]汁，液；エネルギー源；電気；石油. **juicy** 汁の多い.

jujube[dʒúːdʒuːb]なつめ；なつめ味の菓子.

jukebox[dʒúːkbɑks]ジュークボックス.

Jul. 七月〔< July〕.

julep[dʒúːlip]《米》甘味シロップ.

July[dʒuːlái]七月(略 Jul., Jl., Jy〕.

jumble[dʒʌmbl]ごた混ぜにする〔なる〕/ 混合；乱雑.

jumbo[dʒʌmbou]特大の，巨大なもの；ジャンボジェット機(特に Boeing 747〕.

jump[dʒʌmp]跳ぶ；はっとする；暴騰する / 跳び越す；跳ばせる / 跳躍；暴騰. **jumpy** 跳びはねる；神経質の.

jumped-up《英》急に有名になった；思い上がった.

jumper¹[dʒʌmpər]跳ぶ人(動物・もの).

jumper² ジャンパー(スカート)，作業用上衣.

junction[dʒʌŋkʃən]接合〔連絡〕点，交差点；合流点；連絡〔接続〕駅.

juncture[dʒʌŋktʃər]接合(点)；急場. at this ~. この重大事に.

June[dʒúːn]六月(略 Ju(n).〕.

jungle[dʒʌŋgl]密林，ジャングル；競争の場.

junior[dʒúːnjər]年下の(者)；下級の / 後輩；〔米国の4年制大学・高校の〕3 年生；(父と同名の) 息子. ~ **high school**《米》中学校.

juniper[dʒúːnəpər]ネズ，トショウ.

junk¹[dʒʌŋk]《話》くず，がらくた /〔廃品として〕捨てる. ~ **bond**(通例複) ジャンクボンド.

junk²〔中国の〕平底帆船.

junket[dʒʌŋkit]凝乳製品；宴会(をする)；《米》大名〔官費〕旅行(をする).

junkie, junky[dʒʌŋki]《俗》麻薬常習者.

junta, junto[húntə, dʒʌntou]軍事政権；議会.

Jupiter[dʒúːpətər]〔ローマ神話〕ジュピター；木星.

juridical[dʒuəridikəl]裁判上の；法律上の.

jurisdiction[dʒuərisdíkʃən]裁判〔司法〕権；管轄区域；権限.

jurisprudence[dʒuərisprúːdns]法

J

律学.

jurist[dʒúərist] 法学者；《米》弁護士.

juror[dʒúərər] 陪審員.

jury[dʒúəri] 陪審(員団)（通例 12 人）. ~ **box**(法廷内の) 陪審員席.

juryman 陪審員.

just[dʒʌst] 正しい；公正な；当然な / ちょうど；やっと；たった今；もう少しで；ほんの. **justly** 公正に. **justness** 名

justice[dʒʌstis] 正義；公正；妥当；裁判(官)，判事. do ~ to を公平に取り扱う. **a court of ~** 法廷.

justify[dʒʌstəfai] 正当化する，正当性を証明する；弁明する. **justifiable** 正当な **justification** 正当化すること.

jut[dʒʌt] 突出(する).

jute[dʒúːt] 黄麻，ジュート.

juvenescence[dʒuːvənésns] 青春；若返り；若さ. **juvenescent** 若々しい.

juvenile[dʒúːvənəl] 若い；少年少女の / 少年少女；子役；児童向きの書物. ~ **delinquency** 未成年犯罪. ~ **delinquent** 未成年犯罪者.

juxtapose[dʒʌkstəpouz] 並べて置く. **juxtaposition** 並置，並列.

K

k. 〔金の純度の単位〕カラット〔< karat〕；キログラム〔< kilogram(s)〕.

kale, kail[kéil] ケール，キャベツの一種.

kaleidoscope[kəláidəskoup] 万華鏡. **kaleidoscopic** 万華鏡のような；千変万化の.

Kan. Kans. カンザス州〔< Kansas〕.

kangaroo[kæŋgərúː] カンガルー.

Kant[kǽnt] カント(1724 − 1804 ドイツの哲学者). **Kantian** カント哲学の(信奉者).

kaolin,-line[kéiəlin] 陶土.

kapok[kéipɑk] パンヤ(詰め綿).

karaoke[kɑːrəóuki] カラオケ(装置).

karate[kərɑːti] 空手.

karma[kɑːrmə] 業，宿命.

karst[kɑːrst] カルスト地形.

kayak[kɑ́iæk]〔エスキモーの〕皮張りの小舟.

Kazakhstan[kɑːzɑːkstɑːn] カザフスタン(共和国) (Republic of Kazakhstan).

KBD〔コンピュータ〕キーボード〔< keyboard〕.

KD ノックダウン；組み立て式(の)〔< knockdown〕.

kebab[kəbáb] ケバブ(串焼き料理).

kedge[kédʒ] 小錨（を投げその綱をたぐって移動する).

KEDO[kíːdou] 朝鮮半島エネルギー開発機構〔< Korean Peninsula Energy Development Organization〕.

keel[kíːl] 竜骨(をつける)；船 / ひっくり返す〔返る〕《over》；転覆させる〔する〕. on an even ~（船が）バランスを保って；〔国政などが〕安定して；〔人が〕落ち着いた.

keen[kíːn] 鋭い；機敏な；辛辣な；熱心な. **keenly** 副 **keenness** 名

keep[kíːp] 保つ；守る；拘留する，養う；記す；経営する；祝う；催す；雇う；飼う / ずっと…のままである；…し続ける；とどまる / 保持；維持；扶養；生活費. ~ **back** 制する；隠す. ~ **down** 低くする；鎮圧する. ~ **off** 近づけないようにする. ~ **on** …し続ける. ~ **to** …を固守する. ~ **up** 続ける. ~ **up with** …に遅れない. **keeper** 看守，番人；持ち主. **keeping** 保管；維持；調和.

keepsake 形見；記念品.

keg[kég] 小たる；くぎの重さの単位 (100 ポンド).

keloid[kíːloid] ケロイド(状の).

kelp[kélp] 海草；ケルプ灰.

Kelt, Keltic[kélt, kéltik] = Celt, Celtic.

kelvin[kélvin] ケルビン(温度の単

位).

ken[kén]理解；知識(の範囲).

kennel[kénl]犬小屋(に入れる).

Kenya[kénjə] ケニア(共 和 国)(Republic of Kenya).

kept[képt]keep の過去・過去分詞／囲われた.

keratin[kérətin]角質.

kerb[kə́:rb]《英》= curb.

kerchief[kə́:rtʃif]スカーフ；ハンカチ.

kernel[kə́:rnl]〔果実の〕仁ミ；粒；要点.

kerosene[kérəsi:n]灯油.

ketch[kétʃ]2 本マスト小型帆船.

ketchup[kétʃəp]ケチャップ.

kettle[kétl]なべ，やかん，湯沸かし.

kettledrum ティンパニー.

key[kí:]かぎ；手がかり；要点；解答(集)；〔ピアノなどの〕キー／かぎをかける；締める；〔楽器の〕調子を合わせる.~ up 調子をあげる；鼓舞する. ~ **word** キーワード，かぎとなる語.

keyboard 鍵盤.

keyhole 鍵穴.

keynote 基音；基調.

keypuncher キーパンチャー.

kg キログラム(s)〔< kilogram(s)〕.

KGB 国家保安委員会(旧ソ連)〔<《R》Komitet Gosudarstvennoi Bezopasnosti〕.

khaki[kǽki]カーキ色の(服地).

khan[ká:n]汗ミ(中世アジア諸国の高官の称号).

kibbutz[kibúts]キブツ(イスラエルの集団農場).

kick[kík]蹴る(こと)；打つ／反動する；はねつける／反動；熱中. ~ **start**〔オートバイの〕始動機／弾みをつける；始動させる.

kickback《俗》〔非合法の〕手数料；リベート.

kickoff〔サッカーの〕試合開始.

kid[kíd]子ヤギ(の皮・肉)；《話》子供／《俗》からかう；ふざける.

kidnap[kídnæp]〔子供を〕さらう，(一般に)〔人を〕誘拐する. **kidnap-(p)er** 誘拐者.

kidney[kídni]腎臓；性質.

kidvid[kídvid]子供用番組〔ビデオ〕.

kill[kíl]殺す／奮う；枯れる. **killer** 殺人者. **killing** 殺す(こと).

killdeer[kíldiər]フタオビチドリ.

kiln[kíl, kíln]窯ミ, 炉.

kilo[kí:lou]キロ(グラム・メートル). **kilocycle** キロサイクル.**kilogram(me)** キログラム. **kiloliter, kilolitre** キロリットル. **kilometer, kilometre** キロメートル. **kilowatt** キロワット.

kilt[kílt]〔スコットランド高地人の〕短いスカート.

kin[kín]同族(の)，親戚(の). **kinship** 親戚関係；類似.

kind¹[káind]親切な.**kindliness** 親切. **kindly** 親切な(に)；温和な／心から. **kindness** 親切.

kind² 種類；性質, 本質. ~ **of** ある程度；かなり.

kindergarten[kíndərga:rtn] 幼稚園. **kindergartner** 幼稚園の園児〔先生〕.

kindhearted 親切な.

kindle[kíndl]火をつける；照らす；あおる／燃える；興奮する.

kindling[kíndliŋ]点火；扇動.

kindred[kíndrid] 親戚(の)；同類(の).

kinematics[kinəmǽtiks]運動学.

kinetic[kinétik]運動の. **kinetics** 動力学.

king[kíŋ]王；大御所；〔トランプ・チェスの〕キング. ~**-size(d)**《話》大型の. **kingdom** 王国；…界. **kingly** 王の；堂々たる. **kingship** 王位；王権.

kingfisher カワセミ.

kink[kíŋk]ねじれ；気まぐれ／よじれる〔させる〕. **kinky** ねじれた；《話》風変わりな.

kinsfolk 親類.

kinsman 男の親戚.

K

kiosk[kíːask]〔トルコなどの〕あずまや；売店.

kip[kíp]下宿；寝床／寝る.

kipper[kípər]薫製ニシン／薫製にする.

kirk[kə́ːrk]〔スコットランド〕教会.

kirsch(wasser)[kíərʃ (vaːsər)]サクランボ酒.

kismet[kízmit]運命.

kiss[kís]キス(する)；軽く触れる(こと).

kit[kít]道具(一式).

kitchen[kítʃən]台所. ~ **garden** 菜園.

kitchenette[kitʃənét]〔アパートの〕簡易台所.

kitchenware 台所用品.

kite[káit]トビ；凧.

kith[kíθ]知人. ~ **and kin** 親類縁者.

kitsch[kítʃ]駄作.

kitten[kítn]子猫. **kittenish** 子猫のような.

kittiwake[kítiweik]ミツユビカモメ.

kitty[1][kíti]子猫.

kitty[2] 共同積立金.

kiwi[kíːwi]キーウィ.

kiwifruit キーウィフルーツ.

KKK クー・クラックス・クラン(白人優越主義の秘密結社)〔< Ku Klux Klan〕.

klaxon[klǽksən]〔自動車の〕クラクション(の音).

kleptomania[kleptəméiniə]盗癖.

km キロメーター〔< kilometer(s)〕.

knack[nǽk]こつ；癖.

knapsack[nǽpsæk]リュックサック.

knave[néiv]悪漢；〔トランプの〕ジャック. **knavery** 不正.

knavish[néiviʃ]悪漢の(ような).

knead[níːd]こねる；もむ.

knee[níː]ひざ. **bring to knees** 屈服させる. **fall on one's knees** ひざまずく. ~ **breeches** 半ズボン.

kneecap, kneepan ひざのさら.

kneel[níːl]ひざまずく；屈服する.

knell[nél]鐘声, 弔鐘；予兆.

knelt[nélt]kneel の過去・過去分詞.

knew[njúː]know の過去.

knickerbockers[níkərbakərz], **knickers**[níkərz]ゆるい半ズボン.

knickknack[níknæk]〔装飾用の〕小間物.

knife[náif]ナイフ(で切る).

knight[náit]勲爵士(英国で Sir の称号を許された者)；〔中性的の〕騎士；〔チェス〕ナイト／騎士爵を授ける. ~ **-errant** 武者修行者. **knighthood** 騎士道；ナイトの爵位；騎士の身分. **knightly** 騎士の.

knit[nít]編む；組む；結びつける；(眉を)ひそめる／編み物をする；接合する. ~ **goods** メリヤス類. **knitting** 編むこと；編み細工.

knives[náivz]knife の複数.

knob[náb]節, こぶ；〔ドアなどの〕ノブ, 握り.

knobby こぶの多い.

knock[nák]打つ／ノックする；ぶつかる／打撃；戸をたたくこと. ~ **about** 打ち続ける. ~ **down** 打ち倒す. ~ **off**〔命令〕やめろ；急いで仕上げる. ~ **out** たたき出す；〔ボクシング〕ノックアウトする. ~ **up** たたき起こす；疲れさせる. ~ **-on effect** 連鎖反応. **knocker** ノッカー.

knockdown 圧倒的な；とり外せる；格安の；落札.

knockout ノックアウト〔略 KO〕(する)；大打撃；徹底的な(もの)；すてきな人.

knoll[nóul]小山, 塚.

knot[nát]結び目；節；群れ；きずな；困難；ノット／結び目を作る, 結ぶ／こぶになる；もつれる. **knotted** こぶのできている, 節のある. **knotty** 節の多い, 紛糾した.

knothole 節穴.

know[nóu]知(ってい)る；識別する；

理解している；面識がある. **～ -all**
物知りぶる人. **～ -how** 専門の知識.
knowing 如才のない；物知りの；知ったかぶりの；故意の. **knowingly**
わざと；如才なく.

knowledge[nálidʒ]知識；学問；理解.
to one's ～ …の知るところでは.
knowledgeable 知識のある.

known[nóun]know の過去分詞.

knuckle[nʌ́kl]指関節(で打つ)；〔牛・豚などの〕膝関節. **～ down**[under]
降参する.

KO ノックアウト(する)〔< knockout〕.

koala[kouá:lə]コアラ.

kolkhoz[kalkóːz]コルホーズ(旧ソ連の集団農場).

kook[kúːk]《俗》変人. **kooky** 変わった, 狂った.

Koran[kərá:n]コーラン(イスラム教の教典).

Korea[kəríə]朝鮮；韓国. **North ～**
北朝鮮(= the Democratic People's
Republic of Korea〔略 DPRK〕).
South ～ 韓国(= Republic of Korea
〔略 ROK〕).

Korean[kəríːən]朝鮮〔韓国〕(人・語)の.

kosher[kóuʃər]〔食物が〕ユダヤ教の律法にかなっている；清浄な.

kotow, kowtow[káutáu]叩頭の礼(をする).

koumiss[kúːmis]クミス(馬乳酒).

kph キロメートル毎時〔< kilometers
per hour〕.

kraal[krá:l](アフリカの)〔垣などで囲んだ〕村；おり.

kraft[kráft]クラフト紙.

Kremlin[krémlin]〔モスクワの〕クレムリン宮殿；旧ソ連政府.

krona[króunə]クローナ(スウェーデンの貨幣単位).

krone[króunə]クローネ〔デンマーク・ノルウェーの貨幣単位〕.

krypton[kríptən]クリプトン.

KS カンザス州〔< Kansas〕.

kudos[kjúːdouz]栄光；名声.

kumquat[kʌ́mkwɑt]キンカン.

kung fu[kʌ́ŋ fúː]カンフー(中国武術).

Kurd[káːrd]クルド人(トルコ・イラン・イラクに住む遊牧民).

Kuwait[kuwéit]クウェート(国) (State
of Kuwait).

Kuwaiti[kuwéiti]クウェート人(の).

KY, Ky ケンタッキー州〔< Kentucky〕.

kyat[kjáːt]チャット(ミャンマーの貨幣単位).

Kyrgyz[kíərgis]キルギス(共和国)
(Kyrgyz Republic).

L

L《米話》高架鉄道〔< elevated
railroad〕；…湖〔< Lake〕.

l リットル〔< liter(s)〕；低気圧〔<
low〕.

LA ルイジアナ州〔< Louisiana〕；ロサンゼルス〔< Los Angeles〕.

La ルイジアナ州〔< Louisiana〕.

Lab[lǽb]《話》〔犬〕ラブラドール・リトリーバー〔< Labrador Retriever〕.

lab[lǽb] 研究室, 実験室〔< laboratory〕.

label[léibəl]札, ラベル, レッテル；
印紙 / 〔ラベルを〕はる；分類する.

labial[léibiəl]くちびるの / 唇音(の).

labium[léibiəm]唇；陰唇.

labor,《英》labour[léibər]労働(者)；
仕事；陣痛 / 働く；骨折る；努力する；
苦しむ；〔船が〕ひどく揺れる. **Labo
(u)r Day** 労働休日(米国では 9 月第
1 月曜). **Labo(u)r Party**《英》労働
党. **～ cost** 人件費. **～ force** 労働力；
労働人口. **～ -saving** 手間の省ける.
laborer 労働者. **Labo(u)rite**《英》
労働党員.

laboratory[lǽbərətɔːri, ləbɔ́rətəri]
実験室, 研究所.

laborious[ləbɔ́:riəs]骨の折れる；勤勉な. **laboriously** 副

laburnum[ləbə́:rnəm]キングサリ.

labyrinth[lǽbərinθ]迷宮；迷路.

lace[léis]ひも（で締める）；レース（で飾る）；〔金・銀の〕モール／縁取る；まぜ織りにする；組み合わせる；〔むちで〕打つ；〔コーヒーなどに酒類を〕加味する.

lacerate[lǽsəreit]引き裂く；苦しめる. **laceration** 名

lachrymal[lǽkrəməl]涙の／涙腺.

lachrymatory[lǽkrəmətɔːri]涙を催させる.

lacing[léisiŋ]ひも（で結ぶこと）；レース飾り；むち打ち.

lack[lǽk]足りない，欠けている；…がない／欠乏，不足.

lackadaisical[lækədéizikəl]物思わしげな，ぼんやりした；怠惰な.

lackey[lǽki]従者.

lacking[lǽkiŋ]…が不足して；…に欠けて《in》.

lackluster, lacklustre[lǽklʌstər]光沢のない；どんよりした.

laconic[ləkánik]簡潔な. **laconically** 副

lacquer[lǽkər]漆（を塗る）；ラッカー；漆器.

lacquey[lǽki] = lackey.

lacrosse[ləkrɔ́:s]ラクロス.

lactation[læktéiʃən]乳の分泌；授乳（期）. **lactate** 乳を分泌する.

lactic[lǽktik]乳の. **～ acid** 乳酸.

lactose[lǽktous]乳糖，ラクトース.

lacuna[ləkjú:nə]空白；脱文.

lacy[léisi]レース（状）の.

lad[lǽd]若者，少年.

ladder[lǽdər]はしご；ほつれ.

lade[léid]積む；くみ出す.

laden[léidn]lade の過去分詞／〔荷を〕積んだ；〔果実が〕たわわに実った.

lading[léidiŋ]船積み；積み荷. **a bill of ～** 船積証券.

ladle[léidl]ひしゃく（でくむ）.

lady[léidi]夫人；貴婦人，淑女. **lady-killer** 色男. **ladylike** 貴婦人らしい；上品な. **ladyship**貴婦人の身分（に対する敬称）.

ladybird, ladybug テントウムシ.

lag[lǽg]遅延／のろのろ歩く；遅れる.

lag[lǽg] 投獄する；逮捕する／囚人.

lag[lǽg]〔ボイラーなどの〕被覆材／おけ板／断熱材で包む.

lager[lá:gər]ラガービール.

laggard[lǽgərd]遅い／のろま.

lagoon[ləgú:n]潟；礁／湖.

laid[léid]lay の過去・過去分詞. **～-back** のんびりした；無感動な.

lain[léin]lie の過去分詞.

lair[léər] (獣の) 巣窟.

laissez-faire[leseiféər]無干渉，放任主義.

laity[léiəti]俗人；しろうと.

lake[léik]湖.

lake[léik] レーキ（顔料）；深紅色.

lam[lǽm]《俗》逃亡（する）. **on the ～** 逃走中で.

lam[lǽm] 打つ.

lama[lá:mə]ラマ僧. **lamaism** ラマ教.

lamb[lǽm]小羊（の肉）.

lambada[læmbá:də]ランバダ（ブラジル起源のダンス）.

lambent[lǽmbənt]ちらちらする；穏やかに光る；軽妙な.

lame[léim]足の不自由な；不十分な；まずい／不具にする〔なる〕.

lame[læméi]ラメ.

lame duck 次期退任決定の議員.

lament[ləmént] 悲嘆／悲しむ. **lamentable** 悲しむべき；嘆かわしい；質の悪い. **lamentation** 悲嘆；(**Lamentations**)〔旧約〕哀歌.

lamina[lǽmənə]薄片；葉身.

laminate[lǽməneit]薄板にする〔なる〕／[-nit] 薄板の. **laminated plastic** 積層プラスチック.

lamp[lǽmp]ランプ，明かり.

lampblack 油煙.

lampoon[læmpúːn]風刺(する).

lamppost 街灯柱.

lamprey[lǽmpri]ヤツメウナギ.

lampshade 電灯のかさ.

LAN 一定区域内の情報通信ネットワーク, ラン〔< local area network〕.

lance[læns]槍(で突く). ～ **corporal**《英》伍長勤務上等兵. **lancer** 槍騎兵;(複) 舞踏の一種.

land[lænd]土地;陸;国土;(複) 所有地 / 上陸させる〔する〕;下船させる〔する〕;降ろす〔りる〕;獲得する;置く;つかまえる / 到着する;至る. ～ **breeze** 陸軟風. **landed** 土地の;土地を所有する. **landing** 上陸;着陸;陸揚げ;〔階段の〕踊り場. **landing field** 飛行場. **landward** 陸の方へ〔の〕.

landau[lǽndɔ:]ランドー馬車〔自動車〕.

landfall〔航海中の〕陸地確認;上陸.

landfill 埋め立て.

landholder 地主;借地人.

landlady〔旅館の〕女主人;女地主.

landlord 地主;家主;〔旅館の〕主人.

landmark 陸標;目標.

landowner 地主.

landscape[lǽndskeip]風景;風景(画);〔造園で〕美化する. ～ **architecture** 景観設計.

landslide 地滑り;〔選挙での〕圧勝.

landslip〔小さな〕地滑り.

landsman 陸上生活者.

lane[léin]小道;〔列の間の〕通路;航路;車線.

language[lǽŋgwidʒ]言語(学) ;言葉づかい. ～ **laboratory** 〔略 LL〕語学練習室, ラボ, LL.

languid[lǽŋgwid]だるい;無気力な. **languidly** 副

languish[lǽŋgwiʃ]衰える;しぼむ;不景気になる;苦しい生活をする. **languishing** 衰弱する;思いつめた.

languor[lǽŋgər]無気力;うっとうしさ. **languorous** だるい;重苦しい.

lank[lǽŋk]やせた, ひょろ長い;〔髪が〕長くてまっすぐな. **lanky** ひょろ長い.

lantern[lǽntərn]ちょうちん;カンテラ.

Laos[lá:ous] ラオス(ラオス人民民主共和国) (Lao People's Democratic Republic).

lap[læp] 膝(の部分).

lap 重なり;〔トラック競技の〕1周 / 折り重ねる〔なる〕;くるむ;巻き付ける.

lap なめる(こと);〔波が〕岸を打つ(音).

LAPD 《米》ロサンゼルス市警察〔< Los Angeles Police Department〕.

lapdog 小型のペット犬.

lapel[ləpél]上着の折り返し.

lapidary[lǽpəderi]宝石細工人 / 宝石細工の;石に刻んだ.

lapse[lǽps]経過;堕落;〔権利などの〕失効 / 過ぎ去る;堕落する;陥る;無効になる.

laptop 膝のせ型の(パソコン).

larboard[lá:rboːrd]左舷(の).

larceny[lá:rsəni]窃盗罪. **larcenous** 形

larch[lá:rtʃ]カラマツ.

lard[lá:rd]豚脂, ラード(を塗る).

larder[lá:rdər]食料貯蔵室.

large[lá:rdʒ]大きい;広い;多い / 大規模な. **at** ～自由で;詳細に;一般に. **in** ～大規模に. ～-**minded** 度量の大きい. ～-**scale** 大規模な;大縮尺の. **largeness** 大きさ.

largely[lá:rdʒli]大いに;主として.

largess[lá:rdʒés]気前のよさ;〔多額の〕祝儀.

largo[lá:rgou]〔電気〕遅い〔く〕/ 遅い曲, ラルゴ.

lark[lá:rk]ヒバリ.

lark 戯れ, いたずら, 冗談 / ふざける, 浮かれる.

larkspur ヒエンソウ.

larva[lá:rvə]幼虫. **larval** 形

L

laryngeal[ləríndʒiəl]喉頭部の.

laryngitis[lærindʒáitis]喉頭炎.

laryngoscope[ləríŋɡəskoup]喉頭鏡.

larynx[læriŋks]喉頭.

lasagna, 《英》-gne[ləzá:njə]ラザニア.

lascivious[ləsíviəs]みだらな，好色の. **lasciviously** 副 **lasciviousness** 名

laser[léizər]レーザー(光の増幅装置). ~ **beam** レーザー光線. ~ **disk** レーザーディスク. ~ **printer** レーザープリンター.

lash[læʃ]〔むちの〕ひも；むち打ち；激しい非難；まつげ／むち打つ；ぶつかる；非難する. ~ **-up** 急場の間に合わせ(の).

LASIK[léisik] レーシック手術.

lass[læs]少女；〔女の〕恋人.

Lassa[lá:sə]~ **fever** ラッサ熱.

lassitude[læsətju:d]疲れ；無気力.

lasso[læsou]投げなわ(で捕える).

last[læst]最後の；この前の；昨…，先…；最上の，この上もない；最新の，最近の／最後に；ついこの前／最後；終わり／最後の人〔もの〕；最近のもの；死. at ~ ついに. to the ~ 最後まで. ~ **-ditch** 絶体絶命の. **lastly** 最後に.

last² 継続する；続く；持ちこたえる. **lasting** 長持ちする.

latch[lætʃ]掛け金；かんぬき／掛け金をかける. **latchkey child** かぎっ子.

late[léit]遅い，遅れた；前の，先の；最近の；亡くなった／遅く；遅れて. ~ **of** ～ 近ごろ. ~ **-night** 深夜(営業)の. **lately** 近ごろ. **lateness** 名

latent[léitnt]潜在的な；隠れた. **latency** 名

later[léitər]後で／もっと遅い.

lateral²[lætərəl]横の，側面の；〔音声〕側音の. ~ **thinking** 水平思考.

latest[léitist]一番遅い〔遅く〕；最近〔最新〕の. at (the) ~ 遅くとも.

latex[léiteks]乳液.

lath[læθ]木摺り.

lathe[léið]旋盤；陶工用ろくろ.

lather[læðər]石けんの泡；〔馬の〕泡のような汗／〔ひげをそるために〕石けんを泡立てる；泡立つ；〔馬が〕汗まみれになる.

Latin[lætən]古代ローマ人(の)；ラテン語〔系〕(の). **Latin America** ラテンアメリカ(中南米地方). **Latinism** ラテン語風〔語法〕.

Latino[lətí:nou]，《女性》**-tina**[-tí:nə]《米》ラテンアメリカ系住民(の).

latitude[lætətju:d]緯度；(複) 地帯；自由，許容度. **latitudinal** 緯度の. **latitudinarian**〔宗教上の〕自由主義の(人).

latrine[lətrín]〔兵舎などの〕便所.

latter[lætər]後(者) の；後半の. the ~ 後者(the former の反対). ~ **-day** 現代の. **latterly** 近年の；晩年に.

lattice[lætis]格子(を付ける). **latticed** 格子作りの.

latticework 格子細工.

Latvia[lætviə] ラトビア(共和国) (Republic of Latvia).

Latvian[lætviən] ラトビア(人・語)の／ラトビア人〔語〕.

laud[lɔ́:d]賛美(する). **laudable** 感心な. **laudably** 副 **laudation** 名 **laudatory** 形

laugh[læf]笑う；冷笑する《at》／笑いながら言う／笑い(方). **laughingstock** 物笑いの種. **laughable** おかしな. **laughably** 副

laughter[læftər]笑い(声).

launch¹[lɔ́:ntʃ]進水させる；放つ；発射する；送り出す；始める；乗り出させる／進水；〔ロケットの〕発射.

launch² 大型ボート；ランチ.

launder[lɔ́:ndər]洗濯する；アイロンがけをする.

launderette[lɔ:ndərét]《英》コイン

ランドリー.

laundress[lɔ́:ndris] 洗濯女.

Laundromat[lɔ́:ndrəmæt]《米》ローンドロマット(米国のコインランドリーの商標).

laundry[lɔ́:ndri] 洗濯屋; クリーニング店; (the ~) 洗濯物.

laundryman 洗濯屋[人].

laureate[lɔ́:riət] 月桂冠をいただいた / 桂冠詩人.

laurel[lɔ́:rəl] ローレル, 月桂樹; 月桂冠; (複) 栄誉.

lava[láːvə] 溶岩. ~ **bed** 溶岩層.

lavatory[lǽvətɔ:ri] 洗面所; 便所.

lavender[lǽvəndər] ラベンダー; 薄紫色.

lavish[lǽviʃ] 気前のよい, 惜しまない; 豊富な / 浪費する; 惜しみなく与える. **lavishly** 副

law[lɔ́:] 法, 法(律) 学; 訴訟. ~ **-abiding** 法律を守る. ~ **and order** 法と秩序; 治安. ~ **enforcement** 法の執行; 警察(組織). **constitutional** ~ 憲法. **criminal** ~ 刑法. **civil** ~ 民法. ~ **school** 法科大学院, ロースクール. **lawful** 合法の; 法律上の. **lawless** 無法な.

lawgiver 立法者.

lawmaker 立法者.

lawn[lɔ́:n] 芝生; 草地. ~ **tennis** 庭球.

lawn[2] ローン(ごく薄い上等の綿布またはリンネル).

lawsuit 訴訟.

lawyer[lɔ́:jər] 法律家; 弁護士.

lax[lǽks] ゆるんだ; だらしない; 手ぬるい; 漠然とした. **laxity** 名

laxative[lǽksətiv] 通じをつける / 下剤.

lay[1][léi] 置く; 横たえる; 用意する; 敷く; 〔れんがなどを〕積む; 〔卵を〕産む; 打ち倒す; 静める; 〔罪などを〕かぶせる / 卵を産む; 賭ける《on》/ 位置; 地形. ~ **aside** やめる; 蓄える. ~ **down**…を降ろす; 主張する; 投げ出す;

敷く; 定める. ~ **out** 広げる; 費やす; 投じる; 設計する. ~ **over**《米》途中下車する; 塗る; 延期する. ~ **up** 蓄える; 休ませる; 引きこもらせる.

lay-by《英》〔道路の〕待避所;〔鉄道の〕待避線.

lay[2] **lie**[1] の過去.

lay[3](歌用の) 短い物語[詩].

lay[4] 俗人の; 素人の.

layer[léiər] 積む[置く] 人; 産卵鶏; 層, 重ね, 塗り; 取り木 / 取り木をする.

lay figure[léi fìgjər] 人体模型.

layman[léimən], **-woman** しろうと, 門外漢.

layoff 一時的解雇, レイオフ.

layout 配置, 設計; 割り付け, レイアウト.

lazy[léizi] 怠惰な; だるい; のろい. **lazily** 副 **laziness** 名

lazybones《話》なまけ者.

lb.[páund] ポンド《L》libra(= pound).

LBO レバレッジ・バイアウト(企業買収)〔< leveraged buyout〕.

LC《米》議会図書館〔< Library of Congress〕.

L/C 信用状〔< letter of credit〕.

LCA ライフ・サイクル・アセスメント (生産から回収再利用までの過程で環境への影響度を評価する手法)〔< life cycle assessment〕.

LCD 液晶ディスプレイ〔< liquid crystal display〕.

LCM 最小公倍数〔< least[lowest] common multiple〕.

LD レーザーディスク〔< laser disc〕.

LDC 発展途上国〔< less developed country〕.

LDL 低密度リポ蛋白〔< low-density lipoprotein〕.

LDP 自由民主党(日本)〔< Liberal Democratic Party〕.

LDPE 低密度ポリエチレン〔< low-density polyethylene〕.

L

lea[líː]《詩》牧草地，草原.

leach[líːtʃ]こす；濾過する〔される〕/ こし器.

lead[líːd]導く；案内する；率いる；誘う；〔生活を〕送る. ～ on 誘う；仕向ける. ～ off 始める；一番バッターになる. ～ -in 導入部分；前置き.

lead[léd]鉛(製品)；測鉛；鉛筆のしん；弾丸/鉛を混ぜる；〔印刷〕インテル(を詰める). **leaden** 鉛製の；鉛色の；重苦しい；だるい.

leader[líːdər]先導者；首領；主任弁護士；《英》社説；水導管；先頭. **leadership** 指導者の地位〔任務〕；指揮；統率力.

leading[líːdiŋ]先導する；主要な；一流の. ～ **article** [新聞の] 主要記事；《英》社説.

leaf[líːf]葉；〔書物の〕紙の1枚；〔金銀などの〕はく. **leafage** 葉. **leaflet** 若葉；ちらし広告. **leafy** 葉の多い.

leafstalk 葉柄.

league[líːg]同盟；連盟/同盟する. **leaguer** 加盟者(国).

leak[líːk]漏れ(口)/漏れる〔漏らす〕. **leakage** 漏れ，漏洩；漏出量. **leaky** 漏れる；秘密を守れない.

lean[líːn]傾く〔ける〕；よりかかる〔かからせる〕；頼る/傾斜. **leaning** 傾向(した)；好み.

lean[líːn]やせた，〔肉が〕赤身の，脂肪のない；不毛の，不作の；貧弱な.

leant[lént]lean の過去・過去分詞.

lean-to[líːntuː]差し掛け小屋.

leap[líːp]跳ぶ；おどる/跳び越える；跳ばせる/跳躍(距離). ～ **year** うるう年.

leapfrog 馬跳び.

leapt[lépt]leap の過去・過去分詞.

learn[lə́ːrn]学ぶ；聞く；…になる；覚える. **learned**[-id]学問のある. **learner** 学習者.

learning 学習，学識.

learnt[lə́ːrnt]learn の過去・過去分詞.

lease[líːs]借地契約；借用権〔期間〕/賃貸〔借〕する.

leasehold 借用権；借地. **leaseholder** 借地人.

leash[líːʃ]皮ひも(でつなぐ)；抑制する.

least[líːst]最も少ない；最小の/最も少なく〔小さく〕/最小；最少(量). at(the) ～ 少なくとも. not in the ～ ちっとも…ない.

leather[léðər]皮革，なめし皮/革を張る〔つける〕；革ひもで打つ. ～ **neck**《米俗》海兵隊員. **leatheret(te)** [商標] レザーレット(人工皮革). **leathery** 皮のように堅い.

leave[líːv]去る；出発する；残す；置いて行く〔on〕；脱退する；放置する；見捨てる；ゆだねる；残して死ぬ. ～ **off** やめる. ～ **out** 出しっぱなしにしておく；省く；忘れる；無視する. **leavings** 残りもの，かす.

leave[líːv]許可；休暇；いとまごい. on ～休暇で.

leaven[lévən]酵母，パン種/発酵させる；影響を及ぼす；気味を帯びさせる.

leaves[líːvz]leaf の複数.

Lebanese[lebəníːz]レバノン人/レバノン(人) の.

Lebanon[lébənən]レバノン(共和国) (Republic of Lebanon).

lechery[létʃəri]好色. **lecherous** みだらな.

lectern[léktərn][教会の] 朗読台.

lecture[léktʃər]講義〔講演〕(する)；小言(を言う). **lecturer** 講演者；講師；訓戒者.

LED[eli:díː, léd] 発光ダイオード〔＜light emitting diode〕.

led[léd]lead の過去・過去分詞.

ledge[léctʒ] 棚；出っぱり.

ledger[léctʒər]元帳，台帳.

lee[líː]風下；陰.

leech[líːtʃ]ヒル；人の利益を吸い取る者.

leek[líːk]リーキ，ポロねぎ.

leer[líər]横目(で見る). **leery** 疑ってかかる.

lees[líːz]澱だ；糟だ.

leeward[líːərd]風下の〔へ〕.

leeway 余裕；風圧.

left[léft]左の〔に〕／左；革新派，左派；(軍の)左翼；〔野球〕レフト. **~ -hand** 左手の；左側の. **~ -handed** 左ききの；左回りの. **~ -hander** 左利きの人. **~ wing** 左派；革新派. **~ -winger** 左派の人. **leftist** 左翼派；急進党員.

left[2] leave[1] の過去・過去分詞.

leftover(複) 残りもの.

leg[lég]足，脚；すね／《話》 **~ it** 歩く；走る.

legacy[légəsi]遺産.

legal[líːgəl]法律上の；法定の；適法の. **~ aid** 法律扶助. **~ tender** 法定通貨.

legality[ligǽləti]適法，合法.

legalize[líːgəlaiz]合法化する；法律化する.

legate[légət]ローマ法王の使節. **legation** 公使館(員).

legatee[legətíː]遺産受取人.

legato[ləgáːtou]〔音楽〕なめらかな〔に〕.

legend[léd3ənd]伝説；〔貨幣などの〕銘；凡例. **legendary** 伝説の.

legerdemain[led3ərdəméin]手品；ごまかし.

legging[légiŋ]脚絆はん，すね当て；(複) レギンス.

legible[léd3əbl]読みやすい. **legibility** 名 **legibly** 副

legion[líːd3ən]軍隊；古ローマの軍団；多勢. **legionary** 形

legislate[léd3isleit]法律を制定する. **legislation** 立法；法律. **legislative** 立法の，立法権のある. **legislator** 立法者；立法府議員.

legislature[léd3isleitʃər]立法府，《米》州議会.

legitimate[lid3ítəmət]合法の；正当の；嫡出の. **legitimacy** 名

legitimize, -mise[lid3ítəmaiz]合法化する；正当化する；嫡出子と認める.

legume[légjuːm]マメ科植物.

lei[léi]レイ(ハワイの花輪).

leisure[líːʒər, léʒə]余暇(の多い). **leisured** ひまのある；ゆっくりした. **leisurely** ゆっくりした.

leitmotif[láitmoutiːf]ライトモチーフ；主題.

LEM[lem] 月着陸帰還モジュール〔< lunar excursion module〕.

lemming[lémiŋ]レミング.

lemon[lémən]レモン／レモン色〔味〕の.

lemonade[lemənéid]レモン水，レモネード.

lemur[líːmər]キツネザル.

lend[lénd]貸す；与える；添える，加える. **lender** 貸し主. **lending rate** 貸出金利.

length[léŋkθ] 長さ；縦；期間；長短；艇身. **at ~** ついに；詳細に. **lengthen** 長くする〔なる〕. **lengthwise** 長い〔く〕；縦の〔に〕. **lengthy** 長ったらしい.

lenient[líːniənt]寛大な；温和な. **lenience, leniency** 名

lenitive[lénətiv]鎮痛〔緩和〕性の／鎮痛〔緩和〕剤.

lens[lénz]レンズ；水晶体.

Lent[lént]〔宗教〕四旬節.

lent[lént] lend の過去・過去分詞.

lentil[léntil]レンズマメ.

Leo[líːou] 獅子座〔宮〕.

leopard[lépərd]ヒョウ.

leotard[líːətaːrd]レオタード.

leper[lépər]ハンセン病患者.

leprosy[léprəsi]ハンセン病. **leprous** ハンセン病の.

lesbian[lézbiən]〔女性の〕同性愛の(人).

lesion[líːʒən] 損傷；病巣.

L

Lesotho[ləsúːtuː] レソト(王国) (Kingdom of Lesotho).

less[lés] より小さい〔少ない〕/…より少なく. **lessen** 小さくする〔なる〕；減らす〔る〕.

lessee[lesíː] 借地〔借家〕人.

lesser[lésər] より小さい〔少ない〕. ~ **panda** レッサーパンダ.

lesson[lésn] 学科；課；(複) 授業；教訓；日課.

lessor[lésɔːr] 賃貸人.

lest[lést] …しないように，…するといけないから.

let[lét] …させる；貸す；許す；こぼす. Let me see. ええと，そうですね. ~ **down** 下げる；失望させる. ~ **in** 入れる. ~ **off** 放つ；ゆるす. ~ **out** 出す；広げる；漏らす.

lethal[líːθəl] 致命的な. ~ **weapon** 殺人兵器.

lethargy[léθərdʒi] (病的な) 眠気；昏睡状態；無気力. **lethargic** 形

Lethe[líːθi] 〔ギリシャ神話〕レーテー，忘却の川；忘却.

let's[lets] let us の短縮.

letter[létər] 字；手紙；字句；(複) 文学，学問；証書. ~ **box** 郵便受け. **lettered** 学問のある. **lettering** 文字を書く〔刷る，刻む〕こと；書体；銘.

letterhead 便箋 ࿉上部に入れる社名・所在地など；その便箋.

lettuce[létis] レタス.

leukemia, leukaemia[luːkíːmiə] 白血病.

leukocyte[lúːkəsait] 白血球.

levee[lévi] (川の) 堤防；船着場.

level[lévəl] 水平(面)；平地；水準(器)；高さ；地位 / 水平の，平らな，同等な；むらのない / 水平にする；平らにする；同等にする；〔銃を〕向ける，ねらう.

lever[lévər, líːvə]てこ(で動かす).

leverage[lévəridʒ] てこの作用；手段；影響力；〔経済〕レバレッジ. **leveraged buyout** レバレッジ・バイア

ウト(買収)〔略 LBO〕. **deleverage** デレバレッジ.

leviathan[liváiəθən]〔聖書〕大海獣；巨大な(君主) 国家〔船〕.

levitate[lévəteit] 空中に浮き上がる〔上がらせる〕.

levity[lévəti] 軽率(な行為).

levy[lévi] 徴収(する)；賦課 ࿉(する)；召集(する).

lewd[lúːd] みだらな，わいせつな. **lewdly** 副 **lewdness** 名

lexicography[leksəkágrəfi] 辞書編集. **lexicographer** 名

lexicon[léksəkɑn]〔特に古典語の〕辞書.

LGBTQ エルジービーティーキュー (性的少数者を表す略称)〔< Lesbian, Gay, Bisexual, Transgender, Queer/Questioning〕.

liable[láiəbl] …しやすい，よく…しがちな；責任のある. **liability** …しがちなこと；責任；負担；(複) 負債.

liaise[liːéiz]《英》…と連絡をつける《with》.

liaison[liːeizɔ́ːn]〔軍隊〕連絡；不倫；連声，リエゾン.

liar[láiər] うそつき.

lib[líb] 解放運動(の).

libation[laibéiʃən] 献酒，神酒(みき)；《おどけて》飲酒.

Lib Dem《英》自民党，自由民主党〔< Liberal Democratic Party〕；自民党員〔< Liberal Democrat〕.

libel[láibəl] 名誉毀損 ࿉；〔法律〕文書誹毀 ࿉罪；中傷(する). **libel(l)ous** 中傷的な.

liberal[líbərəl] 寛大な；心の広い；気前のよい；豊富な；自由主義の／自由主義者；(L-) 自由党員. **liberalism** 自由主義. **liberalist** 自由主義者. **liberality** 寛大；気前の良さ. **liberally** 気前よく.

Liberal Democrat(英国の) 自由民主党員(の).

liberalize[líbərəlaiz] 自由(主義) 化

する. liberalization 名

liberate[líbəreit]解放する. **liberation** 名 **liberator** 解放者.

Liberia[laibíəriə] リベリア(共和国) (Republic of Liberia).

libertarian[libərtéəriən]自由(意志) 論者(の).

libertine[líbərti:n]道楽者.

liberty[líbərti]自由；解放；(複) 特権. take the ～ of 勝手ながら…する.

libidinous[libídənəs]好色の, みだらな.

libido[libí:dou]リビドー, 性衝動.

LIBOR[líbər] ロンドン銀行間出し手金利[＜ London Interbank Offered Rate].

Libra[lí:brə]天秤座〔宮〕.

librarian[laibréəriən]図書館員, 司書.

library[láibreri]図書館；書斎；蔵書；双書.

libretto[librétou](歌劇の) 歌詞, 脚本.

Libya[líbiə] リビア.

Libyan[líbiən] リビア(人) の.

lice[láis]louse の複数.

license, licence[láisəns]免許(状), 鑑札；気まま / 免許を与える；許可する.

licensed, licenced[láisənst] 許可された；免許を受けた.

licensee[laisənsí:]免許を受けた人.

licentious[laisénʃəs]気ままな；放蕩な.

lichen[láikən]地衣；苔癬.

lick[lík]ひとなめ；少量 / なめる；《話》なぐる.

licorice[líkəriʃ]カンゾウ(の根).

lid[líd]ふた；まぶた.

lie[^1][lái]横たわる；寝る；(…のままで) ある；位置する；葬られている；宿泊する；成り立つ／位置；形勢. ～ **down** うたた寝. ～ **-in** 寝ころび抗議；朝寝.

lie[^2] うそ(をつく). ～ **detector** うそ

発見器.

Liechtenstein[líktənstain] リヒテンシュタイン(公国) (Principality of Liechtenstein).

liege[lí:dʒ]君主；臣下／君主たる；忠実な.

lieu[lú:]場所. **in** ～ **of** …の代わりに.

lieutenant[lu:ténənt, 陸軍 -leftén-, 海軍 -lətén-]《米》陸軍・海軍・海兵隊》中尉(first lieutenant)；少尉(second lieutenant)；海軍大尉；上官代理, 副官；《米》警察署補. ～ **colonel** 中佐. ～ **commander** 少佐. ～ **general** 中将. **lieutenancy** lieutenant の職.

life[láif]生命；生活；人生；寿命；世間；生気, 活気；実物；伝記. **to the** ～ 真に迫って. ～ **assurance**《英》生命保険. ～ **belt** 救命帯. ～ **buoy** 救命浮き輪. ～ **cycle** ライフサイクル. ～ **expectancy** 平均期待年数. ～ **expected** 平均余命. **lifeguard** 水難救助員. ～ **insurance** 生命保険. ～ **preserver** 救命具. ～ **-saver** 人命救助者；水難救助隊員. ～ **-saving** 救命(の)；水難救助. ～ **-size** 等身大の. ～ **-threatening** 生命をおびやかす. **Life Guards(the** ～) 〔英国の〕近衛騎兵隊. **lifeless** 死んだ；生気のない. **lifelike** 生き写しの.

lifeboat 救命艇.

lifeline ライフライン(水道・送電線・通信網など日常生活を支える諸々のシステム)；命綱.

lifelong 一生涯にわたる, 終身の. ～ **education** 生涯教育.

lifestyle 生き方, ライフスタイル. ～ **related disease** 生活習慣病.

lifetime 生涯, 終生.

lifework 一生の仕事.

lift[líft]上げる〔がる〕；高める〔まる〕；取りはずす；盗む；〔整形手術で〕しわを取る／上げること；高揚；昇進；上昇力；起重機；《英》エレベーター.

L

give(a person)a ～〔車に〕便乗させる.

ligament[lígəmənt] 靱帯.

ligature[lígətʃər] ひも；〔医学〕結紮糸；金字.

light¹[láit] 光；火；明かり，電灯；窓；知識 / 明かりをつける，火をつける；照らす / 火がつく；明るくなる. bring to ～ 明るみに出す. come to ～ 明るみに出る. in the ～ of …に照らして；…として. ～ **bulb** 白熱電球. ～ **-year** 光年. **lightship** 灯台船.

light²[láit] 軽い；寛大な；ささいな；薄い；不品行な；〔眠りが〕浅い. make ～ of …を軽んじる. ～ **-headed** 頭がクラクラする. ～ **-horseman** 軽騎兵. ～ **-minded** 軽薄な. **lightly** 軽く；たやすく；温和に；陽気に. **lightsome** 光を出す；陽気な.

light³〔馬などから〕降りる；〔鳥などが〕とまる.

lighten¹[láitn] 照らす；明るくする.

lighten² 軽くする〔なる〕；陽気にする〔なる〕.

lighter¹[láitər] 火をつける人〔器具〕，ライター.

lighter² 艀.

lighthearted 陽気な.

lighthouse 灯台.

lightning[láitniŋ] 電光；稲妻. ～ **rod** 避雷針.

lightweight 軽い；〔ボクシング〕ライト級の.

like¹[láik] 好む；気に入る /(複) 好み. **lik(e)able** 好ましい.

like² 似ている /…のような. feel ～ …したい気がする. ～ **-minded** 同じ考え〔目的〕を持った；同趣味の. **likewise** 同様に；さらに.

likely[láikli] ありそうな；…しそうな，見込みのある；適当な / 多分，恐らく. **likelihood** ありそうなこと；見込み. in all likelihood 多分.

liken[láikən] たとえる.

likeness[láiknis] 似ていること；類

似点；見かけ.

liking[láikiŋ] 趣味，好み《for, to》.

lilac[láilək] ライラック；薄紫色.

lilt[lílt] 快活に歌う / 軽快な歌〔動作〕.

lily[líli] ユリ. ～ **of the valley** スズラン.

limb[lím] 肢，手足；翼；大枝.

limber[límbər] しなやかな；軽快な / しなやかにする〔なる〕.

limbo[límbou]〔聖書〕地獄の辺土；忘却；刑務所.

lime¹[láim] 石灰；鳥もち.

lime² ライム.

limelight 石灰灯；注目の的.

limerick[límərik] リメリック(こっけいな 5 行の詩).

limestone 石灰石〔岩〕.

limit[límit] 限界，限度；範囲 / 限る，制限する. **limitation** 限界；制限. **limited** 限られた；特別(急行) の. **limitless** 無制限の.

limousine[líməzi:n] リムジン.

limp¹[límp] ぐにゃぐにゃの；弱々しい.

limp² 足を引きずって歩く(こと).

limpid[límpid] 透明な；明快な. **limpidity** 名

linden[líndən] ボダイジュ.

line[láin] 綱；糸；線；行(列)；短い手紙；外形；家系，横隊；線路，航路；境界；商売；方向；専門 / 線を引く；しわを寄せる；一列に並べる〔並ぶ〕；整列する；裏を付ける；詰め込む；(LINE) ライン (2011 年開始のメッセンジャーアプリ).

lineage[líniidʒ] 血統，系統.

lineal[líniəl] 直系の；先祖からの；線の.

lineament[líniəmənt] (複) 顔立ち，人相；特徴.

linear[líniər] 線(状) の. ～ **equation** 1 次方程式.

lineman 保線〔架線〕工；前衛.

linesman = lineman; 線審.

linen[línin] 亜麻布；リンネル（製品）．

liner[láinər] 定期船；旅客機；〔野球〕ライナー．

liner[2] 裏地；〔取り外しできるコートの〕ライナー．

lineup 整列；顔ぶれ，ラインアップ．

linger[língər] ぐずぐずする；手間どる；長引く．

lingerie[lɑ:nʒəréi] 婦人の下着．

lingo[língou] 《俗》〔特殊な〕言語；わけの分からない言葉．

lingual[língwəl] 舌の；言語の／舌音字；舌音字．

linguist[língwist] 言語学者；外国語通．

linguistic[liŋgwístik] 言語（学）の． **linguistics**（言）語学．

liniment[línəmənt] 塗布薬．

lining[láinin]〔衣服の〕裏地．

link[líŋk] 環；〔編み物の〕目；連結する人〔もの〕；〔コンピュータ〕リンク；（複）カフスボタン／つなぐ〔がる〕． **linkage** 連鎖；連結．

links[líŋks] ゴルフ場．

linkup 連結；提携．

linoleum[linóuliəm] リノリウム．

linseed[línsi:d] 亜麻仁☆. ~ **oil** 亜麻仁油．

lintel[líntl] まぐさ（窓・入り口などの上の横木）．

lion[láiən] ライオン；勇猛な人；名物；人気者． **lion's share** 最大の分け前；うまい汁． **lioness** ライオンの雌．

lionhearted 勇猛な．

lip[líp] 唇；（複）口；縁／唇を当てる． ~ **language**〔聾唖ぷ者の〕視話． ~ **-reading** 読唇術． ~ **service** 口先だけの親切．

lipid[lípid] 脂質．

lipstick 口紅．

liquefy[líkwəfai] 溶解させる〔する〕．

liqueur[likə:r] リキュール酒．

liquid[líkwid] 液体（の）；流動（する）；流暢（な）；流音（の）；〔資産が〕流動性の．

liquidate[líkwideit] 清算する；支払う；一掃する；解散する． **liquidation** 名

liquidity[likwídəti] 換金性；流動性．

liquor[líkər] アルコール飲料；液体；煮汁．

lira[líərə] リラ（イタリア・トルコの貨幣単位）．

lisp[lísp] 舌たらず（で発音する）．

list[1][líst] 目録（に入れる），表（に加える）；名簿． **listing** 表の作成；表の記載事項．

list[2]〔布の〕耳，へり（を付ける・切り取る）；細長い切れはし．

list[3]〔船が〕傾く（こと）．

listen[lísn] 聴く． **listener** 聴取者．

listless[lístlis] 元気のない；だるそうな．

lit[lít] light[1], [3] の過去・過去分詞．

litany[lítni] 連祷☆．

liter, litre[lí:tər] リットル．

literacy[lítərəsi] 読み書きの能力；学問のあること．

literal[lítərəl] 文字（通り）の；平凡な；正確な． **literally** 文字通りに；《話》実に．

literary[lítəreri] 文学の；文学に通じた；文語体の．

literate[lítərət] 読み書きできる（人）；教養のある（人）．

literature[lítərətʃər] 文学；文芸；文献．

lithe[láið] しなやかな． **lithesome** しなやかな．

lithium[líθiəm] リチウム．

lithography[liθágrəfi] 石版印刷（術）． **lithographer** 石版師． **lithograph** 石版印刷． **lithographic** 形

Lithuania[liθuéiniə] リトアニア（共和国）（Republic of Lithuania）．

Lithuanian[liθuéinjən] リトアニア（人・語）の／リトアニア人〔語〕．

litigate[lítəgeit] 論争する，法廷で争う． **litigation** 名

litmus[lítməs] リトマス(染料). ~ **paper** リトマス試験紙.

Litt. D. 文学博士[<《L》Litterarum Doctor = Doctor of Letters[Literature]].

litter[lítər] くず;がらくた;混乱;担架;〔動物の〕寝わら;〔動物の〕一腹の子/散らかす;寝わらを敷く;子を産む.

litterbug, litterlout 公共の場所にごみを捨てる(人).

little[lítl] 小さい;幼い;短い;少しの;くだらない / 少し / 少ししか;ほとんど…ない. ~ **finger** 手の小指. ~ **toe** 足の小指.

liturgy[lítərdʒi] 礼拝式;典礼文. **liturgical** 礼拝の.

live¹[lív] 住む;生きている;暮らす;存続する / 過ごす, 生活する. ~ **-in** 住み込みの.

live²[láiv] 生きている;活気のある;電流が通じている;生の.

livelihood[láivlihud] 暮らし, 生計.

livelong[lívlɔːŋ] …じゅうの. the ~ **day** 一日中.

lively[láivli] 快活な;陽気な;真に迫る / 活発に. **liveliness** 名

liver¹[lívər] 肝臓, レバー.

liver² 生活者, 居住者.

liverwurst[lívərwəːrst] レバーソーセージ.

livery[lívəri] そろいの服, お仕着せ;制服;貸し馬業.

livestock[láivstak] 家畜類.

livid[lívid] 青ざめた;鉛色の;激怒した.

living[lívíŋ] 生きている;現代の;天然の;活気ある / 生活;生計. ~ **room** 居間. ~ **standards** 生活水準.

lizard[lízərd] トカゲ. house ~ ヤモリ.

llama[láːmə] ラマ.

llano[láːnou] 〔南米の〕大草原.

LL. B. 法学学士[<《L》Legum Baccalaureus = Bachelor of Laws].

LL. D. 法学博士[<《L》Legum Doctor = Doctor of Laws].

LLDC 後発発展途上国[< least among less-developed countries].

LM 月着陸船[< lunar module].

LME ロンドン金属取引所[< London Metal Exchange].

LNG 液化天然ガス[< liquefied natural gas].

lo[lóu] 見よ!

loach[lóutʃ] ドジョウ.

load[lóud] 積荷;重荷;苦労;心配;負荷;仕事量;装填≌/〔荷物を〕積む;〔弾丸を〕こめる. **loaded** 荷を積んだ;満員の. **loading** 荷積み;装填.

loaf¹[lóuf] 〔パンなどの〕一かたまり.

loaf² のらくらして暮らす. **loafer** なまけ者;《米》つっかけ靴.

loam[lóum] ローム;肥沃な土壌.

loan[lóun] 貸し付け;公債 / 貸す. **consumer** ~ 消費者金融

loath[lóuθ] 嫌って, いやがって.

loathe[lóuð] 嫌う, 憎む. **loathing** 嫌悪. **loathsome** 胸の悪くなるような, いまわしい.

loaves[lóuvz] loaf の複数.

lob[láb] ゆるく高い球を打つ.

lobby[lábi] ロビー;〔議員の〕控え室;《米》院外団 / 議員に働きかける. **lobbyist** 院外運動員.

lobe[lóub] 耳たぶ.

lobotomy[ləbátəmi] ロボトミー;前頭葉切除術.

lobster[lábstər] イセエビ.

local[lóukəl] 場所の;地方の;局部の;《米》各駅停車の. ~ **government** 地方自治(体). ~ **time** 現地時間. **localize** 局限する;地方化する. **locally** 特定の地方で;局部的に.

locale[loukǽl] 〔事件などの〕現場;〔小説などの〕舞台.

locality[loukǽləti] 付近;場所;位置関係.

locate[lóukeit, loukéit] 置く;居住する〔させる〕;捜し出す. **location** 位置

(測定)，場所；用地；野外撮影.

loch[lák]湖；入江.

lock¹[lák]錠；水門；〔車の〕輪止め；銃の発射装置 / 錠を下ろす；閉じこめる.

lock² 髪の房；巻き毛.

locker[lákər]戸だな，ロッカー. ~ room 更衣室.

locker-room〔言葉などが〕ひわいな（更衣室で話すような）.

locket[lákit]〔写真を入れる〕ロケット.

lockout[láut]工場閉鎖.

locksmith 錠前屋.

locomotion[loukəmóuʃən]移動（力）；旅行.

locomotive[loukəmóutiv]移動力のある機関車. steam ~ 蒸気機関車〔略 SL〕.

locust[lóukəst]イナゴ；《米》セミ.

locution[loukjúːʃən]話し方；慣用語法.

lode[lóud]鉱脈；水路.

lodge[ládʒ]小屋，山荘；〔秘密結社などの〕集会所 / 泊まる（める），下宿する / 打ち込む；預ける；倒す；提出する. **lodger** 宿泊人，下宿人.

lodgment, lodgement[ládʒmənt]宿泊；堆積，沈殿；占領；拠点.

lodging[ládʒiŋ]宿泊；下宿；〔複〕貸し間. ~ **house** 下宿屋.

loess[lóues]黄土.

loft[lɔːft]屋根裏（部屋）；〔教会・講堂の〕ギャラリー；〔倉庫・工場の〕上階.

lofty[lɔ́ːfti]高い；高尚な；高慢な. **loftily** 高く.

log[lɔːg]丸太，丸木；〔海事〕測程器；経過記録；航海日誌 / 丸太に切る；記録をとる；…の時間〔距離〕を動く.

logarithm[lɔ́ːgəriðm]対数.

logbook 航海日誌.

logger 木こり.

logging[lɔ́ːgiŋ]伐木搬出（屋）

logic[ládʒik]論理（学）. **logical** 名 論理上の；論理的な. **logically** 副

logician[loudʒíʃən]論理学者.

logistics[loudʒístiks]兵站^{ㄟㄟ}術. **logistic, logistical** 形

logo, logotype[lóugou]ロゴ；連字活字.

logrolling なれ合い；協力.

loin[lɔ́in]〔複〕腰；〔牛などの〕腰肉.

loincloth 下帯，腰布.

loiter[lɔ́itər]ぶらぶら歩く〔過ごす〕.

loll[lál]だらりと寄りかかる〔もたせかける〕；だらりと舌をたれる〔たらす〕.

lollipop, lollypop[lálipap]棒つきキャンディー.

lone[lóun]寂しい；孤独の；独身の. **loner** 孤独を好む人，一匹狼. **lonesome** 寂しい；心細い.

lonely[lóunli]孤独の；寂しい. **loneliness** 名

long¹[lɔ́ːŋ]長い；久しい；遠い；高い / 長く，ずっと；…じゅう. ~ **-awaited** 長い間待ちこがれた. ~ **-distance** 長距離の〔で〕. ~ **haul** 長い期間〔道のり〕. ~ **-lived** 長命の. ~ **-range** 長期の；長距離用の. ~ **-run(ning)** 長期間続く，ロングランの. ~ **-suffering** がまん強い / がまん強さ. ~ **-term** 長期の. ~ **-winded** 長ったらしい.

long² 切望する《for》. **longing** 熱望（の），あこがれ（の）.

longevity[landʒévəti]長命，長寿；寿命.

longitude[lándʒətjuːd]経度；経線. **longitudinal** 経度〔経線〕の；縦の.

longshoreman[lɔ́ːŋʃɔːrmən]港湾労務者.

longstanding 積年の.

longtime 昔からの，長年の.

loo[lúː]トイレ.

look[lúk]見る《at》；…に見える；顔をする；注意する；調べる／目つきで示す／顔つき；様子；一見. ~ **after** 世話する；見送る；捜す. ~ **for** 捜す；求める. ~ **into** 調べる. ~ **out** 気をつける；外を見る；見晴らす. ~ **over**

L

見渡す；ざっと目を通す；大目に見る．
～ sharp 気をつける；急ぐ．～ up 調
べる；訪問する．～ up to 見上げる；
敬う．**looking glass** 鏡．

looker-on[lúkərón] 見物人；傍観
者．

lookout[lúkaut] 見張り(所・人)．

loom¹[lú:m] ぼんやり見えてくる(こ
と)．

loom² 織機，はた(を織る)．

loon[lú:n] なまけ者；ばか；[鳥] アビ．

loony[lú:ni]《俗》狂気(の)．

loop[lú:p] 輪；環状線；曲線；宙返り
飛行／輪にする[なる]；輪で締める．

loophole 銃眼；逃げ道．

loose[lú:s] ゆるい；自由な；締まりの
ない；解けた；下痢の／ほどく；離す；
撃つ；放つ[なる]．～ **ends** 未解決の
問題．**loosely** 副

loosen[lú:sn] ゆるめる；解く／ゆるく
なる．

loot[lú:t] 略奪品；不正利得／略奪す
る．

lop¹[láp] [枝を] 切る．

lop² だらりと垂れる．

lopsided 一方に傾いた．

loquacious[loukwéiʃəs] 多弁な；
[鳥などが] 騒がしい．**loquacity** 名
loquaciously 副

LORAN, loran 電波利用遠距離
航法システム，ロラン[< long-range
navigation system]．

lord[lɔ́:rd] 君主；貴族；支配者；(L-)
…[敬称] 卿；(the L-) 神．～ **it over**
…を支配する，威張る．**lordship** 君
主の地位；[呼びかけ] 閣下．**lordly**
堂々たる；尊大な．**lordliness** 名

lore[lɔ́:r] 学問，知識；伝承．

lorry[lɔ́:ri] トロッコ；貨物自動車，ト
ラック；貨車．

lose[lú:z] 失う，なくす；損する；[時
計が] 遅れる／[道に] 迷う；負ける．
loser 損失者；敗者．

loss[lɔ́:s] 損失，損害；浪費．at a ～ 当
惑して；損をして．

lost[lɔ́:st] lose の過去・過去分詞／失
くした；浪費した；損をした；負けた；
道に迷った；我を忘れた，夢中にな
った．

lot[lát] 運命；当たりくじ；一山；地区；
分け前；(複) たくさん．

lotion[lóuʃən] 化粧水．

lottery[látəri] 富くじ，福引き．

lotus[lóutəs] ハス；蓮華模様．
-eater 夢想家．

loud[láud] 大声の；騒がしい；はでな；
下品な．**loudly** 副

loudspeaker 拡声器．

lounge[láundʒ] 休憩[待合] 室；長い
す／ぶらぶら歩く；ぐったり横たわる；
のらくら暮らす．

loupe[lú:p] ルーペ，拡大鏡．

louse[láus] シラミ．

lousy[láuzi] シラミのたかった；不潔
な；下品な，ひどい；たんまりある．

lout[láut] 無骨者．**loutish** 無骨な．

lovable[lávəbl] 愛らしい．

love[láv] 愛；恋；嗜好；愛人；[テ
ニスなどで] 無得点，ゼロ／愛する；
好む；…したがる．～ **affair** 情事，
浮気．～ **life** 性生活．～ **story** 恋
物語，恋愛小説．**loveliness** 美しさ．
lovely 愛らしい；すばらしい．

lovelock 巻き毛．

lover[lávər] [男の] 恋人；愛好者．

loving[láviŋ] 愛する；愛情のこもった．
lovingly 愛情をこめて，親切に．

low¹[lóu] 低い，卑しい，安い；弱った
／低く；卑しく；安く；粗食で．～ **-key**
控え目な；抑制のきいた．～ **-paid**
賃金の．～ **-spirited** 元気のない．
lowbred 育ちの卑しい．**lowly** 謙遜な；
低く；卑しく．

low²[牛が] モーと鳴く／牛の鳴き声．

lower¹[lóuər] 下の；劣等な／下げる
[がる]；低くする[なる]；安くする[な
る]；減らす[る]．**the Lower House**
下院．

lower²[láuər] 顔をしかめる；[空模
様が] 険悪になる．**lowering** 不機嫌

な；荒れ模様の.

lowland[lóulənd] 低地(の).

loyal[lɔ́iəl] 忠義な；忠実な. **loyalist** 忠義な人. **loyalty** 忠義；忠実. **loyally** 副

lozenge[lázindʒ] ひし形(のもの)；錠剤.

LP LP 盤〔< long-playing(record)〕.

LPG 液化石油ガス〔< liquefied petroleum gas〕.

LPGA 《米》女子プロゴルフ協会〔< Ladies Professional Golf Association〕.

LRV 月面移動車〔< lunar roving vehicle〕.

LSD リゼルグ酸ジエチルアミド(幻覚剤の一種)〔< lysergic acid diethylamide〕.

LSE ロンドン大学経済・政治学部〔< London School of Economics and Political Science〕；ロンドン証券取引所〔< London Stock Exchange〕.

LSI 大規模集積回路〔< large-scale integration〕.

LSS 生命維持装置〔< life-support system〕.

LST 地方標準時〔< local standard time〕.

LT 共同生活，同棲〔< living together〕；ロンドン・トランスポート(ロンドンの地下鉄)〔< London Transport〕.

Lt. 副官；中尉；〔海軍〕大尉；《米》警察補〔< lieutenant〕.

Lt. Col. 中佐〔< Lieutenant Colonel〕.

Lt. Com. 少佐〔< Lieutenant Commander〕.

Ltd., ltd. 株式〔有限〕会社(企業名の後につける)〔< limited〕.

Lt. Gen. 中将〔< Lieutenant General〕.

Lt. Gov. 《米》州副知事；《英》総督代理〔< lieutenant governor〕.

LTTE タミル・イーラム解放のトラ=

スリランカ〔< Liberation Tigers of Tamil Eelam〕.

lubricate[lú:brəkeit] なめらかにする；油を差す〔塗る〕. **lubrication** 名 **lubricator** 油差し，潤滑装置. **lubricant** なめらかにする；潤滑油.

lucid[lú:sid] 清い；透明な；明白な；正気の；輝く. **lucidity** 名

Lucifer[lú:səfər] 暁の明星；魔王.

luck[lʌk] 運；幸運. **luckily** 運よく，幸運にも. **luckless** 不運な. **lucky** 運〔縁起〕のよい.

lucrative[lú:krətiv] 利益のある，もうかる. **lucratively** 副

lucre[lú:kər] 利益；金銭.

ludicrous[lú:dəkrəs] 滑稽な；ばかばかしい.

lug[1][lʌg] 強く引く(こと).

lug[2] 耳；柄，取っ手；のろま.

luggage[lʌ́gidʒ] 《英》トランク類，手荷物.

lugubrious[lugjú:briəs] 悲しげな.

lukewarm[lú:kwɔ́:rm] なまぬるい；不熱心な.

lull[lʌl] 小止み；なぎ／なだめる；〔小児を〕寝かしつける；静める；静まる；なぐ.

lullaby[lʌ́ləbai] 子守歌.

lumbago[lʌmbéigou] 腰痛.

lumber[1][lʌ́mbər] 材木；がらくた物／乱雑に積み重ねる；がらくたを詰め込む；材木を切り出す；がらくたでふさぐ.

lumber[2] どしんどしん歩く；がたがた動く.

lumberjack きこり.

lumberman 材木商.

lumbermill 製材所.

luminary[lú:məneri] 発光体(太陽・月など)；すぐれた人.

luminescence[lu:mənésns] 冷光.

luminous[lú:mənəs] 光る；明るい；分かりやすい；知的な. **luminosity** 光輝；発光体.

lump[lʌmp] かたまり；こぶ；ばか者

L

/ 総括する；かたまりにする〔なる〕.
~ -sum 一括の. **lumpish** 鈍重な.
lumpy こぶだらけの；無骨な.

lunacy[lúːnəsi] 精神錯乱；狂気の沙汰.

lunar[lúːnər] 月の. ~ **calendar** 陰暦.
~ **eclipse** 月食.

lunatic[lúːnətik] 狂気の / 狂人.

lunch[lʌntʃ] 昼食；軽食 / 昼食をとる.

luncheon[lʌntʃən] 昼食（会）. ~
meat ランチョンミート.

lunchtime 昼食時間.

lung[lʌŋ] 肺.

lunge[lʌndʒ]〔フェンシングの〕突き；
突進 /〔剣などで〕突く；突進する.

lurch[ləːrtʃ] 傾斜；よろめき / 一方に
傾く；よろめく.

lure[lúər] 誘惑物，擬似餌 / 誘惑する.

lurid[ljúərid] ぞっとする；ぎらぎらす
る；赤く染まっている.

lurk[ləːrk] 潜む《behind, in, under》.

luscious[lʌ́ʃəs] 甘美な；おいしい；官
能的な.

lush[lʌʃ] みずみずしい；繁茂した / 大
酒飲み；アル中.

lust[lʌst] 欲；色欲 / 渇望する；色情
を起こす. **lustful** 好色な.

luster, lustre[lʌ́stər] 光沢，つや；
栄光；シャンデリア.

lustrous[lʌ́strəs] 光沢のある，輝く.

lusty[lʌ́sti] 強壮な；活発な.

lute[lúːt] リュート.

Luxembourg[lʌ́ksəmbəːrg] ルクセ
ンブルク（大公国）(Grand Duchy of
Luxembourg).

luxuriant[lʌgʒúəriənt] 繁った；豊富
な. **luxuriance** 名

luxuriate[lʌgʒúərieit] 贅沢をする，
ふける《in》；繁茂する.

luxurious[lʌgʒúəriəs] 贅沢な；豪
華な.

luxury[lʌ́kʃəri] 贅沢（品）.

LV《英》(雇主支給の) 昼食券〔<
luncheon voucher〕.

lyceum[laisíːəm] 講堂；文化会館.

lying[láiiŋ] lie[1], [2] の現在分詞 / 横たわ
る（こと）；うそをつく（こと）；虚偽（の）.

lymph[limf] リンパ（液）. **lymphatic**
リンパの；無気力な / リンパ管.

lynch[lintʃ] リンチ（を加える）.

lynx[liŋks] オオヤマネコ.

lyre[láiər] 竪琴 / (the ~) 叙情詩.

lyric[lírik] 叙情の / 叙情詩；(複) 歌
詞. **lyrical** = lyric. **lyricism** 叙情(詩
体). **lyrically** 副

lysol[láisɔːl] リゾール液.

LW 長波〔< long wave〕.

LWR 軽水炉〔< light water reactor〕.

M

M 男性〔< male〕；《英》高速道路〔<
motorway〕.

m メートル〔< meter〕；マイル〔<
mile〕.

MA マサチューセッツ州〔< Mas-
sachusetts〕；文科系修士号〔< Master
of Arts〕.

ma[máː]《話》おかあさん，ママ.

ma'am[məm, 強mǽm]《話》奥様，(女
性の) 先生；《英》王女様，女王様.

MaaS マース（さまざまな交通サー
ビスをアプリ等でよどみなく利用で
きるサービス）〔< Mobility as a
Service〕.

macabre[məkáːbrə]《F》気味の悪い.

macadam[məkǽdəm] 砕石(道路).

macadamia nut[mækədéimiə] マカ
デミアナッツ.

macaroni[mækəróuni] マカロニ.

macaroon[mækərúːn] マカロン（卵
白，アーモンド入りクッキー）.

macaw[məkɔ́ː] コンゴウインコ.

mace[1][méis] 権標，職杖.

mace[2] メース（ナツメグの皮で作る香
辛料）.

mace[3] 催涙ガス（をかける）.

Macedonian[mæsədóuniən] マケド
ニア(人・語) の / マケドニア人〔語〕.

macerate[mǽsəreit] (浸して) 柔らか

M

くする〔なる〕；やつれ（させ）る.

mach[máːk]マッハ（音速に対する物体の速度比）.

machete[məʃéti]〔中南米の〕なた.

Machiavellian[mækiəvéliən]マキアベリ（Machiavelli）の；権謀をめぐらす（人）.

machination[mækənéiʃən]陰謀.

machine[məʃíːn]機械（ミシン・自転車・自動車・飛行機など）；〔政党などの〕幹部；機械的に動く人. ~ **gun** 機関銃. ~ **-gun** 矢継早. ~ **tool** 工作機械.

machinery[məʃíːnəri]〔集合的〕機械；機構.

machinist[məʃíːnist]機械技師，機械工.

macho[máːtʃou]男らしい，たくましい（人）.

mackerel[mǽkərəl]サバ.

Macintosh[mǽkintəʃ]マッキントッシュ（商標，アップルコンピュータ社が開発したパソコンシリーズ）〔略Mac〕.

mac(k)intosh[mǽkintəʃ]《英古》ゴム引き防水布〔コート〕；〔一般に〕レインコート.

macro[mǽkrou]非常に大きい；大型の；マクロ（短縮命令）.

macrobiotic[mækrəbaiátik]長寿食〔自然食〕の.

macrocosm[mǽkrəkɑzm]大宇宙（microcosm の対）.

macroeconomics マクロ経済学.

mad[mǽd]気の狂った；怒った；熱狂した；夢中の；無謀な. ~ **cow disease** 狂牛病（＝bovine spongiform encephalopathy ＝ BSE）. **madden** 発狂〔激怒〕させる〔する〕. **madly** 圖 **madness** 名

Madagascar[mædəgǽskər]マダガスカル（共和国）（Republic of Madagascar）.

madam[mǽdəm]奥様，お嬢様（丁寧な呼びかけ）.

madame[mǽdəm]…夫人（フランス系女性の敬称）.

madcap 向こう見ずの（人）.

made[méid]make の過去・過去分詞／人工の；寄せ集めて作った；成功した；…な体つきの. ~ **-to-order** あつらえの，あつらえたような. ~ **-up** 作った；人工の；決意した；化粧した.

madeleine[mædəlin]マドレーヌ（小さいスポンジケーキ）.

madhouse 精神病院；ひどく騒々しい場所.

madman[mǽdmən]狂人.

Madonna[mədɑ́nə]聖母マリア（の像）.

madras[mǽdrəs]マドラス木綿.

madrigal[mǽdrigəl]恋歌，マドリガル.

maelstrom[méilstrəm]大渦巻き.

maestro[máistrou]大作曲家〔指揮者〕；巨匠.

Mafia[máːfiə]マフィア（犯罪秘密結社）；（しばしば m-）派閥.

mag[mǽg] = magazine.

magazine[mægəzíːn]雑誌；〔日刊新聞の〕日曜版；火薬〔弾薬〕庫；フィルムの巻き取り枠.

magenta[mədʒéntə]マゼンタ（染料）；深紅色.

maggot[mǽgət]ウジ；気まぐれ；奇想. **maggoty** ウジだらけの.

magic[mǽdʒik]魔法（の）；不思議な（力）.

magical[mǽdʒikəl]魅惑的な；不思議な.

magician[mədʒíʃən]魔法使い；奇術師.

magisterial[mædʒəstíəriəl]長官の；権威のある.

magistrate[mǽdʒəstreit]行政長官；治安判事.

maglev[mǽglev]リニアモーターカー（の）.

magnanimous[mægnǽnəməs]度量の大きい；寛大な. **magnanimity**

M

magnate[mǽgneit] 大物, 有力者, …王.

magnesia[mægníːʒə] 酸化マグネシウム.

magnesium[mægníːziəm] マグネシウム.

magnet[mǽgnit] 磁石, 磁鉄; 人を引きつける人〔もの〕. **magnetism** 磁気(学); 魅力.

magnetic[mægnétik] 磁石の; 魅力ある. ～ **field** 磁場. **magnetics** 磁気学.

magnetize[mǽgnətaiz] 磁力を付ける; 引きつける.

magneto[mægníːtou] 磁石発電機.

magnificent[mægnífəsnt] 壮大な; すばらしい. **magnificently** 副 **magnificence** 名

magnify[mǽgnəfai] 拡大する; 大げさに話す. **magnifying glass** 拡大鏡. **magnifier** 拡大鏡; 拡大する人〔もの〕.

magniloquent[mægníləkwənt] 誇張の, 誇大な.

magnitude[mǽgnətjuːd] 大きさ; 重要性; 〔星の〕等級; マグニチュード.

magnolia[mægnóuljə] モクレン.

magpie[mǽgpai] カササギ; おしゃべりな人.

mahogany[məhágəni] マホガニー(材).

Mahomet[məhámit] = Mohammed.

maid[méid] = maiden; お手伝い, メイド.

maiden[méidn] 〈文〉少女, おとめ; 《古》処女 / 未婚の; 初めての. ～ **name** 旧姓. ～ **voyage** 処女航海. **maidenhood** 処女性〔時代〕.

mail[méil] 郵便(物) / 郵送する; 投函する. ～ **carrier** 郵便配達人. ～ **drop** 郵便受け. ～ **order** 通信販売(の).

mail[méil] 鎖かたびら; よろい.

mailbox 《米》郵便箱, ポスト; 個

人の郵便受け.

maim[méim] 〔体の一部を〕不自由にする.

main[méin] 主な; 力いっぱいの / 本管; 主要部分. in the ～ 大体. ～ **road** 幹線道路. **mainly** 主に; もっぱら.

mainframe 大型汎用コンピュータ, メインフレーム.

mainland 本土.

mainline 静脈(に麻薬を打つ).

mainmast〔海事〕大檣.

mainsail〔海事〕大檣帆.

mainspring 大ぜんまい; 主要原因.

mainstay〔海事〕大檣支索; 頼みの綱.

mainstream 主流.

maintain[meintéin] 支える; 維持する; 養う; 主張する.

maintenance[méintənəns] 支持; 維持; 扶養; 主張.

maitre d'hotel[meitrər doutél] 支配人; ボーイ長.

maize[méiz] 《英》トウモロコシ.

majestic[mədʒéstik] 荘厳な, 堂々たる. **majestically** 副

majesty[mǽdʒəsti] 威厳, 権威. His〔Her〕Majesty the Emperor〔Empress〕天皇〔皇后〕陛下.

major[méidʒər] 大きい方の; 主な; 多数の; 重要な; 年長の;《米》専攻の / 陸軍少佐; 成年者; 長調;《米》専攻科目 /《米》専攻する《in》. ～ **general**《米》陸軍・海軍・海兵隊;《英》陸軍) 少将.

majority[mədʒɔ́ːrəti] 多数(派), 過半数; 得票差.

make[méik] 作る; …させる; 得る; 準備する; 構成する; ひき起こす; 任命する; 描く / なる;する; 向かう, 進む / こしらえ, 格好; でき. ～ **away with** 持ち去る; 殺す. ～ **much with**《of》重んじる. ～ **one's way** 進む. ～ **out** 理解する; 書く;《米》ど

うにか暮らす. ～ over 譲り渡す. ～ up 補う；償う；化粧する. ～ up to … に近づく. ～ -believe 見せかけ, ふり；偽りの.

maker[méikər] 製造業者, メーカー；(**M-**) 造物主, 神.

makeshift 間に合わせ.

make-up, makeup[俳優の] メーキャップ；化粧；〔印刷〕大組み；組み立て.

makeweight 付け足し.

making[méikiŋ] 製作；構造；発展の過程；(複) 材料；利益.

maladjusted[mælədʒʌ́stid] 調節の悪い；不適応の.

maladjustment[mælədʒʌ́stmənt] 不適応.

maladministration[mælædminəstréiʃən] 悪政.

maladroit[mælədróit] 不器用な, 手際の悪い.

malady[mǽlədi] 病；病弊.

Malagasy[mǽləɡǽsi] マダガスカルの / マダガスカル人〔語〕.

malaise[mæléiz] 体の不調；〔社会の〕沈滞.

malapropism[mǽləprɑpizm]〔発音の類似した〕ことばの誤用.

malapropos[mæléəprəpóu] 時期の悪い, 不適当の.

malaria[məléəriə] マラリア.

Malawi[məlá:wi] マラウイ(共和国) (Republic of Malawi).

Malay[méilei] マライ人〔語〕(の).

Malaysia[məléiʒə]〔国名〕マレーシア；マレー諸島.

Malaysian[məléiʒən] マレーシア人(の)；マレー諸島(の).

malcontent[mælkəntént] 不満な(人)；不平分子.

Maldives[mó:ldi:vz] モルディブ(共和国) (Republic of Maldives).

male[méil] 男(の)；雄(の).

malediction[mælədíkʃən] 呪い, 悪口.

malefactor[mǽləfæktər] 犯人；悪人.

malevolent[məlévələnt] 悪意のある. **malevolently** 副 **malevolence** 名

malfeasance[mælfí:zns] 不正行為.

malformation[mælfɔːrméiʃən] 不格好；奇形. **malformed** 副

malfunction[mælfʌ́ŋkʃən] 機能不全；故障.

Mali[má:li] マリ(共和国) (Republic of Mali).

malice[mǽlis] 悪意；犯意. **malicious** 悪意のある.

malign[məláin] 中傷する / 悪意のある；有害な.

malignancy[məlíɡnənsi], **malignity**[məlíɡnəti] 悪意；〔医学〕悪性.

malignant 悪意のある；〔医学〕悪性の. ～ tumor 悪性腫瘍, 癌(がん).

mall[mó:l] ショッピング・モール〔木陰のある〕散歩道；アーケード商店街. **pedestrian** ～ 歩行者天国.

mallard[mǽlərd] マガモ.

malleable[mǽliəbl] 展性の；従順な.

mallet[mǽlit] 木づち；打球づち.

malmsey[má:mzi] マルムジー(白ワインの一種).

malnutrition[mælnjutríʃən] 栄養失調〔不良〕.

malodorous[mælóudərəs] 悪臭のする.

malpractice[mælprǽktis] 不正行為；医療過誤.

malt[mó:lt] 麦芽；ビール；(モルト) ウイスキー.

Malta[mó:ltə] マルタ島；マルタ(共和国) (Republic of Malta).

Maltese[mɔːltí:z] マルタ人〔語〕(の).

maltreat[mæltrí:t] 虐待する. **maltreatment** 名

malversation[mælvərséiʃən] 汚職；公金の使い込み.

mama, mamma[má:mə] ママ.

mambo[má:mbou] マンボ(を踊る).

mammal[mǽməl] 哺乳動物.
mammalian[-méiliən] 哺乳動物の.

mammary[mǽməri] 乳房の.

mammon[mǽmən] 富；〔聖書〕(M-)
富の神. **mammonism** 拝金主義.

mammoth[mǽməθ] マンモス／巨大
な.

mammy[mǽmi]〔幼児語〕ママ；《米
軽蔑》黒人の女中〔乳母〕.

man[mǽn] 人；人類；男；大人；(複)
部下；〔チェスの〕こま／人を配置す
る；人を乗り込ませる. **～-at-arms**
兵士；重騎兵. **～-day** 人日(1人当
たり1日の仕事量). **mankind** 人類；
〔総称〕男. **～-made** 人工の. **～ of
letters**(文) 学者. **-of-war** 軍艦.
manhood 男らしさ；成年男子.
manly 男らしい.

manacle[mǽnəkl] (複) 手錠(をかけ
る).

manage[mǽnidʒ] 取り扱う，管理す
る；操縦する；どうにか…する.
managing director 専務取締役；社
長. **manageable** 扱いやすい.

management[mǽnidʒmənt] 取り
扱い；管理；経理；経営(者).

manager[mǽnidʒər] 支配人，管理
人；幹事；監督；経営者.

managerial[mænidʒíəriəl] 管理
(者)の.

manatee[mǽnəti:] マナティー，海
牛.

M and A, M&A 企業の合併・買
収〔< mergers and acquisitions〕.

mandarin[mǽndərin]〔中国清朝の〕
官吏；(M-) 標準中国語；マンダリン(ミ
カンの一種). **～ duck** オシドリ.

mandate[mǽndeit] 命令；委任／統
治を委任する.

mandatory[mǽndətɔ:ri] 命令の；委
任の；必須の.

mandolin[mǽndəlin] マンドリン.

mandrel, mandril[mǽndrəl] 心
棒.

mandrill[mǽndril] マンドリル.

mane[méin] たてがみ.

maneuver[mənú:vər] 作戦行動；
(複) (機動) 演習；策略／演習する
〔させる〕；策略を用いる〔で動かす〕
／操る.

manganese[mǽŋgəni:s] マンガン.

mange[méindʒ] 疥癬；. **mangy** 疥癬
にかかった；汚い.

manger[méindʒər] かいばおけ.

mangle[mǽŋgl] ずたずたに切る；
めちゃくちゃにする.

mangle[mǽŋgl]〔洗濯仕上げ用〕しわ伸ば
し機(にかける).

mango[mǽŋgou] マンゴー.

mangrove[mǽŋgrouv] マングローブ
(熱帯の樹林).

manhandle[mǽnhændl] 手荒く扱
う；人力で動かす.

manhole[mǽnhoul] マンホール.

manhunt 犯人捜査.

mania[méiniə] 躁病；狂気；熱中；
…熱《for》. **maniac** 狂気の；熱狂的
な；狂人. **maniacal** = maniac.

manic[mǽnik] 躁病の. **～ -depres-
sive** 躁鬱病の(人).

manicure[mǽnəkjuər] マニキュア
(をする).

manifest[mǽnəfest] 明白な／示す，
表示する／現れる／積荷目録. **mani-
festation** 表明，明示；政見発表.

manifesto[mǽnəféstou] 宣言(書).

manifold[mǽnəfould] 多種多様の，
多方面の／多様性；コピー；〔機械〕
多岐管／複写する.

manikin[mǽnikin] 小人；= manne-
quin.

manila[mənílə] マニラ(麻・紙・葉
巻).

manipulate[mənípjuleit] 手で扱う；
巧みに操る；ごまかす. **manip-
ulation** 操作；巧みな扱い；ごまか
し.

manipulative[mənípjuleitiv],
-latory[-lətɔ:ri] 操作的な.

manna[mǽnə]〔聖書〕マナ(イスラエ

ル人が荒野で神に恵まれた食物）.

mannequin[mǽnikin]マネキン；モデル.

manner[mǽnər]態度；方法；（複）行儀, 作法；（複）風習；種類. **mannerism** マンネリズム；（M-）マニエリズム. **mannerly** 行儀のよい；丁重な. **ill-mannered** 行儀が悪い. **well-mannered** 行儀がよい.

manoeuvre[mənúːvər]《英》= maneuver.

manor[mǽnər]〔貴族の〕領地, 荘園. ～ **house** 領主邸.

man power[mǽnpauər]人力；人手.

manse[mǽns]牧師館.

manservant 下男.

mansion[mǽnʃən]大邸宅；（複）マンション, アパート.

manslaughter[mǽnslɔːtər]殺人；故殺罪.

mantelpiece[mǽntlpiːs]暖炉前飾り.

mantilla[mæntílə]〔スペイン女性の〕大型ベール；小マント.

mantis[mǽntis]カマキリ.

mantissa[mæntísə]仮数.

mantle[mǽntl]マント；おおい；〔ガス灯の〕マントル；〔地質〕マントル/おおう.

mantra[mǽntrə]マントラ, 真言.

manual[mǽnjuəl]手の；手動の／手引き；鍵盤. ～ **alphabet**〔手話用の〕指文字. **manually** 手（先）で；手細工で.

manufacture[mænjufǽktʃər]製造する／製造；製品. **manufacturer** 製造者.

manure[mənjúər]肥料（をやる）.

manuscript[mǽnjuskript]手書きの／写本；原稿.

many[méni]多くの（人・もの）／多数.

map[mǽp]地図（で表す）.

maple[méipl]カエデ.

Mar. 三月〔< March〕.

mar[máːr]台なしにする, 傷つける.

marabou[mǽrəbuː]ハゲコウ, コウ　ヅル.

maraca[mərάːkə]マラカス（リズム楽器）.

marathon[mǽrəθɑn]長距離競走, マラソン.

maraud[mərɔ́ːd]略奪（する）.

marble[máːrbl]大理石；（複）大理石彫刻物；おはじき／大理石の；堅い；冷たい／大理石模様を付ける.

March[máːrtʃ]三月〔略 Mar.〕.

march[máːrtʃ]行進（曲）；進軍；進展／行進する〔させる〕；進展する〔させる〕. ～ **past** 分列行進.

marchioness[máːrʃənis]侯爵夫人.

mare[méər]雌馬.

margarine[máːrdʒərin]マーガリン.

margin[máːrdʒin]縁；岸；余白；限界；余地；利鞘；証拠金. ～ **call** 追証. ～ **trading**〔株などの〕信用取引.

marginal 縁の；欄外の；限界の. ～ **notes** 傍注. **marginalize** 置き去りにする. **marginally** わずかに.

marguerite[maːrɡərítt]マーガレット.

marigold[mǽriɡould]マリーゴールド；キンセンカ.

marijuana, marihuana[mærə-hwáːnə]大麻；マリファナ.

marimba[mərímbə]マリンバ.

marina[məríːnə]マリーナ（小型船舶用港）.

marinade[mǽrənéid]マリネード（魚などを調理前に漬け込む液）.

marinate[mǽrəneit]〔魚などを〕マリネにする.

marine[məríːn]海の；船舶の；海運の；海産の／海兵隊員；船舶；海（の）景色.（M-）米国海兵隊.

mariner[mǽrənər]水夫, 船員.

marionette[mæriənét]あやつり人形.

marital[mǽrətl]結婚の；夫婦間の.

maritime[mǽrətaim]海の；海運の；

海岸の；海岸に住む. ～ insurance 海上保険. ～ law 海事法.

marjoram[má:dʒərəm] マヨラナ(薬用・香辛料).

mark¹[má:rk] 印；記号；跡；特徴；標的；点数；著名；出発点；〔ボクシング〕みぞおち／印を付ける；跡を残す；採点する；注意する. **marked**[-t] 著しい；印の付いた. **markedly** 著しく.

mark² マルク(ドイツの貨幣).

marker マーカー(ペン)；目印となるもの.

market[má:rkit] 市場；取引(先)；需要；売買；相場／市場で売買する，市場に出す. ～ forces 市場の実勢相場. ～ place 市場；実業界. ～ research 市場調査. ～ value 時価；市場価値. **marketable** 売り物になる，市場性のある. **marketing**〔市場での〕売買；マーケティング(製造から販売までの過程).

marketer[má:rkitər] 市場で売買する人.

marking 模様；斑点；印付け；採点.

marksman 射手；射撃の名手.

marlin[má:rlin]《米》マカジキ.

marmalade[má:rməleid] マーマレード.

marmot[má:rmət] マーモット.

maroon¹[mərú:n]〔刑罰として〕孤島に捨てる〔捨てられた人〕.

maroon² 栗色(の)，えび茶色(の)；〔警報用の〕花火.

marquee[ma:rkí:]《英》大テント；《米》〔ホテル・劇場などの〕入口のひさし；有名な；宣伝の.

marquetry[má:rkətri] 寄せ木細工.

marquis[má:rkwis] 侯爵.

marriage[mǽridʒ] 結婚；結婚生活；結合.

married[mǽrid] 結婚した；既婚(者)の.

marrow[mǽrou] 髄，骨髄；精髄；活力.

marry[mǽri] 結婚する〔させる〕／合体させる.

Mars[má:rz]〔ローマ神話〕マルス(軍神)；火星.

marsh[má:rʃ] 沼，湿地. **marshy** 沼地の；沼に生じる.

marshal[má:rʃəl] 陸軍元帥；《米》連邦裁判所執行官／整列させる；先導する.

marshmallow[má:rʃmélou] ウスベニタチアオイ；マシュマロ.

mart[má:rt] 市場.

marten[má:rtən] テン(の皮).

martial[má:rʃəl] 軍事の；戦いの；(M-) 火星の. ～ arts 武道. ～ law 戒厳令. **martially** 勇ましく.

Martian[má:rʃən] 火星人／火星の.

martin[má:rtən] イワツバメ.

martinet[ma:rtənét] 規律家，厳格な人.

martini[ma:rtí:ni] マティーニ(ジンにベルモットを加えたカクテル).

martlet[má:rtlit] = martin.

martyr[má:rtər] 殉教者；〔病気などに〕絶えず苦しむ人／〔信仰のために〕処刑する；迫害する. **martyrdom** 殉教；殉死.

MARV[má:rv] 機動式弾頭〔< Maneuverable Reentry Vehicle〕.

marvel[má:rvəl] 驚くべきこと〔人・もの〕；不思議／不思議に思う；驚く.

marvelous,《英》**-vellous**[má:rvələs] 驚くべき；不思議な. **marvelously** 不思議なほど.

Marxism[má:rksizm] マルクス主義.

Marxist[má:rksist] マルクス主義者の.

mascara[mæskǽrə] マスカラ.

mascot[mǽskət] マスコット，幸運を呼ぶ人・もの.

masculine[mǽskjulin] 男の，男らしい／〔文法〕男性形〔語〕. **masculinity** 男らしさ.

mash[mǽʃ]麦芽汁(ビールの原料)；ひき割り・ぬかなどを湯にまぜたもの(家畜飼料)；すりつぶし/つぶす．**masher**すりつぶし器；女たらし．

mask[mǽsk]仮面(劇)；防毒面；見せかけ/仮面をつける；隠す；妨害する．**masked**仮面をつけた；隠れた．

masochism[mǽsəkizm]マゾヒズム，被虐性変態性欲．

mason[méisn]石工，れんが職人；(M-)秘密共済組合員；フリーメーソン会員(= Freemason)．**masonry**石工術；れんが工事．

masquerade[mæskəréid]仮面舞踏会(に加わる)；仮装(する)．

Mass¹マサチューセッツ州(< Massachusetts)．

Mass¹, mass¹[mǽs]ミサ(曲)．

mass²[mǽs]かたまり；集まり；質量；多量；集団/かたまりにする〔なる〕；集める〔まる〕．**the masses**民衆．**~ communication**マスコミ．**~ media**マスメディア．**~ production**量産．**~ retailer**量販店．

massacre[mǽsəkər]大虐殺(する)．

massage[məsáːʒ]マッサージ(をする)．

masseur[məsə́ːr]〔男の〕マッサージ師．

massive[mǽsiv]大きなかたまりの；力強い；巨大な．

mast[mǽst]帆柱〔マスト〕(をつける)；柱，さお．

mastectomy[mæstéktəmi]乳房切除．

master[mǽstər]主人；親方；教師；船長；名人，大家；修士；(M-)坊ちゃん/勝つ；抑制する；支配する；修得する．**~ key**親かぎ．**masterful**いばった；巧妙な．**masterly**巧妙な．**mastery**支配(力)；首位，優勢；精通．

mastermind画策する；取り仕切る．

masterpiece傑作．

mastheadマストの先(の見張り人)．

mastic[mǽstik]乳香(樹脂・液)．

masticate[mǽstəkeit]どろどろにする；咀嚼する．**mastication**名

mastiff[mǽstif]マスティフ犬(短毛の大型犬)．

mat[mǽt]マット，むしろ，畳/マットを敷く；組み合わせる；もつれる〔させる〕；つや消しにする/にぶい，光沢のない．

matador[mǽtədɔːr]闘牛士．

match¹[mǽtʃ]試合；協議；相手；結婚；配偶者/結婚させる；対抗させる，取り組ませる；…の相手になる；匹敵する/つり合う．**matchless**無比の．

match²マッチ．**matchwood**マッチの軸材．

matchlock火なわ銃．

matchmakerマッチ製造者；媒酌人；試合取り決め人．

mate¹[méit]仲間；相手；配偶者；航海士/仲間にする〔なる〕；連れ添わせる．

mate²[máːtei]マテ茶(の葉・木)．

material[mətíəriəl]物質の；肉体の；世俗的な；重要な/材料；資料；生地．**~ violation**重大違反．**materialism**唯物論；実利主義．**materialist**唯物論者；実利主義者．**materialistic**唯物論の；実利主義の．**materialize**有形にする〔なる〕；実体化する，実現する．**materially**著しく；実質的に．

maternal[mətə́ːrnl]母(方)の．

maternity[mətə́ːrnəti]母であること，母性；産院/妊産婦のための．

math[mǽθ]《話》= mathematics.

mathematical[mæθəmǽtikəl]数学上の；正確な．**mathematically**副

mathematics[mæθəmǽtiks]数学．**mathematician**数学者．

maths[mǽθs]《英話》= mathematics.

matinée[mætənéi] 昼興行, マチネー.

matins[mǽtnz] 朝の礼拝.

matriarch[méitriɑːrk] 女家長；女性指導者. **matriarchy** 女家長.

matricide[mǽtrəsaid] 母殺し.

matriculate[mətríkjuleit] 大学入学を許す〔許される〕. **matriculation** 大学入学(許可).

matrimony[mǽtrəmouni] 結婚. **matrimonial** 形

matrix[méitriks] 母体；基盤；子宮；〔印刷〕字母；鋳型；〔数学〕行列.

matron[méitrən]〔地位のある年長の〕既婚婦人；保母；女性監督者. **matronly** 既婚婦人らしい；品のよい.

matte[mǽt] つや消しの(面)／つや消しにする.

matter[mǽtər] 物質；材料；事柄，事件；困難；重要；内容／重要である，関係がある. a ～ of course 無論の. as a ～ of fact 事実の；実際の.

matting[mǽtiŋ] 敷物類(材料).

mattress[mǽtris] マットレス.

mature[mətjúər] 熟した；円熟した；完成した／熟させる〔する〕；仕上げる；発達する；満期になる. **maturely** 副 **maturity** 名

maudlin[mɔ́ːdlin] 涙もろい.

maul[mɔ́ːl] 大づち／傷つける；酷評する.

Mauritania[mɔːritéiniə] モーリタニア・イスラム（共和国）(Islamic Republic of Mauritania).

Mauritius[mɔːríʃəs]〔国名〕モーリシャス（共和国）(Republic of Mauritius).

mausoleum[mɔːsəlíːəm] 霊廟, 壮大な墓.

mauve[móuv] 藤色(の).

maverick[mǽvərik] 所有者の焼印のない子牛；一匹狼／〔政治家が〕無所属の.

maw[mɔ́ː] 胃，反すう動物の第4胃；《文》奈落.

mawkish[mɔ́ːkiʃ] 吐き気を催す；涙もろい.

max. 最高（の），最大限（の）〔< maximum〕.

maxim[mǽksim] 格言.

maximize, -ise[mǽksəmaiz] 最大限にする.

maximum[mǽksəməm] 最大(限).

May[méi] 五月. ～ Day メーデー(5月1日)；労働祭.

may[méi] …してもよい；…かもしれない；…したい；…といってもよい；願わくは…せんことを! (it) ～ be 多分.

maybe[méibi] 多分，おそらく.

mayflower 五月の花(英国ではサンザシ．米国ではイワナシ).

mayhem[méihem] 身体傷害(罪)；暴力.

mayonnaise[meiənéiz] マヨネーズ.

mayor[méiər, méə] 市長.

Maypole 五月柱(花・リボンで飾った柱).

maze[méiz] 迷路；困惑. **mazy** 迷路のような.

mazurka[məzɔ́ːrkə] マズルカ(ポーランドの舞曲).

MB 医学士〔< Bachelor of Medicine〕；音楽学士〔< Bachelor of Music〕.

MBA 経営管理学修士号〔< Master of Business Administration〕.

MBO マネジメント・バイアウト，自社株買い占め〔< management buyout〕.

MC 司会者／(…の) 司会をする〔< master of ceremony〕；《米》国会議員〔< Member of Congress〕.

MC 複合工作機，マシニングセンター〔< machining center〕.

MCAT 《米》医学大学院進学適性テスト〔< Medical College Admission Test〕.

McMansion 安ぴか邸宅(McDonald's と mansion の合成語).

MD ミニディスク〔< minidisc〕；専務
取締役〔< managing director〕.

MD, Md. メリーランド州〔<
Maryland〕.

MDT 〔米国時間帯〕山岳部夏時間
〔< Mountain Daylight Time〕.

ME マイクロエレクトロニクス〔<
microelectronics〕；医療用電子機器,
メディカルエレクトロニクス〔< medical
electronics〕；中東〔< Middle East〕.

ME. メーン州〔< Maine〕；中東〔<
Middle East〕.

me[mi; 強 mi:]私に〔を〕.

mead[mí:d]《詩》= meadow.

mead² ハチミツ酒.

meadow[médou]草原, 牧草地.

meager, meagre[mí:gər]やせた；
乏しい；貧弱な.

meal¹[mí:l]食事（の時間）.

meal²〔トウモロコシなどの〕ひきわり.

mealy[mí:li]ひきわり状の；粉だらけ
の. **~-mouthed** あからさまに言わ
ない, 口先のうまい.

mean¹[mí:n]意味する；…するつも
りである；予定する.

mean² 卑しい；劣った；けちな；卑
劣な, さもしい, 意地悪な.

mean³ 中間(の), 平均(の) / 平均値,
中頃.

meander[miǽndər]曲がりくねる(道・
川) / 蛇行

meaning[mí:niŋ]意味；意図 / 意味
ありげな. **meaningful** 意味深長な；
重要な. **meaningless** 意味のない.
meaningly 副

means[mí:nz]手段, 方法；機関；財産,
資力. by all ~ 必ず；是非とも. by
any ~ なんとかして；どうしても. by
no ~ 決して…しない. by ~ of …によ
って.

meant[mént]mean¹の過去・過去分
詞.

meantime, meanwhile その間
に.

measles[mí:zlz]はしか.

measurable[méʒərəbl]測れる；適
度の.

measure[méʒər]寸法, 大きさ；分量；
測定(器具)；計量(の単位)；基準；
程度；限度；対策；法案；リズム；〔数
学〕約数；地層 / 計る；測量する；
寸法を取る；区画する；評価する；
判断する；釣り合わせる. beyond ~
非常に. in a great ~ 大部分.
measureless 無限の. **measurement**
測量；測定法；量, 寸法, 大きさ.

meat[mí:t]〔食用の〕肉；食事. **meaty**
肉の(多い)；充実した.

Mecca[mékə]メッカ(Mohammed の
生地)；(m-)あこがれの地.

mecenat[mesená:]メセナ活動.

mechanic[məkǽnik]機械工.

mechanical 機械(学)の；物理的
な. **mechanics** 機械学；力学.

mechanician[mekəníʃən]機械技
師.

mechanism[mékənizm]機械装置；
機構；仕組み.

mechanize, -nise[mékənaiz]機械
化する.

M Ed 教育学修士〔< Master of
Education〕.

Med[méd]《話》地中海〔< Mediter-
ranean〕.

med.[méd]《米話》医学の〔< medi-
cal〕.

medal[médl]メダル, 記章；勲章.

medalion[mədǽljən]大メダル；円形
の浮き彫り；円形装飾.

medalist,《英》medallist[médə-
list]メダル受賞者（製作者）.

meddle[médl]干渉する, 余計な世話
をやく《in, with》；いじる《with》.
meddlesome おせっかいな.

media[mí:diə]medium の複数；=
mass media.

mediaeval[mi:dí:vəl, med-]= me-
dieval.

medial[mí:diəl]中間の, 並みの, 平
均の.

median[míːdiən]中央の，中間の／中動〔静〕脈；〔数学〕中点〔線〕. ～ strip〔高速道路の〕中央分離帯.

mediate[míːdieit]仲裁する，調停する／媒介の. mediation，mediator 名

medic[médik]救急医療隊員；研修医，〈英〉医学生.

medical[médikəl]医学の；内科の／医学生. ～ representative 医薬情報担当者.

medicament[mədíkəmənt]医薬.

Medicare[médikɛər]《米・カナダ》老人医療保険制度.

medicate[médəkeit]薬で治療する；薬を加える.

medication[medəkéiʃən]薬物治療；投薬. self ～ 自己治療.

medicinal[mədísənl]薬用の；薬効のある.

medicine[médəsin]医学；薬剤. boutique〔concierge〕～ 高級専門医療. generic ～ 後発医薬品.

medieval[mi:díːvəl, med-]中世の.

mediocre[mi:dióukər]通常の；平凡な. mediocrity 平凡(な人).

meditate[médəteit]熟考する／企てる. meditation 瞑想，熟慮；(複) 瞑想録. meditative 瞑想的な.

Mediterranean[medətəréiniən]地中海(の).

medium[míːdiəm]媒介(物)；媒体；方法；中庸；巫女／中位の；並の～ -sized 中型の；Mサイズの.

medley[médli]寄せ集め；混成曲. ～ relay〔水泳〕メドレーリレー.

meek[míːk]柔和な. meekly 副

meerschaum[míərʃəm]海泡石(製タバコパイプ).

meet[míːt]会う；合流する；直面する；会見する／会；集合(所).

meeting 会見；会合；集会.

mega-[mégə]「巨大な」「百万の」の意.

megabyte メガバイト.

megacycle メガサイクル.

megalith[mégəliθ]〔考古学〕巨石. megalithic 巨石(時代) の.

megalomania[megəlouméiniə]誇大妄想狂.

megalopolis[megəlápəlis]巨大都市.

megaphone[mégəfoun]メガホン.

megrim[míːgrim]偏頭痛；気まぐれ，空想；(複) ゆううつ.

melancholia[melənkóuliə]うつ病.

melancholy[mélənkali]ゆううつ／ゆううつな；陰気な.

meld[méld]〔トランプで〕得点を宣言する(こと).

mellifluous[məlífluəs]なめらかな；甘美な. mellifluously 副

mellow[mélou]熟して柔らかな；芳純な〔酒〕；円熟した〔人格〕；ほろ酔いの〔音・色・光などが〕快い／熟させる；柔らかにする；円熟する.

melodious[məlóudiəs]調子のよい，音楽的な.

melodrama[mélədrɑːmə]通俗劇，メロドラマ.

melody[mélədi]快い音楽；旋律.

melon[mélən]メロン.

melt[mélt]溶ける〔かす〕；和らげる〔らぐ〕；次第に消える《away》. melting pot るつぼ；人種の入り混じった国.

meltdown〔原子炉の〕炉心溶融.

member[mémbər]一員；会員；社員；議員；手足；組織の一部. membership 会員〔社員・議員〕であること；会員(数).

membrane[mémbrein](薄) 膜；羊皮紙.

memento[məméntou]記念物，かたみ.

memo[mémou]《話》 = memorandum.

memoir[mémwɑːr] (通例複)伝記；回想録；研究報告，紀要.

memorabilia[memərəbíliə]記憶す
べきこと；思い出の品.

memorable[mémərəbl]記憶すべき；
重大な. **memorably** 副

memorandum[memərǽndəm]メ
モ，備忘録；覚え書き.

memorial[məmɔ́:riəl]記念の；追憶
の／記念物；記念日；陳情書；記録；
(複)年代記. **Memorial Day**《米》
戦没者追悼記念日(多くの州で5月
30日). **memorialize** 記念する.

memorize[méməraiz]暗記する.

memory[méməri]記憶(力)；思い出；
記念；記憶装置(容量).

men[mén]man の複数.

menace[ménis]おどす，脅迫する／
威嚇；脅威.

M Eng 工 学 修 士〔< Master of
Engineering〕.

menagerie[mənǽdʒəri]動物園；動
物の見せ物.

mend[ménd]修繕(する)；改正(す
る)；よくなる.

mendicant[méndikənt]こじき(の).
mendicancy 物乞い.

menial[mí:niəl]つまらない；卑屈な
(人)／召し使い(の).

meningitis[menindʒáitis]髄膜炎.

menopause[ménəpɔ:z]月経閉止
(期)，更年期.

menses[ménsi:z]月経.

menstrual[ménstruəl]月経の；毎月
の；1か月続く.

menstruation[menstruéiʃən]月経
(期間). **menstruate** 月経がある.

mensuration[mensəréiʃən]測量；
〔数学〕求積法.

-ment[-mənt]動詞に付けて名詞を作
る接尾辞.

mental[méntl]精神の；暗算の；知的
な. ~ **arithmetic** 暗算. **mentally** 精
神上；知的に.

mentality[mentǽləti]知力；考え方.

menthol[ménθɔ:l]メントール，ハッカ
脳.

mention[ménʃən]陳述；言及；記載
／述べる；挙げる. Don't ~ it.《英》
どういたしまして.

mentor[méntɔ:r]良き指導〔助言〕
者.

menu[ménju:]献立，メニュー.

MEP[mép]欧州議会議員〔< Mem-
ber of European Parliament〕.

mercantile[mə́:rkənti:l,-tail]商人の，
商業の；貿易の. **mercantilism** 重商
主義.

mercenary[mə́:rsəneri]雇われた；
(金目当ての)傭兵.

merchandise, merchandize
[mə́:rtʃəndaiz]商品／売買〔取引〕す
る. **merchandiser** 商人. **merchan-
dising** 販売計画.

merchant[mə́:rtʃənt]商人.

merciful[mə́:rsifəl]慈悲深い. **mer-
cifully** 副

merciless[mə́:rsilis]無 慈 悲 な.
mercilessly 副

mercurial[mərkjúəriəl](M-)マーキ
ュリー神の；水星の；水銀の；快活
な.

mercury[mə́:rkjuri](M-)〔ローマ神
話〕マーキュリー(商人・盗賊などの
保護神)；(M-)水星；水銀.

mercy[mə́:rsi]慈悲；ありがたいこと.
at the ~ of …に左右されて.

mere[míər]ほんの；単なる. **merely**
ただ，単に.

meretricious[meretríʃəs]けばけば
しい，俗悪な.

merganser[mərgǽnsər]アイサ.

merge[mə́:rdʒ]合併する〔させる〕；結
合する〔させる〕. **merger** 合併.

meridian[mərídiən]子午線(の)；正
午(の)；絶頂(の).

meringue[mərǽŋ]メレンゲ(ケー
キ).

merino[mərí:nou]メリノ羊〔羊毛〕.

merit[mérit]価値；長所；功績；名誉；
(複)真価；功罪／…に価する. ~
system 実力本位制度.

M

meritorious[meritɔ́:riəs]功績〔価値〕のある.

merlin[mə́:rlin]〔鳥〕コチョウゲンボウ.

mermaid[mə́:rmeid]〔女の〕人魚.

merman[mə́:rmæn]〔男の〕人魚.

merry[méri]陽気な, おもしろい. ~-andrew 道化師. ~-go-round 回転木馬. **merrily** 楽しげに, 陽気に. **merriment** 愉快, 陽気.

merrymaking お祭り騒ぎ; 酒宴.

mesa[méisə]メーサ, 台地, 平頂山.

mescal[meskǽl]メスカル酒(リュウゼツランから造るメキシコの酒).

mescaline[méskəli:n]メスカリン(サボテンからとれる幻覚剤).

mesh[méʃ]網の目; (複) 網; (複) わな; 〔歯車の〕かみ合い/網で捕える; かみ合う.

mesmerism[mézmərizm]催眠術. **mesmeric** 形 **mesmerize** 動

meson[mízan]〔物理〕中間子.

mess[més]混乱; めちゃくちゃ; 失敗; 汚いもの; 食堂 / 汚す; 台なしにする; 会食する. ~ around〔about〕ぶらぶらする. make a ~ of 台なしにする. make a ~ of 计画へまをする.

message[mésidʒ]伝言, 通信; 神託; 《米》〔大統領の〕教書.

messenger[mésəndʒər]使者, 使い.

Messrs.,《英》**Messrs**[mésərz] Mr. の複数, …御中.

Messiah[misáiə]救世主; キリスト.

messy[mési]散らかった, 汚い; 混乱した.

Met[met]《英》気象の(< meteorological); (the ~)《話》(ニューヨークの) メトロポリタンオペラ劇場(< Metropolitan Opera House);《英》ロンドン警視庁(< Metropolitan Police).

met[mét]meet の過去・過去分詞.

metabolism[mətǽbəlizm]新陳代謝.

metabolic[mètəbálik] (新陳) 代謝の. ~ **syndrome** メタボリック症候群; メタボリックシンドローム.

metal[métl]金属; 金属元素; 溶融ガラス;《英》鉄道レール.

metallic[mətǽlik]金属の.

metalliferous[metəlífərəs]金属を含む.

metallurgy[métələ:rdʒi, metǽlədʒi]冶〔金学〕術.

metalwork 金属細工.

metamorphosis[metəmɔ́:rfəsis]変形; 変態. **metamorphic** 変形〔態〕の; 変成の. **metamorphose** 変形〔態〕させる; 一変させる.

metaphor[métəfə:r]隠喩, 暗喩. **metaphorical** 形

metaphysical[metəfízikəl]形而上学の; 抽象的な.

metaphysics[metəfíziks]形而上学; 抽象論. **metaphysician** 形而上学者.

metastasis[mətǽstəsis]〔病巣などの〕転移.

mete[mí:t]割り当てる.

metempsychosis[mətempsəkóusis]生まれ変わり, 輪廻.

meteor[mí:tiər]流星.

meteorite[mí:tiərait]隕石.

meteorology[mi:tiərálədʒi]気象(学). **meteorological** 形

meter [1],《英》**metre**[mí:tər]メートル〔記号 m〕.

meter [2] 計量器.

meter [3] 韻律; 拍子.

methane[méθein]メタン.

methanol[méθənɔl] = methyl alcohol.

method[méθəd]方法; 順序. **methodical** 規律正しい, 整然とした; 組織的な. **methodically** 副

Methodism[méθəgdizm]メソジスト派〔教会〕. **Methodist** メソジスト教徒.

methodology[méθədálədʒi]方法論; 手順.

methyl[méθəl]メチル. ~ **alcohol** メ

チルアルコール.

meticulous[mətíkjuləs]気の小さい；厳密な.

metre[mí:tər]《英》= meter.

metric[métrik]メートル(法) の. ～**ton** メートルトン(重量単位).

metrics[métriks]韻律学；作詩法. **metrical** 韻律の；測量の.

metro[métrou]地下鉄.

metronome[métrənoum]メトロノーム.

metropolis[mitrápəlis]首都；大都会.

metropolitan[metrəpálitən]首都の；大都会の.

mettle[métl]気性, 気質；勇気. **mettlesome** 血気にはやる.

meuniere[məːnjéər]ムニエルの.

MeV メブ, メガ電子ボルト〔< mega-electron volt(s) 〕.

mew[mjúː]にゃあ(猫の鳴き声) /〔猫が〕鳴く.

mew[mew] カモメ.

mew 中庭, 路地 / 籠に入れる, 閉じ込める《up》.

mewl[mjúːl]弱々しく泣く(声)；にゃあにゃあ鳴く(声).

Mex[méks]《米俗》メキシコ人.

Mexico[méksikou]メキシコ.

Mexican[méksikən] メキシコの, メキシコ人(の).

mezzanine[mézəniːn]中2階.

mf〔音楽〕メゾフォルテ, やや強く〔< mezzo forte〕.

MFN 最恵国待遇〔< the most favored nation〕.

mg ミリグラム〔< milligram(s) 〕.

MHD 磁気流体力学〔< magneto-hydrodynamics〕.

MHz メガヘルツ〔< megahertz〕.

MI ミシガン州〔< Michigan〕.

mi[míː]ミ(長音階の第3音) .

mi. マイル〔< mile〕.

MIA 戦闘後行方不明兵士〔< missing in action〕.

miasma[miæzmə]毒気；悪影響.

mica[máikə]雲母${}^{56}_{56}$.

mice[máis]mouse の複数.

Mich. ミシガン州〔< Michigan〕.

mickey mouse(しばしば **M- M-**) くだらない；簡単な；〔人に〕ひどい待遇をする；安っぽいもの；楽勝科目(**Walt Disney** 作のキャラクターから).

MICR 磁気インキ文字読み取り装置〔< Magnetic Ink Character Reader [Recognition] 〕.

micro[máikrou] 微小な／超ミニスカート；= microprocessor.

microbe[máikroub] 微生物.

microchip マイクロチップ.

microcomputer[máikrəkəm-pjuːtər]超小型コンピュータ.

microcosm[máikrəkazm]小宇宙；〔宇宙の縮図としての〕人間.

microfilm[máikrəfilm]マイクロフィルム(にとる).

micrometer[maikrámətər]測微計, マイクロメーター.

micron[máikran]ミクロン(100 万分の1メートル).

Micronesia[maikrəníːʒə] ミクロネシア；ミクロネシア連邦(Federated States of Micronesia).

Micronesian[maikrəníːʒən] ミクロネシア(人・語) の／ミクロネシア人〔語〕.

microorganism [maikrouɔ́ːrgə-nizm] 微生物.

microphone[máikrəfoun]マイクロホン, マイク.

microprocessor[máikrəprasesər]マイクロプロセッサー(演算装置).

microscope[máikrəskoup]顕微鏡. **microscopic** 顕微鏡の；極微の.

microsurgery[máikrəsəːrdʒəri]顕微手術.

microwave[máikrəweiv]マイクロ波, 極超短波／電子レンジで調理する. ～ **oven** 電子レンジ.

mid[míd]中央の, 中間の. ～ **-air** 空

M

midday[mídl]中間(の), 真ん中(の).
~ **-aged** 中年の. ~ **-class** 中産[中流]階級の. the **Middle Ages** 中世. the **Middle East** 中東.

middleman 仲人;仲買人.

middleweight〔ボクシング〕ミドル級の(選手).

middling[mídliŋ]並の;《話》まあまあで/かなり/(複)中級品;あらびき粉.

midge[mídʒ]蚊, ブヨ;小さい人.

midget[mídʒit]小人;小型のもの.

midland 内地(の).

midst[mídst]《文》真ん中, 真っ最中.

midsummer 真夏, 夏至.

midterm〔学期・任期などの〕中間.

midway 中途の〔に〕.

midweek 週の中ごろ(の・に).

midwife[mídwaif] 助 産 婦. **mid-wifery** 産科.

midwinter 真冬;冬至.

mien[míːn]《文》様子, 表情.

MI5《英》諜報部5(国内担当)〔< Military Intelligence Section 5〕(MI6は国外担当)

MIGA 多数国間投資保証機関, ミガ〔< Multilateral Investment Guarantee Agency〕.

might[1][máit]〔may の過去〕…かもしれない;…してもよい(のに);…してください.

might[2] 力, 権力;知力.

mighty[máiti]有力な;強大な/《話》大いに.

migraine[máigrein]偏頭痛.

migrant[máigrənt]渡り鳥;移住者/移住性の.

migrate[máigreit] 移 住 す る. **migration** 图

migratory[máigrətɔːri] 移住する. ~ **bird** 渡り鳥.

mike[máik]《俗》= microphone.

mild[máild] 温 和 な;穏 や か な.

mildly 優しく;控え目に.

mildew[míldjuː]かび(が生える).

mile[máil] マイル(約 1.6 キ ロ).
milestone マイル標石.

mileage[máilidʒ]マイル数;走行距離;旅費(手当);運賃;燃費. ~ **service** マイレージサービス.

milestone〔歴史などの〕画期的な出来事.

MILF モロ・イスラム解放戦線(フィリピン)〔< Moro Islamic Liberation Front〕

milieu[miljúː, míːljəː]環境.

militant[mílətənt]好戦的な(人);交戦中の. **militancy** 图

militarism[mílətərizm]軍国主義. **militarist** 軍国主義者. **militarize** 軍国化する;軍国主義を吹き込む. **militaristic** 形

military[míliteri]軍事(の);陸軍の;軍人(の). ~ **police** 憲兵隊〔略 MP〕.

militia[milíʃə]市民軍, 民兵.

milk[mílk]牛乳, 乳;〔医学〕乳剤;乳を出す〔が出る〕;乳をしぼる;食い物にする, しぼり取る. ~ **shake** ミルクセーキ. ~ **tooth** 乳歯.

milkman 牛乳配達人;乳しぼりの男.

milky[mílki] 乳のような;乳白の. **Milky Way** 銀河, 天の川.

mill[míl]ひきうす, 製粉機〔所〕;水車場;製作所/ひく;粉にする;〔貨幣に〕ぎざぎざを付ける. **miller** 粉屋, 製粉業者. **milling** ひきうすでひくこと;加工.

millennium[míléniəm]千年;(the ~) 至福千年. the ~ **generation** ミレニアム世代. **Millennium Bug**〔コンピュータ〕ミレニアムバグ.

millet[mílit]アワ;キビ;雑穀.

milli-[míli-, -lə-]『1000 分の1』の意の結合形.

milligram ミリグラム.

millimeter ミリメートル〔記号 mm〕.

milliner[mílənər]婦人帽子製造者.
millinery 婦人帽子類(販売業).

million[míljən]百万；(複) 無数.

millionaire, millionnaire[miljə-néər]百万長者, 大富豪.

millionth[míljənθ] 第 百 万 番 目 (の)；百万分の1(の).

millipede[míləpiːd]ヤスデ.

millstone ひきうす(の石).

mime[máim]道化師；パントマイム(の役者).

mimeograph[mímiəgræf]謄写版(で刷る).

mimic[mímik]模倣の / 模倣者；ものまね師 / まねする；模写する；模造する. **mimicry** まね；模倣；〔生物〕擬態.

mimosa[mimóusə]ミモザ.

min. 最小(の) 〔< minimum〕；…分〔< minute(s) 〕.

minaret[minərét]〔イスラム教寺院の〕尖塔.

mince[míns]細かく切る；控え目に言う / 気取って小刻みに歩く. **mince-meat** ミンスミート(牛脂・リンゴ・干しブドウ・香料などを細かく刻んで混ぜたもの).

mind[máind]精神；知性；記憶；意識；心 / 心に掛ける；注意〔用心〕する；従う；いやと思う. give one's ～ to… に心をこめる. Never ～! 心配しないで下さい；お前の知ったことではない. **mindful** 注意した. **mindless** 不注意な. **mindlessness** 名

minder[máindər] 世話をする人.

mine[¹máin]私のもの.

mine[²máin] 鉱山；宝庫；坑道；地雷；機雷 / 採鉱〔採掘〕する；坑道を掘る；機雷を敷設する.

minefield 地雷原.

minelayer 機雷敷設艦.

miner[máinər]鉱夫, 坑夫.

mineral[mínərəl]鉱物(の)；無機物(の). ～ **water** 鉱泉水；炭酸水.

mineralogy[minərálədʒi]鉱物学.

minesweeping 掃海作業.

mingle[míngl]混ぜる / 混ざる.

miniature[míniətʃər]細密画；模型；ミニチュア / 小型の.

minibus マイクロバス.

minimal[mínəməl]最小(限度) の.

minimalist[mínəməlist] ミニマリズムの作家；穏健派.

minimize[mínəmaiz]極小にする；軽視する.

minimum[mínəməm]最小〔最低〕限度(の).

mining[máiniŋ]採鉱；鉱業.

minion[mínjən]お気に入り；手先.

minister[mínəstər] (しばしば **M-**) 大臣；公使；聖職者, 牧師；代理人 / 役立つ, 助けとなる；奉仕する. **ministerial** 大臣の, 内閣の；聖職者の；行政の.

ministry[mínəstri]牧師〔大臣〕職；(**M-**) 内閣；省.

mink[míŋk]ミンク(の毛皮).

Minn. ミネソタ州〔< Minnesota〕.

minnow[mínou]ハヤ, ウグイ；コイ科の小魚.

minor[máinər]小さい；二流の；重要でない；年下の / 未成年者；小前提；短調；副専攻.

minority[minɔ́ːrəti]少数(派)；少数民族.

minster[mínstər]大寺院.

minstrel[mínstrəl]吟遊詩人；詩人；音楽家. ～ **show** 黒人に扮して演じられる音楽ショー. **minstrelsy** 吟遊詩人の芸.

mint[¹mínt]造幣局；多大 /〔貨幣を〕鋳造する；〔語句・新語などを〕作り出す. **mintage** 造幣.

mint[²mínt] ハッカ. ～ **julep** バーボンウイスキーに砂糖, ハッカの葉とかき氷を入れた飲み物.

minuet[minjuét] メヌエット(の曲) (緩やかな舞踊).

minus[máinəs]マイナスの, 負の /…を引いて；…なしで.

minute¹[mínit]〔時間の〕分；覚え書き；(複) 議事録. in a 〜 すぐに. 〜 hand〔時計の〕長針.

minute²[mainjúːt]微小の；細かい；詳細の. **minutely** 副

minutiae[minjúːʃiiː](複) 些細な事柄.

minx[míŋks]おてんば娘, 浮気娘.

MIPS〔コンピュータ〕ミップス(演算速度の単位)〔< million instructions per second〕.

miracle[mírəkl]奇跡；驚異的な物事〔人〕；奇跡劇.

miraculous[mirǽkjuləs]奇跡的な, 驚くべき. **miraculously** 副

mirage[mirɑ́ːʒ]蜃気楼；幻影, 妄想.

mire[máiər]泥／ぬかるみにはまらせる〔はまる〕；苦境に陥らせる〔陥る〕.

mirror[mírər]鏡；手本, 模範／鏡に映す, 反射する. 〜 image 鏡像；左右対称の像.

mirth[mə́ːrθ]陽気. **mirthful** 陽気な. **mirthfully** 副 **mirthless** 陰気な. **mirthlessly** 副

MIRV[mə́ːrv]複数個別目標誘導弾頭〔< multiple independently targetable reentry vehicle〕.

miry[máiəri]汚い；泥まみれの.

MIS 経営情報システム〔< management information system〕.

misadventure[misədvéntʃər]不幸, 災難.

misalliance[misəláiəns]不釣り合いな結婚.

misanthrope[mísənθroup]人嫌い, 厭世家. **misanthropy** 人嫌い, 厭世.

misapply[misəplái]誤用する；悪用する.

misapprehend[misæprihénd]思い違いをする. **misapprehension** 名

misappropriate[misəpróuprieit]着服〔誤用〕する.

misbegotten[misbigátn]私生児の.

misbehave[misbihéiv]無作法にふるまう.

miscalculate[miskǽlkjuleit]計算を誤る；見込み違いをする.

miscarry[miskǽri]失敗する；流産する；〔手紙が〕届かない. **miscarriage** 名

miscellaneous[misəléiniəs]種々の, 雑多の.

miscellany[mísəleini]雑集, 雑録.

mischance[mistʃǽns]不幸, 災難. by 〜 不幸にも.

mischief[místʃif]害, 危害；災害；いたずら.

mischievous[místʃəvəs]有害な；いたずらする. **mischievously** 副

misconceive[miskənsíːv]誤解する, 思い違いをする《of》. **misconception** 勘違い.

misconduct[miskándʌkt]非行；不品行, 姦通；不正行為／処置を誤る.

misconstrue[miskənstrúː]誤訳する；誤解する.

miscreant[mískriənt]悪漢／極悪の, 堕落した.

misdeed[misdíːd]悪事, 犯罪.

misdemeanor,《英》**misdemeanour** [misdimíːnər]非行；軽罪.

misdirect[misdirékt]誤った指図をする；あて名を誤る；ねらいそこなう.

misdoing[misdúːiŋ](複) 悪事, 犯罪.

miser[máizər]けち, 守銭奴. **miserly** 副

miserable[mízərəbl]哀れな, みじめな；ひどい. **miserably** 副

misery[mízəri]不幸；みじめさ；苦痛.

misfeasance[misfíːzəns]職権乱用, 過失.

misfire[misfáiər]不発／不発になる；点火しない.

misfit[mísfit]不釣り合い；合わない服〔靴〕；不適合者.

misfortune[misfɔ́ːrtʃən]不運.

misgiving[misgíviŋ](しばしば複)心配，懸念.

mishandle[mishǽndl]虐待する；処置を誤る.

mishap[míshæp]不幸，災難. without ～ 無事に.

misinterpret 誤って解釈する，誤解する.

misjudge[misdʒʌ́dʒ]判断〔審判〕を誤る.

mislay[misléi]置き忘れる〔違える〕.

mislead[mislí:d]誤り導く，迷わす，誤解させる. misleading 誤解に導く，迷わせる.

misled[misléd]mislead の過去・過去分詞.

mismanage[mismǽnidʒ]…の管理〔処置〕を誤る. mismanagement 图

misnomer[misnóumər]誤称；呼び誤り.

misogamy[miságəmi]結婚嫌い.

misplace[mispléis]誤った所に置く〔用いる〕；置き忘れる.

misprint[mísprint]誤植(する).

misrule[misrú:l]失政／誤った政治を行なう.

Miss. ミシシッピ州〔＜ mississippi〕.

Miss[mís]未婚女性，お嬢さん；…嬢.

miss[mís]はずれ；失敗／欠席する；…し損なう；見逃す；間違える；乗り遅れる；達しない；さびしく思う. missing 紛失した；行方不明の.

missal[mísəl]（しばしば M-）〔カトリック〕ミサ典書.

misshapen[misʃéipən]奇形の；不格好の；ゆがんだ.

missile[mísəil, -sail]飛び道具(の)；ミサイル(の).

mission[míʃən]使命，使節(団)；伝道(団)；特別任務／派遣する. missionary 伝道の；宣教師.

missive[mísiv]信書；公文書.

misspell[misspél]つづりを間違う.

mist[míst]霧(で包む・がかかる)，もや；〔目の〕かすみ. misty 霧の(深い)；

おぼろげの；不明瞭な.

mistake[mistéik]間違える／誤り，間違い.

mistaken[mistéikən]mistake の過去分詞；誤った.

mister[místər]（M-）…さん；君・あなた.〔略 Mr.〕.

mistletoe[mísltou]ヤドリギ.

mistook[mistúk]mistake の過去.

mistreat[mistrí:t]虐待する.

mistress[místris]主婦；女主人；女性の大家〔名人・教師・支配者〕；情婦，めかけ.

mistrust[mistrʌ́st]不信, 疑念／疑う. mistrustful 疑い深い.

misunderstand[misʌndərstǽnd]誤解する. misunderstanding 誤解；不和.

misunderstood[misʌndərstúd]misunderstand の過去・過去分詞.

misuse[misjú:s]誤用(する)；虐待する.

MIT《米》マサチューセッツ工科大学〔＜ Massachusetts Institute of Technology〕.

mite¹[máit]わずか；小銭；小さいもの. not a ～ 少しも…ない.

mite²[máit]ダニ.

miter, mitre[máitər]司教冠(を授ける)；〔木工〕斜め接ぎ(にする).

mitigate[mítəgeit]和らげる；軽減する. mitigation 图 mitigative 形

mitt[mít]女性用長手袋(指先が露出し，手首からひじまで覆う)；〔野球〕ミット.

mitten[mítn]ミトン(親指だけ別になった手袋).

mix[míks]混ぜる〔ざる〕；交際する／混合(物)；原料；混乱. mixed 混じった，混成の；種々雑多な. mixer〔音声の〕ミキサー；ミキサー車；バーテン；社交家.

mixed-up 精神錯乱の；社会に適合できない.

mixture[míkstʃər]混合(物).

M

mizzenmast[míznmæst]〔船〕第3マスト.

ML〔インターネット〕メーリングリスト（電子メール同報発信リスト）〔< mailing list〕.

ml ミリリットル〔< milliliter〕.

M Litt 文学修士〔< Master of Letters〕.

Mlle マドモアゼル, …嬢〔<《F》Mademoiselle〕.

MLR《英》最低貸出金利〔< minimum lending rate〕.

mm ミリメートル〔< millimeter (s)〕.

MMC 市場金利連動型預貯金〔< money market certificate〕.

Mme 奥様, …夫人〔<《F》Madame〕.

MMF マネー・マーケット・ファンド（市場金利連動投資信託）〔< money market fund〕.

MN ミネソタ州〔< Minnesota〕.

mnemonic[nimánik]記憶を助ける. **mnemonics** 記憶(術).

MNLF モロ民族解放戦線（フィリピン）〔< Moro National Liberation Front〕.

MNO 移動体通信学者（自社で通信設備を所有し携帯電話サービスを提供している通信業者）〔< Mobile Network Operator〕.

MNP 携帯電話番号ポータビリティ〔< Mobile Number Portability〕.

MO 光磁気ディスク〔< magneto-optical disk〕；ミズーリ州〔< Missouri〕；為替〔< money order〕.

Mo. ミズーリ州〔< Missouri〕.

Mo. 月曜日〔< Monday〕.

mo. 月〔< month〕.

moan[móun]うめき(声)；不平／うめく；うなる.

moat[móut]堀で囲む.

mob[mɔ́b]群集；暴徒；やじ馬／群れをなして襲う.

mobile[móubəl, -bail]可動性の；変わりやすい；気まぐれな. ～ home

可動住宅. ～ phone 携帯電話.

mobilize, -lise[móubəlaiz]動員する〔される〕. **mobilization** 名

MOBS[mɔ́bz]多数軌道爆撃システム〔< Multiple Orbit Bombardment System〕.

moccasin[mɔ́kəsin]モカシン（柔らかい皮製の靴）.

mock[mɔ́k]あざける；まねる／あざけり；まね；まがいもの／まがいの, 偽りの. **mockingbird** マネシツグミ. ～ -up 実物大模型. **mockery** 嘲笑(の的)；まね；にせもの.

MOD, MoD《英》国防省〔< Ministry of Defence〕.

mod[mɔ́d]〔服装などが〕モッズ風の；流行の最先端の.

mode[móud]方法；様式；流儀；流行.

model[mɔ́dl]模型(の)；模範(の)；モデル(の)／かたどる；設計する；モデルになる.

moderate[mɔ́dərət]適度の；穏健な／[-reit]加減する, 調節する；緩む, 和らぐ. **moderation** 緩和；節制；穏健；適度. **moderately** 副

moderator[mɔ́dəreitər]調停者；議長；調節器.

modern[mɔ́dərn]現代の〔近世の・近代の〕／現代人. **modernism** 現代風；現代主義. **modernist** 現代主義者. **modernize** 現代化する.

modest[mɔ́dist]慎み深い；遠慮がちの；価の高くない；質素な. **modesty** 名

modicum[mɔ́dikəm]わずか, 少量；小額.

modify[mɔ́dəfai]変更〔修正〕する；〔文法〕修飾する. **modification** 名 **modifier** 修正者；〔文法〕修飾語.

modish[móudiʃ]流行の.

modular[mɔ́dʒulər]モジュール式の；標準寸法の.

modulate[mɔ́dʒuleit]調節する；転調する；抑揚をつける；変調する.

modulation 名

module[mάdʒu:l] モジュール；測定器順に；〔切り離せる〕宇宙船(の一部).

MOF 財務省(日本等)〔＜Ministry of Finance〕.

Mogul[móugəl] ムガール人；(**m-**) 重要人物.

mogul[móugəl]〔スキー滑走斜面の〕隆起，こぶ；モーグル.

mohair[móuhεər] モヘア(アンゴラヤギの毛).

Mohammed[muhǽmid] ムハンマド，マホメット(イスラム教の創始者). **Mohammedan** イスラム教の；イスラム教徒. **Mohammedanism** イスラム教.

moiety[mɔ́iəti] 半分；一部分.

moil[mɔ́il] あくせく働く／骨折り仕事；混乱.

moist[mɔ́ist] 湿った；涙ぐんだ. **moisten** ぬらす〔れる〕. **moisture** 湿気；水分.

molar[móulər] 臼歯(の).

molasses[məlǽsiz]《米》糖蜜.

mold[móuld]¹ 型；性質；形状，鋳型／型に入れて作る；形成する. **molding** 鋳造；くり形.

mold² かび／かびる〔させる〕. **moldy** かびた；古臭い.

mold³ 沃土／土をかぶせる.

molder[móuldər] 朽ちてくずれる.

Moldova[mɔ:ldɔ́:və] モルドバ(共和国) (Republic of Moldova).

mole¹[móul] ほくろ，黒あざ.

mole² モグラ；スパイ.

mole³ 防波堤，突堤.

molecular[məlékjulər] 分子の. **～ formula** 分子式.

molecule[mάləkju:l] 分子.

molest[məlést] 苦しめる；干渉する；みだらなことをする. **molestation** 名 **molester** 痴漢.

mollify[mάləfai] なだめる，和らげる. **mollification** 名

mollusc, mollusk[mάləsk] 軟体動物.

molt[móult]〔髪・羽などが〕抜け変わる／脱皮(する).

molten[móultən] melt の過去分詞／溶融した；鋳造した.

mom[mάm]《米》お母さん.

MOMA, MoMA[móumə] ニューヨーク近代美術館〔＜The Museum of Modern Art, New York〕.

moment[móumənt] 瞬間；危機；契機；能率；重要性.

momentary[móumənteri] 瞬間の，つかの間の. **momentarily** 副

momentous[mouméntəs] 重大な，重要な.

momentum[mouméntəm] 運動量；はずみ，勢い.

Mon. 月曜日〔＜Monday〕.

Monaco[mάnəkou] モナコ(公国) (Principality of Monaco).

monad[mάnæd] 単体，モナド，単子；一価元素；単細胞生物.

monarch[mάnərk] 君主；大立て者. **monarchism** 君主主義. **monarchal, monarchial, monarchical** 君主(制)の. **monarchy** 君主政体(国).

monastery[mάnəsteri] 僧院；修道院.

monastic[mənǽstik] 僧院の；僧侶の；禁欲的な.

Monday[mʌ́ndei, -di] 月曜日〔略 Mon.〕.

monetary[mάnəteri] 貨幣の，金銭の，金融の. **～ policy** 金融政策.

money[mʌ́ni] 金，金銭；富，財産. **～ laundering** 資金洗浄，マネーロンダリング. **～ market** 短期金融市場. **～ supply** マネーサプライ，通貨供給量. **～ order** 郵便為替.**soft ～**《米》ソフトマネー〔政党向け政治資金〕. **hard ～**《米》ハードマネー〔候補者個人向け政治資金〕.

moneychanger 両替屋.

monger[mʌ́ŋgər] 商人(合成語として

M

用いる).

Mongolia[maŋgóuliə] モンゴル (国).

Mongolian[maŋgóuliən] モンゴル (人・語) の／モンゴル人〔語〕.

mongrel[máŋgrəl] 雑種(の).

monism[mánizm] 一元論.

monitor[mánətər] 勧告者；級長；監視装置；モニター／監視する.

monk[máŋk] 僧；修道士.

monkey[máŋki] 猿；いたずらっ子；〔くい打ち用の〕落としづち／いじくる；いたずらする；ふざける／まねる.

mono-[mánou-]「単一の…」.

monochrome[mánəkroum] 単色面，単彩画.

monocle[mánəkl] 片めがね.

monogamy[mənágəmi] 一夫一婦制. **monogamous** 形

monogram[mánəgræm] 組み合わせ文字.

monograph[mánəgræf] 専攻論文.

monolith[mánəliθ] 一枚岩，モノリス.

monologue, monolog[mánəlɔːg] 独白；一人芝居.

monomania[mɑnəméiniə] 偏執狂. **monomaniac** 偏執狂者.

monoplane[mánəplein] 単葉飛行機.

monopoly[mənápəli] 専売〔独占〕権，専有権. **monopolist** 独占者；専売者. **monopolize** 独占する；専売する.

monorail[mánəreil] モノレール.

monosyllable[mánəsiləbl] 単音節語. **monosyllabic** 形

monotheism[mánəθiːizm] 一神教. **monotheist** 一神論者.

monotone[mánətoun] 単調(な)／単調に話す.

monotonous[mənátənəs] 単調な；退屈な. **monotony** 名

monoxide[mɑnáksaid] 一酸化物. **carbon ～** 一酸化炭素.

Monsignor[mɑnsíːnjər] モンシニョール(カトリックの大司教などの尊称)〔略 Mgr., Monsig.〕.

monsoon[mɑnsúːn] 季節風；雨季.

monster[mánstər] 怪物(のような人).

monstrosity[mɑnstrásəti] 奇形，怪異；= monster.

monstrous[mánstrəs] 奇形の；巨大な；言語道断な.

Mont. モンタナ州〔< Montana〕.

montage[mɑntáːʒ] モンタージュ〔合成〕写真；フィルム編集.

month[mánθ] 月，1か月.

monthly[mánθli] 月1回(の)，毎月(の)；月刊刊行物.

monument[mánjumənt] 記念碑；記念物. **monumental** 記念の；不滅の；巨大な；途方もない.

mooch[múːtʃ] うろつく；盗む；ねだる.

mood[múːd] 気分；(複) ゆううつ. **in the ～** …する気になる. **moodiness** 不機嫌. **moody** 気難しい；不機嫌の.

mood[文法] 法；様式.

moon[múːn] 月；衛星／ぼんやり見る. **moony** ぼんやりした；月のような.

moonlight 月光(の)；〔夜間の〕副業をする.

moonlit 月に照らされた.

moonshine 月光；たわごと；密造酒.

moonstone 月長石.

moonstruck 発狂した.

moor[múər] 停泊する〔させる〕. **moorage** 停泊所，係留(地). **moorings** 係船装置；停泊所.

moor 荒野，湿原.

moose[múːs] ヘラジカ.

moot[múːt] 議論の余地のある／討議する.

mop[máp] モップ，柄付きぞうきん／ふく(こと).

mope[móup] しょんぼりする／しょん

ぽりしている人.

moped[móuped]モペット(原動機付き自転車).

moral[mɔ́ːrəl]道徳(上)の；教訓的な；精神的な/教訓；(複)品行；(複)倫理(学). ~ **hazard** 道徳的危険. **moralist** 道徳家. **moralize** 道徳を説く；説教をする；教訓になる. **morally** 副

morale[məræl]風紀；士気.

morality[mərǽləti]道徳, 倫理(学)；品行；教訓.

morass[mərǽs]沼地, 苦境.

moratorium[mɔːrətɔ́ːriəm]一時停止；支払い猶予(期間).

morbid[mɔ́ːrbid]病気の；病的な；気味の悪い. **morbidity** 病的なこと；[一地方の] 罹病率.

mordant[mɔ́ːrdənt]辛辣な, 痛烈な.

more[mɔ́ːr]もっと多い[大きい]/さらに多く[大きく], 一層；もっと；その上.~ and ~ ますます. ~ or less 多少.

moreover[mɔːróuvər]なお, その上.

mores[mɔ́ːreiz]慣習, しきたり.

morgue[mɔ́ːrg]死体公示所；[新聞社の] 調査部, 資料室.

moribund[mɔ́ːrəbʌnd]死にかかった；絶滅しかけた.

Mormon[mɔ́ːrmən]モルモン教徒(の). **Mormonism** 名

morn[mɔ́ːrn]《詩》朝(= morning).

morning[mɔ́ːrnin]朝；初期. ~ **glory** 朝顔. ~ **star** 明けの明星.

Morocco[mərákou]モロッコ(王国)(Kingdom of Morocco).

morocco[mərákou]モロッコ(皮)(ヤギの皮).

Moroccan モロッコ(人)の.

moron[mɔ́ːran]愚か者.

morose[məróus]不機嫌な, 気難しい.

morphine[mɔ́ːrfiːn]モルヒネ.

morphology[mɔːrfálədʒi]形態

(学)；形態論.

morrow[mɔ́ːrou]《詩》翌日；《古》朝.

morsel[mɔ́ːrsəl]一口；一片；小量.

mortal[mɔ́ːrtl]死すべき；致命的な；人間の；現世の；生かしておけない；長くて退屈な/死ぬもの；人間. **mortally** 副

mortality[mɔːrtǽləti]死すべき運命；死亡率；大量の死.

mortar[mɔ́ːrtər]迫撃砲；乳鉢.

mortar[mɔ́ːrtər]しっくい, モルタル(を塗る).

mortgage[mɔ́ːrgidʒ]抵当(に入れる), 抵当権；抵当証書；《米口》住宅ローン/[生命を] 賭ける. **mortgagee** 抵当権者. **mortgager** 抵当権設定者.

mortician[mɔːrtíʃən]葬儀屋.

mortification[mɔːrtəfikéiʃən]くやしさ, 屈辱；苦行；壊疽[えそ].

mortify[mɔ́ːrtəfai]禁欲する；屈辱を与える/苦行する；壊疽にかかる.

mortuary[mɔ́ːrtʃueri]死体仮置場/死の, 埋葬の.

mosaic[mouzéiik]モザイク, 寄せ木細工.

Moslem[mázləm]イスラム教徒(の).

mosque[másk]イスラム教寺院.

mosquito[məskíːtou]蚊. ~ **net** 蚊帳[かや].

MOSS 市場分野別協議, モス[< market-oriented sector selective talks].

moss[mɔ́ːs]コケ. **mossy** コケの生えた；古びた.

most[móust]最大の；一番多い；たいていの；大部分の；最も多くのもの[数量]. at(the) ~ せいぜい. **mostly** たいてい, 主として.

MOT《英》運輸省[< Ministry of Transport].

mote[móut]ちり；微片.

motel[moutél]自動車旅行者用ホテル, モーテル.

moth[mɔ́ːθ]ガ, イガ. ~ **-eaten** 虫の

食った；時代遅れの.
mothball 玉状の防虫剤.
mother[mΛðər] 母. ~ **country** 母国.
~ **-in-law** しゅうとめ, 義母. ~ **-of-
pearl** 真珠層. ~ **tongue** 母国語.
motherhood 母性. **motherly** 母の；
慈愛の.
motherland 母国.
motif[moutí:f] 主題；主旨；モチーフ.
motion[móuʃən] 運動；動作；提案；
動議／合図する. ~ **picture**《米》映
画. **motionless** 動かない.
motivate[móutəveit] 動機を与える；
刺激する；興味[意欲]を起こさせる.
motivation 動機づけ；自発性.
motive[móutiv] 動かす；運動の／動
機；主旨.
motley[mátli] 混成の；まだらの；雑
多の／雑色(の服).
motocross[móutoukrɔ:s] モトクロス
(オートバイレース).
motor[móutər] エンジン；原動力(の)；
自動車(の)／自動車で行く. ~ **nerve**
運動神経. **motorist** 自動車運転者.
motorbike 小型オートバイ.
motorcade[móutərkeid] 自動車の行
列.
motorcar 自動車.
motorcycle オートバイ.
motorize[móutəraiz] 動力化する.
motorman[電車などの] 運転手.
motorway《英》自動車道路, 高速
道路.
mottle[mátl] まだら(にする), 雑色
(にする).
motto[mátou] 格言；標語.
mould《英》= mold¹‧²‧³.
moult[móult]《英》= molt.
mound[máund] 堤[土手・塚] (をつ
くる).
mount¹[máunt] 登る；(馬に) 乗せる
[乗る]；据えつける；枠にはめる；裏
打ちする；上演する；増す, 高まる／馬；
[写真などの] 台紙；台. **mounted** 騎
馬の；台紙にはった. **mounting** 据え

つけ, 騎乗；[写真の] 台紙；[宝石の]
台.
mount² 山；…山(略 Mt.).
mountain[máuntən] 山；(複) 山脈.
mountaineer 登山家；山国の人.
mountainous 山の多い；山のような.
mountainside 山腹, 山の斜面.
mountebank[máuntəbæŋk] 山師；
いかさま師.
mourn[mɔ́:rn] 悲しむ；弔う；喪に服
する. **mourner** 悲しむ人；喪主；会
葬者. **mournful** 悲しそうな. **mourn-
fully** 副 **mourning** 悲しみ；喪；喪
服.
mouse[máus] ハツカネズミ；臆病
者.
mousse[mú:s] ムース(ホイップクリー
ムにゼラチンを加えた冷菓).
moustache[mΛstæʃ] = mustache.
mouth[máuθ] 口；穴；入口, 出口／
[mauð] 大声で言う；口に入れる.
~ **-watering** よだれの出そうな, う
まそうな. **mouthful** 口いっぱい.
mouthy ほら吹きの, おしゃべりな.
mouthpiece マウスピース；[楽器な
どの] 吹き口；[電話の] 送話口.
movable[mú:vəbl] 動かせる／(通例
複) 動産.
move[mú:v] [心を] 動かす, 感動させ
る；動議を提出する／動く；転居する；
[チェス] 駒を動かす；進む／運動；
手段；行動；引越し；[チェス] 駒
の動き. **mover** 動議提出者, 発議者；
[引越しの] 運送屋.
movement[mú:vmənt] 運動；(複)
態度；行動；進展；楽章.
movie[mú:vi] (通例複)《話》映画
(館). ~ **star** 映画スター.
moving[mú:viŋ] 感動的な；動いて
いる；引っ越しの.
mow¹[móu] [草を] 刈る, なぎ倒す.
mowing machine 草刈り機. **mower**
草刈り人；草刈り機.
mow² 干し草の山；干し草[穀物] 置
き場.

mown[móun]**mow**[1] の過去分詞.

MOX[máks] 混合酸化物燃料〔< mixed oxide fuel〕.

moxa[máksə]モグサ.

Mozambique[mouzæmbíːk] モザンビーク(共和国)(Republic of Mozambique).

MP〔< Member of Parliament〕国会議員;〔< Military Police〕憲兵.

mp〔音楽〕メゾピアノ, やや弱く〔< mezzo piano〕.

MPAA 米国映画協会〔< Motion Picture Association of America〕.

MPD 警視庁(日本)〔< Metropolitan Police Department〕.

MPEG〔コンピュータ〕エムペグ(動画の圧縮の国際標準規格)〔< Moving Picture Experts Group〕.

M. Phil. 哲学修士〔< Master of Philosophy〕.

mpg ガロン当たりマイル数〔< miles per gallon〕.

MP3〔コンピュータ〕エムピースリー(音声の圧縮方式)〔< MPEG-1 Audio Layer 3〕.

MPU 超小型演算処理装置〔< micro processor unit〕.

Mr.,〔英〕**Mr**〔男性の姓, 姓名の前で〕…さん, …氏(Mister).

MRA 磁気共鳴血管造影(法)〔< magnetic resonance angiography〕.

MRBM 準中距離弾道ミサイル〔< medium-range ballistic missile〕.

MRC《英》医学研究審議会〔< Medical Research Council〕.

MRE〔< meal ready to eat〕.

MRI 磁気共鳴画像法〔< magnetic resonance imaging〕.

MRP〔英〕メーカー希望小売価格〔< manufacturer's recommended price〕.

Mrs.,《英》**Mrs**〔既婚夫人の敬称〕…夫人.

MRSA メチシリン耐性黄色ブドウ球菌〔< methicillin-resistant Staphylo-coccus aureus〕.

MRV 複数弾頭〔< multiple reentry vehicle〕.

MS. ミシシッピ州〔< Mississippi〕.

MS-DOS[émes dɔ́ːs]〔コンピュータ〕マイクロソフト・ディスク・オペレーティング・システム, エムエスドス〔< Microsoft disk operating system〕.

MSA 海上保安庁〔< Maritime Safety Agency〕.

M Sc 理学修士〔< Master of Science〕.

MSDF 海上自衛隊〔< Maritime Self-Defense Force〕.

MSF 国境なき医師団〔<《F》médecins sans frontière〕.

msg メッセージ〔< messages〕.

MSI 中規模集積回路〔< medium scale integration〕.

MST〔米国時間帯〕山岳部標準時間〔< Mountain Standard Time〕.

MT モンタナ州〔< Montana〕;100 万トン, メガトン〔< megaton〕.

Mt., mt. 山〔< Mount, mountain〕.

mth 月〔< month〕.

much[mʌ́tʃ]多く, 多大な / 多量, 大層なもの / 大いに;ほとんど.

muck[mʌ́k]こやし;汚物;ごみ / 汚す;こやしをやる.

mucous[mjúːkəs]粘液(質)の. **~ membrane** 粘膜.

mucus[mjúːkəs]粘液, 鼻汁;鼻くそ.

mud[mʌ́d]泥;ぬかるみ.

muddle[mʌ́dl]混乱させる;めちゃめちゃにする;ぼんやりさせる / まごつく / 混乱.

muddy[mʌ́di]泥だらけの;ぬかるんだ;ぼんやりした.

mudguard[mʌ́dgɑːrd]泥よけ.

muff[1][mʌ́f]まぬけ;〔野球〕(球の)受け損ない / 〔野球〕(球を)へまをする;〔野球〕落球;《俗》女性性器.

muff[2] マフ(円筒形の防寒用毛皮).

muffin[mʌ́fin]マフィン.

muffle[mʌ́fl]包む;包んで音を消す.

M

muffler えり巻き，マフラー；消音装置．

mug[mʌg] (取っ手付き) コップ；《俗》面。；口；《俗》まぬけな人／背後から襲う；〔犯罪者の〕顔写真をとる；〔俳優が〕表情をつくる．

mulatto[məlǽtou] 黒人と白人の混血児．

mulberry[mʌ́lberi] クワ；暗紫色．

mulch[mʌltʃ] 〔植物の〕マルチング，根覆い(をする)．

mule[mjú:l] ラバ；雑種；ミュール精紡機；強情な人．

mull[1][mʌl] 検討する；熟考する《over》．

mull[2] 薄く柔らかいモスリン地．

mull[3]〔酒に〕香料・砂糖・卵を入れて温める．

mullet[mʌ́lit] 〔魚〕ボラ．

multi-[mʌ́lti-]「多い…」；「多様の…」．

multifarious[mʌltifέəriəs] 種々の，雑多の．

multiform[mʌ́ltifɔ:rm] 多様の，雑多の．

multilateral 多辺の；多面的な；多国間の．

multilingual[mʌltilíŋgwəl] 数ヶ国語が話せる(人)．

multimedia マルチメディア(の)．

multimillionaire 億万長者．

multinational[mʌltinǽʃənl] 多国籍の(企業)．

multiple[mʌ́ltəpl] 複合の；多数の／倍数(の)．～ **debts** 多重(消費者金融) 債務．～ **sclerosis** 多発性硬化症(略 MS)．

multiplicand[mʌltəplikǽnd] 〔数学〕被乗数．

multiplication[mʌltəplikéiʃən] 〔数学〕掛け算；増加．

multiplicity[mʌltəplísəti] 多数；多様．

multiplier[mʌ́ltəplaiər] 〔数学〕乗数；乗算機．

multiply[mʌ́ltəplai] 増やす〔える〕，繁殖させる〔する〕；〔数学〕乗じる．

multitude[mʌ́ltətju:d] 多数；群集．**multitudinous** 形

mum[mʌm] 沈黙(する)／黙れ！

mumble[mʌ́mbl] もぐもぐ言う；つぶやき．

mummy[mʌ́mi] ミイラ．

mumps[mʌ́mps] 耳下腺炎，おたふくかぜ．

munch[mʌntʃ] むしゃむしゃ食べる．

mundane[mʌndéin] 現世の，世俗の．

municipal[mju:nísəpəl] 市の；市政の；内政の．**municipality** 自治体；市当局．

munificent[mju:nífəsnt] ものを惜しまない，気前のよい．**munificence** 名

munition[mjuníʃənz] 軍需品；弾薬．

mural[mjúərəl] 壁の〔にかかった〕／壁画．

murder[mə́:rdər] 殺人，謀殺／殺す；台なしにする．**murderer** 殺害者．**murderous** 殺人の；凶悪な；ひどい．

murky[mə́rki] 暗い；陰気な．

murmur[mə́:rmər] さざめき；ささやき；不平／さらさらいう；不平を言う．

Mus B(ac) 音楽学士〔＜ Bachelor of Music〕．

muscat[mʌ́skət] マスカット．

muscatel[mʌskətél] マスカテル(マスカットから造るワイン)．

muscle[mʌ́sl] 筋肉；筋力；腕力／強引に押し進む．

muscular[mʌ́skjulər] 筋肉の；強い．

Mus D(oc) 音楽博士〔＜ Doctor of Music〕．

Muse[mjú:z]〔ギリシャ神話〕ミューズ(文芸・美術を司る9人の女神の1人)；(m-) 詩想，詩才．

muse[mjú:z] 熟考する《on, upon》．

museum[mju:zí:əm] 博物館．

M

~ **piece** 重要美術品；時代遅れのもの〔人〕.

mush[mʌʃ]かゆ；どろどろしたもの.
mushy どろどろした；感傷的な.

mushroom[mʌʃruːm]キノコ；マッシュルーム／急に育つ《into》；キノコの（ような）.

music[mjúːzik]音楽；楽譜. ~ **hall** 音楽堂；演芸場.

musical[mjúːzikəl]音楽の；音楽的な；音楽好きの／ミュージカル.

musician[mjuːzíʃən]音楽家.

musket[mʌ́skit]〔旧式の〕小銃. **musketeer** 銃兵.

muskrat[mʌ́skræt]ジャコウネズミ.

Muslim[mʌ́zlim]イスラム教の.

muslin[mʌ́zlin]モスリン；《米》キャラコ.

must[məst, 強 mʌst]…ねばならない；…に違いない／必要事項；義務／必須の. ~ **book** 必読書.

mustache[mʌ́stæʃ]口ひげ.

mustang[mʌ́stæŋ]ムスタング（野生馬）.

mustard[mʌ́stərd]カラシ.

muster[mʌ́stər]召集；点呼；集合（人員）／集める《まる》；奮い起こす. **pass** ~ 合格する.

musty[mʌ́sti]かびた，かび臭い；古臭い.

mutable[mjúːtəbl]変わりやすい；移り気な. **mutability** 图

mutant[mjúːtnt]突然変異体／突然変異による.

mutate[mjúːteit]変化させる〔する〕；突然変異させる〔する〕.

mutation[mjuːtéiʃən]変化，変転；突然変異.

mute[mjúːt]無言の；発音しない／ものが言えない人；黙字；弱音器／音を消す. **mutely** 無言で.

mutilate[mjúːtəleit]〔手足などを〕切断する，不完全にする. **mutilated body** バラバラ死体. **mutilation** 图

mutiny[mjúːtəni]暴動（を起こす）；

反抗（する）. **mutineer** 暴徒；反抗者.
mutinous 反抗する，暴動の.

mutt[mʌt]《話》まぬけ；雑種犬.

mutter[mʌ́tər]つぶやき；不平／ぶつぶつ言う.

mutton[mʌ́tn]羊肉.

muttonhead ばか，のろま.

mutual[mjúːtʃuəl]相互の；共同の. ~ **fund**《米》投資信託.

mutually 互いに.

muzzle[mʌ́zl]〔犬などの〕鼻づら；口論；銃口，砲口／口輪をはめる；黙らせる. ~ **-loader** 口装銃.

MV 内燃機船〔< motor vessel〕.

MVP 最高殊勲選手〔< most valuable player〕.

MW メガワット，100万ワット〔< megawatt(s)〕；中波〔< medium wave〕.

MWM 既婚の白人男性〔< married white male〕.

MX《米》次期（戦略）ミサイル〔< missile experimental〕.

my[mái]私の／まあ！

myalgia[maiǽldʒiə]筋肉痛.

Myanmar[mjǽnmɑːr]ミャンマー（連邦共和国）(Republic of the Union of Myanmar).

Myanmarese[mjæmməríːz]ミャンマー人（の）.

MYOB 自分のことをやれ，いらぬお世話だ〔< mind your own business〕.

myopia[maióupiə]近視. **myopic** 形

myriad[míriəd]無数（の）.

myrtle[mɚ́ːtl]ギンバイカ.

myself[maisélf]私自身（で・を・に）.

mysterious[mistíəriəs]神秘の，不思議な. **mysteriously** 副

mystery[místəri]神秘；極意；秘密；（複）聖餐（式）；奇跡物語；探偵小説.

mystic[místik]= mystical／神秘主義者.

mystical[místikəl]神秘の；神秘主義的な；秘伝の.

mysticism[místəsizm]神秘主義；神

秘体験.

mystify[místəfai] 神秘的にする；迷わせる，煙にまく.

mystique[mistíːk] 神秘的雰囲気；秘法.

myth[míθ] 神話；作り話. **mythical** 神話の.

mythological[miθəládʒikəl], **-logic**[-ládʒik] 神話の；架空の.

mythology[miθálədʒi] 神話学；神話集；神話.

N

N 中立の〔neutral〕；北(の)〔< north〕；窒素〔< nitrogen〕.

NA, n/a 不適用〔不適格〕〔< not applicable (available)〕.

NAACP 全米黒人地位向上協会〔< National Association for the Advancement of Colored People〕.

nab[nǽb] 《俗》つかまえる；ひったくむ；ひったくる.

nabob[néibab] 太守；金持.

nadir[néidər] 天底；最下点；どん底.

NAFTA 北米自由貿易協定，ナフタ〔< North American Free Trade Agreement〕.

nag[nǽg] 馬；小馬；老いぼれ馬.

nag[2] 小言ばかりいって悩ませる(人).

naiad[néiæd] 〔ギリシャ・ローマ神話〕水の精.

nail[néil] 爪；釘／釘を打つ；固定させる；《話》捕える.

naïve, naive[naːíːv] 単純な；無邪気な. **naively** 副

naïveté[naːiːvtéi], **naïvety**[-íːveti] 天真爛漫誌；純真な.

naked[néikid] 裸の；ありのままの，飾りのない；明白な.

name[néim] 名；名声；名義；(複)悪口／命名する；名を呼ぶ；指名する. **nameless** 無名の；名状しがたい.

namely すなわち.

namesake 同名の人.

Namibia[nəmíbiə] ナミビア(共和国) (Republic of Namibia).

nan[nǽn] 《英話》おばあちゃん.

nanny[nǽni] 《英》乳母.

nano-[nǽnou] ナノ，10億分の1. **nanometer** 10億分の1メートル.

nap[1][nǽp] うたたね(する).

nap[2] 〔織物などの〕けば(を立てる).

napalm[néipɑːm] ナパーム(ゼリー状ガソリン).

nape[néip] うなじ，えり首.

naphtha[nǽfθə] ナフサ，揮発油.

naphthaline[nǽfθəliːn] ナフタリン.

napkin[nǽpkin] ナプキン；《英》おむつ；《米》生理用ナプキン. ~ **ring** ナプキンリング.

nappy[nǽpi] 《英》おむつ；《俗》汚い.

narcissism[náːrsəsizm] 自己愛，自己陶酔.

narcissus[naːrsísəs] スイセン.

narcolepsy[náːrkəlepsi] 発作性睡眠.

narcosis[naːrkóusis] 昏睡(状態).

narcotic[naːrkátik] 麻酔性の／麻酔剤；麻薬.

narcotism[náːrkətizm] 麻酔，麻薬中毒.

narrate[nǽreit, nəréit] 語る，述べる. **narration** 物語；叙述；〔文法〕話法. **narrative** 物語(の)；話術. **narrator** 語り手.

narrow[nǽrou] 細い；〔心の〕狭い；やっとの；けちな；厳密な；乏しい／(通例複) 瀬戸；山峡／狭くする〔なる〕. ~ **escape** 九死に一生. ~ **-minded** 心の狭い. **narrowly** 辛うじて；狭く；厳密に.

narwal, narwhal[náːrwəl] イッカク(小型鯨).

NASA 《米》航空宇宙局，ナサ〔< National Aeronautics and Space

NASD 全米証券業協会〔< National Association of Securities Dealers〕.

NASDA 宇宙開発事業団, ナスダ(日本)〔< National Space Development Agency of Japan〕.

NASDAQ《米》店頭株式市場, ナスダック〔< National Association of Securities Dealers Automated Quotations〕.

nasal[néizəl] 鼻 の; 鼻音(の). **nasalize** 鼻にかけて発音する; 鼻音化する.

nascent[nǽsnt] 発生しようとする, 初期の. **nascence** 图

nasty[nǽsti] 汚い; 険悪な; みだらな; 不快な.

natal[néitl] 出生〔誕生〕の. **natality** 图 出生率.

natatorium[neitətɔ́:riəm] 屋内水泳プール.

nation[néiʃən] 国民; 国家; 民族. ~ **state** 単一民族国家.

national[nǽʃənl] 国民〔国家〕の; 全国的な; 国立の. ~ **anthem** 国歌. ~ **park**. 国立公園. ~ **service** 徴兵. **National Insurance** 《英》国民保険(制度). **nationally** 国として; 全国的に.

nationalism[nǽʃənlizm] 愛国心; 国家主義.

nationalist[nǽʃənlist] 国家主義者.

nationality[næʃənǽləti] 国民性; 国籍; 国民(的感情), 国家. **nationalize** 全国的にする; 国有にする. **nationalization** 图

nationwide 全国的な.

native[néitiv] 出生地の; 土着の(人); 固有の; 生まれつきの; 母語の /…生まれの人; 土着の動植物. **Native American** アメリカ先住民.

nativity[nətívəti] 出生; (the N-) キリストの誕生.

NATO 北大西洋条約機構, ナトー〔< North Atlantic Treaty Organiza-tion〕.

natty[nǽti] きちんとした; 粋な.

natural[nǽtʃərəl] 自然〔天然〕の; 生来の; 当然の / 生まれつき…に向いている人; うってつけの人; 本位記号〔♮〕. ~ **gas** 天然ガス. ~ **resources** 天然資源. ~ **history** 博物学. **naturalism** 自然主義. **naturalist** 博物学者; 自然主義者. **naturally** 自然に; 生来; 当然.

naturalize[nǽtʃərəlaiz] 帰化させる〔する〕; 慣らす〔れる〕. **naturalization** 图

nature[néitʃər] 自然(現象); 天性; 種類; 体力, 活力.

naught[nɔ́:t] 無; ゼロ.

naughty[nɔ́:ti] 行儀の悪い, いたずらな. **naughtily** 副 **naughtiness** 图

NAUI [nɑ́:ui] スキューバダイビング全米水中指導員協会〔< National Association of Underwater Instructors〕.

Nauru[nɑːúːruː] ナウル(共和国)(Republic of Nauru).

nausea[nɔ́:ziə] 吐き気; 船酔い; 嫌悪.

nauseate[nɔ́:zieit] 吐き気を催す〔せる〕.

nauseous[nɔ́:ʃəs] 吐気を催す, いやな.

nautical[nɔ́:tikəl] 航海の; 船舶の; 海員の. ~ **mile** 海里.

naval[néivəl] 海軍の.

nave[¹][néiv] (教会堂の) 身廊.

nave[²](車の) こしき.

navel[néivəl] へそ; 中央, 中心. ~ **orange** ネーブル.

navigable[nǽvigəbl] 航行可能な.

navigate[nǽvəgeit] 航行〔航海〕する; 操縦する; 通過させる; 誘導する. **navigator** 航 海 士; 飛 行 士. **navigation** 图

navvy[nǽvi]《英》人夫.

navy[néivi] 海軍. ~ **blue** 濃紺色.

nay[néi]《古》否; むしろ / 拒否; 反対投票(者).

Nazi[náːtsi](the Nazis)ナチス；ナチスの. **Nazism**ナチズム，ドイツ国家社会主義.

NB[énbí, nóutəbéini]注意せよ. 〔<《L》nota bene(= note well)〕

NBA　全米プロバスケットボール協会〔< National Basketball Association〕.

NBC　NBC放送(正式名・ナショナル放送会社，米国の三大テレビネットワークの一つ)〔< National Broadcasting Company〕.

NC.　ノースカロライナ州〔< North Carolina〕.

NC　数値制御〔< numerical control〕.

NC-17《米》17歳未満お断り(の映画)〔< not for children under 17〕.

NCAA　全米大学競技協会〔< National Collegiate Athletic Association〕.

ND　ノースダコタ州〔< North Dakota〕.

N/D　酒類(酔っぱらい、薬物)お断り〔< no drinking(drinker, drugs)〕.

N.Dak.　ノースダコタ州〔< North Dakota〕.

NE　ネブラスカ州〔< Nebraska〕；ニューイングランド地域〔< New England〕；北東(の)〔< northeast(ern)〕.

near[níər]近く；密接に；ほとんど／…に近く／近い；親しい；よく似ている；あやどい／近づく／近く. ～ miss 至近弾；異常接近，ニアミス. **nearly**ほとんど；もう少しで；親しく. **nearness**近いこと；親密.

nearby　すぐ近くに.

nearsighted　近眼の.

neat[níːt]さっぱりした；きちんとした；適切な；水で割らない(酒). **neatly**副

nebula[nébjulə]星雲. **nebular**星雲(状)の. **nebulous**星雲の；ぼんやりした.

nebulizer[nébjulaizər]噴霧器. **nebulize**霧状にする；吹きつける.

necessary[nésəseri]必要な／必然的

な／必需品. **necessarily**必ず，必然的に，やむを得ず.

necessity[nəsésəti]必要；必然；必要物；窮乏. **necessitate**必要とする；余儀なく…させる. **necessitous**貧乏な.

neck[nék]首；えり；狭い海峡. ～ and ～ 並んで；互角で. **necking**《俗》〔男女が〕首に抱きついてキスすること.

neckband〔シャツなどの〕えり.

necklace　首飾り，ネックレス.

necktie　ネクタイ.

necromancy[nékrəmænsi]降霊術. **necromancer**占い師；魔術師.

necrosis[nəkróusis]壊死ᵗ.

nectar[néktər]〔ギリシャ・ローマ神話〕ネクタル(神の飲む不老長寿の酒)；甘露；〔花の〕蜜；果汁.

nectarine[nektəríːn]ネクタリン，ズバイモモ.

NEDC《英》国民経済開発審議会〔< National Economic Development Council〕.

nee[néi]旧姓は…(既婚婦人の旧姓を示す).

need[níːd]必要；欠乏，困窮；まさかの時／要する；…する必要がある. **needful**必要な. **needless**不必要な. **needy**困窮している.

needle[níːdl]針；羅針；縫い針／針で縫う；突き通す；そそのかす；からかう.

needn't[níːdnt]need not の短縮.

ne'er[néər]《詩》= never.

nefarious[niféəriəs]凶悪な，極悪非道な.

neg.　応相談(求人広告で待遇について)〔< negotiable〕；陰性の〔< negative〕.

negate[nigéit]否定する；取り消す. **negation**名

negative[négətiv]拒絶(の)；否定(の)；消極(の)；負(の)／負数；陰電気；陰画／拒否する，否定する；

反対する.

neglect[niglékt]怠る，おろそかにする;軽視する／怠慢，不注意;軽視. **neglectful** 怠慢な，不注意な. **neglectfully** 副

negligee, neglige[negliʒéi]部屋着，ガウン;ふだん着.

negligence[néglidʒəns]怠慢;不注意;投げやり. **negligent** 形

negligible[néglidʒəbl]無視してもよい;つまらない.

negotiable[nigóuʃiəbl]協定できる;譲渡[流通]できる.

negotiate[nigóuʃieit]交渉する;協定する;売る;譲る;流通させる;切り抜ける. **negotiator** 交渉者;譲渡人. **negotiation** 名

Negro[ní:grou]黒人(人種としての).

neigh[néi][馬の]いななき／いななく.

neighbor,《英》**neighbour**[néibər]近所の人，隣人／隣接する;近くに住む. **neighborhood** 近所(の人々). **neighboring** 隣の，近所の. **neighborly** 隣人の;親切な.

neither[ní:ðər, nái-]〔~ A nor B〕A も B も…(し)ない;A でもなく B でもない／もまた…でない／どちらの…も…でない／どちらも…でない.

nematode[némətoud]線虫.

Nemesis[néməsis][ギリシャ神話]復讐の女神;(n-) 天罰(を下す者).

NEO 地球接近天体[< near-earth object].

neoclassic, -classical 新古典主義の.

neoconservatism 新保守主義.

neolithic[ni:əlíθik]新石器時代の.

neon[ní:an]ネオン.

neo-Nazi ネオナチ.

Nepal[nəpɔ́:l]ネパール(連邦民主共和国) (Federal Democratic Republic of Nepal).

neophyte[ní:əfait]新しい信徒;新人，初心者.

nepenthe[nipénθi]《詩》悲しみ・苦しみを忘れる薬; (複) ウツボカズラ.

nephew[néfju:, névju:]甥.

nephritis[nəfráitis]腎ｽｲ炎.

nepotism[népətizm]縁者ひいき.

Neptune[néptju:n][ローマ神話]海神;海王星.

nerd[nə́:rd]役立たず.

Nereid[ní:riid][ギリシャ神話]ネレイス(海の精); (n-) ゴカイ.

nerve[nə́:rv]神経;筋;腱;勇気;度胸;活気; (複) 神経過敏;《話》あつかましさ;葉脈／力をつける;勇気をつける. ～ **center** 神経中枢. ～ **gas** 神経ガス. **nerveless** 気力のない，勇気のない.

nervous[nə́:rvəs]神経(質) の;おどおどした. ～ **breakdown** 神経衰弱. ～ **system** 神経系[系統].

nervy[nə́:rvi]大胆な;厚かましい;《英》臆病な.

nest[nést]巣;ひとかえりのひな;群れ／巣を作る[探す].

nestle[nésl]具合よく横たわる;すり寄る.

nestling[néstliŋ]巣立ち前のひな.

net[nét]網;網状のもの;わな; (the N-) インターネット／網で捕える;わなにかける. **Netocracy** インターネット政治(論). **networking** ネットワークづくり.

net²　正味(の)／純益を得る.

Netherlands[néðərləndz](the ～) オランダ.

netizen ネット市民(net と citizen の合成語)

netting[nétiŋ]網(細工);網打ち.

nettle[nétl]イラクサ／いらいらさせる. ～ **rash** 蕁麻疹ｼﾞﾝﾏｼﾝ.

network 網細工，網目;放送網;ネットワーク.

neural[njúərəl]神経(系) の.

neuralgia[njuərǽldʒə]神経痛.

neuron[njúərən], **neurone**[-roun]

neurosis[njuəróusis] 神経症，ノイローゼ．

neurotic[njuərátik] 神経の，ノイローゼの／神経症患者．

neuter[njú:tər]〔文法〕中性の／中性(名詞)；無性動(植)物．

neutral[njú:trəl] 中立の；公平な；中性の；無性の／中立者；中立国(人)． **neutralism** 中立主義． **neutralize** 中立化する；中和する；無効にする． **neutrality** 名

neutrino[nju:trí:nou] ニュートリノ，中性微子．

neutron[njú:trən] 中性子，ニュートロン．

Nev. ネバダ州〔< Nevada〕．

never[névər] 決して…ない；これまで一度も…したことがない． **nevermore** 二度と…しない． **nevertheless** それにもかかわらず． **nevertiree** 生涯現役．

new[njú:] 新しい；見慣れない；一新した；近ごろの． ~ **departure** 新機軸． ~ **face** 新人． ~ **-found** 新発見の． **the New Testament** 新約聖書． **the New World** 新世界(南北アメリカ大陸と付随する島々)． **newly** 新たに；近ごろ．

newborn 生まれたばかりの；新生の／新生児．

newcomer 新参者．

newel[njú:əl] 親柱．

newfangled 新しいだけの，奇をてらった．

news[njú:z] 報道；消息；記事，ニュース；変わったこと． ~ **agency** 通信社． ~ **conference** 記者会見． **newsy**《話》ニュースの多い；噂好きな．

newsagent 新聞配達人〔店〕．

newsboy 新聞配達人．

newscast ニュース放送(する)．

newsdealer《米》新聞販売業者．

newsletter ニューズレター，社報．

newsmonger 噂好き；おしゃべり．

newspaper 新聞(紙)．

newsreel ニュース映画．

newsroom ニュース編集室；報道部．

newsstand 新聞の売店．

newt[njú:t] イモリ．

New Year 正月，新年． ~ **'s Day** 元日． ~ **'s Eve** 大みそかの夜．

New Zealand[njú: zí:lənd]〔国名〕ニュージーランド．

next[nékst] 次の〔に〕；隣の〔に〕． ~ **-door** 隣に〔へ・で〕〈to〉／隣の〈to〉．

NFL《米》ナショナル・フットボールリーグ〔< National Football League〕．

NG, ng 使いものにならない〔< no good〕．

NGO 非政府機関〔< Non-Governmental Organization〕．

NH ニューハンプシャー州〔< New Hampshire〕．

NHI《英》国民健康保険〔< National Health Insurance〕．

NHL 全米アイスホッケーリーグ〔< National Hockey League〕．

NHS《英》国民保健サービス〔< National Health Service〕．

NI 北アイルランド〔< Northern Ireland〕；《英》国民保険〔< National Insurance〕．

nib[níb] くちばし；(ペンの) 先端(をつける)．

nibble[níbl] 少しずつかじる(こと)；少量．

NIC 新興工業国〔< newly industrializing country〕．

Nicaragua[nikərá:gwə] ニカラグア (共和国) (Republic of Nicaragua)．

nice[náis] よい；立派な；愉快な；上品な；親切な；微妙な；正確な；適した；気難しい，好き嫌いの多い；〔反語〕困った，いやな． **nicely** 副

nicety[náisəti] 精密；正確；微細な区別；(複) 上品なもの． **to a ~** 正確な；きちんと．

niche[nítʃ] 壁がん；適所；限定市場．

nick[ník]刻み目；刑務所／刻み目をつける；間に合う；だます．　in the ～ of time ちょうどよい時に．

nickel[níkəl]ニッケル；《米》5 セント白銅貨．

nickname[níkneim]あだ名(をつける)．

nicotine[níkəti:n]ニコチン．**nicotinism** ニコチン中毒．

NICs[níks]新興工業国群[＜newly industrializing countries].

niece[níːs]姪 めい．

NIEO 新国際経済秩序，ニエオ[＜New International Economic Order].

NIES, NIEs[níːz]新興工業経済地域[＜newly industrializing economies].

nifty[nífti]《話》粋な；すばらしい．

Niger[náidʒər]ニジェール（共和国）(Republic of Niger)．

Nigeria[naidʒíəriə]ナイジェリア（連邦共和国）(Federal Republic of Nigeria)．

Nigerian ナイジェリアの／ナイジェリア人．

niggard[nígərd]けちな〔人〕．**niggardly** けちな．

nigger[nígər]《俗・軽蔑》黒人．

niggle[nígl]くだらないことに念を入れる；くどくど言う．**niggling** ささいな；やっかいな．

nigh[nái]近い／近く；ほとんど．

night[náit]夜；闇；晩年；死．～ blindness 夜盲症，鳥目．～ school 夜学(校)．～ stick《米》警棒．～ stool 寝室用便器．～ watch 夜警；宿直．good ～ おやすみなさい．**nightly** 夜の／毎晩の．

nightcap ナイトキャップ；寝酒．

nightdress, nightgown〔婦人・子供の〕寝巻き．

nightfall 日暮れ．

nighthawk アメリカヨタカ；夜ふかしする人．

nightie, nighty[náiti]《話》寝巻．

nightingale[náitngeil]ナイチンゲール，サヨナキドリ．

nightmare[náitmɛər]悪夢(のような)．

nighttime 夜(の)，夜間(の)

NIH《米》国立衛生研究所[＜National Institutes of Health].

nihilism[náiəlizm]虚無主義．**nihilist** 虚無主義者；無政府主義者．**nihilistic** 形

nil[níl]無(の)，零(の)．

nimble[nímbl]素早い，敏捷な；機転がきく．**nimbly** 副

nimbus[nímbəs]雨雲；後光．

nincompoop[nínkəmpu:p]ばか，とんま．

nine[náin]9(の).**ninefold** 9 倍の〔に〕．～ eleven〔《米》9/11, 9-11〕同時多発テロ(2001 年 9 月 11 日発生).

ninepins[náinpinz]九柱戯(ボウリングの原型)．

nineteen[naintíːn]19(の).**nineteenth** 19 番目(の)；19 分の 1(の)．

ninety[náinti]90(の).**ninetieth** 90 番目(の)；90 分の 1(の)．

ninth[náinθ](the ～)第 9(の)；9 分の 1(の)．

nip[níp]つまむ，つねる；かむ；つみ取る；傷める；枯らす；〔肌を〕刺す／つまみ，つねり；つみ切り；霜害；酷寒；酷評．**nipping** 身を切るような；辛辣 しんらつな．

nippers[nípərz]やっとこ；毛抜き；くぎ抜き；〔カニなどの〕はさみ．

nipple[nípl]乳首(状のもの)．

nirvana[niərvάːnə]涅槃 ねはん．

NIS 旧ソ連の新独立国家[＜New Independent States].

niter,《英》nitre[náitər]硝石，硝酸ナトリウム．

nitrate[náitreit]硝酸塩．～ of silver 硝酸銀．

nitric[náitrik]窒素の．～ acid 硝酸．～ oxide 酸化窒素．

nitrogen[náitrədʒən]窒素.

nitroglycerin[naitrouglísərin]ニトロ
グリセリン.

nitrous[náitrəs]窒素の;硝石の. ~
acid 亜硝酸. ~ **oxide** 亜酸化窒素.

NJ ニュージャージー州〔< New
Jersey〕.

NLP 夜間離着陸訓練〔< night
landing practice〕.

nm 海里〔< nautical mile〕;ナノメート
ル〔< nanometer〕.

NM, NMex. ニューメキシコ州〔<
New Mexico〕.

NMD 米国土ミサイル防衛〔<
National Missile Defense〕.

NMR 核磁気共鳴〔< nuclear magnet-
ic resonance〕.

no., No.[nʌ́mbər] … 番〔<《L》
numero = number〕.

no[nóu]ない, 何の…もない, 決して
…でない/いいえ, 否/拒絶, 否定.
~ **-confidence motion** 不信任動議.
~ **-man's land** 無人地帯;敵味方の
中間地帯. ~ **-nonsense** きまじめな;
現実的な.

NOAA 米国海洋大気庁〔< National
Oceanic and Atmospheric
Administration〕.

nob[náb]《俗》頭;おえら方.

nobility[noubíləti]高貴;(the ~)
貴族.

noble[nóubl]高貴な;みごとな;貴
族の;立派な/貴族. ~ **-minded**
気高い. **nobleness** 名 **nobly** 副

nobleman 貴族.

noblewoman 貴族の婦人.

noblesse oblige[noublés oublíːʒ]身
分に伴う義務.

nobody[nóubadi]だれも…でない/
名もない人.

nocturnal[naktə́ːrnl]夜の;夜行性
の.

nocturne[náktəːrn]夜景画;夜想
曲.

nod[nád]うなずき〔く〕;居眠り(する)

/会釈する.

node[nóud]〔根や枝などの〕こぶ;
〔人体の〕節.

noise[nɔ́iz]物音, 騒音;騒ぎ/言い
ふらす. **noiseless** 音のない.

noisy[nɔ́izi]騒々しい;けばけばしい.
noisily 副 **noisiness** 名

nomad[nóumæd]遊牧民(の). **no-
madic** 遊牧(民)の.

nomenclature[nóumənkleitʃər]用
語法〔体系〕;〔集合的に〕用語, 名称.

nominal[námənl]名の;名義上の.
nominally 名義上. ~ **growth** 名目
成長.

nominate[náməneit]指名する;任
命する. **nominator** 指名者;任命者.
nomination 名

nominative[námənətiv]〔文法〕主格
(の)/指名された.

nominee[naməníː]指名された人.

non-[nan-]「無・不・非」の意の接頭
辞.

nonage[nánidʒ, nóun-]未成年.

nonagenarian[nanədʒənéəriən]90
代の(人).

nonaligned[nɔnəláind]非同盟の,
中立の.

nonce[náns]当分. for the ~ さしあ
たって.

nonchalant[nanʃəláːnt]無頓着な;
冷静な, 平気な. **nonchalance** 名

noncombatant[nankámbætənt, -
kámbət-]非戦闘員(の).

noncommissioned[nankəmíʃənd]
任命されない. ~ **officer** 下士官〔略
NCO〕.

noncommittal[nankəmítl]言質を
与えない;どっちつかずの.

nonconformist[nankənfɔ́ːrmist]
慣習に従わない人;《英》非国教
徒.

nondescript[nandiskrípt]得体の知
れない(人).

none[nʌ́n]1つも〔だれも〕…ない, ち
っとも〔だれも〕…しない.

nonessential 必要でない；非本質的な.

nonetheless[nʌnðəlés] それにもかかわらず.

nonfeasance[nɑnfíːzəns] 義務不履行；不作為.

nonfiction[nɑnfíkʃən] ノンフィクション.

nonliner[nɑnláinər] ネット不使用者.

nonpareil[nɑnpərél] 無比の（人・もの）.

nonpayment 不払い，未納.

nonplus[nɑnplʌ́s] 困惑（させる）.

nonprofit 非営利の.

nonproliferation 〔核の〕拡散防止；〔細胞の〕増殖停止.

nonsense[nánsens] 無意味（なこと）. **nonsensical** ばかげた.

nonsmoker 非喫煙者. ～ 's rights 嫌煙権.

nonstick〔調理器具が〕こびりつかない.

nonstop[nɑnstáp] 直行の；休みなしの.

nonsuch, nonesuch[nánsətʃ] 比類のない人〔もの〕；絶品.

nonwhite 非白人の.

noodle[núːdl]（複）めん類.

nook[núk] 隅，角；隠れた所.

noon[núːn] 正午；(the ～) 全盛期.

noonday, noontide 正午，真昼.

no-one, no one だれも…ない.

noose[núːs] 輪なわ（で捕える）；絞首刑；きずな；わな.

nope[nóup] いや，いいえ（= no）.

nor[nər, 強 nɔ́ːr]…も…ない；また…しない.

NORAD 北米航空宇宙防衛司令部，ノーラッド〔< North American Air Defense Command〕.

Nordic[nɔ́ːrdik] 北欧系の（人）.

norm[nɔ́ːrm] 規範，模範，標準.

normal[nɔ́ːrməl] 正常（の）；規定の，標準（の）/〔数学〕垂直線〔面〕. ～

school 師範学校. **normally** 正常に. **normality** 正常なこと. **normalcy** 图

normalize[nɔ́ːrməlaiz] 標準化する，常態に戻す. **normalization** 图

Norman[nɔ́ːrmən] ノルマン民族〔語・文化〕(の) ；ノルマンディー（人）の.

normative[nɔ́ːrmətiv] 規範的な.

Norse[nɔ́ːrs] ノルウェー（語）の；古代スカンジナビア（人・語）の.

Norseman 古代スカンジナビア人.

north[nɔ́ːrθ] 北（の）；北国〔部〕. the North Pole 北極. the North Star 北極星.

northeast[nɔːrθíːst] 北東（の）. northeaster 北東の風. northeastern 北東（から）の.

northerly[nɔ́ːrðərli] 北へ（の），北（から）の.

northern[nɔ́ːrðərn] 北の. ～ lights オーロラ. northerner 北国人；北部の人. northernmost 最北の.

North Korea 朝鮮民主主義人民共和国，北朝鮮(Democratic People's Republic of Korea).

North Macedonia 北マケドニア共和国 (Republic of North Macedonia, 2019 年にマケドニアから国名を変更).

northward[nɔ́ːrθwərd] 北の，北への / 北方へ.

northwest[nɔːrθwést] 北西（の）. northwester 北西の風. northwestern 北西（から）の.

Norway[nɔ́ːrwei] ノルウェー（王国）.

Norwegian[nɔːrwíːdʒən] ノルウェー人〔語〕(の).

nose[nóuz] 鼻；嗅覚，勘；船首 / 嗅ぐ；鼻をすりつける；捜す；せんさくする. ～ **dive** 急降下；暴落. ～ **ring** 鼻輪.

nosebleed 鼻血.

nosegay 花束.

nosh[náʃ] 間食（する）；軽食（をとる）.

nostalgia[nɑstǽldʒə] 郷愁；懐旧の

情.

nostril[nάstrəl] 鼻の穴.

nosy[nóuzi]《話》せんさく好きの, おせっかいな.

not[nάt]…でない, …しない.

notable[nóutəbl] 注目に値する；著名な / 名士. **notably** 著しく.

NOTAM 航空情報, ノータム〔< Notice to Airmen〕.

notary[nóutəri] 公証人. ~ **public** 公証人.

notation[noutéiʃən] 記号(法)；表記(法).

notch[nάtʃ] 刻み目；山峡；《話》段, 級.

note[nóut] 覚え書き；(複) 草稿, 記録, 注, 注釈；短い手紙；文書；通知；手形, 紙幣；音符；調子；歌；楽鍵；注意；注目；特色 / 注意する；書き留める；注釈する. **noted** 著名な, 評判の.

notebook ノート, 手帳. ~ **computer** ノートパソコン.

noteworthy 注目すべき；顕著な.

nothing[nΛθiŋ] 何も…(し) ない / 無；つまらないこと；取るに足りない人〔もの〕；ゼロ / 少しも…でない. ~ **but** ただ …だけ, …にすぎない. **make ~ of** …を何とも思わない；理解できない. **nothingness** 無；無価値.

notice[nóutis] 注目, 注意；通知(書)；掲示；予告；短評 / 気がつく；注意する；知らせる；評する. **noticeable** 目立つ；著しい. **noticeably** 著しく.

notify[nóutəfai] 知らせる, 通達する, 告示する；届け出る. **notification** 名

notion[nóuʃən] 考え, 意見；観念；気まぐれ；**notional** 概念上の；空想の；《米》気まぐれな.

notorious[noutɔ́:riəs]〔悪い意味で〕名うての, 悪名高い. **notoriety** 悪評.

notwithstanding[nɑtwiðstǽndiŋ]…にもかかわらず；やはり.

nougat[nú:gət] ヌガー(ナッツなどが

入った砂糖菓子).

nought[nɔ́:t] ゼロ；= naught.

noun[náun]〔文法〕名詞.

nourish[nɔ́:riʃ] 栄養を与える, 肥やす；心にいだく. **nourishment** 滋養(物)；育成. **nourishing** 滋養になる.

Nov. 十一月〔< November〕.

nova[nóuvə] 新星.

novel[nάvəl] (長編) 小説. **short ~** 中編小説. **novelist** 小説家.

novel[2] 新しい, 斬新な；珍しい. **novelty** 目新しさ；(複) 目新しい商品.

November[nouvémbər] 十一月〔略 Nov.〕.

novice[nάvis] 新参者；未熟者.

now[náu] 今, 現在；目下のところ；もう；さて, さあ, まあ. ~ **and then** 時々は.

nowadays 現在では, 今では.

nowhere[nóuʰwɛər] どこにも…ない.

NOx[nάks] 窒素酸化物〔< nitrogen oxide(s)〕.

noxious[nάkʃəs] 有害な, 有毒な；不健全な.

nozzle[nάzl] 筒口；吹き口.

NPA 警 察 庁〔< National Police Agency〕.

N-Plant 原子力発電所, 原発〔< nuclear power plant〕.

NPO 民間非営利団体〔< nonprofit organization〕.

NPT 核拡散防止条約〔< Treaty on the Non-Proliferation of Nuclear Weapons〕.

NRC 米国原子力規制委員会〔< Nuclear Regulatory Commission〕.

NSA 米 国 国 家 安 全 保 障 局〔< National Security Agency〕.

NSC 米国国家安全保障会議〔< National Security Council〕.

NSF 米国国立科学財団〔< National Science Foundation〕.

NSPCC 全英児童虐待防止協会〔<

National Society for the Prevention of Cruelty to Children〕.

N-sub 原子力潜水艦, 原潜〔< nuclear-powered submarine〕.

NSW ニューサウスウェールズ州(豪)〔< New South Wales〕.

NT ナショナル・トラスト〔< National Trust〕;ノーザン・テリトリー, 北部特別地域(豪)〔< Northern Territory〕;テキストなし(これ以下は何も書いていないことを示す)〔< no text〕;新約聖書〔< New Testament〕.

NTB 非関税障壁〔< non-tariff barriers〕.

nth[énθ]第 n 番目の. to the ~ 無限に;極度に.

NTT 日本電信電話〔< Nippon Telegraph and Telephone〕.

nuance[njú:ɑːns] 微妙な差異.

nub[nʌb] 小塊;こぶ;要点.

nubile[njú:bil]〔女性が〕結婚適齢期の.

nuclear[njú:kliər](原子)核の. ~ **capability** 核戦闘能力. ~ **fuel** 核燃料. ~ **reactor** 原子炉.

nucleotide[njú:kliətaid]〔生化〕ヌクレオチド. single ~ **polymorphisms** 一塩基変異多型.

nucleus[njú:kliəs] 核心;〔細胞の〕核;原子核.

nude[njú:d] 裸体(の);装飾のない. **nudity** 裸であること, むき出し(の状態).

nudge[nʌdʒ] ひじで軽く突く(こと).

nudist[njú:dist] 裸体主義者. **nudism** 裸体主義.

nugatory[njú:gətɔːri] 役に立たない;無効な.

nugget[nʌgit] 金塊;かたまり;貴重なもの.

nuisance[njú:sns] 困ったこと〔人〕;不法妨害.

nuke[njú:k] 核兵器;原子力発電所.

null[nʌl] 無効(の);ゼロ(の).

nullify[nʌlifai] 無効にする. **nullifi-**

cation 名

nullity[nʌləti] 無効;取るに足りない人〔もの〕.

numb[nʌm] 感覚のない, しびれた / しびれさせる, 無感覚にする. **numbly** 副 **numbness** 名

number[nʌmbər] 数;数字;番号;番地;仲間;曲目;(複)詩句;売り物 / 番号をつける;達する;数える. ~ **one** 一番目のもの;自分自身;中心人物. **numberless** 無数の.

numberplate《英》〔自動車の〕ナンバープレート.

numeral[njú:mərəl] 数の / 数字;〔文法〕数詞.

numerate[njú:məreit] 数える;読み上げる. **numeration** 計算(法);〔数学〕命数(法).

numerator[njú:məreitər] 計算者;〔数学〕分子.

numerical[njuːmérikəl] 数の, 数を表す.

numerous[njú:mərəs] 多数の. **numerously** 副

numskull[nʌmskʌl] ばか.

nun[nʌn] 尼. **nunnery** 尼寺.

nuptial[nʌpʃəl] 結婚(の) /(通例複)結婚式.

nurse[nə́:rs] 乳母, 保母;看護師;養育者 / 乳を飲ませる;育てる;看護する;〔心に〕いだく;大切にする. **nursing home**《英》私立病院;療養所.

nursery[nə́:rseri] 保育園, 託児所;苗木などを売る店. ~ **school** 保育園. ~ **rhyme** 童謡.

nursing[nə́:rsiŋ] 保育(する);看護(する) / 母乳を与える. ~ **home**〔老人・障害者などの〕養護ホーム.

nurture[nə́:rtʃər] 養育(する).

nut[nʌt] 堅果, 木の実;《米俗》変わり者;ナット.

nutmeg ナツメグ.

nutrient[njú:triənt] 栄養になる(もの).

nutriment[njú:trəmənt] 栄養物.

nutrition[nju:tríʃən]栄養(物). **nutritional** 栄養の. **nutritionist** 栄養学者;栄養士. **nutritious** 栄養に富む.

nuts[nʌts]気のふれた;夢中の.

nutshell[nʌ́tʃəl]堅果(の殻). in a ～一言で言えば.

nutty[nʌ́ti]木の実の(味がする);夢中の;ばかげた.

nuzzle[nʌ́zl]鼻を突っ込む;鼻で掘る.

NV ネバダ州[< Nevada].

NW 北西, 北西部(の)[< northwest(ern)].

NY ニューヨーク州[< New York].

NYC ニューヨーク市[< New York City].

nyctalopia[niktəlóupiə]夜盲症.

nylon[náilɑn]ナイロン.

NYMEX ニューヨーク商品取引所[< New York Mercantile Exchange].

nymph[nimf][ギリシャ神話]ニンフ, 女精;《文》美少女;さなぎ.

nymphomania[nimfəméiniə](女性の)色情症. **nymphomaniac** 色情症の(女性).

NYPD ニューヨーク市警察[< New York City Police Department].

NYSE ニューヨーク証券取引所[< New York Stock Exchange].

NZ ニュージーランド[< New Zealand].

O

O, Oh[óu](感嘆・驚き・恐れ)おお!

OA オフィスオートメーション[< office automation].

OAEC アジア経済協力機構[< Organization for Asian Economic Cooperation].

oak[óuk]オーク(カシワ・カシ・ナラの類.) **oaken** オーク製の.

oakum[óukəm]槇肌.

OAPEC[óuéipek]アラブ石油輸出国機構[< Organization of Arab Petroleum Exporting Countries].

oar[ɔ́:r]櫂, オール;こぎ手.

oarsman こぎ手.

OAS 米州機構[< Organization of American States].

oasis[ouéisis]オアシス(砂漠の緑地).

oat[óut](通例複)カラスムギ.

oath[óuθ]誓約;のろい;ののしり.

oatmeal オートミール.

OAU アフリカ統一機構[< Organization of African Unity].

OB [ゴルフ]オービー[< out of bounds].

obdurate[ɑ́bdjurit]強情な, 無情な. **obdurately** 副

obedience[oubí:diəns]従順;順守. **obedient** 従順な;おとなしい. **obediently** 副

obeisance[oubéisəns]敬礼;敬意;服従.

obelisk[ɑ́bəlisk]方尖塔;短剣標〔†〕.

obese[oubí:s]肥満の.

obesity[oubí:səti]肥満 ～ tax 肥満税.

obey[oubéi]服従する;守る.

obfuscate[ɑ́bfəskeit]暗くする;当惑させる. **obfuscation** 混乱, 当惑.

OB/GYN, ob-gyn 産婦人科[< obstetrics and gynecology].

obituary[oubítʃueri]死亡の / 死亡記事.

object[ɑ́bdʒikt]物体;目的(物);対象;おかしな人;客観. ～ glass[lens]対物レンズ /[əbdʒékt]反対する. **objector** 反対者.

objection[əbdʒékʃən]反対, 異議;不服;難点. **objectionable** 異議のある;いやな.

objective[əbdʒéktiv]目的(の)；[文法]目的格;対物レンズ;実在(の). **objectivity** 客観性.

objurgate[ɑ́bdʒərgeit]しかる, 非難する.

oblation[əbléiʃən]奉納(物).

obligation[àbləgéiʃən]義務，責任；契約(書)；債務；恩義.

obligatory[əblígətɔːri]義務的な；必須の.

oblige[əbláidʒ]余儀なくさせる，強いる；…に恩義を施す；感謝させる. **obliging** 親切な. **obligingly** 副

oblique[əblíːk]斜めの；不正の；間接の. **obliquity** 名

obliterate[əblítəreit]抹消する；除去する. **obliteration** 名

oblivion[əblíviən]忘却. **oblivious** 忘れやすい.

oblong[áblɔːŋ]長方形(の).

obloquy[áblakwi]悪口；汚名.

obnoxious[əbnákʃəs]憎い；不快な.

oboe[óubou]オーボエ.

obscene[əbsíːn]わいせつな. **obscenity** 名

obscure[əbskjúər]不鮮明な；暗い；あいまいな；隠れた／暗くする；隠す；あいまいにする. **obscurely** 不鮮明に；名もなく. **obscurity** 不鮮明；無名.

obsequies[ábsəkwiz]葬式.

obsequious[əbsíːkwiəs]忠実な；卑屈な. **obsequiously** 副

observance[əbzə́ːrvəns]遵守；祭典；習慣；観察.

observant[əbzə́ːrvənt]注意深い；遵守する《of》.

observation[àbzərvéiʃən]観察；注目；観測；意見.

observatory[əbzə́ːrvətɔːri]天文〔気象〕台；測候所.

observe[əbzə́ːrv]よく見る；観察〔観測〕する；気づく；言う；遵守する／意見を言う. **observer** 観察者；意見を述べる人.

obsess[əbsés]取りつく. **obsession** 取りつくこと；強迫観念.

obsessive[əbsésiv]取りつかれた；強迫観念の. 〜 **compulsive disorder** 強迫神経症.

obsolescent[àbsəlésnt]すたれかかった.

obsolete[àbsəlíːt]すたれた；退化した.

obstacle[ábstəkl]障害(物).

obstetric[əbstétrik]産科の. **obstetrics** 産科学.

obstinate[ábstənət]頑固な，強情な. **obstinately** 頑固に. **obstinacy** 名

obstreperous[əbstrépərəs]騒がしい，暴れる.

obstruct[əbstrʌ́kt]ふさぐ；さえぎる；じゃまする. **obstructive** じゃま(になる). **obstruction** 名

obtain[əbtéin]得る，手に入れる；達する／行われる. **obtainable** 入手可能な.

obtrude[əbtrúːd]押しつける，強いる／でしゃばる. **obtrusion** 名

obtrusive[əbtrúːsiv]でしゃばりの，無遠慮の. **obtrusively** 副

obtuse[əbtjúːs]鈍い；鈍角の. **obtusely** 副

obverse[ábvərs]〔貨幣などの〕表面；〔事実などの〕反面.

obviate[ábvieit]除く；回避する. **obviation** 名

obvious[ábviəs]明白な.

obviously[ábviəsli]明らかに；当然.

OCA アジア・オリンピック評議会〔＜Olympic Council of Asia〕.

occasion[əkéiʒən]場合；機会；行事；理由／ひき起こす時々の. **occasionally** 時々.

Occident[áksədənt]西洋；西方. **Occidental** 西洋の；西洋人.

occult[əkʌ́lt]神秘的な，不可思議な. **occultly** 神秘的に.

occupant[ákjupənt]占有〔居住〕者. **occupancy** 占有；居住.

occupation[àkjupéiʃən]占領；職業；業務；居住.

occupational[àkjupéiʃənl]職業上の. 〜 **disease** 職業病.

occupier[ákjupaiər] 占有者；借家人．

occupy[ákjupai] 占める，占領する；使用する；ふさぐ；…に従事する．

occur[əkə́:r] 起こる，生じる；思いつく．

occurrence[əkə́:rəns] 発生；事件，出来事．

ocean[óuʃən] 海；…洋；広大な広がり．

oceanic[ouʃiǽnik] 大洋の；広大な；(the O-) 大洋州の．

oceanographer[ouʃənágrəfər] 海洋学者．**oceanography** 海洋学．

ocelot[ásələt] オセロット(中南米産オオヤマネコ)．

ocher, ochre[óukər] 黄土(色)．

o'clock[əklák] …時．

OCOG オリンピック組織委員会[< Organizing Committee of Olympic Games]．

OCR 光学式文字読み取り装置[< optical character reader]．

Oct. 十月[< October]．

octagon[áktəgən] 八角形．**octagonal** 形

octane[áktein] オクタン．

octave[áktiv] オクターブ；8 度音程．

octavo[aktéivou] 八つ折り判の(本)．

octet (te)[aktét] 八重唱(奏) (団)．

October[aktóubər] 十月[略 Oct.]．

octogenarian[aktədʒənéəriən] 80 代の(人)．

octopus[áktəpəs] タコ．

ocular[ákjulər] 目の，視覚上の．

oculist[ákjulist] 眼科医．

OD 《話》〔麻薬などの〕飲みすぎ，やりすぎ[< overdose]．

ODA 政府開発援助[< official development aid[assistance]]．

odd[ád] 奇数の；はんぱの；余りの；奇妙な；臨時の．**odds and ends** 残り物，がらくた．**oddity** 奇異，奇癖；変わったもの[人]．**oddly** 奇妙．

odds[ádz] 確率；賭け率；勝算；〔競技の〕ハンディキャップ．~ **-on** 勝ち目のある．

oddball 変な人．

ode[óud] オード，頌歌．

odious[óudiəs] 憎らしい，いやな．

odometer[oudámətər] 走行距離計．

odor,《英》odour[óudər] におい；芳香；香気；評判．

Odysseus[odísiəs] 〔ギリシャ神話〕オデュッセウス．

Odyssey[ádəsi] オデュッセイア (Homer の叙事詩)；長い冒険旅行．

OECD 経済協力開発機構[< Organisation for Economic Cooperation and Development]．

OED オックスフォード英語大辞典(最大の英英辞典) [< Oxford English Dictionary]．

OEIC 光電子集積回路[< opto-electronic integrated circuit]．

OEM 相手先商標製造[< original equipment manufacturing]．

of[əv, 強 áv, áv] …の；属する；…から；…という，…の．

off[ɔ́:f, áf] あちらの；わき道の；休みの，非番の / 離れて，去って；あちらに；はずれて；休んで；なくなって．**be well[badly]** ~ 暮らし向きがよい[悪い]．**on and off** 時々．~ **-balance** バランスを崩した．~ **-brand** ノーブランドの．~ **-duty** 非番の．

offal[ɔ́:fəl] 〔動物の〕臓物；くず肉．

offbeat[ɔ́:fbí:t]《話》普通でない；型にはまらない．

offence[əféns]《英》= offense.

offend[əfénd] …の感情を害する；傷つける；罪を犯す．**offending** 問題の；不愉快な．**sexual offender** 性犯罪者．

offense[əféns] 犯罪；反則；攻撃；立腹．

offensive[əfénsiv] 気にさわる，屈辱的な；攻勢の，攻撃的な / 攻勢，攻撃．**spring labor** ～ 春闘．**offensively** 攻撃的に．

offer[ɔ́:fər] 申し出る；提供する；〔値を〕付ける；売りに出る；試みる；現

れる, 起こる / 申し込み；提案；つ
け値. **offering** 提供, 贈り物；献金.

offhand[ɔ́ːfhǽnd]即席の〔に〕；無造
作の〔に〕.

office[ɔ́ːfis]職役(所), 官庁, 省, 局；
事務所；個室；会社；(複) 親切；家
事室；祭式.

officer[ɔ́ːfisər]公務員, 役人；士官；
将校；船長(員).

official[əfíʃəl]公の；職務上の；法定
の / 公務員；役員. **officialdom** 官僚
(気質). **officialism** 官僚主義.
officially 公に；職務上.

officiate[əfíʃieit]役を務める；司会
する.

officious[əfíʃəs]おせっかいの；世話
好きの.

offing[ɔ́ːfiŋ]沖合. in the ～ 沖に；
さし迫って.

offish[ɔ́ːfiʃ]《話》よそよそしい.

off-limits[ɔ́ːflímits]《米》立ち入り禁
止の.

offprint[ɔ́ːfprint]抜き刷り.

offset[ɔ́ːfset]相殺する(もの), 差し引
き勘定；オフセット印刷(にする)；
分枝.

offshoot[ɔ́ːfʃuːt]分枝；支流；分派.

offshore[ɔ́ːfʃɔ́ːr]沖合で〔の〕；海外で
(の). ～ **markets** オフショア市場.

offside[ɔ́ːfsáid]オフサイド〔先回りした
位置〕の.

offspring[ɔ́ːfspriŋ]子孫；結果.

often[ɔ́ːfən, ɔ́f-]しばしば, たびた
び.

ogle[óugl]色目を使う.

ogre[óugər]食人鬼.

OH オハイオ州〔< Ohio〕.

oh[1][óu]おお！ ああ！ おや！

oh[2] ゼロ(= zero).

ohm[óum]オーム(電気抵抗の単位).

OHMS 王室御用達, 公用〔< On His
(Her) Majesty's Service〕.

OHP オーバーヘッド・プロジェクター
〔< overhead projector〕.

oil[ɔil]油；(複) 油絵の具；油絵 / 油

を塗る〔差す・引く〕.《話》わいろを
使う. ～ **color** 油絵(の具). ～ **field**
油田. ～ **painting** 油絵. ～ **slick** 油膜.
～ **tanker** タンカー. ～ **well** 油井.

oily 油の, 油のような；油だらけの.

oilcloth 油布.

oiled 油を塗った, 油に漬けた；滑ら
かに動く.

oilskin 油布；防水布.

ointment[ɔ́intmənt]膏薬, 軟膏.

OJT オン・ザ・ジョブ・トレーニング,
実地訓練〔< on-the-job training〕.

OK オーケー, いいとも / 承諾, 同意
〔< oll korrect = all correct〕；オク
ラホマ州〔< Oklahoma〕.

okapi[oukáːpi]オカピ(キリン科).

okay[oukéi] = OK.

okra[óukrə]オクラ.

old[óuld]年とった；…歳の；昔の；古
い；旧式の；年来の；すばらしい.
～ **age** 老年, 晩年. ～ **boy**, ～ **girl**
《英》卒業生. ～ **-fashioned** 旧式の.
～ **lady**《俗》おふくろ；女房 ～ **maid**
老嬢. ～ **man**《俗》おやじ, 亭主；
親方. ～ **-style** 旧式の. ～ **-time** 昔
の, 旧式の. ～ **-timer** 古参；旧式
な人. the **Old Guard**《米》共和党内
の保守派. the **Old Testament** 旧約
聖書. the **Old World** 旧世界(南北ア
メリカに対して).

oldie[óuldi]古くて懐かしいもの〔歌〕；
懐メロ.

oldster[óuldstər]老人.

oleander[óuliǽndər]セイヨウキョウ
チクトウ.

oligarch[ɑ́ləgɑːrk]寡頭政治の執政
者. **oligarchic**, **oligarchical** 寡頭政
治の. **oligarchy** 寡頭政治.

olive[ɑ́liv]オリーブ(の実・材)；オリ
ーブ色. ～ **oil** オリーブ油.

Olympiad[əlímpiæd]〔現代の〕オリ
ンピック大会.

Olympian[əlímpiən]オリンポス山
の；堂々とした.

Olympic[əlímpik]オリンピックの；

オリンピアの. the ～ Games, the Olympics オリンピック大会;〔古代, 現代の〕オリンピア競技会.

OMA 市場秩序維持協定〔< orderly marketing agreement〕.

OMB 米国行政管理予算局〔< Office of Management and Budget〕.

ombudsman[ámbədzmən], **-wo-man** オンブズマン, 行政監察官.

omega[oumí:gə, -méi-]ギリシャ文字の最終字〔Ω, ω〕;終わり.

omelet, omelette[áməlit]オムレツ.

omen[óumən]前兆(となる).

Oman[oumá:n]オマーン(国)(Sultanate of Oman).

ominous[ámənəs]前兆の;不吉な.
ominously 副

omission[oumíʃən]怠慢;脱落;省略.

omit[oumít]省く;…し忘れる;怠る.

omnibus[ámnibʌs]選集 / 多くの項目を扱う;総括的な.

omnipotence[amnípətəns]全能.
omnipotent 形

omnipresence[amniprézns]遍在.
omnipresent 形

omniscience[amníʃəns]全知.
omniscient 形

omnivorous[əmnívərəs]雑食性の;何でも読む.

OMR 光学式マーク読み取り装置〔< optical mark reader〕.

on[ən, 強 án, ɔ́:n]…の上に〔の〕;…の近くに, …に向かって / 上へ;身につけて;前へ;通って;進んで. ～ **-screen** スクリーン〔ディスプレー〕上の. ～ **-the-spot** 現行犯の;その場の.

onanism[óunənizm]オナニー, 手淫(= masturbation).

once[wʌ́ns]一度;かつて;いったん. **at ～** すぐに;同時に.

oncoming[ɔ́nkʌmiŋ]接近(してくる).

one[wʌ́n]1, 1つ〔個・人〕(の);ある…/人;もの;自分. ～ **after another** 次々に. ～ **after the other** 交互に. ～ **-armed bandit** スロットマシン. ～ **-liner** 短いユーモアのある言葉. ～ **-off** 一回限りの(もの). ～ **-piece**〔水着などが〕ワンピースの. ～ **-sided** 一方的な;片側だけの. ～ **-time** 以前の, かつての. ～ **-to-** 一対一の. ～ **-way** 一方通行の. **oneself** 自分を(・に・で), 自ら.

onerous[ánərəs]重荷になる;負担つきの.

ongoing[ángouiŋ, ɔ́:n-]進行中の.

onion[ʌ́njən]タマネギ.

online オンライン(の, で) ～ **bookseller** オンライン書店. ～ **grocer** ネットスーパー. ～ **trading** オンライン取引, ネット取引.

onlooker[ánlukər, ɔ́:n-]見物人, 傍観者.

only[óunli]唯一の;最良の / ただ単に;…だけ. **not ～ … but(also) …** …だけでなく…もまた.

o.n.o.〔広告で値段が〕…前後で〔< or near offer〕.

onomatopoeia[anəmætəpí:ə]擬声〔擬音〕語.

onrush[ánrʌʃ, ɔ́:n-]突進.

onset[ánset, ɔ́:n-]攻撃;開始.

on-site 現場での.

onslaught[ánslɔ:t]猛攻撃.

onstage[anstéidʒ, ɔ:n-]舞台上で〔の〕.

Ont オンタリオ州〔< Ontario〕.

onto[ántə, ɔ́:n-]…の上に.

ontogeny[antádʒəni]個体発生.

ontology[antálədʒi]存在論.

onus[óunəs]義務;負担;重荷.

onward[ɑ́nwərd]前進する, 向上の / 前へ;進んで.

onyx[ániks]しまめのう, オニキス.

ooh[ú:]おおっ, わあっ(と叫ぶ).

oolong[ú:lɔ:ŋ]ウーロン茶.

oomph[úmf]活力;性的魅力.

oops[úps, ú:ps]おっと, しまった(whoops).

ooze[úːz]しみ出す〔出る〕;漏れる〔らす〕/ 浸出(物);軟泥.

OP 油絵の具，油性塗料〔< oil paint〕.

op オプティカルアート〔< optical art〕;操作者，オペレーター〔< operator〕;熟練工〔< operative〕.

opacity[oupǽsəti]あいまい.

opal[óupəl]オパール.

opalescence[oupəlésəns]蛋白光.
opalescent オパールのような.

opaque[oupéik]不透明な.

op. cit.[áp sít]前掲書中に《L》.

OPCW 化学兵器禁止機関〔< Organization for the Prohibition of Chemical Weapons〕.

OPEC 石油輸出国機構，オペック〔< Organization of the Petroleum Exporting Countries〕.

open[óupən]開いている;広げられた;おおいのない;咲いた;率直な;制限のない;公然の;無防備の / 開く;打ち明ける;啓発する / 開く;始まる;通じる / 広い所，空地;戸外. **~-air** 戸外の. **~ -armed** 真心からの. **~ city** 無防備都市. **~ door** 門戸開放. **~ -ended**〔時間などに〕制限のない;変更可能な;自由回答の;24時間営業の. **~-handed** 気前のよい. **~ -hearted** 親切な;隠し立てのない. **~-letter** 公開(質問)状. **~ market** 公開市場. **~ -minded** 心の広い;偏見のない. **the Open University** 《英》放送大学. **opener** 開始者;かん切り;せん抜き. **opening** 開くこと;開始(の);口;穴;すきま. **openly** 公然と.

opera[ápərə]歌劇，オペラ. **~ house** 歌劇場. **operatic** 歌劇(風)の.

opera[óupərə,áp-]opus の複数.

operate[ápəreit]働く,運転する;作用する;効果がある;手術をする. **operative** 働く;効力のある;手術の / 熟練工;《米話》刑事;探偵;諜

報員，スパイ;〔選挙時の〕政治工作者〔参謀〕.

operating[ápəreitiŋ]動いている;手術用の. **~ system**〔コンピュータ〕オペレーティングシステム〔略 OS〕.

operation[apəréiʃən]働き，作用;作業;作戦;効果;実施;有効期間〔範囲〕;経営;手術. **operational** 使用できる;作戦上の.

operator[ápəreitər]操作者;手術者;経営者;演算子.

operetta[apərétə]喜歌劇.

ophthalmia[afθǽlmiə]眼炎. **ophthalmologist** 眼科医. **ophthalmic** 形

opiate[óupiət]アヘン剤，麻酔剤 / アヘンを混ぜる;麻酔をかける.

opine[oupáin]考える，思う.

opinion[əpínjən]意見;世論;評価. **~ poll** 世論調査. **opinionated** 強情な.

opium[óupiəm]アヘン. **opiumism** アヘン中毒.

opossum[əpásəm]フクロネズミ.

opponent[əpóunənt]敵対する;対抗する / 反対者;相手.

opportune[apərtjúːn]都合のよい;適切な. **opportunism** 日和見主義. **opportunist** 日和見主義者. **opportunistic** 日和見主義の. **opportunely** 副

opportunity[apərtjúːnəti]機会，好機.

oppose[əpóuz]反対する，対抗する，じゃまする;対照させる.

opposing 敵対する;相容れない.

opposite[ápəzit, -sit]向かい合った;反対(の)，逆(の) / 向かい側に. **~ number**〔他の組織などで〕対等の立場の人.

opposition[apəzíʃən]対立;反対;敵対;妨害;野党.

oppress[əprés]圧迫する;苦しめる. **oppression** 圧制，圧迫;苦悩. **oppressive** 圧制の;苦しい. **oppressor** 圧制者.

opprobrious[əpróubriəs] 口汚い，無礼な.

opprobrium[əpróubriəm] 汚名；非難.

opt[ápt] 選ぶ，選択する；(自発的に)引き下がる，抜ける.

optative[áptətiv] 〔文法〕願望の.

optic[áptik] 目の；視力の. **optics** 光学. **optician** 眼鏡屋；光学機器商.

optical[áptikəl] 視覚の；光学(上)の. ~ **disk** 光ディスク. ~ **fiber** 光ファイバー.

optimal[áptəmal] 最適の.

optimism[áptəmizm] 楽天主義. **optimist** 楽天家. **optimistic** 楽天主義の；楽観の.

optimize, optimise[áptəmaiz] 最大限に利用する；楽観する.

optimum[áptəməm] 最適の(条件).

option[ápʃən] 選択(権)，選べるもの，オプション；〔売買の〕オプション(権利). **stock options** 株式オプション. **optional** 形

opulence[ápjuləns], **-lency**[-lənsi] 富裕；豊富. **opulent** 形

opus[óupəs] 作品〔略 op.〕.

OR オレゴン州〔< Oregon〕；オペレーションズ・リサーチ〔< operations research〕.

or[ər, 強 ɔ́r] あるいは，または；すなわち；…でも…でも(ない). ~(**else**) さもなければ.

oracle[ɔ́:rəkl] 神託(所)；賢者；巫女. **oracular** 神託の(ような)；謎のような.

oral[ɔ́:rəl] 口頭〔口述〕の. **orally** 形

orange[ɔ́:rindʒ] オレンジ(の)；オレンジ色(の).

orangutan, orangoutang[ɔ:ráŋutæn, ɔ:ráŋutǽn] オランウータン.

oration[ɔ:réiʃən] 演説. **orator** 演説者；雄弁家. **oratorical** 演説(者)の. **oratory** 雄弁(術).

oratorio[ɔ:rətɔ́:riou] オラトリオ，聖譚曲.

orbit[ɔ́:rbit] 軌道；眼窩 / 軌道に乗る〔乗せる〕. **orbital** 軌道の.

orc[ɔ́:rk] シャチ.

orchard[ɔ́:rtʃərd] 果樹園.

orchestra[ɔ́:rkəstrə] 管弦楽団，オーケストラ(席). ~ **pit** オーケストラボックス. **orchestral** オーケストラの(ような).

orchestrate[ɔ́:rkəstreit] 〔全体を〕とりまとめる；〔考えなどを〕調整する；画策する.

orchid[ɔ́:rkid], **orchis**[ɔ́:rkis] ラン.

ordain[ɔ:rdéin] 定める；命じる；任じる.

ordeal[ɔ:rdíːəl] 神判；苦しい試練.

order[ɔ́:rdər] 順序；整頓；順調；等級；種類；状態；道理；秩序；命令；注文；(複) 聖職；為替；柱式 / 整頓する；指図する．命令する；注文する；聖職に任じる. ~ **of the day** 当日の日程.

orderly[ɔ́:rdərli] 順序正しい；従順な / 用務員；病棟勤務員；伝令兵.

ordinal[ɔ́:rdənl] 順序の / 〔数学〕序数.

ordinance[ɔ́:rdənəns] 法令，布告；条例；儀式，聖餐 式.

ordinary[ɔ́:rdəneri] 通常の；平凡な. **ordinarily** 副

ordination[ɔ:rdənéiʃən] 聖職授与式；配置；分類；規定.

ordnance[ɔ́:rdnəns] 大砲；軍需品.

ordure[ɔ́:rdʒər] 排泄物；肥料；みだらな言葉.

Ore, Oreg オレゴン州〔< Oregon〕.

ore[ɔ́:r] 鉱石.

oregano[ərégənou] オレガノ，ハナハッカ.

organ[ɔ́:rgən] オルガン；器官；声量；機関(紙・誌). **organism** 有機体，有機的組織体. **organist** オルガン奏者.

organdy, organdie[ɔ́:rgəndi] オーガンジー(布).

organic[ɔ:rgǽnik] 器官の；有機体

organization,《特に英》**-sation**
[ɔ̀ːrɡənizéiʃən] 組織，構造；機構，
団体. **organizational** 組織的な〔上
の〕.

organize,《特に英》**-ise**[ɔ́ːrɡənaiz]
組織する；編成する；創立する.
organizer 組織者；主催者.

orgasm[ɔ́ːrɡæzm] オルガスム，性的
絶頂感.

orgiastic[ɔ̀ːrdʒiǽstik] 飲み騒ぐ.

orgy[ɔ́ːrdʒi] 飲めや歌えの騒ぎ，酒
池肉林，乱交パーティー；耽溺，(〜
に) ふけること.

orient[ɔ́ːriənt] (**the O-**) 東洋；〔真
珠の〕光沢／東方の；光沢のある.
oriental 東方の；(**O-**) 東洋の，東
洋人.

orientate[ɔ́ːriənteit] 東に向ける；正
しい方向に置く；順応させる. **orien-
tation** 東に向けること；方位(測定)；
方針決定；適応；入門指導.

-oriented[ɔ́ːrientid]「…の方へ向い
た，…志向の」の意.

orifice[ɔ́ːrəfis] 穴，口.

origin[ɔ́ːrədʒin, ár-] 起源；(複) 素
性，出身.

original[ərídʒənl] 本来の；最初の；
原文〔原作〕の；斬新な；独創的な／
原型；原文，原書；変わり者. **origi-
nality** 独創(力)；新奇. **originally**
本来；独創的に.

originate[ərídʒəneit] 始める〔まる〕，
起こす〔こる〕. **origination** 起こり；
創始；創造. **originator** 創始者；発
起人.

oriole[ɔ́ːrioul] コウライウグイス.

Orion[əráiən] オリオン座.

ornament[ɔ́ːrnəmənt] 装飾(する).
ornamental 装飾用の. **ornamen-
tation** 装飾品.

ornate[ɔːrnéit] 飾った，華美な.

ornithology[ɔ̀ːrnəθálədʒi] 鳥類学.
ornithologist 鳥類学者.

orphan[ɔ́ːrfən] 孤児. **orphanage** 孤
児院.

orthodox[ɔ́ːrθədaks] 正統の；(**O-**)
ギリシャ正教会の.

orthodoxy[ɔ́ːrθədaksi] 正教(信奉).

orthography[ɔːrθáɡrəfi] 正字法.

orthopedics, orthopaedics
[ɔ̀ːrθəpíːdiks] 整形外科. **orthope-
dist** 整形外科医.

OS 基本ソフトウエア〔< operating
system〕.

OSCE 欧州安全保障協力機構〔<
Organization for Security and
Cooperation in Europe〕.

oscillate[ásəleit] 振動する〔させ
る〕；動揺する〔させる〕. **oscillation**
振動；動揺. **oscillator** 振動する；
動揺する.

osculate[áskjuleit] 接触する〔させ
る〕. **osculation** キス；接触.

OSHA[óuʃə] 米国〔労働省〕職業
安全衛生管理局(の安全基準)〔<
Occupational Safety and Health
Administration〕.

osier[óuʒər] コリヤナギ.

osmium[ázmiəm] オスミウム.

ossify[ásəfai] 骨化する；硬化する〔さ
せる〕. **ossification** 图

ostensible[asténsəbl] 表向きの，表
面的な. **ostensibly** 圕

ostentation[astentéiʃən] 見せかけ，
虚飾. **ostentatious** 見栄を張る，虚
飾の. **ostentatiously** 圕

osteoporosis[astioupəróusis] 骨粗
鬆症.

ostracism[ástrəsizm] (陶片) 追放.
ostracize 追放する；排斥する.

ostrich[ɔ́ːstritʃ] ダチョウ.

OT 旧約聖書〔< Old Testament〕.

OTC〔薬が〕処方箋なしで買える，市
販の；〔証券が〕店頭販売の〔< over-
the-counter〕.

OTH〔レーダー・通信が〕見通し外の
〔< over-the-horizon〕.

other[ʌ́ðər] 他の(人・もの)；もう一
方の；異なった；残りの；前の；反

対の. every ~ 1つおきの. the ~ day 先日.

otherwise[ʌ́ðərwaiz] 他の点で；他の方法で；さもなければ；異なった.

otiose[óuʃious] 無益な；不必要な.

OTT《話》度を超えた〔< over-the-top〕.

otter[átər] カワウソ.

OU《英》公開〔放送〕大学〔< Open University〕.

ought[ɔ:t] …すべきである；…するはずである《to do》.

ounce[áuns] オンス(重さ・液量の単位)；少量.

our[áuər, 弱 a:r] 私たちの.

ours[áuərz] 私たちの物.

ourselves[a:rsélvz] 私たち自身.

oust[áust] 追放する；奪い取る. **ouster** 追放；奪取.

out[áut] 外に〔へ〕；離れて；突き出て；広げて；除外して；貸し出して；分配して；追放して；ストライキをして；〔野球〕アウトになって；現れて；咲いて；出版されて；大声で；はずれて；失って；禁止されて；すたれて / 外の；離れた；遠征の；並はずれた /《複》失業者；野党；《米》言い訳；〔野球〕アウト. ~ **-and-** ~ 徹底的な. **-of-date** 旧式な. ~ **-of-door(s)** 戸外の. ~ **-of-the-way** 辺鄙な. ~ **-of-work** 失業の.

outboard[áutbɔːrd] 船外の〔へ〕.

outbreak[áutbreik] 発生；暴動.

outburst[áutbəːrst] 破裂；爆発.

outcast[áutkæst] 追い出された，宿無しの(人).

outcome[áutkʌm] 結果；結論.

outcrop[áutkrɑp] 露出；出現.

outcry[áutkrai] 叫び；競売.

outdated[áutdéitid] 時代遅れの.

outdid[áutdíd] outdo の過去.

outdo[áutdúː] 勝つ；出し抜く.

outdone[áutdʌ́n] outdo の過去分詞.

outdoor[áutdɔː:r] 戸外の. **outdoors** 戸外(に)，そと(で).

outer[áutər] 外の；客観的な. ~ **space**(大気圏外の) 宇宙. **outermost** いちばん外の.

outfield[áutfiːld] 〔野球〕外野(手). **outfielder** 外野手.

outfit[áutfit] 衣装〔装備・用具〕一式；団体 / 準備する.

outflow 流出.

outgo[áutgou] 出費，支出. **outgoing** 出て行く；外向的な / 出発；《複》出費.

outgrow[autgróu] …よりも大きくなる；脱する. **outgrowth** 当然の結果；副産物；伸び出たもの.

outing[áutiŋ] 外出，遠足.

outlandish[autlǽndiʃ] 変わった；異国風の.

outlaw[áutlɔː] 保護を奪われた人；ならず者 /…から法律の保護を奪う. **outlawry** 法律の保護剥奪；追放.

outlay[áutlei] 支出 / [autléi] 費やす.

outlet[áutlet] 出口；はけ口；直販店；コンセント.

outline[áutlain] 外形，輪郭(を描く)；要綱(を述べる).

outlive[autlív] …より生き延びる；乗り越える.

outlook[áutluk] 見晴らし《on》；見通し《for》；見解《on》；見張り.

outlying[áutlaiiŋ] 外部の；中心から離れた.

outnumber[autnʌ́mbər] …より数が多い.

outpace …より速い；…をしのぐ.

outpatient[áutpeiʃənt] 外来患者.

outpost[áutpoust] 前哨.

output[áutput] 生産(高)，産出額；〔コンピュータ〕出力；作品；発電量.

outrage[áutreidʒ] 暴行(する)；侮辱(する)；慣慨させる. **outrageous** 乱暴な；無法な.

outran[autrǽn] outrun の過去.

outright[áutrait] 徹底的に，十分に；全く；すぐさま.

outrun[autrʌ́n] …より速く走る；超過する.

outset[áutset] 手始め；最初.

outside[autsáid, áutsaid] 外側；外観；極限 /[autsáid] 外側の；極限の /[autsáid, áutsaid] 外に［で］；戸外で〔へ〕/[autsáid, áutsaid] …を除いて. ～ **director** 社外取締役. **outsider** 部外者.

outskirts[áutskərts] 郊外.

outsource[autsɔ́:rs] 業務委託，外部委託，アウトソーシング，外注.

outspoken[áutspóukən] 率直な.

outstanding[autstǽndiŋ] 目立つ，顕著な；未決定の；未払いの.

outstare[autstéər] にらみつける.

outstretched 広げた；差し伸ばした.

outstrip[autstríp] 追い越す；まさる.

outward[áutwərd] 外部の；表面の；外へ行く／外向に，外部に；国外に. ～ **-bound** 外国行きの. **outwardly** 外見上，表面上；外の方へ. **outwards** = outward.

outwear[autwéər] …より長持ちする；使い古す.

outweigh〔価値などが〕…に勝る；…より重い.

outwit[autwít] 出し抜く.

ova[óuvə]ovum の複数.

oval[óuvəl] 卵形(の)，楕円(の). **Oval Office**《米》大統領執務室.

ovarian[ouvɛ́əriən] 卵巣の.

ovary[óuvəri] 子房；卵巣.

ovate[óuveit] 卵形の.

ovation[ouvéiʃən] 大かっさい.

oven[ʌ́vən] かまど；オーブン，天火.

over[óuvər] …の上に；突き出て；…に迫って；一面に；…を超えて；…の向こうに；…より多く；…中；…しながら；…について／上方に；あふれて；倒れて；あちらに；〔無線〕どうぞ；繰り返して；過度に；ひっくり返して.

～ **and above**…に加えて.

overact[ouvərǽkt] やり過ぎる；誇張して演じる.

overall 全体の〔に〕；《英》スモック；(複) 胸当てのある作業ズボン.

overawe[ouvərɔ́:] 威圧する.

overbear[ouvərbéər] 圧倒する；押しつぶす. **overbearing** 横柄な. **overbearing husband** 亭主関白.

overblown[óuvərblóun] 盛りを過ぎた；吹き飛ばされた；仰々しい.

overboard[óuvərbɔ:rd] 船外に. go ～ 度を越す.

overcame[ouvərkéim]overcome の過去.

overcast[óuvərkǽst, óuvərkǽst] 曇った；暗い.

overcharge[óuvərtʃɑ:rdʒ] 積荷超過；法外な値 /[ouvərtʃɑ́:rdʒ] 積荷超過をする；法外な値を要求する.

overcoat[óuvərkout] 外套³，オーバー.

overcome[ouvərkʌ́m] 打ち勝つ；圧倒する.

overcrowd 混雑させる.

overdid[ouvərdíd]overdo の過去.

overdo[ouvərdú:] やり過ぎる；誇張する；焼き〔煮〕過ぎる.

overdose[óuvərdouz] 〔薬の〕盛り〔飲み〕過ぎ /[ouvərdóuz] 薬を与え過ぎる.

overdraft 当座貸し越し；過度の要求.

overdraw[ouvərdrɔ́:] 大げさに言う；超過振り出しする.

overdue[ouvərdjú:] 期限を過ぎた；延着した；未払いの.

overeat 食べ過ぎる.

overestimate[ouvəréstəmeit] 過大評価する /[ouvəréstəmət] 過大評価，買いかぶり.

overflow[ouvərflóu] あふれ出る；みなぎる /[óuvərflou] 氾濫；過多.

overgrow はびこる；大きくなり過ぎる.

overhang[ouvərhǽŋ] 突き出る；差し迫る / [óuvərhæŋ] 張り出し.

overhaul[óuvərhɔ:l] 分解検査 / [ouvərhɔ:l] 分解検査する.

overhead[óuvərhéd] 高く；頭上に / [óuvərhed] 間接費.

overhear[ouvərhíər] 立ち聞きする.

overheard[ouvərhɔ:rd] overhear の過去・過去分詞.

overheat 過熱する / 過熱状態.

overhung[ouvərhʌ́ŋ] overhang の過去・過去分詞.

overland[óuvərlænd] 陸路の〔で〕.

overlap[ouvərlǽp] 重なる〔ねる〕；重複する.

overlay[ouvərléi] かぶせる；めっきする / [óuvərlei] おおい, 上敷き；オーバーレイ.

overload[ouvərlóud] …に負担をかけすぎる / [óuvərloud] 積みすぎ；〔電気の〕過負荷.

overlook[ouvərlúk] 見下ろす, 見渡す；監督する；見落とす.

overly[óuvərli] あまりにも, 過度に.

overnice[óuvərnáis] 潔癖すぎる.

overnight[óuvərnait] 昨晩；夜通し；一夜の / 前夜の；一泊(用)の.

overpass[óuvərpæs] 跨≈線橋；陸橋 / [ouvərpǽs] 横切る, 越える.

overpower[ouvərpáuər] 圧倒する, 勝つ.

overran[ouvərrǽn] overrun の過去.

overrate[ouvərréit] 過大に評価する.

overreach[ouvərrí:tʃ] 越える；広がる；出し抜く.

override[ouvərráid] 蹂躙⁇する；無視する.

overriding 最優先の；最重要な；決定的な.

overrule[ouvərrú:l] 圧倒する；却下する.

overrun[ouvərrʌ́n] 侵略する；圧倒する；あふれる；通り過ぎる / [óuvərʌn] 超過.

oversea(**s**) [óuvərsí:(z)] 海外〔外国〕の；海外向けの / [ouvərsí:(z)] 海外〔外国〕へ〔に〕.

oversee 監督する.

overseer[óuvərsi:ər] 監督, 管理者.

overshadow[ouvərʃǽdou] 暗くする；見劣りさせる.

oversight[óuvərsait] 監督；見落とし, 手抜かり.

oversize 特大の；大きすぎる.

oversleep[ouvərslí:p] 寝過ごす.

overslept[ouvərslépt] oversleep の過去・過去分詞.

overstate 誇張して話す. **overstatement** 誇張して言うこと.

overstep[ouvərstép] …の限度を超える.

overt[ouvɔ́:rt] 明白な；公然の. **overtly** 副

overtake[ouvərtéik] 追いつく；突然ふりかかる.

overtaken[ouvərtéikən] overtake の過去分詞.

overthrew[ouvərθrú:] overthrow の過去.

overthrow[óuvərθrou] 転覆；打倒；廃止 / [ouvərθróu] 転覆させる；打倒する；廃止する.

overthrown[ouvərθróun] overthrow の過去分詞.

overtime[óuvərtaim] 定時外(の), 超過勤務手当(の).

overtone[óuvərtoun] 倍音；含み.

overtook[ouvərtúk] overtake の過去.

overture[óuvərtʃər] 申し出, 提案；序曲.

overturn[óuvərtə:rn] 転覆；打倒；崩壊 / [ouvərtə́:rn] 転覆する；打倒する；崩壊する.

overvalue 過大評価する, 買いかぶる.

overweening[ouvərwí:niŋ] うぬぼれた；尊大な.

overweight[óuvərweit] 超過重量

太りすぎ；優勢 /[ouvərwéit] 重量
超過の；太りすぎの.

overwhelm[ouvərhwélm] 圧倒す
る；苦しめる；…をおおう.

overwhelming[ouvərhwélmiŋ] 圧
倒的な.

overwork[ouvərwə́:rk] 働かせ過ぎ
る；働き過ぎる／過労；余分の仕事.
~ to death 過労死する.

overwrite[ouvərráit] 上書きする；
書き過ぎる.

overwrought[ouvərró:t] overwork
の過去・過去分詞.

overzealous[ouvərzéləs] 熱心に過
ぎる，熱意がありすぎる.

oviduct[óuvədʌkt] 卵管.

ovine[óuvain] 羊の(ような).

ovipara[ouvípərə] 卵生動物.

oviparous[ouvípərəs] 卵性の.

oviposit[ouvipázit]〔産卵器や産卵
管で〕産卵する.

ovipositor[ouvipázitər]〔昆虫の〕産
卵器；〔魚類の〕産卵管.

ovoid[óuvɔid] 卵形の(物体).

ovulate[óuvjuleit] 排卵する.

ovule[óuvju:l]〔植物の〕胚珠.

ovum[óuvəm] 卵子.

owe[óu] 借りがある；おかげをこうむ
る；〔義務などを〕負う；借金がある.

owing[óuiŋ] 借りがある. ~ to …の
ために.

owl[ául] フクロウ. **owlet** フクロウの子.
owlish フクロウのような；賢そうにみ
えるが実は愚かな.

own[óun] 自分自身の；独自の；実の
／所有する；認める. ~ up to すっか
り白状する. ~ **goal**〔サッカーなどで
の〕自殺点，オウンゴール.

owner[óunər] 所有者. **ownership** 所
有権. **owner-operator**〔自前の工作
機械などを所有する〕自営業者.

ox[áks] 去勢雄牛.

ox ball《米》〔旗ざおやマストの先に
つける〕飾り玉.

oxalis[áksəlis] カタバミ.

Oxbridge[áksbridʒ]《英》オックス
フォード大学とケンブリッジ大学.

oxeye[áksai]〔キンセンカやマーガレッ
トなど〕頭花の周辺に舌状花(周辺
花)を持つキク科植物の総称.

oxeyed[áksaid]〔牛の目のように〕大
きな丸い目をした.

oxidant[áksədənt] オキシダント，酸
化体.

oxidation[aksədéiʃən] 酸化.

oxide[áksaid] 酸化物.

oxidize[áksədaiz] 酸化する〔させる〕.

oxtail〔食用やスープのだし用の〕牛
の尾.

oxygen[áksidʒən] 酸素.

oyster[ɔ́istər] カキ. ~ **bed**, ~ **farm**
カキ養殖場.

Oz[áz]《話》オーストラリア人(の)〔<
Ozzie, Aussie〕.

oz.〔単位〕オンス〔< ounce〕.

ozone[óuzoun] オゾン. ~ **layer** オゾ
ン層.

ozonide[óuzənaid] オゾニド，オゾン
化物.

ozonization[ouzənizéiʃən] オゾン
化，オゾン分解.

ozonize[óuzənaiz] オゾン化する，〔
…〕にオゾンを飽和させる.

P

PA《英》通信協会〔< Press
Association〕；拡声装置〔< public-
address system〕；ペンシルベニア州
〔< Pennsylvania〕.

Pa ペンシルベニア州〔< Pennsyl-
vania〕.

pa[pá:]《小児語》パパ.

PAC 政治活動委員会〔< Political
Action Committee〕；パンアフリカニス
ト会議〔< Pan-Africanist Congress〕；
太平洋認定機関協力機構〔< Pacific
Accreditation Cooperation〕.

pace[péis] 一歩；歩幅；歩調；速度；〔馬
の〕側対速歩 / 規則正しく歩む；歩

測する.

pacemaker ペースメーカー;〔先頭を走り〕基準速度を決めるもの〔人〕.

pachyderm[pǽkidə:rm]厚皮動物;鈍感な人.

Pacific[pəsífik]太平洋の;(the-) 太平洋.

pacification[pæsəfikéiʃən]和解;平定.

pacifist[pǽsəfist]平和主義者. **pacifism** 平和主義.

pacify[pǽsəfai]なだめる, 鎮める, 和らげる.

pack[pǽk]包み;荷物;1箱, 1組;多数;〔悪人などの〕一味;湿布/包む;詰め込む;1組にする;荷を負わせる;携帯する;湿布する;固める〔まる〕. **packed** 混んでいる;荷物を詰めた;…がいっぱい詰まった. **packer** 荷造り人;包装業者. **packing** 包装, 荷造り;詰め物.

package[pǽkidʒ]包み, 包装(する)/一括する. **packaging** 包装, 荷造り;容器.

packet[pǽkit]小包, 小さな束;大金;通信データの単位.

pact[pǽkt]協定, 条約.

pad[pǽd]当て物(をする);すね当て;〔動物の〕足の裏の肉;スタンプ台;ロケット発射台.

paddle[pǽdl]櫂;へら;水かき;卓球のラケット;一こぎ/櫂でこぐ;(平手などで) たたく. ～ **wheel** 汽船の外輪.

paddock[pǽdək]〔調馬用などの〕馬場.

paddy[pǽdi]稲;稲田.

PADI 潜水指導員協会〔< Professional Association of Diving Instructors〕.

padlock[pǽdlɑk]南京錠(をかける).

padre[pá:drei]神父;従軍司祭.

pagan[péigən]異教徒(の);無信仰(の). **paganism** 異教.

page[1][péidʒ]ページ(を付ける);(複)

記録;挿話.

page[2] ボーイ, 給仕.

pageant[pǽdʒənt]ページェント, 野外劇;美観;虚飾;山車. **pageantry**〔集合的〕見せ物;お祭り騒ぎ;虚飾.

pager[péidʒər]ポケベル.

paginate[pǽdʒəneit]ページ番号を付す.

pagoda[pəgóudə]塔, 仏塔.

paid[péid]pay の過去・過去分詞/支払い済みの;有給の. ～ **-up** 払い込み済みの;熱狂的な.

pail[péil]手桶, バケツ. **pailful** バケツいっぱい.

pain[péin]苦痛, 痛み;(複) 陣痛;(複) 苦労/苦しませる;痛む. **pained** 感情を傷つけられた;痛そうな. **painful** 痛い;苦しい, 痛ましい;骨の折れる. **painfully** 苦しげに;ひどく. **painless** 痛みのない.

painkiller 鎮痛剤.

painstaking つらい;念入りな.

paint[péint]絵の具, 塗料, ペンキ;紅/描く;彩色する;ペンキを塗る/絵を描く;化粧する. **painter** 画家;ペンキ屋. **painting** 絵画;彩色;ペンキを塗ること.

pair[péər]一対;1組;夫婦;(対の)片方/一対になる〔する〕;2つ〔2人〕1組になる〔する〕. **pairing** 対にする〔なる〕こと;組み合わせ.

paisley[péizli]ペイズリー織(の).

pajamas[pədʒá:məz]パジャマ.

Pakistan[pǽkistæn] パキスタン(・イスラム共和国) (Islamic Republic of Pakistan).

Pakistani[pækistá:ni] パキスタン(人) の/パキスタン人.

PAL パル方式(カラーテレビの放送方式の一つ)〔< phase alternation line〕.

pal[pǽl]《俗》仲間.

palace[pǽlis]宮殿;大邸宅.

palatable[pǽlətəbl]うまい;気に入

った.

palate[pǽlət]口蓋；味覚；趣味；嗜好.

palatial[pəléiʃəl]宮殿の(ような)；広大な；壮麗な.

palaver[pəlǽvər]評判；むだ話(をする)；おべっか.

pale[péil]青ざめた，青白い；〔色が〕薄い／青ざめる〔させる〕. **palely** 副 **paleness** 名

pale² 杭；垣；柵；境内；構内.

paleface 白人.

palaeo-[péliou-]「古…」「旧…」.

paleolithic[peiliəlíθik]旧石器(時代)の.

paleontology[peiliəntálədʒi]古生物学.

Paleozoic[peiliəzóuik] 古 生 代(の).

Palestinian[pæləstíniən] パレスチナ(人)の／パレスチナ人.

palette[pǽlit]パレット；絵の具の色調.

palimony[pǽləmouni]別居手当.

paling[péiliŋ]杭(をめぐらすこと).

palisade[pæləséid]垣；手すり；柵(で囲む).

pall[pɔ́ːl]棺(のおおい布)；幕.

pallbearer 棺をかつぐ人.

pallet¹[pǽlit]藁¨布団.

pallet²パレット(フォークリフト用荷台)；歯止め.

palliate[pǽlieit]和らげる；言い訳する. **palliation** 緩和，軽減；言い訳. **palliative** 緩和する，軽減する；言い訳になる.

pallid[pǽlid]青ざめた.

pallor[pǽlər]青白さ.

palm¹[pɑ́ːm]手のひら(に隠す)；だます.

palm² ヤシ，シュロ；勝利；〜 **oil** ヤシ油. **palmer** 聖地巡礼者. **palmy** ヤシの多い；繁栄する.

palmistry[pɑ́ːməstri]手相術.

palpable[pǽlpəbl]手でさわれる；明瞭な.

palpate[pǽlpeit]触診する.

palpitate[pǽlpəteit]動悸¨がする. **palpitation** 名

palsy[pɔ́ːlzi]麻痺(させる).

palter[pɔ́ːltər]ごまかす.

paltry[pɔ́ːltri]つまらない，価値のない；わずかばかりの.

pampas[pǽmpəz, -pəs]パンパス(南米の大草原).

pamper[pǽmpər]甘やかす.

pamphlet[pǽmflət]小冊子，パンフレット. **pamphleteer** パンフレット作者.

pan¹[pǽn]平鍋；皿／鍋で調理する；《話》酷評する.

pan²〔カメラを〕上下左右に動かす.

panacea[pænəsíːə]万能薬.

panache[pənǽʃ]貫禄；気迫；気取り.

Panama[pǽnəmɑː]パナマ(共和国)(Republic of Panama)；パナマ(帽). 〜 **Canal** パナマ運河.

Panamanian[pænəméiniən]パナマの(人).

Pan-American[pænəmérikən]全米の. **Pan-Americanism** 汎米主義.

pancake[pǽnkeik]パンケーキ；平落ち.

pancreas[pǽnkriəs]膵¨臓.

panda[pǽndə]パンダ. 〜 **car** パトロールカー.

pandemic[pændémik] (新型コロナウイルス等の) 全国〔世界〕的流行病，パンデミック.

pandemonium[pændəmóuniəm]伏魔殿；大混乱.

pander[pǽndər]売春〔悪事〕の仲介者／迎合する.

p&h《米》荷造り送料〔< postage and handling〕.

P&L 損益〔< profit and loss〕.

P&P《英》荷造り送料〔< postage and packing〕.

pane[péin]〔1枚の〕窓ガラス.

panel[pǽnl] 羽目板, パネル；版画；計器板；〔翼・配電盤の〕一区画；陪審団；〔クイズ番組の〕解答者. **panel-(l)ing** 羽目板. **panel-(l)ist**〔公開討論会の〕討論者, パネリスト；〔クイズ番組の〕解答者.

pang[pǽŋ] 苦痛；心痛, 苦悶.

panic[pǽnik] 恐慌；ろうばい(する)〔金融〕恐慌. ～ -stricken 恐慌に襲われた. **panicky** 慌てふためいた.

panoply[pǽnəpli] よろい・かぶと一そろい.

panorama[pæ̀nərǽmə] パノラマ；概観；全景. **panoramic** パノラマ(式)の.

pansy[pǽnzi] サンシキスミレ；女性的な男；同性愛の男.

pant[pǽnt] あえぐ；熱望する, あこがれる；動悸がする／あえぎながら言う／あえぎ；動悸.

pantaloons[pæ̀ntəlúːnz] パンタロン；《話》ズボン.

pantheism[pǽnθiizm] 汎神論. **pantheist** 汎神論者.

Pantheon[pǽnθiən] 万神殿；殿堂.

panther[pǽnθər] ヒョウ, 《米》ピューマ.

panties[pǽntiz] パンティー〈a pair of〉.

pantomime[pǽntəmaim] 無言劇；身振り.

pantry[pǽntri] 食器室, 食料貯蔵室.

pants[pǽnts]《話》ズボン；ズボン下, パンツ.

pantyhose[pǽntihouz] パンティーストッキング.

pap[pǽp] かゆ；軽い読み物.

papacy[péipəsi] ローマ法王の職〔位〕；法王政治.

papal[péipəl] ローマ法王の.

paparazzo[pɑːpərɑ́ːtsou] (複 paparazzi) パパラッチ(有名人を追いまわすカメラマン).

paper[péipər] 紙；新聞；手形；証書；(複) 書類；試験問題；論文／(壁)紙を張る；紙で包む.

paperback ペーパーバック(の)／ペーパーバックで出版する.

paperwork 事務処理, 事務書類.

papillon[pǽpələn] パピヨン(耳の大きい愛玩用小犬).

papist[péipist]〔軽蔑的に〕カトリック教徒.

paprika[pæpríːkə] パプリカ(香辛料).

Papua New Guinea パプアニューギニア(独立国) (Independent State of Papua New Guinea).

papyrus[pəpáiərəs] パピルス(紙).

par[pɑ́ːr] 同等, 平均；額面価格；平価.

parable[pǽrəbl] 寓話.

parabola[pərǽbələ] 放物線.

parabolic[pæ̀rəbálik] 放物線の.

parachute[pǽrəʃuːt] パラシュート(で降下する〔させる〕).

parade[pəréid] 誇示；行列；閲兵；遊歩道／誇示する；整列させる〔する〕；行進させる〔する〕.

paradigm[pǽrədaim] パラダイム, 理論的枠組；語形変化(表)；範例.

paradise[pǽrədais] 天国；楽園；(the P-) エデンの園.

paradox[pǽrədaks] 逆説. **paradoxical** 形

paraffin[pǽrəfin] パラフィン(を塗る).

paragon[pǽrəgan] 規範, かがみ.

paragraph[pǽrəgræf] 段落；節；段落記号〔¶〕；短い記事／段落に分ける.

Paraguay[pǽrəgwai] パラグアイ(共和国) (Republic of Paraguay).

parallax[pǽrəlæks] 視差.

parallel[pǽrəlel] 平行の；〔電気〕並列の；相似する／平行線〔面〕；緯線；相似(物)；対比；〔電気〕並列／平行する；匹敵する；対比する. **parallelism** 平行；類似；比較.

parallelogram[pæ̀rəléləgræm] 平

行四辺形.

paralysis[pərǽləsis]麻痺 、中風;
無力. **paralytic** 麻痺した/中風患者.

paralyze,《英》-lyse[pǽrəlaiz]麻痺 させる;無効にする.

paramedic[pǽrəmedik] 救急救命士.

parameter[pərǽmətər]〔数学〕パラメーター;媒介変数;《話》限界.

paramilitary[pæ̀rəmíliteri]準軍事的な.

paramount[pǽrəmaunt] 最高の, 至上の.

paranoia[pæ̀rənɔ́iə]偏執病;妄想狂.

paranoid[pǽrənɔid] 偏執狂的な

paranormal 超常的な/超常現象.

parapet[pǽrəpit]欄干 、手すり;胸壁.

paraphernalia[pæ̀rəfərnéiljə]道具一式;所有物;私物.

paraphrase[pǽrəfreiz]意訳, 言い換える(こと).

parasailing[pǽrəseiliŋ]パラセイリング(ボートで引いて空を舞うスポーツ).

parasite[pǽrəsait]寄生虫;ヤドリギ;居そうろう. **parasitic** 寄生虫による;寄生性の.

parasol[pǽrəsɔːl]日傘.

paratrooper[pǽrətruːpər]落下傘兵.

parcel[pɑ́ːrsəl]小包み, 小荷物;〔地面の〕一区画/分配する《out》;小包にする. ～ **post** 小包郵便.

parch[pɑ́ːrtʃ]からからに乾かす;あぶる;ひからびる.

parchment[pɑ́ːrtʃmənt]羊皮紙.

pardon[pɑ́ːrdn]許し;恩赦;免罪/許す. I beg your ～. すみません(もう一度言って下さい). **pardonable** 許すべき.

pare[péər] 皮をむく;削る;切りつめる.

parent[péərənt]親;原因. **parentage** 出身, 血筋. **parental** 親の.

parenthesis[pərénθəsis] 挿入句; (複)丸括弧〔( )〕. **parenthesize** 括弧に入れる. **parenthetic, parenthetical** 挿入句の.

parenthood 親の立場;親であること.

parenting[péərəntiŋ] 子育て, 育児.

pariah[pəráiə]最下層民;浮浪者.

Paris[pǽris]パリ(フランスの首都).

parish[pǽriʃ]教区(の住民). **parishioner** 教区民.

Parisian[pəríʒən] パリっ子, パリジャン/パリ(風) の.

parity[pǽrəti]同等, 同格《with》;一様;平価.

park[pɑ́ːrk]公園;駐車場/駐車させる.

parka[pɑ́ːrkə]パーカ(フード付きの防寒着).

parkin[pɑ́ːrkin]《英》パーキン(しょうが入り菓子パン).

parking[pɑ́ːrkiŋ]駐車. 【標示】No ～ 駐車禁止. ～ **lot**《米》駐車場.

parkland 樹林草原;風致地区.

parkway《米》緑地帯のある道路.

parley[pɑ́ːrli]商議(する), 談判(する).

parliament[pɑ́ːrləmənt]議会, 国会. **parliamentarian** 老練な国会議員. **parliamentary** 議会(制度) の.

parlor,《英》parlour[pɑ́ːrlər]居間;談話室;…店.

Parmesan[pɑ́ːrməzɑːn] パルマ(北イタリア)産の/パルメザンチーズ.

parochial[pəróukiəl]小教区の,《軽蔑》偏狭な, 地方的な.

parody[pǽrədi]下手な模倣;かえ歌/もじる;こっけいにする.

parole[pəróul]宣誓;〔捕虜の〕解放宣誓;合い言葉;《米》仮出獄許可/宣誓させて解放する;仮出獄させる.

paroxysm[pǽrəksizm] 発作;激発.

parquet[pɑːrkéi]〔劇場の〕1階席;

寄せ木細工の床.

parricide[pǽrəsaid]親殺しの罪〔犯人〕.

parrot[pǽrət]オウム / 機械的にくり返す.

parry[pǽri]受け流す, かわす / かわし；言いのがれ.

parse[pá:rs]構文解析する. **parser** 構文解析ソフト.

parsimony[pá:rsəmouni]けち；極度の倹約. **parsimonious** 形

parsley[pá:rsli]パセリ.

parsnip[pá:rsnip]アメリカボウフウ（根は食用）.

parson[pá:rsn]（教区）牧師. **parsonage** 牧師館.

part[pá:rt]部分, 一部；(複)身体の器官；(複)地方；役目；関係；分け前；味方；(複)資質 / 分ける；手放す；別れる / 一部分, いく分か. for the most ～ 大部分は. take…in good ～ 善意に解する. take ～ with… に味方する. ～ of speech〔文法〕品詞. ～-time 非常勤の.

partake[pa:téik]ともにする；相判[さん]する；(…の性質が)少しある《of》. **partaker** 相判者；参加者.

partaken[pa:téikən]partake の過去分詞.

partial[pá:rʃəl]一部分の, 部分的な；不公平な. **partiality** 部分的なこと, 不公平. **partially** 部分的に；不公平に.

participant[pa:rtísəpənt]たずさわる, 関係する / 関係者, 参加者；仲間.

participate[pa:rtísəpeit]参加する《in》. **participation** 名

participle[pá:rtəsipl]〔文法〕分詞. **participial** 形

particle[pá:rtikl]微小；分子；〔文法〕不変化詞.

particolo(u)red[pá:rtikʌlərd]雑色の, 染め分けの.

particular[pərtíkjulər]特別な；

個々の；詳細の；気難しい / 事項；(複)詳細. **particularly** 特に；著しく.

parting[pá:rtin]別れの；最後の / 別離；死去；分かれ目.

partisan, partizan[pá:rtizən]〔熱心な〕支持者, 党員；パルチザン, 遊撃兵. **partisanship** 党派心.

partition[pa:rtíʃən]区分(する)；仕切り(る).

partitive[pá:rtətiv]区分する；〔文法〕部分を示す.

partly[pá:rtli]一部分；少しは.

partner[pá:rtnər]仲間；共同出資者；配偶者；〔ダンスの〕相手 / 提携する, 組む. **partnership** 協力；組合営業；合名会社.

partook[pa:rtúk]partake の過去.

partridge[pá:rtridʒ]ヤマウズラ.

party[pá:rti]パーティー；党派；部隊；一行；当事者；《俗》人. ～ lines〔政党の〕基本方針；政策. ～-political 党脈政治の〔に関する〕. ～ politics 党利党略政治.

parvenu[pá:rvənju:]成り上がり者(の).

PASCAL, Pascal[pæskǽl]〔コンピュータ〕パスカル(プログラミング言語の1つ).

pass[pǽs]過ぎる；通る〔す〕；渡る〔す〕；伝える；通過する；合格する；流通する；見なされる；〔判決を〕下す / 通行；通過；合格；出入許可(証)；入場券；送球；〔野球〕四球；通路；山道；場合；危機. ～ away 通過する；消滅する；死去する. ～ for[as]…と見なされる. ～ into 変化する. ～ on 次に伝える. **passable** 通行できる；通用しうる；かなりの；まずまずの. **passably** かなり；まずまず.

passage[pǽsidʒ]通行, 通過；推移；通路；出入口；廊下；船賃；通行権；章句, 一節；出来事；旅行；便通. **passageway** 通路；廊下.

passbook 銀行通帳.

passenger[pǽsəndʒər]旅客，乗客；通行人．

passerby[pǽsərbái]通行人．

passion[pǽʃən]情熱；熱中；激怒．

passionate[pǽʃənət]怒りやすい；熱烈な．**passionately** 形

passive[pǽsiv]受け身の，受動の；守勢の；逆らわない；〔文法〕受動態の．**passively** 副

Passover[pǽsouvər]〔聖書〕過ぎ越しの祭り．

passport[pǽspɔːrt]旅券，パスポート；通行証．

password 合い言葉．

past[pǽst]過去の；最近の／過去(の経歴)／…過ぎて，越えて；…の先へ．

pasta[páːstə]パスタ(料理)《I》．

paste[péist]のり(状のもの)；練り粉；練り物；ガラス質混合物(模造宝石の原料)／のりではる．

pasteboard 厚紙．

pastel[pæstél]パステル(画)．

pasteurize[pǽstʃəraiz]低温殺菌する．**pasteurization** 名

pastiche[pæstíːʃ]寄せ集め；模倣(作品)．

pastime[pǽstaim]気晴し，娯楽．

pastor[pǽstər]牧師．**pastoral** 田園の；牧師の；牧歌的な；田園画〔詩〕．

pastrami[pəstráːmi]パストラミ(牛肉の薫製)．

pastry[péistri]ペストリー(パン菓子)．

pasture[pǽstʃər]牧場；牧草／放牧する；草を食う．

pasty[péisti]のりのような；青ざめた．

pat[pǽt]軽くたたく(こと)．

pat² 適切な〔に〕，ぴったりの〔と〕．**stand** ～〔主義などを〕固守する．

PATA 太平洋アジア観光協会〔< Pacific Asia Travel Association〕

patch[pǽtʃ]つぎ，布切れ；ばんそうこう；眼帯；斑点；小地面；破片／つぎを当てる；取りつくろう．**patchy**

つぎはぎだらけの；まだらの．

patchwork つぎはぎ細工，パッチワーク．

pate[péit]頭；脳天．

patent[pǽtnt, péit-]特許の；独特の；明白な；公然の／専売特許，特許(権)；免許．～ **lawyer** 弁理士．～ **leather** 黒い光沢のあるエナメル皮．

paternal[pətə́ːrnl]父の(らしい)．

paternity[pətə́ːrnəti]父たること；父権；父系；根源．

path[pǽθ]道，通路；進路．～ **-way** 小道．

pathetic[pəθétik]哀れな；感傷的な．**pathetically** 副

pathogen[pǽθədʒən]病原体．

pathologic[pæθəládʒik], **pathological**[-əl-]病理学の；病的な．

pathology[pəθálədʒi]病理学．

pathos[péiθɑs]哀感；情念．

patience[péiʃəns]忍耐，辛抱，がまん；根気．

patient[péiʃənt]辛抱強い／病人．

patio[pǽtiou]テラス；中庭．

patisserie[pətísəri]ケーキ類の(店)．

patois[pǽtwɑ:]方言；隠語．

patriarch[péitriɑːrk]家長；族長；長老；開祖．**patriarchy** 家父長制．**patriarchal** 形

patrician[pətríʃən]〔古ローマの〕貴族(の)．

patricide[pǽtrəsaid]父殺し．**patricidal** 形

patrimony[pǽtrəmouni]世襲財産；〔教会の〕財産．

patriot[péitriət, pǽt-]愛国者．**patriotic** 愛国の．**patriotism** 愛国心．

patrol[pətróul]巡回；巡視人；偵察／巡視する；偵察する．

patrolman 巡査；パトロール警官．

patron[péitrən]保護者，後援者；ひいき．**patronage** 保護，後援．

patronize[péitrənaiz]後援する；ひいきにする；恩に着せる．**patronizing** 恩人ぶる，恩着せがましい．

patter¹[pǽtər]ばたばた走る(音);ぱらぱら降る(音).

patter² 早口の言葉, 隠語 / 早口にしゃべる.

pattern[pǽtərn]型, 模型;規範;見本;模様 / 模造する;模様を付ける;模倣する.

paunch[pɔ́ːntʃ](たいこ)腹.

pauper[pɔ́ːpər]貧民. **pauperism** 貧窮. **pauperize** 困窮させる. **pauperization** 名

pause[pɔ́ːz]休止;中止;躊躇(ためらい);句切り;段落;フェルマータ / 休止する;躊躇する;待つ.

pave[péiv][石・れんがなどを]敷く;舗装する《with》. **pavement** 舗装;歩道.

pavilion[pəvíljən]大型テント;展示館;〔競技場の〕観覧席;〔病院の〕別館.

paw[pɔ́ː]〔犬・猫などの〕足;〔人の〕手 / 前足で叩く;さわる.

pawn¹[pɔ́ːn]質(草) / 質入れする.

pawn²〔チェス〕ポーン;他人の手先.

pawnbroker 質屋.

pawnshop 質店.

pay[péi]払う;利益を与える;報いる;復讐する;引き合う / 支払い;報酬. ～ off 〔借金を〕残らず払う;給料を払って解雇する. ～ out 支払う. ～ raise 昇給. **payable** 払われる;払うべき. **payee** 受取人. **payer** 支払い人.

payday 給料日.

PAYE《英》源泉課税〔< pay-as-you-earn〕.

payload 有料荷重;〔ミサイルの〕弾頭.

paymaster 会計係;〔軍隊〕主計官.

payment 支払い;弁償;仕返し.

payoff 支払い;贈賄行為;仕返し;意外な結末.

payroll 給料支払い簿.

paywall[péiwɔːl] 有料(コンテンツ)の壁.

PB プライベートブランド〔< private brand〕.

PBS 全米ネットの公共放送網〔< Public Broadcasting Service〕.

PBX 構内(電話)交換機〔< private branch exchange〕.

PC パーソナルコンピュータ〔< personal computer〕.

PCB ポリ塩化ビフェニル〔< polychlorinated biphenyl〕.

PCM パルス符号変調〔< pulse-code modulation〕.

pcm 〔家賃など〕1ヶ月につき〔< per calendar month〕.

PCP かかりつけの医者〔< Primary Care Physician〕;フェンシクリジン(麻薬・麻酔薬)〔< phencyclidine〕.

pcp パーセント・ポイント〔< percentage point〕.

Pct, pct《米》パーセント〔< percent〕.

PCR test ポリメラーゼ連鎖反応〔< Polymerase Chain Reaction〕検査(新型コロナウイルス検査に使われている方法で, 検体を採取して, ウイルスの RNA〔< Ribonucleic acid=リボ核酸〕を増幅させて検出する).

PD 警察〔< police department〕.

PDA 携帯情報端末〔< Personal Digital Assistant〕.

Pde …街〔< Parade〕.

PDQ《俗》大至急〔< pretty damn quick〕.

PDT〔米国時間帯〕太平洋夏時間〔< Pacific Daylight Time〕.

PE 体育(の授業)〔< physical education〕.

pea[píː]サヤエンドウ. ～ -souper 黄色い濃霧.

peace[píːs]平和;講和. **the Peace Corps** 平和部隊(開発途上国を支援する米国政府のボランティア活動). **peaceable** 平和な;温和な.

peaceful[píːsfəl]平和な;穏やかな. **peacefully** 平和に;穏やかに.

peacekeeper 平和維持団；平和維持軍の兵士.

peacekeeping 平和維持(活動) の. ~ **force** 平和維持軍.

peacemaker 調停者.

peacetime 平時(の).

peach[píːtʃ] 桃(の木) ；素敵なもの〔人〕.

peacock[píːkɑk] [雄の] クジャク.

peak [píːk] 山頂；頂点；先端 / 最高にする〔なる〕；そびえる. **peaked** とがった.

peak² やつれる.

peal[píːl] 響き、とどろき；1組の鐘 / とどろく〔かせる〕.

peanut[píːnʌt] 落花生、ピーナッツ；少額の金. ~ **butter** ピーナッツバター.

pear[péər] セイヨウナシ.

pearl[pэ́ːrl] 真珠(色) ；貴重品；典型. ~ **oyster** 真珠貝. **pearly** 真珠のような.

peasant[péznt] 農夫；田舎者. **peasantry** 農民.

peat[píːt] 泥炭(塊).

pebble[pébl] 小石. **pebbly** 小石の多い.

pecan[pikɑ́ːn] ペカン(堅果).

peccable[pékəbl] 罪を犯しやすい.

peccadillo[pekədílou] 軽い罪.

peck [pék] つつくこと；ついばむ 〈at〉；軽くキスする. **pecking-order** [集団内の] 序列.

peck² ペック(乾量の単位、1/4 ブッシェル) ；たくさん.

peculation[pekjuléiʃən] 公金の着服. **peculate** 横領する.

peculiar[pikjúːljər] 独特の；特別の；妙な. **peculiarity** 特色；奇癖. **peculiarly** 副

pecuniary[pikjúːnieri] 金銭(上) の.

pedagogue[pédəgɑg-gɔg] 教育者.

pedagogy[pédəgoudʒi, -gɔdʒi] 教育学、教授法.

pedal[pédl] [自転車・ピアノなどの]

ペダル(を踏む).

pedant[pédənt] 物知りぶる人；空論家. **pedantry** 学者ぶること. **pedantic** 形

peddle[pédl] 行商する. **peddler** 行商人.

pederasty[pédəræsti] 男色.

pedestal[pédəstl] 台、台座、柱脚；基礎.

pedestrian[pədéstriən] 徒歩の；陳腐な / 歩行者.

pediatrics[piːdiǽtriks] 小児科学. **pediatrist** 小児科医.

pedicab[pédikæb] [東南アジアの] 輪タク.

pedicure[pédikjuər] 足(の爪) の手入れ、ペディキュア.

pedigree[pédəgriː] 系図；血統書；家柄；起源.

pediment[pédəmənt] 破風 .

pedometer[pədámətər] 万歩計.

pedophilia[piːdəfíliə] 小児性愛症.

pedway[pédwei] 歩行者用連絡通路.

pee[píː] 《話》 小便(をする).

peek[píːk] のぞき見(する).

peekaboo[píːkəbuː] いないいないばあ / [衣服が] すけすけの.

peel[píːl] [くだものの] 皮(をはぐ・がむける). **peeling** [リンゴをむいたときなどの] 皮.

peep [píːp] のぞき見(する) ；現れる. ~ **show** のぞきからくり. **peeper** のぞき見する人.

peep² [小鳥などが] ぴいぴい鳴く(声).

peephole のぞき穴.

peer[píər] じっと見る；見えてくる / 貴族；同輩. **peerage** 貴族階級. **peeress** 貴族婦人. **peerless** 無類の.

peevish[píːviʃ] 怒りっぽい；気難しい.

peg[pég] くぎ；くい；栓 /(木) くぎを打つ；せっせと働く.

peignoir[peinwáːr] [女性用] 化粧

着；部屋着.

pejorative[pidʒɔ́:rətiv] 軽蔑的な〔語〕.

pekoe[píːkou] ペコー（インド・スリランカ産の高級紅茶）.

pelican[pélikən] ペリカン. ～ **crossing** 押しボタン式横断歩道.

pellet[pélit] 小球；小弾丸；小丸薬.

pell-mell[pélmél] めちゃくちゃな〔に〕；あわてふためいて〔た〕.

pellucid[pəlúːsid] 透明な，澄んだ；明白な.

pelt[pélt] 生皮，毛皮.

pelt[pélt] 投げつける（こと）；どしゃ降り，速力.

pelvis[pélvis] 骨盤. **pelvic** 形

pen[pén] ペン；文筆／書く. ～ **name** 筆名. ～ **pal** ペンフレンド.

pen[pén] 閉じこめる／囲い，檻.

penal[píːnl] 刑罰の；刑事上の. **penalize** 刑を課す；罪する.

penalty[pénəlti] 刑罰，処罰；罰金，科料. ～ **area**〔サッカー〕ペナルティエリア.

penance[pénəns] ざんげ，罪滅ぼし；苦行.

pence[péns] penny の複数.

penchant[péntʃənt] 強い好み.

pencil[pénsəl] 鉛筆；まゆ墨；口紅.

pendant, pendent[péndənt] ぶら下がるもの，下げ飾り；つけ飾り.

pending[péndiŋ] 未決の，懸案の／…中，…の間.

pendulous[péndʒuləs] ぶら下がっている；揺れる.

pendulum[péndʒuləm]〔時計などの〕振り子；趨勢，勢.

penetrable[pénətrəbl] 入り込める，貫ける；理解できる.

penetrate[pénətreit] 貫通する；浸透する；突き進む；看破する. **penetrating** 〔声などが〕よく通る；鋭い；洞察力のある. **penetration** 浸透；貫通；洞察力.

penguin[péŋgwin] ペンギン.

penicillin[penəsílin] ペニシリン.

peninsula[pənínsjulə] 半島. **peninsular** 半島の.

PEN International 国際ペンクラブ〔＜ International Association of Poets, Playwrights, Editors, Essayists, and Novelists〕.

penis[píːnis] ペニス，陰茎.

penitence[pénətəns] 後悔；悔悟. **penitent** 後悔の.

penitential[penəténʃəl] 後悔の. **penitentiary** 刑務所／後悔の；懲罰の.

penknife[pénnaif] 小型ナイフ.

penman[pénmən] 書記；能書家. **penmanship** 筆跡；習字.

Penn ペンシルベニア州〔＜ Pennsylvania〕.

pennant[pénənt] 細長い三角旗，《米》優勝旗.

penned pen² の過去・過去分詞.

penny[péni] ペニー（英国の貨幣，1/100 ポンド）；《米》1 セント. ～ **-wise** 一文惜しみの. **penniless** 無一文の.

pension[pénʃən] 年金，恩給（を与える）. **pensioner** 年金〔恩給〕受領者.

pensive[pénsiv] 物思わしげな.

pent[pént] pen² の過去・過去分詞／閉じ込められた. ～ **-up**〔感情が〕抑制された；〔言動が〕拘束された.

pentagon[péntəgən] 五角形；(the P-) ペンタゴン（米国国防総省）.

Pentecost[péntikɔːst] ユダヤの収穫の祭；聖霊降臨節.

penthouse[pénthaus] 屋上住宅（ビル屋上の高級な住宅）；差し掛け屋根.

penultimate[pinʌ́ltəmət] 最後から二番目の

penurious[pənjúəriəs] けちな；乏しい；貧乏な.

penury[pénjuri] 貧乏，貧窮.

peony[píːəni] シャクヤク，ボタン.

people[píːpl] 人々；民衆；国民；民

族 / 植民する.

PEP《英》個人投資(信託) プラン, ペップ〔< personal equity plan〕.

pep[pép]元気, 精力 / 活を入れる. ~ **pill** 覚醒剤.

pepper[pépər]コショウ(を振りかける);浴びせかける. **peppery** コショウのような;辛い.

peppermint[pépərmínt] ハッカ(油).

pepsin[pépsin]ペプシン.

peptic[péptik]消化の, 消化を助ける;消化剤.

PER 株価収益率〔< price earings ratio〕.

per[pər, 強 pə́:r]…によって, …で;…につき, …ごとに. ~ **head** 一人あたり.

perambulate[pəræmbjuleit]歩き回る;巡回する.

perambulator[pəræmbjuleitər]《英》乳母車.

per annum[pər ǽnəm] 一年ごとに.

per capita[pər kǽpitə] 一人あたり.

perceive[pərsí:v]知覚する;認める.

per cent, percent[pərsént]パーセント, 百分率.

percentage[pərséntidʒ]百分率;割合;歩合.

perceptible[pərséptəbl]知覚できる;かなりの. **perceptibly** 副

perception[pərsépʃən]知覚;洞察(力). **perceptive** 知覚の(鋭い).

perch[pə́:tʃ]止まり木;高台;高い地位 / とまる;〔高所に〕置く.

percipient[pərsípiənt] 知覚する(人).

percolate[pə́:kəleit]濾⁀す;しみ通る. **percolator** 濾過器.

percussion[pərkʌ́ʃən]衝撃, 衝突;〔医学〕打診;打楽器;音響.

perdition[pə:rdíʃən]破滅;地獄.

perdurable[pə:rdjúərəbl]永久の, 不滅の.

peregrination[perəgrinéiʃən]流浪;旅行. **peregrinate** 旅する.

peremptory[pərémptəri]断固とした.

perennial[pəréniəl]永久の;多年生の.

perfect[pə́:rfikt]完全な, 純然たる;非常な /〔文法〕完了(の) /[pəfékt]完成する. **perfectly** 完全に.

perfection[pərfékʃən]完全;完成;極致. **perfectionist** 完全主義者.

perfervid[pərfə́:rvid]熱烈な.

perfidy[pə́:rfədi] 不信;裏切り. **perfidious** 形

perforate[pə́:rfəreit]穴をあける;ミシン目を入れる. **perforation** 名

perforce[pərfɔ́:rs]無理に.

perform[pərfɔ́:rm]行う;果たす;演じる;演奏する. **performer** 遂行者, 役者.

performance[pərfɔ́:rməns]演奏;上演;遂行;〔機械の〕性能.

perfume[pə́:rfju:m]香料, 香水;におい /[pərfjú:m]香水をつける. **perfumery** 香水(類).

perfunctory[pərfʌ́ŋktəri]おざなりの.

perfuse[pərfjú:z]振りかける;みなぎらせる. **perfusion** 名

perhaps[pərhǽps]あるいは, 多分.

peril[pérəl]危険, 危難. **perilous** 危険な.

perimeter[pərímətər]周囲, 周辺;視野計.

period[píəriəd]期, 時代;周期;終結;終止符〔.〕.

periodic[piəriádik]周期的な;定期の;時代の. **periodical** 定期刊行(物)の. **periodically** 定期的に.

peripatetic[perəpətétik]巡回する;逍遥する 学派の.

peripheral[pərífərəl]周辺の;外面の;末消の.

periphery[pərífəri]周囲;外面;周辺部.

periscope[périskoup]潜望鏡.

perish[périʃ]死ぬ;枯れる,腐る,滅びる.**perishable**滅びやすい/(複)腐りやすいもの,生鮮食品.

peritonitis[peritənáitis]腹膜炎.

perjure[pə́rdʒər]《oneself》偽証する.**perjurer**偽証者.**perjury**偽証(罪).

perk[pə́rk]元気になる;活気づける;つんとする.

perm[pə́rm]パーマ(をかける).

permanent[pə́rmənənt]永久の,不変の.～ **wave**パーマ.**permanence**名 **permanently**副

permeate[pə́rmieit]浸み込む;普及する.**permeation**名

permissible[pərmísəbl]許すことのできる.**permissibly**副

permission[pərmíʃən]許可;免許.

permissive[pərmísiv]許可する;寛大な,随意の.**permissively**副

permit[pərmít]許可する/[pə́:mit]許可;免許.

permutation[pə:rmjutéiʃən]交換;〔数学〕順列.**permutate**順序を換える.

pernicious[pərníʃəs]有害な;致命的な.

pernickety[pərníkəti]《話》気難しい;こせこせした.

peroration[perəréiʃən]〔演説の〕結論.

peroxide[peráksaid]過酸化物;過酸化水素.

perpendicular[pə:rpəndíkjulər]垂直の;直立した/垂線;垂直.

perpetrate[pə́:rpətreit]〔罪を〕犯す.**perpetration**犯行.**perpetrator**犯人.

perpetual[pərpétʃuəl]永久の,絶え間のない.**perpetually**副

perpetuate[pərpétʃueit]永続させる;永久に残す.**perpetuation**名 **perpetuity**永続;終身年金.

perplex[pərpléks]困らせる;複雑にする.**perplexity**当惑;混乱.

perplexed[pərplékst]当惑した;〔言葉などが〕わかりにくい.

perquisite[pə́:rkwəzit]臨時収入;役得.

persecute[pə́:rsikju:t]迫害する;悩ます.**persecution**, **persecutor**名

persevere[pə:rsəvíər]我慢する;がんばる.**perseverance**我慢強さ,忍耐.

Persian[pə́:rʒən]イラン(人・語)の;ペルシア(人・語)の.

persimmon[pə:rsímən]カキ(柿).

persist[pərsíst]固執する;持続する.**persistent**固執する;永続性の.**persistence**, **persistency**名 **persistently**副

person[pə́:rsn]人;身体;容姿;〔文法〕人称.**personable**魅力のある.**personage**人;貴人;〔劇の〕役.

persona[pərsóunə]人;登場人物;〔心理学〕ペルソナ.

personal[pə́:rsənl]個人の;本人みずからの.～ **best**〔スポーツ選手の〕自己最高記録.～ **computer**パソコン〔略 PC〕.～ **estate**動産.**personalize**個人的にする;人格化する.**personally**個人的に;自分で.

personality[pə:rsənǽləti]人格,個性;名士,タレント.

personalty[pə́:rsənəlti]動産.

personate[pə́:rsəneit]…の風を装う;…の役を演じる.

personify[pə:rsánəfai]擬人化する;…の化身である.**personification**擬人,化身;典型.

personnel[pə:rsənél]〔集合的〕人員,職員;委員.

perspective[pərspéktiv]遠近画法の;背景の/遠近(画)法;遠景;つり合い;見通し;ものの見方.

perspicacious[pə:rspəkéiʃəs]洞察力のある;聡明な.**perspicacity**名

perspicuous[pərspíkjuəs, -kjuəs]明快な.**perspicuity**名

perspire[pərspáiər]汗をかく. **perspiration** 汗, 発汗.

persuade[pərswéid]説得する, 納得させる. **persuasion** 説得;確信; 信仰.

persuasive[pərswéisiv]説得力のある, 口のうまい. **persuasively** 副

PERT パート法(計画管理法)〔< program evaluation and review technique〕.

pert[pə́:rt]でしゃばりな, 生意気な; 活発な.

pertain[pərtéin]属する〔to〕, 関する〔to〕;適する〔to〕.

pertinacious[pə:rtənéiʃəs]固守する;頑固な;しつこい. **pertinacity** 名

pertinent[pə́:rtənənt]適切な;関連する. **pertinence, pertinency** 名

perturb[pərtə́:rb]乱す, 騒がす, 狼狽させる. **perturbation** 名

Peru[pərú:] ペルー(共和国) (Republic of Peru).

peruse[pərú:z]熟読する;吟味する. **perusal** 名

Peruvian[pərú:viən] ペルー(人)の /ペルー人.

pervade[pərvéid]行き渡る;普及する. **pervasion** 名 **pervasive** 形

perverse[pərvə́:rs]根性の曲がった, 意地の悪い;不当な. **perversive** 誤らせる;曲解する. **perversity** 名

pervert[pərvə́:rt]ゆがめる;曲解する; 堕落させる /[pə́:rvərt] 堕落者;性倒錯者. **perversion** 名

pervious[pə́:rviəs]通す;染み込ませる〔to〕;〔道理などが〕分かる.

peseta[pəséitə]ペセタ(スペインの貨幣単位).

peso[péisou]ペソ(中南米諸国などの貨幣単位).

pessimism[pésəmizm]悲観, 厭世 (主義) **pessimist** 悲観論者, 厭世家. **pessimistic** 形

pest[pést]有害な人〔こと〕, 害虫;疫病, ペスト.

pester[péstər]悩ます, 当惑させる.

pesticide[péstəsaid] 殺虫剤.

pestilence[péstələns]ペスト;悪疫, 流行病.

pestilent[péstələnt]致命的な;有害な;やっかいな.

PET[pét]ポリエチレン・テレフタレート〔< polyethylene terephthalate〕. ~ **bottle** ペットボトル.

pet[pét]ペット, 愛玩動物;気に入っているもの/お気に入りの/かわいがる;愛撫する.

petal[pétl]花弁, 花びら.

peter[pí:tər]〔火などが〕しだいに消える.

petition[pitíʃən]請願〔嘆願〕(書) /請願する, 嘆願する.

petrify[pétrəfai]石化させる〔する〕; 呆然自失させる〔する〕. **petrifaction** 石化;化石. **petrified** おびえた;呆然とした.

petrochemical[petroukémikəl]石油化学物質〔製品〕の.

petrol[pétrəl]《英》ガソリン. ~ **bomb** 火炎瓶. ~ **station**《英》ガソリンスタンド.

petroleum[pətróuliəm]石油.

pettish[pétiʃ]すねた;怒りっぽい.

petty[péti]少しの;つまらない.

petulant[pétʃulənt]気難しい, 短気な. **petulance** 名

petunia[pitʃú:njə]ツクバネアサガオ; 暗紫色.

pew[pjú:]教会の座席.

pewter[pjú:tər]白目(錫 と鉛などの合金).

pfenning[fénig] ペニヒ(ドイツの貨幣単位, 100分の1マルク).

PFLP パレスチナ解放人民戦線〔< Popular Front for the Liberation of Palestine〕.

PG 《米》親の同伴で未成年者も入場できる(映画)〔< parental guidance〕.

PGA 《米》 プロゴルフ協会〔<

Professional Golfers' Association].

PGCE《英》公立学校教員免許状〔< postgraduate certificate in education〕.

pH 水素イオン濃度, ペーハー〔< potential of hydrogen〕.

phallus[fǽləs]陰茎. **phallic** 形

phantasm[fǽntæzm]幻影, 幻;空想; 幽霊. **phantasmal** 形

phantom[fǽntəm]幻;幽霊;妄想.

Pharisee[fǽrəsi:]パリサイ派の人; (p-) 偽善者.

pharmaceutics[fɑ:rməsú:tiks]調剤 学, 薬学.

pharmacist[fá:rməsist]薬剤師.

pharmacopoeia[fɑ:rməkəpí:ə]調 剤書, 薬局方.

pharmacy[fá:rməsi]薬学;薬局.

phase[féiz]段階, 局面;方面;相 / ~ in[out] 段階的に取り入れる〔廃止 する〕.

PhD 博士(号)〔< Doctor of Philosophy〕.

pheasant[féznt]キジ.

phenomenal[finámənl]現象の;す ばらしい;驚くべき.

phenomenon[finámənan]現象;事 件;まれなこと〔人〕(複 phenomena).

pheromone[férəmoun]フェロモン.

phial[fáiəl]ガラスびん, 薬びん.

philanthropy[filǽnθrəpi] 博 愛. **philanthropist** 博愛主義者. **philanthropic** 形

philatelist[filǽtəlist]切手収集家.

philharmonic[filhɑ:rmánik]音楽 愛好の;交響楽団(の).

Philippine[fíləpi:n] フィリピン(共 和国) (Republic of the Philippines); (the ~) フィリピン諸島(Philippine Islands) / フィリピン(諸島・人)の.

philology[filálədʒi]言語学;文献学. **philological** 言語学の;文献学の. **philologist** 言語学者;文献学者.

philosophy[filásəfi] 哲学. **philosopher** 哲学者. **philosophical** 哲学の;

哲学的な;冷静な. **philosophically** 副 **philosophize** 哲学的に考える.

philter, philtre[fíltər]媚薬.

phlegm[flém]痰 。. **phlegmatic** 粘液 質の;痰の多い;鈍重な.

phoenix[fí:niks]不死鳥, フェニック ス.

phone[fóun]電話(をかける). ~ -in 〔電話による〕視聴者参加番組.

phoneme[fóuni:m]音素.

phonetic[fənétik]音声の;発生の. ~ sign 音声記号. **phonetically** 音声 学上.

phoney, phony[fóuni]《俗》いかさ まの;いかさま師.

phonic[fánik, fóu-]音の;音声の.

phonogram[fóunəgræm] 表 音 文 字.

phonograph[fóunəgræf]《米》レコ ードプレーヤー.

phosgene[fásdʒi:n]ホスゲン(毒ガ ス).

phosphate[fásfeit]燐 。酸塩;燐酸 肥料.

phosphorescence[fɑsfərésns]燐 光. **phosphorescent** 燐光を発する.

phosphorus[fásfərəs]燐 。. **phosphoric** 形

photo[fóutou]写真. ~ finish 写真 による勝負判定.

photochemical[foutoukémikəl]光 化学の.

photocopy[fóutoukɑpi]コピー(す る). **photocopier** コピー機.

photogenic[foutədʒénik]写真写り のよい.

photograph[fóutəgræf]写真 / 撮影 する. **photographer** 写真家. **photographic, photographical** 写真の. **photography** 写真術.

photogravure[foutougrəvjúər]グラ ビア写真〔印刷〕.

photomontage[foutoumantá:ʒ]合 成写真(製作法).

photon[fóutan]〔物理〕光子.

photosensitive[foutousénsətiv]感光性の.

Photostat[fóutəstæt]〔商標〕フォトスタット(写真複写機).

photosynthesis[foutousínθəsis]光合成.

phrase[fréiz]句, 熟語；言い回し / 言い表す. **phraseology** 言葉遣い.

phrenetic[frinétik]発狂した；熱狂的な.

phrenology[frinálədʒi]骨相学. **phrenologist** 骨相学者.

PHS 簡易型携帯電話[< Personal Handyphone System].

phthisis[θáisis]消耗(性疾患)；肺結核.

phylum[fáiləm]〔生物学〕門.

Phys Ed[fíz éd]《米》体育[< physical education].

physic[fízik]医術；薬.

physics[fíziks]物理学.

physical[fízikəl]物質的な；物理学の；身体の. **physically** 物理的に；身体上.

physician[fizíʃən]医者, 内科医.

physicist[fízəsist]物理学者.

physiognomy[fiziágnəmi]人相(学).

physiology[fiziálədʒi]生理学. **physiologist** 生理学者.

physique[fizík]体格.

PI 私立探偵[< private investigator].

pi[pái]円周率[π].

pianissimo[pi:əníssəmou]〔音楽〕きわめて弱く.

pianist[piǽnist, pí:ən-]ピアニスト.

piano¹[piǽnou], **pianoforte**[piǽnəfɔ:rt]ピアノ.

piano²[piá:nou]〔音楽〕弱く.

piazza[piǽtsə]広場；回廊.

pic[pík]映画；写真, グラビア.

picaresque[pikərésk]悪漢を主題とした(物語).

piccolo[píkəlou]〔楽器〕ピッコロ.

pick[pík]つつく；掘る；ほじる；つみ

取る；ほぐす；選ぶ；盗む；少しずつ食べる / 選択；最良品；つるはし；つまようじ；収穫物. **pickax(e)** つるはし. **picker** つつく〔ほじる〕人〔道具〕. **pickpocket** すり.

picket[píkit]くい；哨兵；〔ストの際の〕ピケ / くいにつなぐ；見張りを置く；ピケを張る.

pickle[píkl]〔ピクルスの〕漬け汁；(複)漬け物；苦境 / ピクルスにする. **pickled** つけ汁につけた, ピクルスにした.

pickup[píkʌp]《米》乗客を乗せること；集めること；無賃便乗者；行きずりの恋の相手；掘り出しもの；即席料理；自動車の加速；〔景気の〕回復；〔野球〕ピックアップ；実況放送；〔レコードプレーヤーの〕ピックアップ；《米》〔無蓋の集配・運搬用の〕小型トラック.

picnic[píknik]ピクニック(に行く)；野外での食事(をする).

pictograph[píktəgræf]絵文字, 象形文字.

pictorial[piktɔ́:riəl]絵の；絵のような / 絵入り雑誌.

picture[píktʃər]肖像；画像；写真；絶景；化身；映画 / 描く, 想像する. ～ **card**〔トランプの〕絵札；絵葉書.

picturesque[piktʃərésk]絵のように, 美しい；真に迫った.

piddle[pídl]小便する；だらだらする.

pidgin[pídʒən]ピジン(混成言語). ～ **English** 原地語と英語の混成言語.

pie[pái]パイ；総額；すばらしいもの.

piebald[páibɔ:ld]ぶちの, まだらの.

piece[pí:s]一片；部分；作品；記事；…個；硬貨；出来高；銃；駒. **piecework** 賃仕事.

piecemeal[pí:smi:l]切れ切れに〔の〕, 少しずつ(の).

pier[píər]埠頭, 桟橋；橋脚；窓間壁.

pierce[píərs]刺す, 突き通す〔る〕；

貫通する〔させる〕. **piercing** 刺し通
す;骨身にしみる;洞察力のある.

Pierrot[píəróu] ピエロ;道化役者.

piety[páiəti] 敬虔さ, 信心.

PIF 太平洋諸島フォーラム〔< Pacific
Islands Forum〕.

pig[píg] 豚;豚肉;子豚;金属塊;
銑鉄. ~ **iron** 銑鉄. **piggish** 豚の
ような;大食いの;不潔な.

pigeon[pídʒən] ハト. ~ **-hearted** 臆
病な.

pigeonhole 巣箱の分室;書類棚;
分類(する).

pigheaded 強情な.

pigment[pígmənt] 絵の具, 顔料;色
素.

pigmy[pígmi] = pygmy.

pigpen 豚小屋.

PIIGS ピーグス(ポルトガル, アイルラ
ンド, イタリア, ギリシャ, スペインの
頭文字).

pigsty 豚小屋;むさくるしい家.

pigtail 豚の尾;弁髪;ねじりタバコ.

pike[1][páik] 矛(で刺す).

pike[2] カワカマス.

pike[3] 有料道路;料金所, 通行料金.

pile[1][páil] 積み重ね, (…の)山;大塊;
大金;大建造物;電池 / 積み重ねる;
積もる.

pile[2] 杭 / 杭を打ち込む. ~ **driver**
杭打機.

pile[3] 柔らかく細い毛;けば(のある
織物).

piles[páilz] 痔疾.

pileup 多重衝突;山積.

pilfer[pílfər] くすねる, 盗む. **pilfer-
er** こそ泥.

pilgrim[pílgrim] 巡礼者. **pilgrim-
age** 巡礼の旅;生涯.

pill[píl] 丸薬;経口避妊薬, ピル;不
愉快な人.

pillage[pílidʒ] 掠奪(する);戦利品.

pillar[pílər] 柱;中心人物;支持者.

pillbox 丸薬入れ.

pillion[píljən] 〔オートバイなどの〕後

部座席;据え鞍.

pillory[píləri] 〔罪人の〕さらし台
/ さらし者にする.

pillow[pílou] 枕(にする). ~ **talk** 睦
言, 寝物語.

pillowcase 枕カバー.

pilot[páilət] 水先案内人;操縦者;案
内人 / 案内する;操縦する.

pimento[piméntou] オールスパイス;
ピーマン.

pimp[pímp] ぽん引き;《豪》密告
者.

pimple[pímpl] にきび;吹き出物.

PIN 暗証番号, 個人識別番号, ピン
〔< personal identification number〕.

pin[pín] 留め針, ピン;留め具;かん
ぬき;〔ボウリング〕ピン;〔ゴルフ〕
旗ざお;つまらないもの / 〔ピンで〕留
める. ~ **up** ピンナップ(写真) 美人.

pinafore[pínəfɔːr] 前掛け, エプロ
ン.

pinball ピンボール, コリントゲーム.

pincers[pínsərz] くぎ抜き, やっとこ;
〔カニなどの〕はさみ.

pinch[píntʃ] つねる;ひどく締めつけ
る;はさむ;つまむ;苦しめる;盗
む / 一つまみ, 少量;圧迫;危機;
捕縛;盗み. ~ **hitter** 〔野球〕代打者.

pincushion 針差し.

pine[páin] マツ(材). ~ **cone** 松かさ.

pineapple[páinæpl] パイナップル(の
木).

ping[píŋ] ピューン〔ピッ〕という音
(を出す).

pinhole 針穴.

pinion[1][pínjən] 羽, 翼 / 翼の先を切
る;束縛する.

pinion[2] 小歯車.

pink[píŋk] セキチク, ナデシコ;淡紅
色(の).

pinnacle[pínəkl] 小尖塔;頂上;
極点.

pinochle[píːnʌkl] ピノクル(トランプ
ゲーム).

pinpoint[pínpɔint]ピンの先；きわめて小さいもの／正確に示す.

pinstripe[pínstraip]細縞.

pint[páint]パイント(1/8 ガロン).

pioneer[paiəníər]開拓者；創始者；先鋒；工兵／率先する；開拓する.

pious[páiəs]敬虔な；信心深い.
  piously 副

pip[píp]種；〔さいころなどの〕目

pipe[páip]笛；管；パイプ(の一服)；〔鳥などの〕かん高い声／笛を吹く；金切り声をたてる. **piper** 笛吹き.
  piping 配管；笛の音；かん高い声／〔服の〕パイピング.

pipeline 輸送管；情報ルート.

piquant[pí:kənt]ひりひりする；きびきびした，痛快な.

pique[pí:k]立腹(させる).

piracy[páiərəsi]海賊行為；〔著作物などの〕剽窃.

piranha[pirɑ́:njə]ピラニア.

pirate[páiərət]海賊(を働く)；著作物侵害者；剽窃する.

piratical[pairǽtikəl]海賊の；著作権侵害の.

pirouette[piruét]〔バレエで〕つま先旋回(をする).

Pisces[páisi:z]魚座，双魚宮.

piss[pís]小便(する).

pissed[píst]《米話》怒った，困惑した；《英話》酔った.

pistachio[pistǽʃiou]ピスタチオ.

pistil[pístl]めしべ.

pistol[pístl]ピストル(で撃つ).

piston[pístən]ピストン.

pit[pít]穴；立坑；炭坑；みぞおち；腋の下；あばた；〔劇場の〕平戸間；墓；地獄；闘犬場／穴をあける；〔犬を〕戦わせる.

pit[桃などの]核.

pitch[pítʃ]穴；投げる；〔杭などを〕打つ；〔天幕などを〕張る；合わせる；〔船が〕縦揺れする；まっさかさまに飛び込む；〔野球〕投球する／投球；〔船の〕縦揺れ；頂点，限界；度；点；坂；

〔音の〕高低.

pitch[pítʃ]ピッチ(を塗る)；松やに(を塗る). **pitchy** ピッチの多い；真っ黒な.

pitcher[pítʃər]〔野球〕投手.

pitcher 水差し. **~ plant** 囊の状葉植物〔ウツボカヅラなど〕.

pitchfork くま手.

pitchman 行商人.

piteous[pítiəs]哀れな，気の毒な.
  piteously 副

pitfall 落とし穴.

pith[píθ]木髄；髄，脊髄；精力；要点. **pithy** 髄のある；力のある；簡潔な.

pithead 坑口.

pitiable[pítiəbl]哀れな，気の毒な.

pitiful[pítifəl]情け深い；哀れな.

pitiless[pítilis]無情な；冷酷な. **pitilessly** 副

pitman 炭坑夫.

piton[pí:tən]〔登山〕ハーケン.

pittance[pítns]わずかな収入.

pituitary[pitjú:əteri]脳下垂体.

pity[píti]哀れみ；惜しいこと／哀れむ.

pivot[pívət]旋回軸；要点／枢軸の上に置く／軸で回転する. **pivotal** 枢軸の；重要な.

pixel[píksəl, -səl]〔コンピュータ〕画素，ピクセル.

pixie, pixy[píksi]妖精.

pizza[pí:tsə]ピザ.

pj's《米話》パジャマ〔< pajamas〕.

PK ペナルティキック〔< penalty kick〕.

PKF 国連平和維持軍〔< Peace-keeping Forces〕.

pkg. 荷物，小包〔< package〕.

PKO 国連平和維持活動〔< Peace-keeping Operations〕.

PL 製造物責任〔< product liability〕.

PLA パレスチナ解放軍〔< Palestine Liberation Army〕.

placable[plǽkəbl]なだめやすい；温和な.

placard[plǽkɑːrd]張り札，ビラ，プ

ラカード／ビラを張る；ポスターで宣伝する.

placate[pléikeit]なだめる；和解させる.

place[pléis]場所, 土地；地域；住居；箇所；部分；席；地位／置く；配置する；職につかせる．**placement** 配置；職業紹介. **placing** 置くこと；位置；順番.

placebo[pləsí:bou] 偽薬；気休め.

placenta[pləséntə]胎盤.

placid[plǽsid] 穏やかな, 静かな. **placidly** 副

placket[plǽkit]〔スカートなどの〕わき〔背〕あき.

plagiarism[pléidʒərizm]盗用, 剽窃／文章. **plagiarist** 剽窃者.

plagiarize[pléidʒəraiz]〔他人の文章・説などを〕盗む.

plague[pléig]疫病, ペスト, 災難／悩ます, 苦しめる.

plaid[plǽd]格子縞の肩掛け).

plain[pléin]平易な；明白な；無地の；率直な；露骨な；淡泊な；素朴な／平地, 平原, (the P-)〈米〉大草原. to be ～ with you 遠慮なく言えば. ～-spoken ありのままに言う. **plainly** 副

plaint[pléint] 悲嘆；告訴(状). **plaintiff** 原告.

plaintive[pléintiv]哀れな, 悲しい. **plaintively** 副

plait[pléit]〔髪・麦わらなどを〕編んだもの；ひだ(をとる)／編む.

plan[plǽn]計画；設計；方法；図面；地図／計画する, 企てる；設計する. **planner** 計画者. **planning** 立案；計画作成.

plane[pléin]平らな, 平面の／平面；程度, 標準；飛行機／かんなをかける；滑空する.

plane[pléin] プラタナス.

planet[plǽnit]惑星, 遊星. **planetary** 惑星の(ような).

planetarium[plǽnətέəriəm]プラネ

タリウム；惑星儀.

plank[plǽŋk]厚板／板張りにする.

plant[plǽnt]植物；作物；装置；設備；工場；策略／種をまく；養殖する；配置する；立てる；置く；据える. **planter** 耕作者；農場主；種まき機. ～ **louse** アブラムシ.

plantation[plæntéiʃən]農園；耕作地, 栽培；設立.

plaque[plǽk]額, 飾り板.

plash[plǽʃ]ぴちゃぴちゃ〔ざぶざぶ〕(音がする)；はね飛ばす.

plasma[plǽzmə]血漿；プラズマ.

plaster[plǽstər]膏薬(をはる)；漆喰(を塗る).

plastic[plǽstik]塑造する；形成する；柔らかい；プラスチック(製)(の)；合成樹脂(製品). ～ **arts** 造形美術. ～ **surgery** 形成外科.

plasticity[plæstísəti]可塑性；柔軟性.

plate[pléit]板金；皿；金属製の食器；めっき；看板；図版；〔野球〕本塁；投手板／〔金・銀などを〕被せる；甲する；薄板に打ちのべる. **plated** めっきした.

plateau[plætóu]高原, 台地.

platform[plǽtfɔrm]台；教壇, 演壇；プラットホーム；〈米〉〔客車の〕デッキ；〔政党の〕綱領. ～ **door** プラットフォームドア.

platinum[plǽtənəm]白金, プラチナ.

platitude[plǽtətju:d]平凡, 陳腐；常套語.

Platonic[plətánik] プラトン(学派)の；霊的な, 観念的な. **Platonism** プラトン哲学.

platoon[plətú:n]小隊；一団；一斉射撃隊.

platter[plǽtər]大皿, 鉢.

platypus[plǽtipəs]カモノハシ.

plausible[plɔ́:zəbl]もっともらしい, 口先のうまい. **plausibly** 副

play[pléi]遊ぶ；競技する；揺れる；

飛び回る；演じる；演奏する；〔CD・テープなどを〕かける；賭ける；うまく働く／遊び；競技の(やり方)；賭博；演劇；冗談；活動；休み；〔光の〕ちらつき. 〜 at 遊び半分に…する. 〜 on 演奏する；利用する. 〜 up to …に取り入る. in 〜 ふざけて. **playful** 遊び好きの；ふざけた. **playing card** トランプ. **playing field**《英》競技場.

playact 見せかける；芝居をする.

playback 録音の再生(装置).

playbill ビラ.

playboy 道楽者.

player[pléiər] 競技者；俳優；演奏者.

playfellow 遊び友達.

playground 運動場.

playgroup《英》私設保育園.

playhouse 劇場.

playmate 遊び友達.

play-off 王座決定戦；再試合.

playwright 劇作家.

plaza[plάːzə, plά ́:] 広場.

PLC, plc《英》株式公開[上場]会社[< public limited company].

plea[plíː] 抗弁；嘆願；弁解；口実.

plead[plíːd] 嘆願する；弁護する；抗弁する. **pleading** 弁解；弁論.

pleasant[plézənt] 愉快な，楽しい；心地よい. **pleasantry** ひやかし；冗談. **pleasantly** 副

please[plíːz] 喜ばせる，満足させる；…の気に入る／(人を) 喜ばせる. **pleasing** 楽しい；人好きのする.

pleased[plíːzd] 喜んだ；満足した；気に入った.

pleasurable[pléʒərəbl] 楽しい，愉快な.

pleasure[pléʒər] 愉快；喜び；娯楽.

pleat[plíːt] ひだ(をつける).

plebeian[plibíːən] 庶民(の).

plebiscite[plébəsait] 国民投票.

pled[pléd] plead の過去・過去分詞.

pledge[plédʒ] 担保；印；保証；約束；公約；祝杯／誓約する；質に入れる；

保証する；乾杯する.

Pleiades[plíːədìːz] プレアデス.

plenary[plíːnəri] 完全な；全員出席の.

plenipotentiary[plenəpəténʃieri] 全権大使／全権を有する；絶対的な.

plenitude[plénətjuːd] 十分，完全；豊富.

plenteous[pléntiəs] たくさんの，豊富な.

plenty[plénti] たくさん，十分. **plentiful** たくさんの. **plentifully** 副

plenum[plíːnəm] 充満，総会.

plethora[pléθərə] 過多，過剰；多血.

pleura[plú ́ːrə] 肋膜 ̈. **pleurisy** 肋膜炎.

PLF パレスチナ解放戦線[< Palestine Liberation Front].

pliable[pláiəbl] しなやかな，柔軟な；従順な. **pliancy** 名 **pliant** 形

pliers[pláiərz] ペンチ，やっとこ.

plight[pláit] (悪い) 状態；苦境.

plight[plait] [2] 約束(する)；婚約(する).

plimsoll[plímsəl] ズック靴.

PLO パレスチナ解放機構[< Palestine Liberation Organization].

plod[pláːd] とぼとぼ歩く(こと)；こつこつ働く(こと).

plosive[plóusiv] 破裂音.

plot[pláːt] 策略；〔劇・小説などの〕筋 ̇；小地面／陰謀を企てる；謀る；計画する. **plotter** 陰謀者.

plover[plʌ ́vər] チドリ.

plow, plough[pláu] 鋤 ̇；農業；(the P-)《英》北斗七星；《英》落第／耕す；溝を掘る；《英》落第させる[する]；骨を折って進む.

plowman 農夫. 〜 's lunch (パンにチーズを挟んだ) 簡単な昼食.

ploy[plɔ ́i]《話》策略；仕事；娯楽.

PLR 公共貸与権[< Public Lending Right].

pluck[plʌ́k] (牛などの) 臓物；勇気；落第生／採る；引き抜く；奪い取る；

かき鳴らす；落第させる. ～ **up** 勇気を出す. **pluckily** 勇ましく. **plucky** 勇気のある.

plug[plʌ́g]栓；詰め物；消火栓；〔電気の〕差し込み／詰めものをする；差し込む；売り込む. ～ **-in** 差し込み式の.

plum[plʌ́m]セイヨウスモモ；干しぶどう；濃紫色；とてもすばらしいもの.

plumage[plú:midʒ]羽毛.

plumb[plʌ́m]下げ鉛，おもり；垂直の〔に〕；全くの／垂直にする；〔下げ鉛で〕測る. ～ **line** 錘線. **plumber** 配管工. **plumbing** 鉛管工事；水深測量.

plume[plú:m]羽毛(で飾る)；羽飾り；名誉の印.

plummet[plʌ́mit]下げ鉛，おもり／真下に落ちる；急に下がる.

plump[plʌ́mp]丸々太った；ふくれた／太る〔らせる〕.

plump[plʌ́mp] ドシンと落ちる〔落とす〕／急に；率直に；全く(の).

plunder[plʌ́ndər]略奪(する).

plunge[plʌ́ndʒ]突っ込む；陥れる／飛び込む，もぐる；陥る／突っ込み；急落；突進. **plunger** もぐる人；トイレの吸引清掃具.

plural[plúərəl]〔文法〕複数(の). **pluralism**〔二つ以上の〕兼職；多元論. **plurality** 複数；大多数；《米》当選者と次点者との得票差.

plus[plʌ́s]…を加えて／正の，プラスの；〔電気〕陽の. ～ **sign** 加号[+].

plush[plʌ́ʃ]フラシ天(の)(長い毛羽のビロード). **plushy** フラシ天の；豪華な.

Pluto[plú:tou]〔ギリシャ・ローマ神話〕プルトン(冥界の王)；冥王星.

plutocracy[plu:tákrəsi]金権政治；財閥，富豪階級.

plutonium[plu:tóuniəm]プルトニウム.

ply[plái]精を出す；せっせと用いる；

激しく攻撃する；強いる／せっせと働く；往復する，通う.

ply[plái] …層；より；傾向.

plywood[pláiwud]合板.

PM 首相〔< Prime Minister〕.

p.m. 午後. 〔<《L》post meridiem(= afternoon)〕

PMS 月経前症候群〔< premenstrual syndrome〕.

PMT 月経前緊張(症)〔< premenstrual tension〕.

PNC パレスチナ民族評議会〔< Palestine National Council〕.

pneumatic[njumǽtik]空気の；空気で動く／空気入りタイヤ. **pneumatics** 空気力学.

pneumonia[njumóunjə]肺炎.

PNG パプアニューギニア〔Papua New Guinea〕.

PO 郵便為替〔< postal order〕；郵便局〔< post office〕.

poach[póutʃ]〔卵を〕熱湯に割り落としてゆでる.

poach[póutʃ]侵入する；密猟(漁)する；盗む. **poacher** 侵入者；密猟(漁)者.

POB, PO BOX 私書箱〔< post-office box〕.

pock[pák]あばた(= pockmark). **pockmarked** あばたのある.

pocket[pákit]ポケット；かくし袋；こづかい；〔鉱山〕鉱穴；穴／ポケットに入れる；着服する；じっと我慢する. ～ **money** こづかい銭.

pocketbook 札入れ，さいふ；《英》ハンドバッグ；小型本；《英》手帳.

pod[pád]さや(をむく).

podium[póudiəm]演壇；指揮台.

POE 輸入港，関税手続港〔< port of embarkation〕〔《米》entry〕.

poem[póuəm]詩，韻文.

poesy[póuisi]作詩(法)；詩.

poet[póuit]詩人.

poetic, poetical[pouétik, -ikəl]詩の；詩的な.

poetics[pouétiks]詩論，詩学.

poetry[póuitri]〔集合的〕詩，韻文.

poignant[póinjənt]鋭い，痛烈な；辛辣な. **poignancy** 名

point[póint]先端；点；岬；印；小数点；句読点；得点；要点；程度；目的；特質；効用／とがらせる；向ける；注意する；句読点をつける；指示する. 〜 **of view** 見地，見解. 〜-**blank** 直射の；まともに. **pointed** とがった；辛辣な. **pointer** 指針；ポインター（猟犬）；助言. **pointless** 先のない；鈍い；無意味な.

poise[póiz]釣り合い（をとる）；釣り合う／態度；平静. **poised** つり合っている；…する用意ができた《to do, for》；冷静な.

poison[póizn]毒（を入れる）；毒殺する. 〜 **pill**〔金融〕毒薬条項. **poisoning** 中毒. **poisonous** 有毒の.

poke[póuk]突く（こと）；かき立てる；おせっかいをする.

poker[1][póukər]火かき棒.

poker[2] ポーカー（トランプゲームの一種）.

poky[póuki]狭苦しい；のろい.

Poland[póulənd]ポーランド（共和国）(Republic of Poland).

polar[póulər]極（地）の. 〜 **bear** ホッキョクグマ. **polarity** 両極を有すること；〔電気〕両極（性）；正反対. **polarize**〔物理〕極性を与える〔持つ〕；偏光させる〔する〕；分裂させる〔する〕.

Polaroid[póulərɔid]ポラロイドカメラ〔写真〕（商標）.

Pole[póul]ポーランド人.

pole[1][póul]棒，柱，さお；〔競技場の〕いちばん内側のコース／棒で支える；棒で荷う；さおをつける. 〜 **position** ポールポジション.

pole[2] 極（地）；正反対.

polemic[pəlémik]論戦；（複）論争術. **polemical** 形

polestar 北極星.

police[pəlíːs]警察；警官／取り締まる，治安維持する. 〜 **force** 警察. 〜 **officer** 警察官. 〜 **station** 警察署.

policeman, policewoman 警官.

policy[1][páləsi]政策；方針；手段.

policy[2] 保険証券.

Polish[póuliʃ]ポーランド（人・語）の／ポーランド語.

polish[páliʃ]磨く；洗練する／つや出し；光沢；上品. **polished** つやのある；洗練された；完璧な.

polite[pəláit]礼儀正しい；上品な. **politely** 副

politic[pálətik]思慮のある；狡猾な.

political[pəlítikəl]政治（上）の；政党の；国家の. 〜 **asylum** 政治亡命者の保護. 〜 **economy** 政治経済学. 〜 **prisoner** 政治犯. 〜 **science** 政治学. **politically correct**〔言動が〕差別的でない，政治的に正しい.

politician[pɑlətíʃən]政治家；出世主義者.

politicize, -cise[pəlítəsaiz]政治化する〔させる〕.

politics[pálətiks]政治学；政治問題；政略；見識.

polity[páləti]政府；政体；国家.

polka[póulkə]ポルカ（ダンスの一種）. 〜 **dot** 水玉模様.

poll[póul]投票（数）；選挙人名簿；世論調査；投票所〔結果〕／投票する；…の投票を得る；世論調査する；切る，刈る. **polling** 投票. **poll-ster** 世論調査員.

pollen[pálən]花粉. 〜 **count**〔空気中の〕花粉数.

pollinate[páləneit]授粉する. **pollination** 名

pollinosis[pɑlənóusis]花粉症.

pollute[pəlúːt]汚染する. **pollutant** 汚染物質. **pollution** 汚染；不潔；公害.

polo[póulou]ポロ（馬上競技）.

poltergeist[póultərgaist]ポルターガイスト，騒霊.

P

poly-[páli-]「多くの…」.

polyclinic[paliklínik]総合病院.

polyester[páliestər]ポリエステル.

polyethylene[paliéθəli:n]ポリエチレン.

polygamy[pəlígəmi]一夫多妻，一妻多夫.

polyglot[páliglat]数か国語で書かれた(本)；数か国語を話す人.

polygon[páligan]多角形. **polygonal** 形

polygraph[páligræf]うそ発見器.

polyhedron[palihí:drən]多面体. **polyhedral** 形

polymer[pálimər]重合体.

polyp[pálip]ポリプ〔サンゴ・ヒドラなど〕；ポリープ.

polysyllable[pálisiləbl]多音節語. **polysyllabic** 形

polytechnic[palitéknik]科学技術教育機関.

polytheism[páliθi:izm]多神教. **polytheist** 多神論者.

polyvinyl[paliváinl]ポリビニル(の).

pomegranate[páməgrænət]ザクロ.

pommel[pʌ́məl]〔刀の〕柄先；鞍頭 ⟨くら⟩/なぐりつける；打ちのめす.

pomp[pámp]華麗；壮観.

pompadour[pámpədɔːr]前髪を撫で上げて膨らませた髪型；〔男性の〕オールバック.

pom-pom[pʌ́mpan], **pompon**[pámpan]玉房，ポンポン.

pompous[pámpəs]壮麗な；大げさな；もったいぶった. **pomposity** 豪華；尊大.

pond[pánd]池.

ponder[pándər]思案する，熟考する. **ponderable** 測れる；一考に値する. **ponderous** 重い.

pontiff[pántif]法王；高僧. **pontifical** 法王の；高僧の；司式書；(複)司教祭服.

pony[póuni]ポニー(小型の馬).

poo[pú:]うんち(をする).

poodle[pú:dl]プードル(犬).

pool[pú:l]水たまり；池；プール.

pool[pú:l]² 共同の置場，たまり(場)；共同出資〔利用〕；《米》（ポケット）ビリヤード；賭け金/出し合う.

poop[pú:p]¹《英》まぬけ.

poop[pú:p]² 船尾(楼).

poor[púər]貧しい；かわいそうな；へたな；つまらない；不毛の. ～-spirited 臆病な. **poorly** 気分のすぐれない；へたに. **poorness** 形

POP 持続有機汚染物質〔< persistent organic pollutant〕；〔コンピュータ〕ポップ(メールを送信するための通信プロトコル)〔< Post Office Protocol〕.

pop[páp]¹ ポンポン響く(かせる)；急に動く〔動かす〕；はじける/ぽん〔ずどん〕という音；発砲/《俗》炭酸水/ポンと.

pop[páp]² とうさん，親爺.

pop[páp]³《話》通俗的な；(複)ポピュラー音楽.

popcorn ポップコーン.

Pope[póup]ローマ法王. **Popish**〔軽蔑的〕カトリックの.

popgun おもちゃの鉄砲.

poplar[páplər]ポプラ.

poplin[páplin]ポプリン(たて糸が横糸より細い平織生地).

poppy[pápi]ケシ.

populace[pápjuləs]民衆.

popular[pápjulər]民衆の；一般の；通俗の；評判のよい；流行する；人気のある. **popularly** 副

popularity[papjulǽrəti]通俗；人気；流行.

popularize[pápjuləraiz]大衆化する；流行させる.

populate[pápjuleit]人を住まわせる；住む.

population[papjuléiʃən]人口.

populist 人民党員；大衆主義者.

populous[pápjuləs]人口の多い.

pop-up[papʌ́p]（必要なときに）飛

び出す構造の.

porcelain[pɔ́ːrsəlin] 磁器.

porch[pɔ́ːrtʃ] 玄関，車寄せ，入り口；《米》ベランダ.

porcupine[pɔ́ːrkjupain] ヤマアラシ.

pore[pɔ́ːr] 見つめる；熟考〔読〕する／細孔；毛穴；気孔.

pork[pɔ́ːrk] 豚肉. **porker** 食用豚.

porn[pɔ́ːrn], **porno**[pɔ́ːrnou] = pornography.

pornography[pɔːrnágrəfi] ポルノ；ポルノ〔わいせつ〕写真〔文書〕；ポルノ文学. **pornographic** 形

porous[pɔ́ːrəs] 多孔性の.

porpoise[pɔ́ːrpəs] ネズミイルカ.

porridge[pɔ́ːridʒ]《英》ポリッジ（オートミールなどのかゆ）.

port¹[pɔ́ːrt] 港（町）；避難所.

port²（船・飛行機の）荷役口；砲門；通気孔.

port³ 左舷（に向ける）.

port⁴ ポートワイン.

portable[pɔ́ːrtəbl] 携帯用の；転換可能の.

portage[pɔ́ːrtidʒ] 運搬；運賃；運搬物；連水陸路（運搬）.

portal[pɔ́ːrtl]（りっぱな）門，入り口；表玄関.

portend[pɔːrténd] 前兆となる. **portent** 前兆. **portentous** 不吉な.

porter¹[pɔ́ːrtər] 門番.

porter² 運搬人，赤帽；ボーイ；黒ビール. **porterage** 運搬；運賃.

portfolio[pɔːrtfóuliou] 書類ばさみ；大臣の職；有価証券一覧表；選集.

porthole 舷窓 ゲンソウ.

portion[pɔ́ːrʃən] 部分；分け前；運命；分与財産，相続分；持参金／分配する.

portly[pɔ́ːrtli] 肥満した；堂々たる. **portliness** 名

portmanteau[pɔːrtmǽntou] 旅行かばん. ～ **word** 2語からの混〔合〕成語.

portrait[pɔ́ːrtrit] 肖像（画）；描写. **portraitist** 名

portray[pɔːrtréi] 描く，描写する. **portrayal** 描写；肖像画.

Portugal[pɔ́ːrtʃugəl] ポルトガル（共和国）(Portuguese Republic).

Portuguese[pɔːrtʃugíːz] ポルトガルの／ポルトガル人〔語〕.

POS 販売時点情報管理，ポス（システム）〔< point of sales〕.

pos. 陽性の〔< positive〕.

pose[póuz] 姿勢／ポーズをとらせる〔とる〕；気取らせる.

poser¹[póuzər] 難問.

poser² 気取り屋.

posh[páʃ]《話》しゃれた，豪勢な.

posit[pázit] 仮定する；置く.

position[pəzíʃən] 位置；姿勢；形勢；地位；高位；勤め口；論点；陣地；場所（に置く）.

positive[pázətiv] 確実な；肯定的な；積極的な；正（の）；陽（の）；〔文法〕原級（の）／実在；正量；陽極；陽画，ポジ. **positively** 確実に. **positivism** 積極性；実証主義. **positiveness** 名

possess[pəzés] 所有する；支配する；〔死霊などが〕とりつく. be possessed of 所有している. **possessed** とりつかれた；夢中の. **possession** 所有（物）；財産；領土. **possessive** 所有の. **possessor** 所有者.

possible[pásəbl] ありうる，可能の.

possibility[pasəbíləti] 可能性；ありうること；見込み.

possibly[pásəbli] たぶん；どうしても.

possum[pásəm]《話》= opossum. play ～ 死んだふりをする.

post-[póust-『後，次』の意の結合形 (pre-の反). ～ **industrial** 脱工業化時代の. ～ **war** 戦後の.

post¹[póust] 郵便（物）；郵便局；郵便局け；宿駅／郵送する，投函する；知らせる／急行する. ～ **-free** 郵便料金無料の. ～ **office** 郵便局. ～

-office box 私書箱〔略 POB〕. **postage** 郵便料金. **postal** 郵便の. **posting**(…への) 任命.

post² 柱；杭；〔柱などに〕貼る；掲示する.

post³ 部署；地位；軍隊駐屯地；職／配置する.

postdoctoral[poustdάktərəl]博士課程終了後の.

postcard 郵便はがき.

poster[póustər]広告ビラ，ポスター. ～ **paint** ポスターカラー.

posterior[pɑstíəriər]後部(の)；尻.

posterity[pɑstérəti]子孫；後世.

postgraduate[poustgrǽdʒuət]大学卒業後の；大学院の／大学院生.

posthumous[pástʃuməs]死後の；父の死後に生まれた.

postman 郵便集配人.

postmark〔郵便の〕消印.

postmaster 郵便局長.

postmodern ポストモダンの；最先端の.

postmortem[poustmɔ́:rtəm]死後の／検死.

postpone[poustpóun]延期する. **postponement** 延期.

postscript[póustskript]追伸〔略 P.S.〕.

postulate[pástʃuleit]要求する；仮定する／[-ət] 仮定；必要条件. **postulant**〔聖職の〕志願者.

posture[pástʃər]姿勢；態度／姿勢をとらせる〔とる〕.

postwar 戦後の.

posy[póuzi]花(束).

pot[pát]鍋；つぼ；ポット1杯(分)；わな；商品；大金／鉢植えにする；つぼに入れる. ～ **roast** 牛肉の蒸し焼き.

potable[póutəbl]飲用に適する.

potassium[pətǽsiəm]カリウム.

potation[poutéiʃən]飲むこと；酒宴；(アルコール) 飲料.

potato[pətéitou]ジャガイモ；《米》サツマイモ.

potbelly 太鼓腹(の人).

potboiler 金目当ての文学〔美術〕作品.

potency[póutnsi] 権力，勢力；〔薬の〕効能；可能性，潜在力.

potent[póutnt]力のある，強い；効能のある；有力な；〔男性が〕性交可能な. **potency** 图

potentate[póutnteit]主権者，君主. ～ **risk**(市場) 有力者リスク.

potential[pəténʃəl]可能の；潜在的な；〔物理〕位置の. **potentially** 潜在的に；もしかすると. **potentiality** 潜在的能力；可能性.

pothole 深い穴；甌穴；洞穴.

pothunter 賞品目当ての競技者.

potion[póuʃən]〔薬などの〕一服.

potluck あり合わせの食物.

potpie 肉入りパイ.

potshot 獲物目当ての猟銃.

potter[pátər]陶工. ～ **'s wheel** 陶工ろくろ. **pottery** 陶器類；製陶場.

pouch[páutʃ]袋；袋のもの；ポーチ〔小物入れ〕／袋に入れる；袋状にする〔なる〕.

poultice[póultis]湿布.

poultry[póultri]家禽類.

pounce[páuns]つかみ掛かる；急襲(する).

pound[páund]ポンド(重量名，453.6グラム，略 lb)；ポンド(英国の通貨単位，100 ペンス. 記号£)／どんどん打つ；打ち砕く；どすんどすん歩く. **pounder** 打つ人；搗っく人；杵.

pour[pɔ:r]注ぐ；流す〔れる〕；浴びせる／どっと出る；殺到する.

pout[páut]口をとがらす(こと)；つねる(こと).

poverty[pάvərti]貧乏，貧困；貧弱；欠乏. ～ **effect** 逆資産効果. **-stricken** 非常に貧乏な.

POW,《英》**PoW** プリンス・オブ・ウェールズ〔英国皇太子の称号〕〔< Prince of Wales〕；捕虜〔< prisoner of war].

powder[páudər]粉；火薬；おしろい／粉にする〔なる〕；粉をふりかける；おしろいをつける．〜 **room** 洗面所．
powdered 粉末の；粉を振りかけた．
powdery 粉の；粉だらけの．

power[páuər]力，能力；体力；権力；（複）才能；政権．〜 **base**《米》〔政治の〕地盤．〜 **line** 送電線．〜 **plant**《米》発電所，動力装置．〜 **station**《英》発電所．

powerful[páuərfəl]強力な；〔薬などが〕よく効く；説得力がある；勢力がある．**powerfully** 副

powerhouse 発電所．

powerless[páuərlis]効果がない；無力の．

pox[páks]水疱性疾患；〔俗に〕梅毒．

PP ポリプロピレン〔< polypropylene〕．

pp 小包郵便〔< parcel post〕；過去分詞〔< past participle〕；…の代理として〔<《L》per procurationem〕．

PPC 普通紙複写機〔< plain paper copier〕．

PPI 生産者物価指数〔< producer price index〕；実態調査統計資料〔< projections and planning information〕．

ppm 百万分率〔< parts per million〕．

PPP 汚染者負担の原則〔< polluter-pays principle〕；〔コンピュータ〕ポイントツーポイントプロトコル（パソコンをインターネットにつなぐためのプロトコル）〔< Point-to-Point Protocol〕．

PPS 再追伸〔<《L》post postscriptum〕．

PPV ペイパービュー方式（の）〔< pay-per-view〕．

PR 広告・宣伝〔< public relations〕．

practicable[præktikəbl]実行できる；実用になる．

practical[præktikəl]現実的な；実用向きの．〜 **joke** いたずら，悪ふざけ．**practically** 実際に；実用的に．

practicality 名

practice[præktis]実行；練習；習慣；〔医者などの〕業務，営業；策略／実行する；練習する；従事する；開業する〔している〕．**practiced** 熟練した．

practise[præktis]《英》= practice.

practitioner[præktiʃənər]専門家；開業医；弁護士．

pragmatic[prægmætik]**, pragmatical**[-ikəl]実践的な；独断的な．**pragmaticism** 実用主義．

prairie[préəri]〔北米の〕大草原．〜 **dog** プレーリードッグ．

praise[préiz]賞賛／ほめる．〜 **worthy** ほめるべき，感心な．

pram[præm]乳母車．

prance[præns]〔馬が〕跳びはねる；意気揚々と行く／跳躍．

prank[prænk]はでに飾る，盛装する／いたずら．

prate[préit]おしゃべり（する）．

pratfall[prǽtfɔːl]しりもち；ぶざまな失敗．

prattle[prǽtl]片言（を言う）；子供の口調（でしゃべる）．

prawn[prɔːn]クルマエビ．

pray[préi]願う；祈る．**prayer** 祈願（文），祈願者．

pre-[priː-, pri-]「以前，あらかじめ」の意の結合形（post- の反）．

preach[priːtʃ]説教する；宣伝する．**preacher** 説教者．

preamble[príːæmbl]前文；序文，前置き．

prearrange[priːəréindʒ]あらかじめ手はずを決める；予定する．

precarious[prikéəriəs]不確かな，不安定な．

precaution[prikɔːʃən]予防，警戒；予防策．**precautionary** 形

precede[prisíːd]先立つ；より重要である．**preceding** 先の；前の．

precedent[présədənt]先例；判決例．**precedence** 行先；上位；優先（権）．

precept[príːsept]教訓；格言；命令

書.

preceptor[priséptər]教訓者；教師.

precinct[prí:siŋkt]構内；(複) 郊外,
付近；《米》投票区；所轄署；(複)
境界.

precious[préʃəs]高価な；貴重な；大
事な；《話》ひどい；たいした. ～
metal 貴金属.

precipice[présəpis]絶壁.

precipitate[prisípəteit]まっさかさま
に落とす〔ちる〕；沈殿させる〔す
る〕；突然ひき起こす；陥れる /
[prisípətət]まっさかさまの；軽
率な / 沈殿物. **precipitation** 墜落；
突進；軽率；大あわて；沈殿；降雨
(量). **precipitately** 副

precipitous[prisípətəs]険しい；軽
率の.

precis[preisí:]大意, 概略.

precise[prisáis]正確な；細心の；き
ちょうめんな；堅苦しい. **precisely**
その通り；正確に.

precision[prisíʒən]精度, 正確；き
ちょうめん / 精密な. ～ -guided 精
密誘導の.

preclude[priklú:d]排除する, 妨げる.
preclusion 名 **preclusive** 形

precocious[prikóuʃəs]早熟の；早咲
きの. **precocity** 名

preconceive[prí:kənsí:v]予想する.
preconception 予想；先入観, 偏見.

precondition 前提条件 / あらかじ
め条件を整える.

precursor[prikɔ́:rsər]先駆者；前兆.
precursory 前兆の.

predator[prédətər]略奪者；捕食動
物. **predatory** 形

predecessor[prédəsesər]前任者；
先輩；祖先.

predestination[pridestənéiʃən]予
定説；宿命.

predestine[pridéstin]予定する；宿
命を定める.

predicament[pridíkəmənt]窮地,
苦境.

predicate[prédikət]賓辞；〔文法〕
述部〔述語〕の /[prédəkeit]断定す
る；叙述する. **predicative** 形

predict[pridíkt]予言する；予報する.
predictable 予言できる. **prediction**
名

predilection[prédəlékʃən]偏愛；好
み《for》.

predominance[pridámənəns]卓
越, 優勢. **predominate** 優勢である,
勢力を占める, 支配する. **predomi-
nant** 形

predominantly 主に, 大部分は.

preeminence[priémənəns]傑出,
卓越. **preeminent** 形

preempt[priémpt]先買権によって入
手する；〔予定番組に〕代わって放
送する.

preen[prí:n]〔羽を〕くちばしで整え
る；おしゃれする.

prefab[prí:fæb]《話》プレハブの(住
宅).

prefabricate[pri:fǽbrikeit]前もって
作り上げる；規格部品で組み立て式
に造る.

preface[préfis]序文(を書く)；前置
き(にする). **prefatory** 前置きの, 序
文の.

prefect[prí:fekt]長官.

prefecture[prí:fektʃuər]府, 県.

prefer[prifɔ́:r]…より…を好む；むし
ろ…の方がよい；差し出す；昇任さ
せる. **preferment** 昇進；高位.

preferable[préfərəbl]…よりましな.
preferably なるべく, むしろ.

preference[préfərəns]好み；選択；
優先権. **preferential** 優先的な；優
遇する.

prefix[prí:fiks]〔文法〕接頭辞 /
[prí:fíks]前に置く.

pregnant[prégnənt]妊娠している；
満ちた；工夫に富んだ；意味の深い.
pregnancy 名

preheat〔オーブンなどを〕予熱する.

prehistoric[pri:histɔ́:rik]有史以前

の.

prejudice[prédʒudis]偏見(を持たせる）、ひいき；不利. **prejudiced** 偏見のある《against》；不公平な. **prejudicial** 偏見をいだかせる；不利な.

prelate[prélət]高僧.

preliminary[prilíməneri]予備の／(複) 予備試験〔行為〕.

prelude[prélju:d]序曲(となる)；序幕；前兆.

premarital[pri:mærətl]結婚前の.

premature[pri:mətʃúər]早過ぎた；早計の. **prematurely** 副 **prematurity** 名

premeditated[pri:médəteitid]計画的な.

premier[primjíər, prí:miər]最初の，首位の／〔フランス・イタリアなど〕首相；総理大臣. **premiership** 首相の職.

premiere[prémiər, -mjéər]〔芝居などの〕初演；初日.

premise[prémis]前提；(複) 頭書；不動産／[primáiz]前置きをする.

premium[prí:miəm]報酬；賞金；割増し金；保険料；謝礼.

premonition[pri:məníʃn]予感. **premonitory** 形

prenatal[pri:néitl]生まれる前の.

prenuptial[pri:nʌ́pʃl]婚前の.

preoccupy[pri:ákjupai]先取りする；思い込ませる；心を奪う. **preoccupation** 占領；偏見. **preoccupied** 夢中になった，頭がいっぱいで；先約の.

preordain[pri:ɔːrdéin]あらかじめ運命を定める.

prep[prép]予習；進学校.

prepaid[pri:péid]支払い済みの，前払いの. ～ **card** プリペイドカード.

preparation[prepəréiʃən]準備；調理；予習(時間)；覚悟.

preparatory[pripǽrətɔːri]準備の，予備の.

prepare[pripéər]支度する；準備する

させる〕；調合する；覚悟する〔させる〕. **preparedness** 準備.

prepared[pripéərd]用意ができている《for》；覚悟ができている《to do》；前もって準備された.

preponderance[pripándərəns]より重いこと；優勢. **preponderant** 形

preposition[prepəzíʃən]前置詞. **prepositional** 形

prepossess[pri:pəzés]よい印象を与える；先入観となる. **prepossessing** 愛嬌のある；感じのいい.

preposterous[pripástərəs]あべこべの；とんでもない.

preppy[prépi]〔寮制の〕有名進学校の生徒〔卒業生〕(の).

prerequisite[pri:rékwəzit]あらかじめ必要な(条件).

prerogative[prirágətiv]特権(の)；大権(を持つ).

presage[présidʒ]予感，前兆／予示する；予知する.

presbyopia[prezbióupiə]老眼.

Presbyterian[prezbətíəriən]長老教会の(会員).

prescience[préʃəns]予知，先見. **prescient** 形

prescribe[priskráib]指図する；規定する；処方する；時効にかか(らせ) る. **prescriptive** 時効によって得た；規範的な. **prescription** 処方せん.

presence[prézns]ある〔いる〕こと；存在；出席；風采；態度. ～ **of mind** 平静.

present¹[préznt]出席している；現在(の)；当面の；差し当たりの at ～ 目下 for the ～ 当分. **-day** 現代〔今日〕の. **presently** まもなく.

present²[prizént]贈り物／差し出す；表す；贈る；紹介する；申し出る；〔銃などを〕向ける. **presentable** 紹介できる. **presenter** 贈呈者；発表者；〔番組などの〕司会者. **presentment** 陳述；上演；肖像；提出，申し出.

presentation[prezəntéiʃən]授与；進呈；描写；提出；紹介；表現，説明；演出，発表.

presentiment[prizéntəmənt]予感；胸さわぎ.

preservation[prezərvéiʃən]保存，貯蔵；保管；防腐.

preservative[prizə́rvətiv]保存料／防腐剤.

preserve[prizə́rv]保存する；維持する；保管する；漬ける／砂糖漬け；禁猟〔漁〕地；いけす.

preside[prizáid]司会する；統括する《at, over》.

president[prézədənt]大統領；会長；社長；校長；議長. **presidential** president の；統轄する. **presidency** president の職.

press[prés]押す；締める；しぼる；強いる；迫る；主張する；せがむ，苦しめる；せき立てる／押す；圧迫する；強要する；押し進む；切迫している；アイロンをかける／圧迫；アイロンがけ；圧搾(器)；印刷機〔所〕；(the ~) 出版社；(the ~) 新聞，定期刊行物；(the ~) 報道機関. ~ **conference** 記者会見. ~ **officer** 広報担当者. ~ **release** プレスリリース，新聞発表. **pressing** 差し迫った，緊急の.

pressure[préʃər]圧力；圧迫；強制；切迫；窮迫. ~ **group** 圧力団体. **pressurized** 加圧した.

prestige[prestí:ʒ]威信(のある)，名声(のある).

prestigious[prestídʒiəs]名声のある；一流の.

presto[préstou]〔音楽〕急速に.

presumable[prizú:məbl]推測できる，ありそうな. **presumably** 多分.

presume[prizú:m]推定する；あえて…する；でしゃばる.

presumption[prizʌ́mpʃən]推定；無遠慮. **presumptive** 推定〔仮定〕の. **presumptuous** 無遠慮な；厚かましい.

presuppose[pri:səpóuz]仮定する；予想する. **presupposition** 名

pretax 税込みの.

pretense[priténs]，《英》**pretence**[prí:tens]口実；見かけ，仮面；みえ；虚飾；要求.

pretend[priténd]口実とする；ふりをする；偽る／要求する；自任する. **pretender** ふりをする人；要求者.

pretension[priténʃən]自負；見せかけ；主張；口実；要求.

pretentious[priténʃəs]うぬぼれた，みえを張る.

preternatural[pri:tərnǽtʃərəl]超自然的な.

pretext[prí:tekst]口実，弁解.

pretty[príti]きれいな；かわいらしい；すごい／かなり. **prettiness** 名

pretzel[prétsəl]プレッツェル(ひもを結んだ形のビスケット).

prevail[privéil]（打ち）勝つ《over, against》；流行する；説得する《on, upon》. **prevailing** 一般の，流行の；優勢な.

prevalence[prévələns]優勢；流行. **prevalent** 形

prevaricate[privǽrəkeit]言い逃れる. **prevarication** 名

prevent[privént]妨げる；予防する. **preventable** 予防できる. **prevention** 妨害；防止，予防(法). **preventive** 予防の；予防法〔薬〕.

preview[prí:vju:]〔映画の〕試写(を見る・を見せる)；下見する.

previous[prí:viəs]前の，以前の；早まった. **previously** あらかじめ.

prevision[priví:ʒən]先見，予知.

prewar[pri:wɔ́:r]戦前の.

prey[préi]餌食ﾞｾﾞｷ；戦利品／餌食にする；苦しめる.

price[práis]価格；報酬／値を付ける. ~ **busting** 価格破壊. ~ **tag** 値札. ~ **war** 価格〔値引き〕競争.

priceless[práislis]極めて貴重な；

《俗》おかしな.

prick[prík]ちくちく刺す〔痛む〕；穴をあける；心を痛ませる；〔耳などを〕そばだてる / 刺すこと；刺し傷；とげ；痛み.

prickle[príkl]とげ，針 / ちくちく痛む. **prickly** とげの多い，針だらけの.

pride[práid]誇り；自尊心；全盛；〔ライオンの〕群れ / 誇る《upon》.

priest[príːst]僧；牧師；司祭. **priestess** 尼僧. **priesthood** 聖職. **priestly** 僧侶らしい.

prig[príg]堅苦しい人；自慢家，気取り屋. **priggish** 形

prim[prím]きちょうめんな.

primacy[práiməsi]第1位，首位；primate の職.

primal[práiməl]最初の；原始の；第一の；主要の.

primary[práiməri]最初の；第一の；原始の；初歩の；主要な；根源の / 第一の事物；《米》〔政党の〕予選会，予備選挙. ～ **market**〔金融〕新発市場. ～ **education**《米》公立学校の初等教育. ～**school**《英》小学校. **primarily** 第一に；主として.

primate[práimeit]主席主教；大司教；霊長類.

prime[práim]最初の；主要な；最上の；血気盛んな；〔数学〕素数の / 初め；全盛 / 火薬をつめる；あらかじめ教える；下塗りする. ～ **cost** 原価；仕入れ値段. ～**(lending)rate** プライムレート，最優遇貸付金利. ～ **time** ゴールデンアワー.

prime minister 首相，総理大臣.

primer[1][prímər]手引き，入門書.

primer[2][práimər]導火管，雷管.

primeval[praimíːvəl]原始(時代)の，太古の.

primitive[prímətiv]原始の；太古の；素朴な；初期の.

primogenitor[praiməʤénətər]先祖；始祖.

primogeniture[praiməʤénətʃər]長子相続権.

primordial[praimɔ́ːrdiəl]原始の；最初の.

primrose[prímrouz]サクラソウ.

prince[príns]王子；親王；公爵；君主. **the Prince Imperial** 皇太子(英国以外の). ～ **in consort** 女王の夫君. **the ～ royal** 第1王子，皇太子.

princess[prínsis, -ses]王女；王妃；公爵夫人.

principal[prínsəpəl]主要な；元金の / 長；校長；首謀者；主犯；本人；元金. **principally** 主として.

principality[prinsəpǽləti]公国.

principle[prínsəpl]原理；主義；節操；素. **the ～ of relativity** 相対性原理.

print[prínt]印刷する；出版する；銘じる；活字体で書く；焼きつける / 印刷(物)；《米》新聞；雑誌；版面；陽画；痕跡. ～ **out** 印字する. **in ～** 印刷されて. **out of ～** 絶版になって. **printer** 印刷業者；印刷機. **printing** 印刷(術)；版；活字体.

prior[práiər]先の，前の /…に先立って《to》.

priority[praiɔ́ːrəti]先であること；上位；優先〔先取〕権.

priory[práiəri]小修道院.

prism[prízm]プリズム；角柱.

prismatic[prizmǽtik]角柱の；プリズムで分解した；虹色の.

prison[prízn]刑務所；監禁.

prisoner[príznər]囚人；捕虜. ～ **of war** 戦争捕虜(略 POW).

prissy[prísi]《話》神経質な；とりすました.

pristine[prístiːn]元の，昔の；清純な.

privacy[práivəsi]隠退；秘密；私生活.

private[práivət]個人の；秘密の；民間の；私有の / 兵卒. **in ～**こっそり. ～ **enterprise** 民間企業. ～ **eye** 私

立探偵. ~ **detective** 私立探偵. the ~ **sector** 民営部門. **privately** 個人的に；ひそかに.

privateer[praivətíər]私掠船（戦時，敵商船捕獲の許可を得た武装民間船）；私掠船乗組員.

privation[praivéiʃən]剥奪；欠乏；不自由.

privatize[práivətaiz]民営化する.

privilege[prívəlidʒ]特権(を与える)，特典. **privileged** 特権のある.

privy[prívi]秘密の；機密に通じている／当事者；〔屋外の〕便所. **privily** 暗に，秘密に.

prize[1][práiz]賞；賞品；すばらしいもの／入賞した；賞に値する；第一級の／尊ぶ. ~ **fighter** プロボクサー.

prize[2] 戦利品；獲物／捕獲する.

PRO 渉外〔広報〕担当者〔< public relations officer〕.

pro[1][próu]賛成して／賛成(投票). **pros and cons** 賛否両論.

pro[2]〔話〕職業選手.

proactive 先取りする.

probability[prabəbíləti]ありそうなこと，見込み；確率.

probable[prábəbl]ありそうな，確からしい. **probably** 多分.

probation[proubéiʃən]検定；立証；試み；見習い；執行猶予. **probationary** 試みの，見習いの. **probationer** 見習い生；執行猶予中の罪人.

probe[próub]探り針(で調べる)；精密に調べる.

probity[próubəti]誠実；正直.

problem[prábləm]問題；難問；課題.

problematic[prabləmǽtik], **problematical**[-ikəl]問題の；問題になる.

procedural 手続き上の.

procedure[prəsíːdʒər]方法；処置；処分；手続き.

proceed[prəsíːd]進む；続ける；生じる；処置する；由来する；着手する.

proceeding 進行；処置；(複) 訴訟手続き；(複) 議事(録). **proceeds** 売上高.

process[práses]進行，経過，過程；方法；作用；訴訟手続き；突起，隆起／…を処理する；加工する；現像する. **processor** 加工業者；処理機器.

procession[prəséʃən]行列；行進. in ~ 列を作って.

proclaim[proukléim]宣言する，布告する；公言する. **proclamation** 宣言(書).

proclivity[prouklívəti]傾向；性癖.

procrastinate[proukrǽstəneit]先延ばしに〔延期〕する. **procrastinator** 仕事を延ばす人. **procrastination** 名

procreate[próukrieit]〔子を〕もうける；生じる. **procreation** 出産；生殖.

proctor[práktər]代理人；大学学生監；試験監督.

procure[proukjúər, prə-]獲得する；入手する. **procurement** 獲得；調達.

prod[prád]刺し針；突き棒；刺すこと／刺す；突く.

prodigal[prádigəl]浪費する／道楽者. **prodigality** 浪費；放蕩；豊富.

prodigious[prədídʒəs]巨大な；すばらしい.

prodigy[prádədʒi]不思議なもの；非凡な人；神童.

produce[prədjúːs]生産する；製造〔制作〕する；もたらす；上演する／[prádjuːs] 生産〔産出〕量〔額〕；(農)産物；作品. **producer** 生産者；プロデューサー.

product[prádʌkt]産物；製品；結果；〔数学〕積.

production[prədʌkʃən]生産(品)；製作(物)；著作；演出；生産高；延長(線). ~ **line**〔流れ作業の〕製造ライン.

productive[prədʌktiv]生産的な；多産の；生み出す《of》. **productiv-**

ity 生産力，多産．

Prof. = professor.

profane[prəféin]冒涜ᵗᵏ 的な；卑俗な；けがれた；異教的な／〔神聖を〕汚す；乱用する；（複）冒涜的〔ひわい〕な言葉．

profanity[prəfǽnəti]冒涜ᵗᵏ；罰当たりな言葉（を使うこと）．

profess[prəfés]明言する；自称する；職業とする；ふりをする．**professed**[-t] 公言した；公然の；見せかけの；自称の．**professedly** 副

profession[prəféʃən]職業；同業の仲間；告白．**professionally** 職業的に．

professional[prəféʃənl] 職業的な；専門の／専門家．

professor[prəfésər]教授；《米》先生．

proffer[práfər]提供する；申し出る．

proficiency[prəfíʃənsi]上達，熟達．

proficient[prəfíʃənt]熟達した／名人．**proficiently** 副

profile[próufail]輪郭（を描く）；横顔（を描く）；素描；側面図．**profiling** プロファイリング（犯罪情報分析）．

profit[práfit]利益（を得る）；ためになる．**～ margin** 利幅．**～ taking** 〔証券〕利食い．**profitable** 有益な．**profiteer** 暴利を貪る（人）．

profligate[práfligət]浪費する（人）．

profound[prəfáund]深い；博識な．**profoundly** 深く；心から．**profundity** 深いこと；深遠な思想〔事柄〕．

profuse[prəfjúːs]豊富な；気前のいい．**profusely** 惜しみなく；豊富に．**profusion** 大まか；沢山；浪費．

progenitor[proudʒénətər]先祖．

progeny[prádʒəni]子孫；結果．

progesterone[proudʒéstəroun]プロゲステロン；黄体ホルモン剤．

prognosis[pragnóusis]予知，予測；予後．**prognosticate** 予知する，兆候を示す．**prognostic** 形

program,《英》**programme**[próu-græm]番組；計画，段取り；制度；予定；プログラム．**programer** プログラマー．

progress[prágres]前進（する）；進歩（する）；発達（する）．**progression** 前進；進行；〔数学〕数列．

progressive[prəgrésiv]前進する；進歩する／進歩的な；進歩党員．**progressively** 前進的に．

prohibit[prouhíbit, prə-]禁止する；妨げる．

prohibition[prouhəbíʃən]禁止；禁酒．**prohibitionist** 禁酒論者．

prohibitive[prouhíbitiv, prə-]禁止の；法外な．

project[prádʒekt]投げ出す；突き出す〔出る〕／投影（する）；計画（する）；設計（する）．**projector** 計画者，発起人；投射器；映写機．

projection[prədʒékʃən]発射；投影；映写；突起；計画．

proletariat, proletariate[prou-lətéəriət]プロレタリアート，無産階級．**proletarian** プロレタリアの．

pro-life 妊娠中絶（合法化）反対の．

proliferate[prəlífəreit]増殖する〔させる〕．

prolific[prəlífik]子を産む；実を結ぶ；多産の．

prolixity[proulíksəti]冗長，冗漫．**prolix** 形

prolog, prologue[próulɔːg]序言，前口上；序幕（の事件）．

prolong[prəlɔ́ːŋ]延ばす；長引かせる．

prom[prám]《米》高校・大学の卒業記念ダンスパーティー．

promenade[pramənéid]散歩（する）；遊歩道．

prominent[prámənənt]突出した；卓越した．**prominently** 副 **prominence** 名

promiscuous[prəmískjuəs]乱雑な；無差別の；乱交の．

promise[prámis]約束（する）；見込

P

み(がある)；有望である；断言する.
promising 見込みのある.

promissory[práməsɔːri]約束の. ～
note 約束手形.

promo[próumou] 宣伝用の / プロモ
ーション〔宣伝用〕ビデオ.

promontory[prámɔntɔːri]岬.

promote[prəmóut]増進する；助成す
る；発起する；昇進させる. **promotive**
形

promoter [prəmóutər] 主催者, 興行
主；促進者；〔会社の〕発起人.

promotion[prəmóuʃən] 昇進；助長，
販売促進；発起. **promotional** 宣伝
用の.

prompt[prámpt] 敏速な；即座の /
鼓舞する；思いつかせる；後見する
/ 刺激するもの；きっかけ；せりふ付
け(役)；支払い期限. **prompter** 後見，
プロンプター. **promptly** 敏速に.

promptitude[prámptət/uːd]敏速；
即決.

promulgate[prámʌlgeit] 発布〔公
布〕する. **promulgation** 名

prone[próun]うつぶした；平たくなっ
た；…しがちな.

prong[prɔːŋ]〔フォークなどの〕とがっ
た先(で刺す)；(くま手などの) また.
pronged 形

pronominal[prounámənl]代名詞の
〔的な〕.

pronoun[próunaun]〔文法〕代名詞.

pronounce[prənáuns]発音する；宣
告する；述べる；断言する. **pronounc-
ed** 明白な. **pronouncement** 宣告；意
見.

pronunciation[prənʌnsiéiʃən]発
音.

proof[prúːf]証拠；証明；試験；校正
刷り / 保証つきの；～を通さない.
water proof 防水加工の.

proofread 校正する.

prop[práp]支柱；支持者 / 支える.

propaganda[prɑpəgǽndə]宣伝(活
動).

propagate[prápəgeit]繁殖させる〔す
る〕；伝播させる〔する〕；広がる〔げ
る〕. **propagation** 繁殖；普及.

propel[prəpél]推し進める. **propeller**
推進するもの〔人〕；プロ
ペラ, スクリュー.

propensity[prəpénsəti]傾向，好み，
癖.

proper[prápər]適当な；正しい；固
有の. ～ **noun**〔文法〕固有名詞.
properly 適当に；正しく.

property[prápərti]所有物；財産；
性質，(複) 小道具.

prophecy[práfəsi] 預言；予言.
prophesy[-sai]預言〔予言〕する.

prophet[práfit] 預言〔予言〕者.
prophetic, prophetical 預言者の；
預言〔予言〕的な.

prophylactic[proufəlǽktik]予防の；
予防薬；コンドーム.

prophylaxis[proufəlǽksis]〔病気
などの〕予防.

propinquity[proupíŋkwəti]近接.

propitiate[prəpíʃieit]なだめる；和解
させる. **propitiatory** なだめる，和
解の，融和的な. **propitiation**
名

propitious[prəpíʃəs]都合のよい；
好意のある.

proponent[prəpóunənt]提案者；発
議者；支持者.

proportion[prəpɔ́ːrʃən]割合；比；
部分；(複) 大きさ；つり合い / 比
例させる；つり合わせる；調和させる；
配分する.

proportional[prəpɔ́ːrʃənl]つり合
った；比例した. ～ **representation**
〔選挙の〕比例代表制.

proportionate[prəpɔ́ːrʃənət]つり合
った. **proportionately** 副

proposal[prəpóuzəl]申し込み；提案；
結婚の申し込み.

propose[prəpóuz]申し込む；提案す
る；企てる／計画する；結婚を申し
込む.

proposition[prɑpəzíʃən]提案;主張;命題;定理.

propound[prəpáund]提出〔発議〕する.

proprietary[prəpráiəteri]所有者の;専有の.

proprietor[prəpráiətər]所有主. **proprietorship**所有権.

propriety[prəpráiəti]礼儀;適当さ.

propulsion[prəpʌ́lʃən]推進(力). **propulsive**形

prosaic[prouzéiik]散文の;平凡な.

proscription[prouskrípʃən]人権剥奪;追放;禁止. **proscribe**動

prose[próuz]散文(の);平凡(な);単調(な話).

prosecute[prásikjuːt]遂行する;続行する;告発する;訴追する. **prosecution**実行;訴追. **prosecutor**遂行者;起訴者;検察官.

prosit[próusit]乾杯;おめでとう.

prosody[prásədi]詩形論;韻律学.

prospect[práspekt]眺望;予想;見込み;期待/[práspekt, praspékt]踏査〔試掘〕する. **prospective**将来の. **prospector**探鉱者. **prospectively**副

prospectus[prəspéktəs]内容見本;趣意書.

prosper[práspər]成功〔繁栄〕させる〔する〕.

prosperity[prɑspérəti]繁栄;成功.

prosperous[práspərəs]繁盛する;好都合の.

prostate[prásteit]前立腺. **prostatic**形

prostitute[prástətjuːt]売春婦/売春する;悪用する. **prostitution**売春;乱用;堕落.

prostrate[prástreit]倒れた,平伏した/倒す;平伏させる《oneself》;衰弱させる. **prostration**名

prosy[próuzi]散文の;平凡な.

protagonist[proutǽgənist]〔劇などの〕主役;主唱者.

protean[próutiən, proutíːən]変幻自在な,多方面な.

protect[prətékt]守る,防ぐ,保護する.

protection[prətékʃən]保護;防衛;保護貿易制度. **protectionism**保護貿易主義. **protective**形

protector[prətéktər]保護者;保護〔安全〕装置.

protectorate[prətéktərət]保護国〔領〕.

protein[próutiːn]蛋々白質.

protest[prətést]抗議〔抗言〕する;主張する/[próutest]抗議,反対;断言. **protestation**抗議;断言.

Protestant[prátəstənt]〔キリスト教〕新教の/新教徒;(p-)抗議者. **Protestantism**新教の(の教義).

protocol[próutəkɔːl]議定書(を作る);外交儀礼;通信規約.

proton[próutɑn]〔物理〕陽子,プロトン.

protoplasm[próutəplæzm]原形質.

prototype[próutətaip]原型;試作品.

protract[prətrǽkt]延ばす;製図する.

protrude[proutrúːd]突き出す〔出る〕. **protrusion**突出(部).

protuberant[proutjúːbərənt]突起した,盛り上がった. **protuberance**突起;こぶ.

proud[práud]尊大な;自負心の強い;誇りとする;得意の;りっぱな. be 〜 of …を誇る;…を得意とする. **proudly**高慢に.

prove[prúːv]立証する;試す/…だと判明する.

proven[prúːvən]prove の過去分詞.

proverb[právəːrb]諺き;定評をもつもの. **proverbial**諺の;有名な.

provide[prəváid]用意する;供給する;規定する. **provided** もし…ならば《that》.

providence[právədəns]摂理;神意;

P

(P-) 神；用心。

provident[právədənt]用心深い；倹約な。

providential[pravədénʃəl]神意の；幸運な。

providing[prəváidiŋ] = provided.

province[právins]州；省；国；(複)地方；範囲。

provincial[prəvínʃəl]地方の；偏狭な／田舎者。**provincialism** 方言；田舎風；愛郷心。

provision[prəvíʒən]準備；設備；(複)食料；貯蔵品；規定／食糧を供給する。**provisional** 一時の、仮の、暫定的な。

proviso[prəváizou]但し書き；条件。

provisory[prəváizəri]条件つきの；一時の、仮の。

provocation[pravəkéiʃən]怒らせること；挑発。**provocative** 怒らせる；挑発的な(もの)。

provoke[prəvóuk]怒らせる；惹起する《of》；挑発する。

provost[próuvoust]学長；宗教団体の長；《スコットランド》市長；憲兵将校。~ marshal 憲兵司令官。

prow[práu]船首；機首。

prowess[práuis]勇敢；すぐれた能力。

prowl[prául]うろつき(まわる)。

proximate[práksəmət]最も近い。

proximity[praksíməti]接近。

proxy[práksi]代理(人)；委任状。

prude[prú:d]淑女ぶる女。**prudish** とりすました。

prudent[prú:dnt]思慮深い；用心深い；倹約な。**prudence** 慎重；分別；倹約。**prudential** 慎重な；一任された、諮問の。

prune[prú:n]〔木を〕刈り込む、切り詰める／干しスモモ。

prurient[prúəriənt]好色の。**prurience, pruriency** 图

pry¹[prái]てこ(で動かす)。

pry²のぞく；詮索する。

PS 追伸〔< postscript〕；ポリスチレン〔< polystyrene〕；巡査部長〔< police sergeant〕。

P.S. 追伸〔<《L》post scriptum〕。

psalm[sá:m]賛美歌。**psalmist** 賛美歌作者。

pseudonym[sjú:dənim]ペンネーム；偽名。**pseudonymity** 匿名。

PST〔米国時間帯〕太平洋標準時間〔< Pacific Standard Time〕。

psyche[sáiki]霊魂；精神。

psychedelic[saikidélik]陶酔感を起こさせる；幻覚の。

psychiatry[síkáiətri, sai-]精神医学〔病学〕。**psychiatric** 精神医学の。**psychiatrist** 精神科医。

psychic, psychical[sáikik, -əl]霊魂の；心理的な。

psycho[sáikou]《話》精神病患者。

psychoanalysis[saikouənǽləsis]精神分析(学)。**psychoanalyst** 精神分析家。

psychological[saikəládʒikəl]心理学の；精神的な。

psychology[saikálədʒi]心理(学)。**psychologist** 心理学者。

psychopath[sáikəpæθ]精神病者。

psychosis[saikóusis]精神病。

psychosomatic[saikəsəmǽtik]心身相関の。

psychotherapy[saikəθérəpi]精神療法。**psychotherapist** 精神療法士。

psychotic[saikátik]精神病の(患者)。

PT/FT 非常勤または常勤〔< part-time or full-time〕。

PTA 父母と教師の会〔< Parent-Teacher Association〕。

PTO 裏へ続く〔< please turn over〕。

PTSD 心的外傷後ストレス障害〔< post-traumatic stress disorder〕。

PTV 公共テレビ放送〔< public television〕。

pub[páb]《英》居酒屋、パブ。

puberty[pjú:bərti]思春期。

pubes[pjúːbiːz] 恥部；陰毛. **pubic** 形

public[pʌ́blik] 公衆(の)；公立(の)；公共(の). in ～ 公然と. ～-address system 放送設備〔略 P.A.〕. ～ company《英》株式の公開会社. ～ house《英》居酒屋；宿屋. opinion 世論. ～ relations 公報活動〔略 PR〕. ～ school《米》公立学校；《英》私立学校. ～ sector accounting 公会計論. the ～ sector〔産業の〕公共部門. ～ services 公益事業. ～ transportation 公共交通機関. ～ works 公共工事. publicly 公然と.

publication[pʌbləkéiʃən] 発表；発行；出版.

publicist[pʌ́bləsist] 国際法学者；宣伝係.

publicity[pʌblísəti] 周知；公表；宣伝；広告.

publicize[pʌ́bləsaiz] 公表する；宣伝する.

publish[pʌ́bliʃ] 公にする，発表する；公布する，出版する. **publisher** 出版者；発表者.

publishing[pʌ́bliʃiŋ] 出版事業. ～ company 出版社.

puck[pʌ́k] いたずら小僧〔アイスホッケーの〕ゴム製円盤，パック.

pucker[pʌ́kər] ひだを取る〔になる〕，しわにする〔なる〕；すぼめる〔まる〕.

pudding[púdiŋ] プディング.

puddle[pʌ́dl] 水溜まり；こね土／泥だらけにする；こね土にする.

pudgy[pʌ́dʒi] ずんぐりした.

puerile[pjúəril, pjúərail] 子供っぽい. **puerility** 幼稚〔な言行〕.

Puerto Rico[pwə́rtə ríːkou] プエルトリコ（西インド諸島の米国自治領）.

puff[pʌ́f] 一吹き，ぷっと吹くこと；ぷっとふくれること；パフ；シュークリーム（の皮）；大げさな賛辞／ぷっと息を吹く；あえぐ／吹き払う；ふくらます；慢心させる；やたらにほめる.

puffy ふくれた；誇大な.

pugilism[pjúːdʒəlizm] ボクシング. **pugilist** ボクサー.

pugnacious[pʌgnéiʃəs] けんか好きな. **pugnacity** 名

puke[pjúːk] 吐く.

pull[púl] 引く；引き抜く；つむ；抜く；漕…ぐ；惹きつける；突きつける／引くこと；一漕…ぎ；引き手，引き綱. ～ down 下ろす；取りこわす. ～ off もぎ取る；脱ぐ；成し遂げる. ～ together 協力する. ～ up 止まる〔める〕；引き抜く；制止する；根絶する.

pulley[púli] 滑車(を付ける).

pullover 頭からかぶって着るセーター〔シャツ〕.

pulmonary[pʌ́lməneri] 肺の；肺を有する；肺病の.

pulp[pʌ́lp] 果肉；どろどろの状態；パルプ／どろどろにする〔なる〕；パルプにする〔なる〕.

pulpit[púlpit] 説教壇；(the ～)〔集合的〕僧侶.

pulsar[pʌ́lsɑːr] パルサー，脈動星.

pulsate[pʌ́lseit] 脈打つ，鼓動する. **pulsation** 脈拍，動悸；振動.

pulse[pʌ́ls] 脈拍；鼓動；意向；震動／脈を打つ.

pulverize[pʌ́lvəraiz] 粉にする〔なる〕，粉砕する.

pumice[pʌ́mis] 軽石，浮き石(pumice stone ともいう).

pump[pʌ́mp] ポンプ(でくみ出す)；〔タイヤに〕空気を入れる；聞き出す.

pump[2] パンプス(軽いひもなしの靴).

pumpkin[pʌ́mpkin] カボチャ.

pun[pʌ́n] ごろ合わせ；しゃれ(を言う).

punch[1][pʌ́ntʃ]〔拳の〕一打；迫力；穴あけ器／殴る；棒で突く. ～ press 押し抜き機.

punch[2] ポンチ，パンチ(果汁・ワインなどをまぜた飲み物).

punctilious[pʌŋktíliəs] 固苦しい；

儀式張った. **punctilio** 名

punctual[pʌ́ŋktʃuəl]時間を守る，規則正しい. **punctuality** 時間厳守；きちょうめん. **punctually** 副

punctuate[pʌ́ŋktʃueit]句読点をつける；中断する；強調する. **punctuation** 句読(点・法).

puncture[pʌ́ŋktʃər]パンク／穴をあける〔があく〕；パンクする〔させる〕.

pundit[pʌ́ndit] 評論家；博識者.

pungent[pʌ́ndʒənt] 刺激的な；辛辣な. **pungency** 名

punish[pʌ́niʃ]罰する；〔ボクシング〕強打する. **punishing** 苦痛を与える；つらい／痛手，大打撃. **punishment** 罰，懲罰；虐待；強打.

punitive[pjú:nətiv]刑罰の，懲罰の.

punk[pʌ́ŋk] パンク(ロック)；青二才；不良；くだらないもの／くだらない.

punt[pʌ́nt]〔球技で〕パント(する).

punt[2] 平底小舟(を漕ぐ・で行く).

puny[pjú:ni]つまらない.

pup[pʌ́p]子犬；アザラシなどの子.

pupa[pjú:pə]さなぎ.

pupil[1][pjú:pl]生徒，弟子；被保護者.

pupil[2][pjú:pil]ひとみ，瞳；孔.

puppet[pʌ́pit]あやつり人形の；傀儡の.

puppy[pʌ́pi]子犬.

purblind[pə́:rblaind]半盲の.

purchase[pə́:rtʃəs]買う；獲得する／買物；収益；価格. **purchaser** 買主.

pure[pjúər]清い，純粋な；潔白な；全くの. **purely** 副

purée[pjuəréi]〔F〕ピューレ(裏ごし野菜(のスープ)).

purgation[pə:rgéiʃən]清め；便通をつけること. **purgative** 清める；通じをつける；下剤.

purgatory[pə́:rgətɔːri]〔カトリック〕煉獄.

purge[pə́:rdʒ]清め；粛正；追放／下剤／清める；追放する；下剤をかける.

purify[pjúərəfai]清める，浄化する.

purification 名

Puritan[pjúərətn]清教徒(の)，ピューリタン(の)；(p-) 厳格な人. **Puritanical** 清教徒的な.

purity[pjúərəti]純粋；潔白；純正.

purloin[pərlɔ́in]盗み取る.

purple[pə́:rpl]紫色(の)；帝王(の).

purport[pərpɔ́:rt]意味(する)，趣旨(とする).

purpose[pə́:rpəs]目的；意志；決意；用途；効果／志す；…しようとする. on ～ わざと. **purposeful** 目的のある；故意の；断固とした；意味深長な. **purposely** 故意に.

purr[pə́:r]〔猫が〕ごろごろいう(こと・音).

purse[pə́:rs]財布；金銭；懸賞金／財布に入れる；すぼめる.

purser[pə́:rsər]〔船・旅客機の〕事務長；パーサー.

pursuance[pərsú:əns]追跡；続行；遂行. **pursuant** 形

pursue[pərsú:]追跡〔追求〕する；続行する；従事する；付きまとう. **pursuer** 追求者；原告.

pursuit[pərsú:t]追跡；追求；遂行；従事；職業；仕事；研究. in ～ of …を求めて.

pursy[pə́:rsi]息切れする；太った.

purvey[pərvéi]調達する. **purveyance** 食料品の調達.

purveyor[pərvéiər]御用商人；徴発官.

purview[pə́:rvjuː]権限；範囲；視界；要領，条項.

pus[pʌ́s]膿.

push[púʃ]押す，突く；推し進める；強いる；迫る／押す；〔芽などが〕出る／押し；突進；後援；奮発；気力. ～ -up《米》腕立て伏せ. **pusher** 押しの強い人；麻薬密売人. **pushing** 押しの強い. **pushy** 押しの強い；厚かましい.

pusillanimous[pju:səlǽnəməs]臆病な.

pussy[púsi]〔小児語〕ネコちゃん；《俗》女性性器.

put[pút]置く；入れる；〔ある状態に〕する；整える；提出する；表現する；書く；…のせいにする；課する；取り付ける／行く；進む；向かう. ～ away しまう, 取っておく. ～ by ためておく. ～ down 下ろす；書き留める. ～ off 脱ぐ；延ばす. ～ on〔upon〕身につける；働かせる；増す. ～ out 出す；発揮する；消す；投資する；当惑させる. ～ through やり通す. ～ up 掲げる；〔テントを〕張る；貯蔵する；泊まる. ～ up with …を我慢する. ～ -down 拒絶；こき下ろし.

putative[pjú:tətiv]推定上の；うわさの.

putrefy[pjú:trəfai]化膿する〔させる〕；腐る〔らせる〕. **putrefaction** 名

putrid[pjú:trid]腐敗した. **putridity** 腐敗(物).

putt[pát]〔ゴルフ〕パット(する).

puttee[pʌtí:]巻きゲートル.

putter[pʌtər]〔ゴルフ〕パットする人〔クラブ〕.

putty[pʌ́ti]パテ〔接合剤〕(で接合する).

puzzle[pʌ́zl]当惑させる〔する〕；途方にくれる／難題；なぞ. **puzzled** 困った, 当惑した.

pyelitis[paiəláitis]腎盂炎.

pygmy[pígmi]小人；(P-)〔アフリカの〕ピグミー族.

pyjamas[pədʒá:məz]《英》パジャマ(= pajamas).

pyramid[pírəmid]ピラミッド, 金字塔；角錐／ピラミッド状に積む. **pyramidal** ピラミッド形の.

pyrotechnic[pairətéknik], **pyrotechnical**[-nikəl]花火(製造)の；花火のような. **pyrotechnics** 花火製造.

python[páiθən]ニシキヘビ

pw 一週間につき〔< per week〕.

PWA エイズ患者〔< person with AIDS〕.

PWR 出力, 電源〔< power〕；加圧水型原子炉〔< pressurized-water reactor〕.

PX《米》〔陸軍駐屯地の〕売店〔< post exchange〕.

Q

QA 品質保証〔< quality assurance〕.

Q&A 質疑応答〔< question and answer〕.

Qatar[ká:ta:r]カタール(国) (State of Qatar)；カタール半島.

qb〔アメフト〕クォーターバック〔< quarterback〕.

QC 品質管理〔< quality control〕.

Q.E.D 以上で証明終わり〔<《L》quod erat demonstrantum〕.

QM〔海軍〕操舵係, 操舵手〔< Quartermaster〕.

QOL 生活水準〔< quality of life〕.

QR code QR コード. 〔< quick response〕(1994年に自動車部品メーカーのデンソーが開発したマトリックス型二次元コード).

q.t., Q.T.〔< quiet〕. on the ～ こっそりと, 内密に.

qtr 四半期〔< quarter〕.

quack[kwǽk]〔アヒルが〕があがあ(鳴く).

quack[kwǽk] やぶ医者(の)；山師(の). **quackery** いかさま療法.

quadrangle[kwádræŋgl]四角形；中庭. **quadrangular** 形

quadrant[kwádrənt]四分円〔儀〕.

quadrate[kwádrət]正方形(の).

quadratic[kwadrǽtik]二次の；二次方程式.

quadrilateral[kwadrəlǽtərəl]四辺(形) (の).

quadrille[kwadríl]カドリール舞踏(曲).

quadruped[kwádruped] 4 本足の／四足獣.

quadruple[kwɑdrú:pl]4 倍の，四重の /4 倍にする〔なる〕.

quadruplet[kwɑdrʌ́plit]4 つ組み；4 つ子.

quaff[kwǽf]がぶ飲み(する).

quagmire[kwǽgmaiər]沼地；窮地.

quail[kwéil]ウズラ.

quail[2]畏縮する，ひるむ；気を落とす.

quaint[kwéint]古風で趣のある；奇妙な.

quake[kwéik]振動(する)；地震.

Quaker[kwéikər]クエーカー教徒(キリスト教の一派フレンド会の会員).

qualifier[kwáləfaiər]資格を与える人；有資格者；予選通過者.

qualify[kwáləfai]資格を与える，…とみなす；制限する；加減する；〔文法〕限定する / 合格する，資格を得る；適任である. **qualifying tournament** 予選トーナメント. **qualification** 制限；資格；能力. **qualified** 資格のある；適任の.

qualitative[kwáləteitiv]性質上の；質的な.

quality[kwáləti]質；性質；上質(の)；本質. ~ **control** 品質管理(略 QC).

qualm[kwá:m]吐き気；めまい；不安，悔恨.

quandary[kwándəri]当惑，窮境.

quantify[kwántəfai]定量化する.

quantitative[kwántəteitiv]分量上の，量的な.

quantity[kwántəti]量，分量，数量；多量；音量.

quantum[kwántəm]量，定量；分け前；〔物理〕量子.

quarantine[kwɔ́:rənti:n]検疫停船期間；検疫所；停船港；交通遮断；隔離(状態) / 隔離する；検疫する.

quark[kwɔ́:rk]クオーク.

quarrel[kwɔ́:rəl]けんか(する)，口論；仲たがい；苦情. **quarrelsome** けんか好きな.

quarry[1][kwɔ́:ri]石切り場；情報の出所〔源泉〕 / 切り出す，探し出す.

quarry[2] 獲物，追跡の目標.

quart[kwɔ́:rt]クォート(液量の単位，1/4 ガロン；乾量の単位，1/8 ペック).

quarter[kwɔ́:rtər]4 分の 1(のもの)；15 分；25 セント；3 か月，〔4 期の〕1 期，四半期；方位；地域；出所；(複) 陣営 / 4 等分する；宿泊させる〔する〕；部署につく〔つかせる〕. ~ **back**〔アメフト〕クォーターバック. **quartermaster** 補給局長. **quarterly** 年 4 回の，毎季の；季刊誌.

quarterfinal 準々決勝(の).

quartet, quartette[kwɔ:rtét]四重奏〔唱〕(曲).

quarto[kwɔ́:rtou]四つ折り判(の)(本).

quartz[kwɔ́:rts]石英. ~ **clock** 水晶時計. ~ **glass** 石英ガラス.

quasar[kwéizɑ:r] クエーサー，準星.

quash[kwáʃ]抑える；鎮める.

quaver[kwéivər]震える；震え声(で歌う〔言う〕)；八分音符.

quay[kí:]波止場，埠 頭，岸壁.

queasy[kwí:zi]吐き気のする；むかつかせる；小心な.

queen[kwí:n]后；女王(バチ・アリ)；花形. ~ **mother** 皇太后. **Queen's English** 純正英語. **queenly** 女王らしい；威厳のある.

queer[kwíər]変な，奇妙な；疑わしい；酔った；同性愛の / だめにする；狂わせる / 同性愛者.

quell[kwél]鎮める.

quench[kwéntʃ]消す；抑える；冷やす；〔渇きを〕いやす.

querulous[kwérjuləs]不平をもらす；ぐちっぽい.

query[kwíəri]質問，疑問(符).

quest[kwést]探索，探求；冒険の旅 / 捜し回る.

question[kwéstʃən]質問(する)；疑問(文)；問題；争点. out of the ~

論じるに足りない. ～ **mark** 疑問符
〔?〕. **questionable** 疑わしい.

questionnaire[kwestʃənéər]アンケー
ト.

queue[kjúː]行列(を作る)；〔コンピ
ュータ〕待ち行列(する)；弁髪.

quibble[kwíbl]逃げ口上(を言う)；
屁理屈(を言う)；だじゃれ.

quick[kwík]すばやい；短気な；活発
な…が早い／速く；急いで／生き物；
急所. ～ **-witted** 機知に富む.
quicken 速める〔速くなる〕；活発に
する〔なる〕；鼓舞する；元気づける.
quickly 速く, 急いで.

quickie[kwíki]《話》急ごしらえのも
の〔小説など〕.

quicksand 流砂.

quicksilver 水銀.

quid[kwíd]《英》〔金額の〕1ポンド.

quiescence[kwiésns]静寂；無活動.
quiescent 形

quiet[kwáiət]静かな, 動かない；落
ち着いている；温和な／静けさ；落
ち着き／静める〔まる〕；和らげる；
安心させる. **quietly** 副

quietude[kwáiətjuːd]静けさ；平和.

quietus[kwaiíːtəs]とどめ；死.

quill[kwíl]羽軸；羽根.

quilt[kwílt]キルト, 掛けぶとん／キ
ルトを作る. **quilting** 刺し子縫い(し
たもの).

quince[kwíns]マルメロ(の実).

quinine[kwáinain]キニーネ.

quinsy[kwínzi]扁桃腺〔炎.

quintessence[kwintésns]真髄；典
型. **quintessential** 真髄の；典型的
な.

quintet, quintette[kwintét]五重奏
〔唱〕(曲).

quintuple[kwintʃúːpl]5倍(の), 五
重(の).

quintuplet[kwintʌ́plit]5つ組み；5
つ子.

quip[kwíp]皮肉；警句；ごまかし／
冗談を言う.

quirk[kwɔ́ːrk]逃げ口上；警句；奇癖；
急変；飾り書き.

quirky[kwɔ́ːrki]癖のある；奇抜な；
気まぐれな.

quit[kwít]やめる；捨てる；去る, 立
ち退く；返済する；辞任する／免れた；
自由な；義務を果した.

quite[kwáit]全く；実質上；非常に.

quits[kwíts]五分五分で.

quittance[kwítns]免除, 解除；領収
(書)；償い.

quiver[kwívər]震える〔わせる〕／震
動.

quiver[2] えびら；矢筒.

quixotic[kwiksátik]ドン・キホーテ式
の；非現実的な.

quiz[kwíz]質問(する), クイズ. ～
master クイズの司会者.

quizzical[kwízikəl]悪ふざけする；
変な；まごついた.

quod[kwád]刑務所(に入れる).

quoit[kwɔ́it]輪；(複)輪投げ.

quondam[kwándəm]以前の.

Quonset hut[kwánsit hʌt]かまぼこ
型組み立て住宅.

quorum[kwɔ́ːrəm]定数, 定員.

quota[kwóutə]分け前, 割当(量).

quotable[kwóutəbl]引用できる.

quotation[kwoutéiʃən]引用(文・句)；
相場, 時価. ～ **marks** 引用符〔""
または ' '〕.

quote[kwóut]引用する；相場をつけ
る／引用文〔句〕；(複)引用符.

quotidian[kwoutídiən]毎日の；平凡
な. ～ **fever** 毎日熱.

quotient[kwóuʃənt]〔数学〕商；比
率.

qwerty[kwɔ́ːrti]〔キーボードが〕標準
配列の.

R

R 半径〔< radius〕；登録された；書留
の〔< registered〕；制限された；部
外秘の〔< restricted〕.

RA 英国王立美術院〔< Royal Academy (of Arts)〕.

rabbi[rǽbai] ラビ(ユダヤ律法学者).

rabbit[rǽbit] (飼い)ウサギ.

rabble[rǽbl] やじ馬, 烏合の衆; (the ~) 下層社会.

rabid[rǽbid] 凶暴な; 狂犬病にかかった.

rabies[réibiːz] 狂犬病.

raccoon[rækúːn] アライグマ.

race[réis] 民族; 種族, 人種; 家系. ~ **relations** 人種間の関係.

race² 競走; 競漕; 競馬 / 競争する. ~ **course** 競馬場;〔水車用の〕水路. ~ **horse** 競馬馬. **racer** レーサー.

racial[réiʃəl] 人種の, 種族の.

racily[réisili] きびきびと.

raciness[réisinis] 風味のよさ, 小気味よさ.

racism[réisizm] 人種差別. **racist** 人種差別主義者.

rack¹[rǽk] 架, 棚(刀掛け・帽子掛けなど) / 拷問する; 苦しめる.

rack² ちぎれ雲.

rack³ 破滅; 破壊.

racket¹[rǽkit] ラケット; (複)球技の一種; かんじき.

racket² 騒ぎ / 騒ぎまわる; 浮かれて暮らす.

racketeer[rækətíər]《米俗》恐喝者, ゆすり. **corporate** ~ 総会屋. **racketeering** ゆすり, たかり.

racy[réisi] 痛烈な; 風味のある; 本場の.

radar[réidɑːr] レーダー. ~ **trap** ネズミ取り(速度違反車摘発用).

radial[réidiəl] 光線(状)の; 放射状の; 半径の.

radiant[réidiənt] 光り輝く; 晴れやかな; 放射の. **radiance**, **radiancy** 発光, 光輝. **radiantly** 副

radiate[réidieit]〔光・熱などを〕放射する / 射出する, 輻射状の. **radiation** 放射(線); 輻射.

radiator[réidieitər] 輻射体;〔自動車の〕冷却装置, ラジエーター.

radical[rǽdikəl] 急進的な; 根本的な; 語根の;〔数学〕根の. **radicalism** 急進主義. **radically** 徹底的に.

radio[réidiou] ラジオ / 無線で通信する.

radioactive[reidiouǽktiv] 放射性の, 放射能のある. **radioactivity** 放射能.

radiogram[réidiougræm] 無線電報; レントゲン写真.

radiograph[réidiougræf] レントゲン写真(を撮る).

radiolocation[reidiouloukéiʃən, -diə-] 電波探知法.

radiology[reidiɑ́lədʒi] 放射線学.

radiosonde[réidiousɔnd] ラジオゾンデ.

radiotherapy[reidiouθérəpi, -diə-] 放射線療法.

radish[rǽdiʃ] ハツカダイコン, ラディッシュ.

radium[réidiəm] ラジウム(放射線元素).

radius[réidiəs] 半径.

radon[réidɑn] ラドン.

RAF[rǽf]《話》英国空軍〔< Royal Air Force〕.

raffle¹[rǽfl] くじ引き / くじ引きで売る.

raffle² 廃物, がらくた.

raft[rǽft] 筏 / 筏に組む; 筏で運送する.

rafter[rǽftər] たる木 / たる木を付ける.

rag¹[rǽg] ぼろ, ぼろきれ; (複)ぼろ着物. ~ **doll**〔布製の〕縫いぐるみ人形.

rag² 悪ふざけする; いじめる; しかる.

rage[réidʒ] 激怒; 激烈 / 激怒する.

ragged[rǽgid] ぼろぼろの; ぼろ着物を纏った; 凸凹のある; 耳障りな. **raggedly** 副

raging[réidʒiŋ] 怒り狂った; 激しい.

raglan[rǽglən] ラグラン型外套.

ragout[rægúː]〔香辛料をきかせた〕シチュー料理.

ragtag[rǽgtæg] (the ～) 寄せ集め. ～ and bobtail 下層民.

ragtime[rǽgtaim] ラグタイム；ジャズ音楽.

raid[réid] 急撃襲撃；〔警官の〕手入れ《on, upon》；〔警官が〕手入れする《on, upon》. **raider** 侵入〔急襲〕者.

rail¹[réil] 手摺り+り；垣根；鉄道／手摺りを付ける；レールを敷く／鉄道で旅行する. **railing** 手摺り；かき，さく.

rail² クイナの類.

rail³ ののしる；文句を言う《at, against》.

raillery[réiləri] 冗談；からかい.

railroad,《英》**railway** 鉄道（で輸送する）.

rain[réin] 雨／雨が降る. ～ check〔試合が雨天順延の際渡す〕次回有効券. ～ forest 熱帯雨林. **rainy** 雨降りの；雨がちな.

rainbow[réinbou] 虹.

raincoat レインコート.

raindrop 雨滴.

rainfall 降雨；降雨量.

rainproof 防水の.

rainstorm 暴風雨.

raise[réiz] 上に昇進させる；上げる；起こす；高める；調達する；飼う，育てる；〔囲みなどを〕解く／増加；昇給. **raiser** 栽培者；飼育者.

raisin[réizn] (通例複) 干しブドウ.

raison d'être[reizoun déːtrə]《F》存在理由.

rake¹[réik] 熊手，火かき／熊手で掻く；穿鑿ざんする.

rake²[マストなどの] 傾斜／傾斜する〔させる〕.

rake³ 放蕩者，道楽者.

rakish[réikiʃ]〔船が〕軽快な；ハイカラな，粋な.

rally¹[rǽli] 再び集める〔まる〕；〔気

rally² ひやかす，からかう.

RAM ラム，随時書き込み読み出しメモリ[< random access memory].

ram[rǽm] 去勢しない雄羊；破城づち；〔ポンプの〕ピストン／…にぶつかる；〔くいなどを〕打ち込む. **rammer** 突き込む人〔もの〕；突き棒.

Ramadan[ræmədάːn] ラマダン，イスラム暦の第9月(日の出から日没まで断食する).

ramble[rǽmbl] 散歩／ぶらぶら歩く；まとまりなく話す；取りとめなく書く；〔草木が〕はびこる. **rambler** ツルバラ；ぶらぶら歩く人. **rambling** ぶらつく；散漫な.

rambunctious[ræmbʌ́ŋkʃəs]《米話》手に負えない；無法な.

ramification[ræməfikéiʃən] 分枝，支脈；分脳.

ramify[rǽməfai] 枝状に広がる；分枝する.

ramp[rǽmp]〔あと足で〕跳ね上がる；あばれ回る／傾斜道. **rampage** あばれ回ること. **rampant** 狂暴な；はびこる；〔紋章〕〔獅子などが〕あと足で立った.

rampart[rǽmpɑːrt] 塁／塁をめぐらす.

ramshackle[rǽmʃækl] 倒れそうな；がたがたの.

ran[rǽn] run の過去.

ranch[rǽntʃ] 牧場；大農場. **rancher** 牧場経営者〔所有者〕；カウボーイ.

rancid[rǽnsid] いやなにおいの.

rancor,《英》**rancour**[rǽŋkər] 怨恨，遺恨. **rancorous** 深く恨んでいる.

rand[rǽnd] ランド(南アフリカ共和国の貨幣単位).

R&B〔音楽〕リズム＆ブルース[< rhythm-and-blues].

R&D 研究開発[< research and development].

random[rǽndəm] 行き当たりばった

randy[rǽndi]《話》みだらな.

rang[rǽŋ]ring の過去.

range[réindʒ]並べる；分類する/並ぶ；立場を取る《with, against》；列；山脈；範囲；料理用レンジ. **～ finder** 距離測定器.

ranger[réindʒər]歩き回る人；山林監視人；遊撃兵, 遊騎兵.

rangy[réindʒi]歩き回るのに適した；手足のひょろ長い.

rank[rǽŋk]列；隊列；（複）下士官兵；階級. **～ and file** 下士官兵；一般大衆.

rank² 茂った；ひどい；腐敗した. **rankly** 副 **rankness** 名

ranking[rǽŋkiŋ]順位；序列.

rankle[rǽŋkl]《古・詩》ずきずき痛む；心を悩ます.

ransack[rǽnsæk]略奪する.

ransom[rǽnsəm]身代金；賠償金/身代金を取って釈放する；（身代金を払って）〔人を〕釈放させる. **～ ware** ランサム〔身代金〕ウェア（マルウェアの一種）.

rant[rǽnt]大言壮語(する).

rap[rǽp]とんと叩く《at, on》；非難する/〔音楽〕ラップ. **rapper** ラップミュージシャン.

rapacious[rəpéiʃəs]強欲な；肉食の（猛獣など）. **rapacity** 強欲；強奪.

rape[réip]強奪；強姦, レイプ/強姦する, レイプする. **rapist** 強姦犯人.

rapid[rǽpid]急な；素早い/（複）早瀬. **rapidity** 名 **rapidly** 副

rapier[réipiər]細長い剣.

rapport[rǽpɔ́ːr]〔親密な〕関係.

rapprochement[rǽprouʃmɑ́ːŋ]《F》〔国家間の〕和解, 親善.

rapt[rǽpt]有頂天の；うっとりした. **raptly** 副 **raptness** 名

rapture[rǽptʃər]有頂天, 狂喜. **rapturous** 大喜びの, 有頂天の.

rare[réər]まれな, 珍しい；希薄な.

rarely ほとんど…ない. **rareness** 名

rare²[肉が]なま焼けの.

rarefaction[rèərəfǽkʃən]希薄化.

rarefy[réərəfai]希薄にする/希薄になる.

rarity[réərəti]珍品；希薄さ.

rascal[rǽskəl]悪漢. **rascality** 悪事；悪党根性.

rash[rǽʃ]軽率な, 性急な. **rashly** 軽率に.

rash² 発疹, 吹き出物.

rasher[rǽʃər]ベーコン〔ハム〕の薄切り.

rasp[rǽsp]石目やすり/石目やすりをかける；軋らせる；軋る；いらだたせる, 焦らす.

raspberry[rǽzberi]キイチゴ.

raster[rǽstər]ラスター(走査線よりなるパターン).

rat[rǽt]ネズミ；裏切り者/ネズミを捕える；仲間を裏切る. **～ race**《俗》気狂いじみた競争.

ratable[réitəbl]比例した；評価できる；《英》課税すべき.

rate[réit]割合, 率；相場；料金；等級/評価する〔される〕. **at any ～** とにかく. **～ of exchange** 為替相場

rate² 叱る, ののしる.

rather[rǽðər]むしろ；やや；確かに. **would ～** …むしろ…したい

ratify[rǽtəfai]〔条約を〕承認する. **ratification** 名

rating[réitiŋ]評価；見積もり；地方税賦課額；等級づけ；視聴率.

rating² どなりつけ, しかること.

ratio[réiʃou]比率；割合.

ratiocinate[ræʃiɑ́səneit]推論する. **ratiocination** 名

ration[rǽʃən]1日分の糧食；配給/割り当てる.

rational[rǽʃənl]理由性のある. **rationalism** 合理主義. **rationalist** 合理主義者. **rationality** 合理性をわきまえること. **rationalization** 合理化. **rationalize** 合理化する；理論的に考

える〔説明する〕. **rationally** 合理的に.

rationale[ræʃənǽl]理由論的根拠；原論.

rattan[rætǽn]籐 ；籐のつえ.

rattle[rǽtl]がらがら〔がたがた〕(いう・いわせる)；がたごと(動く・動かす)；〔おもちゃの〕がらがら. **rattler** がらがらいうもの；ガラガラヘビ；《俗》逸品. **rattling** がらがらいう；《俗》活発な, 元気のよい；すばらしい.

rattlesnake ガラガラヘビ.

rattletrap おんぼろ車；(複) がらくた；《俗》おしゃべり.

raucous[rɔ́:kəs]しゃがれ声の.

raunchy[rɔ́:ntʃi]《米俗》だらしない；下品な, 淫らな.

ravage[rǽvidʒ]破壊(する).

rave[réiv]たわごとを言う；荒れ狂う；熱狂して説く.

ravel[rǽvəl]解く, ほぐす / 解ける, ほぐれる.

raven[1][réivən]ワタリガラス / 真っ黒の.

raven[2][rǽvən]強奪する；がつがつ食う. **ravening** 貪欲な. **ravenous** 強欲な. **ravenously** 副

ravine[rəvíːn]峡谷, 山峡.

raving[réiviŋ]荒れ狂う, うわごとを言うほどの；《話》すごい；すてきな.

ravish[rǽviʃ]夢中にする；強姦する. **ravishing** 魅惑的な, うっとりさせるような. **ravishment** 夢中；強姦.

raw[rɔ́:]生の, 未加工の；未経験の；皮のむけた / 皮のすりむけたところ；痛いところ. ~ **material** 原料. **rawly** 副 **rawness** 名

rawhide 生皮.

ray[1][réi]光線, 放射線 /〔光線を〕出す；放射する；放射線に当てる.

ray[2] エイ.

rayon[réiɑn]人造絹糸, レーヨン.

raze[réiz]〔町などを〕倒壊させる；〔記憶などを〕消す.

razor[réizər]剃刀 . ~ **edge** 剃刀の刃；山の背；危険な地位, 危機.

RBI 打点〔< run batted in〕.

RC 赤十字〔< Red Cross〕.

Rd. 道, 主要道路〔< road〕.

RDA 一日あたりの推奨摂取量〔< recommended daily allowance〕.

RDF 緊急展開部隊〔< Rapid Deployment Forces〕.

RE, re〔ビジネスレター・電子メールで〕…に関して, 用件.

re[1][ríː]…に関して(主に商業・法律に関して)〔< regarding〕.

re[2] レ(長音階の第2音).

reach[ríːtʃ]〔手などを〕伸ばす；渡す；届く, 到着する；広がりわたる；感動させる / 手の届く範囲. ~ **after**〔for〕…に達しようと努める. ~ **-me-downs**《英》出来合いの服；お古；使い古し.

react[riǽkt]反応する《to》；反対する. **reactor** 原子炉.

reaction[riǽkʃən]反動；反作用；反応. **reactionary** 反動の；反応の；逆戻りの；保守的な.

reactive[riǽktiv] 反動の；反発する；よく反応する.

read[ríːd]読む；読み取る；音読する；表示する. **readable** 読みやすい；読んでおもしろい. **reading** 読書；朗読；〔議会の〕読会；購読；読み物；読み方；解釈.

reader[ríːdər] 読者；読書家；読本；朗読者；出版社顧問；(しばしば **R-**)《英》〔大学の〕準教授；《米》〔大学の〕助手.

readily[rédəli]たやすく；快く.

readiness[rédinis]準備；快諾；容易.

readjust[riːədʒʌ́st] 再 調 整 する. **readjustment** 名

ready[rédi]準備して；…しかかって；あり合わせの；敏速な. ~ **-made** 出来合いの.

reaffirm[riəfə́ːrm] 再び主張する.

real[ríːəl]実際の；本物の；実在の；不動産の. ~ **estate** 不動産. ~ **estate investment trust** 不動産投資信託〔投信〕〔略 REIT〕. ~ **growth** 実質成長. ~ **-life** 実生活の；実在の. **realism** 実在論；写実主義；現実主義. **realist** 現実主義者；写実派の人.

realistic[riːəlístik] 現実的な；写実主義の. **realistically** 現実的に.

realize[ríːəlaiz]実現する；実感する；理由を解する；換金する；〔売って利益を〕得る. **realization** 图

really[ríːəli]真に，実に；なるほど；いかにも.

realm[rélm]王国国土；〔学問の〕部門.

realtor[ríːəltər]不動産仲介業者.

realty[ríːəlti]不動産.

ream[ríːm]1 連（洋紙の 20 帖，すなわち 480 枚，新聞では 500 枚）.

ream[ríːm]〔穴を〕大きくする，広げる；ジュースを搾る；《口》だます. **reamer** リーマー（穴を広げる工具）.

reanimate[riːǽnəmeit]生き返らせる；元気づける.

reap[ríːp]刈り入れる；獲得する. **reaper** 刈る人，刈り取り機.

reappear[riːəpíər]再びあらわれる；再発する.

rear[ríər]うしろ；後衛／挙げる；建設する；起こす；育てる／〔馬が〕後足で立つ. ~ **admiral** 海軍少将. ~ **guard** 後衛. ~ **window** 裏窓. **rearview mirror** バックミラー. **rearmost** 一番あとの. **rearward** あとの方に.

rearm[riːáːrm]再軍備する；新兵器を備える. **rearmament** 图

rearrange[riːəréindʒ]再整理する；配置し直す. **rearrangement** 再整理；再配列.

reason[ríːzn]理由；理性；道理／論じる；説き伏せる／推理する. **reasonable** 理性のある；道理に合った；手ごろな. **reasoned** 筋の通った；道理にかなった. **reasoning** 推論；理論；論証.

reassess[riːəsés] 再評価する.

reassure[riːəʃúər]安心させる；再保証する. **reassurance** 图

reassuring 安心させる，頼もしい.

reawaken 再び目覚める〔目覚めさせる〕.

rebate[ríːbeit] 割引；割戻し／[ríːbeit, ribéit] 割引きする.

rebel[rébəl]反逆人／反逆の／[ribél]そむく.

rebellion[ribéljən]謀反，反乱反抗. **rebellious** 謀反した；反逆の.

rebirth[ribáːrθ]再生；復活.

reborn[ribɔ́ːrn]《文》生まれ変わった.

rebound[ribáund]跳ね返る／跳ね返り；反動；〔株価などの〕立ち直り.

rebuff[ribʌ́f]拒絶；反論；挫折／拒絶する；反論する；挫折させる.

rebuild[riːbíld]再建する；改築する.

rebuke[ribjúːk]叱る，非難する／非難.

recalcitrant[rikǽlsitrənt]強情な，反抗する. **recalcitrance** 图

recall[rikɔ́ːl]呼び戻す；取り消す；回復する；取り戻す；思い出す／呼び戻し，取り消し撤回；想起，回想；《米》リコール（公務員解任請求）.

recant[rikǽnt]取り消す，撤回する. **recantation** 图

recapitulate[riːkəpítʃuleit]要点をくり返す；要約する. **recapitulation** 图

recapture[riːkǽptʃər]取り返し／取り返す.

recast[riːkǽst]作り直す；配役を変える.

recede[risíːd]退く；手を引く；引っ込む.

receipt[risíːt]領収（証）；（通例複）受取高；処方／領収書を出す.

receivable[risíːvəbl]受け取りうる；信ずべき.

receive[risíːv]受け取る；こうむる；訪問を受ける；いれる. **receiver** 受け取り人；接待者；容器，受信機；受話器；管財人；故買者. **receivership** 財産管理を受けること.

recent[ríːsnt]新しい，近ごろの. **recently** 近ごろ.

receptacle[riséptəkl]容器；置場；花托.

reception[risépʃən]受領；応接. **receptionist** 受付〔応接〕係. **receptive** 受容力のある；会得の早い.

receptor[riséptər]受容器官，受容体.

recess[risés, ríːses]休憩，休会／凹みを作る／休憩する.

recession[riséʃən]後退；景気後退. **the Great Recession** 大不況. **recessionary** 景気後退の. **recessive** 退行の；劣性の.

recharge[ritʃάːrdʒ]再充電する；〔体力などを〕回復させる.

recipe[résəpi]処方；レシピ.

recipient[risípiənt]受け入れる／受領者.

reciprocal[risíprəkl]互恵的な；逆の；〔数学〕逆数. ～ **treaty** 互恵条約. **reciprocally** 互恵的に.

reciprocate[risíprəkeit]報いる；返礼する. **reciprocation** 仕返し；交互作用.

recital[risáitl]暗唱；詳説，リサイタル.

recitation[resətéiʃən]暗唱.

recitative[resətátíːv]叙唱(部).

recite[risáit]暗唱する；物語る.

reckless[réklis]向こう見ずな. **recklessly** 同.

reckon[rékən]数える，計算する；見なす. ～ **on**[upon] を当てにする. **reckoning** 計算.

reclaim[ri:kléim]改心させる；開拓する.

recline[rikláin]もたれかからせる／もたれる.

recluse[riklúːs]世を捨てた／[réklu:s]世捨て人.

recognition[rekəɡníʃən]承認；認知；見覚え；会釈. **in ～ of** …を認めて；の報酬として.

recognizable[rékəɡnaizəbl]認識できる；見覚えのある.

recognizance[rikάːɡnəzəns]誓約(書)；承認.

recognize[rékəɡnaiz]承認する；見てそれとわかる.

recoil[rikɔ́il]跳ね返る；あともどり，跳ね返り.

recollect[rekəlékt]〔努力して〕思い出す，回想する. **recollection** 追想；記憶(力)；思い出.

re-collect[ri:kəlékt]再び集める；[rekəlékt]落ち着かせる.

recombination[ri:kα:mbənéiʃən]再結合；〔遺伝子〕組み替え.

recommend[rekəménd]推薦する；勧める.**recommendable** 推薦できる. **recommendation** 推薦(状)；勧告；長所. **recommendatory** 推薦の；とりえになる.

recompense[rékəmpens]報いる；償う／報酬；賠償.

reconcile[rékənsail]和解させる；調和〔一致〕させる. **reconcilable** 和解可能な. **reconcilement** 名 **reconciliation** 和解；調停；調和.

recondite[rékəndait]深遠な，わかりにくい.

recondition[ri:kəndíʃən]修理する.

reconnaissance[rikάːnəsəns]偵察(隊). ～ **plane** 偵察機.

reconnoiter, reconnoitre [ri:kənɔ́itər]偵察する.

reconsider[ri:kənsídər]再考する.

reconstitute[ri:kάnstətʲuːt]再び構成する；〔乾燥食品を〕元に戻す.

reconstruct[ri:kənstrΛkt]再建する；

復興する. **reconstruction** 图

record[rékɔːrd]記録；経歴／[rikɔ́ːrd]記載[記録]する；録音[画]する. ~ -breaking 空前の, 記録破りの. ~ holder 最高記録保持者. ~ player レコードプレーヤー. **recorder** 記録係；記録装置；リコーダー.

recording[rikɔ́ːrdiŋ]記録；録音；録画；記録されたもの.

re-count[ríːkaunt]数え直す.

recount[rikáunt]詳しく話す.

recoup[rikúːp]償う, 埋め合わせる；差し引く.

recourse[ríːkɔːrs]頼ること；頼みの綱. have ~ to …に頼る.

recover[rikʌ́vər]回復する《oneself》. **recovery** 回復；回収.

re-cover[riːkʌ́vər]おおい直す；張り替える.

recreate[rékrieit]休養させる, 気晴らしさせる／楽しむ, 気晴らしする. **recreation** 休養；気晴らし；娯楽. **recreational** 图

re-create[riːkriéit]作り直す, 改造する. **re-creation** 图

recriminate[rikrímineit]互いに責め合う；やり返す. **recrimination** 图 **recriminatory** 图

recruit[rikrúːt]新兵；新入会員[社員]／[新兵を]徴募する, [人材を]スカウトする；補充する. **recruitment** 新人[新兵]募集.

rectangle[réktæŋgl]長方形. **rectangular** 图

rectify[réktəfai]改正する.

rectitude[réktətjuːd]公正；正直.

rector[réktər]教区牧師；校長；大学総長. **rectory** 牧師館.

rectum[réktəm]直腸. **rectal** 图

recumbent[rikʌ́mbənt]横になった；怠惰な.

recuperate[rikjúːpəreit][健康・元気を]回復する[させる]. **recuperation** 图 **recuperative** 回復力のある.

recur[rikɔ́ːr]再発する；再び心に浮かぶ.

recurrent[rikɔ́ːrənt]再発する, 周期的に起きる. **recurrence** 再発；循環；回想.

recusant[rékjuzənt]頑強に反抗する人；英国国教を忌避する者.

recycle[riːsáikəl]再利用する；再循環させる. **recyclable** 图

red[réd]赤い；[政治上]過激な／赤色；過激主義者. ~ -hot 赤熱した；熱烈な；《米》最新の. ~ -letter 記念すべき. ~ light 赤信号；危険信号. ~ pepper トウガラシ. ~ tape お役所的形式主義 the Red Cross 赤十字社. **redden** 赤くする[なる]. **redskin** アメリカインディアン(差別語).

redbreast コマドリ.

redbrick[大学が]創立の古くない.

redcap《米》[駅の]赤帽.

reddish[rédiʃ]赤みを帯びた.

redecorate 改装する.

redeem[ridíːm]買い戻す；回復する. **redeemer** 買い戻し人；(R-) 救世主.

redefine 再定義する.

redemption[ridémpʃən]買い戻し；償還；[キリストによる]救い. **redenomination**[riːdinàmənéiʃən]デノミ, デノミネーション.

redesign デザイン[設計]し直す.

redirect[ríːdirékt, dai-]向け直す；宛名を書き直す. **redirection** 向け直し.

rediscover 再発見する.

redistribute 再分配[区分]する.

redolent[rédələnt]芳香のある；思い出させる. **redolence** 芳香, **redolency** 芳香.

redouble[riːdʌ́bl]2倍にする[なる], 強める, 強まる；繰り返す.

redoubtable[ridáutəbl]恐ろしい[敵など].

redound[ridáund](…に)はね返る；増す；及ぶ《to》；戻る《to》.

redraw[国境線などを]引き直す；描き直す.

redress[rí:dres]矯正;救済／正す;償う.

reduce[ridjú:s]減らす;縮める;〔人を〕しいて…させる;〔数学〕約する;還元する;〔医学〕復位させる.

reducible[ridjú:səbl]減らせる;縮められる;変形できる;約せる;還元できる.

reduction[ridʌ́kʃən]減少;縮図;割引;征服;陥落;類別;〔数学〕約;還元.

redundant[ridʌ́ndənt]有り余る;重複した;《英》余剰人員となった、解雇された. **redundance, redundancy** 余り、過多;余剰人員.

reed[rí:d]ヨシ、アシ(通例複) 楽器のリード;〔織物〕筬[おさ].

reef[rí:f]暗礁、礁 脈.

reek[rí:k]湯気;悪臭／煙る;湯気が立つ.

reel[rí:l]糸巻き、リール;〔映画の〕巻／リールに巻く、繰る. ~ off すらすら話す.

reel[rí:l]よろめく;目が回る;ぐるぐる回る;動揺する／よろめき、千鳥足.

reelect 再選する.

reevaluate[riivǽljueit] 再評価する.

reexamine 再試験する;〔証人を〕再尋問する.

reexport[rì:ékspɔ:rt] 逆輸出.

ref. 参照[< reference].

refer[rifə:r]向ける;参照させる;~のせいにする;任せる／参照する《to》.

referee[referí:]仲裁人;審判員／仲裁する.

reference[réfərəns]委託;論及;参考;照会;問い合わせ(先);身元保証人;参考書;紹介状. make ~ to …に言及する. **referential** 参考の.

referendum[refəréndəm]国民[住民]投票.

referral[rifə́:rəl] 紹介;委託.

refill[rí:fil]〔インキなどの〕詰め替え／[rì:fíl] 詰め替える;再び満たす.

refinance 借り換える.

refine[rifáin]精錬する;精製する;上品にする;磨く／純粋になる;上品になる. **refined** 上品な;洗練された、精錬[精製]した;細かい. **refinement** 精錬;精製;優雅;教養;改善. **refinery** 精錬所;精製所.

refit[rì:fít]修理する[される];改装する[される]／[rí:fit, rì:fít]修理.

reflect[riflékt]反射する;映す;〔名誉・不名誉を〕もたらす;恥辱になる. **reflective** 反射する;反省する;熟考する. **reflector** 反射器;反射 鏡. **reflectingly** 反射的に.

reflection, reflexion[riflékʃən]反射;反映;影;反省;回顧;非難.

reflex[rí:fleks]反射の;反射作用の;内向的な／反射作用(行動);影;映像. ~ **camera** レフレックスカメラ.

reflexive[rifléksiv]〔文法〕再帰の;反射的な. **reflexively** 逆戻りに.

reflexology[rì:fleksɑ́lədʒi] リフレクソロジー、反射療法(手足マッサージによる療法).

refluent[réfluənt]逆流する;引潮の.

reflux[rí:flʌks]逆流;退潮.

reform[rifɔ́:rm]改良する;矯正する／直る;改心する／改良;矯正.

re-form[rí:fɔ́:rm]作りかえる;再編成する.

reformation[refərméiʃən]改革;矯正;(the R-) 宗教改革.

reformative[rifɔ́:rmətiv]改革の;矯正の.

reformatory[rifɔ́:rmətɔ:ri]更生のための(施設);少年院.

reformer[rifɔ́:rmər]改革者; (R-) 宗教改革者.

reformist[rifɔ́:rmist] 改革論者.

refract[rifrǽkt]屈折させる. **refractor** 屈折望遠鏡. **refraction** 名 **refractive** 形

refractory[rifrǽktəri]手に負えない、頑固な;耐火性の／耐火性物質.

R

refrain¹[rifréin]さし控える，慎む
《from》.

refrain²[詩歌の〕折り返し，反復句.

refresh[rifréʃ]気分をさわやかにす
る；新たにする；回復する；飲食する
《oneself》. **refresher** 気分を爽快にす
る人〔もの〕；《米》補習の.
refreshment 元気回復；飲食物；茶
菓.

refreshing[rifréʃiŋ]〔心身を〕元気
づける；さわやかな.

refrigerate[rifrídʒəreit]冷凍する，
冷蔵する. **refrigerator** 冷蔵庫.
refrigeration 名

refuel[ri:fjúːəl]燃料を補給する.

refuge[réfjuːdʒ]保護；隠れ家，避難
所；慰め. **refugee** 避難者；亡命者.

refulgent[rifʌ́ldʒənt]輝く，きらびや
かな. **refulgence** 名

refund[ríːfʌnd]払い戻し，返済／
[rifʌ́nd]払い戻す，返済する.

refurbish[ri:fɚ́ːrbiʃ]磨き直す；一新
する.

refusal[rifjúːzəl]拒絶；選択権；売買
権.

refuse¹[rifjúːz]拒絶する，断る.
refusable 拒否できる.

refuse²[réfjuːs]廃物，くず，残り物／
くずの；くだらない.

refute[rifjúːt]反駁する；論破する.
refutation 名

regain[rigéin]取り戻す；回復する；
再び達する／回復，復帰.

regal[ríːgəl]王の；王にふさわしい；
堂々たる. **regally** 副

regale[rigéil]大いにもてなす／美食
する《on》.

regalia[rigéiliə]王権；王位の象徴；
記章；華麗な服装.

regard[rigáːrd]関心；尊敬；好意；
関係，（複）〔よろしくという〕伝言／
見なす《as》；注視する；注意する.
regardful 注意深い. **regarding** …
に関して. **regardless** 無頓着な.

regatta[rigǽtə]ボート〔ヨット〕レース

会.

regency[ríːdʒənsi]摂政政治.

regenerate[ridʒénəreit]再生した；
改心した；刷新された／[-reit] 再生
させる〔する〕；改心させる〔する〕；
刷新する.

regeneration[ridʒenəréiʃən]再生，
改心. 〜 **medicine** 再生医療.

regent[ríːdʒənt]摂政，〔大学の〕《米》
評議員／摂政の.

reggae[régei] レゲエ(ジャマイカ起
源の音楽).

regime[rəʒíːm]制度，政体；社会組
織.

regimen[rédʒəmən]摂生，食餌；療
法.

regiment[rédʒəmənt]連隊／編成す
る；組織化する. **regimental** 連隊の.
regimentation 編成；組織化；統制.

region[ríːdʒən]地方，地域，行政区；
範囲；層.

regional[ríːdʒənl]地方〔地域〕の；
地域特有の／〔雑誌の〕地方版.
regionally 副

register[rédʒistɚr]登記〔登録〕
（簿）；登録器；〔CPU 内の〕置数回
路；声域；言語使用域／登記〔登録〕
する；書留にする；表示する；表情
に浮かべる. **registered** 登録された；
〔郵便が〕書留の；血統書付きの.

registrar[rédʒəstrɑːr]記録（簿）；登
記（簿）／記録する；登録する.

registration[redʒəstréiʃən]登記；
登録者数.

registry[rédʒəstri]登録.

regress[ríːgres]退歩／[rigrés]復帰
する；退歩する. **regression** 名

regret[rigrét]残念，遺憾；後悔／惜
しむ，後悔する. 残念に思う.
regretful 残念な. **regretfully** 悔やん
で；残念ながら. **regret(t)able** 残念
な.

regroup 再編成〔結成〕する.

regular[régjələr]規則正しい；秩序
のある／正規兵；常連. **regularity**

規則正しいこと. **regularly** 副

regulate[régjəleit]調節する；規制する.

regulation[regjuléiʃən]調整；規則/規定(どおり)の.

regulator[régjuleitər]〔速度・圧力などの〕調整装置；取り締まる人.

regurgitate[rigə́:rdʒiteit]〔液体・ガスなどを〕吐き出す.

rehabilitate[ri:həbíləteit]元へ戻す；社会復帰させる. **rehabilitation** 名

rehash[ri:hǽʃ]〔肉などを〕焼き直す/[rí:hæʃ]焼き直し，改作.

rehearsal[rihə́:rsəl]本読み；下稽古.

rehearse[rihə́:rs]下稽古する；復誦する.

rehiring[riháiəriŋ]再雇用.

reigning〔スポーツで〕タイトルを保持している；〔王・女王が〕在位中の.

reign[réin]統治；君臨/支配する.

reimburse[ri:imbə́:rs]払い戻す. **reimbursement** 名

reimport[ri:ímpɔ:rt]再輸入.

rein[réin]（通例複）手綱；制御/御する；制する.

reincarnation 輪廻；生まれ変わり《of》.

reindeer[réindiər]トナカイ.

reinforce[ri:infɔ́:rs]補強する. **reinforcement** 援助；(複) 援軍；補給.

reinstate[ri:instéit]元の通りにする；復職させる.

reissue[ri:íʃu:]再発行(する).

REIT[ri:t] 不動産投資信託〔＜ real-estate investment trust〕.

reiterate[ri:ítəreit]繰り返す，反復する. **reiteration** 名

reject[ridʒékt]拒絶する；捨てる；却下する. **rejection** 名

rejoice[ridʒɔ́is]喜ぶ/喜ばせる.

rejoin[1][ridʒɔ́in]答える；応答する.

rejoin[2][ri:dʒɔ́in]再び合同〔結合〕する；再会する；復帰する.

rejoinder[ridʒɔ́indər]返答；〔被告の〕第二答弁.

rejuvenate[ridʒú:vəneit]若返る〔らせる〕；元気づける.

rekindle 再び火をつける.

relaid[riléid]relay[1,2]の過去・過去分詞.

relapse[rilǽps]〔悪い方への〕あと戻り；再び邪道に陥ること，堕落；〔医学〕再発/あと戻りする；堕落する；再発する.

relate[riléit]述べる；関係させる；関係があるとする/関係する，関係がある；符合する. **related** 関係のある；同族の《to》.

relation[riléiʃən]関係；親類，親族関係；物語. **relationship**（親族）関係.

relative[rélətiv]関係する；相対の，比較上の/親類. **relatively** 関係的に；相対的に；比較的に；…の割合に.

relativity[relətívəti]関係あること；比較的なこと；相互依存；相対性.

relax[rilǽks]和らげる/弛む；寛大になる. **relaxant** くつろぐ；緩和剤. **relaxation** 弛緩；くつろぎ；休養. **relaxed** くつろいだ，ゆったりした；ゆるやかな. **relaxing** 人をくつろがせる；落ち着いた.

relay[1][rí:lei]替え馬，交替者；リレー競技；中継，中継装置，継電器/[rí:lei, riléi]中継する.

relay[2][ri:léi]置き直す，塗り変える.

release[rilí:s]放つ，解放する《from》；免除する《from》；公開する，〔映画を〕封切る/放免，解放，免除；放出；〔映画の〕封切り.

relegate[réləgeit]地位をおとす，左遷する；退去を命じる；追放する.

relent[rilént]和らぐ；不憫に思う. **relentless** 残酷な.

relevant[réləvənt]関連する；適切な《to》. **relevance, relevancy** 名

reliable[riláiəbl]信頼できる，当てに

なる. **reliability** 名

reliance[riláiəns]頼み，信頼；頼みとする人〔もの〕．

reliant[riláiənt]頼っている；頼みとしている《on, upon》. **self-** ～自立した.

relic[rélik]遺言；遺物；聖物，霊宝；記念物，かたみ；（複）遺跡．

relief[rilíːf]軽減；安心；慰安；交代（者）；浮き彫り；起伏．

relieve[rilíːv]安心させる；救助する；交代する；〔職を〕解く；浮き彫りにする；目立たせる；〔野球〕リリーフする. **relieved** ほっとした；解放された.

religion[rilídʒən]宗教；信仰．

religious[rilídʒəs]宗教の；信心深い／僧；尼．

relinquish[rilíŋkwiʃ]やめる；放棄する；譲渡する；撤回する. **relinquishment** 名

relish[réliʃ]味わう；好む；楽しむ／味がする《of》；気味がある《of》／味，美味；趣味；嗜好；付け合わせ．

relive[riːlív]生き返る；再び体験する．

relocate 再配置する；移転させる〔する〕．

reluctant[rilʌ́ktənt]嫌う，いやいやの《to do》. **reluctance, reluctancy** 気が進まないこと，不承不承. **reluctantly** しぶしぶ．

rely[riláí]頼みにする，信頼する《on, upon》.

REM[rem]〔睡眠中の〕急速眼球運動《< rapid eye movement》. ～ **sleep** レム睡眠.

remain[riméin]残る；…のままでいる. ～ **with** …にとどまる. **remainder** 残余. **remains** 残り物；遺骨；遺稿．

remake[riːméik]作り直す；改作する／改作；リメイク．

reman[riːmǽn]新たに人員を配置する；再び勇気を出させる．

remand[rimǽnd]再拘留（する）；差し戻し（する）；送還（する）．

remark[rimáːrk]注意，観察；言，批評／気がつく《that》；注目する；言う《that》；批評する. **remarkable** 注意すべき；著しい，目につく. **remarkably** 著しく．

remarry 再婚させる〔する〕．

remediable[rimíːdiəbl]治療のできる；取り返しのつく．

remedial[rimíːdiəl]治療（上）の，矯正の；補習の．

remedy[rémədi]薬；治療；救済手段；賠償／治療する；救済する；正す．

remember[rimémbər]思い出す；覚えている；チップをやる；伝言する．

remembrance[rimémbrəns]記憶（力）；記念（物）；（複）ことづて．

remind[rimáind]思い出させる，気づかせる《of》. **reminder** 思い出させる人〔もの〕．

reminisce[remənís]追憶にふける；思い出を語る．

reminiscence[remənísns]追憶，回想；（複）回顧〔回想〕録. **reminiscent** 追憶の，回懐の；思い出させる《of》.

remiss[rimís]怠慢な；不注意な；いいかげんな．

remission[rimíʃən]免除；免罪；放免．

remit[rimít]送金する；〔手形を〕振り出す；免除する；和らげる. **remittance** 送金．

remix[riːmíks]ミキシングし直す／[ríːmiks]ミキシングし直したもの．

remnant[rémnənt]残り（もの）；くず；面影；なごり．

remonstrance[rimáːnstrəns]抗議，忠告．

remonstrate[rimáːnstreit]抗議する；忠告する．

remorse[rimɔ́ːrs]後悔. **remorseful** 後悔した. **remorseless** 冷酷な．

remote[rimóut]遠い；へんぴな，すかな. ～ **control** リモコン（装置）；遠隔操縦. ～ **work** リモートワーク．

remotely 副

removal[rimúːvəl]除去;移転;解任,免職.

remove[rimúːv]移す;除去する;解任する;殺害する;移転する／移転;進級. **removed** 隔たった;…親等. **remover** 移転者;引越し運送屋.

remunerate[rimjúːnəreit]報酬を与える,謝礼する. **remunerative** 有利な,割のよい. **remuneration** 名

renaissance[renəsáːns]復活;(R-)文芸復興, ルネッサンス／(R-) 文芸復興(時代) の.

rename 新たに命名する;改名する.

rend[rénd]裂く;〔木の皮を〕剝ぐ／裂ける.

render[réndər]返す;譲る;与える;提出する;…にする;翻訳する;表現する.

rendering[réndəriŋ]描写;表現;演出;翻訳;〔コンピュータ〕レンダリング.

rendezvous[ráːndəvuː]《F》会合(所),集合(地) ／会合する, 出会う.

rendition[rendíʃən]翻訳;名解釈;演奏.

renegade[rénəgeid]背教者, 裏切り者.

renege[riníg]がっかりさせる;〔約束を〕破る.

renew[rinjúː]新しくする;再び始める;取り戻す;よみがえらせる. **renewal** 更新, 書き換え;再開;再建. **renewable** 更新できる.

renounce[rináuns]放棄する, 止める;承認しない, 拒絶する. **renouncement** 放棄.

renovate[rénəveit]新しくする;修復する;元気を回復させる. **renova-tion** 刷新;修復;元気回復.

renown[rináun]名声;令名. **re-nowned** 名高い.

rent[rént]地代, 家賃, 使用料／賃貸する;賃借する;賃貸される. **rental** 賃貸料;賃貸物件;賃貸の, **renter** 賃借人;《米》貸し手.

rent[2] 裂け目, 切れ目, ほころび;分裂.

rent[3] rend の過去・過去分詞.

rentier[ráːntjei]〔地代・配当など〕定期収入がある人.

renunciation[rinʌnsiéiʃən]放棄;棄権;拒絶. **war ~ clause** 戦争放棄条項.

reopen 再開する.

reorganize 再編成する;立て直す.

Rep.《米》下院議員〔< Representa-tive〕;《米》共和党員〔< Republi-can〕.

repaid[ripéid]repay の過去・過去分詞.

repair[ripéər]修繕;賠償；繕う;直す;賠償する.

reparable[répərəbl]修理できる.

reparation[repəréiʃən]賠償(金);修繕.

reparative[ripǽrətiv]修理の;回復させる.

repartee[repɑːtíː]当意即妙の答え.

repartition[riːpɑːtíʃən](再) 分配, 区分；(再) 分割.

repast[ripǽst]食事.

repatriate[riːpéitrieit, -pǽt-]本国へ送還する. **repatriation** 名

repay[ripéi]払い戻す;報いる. **re-payment** 弁済;償還;返報;払い戻し金.

repeal[ripíːl]廃止／廃止する.

repeat[ripíːt]繰り返し／繰り返す. **repeated** 繰り返された. **repeatedly** 繰り返して, たびたび. **repeater** 繰り返すもの;常連;常習者;留年生. **repeating decimal** 循環小数.

repel[ripél]追い返す, 撃退する;いやがらせる.

repellent[ripélənt]はねつける;寄せつけない;虫の好かない／防水剤;防虫剤;駆虫剤.

repent[ripént]後悔する《of》. **re-pentance** 後悔. **repentant** 後悔している.

repercussion[riːpərkʌ́ʃən]反響;反

R

射;〔間接的〕影響.

repertoire[répərtwɑ:r]常に上演できる出し物リスト, レパートリー.

repertory[répərtɔ:ri] = repertoire; 貯蔵(物);倉庫.

repetition[repətíʃən]反復, 繰り返し. **repetitive** 繰り返す, 反復の.

repine[ripáin]不平を言う;嘆く《at, against》.

replace[ripléis]元の所に置く;取り替える;とって代わる. **replacement** 置き換え.

replay[ri:pléi]再演する;〔映像・音声などを〕再生する;〔試合を〕やり直す/[rí:plei]再演;再生;再試合.

replenish[ripléniʃ]再び満たす, 注ぎ足す;補充する.

replete[riplí:t]満ちた, 飽満した《with》.

replica[réplikə]〔絵・像などの〕写し, 複写.

replicate[réplikə:t]折り返した.

reply[riplái]返事;答弁/答える.

report[ripɔ́:rt]報告する;報道する;噂する/復命する;出頭する;届け出る;探訪する/報告, 通信;評判;爆声. ～ oneself 出頭する. **reportedly** うわさ〔報告・報道〕によれば. **reporter** 探訪者;通信員.

reportage[ripɔ́:rtidʒ, repɔ:rtá:ʒ]報告文学, ルポルタージュ.

reporting[ripɔ́:rtiŋ]報道;情報提供.

repose[1](ripóuz]休ませる;横たえる《oneself》/休む, 寝る;横たわる;信頼する/休息, 安眠;静止;安静;落ち着き, 〔絵画の〕纏まり. **reposeful** 心を休める, 平静な.

repose[2]〔信頼などを〕置く;委任する《in》. **reposal** 信頼を置くこと, 委任.

repository[ripázətɔ:ri]容器;倉庫, 博物館;〔秘密などを〕打ち明けられる人.

repossess 再び手に入れる, 取り戻す;回収する.

reprehend[reprihénd]しかる;非難する. **reprehension** 名 **reprehensible** 非難すべき.

represent[reprizént]表現する;代表する;主張する. **representation** 表現;絵;上演;扮装;申し立て;抗議;代表.

representative[reprizéntətiv]表現する;代表する;代表的な;代議制の/代表者;代議士;(**R-**)《米》下院議員.

repress[riprés]鎮圧する;抑制する, 制止する. **repression** 抑制. **repressive** 抑圧的な.

reprieve[riprí:v]執行延期/処刑を延期する;一時救う.

reprimand[réprəmænd]譴責;懲戒/責める;懲戒する.

reprint[rí:print]再版/[ri:prínt]再版する.

reprisal[ripráizəl]仕返し, 報復.

reprise[riprí:z]〔特に音楽の〕繰り返し.

reproach[ripróutʃ]叱責, 非難;恥辱/しかる;責める. **reproachable** 非難すべき. **reproachful** 責めるような. **reproachfully** 副

reprobate[réprəbeit]神に見捨てられた;堕落した/堕落者/非難する;見捨てる. **reprobation** 名

reproduce[ri:prədjú:s]産む;複製する, 複写する;翻刻する. **reproduction** 再生;複写. **reproductive** 生殖の;再生の;多産的な.

reproof[riprú:f]叱責, 小言, 非難.

reprove[riprú:v]しかる, 叱責する;論する. **reprovingly** 非難するように.

reptile[réptl, -tail]爬虫類;卑劣漢/はい回る;卑劣な. **reptilian** 爬虫類の.

republic[ripʌ́blik]共和国;共和政体;…社会.

republican[ripʌ́blikən]共和国の;(**R-**)《米》共和党の/共和政論者;(**R-**)《米》共和党員. **the**

Republican Party《米》共和党.

repudiate[ripjúːdieit]離縁する；否認する；拒否〔拒絶〕する. **repudiation** 名

repugnance[ripʌ́gnəns]嫌忌；矛盾. **repugnant** 反対の；矛盾する《to》；嫌いな，いやな，性に合わない《with》.

repulse[ripʌ́ls]撃退(する)；拒絶(する). **repulsion** 撃退；拒絶；反発；〔物理〕反発作用. **repulsive** はねつける；不快な；反発する.

repurchase[riːpə́ːrtʃəs]買い戻す／買い戻し.

reputable[répjətəbl]評判のよい；りっぱな.

reputation[repjətéiʃən]評判；名声；信望.

repute[ripjúːt]評判；名声／思う，考える；評判する. **reputed** 評判のよい；…と称せられる.

request[rikwést]頼み，依頼；要求／頼む；求める，要求する.

requiem[rékwiəm]〔カトリックの〕鎮魂祭；鎮魂歌.

require[rikwáiər]必要とする；要求する. **requirement** 要求；要件；資格；必要品.

requisite[rékwəzit]必要の／必要物〔条件〕.

requisition[rekwəzíʃən]要求；徴発(する).

requite[rikwáit]報いる，報酬する；報復する. **requital** 名

RERF 放射線影響研究所〔< Radiation Effects Research Foundation〕.

rerun[ríːrʌn]再運転；再上映／[riːnʌ́n]再運転する；再上映する.

reschedule 日程を変更する；〔融資の〕返済期限を延ばす.

rescind[risínd]無効にする，廃止する. **rescission** 名

rescue[réskjuː]救助；奪回／救う；奪回する.

research[risə́ːrtʃ, ríːsəːrtʃ]研究する

《into》／研究，調査《for, after》.

resect[risékt]切除する，削り取る. **resection** 切除(術).

resemble[rizémbl]…に似る，類似する. **resemblance** 類似《to, between, of》.

resent[rizént]憤慨する. **resentful** 憤慨した. **resentment** 名

reservation[rezərvéiʃən]保留；制限；取っておくこと；予約；遠慮.

reserve[rizə́ːrv]保存する；予約する；延期する／保存(物)；予備兵；遠慮；制限；条件. **reserved** 保留した；取っておいた；貸し〔借り〕切りの，予約の；打ち解けない；内気な.

reservist[rizə́ːrvist]予備兵；在郷軍人.

reservoir[rézərvwaːr]貯水池；貯水槽；蓄積.

reset[riːsét]セットし直す；元に戻す／[ríːset]書き直し. **resettable** 形

resettle 再び定住させる〔する〕；〔難民などを〕別の国に移住させる.

reshape〔構造・組織などを〕作り直す.

reshuffle〔内閣などを〕改造する；〔トランプを〕切り直す／〔内閣の〕改造；人事異動.

reside[rizáid]住む《in, at》；駐在する；…に属する《in》.

residence[rézədəns]居住，居留；駐在；住宅. **residency**《米》専門医学実習期間.

resident[rézədənt]居住する，住み込みの；駐在の／居住者，定住者；駐在官；《米》専門医学実習生.

residential[rezədénʃəl]住宅向きの；居住に関する.

residual[rizídʒuəl], **residuary** [-eri]残りの.

residue[rézidjuː]残余；残金；残余財産.

residuum[rizídʒuəm]残り；〔数学〕剰余.

resign[rizáin]〔官職などを〕辞する；

…に任せる，従う《oneself》／辞職する《from》；譲る．**resigned** あきらめた；任せた《to》．

resignation[rezignéiʃən]辞職；辞表；断念；あきらめ．with 〜 あきらめて．

resile[rizáil]はね返る；原型に復する；すぐに元気を回復する．

resilience[rizíljəns]はね返り；弾性；反発力．**resilient** 弾力のある；すぐに元気を回復する；快活な，はつらつとした．

resin[rézin]樹脂，やに／樹脂を塗る；樹脂で処理する．**resinous** 樹脂の，樹脂質の．

resist[rizíst]抵抗〔反抗〕する；防ぐ；堪える；押える．**resistance** 抵抗；てごたえ．**resistable** 抵抗できる．

resistant[rizístənt] 抵抗する；…に抵抗力のある／抵抗者．heat-〜 耐熱性の．

resolute[rézəlu:t]決断のある，断固たる．**resolutely** 断固として．

resolution[rezəlú:ʃən]決心；解決，決議；分解；溶解．

resolve[rizálv]決心する；解決する；〔疑いなどを〕解く；決議する；消散させる；…に帰着する《oneself》；分解する；溶解する／決心．**resolved** …しようと決心した；決意の固い．**resolvedly** 断固として．

resolvent[rizálvənt]分解する；溶解力のある；〔腫れ物を〕散らす／溶剤；散らし薬．

resonance[rézənəns]反響；共鳴．**resonant** 形

resonate[rézəneit]〔音や声が〕反響する；共鳴する．

resort[rizɔ́:rt]人出の多い場所，行楽地；頼み，たより／行く；通う；頼る；用いる《to》．as a last 〜 最後の手段として．

resound[rizáund]響く，鳴る；鳴り渡る／反響する．**resounding** 鳴り響く．

resource[rí:sɔ:rs](複) 資源，財源；

方法，手段；頼み．**resourceful** 工夫に富んだ；策略のある；資力の豊かな．

respect[rispékt] 尊敬；(複) 敬意《for》；顧慮；点／敬う，尊重する；注意する．in every 〜 あらゆる点で．**respecting** …に関して．

respectable[rispéktəbl]りっぱな；相当な．**respectability** 尊敬すべきこと〔人〕；(the 〜) お歴々．

respectful[rispéktfəl]礼儀正しい．**respectfully** 副

respective[rispéktiv]それぞれの．**respectively** めいめい；別々に．

respiration[respəréiʃən]呼吸．

respiratory[réspərətɔ:ri] 呼吸の；呼吸器官の．

respire[rispáiər]呼吸する；休息する．

respite[réspət]延期；猶予；執行猶予；休息，休養／刑の執行を猶予する；休息させる．

resplendent[rispléndənt]輝く，きらびやかな．

respond[rispánd]応答する；感心する．**respondent** 答える，応答する；被告(の)．**respondence, respondency** 反応，応答．

response[rispáns]応答；感応．in 〜 to…に答えて．

responsibility[rispɑ:nsəbíləti] 責任；職責；負担．

responsible[rispá:nsəbl] 責任〔原因〕がある《for》；信頼できる．

responsive[rispá:nsiv]答える，応じる；感じる．

rest¹[rést]休息，休止；安静；睡眠；死；休息所／休息する；寄りかかる；信頼する《in, on, upon》；永眠する；…に基づいている《on》；〔双肩に〕かかる／休ませる；立てかける；置く．**restful** 静かな，安らかな．**restless** 落ち着かぬ，せかせかする；休みのない；眠れない；不穏な．

rest² 残り，その他の人〔もの〕／まま

でいる.

restart 再出発させる〔する〕.

restate 再び述べる;言い直す.

restaurant[réstərənt] 料理店;レストラン.

restaurateur[rèstərətə́:r] 料理店主.

restitution[rèstətjú:ʃən] 賠償;償還, 返還, 回復.

restive[réstiv] 強情な;あばれる, 御しにくい.

restoration[rèstəréiʃən] 回復;復古;返還;(the R-) 王政復古.

restorative[ristɔ́:rətiv] 元気を回復する / 気付け薬.

restore[ristɔ́:r] 回復する;復活する;返す;償う;復元する. **restorer**〔絵画などを〕修復する人. **restorable** 回復できる.

restrain[ristréin] 抑制する;禁じる;拘束する. under ~ 抑制されて. without ~ 制限なく. **restrained** 控え目な. **restraint** 抑制;制限;遠慮.

restrict[ristríkt] 制限する;制約する. **restricted** 制限された. **restriction** 制限;拘束, 束縛. **restrictive** 制限する;〔文法〕限定的. **restrictism**〔貿易などの〕制限主義.

restructure 再編成する;…の構造を改革する.

result[rizʌ́lt] 結果;成績;効果;決議 / 起こる;…に終わる《in》;…から生じる《from》. **resultant** 結果としての / 結果.

resume[rizú:m] 取り戻す;再び始める;…の摘要を述べる.

résumé[rézəmei]《F》摘要;梗概;履歴書.

resumption[rizʌ́mpʃən] 取り返し, 回収;再開始.

resurface[ri:sə́:rfəs] 舗装し直す /〔潜水艦が〕浮上する.

resurgent[risə́:rdʒənt] 復活した, 再起した / 復活者, 再起者. **resurgence** 復活.

resurrect[rèzərékt] 蘇生させる〔する〕, 復活させる〔する〕. **resurrection** 蘇生, 復活;回復;(R-) キリストの復活.

resuscitate[risʌ́səteit] 蘇生させる〔する〕. **resuscitation** 名 **resuscitator** 復活させる人;蘇生器.

retail[rí:teil] 小売り / 小売りする. at ~, by ~ 小売りで. **retailer** 小売商.

retain[ritéin] 保持する;記憶する;雇う. **retainer** 家来;保持者.

retake[ri:téik] 奪い返す;撮り直す /[rí:teik] 撮り直し(したもの).

retaliate[ritǽlieit] 仕返しする;復讐する;報復課税する. **retaliation** 報復. **retaliative** 報復的な.

retard[ritá:rd] 遅滞;妨害 / 遅くする〔なる〕;妨害する. **retardation** 阻止;〔知能や学習の〕遅れ. **retarded** 知能が未開発の.

retch[rétʃ] 吐き気を催す, むかつく / 吐き気, むかつき.

retention[riténʃən] 保留, 保持;記憶力. **retentive** 保持する《of》;記憶のよい.

rethink 考え直す.

reticent[rétəsənt] 無口の;沈黙がちな. **reticence** 名

retina[rétənə]〔目の〕網膜. **retinal** 形

retinue[rétənju:] 随行員, 従者たち.

retire[ritáiər] 退く;引退する;退職する;床につく;回収する;引退させる. **retired** 引退した;人目につかない. **retiree** 退職者. **retirement** 引退;退職;〔通貨などの〕回収. **retiring** 隠遁する, 退職の;内気の, 遠慮深い.

retool[ri:tú:l]〔工場に〕新しい機械を備えつける.

retort[1] [ritɔ́:rt] 言い返す, しっぺ返しをくわせる / 口答え;しっぺ返し. **retortion** 曲げ返し;報復.

retort[2] レトルト, 蒸留器.

retouch[ri:tʌ́tʃ] 再び触れる;修正す

る.

retrace[ritréis]引き返す；さかのぼって調べる《to》；回顧する. ～ one's step やり直す.

retract[ritrǽkt]引っ込ませる；取り消す, 撤回する. **retractable** 撤回できる. **retraction** 名

retreat[ritríːt]退却；隠退所；避難所／退く, 退却する；引っ込む.

retrench[ritréntʃ]削除する；節約する. **retrenchment** 名

retribution[retrəbjúːʃən]罰；応報；報酬. **retributive** 報復的な

retrievable[ritríːvəbl]取り返される；回復できる.

retrieval[ritríːvəl]取り返し；回復；繕い；償い, 埋め合わせ. beyond ～ 取り返しのつかないほど.

retrieve[ritríːv]取り返す；回復する；繕う；償う；思い出す；救う《from》. **retriever** レトリバー（獲物を狩る猟犬）.

retro[rétrou]レトロ[復古調]の(スタイル)／逆戻りの.

retroactive[retrouǽktiv]以前にさかのぼる；以前にさかのぼって効力を発揮できる.

retrograde[rétrəgreid]後退する, 退化する／後戻りする, 退歩する, 逆行する.

retrogress[retrəgrés]後退[逆行]する, 退歩[退化]する. ＝retrograde. **retrogression** 名 **retrogressive** 形

retrospect[rétrəspekt]回顧／回顧する. **retrospective** 回顧の；過去にさかのぼる. **retrospection** 名

return[ritə́ːrn]帰る；答える／返す；返礼する；答える；報告する；選出する；折り返す／帰還；返却；再発；返礼；報酬；回答；報告(書)；利益. by ～《英》(of post)折り返し. ～ ticket《英》往復切符；《米》帰りの切符.

returnee[ritəːrníː]帰国者.

reunification 再統合.

reunion[riːjúːnjən]再結合；再会；親

睦会.

reunite 再会[再結合]させる[する].

Rev. (しばしば the ～)〔聖職者の名前につける尊称〕…師〔< Reverend〕.

rev[rév]〔エンジンなどの〕回転／回転速度を上げる；ふかす.

revalue[riːvǽljuː]再評価する；平価を切り上げる.

revamp[riːvǽmp]繕う；改造する, 改作する.

reveal[rivíːl]暴露する；示す；〔神が〕啓示する. **revealing** 現れて見える.

reveille[révəli]起床らっぱ.

revel[révl]酒盛り, 底抜け騒ぎ／酒盛りする, 騒ぐ；大いに楽しむ, …に耽る. **revelry** 飲み騒ぎ.

revelation[revəléiʃən]発覚；暴露；天啓, 黙示.

revenge[rivéndʒ]復讐／[再帰的に, あるいは受身で]復讐する. **revengeful** 復讐心に燃えた；執念深い.

revenue[révənjuː]歳入；収入. **revenuer** 税務官.

reverberate[rivə́ːrbəreit]反響する；反射する；屈折させる[する]. **reverberation** 名

revere[rivíər]尊敬する, 崇める.

reverence[révərəns]尊敬；敬虔な態度；導師／尊敬する.

reverend[révərənd](通例 the R-)師(聖職者への尊称).

reverent[révərənt], **reverential**[revərénʃəl]敬虔な, うやうやしい, 尊敬を表わす. **reverently** うやうやしく.

reverie, revery[révəri]空想；夢想, 幻想曲.

reversal[rivə́ːrsəl]反転転倒；破棄, 取り消し.

reverse[rivə́ːrs]逆にする, 裏返す；取り消す, 破棄する；あとへ戻す／逆になる；〔舞踏で〕逆に回る／転倒した, 逆の, 裏の／転倒, 逆転；反対；逆；裏, 背面；不運；失敗. ～ stock split 株式併合. **reversely** 逆に，反対に；これに反して.

reversible[rivə́:rsəbl] 逆にできる，裏も使える〔上着・外套など〕.

reversion[rivə́:rʒən] 逆転；隔世遺伝，先祖返り.

revert[rivə́:rt] 立ち戻る；先祖返りする；復帰する.

revetment[rivétmənt] 防壁.

review[rivjú:] 復習する；検閲する；論評する；回顧する／検閲；評論；評論雑誌；閲兵；観兵式；回顧，復習. **reviewer** 批評家，評論家；検閲者.

revile[riváil] 悪口を言う，ののしる. **revilement** 图

revise[riváiz] 改訂する，改正する；校正する；〔意見などを〕変える／訂正，改正；校正.

revision[rivíʒən] 校訂；訂正；改訂（版）；再審；上告. **revisional** 改訂の.

revisit[rivízət] 再び訪れる，再遊する；戻る.

revitalize[ri:váitəlaiz] 生気を回復させる；復活させる.

revival[riváivəl] 復活；復興；(R-) 文芸復興. **revivalism** 信仰復興運動.

revive[riváiv] 生き返る，復活する；復興する；元気づく／生き返らせる，復活させる；復興する；元気づける.

revoke[rivóuk] 廃止する，取り消す. **revocable** 廃止される，取り消される. **revocation** 廃止，取り消し.

revolt[rivóult] 反乱；反抗／そむく《against》；胸が悪くなる，ぞっとさせる. **revolting** 反乱する；実にいやな.

revolution[revəlú:ʃən] 革命；変革；回転；〔天体の〕運行，公転；周期，一回り. **revolutionary** 革命の. **revolutionist** 革命論者；革命党員. **revolutionize** 革命を起こす.

revolve[riváːlv] 回転する；運行する；循環する／回転させる；思いめぐら

す，思案する. **revolver** 連発拳銃.

revue[rivjú:] レビュー（軽い音楽劇）.

revulsion[riválʃən] 〔感情などの〕激変；急変；嫌悪.

reward[riwɔ́:rd] 報酬，謝礼金；報い，罰／報いる；賞を与える；謝礼をする；罰する. **rewarding** 得るところのある，〔するだけの〕価値のある；報いられる. **rewardless** 報酬のない.

rewind[ri:wáind] 巻き戻す／巻き戻し.

reword[riwɔ́:rd] 言い換える；繰り返して言う.

rework やり直す，作り直す.

rewrite[ri:ráit] 再び書く；書き直す／書き直し記事.

rhapsody[rǽpsədi] 狂詩；狂女；狂想曲.

rhesus[rí:səs] アカゲザル. 〜 **factor** Rh 因子.

rhetoric[rétərik] 演説法；修辞（学）；修辞的技巧. **rhetorician** 修辞学者；雄弁家. **rhetorical**[ritɔ́rikəl] 圏

rheumatism[rú:mətizm] リューマチ. **rheumatic** リューマチの（患者）. **rheumatoid** リューマチ性の.

rhinestone[ráinstoun] 模造ダイヤ.

rhinitis[raináitəs] 鼻炎，鼻カタル.

rhino, rhinoceros [ráinou, rainá:sərəs] サイ.

rhinoplasty[ráinəplæsti] 隆鼻術.

rhododendron[roudədéndrən] ツツジ属の植物.

rhubarb[rú:bɑːrb] ダイオウ（大黄）；《米俗》激論；口論.

rhyme, rime[ráim] 韻，脚韻；押韻；同韻語；詩，韻文／詩を作る；韻が合う.

rhythm[ríðm] リズム；韻律；調子. **rhythmic, rhythmical** 律動的な，調子のよい.

RI 放射性同位元素〔< radio isotope〕；ロードアイランド州〔< Rhode Island〕.

rial[riá:l] リアル（イランの貨幣単位）.

R

rib[ríb]肋骨；肋材；〔かさなどの〕骨；〔葉の〕大筋，葉肋；翅、脈／肋骨を付ける；肋材を備える.

ribald[ríbəld]口汚い(人)，下品な(人). **ribaldry** 下劣な話.

ribbon[ríbən]ひも，リボン；帯；飾りひも，綬；〔帽子の〕鉢巻き／ひもを付ける；リボンで飾る；細く裂く. **in ribbons** ずたずたになって.

riboflavin[raibəufléivin]リボフラビン(ビタミン B₂, G の別名).

rice[ráis]稲；米. ～ **paper** 和紙など上質の紙.

rich[rítʃ]金持の；豊富な；肥沃の；高価の；尊い；〔色・酒など〕濃厚な；油っこい. **riches** 富，財宝；豊富. **richly** 副 **richness** 名

Richter scale[ríktər skeil]（the ～）リクタースケール(地震のマグニチュードを表す).

rick[rík]干し草の山.

rickets[ríkits]くる病.

rickety[ríkiti]くる病にかかった，ぐらぐらする.

ricochet[rikəʃéi]はね飛び；はね弾／〔石・弾丸などが〕はね飛ぶ.

rid[ríd]除く，駆除する. **get ～ of** …を免れる；…を取り払う. **good ～** **riddance** やっかい払い.

riddance 除去.

ridden[rídn]ride の過去分詞.〔複合語で〕支配された，…に悩まされた. **fear-** 恐怖に悩まされた.

riddle¹[rídl]謎／〔謎を〕解く；謎をかける.

riddle²　ふるい／ふるい分ける；〔銃弾などで〕穴だらけにする；精査する；質問攻めにする.

ride[ráid]〔馬・車などに〕乗る，乗って行く〔in, on〕／乗って通る，乗り切る；乗せる；〔おもに過去分詞で〕支配する／乗ること；乗物旅行. ～ **down** 乗り潰す；手ひどく扱う.

rider[ráidər]乗り手；騎手；〔法律の〕付帯条項；付記.

ridge[rídʒ]背，山の背；山脈；畝2、；畦2；〔屋根の〕棟2.

ridicule[rídikju:l]あざけり，ひやかし／あざける.

ridiculous[ridíkjələs]おかしい，ばかげた. **ridiculously** 途方もなく.

riding[ráidiŋ]乗馬；乗車；馬道／馬(用) の；乗用の；旅行用の.

riel[rí:l]リエル(カンボジアの貨幣単位).

rife[ráif]流行する；盛んな；多い.

riff[ríf]〔音楽〕リフ, 反復楽節.

rifle¹[ráif]ライフル銃，（複）小銃隊；旋条／〔銃身・砲身の内部に〕旋条をつける；小銃で撃つ.

rifle²（くまなく）捜して略奪する.

rifleman 銃兵；射手.

rift[ríft]裂け目，割れ目，切れ目／裂く；裂ける.

rig¹[ríg]艤⁎装；服装；馬車；道具；したく／艤⁎装する；装う，着る；急ごしらえする. **rigging** 綱具；索具.

rig²　ごまかし，ぺてん，いたずら／〔相場・物価を〕あやつる.

right[ráit]正しい；まっすぐな；右の；適当な；健全な；正気の／まっすぐに；正しく；よく；ちょうど；とても；右に／正義の行い；正しいこと；権利；右／まっすぐにする〔なる〕；正しくする；直す；筋を立てる；証を立てる；〔舵を〕右舷に取る. ～ **away** ただちに. ～ **off** すぐに. **by right(s)** 当然. **set to rights** 整理する；直す. ～ **-angled** 直角の. ～ **hand** 右手；右側. ～ **-hand** 右(手) の；頼みとする，片腕となる. ～ **-hander** 右利きの. ～ **of way** 通行権(のある道路). ～ **-on** まったく正しい；進んでいる；《俗》最新流行の. ～ **wing** 右派. ～ **-winger** 右派の人. **rightful** 正当の，当然の. **rightfully** 副 **rightist** 右派；保守党員. **rightly** 正しく；当然に.

rightabout 反対の方角.

righteous[ráitʃəs]正しい，正直な，正義の；当然の. **righteously** 副

righteousness 名

rigid[rídʒid] 堅い；固定している；厳格な；厳密な. **rigidity** 名 **rigidly** 副

rigmarole[rígməroul] くだらない長話；こみ入った手続き.

rigor,《英》**rigour**[rígər] きびしさ，苛酷；厳格；〔寒暑の〕酷烈. **rigorous** 形 **rigorously** 副

rile[ráil]《話》じらす，おこらせる.

rim[rím] 辺，縁／縁を付ける. **rimmed** ふちどりした. **rimless** ふちのない.

rime[ráim] 霜. **rimy** 霜でおおわれた.

RIMPAC 環太平洋合同演習, リムパック［< Rim of the Pacific Exercise］.

rind[ráind] 皮，殻；果皮；チーズの上皮／皮をむく，殻をとる.

ring¹[ríŋ] 鳴らす；鐘など鳴らして知らせる；鳴る，響く；鐘〔呼び鈴〕を鳴らす；電話する／鳴り，響き.

ring² 輪環；指輪，耳輪；年輪；競馬場，拳闘場，土俵；徒党，同盟. ～ **finger**〔左手の〕薬指. **ringed** 輪状の；指輪をはめた.

ringgit[ríŋɡət] リンギット（マレーシアの貨幣単位）.

ringing[ríŋiŋ] 響きわたる／鳴り響く音；耳鳴り.

ringleader 首謀者, 張本人／輪で取り囲む.

ringlet[ríŋlət] 巻き毛；チョウの一種.

rink[ríŋk] スケート場／〔スケート場で〕すべる.

rinse[ríns] すすぐ, ゆすぐ／すすぎ；ヘアリンス剤.

riot[ráiət] 乱暴, 暴動；底抜け騒ぎ；放蕩／乱暴する；道楽する. **run** ～ あばれる；はびこる. ～ **police** 警察機動隊. **rioter** 暴行者；底抜け騒ぎをする人；暴徒. **riotous** 乱暴な；暴動の；放蕩な；騒々しい.

rip¹[ríp] 裂く, 破る《up》／裂ける；ほころびる／ほころび；裂け目. **ripping**

rip² 波の荒い所；廃馬；放蕩者；やくざ者.

ripe[ráip] 熟した；成熟した；熟達した；準備の整った；化膿した；《話》きわどい. **ripely** 副 **ripeness** 名

ripen[ráipən] 熟する, 成熟する／熟させる.

rip-off 盗み；略奪；盗作.

ripple[rípl] 連篆；波紋／漣をたたせる；〔髪を〕縮れさせる；さわさわと音をたたせる／漣がたつ；さわさわと音がする. ～ **mark** 波紋.

rise[ráiz] 上る, 昇る；起きる；起立する；起こる；ふくれる《水かさが》増す；〔潮が〕差す；高くなる；そむく；出世する；復活する；散会する／水平線上に現れる昇る；〔魚を〕水面に上らせる／上昇；源；丘；上り道；騰貴；昇進；反乱. **give** ～ **to** …を生じる；…を惹起する. **riser** 起床者；〔階段の〕蹴り込み.

risen[rízn] rise の過去分詞.

risible[rízəbl] 笑いたがる；笑いの；おかしい. **risibility** 笑い性.

rising[ráiziŋ] 上る, 昇る；出る；昇進する, 立身する／上昇；出現；蜂起, 反乱.

RISC 命令セットを限定したコンピューター；リスク［< restricted instruction set computer］.

risk[rísk] 危険；冒険；保険金額；被保険者／一か八かやってみる；賭する；危うくする. **at the** ～ **of** …を賭して. **risky** 危険な；のるかそるか.

risotto[risɔ́:tou] リゾット（玉ねぎ・肉などとともにだし汁で煮る米料理）.

rissole[rísoul] 揚げた肉だんごの一種.

rite[ráit] 儀式；慣例, しきたり.

ritual[rítʃuəl] 儀式の／儀式, 式典. **ritualism** 儀式(固守) 主義；儀式学.

ritzy[rítsi] 豪華な；上流の.

rival[ráivəl] 競争者, 敵手／競争する；対抗する／競争する, 張り合う.

rivalry 競争.

rive[ráiv] 裂く〔ける〕；割る〔れる〕《away, off》.

river[rívər]河，川.

riverbed 河床.

riverside 河辺，河畔.

rivet[rívət] 鋲^{びょう}，リベット／鋲で留める；〔注意などを〕集中する.

rivulet[rívjələt]小川.

RM 英国海兵隊〔< Royal Marines〕.

RMA《米》精米業者協会〔< Rice Millers' Association〕.

RN《米》（登録）正看護師〔< Registered Nurse〕.

RNA リボ核酸〔< ribonucleic acid〕.

roach[róutʃ]《話》ゴキブリ（= cockroach）；《俗》（マリファナ）タバコの吸いさし.

roach[2] コイ科の淡水魚の一種.

road[róud]道，道路．〜 **pricing**《英》道路料金制度．〜 **show** ロードショー（映画の特別予約興行）；地方興行.

roadbed〔鉄道・道路の〕路盤，路床材.

roadblock〔道路上の〕バリケード.

roadside 路傍，道ばた.

roadster[róudstər]2 人乗りのオープンカー.

roadway 道路；車道.

roam[róum]徘徊する，歩き回る，放浪する.

roan[1][róun]葦毛の／葦毛の馬〔牛〕.

roan[2] 柔らかい羊皮.

roar[rɔ́:r]唸^{うな}る，吼^ほえる；叫ぶ；笑いどよめく；轟^{とどろ}く／唸り声，吼え声；轟き．**roaring** 騒々しい.

roast[róust]焼く，炙^{あぶ}る；焙^{ほう}じる／炙った，ロース焼きの／焼肉，ロース焼肉．**roasting** 焼けつくように（暑い）.

rob[rá:b]盗む，奪う；強盗する《of》．**robber** 盗賊．**robbery** 強奪.

robe[róub]長くゆるやかな上着，部屋着；礼服，法服，職服；《米》膝掛け.

robin[rá:bin]コマドリ；《米》ツグミの一種.

robot[róubət]人造人間，ロボット.

robust[roubʌ́st]強壮な，丈夫な；活発な；剛健な.

rock[1][rá:k]岩；暗礁. on the rocks 破産〔破たん〕しかけて.

rock[2] 揺する；揺すり眠らせる／揺れる；よろめく；〔音楽〕ロック．**rocker** 揺すり手；揺れいす〔木馬〕ロック歌手．**rocking chair** 揺りいす.

rocket[rá:kət]ロケット；狼煙^{のろし}／ロケットで攻撃する；急上昇する．**rocketeer** ロケット発射係.

rock-'n'-roll[rákənróul]ロックンロール．(= rock-and-roll).

rocky[1][rɑ́:ki]岩の，岩の多い；困難の多い.

rocky[2] ぐらぐらする，不安定な；衰弱した.

rococo[rəkóukou]ロココ式（の）；装飾過剰な.

rod[rá:d]小枝，さお，むち；むちで打つこと；桿^{かん}，連桿，ロッド（尺度，5.0292 メートル）《米俗》拳銃.

rode[róud]ride の過去.

rodent[róudnt]齧^{げっ}歯動物（ネズミ・ウサギなど）.

rodeo[róudiou]《米》家畜のかり集め；〔カウボーイの〕競技会.

roentgen[réntgən]レントゲン（放射線量の単位）．〜 **rays** = X-rays.

roger[rá:dʒər]よし，わかった；〔無線通信で〕了解.

rogue[róug]悪漢，ならずもの；いたずらっ子（愛称語）．〜 **nation** ならずもの国家．**roguery** いたずら.

roguish[róugiʃ]無頼の；いたずらをする；ふざける.

roil[rɔ́il]かき回して濁らす；いらだたす；（社会を）騒然とさせる.

ROK[rá:k] 大韓民国〔< Republic of Korea〕.

role, rôle[róul]〔俳優の〕役割り；役，任務．〜 **model** お手本〔模範〕にな

る人.

roll[róul]転がす；〔目玉を〕ぎょろぎょろする；丸める，巻く；包む〔延ばす・ならす・働かす〕〔太鼓を〕どろどろ鳴らす/ころがる，回転する；丸まる；うねる；横ゆれする；どろどろと響く/回転；うねり；横ゆれ；記録；目録；出席簿；表；巻物；巻きパン；〔太鼓の〕どろどろ打ち；轟どき. ~ **call** 点呼. ~ **-out**〔航空機の〕初公開. ~ **top**〔デスクが〕たたみ込み式のふたのある. **rolled-up** 巻いた；まくり上げた.

roller[róulər]ローラー；巻軸；地ならし機；巻包帯；〔波の〕大うねり. ~ **coaster** ジェットコースター. ~ **-coaster** 波瀾万丈の. ~ **skate** ローラー・スケート.

rollick[rálik]ふざける；はしゃぐ.

rolling[róuliŋ]回転；うねり；横ゆれ；なだらかな起伏/なだらかに起伏した；うねっている.

rollmop[róulmɑːp]ニシンの切り身をピクルスに巻いた前菜.

roly-poly[róulipóuli]ジャムなどを巻き込んだプディング；起き上がりこぼし/〔子供が〕まるまる太った.

ROM ロム，読み出し専用メモリー〔< read-only memory〕.

Roman[róumən]ローマ（人）の；カトリック教の/ローマ人；カトリック教徒；〔活字の〕ローマン体. **Roman Catholic** ローマカトリック教会の（信者）.

romance[roumǽns, róumæns]伝奇小説；ロマンス；情事/つくり話をする.

Romania[rouméiniə]〔国名〕ルーマニア.

Romanian[rouméiniən]ルーマニア（人・語）の/ルーマニア人.

Romanic[roumǽnik]古代ローマ語の；ロマンス語の.

romantic[roumǽntik]空想的な；伝奇小説的な；とっぴな；情事的な；ロマン主義の. **romanticism** 空想的なこと；ロマン主義. **romanticist** ロマン主義者；ロマンチスト. **romanticize** ロマンチックに表現する.

Rome[róum]ローマ（イタリアの首都，古代ローマ帝国）.

romp[rámp]大騒ぎ；おてんば女/遊び騒ぐ，ふざける. **rompish** おてんばの.

rompers[rámpərz]〔幼児のはく〕ロンパース.

rondo[rándou]ロンド，回旋曲.

rood[rúːd]十字架［像］；地積（1エーカーの1/4）.

roof[rúːf]屋根；家/屋根をつける. **roofer** 屋根職人. **roofing** 屋根ふき（材料）.

rooftop 屋根；屋上.

rook¹[rúk]ミヤマガラス；いかさま師/ごまかす，だます.

rook²〔チェスの〕城将（飛車に相当する）.

rookie[rúki]《俗》新兵；《米》〔プロの〕新人選手；新人，新入り. **Rookie of the Year** 新人王.

room[rúːm]部屋；場所；席；余地；（複）下宿；借り間；同室の人々/《話》同室する《with》. **rooming house** 下宿屋. **roomy** 広々とした.

roommate 同室人.

roost[rúːst]止まり木（にとまる）；ねぐら（につく）；宿る；眠る.

rooster[rúːstər]《米》雄鶏おん.

root¹[rúːt]根，根本；基礎；語根；〔数学〕根/根がつく；根をつかせる；根こそぎにする；根絶する《up, out》. **by the root(s)** 根こそぎ. **strike ~** 根がつく；定着する. ~ **cause** 根本原因. **rooted**〔考えなどが〕根深い；くぎづけになった.

root²〔豚などが〕鼻で地を掘る；〔捜すために〕ひっかき回す《about, for》.

root³ 応援する，声援を送る；支持する《for》.

rope[róup]なわ，綱，索/**know the**

ropes 事情に通じている；なわ・綱で縛る；なわで囲う.

Roquefort[róukfərt]〔商標〕ロックフォールチーズ（羊乳製青かびチーズ）.

rosery[róuzəri]バラ園；〔カトリックの〕ロザリオの祈り，唱えながら繰る数珠.

rose¹[róuz]バラ；ばら色；美人，花形；円花窓／ばら色の／ばら色にする.

rose² rise の過去.

rose[rouzéi]ロゼ（ワイン）.

roseate[róuziət]バラ色の；幸福な；楽観的の.

rosebud バラのつぼみ.

rosemary[róuzmeri]ローズマリー（ハーブの一種）.

rosette[rouzét]バラ結び；バラ花飾り.

rosewood 紫檀

rosin[rá:zin]ロジン，松やに／〔バイオリンの弓に〕ロジンを塗る. ～ **bag** 〔野球の〕ロージンバッグ.

roster[rástər, rós-]勤務名簿；名簿.

rostrum[rástrəm]船嘴ゼ，演壇.

rosy[róuzi]バラ色の；好況の；有望な. **rosily** ばら色に；有望に.

rot[rá:t]腐る；朽ちる；堕落する／腐らせる；枯らす；だめにする／腐朽；腐敗.

rotary[róutəri]回転する. **Rotary club** ロータリークラブ. **Rotary International** 国際ロータリー.

rotate[róuteit]回転する；循環する；交代する. **rotatory** 回転する. **rotation** 图

ROTC[ɑ:routi:síː, rátsi:]《米》予備役将校訓練部隊〔< Reserve Officers' Training Corps〕.

rote[róut]機械的暗記. by ～ そらで，暗記で. ～ **learning** 丸暗記学習法.

rotor〔ヘリコプターなどの〕回転翼.

rotten[rá:tn]腐った；枯れた；臭い；墜落した.

rotund[routʌnd]丸々した；〔声が〕

朗々とした. **rotundity** 肥満；〔声が〕朗々たること.

rouble[rú:bl]ルーブル（ロシアの貨幣単位）.

rouge[rú:ʒ]紅；口紅；弁柄／口紅を塗る.

rough[rʌf]粗い；粗暴な；粗末な；ざらっとした；耳障りな；《話》つらい／粗いもの；凸凹の地面；苦労；暴れ者. be ～ on…にとってつらい. in (the) ～ 下書きで. ～ **-and-ready** 間に合わせの，即席の. ～ **-and-tumble** むちゃくちゃな，乱暴な，乱闘. ～ **hewn** 粗切り〔粗削り〕する；粗造りする. **roughen** 粗くする〔なる〕，ざらざらにする〔なる〕. **roughly** 圖 **roughness** 图

roughage[rʌfidʒ]粗い食物〔飼料〕.

roulette[ru:lét]ルーレット；点線を施すための歯車.

round[ráund]丸い；円熟した；一周の，往復の／丸いもの；一巡；1番；一試合；一発；円舞；巡回区域；一斉射撃／まわりに，回って，くるくると；一巡して；周囲；回り道して《《米》around〕…を回って〔《米》around〕／丸くする〔なる〕；完成する；円熟する；ふり向く. make one's round(s) 巡回する. ～ **table** 円卓会議；討議. ～ **trip** 《米》往復旅行〔切符〕；《英》周遊旅行（券）. **rounded** 丸められた，丸みを帯びた；完成した. **roundly** 丸く；完全に；きびしく.

roundabout 遠回しの，婉曲な.

roundup 《米》〔家畜を〕かき集めること.

rouse[ráuz]起こす；鼓舞する；怒らせる／目をさます，起きる；奮いたつ《up》. **rouser** 覚醒させるもの. **rousing** 奮起させる.

rout¹[ráut]群衆；敗北；敗走／打ち破る.

rout² 鼻で掘り返す；捜し出す；ひっかき回す；追い出す.

route[rú:t, ráut]道；道筋；航路／〔貨

物を）送る.

routine[ruːtíːn]きまった仕事；お決まり；慣例／日常の，お決まりの.

rove[róuv]うろつく，徘徊する. **rover** 徘徊者；海賊. **roving** フリーランサーの.

rove² 粗糸[あらいと]に／〔羊毛・綿に〕軽く撚[よ]りをかける，粗糸にする.

row¹[róu]列の；家並；列に並べる. in a 一列になって.

row² 漕ぐ／（舟で）渡す；ボートレースをする／漕ぐこと，舟遊び.

row³[ráu]騒ぎ；けんか；叱られること／騒ぎたてる；…とけんかする《with》.

rowdy[ráudi]乱暴者／乱暴な，あばれる. **rowdyism** 乱暴；やかましさ.

rowing[róuiŋ]ボートを漕ぐこと.

royal[róiəl]王の；王室の；王立の；堂々たる；高貴の. **royalism** 尊王主義. **royalist** 王党員. **royally** 王として；荘厳に. **royalty** 王位；王権；印税；特許料.

RP《英》容認〔標準〕発音〔< Received Pronunciation〕.

RPG ロールプレイングゲーム〔< role-playing game〕.

RPI 小売物価指数〔< retail price index〕.

rpm 毎分回転数〔< revolutions per minute〕.

R-rated（映画の）R指定の；成人向けの.

RS 英国学士院〔< Royal Society〕.

RSC ロイヤルシェークスピア劇団〔< Royal Shakespeare Company〕.

RSI 反復運動障害〔< repetitive strain injury〕.

RSPCA《英》王立動物虐待防止協会〔< Royal Society for the Prevention of Cruelty to Animals〕.

RSV 標準改訂訳聖書〔< Revised Standard Version〕.

R. S. V. P., RSVP 御返事ください（手紙に書きそえる）〔<〈F〉Répondez s'il vous plaît〕.

Rt. Hon.《英》閣下（伯爵以下の貴族などへの敬称）〔< Right Honorable〕.

rub[rʌ́b]擦[こす]る，磨く；撫[な]でる；塗る／擦れる；どうにかこうにかして通る／摩擦；障害，難点；あてこすり.

rubber[rʌ́bər]ゴム（製品）；ゴム靴；消しゴム；《米話》コンドーム，スキン；こする人〔もの〕. ~ **stamp** ゴム印；安易な賛成（をする人）；決まり文句. **rubbery** ゴムの様な.

rubbish[rʌ́biʃ]屑，がらくた；ばかげた考え. **rubbishy** くずの；くだらない.

rubble[rʌ́bl]破壊された建物のあと，割れ石.

rubicund[rúːbəkʌnd]ばら色の；赤らんだ.

ruble[rúːbl]= rouble.

ruby[rúːbi]ルビー；紅玉；紅玉色／ルビー色の.

ruche[rúːʃ]襞[ひだ]付き飾り.

ruck[rʌ́k]〔ラグビー〕ラック；多数の《of》；大衆.

rucksack[rʌ́ksæk, rúːk-]リュックサック.

ruckus[rʌ́kəs]《米話》騒ぎ，けんか.

rudder[rʌ́dər]舵；方向舵[だ]；指導者.

ruddy[rʌ́di]赤い，赤らんだ.

rude[rúːd]粗野な；無教育の；無作法な；（風など）荒い；丈夫な. **rudely** 手荒に. **rudeness** 名

rudiment[rúːdəmənt]（複）基本；きざし. **rudimentary** 基本の；発達不全の.

rue[rúː]悲嘆，悔恨／悲しむ，悔やむ. **rueful** 悲しい，悲しそうな. **ruefully** 悲しげに.

ruffian[rʌ́fiən]悪漢（の）.

ruffle[rʌ́fl]〔羽を〕逆立てる；〔頭髪などを〕かき乱す；襞[ひだ]を取る；襞縁[ひだべり]を付ける；しわくちゃにする〔なる〕；波立たせる；立腹させる〔する〕／フリル；不満，いらだち；波立ち.

rug[rʌ́g]敷物；膝掛け.

Rugby[rʌ́gbi], **rugger**[rʌ́gər]ラグビー；ラグビー校（英国のパブリックスクール）.

rugged[rʌ́gid]でこぼこのある；乱暴な；耳ざわりな；厳しい；険悪な；《米》丈夫な. **ruggedly** ぎざぎざに. **ruggedness** 名

ruin[rúːin]破滅；荒廃；(複) 廃墟；破滅の因／滅ぼす；荒らす. **ruined** 荒廃した；滅びた. **ruinous** 破壊的な；荒廃した；廃滅の.

rule[rúːl]規則；支配；定規；罫／支配する；線を引く／主権を握る；〔相場が〕もち合う.

ruler[rúːlər]支配者；定規.

ruling[rúːliŋ]判決；支配する；有力な；一般の. **the ~ party** 与党.

rum¹[rʌ́m]ラム酒.

rum² 変な；困った；手ごわい.

rumba[rʌ́mbə]ルンバ(キューバの踊り).

rumble[rʌ́mbl]ごろごろ(という音)；〔自動車などの〕後部補助席／ごろごろと鳴る，轟く／がらがら声で言う《out》.

rumbling[rʌ́mbliŋ]ごろごろ鳴る音；(しばしば複) 不平・不満の声.

ruminant[rúːmənənt] 反芻動物(の)；沈思する，考え込む.

ruminate[rúːməneit]反芻する；思いめぐらす. **rumination** 名

rummage[rʌ́midʒ]捜索；がらくた／くまなく捜す，ひっかき回す，捜し出す《out, up》

rumor, 《英》rumour[rúːmər]噂／噂する. **harmful ~s** 風評被害.

rump[rʌ́mp]臀部，尻；残りもの.

rumple[rʌ́mpl]しわにする，くしゃくしゃにする.

run[rʌ́n]走る；逃げる；〔時が〕経つ；候補に立つ；流れる；運転する；営業する；及ぶ；〔ある状態に〕なる；ざっと見通す；大体…である／走らせる；候補に立たせる；運転させる；通す；経営する；〔危険などを〕冒す；刺す／走り；流れ；続き；運び；操業；運転；実行；旅行；旅程；〔靴下の〕伝線；〔野球〕得点；放牧場. **~ out** 尽きる《of》；

満期になる. **~ over** あふれる；ざっと目を通す；礫く. **in the long ~** 結局，つまりは；〔時計などが〕止まった. **~-down** 疲れ果てた；荒廃した；〔時計などが〕止まった. **~-in** けんか；口論；予行練習. **~-through** リハーサル. **~-up** 価格の急騰；助走；準備期間.

runaway 逃走；逃亡者.

rune[rúːn] ルーン文字(古代北欧文字).

rung¹[rʌ́ŋ] 梯子の段，〔いすなどの脚の〕横木；〔車の〕輻.

rung² ring の過去分詞.

runlet[rʌ́nlət]小川.

runnel[rʌ́nl]小川，みぞ.

runner[rʌ́nər]走者；走り使い；《米》注文取り；〔植物の〕蔓. **~-up**〔競技の〕次点者〔チーム〕.

running[rʌ́niŋ]走る；継続する；流れる；一通りの；蔓がからむ；滑走する／走り；〔野球〕走塁；運転.

runny[rʌ́ni]〔練り粉，のりなどが〕ゆるい，流れやすい；鼻水の出る.

runoff 決勝戦，決選投票.

runt[rʌ́nt]小さな動物；〔軽蔑的に〕ちび. **runty** ちびの.

runway[rʌ́nwei]走路；水路；滑走路；獣道；〔劇場の〕花道；〔窓枠の〕滑り溝.

rupee[ruːpíː]ルピー(インド・ネパール・パキスタンの貨幣単位).

rupiah[ruːpíːə]ルピア(インドネシアの貨幣単位).

rupture[rʌ́ptʃər]破裂；破談；脱腸／破る；裂く；絶つ／裂ける，割れる；断絶する.

rural[rúərəl]いなかの，田園の. **ruralization** 田園化.

ruse[rúːz]策略；計略.

rush¹[rʌ́ʃ]突進する，急ぐ；(考えなどが) 急に浮かぶ／走らせる；急がせる；突破される／突進；突進；急激な需要；大挙殺到. **~ hour** ラッシュアワー.

rush² トウシンソウ，イグサ；くだらぬもの.

rusk[rʌ́sk] ラスク, 軽ビスケット.

Russ. ロシア(の) 〔< Russia(n)〕.

russet[rʌ́sit] あずき色(の);手織りの(布).

Russia[rʌ́ʃə] ロシア(連邦) (Russian Federation).

Russian[rʌ́ʃən] ロシア(人・語) の;ロシア人;ロシア語.

rust[rʌ́st] さび(色);さび病;〔腕の〕鈍り / さびる;鈍る / さびさせる;鈍らせる.

rustic[rʌ́stik] いなか(風) の / いなか者;無骨者.

rustle[rʌ́sl] さらさら(と鳴る・鳴らす),がさがさ(いう・いわせる).

rusty[rʌ́sti] さびた;さび色の;色あせた;下手になった.

rut[rʌ́t] 事跡, 轍;常習, おきまり. get into a ～ 型にはまる.

ruthless[rú:θləs] 無情な, 残忍な. **ruthlessly** 副

RV レジャー用多目的車〔< recreational vehicle〕.

Rx 処方薬, 処方箋.

rye[rái] ライ麦;ライウイスキー.

S

S 南 (の) / 南 部 の〔< South, Southern〕.

s …秒〔< second(s)〕.

SA 南オーストラリア州〔< South Australia〕;救 世 軍〔< Salvation Army〕.

Sabbath[sǽbəθ] 安息日(ユダヤ教: 土曜, キリスト教:日曜).

Sabbatical[səbǽtikəl] 安息日の;〔約7年ごとに大学教授に与えられる〕休暇年度(の). ～ year 休暇年度.

saber, 《英》**sabre**[séibər] 軍刀, サーベル, (複) 騎兵隊.

sable[séibl] クロテン;クロテン皮;黒衣;《詩》喪服 / クロテン皮の;《詩》黒い, 陰うつな.

sabot[sǽbou] 木靴.

sabotage[sǽbətɑːʒ] 〔争議中労働者による〕破壊行為, 妨害, サボタージュ.

saboteur[sæbətɔ́:r] sabotage する人.

SAC[sæk] 《米》戦略空軍〔< Strategic Air Command〕.

sac[sæk] 嚢ぅ, 液嚢.

saccharin[sǽkərin] サッカリン(砂糖の代用品).

sacerdotal[sæsərdóutl] 僧の;僧権尊重の.

sachem[séitʃəm] 〔北米インディアンの〕首長.

sachet[sæʃéi] におい袋.

sack[sǽk] 大きな袋;ゆるやかな上着;解雇;寝床 / 袋に入れる;解雇する. ～ out 床につく. hit the ～ 床につく. **sacking** = sackcloth.

sack[sǽk] 略奪する / 略奪(品).

sackcloth 粗麻布, ズック.

sacrament[sǽkrəmənt] 秘跡;聖礼典; (the S-) 聖餐ぶ;聖体. **sacramental** 聖礼典の;神聖な;準秘跡.

sacred[séikrəd] 神聖な;宗教上の;侵すべからざる.

sacrifice[sǽkrəfais] 犠牲;いけにえ;見切り売り;〔野球〕犠打 / 供える;犠牲にする, 投げ売りする;犠打を打つ. ～ fly 犠牲フライ. **sacrificial** 形

sacrilege[sǽkrəlidʒ] 冒涜ξ, 不敬. **sacrilegious** 形

sacrosanct[sǽkrousæŋkt] 神聖な;侵すべからざる.

SAD 季節性情動障害〔< seasonal affective disorder〕.

sad[sǽd] 悲しい;陰気な;ひどい. **sadden** 悲しませる;陰気にする;悲しくなる;陰気になる. **sadly** 副 **sadness** 名

saddle[sǽdl] 鞍;〔自転車などの〕サドル / 鞍をつける;〔重荷を〕負わせる.

saddler[sǽdlər] 鞍つくり, 馬具師. **saddlery** 馬具(商).

sadism[séidizm, sǽd-] 加虐性変態性欲;サディズム.

sadist[séidist, sǽd-] サ ディ ス ト.

S

sadistic 形

SAE, sae 返信用封筒〔< self-addressed envelope〕.

safari[səfɑ́ːri] サファリ, 狩猟旅行(隊).

safe[séif] 安全な, 無事な / 金庫;警護(する);護衛する. **safehit**[野球]安打. **safely** 副

safeguard 保護(する)

safety[séifti] 安全, 無事.

saffron[sǽfrən] サフラン;サフラン色(の).

sag[sǽg] ゆるむ, たわむ;弱る / ゆるみ, たわみ;陥没.

saga[sɑ́ːgə]〔北欧の〕英雄物語;武勇伝, 大河小説.

sagacious[səgéiʃəs] 賢い, 賢明な. **sagaciously** 副

sagacity[səgǽsəti] 賢明.

sage [1][séidʒ] 賢い, 賢明な / 賢人. **sagely** 賢人らしく, 賢明に.

sage [2] セージ, サルビア(葉は料理・薬用).

sagebrush ヤマヨモギ(よもぎの一種).

Sagittarius[sædʒitéəriəs] 射手座;人馬宮.

sahib[sɑ́ːib] 閣下, 旦那.

said[séd] say の過去・過去分詞.

sail[séil] 帆(船);帆走, 帆行 / 帆走する;航海する;出帆する;〔水禽などが〕すいすい泳ぐ;すうっと飛ぶ;〔船を〕操縦する.

sailboat 帆船, 小型ヨット.

sailing[séiliŋ] 帆走;航行;出帆.

sailor[séilər] 水夫, 船員.

saint[séint] 聖者, 聖徒〔略 St.〕. **saintly** 聖徒のような.

sake [1][séik] 動機, 理由. for the ~ of …のために. for God's(goodness') ~ 後生だから, 一体全体.

sake [2][sɑ́ːki] 酒, 日本酒.

SAL サル便(陸送・空路国際郵便)〔< surface airlifted mail〕.

salable[séiləbl] 売れそうな, 売れ行

きのよい.

salacious[səléiʃəs] 好色の, わいせつな. **salacity** 名

salad[sǽləd] サラダ;サラダ用生野菜. ~ **days** 修業時代.

salamander[sǽləmændər] 火トカゲ(伝説上の動物);サンショウウオ.

salami[səlɑ́ːmi] サラミソーセージ.

salariat[səléəriæt] 俸給生活者階級, サラリーマン階級.

salary[sǽləri]〔主に事務・専門職の〕俸給, 給料. **salaried** 俸給を受けている, 月給取りの. **salaried worker** サラリーマン. **salaried man**〔日本の〕サラリーマン.

sale[séil] 販売, (複) 販売業務;売れ行き;(通例複) 売り上げ;特売. **saleable** = salable.

sales[séilz] sale の複数 / 販売の. **salesman, -woman, -person, -girl, -lady,** 販売係. ~ **manager** 販売部長. ~ **tax**《米》売上税.

salesclerk[séilzklɑ̀ːrk]《米》店員.

salient[séiliənt] 顕著な;突出する / 凸ぅ角;突出部. **salience, saliency** 名

saline[séilain] 食塩の;塩を含む / 塩湖, 塩田;食塩水.

saliva[səláivə] 唾ぇ液, 唾ビ. **salivary** 形

salivate[sǽləveit] 唾液を分泌する〔せる〕. **salivation** 名

sallow [1][sǽlou] サルヤナギ;ヤナギ.

sallow [2] 黄ばんだ, 血色の悪い / 黄ばませる.

sally[sǽli]〔城兵の〕出撃, 突撃;小旅行;閃ぅき;洒落ぁ / 出撃する;勢いよく出る.

salmagundi[sælməgʌ́ndi] サラダ風肉料理, サルマガンディー;ごたまぜ.

salmi[sǽlmi] 鳥肉のシチュー料理.

salmon[sǽmən] サケ;サーモンピンク色.

salmonella[sælmənélə] サルモネラ菌.

salon[səlάːn]客間；〔特にパリ上流婦人の〕招待会；画廊；《米》〔服装・美容の〕店.

saloon[səlúːn]〔旅館などの〕大広間；〔飛行機の〕客室；〔列車の〕展望車；展覧会場，陳列場；〔舞踏・玉突き〕場；《米》酒場.

salsa[sάːlsə]〔音楽〕サルサ；辛いチリソース.

SALT 戦略兵器制限交渉(条約)，ソルト〔< Strategic Arms Limitation Talks(Treaty)〕.

salt[sɔ́ːlt]塩，食塩；〔化学〕塩えん；機知／塩で味付けする；塩漬けにする. ~ -and-pepper ごましお頭の. **salty** 塩気のある；辛辣しんらな.

saltcellar〔食卓上の〕塩入れ.

saltpeter〔英〕**saltpetre** [sɔːltpíːtər]硝石.

salubrious[səlúːbriəs]健康によい；さわやかな. **salubrity** 名

salutary[sǽljətèri]ためになる，有益な；健康によい.

salutation[sæljətéiʃən]あいさつ，敬礼.

salute[səlúːt]あいさつ(する)，敬礼(する)；祝砲(を撃つ)；礼砲.

salvage[sǽlvidʒ]海難救助；被救助船舶(財貨)；廃物利用(回収)／〔難船を〕救助する；〔廃品を〕利用する.

salvation[sælvéiʃən]救済. **Salvation Army** 救世軍.

salve[sǽv]軟膏なんこう；膏薬／和らげる；慰める.

salver[sǽlvər]〔金銀製の〕盆.

salvo[sǽlvou]一斉射撃；盛んな拍手喝采.

salvor[sǽlvər]難破船救助者(船).

SAM[sǽm]地対空ミサイル〔< surface-to-air missile〕.

samba[sǽmbə]サンバ(ダンスの一種)；サンバの曲.

same[séim]同一の，同様の〔に〕／同一物〔人〕.

Samoa[səmóuə]サモア(独立国)

(Independent State of Samoa).

samovar[sǽməvὰːr]サモワール(ロシアの湯沸し).

samp[sǽmp]ひき割りトウモロコシ(で作ったかゆ).

sample[sǽmpl]見本；試料；標本／…のサンプルをとる. up to ~ 見本通りで. **sampling** 見本抽出.

sampler [sǽmplər]標本検査(採取)係(装置)；標本集.

sampler [sǽmplər]刺繍の見本縫い集.

sanatorium[sænətɔ́ːriəm]療養所〔地〕〔サナトリウム〕；保養所〔地〕.

sanctify[sǽŋktəfài]神聖にする，清浄にする；正当化する.

sanctimonious[sæŋktəmóuniəs]神聖ぶる，信心ぶる，殊勝ぶった. **sanctimony** 名

sanction[sǽŋkʃən]裁可(する)，是認(する)；処罰；(通例複)制裁.

sanctity[sǽŋktəti]神聖.

sanctuary[sǽŋktʃuèri]聖堂；避難所；聖域；鳥獣保護区.

sanctum[sǽŋktəm]聖所；私室.

sand[sǽnd]砂；(複)砂原. ~ **dune** = dune. **sander** 研磨機. **sandy** 砂の，砂だらけの；ざらざらした；髪が薄茶色の.

sandal[sǽndl]サンダル.

sandglass 砂時計.

S&H 発送手数料〔< shipping and handling〕.

S&L《米》貯蓄貸付組合〔< savings & loan association〕.

sandman 睡魔.

sandpaper 紙やすり.

S&P 500 スタンダード・アンド・プアーズ社総合500種株価指数〔< Standard & Poor's Composite Index of 500 Stocks〕.

sandstone 砂岩.

sandstorm 砂嵐.

sandwich[sǽndwidʒ]サンドイッチ／サンドイッチにする；間に挟む. ~ **man** 広告板を前後にさげて歩く人.

sane[séin] 心の確かな, 正気の.

sang[sǽŋ] sing の過去.

sanguinary[sǽŋgwəneri] 血なまぐさい, 殺伐とした.

sanguine[sǽŋgwin] 多血質の; 楽観的な; 血色のよい.

sanitarium[sænətéəriəm] = sanatorium.

sanitary[sǽnəteri] 衛生の, 保健の. ~ napkin[towel] 生理用ナプキン.

sanitation[sænətéiʃen] 公衆衛生; 衛生設備.

sanitize, 《英》-tise[sǽnətaiz] 〔殺菌などで〕清潔にする; 〔話などを〕和らげる.

sanity[sǽnəti] 気の確かなこと, 正気.

sank[sǽŋk] sink の過去.

San Marino[sæn mərí:nou] サンマリノ(共和国)(Republic of San Marino).

Sanskrit[sǽnskrit] 梵語(の), サンスクリット(の).

Santa Claus[sǽntə klɔːz] サンタクロース.

São Tomé and Principe[sáun təméi ən prínsəpə] サントメ・プリンシペ(民主共和国)(Democratic Republic of São Tomé and Principe).

sap[sǽp] 樹液; 体液; 活気, 元気; 《話》ばか, まぬけ / 樹液を取る; 消耗させる.

sap²[敵陣に迫るための] 対壕²³; 徐々に破壊するもの / 対壕を掘る; 徐々にそこなう; 次第に弱らせる.

sapid[sǽpid] 風味のよい, うまい; 味わいのある, 面白い.

sapient[séipiənt] 物知り顔の; 賢明な. **sapience** 名

sapless[sǽplis] 樹液のない; 枯れた; 元気のない.

sapling[sǽpliŋ] 若木; 若者, 青二才.

sapphire[sǽfaiər] 青玉, サファイア; 青玉色.

sappy[sǽpi] 樹液の多い; 活気のある;《米俗》ばかな; ひどく感傷的な.

sarcasm[sá:rkæzm] あてこすり; 風刺, 皮肉.

sarcastic[sɑ:rkǽstik] 風刺の, 皮肉な, 辛辣な.

sarcoma[sɑ:rkóumə] 肉腫.

sarcophagus[sɑ:rkǽfəgəs] 〔古ギリシャなどの〕石棺.

sardine[sɑ:rdíːn] イワシ. packed like sardines すし詰めで.

sardonic[sɑ:rdánik] 冷笑的な, 皮肉な. **sardonically** 副

sari[sá:ri] サリー(インド女性の衣服).

SARS 重症急性呼吸器症候群〔< severe acute respiratory syndrome〕.

SAS 睡眠時無呼吸症候群〔< Sleep Apnea Syndrome〕.

SASE 切手を貼った返信用封筒〔< self-addressed stamped envelope〕.

sash¹[sǽʃ] 飾り帯; 肩帯; 懸章.

sash²窓枠, サッシ(をつける).

sassy[sǽsi]《米俗》生意気な.

SAT[éseití:, sǽt]《米》大学進学適性検査〔< Scholastic Assessment Test〕.

Sat. 土曜日〔< Saturday〕.

sat[sǽt] sit の過去・過去分詞.

Satan[séitn] 魔王, サタン. **satanic** 魔王の, 悪魔の; 極悪な.

satchel[sǽtʃəl] 学生かばん.

sate[séit] たんのうさせる, 満足させる; 飽き飽きさせる.

satellite[sǽtəlait] 人工衛星; 衛星; 衛星国[都市] / 衛星の; 隣接する.

satiate[séiʃieit] あふれるほど満たす; 飽かす /[séiʃiit]《詩》飽きた.

satiety[sətáiəti] 飽満, たんのう.

satin[sǽtn] 繻子⁵⁶, サテン /〔サテンのように〕すべすべの. ~ stitch〔刺繍の〕サテンステッチ.

satire[sǽtaiər] 風刺詩〔文〕; 風刺.

satiric[sətírik], **satirical**[-kəl] 風刺の; 皮肉な.

satirist[sǽtərist] 風刺詩〔文〕作者;

皮肉屋.

satirize[sǽtəraiz]風刺する.

satisfaction[sæ̀təsfǽkʃən]満足；賠償；履行；決闘.

satisfactory[sæ̀təsfǽktəri]満足な；申し分のない.

satisfy[sǽtəsfai]満足させる；償う；疑いを晴らす；納得させる；安心させる. **satisfied** 満足した；納得した. **satisfying** 満足な；十分な.

satsuma[sætsúːmə]温州 みかん.

saturate[sǽtʃəreit]しみ込ませる，浸す；〔化学〕飽和させる. **saturated** ぐしょぬれの；たっぷりしみ込んだ；飽和した.

saturation[sæ̀tʃəréiʃən]浸透；飽和（状態）. ～ **bombing** 完全（集中）爆撃. ～ **point** 飽和点.

Saturday[sǽtərdi, -dei]土曜日〔略 Sat.〕.

Saturn[sǽtərn]〔ローマ神話〕農業の神；土星；サターン型ロケット.

saturnine[sǽtərnain]陰気な，むっつりした.

satyr[séitər]〔ギリシャ神話〕サテュロス（半人半ヤギの神）；《文》好色者.

sauce[sɔ́ːs]ソース，かけ汁；《米》煮た果物；薬味；刺激；《話》生意気/ソースをかける；味をつける；《話》無礼なことをいう.

saucepan 長柄付き料理鍋.

saucer[sɔ́ːsər]受けざら.

saucy[sɔ́ːsi]生意気な，出過ぎた；〔ものが〕気のきいた，しゃれた. **sauciness** 生意気.

Saudi[sáudi]サウジアラビアの/サウジアラビア人.

Saudi Arabia[sáudi əréibiə]サウジアラビア（王国）(Kingdom of Saudi Arabia).

sauna[sɔ́ːnə]サウナ風呂.

saunter[sɔ́ːntər]ぶらぶら歩き，散歩/ぶらぶら歩く.

sausage[sɔ́ːsidʒ]腸詰め，ソーセージ.

sauté[soutéi, sɔː-]《F》手早く焼いた料理，ソテー/ソテーにする.

savage[sǽvidʒ]野蛮な；獰猛な；《俗》怒った/野蛮人；残酷な人/猛撃する；かみつく. **savagely** 野蛮に. **savagery** 野蛮状態；凶暴性. **savageness** 名

savanna, savannah[sevǽnə]〔米国南部などの〕大草原，サバンナ.

savant[səvá:nt]学者，大家.

save[séiv]救う，救済する；貯蓄する；節約する，省く/…のほか，…を除いて. **saver** 救助者；節約家.

SAYE《英》給料天引き貯金〔< Save As You Earn〕.

saving[séiviŋ]救助する；節約する/…のほか，…を除いて/救助；節約；（複）貯金.

savior,《英》**saviour**[séivjər]救済者；(the S-) 救世主.

savor,《英》**savour**[séivər]味，香り/味をもつ，香りを有する；…の味がある/味をつける.

savory[1],《英》**savoury**[séivəri]風味のよい；ぴりっとする；感じのいい/〔食前か食事の最後に出す〕辛口の料理.

savory[2][séivəri]〔シソ科〕キダチハッカ；セイボリー（香辛料）.

saw[1][sɔ́ː]鋸 /挽く，挽き切る；鋸で切る.

saw[2] see の過去.

saw[3] 格言，諺 .

sawdust おがくず.

sawmill 製材場；製材用のこぎり.

sawn[sɔ́ːn]saw[1]の過去分詞.

sawyer[sɔ́ːjər]木挽び.

Saxon[sǽksn]サクソン人（の），サクソン語（の）.

saxophone[sǽksəfoun]サキソフォーン（楽器）.

say[séi]言う，話す，告げる；まず…とする/言い分；言う機会；(the ～)《米》決定権. I ～ もしもし，おい；

まあ. that is to ~ すなわち.
saying[séiiŋ]発言, 話；格言, 諺諺.
as the ~ is 諺にも言う通り.
say-so[séisou]《話》独断的な主張；
決定権.
SB 理学士〔<《L》Scientiae Bacca-
laureus〕.
SC （国連）安全保障理事会〔<
Security Council〕；サウスカロライナ
州〔< South Carolina〕；最高裁判所
〔< Supreme Court〕.
scab[skǽb]かさぶた；疥癬鮮；《話》
ストやぶり, 非組合員 / かさぶたが
できる；《話》ストやぶりをする.
scabbard[skǽbərd]〔刀剣の〕鞘鮮.
scabby[skǽbi]かさぶただらけの；疥
癬鮮にかかった；《話》卑しい, 卑
劣な.
scabies[skéibiz]疥癬鮮.
scabrous[skǽbrəs]ざらざらの；厄介
な；〔小説など〕きわどい.
scads[skǽdz]多量〔数〕, たくさん.
scaffold[skǽfəld]足場；絞首台；死
刑 / 足場を設ける. **scaffolding** 足場
（材料）.
scalable[skéiləbl]測定〔測量〕可能
な. ~ **font** サイズ調整できるフォン
ト.
scalar[skéilər]〔数学〕スカラー量
（の）.
scald[skɔːld]やけど / やけどさせる；
ゆでる；沸かす.
scale¹[skéil]うろこ；〔植物〕鱗片；
鎧の札鮮；歯石；湯あか；さび, 金ご
け / 鱗〔歯石など〕を落とす；剥げて
落ちる.
scale² 目盛り；尺度；音階；等級；
縮尺；進法；比例；割合；規模；梯
子（段）/ 梯子で登る；よじ登る, 縮
尺で製図する. ~ **down(up)** 一定率
で減少する（増大する）.
scale³ 天秤皿（鮮）；(the S-)
天秤座；天秤宮 / 秤にかける, はか
る.
scallion[skǽljən]ニラ；《米》春タマ

ネギ.
scallop[skáːləp, skǽl-]ホタテガイ；
（複）扇形（の飾り）/ 扇形にする；
貝鍋で料理する.
scalp[skǽlp]頭皮；頭髪つき頭皮 /
頭皮をはぐ；《米》利ざやをかせぐ.
scalpel[skǽlpəl]外科用のメス.
scaly[skéili]鱗のある；鱗状の；湯
あかのついた.
scam[skǽm]《俗》汚い手口.
scamp[skǽmp]やくざもの, 悪漢.
scampish 形
scamper[skǽmpər]ばたばた走り〔走
る〕, 疾走（する）.
scan[skǽn]精査する；スキャンする；
〔詩の〕韻律を調べる〔をつけて読
む〕. **scanner** スキャナー.
scandal[skǽndl]醜聞；疑獄事件；
反感, 非難；中傷, 悪口. **scandalize**
感情を損う, 慣慨させる. **scandalous**
不面目な, けしからぬ；中傷的な.
Scandinavian[skændinéiviən]スカ
ンジナビア（人）の / スカンジナビア
人〔語〕.
scant[skǽnt]乏しい, わずかの / 切
り詰める.
scanty[skǽnti]乏しい, わずかの.
scapegoat[skéipgout]身代わり, 犠
牲.
scapegrace[skéipgreis]やくざ者；
やっかい者；困り者.
scapular[skǽpjələr]肩甲骨の.
scar[skɑ́ːr]傷跡, 痕跡 / 傷跡を残す；
醜くする / 傷跡が残る.
scarab[skǽrəb]スカラベ, オオタマ
オシコガネ.
scarce[skéərs]不足で, 欠乏して；ま
れな. **scarcely** 辛うじて；ほとんど…
ない. **scarcely ... before〔when〕**…する
やいなや.
scarcity[skéərsəti]欠乏, 不足；飢
謹.
scare[skéər]おびえ；恐怖；恐慌 / 脅
かす；こわがらす / こわがる. **scared**
おびえた.

scarecrow 案山子^{かかし}；ぼろをまとった人.

scaremonger〔デマなどで〕世間を騒がす人.

scarf[skάːrf]襟巻き，肩掛け；スカーフ.

scarlet[skάːrlət]深紅色，緋色（の服）／深紅色の. ～ **fever** 猩紅熱^{しょうこう}熱.

scarves[skάːrvz]scarf の複数.

scary[skέəri]恐ろしい，おっかない；脅える；脅えさす.

SCAT 大学能力テスト〔< School and College Ability Test〕.

scat[skǽt]〔歌を〕スキャット（する）.

scathing[skéiðiŋ]冷酷な，手厳しい. ～ **attack** 厳しい攻撃. **scathingly** 副

scatology[skətάːlədʒi]糞尿譚ふ.

scatter[skǽtər]散らす，ばらまく；追い散らす；ちりぢりになる. **scatterbrain**《話》きょろきょろして落ち着きのない人. **scattered** 散在している；散漫な. **scattering** 散らばった，ばらばらの／まき散らすこと.

scavenge[skǽvindʒ]〔市街を〕掃除する；ごみの中から拾い出す；あさる. **scavenger** 街路掃除人；くずもの屋；腐肉を食う動物.

scenario[sənέəriou]〔劇の〕筋書き；〔映画の〕シナリオ，脚本.

scene[síːn]〔劇の〕一幕；道具立て，書割り；現場；情況；風景；《話》人前で騒ぎたてること. make a ～ 活劇を演じる.

scenery[síːnəri]風景，景色；舞台面，背景.

scenic[síːnik]風景の，舞台の；劇的な.

scent[sént]香り，臭い；嗅覚；《英》香水／かぎ分ける；感づく；におわせる. **scented** よい香りのする；香水をかけた.

scepter,《英》**sceptre**[séptər]王笏^{しゃく}（を授ける）.

sceptic[sképtik]= skeptic.

schedule[skédʒuːl, ʃédjuːl]予定（表）；時間割／目録を作る；予定を立てる.

scheme[skíːm]計画（する）；陰謀（を企てる）；組織，仕組み；図表. **scheming** たくらみのある；狡猾な.

schilling[ʃíliŋ]シリング（オーストリアの貨幣単位）.

schism[sízm]〔特に教会・宗派の〕分離，分裂.

schizo[skítsou]《話》統合失調症患者.

schizoid[skítsɔid]統合失調症的な（人）.

schizophrenia[skitsəfríːniə]統合失調症. **schizophrenic** 統合失調症の（患者）.

schmaltz[ʃmάːlts]極端な感傷主義；べとつくもの.

schnapps[ʃnǽps]シュナップス（強いホワイトリカー）.

schnitzel[ʃnítsəl]〔仔牛肉の〕カツレツ.

scholar[skάːlər]学者；生徒；〔奨学金をもらう〕特待生. **scholarly** 学者風の. **scholarship** 奨学金；学問；学識；給費.

scholastic[skəlǽstik]学校の；学者らしい〔ぶった〕；スコラ哲学者（の）. **scholasticism** スコラ哲学.

school[1][skúːl]学校；授業；全校生徒；学部，学派／学校に入れる；訓練する. ～ **board**《米》（地方の）教育委員会. ～ **closure** 学校閉鎖. ～ **days** 学生時代. **schooling** 教育費；学校教育.

school[2][skúːl]〔魚などの〕群れ／群れをなす，群れをなして泳ぐ.

schoolboy 男生徒.

schoolchild 学童.

schoolfellow, schoolmate 同窓生，学友.

schoolgirl 女生徒.

schoolhouse 校舎；《英》校長舎宅.

schoolmaster〔男の〕教師，校長.

schoolmistress〔女の〕教師，校長.

S

schoolroom 教室.

schoolteacher 教師.

schooltime 授業時間.

schooner[skú:nər] 2 本または 3 本マストの縦帆式帆船，スクーナー.

sciatic[saiǽtik] 坐骨(神経)の.

science[sáiəns] 科学；自然科学；学問. ～ fiction 空想科学小説，SF.

scientific[saiəntífik] 科学の；科学的な；正確な.

scientist[sáiəntəst] 科学者.

sci-fi[sáifái] SF(空想科学小説) /SF の.

scimitar, scimiter[símətər] 三日月刀.

scintillate[síntəleit] 火花を発する，きらめく. scintillation 名

scion[sáiən] [つぎ木用の] 若枝，継ぎ穂；子孫，後裔.

scission[síʒən] 切断；分裂，分離.

scissor[sízər] 鋏で切る. scissors 鋏.

sclerosis[skləróusəs] [動脈などの] 硬化(症).

scoff [1][skɔ́:f] 嘲弄(の的) / 嘲弄する.

scoff [2] むさぼり食う / 食い物；食事.

scold[skóuld] しかる，がみがみいう / がみがみいう人.

scollop[skɔ́ləp] = scallop.

sconce[skɑ́ns] 張出し燭台.

scone[skóun, skɔ́n] スコーン(菓子パン).

scoop[skú:p] 杓子；小シャベル；スコップ；特種；《話》大儲け / すくう，汲む；掘る；《俗》儲ける；特種を出す.

scoot[skú:t] 《俗》走る，逃げ去る. scooter スクーター.

scope[skóup] [観察・活動・知力・能力の] 範囲；余地；広がり.

scorch[skɔ́:rtʃ] 焦がす；枯らす；罵倒する / 焦げる；しなびる，枯れる；疾走する.

scorcher[skɔ́:rtʃər] 猛烈に暑い日.

scorching[skɔ́:rtʃiŋ] 焼けつくよう

な；手厳しい.

score[skɔ́:r] 刻み目；勘定書き；得点，点数；理由；20；多数；[音楽] 総譜 / 刻み目をつける；採点する；得点する；うまくやる；記入する / 得をする；得点する；線をつける.

scoreboard 得点板，スコアボード.

scorebook スコアブック.

scorecard 得点表；選手一覧表.

scorer[skɔ́:rər] [競技の] 記録係；得点者.

scorn[skɔ́:rn] 軽蔑(する). scornful 形 scornfully 副

Scorpio[skɔ́:rpiou] さそり座；天蠍宮.

scorpion[skɔ́:rpiən] さそり；(the S-) さそり座.

Scorpius[skɔ́:rpiəs] さそり座.

Scot[skɑ́:t] スコットランド人. Scots コットランド語〔人〕(の).

Scotch[skɑ́:tʃ] = scottish/ = Scottish；[スコットランド産] ウイスキー.

scotch [1][skɑ́:tʃ] 抑える；つぶす；[殺さない程度に] 傷つける / 浅い切傷.

scotch [2] 車輪止め(で止める).

Scotland[skɑ́:tlənd, skɔ́t-] スコットランド.

Scotsman[skɑ́:tsmən], -woman スコットランド人.

Scottish[skɑ́:tiʃ] スコットランド(人，語) の；(the ～) [集合的] スコットランド人.

scoundrel[skáundrəl] 悪党，無頼漢.

scour [1][skáuər] 擦りみがく；とぐ；洗い流す / 洗い流すこと；さび落とし.

scour [2] 捜し回る，あさり歩く，走り回る.

scourge[skɔ́:rdʒ] むち；天罰，たたり / むちうつ；罰する；苦しめる.

scout[skáut] 偵察兵〔艦・機〕；少年団員 / 偵察する；捜し回る；《米》[才能あるスポーツ選手などを] 発掘する.

scoutmaster 偵察隊長；少年団長.

scowl[skául]にがい顔／にがい顔をする；荒れ模様になる.

scrabble[skrǽbl]引っかく；引っかきまわす／引っかくこと；スクラッブル（盤上でやる綴りゲーム）.

scraggy[skrǽgi]骨ばった，やせた；ごつごつした.

scram[skrǽm]《俗》〔おもに命令形で〕逃げる；出て行く.

scramble[skrǽmbl]はい上がる；はびこる；奪い合いをする〔for〕；〔敵機の来襲に応じて〕緊急発進する／〔卵などを掻きまぜながら〕炒める；掻き集める；よじ上る；〔電波の〕周波数を変える（盗聴防止のため）／はい上がり；奪い合い；緊急発進.

scrap¹[skrǽp]切れ端；断片；切り抜き；鉄屑；がらくた／くずにする，廃棄する.

scrap² なぐり合い，格闘／なぐり合いをする.

scrapbook 切り抜き帳.

scrape[skréip]こする；けずり落とす；掻き集める；〔弦楽器を〕こすって鳴らす／こすれる；こつこつと金などを溜める，倹約する／何とかやっていく／こすること；こすった跡；《話》難儀，窮境.

scrapie[skrǽpi]〔羊などの〕伝染病，スクレイピー.

scratch[skrǽtʃ]掻く，引っ掻く；なぐり書きする；掻き消す；名簿から除く／掻く音；すり傷；走り書き；出発線／にわか仕立ての；ハンディキャップなしの／メモ用の.

scrawl[skrɔ́:l]なぐり書き，悪筆／ヘたに書く，走り書きする.

scrawny[skrɔ́:ni]やせた，骨ばった.

scream[skrí:m]叫び，金切り声／叫ぶ；きいきいいう.

scree[skrí:]〔山腹の〕くずれ岩.

screech[skrí:tʃ]金切り声（を出す）；きいきい声（を出す）.

screen[skrí:n]屏風（びょうぶ），目隠し（など）；

仕切り；映写幕；画面；(the ～) 映画；網目〔砂目〕のガラス／遮（さえぎ）る；仕切る；篩（ふる）う；映写する；選抜する.

screenplay シナリオ.

screening[skrí:niŋ]上映，審査；検診.

screenwriter シナリオライター，映画脚本家.

screw[skrú:]ねじ，螺旋（らせん）；コルク栓抜き；スクリュー；プロペラ；《英俗》けちんぼう／ねじで締める；締めつける；無理取りする；ねじる；歪（ゆが）める.

screwball 《米俗》変人.

screwdriver ねじ回し；スクリュードライバー（カクテルの一種）.

screwed-up 精神的にまいった；うろたえた.

scribble[skríbl]なぐり書き，乱筆；落書き／なぐり書きする，書き散らす，落書きする.

scribe[skráib]書き手；代書人；著述家；〔ユダヤ教〕律法学者.

scrimmage[skrímidʒ]なぐり合い，小ぜり合い；〔ラグビー〕スクラム／けんかする；スクラムを組む.

scrimp[skrímp]切り詰める，けちけちする，節約する.

script[skrípt]手書き（文字）；草書体活字；台本；〔法律〕原本.

scripture[skríptʃər]聖典，経典；the Scriptures 聖書. **scriptural** 形

scrofula[skrɑ́:fjələ]〔医学〕るいれき. **scrofulous** 形

scroll[skróul]巻物；目録；渦巻き模様，渦形；画面移動／巻物に書く；渦巻き模様をつける；巻く；画面を上（下）に動かす.

scrotum[skróutəm]陰嚢（いんのう）. **scrotal** 形

scrounge[skráundʒ]《俗》ねだる；こっそり盗む.

scrub¹[skrʌ́b]こすり洗う〔みがく〕／ごしごし擦ること.

scrub² 低木，やぶ；下等な動〔植〕物；つまらない人；補欠〔二軍選手〕／ち

っぽけな，劣った. **scrubby** ちっぽけな；低木の茂った；みすぼらしい.

scruffy[skrʌfi] むさくるしい，だらしない.

scrum[skrʌm], **scrummage**[-idʒ]《英》= scrimmage.

scruple[skrúːpl] 薬量の単位(1.296グラム)；微量；躊躇；遠慮／躊躇する，遠慮する.

scrupulous[skrúːpjələs] 良心的な；慎重な；几帳面な，正確な. **scrupulously** 副 **scrupulousness** 名

scrutinize[skrúːtənaiz] 詳しく調べる；じろじろ見る.

scrutiny[skrúːtəni] 精密な検査，吟味；じろじろ見ること.

scuba[skjúːbə] スキューバ，アクアラング(水中呼吸器具). ～ **diving** スキューバダイビング.

scud[skʌd] 疾走；飛雲／疾走する，すうっと走る.

scuffle[skʌfl] 乱闘／乱闘する《with》.

scull[skʌl] スカル；艫櫂／スカルで(舟を)漕ぐ.

scullery[skʌləri] 食器洗い場，流し.

sculptor[skʌlptər] 彫刻家.

sculpture[skʌlptʃər] 彫刻術；彫刻(物)／彫刻する.

scum[skʌm] 浮きかす；くず／浮きかすを取り除く；浮きかすができる.

scupper[skʌpər] 排水口；《英》駄目にする.

scurf[skə́ːrf] ふけ；あか. **scurfy** ふけだらけの.

scurrilous[skə́ːrələs] 口汚い，下劣な. **scurrilously** 副

scurry[skə́ːri] ちょこちょこ〔せかせか〕走る，急ぐ／急ぎ足；にわか雨(雪).

scurvy[skə́ːrvi] 下劣な；無礼な／壊血病.

scuttle[skʌtl] 石炭入れ.

scuttle[skʌtl] せかせか走る；あわてて走る(こと).

scuttle[skʌtl] 舷窓；天窓／〔沈めるために〕船に穴をあける，船底弁を開ける.

scythe[sáið] 大鎌／大鎌で刈る.

SD, S Dak サウスダコタ州〔< South Dakota〕.

SDF 自衛隊〔< Self-Defense Forces〕.

SDGs 持続可能な開発目標，エスディージーズ〔< Sustainable Development Goals〕.

SDI 戦略防衛構想〔< Strategic Defense Initiative〕.

SDP 社民党(日本)〔Social Democratic Party〕.

SDR 特別引き出し権＝国際通貨基金(IMF)〔< special drawing rights〕.

SE システムエンジニア〔< systems engineer〕.

sea[síː] 海，海岸；波. at ～ 海上で；途方に暮れて. by ～ 海路で. ～ **anemone** イソギンチャク. ～ **breeze** 海風. ～ **fight** 海戦. ～ **gull** カモメ. ～ **horse** タツノオトシゴ. ～ **king**〔中世北欧の〕海賊王. ～ **level** 平均海面. ～ **otter** ラッコ. ～ **power** 海軍力，制海権；海軍国. ～ **rover** 海賊(船). ～ **sick** 船に酔った.

seaboard 海岸，海浜.

seacoast 海岸.

seafarer 船乗り.

seafaring 船乗りを業とする；航海の.

seafood 海産物.

seagoing 大洋を航海する；航海業に従う.

seal[síːl] 印，捺印；封印，確証，保証／捺印する；封印する《up》；密封する；閉じる；定める；確証する. **sealing wax** 封蠟. **Japanese** ～ 印章，はんこ.

seal[síːl] アザラシ；オットセイ；アシカ；〔アザラシなどの〕毛皮／アザラシ〔オットセイ・アシカ〕狩りをする.

seam[síːm] 縫い目；合わせ目，継ぎ目；しわ；層；傷痕／縫い合わせる；継

ぎ合わせる；傷痕をつける.
seamless 継ぎ目のない. **seamy** 縫い
目のある；継ぎ目のある. **the seamy
side** 暗黒面.
seaman 水夫, 水兵.
seamanship 船舶運用術.
seamstress[síːmstris]《古》裁縫師,
お針子.
seaplane 水上飛行機.
seaport 海港；港町.
sear[síər]ひからびた／ひからびる〔さ
せる〕；焦げる〔がす〕.
search[sə́ːrtʃ]捜索；調査／捜索す
る；調査する. **～ warrant** 家宅捜
索令状. **searcher** 捜索者. **searching**
厳重な；すみずみにまで及ぶ；きび
しい.
searchlight 探照灯.
searing[síəriŋ]焼けるような；きび
しい.
seashore 海浜, 海岸.
seasickness 船酔い.
seaside 海辺.
season[síːzn]季節；盛り；好機；し
ばらくの間／味をつける；加減する；
慣らす；〔木材などを〕枯らす／枯れ
る；〔土地に〕慣れる. **～ ticket** 定
期乗車〔入場〕券. **seasonable** 時に
合った；適切な. **seasonal** 季節による；
周期的な. **seasoned** 慣れた；味つけ
した. **seasoning** 調味料, 薬味.
seat[síːt]席, 座席；腰かけ；〔いすな
どの〕座部；〔ズボンなどの〕臀部；
議席, 地位；所在地；中心地／着
席させる；座席を有する；容れる；
据えつける. **～ belt** シートベルト.
seating 着席；座席数／座席の.
SEATO[síːtou]東南アジア条約機構
〔< Southeast Asia Treaty Organ-
ization〕.
seaward 海の方へ.
seawater 海水.
seaweed 海草.
seaworthy 航海に適する.
SEC《米》証券取引委員会〔<

Securities and Exchange Commis-
sion〕.
secant[síːkænt]〔数学〕セカント, 正
割／交差する, 切る.
secateurs[sékətəːrz]剪定鋏.
secede[sisíːd]〔教会・政党などから〕
脱退する, 分離する《from》.
secession[siséʃən]脱退, 分離. **se-
cessionism** 分離論.
seclude[siklúːd]引っ込める；隠退さ
せる；引き離す. **secluded** 人里離れた,
閑静な；隠通した.
seclusion[siklúːʒən]隔離；隠通；隠
退.
second[1][sékənd]第2の, 2番目の；
従の／第二に, 次に／補佐する, 後
援する；賛成する／第2者；〔月の〕
2日；決闘の介添人／(複) 二級品.
～ -class 二等の；二流の／二等(車)
で. **～ cousin** またいとこ **～ -rate** 二
流の；二流品. **～ sight** 先見の明；
千里眼. **the Second World War** 第二
次世界大戦. **secondly** 第二に, 次に.
second[2] 秒, セコンド；瞬時. **in a ～**
たちまち.
secondary[sékənderi] 第二の；従の；
二次的な. **～ transmission** 二次感
染.
secondhand 古物の；間接に得た.
secrecy[síːkrəsi]秘密；秘密遵守；秘
密主義.
secret[síːkrət]秘密の, 機密の；隠れた,
内々の／秘密, 機密；秘伝, 秘訣.
～ police 秘密警察. **the ～ service**
情報〔諜報〕機関. **Secret Service**
《米》財務省検察局. **secretly** ひそか
に.
secretaire[sekrətéər]書きもの机.
secretarial[sekrətéəriəl]秘書の；書
記の.
secretariat[sekrətéəriət] (the ～) 秘
書課, 文書課；官房；事務局；書記；
〔秘書官など〕の職.
secretary[sékrəteri]秘書, 書記；書
記官, 秘書官；〔クラブなどの〕幹

S

事；大臣；書きもの机. the ～
-general 事務総長；事務局長.
Secretary of State《米》国務長官；
《英》国務大臣. secretaryship
secretary の職・任期.

secrete¹[sikríːt] 分泌する. secre-
tion 分泌；分泌物.

secrete² 隠す. secretion 隠匿，隠
蔽. secretive 秘密主義の，隠し立
てする.

sect[sékt]宗派；学派；党派.

sectarian[sektéəriən]宗派の；学派
の；帰属意識の強い(人).

section[sékʃən]切断；断片；部分；
部門；段落；区分；断面(図)；〔軍隊〕
小隊. sectional 部分の，区分の，部
門の；地方的な. sectionalism 地方
主義，派閥.

sector[séktər]〔数学〕扇形；〔軍隊〕
守備範囲；部門，分野.

secular[sékjələr]現世の；世俗の.

secure[sikjúər]心配のない；確かな；
安全な；堅固な，丈夫な／安全にす
る〔なる〕；保証する；戸締まりをする；
確保する；監禁する. securely 安心
して；安全に.

security[sikjúərəti]安心；安全；守護，
保護；保証；担保；保証人；(複) 証
券，証書. ～ guard 警備員，ガード
マン. Security Council (the ～) 国連
安全保障理事会. Security Force 国
連軍.

sedan[sidǽn]いすかご；セダン型自
動車.

sedate[sidéit]静かな，落ち着いた.
sedately 副

sedative[sédətiv]鎮静する／鎮静剤.

sedentary[sédnteri]座りきりの；座
業の；定住性の. sedentarily 副
sedentariness 名

sedge[sédʒ]スゲ.

sediment[sédəmənt]おり，沈殿物.
sedimentary 形

sedition[sidíʃən]治安妨害；扇動.

seduce[sidjúːs]そそのかす；うっとり

させる，誘惑する.

seduction[sidʌkʃən]誘惑(物)；くど
き落とし. seductive 誘惑する；魅力
のある.

sedulity[sidjúːləti]勤勉，精励.

sedulous[sédʒuləs]勤勉な；念入りな.
sedulously 副

see[síː]見る；見分ける；悟る；調べる；
経験する；訪問する；会う；気をつ
ける／見える；わかる；確かめる. I
～ なるほど. You ～ ねえ，そら. ～
-through 透けて見える(服など)〕.
seeing 見ること，視覚；…であるの
を考えると.

seed[síːd]種子；〔虫や魚の〕卵；根源；
白子；シード選手／種をまく；種を生
じる；成熟する；〔選手を〕シードする.
seedbed 苗床. seedling 実生，苗.
seedy 種の多い；《話》みすぼらしい；
元気のない.

seek[síːk]捜す，求める；しようと務
める. seeker 探索者；探求者.

seem[síːm]見える，…らしい，思われる.
seeming うわべの，外見上の.
seemingly 外観は，うわべは. seemly
適当な〔に〕，上品な〔に〕.

seen[síːn]see の過去分詞.

seep[síːp]しみ出る，にじみ出る／し
み出た所. seepage 浸出(量).

seer[síːər]予言者.

seersucker[síərsʌkər]シアーサッカ
ー(波状凸凹のある麻や綿などの薄
地).

seesaw[síːsɔː]シーソー；上下動／上
下に動く.

seethe[síːð]煮え立つ，沸騰する.

segment[ségmənt]片，断片；区切り；
〔数学〕弓形；〔動物〕体節／分裂
する〔させる〕；分割する.

segregate[ségrəgeit]分離する；人種
差別をする. segregated 分離〔隔離〕
された.

segregation[segrəgéiʃən]分離；人
種差別. segregationist 人種差別肯
定論者.

segue[séigwei, ség-]切れ目なく続ける，セグエ.

seigneur, seignior[seinjə:r, senjə:r]主君，領主；…様.

seismic[sáizmik]地震の；地震によって起こる．～ **intensity** 震度.

seismograph[sáizməgræf]地震計.

seismology[saizmá:lədʒi]地震学. **seismologist** 地震学者.

seize[síːz]捕える，つかむ；奪う；〔病が〕襲う；差し押える.

seizure[síː3ər]捕獲；強奪；差し押え；発作.

SELA ラテンアメリカ経済機構，セラ〔<《スペイン語》Sistema Económico Latinoamericano〕.

seldom[séldəm]まれに，めったに…ない.

select[səlékt]選ぶ／精選した，極上の；えり好みする．～ **committee**〔国会などの〕特別(調査)委員会.

selection[səlékʃən]選択，抜粋；選ばれたもの(人)，えりぬき，淘汰. **selective** 選択する，選択力のある.

self[sélf]自己；自我；そのもの／同種の．～ **-centered** 利己主義の．～ **-conceit** 自負心，うぬぼれ．～ **-confidence** 自信．～ **-conscious** 自意識のある；はにかみやの．～ **-contained** 無口な；自足的な．～ **-control** 自制(心)，克己；(コロナ禍等での)自粛．～ **-defense** 自己防衛，正当防衛．～ **-denial** 自制，克己．～ **-educated** 独学の．～ **-esteem** 自尊心；自負．～ **-evident** 自明の，わかりきった．～ **-governance** 自治．～ **-governing** 自治の．～ **-help** 自助．～ **-interest** 利己主義．～ **-love** 利己主義；自愛．～ **-made** 自作の；独力で立身した．～ **-pity** 自分をあわれむこと，沈着な，冷静な，～ **-possessed** 冷静な，沈着な．～ **-proclaimed** 自称の，～ **-reliant** 独立独行の．～ **-respect** 自尊心．～ **-righteous** 独善的な．～ **-styled** 自称の；自認の．～

-sufficient 自給自足の；うぬぼれの強い．～ **-taught** 独学の．～ **-willed** わがままな．～ **-winding** 自動巻きの. **selfless** 私心のない；無欲の.

selfie[sélfiː]自撮り，セルフィー.

selfish[sélfiʃ]わがままの，利己主義の. **selfishly** 副 **selfishness** 名

selfsame[sélfseim]全く同じ，同一の.

sell[sél]売る／売れる. **sellout** 売り切れ. **seller** 売る人；売れるもの.

selves[sélvz]self の複数.

sematic[simætik]〔動物〕警戒(目標)色の.

semblance[sémbləns]外観；見せかけ；類似.

semen[síːmen]精液，ザーメン.

semester[səméstər]〔2 期制の〕半学年，学期.

semi-[sémi-]『半分 -』「いくぶん -」「二回 -」.

semiannual[semiænjuəl]半年ごとの，年 2 回の.

semibreve[sémibriːv]《英》全音符.

semicircle[sémisəːrkl]半円. **semicircular** 半円の，半円形の.

semicolon[sémikoulən]セミコロン〔;〕.

semiconductor 半導体.

semidetached[semiditætʃt]《英》2軒ひと棟の(家).

semifinal[semifáinl]準決勝(の). **semifinalist** 準決勝出場選手〔チーム〕.

semimonthly[semimʌ́nθli]半月ごとの，月 2 回の／半月ごとに，月に 2回／月 2 回の出版物.

seminal[sémənl]種子の；精液の；根源の.

seminar[sémənaːr]演習，ゼミナール；研究室.

seminary[séməneri]学校；〔特に〕神学校.

semiofficial[semiəfíʃəl]半官的な，半公式の. **semiofficially** 副

S

semiotics[si:miá:tiks]記号学(の).

Semitic[səmítik]セム語(の) ；セム族(の).

semitone[sémitoun]半音.

SEN《米》准看護師〔< state enrolled nurse〕.

Sen. 上院〔< senate〕；上院議員〔< senator〕.

senate[sénət]元老院；(S-) 〔米国などの〕上院；〔英国大学の〕評議員会.

senator[sénətər]元老院議員；(S-)《米》上院議員，《英》〔大学の〕評議員. **senatorial** 形

send[sénd]送る；派遣する；出す，発する；授ける；陥らせる；…にする / 使いをやる. ～ for …を呼びにやる. ～ off 発送する；見送る. **sender** 送り主；送信機.

Senegal[senəgó:l] セネガル(共和国) (Republic of Senegal).

Senegalese[senəgə:lí:z] セネガル(人・語) の / セネガル人〔語〕.

senile[sí:nail]高齢の；老衰の. ～ **dementia** 老人性痴呆(症). **senility** 名

senior[sí:njər]年上の；先輩の，上級の；《米》最上級の / 年長者；先輩；上官；《米》最上級生. ～ **citizen** 高齢者.

seniority[si:njó:rəti]年上；先輩であること；年功序列.

sensation[senséiʃən]感じ，感覚；評判；騒ぎ；大事件. **sensational** 世間を騒がせる，人騒がせな；扇情的な.

sense[séns]感覚；意識；分別；勘〔センス〕；意味，意義 / 感じる，知覚する. **senseless** 知覚のない；人事不省の；ばかげた；非常識な；無意味の.

sensible[sénsəbl]賢明な，分別のある感じる；気づいて. **sensibility** 感性；敏感，感受性；感情. **sensibly** 副

sensitive[sénsətiv]感じやすい，感覚のある；敏感な. ～ **plant** オジギソウ，ネムリグサ. **sensitiveness** 敏感；

過敏.

sensitivity[sensətívəti]感受性；感度；〔写真〕感光度.

sensitize[sénsətaiz]敏感にする；感光性を与える.

sensor[sénsər]センサー，感知器(物理的に刺激を感じる機器).

sensory[sénsəri]知覚の，感覚の.

sensual[sénʃuəl]肉感の；性欲の；肉欲にふける.

sensuality[senʃuǽləti]肉欲にふけること，好色.

sensuous[sénʃuəs]感覚的な；敏感な.

sent[sént] send の過去・過去分詞.

sentence[séntəns]宣告，判決；〔文法〕文 / 宣告〔判決〕する.

sententious[senténʃəs]教訓めいた；簡潔な；金言めいた.

sentient[sénʃənt]知覚力のある；意識する.

sentiment[séntəmənt]感想；感情；情操；情趣；感傷；意見.

sentimental[sentəméntl]情にもろい，感傷的な. **sentimentalism** 感傷主義；感傷癖. **sentimentalist** 感傷家；感傷的な人.

sentinel[séntənəl]番兵；見張り；〔コンピュータ〕標識.

sentry[séntri]歩哨；見張り.

Sep. 九月〔< September〕.

separable[sépərəbl]分離〔区分〕できる.

separate[sépəreit]分ける，分離する；分かれる，離れる /[sépərit]分かれた，別々の. **separately** 別々に，別れて. **separator** 分離する人；分離器.

separation[sepəréiʃən]分離；脱退；分類；夫婦別居. **separationist**, **separatist** 分離主義者.

Sept. 九月〔< September〕.

September [septémbər]九月〔Sept., Sep.〕.

septic[séptik]腐敗の；敗血症.

septuagenarian[septʃuədʒən-ɛ́əriən]70 代の(人).

Septuagint[séptʃuədʒint]70 人訳聖書(ギリシャ語訳旧約聖書).

sepulcher,《英》**sepulchre**[sépəlkər]墓／埋葬する.

sepulchral[səpʌ́lkrel]墓の;埋葬の;陰気な.

sequel[síːkwəl]続き, 続編;結果;成り行き.

sequela[sikwíːlə]後遺症.

sequence[síːkwəns]連続, 順序, 一続き;《数》(数) 続いて起こる;結果として生じる. **sequent** 続いて起こる;結果として生じる.

sequester[sikwéstər]《文》隔離する;隠退させる. **sequestration** 名

seraph[sérəf]最も高位の天使. **seraphic** 天使のような;清純な.

sere[síər]ひからびた, しなびた(= sear).

serenade[serənéid]小夜曲, セレナーデ(を歌う).

serendipity[serəndípəti]ものをうまく発見する能力. **serendipitous** 形

serene[səríːn]澄み渡った, 穏やかな;落ち着いた. **serenely** 副

serenity[sərénəti]晴朗, 沈着, 平静.

serge[sə́ːrdʒ]サージ(丈夫な織物).

sergeant,《主に英》**serjeant**[sáːrdʒənt]軍曹;警部, 巡査部長.

serial[síəriəl]続きの, 順次の;続き物の／(小説などの)続き物;連続映画;定期出版物.

series[síəriːz]続き, 連続;叢書;系列;〔数学〕級数;〔電気〕直列.

serious[síəriəs]厳粛な;まじめな;重大な;〔病気などが〕重い. **seriously** まじめに;本気に;重大に.

sermon[sə́ːrmən]説教;訓戒;小言.

serology[sirá:lədʒi]血清学.

serpent[sə́ːrpənt]蛇;狡滑な人. **serpentine** 蛇のような;曲がりくね

serrate[séreit], **serrated**[seréitid]のこぎり(歯) 状の, 鋸歯状の.

serried[sérid]密集した, 林立した.

serum[síərəm]漿液, リンパ液;血清.

servant[sə́ːrvənt]召し使い, 雇い人.

serve[sə́ːrv]仕える, 奉仕する, 服役する;勤務する;〔食物を〕給仕する, 配る, よそう;〔酒を〕注ぐ;従う;役立つ;〔球技〕サーブする／サーブ, サーブ権. **server** 奉仕者;給仕人;サーブする人;大皿.

service[sə́ːrvis]奉仕, 役に立つこと;〔電車・バス・郵便など〕公共事業;部門, 部局;(各種の) 勤務, 職務;礼拝(式);食器・茶器などの一式;〔球技〕サーブ／保守する;アフターサービスをする;〔借金に〕利息を払う. **～ industry** サービス産業.
serviceman, -woman 軍人;修繕人. **serviceable** 役に立つ;丈夫な, 徳用の.

serviette[sə̀ːrviét]《英》〔食卓用〕ナプキン.

servile[sə́ːrvil, -vail]奴隷の;卑屈な. **servility** 名

serving[sə́ːrviŋ]奉仕すること;一人分の食べ物〔飲み物〕.

servitude[sə́ːrvət̬uːd]奴隷状態;懲役;地役権.

sesame[sésəmi]ゴマ, ゴマの実. open ～ 開けゴマ!

session[séʃən]開会, 開廷;会期, 開廷期;《米》学期.

set[sét]置く, …させる;〔宝石などを嵌める;〔網などを〕張る;〔時計・調子などを〕合わせる;〔帆を〕揚げる;〔骨を〕継ぐ;〔活字を〕組む;示す;けしかける／〔太陽などが〕没する;固まる, 固着する;向かう;根が付く／固定した;規定の;据えつけの／組, そろい;○○集団;〔数学〕集合;姿勢;形勢;〔テレビ・ラジオの〕受信装置;〔試合の〕セット;〔日の〕

入り；苗，若木. ～ about 取りかかる.
～ aside のけて置く，蓄えておく；除く.
～ down 下ろす；記入する；定める；
設ける；せいにする，帰する. ～ forth
示す；説明する；発布する. ～ in〔潮が〕
さす，あげる；〔春や冬が〕くる，〔暖
かい陽気に〕なる，〔流行が〕始まる；
はやりだす. ～ off 引き立たせる；〔花
火を〕揚げる；〔砲を〕放つ；出発する.
～ on けしかける，扇動する. ～ out
出発する；始まる. ～ to …に取りかか
る. ～ up 立てる，起こす；設立する；
開業する；〔声を〕上げる. ～ piece
型どおりの作品；仕掛け花火. ～
square 三角定規. ～-to 殴り合い；
激論.

setback[sétbæk] 挫折；退歩.

SETI 地球外知的生命体探査〔<
Search for Extraterrestrial Intelli-
gence〕.

settee[setí:] 長いす.

setter[sétər] セッター種の猟犬；置く
人；植字工.

setting[sétiŋ] 据えつけ；植字；嵌め
込み；象嵌%%；背景，風景；道具立
て；〔太陽などの〕没入.

settle[sétl] 定める；安置する；落ち着
かせる；かたをつける；決定する；払
う，決算する；居留する；植民する／
定まる；静まる；かたづく；澄む；固
まる；清算する；定住する；身を固め
る. **settlement** 解決；清算；植民地，
居留地；隣保事業，セツルメント；
固定；定着.

settled[sétld] 固定した，定着した；
慢性の；精算済みの.

settler[sétlər] 移住者，植民者；最後
のけりをつけるもの.

setup[sétʌp] 組み立て；機構；《米俗》
姿勢，物腰.

seven[sévən] 7(の). **sevenfold** 7倍の；
七重の，**seventh** 第7(の)；7分の1
(の).

seventeen[sevəntí:n, sévəntì:n] 17
(の). **seventeenth** 第17(の)；17分

の1(の).

seventy[sévənti] 70(の). **seventieth**
第70(の)；70分の1(の).

sever[sévər] 離す，切る／離れる，切
れる.

several[sévərəl] 数個の；各自の；色々
の. **severally** 各自に.

severance[sévərəns] 分離，切断.

severe[sivíər] 厳重な，きびしい；ひ
どい，激しい. **severely** 副 **severity**
名

sew[sóu] 縫う；〔本を〕綴じる；縫い物
をする. **sewer** 縫う人，裁縫師. **sew-
ing** 裁縫；縫い物. **sewing machine**
ミシン.

sewage[sú:idʒ] 下水汚物.

sewer[sú:ər] 下水道，下水溝. **sewer-
age** 下水施設，溝渠%%；下水処理.

sewn[sóun] sew の過去分詞.

sex[séks] 性. ～ **appeal** 性的魅力.
～ **maniac** 色情狂. ～ **slave** 慰安婦.

sexagenarian[seksədʒənéəriən] 60
代の(人).

sexism[séksizm] 性差別. **sexist** 性
差別主義者(の).

sextant[sékstənt] 円の6分の1；六
分儀.

sextet, 《英》**sextette**[sekstét] 六重
奏〔唱〕(曲).

sextillion[sekstíljən] 《米》千の7乗，
10²¹ (10 の 21 乗)；《英》百万の6乗，
10³⁶ (10 の 36 乗).

sexton[sékstən] 寺男，墓守り.

sextuple[sekstjúːpl] 6倍の；六重の.

sexual[sékʃuəl] 性の，性的な；性行
為の；有性(生殖)の. ～ **harass-
ment** 性的いやがらせ，セクシャル・
ハラスメント(セクハラ). ～ **inter-
course** 性交. **sexuality** 性別；性的関
心；性的傾向. **sexually-transmitted
diseases** 性感染症〔略 STD〕.

sexy[séksi] セクシーな，性的魅力の
ある.

Seychelles[seiʃél] セーシェル(共和
国) (Republic of Seychelles).

SF 空想科学小説〔< science fiction〕.

SFX 特殊撮影, 特殊視覚的効果〔< special effects〕.

SG 蒸気発生器〔< steam generator〕.

sgd 署名された〔< signed〕.

SGML 〔コンピュータ〕汎用マークアップ言語規格(文書処理言語)〔< Standard Generalized Markup Language〕.

Sgt 軍曹〔< Sergeant〕.

shabby[ʃǽbi] すり切れた, 着古した; みすぼらしい.

shack[ʃǽk] 丸太小屋, バラック. ～ up〔話〕泊まる; 同棲する.

shackle[ʃǽkl] 枷を; (複) 束縛 / 枷をはめる; 束縛する.

shade[ʃéid] 陰; 日よけ; 日がさ; ランプがさ; 陰影; 色合い, わずか, 心持ち…; (複) 冥土 / 隠す, おおう; 暗くする; 陰をつける, ぼかす.
shaded 陰になった; 影を付けた.

shadow[ʃǽdou] 影; 映像; 影のようにつきまとう人; 霊魂; おぼろげ; 前兆 / 隠す; 陰をつける; おぼろにする; 尾行する; ぼんやりと表す.
shadowy 影のある; 暗い, 朦朧とした; 影のような / 次第に変わる.

shady[ʃéidi] 陰のある, 陰の; 闇の; 《話》いかがわしい, 後ろ暗い. on the ～ side of〔年齢が〕…歳以上で.

shaft[ʃǽft] 矢柄; 矢; 〔やり・つち・おのなどの〕柄; 一条の光線; 〔植物の〕幹; 柱身; 煙突; 軸, 心棒; 昇降機の通路; 竪坑.

shag[ʃǽg] もじゃもじゃの毛; けば織; 〔毛の〕シャギーカット. **shaggy** 毛むくじゃらの; けばだった.
shagginess 名

Shah[ʃɑ́ː] シャー(もとイラン国王の尊称).

shake[ʃéik] 振る, 揺すぶる / 震える, 動く, 揺れる, ぐらつく / 震え, 揺れ; 一振り; 《米》地震; 顫音. ～ hands 握手する. ～ -up 大改革; 大異動.
shaker 振る人(もの); 震える人(も

の); (S-) シェーカー教徒(米国キリスト教の一派).

shakedown 仮寝床; 強奪, ゆすり; 徹底的な捜査; 試運転.

shaken[ʃéikən] shake の過去分詞.

Shakespearean, 《英》**Shakespearian**[ʃeikspíəriən] シェイクスピア(時代)の; シェイクスピア風の.

shaky[ʃéiki] 震える; がたがたする; ぐらつく; 不確実な, 当てにならぬ.
shakily 震えて, 弱々しく.

shale[ʃéil] 頁岩. ～ oil シェールオイル. ～ gas シェールガス.

shall[ʃəl, ʃl, 強 ʃǽl]〔単純未来〕…でしょう〔意思未来〕すべし, …せねばならぬ, …させてやる; 〔疑問〕…しますか, …しましょうか, …させましょうか.

shallot[ʃǽlət]〔植物〕エシャロット.

shallow[ʃǽlou] 浅い; 浅はかな, 浅薄な / 浅瀬.

shalom[ʃəlóum] シャローム(ユダヤ人の挨拶の語, 平和の意).

shalt[ʃəlt, 強 ʃǽlt]《古》〔主語 thou の時〕shall の二人称単数形.

sham[ʃǽm] いつわり, にせ; にせもの / いつわりの, にせの / ふりをする; まねる.

shaman[ʃɑ́ːmən] シャーマン, 巫女.

shamble[ʃǽmbl] よろけて歩く / よろめき.

shambles[ʃǽmblz] 屠と殺場; 修羅場.

shame[ʃéim] 恥, 羞恥; 名折れ / 恥じさせる; 侮辱する. **shameful** 恥になる, 不面目の. **shameless** 恥知らずの, 破廉恥な.

shamefaced 恥ずかしがる, はにかむ.

shampoo[ʃæmpúː] 髪洗い; シャンプー / 髪を洗う.

shandy[ʃǽndi]《英》ビールをレモネードで割った飲み物.

Shangri-La[ʃæŋgrilɑ́ː] 地上の理想郷.

shank[ʃǽŋk] 脛骨；足；柄；軸；靴の土踏まずの部分.

shan't[ʃǽnt] shall not の短縮.

shanty[ʃǽnti] 仮小屋，ほったて小屋.

SHAPE, Shape 欧州連合軍最高司令部，シェイプ〔< Supreme Headquarters Allied Powers Europe〕.

shape[ʃéip] 形；形式，型；外形，姿；状態／形づくる；具体化する；適合させる／定める／形を成す. **shapeless** 形のない，不格好な. **shapeliness** 形のよいこと. **shapely** 形のよい，均整のとれた.

shaped[ʃéipt] …の形をした. **egg-～** 卵形の.

share[ʃéar] 割当，分け前；取り分；共有権；株，株式／共にする；分配する／分配を受ける. **～-holder** 株主. **～ index** 株価指数. **sharing economy** シェアリングエコノミー.

shark[ʃáːrk] サメ，フカ；詐欺師. **loan ～** 高利貸し. **land ～** 地上げ屋.

sharp[ʃáːrp] 鋭利な；鋭い；活発な，激しい，鋭敏な；険しい；抜け目のない；嬰音の／〔音楽〕半音を上げる／嬰記号[#]；嬰音；《俗》いかさま師／鋭く；急に；かっきり. Look ～! 急げ；用心せよ. **～-sighted** 目の鋭い. **～-tongued** 辛辣な. **～-witted** 抜け目のない. **sharply** 副 **sharpness** 名

sharpen[ʃáːrpən] 研ぐ，尖らせる；〔鉛筆などを〕削る；鋭くする；強める；〔音楽〕半音を上げる／鋭くなる，尖る；激しくなる. **sharpener** 研ぎ〔削り〕道具〔人〕.

sharper[ʃáːrpər]《俗》詐欺師，ぺてん師.

sharpshooter 射撃の名人，狙撃兵.

shatter[ʃǽtər] 打ちくだく，粉砕する；くだける；だいなしにする.

shattering[ʃǽtəriŋ] ショッキングな；壊滅的な.

shave[ʃéiv]〔ひげを〕剃る；削る；すれすれに通る，かする／ひげ剃り.

shaver 剃る道具；電気かみそり.

shaving ひげ剃り；削ること；（複）かんな屑.

shaven[ʃéivən] shave の過去分詞.

shawl[ʃɔ́ːl] 肩掛け，ショール.

she[ʃi, 強 ʃiː] 彼女は〔が〕／女；めす.

sheaf[ʃíːf]〔穀物の〕束／束ねる.

shear[ʃíər] つみ切る；刈る；ひったくる，だまして取る／《英》〔羊の〕刈り込み回数；（複）大ばさみ；剪断機.

sheath[ʃíːθ] 鞘；シース（体に密着したドレス）.

sheathe[ʃíːð] 鞘に入れる；おおう，包む. **sheathing** おおい，被せ；鎧装；野地.

sheaves[ʃíːvz] sheaf の複数.

shed[1][ʃéd] 流す；出す；放つ；脱落させる／脱毛する；脱穀する；脱皮する.

shed[2] 小屋，物置；車庫.

sheen[ʃíːn] 輝き；光沢. **sheeny** 光る，ぴかぴかする.

sheep[ʃíːp] 羊；羊皮；おとなしい善人. **sheepfold** 羊小屋. **sheepish** 恥ずかしがる，内気の；ばかな.

sheepskin 羊皮；羊皮紙；《米》卒業証書.

sheer[1][ʃíər] すきとおる，ごく薄地の（織物など）；全くの；ほんとうの；直立する；険しい／全く，全然；垂直に.

sheer[2]〔船が〕針路からそれる；向きを変える.

sheet[1][ʃíːt] 敷布，シーツ；〔紙の〕一枚；印刷物；広がり，広い面；帆／敷布を敷く〔で包む〕. **sheeting** シーツ地.

sheet[2] 帆脚索.

sheik(h)[ʃíːk, ʃéik]〔アラビアの〕族長，酋長.

shekel[ʃékəl] シケル（イスラエルの貨幣単位）.

shelf[ʃélf] 棚；洲；暗礁.

shell[ʃél] 殻，さや；甲；砲弾，薬

英^{゜゜}；骨組み；外観；軽いボートの一種／殻をむく（むける）／砲撃する．～ **fish** 貝；甲殻類．

shellac[ʃəlǽk]シェラック（塗料）／シェラックを塗る；《米俗》ひどくやっつける．

shelter[ʃéltər]隠れ場，避難所；保護；遮蔽^{しゃ}／避難する，隠れる；保護する，かばう；身を隠す，寄せる．

shelve[ʃélv]棚をつける；棚に載せる；しまい込む；〔議案などを〕握りつぶす．

shelves[ʃélvz] shelf の複数．

shenanigan[ʃənǽnigən]《話》いんちき；ぺてん；いたずら．

shepherd[ʃépərd]羊飼い；牧師／羊を飼う．**shepherdess**[-is] 女の羊飼い．

sherbet[ʃə́ːrbət]シャーベット（氷菓）；果汁入り清涼飲料．

sheriff[ʃérif]《米》郡保安官．《英》州長官．

sherry[ʃéri]シェリー酒（スペイン南部地方産の白ワイン）．

Shiah[ʃíːə]〔イスラム教〕シーア派（の人）．

shibboleth[ʃíbəleθ]シボレテ（集団特有の言葉遣いなど）；合言葉．

shield[ʃíːld]楯，保護物，保護者；〔楯形の〕紋地／楯で防ぐ；防護する．

shift[ʃíft]変える，移す，置き換える；除く／変わる，移る，動く；工夫する，やりくりする／変更；取り換え；方策，算段；ごまかし；交代；交代の組〔時間，順番〕．～ **key**〔大文字小文字を切替える〕シフトキー．**shiftless** 無策の，無能の，いくじのない．**shifty** 変わりやすい；やりくり上手の．

Shiite[ʃíːait]〔イスラム教〕シーア派の人．

shilling[ʃíliŋ]英国の旧貨幣単位；ケニアなどの貨幣単位．

shilly-shally[ʃíliʃæli]躊躇^{ちゅう}^{ちょ}，逡巡^{しゅん}^{じゅん}／ぐずぐずする，まごまごする／ぐずぐずして．

shimmer[ʃímər]淡い光，ゆらめく光／かすかに光る；ちらちらする．

shin[ʃín]向こう脛；脛骨／よじ登る；向こう脛をける．

shine[ʃáin]光る；輝く；秀でる；目立つ／照らす；光らせる／光；光沢；日光；晴天．**shining** 光る；明るい；目立つ．

shingle[1][ʃíŋgl]屋根板，こけら板；〔髪の〕刈上げ／屋根板でふく；刈上げる．

shingle[2]〔海浜の〕小石；小石の浜．

shingles[ʃíŋglz]（複）帯状庖疹．

shiny[ʃáini]光る；輝く；晴天の；光沢のある．

ship[ʃíp]船，艦，《米話》宇宙船／船に載せる；〔船・鉄道・トラック・飛行機などで〕送る；輸送する；〔人・ものを〕遠くへやる；〔船具を〕取り付ける／船に乗る；船で働く．**shipment** 船積み；積荷．**shipping** 船積み；回漕業；〔集合的〕船舶．**shipping bill** 積荷送り状．

shipboard 船上（の・で）．

shipbuilding 造船．

shipwreck 難船，難破．

shipwright 造船工，船大工．

shipyard 造船所．

shire[ʃáiər]〔英国の〕州．

shirk[ʃə́ːrk]ずるける，怠る；避ける．**shirker** なまけ者，横着者．

shirt[ʃə́ːrt]シャツ，ワイシャツ．**shirting** シャツ地．

shit[ʃít]大便；糞／排便する〔させる〕／くそ！ちくしょう！

shiver[ʃívər]ぶるぶる震える／身震い，おののき．**shivery** 震える；寒気がする．

shoal[1][ʃóul]州，浅瀬／浅くなる，浅瀬になる．

shoal[2]〔魚などの〕群，多数／群をなす．

shock[1][ʃɑ́k]衝突；衝撃；震盪／衝撃を与える；ぎょっとさせる．～ **absorber**〔自動車などの〕緩衝器．**shocker**

ぞっとさせる人〔もの〕；きわもの小説.
shocking ぞっとする，身震いのでるような.

shock² もじゃもじゃの毛；乱れ髪.

shock³ 稲むら.

shod[ʃάd]shoe の過去・過去分詞.

shoddy[ʃάːdi]くずの；にせの／再生毛糸；まがい物.

shoe[ʃúː]靴；短靴；蹄(てい) 鉄／靴をはかせる；蹄鉄を打つ. ~ **blacking** 靴墨.

shoeblack 靴磨き〔人〕.

shoehorn 靴べら.

shoelace 靴ひも.

shoemaker 靴屋.

shoeshine 靴墨；靴磨き〔人〕.

shoestring 靴ひも；零細資金.

shoetree〔靴の形を保つために入れておく〕木型.

shone[ʃóun, ʃɔ́n]shine の過去・過去分詞.

shook[ʃúk]shake の過去.

shoot[ʃúːt]射る；撃つ；射殺する；射出する；〔急流に〕矢のように下る；ほうりだす；撮影する／矢を射る；射撃する；銃で猟をする；射るように飛ぶ；〔弾丸などが〕あたる；出る，発芽する；発達する，突出する／発射；《英》射的会，遊猟会；急流；苗，めばえ. ~ **-out** 銃撃戦；〔サッカー〕PK 戦. **shooter** 射手. **shooting** 発射，射撃；銃猟；若枝. **shooting star** 流星.

shop[ʃάp]《主に英》店；専門店，〔特定商品の〕売り場；〔職人の〕仕事場，製作所；《話》職場，仕事／買物に行く. ~ **assistant**《英》店員. ~ **worn** 棚ざらしの. **shopper** 買物客. **shopping** 買物.

shopkeeper 小売店主.

shoplifter 万引き〔人〕.

shoplifting 万引き.

shopping[ʃάpiŋ]買い物. ~ **bag** 買い物袋. ~ **bag lady** ホームレスの女性. ~ **center** 商店街，ショッピング

センター. ~ **mall** ショッピングモール.

shopwalker《英》売場監督.

shore¹[ʃɔ́ːr]浜，岸，海岸.

shore² 支柱／支柱で支える.

shoreline 海岸線.

shorn[ʃɔ́ːrn]shear の過去分詞.

short[ʃɔ́ːrt]短い；背の低い；乏しい，不足の；ぶあいそうな；〔菓子など〕さくさくする／手短に，簡単に；急に；そっけなく／要点，概略；（複）半ズボン；〔野球〕ショート. ~ **circuit** ショート；漏電. ~ **-handed** 手不足の. ~ **list**《英》最終的選抜候補者名簿. ~ **-lived** 短命の，束の間の. ~ **-range** 限られた範囲の；短期的な. ~ **selling** 空売り. ~ **-sighted** 近眼の；先見の明のない. ~ **story** 短編小説. ~ **-tempered** 短気な. ~ **-term** 短期間の；短期満期の. ~ **-winded** 息切れしやすい. **shortly** すぐに；簡単に；ぶあいそうに. **shortness** 簡単；不足，払底.

shortage[ʃɔ́ːrtidʒ]不足(高)；払底，欠乏.

shortcake 大型クッキー；ショートケーキ.

shortcoming 不足，〔穀物などの〕不作；欠点.

shortcut 近道；手っ取り早い方法. ~ **key**〔コンピュータ〕ショートカットキー(手早く操作するためのキーの組み合わせ)

shorten[ʃɔ́ːrtn]短くする，縮める；もろくする／短くなる. **shortening** 短縮；〔菓子製造の〕ショートニング.

shortfall 不足；不足高.

shorthand 速記(の).

shortstop〔野球〕ショート.

shortwave〔ラジオ〕短波の.

shorty[ʃɔ́ːrti]《話》ちび／〔衣類などの〕丈の短い.

shot¹[ʃάt]shoot の過去・過去分詞／射撃；弾丸；射程；射手；あてずっぽう.

shot² 玉虫色の；《俗》酔った；《話》

ぽろぽろになった.

shotgun 散弾銃／手当たりしだいの；強制的な. ～ **wedding** できちゃった結婚；野合.

should[ʃəd, 強 ʃúd]shall の過去.〔間接話法〕であろうと；〔仮定法〕…するのだが；万一…したら；〔責任・義務〕…すべきである.

shoulder[ʃóuldər]肩；上背部／肩で押す；手荒く突く；かつぐ；責任を負う. ～ **blade** 肩甲骨.

shout[ʃáut]叫び, 大声／叫ぶ；声をかける, 呼ぶ(to)；大声で言う.

shove[ʃʌ́v]押す, 突く, 押しのける；押し進む／一押し, 突き.

shovel[ʃʌ́vəl]シャベル；じゅうのう／〔シャベルなどで〕すくう；掘る. **shovelful** シャベル一杯(分).

show[ʃóu]見せる, 示す；案内する；説明する；証明する／見える；目にとまる, 目立つ；展示；展覧会；見世物, 芝居；ふり；みえ；事業企画. ～ **in** 害を通す. ～ **off** 見せびらかす. ～ **biz**, ～ **business** ショービジネス. ～ **jumping**(馬術)障害飛越. ～ **-off**《話》誇示, 虚飾. ～**-stopper**〔喝采のため劇などを中断させる〕名台詞〔演技など〕. ～ **window** 陳列窓.

showboat ショーボート.

showcase 陳列箱.

showdown 〔トランプ〕持ち札を全部場に出して見せること；どたん場；暴露.

shower[ʃáuər]にわか雨, 夕立；〔それ・あられ・雪の〕にわか降り；たくさん／びしょぬれにする；雨のように注ぐ(浴びせる)／にわか雨が降る；ざあざあ降る；シャワーを浴びる. ～ **bath** シャワー.

showman 興行師.

shown[ʃóun]show の過去分詞.

showpiece 展示品；見本となる作品.

showroom 陳列室. **showrooming** ショールーミング.

showy[ʃóui]はでな；目立つ；見ばえのよい.

shrank[ʃrǽŋk]shrink の過去.

shrapnel[ʃrǽpnl]榴弾；散弾.

shred[ʃréd]きれっぱし, 細片；わずか／寸断する.**shredder** シュレッダー.

shrew[ʃrú:]口やかましい女. **shrewish** 口やかましい.

shrewd[ʃrú:d]鋭敏な；抜け目のない；鋭い.

shriek[ʃríːk]きいきい声, 悲鳴／叫ぶ, きゃっという.

shrift[ʃríft]《古》ざんげ；〔ざんげによる〕赦罪. give short ～ 気に留めない.

shrike[ʃráik]モズ.

shrill[ʃríl]金切声の, 甲高い／金切声を出す. **shrilly** 金切声で.

shrimp[ʃrímp]小エビ；《話》小男／小エビをとる.

shrine[ʃráin]厨子；廟，神社.

shrink[ʃríŋk]縮む；詰まる；しりごみする, 避ける／しわをよせる；縮める／収縮. **shrinkage** 収縮(量)；価格低落.

shrivel[ʃrívəl]縮む；しなびる, しぼむ／縮ませる；しなびさせる.

shroud[ʃráud]屍衣, 経帷子；覆い；(複)〔海事〕横静索／経帷子でおおう；おおう, 隠す.

shrub[ʃrʌ́b]低木, 灌木.

shrub[2] 甘い果汁にラム酒を加えた飲料.

shrubbery〔集合的〕灌木；植え込み.

shrubby 灌木の(茂った).

shrug[ʃrʌ́g]肩すくめ／肩をすくめる.

shrunk[ʃrʌ́ŋk]shrink の過去・過去分詞.

shrunken[ʃrʌ́ŋkən]shrink の過去分詞.

shudder[ʃʌ́dər]身震い／身震いする, ぞっとする.

shuffle[ʃʌ́fl]足をひきずって歩く；〔トランプを〕切る；入れ混ぜる；ごまか

す；のがれる；所を変える／引きず
り歩き；トランプを切ること〔切る番〕；
混ぜ合わせ；ごまかし．

shun[ʃʌn]避ける，忌む．

shunt[ʃʌnt]脇へ押しのける；〔話題
などを〕切り替える／脇へ寄る；それ
る／押しのけること；そらすこと．

shut[ʃʌt]閉じる；しめる；しまる／完
封(試合)．〜 **down** 閉店，閉鎖．〜
out しめ出す．

shutout 完封．

shutter[ʃʌtər]よろい戸，雨戸；〔写
真機の〕シャッター．

shutterbug《話》写真狂(の人)．

shuttle[ʃʌtl](機織りで使う)梭。；往
復運転／往復する．〜 **diplomacy** シ
ャトル外交．

shuttlecock バドミントンの羽根；往
復するもの．

shy[ʃ]¹[ʃái]臆病な；内気の；用心する；
避ける／飛び退く，あとずさりする／
〔馬の〕飛び退き．**shyly** 内気に．
shyness 名．

shy² 投げつける(こと)．have a 〜 at
ものを投げつける；試しにやってみ
る．

shyster[ʃáistər]《米話》悪徳弁護士；
三百代言．

SI システム・インテグレーター[< system
integrator]；国際単位(系) (meter,
kilogram, second, ampere など) [<
《F》Le Systeme international
d'Unites = International System of
Units].

Siamese[saiəmíːz]シャム(現タイ)の
／シャム人〔語〕．

sibilant[síbələnt]歯擦音[s·z·ʒ など]
(の)；シューシューいう音(の)．

sibling[síbliŋ]兄弟・姉妹の間柄の
人．

sibyl[síbəl]巫女；女予言者．

Sicilian[sisíljən]シチリア(人) の／
シチリア人．

sick[sík]病気の；吐きそうな；病身の；
こがれて．〜 **leave** 病気休暇．**sickly**

病身な；吐気を催させる；不健康な．
sickness 病気；むかつき．

sickbed 病床．

sicken[síkən] 病気にする〔なる〕；吐
き気を催させる〔催す〕；うんざりさ
せる〔する〕．**sickening** 胸の悪くなる
ような．

sickle[síkl] 鎌．

side[sáid]側；側面，わき；横腹；横／
方面／側の，横の；従の；ないしょ
の／味方する．〜 **dish** 添え料理．
〜 **effect** 副作用．〜 **-on** 横からの．
〜 **show** 余興．〜 **view** 側面図．
sidestep 横に寄る；回避する．

sideboard わき棚，食器棚．

sidecar[オートバイの]側車；ブラン
デーをベースにしたカクテル．

sidekick(er) 仲間，親友．

sidelight 横明かり；横窓；側面的説
明．

sideline 副業．

sidelong 横に，斜めに；横の，斜めの．

sidereal[saidíəriəl]星の，恒星の．
〜 **day** 恒星日

sidesaddle 婦人用鞍．

sidesplitting おかしくてたまらない．

sidewalk《米》歩道．

sideways, sidewise 横に，斜めに；
横の；横向きの．

sidle[sáidl]横に歩く．〜 **up to** …にに
じり寄る．

SIDS 乳幼児突然死症候群[<
sudden infant death syndrome].

siege[síːdʒ] 包囲攻撃；しつこい病
気・説得，(病気などの) 長く苦しい
期間．〜 **gun** 攻城砲．

sierra[siérə]のこぎり歯状の山脈．

Sierra Leone[siérə lióuni] シエラ
レオネ(共和国) (Republic of Sierra
Leone).

siesta[siéstə]〔スペイン，イタリアなど
での〕昼寝．

sieve[sív]ふるい；茶こし／ふるい分け
る，こす．

sift[síft]ふるう，ふるい分ける；取捨

sigh[sái] 嘆息, ため息 / 嘆息する, ため息をつく; 嘆く; 〔風などが〕そよぐ / 嘆息して言う.

sight[sáit] 視力, 視覚; 見ること; 視界; 光景; 風景; 名所; 見解; 〔手形の〕一覧; 〔銃砲の〕照準 / 見る; 認める; 照準する, ねらう. **sighted** 目の見える; 視力が…の. **sighting** 目撃. **sightless** 盲目の; 目に見えない. **sightly** 奇麗な, 見て美しい.

sightseeing[sáitsìːŋ] 見物, 観光.

sightseer 観光客.

sign[sáin] 記号, 符号; 徴候, 前兆; 信号; 合図, 身ぶり; 標識; 痕; 跡. **signing** 署名; 契約.

signal[sígnəl] 合図; 信号; 信号機 / 信号用の; 《文》顕著な, すばらしい / 信号を出す, 合図する. **signalize** 目立たせる, 顕著にする. **signally** 著しく, 目立って.

signatory[sígnətɔːri] 署名した, 調印した / 署名人; 調印者.

signature[sígnətʃər] 署名, サイン; 目印. the ~ issue 《米》独自選挙戦テーマ.

signboard 看板.

signet[sígnet] 印; 認め印.

significance[signífikəns] 有意義で重要, 意味あること.

significant[signífikənt] 意味の深い, 意味ありげな; 表示する《of》; 重要な, 大切な.

signification[signəfikéiʃən] 語義, 意義; 表示.

signify[sígnəfai] 表す, 示す; 意味する / 重大である.

signpost 道標, 署名する; 合図する.

Sikh[síːk] 〔インドの〕シーク教徒. **Sikhism** シーク教.

silence[sáiləns] 静寂; 沈黙, 無言; 無沙汰; 忘却; 〔音楽〕休止 / 静める, だまらせる.

silencer[sáilənsər] 沈黙させる人〔もの〕; 消音器〔装置〕, 《英》〔自動車の〕マフラー.

silent[sáilənt] 静かな, 無言の, 無口の; 無音の; 活動のない. **silently** 副

silhouette[siluét] シルエット, 影絵(に描く).

silica[sílikə] ケイ酸, ケイ土. ~ gel シリカゲル(乾燥剤).

silicic[silísik] ケイ酸の. ~ acid ケイ酸.

silicon[sílikən] ケイ素.

silicone[sílikoun] シリコン, ケイ素樹脂.

silk[sílk] 生糸; 絹糸; 絹布, 絹物. ~ hat シルクハット. **silkworm** カイコ. **silken** 絹製の; 絹のような. **silky** 絹のような; 物柔らかな.

sill[síl] 敷居; 土台.

silly[síli] 愚かな, ばかげた / ばか(小児語). **silliness** 名

silo[sáilou] サイロ, 秣室(まぐさむろ); 地下ミサイル格納庫.

silt[sílt] シルト, 微砂, 沈泥.

silvan[sílvən] = sylvan.

silver[sílvər] 銀; 銀貨; 銀色; 銀器 / 銀の; 銀製の; 銀色の. ~ medal 銀メダル. ~ wedding 銀婚式. **silvery** 銀のような; 銀色の; 銀鈴のような.

silversmith 銀細工師.

silverware 銀製品.

similar[símələr] 同様の, 似た《to》. **similarity** 相似, 類似; (複) 類似物. **similarly** 同様に.

simile[síməli] 直喩.

similitude[simíljuːd] 相似, 類似; 比喩.

simmer[símər] ぐつぐつと煮える; ちんちん沸く; とろ火で煮る.

simper[símpər] 作り笑いする, きどって笑う / 作り笑い.

simple[símpl] 単純な, 簡単な; 手軽な; 質素な; 無知な.

simpleton[símpltən] ばか.

simplicity[simplísəti] 単純; 簡素; 純真.

simplify[símpləfai] 簡単にする; 単

純化する. **simplification** 名

simplistic[simplístik]極端に単純化
した.

simply[símpli]単純に；簡明に；飾り
なく；単に.

simulate[símjuleit]見せかける，ふり
をする，模擬実験的な. **simula-
tion** 名 **simulator** 模擬実験(訓練)
装置.

simultaneous[saiməltéiniəs, sim-]
同時に起こる，同時になされる.
simultaneously 同時に.

sin[sín]罪／罪を犯す. the original ~
原罪. **sinful** 罪の深い，罪作りの.
sinless 罪のない，潔白な.

since[síns]その時以来；その後；〔何
年・日・時間〕前に／…以来／…以後；
…であるから.

sincere[sinsíər]真実の，誠実の，正
直な. Yours sincerely, Sincerely yours
敬具(手紙の結び). **sincerely** 誠実
に.

sincerity[sinsérəti]正直；誠実；真
実.

sine[sáin]〔数学〕正弦，サイン〔略 sin〕.

sinecure[sáinəkjuər]閑職，名目だけ
の(牧師)職.

sinew[sínju:]腱；（複）筋肉；体力.
sinewy 腱の，筋の多い；筋骨たくま
しい.

sing[síŋ]歌う，さえずる，啼く；ひゅ
うと鳴る.

Singapore[síŋgəpɔ:r]シンガポール
(共和国) (Republic of Singapore).

singe[síndʒ]焼き焦がす；〔豚などを〕
毛焼きする.

singer[síŋər]歌手；鳴き鳥；詩人.

singing[síŋiŋ]歌うこと；鳴き声；う
なり／歌う；歌の.

single[síŋgl]1つの，単独の；独身の；
個々の／1つ，単独；〔野球の〕単打；
（複）〔庭球などの〕シングルス／選
抜する，抜擢する《out》/〔1人・1
つを〕選び出す；〔野球〕単打を打つ.
~ -breasted 片前の〔チョッキ・上着

など〕. ~ entry 〔簿記の〕単式.
~ -handed 片手の(で)；独力の(で).
~ -minded 誠実な，ひたむきの. ~
parent 一人で子どもを育てる親.

singly[síŋgli]めいめいに；別々に；単
独に.

singsong 単調(な).

singular[síŋgjələr]単一の；〔文法〕
単数の；非凡な，卓越している；奇
妙な／単数. **singularly** 副

singularity[siŋgjəlærəti]単一；特異；
非凡；奇妙；特性.

sinister[sínəstər]左の；不吉の；有
害の；険悪な.

sinistral[sínəstrəl]左の；左ききの；
左巻きの.

sink[síŋk]沈む；沈没する；〔風が〕
弱まる；衰える；下がる；陥る；〔目・
頬などが〕へこむ／沈める；衰えさ
せる；〔井戸などを〕掘り抜く／下水
溝；〔台所の〕流し；沼沢. **sinker**〔つ
り糸の〕錘;；〔野球〕シンカー.

sinner[sínər]罪人，罪深い人.

Sinology[sainá:lədʒi]中国学；中国
研究.

sinuous[sínjuəs]曲がりくねった；波
状の.

sip[síp]ちびちび飲み；一吸い／ちび
ちび飲む，すする.

siphon[sáifən]サイフォン；サイフォン
びん；〔動物の〕水管，吸管／サイ
フォンで吸う〔移す〕.

SIPRI ストックホルム国際平和研究
所〔< Stockholm International Peace
Research Institute〕.

sir[sər, sə́:r]男性に対する呼びかけの
敬称；(S-)knight あるいは baronet
の名に冠する称号.

sire[sáiər]〔家畜の〕雄親／種馬とな
る.

siren[sáiərən]〔ギリシャ神話〕歌で水
夫を誘惑する魔女；号笛，サイレン.

sirloin[sə́:rlɔin]牛の腰肉，サーロイ
ン.

sirocco[sərá:kou]シロッコ(サハラ砂

漢から南欧に吹く熱風).

sirup, syrup[sírəp] シロップ；糖蜜.

sis[sís]《話》= sister.

sissy[sísi]《話》女々しい男(の子)；いくじなし / 女々しい.

sister[sístər] 姉妹；修道女；《英》看護婦長. ~ **-in-law** 義理の姉妹. ~ **hood** 姉妹であること；婦人団体. **sisterly** 姉妹のような，やさしい.

sit[sít] 着席する，座る；巣につく，卵を抱く；開会する，開廷する，開院する / 着席させる；〔馬に〕乗る. ~ **down** 座る；攻囲を開始する. ~ **-down** 座り込み戦術. ~ **-up** 腹筋運動.

sitcom[sítka:m] 連続ホームコメディ〔< situation comedy〕.

site[sáit] 位置；敷地；所在地；サイト(ホームページを置くwwwの拠点) / 位置させる；置く.

sitter[sítər] 着席者；座ってモデルになる人；巣についた鳥；= baby sitter.

sitting[sítin] 着席；開会，開廷；抱卵. ~ **room** 居間.

situated[sítʃueitid] 在る；位置する，置かれた.

situation[sitʃuéiʃən] 位置，場所；情況；境遇，立場；職. ~ **comedy** 連続ホームコメディ. **situational** 場面の，状況の.

six[síks] 6(の). **sixth** 第6(の)；6分の1(の).

sixteen[síkstí:n] 16(の). **sixteenth** 第16(の)；16分の1(の).

sixty[síksti] 60(の). **sixtieth** 第60(の)；60分の1(の).

sizable[sáizəbl] かなり大きな.

size[sáiz] 大きさ，寸法，型 / 大きさ別にする. ~ **up**〔条件などに〕合う《to with》. ~ **-up** 判断，評価.

sizzle[sízl] しゅうしゅういう音 / しゅうしゅういう.

SJ イエズス会〔< Society of Jesus〕.

skate[skéit] (複) スケート靴 / スケートをする；滑る〔らせる〕. **skater** スケートをする人. **skating** 滑ること，スケート. **skating rink** スケート場.

skeletal[skélətl] 骨格の；骸骨 のような.

skeleton[skélətən] 骨格；骸骨；骨組み；痩せこけたもの〔人〕；概略 / 骨組みだけの；概略の.

skeptic[sképtik] 懐疑論者 / 懐疑的な. **skeptical** 懐疑的な. **skepticism** 懐疑(論).

sketch[skétʃ] 略図；見取り図；写生図；下絵；草稿；概略；短編，小品；小曲 / 見取り図を描く，写生する；大要を記す.

sketchbook 写生帳. **sketchy** あらましの；概略だけの.

skew[skjú:] 斜めになる〔する〕；ゆがむ；ゆがめる / ゆがみ，曲がり；ひずみ / 斜めの；ゆがんだ；ひずんだ.

skewer[skjúər] 串(にさす).

ski[skí:] スキー(で滑る). **skier** スキーをする人. **skiing** スキーをすること，スキー.

skid[skíd] 滑材；横滑り；滑り止め；〔ヘリコプターの〕そり.

skiff[skíf] 軽舟，スキフ(1人で櫂でこぐ).

skill[skíl] 巧妙；熟練；手際，手腕. **skilled** 特殊な技能のある；腕のいい. **skillful** 巧みな，熟練した. **skillfully** 副

skim[skím] 上皮〔上澄み〕をすくい取る；かすって過ぎる；ざっと読む. ~ **milk** 脱脂乳.

skimmer[skímər] 網杓子，すくい杓子.

skimp[skímp] けちけちする；切り詰める. **skimpy** けちけちした；乏しい.

skin[skín] 皮，皮膚，獣皮. ~ **-deep** 皮一重の，浅い；皮相の. ~ **game**《話》いかさま勝負；ぺてん. **skinny** 皮の；やせた.

skinhead《俗》坊主頭(の人).

S

skint[skínt]《英俗》一文無しの.

skip[skíp]とび回る, はねる;なわ飛びする;《話》急に去る / とばし読みにする;とばす, 抜かす.

skipper[skípər]〔漁船・小商船などの〕船長.

skirmish[skɔ́:rmiʃ]こぜりあい, 小衝突 / こぜりあいする, 小衝突する. **skirmisher** 小ぜり合いをする人;散兵.

skirt[skɔ́:rt]裾;スカート;縁, 辺;端;女, 娘 / スカートをつける〔でおおう〕;縁につける;縁に沿って進む;避ける, 回避する.

skit[skít]戯文;小喜劇;寸劇.

skitter[skítər]軽快に進む;(水面を)かすめて飛ぶ;釣針を水面に走らせて釣る.

skittish[skítiʃ]神経質な;驚きやすい;はねっ返りの, 移り気な.

skulk[skʌ́lk]こっそり隠れる, ひそむ;ずるける.

skull[skʌ́l]頭蓋骨.

skunk[skʌ́ŋk]スカンク;《俗》いやなやつ, 卑劣漢;零敗, スコンク.

sky[skái]空;空模様. **skywards** 空のほうへ〔の〕.

skylark ヒバリ(雲雀) / ばか騒ぎをする.

skylight 天窓, 明かり取り.

skyline 地平線;〔建物などの〕空にうつった輪郭.

skyrocket 打ち上げ花火.

skyscraper 摩天楼.

slab[slǽb]厚板, 平板;厚切り.

slack[slǽk]弛い, たるんだ;不活発な;怠慢な / たるみ;不景気;(複)スラックス / 弛む〔める〕;衰える;怠る;弱まる. **slackly** 副 **slackness** 名

slacken[slǽkən]= slack.

slag[slǽg]鉱滓;岩滓.

slain[sléin]slay の過去分詞.

slalom[slá:ləm]**(the ~)**〔スキーなどで〕スラローム, 回転競技.

slam[slǽm]ばたんとしめる〔しまる〕;どんと置く;酷評する / ばたんという音;〔トランプの〕総取り.

slander[slǽndər]悪口;中傷 / そしる. **slanderer** そしる人. **slanderous** 中傷的な.

slang[slǽŋ]俗語;隠語. **slangy** 俗語的な.

slant[slǽnt]傾いた, 斜めの, すじかいの / 傾ける;傾く, 斜めにする〔なる〕;偏見をもって書く〔話す〕/ 傾斜;傾向.

slap[slǽp]平手打ち, ぴしゃり / ぴしゃりと打つ;ばたりと置く / ぴしゃりと;だしぬけに.

slapdash[slǽpdæʃ]向こう見ずな〔に〕;ぞんざいな〔に〕.

slapstick[slǽpstik]どたばた喜劇.

slash[slǽʃ]深く切る;切りまくる / 切れ目をつける;こきおろす / シュッと切りつける;めった切りする / 深く切ること;めった切り;深傷;斜線〔/〕. **slashing** 容赦のない, 手当り次第の.

slate[sléit]石板;スレート;《米》候補者名簿 / スレートで葺く;《米》候補に立てる;予定する.

slate[sléit] 酷評する, 叱る.

slattern[slǽtərn]だらしのない女. **slatternly** だらしのない.

slaughter[slɔ́:tər]虐殺;屠殺 / 虐殺する;屠殺する.

slaughterhouse 屠殺場.

Slav[slá:v]スラブ人.

slave[sléiv]奴隷 / 奴隷のように働く. **~ driver** 奴隷監督;こき使う主人. **slaver** 奴隷貿易者〔売買者〕.

slavery[sléivəri]奴隷の身分;奴隷制度;苦役, 束縛.

slavish[sléiviʃ]奴隷の;奴隷のような, 卑しい.

slaw[slɔ́:]キャベツのサラダ(= coleslaw).

slay[sléi]殺す.

SLBM 潜水艦発射弾道ミサイル〔< submarine-launched ballistic missile〕.

SLCM 潜水艦発射巡航ミサイル〔＜ submarine-launched cruise missile〕.

sleazy[slíːzi]〔布が〕ぺらぺらな；安っぽい；《話》だらしない.

sled[sléd]《米》そり／そりで行く〔運ぶ〕.

sledge[slédʒ]そり；《英》＝ sled／そりで行く〔運ぶ〕.

sledge[2] 大槌；大打撃／強力な；容赦しない. ～ **-hammer** 大槌；大打撃.

sleek[slíːk]滑らかな, 光沢のある；口先のうまい／滑らかにする, 光沢を出す.

sleep[slíːp]眠る；永眠する；〔回転中の独楽が〕静止してみえる／眠らせる；泊める／睡眠, 眠り. ～ **-walker** 夢遊病者. **sleeper** 眠る人；寝台車；まくら木. **sleepily** 眠そうに. **sleepiness** 眠いこと. **sleepless** 眠らない；油断なく気を配る；休みのない. **sleepy** 眠い, 眠そうな；眠くする；勢いのない, 不活発な.

sleeping[slíːpiŋ] 睡眠(状態)；休止／眠っている；活動していない；宿泊用の. ～ **bag** 寝袋. ～ **car** 寝台車. ～ **pill** 睡眠薬.

sleet[slíːt]みぞれ／みぞれが降る. **sleety** みぞれの(降る).

sleeve[slíːv] 袖；〔機械〕スリーブ. **sleeveless** 袖のない.

sleigh[sléi] 橇／橇で行く.

sleight[sláit]手練；策略. **sleight of hand** 手先の早業(芸)；手品.

slender[sléndər]細い；かよわい；わずかの. **slenderly** 副

slept[slépt] sleep の過去・過去分詞.

sleuth[slúːθ]《話》探偵；探偵犬の一種.

slew[1][slúː] slay の過去.

slew[2]《米話》たくさん.

slew[3] 回す；回る；ねじる；ねじれる／回転；ねじれ.

slice[sláis]薄片；〔ケーキ取り分け用などの〕へら；〔ゴルフ・野球〕スラ

イスボール／薄く切る；はがす；〔ボールを〕スライスさせる.

slick[slík]滑らかな；巧みな；ずるい／滑らかな部分／滑らかにする. **slicker**〔滑らかな生地の〕レーンコート；ぺてん師.

slid[slíd] slide の過去・過去分詞.

slidden[slídn] slide の過去分詞.

slide[sláid]滑る；滑り込む／滑らせる／滑り；地滑り；滑り込み；すべり台；スライド；〔顕微鏡の〕スライド・ガラス.

slight[sláit]わずかの, 少しの；弱い；ほっそりした；つまらぬ／軽蔑する／軽蔑.

slightly[sláitli] わずかに, 若干；ほっそりと；もろく.

slim[slím]すらりとした；きゃしゃな；乏しい, 貧弱な／やせる.

slime[sláim]粘土, 粘泥；粘液／泥を塗る；ぬるぬるになる.

slimy[sláimi] 泥のような, ねばねばする；いやらしい.

sling[1][slíŋ]投石器；振り投げ；吊り包帯；吊り革／投石器で投げる；振り投げる；吊るす.

sling[2] ジンなどに砂糖・レモンジュースを混ぜた飲みもの.

slingshot ぱちんこ.

slink[slíŋk]こっそり歩く. **slinky** こそこそした；ほっそりして優雅な, 〔ドレスなどが〕体の線をきれいに見せる.

slip[1][slíp]滑る；滑ってころぶ；そっと動く；こっそり過ぎる；うっかりまちがえる；〔機会などが〕逃げる／滑らせる；そっと置く；〔機会などを〕逸する；そっと着る〔履く〕《on》；脱ぐ《off》；のがす, ぬかす／滑り；踏みはずし；失敗；見落し；婦人用下着, スリップ；地滑り. ～ **-on** 簡単に着られるセーター(など)；紐などの短靴.

slip[2][slíp]接穂；挿木；細長い紙〔木〕片；伝票.

slipper[slípər] 室内ばき, 上ばき.

slippery[slípəri] 滑る, つるつるした；

S

あてにならない.
slipshod だらしのない；ずさんな.
slit[slít] 長い切り口，裂け目，すき間；〔自販機などの〕料金口 / 縦に切る，裂く.
slither[slíðər] ずるずる滑る〔滑らせる〕；ずるずる滑ること. **slithery** 滑る；すべすべの.
sliver[slívər] 破片，細長い小片 / 細長く切る〔裂く〕.
slobber[slá:bər] よだれ；愚痴 / よだれを垂らす.
sloe[slóu] リンボク(サクラ属の低木). ~ **gin** ジンにスローの実の香味をつけたリキュール.
slog[slá:g] 強打する；とぼとぼ歩く；こつこつ働く / 強打；苦闘.
slogan[slóugən] ときの声；標語，スローガン.
sloop[slú:p] 1 本マストの帆船.
slop[slá:p] こぼす；こぼれる / こぼれ水，水溜まり；(複) 汚水，流動食.
slope[slóup] 傾斜，勾配，坂，斜面 / 勾配をつける，傾斜させる / 傾斜する；坂になる.
sloppy[slá:pi] ぞんざいな；だらしない；感傷的な；ぬかるんだ；うすくて水っぽい.
slosh[slá:ʃ] = slush；〔液体が〕はねかえる音 / ばちゃばちゃかき回す；はねかける〔かかる〕. **sloshed** 酔った.
slot[slá:t] 細長い穴 / 〔自動販売機の〕料金口. ~ **machine** 《英》自動販売機；《米》自動賭博機.
sloth[slɔ́:θ, slóuθ] 怠惰，ナマケモノ. **slothful** 無精な.
slouch[sláutʃ] だらしない姿，〔帽子縁の〕垂れ，つまらぬ人 / うつむく；だらしなく歩く / 垂らす.
slough[slʌ́f] 抜けがら；かさぶた / 脱皮する；かさぶたができる；脱ぎ落とす.
slough[sláu] ぬかるみ；泥沼；堕落〔絶望〕のふち.
Slovakia[slouvá:kiə] スロバキア(共

和国) (Slovak Republic).
sloven[slʌ́vən] 《文》だらしない人.
slovenly だらしない / だらしなく.
Slovenia[slouví:niə] スロベニア(共和国) (Republic of Slovenia).
slow[slóu] おそい；遅れた / おそくする〔なる〕. ~ **-motion** 高速度撮影の. **slowly** 副 **slowness** 名
slowdown 減速；鈍化.
sludge[slʌ́dʒ] 泥；ヘドロ；ぬかるみ；沈澱物.
slug[slʌ́g] 金属の小塊；散弾；《米話》強打す / 《米》強打する. **slugger** 強打者.
slug[slʌ́g] ナメクジ.
sluggard[slʌ́gərd] 怠け者；無精者.
sluggish[slʌ́giʃ] 無精な；のろい；ゆるやかな；不活発な；停滞する.
sluice[slú:s] 水門；放水路；堰 / 水門を開いて水を導く；水びたしにする；水門から流れ出る.
slum[slʌ́m] 裏町；(おもに複) 貧民窟.
slumber[slʌ́mbər] 睡眠 / うとうとする；休む. **slumberous** 眠い；眠っている；静かな.
slump[slʌ́mp] どすんと落ちる；暴落する / 暴落；不振.
slung[slʌ́ŋ] sling[1] の過去・過去分詞.
slunk[slʌ́ŋk] slink の過去・過去分詞.
slur[slə́:r] 不明瞭に続けて言う；つなげて演奏する；ごまかす，見逃す / 〔音楽〕スラー，連結記号；中傷；汚辱.
slurp[slə́:rp] ぺちゃぺちゃ音を立てて食べる〔飲む〕.
slut[slʌ́t] だらしのない女；《米》浮気女.
sly[slái] ずるい，いたずらな；ひそかに. on the ~ こっそり. **slyly** 副
S-M, S/M サディズムとマゾヒズムの両面を持つこと，サドマゾヒズム〔< sadomasochism〕.

smack¹[smǽk]ぴしゃり〔ぱしっ〕と打つ；がつんとぶつける；音をたてて接吻する；舌つづみを打つ／ぴしゃり，ぱしっ，がつん；平手打ち；音をたてる接吻；舌つづみ.

smack² 味，風味；気味；少し／…くさい；気味がある.

small[smɔ́ːl]小さい；少ない；狭い；微々たる；〔酒類が〕弱い. ～ **fry** ちびども，つまらぬやつら. ～ **pox** 天然痘. ～ **print**〔契約書などで〕小さな文字の部分. ～ **-scale** 小規模の；縮尺率の小さい. ～ **talk** 世間話. **smallness** 名

smart[smɑ́ːrt]賢い，利口な；抜け目のない；気のきいた；いきな；当世風の；刺すような；強い；利口な；活発な／ずきずきと痛む；心が痛む；報いを受ける. ～ **aleck** 生意気な男；利口ぶる男. ～ **city** スマートシティ. ～ **grid** スマートグリッド. ～ **speaker** スマートスピーカー. **smartphone** スマートフォン〔スマホ〕. **smartly** 副 **smartness** 名

smash[smǽʃ]砕く，割る；潰す；ぶつける／こなごなになる；潰れる；ぶつかる；破産する／粉砕；全滅；まる潰れ；破産；大衝突.

smashing 猛烈な；素晴らしい.

smatter[smǽtər]知ったかぶり. **smattering** 生かじり.

smear[smíər]汚れ，しみ／塗る，…だらけにする；汚す.

smell[smél]嗅ぐ；嗅ぎ出す，探り出す／におう，かおる／嗅覚；におい；悪臭. **smelly** いやなにおいの.

smelt¹[smélt]smell の過去・過去分詞.

smelt² キュウリウオ（ワカサギの一種）.

smelt³ 精錬する；熔融する. **smelter** 精錬者；精錬所.

smile[smáil]微笑する；にこにこする；冷笑する／微笑で表す／微笑；笑顔. **smilingly** にこにこして.

smirch[smə́ːrtʃ]汚す／汚れ，汚点.

smirk[smə́ːrk]にやにや笑い（する）.

smite[smáit]打つ；打ち破る；殺す；責める；襲う；魅了する.

smith[smíθ]鍛冶屋. **smithy** 鍛冶場.

smitten[smítn]smite の過去分詞.

smock[smɑ́k]仕事着；〔子供の〕上っ張り. **smocking** 飾り襞.

smog[smɑ́g]煙霧，スモッグ. **photo-chemical** ～ 光化学スモッグ.

smoke[smóuk]煙；喫煙；タバコ／煙る；煙らせる，いぶる；いぶす／煙があがる；タバコを吸う；薫製にする. ～ **screen** 煙幕. **smokeless** 無煙の. **smoker** 喫煙者；喫煙車.

smoking[smóukiŋ]喫煙／煙る；喫煙用の.【標示】**No Smoking** 禁煙.

smoky[smóuki]煙る，いぶる；煙い，煙るような.

smolder[smóuldər]いぶる／いぶり，くすぶり.

SMON スモン，亜急性脊髄視神経障害〔< subacute myelo-optico neuropathy〕.

smooth[smúːð]滑らかな；流暢な；穏やかな；順調な；毛〔ひげ〕のない／滑らかにする；のす，ならす，なでつける；静める／滑らかになる，平らになる，穏やかになる. **smoothly** 副

smorgasbord[smɔ́ːrɡəsbɔːrd]バイキング料理.

smote[smóut]smite の過去.

smother[smʌ́ðər]窒息させる；押さえる；もみ消す／窒息する；息苦しくなる.

smoulder[smóuldər]＝ smolder.

smudge[smʌ́dʒ]汚点；《米》くすぶり火，蚊いぶし／汚す，けがす.

smug[smʌ́g]独りよがりの；小奇麗な. **smugly** 副

smuggle[smʌ́ɡl]密輸入〔輸出〕する，密売買する；密航する. **smuggler** 密売者；密輸船.

smut[smʌ́t]〔すすなどの〕かたまり；

よごれ；猥談；ポルノ；黒穂病 /
汚す. **smutty** 煤で汚れた；みだらな.

snack[snǽk]軽食，スナック；一口.

snag[snǽg]折れた枝の先端；切り株；
出っ歯；〔船の運行を妨げる〕沈み
木；思わぬ障害 / 沈み木にひっかけ
る；かぎ裂きにする；妨げる；《米話》
さっとつかまえる.

snaggletooth[snǽgltu:θ]乱ぐい歯；
そっ歯.

snail[snéil]カタツムリ；のろま. ～
mail 通常郵便(電子メールに対し
て).

snake[snéik]蛇；陰険な人 / うねうね
動く.

snaky[snéiki]蛇の(ような)；曲がり
くねった；狡猾な，陰険な.

snap[snǽp]ポキッと折る[折れる]，プ
ッツリ切る[切れる]；パタッと閉じる；
噛みつく；どなって言う；ぱちっと鳴
る[鳴らす]；スナップ写真を撮る；
がみがみ言う / ポキッ，プッツリ，パ
チッ；食いつき；締め金；《話》活気，
元気；スナップ写真. **snappish**[犬な
ど]噛みつく癖のある；がみがみ言う.
snappy = snappish；《話》きびきびし
た；即座の.

snapshot[銃の]速射；スナップ写真
(を撮る).

snare[snéər]罠；誘惑 / 罠で捕える；
陥れる.

snarl[1][snά:rl]うなり，いがみ合い / う
なる；がみがみ言う；暴言する.

snarl[2] もつれ，混乱 / もつれる，混
乱させる.

snatch[snǽtʃ]ひったくる，つかみ取
る；《米俗》誘拐する / 取ろうとする，
ひったくろうとする / ひったくり；小
片，破片；〔働きなどの〕一区切り；《米
俗》誘拐.

sneak[sní:k]卑劣漢；こそ泥 / こそこ
そと逃げて，こっそりと来る；盗む，
くすねる；告げ口する. **sneaky** 形

sneakers[sní:kərz]〔ゴム底の〕運動
靴.

sneer[sníər]嘲弄，あざけり / 嘲弄す
る，あざ笑う.

sneeze[sní:z]くしゃみ / くしゃみする.

SNG 合成天然ガス〔< synthetic
natural gas〕；代替天然ガス〔<
substitute natural gas〕.

snick[sník]刻み目をつける；切り目を
入れる；〔クリケットで球を〕切る /
刻み目，切り目；球を切ること.

snicker[sníkər], **snigger**[snígər]く
すくす笑う[笑い].

sniff[sníf]嗅ぐ；鼻であしらう / 鼻で
嗅ぐこと. **sniffer** 麻薬犬；〔麻薬〕
吸引者.

snip[sníp]はさみで切る / ちょきんと
切ること；切れはし；すぐに手に入
るもの.

snipe[snáip]シギ / シギ猟をする；狙
撃する. **sniper** 狙撃手.

snippet[snípət]切れはし；断片.

snitch[snítʃ]盗む / 密告する.

snivel[snívəl]鼻水；すすり泣き；鼻
声 / 鼻水をだす；すすり泣きする；
鼻声をだす. **snivel(l)er** 泣き虫
〔人〕.

snob[snά:b]紳士気取りの人；俗物.
snobbery 紳士気取り；俗物根性.
snobbish 紳士気取りの；俗物の.

snook[snúk]親指を鼻に当ててする
軽蔑の仕草.

snoop[snú:p]《話》こそこそのぞく〔探
る〕；せんさくする. **snoopy** のぞき見
好きな；せんさく好きな.

snooty[snú:ti]《話》横柄な；うぬぼ
れた.

snooze[snú:z]《話》居眠りする / 居
眠り.

snore[snɔ́:r]いびき / いびきをかく.

snorkel[snɔ́:rkəl]潜水に用いる呼吸
用の管，シュノーケル.

snort[snɔ́:rt]鼻あらし；《話》〔酒の〕一
杯；〔馬など〕荒い鼻息 / 鼻を鳴らす.

snot[snάt]鼻水；卑劣なやつ. **snotty**
鼻水をたらした；うす汚い；生意気な.

snout[snáut]〔豚などの〕鼻；〔人の〕

鼻(軽蔑的).

snow[snóu]雪;;(複)積雪/雪が降る/雪のように降らせる;雪で閉じ込める. **~ -white** 雪のように白い. **snowy** 雪の(ような);雪の多い;清浄な.

snowball 雪球.

snowbank 雪の吹きだまり.

snowboard スノーボード.

snowbound 雪に囲まれた.

snowdrift 風に飛ぶ雪;雪だまり.

snowdrop[植物]ユキノハナ.

snowflake 雪片.

snowplow 雪かき, 除雪機.

snowshoes 雪靴, かんじき.

snowstorm 吹雪.

SNP スコットランド民族党[< Scottish National Party].

SNS ソーシャルネットワーキングサービス[< social networking service](Facebook, Twitter, LINE 等の会員制サービス).

snub[snʌb]ひじ鉄砲/冷たくあしらう, 頭ごなしにやっつける;止める/しし鼻の.

snuff¹[snʌf]ろうそくの焦げ/芯を切る;消す.

snuff² 鼻で吸う;嗅ぐ;嗅ぎタバコをかぐ/嗅ぐこと;嗅ぎタバコ.

snuffbox 嗅ぎタバコ入れ.

snuffle[snʌfl]鼻声/鼻が詰まる;鼻声でいう.

snug[snʌg]居心地のよい;具合のよい;ぴったりした. **snugly** 副

snuggery[snʌ́gəri]《英》居心地のよい所;パブの私室.

snuggle[snʌ́gl]すり寄る, こすり付く, くっつき合う;抱き寄せる.

so[sóu, 弱 sə]そのように, そんなに;はなはだ;そうか/そこで, そのために. **~ and ~** だれそれ;何々. **~ long**《話》= good-by. **~ -called** いわゆる.

soak[sóuk]浸す;浸る;浸透する;漬ける;ずぶ濡れにする[なる];吸収する;《俗》大酒を飲む[飲ませる];金を絞り取る;重税を課す/浸すこと;漬けること;ずぶ濡れ;大雨;《俗》大酒飲み. **soaked** ずぶ濡れの;しみ込んだ;《俗》酔っぱらった. **soaking** ずぶ濡れになった/浸すこと.

soap[sóup]石鹼. **~ opera** 連続メロドラマ. **soapy** 石鹼のような[だらけの];おせじたっぷりの.

soapsuds 石鹼の泡.

soar[sɔ́ːr]高く飛ぶ, 舞い上がる;滑空する;そびえる;暴騰する.

SOAS 東洋アフリカ学院(ロンドン大学)[< School of Oriental and African Studies].

SOB, s. o. b.《米俗》ろくでなし, 最低な人, 野郎[< son of a bitch].

sob[sáb]嗽̑̑り泣き/嗽̑り泣く, べそをかく. **~ sister** お涙ちょうだいものを書く女性記者. **~ story** お涙ちょうだいもの.

sober[sóubər]酔っていない, しらふの;落ち着いた, まじめな;じみな/酔いをさます;冷静になる. **soberly** しらふで.

sobriety[səbráiəti]節酒;しらふ;まじめ.

Soc. 協会, 組合[< Society].

soccer[sákər]サッカー.

sociable[sóuʃəbl]あいそのよい;社交的な. **sociability** 交際好き;社交性.

social[sóuʃəl]社会の, 社会的な;社交の, 社交的な;[動物が]群居する;[植物が]叢生する/懇親会. **~ order** 社会秩序. **~ science** 社会科学. **~ security** 社会保障(制度). **~ service** 社会奉仕;(複)社会事業. **~ worker** ソーシャルワーカー, 社会事業家. **socialism** 社会主義. **socialist** 社会主義者. **socialistic** 社会主義的な. **socialize** 社会的にする;社会主義化する. **socially** 副

society[səsáiəti]社会;会, 協会;社交;

S

社交界.

socioeconomic 社会経済の

sociology[sousiá:lədʒi] 社会学. **sociological** 形 **sociologist** 社会学者.

sock[sá:k] 短い靴下，ソックス.

sock[2] ぶんなぐる／強打.

socket[sá:kit] 受け口，窩 ; 電球受け，ソケット.

sod[1][sá:d] 芝，芝生／芝生でおおう.

sod[2] 下司。野郎.

soda[sóudə] ソーダ，（重）炭酸ソーダ，ソーダ水.

sodden[sá:dn] 水にふやけた；ぐちゃぐちゃの；酒浸りの／水びたしにする〔なる〕.

sodium[sóudiəm] ナトリウム.

sodomy[sá:dəmi] 男色；獣姦. **Sodomite**[-mait] ソドム人；男色〔獣姦〕者.

sofa[sóufə] 長いす，ソファー.

soft[só:ft] 柔らかな；手ざわりのよい；やさしい；弱々しい；〔風・色などが〕静かな，穏やかな；寛大な；アルコールを含んでいない／柔らかに，優しく，静かに，穏やかに. ～ **-boiled**〔卵が〕半熟の. ～ **copy**〔コンピュータ〕ソフトコピー(紙中の印刷でなく画面に表示させたもの). ～ **drink** ソフトドリンク，清涼飲料. ～ **landing** 軟着陸；経済成長抑制. ～ **line** 柔軟路線. ～ **money** 軟貨；紙幣；《米》政党への政治献金. ～ **patch** 景気の踊り場. ～ **-shell** 殻の柔らかい；穏健な. ～ **spot** 特別な愛着；弱点. ～ **water** 軟水. **softly** 副 **softness** 名

soften[só:fən] 柔らかになる〔する〕；和らぐ〔げる〕；弱くなる〔する〕.

software ソフトウェア(hardware に対して).

soggy[sá:gi] ぬれた；ふやけた.

SOHO ソーホー，個人事業所〔< small office / home office〕.

soil[1][sóil] 土壌，土；土地；国.

soil[2] よごれ；汚点；汚物／汚す；汚

れる；堕落する〔させる〕.

soiree, -rée[swa:réi] 夜会.

sojourn[sóudʒə:rn, sɔ́dʒ-]《文》逗留，滞在(する).

sol[sóul] ソ(長音階の第5音).

solace[sá:ləs] 慰め／慰める.

solar[sóulər] 太陽の. ～ **calender** 太陽暦. ～ **eclipse** 日食. ～ **plexus** 太陽神経叢；《話》みぞおち. ～ **system** (the ～) 太陽系；太陽熱利用設備.

sold[sóuld] sell の過去・過去分詞. ～ **-out** 売り切れの.

solder[sá:dər] はんだ；かすがい／はんだづけする，結合する.

soldier[sóuldʒər] 軍人；兵士；勇士／軍人になる. **soldierly**《文》軍人らしい. **soldiery**〔集合的〕軍隊；軍事教練.

sole[1][sóul] 足の裏；靴底／靴底をつける.

sole[2] シタビラメ；シタガレイ.

sole[3] 唯一の；単独の；独占的な. **solely** 単独に；全く；もっぱら.

solecism[sá:ləsizm]〔文法・語法〕違反；無作法；誤り.

solemn[sá:ləm] 厳粛な；荘重な；まじめくさった. **solemnity** まじめ；荘厳；厳粛. **solemnly** 副

solemnize[sá:ləmnaiz] 荘厳にする；式を挙げる；厳かに祝う.

solicit[səlísət] 懇願する，しつこくせがむ；〔男を〕誘う. **solicitation** 名

solicitor[səlísətər]《米》法務官，勧誘員；《英》下級弁護士.

solicitous[səlísətəs] 切望する；心配する，懸念する. **solicitously** 副

solicitude[səlísətju:d] 心配，懸念；(複) 心配の種.

solid[sá:lid] 堅い；固形の；中空でない；純粋な；立体の；丈夫な；確実な；資産のある；団結した／固体；立体. **solidly** 副

solidarity[sɑ:lədǽrəti] 団結；連帯責任.

solidify[səlídəfai] 団結する〔させる〕；

凝固する〔させる〕.

solidity[səlídəti]固体性；頑丈；堅実さ.

solidus[sá:lədəs]斜線〔/〕.

soliloquy[səlíləkwi]独り言；独白.

solitaire[sá:ləteər]1つはめの宝石；1つ石の指輪〔耳輪〕；1人トランプ.

solitary[sá:ləteri]独りの；さびしい；単一の／独居者；隠遁者. **solitarily** 独りで.

solitude[sá:lətju:d]孤独；独居；寂しい所.

solo[sóulou]独奏〔唱〕(曲)，ソロ；単独行動. **soloist** 独奏〔唱〕者.

Solomon Island(the ～)ソロモン諸島.

solstice[sá:lstəs]至し；至点.

soluble[sáljubl]溶けやすい，溶ける《in》；解決のできる. **solubility** 可溶性；溶解度；問題解決.

solution[səlú:ʃən]溶解；溶液；解決；解答.

solve[sá:lv]解く，解答する；解決する.

solvency[sá:lvənsi]溶解力のあること；支払い能力のあること. ～ margin ソルベンシーマージン(保険会社の支払い余力).

solvent[sá:lvənt]支払い能力のある；溶解力のある／溶媒，溶剤；緩和剤；解決策.

Somalia[səmá:liə]ソマリア(民主共和国) (Federal Republic of Somalia).

somber, sombre[sá:mbər]薄暗い；陰気な；くすんだ. **somberly** 副

some[弱 səm, 強 sʌm]ある；多少，いくらか；相当な，かれこれ.

somebody[sʌ́mbɑ:di, -bʌdi, -bədi]或る人，だれか；一廉ぷの人物.

somedayいつか.

somehowどうにかして；なんとなく. ～ or other どうかこうか；どういうものか.

someone[sʌ́mwʌn, -wən]ある人，だ

れか.

someplace《米》= somewhere.

somersault[sʌ́mərsɔ:lt], **somerset**[-set]とんぼ返り，宙返り(する).

something[sʌ́mθiŋ]なにか，あるもの；いく分，多少；…らしい所；重要なもの〔こと・人〕.

sometimeいつか，近々；以前.

sometimes[sʌ́mtaimz]時々，往々.

somewhatいく分か，やや.

somewhereどこかに；どこかで.

somnambulism[sɑ:mnǽmbjəlizm]夢遊病.

somnolence[sá:mnələns]眠たさ；夢うつつ. **somnolent** 眠い；催眠の.

son[sʌn]息子；子孫. ～ -in-law 婿.

sonant[sóunənt]有声音の；音のある；響く／有声音.

sonata[sənά:tə]奏鳴曲，ソナタ.

song[sɔ́:ŋ]歌，歌曲；さえずり声；詩歌.

songbird 鳴く鳥；歌姫.

songster[sɔ́:ŋstər]歌手；歌作者，詩人；鳴き鳥.

songwriter 作詞〔作曲〕家.

sonic[sá:nik]音の；音速の.

sonnet[sá:nit]十四行詩，ソネット；短詩.

sonny[sʌ́ni]坊や；君.

sonorous[sənó:rəs]朗々たる，響き渡る；堂々たる. **sonority** 響き渡ること；〔音の〕きこえ.

soon[sú:n]すぐに，ほどなく，遠からず. as ～ as …するとすぐに. no sooner … than … するやいなや. sooner or later おそかれ早かれ.

sooner[sú:nər]抜け駆けする人；早まった行動をする人.

soot[sút]煤ぼ，煤り煙，油煙. **sooty** 煤けた.

sooth[sú:θ]《古》真実の.

soothe[sú:ð]慰める；静める；なだめる. **soothing** 心安まる.

soothsayer 予言者，占者.

sop[sá:p]ソップ(汁・牛乳などに浸し

たパンなど）；賄賂_が／浸す；ずぶ
ぬれにする；吸い取る／ずぶぬれに
なる；しみ透る.

sophism[sá:fizm] 詭弁.

sophist[sá:fist]〔S-〕〔古代ギリシャ
の〕哲学教師；詭弁家.

sophistic[səfístik], **sophistical**
[-tikəl] 詭弁の, こじつけの；詭弁
を弄する.

sophisticate[səfístikeit] 詭弁を弄
する〔欺く〕；世慣れる；あか抜け
させる；複雑にする／[-kət] 都会的
な人，インテリ. **sophisticated** 都会
的な，洗練された；精巧な；先端技
術の. **sophistication** 詭弁を弄するこ
と；〔高度の〕知識，趣味；洗練，
世慣れ.

sophistry[sá:fəstri] 詭弁；詭弁法.

sophomore[sá:fəmɔːr]《米》〔大
学・高校の〕2年生. **sophomoric** 2
年生らしい；未熟な，生意気な.

soporific[sɑːpərífik] 眠くする，催眠
の／睡眠薬，麻酔剤.

soppy[sá:pi] びしょぬれの，ぐちゃぐ
ちゃの；じめじめした，ひどく感傷
的な.

soprano[səprǽnou] 女声最高音部；
ソプラノ（歌手）.

sorcery[sɔ́:rsəri] 魔法，魔術. **sorcer-
er** 魔法使い. **sorceress**[-ris] 女魔法
使い.

sordid[sɔ́:rdəd] 汚い，汚れた；下劣な.
sordidly 副

sore[sɔ́:r] 痛い，ひりひりする；悲痛な；
《話》腹を立てた／はれもの，痛い
ところ，古傷；つらいこと. ～
throat 咽喉_{いん}痛. **sorely** 痛く；ひど
く.

sorority[sərɔ́:rəti]《米》女性クラブ；
女子学生クラブ.

sorrel[sɔ́:rəl] 栗色(の)，栗毛の(馬・
動物).

sorrel[sɔ́:rəl] スイバ，ギシギシ.

sorrow[sá:rou, sɔ́:r-] 悲しみ，悲哀；
後悔；不幸／悲しむ，嘆く. **sorrow-**

ful 悲しい；哀れな，悲しそうな.

sorry[sá:ri, sɔ́:ri]〔述語的に用いる〕
気の毒に思って，かわいそうで；後
悔して，残念で；情けない.

sort[sɔ́:rt] 種類；品質，たち／分類する；
えり分ける. **out of sorts** 気分がわる
い，元気がない.

sortie[sɔ́:ti] 出撃，突撃.

so-so[sóusou] よくも悪くもない，まず
まずの／まあどうやら.

sot[sá:t] 飲んだくれ(人).

soufflé[su:fléi] スフレ(卵白を泡だてて
焼いたもの).

sought[sɔ́:t] seek の過去・過去分詞.
～ **-after** 需要のある.

soul[sóul] 精神，霊魂；感情，気迫；
精髄，指導者；化身；ソウルミュー
ジック. ～ **-searching** 鋭い自己分析.
soulful 精神のこもった；感動させる；
黒人の，黒人文化の. **soulless** 魂の
ない；活気のない.

sound[sáund] 健全な；しっかりした，
安全な；十分な／深く，ぐっすりと.
～ **sleep** 熟睡. **soundly** 副

sound[sáund] 音，音響；騒音；〔ことば
などの〕印象，聞え／響く；音を出す；
鳴る；鳴らす；聞える；鳴らす；〔太
鼓・らっぱなどで〕合図する. ～
track 映画フィルムの録音帯(に録音
された音声・音楽).

sound[sáund]〔測鉛で水深を〕測る；打診
する；ゾンデで探る／〔医学〕消息子，
ゾンデ.

sound[sáund] 海峡；入江，〔魚の〕浮袋.

soup[súːp] スープ，肉汁，吸いもの.

sour[sáuər] 酸味のある；すっぱくなっ
た；いやな；気難しい，意地のわる
い／すっぱくする〔なる〕. **sourly** 気
難しげに.

source[sɔ́:rs] 源泉；根源；出所.

south[sáuθ] 南；南国；〔S-〕《米》南
部諸州／南の／南へ；南から. **the
South Pole** 南極. **southerly**[sʌ́ðərli]
南から(の). **southward, south-
wards** 南へ，南方へ.

South Africa[sauθ ǽfrikə] 南アフリカ(共和国) (Republic of South Africa).

southeast 南東／南東の〔へ〕. **southeaster** 南東風. **southeastern** 南東の.

southern[sʌ́ðərn] 南の;南部地方の. **southerner** 南国人；(S-) 米国南部出身者.

South Korea 韓国(大韓民国 Republic of Korea の俗称).

southpaw 左ききの(選手).

southwest 南西／南西の〔へ〕. **southwester** 南西風. **southwesterly** 南西の. **southwestern** 南西の.

souvenir[su:vəníər]記念品，かたみ；みやげ.

sovereign[sɑ́:vərən]主権を有する，君主たる;最高の，最上の／主権者，君主，元首；《英》〔昔の〕1ポンド金貨. **sovereignty** 主権；統治権；独立国.

soviet[sóuviet] (評) 議会. **the Union of Soviet Socialist Republics** ソビエト社会主義共和国連邦〔1922 ～ 91年〕.

sow[1][sóu]蒔く；種を蒔く. **sower** 種を蒔く人；種蒔き機.

sow[2][sáu]〔成長した〕雌豚. ～ **thistle** ノゲシ.

soy, soya[sói, sóijə]醤油.

soybean ダイズ(大豆).

SP (日本の) 公安警察〔< security police〕.

spa[spá:]鉱泉；温泉場.

space[spéis]空間，宇宙(の)；あき場所；余地；間隙？／一定間隔を置く. ～ **debris** スペースデブリ(宇宙ゴミ). ～ **flight** 宇宙飛行. ～ **shuttle** 宇宙連絡船. ～ **station** 宇宙ステーション.

spacebar[コンピュータ] スペース入力用の横に長いキー.

spacecraft 宇宙船.

spaceship 宇宙船.

spacesuit 宇宙服.

spacious[spéiʃəs]広い，広々とした. **spaciously** 広々と.

spade[spéid] 鋤？，スコップ(で掘る)；〔トランプの〕スペード.

spaghetti[spəgéti]スパゲッティ.

spall[spɔ́:l]かけら，破片／割る〔れる〕，砕く〔ける〕.

spam[spǽm] 〔コンピュータ〕スパムする；いやがらせに大量のメールを送る.

span[spǽn]親指と小指とを広げた間の長さ(9 インチ)；〔ある一定の〕期間；全長；〔橋・アーチの〕径間？／指ではかる；跨がる；〔川に橋を〕渡す；…にわたる.

spangle[spǽŋgl]ぴかぴか光る金属片(で飾る)，スパンコール(をつける).

Spaniard[spǽnjərd]スペイン人.

spaniel[spǽnjəl]スパニエル犬；おべっか使い.

Spanish[spǽniʃ]スペインの；スペイン人〔語〕の／スペイン語；〔集合的〕スペイン人.

spank[spǽŋk]〔尻などを〕ぴしっと打つ／疾走する／ぴしゃり；平手打ち. **spanking** 威勢よく走る；《話》すてき.

spanner[spǽnər]《英》スパナ(《米》では wrench).

spar[spá:r]〔鶏などが〕蹴り合う；なぐり合う；拳闘する／ボクシングの試合；口論；闘鶏.

spare[spéər]倹約する；(危害を) 加えない；〔手数を〕省く；なしで済ます／予備の，余った；乏しい；痩せた／余り；予備品. ～ **-part surgery**《英》臓器移植外科.

spare ribs[spéərribz](複) スペアリブ(肉付きあばら骨).

sparing[spéəriŋ] 倹約する；質素な；寛大な. **sparingly** 倹約して；乏しく.

spark[1][spá:rk]火花；火の粉；ひらめき；生気，活気；ほんの少し／火花が出る；発火させる. ～ **(ing) plug**〔エ

ンジンの〕点火栓.

spark² だて男, しゃれ者；愛人；求婚者 /〔女性に〕言い寄る；求婚する.

sparkle[spάːrkl]火花；光輝；閃き；活気 / 火花を散らす；ぴかりと光る；泡立つ. **sparkling** 火花を出す；きらめく；〔飲み物が〕発泡性の.

sparrow[spǽrou]スズメ.

sparse[spάːrs]〔人口・毛など〕まばらの, 希薄な. **sparsely** 副

Spartan[spάːrtn]スパルタ(sparta)の；厳酷な；剛勇な / スパルタ人；剛勇な人.

spasm[spǽzm]痙攣, ひきつけ；発作.

spasmodic[spæzmάːdik, -mɔ́d-]痙攣(性)の；発作的な.

spastic[spǽstik]痙攣(性)の / 痙攣患者, 脳性麻痺患者.

spat¹[spǽt]spit の過去・過去分詞.

spat²(通例複)短いゲートル, スパッツ.

spat³〔貝, 特にカキの〕卵 /〔カキが〕卵を産む.

spat⁴ 平手打ち；口げんか / ぴしゃりと打つ；口論する.

spate[spéit]〔英〕洪水；豪雨；ほとばしり, 多数.

spatial[spéiʃəl]空間の；空間的な. **spatially** 空間的に.

spatter[spǽtər]〔泥などを〕はねかす；はねる, ふりかかる；〔悪口などを〕浴びせかける / はね.

spatula[spǽtʃələ]へら；舌おさえ.

spawn[spɔ́ːn]〔魚などの〕卵；〔栽培キノコの〕塊；うじゃうじゃいる子供；産物 / 卵を産む.

speak[spíːk]言う, 話す. **speaker** 話者；発言者, 講演者；議長；= loudspeaker. **speaking** 話す；生き生きとした.

spear[spíər]槍；〔魚を突く〕やす；新芽 / 槍で突く / 発芽する.

spearhead 槍の穂；最前線, 先鋒.

spearmint オランダハッカ.

spec[spék]《話》投機, 思わく〔< speculation〕.

spec. スペック, 仕様〔< specification〕.

special[spéʃəl]特別の, 独特の；専門の；別仕立ての；臨時の / 特派員；特別試験；特別列車；新聞号外；特別通信. **specialist** 専門家. **specially** わざわざ；とりわけ.

speciality[spèʃiǽləti], **specialty** [spéʃəlti]特質, 特色；専門；得意；特製品, 特産品. ~ **store retailer of private label apparel** 製造小売業者〔略 SPA〕.

specialize, -ise[spéʃəlaiz]専門にする, 専攻する；特殊化する. **specialized** 専門の；特殊化した.

specie[spíːʃi]正金, 正貨. in ~ 正金で.

species[spíːʃiːz]種類；〔生物〕種.

specific[spəsífik]明示された；特有の；明確な；〔生物〕種の；特効のある / 特効薬. **specifically** 種に応じて, 類に従って；特別に；明確に.

specification[spèsəfikéiʃən]詳記, 列挙；明細書, 仕様書.

specify[spésəfai]明記する, 列挙する.

specimen[spésəmən]見本, 標本；参考品；《話》変わったやつ.

specious[spíːʃəs]真実らしい, もっともらしい. **speciosity** 名

speck[spék]小点(をつける)；少量.

speckle[spékl]斑点(をつける).

spectacle[spéktəkl]見もの；光景；奇観；壮観；(複)メガネ. **spectacled** メガネをかけた.

spectacular[spektǽkjələr]目覚ましい, 壮観の, 花々しい.

spectator[spékteitər]観客, 見物人.

specter, spectre[spéktər]幽霊, お化け.

spectral[spéktrəl]幽霊の；スペクトルの.

spectroscope[spéktrəskoup]分光器.

spectrum[spéktrəm]スペクトル；残量.

speculate[spékjəleit]思索する；推測する；投機をする《in》. **speculative** 思索的な；推測の；純理論的な, 投機の. **speculator** 思索家；投機家；相場師. **speculation** 图

speculum[spékjələm]反射鏡；検鏡.

sped[spéd]speed の過去・過去分詞.

speech[spíːtʃ]発言(力)；言語, 言葉；講演, 演説のきけない；〔驚きなどで〕唖然とした.

speed[spíːd]速さ, 速度；《俗》覚醒剤／急ぐ；〔事業などが〕進行する／急がせる；速める. at full ~ 全速力で. ~ limit 制限速度. ~-up《話》スピードアップ. **speeder** 調速装置；速度違反車. **speedily** 早く, 急いで. **speedy** 速やかな, 即時の.

speedball スピードボール(サッカーに似たゲーム)；《俗》コカインとヘロインなどを混ぜた注射液.

speedometer[spi:dámətər] 速度計.

speedway 自動車〔オートバイ〕レース場；《米》高速道路.

speedwell[spíːdwel]クワガタソウ.

spell[spél]交替；番；服務時間；《話》ちょっとの間；ひと続きの間；発作／交替する.

spell[spél]綴る；意味する. ~ out 綴りを1字1字言う. **spelling** 綴り.

spell[spél]呪文；魔力.

spellbound 魅せられた.

spelt[spélt]spell の過去・過去分詞.

spend[spénd]〔金を〕使う；費やす, 浪費する；〔時などを〕過ごす；弱りきらせる, 疲れさせる；金を使う.

spending[spéndiŋ]消費, 出費. ~ money 小遣い銭；手持ちの現金.

spendthrift 浪費家.

spent[spént]〔力つきた, 疲れきった；〔魚が〕放卵した.

spent[spént]spend の過去・過去分詞.

sperm[spéːrm]精液；精子.

sperm[spéːrm] 鯨脳；鯨油；マッコウクジラ.

spermatozoon[spəːrmətəzóuən]精子, 精虫.

spew[spjúː](へどを) 吐く；吹きさる；ぶちまける.

sphere[sfíər]球；球体；天体；地球儀；範囲；身分.

spherical[sférikəl]球の；球状の, 丸い；天体の.

sphinx[sfíŋks] (S-) スフィンクス(頭は女で体はライオンの怪物)；スフィンクスの像；謎の人；Mandrillus ~マンドリル(大型のヒヒ).

spice[spáis]香料, 薬味；趣味／香料を加える, 薬味を入れる.

spick-and-span[spíkənspæn]真新しい；こざっぱりした.

spicy[spáisi]香料を加えた；ぴりっとした；きわどい.

spider[spáidər]クモ；三脚台；《米》〔脚つきの〕フライパン.

spiel[spíːl]《話》大げさな演説〔説教〕；客寄せ口上／大げさに話す；客寄せ口上を述べる.

spigot[spígət]栓;；〔樽などの〕挿し口.

spike[spáik]大釘；靴底釘；忍び返し；突出部；《米俗》注射針〔器〕；(複)スパイクシューズ；〔バレーボール〕スパイク／大釘で止める；〔計画を〕妨げる；スパイクで傷つける；〔バレーボール〕スパイクする；〔新聞記事を〕没にする. **spiked** スパイクの付いた；《米俗》アルコール入りの. **spiky** 釘だらけの；怒りっぽい.

spike[spáik] 穂；穂状花序.

spill[spíl]こぼす, こぼれる；〔血を〕流す；〔馬や乗り物が人を〕振り落とす；〔秘密などを〕漏らす, 漏れる／流出；転落.

spillway 放水路.

spilt[spílt] spill の過去・過去分詞.

spin[spín] 紡ぐ;〔蚕・クモが糸を〕吐く,〔繭・巣を〕つくる;〔軸を中心に回転する〔させる〕;脱水機にかける;長々と話す/回転(させること);一走り;きりもみ降下;急落. ~-off 副産物, 波及効果;スピンオフ.

spinach[spínitʃ, -nidʒ]ほうれん草.

spinal[spáinl]背骨の, 脊柱の. ~ cord 脊髄.

spindle[spíndl] 紡錘; 心棒. **spindling** ひょろ長い.

spine[spáin]背骨, 脊柱;〔植物の〕針, 刺〔状突起〕;本の背;山の背. **spineless** 無脊椎の;刺のない.

spinet[spínət]昔の小型ハープシコード;小型電子オルガン.

spinster[spínstər]〔特に中年の〕未婚婦人;《英》紡ぎ女.

spiny[spáini]刺だらけの;難しい, 面倒な.

spiral[spáirəl]螺旋(状の);渦巻線(の);螺旋降下;〔経済〕連鎖的変動, 悪循環.

spire[spáiər]螺線, 渦巻.

spire[spáiər] 尖塔;とがったもの;細い茎〔葉・芽〕/突き出る;芽をだす;尖塔をつける.

spirit[spírət]精神, 魂;霊;(通例複)気分;元気;支配的傾向;エキス, アルコール, (通例複)〔ウイスキー・ブランデーなど〕蒸留酒/元気づける;誘拐する. in high spirits 上きげんで. **spirited** 元気な, 勇ましい. **spiritless** 活気のない, 勇気のない.

spiritual[spírituəl]精神(上)の;形而上の;心の;霊の;宗教の. **spiritualism** 観念論;降神術. **spiritualist** 降霊術者. **spiritualize** 精神的にする;霊化する. **spiritually** 精神的に.

spirituality[spiritʃuǽləti]霊性;神聖;(複) 教会財産.

spit[spít]〔唾を〕吐く / 唾. **spitting**

image 生写し.

spit[spít] 焼き串;岬, 出洲;/ 串に刺す;突き刺す.

spite[spáit]悪意;恨み / 意地悪をする, いじめる. in ~ of …にもかかわらず, …をものともせず. **spiteful** 恨みをいだく, 悪意のある.

spittle[spítl]〔吐いた〕唾.

spittoon[spitúːn]痰壺.

spitz[spíts]スピッツ(犬).

splash[splǽʃ]〔水・泥を〕はねかける;はねかえして行く;はねる / はね;はねる音, どぶん. make a ~《話》世間をあっといわせる.

splatter[splǽtər]〔水や泥を〕はねかける /〔水や泥が〕はねる / はね散らすこと. ~ film, ~ movie スプラッター映画(流血の多いホラー).

splay[spléi]広げる, 広がり / 広がった;斜角(をつける).

splayfooted 扁平足の.

spleen[splíːn]脾臓;不機嫌, 立腹.

splendid[spléndid]光輝のある;壮麗な, りっぱな, 輝かしい;《話》すばらしい. **splendidly** すばらしく.

splendor, 《英》**splendour**[spléndər]光輝;華麗, みごと;顕著.

splenetic[splənétik]脾臓の;おこりっぽい.

splice[spláis]〔縄を〕組み継ぎ(する);接合(する);《俗》結婚させる. **splicer** テープつなぎ, スプライサー.

splint[splínt]〔外科用の〕副木;/ 脛骨 / 副木を当てる.

splinter[splíntər]裂片;こっぱ;〔木などの〕とげ / 割る;割れる;裂く;裂ける. ~ group〔分裂してできた〕分派;少数派.

split[splít]縦に割る, 割れる, 裂ける;へぐ;分裂させる〔する〕. ~ hairs〔straws〕極端に細かく区別する. ~ second ほんの一瞬間.

splutter[splʌ́tər]ぱちぱち(いう);せき込んでしゃべる(こと).

SPM 浮遊粒子状物質〔< suspended

particulate matter).

spoil[spɔ́il]だいなしにする〔なる〕；腐らせる，腐る；あまやかして増長させる／掠奪品；獲得物；《米》利権.

spoilt[spɔ́ilt]spoil の過去・過去分詞.

spoke[spóuk]speak の過去.

spoke²〔車輪の〕輻，スポーク；舵輪の取っ手；〔はしごの〕段；輪止め.

spoken[spóukən]speak の過去分詞.

spokesman[spóuksmən]**, -woman, -person** 代弁者.

sponge[spándʒ]海綿(動物)；スポンジ；《話》居候／スポンジでふく〔吸い取る〕；〔人に〕たかる，居候をする. ～ **cake** スポンジケーキ. **spongy** 海綿状〔質〕の.

sponsor[spánsər]名づけ親；後援者；保証人；発起人；広告主／スポンサーになる，後援する. **sponsorship** 財政援助，後援.

spontaneity[spa:ntəní:əti]自発；自然さ；自発性.

spontaneous[spa:ntéiniəs]自然の；自発的な；自生の. **spontaneously** 副 **spontaneousness** 名

spoof[spú:f]〔冗談に〕だます(こと).

spook[spú:k]幽霊，お化け；〔人を〕怖がらせる. **spooky** 幽霊のような；気味の悪い.

spool[spú:l]糸巻き，巻き枠／糸巻きに巻く.

spoon[spú:n]匙，スプーン／匙ですくう. **spoonful** 一匙.

sporadic[spərǽdik]散在性の；散発性の；時折起こる.

spore[spɔ́:r]胞子，胚種／胞子を生ずる.

sport[spɔ́:rt]運動(競技)；遊戯，戯れ；娯楽；冗談；（複）運動会／《話》見せびらかす／遊ぶ，楽しむ／スポーツ用の. **sporting** スポーツ(用)の；正々堂々とした；冒険的な. **sporty** 《話》運動家らしい；はでな；軽快な.

sportive[spɔ́:rtiv]《文》ふざけた；

ふざけたがる；からかいの.

sportsman[spɔ́:rtsmən]運動家；狩猟家. **sportsmanlike** 運動家にふさわしい；公明正大な. **sportsmanship** 運動家精神，スポーツマンシップ.

spot[spá:t]点；斑点；汚点，しみ；欠点；場所，地点，現場；〔太陽の〕黒点／まだらにする；汚点をつける，しみをつける；〔罪人などを〕嗅ぎつける. **on the ～** その場で. **～-on** ぴったりの. **spotless** 斑点のない；欠点のない；潔白な. **spotted** 斑点のある；しみの付いた；汚点のある. **spotter** 監視人.

spotlight スポットライト；世間の注視.

spotty[spá:ti]しみだらけの；発疹のある；一様でない；《話》むらのある.

spouse[spáuz]配偶者.

spout[spáut]噴出口，注ぎ口；噴水；〔鯨の〕噴水孔／噴き出す，噴出する；とうとうと弁じる.

sprain[spréin]捻挫／挫く，筋を違える.

sprang[sprǽŋ]spring の過去.

sprawl[sprɔ́:l]手足を伸ばしてねそべる，腹這う；はびこる；無秩序に広がる.

spray¹[spréi]水煙，しぶき；吸入器；噴霧器／水煙を立たせる〔立てる〕；水煙〔消毒液〕を吹きかける.

spray² 小枝；枝状装飾.

spread[spréd]広げる，覆う；塗る；まき散らす；広める；〔香などを〕放つ，散布する／広がる；伝わる；流行する；〔インクなどが〕にじむ／広がり；普及；蔓延；敷物；ご馳走. **～ sheet**〔コンピュータ〕スプレッドシート；表計算(財務会計) ソフト；〔1枚の広い〕簿記用紙，会計記帳.

spree[sprí:]酒盛り，大浮かれ. **on the ～** 飲み浮かれて.

sprig[spríg]小枝，鋲／小枝で飾る；小枝模様をつける；鋲〔小釘〕を打つ.

sprightly[spráitli]快活な，陽気な.

sprightliness 名

spring[spríŋ]跳ぶ；はね返る；わき出る；発芽する；起こる，由来する／跳び上がらせる；はね返らせる；急にもち出す；割る／春；青春；泉；源；跳躍；弾力；ぜんまい，ばね. ～ equinox 春分. ～ tide 大潮；高潮.

springboard 飛び込み板；跳躍板.

springtime 春(季)；青春.

springy[spríŋi]弾力のある；軽快な；泉の多い.

sprinkle[spríŋkl]ふりかける，撒まく；散布させる；滴下する／まかれたもの；小雨. **sprinkler system** 〔建物の〕自動消火装置；〔庭などの〕散水装置. **sprinkling** 散布，水撒き；ばらつき，少量.

sprint[spríŋt]疾走する／全力疾走；短距離競走. **sprinter** 短距離競走者.

sprite[spráit](小) 妖精.

sprocket[sprάkət]鎖止め；鎖歯車.

sprout[spráut]発芽する(させる)；急成長する／芽，めばえ；(複) 芽キャベツ.

spruce[sprúːs]こぎれいな，しゃれた／めかす《up》.

sprung[spríŋ]spring の過去・過去分詞.

spry[sprái]活発な，はしっこい，身軽な.

spume[spjúːm]《文》〔特に海面の〕泡(立つ).

spun[spín]spin の過去・過去分詞. ～ sugar 綿菓子.

spunk[spíŋk]火口ぼく；元気. **spunky** 元気のある.

spur[spáːr]拍車；刺激(物)；激励；けづめ；アイゼン；〔山の〕支脈. on the ～ of the moment 時のはずみで；即席に／拍車で馬を駆る；刺激する，激励する.

spurious[spjúəriəs]にせの，偽造の，もっともらしい；非嫡出の；庶出の.

spurn[spáːrn]追い払う；はねつける.

spurt[spáːrt]噴き出す；力走する／噴出；一奮発；力走，スパート.

Sputnik[spútnik]〔ソ連の〕人工衛星.

sputter[spítər]唾(液) を飛ばす；唾を飛ばしてものを言う；〔生木が〕ばちばちはねる／早口；せき込んでしゃべること；ばちばち，じゅうじゅう.

sputum[spjúːtəm]喀痰かた.

spy[spái]スパイ／スパイする；見つける.

spyglass 小望遠鏡.

SQ 特別清算指数〔< special quotation〕.

sq yd〔面積〕平方ヤード〔< square yard(s)〕.

sq. 平方〔< square〕.

sq. ft.〔面積〕平方フィート〔< square foot[feet]〕.

sq. in.〔面積〕平方インチ〔< square inch(es)〕.

squab[skwάb]ずんぐりした(人)；毛のまだ生えない(ひな鳥)；厚いクッション.

squabble[skwάbl]口論(する).

squad[skwάd]〔軍隊〕班，分隊；一団の人々. ～ car パトカー.

squadron[skwάdrən]騎兵大隊；小艦隊；飛行中隊.

squalid[skwάlid] 汚い，むさくるしい.

squall[skwɔːl]突風，スコール；金切り声／わめき声を立てる.

squalor[skwάlər]むさくるしさ，あさましさ.

squander[skwάndər]浪費する.

square[skwéər]正方形，方形物；〔四角い〕広場；市街の一区画；直角定規，曲尺；平方，二乗；方陣；堅物／正方形の，四角の；直角の；きちょうめんな；公平な；はっきりした；貸し借りなしの／正方形の／正方形にする；正す；合わせる；清算する／二乗する／一致する，合う／四角に；まともに. **squarely** 四角に；直角に；

公正に；真正面に；《話》十分に.

squash¹[skwáʃ]押し潰す；潰れる／ぐしゃぐしゃにする；詰め込む；やりこめて黙らせる；無理に割り込む《into》／押し潰すこと；ぐしゃっという音；果汁飲料，スカッシュ（テニス風球戯）；雑踏；群集. **squashy** つぶれやすい；どろどろの，ぐしゃぐしゃの.

squash² セイヨウトウナス（カボチャの類）.

squat[skwɑ́:t]うずくまる，しゃがむ；《話》座る／うずくまった，ずんぐりした／うずくまること.

squatter[skwɑ́:tər]無断居住者；新開地定着者.

squaw[skwɔ́:]〔インディアンの〕女.

squawk[skwɔ́:k]〔鳥が〕ぎゃあぎゃあ（鳴く）；があがあ（いう）.

squeak[skwí:k]ちゅうちゅう（鳴く）；きいきい軋る（こと）；《俗》密告する.

squeal[skwí:l]きいきい，叫び声／叫ぶ，きいきいいう；《俗》密告する.

squeamish[skwí:miʃ]吐き性の；気難しい；神経質な.

squeeze[skwí:z]締めつける；絞る；〔手などを〕握り締める；ねじ込む；絞り取る／締めつけ；圧搾；搾取；押し合い；《俗》ゆすり. ～ **play**〔野球〕スクイズ.

squelch[skwéltʃ]押しつぶす；黙らせる；押える；ぐしゃぐしゃという音を立てる／押しつぶすこと；相手をへこませること；ぐしゃぐしゃいう音.

squib[skwíb]爆竹，花火；風刺（文）.

squid[skwíd]ヤリイカ.

squint[skwínt]細目の；斜視の／やぶにらみ；斜視；目を細めること／目を細めて見る.

squire[skwáiər]《英》郷士，大地主；騎士の従者；《米》治安判事.

squirm[skwə́:rm]のたくる，もがく.

squirrel[skwə́:rəl]リス／隠す，貯蔵する.

squirt[skwə́:rt]噴出する〔させる〕；吹きかける／噴出；ほとばしり；水鉄砲；注射器；消火器.

Sr. 先代の，年長の〔< Senior〕.

SRAM 短距離攻撃ミサイル〔< short-range attack missile〕；〔コンピュータ〕エスラム，静的ラム〔< static random access memory〕.

Sri Lanka[srì: láːŋkə]スリランカ（民主社会主義共和国）（Democratic Socialist Republic of Sri Lanka）.

SRO 立ち見席以外満員〔< Standing Room Only〕.

SS《米》国土安全保障省要人警護組織〔< Secret Service〕；ナチス親衛隊〔<《G》Schutzstaffel〕；浮遊物質〔< suspended solids〕.

SSBN 弾道ミサイル搭載原子力潜水艦〔< Strategic Submarine Ballistic Nuclear〕（nuclear-powerd ballistic missile submarine とも言う）.

SSN《米》社会保障番号〔< Social Security Number〕.

SSRC《米》社会科学研究評議会〔< Social Science Research Council〕.

SST 超音速旅客機〔< supersonic transport〕.

St. 聖人，聖…〔< saint〕；通り，街路〔< street〕；海峡〔< strait〕.

sta. 駅〔< station〕.

stab[stæb]刺すこと；突き傷；刺すような痛み／刺す；突き殺す；〔感情などを〕害する. **stabbing**〔痛みが〕刺すような.

stability[stəbíləti]堅固，強固；安定（性）；復元力.

stabilize[stéibəlaiz]安定させる；安定装置を施す. **stabilizer** 安定装置；安定させる人（もの）.

stable¹[stéibl]堅固な，強固な；安定した；着実な.

stable² 馬小屋；厩舎；厩に入れる〔住む〕.

staccato[stəkɑ́:tou]断音的に〔な〕，スタッカートの〔な〕.

stack[sték] 稲叢；積み重ね；書架；後入れ先出しのデータ(構造)；〔汽車・汽船の〕煙突；積み重ねる.

stadium[stéidiəm] 競技場.

staff[stǽf] 棒，つえ，旗ざお；支え；譜表.

staff[2] 参謀，幕僚；職員，部員；編集局.

staffer[stǽfər] 職員，スタッフ.

stag[stǽg] 雄ジカ，《話》女性同伴なしの男. ～ **party** 男ばかりの集まり.

stage[stéidʒ] 舞台；演劇；足場；時期；階段，程度；桟橋；駅，宿場；上演する. ～ **direction** ト書き. ～ **door** 楽屋口. ～ **fright**〔気が〕上がること；舞台負け；気後れ. ～ **manager** 舞台監督.

stagecoach 駅馬車.

stagecraft 演出(劇作)法.

stagehand 舞台係.

stagflation[stægfléiʃən] 不況下の物価高，スタグフレーション.

stagger[stǽgər] よろける，よろけさせる；たじろぐ，たじろがせる；〔始業時間などを〕ずらす；互い違いにする／よろめき，互い違い；(複) めまい，〔馬などの〕旋回病. **staggering** 驚くほどの，途方もない；ふらふらする. ～ **gait** 千鳥足.

stagnant[stǽgnənt] 澱んでいる；滞った，不振の，停滞の.

stagnate[stǽgneit] 澱む，滞る；沈滞する. **stagnation** 名

stagy[stéidʒi] 芝居がかった，大げさな.

staid[stéid] 心のしっかりした，まじめな；落ち着いた，沈着な. **staidness** まじめ，落ち着き，沈着.

stain[stéin] 汚す；色を着ける；汚れる／汚れ，しみ；染料. **stained glass** ステンドグラス. **stainless** 汚れのない；潔白な；さびない，ステンレスの. **stainless steel** ステンレス(鋼).

stair[stéər] 梯子段，階段.

staircase, stairway 階段.

stairwell 階段の吹き抜け.

stake[1][stéik] 杭；火刑柱；(the ～) 火刑／杭で囲う，杭で支える.

stake[2](通例複) 賭け；賭け金；〔競技の〕賞品；賭ける；財政的な援助をする. at ～ 賭けられて；危うくなって. ～ **holder** ステークホルダー (利害関係者).

stalactite[stəlǽktait] 鍾乳石.

stalagmite[stəlǽgmait] 石筍°.

stale[stéil]〔酒などが〕気の抜けた；〔牛乳などが〕腐った；〔食パンなどが〕古い；古臭い，陳腐な；疲労した／気が抜ける；気抜けさせる；まずくなる；陳腐になる.

stalemate[stéilmeit]〔チェス〕手づまり；行きづまり；行きづまらす.

stalk[1][stɔːk] 忍び寄り；気取り歩き／こっそりと歩く；忍び寄る；大またに歩く. **stalker** 獲物に近づく猟師；しつこく付きまとうファン.

stalk[2] 葉柄，軸，茎；細長いもの.

stall[stɔːl]〔畜舎の〕一仕切り；〔市場などの〕売店，露店；〔英〕〔劇場の〕特別席；高僧の席；〔厩舎に入れる〕；〔飛行機が〕失速する；〔エンジンが〕動かなくなる.

stallion[stǽljən] 種馬.

stalwart[stɔːlwərt] 丈夫な，屈強な／がっしりした人；主義に忠実な党員.

stamen[stéimən] おしべ.

stamina[stǽmənə] 精力，体力，持久力.

stammer[stǽmər] どもる；どもりながら言う／どもり.

stamp[stǽmp] 判を押す；烙印を押す；感銘させる；印紙をはる；印をつける；踏む；踏み潰す／足踏みする，じだんだ踏む／印，スタンプ；印紙，切手；性質；種類；足踏み. ～ **duty**, ～ **tax** 印紙税.

stampede[stæmpíːd]〔獣の群れなどが〕驚いて逃げ走ること；〔軍勢の〕総崩れ；どっと押し寄せること／総

くずれさせる〔になる〕.

stance[stǽns]〔野球・ゴルフなどでの〕足の構え；態度，考え方.

stanch[stɔ́ːntʃ]心のしっかりした；忠実な；水を通さない／〔血などを〕止める.

stanchion[stǽnʃən]支柱；縦仕切り棒／支柱で支える；仕切り棒につなぐ.

stand[stǽnd]立つ；立ち上がる；持ちこたえる；〔ある状態に〕ある，〔ある立場に〕立つ，いる；味方する／立てる；堪える，抵抗する；受ける，当たる；費用を払う／行きづまり；抵抗；立場；観覧席；スタンド；《米》〔法廷の〕証人席. ～ **-in** 代役；替え玉. ～ **-up** 立ったままの／スタンダップコメディー，お笑い独演.

standard[stǽndərd]標準；軍旗，旗，原器，本位；金本制制／標準の，模範の. ～ **of living** 生活水準. ～ **time** 標準時. **standardize** 標準に合わせる，統一する；規格化する.

standby 味方；予備要員，非常用物資.

standing[stǽndiŋ]立っている；動かない；〔水など〕澱んでいる；永続的な，常備の／存続，持続期間；身分，地位；評判.

standoff《米》行き詰まり；〔勝負の〕引き分け.

standoffish よそよそしい.

standpoint 立場；立脚地；見地.

standstill 立ち止まり；行き詰まり.

stank[stǽŋk]stink の過去.

stanza[stǽnzə]〔詩の〕連，スタンザ.

staple¹[stéipl]主要産物；主成分；基本原料；繊維／主要の.

staple²　U字形の釘；ホチキス針／ホチキスで留める. **stapler** ホチキス.

star[stáːr]星；星章，勲章；星印；運，運勢；スター，花形／星で飾る／星のように輝く；主役を務める. ～ **-spangled** 星をちりばめた. **Stars and Stripes** 米国国旗，星条旗. **stardom** スターの地位.

starboard[stáːrbərd]右舷；機(船)首に向かって右側／面舵をにする.

starch[stáːrtʃ]澱粉，糊；堅苦しさ；《俗》勇気／糊を付ける. **starchy** 澱粉の；糊の付いた；堅苦しい.

stare[stɛ́ər]凝視／じっと見る；にらみつける.

starfish ヒトデ.

stark[stáːrk]硬直した，こわばった；全くの；ほんとうの／完全に，全く. ～ **-naked** まる裸で.

starlet[stáːrlət]小さな星；《話》スターの卵.

starlight 星明かり.

starry[stáːri]星の；星月夜の；ぴかぴかする；星形の. ～ **-eyed** うっとりした；空想にふける.

START 戦略兵器削減条約，スタート〔＜Strategic Arms Reduction Treaty〕.

start[stáːrt]出発する；始まる；生じる；びっくりする；弛ゆむ／起こす；始める；動かす；〔鳥などを巣や隠れ場所から〕追い出す，飛び立たせる／出発(点)；着手，開始；機先；びっくりとすること；(複)発作. **starting point** 起点.

starter[stáːrtər]出発合図係；〔活動の〕第一歩；先発投手；〔食事の〕最初の料理；始動機.

startle[stáːrtl]びっくりする〔させる〕，飛び立たせる. **startling** はっと驚くような.

starve[stáːrv]飢える〔させる〕；餓死する〔させる〕. **starvation** 名

stash[stǽʃ]《話》しまい込む《away》.

state[stéit]国，国家；政府；〔米国・オーストラリアの〕州；状態；身分，地位；威厳，品格／国家の；州の；儀式用の，公式用の／話す，陳述する. ～ **-of-the-art** 最新式の；ハイテクの. ～ **school**《英》公立学校. **the State Department**《米》国務省. **stately** 威

厳のある，いかめしい．**statement** 述べること，陳述；一覧表，明細書．

statehood 独立国家であること；〔米国の〕州であること．

Statehouse 《米》州議事堂．

stateroom〔宮中など〕大広間；〔列車などの〕特別室．

statesman 政治家．**statesmanship** 政治的手腕．

statewide 州全体にわたる〔わたって〕．

static[stǽtik]**, statical**[-əl] 静的な，静止の；静電気の／空電，静電気．**statics** 静力学．

station[stéiʃən] 駅；…署，…所，…局；駐屯地，根拠地，持ち場，位置；地位，身分；職務，役目／置く，配備する，位置につく．

stationary[stéiʃəneri] 動かない；変化しない；据え付けの，定住の．

stationer[stéiʃənər] 文房具商．**stationery** 文房具．

stationmaster 駅長．

statistic[stətístik]**, statical**[-əl] 統計の．**statistics** 統計学；統計．

statistician[stætistíʃən] 統計学者〔学者〕．

statuary[stǽtʃueri] 彫像の／彫塑術；〔集合的〕彫像．

statue[stǽtʃuː] 彫像，塑像．

statuesque[stætʃuésk] 彫像のような；優美な；バランスのとれた．

statuette[stætʃuét] 小像．

stature[stǽtʃər]〔特に人の〕身長；発育，成長．

status[stéitəs] 状態；地位，格式；身分．～ **symbol** 身分の象徴．

status quo 現状．

statute[stǽtʃuːt] 法令；本則，定款．～ **law** 成文法．

statutory[stǽtʃətɔːri] 法定の；法令による．

staunch[stɔ́ːntʃ] = stanch.

stave[stéiv] 桶板；棒，竿；詩句；譜表／桶板をつける；〔船などに〕穴を

あける；避ける《off》．

stay[stéi] とどまる；滞在する；泊まる；ままでいる／止める；持ちこたえる；延ばす／滞在；制御；中止，持続力．～ **-at-home** 外出ぎらいの〔人〕．

stay[stéi] 支え，支柱；（複）コルセット／支える，支持する．

staysail 支索帆．

STD 性感染症〔< sexually transmitted disease〕．

std 標準の〔< standard〕．

stead[stéd] 代わり，代理；利益．in a peason's ～ 人の代わりに．

steadfast[stédfæst] 確固たる，不動な．**steadfastly** しっかりと．

steady[stédi] しっかりした；安定した；絶え間ない；勤勉な，着実な／安定する；しっかりさせる〔する〕，落ち着く；落ち着かせる／決まったデート相手．**steadily** 副 **steadiness** 名

steak[stéik] ステーキ（用の肉）．

steal[stíːl] 盗む；こっそりする，忍んで入る〔出る〕；〔野球〕盗塁する／盗み；盗品；もうけもの；盗塁．

stealth[stélθ] 秘密．by ～ ひそかに．～ **business** ステルス・ビジネス．～ **marketing** ステルスマーケティング．～ **weapon** ステルス兵器．**stealthily** ひそかに．**stealthy** ひそかの．

steam[stíːm] 蒸気，湯気；《話》精力／蒸す，ふかす／湯気が立つ；蒸発する；〔蒸気で〕進む．～ **engine** 蒸気機関．**steamer** 汽船；蒸気機関；蒸し器．**steamy** 蒸気の（ような），湯気が立ちこめた；《話》エロチックな．

STEAM スチーム〔< Science, Technology, Engineering, Arts, and Mathematics〕．

steamboat 汽船．

steamship 汽船．

steed[stíːd]《詩》〔乗馬用の〕馬．

steel[stíːl] 鋼はがね，鋼鉄；非情さ；剣／鋼をかぶせる；堅くする；非情にする／鋼の；冷酷な．**steely** 鋼鉄の；堅固な；無情な．

steep¹[stíːp]けわしい，急な／絶壁.
steeply けわしく.

steep²漬ける，浸す；浸る；染まらせる，没頭させる.

steeple[stíːpl]尖塔.

steeplechase 障害競馬；障害物競走.

steer[stíər]操縦する；向ける，向かう；導く；進む. **steerage** 名

steering[stíəriŋ]〔車の〕ハンドル；〔船の〕操舵. ～ **wheel** ハンドル；操舵輪.

stein[stáin]〔陶製の〕ビール用ジョッキ.

stellar[stélər]星の；星のような；《米》主要な；花形の.

stem¹[stém]幹，茎，軸，へた；《文》家柄，系統；船首材，船首；〔パイプの〕柄；〔時計の〕竜頭；工具の柄；〔コップなどの〕脚；〔文法〕語幹／発する，生じる，起源とする《from》／茎〔へた〕を取る.

stem² せき止める；食い止める；逆らって進む；〔スキーで〕制動する.

STEM ステム〔＜ Science, Technology, Engineering, and Mathematics〕.

stench[sténtʃ]臭気，悪臭.

stencil[sténsəl]〔刷り込み型〕ステンシル；〔謄写版の〕原紙／ステンシルで刷る.

stenograph[sténəgræf]速記文字；速記用タイプライター／速記する.

stenographer[stənάgrəfər]速記者. **stenography** 速記術.

step-[stép-]〔継ぎ，義理の」の意の接頭辞.

step[stép]あゆむ，そろそろ歩く；行く／踏む；踊る；歩いて測る／歩み，歩調；踏み段；歩幅；足音；手段，処置；(複)歩行；(複)梯子；音程. ～ **up** 増す，促進する. **stepping stone** 飛び石；手段.

stepfather 継父，義父.

stepladder 脚立.

stepmother 継母，義母.

steppe[stép]草原，荒れ野，ステップ.

stereo[stériou]立体鏡(の)；ステレオ〔立体音響〕(の).

stereophonic[steriəfάnik]ステレオの.

stereoscope[stériəskoup]立体鏡. **stereoscopic** 立体〔実体〕的な.

stereotype[stériətaip]ステロ版；紋切り型. **stereotyped** ステロ版の；紋切り形の.

sterile[stérəl]不毛〔不妊〕の；無菌の. **sterility** 名

sterilize[stérəlaiz]不毛〔不妊〕にする，断種する；殺菌する.

sterling[stɔ́ːrliŋ]英貨(の)；純銀(の).

stern¹[stɔ́ːrn]厳しい，厳格な. **sternly** 厳しく. **sternness** 名

stern² 船尾，艫；後部；〔犬の〕尾；〔動物の〕尻.

steroid[stíərɔid]ステロイド.

stertor[stɔ́ːrtər]〔卒中に伴う〕高いびき. **stertorous** 高いびきをかく.

stethoscope[stéθəskoup]聴診器.

stevedore[stíːvədɔːr]港湾労働者.

stew[stjúː]とろ火で煮る〔煮える〕；《話》気をもむ〔もませる〕；〔蒸し暑さに〕うだる／シチュー；《話》心配，当惑.

steward[stjúːərd]家令，執事；賄い方；給仕；乗客係；接待員. **steward-ess** 女性の steward，スチュワーデス.

stg. 英貨の，ポンドの〔＜ sterling〕.

stick¹[stík]〔切った〕小枝；棒；つえ，ステッキ，スティック(など棒状の道具)；《話》うすのろ.

stick² 突き刺す〔刺さる〕；突き出す；くっつける〔つく〕；動けなくする〔なる〕；がんばる；《話》だます. **sticker** いが，とげ；ステッカー；がんばり屋. **sticky** ねばねばする；気難しい；非常に不愉快な；蒸し暑い.

sticking point 行き詰まりの原因，懸案事項.

S

stiff[stíf]堅い，こわばった；厳しい；強情な；堅苦しい，難しい. **stiffly** 副 **stiffness** 名

stiffen[stífən]堅くする〔なる〕；強情になる；硬化させる〔する〕；〔市況が〕強含みになる.

stifle[stáifl]息を止める，窒息させる〔する〕；もみ消す《up》.

stifling 息の詰まるような；重苦しい.

stigma[stígmə]〔罪人に押す〕焼き印；汚名；聖痕ホポ(キリストの傷痕に似た傷跡)；小紅斑；柱頭；気門，呼吸孔. **stigmatize** 焼き印を押す；汚名を着せる《as》.

stile[stáil]踏み越し段；堅框ポ窓.

stiletto[stilétou]小剣，短剣；〔裁縫用〕目打ち. **~ heel** 婦人靴の高く細い踵.

still[stíl]動かない，静かな；しんとした；〔声などが〕低い；泡立たない／静かさ，無音；〔映画〕スチール／静める；静まる；黙らせる；和らげる，和らぐ／なお，まだ，やはり；その上に；しかしながら. **~ life** 静物画. **stillness** 静寂；静止；沈黙.

still[2]蒸溜器；蒸溜酒製造所.

stillborn 死んで生まれた.

stilt[stílt]竹馬；脚柱. **stilted** 竹馬に乗った；誇大な，大げさな.

stimulant[stímjələnt]鼓舞する，刺激性の／刺激物；興奮剤；(複)酒類.

stimulate[stímjəleit]刺激する；興奮させる. **stimulation** 名 **stimulative** 形

stimulus[stímjələs]刺激物；刺激；興奮剤.

sting[stíŋ]刺し傷；痛み；あてこすり；〔動物の〕針，毒牙；〔植物の〕刺毛ヒモ／刺す；痛ませる；痛む；《米俗》欺く.

stingy[stíndʒi]けちな；乏しい.

stink[stíŋk]悪臭／悪臭を放つ；《俗》くさるほどある. **stinker** 悪臭を放つもの；毛嫌いされるもの.

stint[stínt]切り詰める，限る，節約する／切り詰め，出し惜しみ，割り当て仕事.

stipend[stáipend]〔牧師などの〕俸給；給費，年金.

stipendiary[staipéndieri]有給の；固定給の／受給者.

stipulate[stípjəleit]条件として要求する；約定する，規定する. **stipulation** 約束，協約；規定；条項.

stir[stə́ːr]かき回す；鼓舞する；扇動する；引き起こす／動く；活動する；起きている／かき混ぜ；動き；混乱，騒ぎ. **-fry** すばやく炒めた(料理).

stirring 興奮させる，感動的な；活発な／〔感情などの〕芽生え.

stirabout オートミールなどの粥ホ；忙しい人.

stirrup[stə́rəp]鐙ポホ.

stitch[stítʃ]一針，縫い方；急な痛み／縫う.

stock[stɑk]在庫；蓄え；レパートリー；資本金；株(式)；《英》公債；木の幹；〔接ぎ木の〕台木；台座；銃床；(複)枷ホ；家系；家畜；原料；出し汁；アラセイトウ／在庫の；いつもの／仕入れる；台をのける. **~ company**《米》レパートリー劇団. **~ exchange** 株式取引所. **~ -in-trade** 商売道具；常套手段. **~ market** 株式取引所；株式市場. **tracking ~** 子会社業績連動株，トラッキングストック〔略 TS〕.

stockade[stɑːkéid]柵，矢来／柵で囲う.

stockbroker 株式仲買人.

stockholder 株主.

stocking[stɑ́kiŋ](通例複)長靴下，ストッキング.

stockpile 食糧備蓄；貯蔵量／貯蔵する.

stocky[stɑ́ki]ずんぐりした，頑丈な.

stockyard 家畜置き場.

stodge[stɑ́dʒ]腹にもたれる食物；難解で退屈な作品／がつがつ食う；詰め込む；重い足どりで歩く.

stodgy[stɑ́dʒi]腹にもたれる；重苦

しい；退屈な.

Stoic[stóuik] ストア学派の(人)；(s-)
禁欲主義の(人). **stoical** 禁欲の；
自制的な. **Stoicism** ストア哲学；(s-)
禁欲主義.

stoke[stóuk] 火をかき立てる，火を焚
く；燃料を入れる；たっぷり食べる.
stoker 火夫.

stokehole, stokehold[汽船の]機
関室.

STOL[éstɔ:l] 短距離離着陸[< short
takeoff and landing].

stole ¹[stóul] ストール(肩掛け)；スト
ラ[袈裟の一種の].

stole ² steal の過去.

stolen[stóulən] steal の過去分詞.

stolid[stólid] 鈍感な；うすのろの.

stomach[stǽmək] 胃；腹；食欲；嗜
好，気持ち／食べる，消化する；我
慢する. **stomacher** 刺繍や宝石で華
飾した胸当て.

stomachache 腹痛.

stomp[stámp] 踏みならす，ドタドタ
歩く.

stone[stóun] 石；石材；宝石；[梅・
桃などの]種；結石；《英》ストーン(重
量の単位，通例 14 ポンド)／石で
打つ[殺す]；種を取る. ～ **fruit** 核果.
stoned 種を取った；《俗》酔った.

stonecutter 石切り工；石切り機械.

stoneware 石器.

stony[stóuni] 石の；石の多い；石の
ような；無表情な.

stood[stúd] stand の過去・過去分詞.

stooge[stú:dʒ] [喜劇などの]引き立て
役；[他人の]子分，手先／引き立て
役をする.

stool[stú:l] 床机，腰掛け；足台；
便器，大便；親株. ～ **pigeon** おと
りの鳩，おとり；《米俗》密告者.

stoop ¹[stú:p] 屈む，腰を曲げる，屈
する；[卑しいことを]する／曲げる
／猫背，前かがみ.

stoop ² 玄関口階段.

stop[stáp] 止める，遮る；塞ぐ；止

まる，やむ；思いとどまる；泊まる／
停止，中止；塞ぐこと；停留所；終結；
《英》句読点；オルガンの音栓. ～
over 途中下車する. **stoppage** 止める
こと；停止，途絶；支払い停止.
stopper 止めるもの(人)；[びん・
たるの]栓.

stopcock ねじ口，活栓.

stopgap 穴うめ.

stoplight 停止信号；[自動車の]赤
色尾灯.

stoppage[stápidʒ] 休止；[試合の]
中断；障害.

stopwatch ストップウオッチ.

storage[stɔːridʒ] 貯蔵；倉庫；倉庫料，
保管料.

store[stɔ:r] 貯蔵；たくさん；倉庫；
《米》店，売店；《英》(複) 百貨店；
(複) 必需品／貯蔵する；倉庫に預
ける.

storehouse 倉庫；[知識などの]宝
庫.

storekeeper 店主；倉庫管理人.

storeroom 貯蔵室.

storey[stɔ:ri]《英》階，層(= story ²).

storied[stɔ:rid] 話に名高い.

stork[stɔ:rk] コウノトリ. visit from the
～ 出産すること.

storm[stɔ:rm] あらし，暴風(雨)，荒天；
騒ぎ；強襲／強襲する／荒れる，荒
れ回る；どなり散らす. **stormy** 暴風
雨の，激しい；不穏な；乱暴な.

story ¹[stɔ:ri] 話，物語，小説[新聞な
どの]記事；作りごと，うそ. ～ **line**
[小説などの]筋.

story ² 階，層.

storyteller[じょうずな]話し手；短
編小説作家；《話》うそつき.

stout[stáut] 強壮な；丈夫な，勇敢な；
太った／黒ビール.

stove ¹[stóuv] ストーブ；暖炉；レンジ；
温室.

stove ² stave の過去・過去分詞.

stow[stóu] 積む；詰め込む；収める；
平らげる. **stowage** 積み込み，積み

S

込み場所；積み込み品；荷積み料.

stowaway 密航者；無賃乗車(船).

straddle[strǽdl]跨がる；踏ん張る；大股に歩く；日和見する/跨がり；日和見.

strafe[stréif]猛砲撃(する)；機銃掃射(する)；《話》処置(する).

straggle[strǽgl]だらだらと歩く，落後する；はぐれる；〔人家が〕まばらにある；〔毛が〕ほつれる. **straggler** 浮浪者；落後者；はびこる草木.

straight[stréit]まっすぐな，一直線の；真正直な，公正な；きちんとした，片づいた；きっすいの/まっすぐに；垂直に；じかに/一直線；直線コース. **straighten** まっすぐにする〔なる〕；整頓する；整理する；正しくなる.

straightaway まっすぐな；率直な/直線コース/すぐに.

straightforward まっすぐな；率直な.

straightway《米》直ちに.

strain[stréin]引っ張る；緊張させる；働かせ過ぎる；くじる；歪める；濾す/引っ張る；努める；浸み出る/張り；緊張，努力；無理，過労；筋違い，捻挫；曲げる〔引っ張る〕力；変形(度). **strained** 張り切った，緊張した. **strainer** 濾過器，濾し器〔網〕.

strain[2] 種族，血統；気質，気風；傾向；旋律，節；詩，歌.

strait[stréit]《古》狭い/瀬戸，海峡；(複)苦境. **straiten** 狭くする；困らせる.

strand[1][strǽnd]浜，磯，岸/浜に乗り上げる，座礁させる〔する〕；困らせる.

strand[2]〔縄・索の〕子縄；〔糸などの〕こ；編んだ髪；〔数珠などの〕連；構成要素. **stranded** …本撚りの.

strange[stréindʒ]奇妙な，不思議な；見慣れない；打ち解けない；見知らぬ；他国の. **stranger** 見知らぬ人；他国人；門外漢；不案内者；第三者.

strangely 副 **strangeness** 名

strangle[strǽŋgl]絞め殺す；息を止める；押さえつける.

stranglehold 締めつけ；統制.

strangulate[strǽŋgjəleit]絞殺する；括り約する. **strangulation** 名

strap[strǽp]革(ひも・帯)；つり革；革砥〔ひもで research する〕；革ひもで打つ；革砥で研ぐ. **strapped** ひもで結び付けた；金に困った.

strapping[strǽpiŋ]大柄の，背が高くて逞しい.

strata[stréitə]stratum の複数.

stratagem[strǽtədʒəm]戦略，計略，策略.

strategic[strətíːdʒik], **strategical** [-dʒikəl]戦略(上)の；戦略上重要な. **strategically** 副.

strategy[strǽtədʒi]戦略；兵法；策略，作戦. **strategist** 戦略家.

stratify[strǽtəfai]層にする；層をなす.

stratosphere[strǽtəsfiər]成層圏.

stratum[stréitəm, strǽ-]層，階級；地層(複 strata).

stratus[stréitəs]層雲.

straw[strɔ́ː]藁わら；ストロー；くだらぬもの；麦わら帽. not care a ~ 少しも構わない.

strawberry[strɔ́ːberi, -bəri]イチゴ.

stray[stréi]道に迷う；さまよう；それる/迷った，はぐれた，それた/はぐれ家畜；迷子；浮浪者；のら犬〔猫〕.

streak[stríːk]筋す，縞；稲妻；傾向，気味；《話》一続き，ひとしきり/筋をつける；裸で街を走り抜ける. **streaking** 裸で公共の場を走り抜ける遊び.

stream[stríːm]流れ，小川；〔事件などの〕連続；傾向，風潮/流れる；流れ込む；〔旗などが〕翻る/流れ出させる；《英》〔生徒を〕能力別に編成する. **streamer** 吹き流し；飾りひも；射光，流光. **streaming** ストリーミング(インターネット上でデータ

streamlet[stríːmlət] 小川, 細い流れ.

streamline 流線形(にする)；能率化する.

street[stríːt] 街, 市街, 街路；車道；町内の人.

streetcar 《米》路面電車.

streetwalker 街娼.

strength[stréŋkθ] 力, 腕力；強さ；兵力, 威力；濃度. on(upon)the ~ of …を頼みとして. **strengthen** 強くする, 丈夫にする；増援する；強くなる；元気づく.

strenuous[strénjuəs] 奮闘的な；骨の折れる. **strenuously** 副

streptomycin[streptəmáisin] ストレプトマイシン(抗生物質の一種).

stress[strés] 圧力；応力；〔発音上の〕強勢, アクセント；〔精神的, 社会的などの〕圧迫, ストレス；強調；重み；緊張 / 力を入れる, 圧迫する；重きを置く. **stressful** ストレスの多い；ストレスを引き起こす.

stressor[strésər] ストレス要因.

stretch[strétʃ] 伸ばす；伸びる；広げる；広がる；緊張する；こじつける；手足を伸ばす／伸展；緊張；範囲；広がり. at a ~ 一息に, 休まずに. **stretcher** 伸ばす人, 伸展具；担架.

strew[strúː] 振りまく；散乱する.

strewn[strúːn] strew の過去分詞.

stricken[stríkən] strike の過去分詞／襲われた, 苦しめられた；打ちひしがれた.

strict[stríkt] 厳重な, 厳格な, 厳密な. **strictly** 厳密に；しっかりと；断然. ~ ly speaking 厳密に言えば.

stricture[stríktʃər] 狭窄；(通例複) 酷評, 非難.

stridden[strídn] stride の過去分詞.

stride[stráid] 大股に歩く；跨ぎ越す；跨がる／大股, 闊歩；一跨ぎ；進歩.

strident[stráidnt] きいきいいう, 耳障りな.

stridulate[strídʒuleit] 〔昆虫が〕羽をこすって鳴る.

strife[stráif] 闘争, 不和；奮闘.

strike[stráik] 打つ；突き刺す；突き当てる；襲う；感動させる；〔人に〕思い当たる；突然…になる；〔態度などを〕とる；〔帆などを〕下ろす；〔テントなどを〕取り払う；〔契約などを〕取り決める；決算する；鋳造する／打つ；ぶつかる；進む, 行く；〔船が〕乗り上げる；根付く；〔鐘が〕鳴る；発火する；出くわす；思いつく, ストライキを行う／打つこと；ストライキ；〔野球〕ストライク；大成功, 大当たり. ~ home 急所を突く. go on ~ ストライキを行なう. **striker** ストライキ参加者. **striking** 著しい, 目につく.

strike-out 三振.

string[stríŋ] 糸, ひも；一続き, 連；弦；(複) 弦楽器；〔コンピュータ〕文字列／ひもなどで縛る；配列する；糸に通す；弦を張る／糸状になる；一列に並ぶ.

stringent[stríndʒənt] 厳重な；切迫した. **stringency** 名

stringer[stríŋər] 弦張り師；縦桁；新聞通信員.

stringy[stríŋi] 糸の；繊維の；すじっぽい；ねばこい.

strip[stríp] 剥ぐ；裸にする；奪う；〔船を〕解装する／衣を脱ぐ, 裸になる. **stripper** ストリッパー；皮むき器；剥離剤.

strip[stríp] 細長いきれ；細長い土地；滑走路.

stripe[stráip] 縞, 筋；袖章／筋をつける, 縞にする. **striped** 縞(筋)のある.

stripling[stríplin] 若者, 青二才.

strive[stráiv] 励む, 骨折る；競う, 争う.

striven[strívən] strive の過去分詞.

strobe[stróub] ストロボ.

strode[stróud] stride の過去.

stroganoff[stró:gənɔːf] ストロガノフ（サワーミルクソースで煮込んだ肉料理）.

stroke[stróuk] 一突き, 一撃；〔時計の〕打音；字画；筆法；一彫り；〔橈の〕一漕ぎ；整調；〔胸などの〕鼓動；発作；脳卒中；一働き／〔ボートの〕整調を漕ぐ.

stroke[stróuk] 撫でる, さする(こと).

stroll[stróul] ぶらぶら歩く, 散歩する／漫歩, 散歩.

strong[strɔ́ːŋ] 強い, 頑丈な；説得力のある；得意の；(数の)多い. ~-arm 腕力〔武力〕による. **strongly** 強く, 強烈に.

stronghold 要塞.

strove[stróuv] strive の過去.

struck[strʌ́k] strike の過去・過去分詞.

structure[strʌ́ktʃər] 構造；建物；組織. industrial ~ 産業構造. **structural** 構造上の, 組織の.

struggle[strʌ́gl] もがき, 奮闘, 闘争／もがく；苦闘する, 争う. ~ for existence 生存競争.

strum[strʌ́m]〔弦楽器を〕へたに〔うるさく〕鳴らす.

strung[strʌ́ŋ] string の過去・過去分詞.

strut[strʌ́t] 気取り歩き／気取って歩く.

stub[stʌ́b] 切株；吸殻；〔鉛筆などの〕使い残り；〔小切手帳・切符などの〕控え／〔つま先を〕ぶつける；〔たばこを〕もみ消す《out》.

stubble[stʌ́bl] 刈り株；短く刈った髭.

stubborn[stʌ́bərn] 頑固な, 強情な；取り扱いにくい. **stubbornly** 圖 **stubbornness** 名

stubby[stʌ́bi] ずんぐりした, 〔ひげなどが〕短くて硬い.

stucco[stʌ́kou] 漆喰（を塗る）.

stuck[stʌ́k] stick の過去・過去分詞. ~-up《話》つんとした, 慢心した.

stud[stʌ́d] 飾り釘, 鋲；飾りボタン；間柱／飾り釘を打つ；飾りボタンで飾る；ちりばめる.

stud[stʌ́d]〔繁殖・競馬用に飼われている〕馬群；種馬.

student[stjúːdnt] 学生；研究者.

studied[stʌ́did] たくらんだ, 故意の；熟慮された.

studio[stjúːdiou]〔美術家の〕仕事場, アトリエ；映画撮影所；放送室, スタジオ.

studious[stjúːdiəs] 学問好きな；熱心な；努めて…する；故意の；慎重な. **studiously** 圖 **studiousness** 名

study[stʌ́di] 勉強, 学習；研究；学問；書斎, 勉強部屋；スケッチ, 習作, 練習曲／学ぶ；研究する；くふうする.

stuff[stʌ́f] 材料, 原料；要素；織物；家具；廃物／詰め込む；塞ぐ；剥製にする／がつがつ食う. **stuffed shirt**《俗》能なしの気取り屋. **stuffing** 詰めもの.

stuffy[stʌ́fi] 風通しのわるい, むっとする；古くさい；堅苦しい；面白味のない；《話》おこった.

stultify[stʌ́ltəfai]〔しばしば再帰的に〕ばからしく見せる, 台なしにする.

stumble[stʌ́mbl] つまずく；よろめく；やり損う；ふと出くわす／つまずかせる；困らせる；躊躇させる／つまずき；失策, 過失. **stumbling block** 妨げ, 障害.

stump[stʌ́mp] 切株；使い古し；切れ端；《米》選挙演説；〔クリケット〕柱／切株を取り払う；困らせる；悩ます；《米》遊説する；重苦しく歩く. **stumpy** 切り株だらけの；ずんぐりした.

stun[stʌ́n] 気絶させる；仰天させる；呆然とさせる.

stung[stʌ́ŋ] sting の過去・過去分詞.

stunk[stʌ́ŋk] stink の過去・過去分詞.

stunning[stʌ́niŋ] 気絶させる；《話》すばらしい, すてきな.

stunt¹[stʌnt]いじけさせる, 発育を阻止する. **stunted** 矮小な；発育不全の.

stunt²妙技, 離れ業；曲乗り飛行〔運転〕/ 離れ業をする；曲乗り飛行〔運転〕をする. **~ man** スタントマン（俳優の代わりに離れ業をする人）.

stupe[stjú:p]温湿布 / 温湿布をする.

stupefaction[stju:pəfǽkʃən]麻酔, 麻痺；呆然自失.

stupefy[stjú:pəfai]麻痺させる；知覚を失わせる；ぼうっとさせる.

stupendous[stju:péndəs]途方もない；巨大な.

stupid[stjú:pəd]愚かな, ばかげた；無感覚の；つまらぬ／ばか. **stupidity** 愚鈍, 間抜け；愚行. **stupidly** 愚かにも.

stupor[stjú:pər]麻痺[a], 昏睡；呆然自失.

sturdy[stó:rdi]強い, 丈夫な；不屈の, 剛気な. **sturdily** 副 **sturdiness** 名

stutter[stʌtər]吃る / 吃り.

sty¹[stái]豚小屋；汚い場所 / 汚い所に泊らせる〔住む〕.

sty²麦粒腫[a], ものもらい.

style[stáil]風[a]；流儀；様式, 型；文体；語調；当世風；称号；暦法；尖[a]筆, 彫刻刀 / 称する；名付ける, 呼ぶ. **styling** スタイル；整髪. **stylish** 当世風の, いきな. **stylist** 文章家, 名文家；スタイリスト（衣服・車・インテリアなどのデザイナー）. **stylistic** 文体（上）の.

stylize[stáilaiz]特定の型にはめる；様式化する；因襲的にする.

stymie, -my[stáimi] 困った立場に追い込む.

suave[swá:v]柔和な, 温和な；口あたりのよい.

suavity[swá:vəti]柔和；（複）礼儀, 丁寧なふるまい.

sub[sʌb]　副；補欠；潜水艦.

subaltern[səbɔ́:ltərn]次位の, 部下の, 属官の / 下役, 属官；《英》〔陸軍の〕中・少尉.

subcommittee[sʌ́bkəmiti]小委員会, 分科委員会.

subconscious[sʌbká:nʃəs]意識下の；潜在意識.

subcontinent[sʌbká:ntənənt]亜大陸.

subcontract[sʌbká:ntrækt]下請け / [sʌbkəntrǽkt]下請契約する；下請けに出す. **subcontractor** 下請け業者.

subdivide[sʌbdiváid]再び分ける, 小分けする, 細分する.

subdivision[sʌ́bdiviʒən]再分, 細分, 小分類.

subdue[səbdjú:]征服する；抑制する, 和らげる／〔声などを〕下げる, 低くする. **subdued** 和らげられた；おとなしい；地味な.

subject[sʌ́bdʒikt]属する, 付属の；…を受けやすい, …を免れない / 臣民；主題問題；科目；〔文法〕主部, 主語 / [səbdʒékt]服従させる；受けさせる, 被らせる. **~ matter** 主題, 題材, 内容. **subjection** 征服；服従. **subjective** 主格の；主観的な.

subjugate[sʌ́bdʒəgeit]征服する；〔激情などを〕静める. **subjugation** 征服；鎮圧.

subjunctive[səbdʒʌ́ŋktiv]仮定法（の）, 叙想法（の）.

sublet[sʌblét]また貸しする.

sublimate[sʌ́bləmeit]昇華させる；純化する／[-mət]昇華物, 昇汞[a]. **sublimation** 昇華, 純化；崇高, 雄大.

sublime[səbláim]崇高な, 雄大な；卓越した／昇華させる〔する〕；高尚にする〔なる〕；純化する〔される〕. **sublimity** 名

subliminal[sʌblímənl]識閾[a]下の；潜在意識の.

submarine[sʌbmərí:n]海中の, 海底の / 潜水艦.

submerge[səbmə́:rdʒ]水中に浸す；沈める/潜水する；沈む. **submergence**沈没；浸水；潜水.

submersion[səbmə́:rʒən] = submergence.

submission[səbmíʃən]降伏；従順；付託；提案. **submissive**従順な.

submit[səbmít]服従させる〔する〕；降参する；甘受する；委ねる，任す；提出〔提供〕する；述べる.

subordinate[səbɔ́:rdənət]下(位)の，付随の，従属する《to》/下位の人，属官，部下；下位 /[-neit]下に置く，従属させる. **subordination**名

suborn[səbɔ́:rn]偽証させる；教唆する.

subpoena[səbpí:nə]召喚状/召喚する.

subscribe[səbskráib]記名する；申し込む；寄付する；定期購読する. **subscriber**記名者；申込者；寄付者；定期購読者.

subscript[sʌ́bskript]下に記した，下付きの/下付きの数字[文字]〔たとえば H_2O の 2〕.

subscription[səbskrípʃən]署名；申し込み；寄付(金)；定期購読(料)；サブスク(リプション)；(予約)料金.

subsequent[sʌ́bsikwənt]後の，次の；その後の；引き続く. **subsequently**副 **subsequence**名

subservient[səbsə́:rviənt]役立つ《to》；追従する；卑屈な. **subservience**名

subside[səbsáid]低下する，沈む；落込む；静まる，退く.

subsidiary[səbsídieri]補助の；従属的な/助手；補助物[者]；子会社. **subsidiarity**サブシディアリティ(EC諸機関の権限を加盟各国に分配する原理，補完性原理とも言う.).

subsidize[sʌ́bsədaiz]補助金を支給する，買収する.

subsidy[sʌ́bsədi]補助金，助成金.

subsist[səbsíst]存在する；存続する；暮らす，生活する；養う. **subsistence**名

substance[sʌ́bstəns]実体；物質；実質，内容；本旨，大意；資産.

substantial[səbstǽnʃəl]実体のある；実質的な，事実上の；堅固な；相当な；大した；〔食物など〕実のある. **substantially**大体は；事実上；強く；十分に.

substantiate[səbstǽnʃieit]証拠立てる；実体化する.

substantive[sʌ́bstəntiv]実在を示す；独立の，自立の；相当量の/〔文法〕実詞，名詞.

substation[sʌ́bsteiʃən]支署，分局，出張所.

substitute[sʌ́bstətju:t]代理者；代用物；替玉；補欠選手/代用する；替える，取り換える；代わる. ～ holiday 振替休日. **substitution**代用；交換；〔化学〕置換.

substructure[sʌ́bstrʌ́ktʃər]下部構造；基礎(工事).

subterfuge[sʌ́btərfju:dʒ]逃げ口上；言い抜け，ごまかし.

subterranean[sʌ̀btəréiniən]地下の；隠れた；秘密の.

subtitle[sʌ́btaitl]小見出し；副題；字幕.

subtle[sʌ́tl]薄い；とらえどころのない；微妙な；鋭敏な；精緻な. **subtlety**名 **subtly**副

subtract[səbtrǽkt]引く，減じる《from》. **subtraction**削減，控除；引き算，減法.

suburb[sʌ́bə:rb](しばしば複)郊外，市内.

suburban[səbə́:rbən]郊外の，市内の. **suburbanite**郊外居住者.

suburbia[səbə́:rbiə]郊外(居住者).

subversion[səbvə́:rʒən]転覆，破壊. **subversive**破壊する，倒壊させる/破壊因子.

subvert[səbvə́:rt]転覆する，破壊させる；堕落させる.

subway[sʌ́bwei] 地下道；《米》地下鉄.

succeed[səksíːd] 成功する《in》；継ぐ；続いて起こる《to》/ 後を継ぐ，相続する；に続く. **succeeding** 続く，次の.

success[səksés] 成功；成功者. ~ **story** 出世物語. **successful** 好結果の，成功した. **successfully** 上首尾に；うまく.

succession[səkséʃən] 連続；相続；（王位）継承.

successive[səksésiv] 継続的な；一連の；歴代の.

successor[səksésər] 相続者；継承者；取って代わるもの《to》.

succinct[səksíŋkt] 簡潔な. **succinctly** 簡潔に.

succor, 《主に英》**succour**[sʌ́kər] 救助，救援；（複）援軍 / 救援する.

succulent[sʌ́kjələnt] 汁の多い，多汁質の；〔サボテンなど〕多肉多汁組織の. **succulence** 名.

succumb[səkʌ́m] 負ける，屈服する；倒れる；死ぬ.

such[sətʃ, 強 sʌ́tʃ] このような，そんな / あれほど（これほど）の人〔もの〕. ~ **and** ~ 《話》しかじかの. ~ **as** …のような. **and** ~ …など.

suchlike[sʌ́tʃlaik] かような（もの），この種の（もの）.

suck[sʌ́k] 吸う，しゃぶる；乳を吸う / 吸うこと；一吸い. **sucker** 乳飲み子；吸盤；《米話》棒つき飴；騙されやすい人，かも.

suckle[sʌ́kl] 乳を飲ませる；育てる. **suckling** 乳児，幼獣.

sucrose[súːkrous] 蔗糖ともつ.

suction[sʌ́kʃən] 吸うこと；吸引（力）.

Sudan[su:dǽn] スーダン（共和国）(Republic of the Sudan)

Sudanese[su:dəníːz] スーダン人（の）.

sudden[sʌ́dn] 突然の；不意の. ~

death 急死；〔競技で〕サドンデス（先に得点した方が勝つ方式）. **(all) of a**, **on a(the)** ~ 突然.

suddenly[sʌ́dnli] 不意に；突然.

suds[sʌ́dz]〔泡の立っている〕石鹸水；石鹸泡.

sue[súː] 訴える；訴訟を起こす；請う，願う.

suede[swéid] スエード革；スエードクロス.

suet[súːit]〔牛〔羊〕の〕腎臓・腰部の脂肪,〔料理に使う〕スエット.

suf 接尾辞〔< suffix〕.

suffer[sʌ́fər] こうむる；堪える；許す，…させておく / 苦しむ，悩む；罰せられる；害を受ける. ~ **from** をわずらう；で損害をこうむる. **sufferable** 堪えられる. **sufferer** 罹災者，遭難者，被害者. **suffering** 苦痛，苦難；災害；損害.

sufferance[sʌ́fərəns] 寛容，黙許.

suffice[səfáis] 足りる / 満足させる.

sufficient[səfíʃənt] 十分な；資格のある. **sufficiently** 十分に. **sufficiency** 十分；十分な資力〔能力〕.

suffix[sʌ́fiks]〔文法〕接尾辞.

suffocate[sʌ́fəkeit] 窒息させる〔する〕，息を止める. **suffocation** 名.

suffrage[sʌ́fridʒ] 投票，選挙権；参政権.

suffuse[səfjúːz] 満たす，みなぎらせる，おおう. **suffusion** 名.

sugar[ʃúgər] 砂糖 / 砂糖を入れる〔かける〕；甘くする. ~ **cane** サトウキビ. ~ **maple** サトウカエデ. **sugary** 砂糖のような；甘ったるい.

suggest[səgdʒést] 提案する；暗示する；想起させる. **suggestible** 示唆できる；暗示にかかりやすい.

suggestion[səgdʒéstʃən] 暗示；提案；提議；気味，様子. **suggestive** 暗示する；参考になる；連想させる.

suicide[súːəsaid] 自殺；自殺者. **commit** ~ 自殺する. ~ **attack** 自爆攻撃. **suicidal** 自殺の；自殺行為の；自滅

的な.

suit[súːt] スーツ；訴訟；嘆願，求婚；ひとそろい /…に適する；…に似合う；…の気に入る；便利である. ~ **case** スーツケース. **suiting** 洋服地.

suitable[súːtəbl] 適当な，似合う，ふさわしい. **suitability** 適当，相応；似合うこと. **suitably** 適切に，ふさわしく.

suite[swíːt] 随員の一行；組，そろい；一続きの部屋；組曲.

suited[súːtid] 適した，ふさわしい；うまく合う.

suitor[súːtər] 原告；懇願者；〔男の〕求婚者.

sulfate[sálfeit] 硫酸塩.

sulfur, sulphur[sálfər] 硫黄；硫黄色(の). **flowers of ~** 硫黄華. **sulfuric** 硫黄の；硫黄を含む. **sulfuric acid** 硫酸. **sulfurous** 硫黄を含む；激烈な.

sulk[sálk] (通例複) ふくれっ面 / すねる，ふくれっ面をする. **sulky** すねた，機嫌の悪い.

sullen[sálən] 不機嫌な，ぶあいそうな；陰気な.

sully[sáli] 《文》よごす；〔名誉・品性などを〕汚す.

sulphur[sálfər] = sulfur.

sultan[sáltən] イスラム教国の君主，サルタン.

sultry[sáltri] 蒸し暑い，暑苦しい；情熱的な，官能的な.

sum[sám] 総計；金額；算数の計算；概略 / 合計する；概括する. **a large (small) ~ of** 多(少)額の. **in ~** 要約すれば.

summarize[sáməraiz] 要約する.

summary[sáməri] 《文》簡略な；略式の，即決の / 要約.

summer[sámər] 夏(の)；盛り / 夏を過ごす. **~ time** 夏期 / 《英》夏時間. **~ solstice** 夏至.

summerhouse[sámərhaus] あずまや.

summing-up 要約，摘要.

summit[sámit] 頂上；頂点；首脳部〔会談〕.

summon[sámən] 召す；召喚する. ~ **up** 奮い起こす.

summons[sámənz] 召喚(状) / 召喚する.

sump[sámp] 汚水溜め；集水孔；〔エンジンの〕油溜め，オイルパン.

sumptuary[sámptʃueri] 費用節約の；贅沢禁止の.

sumptuous[sámptʃuəs] 贅沢な；華美な；高価な.

Sun. 日曜日(< Sunday).

sun[sán] 太陽；日光；〔衛星をもつ〕恒星 / 日光に当てる；日光浴する. **sunless** 日の当たらない.

sunbathe 日光浴をする.

sunbeam 日光.

sunburn 日やけ.

sunburnt 日にやけた.

sundae[sándei, -di] サンデー(アイスクリームのデザート).

Sunday[sándei, -di] 日曜日(略 Sun.). **~ best** 晴れ着. **~ school** 日曜学校.

sunder[sándər] 切る，裂く，離す.

sundial 日時計.

sundown 日没.

sundries[sándriz] 雑品，雑貨；雑費.

sundry[sándri] 色々の，雑多の. **all and ~** 各人，皆.

sunflower ヒマワリ.

sung[sáŋ] sing の過去・過去分詞.

sunglasses サングラス.

sunk[sáŋk] sink の過去・過去分詞.

sunken[sáŋkən] sink の過去分詞 / 沈んだ；水中の；地中の，凹んだ；肉の落ちた.

sunlight 日光.

sunlit 日に照らされた.

Sunni[súni] 〔イスラム教〕スンニ派(の人).

sunny[sáni] 日当たりのよい；陽気な，快活な.

sunrise 日の出.

sunset 日没；日暮れ.

sunshade 日傘；日除け.

sunshine 日光；日なた.

sunspot 太陽黒点.

sunstroke 日射病.

SUNY[súːni] ニューヨーク州立大学〔< State University of New York〕.

sup[sʌp] 吸う；すする／一口, 一啜り.

sup[sʌp] 夕食を食べる／…を夕食に食べる.

super[súːpər] 特製品；エキストラ；《米》〔アパートの〕管理人；《英》警視；字幕スーパー；《米》スーパーマーケット／特上の；《米話》非常に, とても.

superable[súːpərəbl] 打ち勝てる, 克服できる.

superannuate[suːpərǽnjueit] 老朽として取り除く；老齢のため退職させる.

superb[suːpə́ːrb] りっぱな；壮麗な；とびきりの.

supercharge[súːpərtʃɑːrdʒ] 〔エンジンへ〕与圧する, 過給する.

supercilious[suːpərsíliəs] 横柄な, 傲慢な. **superciliously** 副

supercomputer スーパーコンピュータ(スパコン).

superconductor 超伝導〔超電導〕体.

super-duper[suːpərdúːpər]《俗》素晴らしい, 大した.

superego[suːpərégou] 超自我(無意識的良心).

superficial[suːpərfíʃəl] 表面の；皮相の；面積の. **superficiality** 表面的なこと, 皮相, 浅薄. **superficially** 副

superfine[suːpərfáin] 極上の；細かすぎる.

superfluous[suːpə́ːrfluəs] 余計な. **superfluity** 名

superhuman[suːpərhjúːmən] 超人的な, 神わざの.

superimpose[suːpərimpóuz] 上に載せる；重ねる；〔字幕などを〕二重焼付けする, スーパー.

superinduce[suːpərindjúːs] 誘発する；併発させる.

superintend[suːpərinténd] 管理する, 監督する. **superintendent** 監督者, 管理者；《米》〔アパートの〕管理人；《英》警視,《米》警察本部長. **superintendence** 名

superior[səpíəriər] 上位の；すぐれた；優勢な／すぐれた人；上官, 先輩. **superiority** 優位, 優越.

superlative[səpə́ːrlətiv] 最上の, 最高の；無比の／最上級；最高の(もなど).

superman[súːpərmæn] 超人, スーパーマン.

supermarket[súːpərmɑːrkət] スーパーマーケット.

supermodel スーパーモデル.

supernatural[suːpərnǽtʃərəl] 超自然の, 不可思議の.

supernova 超新星.

supernumerary[suːpərnjúːməreri] 定数外の(もの)；補欠の(人)；〔せりふのない〕端役者, エキストラ.

superpower[súːpərpauər] 超強力；超大国；超出力.

superscribe[súːpərskraib] 上書きする；宛名を書く, 表題を書く. **superscription** 上書き；〔手紙の〕宛名, 表題.

superscript[súːpərskript] 上付きの／上付き文字〔数字〕, 肩文字〔数字〕(たとえば a^2 の 2).

supersede[suːpərsíːd] 取って代わる；廃する, 更迭する.

supersonic[suːpərsánik] 超音速の；超音波の.

superstar[súːpərstɑːr] スーパースター；超巨星.

superstition[suːpərstíʃən] 迷信. **superstitious** 迷信的な；迷信深い.

superstore 大型スーパー；大型ディスカウントショップ.

superstructure[súːpərstrʌktʃər]上部構造；〔土台の上の〕建物.

supervene[suːpərvíːn]〔予期しない形で〕起こる；併発する.

supervise[súːpərvaiz]管理する；監督する. **supervision** 管理；監督. **supervisory** 管理の；監督上の. 名**supervisor** 管理人；監督者.

supine[suːpáin]あお向けの；怠惰な.

supper[sʌ́pər]夕食，夕食会.

supplant[səplǽnt]取って代わる；押しのける.

supple[sʌ́pl]しなやかな；柔軟な；素直な；追従する／しなやかにする〔なる〕；従順にする〔なる〕.

supplement[sʌ́pləmənt]追加，補足，補遺，付録〈to〉／追加する，補う. **supplemental, supplementary** 追加の，補足の.

suppliant[sʌ́pliənt]嘆願する／嘆願者.

supplicate[sʌ́pləkeit]嘆願する；〔神に〕祈願する. **supplication** 名

supply[səplái]供給する；補う，満たす／供給(品)；在荷；(複)糧食；(複)国費；代理者. **~ chain** サプライチェーン. **supplier**[səpláiər] 供給者；原料供給地〔国〕.

support[səpɔ́ːrt]支持，維持；支柱；援助；賛成；扶養；予備隊／支える，維持する；援助する，証拠立てる；養う. **supportable** 支えられる，堪えられる. **supporter** 支持〔援助〕者；支え.

supportive[səpɔ́ːrtiv]支えとなる，支持する；援助する；協力的な.

suppose[səpóuz]想像する，推測する；もし…ならば；…したらどうだろう. **supposing** もし…ならば.

supposed[səpóuzd]想定された；仮定の；想像上の.

supposition[sʌpəzíʃən]推測；仮定.

suppress[səprés]抑圧する；抑える；隠す；禁止する. **suppressible** 抑えうる. **suppression** 鎮圧；抑制；隠蔽；禁止.

suppurate[sʌ́pjəreit]うむ，化膿゚する. **suppurative** 化膿した；化膿性の；化膿促進剤.

supremacy[səpréməsi]最上位；主権；覇権.

supreme[səpríːm]最高位の；最上の，無上の. **Supreme Court** 最高裁判所. **the Supreme Being** 神. **supremely** 最高に.

supremo[suːpríːmou]《英話》最高責任者〔司令官〕.

surcharge[sə́ːrtʃɑːrdʒ]積み過ぎ，過重，割増金；〔切手などの〕価格改訂印／[sə́ːrtʃɑːrdʒ] 載せ過ぎる；満たし過ぎる；法外な代金を請求する.

sure[ʃúər]確信して；確かな. **be ~ to** きっと…する. **surely** 確かに.

surety[ʃúərəti]保証(人)；抵当. **of a ~** 確かに.

surf[sə́ːrf]寄せ波，磯波. **surfer** サーフィンをする人. **surfing** サーフィン.

surface[sə́ːrfəs]面，表面；うわべ／表面の；皮相な／面をつける；平らにする／面上に現れる；浮上する.

surfeit[sə́ːrfət]過食，飲み過ぎ，過多／食べ〔飲み〕過ぎる〔させる〕，食傷する〔させる〕.

surfriding 波乗り遊び.

surge[sə́ːrdʒ]大波，うねり；殺到／波打つ；押し寄せる；渦巻く.

surgeon[sə́ːrdʒən]外科医；軍医.

surgery[sə́ːrdʒəri]外科(術)；手術；手術室；《英》外科医院.

surgical[sə́ːrdʒikəl]外科の，外科医の.

Suriname[súrənɑːm]スリナム(共和国) (Republic of Suriname).

surly[sə́ːrli]ぶあいそう極まる；ぶっきらぼうな；荒れ模様の.

surmise[sə́ːrmaiz]推測／[sə́ːrmáiz]推測する.

surmount[sərmáunt]打ち勝つ；打

破する；〔通例受身〕…の上に置く，載せる. **surmountable** 打ち勝ちうる.

surname[sə́ːrneim] 姓，氏，苗字.

surpass[sərpǽs] すぐれた；しのぐ；越える. **surpassing** すぐれた.

surplus[sə́ːrplʌs] 残余，過剰；超過（額）／過剰の.

surprise[sərpráiz] 驚かせる；不意に襲う／意外なこと；驚き；奇襲. be taken by ～ 不意を打たれる. **surprising** 驚くべき，意外な.

surprised[sərpráizd] 驚いた，びっくりした《at, to do》.

surreal[səríːəl] 超現実的な. **surrealism** シュールレアリスム，超現実主義. **surrealist** シュールレアリスト，超現実主義者.

surrender[səréndər] 引き渡す；譲り渡す；放棄する；〔身を〕任せる；降伏する／引き渡し；降伏，開城；譲与；自首.

surreptitious[sə̀rəptíʃəs] 内密の；不正の. **surreptitiously** 副

surrogate[sə́ːrəgeit] 代理人；代用物. ～ **mother** 代理母.

surround[səráund] 囲む；包囲する. **surroundings** 環境.

surtax[sə́ːrtæks] 付加税；課徴金.

surveillance[sərvéiləns] 監視，監督. ～ **craft** 偵察機.

survey[sərvéi] 見渡す；概観する；測量する；査定する／[sə́ːrvei] 見渡し；概観；測量；査定，調査. **surveying** 測量，査定. **surveyor** 測量技士；検査官；鑑定士.

survival[sərváivəl] 生存；残存；生存者；遺物.

survive[sərváiv] 長生きする；きり抜ける；生き残る；残存する. **survivor** 生存者，遺族；残存物.

susceptible[səséptəbl] 感じやすい；…しうる；…を受けやすい. **susceptibility** 敏感さ；感受性.

suspect[səspékt] 感づく；疑う，怪しむ；…と思う／[sʌ́spekt] 容疑者／疑

わしい，怪しい.

suspend[səspénd] 掛ける，吊るす；〔ある状態に〕とどめておく，中断させる；中止〔休止〕する. **suspenders** 《米》ズボン吊り；《英》靴下どめ.

suspense[səspéns] 未定（の状態）；ちゅうぶらりん；気がかり；サスペンス.

suspension[səspénʃən] 吊るし；中止，停止；停戦；停学；未決定；〔車の〕懸架装置. ～ **bridge** つり橋. **suspensive** 未決定の；あやふやな，中止の.

suspicion[səspíʃən] 疑い，嫌疑；気づくこと；わずか.

suspicious[səspíʃəs] 疑わしい；疑い深い. **suspiciously** 副

sustain[səstéin] ささえる；耐える；維持する；持続する；承認する；確証する. **sustained efforts** 不断の努力. **sustainable** 維持できる；持続可能な. **sustaining** 維持する，持久的な.

sustenance[sʌ́stənəns] 支持；扶養；生計；食物.

SUV スポーツ汎用車〔< sport utility vehicle〕.

suzerain[súːzərin] 宗主(国). **suzerainty** 宗主権.

sv …という語の下に〔<《L》sub verbo〕；帆船〔< sailing vessel〕.

SW 南西(の)／南西部の〔< South-West(ern)〕.

swab[swɑ́b] モップ；綿棒；ぞうきんがけをする；拭き取る.

swagger[swǽgər] 肩で風を切る(こと)／いきな，しゃれた.

swain[swéin]《文》いなかの若者；色男；情人.

SWAK[swɔ́k] キスで封をした〔< sealed with a kiss〕.

swallow[1][swɑ́lou] 飲み込む；うのみにする／飲み下し；一飲み.

swallow[2] ツバメ. ～ **-tailed** 燕尾状の.

swallowtail 燕尾(服)；アゲハチョ

ウ.

swam[swǽm]swim の過去.

swamp[swámp]沼沢, 湿地／水浸しにする；沈没させる, どっと押し寄せる. **swampy** 沼沢の.

swan[swán]ハクチョウ；〔すばらしい〕歌手, 詩人.

swank[swǽŋk]《話》いばる；虚勢を張る. **swanky**《話》見栄っ張りの；はでな.

swan song 最後の作, 辞世.

swap, swop[swáp]《話》物々交換（する）／取り替え（る）.

SWAPO 南西アフリカ人民機構, スワポー[< South-West Africa People's Organisation].

SWAT[米]警察特殊部隊, スワット[< Special Weapons and Tactics].

sward[swɔ́rd]草地, 芝生（でおおう, おおわれている）.

swarm[swɔ́rm]群れ；〔蜜蜂の〕分封群；大群／群がる；巣分かれする.

swarthy[swɔ́rði]黒ずんだ, 浅黒い.

swash[swáʃ]〔水が〕音をたててはねる；はねとばす；激しくぶつかる／激しくぶつかること〔音〕；《米》浅瀬, 砂州.

swashbuckler 空威張りする人.

swashbuckling 空威張り（の）.

swastika[swástikə]卍まんじ；鉤かぎ十字.

swat[swát]ぴしゃりと打つ／激しい一撃.

swatch[swátʃ]〔布地, 革などの〕見本, 材料見本.

swath[swáθ]一列の刈り草；一刈りの幅.

swathe[swéið]包帯, 巻き布／巻く；包む.

sway[swéi]揺すぶる；揺れる；左右する／揺れ；勢力, 支配.

swear[swéər]誓う, 宣誓させる；断言する；口汚く罵る《at》／呪い；悪口雑言.

sweat[swét]汗；発汗；水滴；《話》労苦／発汗する；結露する；汗水流して働く；努力する；発汗させる；酷使する. **sweater** 汗かき；セーター. **sweaty** 形.

sweatshirt スエットシャツ, トレーナー.

Swede[swíːd]スウェーデン人.

Sweden[swíːdn]スウェーデン（王国）(Kingdom of Sweden)

Swedish[swíːdiʃ]スウェーデン（人・語）の／(the ～)〔集合的〕スウェーデン人；スウェーデン語.

sweep[swíːp]掃く；掃除する；さっと動く〔動かす〕；一掃する；圧勝する；広がる；見渡す／掃除；一掃；見渡すこと；広がり；範囲；大勝（選挙などにいう）. **sweeper** 掃除人；掃除機. **sweeping** 一挙にさらう；総括的な；すさまじい；圧倒的な.

sweepstake(s) 賭け金を勝者が独占する勝負（競馬）；富くじ.

sweet[swíːt]甘い；うまい；芳しい；音のよい；《俗》かわいらしい；愉快な；気持ちよい；温和な；親切な／〔食後の〕甘い物；糖菓；（通例複）楽しみ, 快いもの；愛人, いとしい人（おもに呼びかけ）. ～ **pea** スイートピー. ～ **potato** サツマイモ. **sweetish** やや甘い〔うまい〕. **sweetly** 副 **sweetness** 名.

sweeten[swíːtn]甘くする〔なる〕；〔声・香などを〕よくする, よくなる；やさしくする；和らげる. **sweetener**（人工）甘味料.

sweetheart 恋人.

sweetmeat 糖菓, キャンデー.

swell[swél]大きくなる, 嵩かさが増す, ふくれる；増水する；波が立つ；高ぶる／増す, 殖やす；ふくれ上がらせる；みなぎらせる；強める／増大；膨張；強まり；大波；〔土地の〕隆起／《話》とびきりの；一流の. **swelling** 膨張；はれもの, 瘤；隆起.

swelter[swéltər]暑さに苦しむ, だらだら汗を流す／暑苦しさ, 炎暑.

swept[swépt] sweep の過去・過去分詞.

swerve[swə́:rv] はずれる, はずす; 逸れる, 逸らす; 常規を逸する《from》/ ひずみ, はずれ.

swift[swíft] 速やかな / アマツバメ. **swiftly** 副

swig[swíg]《話》がぶ飲み(する).

swill[swíl] ゆすぐ; がぶがぶ飲む / 残飯(豚の餌); 安酒; ゆすぎ.

swim[swím] 泳ぐ; 浮かぶ; あふれる; 目が回る / を[で] 泳ぐ; 泳ぎ渡る; 泳がせる; 浮かせる / 泳ぎ. **swimmer** 泳ぐ人; 水禽. **swimmingly** すらすらと.

swimming[swímiŋ] 水泳 / 水泳用の. ~ **pool** 水泳プール.

swimsuit 水着.

swindle[swíndl] 詐取, ぺてん / 詐取する, 騙る. **swindler** 詐欺師.

swine[swáin]《文》豚; いやなやつ.

swineherd 豚飼い.

swing[swíŋ] 揺れる; ぶらんこをする / 振る; 振り回す / 振動; ぶらんこ; 自由行動; 律動; スウィング音楽(ジャズの一種). in full ~ 真最中で.

swinish[swáiniʃ] 豚のような; 下品な, 貪欲な. **swinishly** 豚のように, 貪欲に.

swipe[swáip] 強打[強振](する);《話》盗む, かっぱらう;《英俗》(複) 水っぽい安ビール.

swirl[swə́:rl] 渦巻 / 渦巻く;〔頭が〕ふらふらする.

swish[swíʃ] ひゅう(むちなどの音); しゅっ(きぬずれの音);《米俗》〔女性的な〕ホモの男 / ひゅうと鳴る[鳴らす]; きぬずれの音をたてる[音がする]; 鞭打つ /《英話》いきな, スマートな;《米俗》〔男が〕女性的な.

Swiss[swís] スイス(Switzerland) の / スイス人.

switch[swítʃ] しなやかな棒; かもじ; 転轍器;〔電気の〕開閉器, スイッチ, 転換; むち打つ; 振る; 切り替える;

転轍する;〔電気を〕つける《on》; 消す《off》.

switchback 〔鉄道〕〔急坂用の〕折り返し;〔映画〕切り返し.

switchboard 〔電話の〕交換台;〔電気の〕配電盤.

switchman 転轍手.

Switzerland[swítsərlənd] スイス(連邦) (Swiss Confederation).

swivel[swívəl]〔機械〕回り継ぎ手, 転鐶; 旋回部 / 旋回する[させる]. ~ **chair** 回転いす.

swizzle[swízl] スイズル(カクテルの一種). ~ **stick** かき混ぜ棒, マドラー.

swollen[swóulən] swell の過去分詞 / 腫れた; ふくれた; 増水した.

swoon[swú:n] 気絶, 卒倒 / 気絶する.

swoop[swú:p] 上から飛びかかる / 突然つかむ;《俗》ひっさらう / 上からの襲いかかり; ひっさらい.

swop[swɑ́:p] = swap.

sword[1][sɔ́:rd] 剣.

sword[2] メカジキ.

swordplay 剣術.

swordsman 剣術家; 武人. **swordsmanship** 剣術; 剣道.

swore[swɔ́:r] swear の過去.

sworn[swɔ́:rn] swear の過去分詞.

swum[swʌ́m] swim の過去・過去分詞.

swung[swʌ́ŋ] swing の過去・過去分詞.

sybarite[síbərait]《文》奢侈逸楽の徒.

sycamore[síkəmɔːr]《米》アメリカスズカケノキ;《英》サイカモアカエデ(カエデの一種).

sycophant[síkəfənt] おべっか使い. **sycophancy** 追従, へつらい. **sycophantic** 形

syllabic[siláebik] 音節の; 音節から成る.

syllabication[siláebəkéiʃən] 音節区分法, 分節法.

S

syllabify[silébəfai]音節に分ける.
syllabification = syllabication.

syllable[síləbl]音節, シラブル；一言.

syllabus[síləbəs]摘要, 要旨, シラバス.

syllogism[sílədʒizm]推論式, 三段論法.

sylvan[sílvən]森の；森の中の；樹木の多い.

symbiosis[sìmbióusis]共生.

symbol[símbəl]しるし, 記号；象徴.
symbolism 象徴主義. **symbolize** 象徴する.

symbolic[simbɑ́:lik], **symbolical** [-kəl]記号の；象徴の.

symmetric[simétrik], **symmetrical** [-kəl]つり合いのよい, 均整のとれた, 対称の.

symmetry[símətri]つり合い, 対称, 均整, 調和.

sympathetic[sìmpəθétik]同情の；共鳴の；交感の.

sympathize[símpəθaiz]同情する；悔やみを言う；共鳴する.
sympathizer 同情者, シンパ.

sympathy[símpəθi]同情；あわれみ；共鳴；交感.

symphonic[simfɑ́:nik]交響楽の, 交響的な；〔音が〕調和した. ~ **poem** 交響詩.

symphony[símfəni]交響楽, シンフォニー；〔色や音の〕調和. ~ **orchestra** 交響楽団.

symposium[simpóuziəm]〔古代ギリシャの〕酒宴；討論会, シンポジウム；論文集.

symptom[símptəm]徴候, 兆し.
symptomatic 徴候〔症状〕を示す, 前兆となる；症状による.

synagogue[sínəgɑːg]ユダヤ教会堂；ユダヤ人の集会.

synapse[sínæps, sin-]神経節連結, シナプス.

synchronize[síŋkrənaiz]〔時計を〕合わせる；同時に進行させる〔する〕；同期させる〔する〕. **artistic swimming** アーティスティックスイミング.

synchronous[síŋkrənəs]同時(性)の；同期した. ~ **satellite** 静止衛星.

synchrotron[síŋkrətrɑ:n]シンクロトロン〔粒子加速装置の一種〕. ~ **radiation** シンクロトロン放射.

syncopation[sìŋkəpéiʃən]語中音消失；切分法, シンコペーション.

syndet[síndet]合成洗剤〔< synthetic detergent〕.

syndicalism[síndikəlizm]労働組合主義, サンジカリズム.

syndicate[síndikət]企業連合；評議員団理事会；ギャング組織 /[-keit] シンジケート組織にする.

syndrome[síndroum]症候群, シンドローム；〔特別な状態を示す〕徴候.

synechia[sinékiə]癒着症.

synergistic effect[sinərdʒístik ifékt]相乗効果.

synergize[sínərdʒaiz]相乗作用を示す.

synergy[sínərdʒi]相乗作用.

synfuel[sínfju:əl]合成燃料.〔< synthetic fuel〕

synod[sínəd]宗教会議；会議.

synonym[sínənim]同意語；類義語.
synonymous 同意の, 類義の.

synopsis[sənɑ́:psəs]一覧(表), 摘要, 大意.

synoptic[sənɑ́:ptik]概観の, 大意の；共観(福音書)の.

synovitis[sìnəváitis]滑膜炎.

syntactical[sintǽktikəl]統語論(法)の, シンタクスの.

syntax[síntæks]統語論(法), シンタックス.

synth[sinθ]《話》シンセサイザー(の曲)〔< synthesizer〕.

synthesis[sínθəsis]総合, 統合；合成.

synthesize[sínθəsaiz]総合する；統合する；合成する. **synthesizer** 総

合する人（もの）；シンセサイザー.

synthetic[sinθétik] 総合的な；合成の / 合成物質. **synthetical** 形 ～ **detergent** 合成洗剤. ～ **fiber** 合成繊維. ～ **fuel** 合成燃料. ～ **resin** 合成樹脂. ～ **rubber** 合成ゴム.

syphilis[sífəlis] 梅毒. **syphilitic** 梅毒の（患者）.

Syria[síriə] シリア（・アラブ共和国）(Syrian Arab Republic).

Syrian[síriən] シリア（人）の.

syringe[səríndʒ] 注射器；洗浄器；浣腸器；スポイト / 注射する；注入する；洗浄する.

syrup[sírəp] = sirup.

system[sístəm] 体系，系；組織，制度；方法，手順；世界，宇宙.

systematic[sìstəmǽtik], **systematical**[-ikəl] 組織的な，系統的な；整然とした. **systematically** 副

systematics[sìstəmǽtiks] 分類学.

systematism[sístəmətizəm] 体系化，組織化；体系〔方法〕偏重，組織主義.

systematize[sístəmətaiz] 組織立てる，系統的にする.

systemic[sistémik] 系統の，組織の，全身の.

T

t.〔単位〕トン〔< ton(s), tonne(s)〕.

TA 大学の助手〔< teaching assistant〕；公共バス電車管理センター〔< Transit Authority〕；〔英〕国防義勇軍〔< Territorial Army〕(2015年より The Army Reserve と改称).

ta[tá:]《英・豪》ありがとう，どうも.

tab[tǽb] 垂れ〔耳おおい・つまみ・はり札〕；《米話》勘定（書），つけ；〔コンピュータ〕タブ（キー）/〔つまみ・付け札などの〕垂れをつける.

Tabasco[təbǽskou]〔商標名〕タバスコ（香辛料）.

tabby[tǽbi] ぶち猫，牝猫.

tabernacle[tǽbərnækl] 霊魂の仮屋としての肉体；(the T-)〔古ユダヤの〕仮神殿.

table[téibl] テーブル；食卓；料理，表／卓上に置く；《英》表にする；《米》〔議案を〕握り潰す. turn the tables 形勢を逆転する. ～ **tennis** ピンポン.

tableau[tǽblou] 活人画；劇的画面.

tablecloth テーブル掛け.

table d'hôte[tá:bl dóut]《F》定食.

tableland 高原.

tablespoon 大さじ.

tablet[tǽblət] 牌；〔はぎ取り式〕メモ；（複）錠剤.

tabloid[tǽbloid] タブロイド版新聞；概要，要約.

taboo, tabu[təbú:] 接近禁制（の）.

tabular[tǽbjələr] 平板の；平板状の，平たい；表の.

tabulate[tǽbjəleit] 平らにする；表にする. **tabulation** 名 **tabulator** タビュレーター.

TACAN タカン，戦術航法装置〔< tactical air navigation〕.

tachometer[tæká:mətər]（自動車の）タコメーター；《医》血圧計.

tacit[tǽsət] 無言の；暗黙の. **tacitly** 暗々裏りに.

taciturn[tǽsətə:rn] 無口の，口数の少ない. **taciturnity** 名

tack[tǽk] 鋲；しつけ，タック；上手まわし；方針，政策／鋲で止める；仮縫いする；針路を転じる.

tackle[tǽkl] テークル，滑車装置；〔ラグビー〕タックル／タックルする；〔難事などに〕とり組む.

tacky[tǽki] ねばつく；《米話》安っぽい.

tact[tǽkt] 気転；手際；拍子. **tactful** 気転がきく，如才のない；てぎわのよい. **tactless** 気のきかない.

tactic[tǽktik] 戦術；戦法，兵法／配列の.

tactical[tǽktikəl] 戦術の；手腕のある.

T

tactician[tæktíʃən]戦術家.

tactics[tǽktiks]戦術；策略.

tactile[tǽktil, -tail]感覚の.

tadpole[tǽdpoul]オタマジャクシ.

taffeta[tǽfətə]琥珀絹織，タフタ.

taffy[tǽfi]《米》タフィー，キャンディ
ーの一種；おべっか.

tag[tǽg]垂れ端，荷札 / 付箋する.

tail[téil]尾；しっぽ；末尾；（複）コイ
ンの裏 / 尾をつける；《話》尾行する.

tailcoat燕尾服.

taillight[自動車などの]尾灯.

tailor[téilər]仕立屋 / 仕立てる. ～
-made あつらえの，注文仕立ての.

taint[téint]汚れ；汚名 / 汚す，汚れる；
腐敗させる［する］.

Tajikistan[tədʒíkəstæn] タジキスタン
(共和国) (Republic of Tajikistan).

take[téik]取る；受け取る. ～ after 似
る. ～ A for B A を B と取り違える.
～ in 取り入れる；泊める；〔新聞な
どを〕購読する；だます. ～ it easy
のんきにやる. ～ off 取り去る，脱ぐ；
離陸する. ～ on …を乗せる；積み
込む；〔形勢を〕引き受ける. ～ to
…するようになる. ～ up 取り上げる；
捕える. ～ -in 詐欺；ぺてん. ～
-off おどけたものまね；離陸. ～
-up 締め道具.

taken[téikən]take の過去分詞.

takeover 乗っ取り，買収；支配権(管
理権)の取得. ～ bid 株式公開買い
付け〔略 TOB〕.

taker[téikər]捕獲者；取得者；受取
人.

talc[tælk]滑石；雲母.

talcum[tǽlkəm]= talc. ～ powder
タルカムパウダー.

tale[téil]話，物語；告げ口. tell tales
告げ口する.

talebearer 告げ口屋.

talent[tǽlənt]才能；〔集合的〕人材.
talented 才能のある.

talisman[tǽlismən]お守り，護符.

talk[tɔ́ːk]話す，談話する；噂をする《of,
about》；相談する《over》/ 談話；相
談.

talkative[tɔ́ːkətiv]話好きな，おしゃ
べりな.

tall[tɔ́ːl]背の高い；《俗》大げさな，
法外な.

tallboy《英》脚付きの洋だんす.

tallow[tǽlou]獣脂.

tally[tǽli]割り符；合い札 / 記録する；
計算する；符合する.

Talmud[tǽlmud] (the ～) タルムード
(ユダヤの教典).

talon[tǽlən](通例複)〔猛禽の〕つ
め.

tamale[təmáːli]タマーリ(トウモロコ
シ粉・こま切れ肉・トウガラシをトウ
モロコシの皮に包んで蒸したメキシ
コ料理).

tamarind[tǽmərind]タマリンド(熱
帯産のマメ科の高木).

tambourine[tæmbəríːn]タンバリン.

tame[téim]〔動物が〕飼いならされた；
栽培された；おとなしい / 飼いならす；
従わせる，和らげる. **tameable** なら
すことのできる. **tameless** ならしにく
い.

tam-o'-shanter[tǽməʃæntər]スコッ
トランドのベレー帽.

tamp[tæmp]突き固める.

tamper[tǽmpər]いじくる.

tampon[tǽmpɑːn]タンポン / タンポ
ンをつめる.

tan[tæn]〔皮を〕鞣す；日にやけさせ
る，日にやける；《話》鞭打つ / タン
皮；日やけ〔の色〕.

tandem[tǽndəm]縦に並んで /2 人
乗り自転車.

tang[tǽŋ]刺すような味；強いにお
い.

tangent[tǽndʒənt]〔一点で〕接してい
る《to》；正接，タンジェント.

tangerine[tændʒəríːn]タンジェリン；
《俗》日本の温州ミカン.

tangible[tǽndʒəbl]触れられる；明
白な. **tangibly** 副

tangle[tǽŋgl]縺れさせる，縺れる／縺れ；紛叫，ごたごた．**tangly** 縺れた．

tango[tǽŋgou]タンゴ(ダンスの一種)．

tangy[tǽŋi]強い味〔匂い〕のある．

tank[tǽŋk]タンク；戦車．～ **top** タンクトップ．

tankard[tǽŋkərd]大コップ(取っ手，ふた付き)．

tanker[tǽŋkər]油槽船；タンカー．

tanner[tǽnər]皮鞣し工．

tannin[tǽnin]タンニン酸．

tantalize[tǽntəlaiz]見せてじらす．

tantamount[tǽntəmaunt]同等の《to》．

tantrum[tǽntrəm]かんしゃく．

Tanzania[tænzəní:ə]タンザニア(連合共和国) (United Republic of Tanzania)．

Tao[táu]道徳，原理．**Taoism** 道教．

tap[tǽp]軽く打つこと；(複)《米》消灯合図のらっぱ．

tap[tǽp]飲み口，蛇口，栓／飲み口をつける；盗聴する；〔土地を〕開発する．～ **water** 水道水．

tape[téip]平ひも，テープ／テープで縛る；テープ録音〔録画〕する．～ **recorder** テープ録音〔録画〕機．

taper[téipər]先細りの(もの)／小ろうそく／だんだんに細くなる〔する〕．～ **off** 細くなる．

tapestry[tǽpəstri]綴れ織，タペストリー．

tapioca[tæpióukə]タピオカ(カッサバの根から採った澱粉)．

tar[tá:r]タール／タールを塗る．

tarantula[tərǽntʃələ]タランチュラ(毒グモ)．

tardy[tá:rdi]のろい；遅れた．**tardily** のろのろと．**tardiness** 緩慢；遅滞．

tare[téər]〔貨物の〕風袋(を計る)．

target[tá:rgət]まと，標的．

tariff[tǽrif]関税(表)／〔鉄道・旅館などの〕料金(表)．

tarmac[tá:rmæk]（商標）タールマック；タールマックで舗装した駐機場．

tarnish[tá:rniʃ]変色させる〔する〕；さび；変色．

taro[tá:rou]〔熱帯産〕タロイモ．

tarot[tærou]タロット(占い札)．

tarpaulin[ta:rpɔ́:lən]防水布．

tarry[tǽri]とどまる；ためらう．

tarry[tá:ri]タールの；タールを塗った．

tart[tá:t]すっぱい；辛辣な．**tartly** 副 **tartness** 名

tart[tá:rt]タルト(果物入りパイ)．

tartan[tá:rtn]格子縞の織物．

Tartar[tá:tər]タタール人〔語〕；(t-)乱暴者．**tartar sauce** タルタルソース．

task[tǽsk]〔骨折り〕仕事／仕事を課する；酷使する．～ **force** 対策本部；特別専門委員会．

taskmaster 監督，親方．

taskwork 賃仕事．

tassel[tǽsəl]房裳；しおりのひも／房をつける．

taste[téist]味わう；経験する／味をみる；…の味がする；味；味覚；趣味，好み；眼識．**tasteful** 上品な．**tasteless** 味のない；無風流な．

tasty[téisti]《話》おいしい．

ta-ta[tɑːtɑ́ː]じゃあね！あばよ！

tatter[tǽtər](おもに複) ぼろ．**tattered** ぼろぼろの．

tattle[tǽtl]むだ口(をきく)．**tattler** むだ口をたたく人，おしゃべり．

tattoo[tætú:]刺青／刺青する．

tattoo[tætú:]帰営らっぱ〔太鼓〕；とんとん叩く音．

tatty[tǽti]粗野な；みすぼらしい．

taught[tɔ́:t]teach の過去・過去分詞．

taunt[tɔ́:nt]侮辱／侮辱する．

Taurus[tɔ́:rəs]雄牛座，金牛宮．

taut[tɔ́:t]張りきった；きちんとした．

tautology[tɔ:tɑ́: lədʒi]類語．

tavern[tǽvərn]居酒屋；宿屋．

tawdry[tɔ́:dri]けばけばしい．

tawny[tɔ́:ni] 黄褐色の.

tax[tǽks] 税, 租税；重い負担 / 課税する；重荷を負わせる. ~ **break**《米》租税優遇措置. ~ **evasion** 脱税. ~ **-free** 免税の. ~ **relief**(所得税の)課税免除(額). ~ **return** 納税申告書. **taxable** 課税すべき. **taxation** 課税；租税.

taxi[tǽksi] タクシー / タクシーで行く；滑走する.

taxicab タクシー.

taxidermy[tǽksədəːrmi] 剥製術. **taxidermist** 剥製師.

taximeter タクシーの料金表示器.

taxiway〔飛行場の〕誘導路.

taxpayer 納税者.

TB 結核(症)〔< tuberculosis〕.

T-bill《米》財務省短期証券〔< Treasury-bill〕.

TC 旅行者用小切手, トラベラーズチェック〔< traveler's check〕(2014 年に日本での販売終了).

tea[tí:] 茶(主に紅茶). ~ **caddy** 茶筒. ~ **party** お茶の会.

teach[tí:tʃ] 教える, 教授する, 仕込む. ~ **-in**〔連続の〕学内討論会. **teaching** 授業, 〔通例複〕教え.

teacher[tí:tʃər] 教師, 先生.

teacup 茶碗.

teak[tí:k] チーク；チーク材.

teakettle やかん.

team[tí:m] 組, チーム / チームになる；協力する.

teamster[tí:mstər] 輸送トラックの運転手；〔荷馬車などの〕御者.

teamwork 協同作業.

teapot ティーポット, 急須.

tear¹[téər] 裂く, 裂ける, ちぎる / かぎざき, 裂け目；突進. **tearing**《話》猛烈な.

tear²[tíər] 涙. ~ **gas** 催涙ガス. **tearful** 涙ぐんだ；涙もろい. **tearless** 涙のない；涙を出さない.

tearaway はぎとり式の.

teardrop 涙のしずく.

tease[tí:z] いじめる；からかう；ねだる；いじめる人.

teaspoon ティースプーン, 茶さじ；小さじ. **teaspoonful** 小さじ 1 杯(の量).

teat[tí:t] 乳首.

tech[ték]《話》工科大学.

technical[téknikəl] 工業の；専門の；技術の；技術的な. **technicality** 専門的なこと. **technically** 副

technician[tekníʃən] 技術者；専門家.

technique[tekní:k]〔芸術上の〕技巧；芸風.

technocracy[teknάkrəsi] テクノクラシー；技術主義[国家].

technocrat[téknəkræt] テクノクラート, 技術者出身の官僚.

technology[teknάlədʒi] 科学(工業)技術；術語. **technological** 科学技術の；技術的な. **technologist** 科学技術者；工芸家.

Teddy[tédi] 男子の名. ~ **boy**《英》反抗的な若者. **teddy bear** ぬいぐるみのクマ.

tedious[tí:diəs] 退屈な, あきあきする. **tediously** 副 **tedium** 退屈.

tee¹[tí:] T 字型のもの；文字の T；目標, 的.

tee²〔ゴルフ〕球座, ティー /〔球を〕ティーに載せる. ~ **off** 開始する.

teem[tí:m] 多くいる, …に富む.

teen[tí:n] 10 代の /10 代の人(13 歳から 19 歳まで).

teen-age[tí:neidʒ] 10 代の. **teenager** 10 代の少年少女.

teens[ti:nz] 13 歳から 19 歳まで, 10 代.

teeter[tí:tər] 前後《米俗》上下に揺れる / シーソー.

teeth[tí:θ] tooth の複数.

teethe[tí:ð] 歯が生える.

teetotal[ti:tóutl] 絶対禁酒の；《話》絶対的な. **teetotalism** 絶対禁酒主義. **teetotal(l)er** 絶対禁酒者.

TEFL 外国語としての英語教育法，テフル〔< Teaching English as a Foreign Language〕．

tegument[tégjəmənt]外皮，包被．

telecast[télikæst]テレビジョン放送（を行なう）．

telecommunication [téləkəmju:-nikéiʃən]〔テレビ・ラジオなどによる〕遠距離通信．

telecommuting[teləkəmjú:tiŋ]在宅勤務．

telegram[téligræm]電信，電報．

telegraph[télɡɹæf]電信機／電報を打つ．**telegrapher** 電信技手．**telegraphic** 電信の，電報の．

telegraphy[təléɡɹəfi]電信術；電信．

telemark[téləmɑːrk]〔スキー〕テレマーク(停止法の1つ)．

telepathy[təlépəθi]精神感応．

telephone[téləfoun]電話(機)／電話をかける．〜 **number** 電話番号．〜 **pole** 電柱．

telephoto[téləfoutou]望遠写真(の)；〔写真〕望遠レンズ(の)．

telescope[téləskoup]望遠鏡／順にたたみ込む．**telescopic** 望遠鏡の〔で見た〕；伸縮自在の．

televise[téləvaiz]〔テレビで〕放送する．

television[téləviʒən]テレビ〔略 TV〕．

telex[téleks]テレックス，加入者電信（で送られたメッセージ）／テレックスで送る．

tell[tél]話す，言う，告げる，知らせる；見分ける．**telltale** 告げ口する人．**teller** 金銭出納係．**telling** 有効な．

telly[téli]《英話》(the 〜)テレビ．

temblor[témblər]地震．

temerity[təméɹəti]蛮勇．

temper[témpər]和らげる；加減する／気質；機嫌；性質；短気．keep one's 〜 おこらずにいる．lose one's 〜 腹を立てる．

tempera[témpərə]テンペラ画(法)．

temperament[témpərəmənt]気性．**temperamental** 気質上の；神経質な；気まぐれな．

temperance[témpərəns]節制；禁酒．

temperate[témpərət]温和な．

temperature[témpərətʃər]温度；体温．

tempest[témpəst]大あらし；大騒動．

tempestuous[tempéstʃuəs]暴風雨の；激しい．

temple¹[témpl]神殿，寺院．

temple² こめかみ．

tempo[témpou]テンポ，速度．

temporal[témpərəl]現世の，世俗の．

temporary[témpəreri]一時的な；仮の．〜 **houses** 仮設住宅．**temporarily** 一時，しばらく，仮に．

temporize[témpəraiz]一時しのぎをする；日和見をする．

tempt[témpt]誘惑する．**tempting** 誘惑的な；そそるような．

temptation[temptéiʃən]誘惑(物)．

tempter[témptər]誘惑者．

ten[tén]10(の)．〜 **to one** 十中八九．

tenable[ténbl]〔学説などが〕擁護できる．

tenacious[tənéiʃəs]ねばり強い；固執する．**tenacity** 名

tenancy[ténənsi]借用(権・期間)．

tenant[ténənt]借地〔借家〕人，居住者／賃借する．**tenantry**〔集合的〕借地〔借家〕入居住者．

tend¹[ténd]介抱する，世話をする／つかえる，かしずく；注意する《on》.

tend² …の傾向がある《to, toward》；〔道などが〕向かう《to, toward》.

tendency[téndənsi]傾向．

tender¹[téndər]柔らかな；もろい．〜 **-hearted** 心のやさしい．**tenderly** 副 **tenderness** 名

tender² 看護人；番人；付属船．

tender³ 提供する，申し出る；入札する；申し出，提供(物)；入札．

tenderfoot《米話》新人.

tenderloin 牛・豚の腰部の軟肉.

tendon[téndən] 腱.

tendril[téndrəl] 巻きひげ, 蔓ジ.

tenebrous[ténəbrəs] 暗い, 陰気な.

tenement[ténəmənt] 家屋; 保有物.

tenet[ténət] 教義; 主義, 信条.

tenfold[ténfould] 10 倍の〔に〕.

Tenn テネシー州〔< Tennessee〕.

tennis[ténəs] 庭球, テニス. ～ court テニスコート.

tenor[ténər] 趣意; 進路; テナー(歌手).

tenpins[ténpinz]《米》ボウリング.

tense¹[téns] 緊張した. **tensely** 緊張して.

tense² 〔文法〕時制.

tensile[ténsəl, -sail] 張力の; 伸ばせる.

tension[ténʃən] 緊張, 張力.

tent[tént] テント / テントに泊まる;〔シートで〕おおう.

tentacle[téntəkl] 触手; 触角. **tentacular** 形

tentative[téntətiv] 試みの, 仮の.

tenterhooks[téntərhuks] 布張り鉤ボ. on ～ 気をもんで, 心配して.

tenth[ténθ] (the ～) 第 10 (の).

tenuous[ténjuəs] 細い; 薄い; 希薄な. **tenuity** 名

tenure[ténjər] 保有(権・期間);〔大学教員の〕終身在職権.

tepid[tépid] 微温の, なまぬるい. **tepidly** 副

tequila[tekíːlə] テキーラ(リュウゼツランよりつくる蒸溜酒).

tercentenary[tə:rsenténəri] 300 年の / 300 年祭.

tergiversate[tə́:rdʒivərseit] 言いのがれをする; 変節する.

term[tə́:rm] 期限, 期間; 学期;〔数学〕項 / 称する, 名付ける. come to terms 折り合いがつく. in terms of …の立場で; …によって. on bad(good) terms 仲わるく(仲よく).

termagant[tə́:rməgənt] がみがみ言う女.

terminal[tə́:rmənl] 末端の, 終着〔点〕の; 学期の;〔病気などが〕末期の / 末端, 終わり, 終点. **terminally** 末に; 毎期に; 学期ごとに.

terminate[tə́:rməneit] 終わらせる; 限る; 尽きる. **termination** 終結; 終局.

terminology[tə:rməná:lədʒi] 用語, 術語.

terminus[tə́:rmənəs]《英》終着駅, 境界.

termite[tə́:rmait] シロアリ.

terrace[térəs] 台地; テラス(にする);〔海岸などの〕段丘.

terracotta[terəká:tə] 素焼き(土器).

terrain[təréin] 地形; 地勢.

terrestrial[təréstriəl] 地球の; 陸上の.

terrible[térəbl] 恐ろしい; ひどい. **terribly** 副

terrier[tériər] テリア(犬の一種).

terrific[tərífik] 恐ろしい;《話》法外な; すばらしい.

terrify[térəfai] こわがらせる. **terrifying** 非常に恐ろしい.

territorial[terətɔ́:riəl] 土地の, 領土の; 地方の. ～ waters 領海.

territory[térətɔ:ri] 領土; 領域;《米》准州.

terror[térər] 恐怖; 恐ろしい人〔もの〕. ～ -stricken, ～ -struck 恐怖に襲われた. **terrorism** 恐怖政治; テロ行為. **terrorist** 恐怖政治主義; 暴力主義者, テロリスト. **terrorize** 恐れさせる; テロ手段をとる.

terry[téri] テリー織り.

terse[tə́:rs] 簡潔な; 手短な. **tersely** 副 **terseness** 名

tertiary[tə́:rʃieri] 第 3 の; 第 3 位の; 第三紀の.

TESL 第二言語としての英語教授法, テスル〔< Teaching English as a Second Language〕.

TESOL[tíːsɑːl] 他言語話者への英語教授法〔< Teaching English to Speakers of Other Languages〕.

test[tést] 試験；実験；検査. **~ ban** 核実験禁止. **~ case** テストケース，先例となる事例. **~ match**〔英・豪間の〕クリケット優勝決定戦；国際試合. **~ -tube** 試験管で作られた；人工受精の；試験の；難しい. **testing** 試験すること／試験の；難しい.

testament[téstəmənt] 遺言(書)；(the T-) 聖書. the New(Old) Testament 新(旧)約聖書. **testamentary** 形

testate[tésteit] 遺言書をのこした(人).

testator[tésteitər] 遺言者.

tester[téstər] テストする人〔装置〕.

testicle[téstikl] 睾丸.

testify[téstəfai] 証明する，立証する.

testimonial[testəmóuniəl] 証明書；表彰状.

testimony[téstəmouni] 証拠；証言；宣誓証言；(複数形) 十戒.

testis[téstis] 睾丸.

testosterone[testάːstəroun] テストステロン(男性ホルモンの一種).

testy[tésti] 短気な，おこりっぽい.

tetanus[tétənəs] 破傷風.

tetchy[tétʃi] 気難しい.

tête-à-tête[téitətéit]《F》差し向かいで／2人だけの，密談.

tether[téðər] つなぎ縄(でつなぐ)；限界.

tetragon[tétrəgɑːn] 四角形. **tetragonal** 形

tetrahedron[tetrəhíːdrən] 四面体. **tetrahedral** 形

tetrameter[tetrǽmətər]〔韻律学〕4歩格 (の) (の詩行).

tetrapod[tétrəpɑːd] 四足類；テトラポッド(コンクリートブロック).

Teuton[júːtn] チュートン人；ドイツ人. **Teutonic** チュートン族の；チュートン

text[tékst] 本文，原文.

textbook 教科書.

textile[tékstail] 織物.

textual[tékstʃuəl] 本文の，原文の.

texture[tékstʃər]〔織物の〕生地；組織，構造；肌理。

T/F ○×式の〔< true or false〕.

TFT 薄膜トランジスタ〔< thin-film transistor〕.

TGIF さあやっと金曜日だ，花金だ〔< Thank God, it's Friday!〕.

THAAD 終末高高度防衛ミサイル〔< terminal high-altitude area defense missile〕.

Thai[tái] タイ(Thailand) の；タイ人〔語〕.

Thailand[taʼilænd] タイ(王国) (Kingdom of Thailand).

thalidomide[θəlídəmaid] サリドマイド.

Thames[témz] (the ~) テムズ川.

than[弱 ðən, 強 ðǽn] より，よりも，以上に.

thane[θéin]〔アングロ・サクソン時代の〕大郷士.

thank[θǽŋk] (通例複) 感謝／感謝する. **thankful** 感謝している. **thankless** 恩知らず；割に合わない.

thanksgiving 感謝(の祈り). **T- Day** 感謝祭(米国では 11 月の第 4 木曜).

that[ðǽt] あの，あれ；その／…ということ；…するために；…だから；…とは. **~ is** すなわち.

thatch[θǽtʃ] かや・わらで屋根をふく；その屋根.

thaw[θɔ́ː]〔氷・雪が〕解ける；解かす／雪解け，霜解け.

the[弱 ðə, ðə, ðiː, 強 ðíː] あの，その，例の；…というもの／それ，だけ. the + 比較級…，the + 比較級… すればするほど…，なれば なるほど….

theater,《英》**theatre**[θíːətər] 劇場.

theatergoer 芝居の常連，観劇家.

theatergoing 芝居見物, 観劇.

theatrical[θiætrikl]演劇の；演劇の, 芝居がかった/(複) しろうと芝居.

thee[ðíː]汝をﾆ〔に〕.

theft[θéft]窃盗.

their[弱 ðər, 強 ðéər]彼らの. **theirs** 彼らのもの.

theism[θíːizm]有神論.

theist[θíːist]有神論者. **theistic** 有神論の.

them[ðəm, ðm, əm, 強 ðém]彼らを〔に〕；それらを〔に〕.

thematic[θiːmǽtik] theme の.

theme[θíːm]題目, テーマ；〔学校での〕課題作文, 小論文, レポート；〔文法〕語幹;主旋律. ~ **park** テーマパーク(あるテーマで作られた大型の遊園地).

themselves[ðəmsélvz]彼ら〔彼女ら・それら〕自身.

then[ðén]その時に；それから.

theocracy[θiːάːkrəsi]神政国. **theocratic** 形

theologian[θiːəlóudʒiən]神学者.

theology[θiːάːlədʒi]神学. **theological** 形

theorem[θíːərəm]法則；定理.

theoretic[θiːərétik], **theoretical**[-kəl]理論の；理論上の, 机上の. **theoretically** 理論上；理論的に.

theorist[θíːərist]理論家；空論家.

theorize[θíːəraiz]理論づける.

theory[θíːəri]理論；空論.

theosophy[θiάːsəfi]神知学.

therapeutic[θerəpjúːtik] 治療 の. **therapeutics** 治療法.

therapist セラピスト, 治療の専門家.

therapy[θérəpi]治療.

there[ðər, 強 ðéər]そこに/そら！あれ！

thereabouts その辺に；…ぐらい, …ばかり.

thereafter その後.

thereby それによって, そのために.

therefore[ðéərfɔːr]それゆえに.

therefrom それから.

therein その中に；その点において.

thereof それの；それから.

thereon《文》その上に.

thereupon《文》そこで；それゆえに.

therewith それとともに；その後すぐに.

therm[θə́ːrm]サーム(熱量の単位).

thermal[θə́ːrməl]熱の, 熱量の；温泉の.

thermion[θə́ːrmiən]熱イオン. **thermionic** 形

thermodynamic[θəːrmoudainǽmik]熱力学の. **thermodynamics** 熱力学.

thermometer[θərmάːmətər]寒暖計；検温器.

thermonuclear[θəːrmounjúːkliər]熱核反応の；水素爆弾の.

thermoplastic[θəːrmouplǽstik]熱可塑性の(物質).

thermos[θə́ːrməs]魔法びん(もと商標).

thermostat[θə́ːrmestæt]自動温度調節器.

thesaurus[θisɔ́ːrəs]宝庫；百科事典；類義語辞典.

these[ðíːz]this の複数. ~ **days** 近ごろ.

thesis[θíːsis]命題；卒業〔学位〕論文.

thespian[θéspiən]演劇の/俳優.

they[ðéi]彼らは；それらが；世の人々.

thiamine[θáiəmin]サイアミン(ビタミン B1).

thick[θík]厚い；濃い/最も密集した部分；茂 み. ~ **-headed** ばかな. ~ **-skinned** 皮の厚い；鈍感な. ~ **-witted** 愚鈍な. **thickly** 副 **thickness** 厚さ.

thicken[θíkən]厚くする〔なる〕；濃くする〔なる〕.

thicket[θíkit]茂み, やぶ.

thickset ずんぐりした；茂った.

thief[θíːf]泥棒.

thieve[θíːv]盗 む. **thievery** 盗み.

thievish 泥棒の(ような);盗癖のある.

thigh[θái] 腿, 股.

thighbone 大腿骨.

thimble[θímbl] 指ぬき.

thin[θín] 薄い;希薄な;やせた;細い／薄くする〔なる〕. **thinly** 副 **thinness** 名

thine[ðáin] 汝^{なん}の;汝のもの.

thing[θíŋ] 物;事;(複) 事態.

think[θíŋk] 思う, 考える;信じる. ～ **tank** 頭脳集団. **thinker** 思想家. **thinking** 考え;思索.

third[θə́:rd] (the ～) 第3(の);3分の1(の);〔月の〕3日. ～ **party** 第三者;〔コンピュータ〕サードパーティー(周辺機器などのメーカーの総称). **the Third World** 第三世界. **thirdly** 第三に.

thirst[θə́:rst] 渇き;渇望(する). **thirstily** 喉が渇いて;渇望して. **thirsty** 喉の渇いた;渇望する;乾燥した.

thirteen[θə̀:rtí:n] 13(の). **thirteenth** 第13(の);13分の1(の).

thirty[θə́:rti] 30(の). **thirtieth** 第30(の);30分の1(の).

this[ðís] これ;この;今…, 当….

thistle[θísl] アザミ.

thistledown アザミの冠毛.

tho, tho'[ðóu] = though.

thong[θɔ́:ŋ] 皮ひも, 皮緒^を.

thorax[θɔ́:ræks] 胸腔, 胸部.

thorn[θɔ́:rn] 刺い, 針;イバラ. **thorny** 刺のある;苦しい;困難な.

thorough[θə́:rou, θʌ́rə] 完全な;徹底した. **thoroughly** 副

thoroughbred 純血種の(馬);生まれのよい(人);サラブレッド.

thoroughfare 道路;公道.

thoroughgoing 徹底した.

those[ðóuz] that の複数.

thou[ðáu]《古》汝^{なん}.

though[ðóu] …だけれども.

thought[θɔ́:t] think の過去・過去分詞／考え;思考, 思想. ～ **reading** 読心術. **thoughtful** 思慮の深い;思いやりのある. **thoughtless** 思慮のない;思いやりのない.

thousand[θáuzənd] 1000(の);無数(の). **thousandth** 第1000(の);1000分の1(の).

thousandfold 1000倍の.

thrall[θrɔ́:l] 奴隷;束縛(の身).

thraldom, thralldom[θrɔ́:ldəm] 奴隷の身分;束縛.

thrash[θrǽʃ] 強く打つ, むち打つ;〔手足を〕ばたばたさせる;〔試合で〕完敗させる;脱穀する. **thrasher** 脱穀機;〔鳥〕ツグミモドキ;スケボーをする人. **thrashing** 殴ること;〔試合で〕やっつけること;脱穀.

thread[θréd] 糸;繊維;筋;糸のように細いもの／糸を通す;縫うようにして通る.

threadbare すりきれた;着古した;陳腐な.

threat[θrét] 脅し, 脅迫;兆し.

threaten[θrétn] 脅す, 脅迫する;…のおそれがある. **threatening** 脅迫する;〔天気などが〕荒れ模様の.

three[θrí:] 3(の). ～ **-dimensional** 三次元の;立体感のある. ～ **fold** 3倍の, 三重の. ～ **-legged race** 二人三脚. ～ **-piece** 三つ揃いの(背広).

three-quarter 4分の3の;〔写真などが〕半ば横向きの. ～ **sleeve** 七分袖.

thresh[θréʃ] = thrash. 脱穀する;むち打つ. **thresher** 打穀者〔機〕;オナガザメ.

threshold[θréʃhould] 敷居;入口;初め.

threw[θrú:] throw の過去.

thrice[θráis] 3度;3倍に.

thrift[θríft] 倹約. ～ **shop** 中古品店. **thriftily** 倹約して. **thrifty** 倹約する.

thrill[θríl] 戦慄, 身震い／ぞっとする〔させる〕;震える;震わす. **thrilled** わくわくして, ぞくぞくして《with》. **thriller** ぞっとさせる人〔もの〕;《話》

スリラー. **thrilling** ぞっとする.

thrive[θráiv]繁盛する；栄える.

thriven[θrívən]thrive の過去分詞.

throat[θróut]喉；声. **throaty** しわがれ声の.

throb[θrá:b]動悸, 鼓動／動悸がする.

throe[θróu]（複）激痛；陣痛.

thrombosis[θrɑmbóusis]血栓症.

throne[θróun]王座；王位, 帝位.

throng[θró:ŋ]群衆／群がる；押しかける.

throttle[θrá:tl]喉を絞める；窒息させる／絞り弁.

through[θrú:]…を通して；…の初めから終わりまで. ～ and ～ 徹底的に.

throughout[θruáut]…の間じゅう；至るところに.

throughput[θrú:put]〔コンピュータの〕効率；処理量.

throve[θróuv]thrive の過去.

throw[θróu]投げる；〔蛇などが皮を〕脱ぐ／投げること；投球；〔さいころの〕一投げ.

throwaway 広告ビラ；使い捨ての.

thrown[θróun]throw の過去分詞.

thru[θrú:]《米》= through.

thrush[θrʌ́ʃ]ツグミ.

thrust[θrʌ́st]突く, 押す／押し；突き, 推進；〔機械〕推力.

thud[θʌ́d]どしん（と落ちる）.

thug[θʌ́g]凶漢.

thumb[θʌ́m]親指.

thump[θʌ́mp]ごつん〔どしん〕と打つ（こと・音）.

thumping[θʌ́mpiŋ]〔魚などが〕とても大きな；〔値段・嘘などが〕途方もない；〔成功などが〕すばらしい；〔物が〕大きな音を立てる.

thunder[θʌ́ndər]雷, 雷鳴／雷が鳴る. **thundering** 雷鳴する；《話》すてきな. **thunderous** 雷のような.

thunderbolt 落雷.

thunderclap 雷鳴；青天の霹靂.

thundercloud 雷雲.

thunderstorm 雷雨.

thunderstruck 肝を潰した.

Thursday[θə́:rzdei, -di]木曜日〔略 Th. Thur(s).〕.

thus[ðʌ́s]このように；だから.

thwack[θwǽk]ぴしゃりと打つ（こと）.

thwart[θwɔ́:rt]じゃまをする；阻止する.

thy[ðái]汝の.

thyme[táim]タチジャコウソウ, タイム.

thyroid[θáirɔid]甲状腺(の).

TIA 先にお礼を言っておきます, よろしくお願いします〔< Thanks in advance〕.

tiara[tiǽrə]宝石付きの婦人の髪飾り；ローマ法王の三重冠.

Tibetan[tibétn]チベット(人・語)の／チベット人.

TIC 共同借用〔< tenancy in common〕.

tick[tík]かちかち／〔時計が〕かちかちいう. **up[down-]** ～ **rule** アップ〔ダウン〕テック・ルール.

ticker[tíkər]かちかちいうもの. ～ **tape** 受信印字テープ.

ticket[tíkət]切符；入場券；乗車券；《米》公認候補者名簿.

ticking[tíkiŋ]マットレス用綿布.

tickle[tíkl]くすぐる；喜ばす. **tickler** おだてる人；メモ帳, 備忘録.

ticklish[tíkliʃ]くすぐったい；扱いにくい.

tidal[táidl]潮の. ～ **wave** 高潮；津波.

tide[táid]潮；風潮傾向／潮に乗せる；潮に乗じる. ～ **over** 人に〔困難な時期を〕乗り切らせる.

tidewater 潮水, 海岸地方.

tideway 潮流.

tidings[táidiŋz]たより.

tidy[táidi]きちんとした, きれいな；きれい好きな／《米》いすの背おおい／きちんとする, かたづける.

tie[tái]結ぶ, 結び目；（複）縁, きず

な；ひも；ネクタイ；〔競技の〕引き分け；〔音符の〕結合線；同点になる. ～ -up 交通渋滞；業務提携.

tier[tíər] 段；列.

tiff[tíf] ちょっとしたけんか；不機嫌.

tiger[táigər] トラ. ～ lily オニユリ. **tigerish** トラのような；獰猛な.

tight[táit] 堅い；目のつんだ；きつい／しっかりと，かたく；かたく. ～ -lipped 口を堅く閉じた；無口な. ～ wad けちんぼう. **tighten** 締める，堅くする〔なる〕；強化する. **tightly** しっかりと，きっちりと.

tightrope 張り綱(の).

TikTok ティックトック (2016 年発足のショート動画共有アプリ).

tights[táits] タイツ.

tilde[tíldə] 波型記号〔～〕；スワンダッシュ.

tile[táil] 瓦☆；タイル／瓦で葺☆く；タイルを張る.

till¹[təl, 強 tíl] まで.

till² 耕す，耕作する.

till³ 〔商店などの〕現金入れ抽斗ಳ，レジ.

tillage 耕作；耕地.

tiller[tílər] 舵の柄.

tilt[tílt] 傾く，傾ける；槍で突く／突き；馬上の槍試合；傾斜.

timber[tímbər] 木材；材木.

timbre[tǽmbər, tím-] 音色.

time[táim] 時；時間；期間；(複) 時代；死期；回，倍；拍子／好時機に行う；時間を測る／拍子が合う. at times 時々. for the ～ being 当分. in no ～ 直ちに. in ～ ちょうどよい時に；早晩. ～ -consuming 時間のかかる. -hono(u)red 昔からの，古い. ～ limit 制限時間. ～ -out タイムアウト；小休止，短時間の中断. ～ zone 同一標準時を用いる地帯. **timer** ストップウォッチ，タイムスイッチ. **timeless** 永久の. **timely** 時宜に適した.

timekeeper 計時係.

timepiece 時計.

timesaving 時間節約の.

timeserver 日和見主義者.

timeserving 日和見的な.

timetable 時間表.

timid[tímid] 臆病な，内気な. **timidity** 名 **timidly** おずおずと.

timing[táimiŋ] タイミング.

timorous[tímərəs] 臆病な.

tin[tín] 錫☆；ブリキ；(ブリキ) 缶，《英》／缶詰にする. ～ plate ブリキ. **Tin-Pan Alley**《米》ポピュラー音楽の作曲家・出版者たち(の集まる地域). **tinned** 錫〔ブリキ〕を張った；《英》缶詰にした.

tincture[tíŋktʃər] 色，色合；(…の) 気味；チンキ剤／色を着ける；風味を付ける.

tinder[tíndər] 火口ಳ.

tinge[tíndʒ] 色合；気味／色を着ける.

tingle[tíŋgl] ひりひり痛む.

tinker[tíŋkər] 鋳▲掛け屋；下手な職人／鋳掛け屋をする／下手に繕う.

tinkle[tíŋkl] ちりんちりんと鳴る〔鳴らす〕(音).

tinnitus[tináitəs] 耳鳴り.

tinny[tíni] 錫ಳの，錫を含む.

tinsel[tínsəl] 金ぴか(の).

tinsmith ブリキ屋.

tint[tínt] 色合／色を着ける.

tinware ブリキ製品.

tiny[táini] ごく小さい，ちっぽけな.

tip¹[típ] 先端(につける) ；〔山の〕頂上.

tip² 心づけ(をする)，チップ.

tip³ 軽打する／軽打.

tip⁴ 傾く，傾ける；ひっくり返る〔返す〕. **tip-off** 秘密情報；警告；暗示.

tipple[típl] いつも(酒を) ちびちび飲む.

tipsy[típsi] 酔った；千鳥足の.

tiptoe[típtou] 爪先. on ～ 爪先で.

tiptop 絶頂(の) ；《話》極上(の).

tire¹[táiər] 疲れ(させ) る；飽き(させ) る. **tired** 疲れた；飽きた. **tireless** 疲れない；飽きない. **tiresome** 退屈な；

うんざりする. **tiring** 疲れる, 骨の折れる；退屈させる.

tire² タイヤ.

'tis[tíz] it is の短縮.

tissue[tíʃuː]薄い織物. ～ **paper** ティッシュペーパー.

tit¹[tít] = titmouse.

tit² ～ **for tat** しっぺ返し.

tit³〔話〕乳首.

titanic[taitǽnik]巨大な.

titanium[taitéiniəm]チタン.

titbit[títbit]〔うまいものの〕一口；珍聞.

tithe[táið]10 分の1税(を課す).

titillate[títəleit]くすぐる；おもしろがらせる.

titivate[títəveit]めかす；飾る.

title[táitl]題名；タイトル／名付ける, 称する. ～ **deed** 不動産権利証書. ～ **page**〔本の〕とびら. ～ **role** 主役. **titled** 肩書きのある.

titmouse[títmaus]カラの類, シジュウカラ.

titter[títər]忍び笑い(する).

tittle[títl]微量. ～ **-tattle** おしゃべり(する).

titular[títʃulər]名ばかりの；題名の〔に関する〕.

tizzy[tízi]《俗》興奮状態.

TKO テクニカル・ノックアウト〔< technical knockout〕.

TLC 思いやりのある心遣い〔< tender loving care〕.

TM 登録商標〔< trademark〕.

T-man《米》特別税務調査官〔< T=Treasury Department〕.

TMD 戦域ミサイル防衛〔< theater missile defense〕.

TN テネシー州〔< Tennessee〕.

tn〔単位〕トン〔< ton(s), tonne(s)〕.

TNF 戦域核戦力〔< theater nuclear force〕.

TNT トリニトロトルエン(爆薬)〔< trinitrotoluene〕.

TNX ありがとう〔< thanks〕.

to[母音の前 tu, 子音の前 tə, 強 túː]へ；…の方へ.

toad[tóud]ヒキガエル；いやなやつ.

toadstool[tóudstuːl]キノコ；毒キノコ.

toast¹[tóust]焼きパン, トースト／焼く, 焼ける. **toaster** パン焼き器；トースター.

toast² 乾杯；乾杯の辞／乾杯する.

toastmaster〔宴会の〕司会者；乾杯の辞を述べる人.

TOB 株式公開買い付け〔< takeover bid〕.

tobacco[təbǽkou]たばこ. **tobacconist** たばこ屋.

toboggan[təbɑ́ːgən]トボガン(そりの一種).

tocsin[táksin]警鐘, 警報.

today[tədéi]今日；現今は.

toddle[tɑ́ːdl]よちよち歩く. **toddler** 幼児.

toddy[tɑ́ːdi]椰子酒；トディ.

to-do[tədúː]《話》大騒ぎ, 騒動.

toe[tóu]足指；〔靴などの〕爪先／足指で触れる；爪先をつける.

TOEFL 外国語としての英語能力試験, トフル〔< Test of English as a Foreign Language〕.

TOEIC 国際コミュニケーションのための英語能力試験, トーイック〔< Test of English for International Communication〕.

toga[tóugə]トーガ(古代ローマ人のゆるやかな外衣).

together[təgéðər]ともに；共同して；同時に. **togetherness** 親近感；仲間意識.

Togo[tóugou]トーゴ(共和国) (Republic of Togo).

toil[tɔ́il]骨折り(仕事)／骨を折る, 苦労する. **toilsome** 骨の折れる, つらい.

toilet[tɔ́ilət]化粧(品・台)／《英》トイレ, 《米》浴室. ～ **roll** トイレットペーパー. ～ **set** 化粧用具一式. ～ **soap**

化粧石鹸. ～ **training**〔幼児の〕トイレ訓練. ～ **water** 化粧水. **toiletry**〔通例複〕洗面・化粧品類.

token[tóukən]記念物，形見 / しるしとなる；名ばかりの.

told[tóuld]tell の過去・過去分詞.

tolerable[tá:lərəbl]我慢のできる；かなりの. **tolerably** 副

tolerance[tá:lərəns]寛容，包容力. **tolerant** 寛容な，寛大な.

tolerate[tá:ləreit]寛大に扱う；黙認する. **toleration** 黙認.

toll[tóul]¹〔道路，橋などの〕通行料金；長距離電話料；死傷者数. ～ **road** 有料道路.

toll² ゆっくりと鐘を〔が〕鳴らす〔る〕（こと）.

tollgate〔有料道路の〕料金所.

tollhouse 料金所.

tollkeeper 通行料金徴収員.

tomahawk[tá:məhɔ:k]〔インディアンの〕いくさ斧，まさかり；(T-) トマホーク(米海軍の巡航ミサイル).

tomato[təméitou, -má:-]トマト.

tomb[tu:m]墓；埋葬する.

tomboy[tá:mbɔi]おてんば娘.

tombstone 墓石.

tomcat[tá:mkæt]牡猫.

tome[tóum]大冊.

tomorrow[təmɔ́:rou, -má:r]明日. the day after ～ 明後日.

ton[tʌ́n]トン(メートル法 1000 キログラム；米トン 2000 ポンド，英トン 2240 ポンド；船の積載量単位 100 立方フィート). ～ of たくさんの.

tone[tóun]音；音調；口調；全音程・調子をつける. ～**down** 和らぐ〔げる〕. ～ up 強まる〔める〕. **toneless** 抑揚のない.

toner[tóunər]〔コピー機などの〕トナー；収斂化粧水.

Tonga[táŋːgə]トンガ(王国)(Kingdom of Tonga).

tongs[tɔ́:ŋz]火ばし.

tongue[tʌ́ŋ]話しぶり；言語 / 舌を使

って吹奏する. hold one's ～ だまっている.

tonic[tá:nik]強壮にする / 主調音；強壮薬.

tonight[tənáit]今夜(は).

tonnage[tʌ́nidʒ]積載量，総トン数.

tonne[tʌ́n]= metric ton(重量単位，1000kg).

tonsil[tá:nsil]扁桃腺炎.

tonsillectomy[ta:nsəléktəmi]扁桃腺炎除去手術.

tonsillitis[tɑ:nsəláitis]扁桃腺炎.

ton-up[tʌ́nʌp]《英話》暴走族の.

too[tú:]あまりに，…過ぎる；…もまた.

took[túk]take の過去.

tool[tú:l]道具，工具；手先 / 型押しする.

toot[tú:t]ぷうぷう(らっぱなどの音).

tooth[tú:θ]歯. in the teeth of ～をものともせず.

toothache 歯痛.

toothbrush 歯ブラシ.

toothpaste ねり歯磨き.

toothpick 爪楊枝.

toothpowder 歯磨き粉.

top¹[tá:p]頂上；上部 / 頂上をおおう；首位を占める / 最高の，首席の. ～ -**class** 一流の. ～ -**down** 上意下達方式の. ～ **hat** シルクハット. ～ -**heavy** 頭の重い. ～ -**level** 最高水準の；首脳部の. ～ -**secret** 最高機密の. ～-**up**《英》〔飲み物の〕お代わり，注ぎ足し. **topless** トップレスの(人・店・服). **topmost** 最高の，絶頂の. **topper** 一番上の人〔もの〕；シルクハット. **topping** トッピング.

top² 独楽.

topaz[tóupæz]黄玉，トパーズ.

topcoat 軽いオーバー.

topic[tá:pik]題目；話題. **topical** 話題の；時事問題の.

TOPIX 東証株価指数，トピックス〔< Tokyo stock price index〕.

topknot 髪のふさ.

topmast トップマスト.

topnotch 最高級の.

topography[təpάːgrəfi]地誌, 地形学. **topographer** 地形学者 **topographic, topographical** 形

topology[təpάːlədʒi]地勢学.

topple[tάːpl]よろめき倒れる.

topsail[tάːpsl]上檣帆.

topsy-turvy[tάːpsitάːrvi]あべこべに〔な〕.

torch[tɔ́ːrtʃ]松明;懐中電灯.

torchlight 松明〔懐中電灯〕(の明かり).

tore[tɔ́ːr]tear の過去.

torment[tɔːrmént]苦痛 / 苦しめる. **tormentor** 苦痛を与える人〔もの〕.

torn[tɔ́ːrn]tear の過去分詞.

tornado[tɔːrnéidou]竜巻.

torpedo[tɔːrpíːdou]魚雷, 水雷;シビレエイ. ～ **boat** 水雷艇.

torpid[tɔ́ːrpəd]不活発な(動物など). **torpidity** 名

torpor[tɔ́ːrpər]麻痺;愚鈍.

torque[tɔ́ːrk]〔古代ゴール人が用いた〕首飾り;回転軸にかかる力, トルク.

torrent[tɔ́ːrənt]奔流;どしゃ降り;〔質問などの〕連発. **torrential** 奔流のような.

torrid[tɔ́ːrəd]〔太陽で〕炎熱の;熱烈な. **the T-Zone** 熱帯.

torsion[tɔ́ːrʃən]ねじれ.

torso[tɔ́ːrsou]トルソー(頭・手足のない像);〔人体の〕胴. ～ **murder** バラバラ殺人.

tortilla[tɔːrtíːə]トルティーヤ(トウモロコシの粉をこねて焼いたメキシコ料理のもち).

tortoise[tɔ́ːrtəs]〔陸上・淡水産の〕亀.

tortoiseshell 鼈甲.

tortuous[tɔ́ːrtʃuəs]ねじれた, まがりくねった. **tortuosity** 名

torture[tɔ́ːrtʃər]拷問(する);曲解(する).

Tory[tɔ́ːri]王党員;保守党員.

toss[tɔ́ːs]軽く投げる;コイン投げで決める / 放ること, トス, コイン投げ.

toss-up コイン投げ;五分五分の見込み.

tot[tάːt]おちびさん(愛称);《英》〔酒の〕一杯.

tot[2] 合計(する) / 合計…になる, …に達する.

total[tóutl]総額;統計(の) / 合計する;合計 … となる. ～ **war** 総力戦.

totally 全く, ことごとく.

totalitarian[toutælətéəriən]全体主義の. **totalitarianism** 名

tote[tóut]《米話》運ぶ(こと・もの).

totem[tóutəm]トーテム(種族または家族の象徴としてあがめる自然物または動物). ～ **pole**〔インディアンの〕トーテムポール.

totter[tάːtər]ふらふら〔よちよち〕歩く.

touch[tʌ́tʃ]…の手ざわりがする;接触する;感動させる / 手ざわり. ～ **down**〔アメフト〕タッチダウンする. **touching** 感動させる;痛ましい. **touchy** おこりっぽい;やっかいな;燃えやすい.

touchline〔ラグビー・サッカー〕タッチライン.

touchstone 試金石.

tough[tʌ́f]堅い;頑丈な;骨の折れる. **toughen** 堅くする〔なる〕;丈夫にする〔なる〕. **toughly** 副 **toughness** 名

tour[túər]旅行(する) / 巡業する. ～ **operator** パック旅行専門会社. **tourism** 観光旅行; 観光事業. **tourist** 観光客;旅行者.

tournament[túərnəmənt]試合;勝ち抜き戦.

tousle[táuzl]《話》〔髪などを〕もつれさせる, 乱す.

tout[táut]しつこく勧誘する;《英》〔競馬馬の〕情報を探る / 客引き;予想屋.

tow[tóu]曳航する / 綱で曳くこと. **towage** 曳航;曳航料.

toward[tɔ́ːrd], **towards**[-z]の方へ;

に近く，ころ.

towboat 曳き船.

towel[táuəl]手ぬぐい，タオル(でふく). towel(l)ing タオル地. タオルでふくこと.

tower[táuər]塔／そびえ立つ. ~ block 高層建築物. towering 高くそびえる.

town[táun]町，都会町. ~ hall 公会堂；市役所；町役場. township《英》町区《米・カナダ》郡区.

townsfolk 市民，町民.

toxic[tá:ksik]毒の，有毒の；中毒性の. ~ assets 不良資産. toxicant 有毒な；毒物.

toxicology[ta:ksiká:lədʒi]毒物学.

toxin[tá:ksin]毒素.

toy[tói]おもちゃ／弄ぶ.

TQC 総合的品質管理〔＜total quality control〕.

TQM 総合的品質管理〔＜total quality management〕.

trace[tréis]跡，痕跡／跡をつける；たどって行く. traceable たどれる. tracing 透写；複写.

trachoma[trəkóumə]トラコーマ，トラホーム(眼病).

track[trǽk]〔踏みならされた〕小道；跡；道筋；〔競技用の〕トラック／足跡を追う；足跡を付ける. ~ record 成績；実績.

tracksuit スポーツウェア.

tract[trǽkt]土地，地方；広がり.

tract[^2] 小冊子.

tractable[trǽktəbl]従順な；細工しやすい. tractably 副

traction[trǽkʃən]牽引力.

tractor[trǽktər]トラクター；牽引(自動)車.

trade[tréid]商業／貿易／商売する；取引する. ~ -in 下取りに出す. ~ -off 交換. ~ school 実業学校. ~ union 労働組合. ~ unionist 労働組合員. the ~ wind 貿易風.

trader[tréidər]商人，商船. day ~

デイトレーダー.

trademark 商標.

tradename 商品名.

tradesman(小売)商人.

tradition[trədíʃən]伝統.

traditional[trədíʃənl]伝統の；伝統的な；従来の. traditionally 副

traditionalism[trədíʃənəlizm]伝統主義. traditionalist 伝統主義者.

traduce[trədjú:s]そしる，中傷する. traducement 名

traffic[trǽfik]往来；交通(量)／商売する，取引する. ~ jam 交通渋滞. ~ lights 交通信号灯.

trafficker[trǽfikər]密売人.

tragedy[trǽdʒədi]悲劇.

tragic[trǽdʒik], **tragical**[-ikəl]悲劇の；悲惨な. tragically 副

tragicomedy[trǽdʒiká:mədi]悲喜劇.

trail[tréil]引きずる；跡をたどる／跡；道；尾；裾；手掛かり. ~ away[off]途切れる. trailer トレーラー；蔓；草；《米》移動住宅；[映画の]予告編.

train[tréin]訓練する；列車. trainee 訓練を受ける人；見習い. trainer 調教師；コーチ. training 訓練，練習；[馬などの]調教；[園芸]仕立て.

trainbearer 裳裾持ち.

trait[tréit]特色；特長.

traitor[tréitər]反逆者，裏切り者. traitorous 反逆的.

trajectory[trədʒéktəri]〔放射体の描く〕軌道，弾道.

tram[trǽm]《英》市街電車；[炭坑の]トロッコ.

tramcar《英》市街電車.

trammel[trǽməl]捕獲網；(複)束縛／束縛する.

tramp[trǽmp]踏みつける；とぼとぼ歩く；徒歩旅行する／徒歩旅行(者)；放浪者；足音.

trample[trǽmpl]踏みつける，蹂躙する〈on, upon〉.

trance[trǽns]恍惚；昏睡状態.

tranquil[trǽŋkwil]静かな, 穏やかな. **tranquil(l)ity** 名 **tranquilly** 副

tranquilize,《英》**tranquillise** [trǽŋkwəlaiz] 静める〔まる〕. **tranquilizer** 精神安定剤.

transact[trænsǽkt]取り扱う;処理する. **transaction** 処理;取引;(複)議事録, 会報.

transatlantic[trænzətlǽntik]大西洋の向こうの;大西洋横断の.

transcend[trænsénd]超越する;まさる. **transcendence, transcendency** 超越, 卓越. **transcendent** すぐれた, 卓越した;超絶的な. **transcendental** 人知を超越した;超自然的な;先験的な.

transcontinental[trænskɑntənéntl]大陸横断の.

transcribe[trænskráib]書き写す;〔音声などを〕書き起こす;〔放送用に〕録音〔画〕する;翻訳する;編曲する.

transcript[trǽnskript]写し;写本.

transcription[trænskrípʃən]転写;録音.

transept[trǽnsept]袖廊.

transfer[trænsfə́:r]移転;移動 / 移す, 移る;転任〔転校〕させる〔する〕;乗り換える /[trǽnsfə:r]〔名義の〕書き換え;《米》振替;為替;転勤, 転校. **bank ~ scam** 振り込め詐欺. **~ ticket** 乗り換え切符. **transferable** 移す;譲ることができる. **transferee**〔手形の〕買取人, 譲受人. **transferor** 譲渡人;転写する人. **transference** 移転;移動.

transfigure[trænsfígjər]変貌させる. **transfiguration** 名

transfix[trænsfíks]突き通す;立ちすくませる.

transform[trænsfɔ́:rm]変形させる〔する〕;変圧する. **transformation** 変形, 変化;変圧. **transformer** 変圧器, トランス.

transfuse[trænsfjú:z]注ぎ移す;輸

血する. **transfusion** 名

transgress[trænsgrés]〔限度を〕越える. **transgression** 違反, 罪. **transgressor** 違反者.

transient[trǽnʃənt]一時の;はかない /〔ホテルなどの〕一時的滞在者.

transistor[trænzístər]トランジスター.

transit[trǽnsət, -zət]通過;運送;子午線通過.

transition[trænzíʃən]移り変わり;過渡期. **transitional** 過渡(期)の.

transitive[trǽnsətiv]〔文法〕他動の. **~ verb** 他動詞.

transitory[trǽnsətɔːri]一時の, はかない.

translate[trænsléit]翻訳する;解釈する;移す. **translation** 名 **translator** 翻訳者;通訳.

translucent[trænslú:snt]半透明の. **translucence, translucency** 名

transmigration[trænsmaigréiʃən]移住;輪廻.

transmission[trænsmíʃən]伝達;送信.

transmit[trænsmít]送る;伝達する;伝導する. **transmitter** 伝達者;発信機.

transmute[trænzmjú:t]変化〔変質〕させる. **transmutation** 名

transom[trǽnsəm]明かり取り窓.

transpacific[trænspəsífik]太平洋横断の.

transparent[trænspéərənt]透明の;明快な. **transparence, transparency** 透明(度);透明なもの;すかし.

transpire[trænspáiər]蒸発する〔させる〕;〔秘密が〕もれる. **transpiration** 名

transplant[trænsplǽnt]移植する /[trǽnsplænt]移植(した器官など). **organ ~** 臓器移植.

transport[trænspɔ́:rt]輸送する /[trǽnspɔːrt]輸送(船・機);有頂天.

transporter 運搬装置. **transportation** 輸送；運輸.

transpose[trænspóuz]置き換える；転換する；〔数学〕移項する；転調する. **transposition** 名

transversal[trænsvə́ːrsəl]〔数学〕横断線.

transverse[trænsvə́ːrs]横断する. **transversely** 横切って.

transvestism[trænsvéstizm]服装倒錯(異性の服装をしたがること). **transvestite** 服装倒錯者.

trap[trǽp]罠, 落とし穴；策略／罠に掛ける.

trapdoor はね上げ戸.

trapeze[trəpíːz]〔曲芸用の〕ぶらんこ.

trapezium[trəpíːziəm]《米》不等辺四角形；《英》台形.

trapezoid[trǽpəzɔid]《米》台形；《英》不等辺四角形.

trapper[trǽpər]罠師.

trappings[trǽpiŋz]馬飾り；礼服.

trash[trǽʃ]くず；がらくた. **trashy** くずの(ような)；価値のない.

trauma[trɔ́ːmə](精神的)外傷. **traumatic** 形

traumatize[trɔ́ːmətaiz]外傷を負わせる；精神的ショックを与える.

travail[trəvéil]《文》陣痛；骨折り／骨折る.

travel[trǽvəl]旅行する／旅行. ～ **agent** 旅行代理店. **travel**(l)**er** 旅人；販売外交員. **travel**(l)**ing** 旅行.

travelog[trǽvəlɔːg]，**travelogue**《英》旅行談；旅行映画.

traverse[trǽvərs]横切る／横断；障害；ジグザグ登はん.

travesty[trǽvəsti]滑稽化した作品／滑稽化する.

trawl[trɔ́ːl]底曳き網，トロール網；《米》はえなわ／トロール網を曳く. **trawler** トロール船.

tray[tréi]盆；盛りざら.

treacherous[trétʃərəs]裏切りの.

treachery[trétʃəri]不信；裏切り(行為).

treacle[tríːkl]《英》糖蜜.

tread[tréd]踏む；歩く；踏みつける／踏む(歩く)こと.

treadle[trédl]ペダル(を踏む).

treadmill 踏み車.

treason[tríːzn]反逆(罪). **treasonable** 反逆の.

treasure[tréʒər]宝物／秘蔵する；珍重する.

treasurer[tréʒərər]会計係.

treasury[tréʒəri]宝庫；金庫，国庫；～ **inflation-protected securities** 《米》インフレ連動財務証券.

treat[tríːt]取り扱う；待遇する；もてなす，おごる／もてなし.

treatment 取り扱い；待遇；治療(法)；処理.

treatise[tríːtis]論文〔on〕.

treaty[tríːti]条約. ～ **of amity** 修好条約.

treble[trébl]3 倍の，三重の；最高音部(の)／3 倍にする〔なる〕.

tree[tríː]木，樹木. up a ～ 進退きわまって.

trek[trék]長く苦しい旅行(をする)；トレッキング(する).

trellis[trélis]格子／格子を付ける.

tremble[trémbl]震え／震える.

tremendous[triméndəs]恐ろしい；《話》巨大な. **tremendously** 副

tremor[trémər]身震い；〔声の〕震え；震動.

tremulous[trémjələs]恐れ；おののく. **tremulously** 副

trench[tréntʃ]塹壕；堀；溝／〔堀・溝を〕掘る.

trenchant[tréntʃənt]痛烈な.

trencher[tréntʃər]塹壕兵.

trend[trénd]傾向／向かう，傾く. **trendy** 流行の先端を行く. **business** ～ 景気動向.

trepidation[trepədéiʃən]恐怖，狼狽.

T

trespass[tréspəs]侵入する；侵害する／侵入；家宅侵入. **trespasser** 侵害者.

tress[trés]頭髪の一ふさ；(複) ふさふさした毛髪.

trestle[trésl]架台，構脚.

T. rex, T-Rex〔恐竜〕ティラノサウルス〔＜ tyrannosaur〕.

triad[tráiæd]個(人)の組；3 和音.

trial[tráiəl]試み(の)；試用(の)；裁判，審問. ～ run 試運転.

triangle[tráiæŋgl]三角形(のもの)；トライアングル(打楽器).

triangular[traiǽŋgjələr]三角形の；3 者間の.

triathlon[traiǽθlɑn]トライアスロン，3 種(遠泳・自転車・マラソン).

tribal[tráibəl]種族の，部族の.

tribe[tráib]種族，部族.

tribesman 種族の一員.

tribulation[tribjəléiʃən]苦難，試練.

tribunal[traibjú:nl]法官席；裁判所；裁き.

tribune[tríbju:n]護民官；民衆保護者.

tributary[tríbjətəri]貢ぎ物を納める(人).

tribute[tríbju:t]貢ぎ物；賛辞.

triceps[tráiseps]三頭筋.

trick[trík]たくらみ；手品. **trickery** ペテン；策略. **tricky** 狡滑な；扱いにくい.

trickle[tríkl]滴たる(らす)／しずく；滴り；細流.

trickster[tríkstər]詐欺師.

tricolor, 《英》**tricolour**[tráikʌlər]3 色の／三色旗；〔特に〕フランス国旗，トリコロール.

tricot[trí:kou]トリコ(織物).

tricycle[tráisəkl]三輪車.

tried[tráid]試験済みの；確かな，信じられる.

triennial[traiéniəl]3 年続く；三年祭. **triennially** 3 年ごとに.

trifle[tráifl]取るに足りないこと〔話〕／〔時・金を〕浪費する. a ～ 少量；はした金；いじる；弄ぶ《with》. **trifling** ささいな；軽薄な.

trig[tríg]こぎれいな.

trigger[trígər]〔銃の〕引金／引金を引く；誘発する.

trigonometry[trigənɑ́:mətri]三角法. **trigonometric** 形

trilateral[trailǽtərəl]3 辺のある.

trilingual[trailíŋgwəl]3 言語の，3 言語を話す.

trill[tríl]震え声；トリル／震え声で言う；トリルで歌う.

trillion[tríljən]兆.

trilogy[trílədʒi]3 部作.

trim[trím]きちんとした／(きちんとした) 状態；飾り(つけ)；〔予算などを〕削減する；刈り込む；〔船・飛行機の〕釣合いをとる. **trimly** 副 **trimmer** 入れする人；日和見する人. **trimming** 整理；手入れ；(複)〔料理の〕添え物；大目玉.

Trinidad and Tobago[trínədæd]トリニダード・トバゴ(共和国) (Republic of Trinidad and Tobago).

trinity[trínəti](the T-) 三位一体.

trinket[tríŋkət]こまかい装身具；つまらないもの.

trio[trí:ou]3 つ組，三つ揃い，三幅対；三重唱(奏) (団).

trip[tríp]旅行，遠足；短い航海；蹟き／蹟く，蹟かせる；やりそこなう；揚げ足を取る；失敗させる.

tripartite[traipɑ́:rtait]3 部に分かれた；3 者間の.

triple[trípl]3 倍の，3 重の，3 層の／3 倍の数〔量〕；〔野球〕三塁打／3 倍にする(なる)；三塁打を打つ.

triplet[tríplət]3 つ組，三つ揃い，3 通；3 つ子の1 人.

triplicate[trípləkeit]三重〔倍・通〕／3 つ1 組のうちの1 つ／三重にする.

tripod[tráipɑd]三脚台，三脚.

tripping[trípiŋ]足取りの軽い.

trisect[traisékt]3 分する；3 等分する.

trite[tráit] ありふれた，陳腐な.
tritely 副 **triteness** 名

triturate[trítʃureit]すりつぶして粉にする／[-rət] 粉末.

triumph[tráiəmf]勝利；大成功／勝利を得る，勝ち誇る. **triumphal** 勝利〔凱旋〕の. **triumphal arch** 凱旋門.

triumphant[traiʌmfənt]勝ち誇った. **triumphantly** 副

triumvirate[traiʌmvərət] 三頭政治.

trivet[trívət] 鉄製三脚；五徳.

trivia[tríviə] つまらない事；雑学的知識.

trivial[tríviəl] つまらぬ，些細な. **triviality** 名 **trivially** 副

troche[tróuki, tróuʃ] 錠剤.

trod[trɑd]tread の過去・過去分詞.

trodden[trɑdn] tread の過去分詞.

troika[trɔ́ikə]トロイカ(3 頭立ての馬車).

Trojan[tróudʒən]トロイの；トロイ人.《話》勇気のある人；《米俗》コンドーム(商標名 Trojans より).

troll[tróul] 輪唱(歌)；流し釣り／輪唱する；陽気な声で歌う；流し釣りする.

trolley[trɑ́li]《英》手押し車；触輪.
~ **bus** トロリーバス.

trombone[trɑmbóun]トロンボーン.

troop[trúːp]群；(複) 軍隊；騎兵中隊／ぞろぞろ歩く〔集まる・去る〕.
trooper 騎兵；州警察官.

trophy[tróufi] 戦利品；トロフィー，賞品.

tropic[trɑ́pik]回帰線；(複) 熱帯(地方). **the tropic of Cancer** 北回帰線.
the tropic of Capricorn 南回帰線.
tropical 熱帯(地方) の.

trot[trɑt] 速歩する〔させる〕／《米俗》とらの巻.

troth[trɔ́θ] 誠実；忠実.

trotter[trɑ́tər] 早足の馬・羊・豚などの足(食用).

troubadour[trúːbədɔːr]トルバドゥール；11 世紀から 13 世紀まで南フランス・イタリアなどに勢力を占めた一派の叙情詩人.

trouble[trʌ́bl]心配(ごと)，苦労(の種)，面倒，困難／悩ます〔む〕；心配させる〔する〕. **troubled** 当惑した；心配そうな. **troublesome** 厄介な；うるさい.

troublemaker トラブルメーカー.

troubleshooter 修理する人；紛争解決者.

trough[trɔ́ːf]こね鉢；飼い葉おけ；水桶.

trounce[tráuns]ひどくなる；打ち負かす.

troupe[trúːp]〔俳優などの〕一団，一座. **trouper** 座員.

trousers[tráuzərz]ズボン.

trout[tráut]〔魚の〕マス.

trowel[tráuəl] 鏝；移植鏝.

troy[trɔ́i]トロイ衡(金・銀・宝石などを計る).

truancy[trúːənsi]無断欠席；ずる休み.

truant[trúːənt]なまける／なまけ者；無断欠席者. play ～〔学校などを〕ずる休みする.

truce[trúːs]休戦；休み，中止.

truck[trʌ́k]物々交換(する).

truck[trʌ́k]《米》トラック；《英》手押車／トラックで運ぶ. **trucker**《米》トラックの運転手.

truculent[trʌ́kjələnt]野蛮な；残忍な.
truculence 名

trudge[trʌ́dʒ]とぼとぼ歩く.

true[trúː]まことの；正当な；正しい.
~ **-blue** 忠実な.

truffle[trʌ́fl]〔キノコ〕トリュフ；〔菓子〕トリュフ(チョコレート菓子).

truly[trúːli]真に，実に. Yours ～ 敬具(手紙の結びの句).

trump[trʌ́mp]〔トランプの〕切札(で

切る・取る）. ～ **card** 切札；奥の手. **trumped-up** でっち上げの.

trumpet[trʌ́mpət]トランペット，らっぱ. **trumpeter** トランペット奏者；らっぱ手.

truncate[trʌ́ŋkeit]頭部〔先端〕を切る.

truncheon[trʌ́ntʃən]〔警官の〕こん棒（で叩く）.

trundle[trʌ́ndl]小車輪.

trunk[trʌ́ŋk]幹；胴；本体；〔鉄道の〕幹線；〔象の〕鼻；幹線；大型旅行かばん；《米》〔車の〕トランク；（複）〔運動用〕パンツ.

truss[trʌ́s]〔わらなどの〕束；脱腸帯／束ねる；翼をくくりつける.

trust[trʌ́st]信任，信頼；確信；トラスト〔信任する〕；委託する. ～ **fund** 信託資金. **trustful** 信じやすい. **trusty** 頼りになる；信頼できる人；《米》模範囚.

trustee[trʌstíː]〔大学の〕理事；評議員；管財人. **trusteeship**〔受託者の地位〕信託統治（地域）.

trusting[trʌ́stiŋ]信じている；人を信じやすい.

trustworthy 信頼できる.

truth[trúːθ]真理；真実. **truthful** 正確な；誠実な，真実の. **truthfully** 圖

try[trái]試みる；裁判にかける；苦しめる／試み；トライ. ～ **out** 徹底的に試す. **trying** 試しの；つらい.

tryst[tríst]《古》会合の約束（をする）.

TS 性転換者(の)〔< transsexual〕.

tsar[zɑ́ːr]= Czar.

TSE 東京証券取引所〔< Tokyo Stock Exchange〕.

T-shirt ティーシャツ.

tsp(s) 茶 さじ … 杯 (の 量)〔< teaspoonful〕.

TSS 時分割処理方式〔< time sharing system〕.

TT 絶対禁酒の；絶対的な〔< teetotal〕.

TU 労働組合〔< Trade Union〕.

Tu. 火曜日〔< Tuesday〕.

tub[tʌ́b]桶；たらい；浴槽；《英話》入浴，行水.

tuba[tjúːbə]チューバ(低音の金管楽器).

tubby[tʌ́bi]ずんぐりした(人など).

tube[tjúːb]管；チューブ；〔ロンドンの〕地下鉄；《米俗》テレビ.

tuber[tjúːbər]〔ジャガイモなどの〕塊茎.

tubercle[tjúːbərkl]〔骨や植物の〕結節；〔医学〕結核；結節.

tuberculin[tjuːbáːrkjələn]ツベルクリン注射液.

tuberculosis[tjuːbəːrkjəlóusəs]結核〔略 TB〕.

tuberose[tjúːbərouz]チューベローズ；月下香.

tubing[tjúːbiŋ]管；配管.

tubular[tjúːbjələr]管状の.

TUC《英》労働組合会議〔< Trades Union Congress〕.

tuck[tʌ́k]すそなどの上げ/〔そで・すそなどの〕上げをする；(すそを)まくりあげる；押し込む；たくし込む.

Tues. 火曜日〔< Tuesday〕.

Tuesday[tjúːzdəi, -di]火曜日〔略 Tu(es).〕.

tuft[tʌ́ft]房；茂み／房をつける；房になる. **tufty** ふさふさした.

tug[tʌ́g]強く引く；曳⹀き船で引く／強く引くこと；白熱戦；曳き船. ～ **-of-war** 綱引き；激戦.

tugboat 曳き船.

tugrik[túːgrik]トゥグリック(モンゴルの貨幣単位).

tuition[tjuːíʃən]教授；授業料.

tulip[tjúːləp]チューリップ. ～ **tree** ユリノキ.

tulle[tjúːl]〔ベール用の〕網絹，チュール.

tumble[tʌ́mbl]ころぶ；ころがる／転倒；転落.

tumbler[tʌ́mblər]タンブラー.

tumid[tjúːməd]腫れた；誇張した.

tumidity 名

tummy[tʌ́mi]《児語》おなか.

tumor,《英》**tumour**[tjú:mər] 腫瘍, できもの.

tumult[tjú:məlt] 騒動. **tumultuous** 騒然とした; 取り乱した.

tuna[tjú:nə] マグロ.

tunable[tjú:nəbl] 調子のよい.

tundra[tʌ́ndrə][北シベリアなどの] ツンドラ, 凍土帯.

tune[tjú:n] 節t, 曲; 調子 / 調子を合わせる; 整える. ~ **-up** 調整. **tuning fork** 音叉ホk. **tuneful** 調子のよい, 音楽的な. **tuner** 調律師; 同調器, チューナー.

tungsten[tʌ́ŋstən] タングステン.

tunic[tjú:nik][古代ギリシャ・ローマ人の] そでの短い上着; 婦人用上着の一種.

Tunisia[tju:ní:ʒiə] チュニジア(共和国) (Republic of Tunisia).

tunnel[tʌ́nl] トンネル / トンネルを掘る.

turban[tə́:rbən][インド人などが頭へまきつける] ターバン.

turbid[tə́:rbid] 濁った; 混乱した. **turbidity** 名

turbine[tə́:rbin] タービン.

turbo-[tə́:rbou-] 「タービンで(動く)-」.

turbojet[tə́:rboudʒet] ターボジェット式エンジン.

turbot[tə́:rbət] カレイの類.

turbulent[tə́:rbjələnt] 大荒れの; 騒々しい. **turbulence** 名

turf[tə́:rf] 芝生 ; (the ~) 競馬(場) / 芝生を敷く. **turfman** 競馬狂. **turfy** 形

turgid[tə́:rdʒid] 腫れた; 誇張した. **turgidity** 名

Turk[tə́:rk] トルコ人.

Turkey[tə́:rki] トルコ(共和国) (Republic of Turkey).

turkey[tə́:rki] 七面鳥.

Turkish[tə́:rkiʃ] トルコの〔人・語〕. ~ **bath** トルコぶろ.

Turkmenistan[tə:rkmenəstǽn]〔国名〕トルクメニスタン.

turmoil[tə́:rmoil] 騒ぎ, 騒動.

turn[tə́:rn] 回す; ひっくりかえす; 曲がる; 翻訳する / 曲がる; 変わる / 回転; 曲がり角; 変化; 傾向; 順番. ~ **against** にそむく. ~ **around** ふり向く. ~ **away** そむける. ~ **down** 折りたたむ;〔要求を〕拒絶する. ~ **in** 提出する;《話》寝床に入る. ~ **off** スイッチを切る;《英》解雇する. ~ **on** スイッチを入れる;《米俗》麻薬で酔わせる. ~ **out** 放逐する; 産出する. ~ **over** ひっくりかえす; めくる. ~ **to** たよる; …に取りかかる. ~ **up** 上に向く. ~ **upon** …の如何による; …に敵対する. **by turns** 順番に; 交代に. **in** ~ 順次に. **take turns** 交代でする.

turnaround 方向転換; 転向.

turncoat 変節者.

turndown〔えりなどが〕折りたためる.

turner[tə́:rnər] ろくろ師; 旋盤工. **turnery** 旋盤工場.

turning[tə́:rniŋ] 回転; 反転; 転向; 変化. ~ **point** 転機; 分岐点.

turnip[tə́:rnəp] カブ.

turnout 人出; 出席者; 生産額; 投票率;〔鉄道の〕待避線; 馬車と供回り.

turnover〔車などの〕転覆;《英》売上高.

turnpike[tə́:rnpaik] 有料道路; 有料道路料金所.

turnstile[tə́:rnstail] 回転式木戸〔改札口〕.

turntable 回転盤.

turnup〔ズボンの〕折り返し;《話》思いがけないこと.

turpentine[tə́:rpəntain] テレピン(油) (を塗る).

turpitude[tə́:rpətju:d] 卑劣.

turquoise[tə́:rkwɔiz] トルコ石(色).

turret[tə́:rit] 小塔;〔軍艦・航空機の〕

T

（回転）砲塔.

turtle[tə́ːrtl]海亀.

turtledove キジコバト.

tusk[tʌ́sk]牙${}_{\text{き}}$（でつく）.

tussle[tʌ́sl]組打ち（する）.

tussock[tʌ́sək]草むら，やぶ.

tut[tʌ́t]ちぇっ! しっ.

tutelage[tjúːtəlidʒ]保護，後見（されること）.

tutor[tjúːtər]家庭教師；教本／《英》個人教授. **tutorial** 個人指導の.

tutti-frutti[túːtifrúːti]砂糖漬け果物入りアイスクリーム.

tutu[túːtuː]チュチュ（バレエ用の短いスカート）.

tuxedo[tʌksíːdou]タキシード.

TV[< television]テレビジョン.

TVA テネシー川流域開発公社[< Tennessee Valley Authority].

TVEI《英》技術職業教育計画[< Technical and Vocational Educational Initiative].

twaddle[twɑ́ːdl]むだ口（をきく）.

twain[twéin]《詩》2（の）.

twang[twǽŋ]弦音／ぶうんと鳴る〔鳴らす〕.

tweak[twíːk]つねる〔ひねる〕（こと）.

tweed[twíːd]ツイード（スコッチ織り）.

tweet[twíːt]さえずる；さえずり. **tweeter** 高音専用スピーカー.

tweezers[twíːzərz]ピンセット；毛抜き.

twelfth[twélfθ]（the ～）第 12（の）；12 分の 1（の）.

twelve[twélv]12（の）.

twenty[twénti]20（の）. **twentieth** 第 20（の）；20 分の 1（の）.

twice[twáis]2 度，再び；2 倍に. ～ -told 2 度〔いく度も〕話した；陳腐な（話など）.

twiddle[twídl]いじる，もてあそぶ.

twig¹[twíg]小枝. **twiggy** 小枝の多い；ほっそりした.

twig²《英俗》了解する.

twilight[twáilait]たそがれ.

twill[twíl]綾織り／綾織りにする.

twin[twín]双子の；対${}_{\text{つい}}$の／双子（を生む）／対になる.

twine[twáin]撚${}_{\text{よ}}$り糸（をよる）.

twinge[twíndʒ]ずきずき痛む（こと）.

twinkle[twíŋkl]きらきら光る／きらめき.

twirl[twə́ːrl]くるくる回す〔回る〕. **twirler** ［バトンなどを］回す人；〔野球の〕投手；バトンガール.

twist[twíst]撚${}_{\text{よ}}$る〔よじれる〕／より；ねじる；〔ダンス〕ツイスト.

twitch[twítʃ]ぐいと引くこと／ぴくぴく動かす〔動く〕（こと）.

twitter[twítər]さえずる〔り〕；ぺちゃくちゃしゃべる；Twitter (SNS のツイッター).

two[túː]2（の）. ～ -bagger 二塁打. ～ -edged 諸刃${}_{\text{やいば}}$の. ～ -piece ツーピース（の）. ～ -step 2 拍子の社交ダンス（の曲）. ～ -way 相互的な；送受信共用の. **twofold** 2 倍の〔に〕，二重の〔に〕.

twopence[tʌ́pəns]《英》2 ペンス；2 ペンス銅貨.

twopenny[tʌ́pəni]2 ペンスの；安っぽい. ～ -halfpenny 2 ペンス半の；つまらない.

TX テキサス州[< Texas].

tycoon[taikúːn]将軍；《米話》実業界の大立て者.

tympanum[tímpənəm]鼓膜；中耳${}_{\text{じ}}$.

type[táip]型；様式；典型／代表する；タイプライター〔ワープロ〕で打つ.

typescript[táipskript]タイプライター〔ワープロ〕で打った原稿.

typesetter[táipsetər]植字工〔機〕.

typewrite[táiprait]タイプライター〔ワープロ〕で打つ. **typewriter** タイプライター.

typhoid[táifɔid]チフス. ～ **fever** 腸チフス.

typhoon[taifúːn]台風.

typhus[táifəs] 発疹ﾁﾌｽ；チフス.

typical[típikəl] 代表的, 典型的；象徴的. **typically** 代表的に；特色として.

typify[típəfai] …の典型となる；特質を表わす.

typing[táipiŋ] タイプライター〔ワープロ〕を打つこと；タイプ技術.

typist[táipist] タイピスト.

typography[taipá:grəfi] 印刷, 印刷術. **typographical** 形

tyrannical[tirǽnikəl, tai-] 専制君主的な.

tyrannize[tírənaiz] 虐政を行う, 圧制する.

tyrannosaur[tirǽnəsɔːr] ティラノサウルス.

tyrannous[tírənəs] 暴虐な, 圧制の.

tyranny[tírəni] 専制政治, 暴政；虐待.

tyrant[táirənt] 暴君.

tyre[táiər] 《英》〔車などの〕タイヤ.

tzar[zá:r, tsá:r] = Czar.

U

U《英》一般向き映画〔< Universal〕；大学〔< University〕.

UAE アラブ首長国連邦〔< United Arab Emirates〕.

UAR アラブ連合共和国〔< United Arab Republic〕.

UAW 全米自動車労働組合〔< United Auto Workers〕.

UB40《英》失業給付カード；《話》失業者〔< unemployment benefit 40〕.

ubiquitous[ju:bíkwətəs] 至るところに在る, 遍在の；〔コンピュータ〕ユビキタスの(いつでもどこからでも情報ネットワークを利用できる環境). **ubiquity** 名

UC カリフォルニア大学〔< University of California〕.

ɪc 大文字〔< upper case〕.

UCCA《英》大学入学に関する中央評議会〔< Universities Central Council on Admissions〕.

UCLA カリフォルニア大学ロサンゼルス校〔< University of California, Los Angeles〕.

UDA アルスター防衛同盟〔< Ulster Defence Association〕.

UDC 国際十進分類法〔< Universal Decimal Classification〕.

udder[Ándər]〔牛などの〕乳房.

UEFA[ju:éifə] 欧州サッカー連盟〔< Union of European Football Associations〕.

UFO 未確認飛行物体〔< unidentified flying object〕.

Uganda[ju:gǽndə] ウガンダ(共和国) (Republic of Uganda).

ugly[Ágli] 醜い；いやな；《米》意地の悪い. **ugliness** 名

UHF 極超短波〔< ultrahigh frequency〕.

uh-huh[ʌhʌ́]〔肯定・同意〕うん, ええ.

UHT 超高温殺菌処理〔< ultra heat treated〕.

U.K. 連合王国(英国)〔< United Kingdom〕.

Ukraine[ju:kréin]〔国名〕ウクライナ.

ukulele[ju:kəléili] ウクレレ(楽器).

ulcer[Álsər] 潰瘍, 腫れ物；弊害. **ulcerate** 潰瘍を生じる〔させる〕, 腐敗する〔させる〕. **ulcerous** 潰瘍性の.

ulterior[Altíəriər] 向こう側の；将来の；心の奥の.

ultimate[Áltəmət] 最後の, 究極の；根本的な. **ultimately** 副

ultimatum[Altəméitəm] 最終案；最後通牒ﾂ゙ｳ.

ultra[Áltrə] 極端な, 過激な／過激論者.

ultrahigh[Altrəhái] 超高(層)の.

ultramarine[Altrəmərí:n] 群青ﾄﾞﾝ(色の).

ultrasonic[Altrəsánik] 超音波の.

ultrasound 超音波；超音波診断.

ultraviolet[ʌltrəváiələt] 紫外（線）の.

umber[ʌmbər] アンバー（顔料）；赤褐色（の）.

umbilical[ʌmbílikəl] 臍?の. ～ **cord** 臍の緒.

umbrage[ʌmbridʒ] ひがみ；不快. take ～ 立腹する.

umbrella[ʌmbrélə] 傘／保護する；包括的な.

umlaut[úmlaut] ウムラウト；変母音.

umpire[ʌmpaiər] 仲裁人，審判員，アンパイア；裁定人／仲裁する；審判する.

umpteen[ʌmptí:n]《話》数えきれないほどの（数）.

U.N. 国連（＜ United Nations）.

un-[ʌn-, ʌn]「否定，反対」の意を示す接頭語.

unabashed[ʌnəbǽʃt] 平然とした，厚かましい.

unable[ʌnéibl] できない《to do》.

unabridged[ʌnəbrídʒid] 省略してない.

unacceptable 受け入れられない，許されない，歓迎されない《to》

unaccompanied[ʌnəkʌ́mpənied] 同伴者のない；無伴奏の.

unaccountable[ʌnəkáuntəbl] 説明のできない；不思議な；責任のない.

unaccustomed[ʌnəkʌ́stəmd] 不慣れの；珍しい.

unadvised[ʌnədváizid] 思慮のない，無分別な；忠告を受けていない. **unadvisedly** 副

unaffected[ʌnəféktid] 気取らない，率直な.

unalterable[ʌnɔ́:ltərəbl] 変更できない；不変の.

unambiguous あいまいでない，明白な.

unanimous[ju:nǽnəməs] 満場一致の；異議のない. **unanimity** 名 **unanimously** 副

unannounced 公表〔発表〕されていない；予告なしの.

unanswered 答え〔返事〕のない；報いられない.

unapproachable[ʌnəpróutʃəbl] 近づきにくい；手の届かない.

unarmed[ʌnɑ́:rmd] 武装していない，素手の.

unashamed 恥じない，厚顔無恥の.

unassuming[ʌnəsú:miŋ] 気取らない；謙遜な.

unattached[ʌnətǽtʃt] 離れている，無所属の；独身の.

unattended[ʌnəténdid] 出席者のいない〔少ない〕；を伴わない《by, with》；付き添いのいない；ほったらかしの.

unattractive[ʌnətrǽktiv] 人目を引かない.

unauthorized 権限のない，独断の，我流の.

unavailable 利用できない，入手できない，不在の.

unavailing[ʌnəvéiliŋ] 無益な；役に立たない.

unavoidable[ʌnəvɔ́idəbl] 避けられない，やむを得ない.

unaware[ʌnəwéər] 気づかない，知らない. **unawares** 思いがけなく，不意に，つい.

unbalanced[ʌnbǽlənst] 不安定な；取り乱した；未決算の.

unbearable[ʌnbéərəbl] 堪えられない，我慢のできない.

unbeatable 無敵の；すばらしい，秀逸の.

unbeaten 負けない，無敵の；人跡未踏の.

unbecoming[ʌnbikʌ́miŋ] 不適当な，不似合いな；不作法な.

unbelief[ʌnbilí:f] 不信心；不信仰.

unbelievable[ʌnbilí:vəbl] 信じられない；すごい.

unbeliever[ʌnbilí:vər] 懐疑者；不信仰者.

unbelieving[ʌnbilíːviŋ]信じない, 懐疑的な；不信心な.

unbend[ʌnbénd]まっすぐにする〔なる〕；くつろがす〔ぐ〕；ゆるめる.

unbending[ʌnbéndiŋ]曲がらない；屈しない；強情な.

unbias(s)ed[ʌnbáiəst]偏見のない；不偏の；公平な.

unbind[ʌnbáind]解く, ほどく；放つ, 解放する.

unblemished[ʌnblémiʃt]汚れ〔欠点〕のない, 潔白な.

unborn[ʌnbɔ́ːrn]まだ生まれない；未来の.

unbosom[ʌnbúzəm]心を明かす；胸襟を開く.

unbound[ʌnbáund]unbind の過去・過去分詞 / 解放された, 自由な；〔本などが〕綴じてない.

unbounded[ʌnbáundid]無限の, 無制限の, 限りない.

unbridled[ʌnbráidld]手綱のない；抑制のない.

unbroken[ʌnbróukən]無傷の；連続した；〔馬が〕馴らされていない；〔記録が〕破られていない.

unburden[ʌnbɔ́ːrdn]荷をおろす；〔気を〕楽にする.

unbutton[ʌnbʌ́tən]ボタンをはずす. **unbuttoned** ボタンをはずした〔て〕.

uncalled-for[ʌnkɔ́ːldfɔːr]いわれのない；余計な, 出過ぎた.

uncanny[ʌnkǽni]薄気味悪い；神秘的な.

unceasing[ʌnsíːsiŋ]絶えまない. **unceasingly** 絶えまなく.

unceremonious[ʌnserəmóuniəs]形式ばらない, くだけた；無作法な.

uncertain[ʌnsɔ́ːrtn]未定の；確かでない；当てにならない. **uncertainty** 不確実(さ)；不定；半信半疑. **uncertainty principle** 不確定性原理.

unchain[ʌntʃéin]鎖を解く；解放する.

unchallenged 疑問を呈されない,

文句なしの；確固たる.

unchangeable[ʌntʃéindʒəbl]不変な.

unchanged 不変の, 変化していない.

uncharacteristic 特徴のない；…らしからぬ.

uncharitable[ʌntʃǽrətəbl]慈悲心のない, 不人情な.

unchecked 抑制されない；(品質)検査〔調査〕されていない.

uncivil[ʌnsívəl]無作法な；未開の.

uncivilized[ʌnsívəlaizd]未開の, 野蛮な.

unclasp[ʌnklǽsp]〔止め金を〕はずす；〔握った手を〕開く.

uncle[ʌ́ŋkl]伯〔叔〕父；《俗》おじさん；質屋. **Uncle Sam** サムおじさん(米国・米国民の擬人化).

unclean[ʌnklíːn], **uncleanly** [ʌnklénli]不潔な；不浄な.

uncomfortable[ʌnkʌ́mfərtəbl]居心地が悪い, 不愉快な；やっかいな.

uncommon[ʌnkɑ́mən]普通でない, 珍しい；目立つ. **uncommonly** 特別に；珍しく.

uncommunicative[ʌnkəmjúːnəkéitiv]打ち解けない；無口な.

uncomplicated 複雑でない；入り組んでない.

uncompromising[ʌnkɑ́mprəmaiziŋ]妥協しない, 頑固な；強硬な.

unconcern[ʌnkənsɔ́ːrn]無関心.

unconcerned[ʌnkənsɔ́ːrnd]関係〔関心〕がない；気にしない. **unconcernedly** さりげなく.

unconditional[ʌnkəndíʃənl]無条件の, 絶対的な.

unconfirmed 未確認の, 確証のない.

unconscionable[ʌnkɑ́ːnʃənəbl]非良心的な；法外な；不当な.

unconscious[ʌnkɑ́nʃəs]知覚しない《of》；意識不明の；無意識の. **unconsciously** 知らず知らず；なにげ

U

なく. **unconsciousness** 名

unconstitutional[ʌnkɑnstətjúːʃənəl]憲法違反の；違憲の.

uncontrollable[ʌnkəntróuləbl]制御しがたい，手におえない.

unconventional 慣習にとらわれない；〔態度・服装などが〕型にはまらない.

unconvinced 納得していない；あやふやな.

unconvincing 説得力のない.

uncountable[ʌnkáuntəbl]数えきれない，無数の；無限の；〔文法〕不可算の.

uncouth[ʌnkúːθ]無骨な；不器用な；異様な.

uncover[ʌnkʌ́vər]おおいを取る；暴露する／脱帽する.

UNCSTD 国連科学技術開発委員会〔< United Nations Commission on Science and Technology for Development〕.

UNCTAD 国連貿易開発会議，アンクタッド〔< United Nations Conference on Trade and Development〕.

unction[ʌ́ŋkʃən]〔カトリック〕塗油；うわべだけの熱意；お世辞.

unctuous[ʌ́ŋktʃuəs]油質の；すべすべした；お世辞たっぷりの.

uncut[ʌnkʌ́t]切らない；省略のない，ノーカット；〔宝石が〕まだみがいてない；〔本の〕縁を切りそろえてない.

undaunted[ʌndɔ́ːntid]大胆な；ひるまない.

UNDC 国連軍縮委員会〔< United Nations Disarmament Commission〕.

undecided[ʌndisáidid]決心のついていない；未決の，未定の.

undemocratic 非民主的な.

undeniable[ʌndináiəbl]否認できない；争われない.

under[ʌ́ndər]…の下に，…の下を；…を受けて；…中；…に基づいて，…に従って；未満の〔で〕；〔必要など〕に迫られて／下に；従って／下の；

underbid[ʌndərbíd]〔他よりも〕下値をつける，安く入札する.

underbred[ʌndərbréd]育ちの悪い；しつけの悪い.

underbrush[ʌ́ndərbrʌʃ]下生〔しヾえ〕；やぶ.

underclass (the ~)〔社会の〕底辺，最下層階級.

underclothes[ʌ́ndərklouðz]下着，肌着.

undercover[ʌndəkʌ́vər]秘密の；スパイ活動に携わる.

undercurrent[ʌ́ndərkə:rənt]底流；〔時勢などの〕時流.

undercut[ʌndərkʌ́t]下を切り取る；下をくり抜く；〔他より〕安く売る〔働く〕／[ʌ́ndəkʌt]ヒレ肉；〔伐採する木の倒れる方向につける〕切り込み；〔ゴルフ・テニス〕逆回転打ち.

underdeveloped[ʌndərdivéləpt]発達が十分でない；低開発の〔国・地域〕.

underdog[ʌ́ndərdɔ:g]負け犬；敗北者；下積み.

underdone[ʌndərdʌ́n]生焼けの，生煮えの，半熟の.

underdress[ʌndərdrés]略式すぎる服装をする.

underemployment [ʌndərimplɔ́imənt]不完全就業.

underestimate[ʌndəréstəmeit]安く見積る，低く評価する；軽く見過ぎる／過小評価.

underfoot[ʌndərfút]足の下に；踏みつけて；じゃまになって.

undergarment[ʌ́ndərga:rmənt]下着，肌着.

undergo[ʌndərgóu]受ける；こうむる；経験する；耐える.

undergone[ʌndərgɔ́:n]undergoの過去分詞.

undergraduate[ʌndərgrǽdʒuət]〔学部の〕大学生〔の〕.

underground[ʌ́ndərgraund]地下

の；前衛的 /《英》地下鉄；地下組織；前衛グループ，アングラ/ [ʌndərgráund] 地下に.

undergrowth[ʌ́ndərgrouθ] 下生え，やぶ.

underhand[ʌ́ndərhænd]〔スポーツ〕下手投げ(の) = underhanded.

underhanded[ʌndərhǽndid] 秘密の；うしろ暗い，不正な；人手不足の.

underlay[ʌndərléi] 下に置く〔敷く〕.

underlie[ʌndərlái] …の下にある，下に横たわる；基となる.

underline[ʌ́ndərlain] 下線を引く / 下線.

underling[ʌ́ndərliŋ]〔軽蔑的〕下役，部下.

underlying [ʌ́ndərlaiiŋ] 下にある；基礎をなす，根本的な；内在する，潜在的な.

undermentioned[ʌndərménʃənd] 下記の.

undermine[ʌndərmáin] 下を掘る；徐々に〔ひそかに〕害する.

undermost[ʌ́ndərmoust] 最下(位)の〔に〕，最低の〔に〕.

underneath [ʌndərníːθ] (の) 下に〔へ〕，低く.

undernourished[ʌndərnʌ́riʃt] 栄養不良〔不足〕の.

underpants〔男性用〕パンツ.

underpass[ʌ́ndərpæs]《米》〔他の道路の下などを通る〕地下道.

underpay[ʌndərpéi]〔給料などを〕十分に払わない.

underpin …を下から支える；〔考えなどを〕支持する.

underpinning[ʌ́ndərpiniŋ] 土台，ささえ；(複)《話》足.

underquote[ʌndərkwóut] 他より安値で売る.

underrate[ʌndərréit] 安く見積る；見くびる.

underscore[ʌ́ndərskɔːr] 下に線を引く；強調する / 下線.

undersecretary[ʌ́ndərsekrətəri] 次

官. U- of State《米》国務次官.

undersell[ʌndərsél] より安く売る.

undershirt[ʌ́ndərʃəːrt] 肌着，アンダーシャツ.

underside 下側；裏面，良くない面；(いかがわしい) 裏町.

undersigned[ʌndərsáind] 下記の. (the ~) 署名者.

undersized[ʌ́ndərsáizd] 小形の；標準より小さい.

understand[ʌndərstǽnd] 了解する，理解する；聞いている，察する；解釈する. make oneself understood 自分の意志を通じさせる. **understandable** 理解できる. **understandably** 理解できることだが. **understanding** 理解(力)；了解；同意，申し合わせ / 物分かりのいい，思いやりのある.

understate[ʌndərstéit] 控え目に述べる；少なめに言う. **understatement** 控えめに言うこと；控えめな言葉〔表現〕.

understood[ʌndərstúd] understand の過去・過去分詞.

understudy[ʌ́ndərstʌdi] 代役の稽古をする；代役をする / 代役.

undertake[ʌndərtéik] 引き受ける；企てる，着手する. **undertaker** 請負人；[ʌ́ndərteikər] 葬儀屋. **undertaking** 引き受け；計画；事業；[ʌ́ndəteikiŋ] 葬儀屋〔業〕.

undertaken[ʌndərtéikən] undertake の過去分詞.

undertone[ʌ́ndərtoun] 低音，小声；潜在的要因.

undertook[ʌndərtúk] undertake の過去.

undervalue[ʌndərvǽljuː] 低く評価する；見くびる.

underwater[ʌndərwɔ́ːtər] 水中の；水中に〔を〕.

underway 進行中で；航行中で；旅行中の.

underwear[ʌ́ndərwɛər] 肌着.

underwent[ʌndərwént] undergo の

U

過去.

underwood[ʌ́ndərwud]下生ドえ；叢林，やぶ.

underworld[ʌ́ndəwəːrld]下界；地獄；社会の最下層(暗黒街).

underwrite[ʌ́ndərráit]〔保険証書に〕署名する；保険を付ける；〔株・債券を〕引き受ける；保証する/(海上)海上保険業を営む. **underwriter** 海上保険業者；(債券)引受人. **underwriting** 保険業，海上保険業；(債券)引き受け.

undeserved[ʌndizə́ːrvd]受けるに値しない，不当な. **undeservedly** 副

undesigned[ʌndizáind]故意でない，何気ない.

undesirable[ʌndizáiərəbl]望ましくない.

undeveloped[ʌndivéləpt]未発達の；未開発の.

undid[ʌndíd]undo の過去.

undisclosed[ʌndisklóuzd]公表されていない.

undiscovered[ʌndiskʌ́vərd]未発見の，未知の.

undisguised[ʌndisgáizd]変装しない，ありのままの.

undisputed[ʌndispjúːtid]疑いのない；異議のない.

undisturbed[ʌndistə́ːrbd]乱されない，じゃまの入らない；平静の.

undivided[ʌndiváidid]分けられない；完全な；専念した.

undo[ʌndúː]やり直す，元へもどす；はずす；ほどく；零落させる.

UNDOF 国連兵力引き離し監視軍〔< United Nations Disengagement Observer Force〕.

undone[ʌndʌ́n]undo の過去分詞/してない，でき上がらない，未完成の. leave things ~ ことを放っておく.

undoubted[ʌndáutid]疑いのない，確かな. **undoubtedly** 副

UNDP 国連開発計画〔< United Nations Development Programme〕.

undreamed-of, undreamt-of[ʌndrémtɔf]夢にも見ない，全く予想外の.

undress[ʌndrés](服を)ぬぐ〔ぬがせる〕，裸にする/平服；裸.

undue[ʌndjúː]過度の；不適当な；期限のきていない.

undulant[ʌ́ndʒələnt]波打つ.

undulate[ʌ́ndʒəleit]波打つ；起伏する，うねる/[-lit]波形の；波状の. **undulatory** 波動の；起伏のある. **undulation** 名

unduly[ʌndjúːli]不当に；不正に；はなはだしく.

undying[ʌndáiiŋ]不死の，不滅の.

unearned[ʌnə́ːrnd]労せずして得た；受けるに値しない.

unearth[ʌnə́ːrθ]掘り出す；発見する；暴く.

unearthly[ʌnə́ːrθli]この世のものではない；気味のわるい；《話》途方もない.

uneasy[ʌníːzi]不安な，気にかかる；窮屈な；落ち着かない. **unease** 不安，苦悩，心痛. **uneasily** 副 **uneasiness** 名

uneconomic[ʌnekənɑ́mik]**, uneconomical**[-əl]不経済な；浪費的な.

uneducated[ʌnédʒukeitid]無教育な.

unemployed[ʌnimplɔ́id]失業した；使っていない/(the ~)〔集合〕失業者.

unemployment[ʌnimplɔ́imənt]失業，失職. ~ **benefit** 失業手当. ~ **insurance** 雇用保険.

unending[ʌnéndiŋ]果てしない；永遠の；絶え間ない.

UNEP[júːnep]国連環境計画〔< United Nations Environment Programme〕.

unequal[ʌníːkwəl]等しくない；不公平な；均一でない；不十分な《to》.

unequaled,《英》**unequalled**

[ʌníːkwəld]無比の，とびきりの．

unequivocal あいまいでない，明確な；議論の余地のない．

unerring[ʌnə́ːriŋ, -ə́ːr-]誤りのない；確かな，確実な．**unerringly** 副

UNESCO 国連教育科学文化機関，ユネスコ[< United Nations Educational, Scientific, and Cultural Organization].

uneven[ʌníːvən]平らでない；一様でない，むらのある；奇数の．**unevenly** 副

uneventful[ʌnivéntfəl]無事平穏な；事件のない．

unexampled[ʌnigzǽmpld]前例のない，無比の．

unexceptionable[ʌniksépʃənəbl]非の打ちどころがない，申し分のない，完全な．

unexceptional[ʌniksépʃənəl]例外でない，普通の．

unexpected[ʌnikspéktid]予期しない，意外な．**unexpectedly** 副

unexplained 説明のつかない，不可解な．

unfailing[ʌnféiliŋ]尽きない，絶えない；確かな．

unfair[ʌnféər]不公平な；不正な．**unfairly** 副 **unfairness** 名

unfaithful[ʌnféiθfəl]不忠実な，不貞な；不正確な．**unfaithfully** 副 **unfaithfulness** 名

unfamiliar[ʌnfəmíljər]よく知らない；珍しい，慣れていない．

unfashionable 時代遅れの．

unfasten[ʌnfǽsn]ゆるめる；はずれる；解ける／ゆるむ；はずす，解く．

unfathomable[ʌnfǽðəməbl]測りがたい；底知れぬ；不可解な．

unfavorable,《英》**unfavourable**[ʌnféivərəbl]都合の悪い，不利な；好意的でない．

UNFCCC 国連気候変動枠組 (み) 条約[< United Nations Framework Convention on Climate Change >]. 〜/COP 〜 締約国会議．

unfeeling[ʌnfíːliŋ]無感覚な；冷酷な．**unfeelingly** 副

unfeigned[ʌnféind]偽りのない，真実の．

unfinished[ʌnfíniʃt]仕上がっていない，未完成の；不完全な．

unfit[ʌnfít]不適当な／不適当にする，不向きにする．

unfix[ʌnfíks]はずす，抜く；ゆるめる；動揺させる．

unfledged[ʌnflédʒd]羽のはえそろわない；未熟な．

unflinching[ʌnflíntʃiŋ]ひるまぬ，しりごみしない．

unfold[ʌnfóuld]開く，広げる；表す，示す．

unforeseen[ʌnfɔ́ːrsiːn]不慮の；不測の；意外な．

unforgettable[ʌnfərgétəbl]忘れられない．

unforgivable[ʌnfərgívəbl]許しがたい．**unforgivingly** 副

unfortunate[ʌnfɔ́ːrtʃənət]不運な；不幸な；残念な；不適切な／不幸な人．**unfortunately** 不幸にも；あいにく．

unfounded[ʌnfáundid]理由 (根拠) のない；確立されていない．

UNFPA 国連人口基金[< United Nations Population Fund].

unfriendly[ʌnfréndli]友情のない，不親切な．

unfulfilled 履行されていない；〔希望などが〕実現されていない；力を十分に発揮していない．

unfurl[ʌnfɔ́ːrl]広げる，〔帆・旗などを〕揚げる／揚がる，広がる．

UNGA 国連総会[< United Nations General Assembly].

ungainly[ʌngéinli]見苦しい,不格好な．

ungodly[ʌngɑ́dli]不信心の；邪悪な．

ungovernable[ʌngʌ́vərnəbl]抑制のできない；手に余る．

ungracious[ʌngréiʃəs]不親切な，ぶあいそうな．**ungraciously** 副

ungrammatical[ʌngrəmǽtikəl]文

U

法違反の，非合法的な.

ungrateful[ʌngréitfəl]恩を知らない，忘恩の；いやな.

unguarded[ʌngáːrdid]不注意な；防御のない.

unguent[ʌ́ngwənt]膏5薬，軟膏.

unhallowed[ʌnhǽloud]神聖でない；汚れた，罪深い.

unhappy[ʌnhǽpi]不幸な；悲しい；みじめな；不適当な. **unhappily** 運わるく，不幸にして.

unharmed[ʌnháːrmd]害をうけない；無事な.

UNHCR 国連難民高等弁務官事務所〔< United Nations High Commissioner for Refugees〕.

unhealthful[ʌnhélθfəl]健康によくない，非衛生的な.

unhealthy[ʌnhélθi]不健康な；不健全な.

unheard-of[ʌnháːrdəv]前例のない，前代未聞の.

unheeded[ʌnhíːdid]注目されない；かまわれない.

unhelpful 助けにならない；役に立たない.

unhesitating[ʌnhézəteitiŋ]躊躇ちゅうちょしない，ぐずぐずしない. **unhesitatingly** 圖

unhinge[ʌnhíndʒ]蝶番ちょうばんをはずす；〔心などを〕狂わす.

unhitch[ʌnhítʃ]解き放す，放す.

unholy[ʌnhóuli]神聖でない；《話》恐ろしい.

unhook[ʌnhúk]〔服の〕ホックをはずす，鉤ぎからはずす；鉤がはずれる.

unhurt 損なわれていない，無傷の，害を受けない.

unicameral[juːnikǽmərəl]〔議会が〕一院制の.

UNICEF 国連児童基金，ユニセフ〔< United Nations International Children's Emergency Fund〕.

unicorn[júːnəkɔːrn]〔伝説の〕一角獣.

unidentified 身元不明の；国籍不詳の.

UNIDO 国連工業開発機関，ユニド〔< United Nations Industrial Development Organization〕.

unification[juːnəfikéiʃən]統一；単一化.

uniform[júːnəfɔːrm]一様の，均一の；一定の；揃いの/制服；軍服；ユニフォーム/一様にする；制服を着せる. **uniformly** 一様に，変化なく. **uniformity** 画一性；均等性.

unify[júːnəfai]統一する，一様にする.

unilateral[juːnilǽtərəl]一方だけの；片務的な；単独の. **unilateralism** 単独主義. **unilaterally** 圖

unimaginable[ʌnimǽdʒənəbl]想像のできない；思いもつかない. **unimaginably** 圖

unimaginative[ʌnimǽdʒənətiv]想像力のない.

unimpeachable[ʌnimpíːtʃəbl]非難できない，申し分のない.

unimportant[ʌnimpɔ́ːrtənt]重要でない，取るに足りない.

unimpressed 印象づけられない，感銘を受けない.

unintelligible[ʌnintélidʒəbl]理解しがたい.

unintended[ʌninténdid]故意でない.

unintentional 意図的ではない，わざとではない.

uninteresting[ʌníntərəstiŋ]おもしろくない.

uninterrupted 連続する，とぎれない，絶え間ない.

uninvited[ʌninváitid]差し出がましい；押しかけの.

union[júːnjən]結合，合体；連合；同盟；組合. ~ **catalog** 〔図書館の〕総合目録. **Union Jack** 英国国旗. **unionism** 労働組合主義. **unionist** 労働組合員；労働組合論者.

unique[juːníːk]唯一の；無比の，独特の；珍しい. **uniquely** 副

unisex[júːniseks]〔服装などが〕男女の区別のない.

unisexual[juːnisékʃuəl]〔動・植物が〕単性の；男女両用の.

unison[júːnisn]調和，一致；同音；斉唱，ユニゾン.

unit[júːnit]単一体；単位. 〜 **trust** 《米》単位型投資信託；《英》契約型投資信託.

unitarian[juːnətéəriən]一神論者；(U-) ユニテリアン派(の信者) (プロテスタントの一派).

unitary[júːnəteri]単一の；単位の；中央集権制の.

unite[juːnáit]結合する，合併する；結婚させる；団結させる／合体する；団結する.

united[juːnáitid]結合した，連合した；一致した，団結した. the United Kingdom 連合王国〔英国〕. the United States(of America) アメリカ合衆国. **unitedly** 副

United Arab Emirates アラブ首長国連邦.

United Nations 国際連合〔略 UN, U. N.〕.

unity[júːnəti]単一(性)；一致；統一；調和.

universal[juːnəvə́ːrsəl]全世界の；万人の；普遍の. 〜 **design** ユニバーサルデザイン. 〜 **joint** 自在継手. 〜 **proposition** 全称命題. **universality** 一般性，普遍性. **universally** 広く，一般に.

universalism[juːnəvə́ːrsəlizm]普遍性；普遍主義. **universalist** 普遍主義者；万能の人.

universe[júːnəvəːrs]宇宙；万物；(the 〜) 全世界，全人類.

university[juːnəvə́ːrsəti](総合) 大学.

unjust[ʌndʒʌ́st]不正の，不当な. **unjustly** 副

unjustifiable[ʌndʒʌ́stəfaiəbl]理に合わない，言い訳できない.

unkempt[ʌnkémpt]乱れている；だらしのない；櫛を入れない.

unkind[ʌnkáind] 不 親 切 な. **unkindly** 不親切に〔な〕. **unkindness** 不親切.

unknowable[ʌnnóuəbl]知ることのできない.

unknown[ʌnnóun]知られていない，未知の；無名の／未知の人〔もの〕；〔数学〕未知数.

unlace[ʌnléis]〔靴などの〕ひもを解く〔ゆるめる〕.

unlawful[ʌnlɔ́ːfəl]不法の，違法の. **unlawfully** 副 **unlawfulness** 名

unleaded[ʌnlédid] (ガソリンなどが) 無鉛の；〔活字などが〕ベタ組みの.

unlearned[ʌnlə́ːrnid]無学の，無教育の；[-nd] 習わないで知っている.

unleash[ʌnlíːʃ]〔猟犬の〕皮ひもを解く；解き放つ.

unless[ənlés]もし…しなければ，…でなければ.

unlettered[ʌnlétərd]無学の；文盲の.

unlike[ʌnláik]似ていない，違う. **unlikelihood, unlikeliness** ありそうもないこと.

unlikely ありそうもない；見込みがない.

unlimited[ʌnlímətid]無限の；無制限の.

unload[ʌnlóud]荷をおろす；弾丸〔弾薬〕を抜き取る.

unlock[ʌnlɑ́ːk]錠をあける；開く；打ち明ける／鍵が外れる.

unlooked-for[ʌnlúktfɔːr]予期しない，意外な.

unlucky[ʌnlʌ́ki]不運な；縁起のわるい.

unman[ʌnmǽn]男らしさを失わせる；気をくじく；去勢する.

unmanageable[ʌnmǽnidʒəbl]取り扱いにくい；手にあまる.

U

unmanly[ʌnmǽnli]男らしくない;卑劣な.

unmanned[ʌnmǽnd]無人の;乗組員の乗っていない. ~ **spacecraft** 無人宇宙船.

unmannerly[ʌnmǽnərli]無作法な,粗暴な.

unmarked 傷跡のない;注〔訂正〕のない;気付かれない;無標識の.

unmarried[ʌnmǽrid]未婚の.

unmask[ʌnmǽsk]仮面をぬぐ〔はぐ〕,正体をあらわす〔あばく〕.

unmentionable[ʌnménʃənəbl]口にすべきでない,口に出せない.

unmerciful[ʌnmə́ːrsifəl]無慈悲な,残忍な;途方もない. **unmercifully** 副 **unmercifulness** 名

unmistakable[ʌnmistéikəbl]間違いようのない,明白な. **unmistakably** 副

unmoral[ʌnmɔ́ːrəl]超道徳の;道徳と無関係の.

unmoved 心を動かされない,冷静な;不動の.

unnatural[ʌnnǽtʃərəl]不自然な;異常な;不人情な.

unnecessary[ʌnnésəseri]不必要な,無益な.

unnerve[ʌnnə́ːrv]気力を失わせる. **unnerving** 気力を失わせるような,狼狽させるような.

unnoticed[ʌnnóutist]気付かれない;人目につかない,目立たない.

unnumbered[ʌnnʌ́mbərd]無数の;番号付けのない.

unobserved[ʌnəbzə́ːrvd]守られない;注意されない.

unobtrusive[ʌnəbtrúːsiv]でしゃばらない;遠慮がちな. **unobtrusively** 副 **unobtrusiveness** 名

unoccupied[ʌnákjəpaid]占有されて(てい)ない;仕事をしていない;あいている.

unofficial[ʌnəfíʃəl]公でない,非公式の.

unorthodox 正統でない;異端の.

unpack[ʌnpǽk]包みを開く,荷を解く.

unpaid[ʌnpéid]未払いの,未納の;無給の.

unparalleled[ʌnpǽrəleld]並ぶものがない;類のない.

unpleasant[ʌnplézənt]気に入らない,不愉快な. **unpleasantly** 副 **unpleasantness** 名

unpopular[ʌnpá:pjələr]人望がない,人気がない;不評判の;はやらない. **unpopularity** 名

unprecedented[ʌnprésədəntid]先例のない,空前の.

unpredictable 予言〔予知・予測〕できない(もの).

unprejudiced[ʌnprédʒədist]偏見〔先入観〕のない;公平な.

unpremeditated[ʌnprimédəteitid]あらかじめ考えたのでない,故意でない;前準備のない.

unprepared[ʌnpripéərd]準備のない;〔演説など〕即席の;覚悟のできていない《for》.

unpretentious もったいぶらない,気どらない.

unprincipled[ʌnprínsəpld]無節操な;破廉恥な.

unproductive[ʌnprədʌ́ktiv]非生産的な;収益のない.

unprofitable[ʌnprá:fətəbl]利益がない;役に立たない.

unprotected 保護のない;無防備の.

unpublished 公にされていない;未発表の,未刊の.

unqualified[ʌnkwá:ləfaid]資格のない;不適任な;無条件の;全くの,徹底的な.

unquestionable[ʌnkwéstʃənəbl]疑いのない,確かな.

unquiet[ʌnkwáiət]不穏の;落ち着かない,不安な.

unquote[ʌnkwóut]引用符を閉じる

("…" を quote…unquote と読む).

unravel[ʌnrǽvəl]解く，ほどく；解き明かす.

unreal[ʌnríːəl, -ríːl]実在しない，架空の；不自然な，信じられない. **unreality** 名

unrealistic 非現実的な.

unreasonable[ʌnríːzənəbl]理屈に合わない；無理な.

unrelenting[ʌnriléntiŋ]容赦しない，断固とした；たゆまない.

unreliable[ʌnriláiəbl]信頼できない；あてにならない.

unremitting[ʌnrimítiŋ]絶えまない，根気のいい. **unremittingly** 副

unreserved[ʌnrizə́ːrvd]腹蔵のない；無遠慮な；無条件の；予約してない.

unresolved 未定の，未解決の；決心のつかない.

unrest[ʌnrést]不穏；不安.

unrestrained[ʌnristréind]抑制されない；無制限の；勝手気ままな.

unrestricted 制限されていない，無制限の，自由な.

unrighteous[ʌnráitʃəs]公正でない；不正直な；不当.

unrivaled,《英》**unrivalled** [ʌnráivəld]競争者のない；無敵の.

unruffled[ʌnrʌ́fld]騒ぎたてない，静かな.

unruly[ʌnrúːli]手におえない，気まま，無法な.

UNRWA[ʌ́nrə]国連パレスチナ難民救済事業機関〔< United Nations Relief and Works Agency for Palestine Refugees in the Near East〕.

unsafe 危険な，物騒な；妥当でない.

unsaid[ʌnséd][思っても]言わない，口に出さない. leave ~ 言わずにおく.

unsatisfactory[ʌnsætəsfǽktəri]不満足な，不十分な.

unsavory,《英》unsavoury[ʌnséivəri][道徳的に]かんばしくない；いやな味[におい]の，不快な.

UNSC 国連安全保障理事会〔< United Nations Security Council〕.

unscathed[ʌnskéiðd][肉体的・道徳的に]無傷の.

unscrew[ʌnskrúː]ねじを抜く，はずす；[ねじを]ゆるめる / ゆるむ，抜ける.

unscrupulous[ʌnskrúːpjələs]無遠慮な；無法な.

unseal[ʌnsíːl]封を開く，開封する.

unseasonable[ʌnsíːzənəbl]時候はずれの，時機を得ない.

unseat[ʌnsíːt]落馬させる；[議員の]議席を奪う；退職させる.

unsecured 安全にされていない，保証のない，無担保の.

unseeded [スポーツ]シードされていない；種の蒔かれていない.

unseemly[ʌnsíːmli]不適当な，不似合いな，みっともない.

unseen[ʌnsíːn]目に見えない；見たことのない；初見の.

unselfish[ʌnsélfiʃ]利己的でない；無欲な；わがままでない.

unsettle[ʌnsétl]乱す；動揺させる.

unsettled[ʌnsétld]不安定な；不穏の；未決の.

unsheathe[ʌnʃíːð]さやから抜く，抜き放つ.

unsightly[ʌnsáitli]見苦しい；醜い.

unskilled[ʌnskíld]未熟な；熟練を要しない.

unsociable[ʌnsóuʃəbl]非社交的な；内気な；無愛想な.

unsocial[ʌnsóuʃəl]非社会的な；交際嫌いな.

unsold 売れない，売れ残りの.

unsolicited[ʌnsəlísitid]頼まれない；求められていない.

unsolved 未解決の

unsophisticated[ʌnsəfístikeitid]人ずれしていない；洗練されていない.

U

unsound[ʌnsáund] 健全でない；確実でない；根拠不十分な.

unsparing[ʌnspéəriŋ] 物惜しみしない；容赦しない.

unspeakable[ʌnspíːkəbl] 言うに言われぬ，何とも言われぬ；言語道断な. **unspeakably** 言いようもなく.

unspecified 明示していない；不特定の，詳細不明の.

unspoken 暗黙の；無言の.

unstable[ʌnstéibl] 不安定な；落ち着かない.

unsteady[ʌnstédi] 堅固でない，不安定な；変わりやすい.

unstoppable 止められない.

unstrung[ʌnstráŋ] ゆるんだ；〔神経の〕弱った.

unsubstantial[ʌnsəbstǽnʃəl] 実体〔実質〕のない，見かけばかりの（食物など）；非現実的な.

unsuccessful[ʌnsəksésfəl] 不成功の. **unsuccessfully** 副

unsuitable[ʌnsúːtəbl] 不適当な；不似合いな.

unsuited[ʌnsúːtid] 適さない《for, to》；相いれない.

unsure 自信がない，不確かな.

unsurpassed[ʌnsərpǽst] 陵駕されない；非常にすぐれた.

unsurprising 驚くことではない，意外ではない.

unsuspecting 疑わない，怪しまない.

unswerving[ʌnswǝ́ːrviŋ] それない，外れない；確固たる，不動の.

untaught[ʌntɔ́ːt] 無教育の；自然に学んだ.

untenable 〔議論・論理など〕支持できない，受け入れがたい.

unthinkable[ʌnθíŋkəbl] 考えられない；想像できない.

untidy[ʌntáidi] だらしない；乱雑な.

untie[ʌntái] 〔もつれなどを〕解く，ほどく；解放する.

until[əntíl, ʌn-] …まで，…に至るまで.

untimely[ʌntáimli] 早すぎた；時機を得ない／折り悪しく.

unto[ʌ́ntu, -tuː]《古》＝ to.

untold[ʌntóuld] 話されない；言うに言えない；無数の；莫大な.

untouchable[ʌntʌ́tʃəbl] 触れない；手のとどかない；触れてはならない／〔インドの〕最下層階級.

untouched[ʌntʌ́tʃt] 触れられない；もとのままの；感動しない；論じられない.

untoward[ʌntɔ́ːrd] 不運な；不適当な；面倒な.

untreated 未処理の，治療を受けていない.

untried[ʌntráid] 試みられない；経験のない；《法》未審理の.

untrue[ʌntrúː] 真実でない，偽りの；不誠実な.

untruth[ʌntrúːθ] 虚偽. **untruthful** 虚偽の；不誠実な.

UNU 国連大学〔＜ United Nations University〕.

unused[ʌnjúːzd] 使ったことがない，新品の；[-júːst] 慣れない.

unusual[ʌnjúːʒuəl] 普通でない，異常な，まれな. **unusually** 副 **unusualness** 名

unutterable[ʌnʌ́tərəbl] 言いようのない；全くの.

unvarying[ʌnvéəriiŋ] 不変の，一定の.

unveil[ʌnvéil] ベールを取る；〔正体を〕現す；除幕する.

unwanted 望まれていない，無用の.

unwarranted[ʌnwɔ́ːrəntid] 保証のない；是認されない.

unwelcome[ʌnwélkəm] 歓迎されない，ありがたくない.

unwell[ʌnwél] 不快の，気分のすぐれない.

unwholesome [ʌnhóulsəm] 健康によくない；〔精神的に〕不健全な.

unwieldy[ʌnwíːldi] 扱いにくい，かさばった.

unwilling[ʌnwíliŋ]不承不承の, 不本意の. **unwillingly** 副 **unwillingness** 名

unwind[ʌnwáind]ほどく／ほどける；巻き戻す；〔緊張を〕和らげる.

unwise[ʌnwáiz]知恵のない, 愚かな；不得策な.

unwitting[ʌnwítiŋ]無意識の, 知らず知らずの. **unwittingly** 副

unwonted[ʌnwɔ́:ntid, -wóunt-]異常の, まれな；慣れていない.

unworkable[ʌnwɔ́:rkəbl]運転できない；実行できない.

unworthy[ʌnwɔ́:rði]価値のない；（…するに）足りない；（…に）不似合いの《of》.

unwrap[ʌnrǽp]〔小包などを〕あける, 開く.

unwritten[ʌnrítn]書いてない, 口伝えの. ~ **law** 不文律.

unyielding[ʌnjí:ldiŋ]従わない, 断固とした, 強情な；曲がらない.

up[ʌ́p]上へ；上に；〔どこそこ・だれそれ〕の方へ；至るまで, 及ぶまで；〔身分などに〕相応して, 適して；上って；（…に）精通して；起きて；起こって；終わって；済んで《動詞＋up》；～し尽くを, すっかり…する／上の；〔列車など〕上りの／上り；繁栄. ~ **and down** 行ったり来たり, 往復して. **ups and downs** 盛衰.

up-and-coming 有望な；意欲に満ちた；やり手の.

upbeat アップビート；上向き／楽天的な；陽気な.

upbraid[ʌpbréid]叱る, 非難する《with, for》.

upbringing[ʌ́pbriŋiŋ]養育；教育.

UPC《米》統一商品コード〔＜ Universal Product Code〕.

upcoming[ʌ́pkʌmiŋ]やがてやってくる, 今度の.

upcountry[ʌ́pkʌ́ntri]奥地(の・へ)；内陸(の・へ).

update[ʌpdéit]新しくする；最新のものにする；〔コンピュータ〕アップデートする, 更新する.

up-front 最前列の；前衛の；最新流行の；前払いの；目立つ；率直な.

upgrade[ʌ́pgreid]上り勾配／[ʌ́pgréid]上り勾配の〔に〕/[ʌ̀pgréid]昇格させる；質を良くする；品種改良する.

upgrowth[ʌ́pgróuθ]成長, 発育；発達.

upheaval[ʌphí:vl]押し上げ, 隆起；動乱.

upheld[ʌphéld]uphold の過去・過去分詞.

uphill[ʌphíl]上りの, 上り坂の(道など)；骨の折れる／坂の上へ.

uphold[ʌphóuld]支持する；維持する；賛成する；確認する.

upholster[ʌphóulstər]家具を備えつける；〔いす・ベッドに〕詰め物を入れ布を張る. **upholsterer** 家具商, 家具職. **upholstery** 家具, 室内装飾品.

UPI UPI 通信(米国の大手通信社)〔＜ United Press International〕.

U-Pick 自分でもぐ〔＜ pick-your-own〕.

upkeep[ʌ́pki:p]維持(費).

upland[ʌ́plənd]高地, 高原, 高台.

uplift[ʌplíft]高める；高揚する／[ʌ́plíft]高めること；〔土地の〕隆起；〔知的〕向上. **uplifting** 気持ちを高揚させる.

upmarket 高級品市場向けの〔で〕.

upon[əpɑ́:n, əpɔ́:n, 弱 əpən]＝ on.

upper[ʌ́pər]上の, 上位の. **get(have) the ~ hand of** …に勝つ, …にまさる. ~ **-class** 上流社会の；上級の. **the Upper House** 上院. **uppermost** 最上の, 最高の.

uppish[ʌ́piʃ]高慢な, 生意気な.

uppity[ʌ́pəti]《話》＝ uppish.

upright[ʌ́prait, ʌpráit]直立した, まっすぐな；正しい, 正直な.

uprising[ʌ́praiziŋ]起床；蜂起；反

乱.

uproar[ʌ́prɔːr]大騒ぎ, 騒動. **uproar-ious** 騒がしい；大笑いさせる.

uproot[ʌprúːt]根こそぎにする, 根絶する.

UPS UPS 便(米国の大手宅配便会社)〔< United Parcel Service〕.

upset[ʌpsét]ひっくりかえす〔かえる〕；狂わす；あわてさせる /[ʌ́pset]ひっくりかえった / 転覆；ろうばい；不調.

upshot[ʌ́pʃɑːt]結果, 結論；つまるところ.

upside[ʌ́psaid]上部. ~ **-down** さかさまに；あべこべに；めちゃくちゃに.

upstage[ʌ́pstéidʒ]舞台の奥へ〔で〕/ 舞台の奥の；横柄な /〔舞台で相手役を〕出し抜く；横柄にふるまう.

upstairs[ʌ́pstéərz]2 階に /2 階 /2 階の.

upstart[ʌ́pstɑːrt]成り上がり者；成金.

upstream[ʌ́pstríːm]上流へ〔に〕/ 上流にある, 上流の.

upsurge わき立つ；急増する / 沸き上がり；激増.

uptight[ʌ́ptáit]緊張した；怒った；不安な；文無しの.

up-to-date[ʌ́ptədéit]流行の, 最新の；先端的な.

uptown[ʌ́ptáun]《米》住宅地区, 山の手 /[ʌ́ptaun]山の手の(に・へ).

upturn[ʌ́ptɜːrn]上に向ける；ひっくり返す /[ʌ́ptəːrn]転覆；上昇, 好転.

UPU 万国郵便連合〔< Universal Postal Union〕.

upward[ʌ́pwərd]上向きの；上昇する. **upward(s)** 上に向かって；上部に. …以上(of).

uranium[juəréiniəm]ウラニウム, ウラン.

Uranus[júərənəs, juəréin-]天王星.

urban[ə́ːrbən]都市の, 都会の.

urbane[əːrbéin]都会風の；洗練された；上品な. **urbanity** 名

urbanite[ə́ːrbənait]都市生活者.

urbanize[ə́ːrbənaiz]都会化する. **urbanization** 名

urchin[ə́ːrtʃən]いたずらっ子, わんぱく小僧；ハリネズミ, sea ～ウニ.

Urdu[úərduː]ウルドゥー語(パキスタンの公用語).

urea[juəríːə, júəriə]尿素.

urethane[juərəθein]ウレタン, カルバミン酸エチル.

urge[ə́ːrdʒ]駆り立てる；促す, 迫る；言い張る.

urgency[ə́ːrdʒənsi]緊急(性)；しつこい催促.

urgent[ə́ːrdʒənt]緊急の；切迫した；うるさくせがむ. **urgently** 緊急に；さし迫って；しきりに.

urinal[júərənl]尿器, 小便器；小便所.

urinary[júərəneri]尿の；泌尿(器)の / 小便所. ~ **bladder** 膀胱荒.

urinate[júərəneit]排尿する, 小便する.

urine[júərin]小便, 尿.

urn[ə́ːrn]甕荒, 壺荒；骨壺；墳墓；ポット.

Ursa[ə́ːrsə]~ **Major**(**Minor**) 大(小)くま座.

urticaria[əːrtəkéəriə]じんましん.

Uruguay[júərəgwei]ウルグアイ(東方共和国) (Oriental Republic of Uruguay).

us[弱 əs, s, 強 ʌ́s]われわれを〔に〕.

U.S.(A.), US(A)〔< United States (of America)〕アメリカ合衆国.

usable[júːzəbl]役に立つ, 使用できる.

usage[júːsidʒ, -zidʒ]使用(法)；慣例, 慣習；慣用語法.

usance[júːzns]手形期限, ユーザンス.

use[júːs]使用, 利用；使用権；使用法；効用；慣例, 習慣 /[júːz] 用いる；扱う, 遇する. of no ～ 役に立たない. of ～ 有用で. out of ～ すたれて.

used¹[júːst](…に) 慣れて. be ~ to …に慣れている. get ~ to …に慣れる.

used²《常に次の形で》~ to 常に, …した, もとは…したものだ.

used³[júːzd]使い古した；中古の；くたびれた.

useful[júːsfəl]有用な, 有益な. **usefully** 副

useless[júːsləs]役に立たない, 無益な. **uselessly** 副

user[júːzər]使い手, ユーザー. ~-**friendly**〔使用者にとって〕使いやすい.

usher[ʌʃər]門番；案内人, 取次, 受付／案内する, 取次ぐ.

USN 米海軍〔< United States Navy〕.

USO 米軍慰問協会〔< United Service Organizations〕.

USP, USPharm 米国薬局方〔< United States Pharmacopoeia〕.

USPS 米国郵政公社〔< United States Postal Service〕.

USS 米国海軍艦艇〔< United States Ship〕.

U.S.S.R. 〔< Union of Soviet Socialist Republics〕ソビエト社会主義共和国連邦.

USTR《米》通商代表部〔<（Office of the）United States Trade Representative〕.

usual[júːʒuəl, -júːʒwəl]通例の, 平常の, 例の. as ~ 例の通り. **usually** 通例では, たいてい.

usurer[júːʒərər]高利貸し.

usurious[juːʒúəriəs]高利を貪る；高利（貸し）の.

usurp[juːsə́ːrp]強奪する, 横領する. **usurpation** 名 **usurper** 名

usury[júːʒəri]高利（で金を貸すこと）.

USW 全米鉄鋼労働組合〔< United Steelworkers〕.

UT, Ut ユタ州〔< Utah〕.

UTC 協定世界時〔< Coordinated Universal Time〕.

utensil[juːténsəl]器具, 用具；家庭用道具.

uterine[júːtərən]子宮の；同母異父の.

uterus[júːtərəs]子宮.

utilitarian[juːtilətéəriən]功利的な；功利主義の, 実利主義の／功利論者. **utilitarianism** 功利主義（説）.

utility[juːtíləti]有用；効用；有用物（複）；公益事業（電気・ガス・水道など), ユーティリティー. ~ **program**〔コンピュータ〕(標準)作業用プログラム.

utilize[júːtəlaiz]利用する.

utmost[ʌ́tmoust]最大(限)の, 極度の／極限, 最大限度. to the ~ 及ぶ限り, 極度に.

Utopia[juːtóupiə]理想郷, ユートピア. **Utopian** 理想郷の(住人)；夢想家.

utter¹[ʌ́tər]全くの, 完全な；無条件の. **utterly** 全く. **uttermost** 極限の, 極度の.

utter² 口に出す, 発言する, 述べる；行使する.

utterance[ʌ́tərəns]発言；話しぶり；発話.

U-turn U ターン；180 度の方向転換.

UV 紫外線〔< ultraviolet rays〕.

uvula[júːvjələ]口蓋垂懸壅, のどひこ, のどちんこ. **uvular** 口蓋垂の；口蓋垂音.

uxorious[ʌksɔ́ːriəs]女房孝行の.

Uzbekistan[uzbékəstæn]ウズベキスタン(共和国)(Republic of Uzbekistan).

Uzi[úːzi]ウージー(イスラエル製短機関銃).

V

V〔電気〕ボルト〔< volt(s)〕；ローマ数字の 5.

VA バージニア州〔< Virginia〕；《米》復員軍人援護省〔< U.S. Department

of Veterans Affairs).

Va バージニア州〔< Virginia〕.

vacancy[véikənsi]空虚;空所;すき;欠員, あき.

vacant[véikənt]空虚な;あいている;ぼんやりしている. **vacantly** 副

vacate[véikeit]からにする;引き払う, 立ち退く;〔職を〕退く.

vacation[veikéiʃən, və-]休み, 休暇;立ち退き;辞職 /《米》休暇を取る, 休暇を過ごす.

vaccinate[vǽksəneit]種痘する;予防接種〔注射〕をする. **antivaccination** 反ワクチン(の) (anti-vax (x) とも書く). **vaccination** 名

vaccine[vǽksíːn]痘苗(の);ワクチン(の).

vacillate[vǽsəleit]動揺する, 迷う. **vacillation** 名

vacuity[vækjúːəti]空虚;真空;からっぽ;ぼんやり.

vacuous[vǽkjuəs]空虚な, ぼんやりした. **vacuously** 副

vacuum[vǽkjuəm]真空;空虚 / 電気掃除機をかける. ~ **bottle** 魔法びん. ~ **cleaner** 電気掃除機. ~ **-packed**〔食品が〕真空包装の. ~ **tube(valve)** 真空管.

vagabond[vǽgəbɑːnd]放浪者;無頼漢 / 放浪の, さすらいの.

vagarious[vəgéəriəs]常軌を逸した, 気紛れな;とっぴな.

vagary[véigəri]もの好き, 気まぐれ.

vagina[vədʒáinə]腟;〔植物の〕葉鞘(よう). **vaginal** 形

vagrancy[véigrənsi]放浪;浮浪罪.

vagrant[véigrənt]放浪者;無頼漢 / 放浪の;不安定の;取りとめのない, 気まぐれな.

vague[véig]ぼんやりしている, 曖昧な. **vaguely** 副

vain[véin]空しい, 無益な;自惚する;鼻にかける, 虚栄心の強い. in ~ 空しく, 無益に. **vainly** 空しく.

vainglorious[veinglɔ́ːriəs]自慢する, 虚栄心の強い. **vaingloriously** 副 **vainglory** 名

valance[vǽləns]垂れ布;〔カーテン上部の〕垂れ飾り.

vale[véil]《詩》谷;谷間.

valediction[vælədíkʃən]告別;告別の辞.

valedictory[vælədíktəri]告別の(辞). **valedictorian**《米》卒業生総代(卒業式で告別演説をする).

valentine[vǽləntain]バレンタインの贈り物(贈る相手).

valet[vǽléi]従者;〔ホテルの〕ボーイ / 従者を勤める.

valetudinarian[vælətjuːdənéəriən]病身の, 虚弱の, 健康を気にしすぎる / 病弱者;健康を気にしすぎる人.

valiant[vǽljənt]勇敢な. **valiantly** 副

valid[vǽlid]確実な;根拠のある;有効な. **validly** 副 **validate**〔法律上〕有効にする;確認する. **validity** 正当性, 確実性.

valise[vəlíːs]旅行用手さげかばん.

valley[vǽli]谷;流域.

valorous[vǽlərəs]《文》勇気のある;勇敢な. **valorously** 副

valor, **《英》valour**[vǽlər]《文》勇気.

valuable[vǽljuəbl]高価な, 貴重な /(通例複)貴重品.

valuation[væljuéiʃən]評価;査定価格.

value[vǽlju]価値 / 評価する, 値ぶみする;尊重する. ~ **-added tax** 付加価値税(略 VAT). **valued** 貴重な, 尊重される. **valueless** 価値のない, つまらない.

valve[vǽlv]弁, バルブ;弁膜;〔二枚貝の〕殻;真空管.

vamp¹[vǽmp]〔靴の〕つま皮 /〔靴に〕新しいつま皮をつける;よく見せかける;伴奏を即席につける.

vamp² 妖婦, 男たらし /〔男を〕誘

惑する；妖婦役を演じる.

vampire[vǽmpaiər]吸血鬼；吸血コ
ウモリ；妖婦.

VAN 付加価値通信網，ヴァン〔＜
value-added network〕.

van¹[vǽn]有蓋〔トラック〔貨車〕；バ
ン型乗用車.

van²[vǽn]先鋒；前衛；先駆者.

V&A〔英話〕ビクトリア・アルバート
美術館(ロンドン)〔＜ Victoria and
Albert Museum〕.

vandal[vǽndl]バンダル族（ゲルマン
人の一部族）；野蛮人.
vandalism 文芸の破壊；蛮行.

vane[véin]風見；〔風車などの〕翼，
羽根.

vanguard[vǽngɑːrd]先鋒，前衛；
先導者，先駆者.

vanilla[vənílə]バニラ（の実から取っ
た香料）.

vanish[vǽniʃ]消え失せる，見えなく
なる；〔数学〕ゼロになる.

vanity[vǽnəti]空虚；虚栄(心)，う
ぬぼれ.

vanquish[vǽŋkwiʃ]《文》打ち勝つ，
征服する.

vantage[vǽntidʒ]優越，有利な地位
または条件；〔テニス〕ジュースの後
の1点．~ **point** 見晴らしのきく地
点；(有利な)立場.

vapid[vǽpəd]気の抜けた；活気のな
い，退屈な.

vapor,《英》**vapour**[véipər]湯気，
(水)蒸気；煙霧／蒸発する.

vaporize[véipəraiz]蒸発させる〔す
る〕，気化させる〔する〕.

vaporous[véipərəs]蒸気のような；
蒸気の多い；空想的な.

variable[vέəriəbl]変わりやすい，不
定の，まちまちの／変わりやすいも
のA；〔数学〕変数；変風.

variant[vέəriənt]相違した；異なる，
種々の／変形；変体；異形. **variance**
変動；相違，不一致；〔統計〕変量.

variation[vεəriéiʃən]変化，変動；

変奏曲.

varicose[vǽrəkous]静脈怒張の，静
脈瘤の. **varicosity**[-kásəti]静脈瘤.

varied[vέərid]変化した；種々の，と
りどりの. **variedly**副 **variedness**名

variegated[vέəriəgeitid]雑色の，ま
だらの；変化に富む.

variety[vəráiəti]変化；多様(性)；
種類；《英》寄席演芸.

various[vέəriəs]種々の，変化のある.
variously いろいろに.

varnish[vάːrniʃ]ワニス，ニス／(ワ)
ニスを塗る；みせかける.

varsity[vάːrsəti]《話》university の短
縮；大学；(大学などの)代表チーム.

vary[vέəri]変える；改める；変化をつ
ける／変わる；異なる；それる.

vascular[vǽskjələr]導管〔血管〕
の.

vase[véis, véiz]びん，花びん；水が
め.

vasectomy[vəséktəmi]精管切除
(術).

vassal[vǽsəl]家臣(の)，家来(の)；
奴隷(の).

vast[vǽst]広大な；おびただしい，巨
大な；非常な. **vastly**副

VAT 付加価値税〔＜ value-added
tax〕.

vat[vǽt]大桶樽.

Vatican[vǽtikən](the ~) ローマ法
王庁.

Vatican City バチカン市国(Vatican
City State).

vaudeville[vɔ́ːdəvil, voud-]《米》ボ
ードビル,寄席演芸／《英》軽い喜劇.
vaudevillian 寄席芸人.

vault¹[vɔ́ːlt]アーチ形天井；あなぐら；
地下室. **vaulted** アーチ形天井の(あ
る).

vault²跳ぶ，跳び越す；跳躍する／
跳ぶこと；跳躍.

vaunt[vɔ́ːnt]自慢する／自慢，ほら.

VB ベンチャー・ビジネス〔＜ venture
business〕.

V

VC ボランタリー・チェーン〔＜voluntary chain〕；ベンチャー・キャピタル〔＜venture capital〕.

V-chip Ｖチップ，暴力番組阻止用半導体〔＜violence〕.

VCR ビデオデッキ〔＜videocassette recorder〕.

VD 性病〔＜venereal disease〕.

V-Day 戦勝記念日〔＜Victory Day〕.

VDT ビデオ表示端末〔＜video display terminal〕.

VDU ビデオディスプレイ装置〔＜video display unit〕.

veal[víːl]子牛の肉.

veep[víːp]《英語》＝ vice-president.

veer[víər]方向を変える；方向が変わる／方向転換.

veg[védʒ]＝ vegetable.

vegan[víːgn] 絶対菜食主義者(卵・チーズもとらない).

vegetable[védʒətəbl]植物(の)；野菜(の)；植物人間.

vegetarian[vedʒətéəriən]菜食主義者／菜食の.

vegetate[védʒəteit]〔植物のように〕生長する；〔いぼなどが〕増殖する；無為に暮らす. **vegetation**〔集合的に〕植物，草木，植生；無為徒食. **vegetative** 生長する；植物の；植物的な.

veggie[védʒi]野菜；菜食主義者.

vehement[víːəmənt]激しい；熱心な，熱烈な. **vehemently** 副 **vehemence, vehemency** 名

vehicle[víːəkl]乗物，車；媒介物，手段.

veil[véil]ベール；おおい，とばり；口実，かこつけ／〔ベールで〕おおう；隠す，さえぎる. **veiled** ベールで覆われた(隠された)；はっきりしない.

vein[véin]静脈；血管；脈，筋；木目，石目；気質；気分.

velar[víːlər]軟口蓋音(音)の.

vellum[véləm]子牛(羊)皮紙，上等皮紙；模造皮紙.

velocity[vəláːsəti]速さ；速度，速力.

velour(s)[vəlúər]ベロア(ビロードの類).

velvet[vélvət]ベルベット，ビロード. **velveteen** ベッチン(綿ビロード). **velvety** ビロードのような，手ざわりのよい.

venal[víːnl]買収しやすい，金銭ずくの. **venality** 名

vend[vénd]売る. **vending machine** 自動販売機. **vender,vendor**〔球場等の〕売り子，行商人；自動販売機.

vendetta[vendétə]〔2家族間の〕相互復讐；あだ討ち.

veneer[vəníər]〔ベニヤ板などをつくる〕薄板；化粧板；虚飾／化粧板をかぶせる；外観を繕う.

venerable[vénərəbl]尊敬すべき／…師；導師.

venerate[vénəreit]尊ぶ，敬う. **veneration** 名

venereal[vəníəriəl]性交による；性病の. ～ **disease** 性病(略VD).

Venetian[vəníːʃən]ベニス(Venice) の(人). ～ **blind** 板すだれ；ブラインド.

Venezuela[venəzwéilə] ベネズエラ(・ボリバル共和国)(Bolivarian Republic of Venezuela).

vengeance[véndʒəns]復讐.

vengeful[véndʒfl]復讐心にとらわれた.

venial[víːniəl]許しうる，軽い(罪・過失など).

venison[vénəsn]シカの肉.

venom[vénəm]〔蛇などの〕毒液；悪意，うらみ. **venomous** 毒のある；悪意に満ちた.

vent[vént]穴；通風孔；出口；はけ口／出口(はけ口) を与える／発散する. give ～ to〔怒りなど〕を発する，を漏らす.

ventilate[véntəleit]風を通す，換気する；世論に問う. **ventilation** 名 **ventilator** 通風機，送風機，通風孔.

ventricle[véntrikl]室；脳室；心室.

ventriloquism[ventríləkwizm]腹話術. **ventriloquist** 腹話術師.

venture[véntʃər]冒険；投機；ベンチャー(ビジネス)／危険を冒す，冒険する；賭ゖする. **joint ～** 合弁事業. **venturesome** 冒険的な；大胆な；危険な.

venue[vénju:]開催地；裁判管轄区域；《話》集合地；予定地.

Venus[víːnəs]〔ローマ神話〕ビーナス(愛と美との女神)；金星.

veracious[vəréiʃəs]真実の；誠実な，正直な. **veraciously** 副

veracity[vəræsəti]真実，誠実，正直.

veranda, verandah[vərǽndə]ベランダ，縁側.

verb[vɚːrb]〔文法〕動詞.

verbal[vɚːrbəl]言葉の；口頭の；逐語的な／動詞の. **verbally** 副

verbalize[vɚːrbəlaiz]言葉で表す；動詞化する／言葉が多過ぎる；冗長である.

verbatim[vɚːrbéitəm]逐語的な〔に〕，一語一語(通りに).

verbena[vɚːrbíːnə]ビショウザクラ.

verbiage[vɚːrbiidʒ]冗長.

verbose[vɚːrbóus]冗長な，くどい. **verbosity** 名

verdant[vɚːrdnt]青々としている；うぶな，未熟な. **verdancy** 名

verdict[vɚːrdikt]判決，評決；判断，意見.

verdigris[vɚːrdəgriːs]緑青ゖゖ.

verdure[vɚːrdʒər]新緑，青々とした草木.

verge[vɚːrdʒ]縁，際ゖ；限界／近づく，接する；傾く. **on the ～ of** …に瀕ゖして，…に臨んで

verify[vérəfai]確認する，立証する，実証する. **verification** 名

verily[vérəli]《古》真に，実に.

verisimilitude[verəsimílitjuːd]真実らしさ.

veritable[vérətəbl]真実の，ほんとうの.

verity[vérəti]真実；真理.

vermicelli[vɚːrmətʃéli]バーミセリ(パスタの一種，スパゲッティより細い).

vermilion[vɚːrmíljən]朱(の)；朱色(の).

vermin[vɚːrmən]害虫；害獣，害鳥；人間のくず. **verminous** 虫のわいた；虫のために生じた；虫けら同然の.

vermouth[vɚːrmúːθ]ベルモット(酒).

vernacular[vɚːnǽkjələr]その土地特有の／方言. **～ newspaper** 地元紙.

vernal[vɚːrnl]春の；青春の. **～ equinox** 春分.

verruca[verúːkə]いぼ；いぼ状突起.

versatile[vɚːrsətl, -tail]融通のきく；多才の；変わりやすい. **versatility** 名

verse[vɚːrs]韻文；詩；詩句，詩節.

versed[vɚːrst]熟達した，精通した《in》.

versification[vɚːrsəfəkéiʃən]詩作；作詩法.

versify[vɚːrsəfai]詩を作る／詩に作る；韻文に直す.

version[vɚːrʒən, -ʃən]版，別形；解釈；翻訳.

versus[vɚːrsəs]～対…〔略 v. または vs.〕

vertebra[vɚːrtəbrə]椎ゖ骨，脊ゖ椎. **vertebral** 形

vertebrate[vɚːrtəbrət, -breit]脊ゖ椎のある／脊椎動物.

vertex[vɚːrteks]頂点，頭頂. 天頂.

vertical[vɚːrtikəl]縦の，垂直の／垂直線，垂直面.

vertiginous[vɚːrtídʒənəs]眩暈ゖゖがする(ような).

vertigo[vɚːrtigou]眩暈ゖゖ.

verve[vɚːrv]熱情；活気.

very[véri]非常に，大層，なかなか／

真の, その, 全くの.

vesper[véspər](**V-**) 宵の明星；(複) 夕べの祈り.

vespertine[véspərtin] 夕方の；夕咲きの；薄暮性の.

vessel[vésəl] 容器(おけ・つぼ・わんなど)；船；道管, 脈管.

vest[vést]《米》チョッキ, ベスト；袖なしの下着；着せる；〔財産・権力などを〕授ける. ~ **-pocket** 小型の. **vested interest** 特権；既得権団体.

vestal[véstl] 炉の女神ベスタ(Vesta)の；処女(の).

vestibule[véstəbju:l] 玄関；《米》〔客車の〕連廊, デッキ.

vestige[véstidʒ] 形跡, 痕跡；〔否定語を伴って〕ほんの少しも(~ない). **vestigial** 形

vestment[véstmənt] 礼服；法服；祭服.

vestry[véstri]〔教会の〕聖具室；教区会.

vestryman 教区委員.

vet[vét]《話》獣医 /〔動物を〕診療する；検査する.

vetch[vétʃ] カラスノエンドウ.

veteran[vétərən] 老巧な, 老練な / 老練者, ベテラン；《米》退役〔在郷〕軍人. **Veterans Day** 復員軍人の日(米国の休日, 10月第4日曜).

veterinarian[vetərənéəriən]《米》獣医.

veterinary[vétərəneri] 獣医の / 獣医.

veto[ví:tou] 拒否(権) / 否認する, 拒否する.

vex[véks] 困らせる；怒らせる；じらす. **vexed** 困った；いらいらした；激論される. **vexation** 心痛, 当惑, むしゃくしゃ.

vexatious[vekséiʃəs] わずらわしい, やっかいな, じれったい. **vexatiously** 副

VFR 有視界飛行方式〔< visual flight rules〕.

VG〔< very good〕.

VHF 超短波〔< very high frequency〕.

VHS ビデオカセットの規格の一つ〔< Video Home System〕.

VHSIC 超高速集積回路〔< very high speed integrated circuit〕.

via[váiə, ví:ə]…を経て, … 経由.

viable[váiəbl] 生育しうる；実行できる.

viaduct[váiədʌkt] 高架橋〔道〕；陸橋.

vial[váiəl] ガラスびん；水薬びん.

viand[váiənd] 食品；(複) 食物, 食料.

vibrant[váibrənt] 震動する；ひびき渡る；きらめく.

vibraphone[váibrəfoun] ビブラフォン (マリンバに似た楽器).

vibrate[váibreit] 振動する〔させる〕；感動する〔させる〕, 振り動かす. **vibration** 名

vicar[víkər] 教区牧師；代理. **vicarage** 牧師館.

vicarious[vaikéəriəs] 代理の；身代わりの.

vice-[váis-]『副…, 代理…, 次…』の意の接頭辞.

vice[váis] 悪徳；欠点；悪弊.

viceroy[váisrɔi] 総督, 太守.

vice versa[váisə vá:rsə]《L》反対に, 逆もまた同様.

vicinage[vísənidʒ] 近所, 近接.

vicinity[visínəti] 接近；近所, 付近.

vicious[víʃəs] 悪徳の；悪意のある；欠点〔誤り〕のある. ~ **circle**(**spiral**) 悪循環.

vicissitude[vəsísətju:d] 変遷；盛衰.

victim[víktim] 犠牲(者)；被害者.

victimize[víktimaiz] 犠牲に供する；苦します.

victor[víktər] 勝利者.

Victorian[viktɔ́:riən] ビクトリア朝(風)の.

victorious[viktɔ́:riəs] 勝った, 勝利

の.

victory[víktəri] 勝利.

victual[vítl] (複) 食糧；食品 / 食糧を供給する〔入手する〕. **victual(l)er** 食糧供給者；従軍商人.

videlicet[vidéləsit] すなわち〔略 viz.〕.

video[vídiou] 映像；ビデオ(レコーダー)；《米》テレビ.

vie[vái] 競う，争う，張り合う.

Vienna[viénə] ウィーン. **Viennese** [vi:əníːz] ウイーン(風)の；ウィーン人.

Vietnam[vietnáːm] ベトナム(社会主義共和国) (Socialist Republic of Vietnam).

view[vjúː] 観察；視界；眺望；光景；見解，意見；見込み / 見る，ながめる；視察する. in ~ of …を考えて，…の点から見て. with a ~ to …する目的で，ねらって. **viewer** 見る人；テレビの視聴者；ビューアー，ファインダー. **viewless** [目に見えない；見晴らしのよくない；意見のない.

viewpoint 見地，見解.

vigil[vídʒəl] 徹夜；寝ずの番；警戒.

vigilance[vídʒələns] 寝ずの番；用心，警戒. **vigilant** 寝ずの番をする；用心深い；油断のない. **vigilante** 自警団員.

vignette[vinjét] 本の章頭〔末尾〕の小飾り模様；背景をぼかした半身像の写真；スケッチ文.

vigor, 《英》**vigour**[vígər] 精力，元気；気力，勢い.

vigorous[vígərəs] 精力的な，元気のよい；力強い. **vigorously** 力強く.

Viking[váikiŋ] 8～10 世紀ごろの北欧海賊；米の火星無人探査機.

vile[váil] 卑しい，下品な；いまわしい，実にいやな.

vilify[víləfai] 悪口を言う；そしる；中傷する.

villa[vílə] 別荘；郊外住宅.

village[vílidʒ] 村. **villager** 村民.

villain[vílən] 悪漢. **villainous** 悪

辣ぅな；ひどい. **villainy** 極悪；悪事.

vim[vím]《話》精力，活力，元気.

vindicate[víndəkeit]〔疑いなどを〕晴らす；擁護する，弁護する. **vindication** 名 **vindicative** 形

vindictive[vindíktiv] 復讐心のある；執念深い.

vine[váin] ブドウの木；ツルのある植物の総称.

vinegar[vínəgər] 酢，食酢. **vinegary** 酢のような，すっぱい.

vineyard[vínjərd] ブドウ園.

vino[víːnou]《俗》ワイン.

vintage[víntidʒ] ブドウの収穫(期)；〔一期の〕ブドウ収穫量；〔…年度ものの〕製品.

vinyl[váinl] ビニール基；ビニール.

viola[vióulə] ビオラ.

violate[váiəleit] 犯す，背く；汚す；《文》強姦する. **violation** 違反，侵害；暴行；強姦.

violence[váiələns] 猛烈，激しさ;暴行；冒涜ぅ.

violent[váiələnt] 激しい，乱暴な；暴力による. **violently** 副

violet[váiələt] スミレ；すみれ色 / すみれ色の.

violin[vaiəlín] バイオリン. **violinist** バイオリン奏者.

violoncello[vaiələntʃélou] チェロ.

VIP, V.I.P.[víːaipíː] 重要人物.〔< very important person〕

viper[váipər] 毒蛇；悪者.

virago[vəráːgou] がみがみ女，口やかましい女.

viral[váirəl] ウイルス(性) の.

virgin[və́ːrdʒən] 処女；童貞；(V-) 乙女座 / 処女の；清い，新しい，手のつかない. **the V-Mary** 聖母マリア. **virginal** 処女の；処女らしい. **virginity** 処女たること；純潔.

Virgo[və́ːrgou] 乙女座；処女宮.

virgule[və́ːrgjuːl] 斜線文字〔/〕.

viridescent[viridésnt] 淡緑色の，緑

V

がかった.

virile[víərəl]男性の；男らしい；生殖力のある.

virility[viríləti]男らしさ；生殖力；力強さ.

virtual[vɚːrtʃuəl]実質上の，事実上の．**~ Private Network (VPN)** ビーピー・エヌ，ボー・ピー・エヌ．**~ reality** バーチャルリアリティー，仮想現実．**~ YouTuber** V チューバー．**virtually** 副

virtue[vɚːrtʃuː]徳；貞操；長所；ききめ．by[in] ~ of …によって，…の力で．

virtuoso[vɚːrtʃuóusou]美術品愛好家；〔音楽の〕巨匠，大家．

virtuous[vɚːrtʃuəs]高潔な；貞淑な.

virulent[vírjələnt]猛毒のある；悪意ある；〔病気が〕悪性の．**virulence** 名

virus[váirəs]ウイルス，ビールス．

visa[víːzə]〔旅券の〕査証，ビザ／査証すること；ビザを与える．

visage[vízidʒ]《文》顔，顔だち.

vis-à-vis[vìːzəvíː]《F》向き合って／…の向かいに，…と相対して．

viscera[vísərə]内臓．

viscosity[viskásəti]粘性；粘着性.

viscount[váikaunt]子爵.

viscous[vískəs]粘着する，ねばりけのある．

vise[váis]万力(で締める).

visible[vízəbl]目に見える；顕著な，明白な．**visibility** 視界，**visibly** 副

vision[víʒən]視力；視覚；洞察力；未来像，ビジョン.

visionary[víʒəneri]空想にふける；架空の／空想家.

visit[vízət]訪問する；見舞う；参詣する；巡視する；〔病が〕冒す；襲う／訪問；見舞い；参詣；見物；巡視．**visitant** 訪問者；渡り鳥，**visiting** 訪問の；巡回の．**visiting day** 面会日；接客日.

visitation[vizətéiʃən]視察，巡視，臨検；天罰；災い；《話》長居.

visitor[vízətər]来訪者；見舞客；滞

在者；来遊者；(複) 来訪チーム.

visor[váizər]〔帽子の〕まびさし；〔車の〕サンバイザー；〔かぶとの〕面頬.

vista[vístə]〔並木道などの間の〕見通し，通景；回想.

VISTA(新興国の) ビスタ(ベトナム，インドネシア，南アフリカ，トルコ，アルゼンチンの頭文字).

visual[víʒuəl]視覚の；目に見える；有視界の．**visualize** 見えるようにする；心に描く．**visually** 視覚的に.

vital[váitl]生命の；生死にかかわる，致命的な；重要な．**vitally** 生命にかかわるように；致命的に；きわめて．**vitals** 生命中枢器官；急所，核心.

vitality[vaitǽləti]活力，生命力；正気.

vitalize[váitəlaiz]活力をつける；元気づける.

vitamin[váitəmin, vít-]ビタミン.

vitiate[víʃieit]損なう；汚す，汚染する；無効にする.

vitreous[vítriəs]ガラスの，ガラスのような，ガラス質の.

vitriol[vítriəl]硫酸；硫酸塩；皮肉，辛辣な批評.

vituperate[vaitjúːpəreit]酷評する．**vituperation** 名 **vituperative** 形

viva[víːvə]《I》万歳／万歳の叫び.

vivacious[vivéiʃəs]快活な，陽気な.

viva voce[váivə vóusi]口頭で／口頭試問.

vivid[vívid]鮮やかな；生き生きした；真に迫った．**vividly** 副

vivify[vívəfai]生き生きさせる，活気づける.

viviparous[vaivípərəs]胎生の.

vivisection[vivəsékʃən]生体解剖.

vixen[víksn]雌ギツネ；口やかましい女，がみがみ女.

viz.[víz]すなわち〔< videlicet・普通 namely と読む〕.

VJ ビデオジョッキー〔< video jockey〕.

V-J〔VJ〕Day (第二次大戦の)対日戦勝記念日〔< Victory over Japan〕.

V

VLF 超長波〔< very low frequency〕.

VLSI 超 LSI (超大規模集積回路)〔< Very large-scale integration〕.

VOA ボイス・オブ・アメリカ(米国国営短波放送)〔< Voice of America〕.

vocab[voukǽb] = vocabulary.

vocabulary[voukǽbjəleri]語彙；用語範囲.

vocal[vóukəl]声の；発声の，口頭の；有声の；声楽の. ~ **cords** 声帯. **vocalist** 声楽家. **vocalize** 声に出す，発音する；有声にする. **vocally** 副

vocation[voukéiʃən]職業；神命；天職. **vocational** 職業(上) の.

vocative[vá:kətiv]〔文法〕呼格の，呼びかけの / 呼格.

vociferate[vousífəreit]大声で叫ぶ，わめく. **vociferous** 大声で叫ぶ，やかましい.

VOD ビデオ・オン・デマンド(見たいときに見たい映像を配信するシステム)〔< video on demand〕.

vodka[vá:dkə]ウオッカ(酒).

vogue[vóug]流行；人気. be in ~ はやっている.

voice[vóis]声；音声；発言権；意見；発声力；お告げ；〔文法〕態 / 声に出す；言う；〔オルガンのパイプを〕調律する；有声化する. **voiced** 有声の. **voiceless** 無言の；無声の.

void[vóid]空の，空虚な；欠けている《of》；無効の / 空所；空虚(感)；真空 / からにする；排せつする；無効にする.

vol.〔< volcano；volume；volunteer〕.

volatile[vá:lətl, vɔ́lətəil]揮発性の；快活な；気まぐれな；一時的な；激しやすい. ~ **oil** 揮発油.

volcanic[va:lkǽnik]火山(性) の，火山作用による；激しい.

volcano[va:lkéinou]火山.

vole[vóul]ハタネズミ.

volition[voulíʃən]意志力. **volitional** 意志の；意欲的な.

volley[vá:li]一斉射撃；連発；〔球技〕ボレー / 一斉射撃する；〔球技〕ボレーで打ち返す.

volleyball バレーボール.

volt[vóult]ボルト.

voltage[vóultidʒ]電圧(量)，ボルト数.

voltaic[va:ltéiik]流電気の.

volte-face[vɔ:ltfá:s]方向転換；〔態度などの〕転向.

voltmeter 電圧計.

voluble[vá:ljəbl]流暢な，口達者の. **volubility** 名 **volubly** とうとう，ペラペラと.

volume[vá:lju:m]書物；巻，冊；体積；容積；音量.

voluminous[vəlú:mənəs]巻数が多い；著書の多い；かさばる；音量の豊かな.

voluntary[vá:lənteri]自発的な；志願の；故意の / 自発的行為；〔教会の礼拝式における〕オルガン独奏(曲). **voluntarily** 自発的に.

volunteer[va:ləntíər]志願者，ボランティア；義勇兵 / 志願の，有志の；自発的な / 自ら進んで…する / 義勇兵となる.

voluptuary[vəlʌ́ptʃueri]酒色にふける(人).

voluptuous[vəlʌ́ptʃuəs]官能的な；肉感的な.

vomit[vá:mit]嘔吐する《up》；〔悪口などを〕吐く；噴出する / 吐物，ヘど.

voodoo[vú:du:]《米》ブードゥー教(のまじない師). ~ **economics** ブードゥー経済学.

voracious[vɔ:réiʃəs]がつがつ食う；貪欲な. **voraciously** がつがつと. **voracity** 名

vortex[vɔ́:rteks]渦巻き，旋風.

votary[vóutəri]信者；崇拝者.

vote[vóut]投票(権) / 投票する《for，against》;投票して決する，可決する. ~ **of confidence** 信任投票；支持表

明. ～ **of no confidence** 不信任投票；
不支持表明. **voter** 投票者，選挙人；
有権者. **voting** 投票，選挙.

votive[vóutiv] 祈願の；〔祈願のため〕
奉納した.

vouch[váutʃ] 証明する；保証する；断
言する.

voucher[váutʃər] 保証人；証拠物件
〔書類〕；領収書. **school** ～《米》学
校券.

vouchsafe[vautʃséif] 与える，賜わる，
…してくれる.

vow[váu] 誓い／神に誓う；誓約する；
断言する.

vowel[váuəl] 母音；母音字／母音の.

voyage[vóiidʒ] 航海；航行；〔長期の〕
旅行／航行〔旅行〕する. **voyager** 航
行〔旅行〕者；(V-) ボイジャー(無人
探査機).

voyeur[vwɑːjə́ːr]のぞき屋(変質者の一
種).

VP 副社長〔大統領・会長・頭取〕〔<
Vice President〕.

VR バーチャル・リアリティ，仮想現
実〔< virtual reality〕.

VRS 画像応答システム〔< video
response system〕；ワクチン接種記
録システム〔< vaccination record
system〕.

VS《英》獣医〔< Veterinary
Surgeon〕.

vs.[<〔L〕versus(= against)]〔訴訟・
競技などで〕対.

VSO ブランデーの 12-17 年もの〔<
very superior old〕.

VSOP ブランデーの 18-25 年もの〔<
very superior old pale〕.

V/STOL[víːstɔːl] 垂直／短距離離着
陸〔< vertical or short takeoff and
landing〕.

VT, Vt バーモント州〔< Vermont〕.

VTOL[víːtɔːl] 垂直離着陸〔<
vertical takeoff and landing〕.

VTR ビデオテープレコーダー〔<
videotape recorder〕.

vulcanize[vʌ́lkənaiz]〔生ゴムを〕加
硫する..

vulgar[vʌ́lgər]庶民の；俗な；下品な.
vulgarian 俗物，成り上がり者.
vulgarism 野卑(な言葉). **vulgarity**
俗悪，野卑(な言動). **vulgarize** 俗
化する；下品にする. **vulgarly** 副

vulnerable[vʌ́lnərəbl]傷つけられや
すい；非難をうけやすい，弱味のある.
vulnerability 名

vulture[vʌ́ltʃər] ハゲワシ；コンドル；
ハゲタカ；強欲漢. ～ **fund** ハゲタカ
・ファンド.

vulva[vʌ́lvə] 陰門，〔女性の〕外陰.

VX 神経ガス.

vying[váiiŋ] vie の現在分詞.

W

W〔単位〕ワット〔< watt(s)〕.

w/〔< with〕.

WA ワシントン州〔< Washington〕；西オ
ーストラリア州〔< Western Australia〕.

wabble[wɑ́ːbl]= wobble.

WA ワールドアスレティックス (2019 年に
IAAF より改名)〔< World Athletics〕.

WAC, Wac《米》婦人陸軍部隊〔<
Women's Army Corps〕.

wacky[wǽki]《米話》風変わりな，
頭のおかしい，変な.

wad[wɑ́ːd] 小塊；詰め物；束／詰め
綿を入れる. **wadding** 詰め物.

WADA 世界アンチドーピング機構〔<
World Anti-Doping Agency〕.

waddle[wɑ́ːdl]よちよち歩く(こと).

wade[wéid]歩いて渡る. **wader** 渉禽
類(ツル・サギなど).

wadi[wɑ́ːdi] ワジ(砂漠地帯で雨期以
外には水の流れない川)，から谷.

WAF, Waf《米》婦人空軍部隊〔<
Women in the Air Force〕.

wafer[wéifər]ウエハース；オブラー
ト.

waffle¹[wɑ́ːfl] ワッフル(菓子の一
種).

waffle² むだ口(をたたく).

waft[wǽft]吹き送る, 漂わせる；漂う／漂う香り；一吹きの風.

wag[wǽg]〔尾などを〕振る, 振り動かす／揺れる／揺り動かし；ひょうきん者. **waggery** 滑稽, いたずら. **waggish** 滑稽な；おどけた.

wage[wéidʒ](通例複)賃金；報酬／〔戦争などを〕する, 行う. ～ **earner** 賃金生活者.

wager[wéidʒər]賭け物；賭け金／賭ける.

waggle[wǽgl]振る, 揺り動かす／揺れ動く.

wagon,《英》**waggon**[wǽgən]荷馬車；《英》無蓋貨車；《米》駅馬車；パン型自動車.

wagtail[wǽgteil]セキレイ.

waif[wéif]放浪者；浮浪児；宿無しの動物.

wail[wéil]号泣する；嘆く／号泣；嘆き.

wainscot[wéinskət]羽目板, 腰板, 腰羽目.

waist[wéist]胴のくびれた部分；腰；ウエスト.

waistcoat[wéskət, wéiskout]《英》チョッキ.

waistline 胴回り.

wait[wéit]待つ／《話》遅らす／待つこと. ～ **for** を待つ. ～ **on**(upon)に仕える；に給仕する；…に伴う. lay [lie in] ～ **for** …を待ち伏せする. **waiter** 給仕人. **waitress**[-ris] 給仕女, 女給.

waiting[wéitiŋ] 待つこと；待ち時間. ～ **list** キャンセル待ち名簿；補欠人名簿. ～ **room** 待合室.

waive[wéiv]放棄する, 差し控える.

wake¹[wéik]目がさめる；《文》生き返る／起こす／通夜. **wakeful** 眠られぬ；眠らない；油断のない；目ざとい.

wake² 航跡；通った跡. in the ～ **of** の跡を追って.

waken[wéikən]目がさめる／目をさまさせる.

walk[wɔ́ːk]歩く／歩かせる／歩み；歩行距離；散歩；散歩道. take a ～ 散歩する. ～ **-on** せりふのない端役. ～ **-up** エレベーターのない. **walker** 歩行者；歩く鳥；歩行器, 車椅子.

walking[wɔ́ːkiŋ]歩行／歩行用の. ～ **dictionary** 生き字引, 物知り. ～ **stick** ステッキ.

walkout《話》ストライキ.

walkway 通路；歩道.

wall[wɔ́ːl]壁, 塀／壁〔塀〕で囲む；城壁をめぐらす；壁でふさぐ. ～ **-to-** ～ 床一面の, 敷きつめの. **Wall Street** ウォール街(ニューヨークの金融業の中心地)；米国金融市場. **walled** 壁〔塀〕に囲まれた.

wallet[wɑ́lit]財布／〔巡礼・乞食などの〕合切袋.

wallflower ニオイアラセイトウ／《話》壁の花(舞踏会で相手のない女性).

wallop[wɑ́ləp]なぐる；やっつける／強打, パンチ；《米》スリル.

wallow[wɑ́lou]〔ぬかるみや不潔物のなかを〕ころげまわる；〔ぜいたくなどに〕耽る. ～ **in money** うなるほど金がある.

wallpaper 壁紙.

walnut[wɔ́ːlnʌt, -nət]クルミ(の木)；クルミ材.

walrus[wɔ́ːlrəs]セイウチ.

waltz[wɔ́ːlts]ワルツ(を踊る).

wan[wɑ́n]青ざめた；力のない. **wanly** 副 **wanness** 名

WAN 広域通信網〔< wide area network〕.

wand[wɑ́nd]棒；指揮棒；〔魔法使いの〕杖.

wander[wɑ́ndər]放浪する；さまよう；横道にそれる；〔話・考えなどが〕とりとめがない. **wanderer** 放浪者.

wane[wéin]衰退, 減少；〔月の〕欠け／小さくなる；衰える；〔月が〕欠

ける. on the ～ 衰えかけて.

wangle[wǽŋgl]《俗》〔話を〕細工する；策略で手に入れる.

wanna[wάːnə]《米俗》want to の短縮.

want[wάːnt, wɔ́ːnt]欲する, ほしい；欠けている；入用である, 必要である / 欠乏する, 不足する / 欠乏, 不足；必要；困窮；貧乏；必要物, 欲求物.

wanting[wάːntiŋ, wɔ́ːnt-]足りない, 欠けている；達していない /…を除いて；…がなくては.

wanton[wάːntən]多情な；ふざける, 戯れる / 浮気者.

war[wɔ́ːr]戦争 / 戦う. at ～ 交戦中で. ～ **cry** ときの声；〔政党の〕標語. **warlike** 戦いの；好戦的な.

warble[wɔ́ːrbl]さえずる / さえずり；さえずる鳥；さえずるように歌う人.

ward[wɔ́ːrd]病室；監房；…区；見張り；被後見人 / よける, 防ぐ《off》. **warden** 刑務所長；教区委員. **warder** 看守, 番人.

-ward, -wards[-wərd(z)]「…の方へ」の意の接尾辞.

wardrobe 洋服だんす；持ち衣装.

ware[wέər]品物；(複) 商品.

warfare 戦争.

warhead 弾頭.

warehouse 倉庫.

warlord 地方の軍隊勢力の長；将軍.

warm[wɔ́ːrm]暖かい；熱烈な / 暖める, 暖まる. **warming-up** 暖める；準備運動する. **warmly** 副

warrmonger 戦争屋.

warmth[wɔ́ːrmθ]温暖；暖かさ, 温情；熱心.

warn[wɔ́ːrn]警告する；予告する.

warning[wɔ́ːrniŋ]警告, 警報 / 警告の.

warp[wɔ́ːrp]反らせる, 反る；ゆがめる, ゆがむ / 反り；ゆがみ；常態からの逸脱, ワープ.

warplane 軍用機.

warrant[wɔ́ːrənt]正当な理由, 根拠；

権能；保証；委任状；逮捕状；差し押さえ状；免状；証書；下士辞令 / 保証する；是認する. **warrantee** 被保証人. **warrantor** 保証人. **warranty** 保証；担保.

warren[wɔ́ːrən]養兎と場；人口過密な地区.

warring 交戦中の.

warrior[wɔ́ːriər]勇士, 戦士, 武人.

warship 軍艦.

wart[wɔ́ːrt](木の) こぶ；いぼ. **warty** いぼの(ような)；いぼのある.

wartime 戦時.

wary[wέəri]用心深い《of》；慎重な.

was[弱 wəz, 強 wάz, wɑːz]be の1人称および3人称・単数の過去.

wash[wάʃ, wɔ́ːʃ]洗う, 洗濯する；〔波が〕打ち寄せる / 洗浄, 洗濯；洗濯物；洗剤. **washed-out** 色のあせた, 洗いざらしの；疲れ果てた, 元気のない. **washed-up**《話》しくじった, だめになった. **washable** 洗濯がきく. **washer** 洗濯人；洗濯機.

washbasin, washbowl 洗面器 (台).

washcloth ふきん；《米》洗面タオル.

washing 洗濯；洗濯物. ～ **machine** 洗濯機

Washington[wάʃiŋtən, wɔ́ːʃ-]ワシントン(米国の首都；米国北西部の州). ～ **'s Birthday** 米国の祝日(2月第3月曜).

washroom《米》洗面所.

washy[wάʃi, wɔ́ːʃi]水っぽい, 風味のない, 薄い；弱々しい.

WASP[wάːsp]《＜ White Anglo-Saxon Protestant〕英国系白人新教徒の米国人.

wasp[wάːsp]スズメバチ；気むずかし屋. **waspish** 細腰の；怒りっぽい.

wassail[wάːsəl, wɔ́ːséil]酒宴(をする)；健康を祝して乾杯する.

wastage[wéistidʒ]損耗(高)；損失(高).

waste[wéist]廃物の；余計な；荒れ

果てた／むだにする，浪費する；衰えさせる／消耗する；衰える／消耗する；廃物；荒れ野．**～ pipe** 排水管．**wasteful** 浪費する；むだな．

wastebasket《米》くずかご．

wasteland 不毛の地；荒れ地．

wastepaper ほご紙，紙くず；不用書類．

wastepaper basket くずかご．

wastrel[wéistrəl]浪費者；ろくでなし．

watch[wάtʃ]注意；見張り；用心，警戒；夜番，当直；番人；懐中(腕)時計／注意する；見張る／番をする；油断せずに待つ；警戒する；寝ずに看病する．**keep(a) ～** 当直する；見張りする．**off ～** 非番で．**on the ～** 見張って．**on ～** 当番で．**watcher** 番人．**watchful** 用心深い．

watchdog 番犬．

watchmaker 時計製造人；時計屋．

watchman 番人．

watchtower 望楼．

watchword 合い言葉；標語．

water[wɔ́ːtər, wάt-]水；(複) 海，川，湖；鉱泉；潮位；〔宝石の〕光沢度；〔織物の〕波紋；水増し資本／水をかける，水をまく；水に浸す；水を飲ませる；給水する；灌漑（かんがい）する／涙が出る；よだれが出る；給水される；水を飲む．**～ bird** 水鳥．**～ closet**(水洗)便所．**～ lily** スイレン．**waterpower** 水力．**～ supply** 給水．**watering place** 〔牛馬の〕水飲み場；温泉場；海水浴場．**watering hole**[おだけて]バー，ナイトクラブ．**watery** 水の；水っぽい，薄い，涙ぐんだ．

watercolo(u)r 水彩絵の具；水彩画．

watercress オランダガラシ，クレソン．

watered-down 水で割って薄めた；弱めた．

waterfall 滝，爆布．

waterfowl 水鳥．

waterfront 海岸の土地；波止場地区；河岸．

waterline 喫水線．

watermelon スイカ．

waterproof 防水の．

watershed 川の流れを分ける所；分水界；重要な分岐点．

watertight 防水の．

waterway 水路；運河．

watt[wάt]ワット(電力の単位)．

wattle[wάtl]網代（あじろ）組み，枝編み；〔鶏・七面鳥などの〕肉垂れ．**～ and daub**[編み技細工に粘土を塗りつけた]泥壁．

wave[wéiv]波／うねる，ひるがえる；波立たせる；振り動かす．

wavelength 波長．

wavelet[wéivlət]さざ波．

waver[wéivər]揺れる；〔炎などが〕ゆらめく；動揺する．

wavy[wéivi]波立つ；うねった，波状の．

wax[wǽks](みつ)ろう，ワックス／ろうを塗る．**waxen** ろう製の；ろうのような．

wax[月が]満ちる；増大する．

way[wéi]道；方向；道のり；習慣；方法，手段．**all the ～**ずっと；道々．**by the ～** ついでに．**by ～ of…** として；を通って；…のつもりで．**give ～** 道を譲る；負ける；屈する．**go a long ～** 大いに役立つ；have one's ～ 思い通りにする．**in a ～** やや．**in no ～** 決して…ない．**in the ～** じゃまになって；…の点で．**make one's ～**〔困難な道を〕進む．**make ～** 譲る．**on the ～** 途中で；進行中で．**out of the ～** 妨げとならないように；離れて，異常な．**under ～** 進行中で．**～ in** 入口．**～ out** 出口．**ways and means** 手段；歳入；財源．

wayfarer《文》旅人．

waylay 待ち伏せする．

wayside 路傍．

wayward[wéiwərd]わがままな；強情な；気まぐれな．

WBA 世界ボクシング協会〔< World

W

Boxing Association〕.

WBC 世界ボクシング評議会〔＜World Boxing Council〕.

WC《英》トイレ〔＜water closet〕.

W/D 洗濯機と乾燥機〔＜washer and dryer〕.

we[wíː, 弱 wi]われわれ, 私たち.

WEA 労働者教育協会〔＜Workers' Educational Association〕.

weak[wíːk]弱い, 病身な；薄弱な. ~ **-kneed** 弱腰の, 優柔不断な. ~ **-minded** 気の弱い；低能な. **weaken** 弱める；弱まる. **weakling** 病身の人. **weakly** 弱く；〔体が〕弱い. **weakness** 弱いこと, 弱点.

wealth[wélθ]富；富裕；豊富. **wealthy** 富んでいる, 豊富な.

wean[wíːn]乳離れさせる；徐々に引き離す.

weapon[wépən]武器. **weaponry** 兵器類；造兵学.

wear[wéər]着ている, かぶっている；帯びている, すりへらす, 使い古す；弱らせる／堪える, もつ；すり切れる；経過する／着用/使用；着古し, もち；衣類. ~ **away** 段々にへらす〔弱る〕. ~ **down** 弱らせる；〔反対者を〕圧倒する. ~ **off** すりへらす；なくなる；衰える. ~ **on**〔時が〕たつ. ~ **out** 使い損じる；着つぶす；じりじりなくす；弱らせる. ~ **and tear** すりきれた, いたみ, 摩滅. **wearer** 着用者.

weary[wíəri]疲れた；退屈な；飽きた《of》／疲れ(させ)る；うんざりする〔させる〕；飽きる. **wearily** 圓 **weariness** 图 **wearisome** 飽き飽きする, 退屈な.

weasel[wíːzəl]イタチ.

weather[wéðər]天気；時候／風上の／風雨にさらす；風を通す；風化する；〔風雨などを〕切り抜ける. ~ **-beaten** 風雨にさらされた. ~ **-forecast** 天気予報. ~ **vane** 風見. ~ **-wise** 天気をよくあてる.

weathercock 風見.

weatherglass 晴雨計.

weatherman 天気予報係.

weatherproof 風雨に耐える.

weave[wíːv]織る；仕組む；縫うようにして進む. **weaver** 織り手, 織工.

web[wéb]クモの巣；織物；仕組み；(W-) (ワールドワイド) ウェブ(＝www)；水かき；羽弁. ~ **-footed** 足に水かきのある.

WEC 世界エネルギー会議〔＜World Energy Council〕.

Wed. 水曜日〔＜Wednesday〕.

wed[wéd]結婚する. **wedded** 結婚した；固執した《to》.

wedding[wédiŋ] 結婚(式). ~ **ring** 結婚指輪.

wedge[wédʒ]くさび／くさびで割る；くさびで止める；割り込む.

wedlock 結婚生活.

Wednesday[wénzdei, -di]水曜日〔略 Wed., W.〕.

wee[wíː]小さい, ちっぽけな.

weed[wíːd]雑草；《口》マリファナ；ひ弱な人・動物／草取りをする；取り除く《out》. **weedy** 雑草の多い.

week[wíːk]週.

weekday 週日.

weekend 週末.

weekly[wíːkli]1週間の；週1回の, 毎週の／毎週／週刊誌.

weenie[wíːni]《米話》ウィンナソーセージ.

weep[wíːp]涙を流す；〔水滴を〕たらす／泣く, 嘆く. **weeping fig** ベンジャミン. **weeping willow** シダレヤナギ.

weevil[wíːvl]コクゾウムシ.

weft[wéft]横糸.

weigh[wéi]重さを計る；目方が…ある；苦しめる《on》；重要である《with》；熟思する.

weight[wéit]重み, 重量, 目方, 衡量；おもり, 分銅；重要性／重くする；重荷を負わせる. ~ **-out**《米》容量ごまかし. **weightless** 重量のない；無重力の. **weighty** 重い；重要な；有力

な.

weir[wíər]〔水車用などの〕堰（せき）, ダム；〔魚をとる〕簗（やな）.

weird[wíərd]不思議な；気味のわるい；《話》奇妙な.

weirdie[wíərdi],**weirdo**[wíərdou]《話》変わり者.

welcome[wélkəm]歓迎される；喜ばしい / 歓迎 / 歓迎する. be ~ to 自由に…してよい.You are ~. ようこそ；どういたしまして.

weld[wéld]溶接する〔される〕；結合する〔される〕/ 溶接（点）.

welfare[wélfɛər]幸福；福祉（事業）. the ~ state 福祉国家.

well¹[wél]うまく；申し分なく；適切に；十分に / 都合のよい；健康である, 丈夫である / まあ；さあ；そうさね. as ~ もまた；同様に. as ~ as… のほかに；…も同様に. ~ off 何不自由ない. ~ then それなら, では. ~ -balanced バランスのとれた. ~ -being 幸福. ~ -bred 育ちのよい. ~ -done〔肉が〕よく焼けた. ~ -dressed 身なりのよい. ~ -established 地位を確立した；定着した. ~ -formed 形の良い. ~ -informed 情報に通じた. -known 有名な. ~ -meaning 善意の. ~ -off 順調な. うまくいっている. ~ -paid 割のよい；給与が高い. ~ -to-do 裕福な.

well²井戸；泉；源泉；吹抜け / わき出る.

wellborn 生まれのよい.

wellhead 水源.

wellspring 水源；源泉.

Welsh[wélʃ]英国ウェールズ（Wales）の / ウェールズ人〔語〕. ~ man ウェールズ人.

welt[wélt]むち打ち；みみず腫れ / したたかに打つ；みみず腫れにする.

welter[wéltər]ころげまわる, のたうつ；うねる / ころげまわること；混乱.

welterweight[wéltərweit]〔ボクシング・レスリングの〕ウェルター級.

wench[wéntʃ]娘.

went[wént]go の過去.

wept[wépt]weep の過去・過去分詞.

were[弱 wər, 強 wə́ːr]be の過去・直説法複数・仮定法単数・複数. as it ~ 言わば, あたかも.

west[wést]西；西部；(W-) 西洋；(W-)《米》西部地方 / 西の. the West Indies 西インド諸島. **westward** 西方の；西へ. **westwards** 西へ.

westerly[wéstərli]西へ〔の〕；西から〔の〕/ 西風.

western[wéstərn]西の；(W-)〔特に米国の〕西部の；(W-) 西洋の. **westerner** 西方に住む人；西部の人；西洋の人.

westernize[wéstərnaiz]西欧化する.

West Indian 西インド諸島の（人）.

wet[wét]ぬれた；雨の；雨降りの；《米話》禁酒していない / 湿り, 湿気；雨 / ぬらす, ぬれる. ~ blanket 座を白けさせる人. ~ dream 夢精. ~ nurse 乳母.

wetback《米話》メキシコから米国への密入国農業労働者.

wetlands 湿地帯.

WEU 西欧同盟〔< Western European Union〕.

WFC 世界食糧理事会（国連）〔< World Food Council〕.

W-4《米》被雇用者源泉課税控除票.

WFP 世界食糧計画（国連）〔< World Food Programme〕.

wetted[wét]wet の過去・過去分詞.

whack[hwǽk]《話》ぴしゃりと打つ, たたく / 殴打；《俗》分け前.

whale[hwéil]クジラ, 鯨 / 鯨を捕える. **whaler** 捕鯨者, 捕鯨船. **whaling** 捕鯨.

whalebone 鯨のひげ.

whammy[hwǽmi]《米話》〔にらまれると災いがくる〕悪魔の目；ジンク

ス.

wharf[hwɔ́:rf]波止場. **wharfage** 波止場使用（料金）.

what[hwʌ́t, hwάt, 弱 hwət]〔疑問詞〕何, どんなもの；何物；いくら, どの位；〔関係詞〕ところのもの；こと／〔疑問詞〕どんな, 何の；どんなに；何という；〔関係詞〕ところの, すべての. What for? どうして. ～ if …? …ならどうなるだろう；…だってかまうものか. ～ is more その上. ～ though …? …だってかまうものか.

whatever[hwʌtévər]どんな…でも.

whatnot[hwʌ́tnɑ:t, hwάt-]《話》何やかや；飾り棚.

whatsoever どんな…でも.

wheat[hwí:t]小麦. ～ **germ** 麦芽. **wheaten** 小麦の, 小麦製の.

wheatmeal 全粒粉.

wheedle[hwí:dl]口車にのせる, まきあげる.

wheel[hwí:l]輪；車輪；《話》自転車；紡ぎ車；ハンドル；舵輪；（複）機構, 組織／車を動かす, 車で運ぶ；旋回させる〔する〕；ぐるりと向きを変える.

wheelbarrow 一輪車, 手押し車.

wheelchair〔病人用の〕車いす.

wheeze[hwí:z]ぜいぜいいう音；陳腐な冗談／ぜいぜい言う, ぜいぜい話す. **wheezzy** ぜいぜいいう.

whelk[hwélk]エゾバイ貝.

whelp[hwélp]犬の子；いたずら小僧／〔犬やライオンが〕子を産む.

when[hwən]〔疑問詞〕いつ；〔関係詞〕…するところの（時）／〔…する〕時に；…のに. **whenever** いつでも, …するたびに.

whence[hwéns]どこから；どうして.

where[hwéər]〔疑問詞〕どこに, どこへ；〔関係詞〕…するところの（場所）；…する場所に. **wherever** 一体どこに；どこでも.

whereabouts どの辺に；ゆくえ, 居所.

whereas であるから；のに.

whereby によって；何によって.

wherefore 何ゆえに／理由.

wherein どこに；その点で.

whereon 何の上に；その上に.

wheresoever どこでも.

whereupon それゆえに, そこで；その上に.

wherewith それをもって；何をもって.

wherewithal 必要な資金.

wherry[hwéri]一人乗り競技用小型ボート；渡し舟.

whet[hwét]研ぐ；刺激する；〔食欲を〕そそる.

whetstone 砥石.

whether[hwéðər]（であるか）どうか；…であろうとなかろうと；いずれにしても. ～ **or not**〔no〕いやでも応でも, どちらにしても.

whey[hwéi]乳漿〔ﾆﾕｳｼﾖｳ〕, ホエー.

which[hwítʃ]〔疑問詞〕どれ, どちら；〔関係詞〕（…する）ところの／〔疑問詞〕どちらの. **whichever** どちらでも.

whiff[hwíf]〔煙などを〕一吹き吹く；ぷんと匂う／一吹き；たばこの一服；かすかに漂う香り.

whiffle[hwífl]〔風が〕そっと吹く, 風向きが変わる；〔考えなどが〕あれこれ変わる.

Whig[hwíg]《英》民権党員；《米》独立党員.

while[hwáil]しばらくの間／〔時を〕ぶらぶら過ごす《away》／（…している）間中；…とともに. after a ～ しばらくして. all this ～ この長い間. in a little ～ じきに, 間もなく.

whim[hwím]出来心, 気まぐれ.

whimper[hwímpər]しくしく泣く（声）；くんくんいう（声）.

whimsey, whimsy[hwímzi]風変わりな考え, 気まぐれ.

whimsical[hwímzikəl]気まぐれな, 風変わりな.

whine[hwáin]泣き声；泣きごと, ぐ

ち／哀れな声を出す；泣きごとを言う．

whinge[hwíndʒ] 泣き言（を言う）．

whinny[hwíni] ひひん（馬のいななき）／〔馬が〕いななく．

whip[hwíp] 鞭；打つ；打ち負かす；〔卵などを〕あわだてる；御者；政党の院内幹事．~ off 脱ぎすてる．~ out 急に引き出す；突然叫ぶ．~ up 刺激する；励ます．

whippersnapper[hwípərsnæpər] 生意気なやつ．

whir, whirr[hwə́:r] ひゅうという音；ぶんぶん回る音／ひゅうと飛ぶ；ぶんぶん回る．

whirl[hwə́:rl] ぐるぐる回る〔回す〕；目が回る／回転, 旋回；混乱．

whirligig[hwə́:rligig] 独楽；回転木馬．

whirlpool 渦, 渦巻き．

whirlwind 旋風．

whisk[hwísk] 小箒；一掃き, 一払い；泡だて器／さっと隠れる／払いのける；さっと持って行く．

whisker[hwískər] ひげ,（複）頬髯．**whiskered** 頬髯のある．

whiskey, whisky[hwíski] ウイスキー．

whisper[hwíspər] 囁く；ひそひそ話をする；さらさら音をたてる／囁き；噂；陰口．

whist[hwíst] ホイスト（トランプ遊び）／しっ！静かに！

whistle[hwísl] 口笛を吹く；ピューと鳴る；汽笛を鳴らす／口笛；ピューという音；汽笛；呼び子, ホイッスル．~ -stop〔米〕田舎町への選挙運動での立寄り．~ -blowing 内部告発．

whit[hwít]〔否定文で〕少しも（…ない）．

white[hwáit] 白い／白色の；白人の；青白い；潔白な；汚れのない；《米話》信用のおける／白色；白衣；白人；〔卵の〕白身．~ -collar 事務職の．~ -paper 白紙；政府の公式報告書，

白書．the White House ホワイトハウス（米国大統領官邸）．**whiten** 白くする〔なる〕．**whiting** 白亜, 胡粉．**whitish** やや白い；白っぽい．**whiteness** 名

Whitehall ロンドンの官庁街；英国政府．

white lie 罪のないうそ．

whitewash 水しっくい；ごまかし（策）；うわべの飾り／水しっくいを塗る；ごまかす；うわべを飾る；〔野球〕完封する．

whitlow[hwítlou] ひょうそ．

Whitsunday[hwítsʌndei, -di] 聖霊降誕祭（復活祭後の第7日曜日）．

whittle[hwítl] 削る；削って作る；削減する《down, away》．

whiz, whizz[hwíz]〔音〕ひょう, びゅう／ひゅうと鳴る〔飛ぶ〕．

WHO 世界保健機関（< World Health Organization）．

who[hu:]〔疑問詞〕だれ, どんな人；〔関係詞〕（…する）ところの；そしてその人は．~ dun(n)it《俗》推理小説；スリラー映画．**whoever, whosoever** だれでも（…する）ものは；だれが（…しよう）とも．**who's who** だれがだれかを；名士録．

whole[hóul] 全体の；完全な；まる…／全体, 全部．as a ~ 全体から見て．on the ~ 概して, 要するに．**wholeness** 名

wholehearted 真心のこもった．

wholemeal《英》全粒粉の〔で作った〕．

wholesale 卸売りの〔で〕；大規模な；大量の／卸売り（する）．

wholesome 健康によい；健全な, 有益な．

wholly[hóulli] 全く, 完全に．

whom[hú:m] who の目的格．

whoop[hú:p] 叫ぶ；〔百日咳で〕ぜえぜえいう／ほうほう；ぜえぜえ．**whooping cough** 百日咳．

whop[hwá:p]《俗》ぴしっと打つ；負

かす／ぴしっと打つこと〔音〕；どしんと倒れること〔音〕. **whopper** 途方もなく大きいもの；大うそ.

whore[hɔ́ːr]売春婦.

whorl[hwɔ́ːrl]渦巻；輪生.

whose[húːz]who または which の所有格.

why[hwái]なぜ／おや，まあ；もちろん；では.

WI ウィスコンシン州〔< Wisconsin〕.

wick[wík]〔ランプ・ろうそくなどの〕芯.

wicked[wíkid]悪い，悪意のある；不正な；不快な. **wickedly** 副 **wickedness** 名

wicker[wíkər]〔柳の〕小枝；枝編み細工／枝で編んで作った，枝編み細工の.

wickerwork 枝編み細工.

wicket[wíkit]小門，くぐり門；小窓；窓口；〔クリケットの〕三柱門.

wide[wáid]広い；はずれた，それた／広く；はずれて，それて. ～ **-angle** 広角の（レンズなど）. ～ **-awake** すっかり目をさました；油断のない. ～ **-eyed** 目を大きく見開いた. ～ **-ranging** 広範囲にわたる. **widely** 広く；広範囲に；大いに.

widen[wáidn]広くする〔なる〕.

widespread 普及した，はびこった.

widow[wídou]未亡人；やもめ／未亡人にする. **widower** 男やもめ. **widowhood** やもめ暮らし.

width[wídθ, wítθ]広さ；幅.

wield[wíːld]ふるう；使う；支配する.

wife[wáif]妻. **wifely** 妻の，妻らしい.

wig[wíg]鬘〔の〕／《米》大興奮する〔させる〕.《英》叱りつける. **wigged** 鬘をかぶった.

wiggle[wígl]うごめく；くねくね動かす／うごめき.

wigwag[wígwæg]手旗信号（をする）；振る；揺れる.

wigwam[wígwɑːm]インディアンの小屋.

wild[wáild]野生の；人の住まない；未開の；乱暴な，むちゃな；熱狂的な／荒野；野生の状態／むちゃくちゃに. **wildcat** 山猫；乱暴者／むちゃな（計画）；無鉄砲な. **wildcat strike** 山猫争議. **wildlife** 野生生物. **wildly** 荒々しく；でたらめに；むやみに. **wildness** 野生；野蛮；狂乱.

wilderness[wíldərnəs]荒野；はてしもない広がり.

wile[wáil]（通例複）たくらみ，手管／だます，誘い込む.

wilful[wílfəl]故意の；わがままな；がんこな.

will[wəl, əl, 弱 l, 強 wíl]〔意志未来，主格が1人称のとき〕します；〔単純未来，主格が2人称・3人称のとき〕でしょう；〔意志未来，疑問文で主格が2人称のとき〕しませんか，してくださいませんか；〔単純未来，疑問文で主格が3人称のとき〕でしょうか／意志；命令；意向，願い；遺言状；遺言／決意する；望む；意志の力でさせる；遺言で与える. of one's own free ～ 自分から進んで. ～ **-o'-the-wisp** 鬼火，きつね火. ～ **power** 意志力. **willful** = wilful.

willies[wíliz]《話》おじけ.

willing[wíliŋ]進んで；喜んで…する. **willingly** 喜んで.

willow[wílou]柳；柳材. **willowy** しなやかな；すらっとした.

willy-nilly[wíliníli]いやでも応でも.

wilt[wílt]しぼむ，しおれる／しぼませる.

wily[wáili]たくらみのある，ずるい.

WIMAX ワイマックス〔< Worldwide Interoperability for Microwave Access〕.

wimp[wímp]《話》意気地なし；弱虫.

wimple[wímpl]〔修道女がかぶる〕頭巾／頭巾をかぶせる.

win[wín]勝つ；望みを遂げる；〔努力して〕…になる／勝ち取る；得る；

到達する;説き伏せる《over》/ 勝利.

wince[wíns]ひるむ / たじろぎ.

winch[wíntʃ]巻上げ機, ウインチ.

wind¹[wínd]風;息, 呼吸;風 / 風を通す;嗅ぎつける;息を切らせる;息をつがせる. get ～ of …をかぎつける. in the ～ 風上に;〔密かに〕準備されて. take ～ 世間に知れる. ～-swept 吹きさらしの.

wind²[wáind]巻く, 巻きつける;回す;うねる;巻きつく / 巻くこと;うねり. ～ up 巻き上げる;結末をつける;〔会社を〕解散する.

wind³ 吹き鳴らす, 奏する.

windbag《話》おしゃべりな人.

windbreaker 風よけジャンパー.

windfall 風で落ちた果実;棚からぼたもち.

winding[wáindiŋ]巻きつく;曲りくねった;らせん状の. ～ sheet 屍衣.

wind instrument 管楽器.

windmill 風車.

window[wíndou]窓. ～ dressing 店頭装飾;粉飾決算の. ～ frame 窓わく. ～-shop ウインドーショッピングする. ～ sill 窓じきい. **Windows** マイクロソフトのOSソフト.

windowpane 窓ガラス.

windpipe 気管.

windscreen, windshield 風防ガラス, フロントガラス.

windup[wáindʌp]終結;〔投手の〕ワインドアップ.

windward[wíndwərd]風上(の)/ 風上へ.

windy[wíndi]風の吹く;風の強い;風の当たる;ほら吹きの.

wine[wáin]ワイン. in ～ 酒に酔って.

winery[wáinəri]ワイン醸造所.

wineskin ワイン用皮袋.

wing[wíŋ]翼;羽;翼の形のもの;側面;翼 / 飛ぶ;飛ばす;翼〔腕〕を傷つける. under the ～ of …の保護の下に. **winged** 翼のある;飛べる;高速な;崇高な.

wink[wíŋk]まばたき;目くばせ / まばたきする;目くばせする;見て見ぬふりをする《at》. in a ～ またたく間に.

winker[wíŋkər]〔車の〕点滅灯;馬の目隠し.

winner[wínər]勝利者, 勝ち馬.

winning[wíniŋ]勝利を得る;心を引きつける / 勝利;(複)賞金, 賞品. ～ post 決勝点.

winnow[wínou]〔もみ殻を〕吹き分ける;選別する.

wino[wáinou]《俗》アル中.

winsome[wínsəm]愛嬌のある;快活な.

winter[wíntər]冬;晩年;〔老人の〕歳 / 冬を過ごす〔させる〕. ～ solstice 〔天文〕冬至点.

wintry[wíntri]冬のような;荒涼とした;冷淡な.

wipe[wáip]ふく;拭う;消す / ふくこと. **wiper** ぬぐう人〔もの〕, ふきん, 雑巾, …ふき;〔車などの〕ワイパー;〔電気〕接触子;〔機械〕タペット, カム.

wipeout 他の電波による受信妨害;《話》大破, 完敗, 疲労困憊;《俗》転倒.

WIPO 世界知的所有権機関, ワイポ〔< World Intellectual Property Organization〕.

wire[wáiər]針金;電線;電報;金網 / 針金でしばる;配線する;針金に通す;電報を打つ. **wiring**〔電気の〕配線;架線. **wiry** 針金の(ような);やせ型で強じんな.

wireless[wáiərləs]無線通信;《英》ラジオ / 無線の.

wirepuller あやつり人形師;黒幕.

wiretap 電話盗聴器;盗聴する.

Wis(c) ウィスコンシン州〔< Wisconsin〕.

wisdom[wízdəm]知恵. ～ tooth 親しらず(歯).

wise[wáiz]賢明な;気づく;分からせる. **wisely** 副

W

wiseacre[wáizeikər] 賢人ぶる人.

wisecrack[wáizkræk] 気の利いた〔辛辣[ならつ]な〕ものいい(をする);洒落(をいう).

wish[wíʃ] 願い / 願う, 欲する, …したいと思う.

wishbone, wishing bone〔鳥の胸の〕暢思骨[ちょうしこつ] (二またになっている骨. これを2人で引き合い, 長い方をとると願い事がかなうという).

wishful[wíʃfəl] 願う, 望んでいる;欲しそうな. ～ **thinking** 希望的観測.

wisp[wísp]〔乾草などの〕小束;小さなもの〔人〕;鬼火.

wisteria[wistíəriə] フジ.

wistful[wístfəl] 物欲しそうな;思いに沈んだ.

wit[wít] 理知;機知, 機転;才人;(複)知能;判断力, 正気. at one's ～'s end 途方に暮れて. to ～ すなわち.

witch[wítʃ] 女魔法使い, 魔女;鬼婆;妖婦 / 魔法をかける;魅惑する. ～ **hunt** 魔女狩り. **witchery** 魔法;妖術;魅力. **witching** 魔力のある;魅惑的な.

witchcraft 魔法, 妖術.

with[wíð, wíθ]…とともに;…をもって;…のために;…を有する, …のある;…においては;…を携えて, …を持って;…しながら.

withal[wiðɔ́:l]《古》その上, さらに /…で, をもって.

withdraw[wiðdrɔ́:, wiθ-] 引っ込める;撤回する, 取り消す;退く. **withdrawal** 撤回, 取り消し;引き上げ.

withdrawn[wiðdrɔ́:n, wiθ-] withdraw の過去分詞 / 人里離れた;内向的な;非社交的な.

withdrew[wiðdrú:] withdraw の過去.

wither[wíðər] しぼむ〔ませる〕;しおれる〔させる〕;枯れる〔らす〕;衰える〔させる〕.

withheld[wiðhéld] withhold の過去・過去分詞.

withhold[wiðhóuld, wiθ-] 与えずにおく;制する, 控える.

within[wiðín, wiθ-]…の内に, 以内に / 内に;室内に;心中に / 部内.～ **oneself** 心の中で.

without[wiðáut, wiθ-]…の外に;なしに, せずに / 屋外に, 戸外に / 外部.

withstand[wiðstǽnd, wiθ-] 抵抗する, 耐える.

withstood[wiðstúd] withstand の過去・過去分詞.

witless[wítlis] 知恵のない;愚かな.

witness[wítnəs] 証拠;目撃者;証人 / 目撃する;証言する;証人として署名する;立証する. in ～ of …の証拠として. ～ **-box**《主に英》, ～ **stand**〔法廷の〕証人席. **earwitness** 聴聞証人.

witticism[wítəsizm] 名言, 洒落.

wittingly[wítiŋli] 知りながら, 故意に, わざと.

witty[wíti] うまいことを言う;うがった, 気のきいた.

wives[wáivz] wife の複数.

wizard[wízərd]〔男の〕魔法使い;《話》名人.

wizen, wizened[wízn, wíznd] やせこけた;しなびた.

wk 週〔< week〕;労働〔< work〕.

WM 白人男性〔< white male〕.

WMD 大量破壊兵器〔< weapons of mass destruction〕.

WMO 世界気象機構〔< World Meteorological Organization〕.

WNW 西北西(の)〔< west-north-west〕.

WO《米》准尉, 準士官〔< Warrant Officer〕.

wobble[wá:bl] よろよろする, ぐらつく / ぐらつき;動揺. **wobbly** よろろ〔ぐらぐら〕する, 不安定な.

woe[wóu] 悲しみ, 苦悩;災い. **woeful** 悲しい, 痛ましい.

wok[wá:k] 中華鍋.

woke[wóuk]wake の過去.

woken[wóukən]wake の過去分詞.

wold[would]〔木のない〕高原，原野，はげ山.

wolf[wúlf]オオカミ／がつがつ食う．cry ～ 嘘を言って人を驚かす．**wolfish** 狼のような；残忍な.

wolfram[wúlfrəm]タングステン(tungsten).

wolverine[wulvərí:n]クズリ.

woman[wúmən]女．～ **suffrage** 婦人参政権．**womanhood** 女性かたぎ；〔集合的〕女性．**womanish** 女々しい，女のような．**womanize** 女々しくする；女道楽をする．**womanizer** 女たらし．**womanly** 女らしい.

womankind 女性.

womb[wú:m]子宮.

women[wímin]woman の複数．the ～ 's movement 女性運動.

won[1][wʌn]win の過去・過去分詞.

won[2][wá:n]ウォン(韓国の貨幣単位).

wonder[wʌndər]〔不思議なものに対する〕驚き，驚嘆；不思議；奇跡／驚く，驚嘆する，怪しむ．and no ～ それも道理である．in ～ 驚いて．I ～ …かしら．**wonderment** 驚異の的.

wonderful[wʌndərfəl]驚くべき；すばらしい；不思議な．**wonderfully** 副

wondering[wʌndəriŋ]不思議そうな；驚いた.

wonderland 不思議の国；すばらしい所.

wondrous[wʌndrəs]《文》驚くべき／驚くほど.

wonky[wá:ŋki]《英話》ぐらぐらする，あてにならない.

wont[wá:nt, wóunt](…する)習慣で〔の〕／習慣．**wonted** 慣れた；常の，いつもの.

won't[wóunt]will not の短縮.

woo[wú:]求愛する；追い求める．**wooer** 求愛者.

wood[wúd]森，森林；材木；薪／植林する；薪を供給する．～ **engraving** 木版術(画)．**wooded** 樹木の茂っている，森のある．**wooden** 木の，木製の．**woody** 樹木の多い；森林の；木質の.

woodbine スイカズラ.

woodchuck ウッドチャック.

woodcock ヤマシギ.

woodcut 木版(画).

woodcutter 樵;木版師.

woodland 森林.

woodman 樵.

woodpecker キツツキ.

woodshed 薪小屋.

woodsman 森に住む人；猟師.

woodwork 木製品；〔建物の〕木部.

woof[wúf]〔織物の〕横糸.

woofer[wúfər]ウーファー，低音専用スピーカー.

wool[wúl]羊毛；毛糸；毛織物．**wool**(l)**en** 羊毛の；ウール〔布・製品〕．**wool**(l)**y** 羊毛の(ような)；毛に覆われた；ぼんやりした.

woozy[wú:zi]《話》ぼんやりした，ふらふらした；酔った.

word[wá:rd]言葉，語；話；消息；指図；約束．～ **for** ～ 逐語的に．give one's ～ 約束する．in a ～ 短く言えば．in other words 言いかえれば．man of his ～ 約束のかたい人．send ～ 伝言する．upon one's ～ 誓って．～ **processor** ワープロ．**wording** 言葉遣い，語法．**wordless** 言葉のない；無言の．**wordy** 言葉の；くどい.

wore[wó:r]wear の過去.

work[wá:rk]働き，労働；仕事；勉強；努力；行為；細工(物)；著作(物)，作品；工事；(複)工場／働く；勉強する；役に立つ；具合よく働く；徐々に進む；発酵する／使う，働かせる；操縦する；為す，行う；作る；加工する；経営する；〔問題を〕解く；耕す，発酵させる．～ **on** 働き続ける；…に効く，…に影響する．～ one's **way** 骨折って進む．～ **out** 算定される；解決

する；やり遂げる；取り尽くす；練習
する. ~ up 激昂させる；練りあげる，
作りあげる. at ～ 働いて；作用して.
out of ～ 失業して. in ～ **capital** 営業
資本；運転資本. ～ **class** 労働者階
級. ～ **force** 全従業員；労働力. ～
group ワーキンググループ，作業部会.
～ **load** 作業負荷；標準作業量. ～
party 作業班；《英》特別諮問〔調査〕
委員会. ～ **-shy** 仕事嫌いの. **worker**
働き手；職工，労働者；働きバチ〔ア
リ〕. **working** 働く，労働する；実際
に役立つ.

workable[wə́:rkəbl]〔計画などが〕
実行可能な；〔材料などが〕加工で
きる.

workaday 仕事日の；日常の.

workaholic[wə:rkəhɔ́:lik] 仕事中毒
の人.

workbook 学習帳；〔仕事の〕規程
書.

workday 仕事日；就業時間.

workhouse 救貧院；《米》感化院.

workman 職人，職工，労働者.

workmanship 手ぎわ，細工.

workout〔健康のための〕運動，トレ
ーニング.

workplace 職場.

workshop 工場；仕事場.

workstation ワークステーション（パ
ソコンの上位の性能を持つ小型コン
ピュータ）.

world[wə́:rld]世界；…社会，界；世
の中，世間. a ～ of たくさんの. for
all the ～ どう見ても，全く. for the
～ 断じて. in the ～ 一体全体. man
of the ～ 世慣れた人. ～ **-class** 世界
的な. ～ **-famous** 世界的に有名な.
～ **view** 世界観，世界認識. ～ **war**
世界大戦. **worldliness** 俗心，俗臭.
worldling 俗物. **worldly** 世間の，俗
界の；名利を追う.

worldwide 世間に知れ渡った，世
界的な.

worm[wə́:rm]〔足のない〕虫；けら

同様な人 / 這うように進む / 知らぬ
間に入り込ませる；探り出す；虫を
駆除する. **wormy** 虫のいる，虫の食
った；虫けらのような.

wormwood ニガヨモギ；苦悩（の
種）.

worn[wə́:rn]wearの過去分詞 / 着古
した，擦り切れた；やつれた. ～ **-out**
擦り切れた；疲れ果てた.

worry[wə́:ri]心配する〔させる〕；悩
む〔ませる〕/ 心配(事)；悩み(の種).
worried 心配した；困っている. **wor-
riedly** 副 **worrisome** 厄介な. **wor-
rying** 気がもめる；わずらわしい.
worryingly 副

worse[wə́:rs]さらに悪い / さらに悪い
〔悪く〕/ いっそう悪いこと. to make
matters ～ その上困ったことには. go
from bad to ～ ますます悪くなる.

worsen[wə́:rsn]いっそう悪くする〔さ
せる〕.

worship[wə́:rʃəp]崇拝；礼拝 / 崇拝
する，礼拝する. **worshipful** 尊い.
worship(p)er 崇拝者；礼拝者，参
詣人.

worst[wə́:rst]最も悪い〔悪く〕/ 最悪
/ 負かす. at(the) ～ 最悪でも，せい
ぜい. if(the) ～ comes to(the) ～ い
よいよ最悪の場合には.

worsted[wústid]ウーステッド（毛織物
の一種）.

worth[wə́:rθ]値打ち，価値；〔一定の〕
金額だけの分量 /(…の) 値打ちがあ
る，財産がある；(…する) 価値が
ある，かいがある. ～ (one's) while 時
間をかけるだけの価値がある.
worthless 価値のない，役に立たな
い.

worthwhile やりがいのある；りっ
ぱな.

worthy[wə́:rði]価値のある；適する；
…にふさわしい，に恥じない / りっ
ぱな人物；名士.

would[d, wəd, əd, 強 wúd]willの過
去；〔間接話法において単純未来・

意思未来〕…するであろう，…するつもりだ；〔仮定法〕…するのだ（った）が；〔過去の習慣〕よく…したものだった；〔願望〕…したい；〔丁寧〕…していただけませんでしょうか；〔諾否・固執〕ぜひとも…しようとする．〜 -be 自称の.

wound¹[wúːnd]傷，負傷／負傷させる；傷つける；〔感情を〕害する．

wound²[wáund]wind², ³の過去・過去分詞.

wounded[wúːndid]負傷者／傷を負った.

wove[wóuv]weave の過去.

woven[wóuvən]weave の過去分詞.

wow[wáu]わあっ！（驚き・喜び・苦痛を表す）／大当り，大成功.

WP ワープロ〔＜ word processor〕.

WPI 卸売物価指数〔＜ wholesale price index〕.

wpm 1分あたり語数〔＜ words per minute〕.

WR ワールドラグビー〔＜ World Rugby〕.

wrack[rék]浜に打ち上げられた海草；漂流物；破滅.

wraith[réiθ]〔死にかけている人の〕生霊；幽霊，亡霊.

wrangle[réŋgl]口論／口論する；議論する．**wrangler** 口論する人；《米》カウボーイ.

wrap[rép]包む；くるむ，くるまる；巻きつける；包むもの，包装紙，ラップ；はおるもの（肩掛け・室内着など）；（複）防寒用外出着．〜 -up《米》ニュースの要約；結末．**wrapper** 包むもの；包み紙；〔本の〕カバー；帯封．**wrapping** 包装（材料）.

wraparound 包括的な；広角の／巻きスカート／〔ワープロで〕行末の語を改行に追い出すこと.

wrapt[rápt]wrap の過去・過去分詞.

wrath[ráθ]激怒．**wrathful** 激怒した．**wrathfully** 副

wreak[ríːk]〔害・罰などを〕加える；

〔恨みを〕晴らす.

wreath[ríːθ]花輪；花冠；〔煙などの〕輪，渦巻.

wreathe[ríːð]輪にする，花輪に編む；巻く；巻きつける／〔煙などが〕輪になる，渦巻く.

wreck[rék]〔船の〕難破；破壊，破滅；難破船；難破物；残骸／難破させる〔する〕；破壊する，破滅させる〔する〕．**wreckage** 難破；破壊；残骸.

wrecker[rékər]難破船荒らしの賊；救難船〔車〕，《米》レッカー車；建物取りこわし業者.

wren[rén]ミソサザイ.

wrench[réntʃ]ぐいとねじる；筋を違える；こじつける；〔事実を〕曲げる／激しくねじること；ねんざ；スパナ；〔別離の〕苦痛.

wrest[rést]ぐいとねじる；もぎ取る；曲げる；こじつける.

wrestle[résl]レスリングをする；格闘する．**wrestler** レスラー.

wrestling[résliŋ]レスリング；格闘.

wretch[rétʃ]哀れな人；あさましいやつ.

wretched[rétʃid]哀れな，悲惨な；あさましい，卑しい；情けない，ひどい．**wretchedly** 副 **wretchedness** 名

wrick[rík]筋違い（させる）.

wriggle[rígl]のたうつ（こと）；にょろにょろはう（こと）．**wriggler** ボウフラ；のたくり回るもの〔人〕.

wriggly[rígli]のたくる，うごめく；もじもじする.

wring[ríŋ]絞る；悩ます；絞り取る，無理に出させる／縅り，絞り．**wringer** 絞り手；絞り機.

wrinkle[ríŋkl]皺ぅ，ひだ；〔話〕妙案，情報；皺を寄せる，皺が寄る．**wrinkly** 皺の寄った；皺の寄りやすい.

wrist[ríst]手首．〜 watch 腕時計.

wristband そで口.

wristlet[rístlit]腕輪；手錠.

writ[rít]令状.

write[ráit]書く;〔手紙を〕(…と)書いて送る/手紙を書く;著述する. ～ out 清書する;全部書く. ～ -off 帳消し;〔不良債権の〕償却;大破した車.

writer[ráitər]書き手;著者;記者;著述家.

writhe[ráið]ねじる, まげる/悶え苦しむ.

writing[ráitiŋ]書くこと;文書;書法;筆跡;(複)著作.

written[rítn]write の過去分詞/書いた;成文の. ～ examination 筆記試験. ～ law 成文法.

wrong[rɔ́:ŋ]不正な, 誤った;あべこべの/悪く, 不正に;不当に;誤って/不正, 非行;過失;害;虐待/害する, 不公平な扱いをする:はずかしめる;罪をきせる. in the ～ 誤って;不正で. ～ -headed ひねくれた;わからずやの. **wrongful** 不正な;不法な. **wrongly** 副

wrongdoing 悪事;加害.

wrote[róut]write の過去.

wrought[rɔ́:t]《古》work の過去・過去分詞/加工した, 細工した;打って作った. ～ iron 錬鉄. ～ -up 興奮した;いらいらした.

wrung[rʌ́ŋ]wring の過去・過去分詞.

wry[rái]ゆがんだ. make a ～ face 顔をしかめる. **wryly** 副

WS ワークステーション〔＜workstation〕.

WSW 西 南 西 (の)〔＜west-southwest〕.

wt. 重量〔＜weight〕.

WTI ウェスト・テキサス・インターミディエート(米国産の代表的原油)〔＜West Texas Intermediate〕.

WTO 世界貿易機関〔＜World Trade Organization〕.

W-2《米》源泉徴収票.

wunderkind[wʌ́ndəkind]神童;〔実業界の〕若い成功者.

wurst[wə́:rst]ソーセージ.

WV, W Va ウェストバージニア州〔＜West Virginia〕.

WWF 世界自然保護基金〔＜World Wide Fund for Nature〕;世界レスリング連盟(プロレス団体)〔＜World Wrestling Federation〕(2002 年に WWE〔＜World Wrestling Entertainment, Inc.〕に改称〕.

WW I 第 一 次 世 界 大 戦〔＜World War I〕.

WW II 第 二 次 世 界 大 戦〔＜World War II〕.

WWW ワールドワイドウェブ(いわゆるインターネット)〔＜World Wide Web〕;ワールドウェザーウオッチ(世界気象監視計画)〔＜World Weather Watch Programme〕.

WY, Wy ワ イ オ ミ ン グ 州〔＜Wyoming〕.

WYSIWYG《米話》〔コンピュータ〕ウィジウィグ(文書の書体など, モニターに見えている通りのものが印刷されること)〔＜What You See Is What You Get〕.

X

X 内線番号〔＜extension〕;成人映画〔＜X-rated film〕;ローマ数字の 10.

X-C クロスカントリーの〔＜cross-country〕.

XL〔サイズ〕特大〔＜extra large〕.

xenobiology[zenoubaió’lədʒi]宇宙生物学.

xenocurrency[zenəkə́:rənsi]国外流通通貨.

xenon[zíːnɑːn, -nɑn]キセノン.

xenophobe[zénəfoub]外国(人)嫌いの人.

xenophobia[zenəfóubiə]外国(人)嫌い.

xerography[ziərɑ́:grəfi]ゼロックス複写法.

xerox[zíərɑːks]《(X-) ゼロックス複写機(商標名)/コピーをとる.

Xmas[krísməs]クリスマス(= Christmas).

X-ray[éksrei]エックス線；レントゲン写真／エックス線で治療〔検査〕する.

XS〔サイズ〕特小〔< extra small〕.

XXL〔サイズ〕超特大〔< extra extra large〕.

XXX キスの印(親しい人への手紙で).

xylem[záiləm]木質部.

xylene[záili:n]キシレン(溶剤).

xylography[zailágrəfi]木版術.

xylophone[záiləfoun]木琴，シロフォン. **xylophonist** 木琴奏者.

Y

yacht[já:t]ヨット／ヨットに乗る〔を走らせる〕. **yachting** ヨット操縦／ヨット遊び. **yachtsman, -woman** ヨット操縦者〔所有者〕.

yah[já:]《米俗》= yes.

yak¹[jæk]ヤク.

yak² おしゃべり(する)，むだ話(をする).

yam[jæm]ヤムイモ；《米》さつま芋.

yammer[jæmər]嘆く，泣く；不平を言う／泣き声；不平声.

yang[já:ŋ]〔陰陽の〕陽.

Yank[jæŋk]《俗》= yankee.

yank[jæŋk]《米語》ぐいと引っ張る(こと).

Yankee[jæŋki]ヤンキー(米国人のこと). **Yankeeism** ヤンキー気質；ヤンキー風.

yap[jæp]〔かみつくように〕ほえる；《俗》がみがみいう／〔けたたましい〕ほえ声；《俗》がみがみ言うこと；くだらないおしゃべり.

yard¹[já:rd]ヤード(長さの単位，約91.4センチ，3フィート．略 yd.)；〔布の〕ヤール；帆桁.

yard² 庭，中庭；構内；仕事場，作業場，〔鉄道の〕操車場.

yardstick ヤード尺；比較の標準，ものさし.

yarmulke[já:rməlkə]ヤムルカ(ユダヤ人男子の小帽子).

yarn[já:rn]紡ぎ糸；冒険談，ほら話／物語をする. spin a ~ 長話をする. ~ dyed 先染めの(織る前に糸染めする).

yaw[jɔ́:]船首が揺れる；針路からそれる.

yawl[jɔ́:l]〔一種の〕小帆船；舶載ボート.

yawn[jɔ́:n]あくび／あくびをする；大きく開いている. **yawning** あくびをしている，大きく開いている.

yawp[jɔ́:p]がなりたてる(こと)；大声でむだ話をする(こと).

yd〔単位〕ヤード〔< yard(s)〕.

yds〔単位〕ヤード〔< yards〕.

yea[jéi]しかり；はい(= yes)／肯定，賛成(投票).

yeah[jéə]《米話》= yes.

year[jíər]年；歳；1年間；(複)年齢，多年；時代. ~ after(by) 毎年，年々. ~ in, ~ out 始終，明けても暮れても. ~ -round 通年の. **yearly** 1年1回(の)；毎年(の).

yearbook 年鑑，年報.

yearling〔牛馬などの〕当歳(の)，1年子.

yearlong 1年間の，1年にわたる.

yearn[já:rn]慕う，あこがれる；切に…したがる.

yearning[já:rniŋ]思慕，あこがれ；熱望／思慕の，あこがれの；熱望する. **yearningly** あこがれて.

yeast[jí:st]イースト，酵母，パン種.

yegg[jég]《米俗》強盗，金庫破り.

yell[jél]叫び／《米》〔応援の〕喊声／叫ぶ；わめく／大声で…という.

yellow[jélou]黄色の；臆病な；《米》扇情的な／黄色；黄色いもの；〔卵の〕黄身；黄枯れ病. ~ fever 黄熱病. **yellowish** 黄ばんだ.

yelp[jélp]きゃんきゃんなく声／きゃんきゃんほえる.

Yemen[jémən]イエメン(共和国)

(Republic of Yemen).

yen¹[jén] 円(日本の通貨単位). ~ **-carry trade** 円キャリー取引.

yen²《米話》熱望(する), あこがれ(る).

yeoman[jóumən]〔英国の〕自由民; 小地主, 自作農; 義勇騎兵. **yeomanry** 自作農; 義勇兵団.

yep[jép]《米俗》= yes.

yes[jés] はい, そうです/賛成.

yesterday[jéstərdei, -di] 昨日. (複)過ぎし日, 昨今. **the day before ~** 一昨日, おととい.

yet[jét] まだ; 今まで, もう; 今なお, いっそう/けれども, にもかかわらず; もまた. **and ~** それでも, しかも. **as ~** まだ; 今までのところでは. **not ~** まだ…ない.

yew[júː] イチイ.

YHA ユースホステル協会〔< Youth Hostels Association〕.

Yiddish[jídiʃ] イディッシュ語(の) (ドイツ語・ヘブライ語・スラブ語の混合語)

yield[jíːld] 生じる, 産する, もたらす; 渡す/収穫をあげる; 負ける, 従う, 降参する;《俗》〔押されて〕凹む, 曲がる/生産(高), 収穫(高), 利益. **yielding** 従順な, すなおな; 柔らかい(地面・雪など).

yin[jín]〔陰陽の〕陰.

yippie[jípi] イッピー(急進的ヒッピー)

YMCA〔< Young Men's Christian Association〕. キリスト教青年会.

yob[jáb]《英俗》チンピラ.

yodel[jóudl] ヨーデル(スイスやチロル地方の民謡)/ヨーデルを〔調で〕歌う.

yoga[jóugə] ヨガ.

yoghourt, yoghurt, yogurt[jóugərt] ヨーグルト.

yogi[jóugi] ヨガ行者.

yoke[jóuk] くびき, かせ;〔くびきにつないだ〕牛2頭; 束縛; きずな/

くびきでつなぐ; 連結する; 結婚させる〔する〕, 一緒になる.

yokefellow 仲間, 相棒; 配偶者.

yokel[jóukəl]〔軽蔑的に〕いなか者.

yolk[jóuk] 卵の黄身.

yon, yonder[ján, jándər] あそこの〔に〕, 向こうの〔に〕.

you[ju, jə, 強 júː] あなた; あなた方.

young[jʌ́ŋ] 若い; 若々しい/〔動物の〕子(集合的). **with ~**〔動物が〕子をはらんで; 妊娠して. **~ carer** ヤングケアラー. **youngling** 幼児;〔動物の〕子; 若木. **youngster** 少年; 若者.

your[弱 júər, 強 jər]〔所有権〕あなたの, あなた方の; 例の.

yours[júərz] あなた(たち)のもの;〔手紙の結びに〕草々, 敬具.

yourself[juərsélf] あなた(たち)自身; 自分で.

youth[júːθ] 若さ; 若年; 青春時代; 若い人; 少年, 青年. **youthful** 少壮の, 若い.

yowl[jául] 遠吠え, 唸り声/遠吠えする.

yo-yo[jóujou] ヨーヨー(おもちゃ).

yr.〔< year〕.

yrs.〔< years〕.

YTD 今までの年数〔< year to date〕.

yuan[juːɑ́n] 元(中国の貨幣単位).

yucca[jʌ́kə] イトラン, ユッカ.

Yugoslavia[juːgouslɑ́ːviə] 旧ユーゴスラビア(連邦共和国) (Federal Republic of Yugoslavia, 2003 年に Serbia と Montenegro に改称したが 2006 年に消滅).

yule[júːl], **yuletide**[júːltaid] クリスマス; クリスマスの季節.

yup[jʌ́p]《話》はい.

yuppie[jʌ́pi]《米》ヤッピー(大都市郊外居住の裕福な専門職階級. young urban professional + -ie から).

YWCA キリスト教女子青年会〔< Young Women's Christian Association〕.

Z

zabaglione[zɑːbəljóuni] ザバリョーネ(卵黄・砂糖にワインを加えたクリームソース).

Zambia[zæmbiə] ザンビア(共和国) (Republic of Zambia).

zany[zéini] 道化者；ばか者.

zap[zæp]《米俗》すばやく動かす〔動く〕；やっつける；殺す；リモコンでチャンネルを変える／ビュッ！バン！ **zapper**《話》リモコン.

ZBB ゼロベース予算〔< zero-based budgeting〕.

ZD 無欠点運動〔< zero defects〕.

zeal[zíːl] 熱心, 熱中；熱意〔for〕.

zealot[zélət]〔軽蔑的に〕熱中者, 熱狂者. **zealotry** 熱狂(的行動).

zealous[zéləs] 熱心な, 熱中した. **zealously** 副

zebra[zíːbrə] シマウマ. ~ **crossing**〔縞模様の〕横断歩道.

zebu[zíːbjuː] コブウシ.

Zen[zén] 禅宗；禅.

zenana[zenάːnə]〔インド・ペルシャの〕婦人部屋.

zenith[zíːnəθ] 天頂；頂点；絶頂, 全盛.

zephyr[zéfər](Z-) 西風(擬人的)；微風.

zero[zíərou] 零；零点〔寒暖計の〕零度；基点；最下位；無. ~ **in on** … に的を合わせる. ~ **hour** 予定行動開始時刻；試練の始まり；危機；仕事の能率が最も低下する時刻.

zest[zést] 風味；興味／風味を添える. **zestful** 風味のある；熱心な.

Zeus[zúːs]〔ギリシャ神話〕ゼウス神(オリンポス山の主神).

zigzag[zígzæg] ジグザグの, うねうねしている, Z 字形の／うねうねと, Z 字形に／Z 字形にする〔なる〕.

zilch[zíltʃ]《米俗》無.

zinc[zíŋk] 亜鉛；トタン／トタン張りにする.

zinnia[zíniə] ヒャクニチソウ.

Zion[záiən] シオン山(エルサレムの丘)；キリスト教会；天国.**Zionism**〔ユダヤ人の〕パレスチナ復帰運動, シオニズム.

ZIP《米》郵便番号〔< zoning improvement plan〕.

zip[zíp] ぴゅっ, ぴゅう(弾丸などの飛ぶ音)；《話》元気, 活力／ぴゅっと音をたてる, ぴゅうと飛ぶ；ジッパーであける〔しめる〕. ~ **code**《米》郵便番号. ~ **fastener**《英》ジッパー.

zipper《米》ジッパー, チャック.

zippy 元気な, きびきびした.

ZPG 人口のゼロ成長〔< zero population growth〕.

zircon[zə́ːrkɑːn] ジルコン.

zirconium[zəːrkóuniəm] ジルコニウム.

zither[zíθər] ツィター(琴に似た弦楽器).

zloty[zlɔ́ːti] ズローティ(ポーランドの貨幣単位).

zodiac[zóudiæk] 黄道帯, 獣帯；十二宮(図). **zodiacal**[-dáiəkəl] 形

zombie[zάːmbi] 魔法で生き返った死体；ブードゥー教の蛇神；《俗》とんま, うすのろ, 変なやつ.

zone[zóun] 帯；地帯, 区域, 界／区域に分ける；帯状に囲む.

zoo[zúː] 動物園.

zoological[zouəlάːdʒikəl] 動物学(上)の. ~ **garden**(s) 動物園.

zoology[zouάːlədʒi] 動物学. **zoologist** 動物学者.

zoom[zúːm] ぶうんという音(を出す)；急上昇(する)；zoom (ビデオ会議の主要アプリのズーム). ~ **lens** ズームレンズ, 可変焦点レンズ.

Zoroastrian[zɔːrouæstriən] ゾロアスター教の(信者).

Z's《俗》睡眠.

zucchini[zuːkíːni] ズッキーニ, セイヨウカボチャ.

Z

Zulu[zúːluː] ズールー人(語・の).
zwieback[zwáibæk] ラスク菓子.
zymurgy[záiməːrdʒi] 醸造学.
ZZZ, zzz グーグー, ブーン(いびきの音, 羽音など).

Z

和英辞典

◆本書の使い方 (和英) ◆

1. 見出し項目

五十音順に配列した。「ー」は直前の音の母音に相当するとみなして配列した。

2. 訳語

(1) 訳語が複数ある場合は；で続けて記述した。
また同義の言い換えなどは，で並列して記述した。

(2) 〔 〕は語義の限定あるいは分野、または直前の単語との置き換え可能を示す。

例：うかがう 伺う〔問う〕ask；〔訪問する〕visit

いいわけ 言い訳する make an excuse〔apology〕

(3) ( ) は省略可能を示す。または、訳語との対応関係を示す。

例：かいりゅう 海流 a (tidal) current

けっしょく 血色がよい（悪い）look well (pale)

(4) 可算名詞には a もしくは an をつけて示す。可算・不可算いずれの場合もあるものは (a) などで示す。

(5) 《 》はアメリカ・イギリスで主に使われるもの、またスピーチラベルを示す。

《米》アメリカ /《英》イギリス

《話》話し言葉 /《文》文章語 /《俗》俗語 /《古》古語 /《卑》卑語

また、外来語を示す。

《L》ラテン語 /《F》フランス語 /《G》ドイツ語

《I》イタリア語 /《D》オランダ語

また、成句として密接に結びつく助詞、および用法・用例などを示す。

例：ことなる 異なる differ《from》

げんぞう 現像する develop《a film》

(6) 【標示】で主に標識や掲示に使われる成句を示す。

3. 複合語・関連語

見出し語とその記述に続けて太字で記述した。その際 ～で見出し項目を省略した。

あ

ああ〔感動〕O…! ; Oh! ; Ah!

ああいう like that. ～人 such《a fellow》.

アーカイブ an archive.

アーケード an arcade.

アース an earth (wire).

アーチ an arch.

アーチェリー archery.

アーモンド an almond.

アール an are (面積単位, 100m²).

あい 愛 love ; affection.〔執着〕attachment. ～する love.

あい 藍〔植物〕(an) indigo. ～色の indigo ; deep purplish-blue.

あいいんか 愛飲家 a (habitual) drinker.

あいえんか 愛煙家 a (habitual) smoker.

あいかぎ 合鍵 a fellow〔duplicate, pass〕key ;〔親鍵〕a master key.

あいかわらず 相変わらず as usual〔ever〕;〔常に〕always.

あいがん 哀願する implore ; entreat ; petition.

あいきょう 愛嬌 charm. ～のある charming ; amiable. ～のない stiff ; prim ; cold. ～をふりまく be all smiles《to others》.

あいこく 愛国者 a patriot. ～心 patriotism.

あいことば 合言葉 a watchword ; a password.

アイコン an icon.

あいさい 愛妻 one's (dearest) wife. ～家 a doting〔devoted〕husband.

あいさつ 挨拶 greeting (s) ;〔返事〕a reply ;〔式辞〕an address. ～する greet ;〔朝夕の〕pass the time of day ;〔答礼〕reply.

アイシー〔集積回路〕IC ; an integrated circuit. ～カード an IC card.

アイシャドー《apply, put on》eye shadow.

あいしょう 相性がいい be congenial《with, to》.

あいじょう 愛情 love ; affection. ～のある affectionate ;〔優しい〕tender.

あいじん 愛人〔女〕one's love ; one's woman〔男〕one's lover ; one's man〔恋人〕a sweetheart.

アイス ice. ～キャンデー《米》a Popsicle〔商標名〕;《英》an ice lolly. ～クリーム an ice (cream). ～コーヒー《a cup of》ice〔iced〕coffee. ～スケート《go》ice skating. ～ホッケー《play》ice hockey. ～ボックス an icebox.

あいず 合図 a signal. ～する give a signal ; make a sign《to a person》.

アイスランド (the Republic of) Iceland. ～の Icelandic.

あいせき 相席する share a table《with a person》.

あいそ 愛想 ～が尽きる be disgusted《with a person》. ～のよい affable ; sociable. ～のない cold ; surly ;〔返事が〕blunt. ～ よく amiably ; cordially.

あいぞう 愛憎 love and hatred.

アイソトープ an isotope.

あいた 開・空いた〔開いた〕open ; opened ;〔空の〕empty ; vacant.

あいだ 間〔空間〕space ;〔時間〕time ;〔距離〕distance ;〔間合い〕interval ;〔中間〕the middle. ～に立つ〔仲介〕mediate《between》; go between. ～を置いて at intervals《of》; after an interval《of》. …の～に〔場所・関係〕between (2つの) ; among (3つ以上の) ; amid (st) (真ん中に) ;〔時間〕for ; during (…中) ; while (…している間) ; as long as《one lives》(…する間は). 長い～ for a long time. 留守の～ (に) while one is out.

あいだがら 間柄 relation (ship). 親しい～である be on friendly terms

あ

あいちゃく 愛着を持つ be attached 《to》; have (a) love 《for》.

あいちょう 哀調を帯びた sad 《melody》; plaintive 《tone》.

あいつ 彼奴 that fellow; that guy.

あいづち 相槌を打つ chime in with 《a person》.

あいて 相手〔仲間〕a companion;〔ダンスなどの〕a partner;〔匹敵者〕a match;〔ライバル〕a rival;〔敵手〕an adversary;〔先方〕the other party. ～になる(つき合う) keep a person company; (挑戦に応じる) accept a challenge; (匹敵する) be a match 《for》.

アイデア an idea. ～マン a man of ideas.

アイティー〔情報技術〕IT; information technology. ～革命 an IT revolution. ～格差 the digital divide.

アイディー ～カード an ID card〔< identification〕.

あいとう 哀悼の意を表する express one's regret〔sorrow〕《for〔over〕a person》.

あいどく 愛読する read 《a book》with pleasure. ～者 a devoted reader 《to Soseki》;〔雑誌の〕a subscriber. ～書 one's favorite book.

アイドル〔偶像〕an idol; a heartthrob. ～歌手 an idolized (teenage) pops singer.

あいにく 生憎 unluckily; unfortunately; to one's disappointment. ～の unfavorable; unfortunate.

アイヌ an Ainu;《集合的》the Ainus. ～語 Ainu.

あいのり 相乗りする ride in the same car〔taxi〕《with》.

あいぶ 愛撫する caress; fondle; cherish.

あいぼう 相棒 a partner; a mate;〔悪事の〕an accomplice.

あいま 合間に(ひまな時に) at one's leisure;〔合間合間に〕at intervals.

あいまい 曖昧な equivocal; ambiguous; vague;〔疑わしい〕questionable. ～な返事をする give an evasive reply.

あいよう 愛用する use regularly;〔商品を〕patronize. ～の one's favorite 《cigars》; one's prized 《camera》.

あいらしい 愛らしい lovely; charming; pretty; sweet;《米》cute.

アイルランド Ireland. ～の Irish. ～人 an Irishman;an Irishwoman;〔全体〕the Irish (people).

あいろ 隘路〔障害〕《break》a bottleneck.

アイロニー (an) irony.

アイロン an iron. ～をかける iron 《clothes》.

あう 合う〔同意〕agree 《with》;〔調和〕be in tune 《with》; harmonize 《with》; fit; match. 趣味に～ suit one's taste.

あう 会う see; meet;〔遭遇〕meet with 《an accident》;〔経験〕experience.

アウト〔野球の〕out. ～にする put out 《at first》. ～になる be (put) out. ～を宣する call 《the runner》out.

アウトライン《give》an outline 《of》.

あえぐ 喘ぐ pant; gasp (for breath); groan.

あえて 敢えて…する dare〔venture〕to do.

あえない 敢えない最後を遂げる meet (with) a sad end; die a tragic death.

あえん 亜鉛 zinc. ～びきの coated with zinc; galvanized.

あお 青〔藍色〕blue;〔緑色〕green. ～い blue; green;〔蒼白〕pale; pallid. ～くなる(顔が) turn pale. ～色申告 a blue form for income tax. ～信号 a green light.

あおいきといき 青息吐息である be in extreme distress.

あおぐ 仰ぐ〔見上げる〕look up 《at》;〔尊敬する〕look up 《to》;〔求める〕

ask〔look to〕a person《for》；〔供給を〕be supplied《by》；〔頼る〕rely〔depend〕《on》.

あおぐ 扇ぐ fan《oneself with a handkerchief》.

あおざめる 青ざめる turn pale〔white〕.

あおじゃしん 青写真 a blueprint.

あおぞら 青空 the blue sky；the vault of heaven.

あおにさい 青二才 a greenhorn.

あおば 青葉 green leaves；verdure.

あおむけ 仰向けに倒れる fall on one's back. 仰向く turn up one's face.

あおり 煽りを食う get a by-blow；be hit《by a depression》.

あおる 煽る〔はためく〕flap；〔煽動〕fan；stir up.

あか 赤 red；〔濃紅色〕crimson；〔緋色〕scarlet. ～い red；crimson；scarlet. ～くなる turn red；〔顔などが〕blush. ～の他人 an utter stranger. ～信号 a red light.

あか 垢 dirt；filth. ～じみた dirty；grimy.

あかいはね 赤い羽根募金運動 a 'Red Feather' community chest campaign〔drive〕.

あかがい 赤貝 an ark shell.

あがき 足掻きがとれない be pinched for《money》；〔苦境〕be in a fix.

あかぎれ 輝 chaps. ～がきれる be chapped.

あがく 足掻く struggle；try every means《to do》.

あかじ 赤字〔マイナス分〕the red；〔財政上の〕a deficit. ～である be in the red.

アカシア an acacia；〔ニセアカシア〕a locust (tree).

あかす 明かす pass〔spend〕《the whole night》；〔事実などを〕tell《the truth》；disclose〔reveal〕《a secret》；〔告白〕confess.

あかちゃん 赤ちゃん→あかんぼう.

あかつき 暁 dawn；daybreak.

アカデミー an academy. ～賞 the Academy Award；the Oscar.

アカデミック ～な academic.

あかぬけ 垢抜けのした refined；elegant；sophisticated.

アカハラ academic harassment.

あかぼう 赤帽 a (station) porter；《米》a redcap.

あがめる 崇める worship；revere；〔尊敬〕respect；look up to《a person as…》；〔神として〕deify.

あかり 明かり a light；a lamp. ～をつける(消す) put on (put off) the light. ～取り a skylight.

あがり 上がり〔収入・収益〕proceeds；an income；〔完了〕(a) finish.

‐あがり 雨上がりの《a road》after (the) rain. 役人～ an ex-official.

あがる 上・揚・挙がる〔登る〕go up；climb；〔上昇〕rise；〔騰貴〕rise；〔昇進〕be promoted；〔昇給〕get a raise《in one's salary》；〔上達〕improve；(make) progress《in》；〔入学〕enter《a school》；〔完結〕be completed〔finished〕；〔上陸〕land；go ashore；〔証拠が〕be found〔secured〕；〔犯人が〕be arrested；〔興奮〕get nervous〔緊張で〕have stage fright.〔潮が〕rise；flow.

あかるい 明るい bright；well-lighted《room》；〔明朗〕cheerful；〔熟知〕know a lot《about》；be familiar《with》. 明るくなる get light；(夜明けに) dawn.

あかるみ 明るみへ出す(出る) bring (become) to light；make (come) public.

あかんぼう 赤ん坊 a baby；an infant.

あき 空き〔余地〕room；space；〔欠員〕a vacancy. ～地 a vacant lot. ～瓶 an empty bottle. ～間(家) a vacant room (house)；(貸し間・貸し家) a room (house) for rent.

あき 秋 autumn;《米》fall. ～の autumnal.

あきす 空巣〔人〕a sneak thief;a cat burglar;a prowler;〔行為〕sneak-thievery.

あきない 商い (a) trade;business. ～をする deal in《tea》.

あきばれ 秋晴れの fine autumn《weather, days》.

あきらか 明らかな(に)clear(ly); plain(ly);evident(ly);obvious (ly). ～にする make《a matter》clear《plain》.

あきらめ 諦め resignation. ～る give up《the plan》;resign oneself to《one's fate》.

あきる 飽きる〔倦怠〕get tired《of studying》;be weary《of waiting》;lose interest《in》;〔満喫〕have enough〔too much〕of. ～ほど〔心ゆくまで〕to one's heart's content.

アキレス アキレス腱 Achilles(') tendon;〔弱点〕Achilles' heel.

あきれる 呆れる be surprised《at》;be shocked《by》;(愛想を尽かす)be disgusted《with, at》.

あく 悪 evil;vice. ～に染まる be steeped in vice.

あく 空く〔空になる〕become empty;〔場所が〕become vacant;〔時間が〕be free;be disengaged.

あく 開く open.

アクアラング an aqualung;a scuba.

あくい 悪意 malice;ill will.

あくうん 悪運が強い be lucky in one's evil course.

あくえき 悪疫 a pestilence;a plague.

あくかんじょう 悪感情《have》an ill feeling《against》;《bear a person》a grudge.

あくじ 悪事 a crime. ～を働く commit a crime.

あくしゅ 握手 a handshake. ～する shake hands《with》;〔提携〕join hands《with》.

あくしゅう 悪臭 bad smell.

あくじゅんかん 悪循環 a vicious circle.

あくせい 悪性の malignant;malign;bad.

あくせい 悪政に悩む suffer from misgovernment.

あくせく ～働く work hard《話》like a dog);toil and moil.

アクセサリー accessories.

アクセス (an) access. ～権 (a) right of access.

アクセル《step on, release》the accelerator.

アクセント an accent. ～のある(ない)(un) accented《syllable》.

アクティブラーニング active learning.

あくどい〔色などが〕glaring;〔行為が〕wicked. ～いたずら a nasty trick.

あくとう 悪党 a villain;a ruffian;a hoodlum;《古》a scoundrel;《古》a rascal.

あくとく 悪徳 vice. ～業者 a wicked〔dishonest〕dealer〔trader〕.

あくにん 悪人 a bad man;a villain.

あくび 欠伸 a yawn. ～する yawn;give a yawn.

あくひつ 悪筆(である)(write) a bad〔poor〕hand.

あくふう 悪風 a bad custom.

あくへき 悪癖 a bad habit;a vice.

あくま 悪魔 a devil;〔魔王〕Satan.

あくまで 飽くまで〔最後まで〕to the last〔end〕;〔根気強く〕persistently.

あくむ 悪夢 a bad dream;a nightmare. ～のような nightmarish.

あくゆう 悪友 a bad companion〔friend〕.

あくよう 悪用する misuse;abuse;make a bad use of.

あぐら 胡座をかく sit cross-legged. ～鼻 a pug〔snub〕nose.

あくらつ 悪辣な crafty;vicious;

nasty.

あくりょく 握力 grip. 〜計 a dynamo-meter.

アクリル acrylic.

あくる 明くる next ; following. 〜朝（年）the following morning (year).

あくれい 悪例を残す set a bad precedent〔example〕.

あげあし 挙げ足をとる catch a person tripping ; trip up a person.

あげおろし 上げ降ろし〔荷物の〕loading and unloading.

あけがた 明け方〔暁〕《at》dawn ;《toward》daybreak.

あげく 挙句の果てに in the end ; finally. 長患いの〜に after one's long illness.

あげしお 上潮 the rising〔flowing〕tide.

あげぞこ 上底 a raised bottom ;〔瓶の〕the kick.

-あげて …挙げて all ; whole ; in a body. 国中〜 all the〔the whole〕nation. 全力を〜 with all one's might.

あけのみょうじょう 明けの明星 the morning star ; Lucifer ; Venus.

あげもの 揚げ物 fried food ; a fry.

あける 空ける〔通路・席などを〕make room《for》;〔空にする〕empty《a box》.

あける 明ける〔家などを明け渡す〕move out《of a house》; vacate.〔夜が〕《Day》breaks.

あける 開ける〔開く〕open ; undo《a parcel》;〔カーテン・引き出しなどを〕draw ;〔穴を〕bore ; make《a hole》.

あげる 上・揚・挙げる〔高く〕raise ; lift(up) ;〔旗・帆などを〕hoist ;〔凧などを〕fly ;〔花火などを〕set《fire》of ;〔載せる〕put〔place〕《a thing》on ;〔揚陸〕land ;〔錨を〕weigh.〔贈与・提供〕give ; present ; offer.〔値段を〕raise.〔昇格・昇給〕promote ; raise《a person's pay》.〔完

結〕finish ; complete.〔式を〕celebrate ; hold.〔証拠・例などを〕give ; produce ; cite.〔床ミに〕put away《a bed》.〔油で〕deep-fry.〔声を〕give〔utter〕《a cry》.〔逮捕〕arrest《a criminal》.〔嘔吐〕vomit.〔スポーツで点を〕score《four points》.

あご 顎〔口の上下〕a jaw ;〔下顎の前部〕a chin. 〜が干上がる lose one's means of livelihood. 〜で使う have《a person》at one's beck. 〜ひげ a beard. 〜紐〔帽子の〕a chin strap.

アコーディオン an accordion. 〜ドア an accordion door.

あこがれる 憧れる long ; yearn《for , after》.

あさ 麻 hemp. 〜縄 a hemp〔hempen〕cord. 〜布 a hemp cloth ; linen.

あさ 朝 morning. 〜早く in the early morning.

あざ 痣〔生まれつきの〕a birthmark ;〔打撲傷〕a bruise.

あさがお 朝顔 a morning glory.

あざけり 嘲り scorn ; sneer.

あざける 嘲る ridicule ; jeer ; laugh at.

あさせ 浅瀬 a shoal ; shallows. 〜に乗り上げる run aground.

あさって 明後日 the day after tomorrow.

あさね 朝寝する rise〔get up〕late (in the morning). 〜坊 a late riser ; a sleepyhead.

あさはか 浅はか silly ; shallow《ideas》.

あさひ 朝日 the rising〔morning〕sun.

あさましい 浅ましい ignoble ; base ; shameful.

あざむく 欺く deceive ; cheat ; take in.

あさめし 朝飯《have》breakfast. 〜前である〔容易〕《俗》That's a cinch

〔a piece of cake, a breeze〕.

あざやか 鮮やかな clear；brilliant；〔みごとな〕splendid；masterly.

あざらし 海豹 a seal.

あさり 浅蜊 a (short-neck) clam.

あし 足・脚 a leg；〔くるぶし以下〕a foot；〔ひざから下〕a shank；〔犬・猫などの〕a paw；〔机・テーブルなどの〕a leg；〔速度〕a step；a pace. ～が付く〔手がかり〕be traced. ～を洗う〔関係を絶つ〕wash one's hands of《an affair》. ～を出す〔金銭的に〕cannot cover the expenses. ～の裏 the sole. ～の甲 the instep. ～の指 a toe.

あじ 味 taste；flavo(u)r；relish. ～がする taste《of》. ～のある tasteful；witty《words》. ～のない tasteless；insipid《food, character》. ～を覚える get a taste《for》. ～をつける flavor；season.

あじ 鯵 a horse mackerel.

アジア Asia. ～の Asian；Asiatic. ～競技大会 the Asian Games. ～人 an Asian；〔人種〕the Asiatic race. ～大陸 the Asiatic Continent.

あしあと 足跡 a footprint.

あしおと 足音 a footstep；a footfall.

あしか 海驢 a sea lion.

あしがかり 足掛かりを得る get a footing〔foothold〕.

あしかけ 足掛け (5 年)《for》five calendar years.

あしからず 悪しからず思ってください I beg you not to take it amiss〔ill, in bad part〕.

あしきり 足切り〔入試の〕elimination of low-performing students.

あじけない 味気ない wearisome；dreary. 世の中が味気なくなる grow weary of life.

アシスタント an assistant. ～を務める act as (an) assistant《to》.

あした 明日→あす.

あしでまとい 足手纏い a nuisance；a

drag；a burden.

アジト a hideout.

あしどり 足取り one's gait.

あじな 味なことを言う(する) say a witty remark (act smartly).

あしなみ 足並 pace. ～を揃えて歩く keep pace《with》.

あしば 足場をかける set up a scaffold. ～を得る secure a footing.

あしぶみ 足踏みする stamp；〔体操で〕mark time.

あしもと 足下 at〔near〕one's feet. ～を見る〔につけこむ〕take advantage of《a person's weakness》.

あしらう 〔待遇〕treat；〔操縦〕manage；deal with；〔食品・飾りなどを〕garnish.

あじわう 味わう taste；〔鑑賞〕appreciate；〔経験〕experience.

あす 明日 tomorrow. ～の朝 tomorrow morning.

あずかり 預かり〔保管〕keeping；charge；care；〔勝負の〕a draw；a tie. ～金 money on deposit. ～証 a deposit receipt；〔手荷物の〕a check. ～物 a thing in one's charge. 手荷物～所〔ホテルなどの〕《米》a checkroom；《英》a cloakroom；〔駅の〕a baggage〔check〕room；《英》a left-luggage office.

あずかる 預かる take charge of；be entrusted with.

あずき 小豆 red beans. ～色の reddish-brown.

あずけ 預け金 a deposit. ～主〔預金者〕a depositor.

あずける 預ける deposit《money in a bank》；ask a person to keep《a thing》. 手荷物を～ check one's baggage.

アスパラガス an asparagus.

アスファルト asphalt.

アスベスト asbestos.

あせ 汗 sweat；perspiration. ～ばん

だ sweaty. ～をかく，～ばむ sweat；
perspire. 額に～して得た（金）
(money) earned by the sweat of
one's brow. ～かき a profuse
sweater.

アセチレン acetylene.

あせる 焦る get impatient；be too
eager〔for fame，to do〕.

あせる 褪せる fade；discolor.

あぜん 唖然とさせる strike《a person》
dumb；dumfound.

あそこ 彼処 that place. ～に (over
〔down，up〕) there.

あそばせる 遊ばせる amuse〔look
after〕《a child》.〔金（土地）を〕遊
ばせておく let《money》lie idle.

あそび 遊び play；(a) sport；〔競技〕
a game；〔娯楽〕amusement；
diversion；pleasures. ～がてら，
～半分 for fun〔pleasure〕；half
seriously. ～相手 a playmate. ～場
〔大人の〕a pleasure resort；〔子供の〕
a playground.

あそぶ 遊ぶ play；〔楽しむ〕amuse
oneself《with toys》；〔なまける〕be
idle；〔失職〕be out of work；be
jobless；〔放蕩⋯〕lead a dissolute
life.

あだ 仇を晴らす revenge oneself《on
a person》；avenge《one's father's
death》.

あたえる 与える give；present；〔許
可を〕grant；〔位・称号・賞などを〕
confer；award《a prize》；〔分与する〕
distribute；〔損害・被害を〕cause；
give《damage》.

あたかも〔まるで〕just like；as
though；as if；〔言わば〕as it
were；so to speak.

あたたかい 暖かい warm；〔温和〕
mild：genial. 暖かく warmly.

あたたかみ 暖かみ warmth；〔性格の〕
geniality. ～のある〔性格が〕
warmhearted；kindly.

あたたまる 暖まる warm oneself；

get warm.

あたためる 暖める warm；heat (up).

アタッシュケース an attaché case.

あだな 綽名 a nickname. ～をつける
give《a person》a nickname；nick-
name《a person 'monkey'》.

あたま 頭 the head；〔頭脳〕brains；
〔頂〕the top. ～が痛い have a
headache. ～がよい have (a) clear
head. ～が悪い have no brains.

あたまきん 頭金 (a) down payment.

あたまわり 頭割りにする divide
equally《among》；allot.

あたらしい 新しい new；〔新鮮な〕
fresh；〔斬新な〕novel；〔最近の〕
recent；latest. 新しく newly. 新し
くする renovate.

あたり 辺りを見回す look around. ～
構わず without thinking of others
around《them》. この～に in this
neighborhood.

あたり 当たり a hit；〔ごとに〕per. ～
狂言 a successful play. ～年 a
fruitful year《for apples》. ～札 a
prize ticket.

あたりまえ 当たり前の〔当然の〕
right；proper；deserved；natural；
〔普通の〕ordinary；common.

あたる 当たる〔ぶつかる〕hit；strike；
knock against；〔予言などが〕come
true；〔くじなどが〕draw a prize；〔日
光が〕shine upon；〔火に〕warm
oneself《at the fire》；〔風雨に〕be
exposed to《rain》；〔対抗〕face；
oppose；〔方向が〕direct to《the
east of》；〔相当・該当〕correspond
to；apply to《a case》（規則などが）；
〔日時などが〕fall on《Sunday》；〔中毒〕
be poisoned by；〔成功〕be success-
ful；make a hit.

あちら〔あれ〕that；〔他方〕the other；
〔反対側〕the other side；〔先方の人〕
he；she；they；〔位置・方向〕(over)
there. ～こちらに〔で〕here and
there；in several〔various〕places；

to and fro ; up and down.

あっ〔驚き・意外〕Oh! ; Dear me! ～と言わせる astonish.

あつい 厚い thick《books》.

あつい 熱い・暑い warm ; hot ; burning.

あつい 篤い〔病気が〕serious ;〔情が〕cordial.

あっか 悪化する〔病気などが〕take a turn for the worse ;〔事態が〕become (more) serious.

あつかい 扱い (a) treatment ; handling ; management.

あつかう 扱う deal with ; manage ; treat ;〔売買〕deal in ; handle.

あつかましい 厚かましい shameless ; brazenfaced.

あつがり 暑がり a person sensitive to the heat.

あっかん 悪漢 a ruffian ; a villain ; a hoodlum ; a hooligan ; a criminal.

あつぎ 厚着する be heavily clothed.

あつくなる 熱くなる become hot ;〔我を忘れる〕go〔get〕mad《for》.

あつくるしい 暑苦しい sultry ; sweltering ; suffocating.

あげしょう 厚化粧する be thickly painted〔powdered〕.

あっけない 呆気ない (be) too short ; be over too soon.

あっこう 悪口 abuse ;〔中傷〕(a) slander. ～を言う abuse ; speak ill of《a person》; slander.

あつさ 厚さ thickness. ～3センチだ be 3cm thick〔in thickness〕.

あつさ 熱さ・暑さ heat ; warmth.

あっさく 圧搾する press ; compress. ～機 a press. ～空気 compressed air.

あっさり(と)〔簡単に〕simply ; briefly ;〔簡素に〕plainly ;〔軽く〕lightly ;〔素直に〕frankly. ～断る refuse flatly. ～した simple ; brief ; plain ; frank ; light《food》.

あっしゅく 圧縮する compress ;

press ; condense.

あっせい 圧制 oppression ; tyranny. ～の tyrannical ; highhanded. ～を加える tyrannize over.

あっせん 斡旋〔紹介〕introduction ;〔仲介〕mediation.

あっとう 圧倒する overcome ; overwhelm. **～的多数** an overwhelming majority.

アットホーム at home ; homey. ～な雰囲気 a homey atmosphere.

アッパーカット an uppercut.

あっぱく 圧迫 pressure ; oppression. ～する oppress ; suppress ; exert pressure upon《a person》.

あっぱれな admirable ; splendid.

アップ(にする)〔髪形〕(roll one's hair into) an upsweep.

アップデート(～する)update.

アップリケ appliqué.

あつまり 集まり a gathering ; a meeting ;〔社交的な〕a party ;〔仲間〕a group ;〔群れ〕a crowd.

あつまる 集まる gather ; meet ;〔整列〕line up.

あつめる 集める gather ; collect ; call《people》together.

あつらえ 誂え向きの the very《thing, person》for.

あつらえる 誂える order《a thing》from《a store》; give an order for《a thing》.

あつりょく 圧力 pressure. ～を加える give pressure to ; press. **～団体** a pressure group.

あて 当て〔信頼〕trust ; confidence ;〔期待〕hope(s) ; expectations ;〔目的〕an aim ; an object. ～にする rely〔depend〕(up) on ; expect. ～になる(ならない)(un) reliable.

あてがう〔支給する〕provide《a person with》;〔割り当てる〕allot ; give《rations》;〔当てる〕put《a thing》on〔to〕.

あてこすり 当て擦り an insinuation.

当て擦る hint《at》.

あてずいりょう 当て推量をする make a guess；conjecture.

あてずっぽう 当てずっぽうで by guess；at random〔haphazard〕.

あてな 宛名 an address. ～を書く address《a letter》.

あてはまる 当てはまる be applicable to；hold good for.

あてはめる 当てはめる apply《a rule to a case》.

あてる 当てる〔あてがう〕put《on，to》；〔触れる〕touch；〔ぶつける〕knock against；〔命中・成功〕hit；make a hit；〔さらす〕expose《a thing to》.

あてる 充てる appropriate《the money for》；set《Monday》aside《for a meeting》.

あと 後〔後方〕the back. ～で，～から later on. ～になる fall behind《others》. ～に残る remain behind. ～をつける follow.〔時間・順序を〕afterwards；after《lunch》. ～を振り向く look back.

あと 跡〔痕跡〕a mark；traces；〔証拠〕evidence；〔通った跡を〕a trail；a wake（船跡）.

あとあし 後足 the hind legs；〔馬などの〕the heels.

あとあじ 後味がよい（悪い）leave a good（bitter）aftertaste.

あとおし 後押しする push《a cart》from behind；back up；support《a person》.

アドオン ～ソフト〔コンピュータ〕an add-on software. ～方式〔利息計算の〕the add-on system.

あとかた 跡形もない leave no sign〔trace〕《of》.

あとかたづけ 後片付けをする put《things》in order again；〔食事の〕clear the table；do the dishes.

あとがま 後釜に座る succeed《a person》；take a person's place.

あどけない innocent；childlike.

あとしまつ 後始末をする settle《one's debts》；straighten《an affair》up.

あととり 跡取り〔男〕an inheritor；an heir；〔女〕an heiress.

アドバイス 《a piece of》advice. ～する advise.

アドバルーン an advertising balloon.

あとまわし 後回しにする postpone；put off.

あとめ 跡目を継ぐ inherit《property》；succeed《a person》.

あともどり 後戻りをする go〔turn〕back；〔再発〕relapse.

アトラクション an attraction.

アトリエ an atelier；a studio.

アドリブ an ad lib. ～を入れる（人）ad-lib（an ad libber）.

アドレス 〔住所〕an address；〔ホームページ〕a homepage address；〔メール〕an e-mail address. ボールに～する〔ゴルフ〕address the ball.

あな 穴・孔 a hole；〔透き間穴〕a chink.

アナーキスト an anarchist. **アナーキズム** anarchism.

アナウンサー an announcer.

アナウンス (an) announcement. ～する announce.

あなぐら 穴蔵 a cellar.

アナクロ（ニズム） anachronism.

あなご 穴子 a conger eel.

あなどる 侮る despise；make light of. 侮り難い formidable.

アナログ ～計算機 an analog computer. ～放送 analog broadcasting.

あに 兄 one's (older,《英》elder) brother.

アニメーション 〔動画〕an animation.

あね 姉 one's (older,《英》elder) sister. ～婿 one's (older,《英》elder sister's) husband.

あの that；those. ～時 then. ～世 the other world.

あのね Well；I say…；Say.

アパート an apartment (house).

アバウト ～な人 a sloppy person. ～で行こう take it easy.

あばく 暴く expose；disclose；lay《a secret》bare；〔墓を〕open《a grave》.

あばずれ a hussy.

あばた 痘痕 pockmarks；pits. ～面 a pitted face.

アバター avatar. ～ロボット avatar robot.

あばよ good-by (e)；《米》so long；bye-bye.

あばら 肋骨 a rib.

あばらや あばら屋 a tumble-down house.

アパルトヘイト apartheid.

あばれる 暴れる act violently；rage；〔駆け回る〕run〔rush〕about. 暴れ込む break〔burst〕into《a house》. 暴れ回る rage about；run riot. 暴れ者 a rowdy；a rough.

アパレル ～産業 apparel industries.

アバンギャルド avant-garde《F》.

アバンチュール an adventure；a love affair.

アピール an appeal. ～する appeal《to the masses》.

あびせかける 浴びせ(かけ)る dash〔throw, pour〕《water》on；shower《punches》on；〔非難・質問などを〕fire《questions》at；heap《abuses》upon.

あひる 家鴨〔総称・雌〕a (domestic) duck；〔雄〕a drake.

あびる 浴びる dash〔pour〕《water》over oneself；be bathed in《the moonlight》；be under《fire》；be covered with《dust》.

あぶ 虻 a horsefly.

アフガニスタン・イスラム共和国 (Islamic Republic of) Afghanistan. ～の Afghan. ～人 an Afghan.

あぶく 泡→あわ. ～銭 ill-gotten〔unearned〕money.

アフターケア aftercare.

アフターサービス servicing；after-sale (s) service.

あぶない 危ない〔危険な〕dangerous；perilous；risky；〔不安定な〕insecure；unsteady；〔疑わしい〕doubtful；unreliable；〔病状が〕critical；serious.

あぶなく 危なく〔ほとんど〕almost；《be》nearly《killed》；〔やっと〕barely；narrowly《escape》.

あぶなげ 危な気ない safe；secure；〔勝利などが〕perfect；〔人物が〕reliable.

あぶら 油・脂〔液体の〕oil；〔半固体の〕grease. ～ぎった〔っこい〕greasy《food》. ～気のある oily；〔肉が〕fatty. ～気のない oilless；〔肉が〕lean；〔髪などが〕rough；～だらけの〔じみた〕oily〔greasy〕stained；fatty《man》. ～を売る〔怠ける〕idle away《by talking》. ～をさす oil. ～を絞る〔責める〕《米話》grill. ～を注ぐ〔けしかける〕add fuel to. ～足 greasy feet. ～汗 greasy sweat. ～絵 an oil painting. ～かす oil cake. ～身 the fat.

アフリカ Africa. ～人 an African. ～系アメリカ人 an African-American. ～大陸 the African Continent.

アプリ〔アプリケーションソフト〕application software.

あぶる 焙る warm《one's hands》；roast《beef》；〔きつね色に〕toast.

アフレコ dubbing；postrecording.

あふれる 溢れる overflow；flood；brim (over)《with tears》.

あぶれる〔仕事に〕lose〔miss〕one's job；be out of job.

アプローチ (an) approach.

あべこべ〔逆〕the contrary；the opposite；the reverse. ～に〔上下に〕upside down；〔裏表に〕inside out；〔かえって〕on the contrary.

アベック a couple.

アベレージ (an) average.

あへん 阿片 opium. ～中毒 opium poisoning.

アポイントメント ～を取る make an appointment《with》.

アボカド an avocado.

アボリジニ an Aborigine.

あま 尼 a nun. ～寺 a convent.

あま 海女 a woman diver.

あまい 甘い sweet;〔人に〕not strict;lenient;generous;〔子供に〕indulgent;〔結び目などが〕loose;not tight. ～言葉 honeyed words. ～物《英》sweets;《米》candy. 甘く見る make〔think〕little of.

あまえる 甘える〔親に〕behave like a spoilt child;〔好意に〕take advantage of《a person's kindness》.

あまがさ 雨傘 an umbrella.

あまくだり 天下り〔役員人事〕golden parachuting;the appointment of retired government officials into private companies as executives.

あまぐ 雨具 rainwear.

あまぐつ 雨靴 rain shoes.

あまぐも 雨雲 a rain cloud;(a) nimbus.

あまざらし 雨曝し になる be exposed to rain;be weather-beaten. ～の weather-beaten.

あまだれ 雨垂れ raindrops;〔ひさしの〕eavesdrops.

アマチュア an amateur.

あまど 雨戸 a shutter;a sliding door.

あまのがわ 天の川 the Milky Way;the Galaxy.

あまのじゃく 天の邪鬼〔人〕a perverse person.

あまみ 甘味 sweetness;a sweet taste. ～が出る get sweeter;〔果物が〕mellow. ～をつける sweeten.

あまもり 雨漏り(する)(There is) a leak in the roof.

あまやかす 甘やかす indulge;〔増長させる〕spoil.

あまやどり 雨宿りする take shelter from rain.

あまり 余り〔残り〕the remainder;the rest;〔数の〕the surplus;〔…以上〕more than;above.

あまりに 余りに too;excessively.

アマリリス an amaryllis.

あまる 余る remain;be left (over).

あまんじる 甘んじる be content(ed) with. 甘んじて〔満足して〕contentedly;〔あきらめて〕resignedly;〔忍従的に〕tamely.

あみ 網 a net. ～の目 meshes;a network《of railways》.

あみだな 網棚 a rack.

アミノ アミノ酸 an amino acid.

あみぼう 編み棒 a knitting needle;〔針〕a crochet needle.

あみもの 編み物(をする)(do) knitting.

あむ 編む weave;〔編み棒で〕knit;〔かぎ針で〕crochet;〔ひも状に〕braid;plait.

あめ 雨 rain;〔降雨〕rainfall. ～が降る It rains. ～続き a (long) spell of rainy days. ～模様です It looks like rain. 酸性～ acid rain.

あめ 飴《米》a candy;《英》sweets.

アメーバ an amoeba(複 amoebae, amoebas).

アメジスト (an) amethyst.

アメリカ America. ～の American. ～合衆国 the United States of America〔U.S.A.〕. ～人 an American;〔全体〕the Americans.

アメリカン American;〔コーヒー〕(weak) coffee. ～フットボール American football.

あやかる 君にあやかりたい I wish I were as lucky as you.

あやしい 怪しい suspicious;questionable;doubtful.

あやしむ 怪しむ〔ではないかと〕suspect;〔真実性を〕doubt.

あやす fondle〔dandle〕《a crying baby》.

あやつりにんぎょう 操り人形 a puppet; a marionette.

あやつる 操る〔操縦〕handle; manage;〔黒幕として〕pull the wires 《of a person》. 英語を自由に～ have a perfect command of English.

あやぶむ 危ぶむ〔気遣う〕fear; be afraid《of》;〔疑う〕doubt.

あやまち 過ち a fault;〔事故〕an accident.

あやまった 誤った wrong; erroneous.

あやまって 誤って by mistake; by accident.

あやまり 誤り a mistake; an error; a slip《of the pen》.

あやまる 誤る make a mistake; commit a fault〔an error〕.

あやまる 謝る apologize《to a person for》; beg《a person's》 pardon.

あゆ 鮎 an ayu; a sweetfish.

あら 粗 a fault; a defect. ～を探す find fault with《a person》. ～探し fault finding.

あら Oh; Dear me! ～，そうですか Is that so〔right〕?

あらあらしい 荒々しい violent; rude.

あらい 洗い物 the washing; the laundry.

あらい 荒い rough; rude;〔粗暴〕violent;〔語気が〕harsh;〔金遣いが〕extravagant.

あらい 粗い coarse《cloth》.

あらう 洗う wash;〔消毒する〕cleanse;〔すすぐ〕rinse. 身元を～ inquire into a person's past.

あらうみ 荒海 a stormy〔rough〕sea.

あらかじめ 予め beforehand; previously; in advance.

あらけずり 荒削りの〔板などが〕roughly-planed;〔性格などが〕rough.

あらし 嵐 a storm. ～が吹く It storms. ～の stormy. ～のような喝采 a thunderous applause.

あらす 荒らす〔害を加える〕damage; ravage;〔掠奪する〕plunder.

あらそい 争い〔競争〕a competition;〔口論・論争〕a quarrel; a dispute;〔闘争〕a struggle;〔いざこざ〕a trouble.

あらそう 争う〔口論・論争〕quarrel; dispute; contend《with a person for》;〔奪い合う〕scramble〔rush〕 for《a seat》;〔競う〕compete;〔闘争〕struggle.

あらた 新た new;〔新奇な〕novel. ～に newly; afresh;〔再び〕(over) again. ～にする renew.

あらだてる 荒立てる〔事を〕aggravate 《matters》; make《matters》worse. 事を荒立てない hush up a matter.

あらたまる 改まる〔変わる〕be changed;〔一新される〕be renovated;〔改善〕be improved 〔reformed〕;〔儀式ばる〕stand on ceremony. 改まった席で on a formal occasion.

あらためる 改める〔変更〕change; alter;〔一新〕renovate;〔修正・矯正〕revise; correct;〔改善〕reform; improve. 改めて newly; (over) again;〔正式に〕formally.

あらなみ 荒波 angry waves.

アラビア Arabia. ～の Arabian; Arabic. ～語 Arabic. ～人 an Arab. ～数字 Arabic figures.

あらゆる all; every possible〔available〕; all sorts of.

あられ 霰 hail; a hailstone. ～が降る It hails.

あらわす 表・現す〔示す〕show; stand for;〔表現〕express;〔姿を〕appear.

あらわす 著す〔著述〕write.

あらわれる 表・現れる come out; appear; show〔見えてくる〕come in sight; become visible.

あり 蟻 an ant. ～地獄〔虫〕an ant lion. ～塚 an ant hill. 働き(女王) ～ a worker (queen) ant.

ありあまる 有り余る have《money》 more than enough. ～ほどの ample.

ありありと vividly;distinctly; plainly.

ありあわせ 有り合わせの on hand ; within reach. ～の食事 a potluck meal. ～のものをごちそうする serve a person with potluck.

ありうる 有り得る(有り得ない)(im) possible ; (im) probable.

ありか 在処 whereabouts ; location.

ありがたい 有り難い〔感謝すべき〕 kind ; gracious ;〔感謝する〕be thankful. be grateful. 有り難く with thanks.

ありがたみ 有り難味〔有り難さ〕 value ; worth.

ありがためいわく 有り難迷惑だ It is misplaced kindness.〔相手に対しての返事〕Thanks for nothing.

ありがち 有り勝ちの common ;(of) frequent (occurrence).

ありがね 有金 all the money one has.

ありきたり 有りきたりの common ; ordinary ; usual.

ありさま 有様 a state ; a condition ; a situation.

ありそうな 有りそうな likely ; probable.

ありのまま 有りのまま the exact truth. ～に plainly ; honestly. ～に話す tell《a fact》(just) as it is.

アリバイ《have》an alibi《for the night》.

ありふれた 有りふれた common (place) ; ordinary.

ありゅうさん 亜硫酸(ガス) sulfurous acid (gas).

ある 有る〔所有〕have ; possess.

ある 在る〔存在〕there is ; be ;〔生存〕 live ;〔含有〕contain ;〔賦与〕be endowed with.

ある 或る a ; a certain ; some. ～時 on a certain occasion ;〔かつて〕 once (upon a time). ～日〔過去の〕

one day ;〔未来の〕someday.

あるいは 或いは〔または〕or;〔たぶん〕 perhaps ; maybe.

アルカリ alkali. ～性の alkaline.

あるき 歩き ～方 one's gait. ～スマホ smartphoning while walking.

あるく 歩く walk ; go on foot.

アルコール alcohol. ～飲料 alcoholic drinks;〔強い〕spirits. ～中毒 alcoholism. ～中毒者 an alcoholic. ～ランプ a spirit lamp.

あるじ 主→しゅじん.

アルジェリア (the Democratic and People's Republic of) Algeria. ～の Algerian. ～人 an Algerian.

アルゼンチン Argentina ; the Argentine (Republic). ～の Argentine ; Argentinian. ～人 an Argentinian.

アルツハイマー病 Alzheimer's (disease).

アルト alto. ～歌手 an alto (singer).

アルバイト a part-time〔side〕job; a side line.〔<《G》Arbeit (=work)〕.

アルバニア (the Republic of) Albania. ～人 an Albanian.

アルバム an album.

アルピニスト an alpinist.

アルファベット the alphabet. ～順に alphabetically.

アルプス the Alps. ～(山脈)の Alpine. 日本～ the Japan〔Japanese〕Alps.

アルミ (ニウム)《米》aluminum;《英》 aluminium. ～サッシ an aluminum sash. ～フォイル aluminum foil.

アルメニア (the Republic of) Armenia.

あれ that; those;〔人〕he ; she ; they.

あれ〔驚き・意外〕Look! ; I say! ; Listen! ; There!

あれから after that; since then.

あれくるう 荒れ狂う rage ; rave.

あれち 荒地 waste land.

あれはてた 荒れ果てた ruined ; waste ; desolate ; dreary.

あれはてる 荒れ果てる go〔fall〕to ruin ; be out of repair〔dilapidated〕.

あれもよう 荒れ模様の〔天候が〕stormy ;〔風・波が〕boisterous.

あれる 荒れる〔荒廃〕become wild and desolate ;〔天候〕be rough ; be stormy ;〔狂乱〕rage ;〔皮膚〕get rough〔chapped〕. 庭が荒れている The garden is ill kept.

アレルギー an allergy. ～性の《be》 allergic《to pollen》.

アレンジ (an) arrangement. ～する arrange.

アロエ an aloe ; aloe vera.

アロハ（シャツ） an aloha shirt.

あわ 泡 a bubble ; foam ;〔石鹸の〕 lather ;〔ビールの〕the head. ～が 立つ bubble ; foam. ～を食う〔あわ てる〕be confounded. 水の～となる come to nothing.

あわい 淡い light ; pale. ～恋心 a faint love《for》.

あわせめ 合わせ目〔継ぎ目〕a joint ; 〔縫い〕a seam.

あわせる 合わせる〔結合〕put together ; join ;〔手を〕clasp ;〔調節〕 set《a watch by the time signal》; fit 《a ring to the finger》;〔照合〕check (up) with. **合わせて** altogether ; in all.

あわせる 会わせる let《a person》see 《another》 顔を～ see〔meet〕《a person》.

あわせる 併せる〔併合〕annex ; absorb.

あわただしい 慌しい〔忙しい〕busy ; 〔せかされた〕hurried ;〔落ち着かぬ〕 restless.

あわだてる 泡立てる whip《eggs》.

あわてて 慌てて hurriedly ; in a (one's) hurry.

あわてもの 慌て者 a hasty〔giddy〕 person.

あわてる 慌てる be confused ; be upset ; lose one's head.

あわよくば if possible; if fortune favors on one.

あわれ 哀れな pitiful ; sad ; wretched.

あわれみ 哀れみ pity ; compassion. ～を乞う beg for mercy.

あわれむ 哀れむ pity ; take pity on ; feel pity for. ～ べき poor ; pitiable ; miserable ; wretched.

あん 案〔提案〕a proposal ;〔議案〕a bill ;〔草案〕a draft ;〔計画〕a plan ; an idea. ～を立てる make a plan.

あん 餡 bean jam〔paste〕. ～パン a bean-jam bun.

アンインストール uninstall.

アンカー〔リレーの〕an anchor.

あんがい 案外 unexpectedly ; beyond one's expectation. ～ な unexpected ; contrary to one's expectation.

あんき 暗記する memorize ; learn 〔get〕by heart.

アングラ（劇場） (an) underground (theater).

アンクレット an anklet.

アングロサクソン ～人 an Anglo-Saxon ;〔民族〕the Anglo-Saxon.

アンケート a questionnaire.

あんこう 鮟鱇 an angler.

あんごう 暗号 a cipher ; a code ;〔合 言葉〕a password. ～を訳す decipher. ～資産〔仮装通貨〕 crypto-currency. ～電報 a code telegram.

アンコール (an) encore.

あんこく 暗黒 darkness. ～街 the underworld. ～時代 dark age〔中世 の〕the Dark Age.

アンゴラ〔国名〕(the Republic of) Angola〔毛織物〕Angora.

あんさつ 暗殺 (an) assassination. ～する assassinate；murder. ～者 an assassin.

あんざん 安産 (する) (have) an easy delivery.

あんざん 暗算 (する) (do) mental arithmetic〔calculation〕.

アンサンブル an ensemble《F》.

あんじ 暗示 a hint；(a) suggestion. ～する hint；suggest.

あんしつ 暗室 a darkroom.

あんじゅう 安住する live in peace.

あんしゅつ 案出する invent；devise；contrive；work out.

あんしょう 暗誦する recite (from memory)；say by heart.

あんしょう 暗礁 a reef；a (sunken) rock. ～に乗り上げる strike〔run on〕a rock；〔会議などが〕come to a deadlock.

あんしょうばんごう 暗証番号 a (personal) code number.

あんじる 案じる worry《about》；〔考案〕think about.

あんしん 安心して free from care；in peace. ～する feel relieved〔at ease〕；〔確信する〕feel〔be〕confident《of》.

あんず 杏 an apricot.

あんせい 安静にする keep quiet. 絶対～ an absolute rest.

あんぜん 安全 safety；security. ～な safe；secure. ～に safely；in safety；securely. ～地帯 (弁・かみそり・ピン) a safety zone (valve, razor, pin). ～保障条約 a security treaty. ～保障理事会〔国連の〕The Security Council.

あんだ 安打《make》a (safe , base) hit.

アンダー ～ウェア underwear. ～シャツ an undershirt. ～スロー an underthrow.

あんち 安置する install；enshrine.

アンチエイジング anti-aging.

あんちゅうもさく 暗中模索する grope in the dark.

アンチョビー an anchovy.

アンツーカー en-tout-cas《court》《F》. ～コート〔テニスの〕an all-weather tennis court.

あんてい 安定を保つ (失う) keep (lose) balance. ～感 a sense of security.

アンティーク〔骨董品〕an antique.

アンティグア・バーブーダ〔国名〕Antigua and Barbuda.

アンテナ an antenna. ～ショップ antenna shop.

アンドロイド端末 android terminal.

アンドラ (the Principality of) Andorra.

あんな such；like that.

あんない 案内 guidance；〔招待〕invitation. ～する lead；guide；〔招待〕invite；〔部屋へ通す〕show《in, into》. ～書 a guidebook. ～人 a guide；〔劇場などの〕an usher.

あんに 暗に implicitly；by hints. ～知らせる hint；suggest.

あんのじょう 案の定 as (was) expected；as one (was) expected.

アンパイア an umpire. ～をする umpire《a game》.

アンバランス imbalance；《まれ》unbalance；a lack of balance.

あんぴ 安否を気遣う be anxious to know if a person is safe.

アンプ an amplifier.

アンプル an ampoule.

アンペア an ampere.

あんま 按摩 ～してもらう have《one's stiff shoulders》massaged. ～する massage.

あんみんぼうがい 安眠妨害 disturbance of quiet sleep.

あんもく 暗黙のうちに by a tacit consent；tacitly.

アンモニア ammonia.

あんやく 暗躍する engage in secret

〔underground〕activities.

あんらく 安楽に comfortably；in comfort；happily. **〜椅子** an easy chair. **〜死** euthanasia；mercy killing.

い

い 胃 the stomach. **〜が痛む** have (a) stomachache. **〜の** gastric. **〜液** gastric juice. **〜壁** the wall of the stomach.

いあつ 威圧する coerce. **〜的な** coercive；overpowering.

いあん 慰安〔慰め〕(a) consolation；(a) comfort；〔娯楽〕(a) recreation. **〜会(旅行)** a recreation meeting (trip).

いい 良い good；fine.→よい.

いいかえ 言い換えれば in other words；that is (to say).

いいがかり 言い掛かりをつける〔喧嘩の〕pick a quarrel《with》；〔非難〕make a false charge《against》.

いいかげん いい加減な random；slack；〔あいまいな〕vague. **〜に** at random；perfunctorily.

いいかた 言い方 a way of speaking；an expression.

いいき いい気な〔のん気な〕easygoing；〔うぬぼれた〕conceited《with》；〔つけあがった〕complacent；presumptuous.

いいきかせる 言い聞かせる tell；〔訓告〕admonish；〔忠告〕advise.

いいきみ いい気味だ Serve him right!

いいくるめる 言いくるめる talk black into white.

イージーオーダー(の服) a half-ready-made suit.

イースト イースト菌 yeast.

いいそこなう 言い損なう make a slip of the tongue；〔言いそびれる〕fail to mention〔tell〕.

いいつけ 言いつけを守る obey《a person, a person's orders》.

いいつける 言いつける〔命令〕tell；instruct；order:〔告げ口〕tell on《a person》；tell tales《about》.

いいつたえ 言い伝え a tradition；a legend.

いいとし いい年をして in spite of one's mature age.

いいなおす 言い直す〔訂正〕correct oneself；〔前言取消〕retract《one's statement》.

いいなずけ 許嫁 one's betrothed；〔女〕a fiancee；〔男〕a fiance.

いいなり 言いなり《be》under a person's thumb.

いいね 言い値(で) (at) the price asked；(at) the seller's price.

いいのがれ 言い逃れ《make》an evasive answer.→いいわけ.

いいひと いい人 a good-natured person；〔適任者〕the right person；〔情人〕a lover(男)；a love；a sweetheart（おもに女）.

いいふくめる 言い含める instruct；tell《a person》in advances [beforehand]《to do》.

いいふらす 言い触らす spread《a rumor》.

いいぶん 言い分〔主張〕《have》one's say；〔不満〕《have》a complaint.

いいまかす 言い負かす〔言い込める〕put《a person》to silence；talk down.

いいより 言い寄る make a pass [passes;advances]《at a woman》.

いいわけ 言い訳 an excuse；an apology. **〜する** make an excuse [apology]. **〜に** by way of apology；in excuse.

いいわたす 言い渡す tell；order；〔判決を〕pass a sentence.

いいん 医院 a physician's office；a (medical) clinic.

いいん 委員〔一員〕a committee member. ～会 a committee (meeting). ～長 the chairman of a committee.

いう 言う say；〔告げる〕tell；〔呼ぶ〕call；〔言い表わす〕express；〔口に出す〕mention …と―ことである It is said (that)；They say (that)．…は～に及ばず to say nothing of．…は～でもない It goes without saying that.

いえ 家 a house；〔家庭〕a home.

いえがら 家柄のよい (悪い)《a man》of good (poor) family.

いえで 家出する run away from home. ～人 a runaway.

イエメン (the Republic of) Yemen. ～の Yemenite；Yemeni.

いえもと 家元 the head teacher《of a Japanese dance school》.

イエロー yellow. ～カード〔サッカーなどの〕a yellow card；a warning.

いおう 硫黄 sulfur.

イオン an ion.

いか 以下 no more than；〔下記の〕the following《sentence》. 5 ～ five and less；on and under five.

いか 医科 the medical department.

いか 鳥賊 a squid；〔甲イカ〕a cuttlefish.

いが 毬 a bur.

いがい 以外〔加えて〕besides；in addition to；〔除いて〕but；except.

いがい 意外な unexpected；〔偶然の〕accidental. ～に (も) unexpectedly；beyond〔contrary to〕expectation.

いかいよう 胃潰瘍 a gastric ulcer.

いかが How《is he?》；What《about you?》. ～ですか〔ごきげんは〕How are you?；〔意向をたずねて〕How about《a cup of tea?》.

いかがわしい〔あやしい〕doubtful；〔みだらな〕indecent；obscene.

いかく 威嚇 a threat；a menace. ～する threaten；intimidate. ～的 threatening《attitude》. ～射撃をする fire a warning shot《at》.

いがく 医学 medicine；medical science. ～博士 a doctor of medicine；〔学位〕Doctor of Medicine〔略 M.D.〕. ～部 the school〔college〕of medicine；the medical school〔college〕；《英》the faculty of medicine.

いかくちょう 胃拡張 gastric dilation.

いかさまの fake；forged. いかさま師 a cheat.

いかす 生かす〔生き返らせる〕revive；restore《a person》to life；〔生かしておく〕keep《fish》alive.

いかす 活かす〔活用する〕make use of；utilize.

いかすい 胃下垂 gastroptosis.

いかだ 筏 a raft. ～で運ぶ carry on a raft.

いがた 鋳型 a mold；a cast；〔活字などの〕a matrix.

いカタル 胃カタル gastric catarrh.

いかに how；〔いかに…でも〕→いくら.

いがみあう いがみ合う〔動物が〕snarl《at each other》〔人が〕quarrel《with》.

いかめしい 厳しい grave；solemn；stern；stately. 厳しく gravely；in a dignified manner.

いカメラ 胃カメラ a gastroscope.

いかものぐい いか物食い a man of eccentric taste for food.

いかり 怒り anger；indignation；〔不興〕displeasure.

いかり 錨 an anchor. ～を上げる (下げる) weigh (cast, drop) anchor.

いかん 移管する transfer.

いかん 遺憾である It is a pity〔regrettable〕that…. ～ながら I am sorry to say《that》.

いがん 胃癌 (a) stomach cancer.

いき 息 a breath. ～が合う〔合って〕in perfect harmony. ～が切れる be

out [short] of breath. ～が絶える breathe one's last. ～を殺して with breathless interest [anxiety]. ～を吸う breathe in ; inhale. ～をする breathe. ～ をつく take [draw] breath ; [休む] pause ; take a rest. ～を吐く breathe out ; exhale. ～を吹き返す come around.

いき 粋な stylish ; smart ; chic.

いき 域 [水準] a level ; [段階] a stage.

いき 意気 ～消沈する be mentally depressed. ～ 投 合 す る be of kindred spirits ; be of a mind. ～揚々と triumphantly.

いき 遺 棄 する abandon ; desert ; leave.

いぎ 異議 [反論] an objection ; [抗議] a protest. ～なく(満場一致で) unanimously. ～を申し立てる lodge a protest 《against , with》; raise an objection 《to》.

いぎ 意義 [意味] meaning ; [重要性] importance ; significance. ～ある significant.

いきいき 生き生きした lively ; vivid ; [新鮮な] fresh.

いきうつし 生き写し an exact copy 《of》; a picture 《of》.

いきうめ 生き埋めにする (なる) bury (be buried) alive.

いきおい 勢い [力] force ; energy ; [元気] spirit ; [勢力] influence ; power ; [はずみ] impetus ; [すう勢] tendency 《of the times》. ～よく with great force ; energetically ; vigorously ; in high spirits ; bravely.

いきかえる 生き返る revive ; come to oneself [life again].

いきごみ 意気込み eagerness ; ardor ; zeal ; enthusiasm.

いきごむ 意気込む be eager 《to do》; be intent 《upon》.

いきじびき 生き字引 a walking dictionary [encyclopedia].

いきた 生きた [生きている] live[laiv] ; living ; [実際の] actual.

いきづまる 息詰まるような breath-taking 《performance》; thrilling 《game》; oppressive 《silence》.

いきなり suddenly ; abruptly.

いきぬき 息抜き(をする) [休息] (have) a rest [breather] ; [気晴らし] (have) a diversion.

いきのこる 生き残る survive ; outlive 《a person》.

いきまく 息巻く fret and fume ; be enraged.

いきもの 生き物 a living thing ; a creature ; an animal.

いぎょう 偉業 a noble work ; a great achievement.

いきょうと 異教徒 a heretic ; a heathen ; a pagan.

いきょく 医局 a medical office. ～員 a medical staff member.

イギリス (Great) Britain ; the United Kingdom (略 U.K.) ; England ; ～人 [総称] the British ; the English ; [男] an Englishman ; [女] an English-woman.

いきる 生きる live. 生きている be alive [living].

いきわかれ 生き別れになる part 《from a person》for life.

いくえい 育英 ～事業 educational work. ～資金 a scholarship.

いくじ 育児 child care ; nursing. ～休暇 a maternity leave. ～室 a nursery.

いくじ 意気地ない weak hearted ; timid ; spineless. ～ な し a coward ; a chicken ; a sissy.

いくつ 幾つ how many ; [何歳] How old 《are you?》.

いくど 幾度 how often (many times) ～ も often ; many times ; (over and) over again ; again and again ; repeatedly.

いくどうおん 異口同音に with one

voice；unanimously.

いくにち 幾日→なんにち.

イクメン child-rearing men.

いくら 幾ら〔数〕how many.〔量・金額〕how much，〔時間〕how long，〔距離〕how far，〔幾ら…でも〕however〔whatever〕《one may try》. ～か a little；somewhat；to some extent. ～ でも as much〔many〕as one pleases〔wants〕.

いけ 池 a pond；〔小池〕a pool；〔泉水〕a fountain.

いけいれん 胃痙攣 gastralgia.

いけす 生簀 a fish preserve.

いけどる 生け捕る〔動物を〕catch alive.

いけない〔悪い〕bad；wrong；〔禁止〕must〔should〕not《do》；〔…するといけないから〕for fear (that)《I may fail》.

いけばな 生け花〔芸〕flower arrangement；〔花〕arranged flowers《in a vase》.

いけん 意見 an opinion；a view；〔諫言〕admonition；〔忠告〕advice. ～する advise.

いけん 違憲である be unconstitutional；be against the constitution.

いげん 威厳 dignity；prestige. ～のある dignified；majestic.

いご 以後〔今後〕after this；from now on；〔将来は〕in (the) future；〔それ以後〕after《that》；since《then》.

いご 囲碁 (the game of) go.

いこう 威光 dignity；〔勢力〕influence.

いこう 意向〔意志〕an intention；〔希望〕one's wishes；〔意見〕one's view.

イコール〔等号〕an equal sign. 4足す5～9 Four plus five equals nine.

いこく 異国 a foreign country. ～情緒 an exotic atmosphere；exoticism.

いごこち 居心地のよい comfortable；snug；cosy.

いこつ 遺骨 a person's remains〔ashes〕.

いざ ～という時には in case of emergency.

いさい 異彩を放つ cut a (brilliant) figure.

いざかや 居酒屋 a tavern；《米》a saloon；《英》a public house；a pub.

いさぎよく 潔く manfully；with good grace.

いさぎよし 潔しとしない disdain〔be too proud〕to do.

いさましい 勇ましい（く）brave (ly)；courageous (ly)；gallant (ly).

いさめる 諫める remonstrate with《a person》about；《文》admonish.

いさん 胃酸 gastric acid. ～過多症 gastric hyperacidity. ～欠乏病 gastric achlorhydria.

いさん 遺産《come into》an inheritance；a legacy.

いさんで 勇んで in high spirits；spiritedly.

いし 石 (a) stone；〔小石〕a pebble；〔岩石〕rock. ～を敷いた paved with stone. ～垣 a stone wall. ～工 a stonemason. ～段 (a flight of) stone steps. ～灯籠 a stone lantern.

いし 意志 (a) will. ～の強い（弱い）of strong (weak) will. ～を継ぐ carry on《a person's》will.

いし 意思 a mind；(an) intention；(a) wish. ～の疎通 mutual understanding《between》.

いじ 意地の悪い ill-natured；ill-tempered；cross. ～悪く ill-naturedly. ～になって obstinately；spitefully. ～を張る be stubborn about〔over〕《a thing》.

いじ 維持する maintain《peace》；support；keep up《one's health》. ～費 the maintenance expenses.

いしき 意識 consciousness. ～する
（しない）be conscious (unconscious)
《of》. ～ 的 に consciously；
knowingly.

いじける〔萎縮〕shrink；get timid；〔ひ
ねくれる〕become crooked.

いしつぶつ 遺失物 a lost article；lost
property.

いじめる 苛める tease；bully；
torment. いじめ bullying.

いしゃ 医者 a doctor；〔内科医〕a
physician；〔外科医〕a surgeon. ～
にかかる consult〔see〕a doctor.

いしゃりょう 慰謝料 consolation
money；a solatium.

いじゅう 移住 migration. ～する
migrate；move.→いみん.

いしゅく 萎縮する shrink；shrivel
〔wither〕(up).

いしょ 遺書〔書き置き〕a suicide's last
note；〔遺言〕a will.

いしょう 衣裳 a dress；clothes；〔芝
居の〕costume.

いしょう 意匠 a design. ～登録
registration of a design.

いじょう 以上 more than；over；
beyond.；〔上記の〕the above. 5 ～
five and more；on and over five.

いじょう 異常 な unusual；extra-
ordinary；abnormal. ～がある〔精
神に〕be mentally deranged；〔故障〕
something is wrong《with》〔the
matter〕. ～ が な い be all right
〔alright〕；be in (a) good condition.
～気象 abnormal weather. ～事態
(an) emergency.

いしょく 衣食〔生計〕(a) living；(a)
livelihood. ～住 food , clothing
and housing.

いしょく 委嘱する→にんい；いらい.

いしょく 異色の unique；novel.

いしょく 移植 transplantation. ～す
る transplant；graft《skin》. 心臓
～ a heart transplant.

いじらしい〔感動的な〕pathetic；
touching；〔愛らしい〕lovely；sweet.

いじる〔指で〕finger；〔触れる〕
touch；〔もてあそぶ〕play《with》；〔手
を加える〕tamper.

いしわた 石綿 asbestos.

いしん 維新 明治～ the Meiji Resto-
ration.

いじん 偉人 a great man.

いす 椅子 a chair；〔背もたれのない〕
a stool；〔地位〕a post. 大臣の～
the portfolio《of》. 安楽～ an easy
chair. 回転～ a revolving〔swivel〕
chair. ひじかけ～ an arm chair.

いずみ 泉 a spring；a fountain.

イスラム Islam. ～の Islamic. ～教
Islam. ～教国 Islamic country. ～
教 徒〔全 体〕Islam；〔個 人〕a
Muslim.

いずれ〔そのうちに〕one of these
days；some other time. ～にしろ
in either case；anyhow；anyway.

いすわる 居座る stay on；remain《in
office》.

いせい 威勢のよい high-spirited；
energetic；dashing.

いせい 異性 the opposite〔other〕sex.

いせいしゃ 為政者 an administrator；
〔政治家〕a statesman；〔統治者〕a
ruler.

いせえび 伊勢海老 a (spiny) lobster.

いせき 移籍する transfer.

いせき 遺跡 ruins《of Rome》；a
scene of historic events.

いせつ 異説 a different view
〔theory〕.

いぜん 以前 (に) formerly；before.→
まえ.

いぜん 依然 として still；as before
〔ever , it was〕.

いそいそ (と) cheerfully；with a light
heart.

いそうろう 居候〔食客〕a parasite；a
dependent；《米話》a free loader.
～ を す る live off《a friend》；
become a dependent《of》.

いそがしい 忙しい be busy《doing , with one's work , at work》;〔用事がある〕be engaged. 忙しそうに busily.

いそがせる 急がせる hurry up ; hasten ; press ; urge.

いそぎ 急ぎの urgent《business》; pressing《work》.

いそぐ 急ぐ hurry (up) ; hasten ; make haste. 急いで in a hurry ; in haste ; hastily ; hurriedly.

いぞく 遺族 a bereaved family.

いた 板 a board ;〔厚板〕a plank ;〔金属板〕a plate. ～を張る board ; plank. ～ガラス plate glass. ～チョコ a chocolate bar. ～塀 a board fence ; a wooden wall.

いたい 遺体 a (dead) body ; a corpse ; the remains.

いたい 痛い painful ; sore ;〔痛む〕feel pain ;〔傷などが〕be painful ; hurt. あっ, 痛い Ouch! 頭 (歯) が～ have a headache (toothache) .

いだい 偉大な great ; grand.

いたいたしい 痛々しい touching ; pathetic ; pitiful.

いたく 委託する entrust《a person with a matter , a matter to a person》. ～販売 consignment sale.

いだく 抱く〔心に〕harbor ; bear ; cherish. →だく .

いたずら 徒らに to no purpose ; idly ; in vain.

いたずら 悪戯な mischievous ; naughty. ～をする play a trick 〔pranks〕《on》; do mischief.

いただきます 頂きます〔食前に〕Thank you for this food〔meal〕.

いたち 鼬 a weasel.

いたで 痛手を負う receive a severe wound〔blow (心の)〕.

いたのま 板の間 a wooden floor.

いたばさみ 板挟みになる be in a fix 〔dilemma〕.

いたみ 痛み・傷み〔肉体〕(a) pain ; (an) ache ;〔損傷〕damage ;〔果実の〕a bruise.

いたむ 痛む・傷む〔傷が〕pain ;〔絶えず患部が〕ache.〔損傷〕be injured ; be damaged ; be worn out.

いためる 炒める fry (lightly) ; frizzle.

いためる 痛・傷める hurt ; injure ;〔心を〕worry ; feel uneasy ; spoil ; damage.

イタリック《in》italics. ～にする italicize《a word》.

いたる 至る〔到達する〕arrive at〔in〕; reach ; get to ;〔結果が…となる〕come to do ; result in《a failure》.

いたるところ 至る所 everywhere ; throughout《the country》.

いたわる 労る be kind to ; care kindly for ;〔同情する〕sympathize with.

いたん 異端 heresy. ～の heretic (al) . ～者 a heretic.

いち 一 one. 第～ the first.

いち 市 a market ; a fair ;〔市のある日〕a market day.

いち 位置 (a)position ; a situation ; (a) location ; (a) location.

いちい 一位である be at the head of 《a class》; rank first ; win the first prize.

いちいち 一々 one by one ; each ;〔詳細に〕in detail.

いちいん 一員 one of the members ; a member《of》.

いちおう 一応〔ある点では〕in a way ;〔差し当たり〕for the present ;〔とにかく〕anyway.

いちがい 一概に〔区別せず〕indiscriminately.

いちがつ 一月 January〔略 Jan.〕.

いちぎょう 1 行置きに《write》on every other line.

いちご 苺 a strawberry.

いちざ 一座〔同席者〕the whole company ; all (the person's)

present ; 〔俳優などの〕a company ; a troupe.

いちじ 一時 〔ある時〕once ; at one time ; 〔当分〕for the present. ～(的)の temporary ; passing 《passion》. ～預けにする check 《one's baggage at the public locker》.

いちじく 無花果〔木〕a fig tree ; 〔実〕a fig.

いちじるしい 著しい conspicuous ; remarkable ; striking ; marked. 著しく remarkably ; markedly.

いちず 一途に with all one's heart ; 〔盲目的に〕blindly.

いちぜん 一膳 a bowl 《of boiled rice》.

いちぞん 一存 で at one's own discretion.

いちだい 一代 one generation ; 〔一生〕one's lifetime. ～記 a biography ; a life.

いちだん 一団 a group ; a body ; a party.

いちど 一度 once. ～に at a time ; 〔一気に〕at a stretch.

いちにち 一日中 all day (long). ～置きに every other 〔second〕day.

いちにん 一任する leave 《a matter》 entirely 《to a person》.

いちにんまえ 一人前〔一人分〕a portion. ～の independent ; 〔一人前の〕full-fledged ; grown-up. ～になる〔成年〕come of age ; 〔自活〕become self-supporting.

いちば 市場 a market ; a market place.

いちはやく 逸早く immediately ; at once. ～する lose no time in doing.

いちばん 一番 the first ; No.1 (=number one) ; 〔勝負〕a game ; a round ; a bout ; 〔最も〕most ; best ; above all. ～先に first (of all). ～あとで last of all ; lastly.

いちぶ 一部 (a) part ; (a) portion

〈of〉 ; 〔1冊〕a copy. ～始終 the whole story ; the full particulars 〔account〕《of》.

いちまい 一枚 a sheet 〔piece〕《of paper》 ; a slice 《of bread》.

いちまつ 一抹 の a touch of 《anxiety》.

いちみ 一味 a gang 《of robbers》.

いちめん 一面 one side ; an 〔one〕aspect ; 〔新聞の〕the front page. ～に all over 《the ground》. ～的な one-sided.

いちもうだじん 一網打尽にする round 《them》 up.

いちもく 一目を置く acknowledge a person's superiority. ～瞭然である be clear at a glance.

いちもくさん 一目散に 《run away》at full speed.

いちもん 一文無しの penniless. ～の値打ちもない worth nothing.

いちやく 一躍〔突然〕suddenly. ～有名になる become famous overnight.

いちゃつく sport 〔dally〕《with》 ; flirt 《with》.

いちゅう 意中 mind ; heart ; intention. ～の人 a man 〔girl〕of one's heart.

いちよう 一様に similarly ; equally ; alike.

いちょう 胃腸が丈夫だ(弱い)have a good (weak) digestion. ～病 a gastroenteric disease.

いちょう 銀杏 a ginkgo 〔gingko〕(tree).

いちらん 一覧する take a look 《at》 ; glance through. ～払手形 a sight bill 〔draft〕. ～表 a list ; a table ; a catalogue ; 《米》catalog.

いちらんせいそうせいじ 一卵性双生児 an identical twin.

いちり 一理ある It is true that…〔but…〕; There is some truth in it.

いちりゅう 一流の first-rate 〔-class〕.

いちれん 一連の a series of 《incidents》.

いつ 何時 when ; at what time.

いつか 何時か〔未来の〕some time ; some day ; 〔過去の〕once ; before ; the other day.

いっか 一家〔家庭〕a home ; a household ; 〔家族〕one's family. ～の主人 (主婦)the master (mistress) of a house. ～を支える support one's family.

いっかい 一階 《米》the first floor ; 《英》the ground floor.

いっかつ 一括する sum up ; summarize.

いっかん 一貫した consistent. ～して consistently ; from first to last.

いっきょ 一挙に at a stroke ; 〔ひとすくいで〕at one scoop. ～両得である kill two birds with one stone.

いつく 居着く settle (down) ; 〔長居する〕stay long.

いつくしむ 慈しむ love ; be tender 〔to one's children〕.

いっけん 一見して at (first) sight ; at a glance.

いっけん 一軒 家〔独立家屋〕a house ; 〔人里離れた家〕a solitary house.

いっこ 1個 one. ～ずつ one by one.

いっこう 一行 a party ; 〔随員〕a suite.

いっさく 一昨 ～日 the day before yesterday. ～年 the year before last.

いっさん 一散→いちもくさん.

いっしゅ 一種 a kind 《of》; a sort 《of》.

いっしゅう 一周する go 〔travel, sail〕a round. 世界～旅行 a round-the-world trip.

いっしょ 一緒に together ; with ; together 〔along〕with ; 〔同時に〕at the same time ; simultaneously 《with》.

いっしょう 一生 one's whole life ; one's life time. ～の lifelong.

いっしょけんめい 一所懸命に with all one's might ; as hard as one can ; desperately.

いっしん 一心〔不乱に〕heart and soul ; wholeheartedly.

いっしん 一新する renew ; reform.

いっせい 一世を風靡する command 〔rule〕the time 〔world〕. リチャード～ Richard the First.

いっせい 一斉に〔いっしょに〕all together ; 〔口をそろえて〕with one voice ; 〔同時に〕simultaneously. ～射撃を行う fire a volley. ～検挙 a blanket 〔wholesale〕arrest ; a roundup. ～休校 a all-out school closure.

いっそう 一掃する sweep away 〔off〕; clear away 〔off〕.

いっそう 一層 much 〔still〕more ; all the more.

いっそく 1足 a pair 《of shoes》.

いっそくとび 一足飛びに at one bound ; in one leap 〔jump〕.

いったい 一体 (全体) 《who, what, where, when, why》on earth 〔in the world〕.

いったい 一帯 に in the whole neighborhood ; all over 《Kyushu》.

いつだつ 逸脱する deviate 〔depart〕 《from》.

いったん 一旦 once ; when once ; if once.

いっち 一致〔符号〕coincidence ; 〔意見などの〕agreement. ～ する coincide 《with》; agree 《with》. ～して with one accord ; unitedly.

いっちゃく 1着〔着物〕a suit 《of clothes》; 〔競技〕the first to reach the goal. ～になる come in first.

いっちょういったん 一長一短がある have merits and demerits.

いっちょくせん 一直線に in a straight line ; directly ; 《go》straight 《home》.

いって 一手に《undertake》alone

〔single-handed〕.

いってい 一定の〔確定した〕certain；fixed；regular《income》；〔画一的〕uniform. ～する fix；unify；standardize.

いっとう 一等の first-class〔-rate〕；〔最善〕best. ～国 a first-class power. ～車（船室）a first-class car（cabin）.

いつになく 何時になく unusually.

いつのまにか 何時の間にか before one is aware.

いっぱ 一派〔宗派〕a sect；〔流派〕a school；〔党派〕a party.

いっぱい 一杯 a cup；a glass《of》；〔充満〕be full《of》；〔満員〕be packed〔filled，crowded〕《with people》. ～にする fill《a cup》with《milk》. ～やる〔飲酒〕have a drink. 力～ with all one's strength；《try》as much as one can.

いっぱく 一泊する put up for the night. ～旅行《make》an overnight trip.

いっぱつ 一発〔発射〕a（single）shot；〔殴打〕a blow；a punch.

いっぱん 一般に generally；commonly；as a rule. ～化する generalize. ～大衆 the general public.

いっぴん 一品料理 an á la carte dish.

いっぷく 一服〔タバコの〕《have》a smoke；〔薬の〕a dose.

いっぷたさい 一夫多妻（制）polygamy.

いっぺん 一片 a piece；a fragment；a bit.

いっぺん 一変する change completely〔altogether〕.

いっぺんとう 一辺倒 アメリカ～である be an out-and-out pro-American.

いっぽう 一方 one side；〔他方〕the other side；〔二者の片方〕one party；〔相手方〕the other party. ～では on the one hand；〔他の一方で

は〕on the other hand. ～通行 oneway traffic；【標示】One Way Only.

いつまで how long. ～も forever；as long as《one likes》.

いつも always；〔ふつうは〕usually. ～の usual；ordinary. ～のように as usual.

いつわ 逸話 an anecdote.

イデオロギー an ideology. ～（上）の ideological.

いてざ 射手座 Sagittarius.

いてん 移転（a）removal. ～する move；remove《to》. ～先 one's new address〔house〕.

いでん 遺伝 heredity. ～する be hereditary；inherit from one's parents. ～の〔的〕hereditary；inherited. ～病 a hereditary disease.

いでんし 遺伝子 a gene. ～銀行 a gene bank. ～工学 genetic engineering. ～組み換え gene modification〔recombination〕. ～組み換え食品 gene-altered〔genetically-modified，GM〕food；〔英〕the "Frankenfood". ～生物〔作物〕a genetically-modified organism〔略 GMO〕. ～操作 genetic manipulation.

いと 糸〔縫い糸〕（a）thread；〔織り糸〕yarn；〔弦〕a chord；a string；〔釣り〕a line. 針に～を通す thread a needle.

いと 意図 a purpose；an intention.

いど 井戸 a well. ～端会議 a housewives' gossip.

いど 緯度 latitude；〔緯度線〕a parallel.

いとう 厭う mind. 厭わない do not mind《the trouble of》.

いどう 異動（a）change. 人事～ personnel changes.

いどう 移動（a）movement；removal. ～する move（from place to place）；travel. ～証明（申告）a certificate (report) of one's removal. **～図書館** a traveling library.

いとぐち 糸口となる lead to 《success, conversation》; give a clue 《to the detection of the murderer》.

いとこ 従兄弟 a (first) cousin. また **～** a second cousin.

いどころ 居所 one's whereabouts; one's address.

いとなむ 営む〔行う〕do; perform;〔営業〕carry on〔engage in〕《business》;〔開業医などを〕practice.

いとまごい 暇乞いをする say good-by (e)《to》.

いどむ 挑む challenge; defy.

いない 以内の〔に〕within; not more than.

いなおる 居直る change to a threatening attitude. **居直り強盗** a thief who turns a burglar when detected.

いなか 田舎 the country (side) →こきょう。**～じみた〔くさい〕**boorish; rustic. **～育ちの** country-bred. **～の** rural; rustic. **～へ行く** go into the country;〔帰省〕go home. **～者** a countryman;〔悪口〕a bumpkin.

いながら 居ながらにして at one's own home; without moving from one's own home.

いなご 蝗 a locust.

いなずま 稲妻→いなびかり.

いななく 嘶く〔馬が〕neigh.

いなびかり 稲光 (a flash of) lightning.

イニシアチブ 《take》the initiative 《in》.

イニシャル an initial.

いにん 委任する entrust 《a person with a matter》; place〔leave〕《a matter》in《a person's》hands. **～状** a letter of attorney.

イニング an inning.

いぬ 犬 a dog;〔猟犬〕a hound;〔雑種犬〕a mongrel;〔野良犬〕a cur. **～小屋** a kennel.

イヌイット an Inuit.

いぬじに 犬死にする die in vain〔for nothing〕; die to no purpose.

いね 稲 a rice plant; rice. **～刈り** rice reaping.

いねむり 居眠り(する) (take) a nap; (fall into) a doze. **～運転をする** drive《a car》asleep.

いのこる 居残る stay behind;〔残業〕work overtime.

いのしし 猪 a wild boar.

いのち 命〔生命〕life;〔寿命〕the span of life. **～の親** the preserver of one's life; lifesaver. **～の綱** a life line; one's only means of living.

いのちがけ 命懸けの〔必死〕desperate. **～で** desperately; at the risk of one's life.

いのちからがら 命からがら《escape》with bare life.

いのちしらず 命知らずの (人) (a) daredevil; a reckless person.

いのちびろい 命拾いをする have a narrow escape.

いのり 祈り〔神仏への〕(a)prayer;〔食前・食後の〕《say》(a) grace.

いのる 祈る pray《to God for…》;〔望む〕wish; hope.

いばら 茨 a thorn; a bramble; a briar〔とげ〕a thorn. **～の道** a thorny path.

いばる 威張る〔態度が〕be haughty;〔もったいぶる〕give one's airs;〔自慢〕boast; be proud 《of, that…》.

いはん 違反 (a) violation. **～する** violate; infringe; offend《against the law》. **～者** an offender. **交通（駐車）～** a traffic (parking) violation.

いびき 鼾 snoring; a snore. **～をかく** snore.

いびつ 歪な distorted ; crooked ; irregular ; wry.

いひょう 意表を突く take 《a person》 by surprise.

いびょう 胃病 《suffer from》 stomach trouble.

いびる torment ; tease.

イブ 〔アダムの妻〕 Eve ; 〔聖夜〕《on》 Christmas Eve.

いふく 衣服 clothes ; clothing ;《主 に米》apparel.

いぶす 燻す smoke ; 〔蚊などを〕 smoke out ; fumigate.

いぶつ 遺物 remains ; a relic ; 〔生き 残り〕a survival.

いぶる 燻る smolder ; smoke.

いぶんし 異分子 an alien element ; 〔人〕an outsider.

いへん 異変 〔事故〕an accident ; 〔災 害〕a disaster ; a calamity. 暖冬～ an abnormal warm winter.

イベント an event.

いぼ 疣 a wart. ～蛙 a (common) toad.

いほう 違法 illegality. ～の illegal ; unlawful. ～行為 an illegal act.

いま 今 〔ただ今〕(just) now ; at present ; 〔現今〕today ; 〔すぐ〕at once. ～から from now on ; after this. ～に soon ; before long. ～まで till 〔until〕 now ; so far ; hitherto. ～や 〔では〕 now ; of late.

いま 居間 a sitting room ; a living room ;《米》a parlor.

いまいましい 忌々しい annoying ; disgusting ; cursed.

いまごろ 今頃 〔時分〕about 〔by〕this time ; now ; at this time. 来年 (去年) の～ at this time next (last) year.

いましがた 今し方 just now.

いましめる 戒める admonish.

いまだ 未だに still ; yet.

いまわしい 忌まわしい offensive ; abominable.

いみ 意味 (a) meaning ; (a) sense ; 〔意 義〕significance ; 〔趣旨〕the import. ～ありげな 〔深長な〕significant ; meaningful. ～ありげに significantly. ～する mean ; signify ; 〔含意〕 imply.

イミテーション an imitation. ダイヤ の～ an imitation diamond.

いみん 移民 〔外国への〕emigration ; 〔外国からの〕immigration ; 〔移住者〕 an emigrant ; an immigrant. ～す る emigrate ; immigrate.

いむしつ 医務室 a medical room.

イメージ an image. ～アップ (ダウン) す る improve (damage) one's image. ～チェンジ a makeover.

いも 芋 〔サトイモ〕a taro ; 〔ジャガイモ〕 a potato ; 〔サツマイモ〕a sweet potato.

いもうと 妹 one's (younger) sister.

いもの 鋳物 casting ; 〔品物〕a casting. ～工場 a foundry.

いや 否 〔答えが否定のとき〕yes 〔答えが肯定のとき〕. ～, そうでは ない No , it is not. ～, そうだ Yes , it is. ～でも応でも, ～応なしに whether one likes it or not ; willy-nilly.

いや 嫌な unpleasant ; disagreeable ; disgusting ; nasty. ～になる be sick 《of》; be disgusted 《with》.

いやいや 嫌々 reluctantly ; unwillingly ; against one's will.

いやがらせ 嫌がらせをする annoy ; harass 《a person》. →いやみ.

いやがる 嫌がる dislike ; hate ; be unwilling 《to do》.

いやく 医薬 〔薬〕a medicine ; a drug. ～品 medical supplies. ～分業 separation of pharmacy from clinic.

いやく 違約 a breach of promise 〔contract〕. ～する break a promise 〔contract〕. ～金 a penalty (fee).

いやく 意訳 (a) free translation. ～ する translate freely.

いやし 癒し healing；relaxation. ～
の音楽 a healing〔relaxing〕music.
いやしい 卑しい low；lowly；〔卑劣〕
mean；〔下品〕vulgar.
いやしむ 卑しむべき contemptible.→
けいべつ.
イヤホーン《wear》an earphone.
いやみ 嫌み《say》disagreeable
things；〔辛辣な〕《make》sarcastic
〔scathing〕remarks. ～ のない
pleasant《fellow 》； ～ たっぷりに
in sarcasm.
いやらしい 嫌らしい〔不快〕disagree-
able；〔下品〕indecent.
イヤリング《wear》earrings；earclips.
いよいよ〔いっそう〕still〔more and〕
more；all the more；〔とうとう〕at
last；at length.
いよう 異様な queer；weird；
fantastic；grotesque；odd；singular.
いよく 意欲 (a) will；motivation. ～
的な ambitious；eager.
いらい 以来 since《last year》；〔その
後〕since〔then〕.
いらい 依頼する〔頼る〕depend〔rely〕
upon；〔頼む〕request；ask. …の
～ で at one's request. ～ 状 a
written request；a letter of request.
～人 a client.
いらいら ～させる irritate《a person》.
～ する be irritated；get on one's
nerves.
イラク Iraq.
イラスト an illustration.
イラストレーター an illustrator.
イラン Iran.
いり 入りがよい（悪い）〔劇場などが〕
have a large（small）attendance.
いりえ 入江 an inlet；a creek；a
cove.
いりぐち 入口 an entrance；【標示】
Entrance. ～ で at the door.
いりくんだ 入り組んだ complicated；
intricate.
いりみだれる 入り乱れる be in

confusion〔disorder〕.
いりゅうひん 遺留品 an article left
behind；a lost article.
いりょう 医療 medical treatment
〔care〕. ～過誤 a medical
malpractice medical. ～機器 a
medical〔surgical（外科の）〕
instrument. ～ 機関 a medical
institution. ～ 施設 medical
facilities. ～ 制度 the medical
system《of Japan》. ～費 a fee for
(medical) treatment. ～品 medical
supplies.
いりょく 威力 power. ～のある
powerful；mighty.
いる 要る〔人が主語〕need；want；〔物
が 主 語〕be needed〔required,
necessary〕；〔時間・費用などが〕It
takes《three hours》；It costs
《10,000 yen》.
いる 射る〔射当てる〕shoot《a bird》；
〔発射する〕shoot at《the target》.
いる 煎る parch；roast.
いるい 衣類 clothes；clothing；gar-
ments.
いるか 海豚 a dolphin.
いるす 居留守を使う pretend to be
out.
イルミネーション illumination.
いれい 異例の exceptional；un-
usual；unprecedented《promo-
tion》.
いれかえる 入れ替〔換〕える replace
《A》with《B》；〔観客を〕change；
shift. 心を～ turn over a new leaf.
いれかわる 入れ替わる give place to
《a person》；change places
《with》.
イレギュラー ボールが～した The ball
took a bad hop〔a strange course〕.
いれずみ 入れ墨《wear》a tattoo.
いれぢえ 入れ知恵をする suggest an
idea《to》；give a hint《to》；
inspire.
いれちがい 入れ違いに just as one is

coming in〔going away〕.

いれば 入れ歯をする have a false〔an artificial〕tooth put in.

いれもの 入れ物〔容器〕 a receptacle; a vessel; a container.

いれる 入れる put in; insert;〔入らせる〕let in; admit.

いろ 色 a color〔英〕a colour; a tint;〔濃度〕a hue; a shade. ～鉛筆 a color pencil.

いろいろ 色々の all kinds〔sorts〕of; varieties of; various; miscellaneous. ～に in various〔different〕ways.

いろう 慰労 ～会 a party given in appreciation of one's services. ～金 a (monetary) reward〈for〉.

いろおとこ 色男〔美男〕a handsome man.

いろけ 色気〔性的魅力〕sexual appeal. ～のある sexy; amorous; coquettish. ～のない〔無邪気な〕innocent; naive.

いろじろ 色白な fair; blond (e).

いろどり 彩り colo (u) ring;〔配色〕a colo (u) r scheme.

いろどる 彩る colo (u) r; paint;〔染織〕dye.

いろは〔初歩〕the ABC《of》.

いろめ 色目を使う make eyes《at》; ogle《at》.

いろん 異論がある have an objection《to》. ～を唱える object《to》; raise an objection《to》.

いわ 岩 a rock; a crag. ～の多い rocky; craggy.

いわい 祝い〔祝賀〕congratulation;〔儀式〕a ceremony;〔祭典〕a celebration; a fete. ～物 a (congratulatory) present〔gift〕.

いわう 祝う celebrate《an event》; congratulate《a person's marriage》;〔祝祭日を〕observe. …を祝って in congratulation of.

いわし 鰯 a sardine.

いわば 言わば so to speak; as it were.

いわゆる 所謂 what is called; what we〔you, they〕call;〔俗に言う〕so-called.

いん 印 a seal; a stamp. ～を押す affix〔put〕a seal《to》. ～肉 an ink pad.

いん 韻 a rhyme. ～を踏む rhyme.

いん- 陰… negative《electricity, ion》.

いんか 引火する catch〔take〕fire. ～点 the flash point.

インカ Inca. ～族 the Incans. ～帝国 the Inca (n) Empire.

いんが 因果 cause and effect;〔因果応報〕retribution. ～関係 causal relation.

いんがいだん 院外団 the lobby; lobbyists.

いんがし 印画紙 photographic paper.

いんかん 印鑑→いん. ～証明 (届) a certificate (registration) of a seal impression.

いんき 陰気な gloomy; melancholy; cheerless; dismal.

いんきょ 隠居〔人〕a retired person. ～する retire《from active life》. ～所 a retreat.

いんきょく 陰極 the negative pole.

インク ink. ～で書く write in ink. ～消し an ink eraser.

いんけい 陰茎 the penis.

いんけん 陰険な crafty; wily; treacherous; insidious.

いんこ a parakeet.

いんご 隠語 a secret language;〔仲間内の〕(a) jargon.

いんごう 因業な hardhearted; heartless.

インサイダー insider. ～取引 insider trading.

いんさつ 印刷 printing. ～する (put into) print. ～中 in the press. ～機械 a printing machine. ～業者 a printer. ～局〔政府の〕the Printing Bureau. ～術 typography. ～所《米》a printshop;《英》printing office. ～物 printed matter.

いんし 因子 a factor.

いんし 印紙 a stamp. 収入～ a revenue stamp.

いんしゅ 飲酒 drinking. ～運転 drunk〔drunken〕driving.

いんしゅう 因襲 convention (alism);〔伝統〕tradition. ～的(な) conventional.

いんしょう 印象 (an) impression. ～的(な) impressive. ～を与える make an impression《on》. ～を受ける be impressed《by, with》. ～派 the Impressionists.

いんしょく 飲食する eat and drink. ～店 a restaurant;〔大衆食堂〕an eating house. ～物 food and drink.

いんすう 因数 a factor. ～分解 factorization.

インスタント instant《coffee》. ～ラーメン instant ramen.

インストール ～する〔コンピュータ〕install; set up.

インスピレーション inspiration. ～を受ける receive an inspiration《from》.

いんせい 陰性の negative;〔病気が〕dormant;〔性質が〕gloomy.

いんぜい 印税 (a) royalty《on a literary work》.

いんせき 隕石 a meteorite; an aerolite.

いんそつ 引率する lead; take care of. ～者 a leader; a person in charge《of a party》.

いんたい 引退 retirement. ～する retire《from》.

インターネット (the) Internet〔Net, online〕. ～カフェ an Internet cafe.

インターフェース the interface.

インターホン《speak on〔over〕》an intercom〔interphone〕.

インターン〔実習生〕an (medical) intern;《英》a houseman. ～シップ internship.

インタビュー(をする) (have an) interview《with a person》.

インチ an inch.

いんちきな false; pretended;〔偽造の〕fake; phon(e)y; bogus.

いんちょう 院長 the director (of a hospital);〔学院の〕the principal.

インディアン a native American; an (American) Indian.

インディーズ～ファッション〔服飾〕indies' fashion. ～レーベル indies' label (独立系のレコード会社).

インデックス an index. ～取引 index-linked trading.

インテリ an intellectual;〔集合的〕the intelligentsia.

インテリア interior design (ing).

インド India. ～の Indian. ～人 an Indian. ～洋 the Indian Ocean.

インドネシア (the Republic of) Indonesia. ～の Indonesian.

イントロ an introduction.

いんない 院内 ～感染 in-house infection.

いんねん 因縁をつける force a quarrel《upon a person》.

いんぶ 陰部 the private parts; the secrets.

インバウンド inbound ～ツーリスト inbound tourists.

インファイト〔ボクシング〕infighting.

インフォームドコンセント informed consent.

インフォデミック infodemic (information と pandemic の合成語).

インプット an input. ～する input.

インフラ infrastructure (経済社会基盤).

インフルエンザ influenza;《話》the flu.

インフルエンサー influencer.

インフレ inflation. ~対策 an anti-inflation measure.

いんぶん 韻文 poetry;〔一編の〕a poem;〔prose(散文)の対〕verse.

インベスター・リレーションズ investor relations (IR).

インポ impotence;〔人〕an impotent man.

インボイス〔送り状〕an invoice.

いんぼう 陰謀 a conspiracy; a plot; an intrigue.

いんめつ 隠滅する destroy《evidence》.

いんもう 陰毛 pubic hair.

いんよう 引用(文) (a) quotation;(a) citation. ~する quote; cite. ~書 a book〔work〕of reference.

いんりつ 韻律 a meter《《英》metre》; (a) rhythm.

いんりょう 飲料 a beverage; a drink. ~水 drinking water.

いんりょく 引力〔物体間の〕attraction;〔天体の〕gravitation.

いんれき 陰暦 the lunar calendar.

う

う 鵜 a cormorant. ~飼い fishing with cormorants.

ウイークエンド a weekend.

ウイークデー a weekday.

ウイークポイント a weak point.

ウイークリー〔週刊誌〕a weekly.

ウィーン Vienna.

ウイスキー whiskey;〔スコッチ・カナディアンウイスキー〕whisky. ~のオンザロック whiskey on the rocks. ~の水割り whiskey and water.

ウィット wit. ~がある be witty.

ウイルス a virus. ~性の viral.

ウインカー a blinker; a turn signal;《英》a winker.

ウインク a wink. ~する wink《at》.

ウインドーショッピング window-shopping.

ウインドサーフィン windsurfing. ~をする windsurf.

ウインドブレーカー a windbreaker.

ウインナー ~コーヒー Viennese coffee. ~ソーセージ (a) Vienna sausage; (a) wiener.

ウーマンリブ〔女性解放運動〕women's lib; women's liberation (movement).

ウール wool. ~の woolen.

ウーロンちゃ ウーロン茶 oolong tea.

うえ 上〔上部〕the upper part;〔表面〕the surface. ~の upper; higher; above. ~に〔へ〕on; upon;〔上の方へ〕up; upward;〔上一帯に〕over;〔真上に〕above.

うえ 飢え hunger; starvation.

ウエーター a waiter.

ウエート …に~を置く put emphasis on. ~トレーニング weight training. ~リフティング weight lifting.

ウエートレス a waitress.

ウエーブ〔髪の〕a《natural》wave.

うえき 植木 a garden plant〔tree〕;〔鉢植えの〕;a pot plant. ~鉢 a flowerpot. ~屋〔庭師〕;a gardener.

うえじに 餓え死にする be starved to death; die of hunger.

ウエスト〔腰〕one's waist.

ウエディング wedding. ~ケーキ(ドレス,マーチ) a wedding cake (dress,march).

ウエハース a wafer.

ウェビナー webinar〔< web seminar の略〕.

ウェブ〔インターネット〕the Web. ~メール Web mail.

うえる 植える plant《a tree》; sod《a garden with turf》;〔植え替え〕transplant.

うえる 飢える starve;feel hungry;〔渇望〕hunger《yearn》《for》.

ウェルダン〔肉の焼き方〕well-done.

うお 魚 fish.→さかな. ~河岸 a fish market. ~座 Pisces.

ウォーター ～フロント《on》the water-front. ～スライダー a water slider.

ウォーミングアップ a warm-up. ～をする warm up.

ウオッカ vodka《ロシア語》

うかい 迂回する make a detour〔roundabout way〕.

うがい うがいをする gargle; rinse one's mouth. ～薬 a gargle.

うかがう 伺う〔問う〕ask《a person's opinion》; inquire;〔訪問する〕visit; call on《a person》.

うかがう 窺う〔そっとのぞく〕peep.

うかつ 迂闊な(に)〔不注意〕careless(ly); thoughtless(ly);〔愚鈍〕stupid(ly).

うかぶ 浮かぶ float;〔浮上〕rise to the surface;〔心に〕occur《to one》;〔表情が〕→うかべる. 微笑が唇に浮んだ A smile played on his lips.

うかべる 浮かべる float;〔進水〕launch;〔心に〕picture to oneself;〔感情を顔に〕look《glad, sad》. 目に涙を浮べて with tears in one's eyes.

うかれる 浮かれる make merry《over wine》.

ウガンダ (the Republic of) Uganda.

うき 浮き a float;〔ブイ〕a buoy.

うきあがる 浮き上がる surface; rise〔float〕to the surface.

うきぶくろ 浮袋〔水泳用の〕a swimming float;〔救命帯〕a life belt;〔魚の〕a bladder.

うきよ 浮世 the (transient) world. ～絵 an ukiyoe.

うく 浮く float;〔余る〕be left over;〔節約〕be saved.

うぐいす 鶯 a Japanese bush warbler.

ウクレレ a ukulele.

うけ 受け〔評判〕(a) reputation; (a) popularity. ～がよい(わるい)be popular (unpopular).

うけあう 請け合う〔保証する〕guarantee; assure;〔約束する〕give one's word for; promise.

うけいれる 受け入れる receive; accept.

うけうり 受け売りする〔話を〕tell at second hand. ～の secondhand《knowledge》.

うけおい 請負 a contract. ～工事(入札)a contract work (tender). ～人 a contractor.

うけおう 請け負う contract《for》.

うけざら 受皿 a saucer.

うけつぐ 受け継ぐ inherit; succeed; take over.

うけつけ 受付〔場所〕a reception office〔desk〕;〔人〕a receptionist; an usher (案内人).

うけつける 受け付ける receive; accept.

うけとり 受取 a receipt. ～人 a receiver; a recipient.

うけとる 受け取る receive; accept; get.

うけながす 受け流す parry《a question》.

うけみ 受身〔文法〕the passive voice. ～の passive.

うけもち 受け持ちの《a class》under one's charge. ～区域〔警官などの〕one's beat;〔セールスマンなどの〕one's territory.

うけもつ 受け持つ take〔be in〕charge of《the first-grade class》.

うける 受ける receive; accept;〔受け止める〕catch《a ball》;〔変化・手術・治療などを〕undergo;〔試験を〕take〔sit for〕an examination;〔被る〕suffer《damage》;〔得る〕obtain;〔人気を得る〕succeed; hit the public fancy.

うげん 右舷 the starboard.

うごかす 動かす〔移動〕move;〔振動〕shake; swing (前後・左右);〔運転〕operate; run; set《a machine》going〔in motion〕;〔感動〕move; affect;〔変更〕change; alter《a policy》.

う

うごき 動き(a) motion ; (a) movement ; 〔動向〕(a) trend.

うごく 動く move ;〔少し動く〕stir ;〔振動〕shake ; swing (前後・左右に);〔感動〕be moved [touched].

うごめく 蠢く crawl ; wriggle ; squirm.

うさ 憂さを晴らす divert one's mind ; drown one's grief《in wine》. ～晴らし (a) diversion.

うさぎ 兎 a rabbit ;〔野兎〕a hare. ～小屋 a rabbit hutch.

うざい 〔じゃまな〕cumbersome ;〔うっとうしい〕depressing.

うし 牛〔牝牛〕a cow ;〔牡牛〕a bull ;〔去勢牛〕an ox ;〔総称〕cattle. ～小屋 a cattle shed.

うじ 蛆 a grub ; a maggot.

うしなう 失う lose ; be deprived [bereaved (家族を)] of.

うしろ 後ろ the back ; the rear. ～の back ; rear ; hind. …の～に behind ; at the back《of》.

うしろあし 後ろ足 a hind leg.

うしろぐらい 後ろ暗いことがある feel guilty ; have a guilty conscience.

うしろむき 後ろ向きになる turn backward ; turn one's back upon《a person》.

うす 臼〔つき臼〕a mortar ;〔ひき臼〕a (hand) mill.

うず 渦 a whirlpool ;〔小さな〕an eddy. ～を巻く eddy ; whirl round ;〔群衆が〕mill around.

うすあかり 薄明かり dim light ;〔たそがれ〕twilight.

うすい 薄い thin ;〔濃度が〕weak《tea》;〔水っぽい〕washy ;〔色が〕light《blue》; pale. 薄くする thin《a board》;〔茶・酒などを〕weaken.

うすがた 薄型 flat. ～テレビ a flat-screen TV.

うすぎ 薄着をする be thinly dressed [clad].

うずくまる 蹲る crouch ; squat down.

うすぐらい 薄暗い gloomy ; dim.

うすげしょう 薄化粧《wear》a light make-up.

ウスターソース Worcester sauce.

ウズベキスタン (the Republic of) Uzbekistan.

うずめる 埋める→うめる.

うずもれる 埋もれる be buried ;〔世に〕live in obscurity.

うずら 鶉 a quail.

うすらぐ 薄らぐ become less ; weaken ;〔色などが〕fade ;〔光が〕become dim ;〔痛みが〕abate ;〔情が〕cool.

うそ 嘘をつく lie ; tell a lie. ～の false ; untrue. ～つき a liar ;《話》a storyteller. ～発見器 a lie detector ; polygraph.

うた 歌・唄〔歌謡〕a song ;〔民謡〕a ballad ;〔詩〕a poem ; poetry (集合的).

うたう 歌う・唱う sing ; chant ;〔吟唱〕recite.

うたがい 疑い doubt ;〔不信〕distrust ;〔嫌疑〕suspicion ;〔心配〕apprehension. ～なく undoubtedly ; beyond doubt. ～深い suspicious ; distrustful.

うたがう 疑う doubt ;〔不信〕distrust ;〔嫌疑〕suspect.

うたがわしい 疑わしい doubtful ; questionable.

うたたね 転寝をする take a nap ; doze.

うだる 茹だる be boiled (down) ;〔暑さで弱る〕swelter. ～ような暑さ sweltering heat.

うち 内〔内部〕the inside ; the interior ;〔家〕a house ; one's home ;〔家族〕one's family. ～で〔家で〕at home ;〔中で〕among. ～に〔家に〕at home ;〔以内に〕within ;〔間に〕during ; while ;〔しないうちに〕before.

うちあける 打ち明ける confide ; open

one's heart《to a person》；〔自白〕confess；tell《everything》．打ち明けて言えば frankly speaking．

うちあげる 打ち上げる〔花火などを〕send up；〔ロケットを〕launch；〔岸に〕wash ashore；〔興行を〕close the performance．

うちあわせ 打ち合わせ《make》arrangement(s)《with》．～会《hold》a consultation．

うちおとす 打ち落とす bring down《an airplane》；〔射落とす〕shoot《a bird》down．

うちき 内気な bashful；shy；retiring；reserved．

うちきる 打ち切る〔終える〕《bring talk》to a close；〔中絶〕discontinue〔leave off〕《the work》．

うちきん 内金 (a) partial〔part〕payment；〔手付金〕(a) deposit．

うちけす 打ち消す deny《the rumor》．

うちゲバ 内ゲバ infighting；an intergroup strife．

うちこむ 打ち込む〔くぎなどを〕drive《a nail (in) to》；〔弾丸を〕fire《into》；〔熱中〕be keen on；devote oneself to．

うちとける 打ち解ける become friendly〔frank〕《with》．

うちぬく 打ち抜く〔貫通〕penetrate；〔型で〕stamp out．

うちまく 内幕 the inside (information〔facts〕)《of》．

うちまた 内股に歩く walk pigeon-toed．

うちゅう 宇宙 the universe；the cosmos．～の universal；cosmic．～医学（科学）space medicine (science)．～開発（ステーション，船，飛行，遊泳，旅行，ロケット）a space development (station , ship , flight , walk , travel , rocket)．～時代 the space age．～小説 space fiction．～食 space food．～人

a spaceman．～線 cosmic rays．～飛行士〔アメリカの〕an astronaut；〔ロシアの〕a cosmonaut．

うちわ 内輪に〔控え目に〕moderately；〔内密に〕in secret．～もめ an internal dissension；〔家族の〕family troubles．

うちわ 団扇 a (round) fan．

うちわけ 内訳 (a) breakdown；items；details．

うつ 打つ strike；hit《a homerun》；beat《a drum》；〔打ち込む〕drive in；〔電報を〕send；wire；〔心を〕strike；touch．

うつ 討つ〔攻撃〕attack；〔征服〕conquer．

うつ 撃つ〔発砲〕fire；shoot．

うっかり carelessly；unconsciously．

うつくしい 美しい beautiful；fair；pretty；lovely．

うっけつ 鬱血 congestion (of blood)．

うつし 写し《take》a copy〔duplicate〕《of》．

うつす 写す・映す〔鏡に〕mirror；reflect《oneself on》；〔映写〕project《a picture on a screen》．

うつす 移す〔remove〕《to》；〔地位・事件を〕transfer；〔病気を〕give《a person one's cold》；〔容器へ〕empty《into》．

うっそう 鬱蒼たる luxuriant；dense；thick《woods》．

うったえ 訴え a complaint；〔訴訟〕a suit；an action．

うったえる 訴える〔告訴〕accuse《a person of》→そしょう．〔不平を〕complain of；〔嘆願する〕petition；〔頼る〕resort to《force》；appeal to《public opinion》．

うっちゃる〔ほっておく〕lay aside；neglect；〔逆転する〕turn the tables on《a matter》；〔相撲で〕throw one's opponent out at the edge of the ring．

うっとうしい 鬱陶しい depressing；

gloomy ; dismal ; dull.

うっとりする be fascinated 《by, with》.

うっぷん 鬱憤を晴らす wreak one's anger 《on》.

うつむく 俯く drop〔bend〕one's head ;〔目を伏せる〕cast down one's eyes.

うつり 映り・写り〔反映〕a reflection. 〜がよい〔写真が〕come out well ;〔人が〕photograph well ; be photogenic.

うつりぎ 移り気の capricious ; whimsical ; fickle.

うつる 写る〔写真が〕be taken.

うつる 映る〔投影〕be reflected 《in, on》.

うつる 移る〔移転〕move〔remove〕《to》;〔変わる〕change ; sift ; pass 《to》;〔感染する〕catch（人が）; be infectious〔contagious〕（病気が）.

うつろ 空ろ・虚ろ hollow ; empty ;〔表情が〕blank.

うで 腕 an arm ;〔腕前〕skill ; ability. 〜組みをして with folded arms. 〜のある able ; talented. 〜まくりをして with one's sleeves turned up. **〜時計** a wrist watch.

うでずく 腕ずくで by force.

うでずもう 腕相撲 arm wrestling. 〜をする arm-wrestle 《with a person》.

うてん 雨天 rainy〔wet〕weather ; a rainy day. 〜中止になる be rained out. 〜の場合は in case of rain.

うとうとする doze off ; fall into a light sleep〔doze〕.

うどん 饂飩 udon ; thick white noodles. **〜粉** (wheat) flour. **手打ち** homemade noodles.

うながす 促す〔せきたてる〕urge ; press ;〔急がす〕hurry ;〔刺激〕stimulate.

うなぎ 鰻 an eel. 〜の蒲焼 a broiled eel.

うなされる 魘される have a nightmare.

うなずく 頷く nod.

うなだれる 項垂れる droop one's head 《in shame》.

うなり 唸り〔唸り声〕a groan ; a moan ;〔猛獣などの〕a growl ; a roar ; a howl ;〔ぶんぶんいう〕a hum ; a buzz.

うなる 唸る groan ; growl ; roar ; hum. →うなり.

うに 海胆・雲丹 a sea urchin.

うぬぼれ 自惚れ (self-)conceit ; vanity. 〜る be vain 《of》.

うね 畝 a ridge〔furrow〕in a field.

うねり〔起伏〕(an) undulation ;〔波の〕a swell.

うねる〔起伏する〕undulate ;〔道・川が〕wind ;〔波が〕swell.

うのみ 鵜呑みにする believe 《a story》as it is ;《話》swallow 《a story》.

うのめたかのめ 鵜の目鷹の目で with keen〔eager〕eyes.

うは 右派 the right wing ; the rightists. 〜の right-wing.

うば 乳母 a (wet) nurse.

うばいあう 奪い合う scramble〔struggle〕《for》.

うばいかえす 奪い返す take back ; recover ; recapture.

うばう 奪う rob〔deprive〕《a person》of《a thing》;〔ひったくる〕snatch ;〔略奪する〕plunder ;〔人の心を〕fascinate ; charm.

うばぐるま 乳母車《米》a baby carriage ;《英話》a buggy ;《英》a perambulator ;《英話》a pram ;〔折りたたみ式の〕《米》a stroller ;《英》a pushchair.

うぶ 初心な simple ; artless ; innocent ; naive ; green.

うぶぎ 産着 clothes for a newborn infant.

うぶげ 産毛 downy hair.

うま 馬 a horse；〔牝馬〕a mare．〜小屋 a stable．

うまい 旨い・巧い〔美味〕delicious；sweet．〔上手〕skillful《in》；good《at》；〔適切な〕happy《expressions》；〔上首尾の〕successful；〔幸運の〕lucky；〔すばらしい〕splendid．

うまく 旨く・巧く〔上手に〕skillfully；well；〔首尾よく〕successfully；luckily．〜いく〔成功〕be successful；〔事が〕go〔work〕well（計画などが）；〔人との間が〕get on well《with》．

うまのり 馬乗りになる sit astride《a person》．

うまばん 馬番 〜連勝（馬連）複式 quinella．〜連勝（馬連）単式 exacta．

うまれ 生まれ birth．〜のよい（いやしい）of noble（low）birth．

うまれかわり 生まれ変わり〔再生〕the rebirth《of》；〔化身〕(a) reincarnation．

うまれかわる 生まれ変わる〔再生〕be reborn；〔改心〕become a new man．

うまれつき 生まれつき by nature；naturally．〜の born；inborn；inherent．

うまれる 生まれる〔出生〕be born；〔生じる〕start；appear；〔生まれつく〕be born《blind》．

うみ 海 the sea；〔大洋〕the ocean．〜亀（猫・蛇）a sea turtle（gull, snake）．〜辺 the seashore；the seaside；〔なぎさ〕the beach．

うみ 膿 pus．

うむ 産む・生む〔子を〕give birth to；be delivered of《a baby》；〔動物が〕breed；〔卵を〕lay；〔産出する〕produce．

うむ 膿む fester；（できものが）come to a head．

うめ 梅〔木〕a plum tree；〔花〕plum blossoms；〔実〕a plum．〜干 a pickled plum．

うめあわせ 埋め合わせ compensation《for》．〜をする make up《for》；make amends《for》；compensate．

うめく 呻く groan；moan．呻き声 a groan；a moan．

うめたて 埋め立てる reclaim《land from the sea》；fill up《a pond》．〜工事 reclamation work．〜地 reclaimed land．

うめる 埋める bury；〔空きをふさぐ〕fill up《a hole》；〔湯に水を〕pour cold water《in the bath》．

うもう 羽毛 feathers；〔集合的〕plumage；〔綿毛〕down．

うやうやしい 恭しい（しく）respectful (ly)；reverent (ly)．

うやまう 敬う〔尊敬する〕respect；〔神を〕worship《God》．

うやむや 有耶無耶 〜にする hush up《a matter》．〜になる come to nothing；fizzle out．

うよく 右翼〔思想上の〕the right wing；the rightists．〜団体 a right-wing organization．

うら 裏〔裏側〕the reverse (side)；the back；〔足・靴の〕the sole；〔貨幣の〕the tail；〔背後〕the back；the rear；〔隠されたこと〕a secret；〔野球の〕the second half《of the 1st inning》．〜に at the back of《a house》．〜をかく outwit〔outsmart〕one's opponent．〜通り a back street．〜門 a back gate．

うらうち 裏打ちする line《a coat》；back《with paper》．

うらがえす 裏返す〔靴下などを〕turn inside out；〔紙などを〕turn《a card》over．

うらがき 裏書 (an) endorsement．〜する endorse《a document》．〜人 an endorser．

うらぎり 裏切り (a) treachery；(a) betrayal．

うらぎる 裏切る betray《one's

friend）; double-cross；〔期待を〕disappoint《a person》.

うらぐち 裏口 the back door. **～営業** a backdoor〔an illegal〕business. **～入学**《get, obtain》backdoor admission《to a college》.

うらごえ 裏声《sing in》falsetto.

うらごす 裏漉しする strain. **～器** a strainer.

うらじ 裏地 lining cloth. **～を付ける** line《a coat》

うらづける 裏付ける support〔back up, prove〕《the theory》.

うらない 占い fortune-telling；〔人〕a fortune-teller（易者）; a palmist（手相見）. **占う** tell a person's fortune.

うらみ 恨み (a) hatred；(a) grudge. **～を買う** incur a person's grudge. **～を晴らす** revenge oneself《on a person》.

うらむ 恨む bear《a person》a grudge；〔怒る〕resent《a person's act》;〔非難する〕reproach; blame.

うらめしい 恨めしい〔恨めしそうな（に）〕reproachful (ly); resentful (ly); hateful (by).

うらやましい 羨ましい envious; enviable. **君が羨ましい** I wish I were in your position.

うらやむ 羨む envy; be envious《of》.

ウラン uranium. **濃縮（天然）～** enriched (natural) uranium.

うり 瓜 a gourd. **～二つである** be as like as two peas.

うりあげ 売上 sales. **～金** takings; proceeds. **～高** the sales amount; the returns.

うりいえ 売家 a house for〔on〕sale.

うりきれ 売り切れ【標示】a sellout; Out of stock; Sold Out.

うりきれる 売り切れる be sold out.

うりこ 売り子〔店の〕《米》a sales-clerk; a salesperson;《英》a shop assistant；〔男〕a salesman；〔女〕

a saleswoman; a salesgirl；〔駅・車内の〕a vendor; a vender.

うりこむ 売り込む sell; find a market《for》.

うりだし 売り出し〔安売り〕a bargain sale;〔蔵払い〕a clearance sale. **～中の**〔人気が〕《a writer》of rising popularity.

うりだす 売り出す put on sale;〔名で〕win fame.

うりつくす 売り尽くす sell out.

うりて 売り手 a seller. **～市場** a seller's market.

うりね 売値 the sale〔selling〕price.

うりば 売場〔店の〕a (sales) counter；〔デパートの〕a department;〔切符の〕a ticket〔《英》booking〕office. **～係** a salesclerk →うりこ.

うりもの 売り物 an article for sale;【標示】For Sale.

うりょう 雨量 (a) rainfall. **～計** a rain gauge.

うる 売る sell; deal in;〔裏切る〕betray〔sell out〕《one's country》;〔喧嘩を〕pick a quarrel《with a person》;〔名を〕build up〔win〕a reputation.

うる 得る〔獲得〕get →える;〔…し得る〕can《do》.

うるうどし 閏年 a leap year.

うるおう 潤う〔湿る〕be moistened; get wet.

うるおす 潤す〔湿らす〕wet; moisten;〔富ます〕enrich;〔利益になる〕benefit.

ウルグアイ (Oriental Republic of) Uruguay. **～人** an Uruguayan.

うるさい 煩い〔騒がしい〕noisy;〔やっかいな〕annoying;〔しつこい〕persistent;〔うんざりする〕tiresome. **煩く** noisily; annoyingly; persistently.

うるし 漆 lacquer; japan. **～を塗る** lacquer; japan.

うるむ 潤む〔目が〕be〔become〕wet

《with tears》.

うれくち 売れ口 a market；(a) sale；demand《for》.

うれしい 嬉しい glad；joyful；happy；〔嬉しがる〕be glad〔delighted, pleased〕. **嬉し涙** tears of joy.

ウレタン urethane. **～フォーム** urethane foam.

うれっこ 売れっ子 a popular person；a lion (of the day).

うれのこり 売れ残り unsold goods.

うれのこる 売れ残る remain unsold；remain on the shelves.

うれゆき 売れ行き sales. **～がよい(悪い)** sell (do not sell) well.

うれる 売れる sell；be sold；〔よく売れる(売れない)〕sell (do not sell) well；〔顔・名が〕become well-known.

うろおぼえ うろ覚え《have only》a faint〔vague〕recollection《of》.

うろこ 鱗 scales.

うろたえる lose one's wits〔presence of mind〕.

うろつく loiter about；hang〔prowl〕about.

うわき 浮気な〔移り気な〕capricious；inconstant；〔異性に対して〕fickle；〔夫・妻が〕unfaithful. **～をする** have an affair《with》. **～者**〔女〕a flirt；〔男〕a playboy.

うわぎ 上着 a coat；jacket；the upper garment.

うわぐすり 釉薬 glaze. **～をかける** glaze；coat with glaze.

うわごと 譫言をいう talk in delirium.

うわさ 噂 (a) rumor；a report；talk. **～をする** speak〔talk〕of〔about〕.

うわて 上手に出る get the upper hand of《a person》.

うわぬり 上塗りをする give a final coating. 恥の～をする add to one's shame.

うわのそら 上の空で vacantly；

absent-mindedly.

うわべ 上辺〔表面〕the surface；〔外部〕the outside；〔外観〕(outward) appearance. **～(だけ)は** outwardly.

うわまえ 上前をはねる《話》take a rake-off〔kickback〕.

うわむく 上向く look up；〔景気などが〕tend upward.

うわめ 上目を遣う cast an upward glance《at》.

うわやく 上役 one's superior〔senior〕.

うん 運 fortune；fate；lot. **～が向く** Fortune begins to smile《on a person》. **～のよい(悪い)** (un) lucky；(un) happy；(un) fortunate. **～よく(悪く)** (un) luckily；(un) fortunately.

うんえい 運営 management. **～する** manage；operate. **～委員会** a steering committee.

うんが 運河 a canal.

うんきゅう 運休 suspension《of the bus service》. 10本の列車が～になった The service of ten trains was suspended.

うんざりする be sick《of》；be disgusted《with》.

うんそう 運送 transportation. **～する** transport；convey；carry. **～船** a transport (ship). **～店**〔屋〕a forwarding agency. **～料** →うんちん.

うんちん 運賃〔旅客の〕fare；〔貨物の〕freight (rates, charges)；《英》goods rates；carriage.

うんてん 運転 operation；〔運用〕employment《of funds》. **～する**〔動かす〕put〔set〕《a machine》in motion；operate；run；drive《a car》；〔運用〕employ. **～資金** working capital. **～手**〔自動車の〕a driver；a chauffeur（おかかえの）；〔電車の〕a motorman；〔機関車の〕an engine driver.

うんどう 運動〔物体の〕movement；(a)

motion；〔身体の〕exercise；sports；〔奔走的〕(an) effort；〔社会的な〕a movement；a campaign；〔選挙などの〕a canvassing．～する〔物体が〕move；〔身体の〕take exercise；〔奔走〕make efforts；canvass 《for》．～員 a campaigner；a canvasser．～会 an athletic meet．～具 sporting goods．～靴 sports shoes．～場 a (play)ground；〔室内の〕a gymnasium．～神経 the motor nerve．～選手 an athlete．

うんめい　運命 (a) destiny；(a) fate；(a) fortune；a lot．

うんゆ　運輸 traffic；transport (ation) →うんそう．

え

え　柄〔握る部分〕a handle；a grip〔つか〕a haft；〔槍・ゴルフクラブなどの〕a shaft．

え　絵 a picture；〔着色画〕a painting；〔線画〕a drawing；〔挿絵〕an illustration．～に描く paint；draw；sketch．～のような picturesque；graphic．～葉書 a picture postcard．～筆 a paintbrush．～本 a picturebook；〔挿画本〕an illustrated book．

エアコン　air-conditioning．〔機械〕an (air) conditioner．

エアロビクス　aerobics．

えいえん　永遠の eternal；permanent；everlasting．～に forever；eternally；permanently．

えいが　映画 a movie；a film；a (motion) picture；〔集合的に〕the movies；《英》the cinema．～化する make a movie of 《a novel》．～界 the film world〔movie world〕．～会社 a film producing company．～館 a movie theater〔house〕；《英》a cinema．～監督 a film

director．～祭 a film festival．～俳優 a movie〔film〕actor〔actress（女）〕．

えいかん　栄冠 a crown (of glory)；〔月桂冠〕the laurels．

えいきゅう　永久の →えいえん．

えいきょう　影響 (an) influence；(an) effect．～する influence；affect．

えいぎょう　営業〔業務〕business；〔販売〕sales．～する carry on business；〔売買〕trade in．～許可 business license．～時間 business〔office〕hours；【標示】Open 《from 10 a.m. to 5 p.m.》．～所〔部〕a sales office〔department〕．～費 operating expenses．～報告 (方針) a business report (policy)．

えいご　英語 English；the English language．～が得意だ (不得意だ) be good(poor)at English．～で in English．「犬」を～では何というか How do you say 'inu' in English?；What is the English (word) for 'inu'?

えいこく　英国→イギリス．Britain；the United Kingdom〔略 U.K.〕．～の English．～皇太子 the Prince of Wales．

えいしゃ　映写 projection．～する project 《a picture》on a screen．～機 a 《film》 projector．

えいじゅう　永住する reside permanently；settle in．

エイズ　AIDS〔＜ Acquired Immune Deficiency Syndrome（後天性免疫不全症候群）〕．～ウイルス the AIDS virus；HIV〔＜ Human Immunodeficiency Virus〕．

えいせい　衛生 hygiene；sanitation；health．～的 (な)〔上の〕hygienic；sanitary．～設備 health facilities．

えいせい　衛星 (国) a satellite．～中継 a satellite relay；transmission via satellite．～都市 a satellite town．～放送 a satellite telecast〔broadcasting〕．

えいせいちゅうりつこく 永世中立国 a permanently neutral nation.

えいぞく 永続的(な)lasting; permanent. ~する last long.

えいだん 英断 a wise judgement〔decision〕; a drastic measure.

えいだん 営団 a corporation.

えいてん 栄転 (a) promotion. ~する be promoted to《a post》.

えいびん 鋭敏な sharp; keen; clever; smart.

えいぶん 英文 English; an English sentence. ~科 the department of English. ~学 English literature. ~和訳 English-Japanese translation.

えいやく 英訳 an English translation. ~する translate into English.

えいゆう 英雄 a hero; a great man. ~的な heroic.

えいよう 栄養 nourishment;nutrition. ~失調の ill-fed;undernourished. ~のある nourishing; nutritious. ~価 nutritive value. ~士 a dietician. ~失調〔不良〕undernourishment; malnutrition.

えいり 営利 gain; profit-making. ~会社 a profit-making company. ~主義 commercialism.

エーエム AM放送 AM broadcasting〔< amplitude modulation〕.

エーカー an acre (約 4,047m²).

エース the ace《pitcher》.

エープリルフール April Fool's Day; All Fool's Day.

エール ~の交換をする exchange yell〔cheers〕《at a sports event》.

えがお 笑顔 a smiling face. ~で迎える welcome with a smile.

えがく 描く〔絵を〕draw (線描);paint (着色);〔心に〕imagine; picture;〔描写〕describe; depict.

えがたい 得難い rare; priceless; hard to get.

えき 益 good; benefit. ~のある beneficial《to》; good《for》. ~す

る benefit. ~鳥(虫)a useful bird (insect). ~回り〔証券〕an earnings ratio.

えき 液〔液体〕(a) liquid;〔果汁〕juice;〔樹液〕sap.

えき 駅 a railroad〔《英》railway〕station. ~員 a station employee;〔総称〕the station stuff. ~長 a station master. ~弁 a (station) box lunch. 終着~《米》a terminal station;《英》terminus.

エキサイトする get excited《about, over》.

えきしゃ 易者 a fortune-teller.

えきしょう 液晶 liquid crystal. ~ディスプレイ a liquid crystal display〔略 LCD〕.

えきじょうか 液状化 liquefaction.

エキス (an) extract《of beef》.

エキストラ《play》an extra.

エキスパート an expert《in, at, on》.

エキゾチック(な) exotic.

えきたい 液体 (a) liquid. ~燃料 liquid fuel.

えきびょう 疫病 a plague; a pestilence; an epidemic.

えきり 疫痢 children's dysentery;〔医学用語〕ekiri.

エクアドル (the Republic of) Ecuador.

エクスタシー ecstasy.

エグゼクティブ an executive. ~クラス〔飛行機の〕an executive class.

えくぼ 笑窪 a dimple.

えぐる 抉る scoop out;bore;〔のみで〕gouge.

エクレア an éclair.

えげつない dirty; nasty.

エゴ the ego; the self;〔利己主義〕egoism; selfishness. ~イスト an egoist; a self-centered person. ~イズム egoism.

エコツアー an ecotour;〔総称〕ecotourism. ~をする人 an ecotourist.

エコノミー ~クラスで行く go [travel] economy (class). ~航空券 a coach [an economy-class] (air) ticket. ~（クラス）症候群 the economy-class syndrome.

えこひいき 依怙贔屓する show partiality《to》; be partial《to》.

エコマーク ecomark.

エコロジー ecology.

えさ 餌 food; (a) bait; [おとり] a decoy. ~をやる feed; give food《to》.

えじき 餌食となる fall a prey [victim] to《a person's desire》.

エジプト (the Arab Republic of) Egypt. ~の Egyptian. ~人 an Egyptian. ~文明 Egyptian civilization.

えしゃく 会釈する nod《in greeting》; salute《a person》.

エスエフ SF; sci-fi [< science fiction]. ~小説 a si-fi novel.

エスカルゴ escargot《F》.

エスカレーター an escalator.

エスキモー→イヌイット.

エスコート (an) escort. ~する escort.

エスサイズ (an) S size; a small (size).

エステ (ティックサロン) a beauty-treatment salon.

エストニア (the Republic of) Estonia.

エスニック (料理) ethnic《foods》.

エスプリ esprit; wit. ~に富んだ witty.

エスペラント (語) Esperanto. ~使用者 an Esperantist.

エスワティニ (the Kingdom of) Eswatini.

えだ 枝 a branch; [大枝] a bough; [小枝] a twig; a sprig; [花や葉のついた] a spray.

えたい 得体の知れない strange; suspicious; mysterious.

エチオピア (the Federal Democratic Republic of) Ethiopia.

エチケット etiquette; good manners.

エチュード an étude《F》.

えつ 悦に入る be pleased with oneself 《at, over》.

エックスせん X線 X rays.

えっけん 越権 (行為) [法] (an act of) arrogation; 《話》exceeding one's authority.

エッセイ an essay.

エッセイスト an essayist.

エッセンシャルワーカー essential worker.

エッセンス essence. バニラ~ vanilla extract.

エッチ ~な冗談 a lewd [dirty] joke.

エッチング (an) etching.

えっとう 越冬する pass the winter. ~資金 an extra wintering allowance. ~隊 a wintering party.

えつらん 閲覧する peruse; read. ~券 an admission ticket. ~室 a reading room. ~者 a reader.

エデン Eden.

エナメル enamel. ~靴 patent leather shoes. ~質 [歯の] tooth enamel.

エヌジー NG を出す spoil [ruin] a sequence [shot, scene] [< no good].

エネルギー energy. ~のある energetic《man》.

エネルギッシュ energetic.

えのぐ 絵の具 paints; colors; pigments; [油絵の具] oils.

えび 蝦・海老 [大] a lobster; [小] a shrimp; [車] a prawn.

エピソード an episode.

エピデミック epidemic.

えびちゃ 海老茶色 (の) maroon; brownish red.

エビデンス (証拠) evidence.

エフエム (放送) an FM [< Frequency Modulation]. ~放送局 an FM broadcast.

エプロン an apron.

エボラ ~出血熱 Ebola h(a)emorrhagic fever.

えほん 絵本 picture book

エムサイズ (an) M size; a medium

エメラルド an emerald. ～グリーン emerald green.

えもの 獲物〔猟の〕game;〔漁の〕a catch;〔分捕り品〕booty;spoils.

えら 鰓 the gills《of a fish》.

エラー an error. ～をする make an error.

えらい 偉い〔偉大な〕great;〔賞賛すべき〕admirable;〔地位・身分が高い〕important;《a person》in a high position.

えらぶ 選ぶ choose;select;pick out;〔B より A を〕prefer《A》to《B》.

えり 襟〔洋服の〕the collar;〔和服の〕the neckband. ～首 the nape;the back of the neck. ～巻 a muffler;scarf.

エリート〔集合的〕the elite.

エリトリア (the State of) Eritrea.

える 得る・獲る〔獲得〕get;obtain;gain;win;acquire;〔可能〕can do;be able to do.

エル サイズ (an) L size;a large (size).

エルサルバトル (the Republic of) El Salvador.

エルニーニョ ～現象 an El Niño phenomenon.

エルピーガス LP gas;liquefied petroleum gas.

エレガント ～な女性 an elegant woman.

エレキギター an electric guitar.

エレクトーン an electronic organ;〔商標〕an Electone.

エレクトロニクス electronics.

エレクトロニック electronic.

エレクトロン an electron.

エレジー an elegy.

エレベーター an elevator;《英》a lift.

エロ eroticism. ～い erotic. ～ティックな erotic. ～本 a pornographic〔obscene〕book.

えん 円〔円形〕a circle;〔貨幣単位〕yen〔記号 ¥〕.

えん 塩 salt.

えん 縁〔宿縁〕fate;karma relation;〔血縁〕(blood) relation;〔縁故〕connection. ～を切る sever relations with《a person》;wash one's hands of《a matter》.

えんいん 遠因 a remote cause《of》.

えんえき 演繹 deduction. ～する deduce. ～の deductive. ～法 the deductive method.

えんかい 宴会〔公式〕a banquet;〔祝宴〕a feast;〔正餐会〕a dinner (party). ～場 a banquet hall.

えんがわ 縁側 a veranda.

えんがん 沿岸〔海の〕the coast;〔海・湖・川の〕the shore. ～の coastal. ～漁業(貿易)coastal fishery (trade).

えんき 延期 postponement. ～する postpone;put off.

えんぎ 演技 performance;acting.

えんぎ 縁起 luck;(an) omen. ～のよい lucky;auspicious. ～の悪い unlucky;ominous.

えんきょく 婉曲に in a roundabout way;euphemistically.

えんきょり 遠距離で(に) at (to) a long distance.

えんぐん 援軍《send》reinforcements《to》.

えんけい 円形 a circle. ～の round;circular.

えんげい 園芸 gardening;〔園芸学〕horticulture. ～家 a horticulturist.

えんげい 演芸(会) (an) entertainment (show). ～場 a variety hall;《米》a vaudeville house.

えんげき 演劇 a drama;a play;a theatrical performance.

エンゲージリング an engagement ring.

えんこ 縁故〔関係〕connection;relation;〔人〕a relative.

えんご 援護する support；back (up)；protect.

えんざい 冤罪 a false charge；a groundless accusation.

えんさん 塩酸 hydrochloric acid.

えんし 遠視の longsighted；《主に英》farsighted.

えんじ 園児 a kindergarten pupil.

えんじ 臙脂色（の）dark red.

エンジニア an engineer.

えんしゅう 円周 the circumference．～率 pi〔記号π〕

えんしゅう 演習 (an) exercise；〔軍隊で〕maneuvers.

えんじゅく 円熟した mature；well-matured；mellow.

えんしゅつ 演出 direction．～する direct (a play)．～家 a director；〔制作者〕a producer.

えんじょ 援助 help；aid；support．～する help；support．～交際 a paid dating；《俗》teenage prostitution.

えんしょう 延焼する〔火が〕spread《to》；〔家が〕catch fire.

えんしょう 炎症 を起こす cause inflammation；be inflamed.

えんじょう〔ネット上で〕炎上 flaming.

えんじる 演じる play〔perform〕《a role》.

エンジン an engine．～をかける（止める）start (stop) on engine.

えんしんりょく 遠心力 centrifugal force.

えんすいけい 円錐形 a cone．～の conical.

エンスト a stall；the stopping of the engine．～を起こす stall《on the slope》.

えんせい 遠征する go on an expedition；〔競技で〕visit．～軍 an expeditionary force．～試合 an away game．～隊 an expedition.

えんせい 厭世的（な）pessimistic．～家 a pessimist．～観 pessimism.

えんぜつ 演説 a speech；an address．～する make a speech；address《an audience》．～会 a speech meeting．～会場 a meeting hall.

えんせん 沿線の along〔on〕a railroad (line).

えんそう 演奏 a (musical) performance．～する perform；play．～会 a concert.

えんそうば 円相場 the yen's exchange rates.

えんそく 遠足 an excursion；an outing；〔食事持参の〕a picnic；〔徒歩の〕a hiking．～に行く go on a hike；make a trip《to》.

えんたい 延滞する be delayed；be in arrears．～金 arrears.

えんだい 遠大な grand；farreaching；ambitious.

えんだい 演題 a subject《of an address》；a theme.

えんだか 円高 a strong (er) yen；yen appreciation．～である The yen is strong.

えんだて 円建て yen-denominated；yen-based.

えんだん 演壇 a platform.

えんだん 縁談 a marriage proposal〔offer〕.

えんちゃく 延着 (a) delay．～する be delayed〔overdue〕.

えんちゅう 円柱 a column.

えんちょう 延長する prolong；extend；lengthen．～戦（になる）〔野球で〕(go into) extra innings.

えんちょう 園長 a《zoo, kindergarten》director.

えんてん 炎天 in the scalding sun.

えんどう 沿道に on the route；along the road.

えんどう 豌豆 a pea.

えんとうけい 円筒形 a cylinder．～の cylindrical.

えんとつ 煙突 a chimney；〔汽船・機関車の〕a funnel.

エントリー (an) entry. ～する enter 《in, for》.

えんにち 縁日 a fete day ; a fair.

えんばん 円盤 a disk ;〔円盤投げの〕 a discus. ～投げ the discus throw. 空飛ぶ～ a flying saucer ; a UFO〔< unidentified flying object〕.

えんぴつ 鉛筆 a pencil. ～削り a pencil sharpener.

えんびふく 燕尾服 a tailcoat ;《話》 tails.

えんぶん 塩分 salt. ～を含んだ salty.

えんまく煙幕〔lay〕a smoke screen.

えんまちょう 閻魔帳 a black list ;〔教師の〕 a teacher's grade book ;《英》 a mark book.

えんまん 円満な〔完全〕perfect ;〔温和〕 peaceful ; amicable. ～な家庭 a happy home. ～に peacefully ; amicably.

えんゆうかい 園遊会 a garden party.

えんよう 遠洋 ～漁業 deep-sea fishery. ～航海 an ocean voyage.

えんりょ 遠慮深い modest ; shy. ～する be reserved ; refrain from 《doing》. ～なく without reserve ; freely.

お

お 尾 a tail ;〔兎などの短い〕a scut ;〔狐などの〕 a brush ;〔孔雀の〕 a train ;〔彗星の〕 a trail.

オアシス an oasis.

おい 甥 a nephew.

おいかける 追い掛ける run after ; chase ;〔先んじる〕pursue.

おいこす 追い越す pass ; outrun ; get ahead of ; outstrip.

おいだす 追い出す drive〔send, turn〕 out ; expel ;〔解雇〕hire.

おいつく 追い付く overtake ; catch up with 《a person》.

おいつめる 追い詰める corner ; run down ; bring 《a dog》 to bay.

おいはぎ 追い剥ぎ〔行為〕a holdup ;《話》a stickup ;〔人物〕《米話》a holdup man.

おいはらう 追い払う drive away ; expel.

おいらく 老いらくの恋 love〔a love affair〕in 《one's》 old age.

オイル oil.〔日焼け用の〕suntan lotion. ～交換する change the oil. ～を差す oil. ～ショック an oil crisis. ～ダラー oil dollars ;《英》 petrodollars.

おう 王 a king ;〔君主〕a monarch ;〔産業界の〕a magnate.

おう 追う〔牛などを〕drive ;〔駆逐〕 drive away〔out〕;〔追跡〕run after ; pursue ; follow ; chase. 仕事に追われる be pressed by〔with〕 work.

おう 負う〔責任を〕take upon oneself ;〔傷を〕receive ;〔恩をこうむる〕owe 《one's success》 to《a person》;〔背負う〕carry on one's back.

おうい 王位 the throne ; the crown.

おうえん 応援する aid ; assist ; support ; back ;〔競技で〕cheer. ～演説をする make a campaign speech 《for a candidate》. ～団 a cheering party. ～団長 a cheerleader.

おうか 謳歌する enjoy 《one's young days》.

おうかくまく 横隔膜 the diaphragm.

おうかん 王冠 a crown ;〔びんの〕a bottle cap.

おうぎ 扇 a (folding) fan.

おうきゅう 応急の emergency 《measures》;〔仮の〕temporary. ～手当《give》first aid《to》.

おうこう 横行する〔賊などが〕ravage ; be rampant.

おうこく 王国 a kingdom ; a monarchy.

おうごん 黄金 gold. ～時代 the

golden age〔days〕.

おうざ 王座 the throne. **～を占める** be at the top《of》.

おうし 雄牛・牡牛〔去勢した〕an ox;〔去勢しない〕a bull. **～座** Taurus.

おうじ 王子 a prince. ウイリアム**～** Prince William.

おうじて 応じて〔従って〕in accordance with; according to;〔答えて〕in response to;〔比例して〕in proportion to.

おうしゅう 応酬する give a《sharp》retort. 野次の**～** an exchange of heckling.

おうしゅう 押収する seize; confiscate.

おうじょ 王女 a princess.

おうじる 応じる〔答える〕respond; reply;〔承諾〕accept; comply《with》;〔必要・需要に〕meet; satisfy;〔募集に〕apply《for》; subscribe《for》. …に応じて in response to;〔比例して〕in proportion to.

おうしん 往診する visit a patient at his house.

おうせい 王制 monarchy. **～復古** the Restoration.

おうせつ 応接する receive《a visitor》. **～間** a drawing room;〔会社などの〕a reception room.

おうせん 応戦する accept a challenge; return《fire》.

おうぞく 王族 royalty;《英》the Royal Family.

おうだ 殴打 a blow;(a) beating;〔法律〕assault and battery.

おうたい 応対する receive《a visitor》; serve《customers》.

おうだん 横断する cross; go〔come〕across. **～歩道** a pedestrian crossing;《米》crosswalk;《英》zebra crossing.

おうだん 黄疸 jaundice.

おうちゃく 横着な〔無精な〕lazy;

〔図々しい〕brazen; impudent.

おうちょう 王朝 a dynasty.

おうてん 横転する turn over; roll (sideways);〔トラックなどが〕make a barrel roll.

おうふく 往復する make a round trip; get to a place and back;〔船・車が〕run between. **～切符** a return〔round-trip〕ticket. **～葉書** a return postcard.

おうへい 横柄な haughty; arrogant.

おうぼ 応募する〔志願〕apply《for》;〔予約などに〕subscribe《for》;〔懸賞などに〕enter. **～者**〔入学などの〕an applicant;〔公債などの〕a subscriber.

おうぼう 横暴な tyrannical; oppressive;〔高圧的〕high-handed. **～をきわめる** tyrannize《over》.

おうむ 鸚鵡 a parrot.

おうよう 応用 (practical) application. **～する** apply《to》. **～化学** applied chemistry.

おうらい 往来〔人・車の〕traffic;〔道路〕a road; a street.

おうりょう 横領する〔公金などを〕embezzle. **～罪** (an) embezzlement.

おえる 終える finish; get through.

おおあたり 大当たり a great success〔hit〕; a triumph.

おおあな 大穴〔大損失〕a large〔big〕loss;〔競馬などの〕a long shot; a great hit.

おおあめ 大雨 a heavy rain. **～が降る** It rains heavily.

おおあわて 大慌てで in a great haste.

おおい 多い〔数〕many; numerous;〔量〕much;〔数・量〕plenty of; lots〔a lot〕of;〔豊富な〕abundant《in》;〔回数〕frequent.

おおい 覆い a cover; a covering; a wrapping.

おおいかくす 覆い隠す conceal; cover up.

おおいそぎ 大急ぎで in hot haste; in

a hurry；with all speed.

おおいに 大いに very；much；greatly；highly；remarkably；to a great extent；《話》a great〔good〕deal.

おおいり 大入り a full〔packed〕house. 〜袋 a full-house gift.

おおう 覆う〔かぶさる・かぶせる〕cover；veil；〔包　む〕wrap；envelope；〔隠す〕conceal；hide.

おおうりだし 大売出し a great sale.

オーエル a (woman) office worker；(OL は和製英語 office lady の略）.

おおかみ 狼 a wolf.　一匹〜 a lone wolf.

おおがた 大型 large size.　〜の large-sized；large；big.　〜小売店 a large-scale retail outlet.

おおがら 大柄の〔模様〕large-patterned；〔体格〕of large build.

おおきい 大きい〔な〕big；large；〔偉大〕great；〔巨大・多大〕huge；gigantic；〔音の〕loud；〔年齢が〕older；elder；〔態度が〕haughty. **大きくなる** grow；get〔grow〕big(ger)〔large(r)〕.

おおきさ 大きさ size；dimensions.

オーきゃく O 脚 bowlegs.　彼女は〜だ She is bowlegged.

おおく 多く〔は〕mostly；for the most part；many〔much〕of；most of.　〜の many；much；most.　〜とも at most.

オークション 〜にかける put…up for〔at〕auction.

おおぐち 大口 〜の注文〔寄付〕a large order (donation).　〜定期預金 a large-amount time deposit.

オーケー OK；okay.　〜する okay《a plan》.

おおげさ 大袈裟な exaggerated.　〜に吹聴する exaggerate；overstate.

オーケストラ an orchestra.

おおごえ 大声で in a loud voice；loudly.

おおごしょ 大御所〔influential〕figure《in》.

おおさわぎ 大騒ぎ an uproar；fuss；〔混乱〕a confusion；〔大〕a great disturbance〔row〕.

おおじかけ 大仕掛(の・で) (on) a large〔grand〕scale.

おおざっぱ 大雑把な(に)〔大づかみな(に)〕rough(ly) broad(ly)；〔雑な(に)〕careless(ly)；thoughtless(ly).

オーストラリア Australia.

オーストリア Austria.

おおぜい 大勢 a large crowd〔number of people〕.

おおそうじ 大掃除 (をする) (do a) general cleaning.

オーソドックス 〜な orthodox.

おおぞら 大空 the sky；《文》the firmament.

オーソリティー an authority《on》.

オーダー 〔注文〕an order. バッティング〜 the batting order. 〜メイドの服 a made-to-order〔custom-made〕suit.

おおっぴらに openly；in public.

おおて 大手〔大企業〕big〔large, major〕enterprises〔companies〕.　〜筋〔株式〕leading operators.

おおで 大手を振って triumphantly；in triumph.

オーディオ audio.　〜マニア an audiophile；an audio nut.

オーディション 《go through, pass》an audition.

オーデコロン 〜をつける put on (eau de) Cologne.

おおどうぐ 大道具 stage setting.　〔係〕a sceneshifter.

おおどおり 大通り a main〔high〕street.

オートバイ 《go on》a motorcycle.

オードブル hors d'oeuvre.

オートマチック 〜車 an automatic car；a vehicle with automatic transmission.

ートミール oatmeal.

ートメーション automation. ～化する automate.

オートレース a car〔an auto〕race.

オーナー the owner《of》.

おおなみ 大波 a big wave ; a billow.

オーバー an overcoat ;《英》a greatcoat.

オーバーワーク overwork. ～になる overwork oneself.

おおはば 大幅な big ; great ; sharp ; substantial. ～な減税 massive tax cut.

オービー〔卒業生〕a graduate ; an alumnus（複 alumni）;《英》an old boy. ～を出す〔ゴルフ〕hit the ball out of bounds（OB は和製略語）.

オープン ～する open. ～カー a convertible. ～価格 open pricing. ～型投資信託 an open-end investment trust. ～キャンパス an open campus. ～セット〔撮影〕an outdoor（movie）set. ～戦〔野球〕a preseason exhibition game.

おおべや 大部屋 a big room. ～俳優 utility actors（actresses）.

オーボエ an oboe. ～奏者 an oboist.

おおまか 大まかな〔概略の〕rough ;〔気前よい〕generous.

おおまた 大股に歩く walk with big strides ; stride.

おおみず 大水 a（heavy）flood.

おおみそか 大晦日〔on〕New Year's Eve.

おおむぎ 大麦 barley.

おおめだま 大目玉を食う get a good scolding.

おおめ 大目に見る overlook《a person's mistake》; tolerate.

おおもじ 大文字〔英語の〕a capital letter.

おおもの 大物 a leading figure ;《米俗》a big shot ;《話》a bigwig.

おおやけ 公の（に）public（ly）; open（ly）;〔公式〕official（ly）. ～にする

る publish ; announce. ～の場所で in public.

おおやすうり 大安売り a great bargain sale.

おおゆき 大雪 a heavy snow. ～が降る It snows heavily.

オーライ all right.

オール〔ボートの〕an oar.

オール〔全部の〕all. ～スター all-star《game , cast》. ～バック combed-back hair. ～マイティー almighty.

オールインワン ～の all-in-one.

オールドミス an old maid ;〔軽蔑的〕a spinster.

オールナイト ～の店 an all-night store.

オールバック ～にする wear one's hair combed straight back.

オールラウンド ～プレーヤー an all-around player.

オーロラ an aurora.

おおわらい 大笑いをする enjoy a hearty〔good〕laugh.

おか 丘 a hill ;〔小さい〕a hillock.

おかげ お陰で through a person's efforts〔kindness, patronage, help〕; thanks to ;〔原因〕owing to.

おかしい〔な〕〔おもしろい〕amusing ;〔こっけいな〕funny ; droll ; comical ;〔ばかげた〕ridiculous ;〔奇妙な〕strange ; queer ;〔怪しい〕suspicious ;〔不適当〕unbecoming.

おかす 犯す・冒す・侵す〔罪を〕commit（a sin）; be guilty of ;〔法を〕violate ; infringe ;〔婦女を〕rape ;〔危険を〕venture ; risk ;〔侵入〕invade ; break into ;〔病気が〕attack ; affect. …を冒して braving〔in the face of〕《the storm》.

おかず dishes.

おかみ お上〔政府〕the government ;〔当局〕authorities.

おかみ 女将〔宿屋の〕a landlady ;〔料亭の〕a mistress.

おがむ 拝む worship ; pray《to》.

オカルト（the）occult. **～映画** an occult movie.

おがわ 小川 a brook；a stream.

おかわり お代わり〔食べ物の〕a second help；〔飲み物の〕another cup.

おき 沖 the offing. **～に**〔で〕off（the coast of）《Hokkaido》.

-おき …置きに at intervals of《a meter》. 1日 **～** に every other〔second〕day.

おき 燠〔燃えさし〕embers；〔石炭・炭の〕live coals.

おきざり 置き去りにする leave《a person》behind；desert.

オキシダント ～濃度 the level〔concentration〕of oxidants.

オキシフル oxygenated water；peroxide；Oxyfull.

おきどけい 置き時計 a table clock.

おぎなう 補う make up《for》；supplement；complement.

おきにいり お気に入り one's favorite.

おきば 置き場（所）a place〔room〕《to put a thing in》；a depository；a yard；a shed.

おきはい 置き配 a home delivery to a designated box.

おきもの 置き物 an ornament.

おきる 起きる〔起床〕get up；rise；〔起き直る〕sit up.

おきわすれる 置き忘れる leave《a thing》behind.

おく 奥 the inner part；the interior.

おく 億 one hundred million. **～万長者** a billionaire. 10 **～** a billion.

おく 置く put；lay；〔あとに残す〕leave《a person alone》；〔雇う〕engage；employ《a secretary》；〔下宿人などを〕lodge；take in；〔設置〕set up；establish；station（駐屯）.

おくがい 屋外で out of doors；outdoors；in the open. **～の** outdoor；open-air. **～スポーツ** outdoor sports.

おくざしき 奥座敷 an inner room；a back parlor.

おくさま 奥様〔奥さん〕a wife；〔呼び掛け〕madam. 伊藤さんの**～**〔奥さん〕Ms.〔Mrs.〕Ito.

おくじょう 屋上（で）（on）the roof《of a building》. **～庭園** a roof garden.

オクターブ an octave.

おくない 屋内で within doors；indoors. **～の** indoor.

おくのて 奥の手を出す play one's best〔trump〕card.

おくば 奥歯 a back tooth；a molar（tooth）.

おくび →げっぷ. ～にも出さない do not give the smallest hint《of》.

おくびょう 臆病な cowardly；timid. **～者** a coward.

おくゆかしい 奥床しい refined；graceful.

おくゆき 奥行 depth. **～6尺** six shaku deep〔in depth〕.

オクラ〔野菜〕okra.

おくらす 遅らす delay；postpone；put off《one's departure》；put〔turn〕《a clock》back.

おくりさき 送り先 the destination；〔荷受人〕a consignee.

おくりじょう 送り状 an invoice.

おくりにん 送り人 a sender；〔荷物の〕a consignor.

おくりだす 送り出す〔発送する〕send off；〔見送る〕see〔send〕《a person》off.

おくりもの 贈り物 a present；a gift.

おくる 送る send；forward；〔派遣〕dispatch；〔護衛・護送〕escort；〔見送る〕→おくりだす；〔月日を〕spend；pass.

おくる 贈る〔贈呈〕present《a person with a thing》；〔授与〕confer（位・勲章などを）；award（賞品などを）.

おくれる 遅れる〔時間に〕be late《for》；〔遅滞〕be delayed；〔時計が〕lose time；be slow（遅れてい

お

る）；〔時勢などに〕fall behind《the times》.

おけ 桶 a tub；〔深い〕a pail；〔水桶〕a kit. ～屋 a cooper.

おこがましい〔うぬぼれた〕conceited；〔生意気な〕presumptuous.

おこし 村(町)　～ a hometown revitalization campaign.

おこす 起こす・興す〔立てる〕raise；set upright；〔目を覚まさせる〕wake (up)；〔引き起こす〕cause；give rise 《to》；〔電気・熱などを〕generate；〔火を〕kindle；〔創始〕start；establish；institute；fund，〔再興〕reestablish；〔訴えを〕→そしょう.

おごそか 厳かな(に) solemn (ly)；impressive (ly).

おこたる 怠る neglect；be neglectful；〔怠ける〕be lazy.

おこない 行い〔行為〕an act；a deed；〔身持ち〕conduct；behavior.

おこなう 行う do；〔実施〕conduct；〔達成〕perform；〔悪事を〕commit.〔挙行〕hold《a ceremony》.

おこなわれる 行われる be done；〔挙行〕be held；be taken place；〔実施〕be put in practice《force》.

おこらせる 怒らせる make《a person》angry；offend.

おこり 起こり the source；the origin；〔原因〕the cause.

おこりっぽい 怒りっぽい irritable；hotheaded；hot-tempered.

おこる 怒る get angry；lose one's temper；be enraged〔offended, displeased〕《with a person，at a matter》.

おこる 起こる・興る〔発生〕happen；arise；break out；〔起因〕arise《from, in》；〔火が〕be kindled；〔熱などが〕be generated；〔病気が〕have an attack《of a headache》；〔勃興〕rise；spring up.

おごる 奢る〔ぜいたくする〕live in luxury；〔ご馳走する〕treat《a

person》to《a dinner》.

おさえる 押える hold down；〔抑制〕restrain；〔握える〕catch.

おさつ お札 a bank note.

おさない 幼い infant；〔幼稚〕childish；〔未熟〕immature；green.

おざなり お座成りの perfunctory. ～に perfunctorily.

おさまる 収まる〔解決する〕be settled.

おさまる 治まる〔平和〕be peaceful〔in peace〕；〔風・痛みなどが〕abate；subside；〔怒りなどが〕be appeased.

おさまる 納まる〔物品が〕be accepted〔delivered〕；〔元の状態に〕be restored《to》；〔満足〕be contented《with》.

おさめる 収める〔収納〕put《in, up, away》.

おさめる 治める〔国・家を〕govern；rule；reign《over》；〔平定〕quiet；pacify；suppress.

おさめる 納める〔金銭を〕pay；〔食料を〕purvey；〔納品〕deliver；〔献納〕dedicate；〔献呈〕present；〔胸に〕keep《a matter secret》.

おさん お産 childbirth；〔分娩〕a delivery.

おし 押し・圧し ～の強い aggressive；pushy；brazenfaced. ～がきく carry weight《with》；be influential《over》；《米話》have clout with.

おじ 伯父・叔父 an uncle.

おしあう 押し合う push〔jostle〕one another.

おしい 惜しい regrettable；〔貴重な〕precious. ～ところで《lose a game》by a narrow margin. …とは実に～ It is a pity that…；What a pity that…！ 惜しそうに grudgingly.

おじいさん お爺さん〔祖父〕a grandfather；a grandpa；〔老人〕an old man.

おしいる 押し入る break〔force〕into

《a house》.

おしいれ 押し入れ a closet.

おしうり 押売する press《a person》to buy.

おしえ 教え teaching(s)；instruction；〔教訓〕a precept；a lesson (授業・経験による). ～る educate；instruct；teach；〔道順などを〕show《the way to》. ～を受ける study under《a person》. ～子 one's student.

おしがい 押し買い coercive buying.

おしかえす 押し返す push〔force〕back.

おしかける 押しかける go uninvited《to》.

おじぎ お辞儀 a bow. ～をする (make a) bow.

おしげ 惜し気なく unsparingly；generously；freely.

おじけ 怖じ気づく get scared；become timid.

おしこめる 押し込める〔閉じ込める〕shut up；〔詰め込む〕press in；squeeze；cram；〔人を〕crowd《people into》.

おしたおす 押し倒す push〔throw〕down.

おしだす 押し出す push〔force〕out.

おしだまる 押し黙る keep one's mouth shut.

おしつける 押しつける press against《the wall》；〔強制〕force《a thing》upon《a person》.

おしつぶす 押し潰す crush；smash.

おしとおす 押し通す〔主張〕persist to the last〔end〕；〔遂行〕carry《a matter》through.

おしのける 押し退ける push away〔aside〕.

おしばな 押し花 a pressed flower.

おしべ 雄蕊 a stamen.

おしボタン 押しボタン a push button. ～戦争 a push-button war.

おしむ 惜しむ〔悲しむ〕regret；lament；〔大切にする〕value；prize；〔けちけちする〕grudge；be stingy.

おしめ 襁褓 a diaper；a baby's napkin.

おしもんどう 押し問答をする bandy words《with》.

おしゃべり お喋り an idle prattle；〔人〕a prattler；a chatterbox. ～る chat(ter). ～な talkative.

おしゃれ お洒落な stylish. ～をする dress《oneself》up.

おじゃんになる come to nothing；fall through.

おしょう 和尚 a Buddhist priest；a bonze.

おしょく 汚職 (official) corruption；bribery；《米》(a) graft. ～事件 a bribery〔graft〕case.

おしよせる 押し寄せる march《on a castle》；throng《to》；〔波が〕surge《over》.

おしろい 白粉 (face) powder. ～をつける powder《one's face》.

おす 雄・牡 a male. ～犬 a male dog. ～牛 a bull；an ox →うし. ～馬 a horse. ～猫 a tomcat. ～の山羊 a he-goat.

おす 押す push；〔圧する〕press；〔押捺〕stamp.

おすい 汚水 filthy water；〔下水〕sewage；〔廃水〕waste water；〔汚染された〕polluted water.

おずおず timidly；fearfully.

おせじ お世辞 a compliment；(a) flattery. ～を言う flatter《a person》；say pretty things.

おせっかい お節介な meddlesome. ～な人 a meddler；a busybody. ～をやく meddle；poke one's nose《into other's affairs》.

おせん 汚染 pollution；〔放射能など〕contamination. 大気～ air pollution. 放射能～ radioactive contamination.

おそい 遅い〔時刻〕late；〔遅刻〕behind time；〔速度〕slow；tardy. 遅く〈get up〉late. **遅かれ早かれ** sooner or later. **遅くとも** at (the) latest.

おそう 襲う attack；assault；〔災難などが〕visit；strike.

おそるおそる 恐る恐る timidly；nervously；reverently.

おそれ 畏れ〔畏敬〕awe.

おそれ 恐れ・怖れ〔不安〕fear；dread；《文》apprehension.

おそれる 恐れる fear；dread；be afraid of. …を恐れて in fear of；for fear (that)《I may fail》.

おそろしい 恐ろしい fearful；dreadful；awful；terrible；horrible. 恐ろしく〔非常に〕awfully；terribly.

おそわる 教わる learn《from》；be taught《by》.

オゾン ozone. 〜層 the ozone layer. 〜ホール an ozone hole.

おたく a freak；an otaku.

おたずねもの お尋ね者 a person wanted by the police.

おだてる 煽てる flatter；《話》soft-soap.

おたふくかぜ お多福風邪 mumps.

おだやか 穏やかな quiet；calm；tranquil；peaceful；gentle. 〜に quietly；calmly；peacefully；gently.

おだわらひょうじょう 小田原評定 an endless discussion.

おち 落ち〔脱落〕an omission；〔手抜かり〕a fault；〔話の〕the point；the punch line；〔結果〕the end.

おちこぼれ 落ちこぼれ〔人〕a dropout；a drop-behind.

おちこむ 落ち込む sink.〔精神的に〕be depressed；be in low spirits. 落込んだ目(頬) sunken〔hollow〕eyes (cheeks).

おちつき 落ち着きのある self-possessed；calm；quiet. 〜のない

restless；nervous. 〜払って calmly；with great composure；serenely；coolly. 〜を失う lose one's head；《話》lose one's cool.

おちつく 落ち着く〔一か所に〕settle (down)；〔静まる〕subside；fall (風が). 気が 〜 recover one's composure.

おちど 落ち度 a fault. 〜のない faultless；blameless.

おちば 落ち葉 fallen leaves.

おちぶれる 落ちぶれる come down in the world；be reduced to poverty.

おちめ 落ち目 彼も〜だ His fortune is declining. 彼女の人気も〜だ Her popularity is on the wane.

おちる 落ちる〔落下〕fall；come down；〔したたる〕drop；drip；〔崩壊〕crumble；collapse；〔色などが〕come off〔out〕；〔落第〕fail；〔潮・風などが〕fall off；subside；〔劣る〕be inferior《to》.

おつかれさま お疲れ様〔仕事を終えて〕See you；〔相手に手数をかけた時〕Thank you.

おっくう 億劫な troublesome；annoying；bothersome.

おつげ お告げ a divine message；an oracle.

おっと 夫 a husband.

おっとせい 膃肭臍 a fur seal.

おてもりよさん お手盛予算 budget tailored to suit one's own needs.

おてん 汚点 a stain；a blemish；a blot；a blur.

おてんば お転婆 a tomboy；a romping girl. 〜な tomboyish.

おと 音 a sound；〔雑音〕a noise；〔銃声〕a report；〔とどろき〕a roar；〔調〕a tone；a note；〔楽音〕a tune.

おとうと 弟 a (younger) brother.

おとぎ お伽 〜の国 a fairyland. 〜話 a nursery tale；a fairy tale.

おどける〔ふざける〕clown《around, about》；jest；〔冗談を言う〕joke；

crack a joke. **おどけた** funny; droll. **おどけて** joking; in jest; for fun.

おとこ 男 a man; a male. ～物の men's 《umbrella》;《a watch》for men. ～らしい manly. ～らしく like a man; manfully. ～を上げる〔下げる〕raise (lower) one's reputation. ～盛り《be in》the prime of manhood. ～世帯 a bachelor's 〔womanless〕 household. ～勝り a manly woman. ～やもめ a widower.

おどし 脅し (a) threat;(a) menace; (an) intimidation.

おとしあな 落とし穴 a pitfall; a snare.

おとしいれる 陥れる〔他人を〕entrap; ensnare;〔城を〕capture.

おとしだま お年玉 a New Year's gift. ～付き年賀はがき a New Year's lottery postal card.

おとしもの 落とし物 a lost article.

おとす 落とす drop; let fall;〔遺失〕lose;〔脱落〕omit; leave out;〔城などを〕take; capture;〔除去〕remove; take 〔brush〕 away;〔信用などを〕lose; debase;〔質を〕lower;〔声を〕drop.

おどす 脅す frighten; threaten; intimidate.

おととい 一昨日 the day before yesterday.

おととし 一昨年 the year before last.

おとな 大人 an adult; a grown-up (person). ～気ない childish. ～になる grow up.

おとなしい 大人しい gentle; quiet; good. **大人しくする** behave oneself; keep quiet; be good.

おとめ 乙女 a young girl;〔処女〕a maiden; a virgin. ～座 Virgo.

おとり 囮〔媒鳥〕a decoy;〔誘惑物〕an allurement. ～捜査 a sting operation.

おどり 踊り a dance; dancing. ～場〔階段の〕a landing.

おどりあがる 躍り上がる spring 〔jump〕 up; leap.

おとる 劣る be inferior 《to》; be worse 《than》.

おどる 踊る dance.

おどる 躍る jump; leap; spring.

おとろえる 衰える become weak; decline 《in health》; fail;〔人が主語〕lose 《physical vigor, heart》.

おどろかす 驚かす surprise; startle; frighten.

おどろき 驚き surprise; astonishment; wonder; fright.

おどろく 驚く be surprised 〔astonished〕;〔驚嘆〕wonder 《at》;〔恐怖〕be frightened. ～べき surprising; wonderful. **驚いて** in surprise 〔wonder〕.

おないどし 同い年である be of an 〔the same〕 age.

おながれ お流れになる be given up; be called up; be canceled.

おなじ 同じ〔同一〕the (very) same; one and the same; identical 《with》;〔同等〕equal; equivalent 《to》;〔類似の〕similar 《to》; like. ～く similarly; likewise; equally.

オナニー masturbation; self-ejaculation; onanism.〔<《G》Onanie〕.

おに 鬼 a fiend; a demon;〔食人鬼〕an ogre;〔遊戯の〕a tagger. 心を～にする steel 〔harden〕 oneself against pity. ～婆 an ogress; a hag.

おにぎり お握り a rice ball.

おにごっこ 鬼ごっこをする play tag.

おね 尾根〔山の〕a ridge.

おの 斧〔柄の長い〕an ax (e);〔手斧〕a hatchet.

おのおの 各々〔二者〕either;〔おのおのの〕each;〔すべて〕every; all;〔それぞれ〕respective (ly).

おのずから 自ずから naturally; of 〔by〕 itself.

おのぼりさん お上りさん a rustic sightseer.

おのれ 己 self. 〜を知る know oneself.

おば 伯母・叔母 an aunt.

おばあさん お婆さん〔祖母〕a grandmother ; a grandma ;〔老女〕an old woman.

オパール (an) opal.

おはこ 十八番 a forte ; one's favorite performance.

おはち お鉢 a rice tub. 〜が回ってくる One's turn comes (round).

おはよう お早う Good morning.

おび 帯 a belt ; a sash ; a girdle ; an obi. 〜留め a sash clip.

おびえる 怯える be frightened《by, at》.

おびき 誘き出す(寄せる) decoy〔lure〕 from〔out of〕(to, into).

おびただしい 夥しい abundant ; numerous.

おひつじ 雄羊・牡羊 a ram. 〜座 Aries.

おひとよし お人好し a good-natured person ;〔だまされやすい人〕a dupe ;《米俗》an easy mark.

おびやかす 脅かす threaten ; menace.

おびる 帯びる〔着用〕wear ;〔任務を〕 be charged《with》.

オフィス an office. 〜オートメーション office automation. 〜レディー a female office worker. 〜ラブ an office (love) affair〔romance〕.

オブザーバー an observer.

おぶさる 負ぶさる〔背に〕ride on a person's back ;〔頼る〕rely on.

オフシーズン the off season. 〜の off-season.

オブジェ an art object.

オプション an option. 〜取引 options trading.

おぶつ 汚物 filth ; dirt.

オブラート a (medical) wafer.〔<《D》 oblaat〕.

オフリミット off-limits ; out of bounds.

オフレコ 〜で話す speak off the record. 〜の off-the-record.

おべっか flattery. 〜を使う flatter ; curry favor with《a person》. 〜使 い a flatterer.

オペラ an opera. 〜歌手 an opera singer. 〜グラス opera glasses.

おぼえ 覚えがよい(悪い)〔記憶〕have a good (poor) memory ;〔理解〕be quick (slow) at learning.

おぼえがき 覚書 a memorandum ; a note.

おぼえる 覚える〔記憶〕remember ; keep in mind ;〔暗記〕learn by heart ; memorize ;〔学ぶ〕learn ;〔感 じる〕feel.

おぼつかない 覚束ない doubtful ; uncertain ; faltering《steps》.

おぼれる 溺れる be drowned ;〔悪習 などに〕be addicted《to》; indulge 《in, at》.

オマーン (the Sultanate of) Oman.

おまけ a free gift ; a discount (of). 〜 に on top of that ; and what's more.

おむつ 襁褓→おしめ.

オムライス an omelet containing fried rice.

オムレツ an omelet (te).

おめい 汚名をそそぐ clear oneself of a charge〔disgrace〕.

おめでた お目出度 a happy event.

おめでとう お目出度う Congratulations 《on your success》!;〔新年に〕A Happy New Year (to you)！;〔誕生 日に〕Happy birthday！; Many happy returns (of the day)！

おもい 思い〔感情〕feeling ;〔思想〕 thought ;〔願望〕wish ; desire. 〜 を遂げる fulfill one's desire.

おもい 重い heavy ; weighty ;〔病気 などの〕serious ;〔罰などの〕severe ; 〔重要な〕important. 頭が〜 feel heavy in the head.

おもいあたる　思い当たる recollect；〔事物が主語〕occur to one's mind.

おもいうかぶ　思い浮かぶ think of.

おもいがけない　思いがけない unexpected；unforeseen. 思いがけなく unexpectedly；by chance.

おもいきる　思い切る〔断念〕give up；〔決心〕make up one's mind《to do》. 思い切って…する dare〔venture〕《to do》. 思い切った bold；daring. 思い切って boldly；daringly.

おもいこむ　思い込む set one's heart《upon》；be resolved《to do》；be sure；be convinced《that…》.

おもいしらせる　思い知らせる make《a person》repent《of》.

おもいだす　思い出す recollect；recall〔call back〕to one's mind. 思い出させる remind《a person》of《a matter》.

おもいちがい　思い違い misunderstanding. ～する misunderstand.

おもいつき　思い付き a plan；an idea.

おもいつく　思い付く think of；hit upon《a plan》.

おもいつめる　思い詰める brood over《a matter》.

おもいで　思い出 recollections；remembrances. ～話 (をする)(talk) the reminiscences《of》.

おもいとどまる　思いとどまる give up.

おもいなやむ　思い悩む worry；be worried.

おもいやり　思い遣り consideration；compassion. ～のある considerate；thoughtful；kind.

おもう　思う think；consider；〔確信〕believe；〔想像〕suppose；〔期待〕expect；〔慕う〕think of；love.

おもうぞんぶん　思う存分 as much as one wishes；to one's heart's content.

おもおもしい　重々しい dignified；grave；solemn.

おもかげ　面影〔顔つき〕looks；face；〔跡〕a trace；a vestige (痕跡).

おもき　重きをなす carry weight《with》；have great influence《over，in》. …に～を置く attach importance《to》.

おもく　重くなる〔病気が〕get worse. ～用いる raise《a person》to an important position.

おもくるしい　重苦しい〔空気などが〕oppressive；〔食物などが〕heavy；〔天気などが〕gloomy；〔衣服などが〕cumbersome.

おもさ　重さ weight. ～2ポンドである be two pounds in weight；weigh two pounds.

おもしろい　面白い interesting；amusing；〔愉快な〕pleasant；〔奇妙な〕queer；〔こっけいな〕funny；comical. 面白く amusingly；merrily. 面白くない uninteresting；〔不愉快な〕unpleasant；〔望み少ない〕unpromising.

おもしろがる　面白がる be amused《at》；be delighted《with》.

おもしろはんぶん　面白半分に for fun；partly for amusement；in joke.

おもちゃ　玩具 a plaything；a toy. ～にする play with《a thing》；make a plaything of；play around〔toy〕with《a people's feelings》. ～屋 a toyshop.

おもて　表〔表面〕the face；the surface. ～で out of doors；outside. ～の戸締まりをする lock the front door. ～門 the front gate.

おもてざた　表沙汰にする make public；〔訴訟〕go to law.

おもてむき　表向き ～の formal；official. ～は formally；officially.

おもな　主な chief；principal；major.

おもに　重荷 (を降ろす) (be relieved of) a burden〔load〕.

おもに　主に chiefly；mainly；〔大抵〕mostly.

おもみ 重み weight；〔重要性〕importance；〔威厳〕dignity.

おもむき 趣 (an) atmosphere；taste. ～のある tasteful. ～のない tasteless；commonplace.

おもや 母屋 the main house.

おもゆ 重湯 thin rice gruel.

おもり 重り〔秤りの〕a weight；〔釣り用の〕a sinker.

おもわず 思わず unintentionally；involuntarily；in spite of oneself；without knowing it.

おもわせぶり 思わせ振りな suggestive；〔女が〕coquettish.

おもわぬ 思わぬ unexpected；unforeseen.

おもわれる 思われる〔見える〕seem；look；appear；〔他人に〕be regarded《as》.

おもんじる 重んじる think〔make〕much《of》；value.

おや 親 a parent；〔両親〕parents；〔トランプの〕the dealer.

おや Oh,dear!；Dear me!

おやかた 親方 →おやぶん. ～日の丸《be》under the umbrella of the government；The Rising Sun〔Uncle Sam〕stands behind you.

おやかぶ 親株〔株式〕an old stock；〔植物〕the parent root.

おやこうこう 親孝行 filial piety.

おやごころ 親心 a parent's heart；parental affection.

おやふこう 親不孝 unfilial behavior.

おやぶん 親分 a boss；a chief. ～肌の magnanimous.

おやま 女形 a male actor who plays female roles.

おやゆび 親指 the thumb；〔足の〕the big〔great〕toe.

およぐ 泳ぐ swim. 泳ぎ(に行く)(go) swimming.

およそ 凡そ about；roughly；《米》around.

およぶ 及ぶ〔達する〕reach；amount《to》；〔波及〕spread《to》；〔影響〕affect；〔わたる〕cover；〔匹敵〕equal《to》. ～限り〔及ばずながら〕to the best of one's power〔ability〕. 及ばない〔匹敵しない〕be no match《for》；〔必要がない〕need not do.

オランウータン an orangutan (g).

オランダ Holland；(the Kingdom of) the Netherlands. ～の Dutch. ～語 Dutch. ～人 Dutchman〔Dutchwoman〕；Hollander.

おり 折〔時〕time；〔場合〕an occasion；〔機会〕an opportunity；a chance. ～悪しく unfortunately；unluckily. ～よく fortunately；by good luck.

おり 折り(詰め)(food packed in) a chip box.

おり 澱 lees；dregs；grounds；sediment.

おり 檻〔猛獣の〕a cage；〔家畜の〕a pen.

オリーブ an olive. ～色の olive-colored. ～油 olive oil.

オリエンテーション《receive , give》orientation.

オリエンテーリング orienteering.

オリエント the Orient. ～の Oriental.

オリオン〔星座〕Orion;the Hunter.

おりかえし 折り返し〔襟の〕a lapel；〔ズボンの〕《米》a cuff；〔競技の〕a turn. ～返事する reply by return of post. ～運転 a shuttle service. ～地点 the turn.

おりがみ 折り紙〔遊戯の〕paper folding. ～付きの acknowledged；〔保証された〕guaranteed；〔悪党などの〕notorious.

オリジナル the original. ～の original.

おりめ 折り目 a fold；〔しわ〕a crease；〔ひだ〕a pleat.

おりもの 織物 woven goods；textile (fabrics).

おりる 降りる get〔come , go〕down；

descend；〔車・馬などから〕alight from；〔馬などから〕dismount；〔霜が〕fall.

オリンピック（大会） the Olympic Games；the Olympiad. ～組織委員会 the Olympic Organizing Committee. ～村 an Olympic village.

おる 折る break；〔折り取る〕break off；〔曲げる〕bend；〔畳む〕fold.

おる 織る weave.

オルガン a reed organ；〔パイプオルガン〕an organ；a pipe organ.

オルゴール a music box.〔＜《D》orgel〕

おれる 折れる break；be broken；〔畳める〕be folded［doubled（二つ折り）］；〔譲る〕give in；compromise.

オレンジ an orange. ～色の orange. ～ジュース orange juice.

おろおろ ～声で in a faltering voice；between sobs.

おろし 卸値で《buy》at wholesale prices.

おろす 下ろす take［get］down；lower；let down；〔幕などを〕drop；〔下へ置く〕set down；〔荷物を〕unload；discharge；〔錨を〕cast《anchor》；〔錠を〕lock up；〔胎児を〕cause abortion；〔初めて使う〕use for the first time；try；〔大根などを〕grate；〔預金を〕withdraw《50,000 yen from one's bank account》.

おろす 卸す（sell by）wholesale.

おろそか 疎かにする neglect；be neglectful of；slight.

おわせる 負わせる〔義務を〕charge《a person with a duty》；〔罪を〕fix《a blame on a person》；〔傷を〕inflict《on》.

おわり 終わり an end；a close；〔期限の〕expiration.

おわる 終わる（come to an）end；be over；〔期限が〕expire；〔結果的に〕result in《a failure》；〔完成〕finish；get through.

おん 恩〔親切〕kindness；a favor〔《英》favour〕〔義理〕(an) obligation. ～に着せる lay《a person》under obligation《for》. ～に着る be indebted to《a person》. ～を忘れない be grateful《for》.

オンエアー〔放送中〕on the air.

おんかい 音階 the musical scale.

おんがえし 恩返しをする return［repay］a person's kindness.

おんがく 音楽 music. ～の musical. ～家 a musician. ～会〔演奏会〕a concert. ～学校 a music school；an academy of music. ～教室 a music (al) class；〔プロ養成の〕a music (al) studio. ～堂 a concert hall；《米》a music hall；〔戸外の〕a bandstand.

おんきゅう 恩給 a pension. →ねんきん.

おんきょう 音響（効果）a sound (effect).

おんけい 恩恵 a favor〔《英》favour〕；a benefit《of civilization》.

おんけん 穏健な sound and moderate；temperate.

おんこう 温厚な affable；gentle.

おんしつ 温室 a hothouse；a greenhouse；a frame. ～栽培の hothouse《fruit》.

おんしゃ 恩赦（に浴する）(be granted) amnesty.

おんしょう 恩賞 a reward.

おんしょう 温床 a hotbed《of crime》.

おんじょう 温情ある warmhearted；considerate. ～主義 paternalism.

おんしらず 恩知らず〔行為〕ingratitude；〔人〕an ungrateful person. ～の ungrateful. ～め！ You ingrate!

おんじん 恩人 a benefactor；a patron.

オンス an ounce〔略 oz.〕.

おんせい 音声 a sound；a voice.

おんせつ 音節 a syllable.

おんせん 温泉 a hot spring；〔鉱泉〕a spa. ～場 a hotspring resort；a spa.

おんそく 音速 the speed of sound.

～の壁 the sound barrier. 超～の supersonic《speed》.

おんたい 温帯〔地方〕the temperate zone〔regions〕.

おんち 音痴 tone-deafness. ～な人 a tone-deaf person. 方向(味)音痴である have no sense of direction (taste).

おんてい 音程 a musical interval.

オンデマンド ～サービス〔通信〕on demand service. ～出版〔印刷〕on-demand publishing (printing).

おんてん 恩典(に浴する) (receive) a special favor《《英》favour》.

おんど 音頭を取る lead《a chorus, a movement》.

おんど 温度(を計る) (take a) temperature. ～計 a thermometer.

おんとう 穏当な〔適当〕proper；appropriate；〔穏やかな〕moderate.

おんどり 雄鶏 a cock；《米》a rooster.

おんな 女 a woman；〔情婦〕a mistress；one's girl. ～物の women's《umbrella》；《a watch》for women. ～らしい womanly；ladylike. ～嫌い〔人〕a misogynist. ～盛り《be in》the prime of womanhood. ～好き〔人〕a woman chaser. ～たらし a lady-killer；a womanizer；a Don Juan.

おんぱ 音波 a sound wave.

おんびん 穏便に済ます settle《a matter》peaceably〔out of court〕.

おんぷ 音符 a (musical) note.

オンブズマン an ombudsman.

オンライン online. ～授業 an online lesson〔class〕. ～診療 an online medical exam (ination). ～バンキング an online〔an Internet, a Net〕banking. ～モール an online〔an Internet, a Net〕(shopping) mall. ～ショップ an online〔an Internet, a Net〕shop. ～飲み会 an online drinking party. ～マガジン an online magazine.

おんりょう 音量 the volume《of one's voice》.

おんりょう 怨霊 a revengeful ghost.

おんわ 温和な gentle；mild.

か

か 科〔部門・課〕a department；a section；〔植物・動物〕a family.

か 蚊(に刺される) (be bitten by) a mosquito.

が 蛾 a moth.

が 我の強い self-willed. ～を通す have one's own way.

カーキ (色の) khaki.

ガーゼ gauze〔<《G》Gaze〕.

カーソル a cursor. ～を動かす move the cursor《to》.

カーディガン a cardigan.

ガーデニング gardening.

カーテン a curtain. ～コール a curtain call.

カード a card；〔番組・試合〕a《good》card《of professional baseball games》.

ガード 〔陸橋〕《米》a railroad overpass,《英》an elevated railway bridge；〔ボクシング〕the guard.

ガードマン a guard.

カートリッジ a cartridge.

ガードレール a guardrail.

ガーナ (the Republic of) Ghana. ～の Ghanaian. ～人 a Ghanaian.

カーナビ a satellite-based car navigation system.

カーニバル a carnival.

カーネーション a carnation.

カーフェリー a car ferry.

カーブ a curve. ～する curve；〔道が〕bend；〔自動車などが〕(make a) turn. アウト(イン)～〔野球〕an outcurve (an incurve). 急～ a sharp curve.

カーペット a carpet.

カーボベルデ 〔国名〕(the Republic of) Cabo Verde.

カーボン carbon. ～紙 carbon paper.

ガーリック garlic.

カール a curl. 髪を～する curl one's hair.

ガールフレンド〔恋人〕a girlfriend；〔女友達〕a (female) friend.

かい 甲斐がある be worth《doing》；be worth while《to do》. ～がない be of no use.

かい 会〔会合〕a meeting；〔団体〕an association；a society.

かい 回〔度数〕a time；〔競技の〕(an) inning；a round.1 ～ once. 2 ～ twice.3 ～ three times；thrice. 4 (5, 6 ,…) ～ four (five , six ,…) times.

かい 貝 a shellfish；〔貝殻〕a shell.

かい 階 a story〔《英》storey〕；a floor. 1 (2, 3) ～《米》the first (second, third) floor；《英》the ground (first,second) floor.

かい 権 an oar；a paddle. ～を使う pull〔ply〕an oar.

がい 害 (an) injury；harm；damage. ～する injure；(do) harm；hurt. ～のある injurious:harmful《to》.

かいあく 改悪する change《a thing》for the worse.

かいあげ 買い上げる buy；purchase. ～品 one's purchase (s).

ガイアナ〔国名〕(the Co-operative Republic of) Guyana.

かいいん 会員 a member《of》；〔集合的〕membership.

かいうん 海運 shipping. ～業 shipping trade. ～業者 shipping agent.

かいえん 開演する raise the curtain. 午後 6 時～ The curtain rises〔goes up〕at 6 p.m.

かいおうせい 海王星 Neptune.

かいおき 買い置き stock《of goods》. ～する lay in and keep《a supply of kerosene》.

かいが 絵画→え (絵). ～館 a picture gallery.

がいか 外貨〔貨幣〕foreign currency.

手持～ foreign exchange holdings.

ガイガーカウンター a Geiger counter.

かいかい 開会する〔開く〕open a meeting；〔～中である〕be open；be in session. 〔議 会 が〕go into session. ～式 an opening ceremony. ～の辞 an opening address.

かいがい 海外の foreign；oversea(s). ～に abroad；beyond the sea. ～旅行する travel abroad. ～市場 an overseas market. ～事情 (に詳しい) (know much of) foreign affairs. ～ニュース foreign news. ～貿易 foreign trade. ～放送《make, go on》overseas broadcasting. ～旅行 an overseas tour.

がいかい 外界 the external world.

かいがいしく 甲斐甲斐しく briskly；diligently.

かいかく 改革 (a) reformation；(a) reform；〔革新〕(an) innovation. ～する reform；innovate.

かいかつ 快活な bright and happy；cheerful；lively.

かいかぶる 買い被る overestimate；think too much of.

かいかん 会館 a hall；an assembly hall.

かいかん 開館 ～する open a hall. ～時間 opening time.

かいかん 快感 (を覚える) (have) a pleasant feeling.

かいがん 海岸 the seashore；the coast；the seaside. ～線 the coastline. ～通り a waterfront street.

がいかん 外観〔外見〕(an) appearance.

かいき 会期 a session；a sitting；〔期間〕a period. ～延長 the extension of a session.

かいき 皆既日 (月) 食 a total solar (lunar) eclipse.

かいぎ 会議 (を開く) (hold) a conference；meeting. ～室 a conference

room.

かいぎ 懐疑 doubt；〔懐疑主義〕skepticism．～的な skeptic (al)．～論〔主義〕者 a skeptic.

がいき 外気にあてる expose to the air.

かいきせん 回帰線 the tropic. 南 (北) ～ the Tropic of Capricorn (Cancer).

かいきゅう 階級 (a) class；〔地位〕(a) rank．～意識 class consciousness．～闘争 class struggle. 上流 (中流，下層) ～ the upper (middle, lower) classes.

かいきょう 回教 Islam．～徒 a Muslim；a Moslem．～寺院 a mosque.

かいきょう 海峡 a strait；a channel.

かいぎょう 開業 open business；open a store；〔医者などが〕practice《medicine》．～医 a town doctor；a practitioner.

かいきん 皆勤 perfect attendance．～する be not absent a single day．～賞 Perfect Attendance Award.

かいきん 開襟シャツ an open-necked shirt.

かいきん 解禁する remove〔lift〕the ban《on》．～になる The《shooting》season opens《next week》.

がいきん 外勤 outside duty.

かいぐん 海軍 the navy．～の naval.

かいけい 会計 accounts；〔勘定書〕a bill；〔支払い〕payment．～検査をする audit accounts．～課 an accounting section．～係 an accountant；a cashier．～年度《米》a fiscal year；《英》a financial year．～報告 a financial report.

がいけい 外形 an outward form；appearance．～標準課税 pro forma standard taxation.

かいけつ 解決 (a) settlement；(a) solution．～する settle；solve.

かいけん 会見 an interview．～する meet；(have an) interview《with》.

記者～ a press conference.

かいげんれい 戒厳令を敷く（解く）declare (withdraw) martial law.

かいこ 回顧する look back《on》；recall《the past》．～録 memoirs.

かいこ 蚕 a silk worm.

かいこ 解雇する lay off；discharge；dismiss；turn away；《話》fire.

かいご 介護する〔看護〕nurse；care；〔世話〕take care of；look after．～保険 nursing care insurance. 居宅～ home nursing care.

かいごう 会合 a meeting；a gathering．～する meet；gather.

がいこう 外交 diplomacy．～の diplomatic. 保険の～をする work as an insurance salesman〔saleswoman〕．～員〔勧誘に回る〕a canvasser《勧誘に回る》．～官 a diplomat；a diplomatist．～政策 (a) foreign policy．～文書 a diplomatic note. 超党派～ suprapartisan diplomacy.

がいこく 外国 a foreign country．～製 の foreign-made；of foreign make．～にいる stay〔be〕abroad．～の foreign；alien．～へ行く go abroad．～為替 foreign exchange．～語 a foreign language．～航路 (船)(a ship on) a foreign route．～人 a foreigner．～人登録法 the Alien Registration Law．～貿易 foreign trade．～郵便 a foreign mail〔post〕.

がいこつ 骸骨 a skeleton.

かいこん 開墾 cultivation；reclamation．～する bring《land》under cultivation；reclaim《waste land》.

かいさつ 改札する examine〔punch〕tickets．～係 a ticket examiner. 自動～口 an automatic ticket gate〔wicket〕.

かいさん 海産 (物) marine products.

かいさん 解散〔群衆などの〕dispersion；〔議会・会社などの〕(a)

か

dissolution. ～する break up ; disperse ; be dissolved.

かいざん 改竄 falsification ; interpolation. ～する falsify ; interpolate.

がいさん 概算（する）(make) a rough estimate《of》.

がいし 外資 foreign capital. ～系企業 a foreign-affiliated company. ～導入 the introduction of foreign capital.

がいして 概して generally (speaking) ; on the whole.

かいしめ 買い占める buy up ; corner ; make a corner《in》.

かいしゃ 会社 a company〔略 Co.〕; a firm ; a concern ; a corporation〔略 Corp〕. ～に勤めている be employed in an office. ～員 a firm〔company〕employee ;〔デスクワーク〕an office worker. 株式～ a corporation ; a joint-stock company. 有限～《英》a limited company ;《米》Limited Liability Company (LLC).

がいしゃ 外車 a foreign (made) car ; an imported car.

かいしゃく 解釈（an) interpretation ;〔説明〕(an) explanation. ～する interpret ;〔説明〕explain.

かいしゅう 回収する withdraw ; call in ; collect.

かいしゅう 改宗（a) conversion. ～する be converted《to》.

かいじゅう 怪獣 a monster.

がいしゅつ 外出する go out. ～中である be out.

かいしょ 楷書 the block style of writing〔Chinese characters〕.

かいじょ 解除する〔統制を〕remove《control on》;〔責任を〕relieve《a person of his responsibilities》;〔禁令を〕lift《the ban》.

かいしょう 甲斐性のある capable ; reliable. ～のない idle ; good-for-nothing.

かいしょう 解消する〔解散〕dissolve ;〔解約〕cancel ;〔婚約などを〕break off.

かいじょう 会場 a meeting place ; a hall ;〔会場地〕the grounds.

かいじょう 海上に〔で〕on the sea. ～の marine ; maritime. ～保安庁 the Japan Coast Guard. ～保険 marine insurance. ～輸送 marine transportation.

かいじょう 開場する open (the doors). ～中である be open.

かいじょう 階上に〔で〕upstairs. ～の upstair (s).

がいしょく 外食する eat out. ～産業 a food-service industry.

かいじょけん 介助犬 a service dog.

かいしん 会心の微笑（作) a smile (work) of satisfaction.

かいしん 回診する make the round of one's patients.

かいしん 改心する reform oneself ; mend one's ways.

がいじん 外人 a foreigner〔特に欧米人はこう言われることを好まない〕; an overseas person ; a visitor《to Japan》.

かいず 海図 a chart.

かいすい 海水 seawater ; saltwater. ～着（帽) a bathing suit (cap).

かいすいよく 海水浴をする swim in the sea. ～に行く go swimming in the sea《at》. ～客 a sea bather. ～場 a bathing beach.

かいすう 回数（the number of) times. ～券 a coupon ticket.

がいすう 概数《in》round numbers〔figures〕.

かいせい 改正（a) revision ;(an) amendment. ～する revise ; amend. ～案 an amendment bill.

かいせつ 解説（an) explanation ;(a) commentary. ～する explain ; comment《on》. ～者 a commentator.

かいせん 改選 (a) reelection. ～する reelect.

かいせん 海戦 a naval battle 〔engagement〕.

かいせん 開戦する open hostilities ; declare war 《on》.

かいぜん 改善 (an) improvement;(a) betterment. ～する improve ; (make) better ;〔改正〕amend ; reform.

がいせん 凱旋 a triumphal return. ～する return in triumph. ～門 a triumphal arch.

かいそう 会葬する attend a funeral. ～者 mourners.

かいそう 回想する think back upon ; recollect. ～録 memoirs ; reminiscences.

かいそう 海草 seaweeds.

かいぞう 改造 (a) reconstruction. ～する reconstruct. 内閣～ a cabinet reshuffle.

かいぞえ 介添 an assistant ;〔結婚式の〕a bridesmaid (花嫁の) ; a best man (花婿の) ;〔決闘で〕a second.

かいそく 快速 high speed. ～の high-speed. ～電車 a rapid train.

かいぞく 海賊 a pirate. ～版 a pirate edition.

かいたい 解体する〔分解〕take to pieces ; cannibalize (古い車などの部品利用のため) ;〔解散〕disorganize.

かいたく 開拓〔植民地の〕colonization ;〔荒れ地の〕reclamation. ～する colonize ; reclaim ;〔資源・市場などを〕exploit.

かいだし 買い出しに行く go shopping ;〔仕入れ〕go marketing.

かいだす 掻い出す drain off ;〔船から水を〕bail〔scoop〕out.

がいため 外為 foreign exchange. ～法 the Foreign Exchange and Foreign Trade Act.

かいだん 会談 a conference ; a parley. ～する confer ; confab(ulate) ; have a talk 《with》.

かいだん 怪談 a ghost story.

かいだん 階段 (a flight of) stairs 〔steps〕; a staircase. ～教室 a lecture theater.

かいだんじ 快男児 a fine〔good〕fellow ;《米》a nice guy.

ガイダンス《give》guidance 《in the course of one's studies》.

かいちく 改築 (a) reconstruction. ～する reconstruct ; rebuild.

かいちゅう 回虫 a roundworm ; an ascarid.

かいちゅう 海中の in the sea ; submarine. ～に into the sea.

かいちゅう 懐中～電灯《米》a flashlight ;《英》a torch. ～時計 a (pocket) watch.

がいちゅう 害虫 a harmful insect ;〔総称〕vermin.

かいちょう 会長 the president.

がいちょう 害鳥 a harmful bird.

かいつう 開通する be opened 〔reopened (復旧)〕for〔to〕traffic. ～式 an inauguration ceremony.

かいづか 貝塚 a shell mound ; a (kitchen) midden.

かいて 買い手 a buyer ; a purchaser ;〔需要〕(a) demand.

かいてい 改訂する revise. ～版 a revised edition.

かいてい 海底 the sea bottom. ～トンネル an undersea tunnel.

かいてい 開廷する open〔hold〕a court.

かいてき 快適な comfortable ; pleasant.

かいてん 回転する revolve ; rotate ; gyrate ; turn. ～椅子(資金，扉)a revolving chair(fund, door). ～寿司 conveyer belt sushi ; a revolving 〔rotating〕sushi(bar).

かいてん 開店する Open《at 10 a.m.》〔新規〕open a store〔shop〕.

ガイド a guide.

かいとう 回答 a reply；an answer.
～する reply《to》；answer《a question》.

かいとう 解答 a solution；an answer.
～する solve；answer《a question》.

がいとう 街灯 a street lamp [light].

がいとう 街頭《on, in》the street. ～
演説《make》a speech on the street.
～募金 a street collection of
donations. ～インタビュー an
interview with the man [woman] in
[《米》on] the street.

がいとう 該当する〔条項などに〕fall
[come] under；〔適用〕apply to；〔相
当〕correspond to.

かいどく 買得品《It is》a good buy
[bargain].

かいどく 解読する decipher《a code》.

ガイドライン guidelines《for》；〔日米
防衛協力指針〕The Guidelines for
Japan-U.S.Defense Cooperation.

がいねん 概念 a concept；a general
idea.

かいば 飼い葉 fodder；forage. ～を
やる feed《a horse》with fodder. ～
桶 a manger.

がいはく 外泊する stay out. ～日 a
staying-out day.

かいはつ 開発する develop；exploit.

かいばつ 海抜《800 meters》above
sea level.

かいひ 会費 a (membership) fee.〔懇
親会などの〕fee [expense]《for》.

かいひょう 開票する open the ballot
box (es)；〔票読み〕count the votes.

がいぶ 外部 the outside；the exterior.
～の outside；external；outward.
～の者 an outsider.

かいふう 開封する open《a letter》；
break the seal.

かいふく 回復 recovery；restoration.
～する recover；restore.

かいふくしゅじゅつ 開腹手術《perform, undergo》an abdominal
operation.

かいぶつ 怪物 a monster.

かいへい 海兵 a marine. ～隊 the
Marine Corps.

かいほう 介抱する take care《of》；
nurse；tend《the sick》.

かいほう 開放する leave《a door》
open；〔公衆に〕open《a garden》to
the public.

かいほう 解放 liberation；emancipation. ～する set free；release；
liberate；emancipate.

かいぼう 解剖 dissection；〔死因調査
の〕autopsy. ～する dissect；make
an autopsy. ～学 anatomy. ～学者
an anatomist.

がいむ 外務省 (大臣) the Ministry
(Minister) of Foreign Affairs《of
Japan》；the Foreign Office
(Minister).

かいめん 海面 the sea surface；the
sea.

かいめん 海綿 a sponge.

かいもの 買物に行く (をする) go (do
one's) shopping《in》 ～難民
residents of shopping deserts.

がいや 外野〔野球〕the outfield. ～
手 an outfielder. ～席 (outfield)
bleachers.

かいやく 解約する cancel《a contract》.

かいゆう 回遊する〔旅行で〕make an
excursion；〔魚が〕migrate. ～魚 a
migratory fish.

かいよう 潰瘍 an ulcer《of the
stomach》.

かいらい 傀儡 a puppet《of》. ～政権
a puppet regime.

がいらい 外来の foreign；imported.
～患者 an outpatient. ～語 a loan
word《from》.

かいらく 快楽 pleasure. ～主義者 a
hedonist；an epicurean.

かいり 海里 a nautical [sea] mile.

がいりゃく 概略 an outline；a

summary.

かいりゅう 海流 a (tidal) current.

かいりょう 改良 improvement. ～する improve ; make better.

かいろ 回路 a circuit.

かいろ 懐炉 a (handy) body warmer.

がいろ 街路 a street ; a road. ～樹 a street tree.

がいろん 概論 an introduction《to》; an outline《of》.

かいわ 会話 (a) conversation;〔対話〕(a) dialogue. ～する talk〔speak〕《to, with》.

かいわい 界隈 in the neighborhood《of》.

かいん 下院〔二院制の〕the Lower House;《米》the House of Representatives;《英》the House of Commons. ～議員 a member of the Lower House;《米》a Congressperson;《英》a Member of Parliament〔略 M.P.〕.

かう 買う buy ; purchase ;〔悪い結果を招く〕incur ; provoke《anger》.

かう 飼う keep《a dog》;〔飼育する〕rear ; raise ; have.

ガウン a gown.

カウンセラー a counselor.

カウンセリング counseling.

カウンター a counter ;〔バー・コーヒー店などの〕a bar ;〔ボクシングの〕a counterblow.

カウント a count ; counting. ～を取る take the count.

かえうた 替え歌 a parody《of a song》.

かえす 返す〔返却〕return ; give back;〔返送〕send back;〔金などを〕pay《a debt》; pay back《the money》.

かえす 孵す hatch《eggs, chickens》.

かえだま 替え玉〔employ〕a substitute. ～受験 a substitute's exam-taking.

かえで 楓 a maple.

かえり 帰り (a) return. ～（道）に on one's way home〔back〕.

かえりみる 顧みる〔回顧〕look back《on》;〔反省〕reflect《on》. 顧みない ignore ; neglect《one's duties》.

かえる 変える change ; alter.

かえる 帰る〔戻る〕return ; come〔go〕back〔home〕;〔去る〕go away ; leave.

かえる 換・替える〔交換〕change ; exchange ; barter《物々交換》;〔代用〕substitute ; replace.

かえる 蛙 a frog;〔ヒキガエル〕a toad.

かえる 孵る be hatched ; hatch.

かえん 火炎 a flame. ～瓶 a petrol bomb ; a Molotov cocktail. ～放射器 a flamethrower.

かお 顔 a face ;〔目鼻立ち〕features ;〔顔つき〕a look ;〔面目〕one's face〔prestige〕. ～を立てる save a person's face.

かおいろ 顔色 complexion. ～がいい（悪い）look well (pale). ～を変える change color.

かおく 家屋 a house ; a building. ～税 a house tax.

かおぶれ 顔触れ the personnel ; the staff.

かおまけ 顔負けする be put to shame ; feel embarrassed.

かおやく 顔役 a boss.

がか 画家 a painter ; an artist.

かかあでんか 嬶天下 petticoat government. ～の henpecked.

かがい 課外活動 extracurricular activities. ～授業〔補習の〕a supplementary class.

かがいしゃ 加害者 an assailant ; a perpetrator.

かかえ 抱え（一）an armful《of books》;〔太さ〕a circle of one's arms.

かかえる 抱える hold〔embrace〕in one's arms ;〔小脇に〕hold under one's arm ;〔雇う〕employ.

かかく 価格 price；〔価値〕value. ～**破壊** price busting. **生産者(消費者)** ～ the producer (consumer) price.

かがく 化学 chemistry. ～(上) の chemical. ～**工業** chemical industry. ～**者** a chemist. ～**繊維** (a)chemical fiber. ～**調味料(反応, 肥料, 変化)** a chemical seasoning (reaction, fertilizer, change).

かがく 科学 science. ～(的) の scientific. ～**的に** scientifically. ～**者** a scientist. ～**小説** science fiction〔略 sci-fi, S.F.〕.

かかげる 掲げる put〔lift, hold〕up；〔旗などを〕hoist.

かかさず 欠かさず…する do regularly；never fail to do. 一日も ～ without missing a single day.

かかし 案山子 a scarecrow.

かかと 踵 the heel.

かがみ 鏡 a mirror；a looking glass. ～**を見る** look in a mirror〔glass〕；〔樽などの〕a barrelhead.

かがむ 屈む〔屈める〕stoop；bend 《forward》.

かがやかしい 輝かしい brilliant；glorious.

かがやく 輝く shine；glitter；〔顔が〕brighten up.

かかりあう 掛かり合う〔巻き込まれる〕be involved 《in》. →かんけい.

かかりいん 係員 an official in charge 《of》.

かかりつけ 掛かり付けの医者 one's family doctor.

かがりび 篝火 《make》a watch fire；a bonfire.

かかる 掛・懸・罹かる hang；〔橋が〕span；〔水が〕splash；〔税が〕be imposed 《on》；〔病気に〕be taken ill；catch 《a cold》；〔網に〕be caught；be entrapped；〔医者に〕consult；〔要する〕take 《time》；cost 《money》.

かがる sew 《up》；〔破れを〕darn.

かかわらず 拘わらず despite；in spite of；for all 《one's efforts》；〔無関係〕regardless of.

かかわる 関・係わる〔事柄が〕concern；affect；endanger 《one's life》；reflect 《on one's honor》；〔人が　〕be concerned in 《with》；take part in.

かかん 果敢な resolute；determined；〔勇敢な〕brave；bold.

かき 火気厳禁【標示】No Fire.

かき 牡蠣 an oyster. ～**フライ** a fried oyster.

かき 柿 a kaki；a (Japanese) persimmon.

かき 夏季・夏期 summer (time). ～**休暇(講習会)** a summer vacation (school).

かぎ 鉤 a hook.

かぎ 鍵 a key. ～**をかける** lock. ～**穴** a keyhole. ～**っ子** a latchkey child.

かきあげる 書(描) き上げる finish writing (painting).

かきあつめる 掻き集める rake〔scrape〕together.

かきいれ 書き入れ時 the busiest〔most profitable〕time〔season〕《for》.

かきおき 書き置き a note〔message, will (遺書)〕left behind. ～**する** leave a note〔message, will〕behind.

かきおとす 書き落とす forget to write.

かきかえる 書き替える rewrite 《a sentence》；renew 《a bond》；〔名義を〕transfer.

かきこむ 書き込む fill in 《a blank》；write 《in, on》.

かぎざき 鉤裂き a rent；a tear.

かきそえる 書き添える add；write (in) a postscript.

かきそこなう 書き損なう make a slip of the pen；make a mistake in writing. 書き落とす omit writing.

かきだす 掻き出す rake〔scrape〕out.

かきたてる 書き立てる〔褒めて〕write up；〔けなして〕write down.

かきつけ 書き付け〔覚え書き〕a note；〔勘定書〕a bill；〔書類〕documents.

かぎつける 嗅ぎつける smell out；get wind of.

かきとめ 書留にする have《a letter》registered．〜郵便 registered mail〔《英》post〕．　〜料 a registration fee.

かきとめる 書き留める take a note of；write〔put〕down.

かきとり 書き取りをする（させる）have（give）a dictation.

かきなおす 書き直す rewrite；write over again.

かきぬき 書き抜き an extract. **書き抜く** extract.

かきね 垣根 a fence；〔生け垣〕a hedge．〜をめぐらす make a fence around《a house》.

かきのこす 書き残す〔書いて残す〕leave a note〔message, will（遺書）〕behind.

かきまぜる 掻き混ぜる mix〔stir〕(up)；〔卵を〕beat.

かきまわす 掻き回す〔液体を〕stir up；〔卵を〕beat (up)；〔捜す〕rummage《in the drawers》.

かきむしる 掻きむしる tear；〔ひっかく〕scratch〔胸を〕wring.

かきゅう 下級の low (-class)；inferior．〜官吏 a petty official.

かきょう 佳境に入る〔話が〕reach the climax.

かぎょう 家業を継ぐ succeed to one's family's trade〔business〕.

かぎり 限りのある limited．〜のない limitless；endless.

かぎる 限る limit；put limits《to》；restrict.

かきわける 掻き分ける push aside；elbow one's way《through a crowd》.

かきわり 書き割り〔舞台背景〕a set scene.

かきん 家禽 domestic fowl；poultry.

かく 角 an angle；〔四角〕a square.

かく 核〔果実の〕a core；a kernel；〔原子核・細胞核〕a nucleus．〜家族 a nuclear family．〜実験（戦争, 爆発, 兵器, 兵器所有国）a nuclear test (war, explosion, weapon, power)．〜の傘《under》a nuclear umbrella．〜武装（拡散）nuclear armaments (proliferation)．　〜分裂（融合）nuclear fission (fusion)．使用ずみ〜燃料 spent nuclear fuel.

かく 格〔地位〕standing；status；〔文法の〕the case.

かく 欠く〔欠如〕lack；be lacking〔wanting〕；be missing；〔壊す〕break《a cup》；crack.

かく 掻く scratch；〔熊手で〕rake；〔雪などを〕shovel《off》.

かく 書く write；〔描く〕draw；paint；〔描写する〕describe.

かぐ 家具《a piece of》furniture．〜店 a furniture store.

かぐ 嗅ぐ smell；take a smell《at》；〔犬などが〕sniff.

がく 額〔絵〕a framed picture．〜縁 a (picture) frame；〔金額などの〕an amount；a sum.

がくい 学位を取る〔博士の〕win〔obtain〕a degree　〜論文〔博士の〕a doctoral thesis；a dissertation.

かくいつ 画一　〜化する standardize．〜化教育 uniform education．〜性 uniformity.

かくう 架空の imaginary；fictitious．〜取引 false deal.

がくえん 学園 an educational institution；a school．　〜祭 a school〔campus〕festival．〜紛争 campus dispute.

かくぎ 閣議（にかける）(refer to) a Cabinet meeting.

がくげい 学芸会 a school exhibition.

かくげん 格言 a maxim；a saying；a

proverb.

かくご 覚悟する be ready 《to do》; be prepared《for》.

かくさ 格差 a gap. ～社会 a gap-widening society.

かくさく 画策する project; plan; scheme.

かくざとう 角砂糖 cube〔lump〕sugar.

がくし 学士 a Bachelor《of Arts, of Science》.

かくしげい 隠し芸 a parlor trick;《米》a stunt.

かくしだて 隠しだてをする keep《a matter》secret.

かくじつ 確実な sure; certain;〔信頼できる〕reliable; trustworthy. ～に surely; certainly;〔安全に〕securely.

かくしどり 隠し撮りする take a sneak snapshot《of》

がくしゃ 学者 a scholar.

かくしゅ 各種の of every kind; of all kinds. ～学校 a vocational school.

かくしょう 確証 conclusive evidence; a positive proof.

かくしん 革新 (an) renovation ; (a) reform. ～する innovate;(make a) reform; renovate. ～政党 a reformist〔progressive〕(political) party.

かくしん 核心(に触れる) (touch) the core《of the problem》.

かくしん 確信 conviction ; a firm belief. ～する be convinced〔confident〕《of, that》; believe.

かくじん 各人 each person ; every one《of you》.

かくす 隠す hide; conceal;〔匿 かくう〕shelter; harbor. 隠さずに frankly; without concealment.

がくせい 学生 a student;〔生徒〕a schoolboy;a schoolgirl; a pupil. ～運動 a student movement. ～時代《in》one's school days.

がくせい 学制(改革) (reform of) the educational system.

かくせいき 拡声器 a loudspeaker ;〔講堂・屋外・機内などの拡声装置〕a public-address〔略 PA〕system.

かくせいざい 覚醒剤 a stimulant.

がくせつ 学説(を立てる) (set up) a theory〔doctrine〕.

かくだい 拡大する magnify;enlarge. ～鏡 a magnifying glass.

がくだん 楽団 a band ; an orchestra.

かくちょう 拡張 extension;expansion. ～する extend;expand ; enlarge.

がくちょう 学長 a president.

かくづけ 格付 rating. ～機関 a rating agency.

かくてい 確定 settlement ; decision. ～する determine;〔事柄が〕be decided. ～給付型年金 a fixed stipend-type pension plan. ～拠出型年金 a defined contribution-type pension plan. ～申告 a final tax return.

カクテル cocktail. ～パーティー a cocktail party.

かくど 角度《at》an angle《of 70°》.

かくとう 格闘 a grapple. ～する fight ; grapple ; wrestle.

がくどう 学童 a schoolboy;a school-girl ;〔集合的〕schoolchildren.

かくにん 確認する confirm ; acknowledge.

がくねん 学年 a school year.

かくのうこ 格納庫 a hangar ; an airplane shed.

がくばつ 学閥 an academic clique.

がくひ 学費 school expenses.

がくふ 楽譜〔総譜〕a score ;〔一枚刷りの〕sheet music.

がくぶ 学部 a department ; a faculty. ～長 a dean.

かくべつ 格別(に) particularly ; especially. ～の particular ; special ; exceptional.

かくほ 確保する secure ; maintain ; ensure.

かくまう 匿う shelter ; harbor ; give refuge to.

かくまく 角膜 the cornea.

かくめい 革命（を起こす）(start) a revolution. ～的（な）revolutionary. ～家 a revolutionist.

がくめん 額面 face value《of a bill》.

がくもん 学問 learning ;〔知識〕knowledge. ～のある learned ;〔教育を受けた〕educated . ～をする study.

がくや 楽屋 a dressing room. ～口 a stage door.

かくやす 格安の（に）cheap (ly). ～品 a good buy ; a bargain.

がくゆう 学友 a fellow student ; a schoolmate.

かくらん 攪乱する disturb ; throw into confusion.

かくり 隔離 isolation. ～する isolate. ～患者 an isolated patient. ～病棟 an isolation ward.

かくりつ 確立する establish;secure ; found.

かくりつ 確率 probability.

かくりょう 閣僚 a Cabinet minister.

がくりょく 学力 academic ability. ～試験 an achievement test.

かくれが 隠れ家 a hiding place ;〔賊などの〕a den.

がくれき 学歴 one's educational〔school〕career. ～社会 a society based on academic careers.

かくれる 隠れる hide ; conceal〔hide〕oneself ; take refuge《in》. 隠れて secretly ; in secret.

かくれんぼう 隠れん坊（をする）(play) hide-and-seek.

かけ 掛けで買う（売る）buy (sell)《a thing》on credit〔trust〕.

かけ 賭け a bet ; betting. ～をする (make a) bet《on》.

かげ 陰 shade. ～になる be shaded ; be screened《from》. ～で（こっそりと）behind a person's back ; in secret.

かげ 影〔投影〕a shadow ;〔影法師〕silhouette ;〔映像〕an image ;〔姿〕a figure. ～武者 a double《of》.

がけ 崖 a cliff ; a precipice. ～崩れ a landslide.

かけあし 駆け足で《come》running ; at a run.

かけい 家計 household economy ;〔財政状態〕one's financial circumstances.

かけおち 駆け落ち (an) elopement. ～する elope ; run away《with one's lover》.

かけがえ 掛け替えのない the most valuable ; the only.

かげき 過激な violent ; extreme ;〔急進的な〕radical. ～に violently ; radically. ～思想 radical〔dangerous〕thoughts. ～派 the radicals ; the extremists.

かげき 歌劇 an opera ;〔小歌劇〕an operetta. ～場 an opera house. ～団 an opera company.

かけきん 掛け金〔分割払いの〕an installment ;〔保険の〕a premium.

かげぐち 陰口を利く backbite ; speak ill of《a person》behind his back.

かけごえ 掛け声 a shout ;〔喝采かっ〕a cheer.

かけざん 掛け算 (a) multiplication. ～をする multiply.

かけじく 掛け軸 a hanging picture〔scroll〕.

かけず 掛け図 a wall map〔picture〕.

かけだし 駆け出し a greenhorn ; a cub. ～の green ; cub.

かけつ 可決する pass《a bill》;carry《a motion》; adopt.

かけつける 駆けつける rush〔run〕to《a place》.

かけね 掛け値をする overcharge ; overbid. ～なしの（真実）straight (truth).

かけひき 駆け引き〔値段の〕bargaining ;〔策略〕tactics.

かげひなた　陰日向のある double-faced〔-dealing〕.

かけぶとん　掛け布団 a coverlet ; a quilt.

かげぼし　陰干しにする dry in the shade.

かけまわる　駆け回る run about ;〔奔走〕busy oneself.

かける　欠ける〔破損〕be broken ; be chipped ;〔不足〕be wanting〔missing〕;〔月が〕wane.

かける　掛・懸ける suspend ;〔つるす〕hang ;〔鉤などに〕hook ;〔橋を〕build〔construct〕《a bridge over》; pour〔sprinkle, throw〕《on》;〔服・布などを〕put on〔over〕; spread ;〔費やす〕spend《money》; take《time》;〔鍵を〕lock ; fasten ;〔目方を〕weigh ;〔掛け算〕multiply.

かける　駆ける run ;〔馬が〕gallop. 駆け上がる（降りる）run up (down).

かける　賭ける bet ; make a bet ;〔命を〕risk one's life.

かげろう　陽炎 heat haze.

かげろう　蜉蝣 a dayfly.

かげん　加減〔程度〕degree ;〔温度〕temperature ;〔健康〕health ;〔手加減〕allowance ;〔味〕taste. 〜する modify ; adjust ; allow for ;〔調味〕season ;〔足し算と引き算〕addition and subtraction. 〜乗除 the four rules of arithmetic.

かこ　過去 the past (days) ;〔文法〕the past tense. 〜の past ; bygone. 〜分詞 a past participle.

かご　籠 a basket ;〔鳥籠〕a cage.

かこい　囲い an enclosure ; a fence. 〜をする enclose ; fence.

かこう　火口 a (volcanic) crater.

かこう　加工する process ; work upon ; manufacture. 〜品 processed〔manufactured〕goods.

かこう　河口 the mouth of a river ; an estuary.

かごう　化合する combine《with》. 〜物 a (chemical) compound.

かこうがん　花崗岩 granite.

かこく　過酷な（に）cruel (ly) ; harsh (ly).

かこつける　託つける make a pretext of ; use《it》as a pretext …に託けて under〔on〕the pretext of.

かこむ　囲む surround ; enclose ; encircle ;〔攻囲〕lay siege《to》; besiege ; close in upon《the enemy》.

かさ　傘・笠・暈〔日傘〕a parasol ; a sunshade ;〔雨傘〕an umbrella ;〔笠〕a bamboo〔rush〕hat ;〔灯火の〕a shade ;〔キノコの〕a cap ;〔太陽や月の〕a halo.

かさ　嵩 bulk ; volume ; size.

かさい　火災 a fire ;〔大火〕a conflagration. 〜保険をかける insure《a house》against fire《for 60,000,000yen》. 〜報知機 a fire alarm. 〜保険 fire insurance.

かざい　家財 household effects〔goods〕.

かざかみ　風上 the windward.

かさく　佳作 a fine piece of work ; a work of a merit prize〔選外の〕a work of which honorable mention is made.

かざぐるま　風車 a windmill.

かざごえ　風邪声〔in〕a hoarse〔husky〕voice〔from a cold〕.

かざしも　風下 the lee (ward).

かざす　翳す hold high ; shade《one's eyes with one's hand》.

かさなる　重なる be piled up ;〔重複〕overlap《each other》. 重なって one above another ; in heaps ; in piles.

かさねる　重ねる put a thing upon another ; pile on.

かさばる　嵩張る be bulky. 嵩張った bulky.

カザフスタン　(the Republic of) Kazakhstan.

かさぶた　瘡蓋 a scab ; a slough.

かさむ 嵩む swell to a large amount；amount to much.

かざむき 風向き (the direction of) the wind；〔形勢〕the situation《is good, is bad》.

かざり 飾り〔装飾〕a decoration；an ornament；〔衣服などの〕trimmings. ～気のない plain；simple；artless. ～の ornamental《buttons》；decorative. ～物〔名目だけの上役〕a figurehead.

かざる 飾る decorate；adorn；dress up.

かざん 火山 a volcano. ～灰 volcanic ashes. ～脈 (帯) a volcanic chain (zone).

かし 仮死 (状態)〔病名〕asphyxia；suspended animation；apparent death.

かし 河岸 a riverside；〔魚河岸〕a fish market.

かし 華氏 ～50度 50 degrees Fahrenheit〔略 Fahr., F〕. ～温度計 a Fahrenheit thermometer.

かし 菓子 sweets；(a) cake；〔集合的〕confectionery.

かし 貸し a debt. ぼくは彼に～がある He owes me《30,000yen》. ～渋り lending restraint；credit crunch. ～はがし stop loans to kill.

かし 歌詞 the texts〔words〕of a song；lyrics；〔歌劇の〕a libretto.

かし 樫 an oak tree；〔樫材〕oak. ～の実 an acorn.

かじ 火事 a fire；〔大火事〕a conflagration. ～が出る A fire breaks out. ～場 the scene of a fire.

かじ 家事 household matters；housekeeping.

かじ 舵〔舵板〕a rudder；〔舵柄〕a helm. ～をとる steer；be at the helm；〔あやつる〕control；manage.

がし 餓死 starvation. ～する starve to death.

かしいしょう 貸衣装 clothes〔costumes〕for rent. ～屋 a costumer.

かしかた 貸し方〔簿記〕the credit side.

かじかむ be numb〔be numbed〕《with cold》.

かしきり 貸し切りの reserved. ～バス a chartered bus.

かしきん 貸し金 a loan. ～催促状 a dunning letter.

かしこし 貸し越し an outstanding account.

かしこまる 畏まる〔姿勢を整える〕sit respectfully；〔堅苦しくする〕stand on ceremony. かしこまりました Certainly, sir.

かしだおれ 貸し倒れ〔金〕a bad debt；a dead loan. ～引当金 a loan loss reserve〔allowance〕.

かしつ 過失 a mistake；an error；〔法律〕negligence. ～傷害罪 an accidental〔unintentional〕infliction of injury. ～致死罪 (an) accidental homicide；an involuntary manslaughter.

がしつ 画質 resolution. 高～ high resolution.

かじつ 果実 (a) fruit；〔堅果〕a nut；〔イチゴ類〕a berry.

かしつけ 貸付 ～金 a loan；an advance. ～信託 loan trust.

かしぬし 貸し主 a lender；〔債権者〕a creditor；〔家・土地の〕a lessor.

かしほん 貸本 a book for rent. ～屋 a lending library.

かしま 貸し間 (家)〔貸す部屋 (家)〕a room(house) for rent《英》to let；〔貸した部屋 (家)〕a rented room (house). 貸し間 (家) あり【標示】Room (House) for rent〔to let〕.

カシミア cashmere (cloth).

かしや 貸し家→かしま.

かしゃ 貨車《米》a freight car；《英》a goods waggon.

かじや 鍛冶屋〔人〕a smith；a blacksmith.

かしゅ 歌手 a singer.

かじゅ 果樹 a fruit tree. ～園 an

orchard.

かしゅう 歌集 a collection of songs 〔poems〕.

かしょ 箇所 a place ; a spot.

かじょう 過剰(a)surplus; (an) excess. 〜人口(a)surplus population. 〜人員 surplus personnel ; redundant workers. 〜設備(債務) excessive facilities(debts).

かじょう 箇条 an article ; a clause ; an item. 〜書きにする itemize.

かしらもじ 頭文字〔氏名の〕initials ; 〔大文字〕a capital letter.

かじりつく 齧りつく〔離れない〕cling fast ⟨to⟩; stick ⟨to⟩; 〔食べ物などに〕bite ⟨at, into⟩.

かじる 齧る bite ⟨at⟩; gnaw ; 〔生かじり〕get a smattering ⟨of English⟩.

かしん 過信する put too much confidence ⟨in⟩; overestimate ⟨one's own ability⟩.

かす 貸す lend ; loan ; 〔賃貸し〕hire 〔let〕(out) ; 〔土地・家屋などの〕lease ; 《米》rent ; 《英》let.

かす 滓・糟〔おりかす〕lees;dregs;〔浮きかす〕scum.

かず 数 a number. 〜限りない countless ; a vast number of.

ガス gas. 〜状の gaseous. 〜をつける(消す) turn on (off) the gas. 〜管〔金属製〕a gas pipe ,〔ゴム製〕a gaspipe. 〜ストーブ a gas heater. 〜中毒 gas poisoning. 〜灯 a gas lamp. 〜屋〔検針の〕a gasman. 〜レンジ《米》a gas range ;《英》a gas cooker.

かすか 幽・微かな(に) faint (ly) ; dim (ly) ; indistinct (ly) .

かすがい 鎹 a cramp.

カスタードプリン(a)custard pudding.

カスタネット castanets.

カスタマイズ 〜する customize. 〜できる customizable.

カステラ sponge cake.

かずのこ 数の子 herring roe.

かすみ 霞 a haze ; a mist. 〜のかかった hazy ; misty.

かすむ 霞む grow hazy ; be veiled in a mist ; 〔目が〕grow dim《with tears》.

かする 擦る graze. 擦り傷 a scratch.

かする 課する〔税を〕levy〔impose〕《on》; 〔仕事を〕assign《to》;〔罰を〕punish.

かすれる 擦れる〔声が〕get hoarse 〔husky〕; 〔筆が〕be scratchy.

かぜ 風 a wind ; 〔そよ風〕a breeze ; 〔すきま風〕a draft. 〜を通す〔入れる〕admit fresh air《into》; air.

かぜ 風邪 a cold ; 〔流感〕influenza. 〜をひく(ひいている) catch (have a) cold.

かせい 火星 Mars. 〜人 a Martian.

かせい 苛性カリ(ソーダ) caustic potash (soda) .

かせい 家政 housekeeping. 〜科 the household economy course. 〜婦 a housekeeper.

かぜい 課税 taxation. 〜する tax ; impose a tax ⟨on⟩.

かせき 化石 a fossil. 〜になる fossilize. 〜燃料 (a) fossil fuel.

かせぎ 稼ぎ (高) earnings. 〜人〔手〕a breadwinner.

かせぐ 稼ぐ earn ; make money ; 〔時を〕gain time.

かせつ 仮説 (を立てる) (lay down) a hypothesis.

かせつ 架設 construction ; 〔電話などの〕installation. 〜する construct ; 〔電話などを〕install ;〔電線などを〕lay.

カセット(テープレコーダー) a cassette (tape recorder) .

かぜとおし 風通しの良い (悪い) airy (close) ; well- (ill-) ventilated.

かせん 化繊 (a) chemical fiber.

かせん 架線 wires. 〜工事 wiring works.

かせんしき 河川敷 a (dry) riverbed.

か

かそ 過疎化 depopulation.

かそう 下層 a lower layer; a substratum. ～階級 the lower classes.

かそう 火葬 cremation. ～する cremate. ～場 a crematory.

かそう 仮装する disguise oneself 《as》. ～行列 a fancy dress parade. ～舞踏会 a masquerade.

かそう 仮想 ～現実 virtual reality. ～敵国 a potential enemy country.

かぞえる 数える count; reckon; calculate; number.

かぞく 家族 a family; one's people. ～計画 family planning. ～制度 the family system. ～手当 a family allowance.

かそくど 加速度 acceleration. ～的に with increasing speed.

ガソリン gasoline; 《米》gas; 《英》petrol. ～スタンド 《米》a gas [filling, service] station; 《英》a petrol station.

かた 方〔気付〕care of [c/o]. 伊藤様～鈴木様 Mr.Suzuki c/o Mr.Ito.

かた 片がつく be settled. ～をつける settle; dispose of.

かた 形・型 (a) form; (a) shape; (a) type;〔大きさ〕(a) size;〔雛形〕a pattern;〔模様〕a pattern; a design;〔鋳型〕a mold;〔抵当〕a security;〔姿勢〕a posture; a pose. ～にはまった stereotyped.

かた 肩 the shoulder. ～を並べる〔匹敵〕compare favorably 《with》.

かた 過多 excess 《of》. 供給～ oversupply.

かたあし 片足 one foot [leg].

カタール (the State of) Qatar [Katar]. ～の Qatari; Katari.

かたい 堅・固・硬い hard; solid; firm;〔肉などが〕tough.

かだい 過大の excessive; exaggerated; exorbitant.

かだい 課題 a subject; a theme; an assignment.

かたうで 片腕 one arm;〔腹心〕one's right-hand man.

かたおもい 片思い one-sided [unreturned] love.

かたがき 肩書 a title.

かたかな 片仮名 katakana; the angular Japanese phonetic syllabary.

かたがみ 型紙 a paper pattern 《for a dress》.

かたがわ 片側 (に) (on) one side. ～通行 one-way traffic.

かたき 敵 an enemy; a foe;〔競争者〕a rival 《of love》; a competitor 《in business》. ～を討つ〔自分の〕take one's revenge 《upon》;〔他人の〕avenge a person. ～討ち revenge; vengeance.

かたぎ 堅気の honest 《men》; decent 《life》; respectable. ～になる go straight.

かたく 家宅 ～侵入罪 (a) trespass. ～捜索 a house search.

かたく 堅・固く firmly; tightly; strongly. ～なる harden;〔人が〕grow nervous; have stage fright (演壇などで).

かたくりこ 片栗粉 a (dogtooth violet, potato) starch.

かたくるしい 堅苦しい formal; ceremonious; stiff.

かたぐるま 肩車に乗る ride on a person's shoulders.

かたこと 片言 (を言う) babble; prattle.

かたず 固唾をのんで with breathless interest [anxiety].

かたたたき 肩叩き〔退職勧告〕a proposal for (early voluntary) retirement.

かたち 形 (a) form; (a) shape;〔外見〕(an) appearance. ～ばかりの just for form's sake; merely formal.

かたづく 片づく〔整頓〕be put in order;〔解決〕be settled;〔終わる〕be finished.

かたづける 片づける put in order ; tidy (up) ; clear 《the table》; 〔しまう〕put away ; 〔処置する〕dispose of ; 〔終える〕finish ; 〔殺す〕kill.

かたつむり 蝸牛 a snail.

かたて 片手 《have a thing in》one hand.

かたてま 片手間に in leisure hours. ~仕事 an odd job.

かたとき 片時も even for a moment.

かたどる 象る model 《after, on》; symbolize ; represent.

かたな 刀 a sword. ~鍛冶ᵏ a swordsmith.

かたほう 片方 〔一対の〕one of a pair ; the fellow 《to》; 〔片側〕one side ; 〔仲間などの〕one 〔the other〕party.

かたまり 塊 〔固まり〕a lump ; a mass ; 〔土くれ〕a clod.

かたまる 固まる harden ; solidify ; 〔凝結〕congeal ; curdle ; 〔集まる〕group together ; crowd.

かたみ 形見 a keepsake ; a token.

かたみ 肩身が広い (狭い) feel proud (ashamed) 《of, that》.

かたみち 片道 one way. ~乗車券 《米》a one-way (《英》single (-trip)) ticket.

かたむき 傾き a slant ; 〔傾向〕an inclination ; a tendency.

かたむく 傾く incline ; lean ; slant ; tend 《to》; 〔衰える〕decline ; 〔船が〕list ; lurch ; 〔飛行機が〕bank.

かたむける 傾ける tilt ; tip ; incline 《one's head》; 〔熱中〕devote oneself to 《doing》; 〔耳を〕listen 《to》.

かため 片目 one 〔a single〕eye.

かためる 固める harden ; solidify ; 〔守る〕defend.

かたよる 片寄る lean 《to》; incline 《toward》; 〔偏する〕be biased.

かたる 語る talk ; 〔話す〕speak ; 〔告げる〕tell ; 〔述べる〕relate.

かたる 騙る swindle 《money out of a person》; obtain by fraud. 名を~ assume a false 〔a person's〕name.

カタル catarrh 《of the stomach》.

カタログ a catalog (ue).

かだん 花壇 a flower bed.

かち 価値 value ; worth. ~のある valuable ; worthy ; be worth 《doing》. ~のない worthless ; unworthy 《of》.

- がち …しがち 〔とかく…しがち〕be apt 〔liable〕《to do》.

かちあう かち合う clash 《with》; 〔日時が〕fall on 《Sunday》.

かちき 勝気な unyielding ; resolute ; spirited.

かちく 家畜 a domestic animal ; 〔集合的〕livestock.

かちこす 勝ち越す be 《five》games ahead of 《a team》.

かちめ 勝ち目がある(ない)The chances are in one's favor (against one).

かちゅう 渦中に巻き込まれる get involved in 《a trouble》.

かちょう 課長 the chief of a section ; a sectional chief.

がちょう 鵞鳥 〔総称・雌〕a goose ; 〔雄〕a gander.

かつ 活を入れる revive ; invigorate ; stir up.

かつ 勝つ 〔戦い・勝負〕win ; 〔敵に〕beat 〔defeat〕; 〔困難などに〕overcome.

かつあい 割愛する spare ; leave out ; 〔省く〕omit.

かつお 鰹 a bonito. ~節 《a stick of》dried bonito.

かっか 閣下 Your 〔His〕Excellency.

がっか 学科 a subject of study ; 〔課程〕a course of study.

がっか 学課 a lesson ; 〔日課〕one's lessons.

がっかい 学会 an academic 〔a learned〕society ; 〔会合〕an academic meeting. ~発表をする

read a paper in an academic meeting.

がっかい 学界 academic circles.

かっかざん 活火山 an active volcano.

がつがつする be greedy(avaricious).

がっかりする〔落胆〕lose heart ; be disappointed.

かっき 活気 spirit(s);animation. ～のある spirited;lively ; animated ; active. ～のない lifeless ; dull.

がっき 学期 a (school) term ;〔1年1期制の〕a semester . ～試験 a term〔terminal〕examination.

がっき 楽器(店)a musical instrument (store).

かっきてき 画期的(な)epoch-making ; epochal.

がっきゅう a class. ～崩壊 classroom breakdown.

かつぐ 担ぐ shoulder ; carry《on the shoulder》;〔(人を) かつぎ出す〕bring《a person》forward ;〔だます〕take in ; dupe ;〔迷信を〕be superstitious.

がっく 学区 school district.

かっけ 脚気 beriberi.

かっけつ 喀血〔医学〕hemoptysis. ～する spit〔cough up〕blood.

かっこ 括弧 parentheses〔( )〕; brackets〔[ ]〕; braces〔{ }〕.

かっこいい cool.

かっこう 格好 a shape ; a form ; a figure. ～のよい shapely.

がっこう 学校 a school ;〔単科大学〕a college ;〔総合大学〕a university ;〔授業〕school. ～へ行く attend〔go to〕school. ～教育(生活)school education (life).

かっさい 喝采 cheers. ～する applaud ; cheer.

がっさく 合作 a collaboration ; a joint work.

かつじ 活字 a printing type;〔集合的〕type.

かっしゃ 滑車 a pulley.

がっしゅく 合宿する lodge together《for training》. ～所〔スポーツの〕a training camp.

がっしょう 合唱する sing in chorus. ～団 a chorus.

かっしょく 褐色(の)brown.

がっしりした〔体格の〕stout ;〔建物などの〕massive.

かっすい 渇水 water famine. ～期 the dry season.

かっそう 滑走する glide ;〔飛行機が〕taxi(地上・水上を). ～路 a runway.

がっそう 合奏 a concert. ～する play in concert.

カッター business〔dress〕shirt. ～シャツ a shirt with a non-detachable collar.

ガッツ《話》guts. ～ポーズをする raise〔hold up〕one's clenched fist(s) in triumph.

かって 勝手〔台所〕a kitchen ;〔便宜〕one's convenience.

かって 勝手(気儘 な)selfish ; self-willed ; willful. ～ に as one pleases ; freely. ～ にする have one's own way.

カット〔さし絵〕a(pictorial)cut. ～する〔削除〕cut;〔ボールを〕cut. ～グラス cut glass. ～賃金 a cut in wages.

かつどう 活動する be active ; take an active part《in》. ～的(な)active. ～家 an energetic person.

かっとする〔怒る〕fly〔burst〕into a rage. ;《話》blow one's top . ～して in a fit of anger.

かっぱつ 活発な active ; brisk ; lively ; vivacious.

かっぱらう かっ払う filch;pilfer;《話》rip off;《俗》hook. かっ払い〔人〕a sneak thief ; a pilferer.

カップ a cup ;〔優勝カップ〕a trophy.

がっぺい 合併 incorporation;〔会社などの〕(a)merger;〔併合〕annexation. ～する incorporate ; merge ; annex.

かっぽ 闊歩する stride；strut；stalk.

かっぽう 割烹 ～料理店 a Japanese-style restaurant.

がっぽん 合本 a bound volume.

かつやく 活躍《one's》activities《in》. ～する play an active part《in》.

かつら 鬘《wear》a wig；〔男性用〕a toupee.

かつりょく 活力 vitality；(vital) energy.

カツレツ a cutlet.

かつろ 活路を開く cut one's way《through, out of》.

かてい 仮定 an assumption；(a) supposition. ～する assume；suppose.

かてい 家庭 home；a family. ～を作る make a home. ～教育(生活) home education (life). ～教師〔男女〕a tutor；〔女〕a governess. ～裁判所 a family court；〔未成年者の〕a juvenile court. ～争議 family trouble. ～用品 household utensils. ～料理《dishes of》home cooking.

かてい 過程 (a) process.

かてい 課程 a course；〔全教科〕a curriculum.

カテキン catechin.

カテゴリー a category.

かでん 家電 appliance. 情報～ information appliance.

かど 角〔隅・曲がり角〕a corner；〔物の〕an edge. ～が立つ〔言葉などが〕sound harsh. ～のある pointed；〔岩などの〕jagged；〔性格が〕unsociable.

かとう 下等の inferior；base；coarse；vulgar.

かどう 華道 flower arrangement.

かとき 過渡期 a transition stage [period].

かどまつ 門松 the (New Year's) decorative pine trees [branches].

カドミウム cadmium. ～汚染 cadmium pollution.

カトリック〔教義〕Catholicism；〔教会〕the (Roman) Catholic Church. ～教徒 a Catholic.

カトレア a cattleya.

かな 仮名 kana；the Japanese syllabary [phonetic alphabet].

かなあみ 金網 a wire net [fence]；wire netting.

かなう 叶う〔成就〕be fulfilled [realized].

かなう 適う satisfy[meet]《the requirements》；serve《the purpose》；accord《with reason》；〔匹敵〕match；be a match《for》；be equal《to》.

かなぐ 金具 metal fittings [ornaments].

かなしい 悲しい sad；sorrowful；mournful；tearful.

かなしみ 悲しみ sorrow；〔人の死など深い悲しみ〕grief. 悲しむ feel sad；grieve；deplore. 悲しむべき sad；deplorable；regrettable.

カナダ Canada. ～の Canadian.

かなづち 金槌 an iron hammer.

かなもの 金物《米》hardware；〔鉄器〕ironwork. ～屋《米》a hardware store；《英》an ironmonger's shop〔人〕《米》a hardware dealer；《英》an ironmonger.

かならず 必ず〔常に〕always；〔確かに〕surely；without fail；〔ぜひとも〕by all means. ～しも(…でない)(not) always.

かなり pretty；fairly；tolerably；considerably.

カナリア a canary (bird).

かに 蟹 a crab. ～の甲 a carapace. ～の爪 a crab's claws. ～座 Cancer.

かにゅう 加入する join《a society》；〔電話などへ〕subscribe《for》. ～者 a member《of》；a subscriber《for》.

かね 金〔金属〕metal；〔金銭〕money；gold.

かね 鐘 a bell；〔銅鑼〕a gong. ～

突き堂 a belfry.

かねかし 金貸し a moneylender. ～業 moneylending.

かねつ 加熱・過熱する〔加熱〕heat；〔過熱〕overheat.

かねづかい 金遣いがあらい spend money like water.

かねづまり 金詰まりである〔人が〕be hard-pressed for money；〔市場が〕be tight.

かねて 予て previously；beforehand；already；before.

かねまわり 金回りがよい(悪い) have plenty of (be hard up for) money.

かねもうけ 金儲け money-making.

かねもち 金持ち a rich〔wealthy〕person.

かねる 兼ねる〔兼職〕hold《another position》concurrently；〔兼用〕serve as well《for》.

かのう 化膿する fester；〔医学用語〕suppurate.

かのう 可能である It is possible《for one》to do. One can do. ～性 (a) possibility (of).

かば 河馬 a hippopotamus；《話》a hippo.

かば 樺 a birch (tree). ～色の reddish yellow.

カバー a cover；〔本の〕a book jacket. ～する〔スポーツで〕cover《second base》；〔足りる〕meet《the expenses》.

かばう 庇う protect；shield；stand by《a person》.

かばやき 蒲焼き a broiled〔grilled〕eel.

かばん 鞄 a bag；〔学生の〕a satchel；〔旅行用〕a suitcase；〔書類入れ〕a brief case.

かはんすう 過半数《win》a majority.

かひ 可否〔是非〕right or wrong；〔適否〕propriety；〔賛否〕pros and cons. ～を問う〔投票で〕put《a matter》to vote.

かび 黴 mold；mildew. ～臭い musty；moldy；fusty.

かひつ 加筆する retouch；revise.

かびる 黴びる become〔get〕moldy〔musty〕.

かびん 花瓶 a (flower) vase.

かぶ 株〔切り株〕a stump；〔株式〕stocks；《英》a share. ～を買う(売る) buy (sell) stocks《of a company》. ～券 a stock〔share〕certificate. 優良～ a blue chip；《米》a gilt-edged stock.

かぶ 蕪 a turnip.

カフェイン caffeine. ～抜きの caffeine-free；decaffeinated；decaf.

カフェテリア a cafeteria.

かぶか 株価 the price of the stock；〔全体〕the stock prices. ～収益率 a price-earnings〔略 P/E〕ratio.

かぶき 歌舞伎 kabuki. ～役者 a kabuki actor.

かぶしき 株式会社《米》a joint-stock corporation〔《英》company〕. ～市場 the stock market. ～取引所 the stock exchange. →かぶ (株).

カフス cuffs. ～ボタン cuff links.

かぶせる 被せる cover《with》；put over；〔めっきなどを〕plate《with gold》；〔罪などを〕lay the blame《on a person》.

カプセル a capsule. ～ホテル a tube〔capsule〕hotel. 宇宙(タイム)～ a space (time) capsule.

かぶと 兜 a helmet. ～をぬぐ acknowledge one's defeat.

かぶぬし 株主 a stockholder；《英》a shareholder. ～資本利益率 a return on shareholder's equity〔略 ROE〕. ～総会 a general meeting of stockholders. ～代表訴訟 a shareholder's〔derivative〕lawsuit.

かぶる 被る put on《a hat》；be covered《with dust》.

かぶれる 〔薬品などに〕be poisoned《by》；〔感化〕be influenced《by》.

かふん 花粉 pollen. ～症 a pollen allergy ; hay fever ;〔病名〕pollinosis.

かべ 壁 a wall. ～紙 wallpaper. ～土 plaster.

かへい 貨幣〔通貨〕currency. ～価値 the value of money. ～経済 monetary economy.

かべん 花弁 a petal.

がほう 画報 a pictorial.

かほご 過保護 overprotection. ～にする be too protective《towards, of》.

かぼちゃ 南瓜 a pumpkin ; a squash.

ガボン〔国名〕Gabon (the Gabonese Republic).

かま 釜・窯 a pot ;〔陶器を焼く〕a kiln.

かま 鎌 a sickle ;〔大鎌〕a scythe. ～をかける pump a person.

かまう 構う〔心配〕care ; mind ; trouble oneself《about》;〔干渉〕meddle ;〔からかう〕tease ;〔待遇〕entertain ; look after ; care for. …に構わず regardless of.

かまえ 構え〔身構え〕a posture ; a pose ;〔外観〕an appearance.

かまえる 構える〔身構え〕assume a《defensive》posture ;〔用意〕make ready《for, to do》.

がまぐち 蝦蟇口 a purse ; a pouch.

かまど 竈 a kitchen range ; an oven.

かまぼこ 蒲鉾《a slab of》boiled [steamed] fish paste.

がまん 我慢する bear ; endure ; persevere ;〔自制〕control oneself. ～強い patient ; persevering.

かみ 神 a god ; a deity〔女神〕a goddess.

かみ 紙 (1枚) (a sheet of) paper. ～(製) の paper.

かみ 髪 hair ;〔髪型〕a hairstyle ;《米》a hairdo.

かみきる 噛み切る bite off.

かみきれ 紙切れ a scrap〔piece〕of paper.

かみくず 紙屑 wastepaper ; paper scraps. ～籠 a wastebasket.

かみくだく 噛み砕く crunch.

かみころす 噛み殺す bite to death ;〔笑いなどを〕suppress.

かみしめる 噛み締める chew ;〔意味などを〕digest ; appreciate.

かみそり 剃刀 a razor. ～の刃 a blade.

かみつく 噛みつく bite ; bite〔snap〕at.

かみなり 雷〔雷鳴〕thunder ; a peal of thunder ;〔落雷〕a thunderbolt ;〔稲光〕lightning. ～がなる It thunders. ～が落ちる be struck by lightning.

かみばさみ 紙挟み a paper holder〔clip〕.

かみぶくろ 紙袋 a paper bag.

かみわざ 神業 the work of God ; miracle ;〔神技〕a superhuman feat.

かむ 噛・咬・〔噛・咬む〕bite ;〔噛みしめる〕chew ; digest ;〔かじる〕gnaw ;〔鼻をかむ〕blow one's nose.

ガム ～を噛む chew gum.

ガムテープ a packing tape.

カムバック (する) (make) a comeback.

カムフラージュ camouflage.

かめ 亀 a tortoise ;〔海亀〕a turtle.

かめ 瓶・甕 a jar ; a jug ; an urn ; a vase.

かめい 加盟する join ; become a member of ; league with.

カメラ a camera. ～アングル a camera angle. ～マン a cameraman. ～リハーサル a camera rehearsal.

カメルーン (the Republic of) Cameroon. ～の Cameroonian.

カメレオン a chameleon.

かめん 仮面 a mask ; a disguise. ～をはぐ unmask.

がめん 画面 a picture ; a scene.

かも 鴨 a (wild) duck ;〔だまされやすい人〕an easy mark.

かもく 課〔科〕目 a subject ; a course

か

《of study》.

かもつ 貨物《米》freight;《英》goods;〔船荷〕cargo. ～**自動車**《米》a truck;《英》a lorry. ～**船** a cargo boat. ～**列車** a freight〔goods〕train.

かもめ 鴎 a (sea) gull.

かやく 火薬 gunpowder. ～**庫** a powder magazine.

かゆ 粥をすする eat (rice) gruel.

かゆい 痒い itch;feel itchy.

かよい 通い〔人〕a living-out clerk 〔sales girl, etc.〕.

かよう 通う〔通勤〕attend;go to 《school》;〔よく行く〕frequent;〔往復〕ply (船が);run《between》(電車・バスが).

かようきょく 歌謡曲 a popular song.

がようし 画用紙《a sheet of》drawing paper.

かようび 火曜日 Tuesday〔略 Tues.〕.

かよわい か弱い delicate;feeble;weak;helpless.

から 空 empty;vacant. ～**にする** empty.

から 殻〔穀類の〕a husk;a hull;〔貝殻〕a shell;〔堅果の〕a nutshell;〔脱皮〕a cast-off skin.

から from;out of;off;through;by;after;since;〔原因・理由〕through;from;because of;owing to;on account of;because;for;as;since. 東～上る rise in the east. 9時～《begin》at nine o'clock.

がら 柄〔模様〕a pattern;〔体格〕build;〔人柄〕character. ～**にない** not in one's line. ～**の悪い** ill-bred.

カラー〔襟〕a collar;〔色〕color. ～**写真（フィルム）** a color photo(film).

からい 辛い〔胡椒ヒャクなどが〕hot;piquant;acrid;〔塩辛い〕salty. 点が～ be severe in marking.

からいばり 空威張りする bluster;swagger;bluff.

カラオケ karaoke;do-it-yourself

singing.

からかう tease;banter;make fun of.

からくじ 空くじ(を引く)(draw)a blank 〔ticket〕 ～**なしの福引き** a lottery without blanks.

がらくた lumber;odds and ends;rubbish;junk.

からさわぎ 空騒ぎ much ado about nothing. ～**する** make a fuss about nothing.

からし 辛子 mustard.

からす 烏・鴉 a crow;a raven.

からす〔枯らす〕let wither;blight (虫などが). 〔声を嗄らす〕talk oneself hoarse;〔涸らす〕dry up;drain.

ガラス glass;〔窓ガラス〕a pane;〔時計の〕a crystal. ～**の** glass. ～**張りの** glazed;〔比喩〕transparent《dealings》. ～**を入れる**〔張る〕glass;glaze. ～**戸** a glazed door. ～**窓** a glass window. ～**屋** a glass shop;〔人〕a glazier.

からだ 体〔肉体〕the body;〔健康〕health;〔体質〕constitution;〔体格〕physique.

カラット〔宝石の重量単位〕a carat;〔金の純度単位〕a karat. 2～**のダイヤ** a 2-carat diamond.

からて 空手 karate. ～**チョップ** a karate chop. ～**で**〔獲物なしで〕《come home》empty-handed.

からふと 樺太 Sakhalin. ～**犬** a Sakhalin dog.

からぶり 空振り a wide swing. ～**する** swing wide.

からまつ 落葉松 a larch (tree).

からむ 絡む twine〔coil〕itself 《round》;〔もつれる〕be entangled;〔難癖をつける〕pick a quarrel with《a person》.

かり 仮の temporary;〔試験的な〕tentative. ～**に** temporarily;tentatively;〔仮説〕supposing(that).

かり 借り a debt;a loan;liabilities. ～**がある** be in debt. ～**賃** hire;〔不

動産・自動車などの〕(a) rent.

かり 雁 a wild goose (複 geese).

かりあつめる 駆り集める muster; gather together.

かりいれ 刈り入れ a harvest. **～る** harvest.

カリウム potassium.

カリエス caries〔<《G》Karies〕. **脊椎～** tuberculosis of the spine.

かりかた 借り方〔簿記〕the debit side.

カリキュラム a curriculum.

かりこし 借り越し an outstanding debt;〔預金の〕an overdraft.

かりしゅつごく 仮出獄を許される be released on parole.

かりしょぶん 仮処分 an interim injunction on〔order〕.

カリスマ charisma. **～的な** charismatic.

かりそめ 仮初めの〔束の間の〕transient《love》;〔ささいな〕slight. **～にも…せぬ** not…on any account; never.

かりて 借り手 (借り主) a borrower; 〔負債人〕a debtor;〔家・土地の〕a renter; a tenant.

かりぬい 仮縫い basting. **～する** baste;〔着てみる〕try on.

カリフラワー a cauliflower.

かりめんきょ 仮免許 (証)〔自動車運転の〕a learner's permit.

かりゅう 下流 the lower reaches《of a river》. **～に〔へ〕** downstream.

かりょく 火力 heat; heating power. **～発電所** a thermal power station.

かりる 借りる borrow; get a loan (of);〔賃借り〕hire;〔家・土地などを〕rent;〔土地を〕lease.

かる 刈る〔頭髪を〕cut;〔穀物を〕reap; harvest;〔樹木を〕trim; prune;〔草を〕mow;〔羊毛を〕shear.

かる 駆る drive《a car》; spur on《a horse》.

かるい 軽い light;〔軽微な〕slight;〔身分の〕low;〔飲食物の〕light;

plain;〔軽易〕easy; light.

かるいし 軽石 (a) pumice (stone).

かるがる 軽々しく without due consideration. **～と** lightly; easily.

かるく 軽く lightly. **～する** lighten; 〔苦痛・悲しみなどを〕alleviate; mitigate.

カルシウム calcium.

カルタ cards;〔ゲーム〕a game of cards.

カルチャーショック (a) culture shock.

カルテ a (medical) chart〔<《G》Karte〕.

カルテット a quartet.

カルテル a cartel〔<《G》Kartell〕.

かるわざ 軽業 acrobatic feats. **～師** an acrobat.

かれい 鰈 a flatfish.

カレログ a boyfriend-tracking cell phone app.

カレー (粉) curry (powder). **～ライス** curry and rice; rice and curry.

ガレージ a garage.

かれくさ 枯れ草 withered〔dry〕grass;〔干し草〕hay.

かれは 枯れ葉 a dead〔dry〕leaf. **枯れ枝 (木)** a dead〔dry〕branch(tree).

かれる 枯・涸・嗄れる〔枯れる〕wither; die;〔涸れる〕dry up;〔声が嗄れる〕get hoarse〔husky〕.

かれん 可憐〔哀れな〕pitiful;〔可愛い〕pretty; sweet; lovely.

カレンダー a calendar.

かろう 過労 overwork. **～になる** overwork oneself. **～死** death from overwork; karoshi.

かろうじて 辛うじて barely; narrowly; with difficulty.

カロリー a calorie. **～の高い (低い) 食事** meal high (low) in calories. **～価** calorific value. **低～食** low-calorie diet.

ガロン a gallon(米国では 3.785 リットル, 英国では 4.546 リットルに当たる).

かわ 川・河 a river;〔流れ〕a stream.

~上(下)に up (down) the river.
~岸 a riverside; a riverbank.

かわ 皮・革〔皮膚〕the skin;〔獣皮〕
hide;〔なめし皮〕leather;〔毛皮〕
fur;〔樹皮〕bark;〔くだものなどの〕
rind;〔ミカンなどの〕peel;〔ジャガ
イモの〕jacket;〔パンの〕crust. ~
ジャン a leather jacket.

がわ 側 a side. 左(向こう)~に on
the left (other) side.

かわいい 可愛い〔愛らしい〕sweet;
lovely; pretty; cute; attractive;〔大
切な〕dear;〔小さい〕tiny; little.

かわいがる 可愛がる love; pet;
cherish.

かわいそう 可哀相な poor; pitiful;
sad;〔残酷な〕cruel.

かわいた 乾・渇いた dry; dried;
parched;〔のどが〕thirsty.

かわうお 川魚 a river 〔fresh-water〕
fish.

かわかす 乾かす dry;〔貯蔵用に〕
desiccate;〔風で〕air.

かわく 乾・渇く dry (up);〔のどが〕
be〔feel〕thirsty.

かわす 交わす〔言葉を〕exchange;〔身
を躱す〕dodge.

かわせ 為替 a《postal》money
order;《foreign》exchange. 円の対
ドルーレート the U.S.dollar rate to
the yen. ~相場 the exchange rate.
~手形 a bill of exchange; a draft.

かわせい 革製の leather;〔製本が〕
leather-bound.

かわぞこ 河底 the bottom of a river;
the riverbed.

かわひも 革紐 a (leather) strap.

かわびらき 川開き a river carnival《at
Ryogoku》.

かわら 瓦 a (roofing) tile. ~葺き
の家 a tile-roofed house.

かわら 河原 a dry riverbed.

かわり 代り a sub (stitute);〔代理〕a
deputy;〔人・物〕a proxy. ~の
another; substitute. ~に in place

of; in return〔exchange〕《for》;
instead (of).

かわり 変わり〔変化〕a change;〔相違〕
a difference;〔変更〕an alteration;
〔異状〕《There is》something
wrong《with》. ~易い changeable;
unsettled.

かわりもの 変わり者 an eccentric
(person); an odd fellow;《話》a
crank.

かわる 代わる take the place of;
replace; relieve.

かわる 変わる change; be altered;
vary; turn into (…になる). 変わっ
た〔違った〕different;〔新しい〕
new;〔異常な〕unusual;〔妙な〕
queer; curious.

かわるがわる 代わる代わる in turn;
by turns; alternately.

かん 巻 a volume;〔映画の〕a reel.

かん 缶《米》a can;《英》a tin. ~切
り a can [tin] opener.

かん 勘がよい (悪い) have a quick
(slow) perception.

かん 癇の強い irritable; testy. ~の
強い馬 a fiery steed《文》choleric.

がん 癌 cancer;〔悪性腫瘍〕a
malignant tumor;〔禍根〕the root
of evil [trouble].

かんい 簡易な simple; easy. ~保険
post-office life insurance.

かんいん 姦淫(する) (commit)
adultery.

かんえん 肝炎 hepatitis.

かんおけ 棺桶 a coffin.

かんか 感化(力) influence; effect.
~する influence;〔正す〕reform.
~院《米》a reformatory; a reform
school;《英》a community home.

かんか 管下の〔に〕under the
jurisdiction《of》.

がんか 眼科 ophthalmology; eye
clinic. ~医 an eye doctor; an
oculist; an ophthalmologist.

かんがい 灌漑 irrigation. ~する

irrigate；water.

かんがいむりょう 感慨無量である one's heart is full；be deeply moved.

かんがえ 考え a thought；an idea；a notion；a plan；〔意見〕an opinion；〔意向〕an intention. 私の～では in my opinion〔judgment〕.

かんがえこむ 考え込む be lost 〔buried〕in thought；brood《over》.

かんがえだす 考え出す〔案出〕contrive；think out；devise.

かんがえちがい 考え違い (a) misunderstanding. ～をする misunderstand；have a mistaken idea《of》.

かんがえなおす 考え直す reconsider；think better；change one's mind.

かんがえる 考える think；consider；〔沈思〕meditate.

かんかく 間隔 an interval；a space；a distance.

かんかく 感覚 sense；sensation. ～を失う be benumbed.

かんかつ 管轄（する）(exercise) jurisdiction《over》；control. ～官庁 the competent authorities.

かんがっき 管楽器 a wind instrument.

カンガルー a kangaroo.

かんき 換気 ventilation. ～する ventilate. ～がよい（悪い）be well (ill) ventilated. ～扇 an exhaust fan；〔台所の〕a kitchen fan.

かんきゃく 観客 a spectator；〔集合的〕the audience.

がんきゅう 眼球 an eyeball.

かんきょう 環境 (an) environment. ～汚染 environmental pollution. ～ホルモン environmental hormones；endocrine disruptors. ～省 the Ministry of Environment.

がんきょう 頑強な（に）resolute (ly)；stubborn (ly).

かんきん 監禁する confine；lock 〔shut〕up；imprison.

がんきん 元金 the principal.

かんく 管区 a district under jurisdiction.

かんけい 関係 relation；connection；〔関与〕concern；〔利害〕interest. ～する〔がある〕be related《to》；have an interest《in》；be concerned《in》；have《something》to do with. ～者 the person〔parties〕concerned；〔当局〕the authorities.

かんげい 歓迎する welcome. ～会（を開く）(hold) a welcome party.

かんげき 感激する be deeply moved 〔impressed〕《by》.

かんけつ 簡潔 brevity. ～な brief；concise.

かんけつ 完結する conclude；complete；〔終わる〕end.

かんげん 甘言 honeyed words；(a) flattery；sweet talk.

かんげん 還元する reduce；〔酸化物を〕deoxidize.

かんげんがく 管弦楽（団）an orchestra.

かんご 看護 nursing. ～する nurse；take care of；look after. ～師〔士〕nurse.

がんこ 頑固な（に）stubborn (ly)；obstinate (ly).

かんこう 感光〔写真〕exposure (to light). ～紙 sensitized paper. ～度〔フイルムの〕sensitivity.

かんこう 観光客 a (sightseeing) tourist. ～事業 the tourist〔tourism〕industry. ～施設 tourist facilities. ～団（地・ホテル）a tourist party (resort, hotel). ～バス a sightseeing bus. ～旅行《make》a sightseeing tour.

かんこく 勧告 advice；counsel；recommendation. ～する advise；recommend. ～書 a written advice.

かんさ 監査する〔調査など〕inspect；〔会計を〕audit. ～役 an inspector.

かんざい 管財人 receiver.

かんざし 簪 an ornamental hairpin；a bodkin.

かんさつ 監察 (an) inspection.

かんさつ 観察 (an) observation. ～する observe；make an observation《of》. ～者 an observer.

かんさつ 鑑札 a license.

かんさん 換算する convert [change]《into》. ドルに～して in dollars. ～率 the exchange rate.

かんさん 閑散とした quiet；[不活発] slack；dull. ～期 an off-season.

かんし 冠詞 an article. 定 (不定)～ the definite (indefinite) article.

かんし 監視 watch；surveillance. ～する watch.

かんじ 感じ [感覚] feeling；sensation；[感度] sensibility [感動] emotion；[印象] impression；effect (芸術の).

かんじ 漢字 a chinese character [ideograph].

かんじ 幹事 a manager；a secretary. ～長 a chief secretary；a secretary general.

かんしきか 鑑識課 the crime laboratory [lab].

がんじつ 元日 New Year's Day.

かんしゃ 官舎 an official residence.

かんしゃ 感謝 thanks. ～する thank；be grateful [thankful]《for》. ～祭 Thanksgiving (Day).

かんじゃ 患者 a patient；[医者の立場からの] a case.

かんしゃく 癇癪を起こす become impatient；fly into a passion. ～持ち a testy [touchy] person.

かんしゅ 看守 a prison guard；a jailer；《米》a warder.

かんしゅう 観衆 spectators；the audience.

かんしゅう 監修する supervise. ～者 a general [supervising] editor.

かんじゅせい 感受性 susceptibility；sensitivity；sensibility. ～の強い highly sensitive《to》.

がんしょ 願書 (send in) an (a written) application.

かんしょう 干渉 (an) intervention；(an) interference. ～する interfere [meddle]《in, with》；tamper《with》.

かんしょう 感傷的 (な) sentimental；pathetic.

かんしょう 緩衝 ～器 a shock absorber；[自動車・列車の] a bumper；a fender. ～地帯 a buffer zone.

かんしょう 環礁 an atoll.

かんしょう 鑑賞 appreciation. ～する appreciate.

かんじょう 勘定 [計算] calculation；reckoning；[支払い] payment；[決算] settlement of accounts；[勘定書] a bill. ～する calculate；count；reckon；[支払う] pay；settle. ～高い calculating；[けちな] stingily. ～に入れる take《a matter》into account.

かんじょう 感情 feeling (s)；[情緒] emotion；[激情] passion；[情操] sentiment；[衝動] (an) impulse. ～を害する hurt a person's feelings；[自分が] take offense《at》. ～家 an emotional person. ～線 [手相の] the heart line.

かんじょう 環状の loop；circular. ～線 [鉄道の] a loop line. ～道路 a circular road [route].

がんじょう 頑丈 (に) solid (ly)；strong (ly)；stout (ly).

かんしょく 間食 a snack. ～する eat between meals.

かんじる 感じる feel；be sensible《to》；[感動] be moved. 感じやすい susceptible；sensitive；[感傷的] sentimental.

かんしん 感心な admirable. ～して with admiration. ～する admire.

かんしん 関心を持つ be concerned《with》；be interested《in》.

かんしん 歓心を買う curry favor《with a person》；try to win a person's

favor.

かんじん 肝心な essential ; important ; main ; vital.

かんすう 関数・函数 a function.

かんする …に関する concerning ; relating to ; in connection with.

かんせい 完成 completion. ～する complete ; perfect ; finish ;〔仕事が〕be finished〔completed〕.

かんせい 歓声(をあげる)(give) a shout of joy.

かんぜい 関税 customs (duty). ～率 tariff rate.

かんせいとう 管制塔〔飛行場の〕a control tower.

かんせつ 間接の indirect. ～に indirectly.

かんせつ 関節 a joint. ～炎 arthritis.

かんせん 汗腺 a sweat gland.

かんせん 幹線 a trunk〔main〕line. ～道路 a highway.

かんせんしょう 感染症 an infectious disease.

かんぜん 完全な perfect ; complete ; thorough. ～に perfectly ; thoroughly. ～主義(者) perfectionism (a perfectionist). ～犯罪〔plan〕a perfect crime.

かんそ 簡素な simple ; plain. ～化する simplify. ～化 simplification.

がんそ 元祖 the originator ; the founder〔of〕.

かんそう 乾燥する〔乾かす〕dry ;〔乾く〕become dry. ～した dry ; dried.

かんそう 感想 impression(s). ～はいかが What is your impression《of it》?

かんぞう 肝臓 the liver.

がんぞう 贋造 forgery. ～紙幣 a counterfeit note.

かんそうきょく 間奏曲 an interlude.

かんそく 観測 observation. ～する observe ; survey. ～者 an observer. ～所 an observatory.

かんたい 寒帯 the Frigid Zone ; the polar regions.

かんたい 歓待する give a warm reception ; welcome.

かんたい 艦隊〔大きな〕a fleet ;〔小さな〕a squadron.

かんだい 寛大 generosity. ～な generous ; lenient ; tolerant.

かんだかい 甲高い shrill ; piercing.

かんたん 簡単な simple ; brief ; short ; light. ～に briefly.

かんだん 閑談 a quiet chat〔conversation〕; an idle talk.

かんだん 歓談 a pleasant chat.

かんだんけい 寒暖計 a thermometer.

かんちがい 勘違い (a) misunderstanding. ～する misunderstand ; misapprehend ; mistake〔take〕《A for B》.

がんちく 含蓄のある be full of implications〔meaning, significance〕.

かんちゅう 寒中(に) in the coldest season ; in midwinter.

がんちゅう 眼中にない take no notice of ; think nothing of.

かんちょう 官庁 a government office ;〔当局〕the authorities.

かんちょう 浣腸 an enema. ～する administer an enema《to》.

かんちょう 館長〔博物館の〕a curator ;〔図書館の〕a chief librarian.

かんちょう 艦長 the captain〔commander〕《of a warship》.

かんつう 姦通(罪) adultery.

かんつう 貫通する penetrate ; pass through ; pierce.

かんづく 感づく get scent〔wind〕of ; suspect.

かんづめ 缶詰《米》canned〔《英》tinned〕food. ～にする can ; tin ; pack ;〔人を〕confine《in a room》. 肉の～ canned〔tinned〕meat.

かんてい 官邸 an official residence.

かんてい 鑑定 (a specialist's) judgment ;〔値ぶみ〕estimation ;〔訴

訳の〕legal advice. ～する judge；give an opinion；estimate. ～家 a connoisseur；a virtuoso.

かんてつ 貫徹する carry out〔through〕；accomplish.

かんてん 寒天〔食用〕agar；Japanese isinglass〔gelatin〕.

かんてん 観点 a point of view；a viewpoint.

かんでん 感電する receive an electric shock.

かんでんち 乾電池 a dry cell〔battery〕.

かんど 感度 sensitivity. ～がよい sensitive.

かんとう 完投する pitch a whole〔complete〕game.

かんとう 敢闘する fight bravely. ～賞 a prize for goodfighting.

かんどう 勘当する disinherit；disown《a son》.

かんどう 感動させる move；impress. ～する be moved〔touched〕《by》；be impressed《with》.

かんとうし 間投詞 an interjection.

かんとく 監督 supervision.；〔人〕a superintendent；〔スポーツの〕a manager；〔映画の〕a director. ～する superintend；〔スポーツの〕manage a team；〔映画の〕direct (a film).

かんな 鉋 a plane. ～をかける plane. ～くず (wood) shavings.

カンナ a canna.

カンニングをする cheat《in〔on〕an exam》；crib.

かんぬき 閂 a bar；a bolt. ～をかける bar；bolt.

かんぬし 神主 a shinto priest.

かんねん 観念 an idea；a conception. ～する be resigned《to one's fate》.

がんねん 元年 the first year《of Reiwa》.

かんのう 完納する pay in full；

complete the payment《of》.

かんのう 官能的(な)〔感覚的〕sensuous；〔肉感的〕sensual.

かんぱ 寒波《be hit by》a cold wave.

カンパ a (fund-raising) campaign.

かんぱい 乾杯する drink the toast《of》；drink to a person's health. ～! Bottoms up！；Cheers！；Here's to you〔us〕！

がんばる 頑張る resist stoutly；hold out；persist《in》.

かんばん 看板 a signboard. ～方式 a just-in-time system. ～屋 a sign painter.

かんぱん 上(中，下，後)甲板 the upper (main, lower, quarter) deck.

かんび 完備する be complete；be fully equipped〔furnished〕《with》. 冷暖房～【標示】Air-conditioned.

ガ ン ビ ア (the Republic of) the Gambia.

かんびょう 看病 nursing. ～する nurse；attend；sit up with《a person》.

がんびょう 眼病 an eye disease.

かんぶ 患部 the diseased〔affected〕part.

かんぶ 幹部 the managing staff；an executive member.

かんぷ 還付 (a) return. ～する return；give back. ～金 a refund.

かんぷう 寒風 chilly〔chilly〕wind.

かんぶつ 乾物 grocery. ～屋 a grocery；〔人〕a grocer.

カンフル 注射《give, get》a camphor injection.

かんぶん 漢文 Chinese classics〔writing〕.

がんぺき 岸壁 a quay；〔埠頭〕a wharf.

かんべん 簡便な simple；handy；convenient；easy.

かんぼう 官房 the secretariat (e). 内閣～長官 Chief Cabinet Secretary.

かんぼう 感冒 a cold；influenza；

《話》the flu.

かんぼう 監房 a cell ; a cage.

かんぽう 官報 the official gazette.

かんぽうやく 漢方薬 (Chinese) herbal medicine.

かんぼく 灌木 a shrub.

カンボジア (the Kingdom of) Cambodia. ～の Cambodian.

かんぽつ 陥没 a cave-in. ～する sink ; subside ; cave in.

かんみん 官民一体の the government hand-[on] in -hand with the private sector.

かんむり 冠 a crown ;〔小型の〕a coronet.

かんめい 感銘を受ける be deeply impressed《by, with》.

がんめん 顔面 the face. ～神経痛 facial neuralgia.

がんもく 眼目 the main point [object] ; the gist.

かんもん 喚問 a summons (複 summonses). ～する summon.

かんもん 関門 a barrier ; a gateway.

がんやく 丸薬 a pill ; a pellet.

かんゆう 勧誘する invite [induce] a person《to do》; solicit《for》;〔注文取り〕canvass《for》.

がんゆう 含有する contain. ～量《alcohol》content.

がんらい 元来 originally ; essentially ;〔性来〕naturally.

かんらく 陥落する fall ;〔陥没〕cave in ;〔格下げ〕be demoted.

かんらく 歓楽《seek》pleasure (s). ～街 an amusement district.

かんらん 観覧席〔座席〕a seat ;〔野球場などの〕the stands. ～券 (料) an admission ticket (fee).

かんり 管理 management ; supervision. ～する manage ; supervise ; control. ～人 a manager ; a custodian ;〔アパートなどの〕a caretaker. ～費 a maintenance fee.

がんり 元利 principal and interest.

かんりゅう 寒流 a cold current.

かんりゅう 韓流 a Korean pop culture boom.

かんりょう 官僚 bureaucrat. ～的 bureaucratic. ～主義 bureaucratism ; officialism. ～政治 bureaucracy.

かんれい 寒冷な cold ; chill. ～前線 a cold front.

かんれき 還暦 one's sixtieth birthday.

かんれん 関連する be connected《with》; be related《to》.

かんわ 緩和する mitigate ; alleviate ; moderate.

き

き 木 a tree ;〔木材〕wood ;〔用材〕timber.

き 気〔気体〕gas ;〔大気〕atmosphere ;〔息〕breath ;〔心〕(a) heart ; spirit ;〔気質〕temper ; disposition ;〔意向〕an intention ; an inclination ;〔感覚〕sense (正気) ; consciousness (意識) ;〔感情〕feeling (s) ;〔気分〕mood. ～が合う congenial. ～が利く (利かない) quick- (slow-) witted. ～が気でない feel uneasy [anxious]《about》. ～が散る be distracted. ～がつく notice ; take notice of ;〔正気づく〕come to oneself. ～づまりである feel ill at ease. ～に入る like ; be pleased《with》. ～にさわる displease ; offend《a person》. ～にする mind ; care ; worry《about》. ～になる be anxious《about》; worry. ～の荒い hot-[violent-] tempered. ～の短い impatient ;〔怒りっぽい〕quick-tempered. ～の長い patient ; slow. ～の小さい〔弱い〕timid ; shy. ～の強い bold ; aggressive. ～の抜けた〔ビールなどが〕flat. ～をつける take care《of》; pay attention《to》.

〜を晴らす divert oneself. 〜を引く attract a person's attention. 〜をもむ worry oneself《about》. 〜を悪くする be offended〔displeased〕《at, with》.

き 生 (のまま)で飲む take《whisky》straight〔neat〕.

き 期〔期間〕a period; a term;〔段階〕a stage;〔期日〕a date.

-き (三回)忌 the (third) anniversary of a person's death.

ギア a gear. 〜を入れる put the car in gear.

きあつ 気圧 atmospheric pressure.

ぎあん 議案(を提出する)(introduce) a bill.

キー a key. 〜ホルダー a key holder

きいっぽん 生一本の〔酒が〕sheer; pure;〔性格が〕simple and honest.

きいと 生糸 raw silk.

きいろ 黄色(の)yellow.

ぎいん 議員 a member (of an assembly);〔日本の国会の〕a member of the Diet, a Dietman. → こっかい. 族〜 a political tribe.

キウイ〔鳥〕a kiwi;〔果実〕a kiwi fruit.

きえる 消える〔火・灯火が〕go out; be blown out (吹き消される);〔火事が〕be put out;〔溶けて〕melt away;〔消失〕vanish; disappear;〔色などが〕fade.

きえん 気炎を吐く〔あげる〕talk big; be in high spirits.

きえん 奇縁 strange chance〔coincidence〕.

きおうしょう 既往症〔一般的〕past illness;〔医学用語〕an anamnesis.

きおく 記憶 memory; remembrance. 〜する remember;〔暗記〕learn〔get〕by heart. 〜すべき memorable. 〜喪失症 amnesia. 〜力(減退)(failure of) memory.

きおくれ 気後れがする be daunted; become diffident.

キオスク a kiosk newsstand.

きおん 気温 (atmospheric) temperature.

きか 気化する evaporate; vaporize.

きか 帰化する be naturalized《in Japan》. 〜人 a naturalized citizen.

きか 幾何(学)geometry. 〜学的(な)geometric (al).

きかい 奇怪な bizarre; mysterious;〔けしからぬ〕scandalous.

きかい 器械 an instrument; an apparatus. 〜体操 heavy gymnastics. 医療〜 medical appliances.

きかい 機会 an opportunity; an occasion; a chance. 〜均等主義 the principle of equal opportunity.

きかい 機械 a machine;〔集合的〕machinery. 〜的に mechanically. 〜油 machine oil. 〜化部隊 a mechanized unit. 〜工 a mechanic. 〜工学 mechanical engineering. 〜文明 machine civilization.

きがい 危害を加える inflict an injury《on》; do harm《to》.

ぎかい 議会 an assembly; the Diet. 〜政治 parliamentary government.

きがえ 着替え a spare suit. 〜る change one's clothes.

きかく 企画 planning; a plan. 〜する (make a) plan.

きかく 規格 a standard. 〜化 standardization.

きがく 器楽 instrumental music.

きがね 気兼ねする feel constrained.

きがる 気軽に with a light heart; lightheartedly.

きかん 気管 the windpipe; the trachea. 〜支 a bronchus (複 bronchi). 〜支炎〔カタル〕bronchitis.

きかん 季刊・雑誌 a quarterly (journal〔magazine〕).

きかん 期間 a term; a period.

きかん 旗艦 a flagship.

きかん 器官 an organ.

きかん 機関 an engine（institution）；〔機械〕a machine；〔活動のための〕an organ；〔機構〕machinery；〔施設〕facilities. ～士 an engine driver. ～紙〔誌〕an organ. ～車 a locomotive；an engine. ～銃 a machine gun.

ぎがん 義眼 an artificial eye；a false eye.

きき 危機 a crisis；a critical moment；a crucial period. ～一髪のところで《escape》by a hair's breadth. ～管理 crisis management.

ききかじり 聞きかじり《have》a smattering《of》.

ききぐるしい 聞き苦しい disagreeable（unpleasant）《to hear》.

ききこむ 聞き込む be informed of. 聞き込み捜査 legwork.

ききて 聞き手 a listener；〔聴衆〕an audience.

ききとる 聞き取る catch；follow. 聞き取れない inaudible.

きなれた 聞き慣れた（れない）familiar（unfamiliar, strange）《to one's ears》.

ききめ 効き目のある（ない）effective（have no effect）.

ききもらす 聞き漏らす fail to hear；miss《a word》；〔尋ねるのを忘れる〕forget to ask.

ききゅう 気球（を揚げる）（fly）a balloon.

きぎょう 企業 an enterprise；company；corporation. ～化する produce《goods》on a commercial basis. ～家 an enterpriser；an entrepreneur. ～整備 industrial readjustment. ～統治 corporate governance. ～内組合 a house union. ～内失業 in-house unemployment.

ぎきょうしん 義侠心 chivalrous spirit. ～のある chivalrous；heroic.

ぎきょく 戯曲 a drama.

ききわける 聞き分ける〔区別する〕tell《the difference》by hearing；〔納得する〕understand；listen to reason.

ききん 飢饉 (a) famine；〔払底〕shortage；scarcity.

ききん 基金 a fund；a foundation.

ききんぞく 貴金属 precious metals.

きく 効く・利く〔効能〕have effect《on》；be good《for》；〔味が〕be salty〔sweet〕enough；〔辛子などが〕bite；〔酒が〕have a kick；〔鍵・ブレーキなどが〕work；act.

きく 菊 a chrysanthemum.

きく 聞・聴く〔聞こえる〕hear；〔聞き知る〕hear of；〔傾聴〕listen to；〔忠告を〕follow；〔願いを〕grant；〔尋ねる〕ask；inquire. ～ところによれば from what I hear.

きぐ 器具 a utensil；an appliance；instrument.

きぐう 奇遇 a lucky〔an unexpected〕meeting.

きぐらい 気位 pride. ～の高い proud；haughty.

きけい 奇形 deformed；crooked.

ぎけい 義兄 a (n)（older）brother-in-law.

ぎげい 技芸 arts；〔手工〕crafts；〔芸事〕accomplishments.

きげき 喜劇 a comedy. ～の〔的〕comic (al)；farcical. ～俳優 a comedian〔comedienne（女）〕；a comic actor〔actress（女）〕.

ぎけつ 議決する decide；resolve；〔可決〕pass.

きけん 危険 (a) danger；(a) peril；(a) risk. ～な dangerous；perilous；risky. ～に陥れる endanger；imperil. ～区域（地帯）a danger area（zone）. ～物（人物）a dangerous object（character）.

きけん 棄権する renounce one's right；abstain《from voting》. ～者 a nonvoter；a releasor. ～率 an abstention rate.

きげん 紀元 an era; an epoch. 西暦
～ 前 200 年 200B.C.〔< before
Christ〕. 西暦～603 年 603A.D.
〔《L》< Anno Domini=in the year
of our Lord〕.

きげん 起源 origin; beginning.

きげん 期限 a term; a period. ～が切
れる become due;〔手形が〕mature.

きげん 機嫌 (a) humor; temper; a
mood. ～がよい(悪い) be in a good
(an ill) humor. ～よく cheerfully;
in a good humor. ～をとる humor;
〔媚びる〕flatter. ～を直す recover
one's temper.

きこう 気功 qigong.

きこう 気候 climate;〔天候〕
weather;〔季節〕a season.

きこう 起工する〔土木の〕break
ground;〔船の〕lay down the keel.

きこう 寄港する call〔touch〕at《a
port》.

きこう 寄稿 (a) contribution. ～する
contribute《to》; write for《a
magazine》. ～者 a contributor.

きこう 機構 mechanism; framework.
経済～ an economic structure.

きごう 記号 a sign; a mark; a
symbol.

ぎこう 技巧 art;〔芸術上の〕
technique. ～を凝らす exercise
one's utmost skill.

きこく 帰国する go〔come〕home;
return to one's country. ～子女
expat(riate)〔returnee〕Japanese
children.

ぎごく 疑獄 a bribery case;《米》a
graft (case).

きごころ 気心 disposition; temper.
～の知れた old and trusted;
familiar. ～の知れない strange;
unfamiliar.

ぎこちない stiff; awkward.

きこり 樵 a woodcutter.

きこん 既婚の married《women》.

きざ 気障な affected;〔お高い〕
snobbish.

きさい 記載する record;〔帳簿に〕
book; enter.

きさく 気さくな frank; sociable; jolly.

きざし 兆・萌し an indication; a sign.

きざむ 刻む cut〔chop〕fine;〔肉など
を〕mince; hash;〔彫刻〕carve;
engrave. 刻み目 a notch.

きさん 起算する reckon〔count〕
from; begin with.

きし 岸〔海・湖の〕a shore;〔浜〕a
beach;〔川の〕a bank;〔池の〕a
border.

きし 騎士 a knight; a cavalier. ～道
chivalry.

きじ 生地《dress, suit》material;〔織
り地〕texture.

きじ 記事 a report; an article;
news; an account.

きじ 雉子 a pheasant.

ぎし 義歯 an artificial〔a false〕
tooth;〔総入れ歯〕dentures.

ぎし 技師 an engineer. 建築～ an
architect.

ぎじ 議事 the《parliamentary》
proceedings. ～日程 the agenda. ～
録 the minutes(of the meeting).

ぎしき 儀式 a ceremony; rites. ～の
〔的な〕ceremonial; ritual;〔儀式
張る〕ceremonious.

きしつ 気質 disposition; temper;
nature.

きじつ 期日 the (fixed) date; the
appointed day.

きしゃ 汽車〔列車〕a train;〔客車〕《米》
a (railroad) car;〔英〕a (railway)
carriage. ～で by train. ～賃 a
railroad〔railway〕fare.

きしゃ 記者 a reporter;〔ジャーナリスト〕
a journalist;〔特派員・通信員〕a
correspondent ～会見《hold》a
press conference. ～クラブ a press
club.

きしゅ 旗手 a standard-bearer;〔オリ

ンピックなどでの〕a flag-bearer.

きしゅ 騎手 a rider；〔競馬の〕a jockey.

きしゅ 機首 the nose(of an airplane).

きじゅ 喜寿 one's 77th birthday.

ぎしゅ 義手 an artificial arm〔hand〕.

きしゅう 奇襲(する)(make)a surprise attack〔raid〕《on》.

きじゅうき 起重機 a crane；a derrick.

きしゅく 寄宿する lodge〔board〕《at》. **～学校** a boarding school. **～舎** a dormitory.

きじゅつ 奇術 jugglery；magic. **～師** a juggler；a magician.

きじゅつ 記述する describe；give an account《of》.

ぎじゅつ 技術 art；technique. **～(上)の** technical. **～者** a technical expert.

きじゅん 基準 a standard；a basis (複 bases).

きしょう 気性 disposition；temper.

きしょう 気象 weather (conditions). **～学** meteorology. **～庁** The Meteorological Agency.

きしょう 記章 a badge；an emblem；a school badge.

きじょう 机上の空論 an impracticable argument；a desk plan.

きじょう 気丈な dauntless；《話》plucky.

ぎしょう 偽証する bear false witness《to》；give false testimony；perjure oneself. **～罪** perjury.

ぎじょう 議場 an assembly hall；〔議会の〕the floor (of the House).

きしょうかち 希少価値 scarcity〔rarity〕value.

キシリトール xylitol.

きしる 軋る creak；grate.

ぎじん 擬人(法) personification.

キス a kiss. **～する** kiss《a person》.

きず 〔傷〕a wound；a bruise.〔品物〕a crack；a flaw.〔欠点〕a fault；a defect. **～のない** flawless；perfect.

きずあと 傷跡(になる)(heal to)a scar.

きすう 奇数 an odd〔uneven〕number.

きずつく 傷つく be wounded〔hurt, injured〕.

きずつける 傷つける wound；hurt；injure；impair.

きずな 絆 bonds；ties；a yoke. 愛情の～ bonds of affection.

きずもの 傷物 a damaged〔flawed, defective〕article. **～にする** damage.

きする 帰する〔結果的に…になる〕result〔end〕《in》；〔原因を…に帰する〕ascribe《to》；〔手中に〕fall into《one's hands》.

きせい 規制 (a) regulation. **～する** regulate；control. **～緩和** deregulation.

きせい 帰省する go〔return〕home.

きせい 寄生する live upon；be parasitic on. **～虫**〔生物, 動物, 植物〕a parasite.

きせい 既成―事実 a fait accompli《F》. **～宗教（政党）** existing religions (political parties).

きせい 既製の a ready-made. **～品** a ready-made article〔suit (服)〕.

ぎせい 犠牲 (a) sacrifice；〔犠牲者〕a victim. **～にする** sacrifice；victimize. **～になる** fall a victim《to》；sacrifice oneself《to》. 自己～(な) self-sacrificing.

きせき 奇跡 a miracle. **～的(に)** miraculous (ly).

きせつ 季節 a season. **～の** seasonable；in season. **～はずれの** unseasonable；out of season. **～風** a monsoon.

きぜつ 気絶する faint；lose one's consciousness.

きせる 着せる dress；put over〔on〕；〔罪を〕lay the guilt《on a person》；charge《a crime》on《a person》.

きせん 機先を制する forestall《a person》；get the start of.

ぎぜん 偽善 hypocrisy. **～的(な)**

hypocritical. 〜者 a hypocrite.

きそ 起訴 prosecution. 〜する prosecute ; bring a suit《against》. 〜状 an indictment.

きそ 基礎 the foundation ; the basis. 〜的（な）fundamental ; basic. 〜工事 foundation work. 〜年金 a basic pension.

きそう 起草する draft ; draw up.

きそう 競う compete《with a person》.

きぞう 寄贈 (a) donation. 〜する donate ; present.

ぎぞう 偽造（罪）forgery. 〜する forge ; counterfeit.

きそく 規則 a rule ; regulations. 〜正しく regularly. 就業〜 work rule.

きぞく 貴族〔1人〕a noble ;《英》a peer ;〔集合的〕the nobility. 〜的（な）aristocratic. 〜政治 aristocracy.

ぎそく 義足 an artificial leg.

きた 北 the north. 〜の north ; northern. 〜風 a north wind.

ギター a guitar. 〜を弾く play the guitar.

きたい 気体 gas ; vapor.

きたい 機体 the body《of an airplane》;〔胴体〕the fuselage.

きたい 期待する expect. 〜に反して contrary to one's expectation. …を〜して in expectation of.

ぎだい 議題 a subject for discussion ;〔会議事項〕the agenda.

きたえる 鍛える〔鉄を〕forge ; temper ;〔心身を〕train ; drill.

きたく 帰宅する go〔come〕home ;〔着く〕get home.

きたない 汚い dirty ; filthy ; soiled ;〔卑劣な〕mean ; foul ;〔金銭に〕stingy.

きたマケドニア (the Republic of) North Macedonia.

きち 危地を脱する have a narrow escape.

きち 基地 a base. 空軍〜 an air base.

きち 機知 wit. 〜に富む be witty ;

be quick-witted.

きちょう 基調 the keynote《of》.

きちょう 貴重な precious ; valuable ; priceless. 〜品 a valuable article ;〔集合的〕valuables.

ぎちょう 議長 the chair〔chairman, chairperson〕of ;〔衆議院〕the Speaker ;〔参議院〕the President. 〜となる take the chair.

きちょうめん 几帳面な methodical ; scrupulous ;〔時間に〕punctual.

きちんと〔正確に〕precisely ;〔時間的に〕punctually ;〔定期的に〕regularly ;〔服装が〕neatly. 〜した neat ; tidy.

きつい severe ; hard ;〔強い〕strong ;〔窮屈〕tight.

きつえん 喫煙 smoking. 〜室（車席）a smoking room (car, seat).

きつく〔きびしく〕severely ;〔ぎゅっと〕tightly.

きつけ 気つけ〔薬〕a stimulant ;〔名宛ての〕→きづけ.

きつけ 着付けをする dress《the bride》;〔手伝って〕help《a girl》dress herself.

きづけ 気付 care of〔略 c/o〕.

きっさてん 喫茶店 a tearoom ; a teahouse ; a coffee shop.

ぎっしり tightly ; closely ;《be filled》to capacity.

きっすい 生粋の pure ; genuine ; trueborn.

きっすい 喫水が深い（浅い）The ship draws deep (light). 〜線 the water line.

きっちり〔時間〕punctually ; just sharp ;〔適合〕exactly ; precisely ;〔ぴったりと〕tightly.

キッチン a kitchen.

きつつき 啄木鳥 a woodpecker.

きって 切手 a (postage) stamp. 〜収集（家）philately (a philatelist).

きっと surely ; certainly.

きっとなる show a stern look.

きつね 狐 a fox；〔雌〕a vixen．～色
の brown．

きっぱり positively；decidedly；
《refuse》flatly．

きっぷ 切符 a ticket；〔切り取り式の〕
a coupon．～売場 a ticket〔《英》a
booking〕office；〔劇場の〕a box
office．片道（往復）～ a single
(return) ticket．

きつもん 詰問する cross-examine；
demand an explanation．

きてい 規定 regulations；rules；
provisions．～する stipulate；
prescribe．～の regular；《fare》
regulation．

きてい 既定の established；fixed；〔結
論などの〕foregone．

ぎてい 義弟 a (younger) brother-in-
law．

きてき 汽笛(を鳴らす)(blow〔sound〕)
a steam whistle．

きてん 気転・機転のきく(きかない)
quick- (slow-) witted；ready- (dull-)
witted．～をきかす take the hint；
act tactfully．

きとう 祈祷 a prayer；〔食事の前後の〕
grace．～する pray；say one's
prayers．～書 a prayer book．

きどう 軌道〔天体・人工衛星の〕an
orbit；〔鉄道の〕a track．～に乗る〔人
工衛星が〕go into orbit；〔仕事が〕
get under way．

きどう 機動～隊〔警察の〕a riot squad
〔police〕．～部隊 a task force．

きとく 危篤である(になる) be in (fall
into) a critical condition．

きとく 奇特な praiseworthy；
commendable；charitable．

きとくけん 既得権 vested rights
〔interests〕．

きどる 気取る be affected；give
oneself airs；〔…ぶる〕pose《as》．
気取って affectedly；with studied
grace．

きなが 気長に without haste；patiently．

きなこ 黄粉 parched bean flour．

ギニア ～共和国 (the Republic of)
Guinea．赤道～共和国(the
Republic of) Equatorial guinia．

ギニアビサウ (the Republic of)
Guinea-Bissau．

きにいり 気に入り〔人〕one's favorite
〔pet〕．～の favorite．

きにゅう 記入する enter《one's name in
a book》；note down；fill in；fill out．

きぬ 絹 silk．～の silk；silken．～糸
silk thread．～物 silk goods．

ギネスブック ～に載る appear in the
Guinness Book of World Records．

きねん 記念 commemoration；
memory．～する commemorate；
memorialize．～の commemorative；
memorial．～号(切手，絵はがき) a
memorial number (stamp, picture
postcard)．～祭 an anniversary．～
碑 a monument．～日 a com-
memoration day；an anniversary．
～品 a souvenir；a memorial；〔形
見〕a keepsake．

きのう 昨日 yesterday．

きのう 帰納する induce．～法
induction；the inductive method．

きのう 機能 (a) function．～障害 a
functional disorder．

きのきいた 気の利いた smart；
clever．気の利かない dull(-witted)；
slow (-witted)．

きのこ 茸 a mushroom；〔毒きのこ〕a
toadstool；〔菌〕a fungus．

きのどく 気の毒がる feel sorry
《for》；take pity《on》．～な
pitiable；poor．～にも to one's
regret；sorry to say．

きのり 気乗りがしない take little
interest《in》．

きば 牙〔犬・オオカミなど〕a fang；〔イ
ノシシ・象など〕a tusk．

きはつ 揮発油 volatile oil．

きばつ 奇抜な original；novel；out
of the common；unusual；eccentric．

きばらし　気晴らし (a) diversion. ～をする divert oneself；recreate oneself.

きびしい　厳しい severe；strict；rigorous；〔訓練などの〕intense. 厳しく severely；strictly；intensely.

ぎひつ　偽筆 a forged writing；〔絵〕a forged〔counterfeit〕picture.

きひん　気品 dignity；grace. ～のある dignified；graceful.

きひん　貴賓席(室) seats (a room) reserved for distinguished〔honored〕guests.

きふ　寄付(金) (a) contribution；(a) subscription；(a) donation. ～する contribute《to》；subscribe《to》. ～者 a contributor；a donor.

ぎふ　義父 a father-in-law.

きふく　起伏 rise and fall；undulations.

きふじん　貴婦人 a lady；a noble-woman；a titled lady.

ギプス《wear》a plaster cast〔<《G》Gips〕.

キプロス　(the Republic of) Cyprus.

きぶん　気分 a mood；(a) humor. ～がよくなる feel better…の～を出す create an atmosphere of；

きへい　騎兵〔隊〕cavalry；〔兵〕a cavalryman.

きべん　詭弁 (a) sophistry. ～を弄する quibble；use sophistry.

きぼ　規模 a scale；〔範囲〕scope. 大(小)～に on a large (small) scale.

ぎぼ　義母 a mother-in-law.

きぼう　希望 (a) hope；〔願望〕(a) wish；(a) desire. ～する hope；expect；wish；desire. ～者 an applicant《for》. ～的観測 one's wishful thinking.

きぼり　木彫りの《a doll》carved out of wood；wooden.

きほん　基本 a foundation；a basis. ～的(な) fundamental；basic. ～給 a basic salary. ～金 a fund.

ぎまい　義妹 a(younger) sister-in-law.

きまえ　気前のよい liberal；openhanded；generous.

きまぐれ　気紛れ a caprice；a whim. ～な capricious《persons》；changeable《weather》.

きまり　決まりをつける settle；fix；finish；conclude. ～きった routine；〔明白〕plain；self-evident. ～文句 a cliche；a stereotyped phrase〔expression〕.

きまる　決まる be settled；be decided；be fixed.

きみ　気味の悪い〔不気味な〕eerie；〔超自然的〕weird；〔残酷な〕grim；〔不可解の〕uncanny；《話》〔ゾッとする〕creepy.

きみ　黄身 the yolk〔yellow〕《of an egg》.

きみつ　機密 a secret. ～書類 confidential documents. ～費 a secret (service) fund. ～漏洩 leak of secret.

きみょう　奇妙な strange；curious；queer；singular.

ぎむ　義務 a duty；an obligation. ～教育 compulsory education.

きむずかしい　気難しい hard to please；morose.

きめ　木目・肌理の細かい〔肌が〕smooth-skinned；〔性質が〕delicate ～の粗い rough；coarse.

きめい　記名する sign〔put down〕one's name. ～投票 a signed〔registered〕ballot.

ぎめい　偽名 a false name. ～を使う use the false name《of Ito》.

きめる　決める decide；fix；settle；arrange；〔決心〕determine〔resolve〕《to do》；〔指定〕appoint.

きも　肝〔肝臓〕the liver；〔度胸〕courage；pluck. ～をつぶす be scared.

きもい　sickening.

きもち　気持ちのよい(悪い) (un)

pleasant ; (dis)agreeable ; (un)
comfortable.　〜が悪い〔病気〕feel
sick〔unwell〕.　〜よく〔愉快に〕
pleasantly ;〔快く〕willingly.

きもの 着物 clothes ;〔集合的〕
clothing ;〔和服〕a kimono.

きもん 鬼門〔方角〕the ominous
direction ;〔弱点〕one's weak point.

ぎもん 疑問 a question ;〔疑い〕a
doubt.　〜を抱く doubt.　〜符 a
question mark.

ギヤ→ギア.

きやく 規約 an agreement ; a
covenant ;〔規則〕rules.

きゃく 客 a caller ; a visitor ; a guest ;
〔集合的〕company ;〔顧客〕a
customer ; a patron ;〔乗客〕a
passenger.

ぎゃく 逆の opposite ; contrary.　〜探
知する trace phone calls.　〜に the
other〔wrong〕way ; vice versa.　〜
をつく counter.　〜ギレ snapping
back (at someone) ; counterblast.
〜張り〔証券〕a contrarian bet.

ギャグ〜を飛ばす (toss off) a gag.

ぎゃくさつ 虐殺 (する) slaughter ;
massacre.

きゃくしつ 客室〔ホテル〕a guest
room ;〔船〕a cabin.

きゃくしゃ 客車 a passenger car
〔coach〕;《英》a railway carriage.

ぎゃくしゅう 逆襲する (make a)
counterattack〔on〕.

ぎゃくじょう 逆上する be beside
oneself ; lose one's head.

きゃくしょく 脚色する dramatize ;
adapt《a story》for a play.

ぎゃくせつ 逆説 a paradox.　〜の
paradoxical.

きゃくせん 客船 a passenger boat.

ぎゃくせんでん 逆宣伝 counter-
propaganda.

きゃくせんび 脚線美の《a woman》
with beautiful〔shapely〕legs.

ぎゃくたい 虐待 ill-treatment ;

abuse.　〜する ill-treat ; maltreat.
児童〜 child abuse.

きゃくちゅう 脚注 a footnote〔略 fn〕
.　〜をつける give footnotes《to》.

ぎゃくてん 逆転　〜する reverse ; be
reversed.　〜勝ちをする score a
come-from-behind win ; win a
losing game.

きゃくひき 客引き a tout ; a barker.

きゃくほん 脚本 a play ;〔台本〕a
script〔映画の〕a scenario.　〜家 a
playwright ; a dramatist ; a scenario
writer.

きゃくま 客間 a drawing room ;《米》
a parlor.

ぎゃくもどり 逆戻りする go〔turn〕
backward.

ぎゃくゆにゅう 逆輸入 (する)
reimport.

ぎゃくりゅう 逆流 a back current.　〜
する flow backward.

きゃしゃ 華奢な delicate ; slender ;
slim ; slight.

キャスター〔ニュース解説者〕a
newscaster ;〔脚輪〕a caster.

キャスティングボード〔議長の投票
権〕the casting vote ;〔決定権〕the
deciding voice.

キャスト〔配役全員〕a cast ;〔役の割
り振り〕casting ;〔一人の役〕a role ;
a part.

きやすめ 気休め《the words of》
mere consolation.　〜に to ease a
person's mind.

きゃっか 却下 rejection.　〜する
reject ; turn down.

きゃっかん 客観 (性) objectivity.　〜
的 (な) objective.

ぎゃっきょう 逆境 adverse
circumstances ; adversity.

きゃっこう 脚光を浴びる step (be)
into the limelight.

ぎゃっこう 逆行する move
backward ;〔時勢に〕go against the
times.

キャッシュ《pay in》cash；〔コンピュータ〕cache. ～カード a cash〔bank〕card. ～レス cashless.

キャッシング cashing-in. ～機能を持つクレジットカード a credit card that can be used to get cash.

キャッチ a catch. ～ボールをする play catch. ～フレーズ a catchphrase.

キャッチャー a catcher.

キャップ〔帽子〕a cap；〔瓶・万年筆の〕a cap；〔鉛筆の〕a point protector；→キャプテン.

ギャップ a gap.

キャディー〔ゴルフの〕a caddie. ～をつとめる caddie《for》.

キャバレー a cabaret.

キャビア caviar (e).

キャビネ(版)《a photo of》cabinet size.

キャプテン a captain.

キャベツ a cabbage.

キャミソール ～ドレス a camisole dress.

ギャラ a guaranteed fee；〔出演料〕an appearance fee.

キャラクター ～商品 character goods.

キャラメル a caramel.

ギャラリー〔建物〕a gallery；〔ゴルフ・テニスの観客〕the gallery.

キャリア a career；experience. ～ウーマン(ガール) a career woman (girl)；～組 the career bureaucrats.

ギャング〔集団〕a gang《of robbers》；〔1人〕a gangster.

キャンセル cancellation. ～する cancel. ～待ちする be on the waiting list. ～料 a cancellation fee.

キャンディー (a)candy；《英》sweets.

キャンドルサービス a candlelight service.

キャンパス《college》campus.

キャンピングカー a camper.《英》a motorized caravan.

キャンプ a camp；camping. ～する camp (out). ～に行く go camping. ～場 a campsite；a campground. ～ファイヤー a campfire. ～村 a camping village.

ギャンブル gambling.

キャンペーン a campaign《for, against, to do》.

きゆう 杞憂 imaginary fears.

きゅう 九 nine. 第～ the ninth.

きゅう 灸を据える cauterize《one's back》with moxa；〔罰する〕punish.

きゅう 急の〔な〕〔緊急〕pressing；urgent；〔不意〕sudden；〔勾配 記〕steep. ～に hastily；suddenly.

きゅう 級 a class；a grade.

きゅう 球〔球体〕a globe；a sphere；〔まり〕a ball；〔電球など〕a bulb.

キュー〔ビリヤードの〕a cue.

きゅうえん 救援 relief；rescue. ～する rescue；come to the rescue《of》；〔投手を〕relieve. ～活動 a relief operation. ～投手 a relief pitcher；a fireman. ～物資 relief goods.

きゅうか 休暇 a holiday；a vacation. ～をとる take《a day》off.

きゅうかい 休会 adjournment. ～になる adjourn；(go into) recess.

きゅうかく 嗅覚 the (sense of) smell. ～が鋭い have a keen nose.

きゅうがく 休学する withdraw from school temporarily.

きゅうかくど 急角度の acute；sharp. ～に with a sudden turn.

きゅうかざん 休火山 a dormant volcano.

きゅうかん 休刊する suspend publication.

きゅうきゅう 救急 ～救命士 paramedics. ～車 an ambulance. ～病院 an emergency hospital.

きゅうきょう 旧教→カトリック.

きゅうぎょう 休業する close；be closed；suspend work〔business〕. ～ a holiday. 本日～【標示】Closed

Today.
きゅうきょく 究極の ultimate；final.
～のところ after all.
きゅうくつ 窮屈な strict；stiff；
close；tight.
きゅうけい 休憩（する）（take）a rest；
（take）a recess.　～時間 a recess；〔幕
間〕an interval.　～室 a resting
room；〔劇場の〕a foyer.
きゅうこう 旧交を暖める renew one's
old friendship《with》.
きゅうこう 急行する hasten；rush《to》.
～で《go》by express.　～料金
express charges.　～列車（バス，券）
an express train（bus，ticket）.
きゅうこん 求婚する propose《to》.
～者 a suitor.
きゅうこん 球根 a bulb；a tuber.
きゅうし 臼歯〔大臼歯〕a molar；〔小
臼歯〕a premolar.
きゅうじ 給仕する wait on《a person》
at table.
きゅうしき 旧式の old-fashioned；
outmoded.
きゅうしゅう 吸収（力）absorption.
～する absorb；suck in.
きゅうじゅう 九十 ninety.
きゅうしょ 急所 a vital part.　～をは
ずれる miss the vital organs.
きゅうじょ 救助 relief；rescue.　～す
る relieve；rescue；〔人命を〕save.
～船（隊）a rescue ship（party）.
きゅうじょう 窮状 misery；plight.
きゅうしょく 給食〔学校の〕（provision
of）school lunch.
ぎゅうじる 牛耳る take control《of》；
dominate.
きゅうしん 求心力 centripetal force.
きゅうしん 急進的（な）radical.　～主
義 radicalism.　～派 the radical
party；the radicals.
きゅうす 急須 a（handy）teapot.
きゅうすい 給水 water service
〔supply〕.　～する supply《a
community》with water.　～管（車）

a water pipe（wagon）.
きゅうすう 級数〔数学〕a series.
きゅうせい 急性の acute.　～肺炎
acute pneumonia.
きゅうせい 救世軍 the Salvation
Army.　～主 the saviour.
きゅうせん 休戦（する）（make）a truce
〔an armistice〕.
きゅうだい 及第する pass；be
successful.　～点 the pass mark.
きゅうちゅう 宮中 the Imperial Court.
きゅうでん 宮殿 a palace.
ぎゅうにく 牛肉 beef.
ぎゅうにゅう 牛乳（cow's）milk.　～
瓶 a milk bottle.　～屋〔配達人〕a
milkman；〔店〕a dairy.
きゅうば 急場をしのぐ tide over a
crisis.
きゅうばん 吸盤 a sucker.
キューピー a kewpie（doll）.
キューピッド Cupid.
きゅうびょう 急病 a sudden（attack
of）illness.　～にかかる be suddenly
taken ill.　～人 an urgent case.
きゅうへん 急変する change
suddenly.
きゅうほう 急報する send an urgent
〔express〕message.
きゅうむ 急務（an）urgent necessity；
a pressing need.
きゅうめい 救命　～具 a life preserver.
～胴着 a life jacket.　～ボート a
lifeboat.
きゅうやくせいしょ 旧約聖書 the Old
Testament.
きゅうゆ 給油する supply oil；refuel.
～（飛行）機 a tanker plane.　～所〔自
動車の〕a gas〔filling〕station.
きゅうよ 給与→きゅうりょう.　～所得
an earned〔employment〕income.

〜体系 a wage system.

きゅうよう 休養する (take a) rest.

きゅうよう 急用（で）(on) urgent [pressing] business.

きゅうり 胡瓜 a cucumber.

きゅうりゅう 急流 a torrent; rapids.

きゅうりょう 給料 a salary; pay; wages. 〜日 a payday.

きよい 清い〔清潔〕clean;〔清澄〕clear;〔純潔〕pure;〔高潔〕noble. 清き一票を投じる cast an honest vote《for》.

きよう 器用な dexterous; ingenious; skil(l)ful; clever.

きょう 今日 today. 〜の午後 this afternoon.

-きょう …狂 a《camera》mania; a《baseball》freak [buff, junkie, nut].

-きょう …強 a little over《two meters》.

ぎょう 行 a line;〔宗教上の〕religious austerities.

きょうい 胸囲 a chest measurement《of 86cm》.

きょうい 脅威（である）(be) a menace《to》.

きょうい 驚異 (a) wonder. 〜的（な）wonderful; marvelous.

きょういく 教育 education. 〜する educate; instruct; train. 〜の〔的な〕educational. 〜のある educated. 〜委員会《a member of》the board of education. 〜学 pedagogy. 〜機関（制度）the educational facilities [institutions] (system). 〜者〔家〕an educator. 〜大学 a university of education. 〜バウチャー education voucher. 〜ママ an education-conscious [minded] mother.

きょういん 教員 a (school) teacher;〔一校全体の〕(teaching) staff. 〜免許状 a teacher's license.

きょうえい 競泳 a swimming race [competition].

きょうか 強化する reinforce; strengthen; bolster.

きょうかい 協会 an association; a society.

きょうかい 教会 a church. 〜に行く go to church.

きょうかい 境界 a boundary; a border.

きょうがく 共学 coeducation. 〜の coeducational《college》.

きょうかしょ 教科書 a textbook; a schoolbook.

きょうかつ 恐喝→きょうはく.

きょうき 凶器 a (deadly) weapon.

きょうぎ 協議 a conference; (a) consultation. 〜する confer[consult]《with》. 〜会 a conference. 〜離婚 a divorce by consent.

きょうぎ 教義 a doctrine; a dogma; the tenets《of a sect》.

きょうぎ 競技 a game; a contest; a match. 〜会 a meet; a tournament. 〜者 a contestant; an athlete. 〜場 a ground; a field; a stadium; an arena.

ぎょうぎ 行儀 manners. 〜のよい（悪い）well-(ill-) mannered.

きょうきゅう 供給 supply. 〜する supply [furnish]《a person》with《a thing》. 〜者 a supplier; a provider.

きょうぎゅうびょう 狂牛病 a mad cow disease;〔医学病名〕bovine spongiform encephalopathy.〔略 BSE〕.

きょうぐう 境遇 circumstances;〔環境〕environment.

きょうくん 教訓 teachings; a lesson; a moral. 〜的（な）instructive; moral.

きょうけん 狂犬 a mad dog. 〜〔恐水〕病 hydrophobia; rabies.

きょうげん 狂言〔能狂言〕a Noh farce; Kyogen;〔偽り〕a made-up affair; a hoax; a trick. 〜自殺 a mock suicide.

きょうこ 強固にする make firm〔solid〕; consolidate.

ぎょうこ 凝固する congeal ; solidify.

きょうこう 兇行 violence ; (an) outrage ; 〔殺害〕(a) murder.

きょうこう 恐慌 (a) panic. ～を来たす〔人が主語〕get〔go〕into a panic.〔状況が主語〕bring on a panic.

きょうこう 強行する force ; enforce. ～可決 railroad a bill《through》. ～軍 a forced march.

きょうこう 強硬な(に)firm(ly) ; strong(ly) ; stubborn(ly).

きょうこく 峡谷 a canyon ; a ravine ; a gorge.

きょうこく 強国 world power ; a power.

きょうさい 恐妻家 a henpecked husband.

きょうさい 共済組合 a mutual benefit〔aid, relief〕association.

きょうざい 教材 teaching material.

きょうさく 凶作 a bad crop〔harvest〕;〔飢饉 きん〕(a) famine.

きょうさん 共産主義(者)communism (a communist). ～主義の communist (ic). 日本～党 the Japanese Communist Party〔略 JCP〕.

きょうし 教師 a teacher ; an instructor ;〔師匠〕a master. →きょういん.

ぎょうじ 行司 a sumo referee.

ぎょうじ 行事 an event ; a function. 年中～〔総称〕the regular events of the year.

きょうしつ 教室 a classroom.

きょうじゅ 教授 teaching ; instruction ;〔人〕a professor〔略 (肩書に) Prof.〕. ～会 a faculty meeting.

きょうしゅう 郷愁 homesickness ; nostalgia《for》.

きょうしゅう 強襲する storm ; make an assault《upon》.

きょうしゅうじょ 教習所 a training school. 自動車～ a driving school.

きょうしゅく 恐縮する〔感謝〕be grateful《to a person for》;〔気の毒〕be very sorry《for》;〔恥入る〕feel ashamed.

ぎょうしゅく 凝縮する condense.

きょうしゅつ 供出 (a) delivery. ～する deliver.

きょうじゅつ 供述する depose. ～書 an affidavit.

きょうしょ 教書 a message. 大統領～ a presidential message. 米大統領の一般年頭～ the U.S. president's state of the union message.

ぎょうしょう 行商 (人) a peddler. ～する peddle《fish》.

きょうしんざい 強心剤 a heart stimulant.

きょうしんしょう 狭心症 stricture of the heart ;〔医学用語〕angina pectoris.

きょうせい 強制する compel ; force ; intimidate《a person into doing》. ～的(な)compulsory. ～執行 compulsory execution (auction).

きょうせい 矯正する correct ; cure ; reform. ～歯科医 an orthodontist.

ぎょうせい 行政 administration. ～上の administrative. ～改革 (整理) administrative reform (streamlining). ～の手腕 administrative ability.

きょうそう 強壮な strong ; healthy ; robust. ～剤 a tonic.

きょうそう 競争 (a) competition ; rivalry ; a contest. ～する compete〔vie, contest〕《with》. ～者 a competitor ; a rival. ～心 a competitive spirit. 値引き～ price war.

きょうそう 競走 a (running) race ;〔短距離の〕a dash. ～する run a race. ～用自動車 a racing car.

きょうぞう 胸像 a bust.

きょうそうきょく 狂想曲 a rhapsody.

きょうそうきょく 協奏曲 a concerto.

き

きょうぞん 共存 coexistence. ～する coexist. 平和～ peaceful coexistence.

きょうだ 強打する hit hard. ～者 a slugger.

きょうだい 兄弟・姉妹〔男〕a brother；〔女〕a sister；〔文化人類〕《文》a sibling. ～としての brotherly；fraternal.

きょうだい 鏡台 a mirror stand；a dressing table.

きょうたく 供託 deposit. ～する deposit. ～金 deposit money.

きょうたん 驚嘆する admire；wonder〔marvel〕《at》.

きょうだん 教壇 a platform；〔牧師の〕a pulpit.

きょうちょ 共著 a joint work；a collaboration.

きょうちょう 協調 cooperation；harmony. ～する cooperate《with》. 労使～ cooperation between capital and labor.

きょうちょう 強調 emphasis. ～する emphasize；lay stress on.

きょうつう 共通の common《to》. …と～の in common with.

きょうてい 協定 (an) agreement；(an) arrangement. ～する agree《with》；arrange《with》.

きょうてき 強敵 a formidable rival〔enemy〕.

きょうてん 教典 a canon.

きょうど 郷土→きょうり. ～芸能 local performing art. ～色 local color.

きょうど 強度の intense；of a high degree.

きょうどう 共同の common；〔公共の〕public. ～する work together；cooperate. ～して jointly；in cooperation《with》. ～組合 a cooperative union. ～便所（墓地）a public lavatory（cemetery）. ～募金 a community chest.

きょうばい 競売 an auction. ～する sell〔put up〕《the collection》at auction. ～場 an auction room. ～人 an auctioneer.

きょうはく 脅迫 a threat；blackmail. ～する threat；blackmail. ～状（電話）a threatening letter（call）.

きょうはん 共犯 complicity. ～者 an accomplice.

きょうふ 恐怖 (a) fear；(a) dread；(a) terror.

きょうふう 強風 a strong wind. ～注意報 a strong-wind warning.

きょうほ 競歩 a walking race.

きょうぼう 共謀 conspire《with》. ～者 a conspirator.

きょうほん 狂奔する make frantic efforts《to do》.

きょうみ 興味 interest. ～のある interesting. ～のない uninteresting. ～を持つ（失う）take（lose）an interest《in》.

ぎょうむ 業務 business. ～管理 business control.

きょうめい 共鳴する〔音が〕resonate；echo；〔意見に〕sympathize《with》. ～者 a sympathizer.

きょうゆう 共有する have in common；own jointly《with》. ～財産 common property. ～者 a joint owner.

きょうよう 教養 culture；education. ～のある（ない）(un) cultured；(un) educated.

きょうり 郷里 one's home；one's hometown.

きょうりょく 協力 cooperation. ～する cooperate《with》；work together. ～者 a cooperator；a collaborator.

ぎょうれつ 行列 a procession；a parade；〔順番を待つ人の〕a queue.

きょうわ 共和国 a republic. ～制 republican institutions. ～党《米》the Republican Party.

きょえい 虚栄（心）vanity. ～心の強い vain.

き

きょか　許可 permission ; leave ;〔入場の〕admission ;〔免許〕license ;〔裁可〕sanction ;〔承認〕approval. ～する permit ; allow ; give leave ; admit ; authorize.

きょぎ　虚偽 a lie ; (a) falsehood. ～の false.

ぎょぎょう　漁業 fishing ; fishery. ～権 fishing rights.

きょきん　醵〔拠〕金する raise money ; collect contributions〔subscriptions〕;〔寄付〕contribute 《to》; subscribe 《to》.

きょく　曲 a tune ; a piece.

きょく　局〔官庁の〕a bureau ;〔電話局〕《米》the central ;《英》the exchange ;〔テレビ(ラジオ)局〕a TV (radio) station ;〔郵便局〕a post office.

きょく　極〔地球・磁石の〕a pole. → きょくち(極地).

きょくう　極右 the extreme right ;〔極右分子〕an extreme rightist.

きょくげい　曲芸 tricks ; (acrobatic) stunts. ～師 an acrobat.

きょくさ　極左 the extreme left ;〔極左分子〕an extreme leftist.

きょくせん　曲線 a curve ; a curved line. ～美 a curvaceousness.

きょくたん　極端な(に) extreme (ly) ; excessive (ly).

きょくち　局地的な local.

きょくち　極地 the pole ; the polar regions.

きょくち　極致 the height ; the zenith ; the climax《of》; 美の～ the ideal of beauty.

きょくど　極度の extreme ; utmost. ～に extremely.

きょくとう　極東 the Far East. ～の Far Eastern.

きょくぶ　局部〔一部〕a part(s) ;〔陰部〕the private parts ;〔患部〕the affected part(s). ～の〔的な〕local ; partial.

きょくめん　局面 the situation. ～を打開する break the deadlock.

きょくりょく　極力 to the utmost ; to the best of one's ability.

きょけつ　虚血 ～性疾患 ischemic heart disease.

きょこう　挙行する hold ; perform ; celebrate.

ぎょしゃ　御者 a driver. ～台 the driver's seat.

きょしゅ　挙手(で採決する) (vote by) the show of hands.

きょじゅう　居住 ～権 the right of residence. ～者 a resident ;〔アパートなどの〕a tenant.

きょじん　巨人 a giant ;〔大立て者〕a magnate.

ぎょする　御する〔馬車を〕drive ;〔馬を〕rein ;〔制御する〕control ;〔人を〕handle. 御し易い(難い)《a man》easy (hard) to deal with.

きょせい　去勢 castration. ～する castrate ; geld.

きょせい　虚勢を張る bluff ; show off《one's courage》.

きょぜつ　拒絶 (a) refusal ; (a) rejection. ～する refuse ; reject.

ぎょせん　漁船 a fishing boat.

ぎょそん　漁村 a fishing village.

きょっかい　曲解する misinterpret ;〔こじつける〕distort.

きょっけい　極刑に処する condemn《a person》to capital punishment.

ぎょっとする be startled ; shocked.

きょてん　拠点 a base ; a strong point.

きょどう　挙動不審のかどで on account of one's suspicious behavior.

ぎょにく　魚肉 fish.

きょねん　去年 last year.

きょひ　拒否 (a) denial ; rejection. ～する deny ; reject. ～権 (a) veto.

きょむ　虚無 vanity ; nothingness. ～主義 nihilism. ～主義者 a nihilist.

きよめる　清める purify ; cleanse ;〔罪

を〕purge《sins》.

ぎょらい 魚雷 a torpedo.

きょり 距離 (a) distance；〔間隔〕an interval.

ぎょるい 魚類 fishes.　～学 ichthyology.

きらう 嫌う dislike；hate；be averse 《to, to do》.

きらく 気楽な〔のんき〕easygoing；〔安楽〕comfortable；happy.　～に暮らす lead a comfortable life；live in ease.

きらめく 煌く〔閃光などの如く〕sparkle；〔光り輝く〕glitter；〔星などが光る〕twinkle.

きりきり 切り切り〔際限〕limits；an end.　～のない limitless；endless.

きり 錐〔もみ錐〕a gimlet；〔皮用〕an awl；〔金・石用〕a drill.

きり 霧 (a) fog；(a) mist.　～の深い foggy；misty.

ぎり 義理堅い have a strong sense of social duties.　～がある be under obligation《to a person to do》.　～の伯母 an aunt by marriage.　～の父（母）a father (mother) -in-law.

きりあげる 切り上げる stop；finish；〔途中で〕cut short.

きりうり 切り売りする sell《a thing》by the piece.　～する人〔思想などを〕a peddler.

きりかえる 切り替える change；renew；〔電気を〕switch.

きりかぶ 切り株〔木の〕a stump；〔稲などの〕a stubble.

きりきず 切り傷 a cut；a wound.

ぎりぎり〔時間〕～に《come》just in time.　～の値段 the bottom price.

きりくずす 切り崩す〔山などを〕cut down；〔反対派などを〕split；win over《a person to one's side》(味方につける).

きりくち 切り口〔木の〕a cut end；〔傷の〕an opening.

きりさげ 切り下げ (a) cut；〔平価の〕

devaluation.

きりさげる 切り下げる cut；reduce；〔平価を〕devaluate.

きりさめ 霧雨 a drizzle.　～が降る It drizzles.

ギリシャ Greece；〔公式名〕the Hellenic Republic.　～の Greek.　～語 Greek.　～人 a Greek；〔総称〕the Greeks.　～神話 Greek mythology.　～正教 the Greek Orthodox Church.

キリスト(Jesus) Christ.　～教 Christianity.　～教徒 a Christian.

きりつ 起立する stand up.

きりつ 規律 order；discipline.　～のある orderly；disciplined.

きりつめる 切り詰める〔縮小〕curtail《freedom of speech》；reduce《one's family budget》.

きりとる 切り取る cut off〔out〕.　切り取り線 a perforated line.

きりぬき 切り抜き a cutting；《米》a clipping.

きりぬく 切り抜く cut out；clip《from a newspaper》.

きりぬける 切り抜ける cut one's way《through》；tide over.

キリバス(the Republic of) Kiribati.

きりはなす 切り離す cut off〔asunder〕；separate.

きりふだ 切り札《play》a trump (card).

きりまわす 切り回す manage《a household》；run《a shop》.

きりみ (魚の) 切り身 a slice of fish.

きりゅう 気流 an air current. 乱～(an) air turbulence.

きりょう 器量〔容貌〕personal appearance；〔才能〕ability；talent.

ぎりょう 技量 skill；ability.　～のある capable；skilled.

きりん 麒麟 a giraffe.

きる 切る cut；〔刻む〕chop；〔切断〕sever；〔肉などを切り分ける〕carve；〔切り倒す〕fell；cut down；hew；

〔電話を〕hang up；〔スイッチを〕turn〔switch〕off；〔切符を〕punch；〔爪などを〕pare；〔トランプを〕shuffle；〔手形を〕draw.

きる 着る put on；〔着ている〕wear；have on；be dressed《in》；〔罪を〕be charged《with》.

キルギス Kyrgyz；〔正式名〕the Kyrgyz Republic.

きれ 切れ〔小片〕a piece；〔薄片〕a slice；〔切片〕a cut；〔布片〕a piece of cloth.

きれい 綺麗な pretty；beautiful；fair；〔清潔な〕clean；neat. ～好きな人 a tidy person. ～に beautifully；〔清潔に〕cleanly；〔すっかり〕all；entirely.

きれめ 切れ目〔裂け目〕a rift；〔区切り〕a pause；an interval.

きれる 切れる〔刃物が〕cut (well)；be sharp；〔ちぎれる〕be torn off；〔裂ける〕be rent；〔ぷっつりと〕snap；〔擦り切れる〕be worn out；〔期限が〕expire；〔尽きる〕run out；〔堤などが〕give way；collapse；〔電話・電流が〕be cut〔switched〕off；〔息が〕be out of breath；〔怒り狂う〕go berserk.

キロ a kilo. 時速 60 ～ 60 kilometers per hour. 1 ～ 200 円 200 yen per〔a〕kilogram. ～カロリー a kilocalorie. ～グラム a kilogram. ～バイト a kilobyte. ～ヘルツ a kilohertz. ～メートル a kilometer. ～リットル a kiloliter. ～ワット a kilowatt.

きろく 記録 a record；〔年代記〕a chronicle. ～する record；put《a matter》on record. ～映画 a documentary film. ～係 a recorder. →レコード. ～をつくる establish a record. ～を保持する (破る) hold (break) the record.

ぎろん 議論〔討論〕(a) discussion；(a) debate；〔争論〕(a) dispute. ～する discuss；argue；dispute.

きわどい 際どいところで at the critical 〔last〕moment；《escape》narrowly. ～勝負 a close game.

きん 金 gold. ～の gold；〔金色の・金のような〕golden. ～鎖〔時計, ペン, 山〕a gold chain(watch, pen, mine).

ぎん 銀 silver. ～の〔銀製の〕silver；〔銀色の〕silvery.

きんいつ 均一の uniform；equal. ～にする unify；equalize. 2 千円～ every item 2,000 yen. 100 円～(店) 100 yen shop.

きんえん 禁煙する give up〔abstain from〕smoking. ～車 a nonsmoking car. ～席 a nonsmoking seat.

きんか 金貨 a gold coin.

ぎんか 銀貨 a silver coin.

ぎんが 銀河 the Milky Way；the Galaxy.

きんかい 近海 the nearby seas. ～漁業 inshore fishery. ～もの〔魚〕a shore fish.

きんかい 金塊 an ingot of gold；gold bullion.

きんがく 金額 a sum；an amount《of money》.

ぎんがみ 銀紙 silver paper；〔タバコ包装などの〕tin foil.

きんかん 金冠〔歯の〕a gold crown〔cap〕.

きんかんがっき 金管楽器 a brass instrument；〔総称〕the brass.

きんかんしょ 近刊書〔出たばかりの〕a recent publication；a book just out；〔近く出る〕a forthcoming book.

きんがん 近眼 near〔short〕sight；〔人〕a short-sighted person. ～の short-〔near-〕sighted. ～鏡 concave glasses.

きんきゅう 緊急の urgent；pressing. ～事態 an emergency. ～動議 an emergency motion.

きんぎょ 金魚 a goldfish.

きんきょう 近況 the latest condition；how one is getting along.

キング a king. ～サイズの king-size(d).

きんけん 金権　～政治 money-oriented politics.

きんげん 金言 a proverb；a maxim.

きんこ 金庫 a safe.　～破り〔人〕a safe-breaker.

きんこ 禁固《two years》imprisonment.

きんこう 近郊《in》the suburbs《of》.

きんこう 均衡 balance.　～を保つ（失う，破る）keep (lose, upset) the balance.

ぎんこう 銀行 a bank.　～員 a bank clerk.　～家 a banker.

きんこつ 筋骨逞しい muscular；sinewy.

きんこんしき 金婚式 a golden wedding.

ぎんこんしき 銀婚式 a silver wedding.

きんさく 金策する raise money.

きんし 禁止 prohibition；a ban.　～する forbid；prohibit；place a ban《on》.　～を解く remove a ban.

きんしゅ 禁酒 abstinence.　～する abstain from (alcoholic) drinks.　～法時代《米》the Prohibition.　～運動 a dry campaign.　～家 a total abstainer；a teetotaler.　～主義 teetotalism.　～法 a prohibition law；《米》the Volstead Act.

きんしゅく 緊縮する〔縮む〕contract；〔切り詰める〕tighten；curtail.　～財政〔予算〕a reduced budget.　～政策 a retrenchment policy.

きんじょ 近所に in the neighborhood〔vicinity〕《of》；near〔close〕by.　～の neighboring；nearby.

きんしん 謹慎している be put on one's good behavior.

きんせい 均整のとれた well-proportioned；symmetrical.

きんせい 金星 Venus.

きんせいひん 禁制品 prohibited〔contraband〕goods.

きんせん 金銭 money.　～上の

きんぞく 金属 (a) metal.　～元素 a metallic element.

きんぞく 勤続する serve in《a firm for 30 years》.

きんだい 近代 modern age.　～化する modernize.　～の modern.　～人 a modern；〔思想などの点での〕a modernist.

きんちょう 緊張 a strain；tension.　～する be on the strain；become tense.　～緩和〔国際間の〕a détente《F》.

ぎんなん 銀杏〔実〕a ginkgo nut.→いちょう（銀杏）.

きんにく 筋肉 muscles.　～労働 physical labor.

きんねん 近年 in recent years；of late years.

きんぱく 緊迫した tense；imminent.

きんぱり 金張りの gold-plated.

きんぶち 金縁の gold (-rimmed)《spectacles》；gilt-framed《pictures》.

きんべん 勤勉 diligence.　～な diligent；hardworking.

きんむ 勤務 service；duty.　～する serve《with》；work《in》.　～時間 business (office) hours.　～評定 (制度) efficiency rating (system).

きんめっき 金鍍金 gilding；goldplating.　～の gilt.

きんもつ 禁物 the most injurious thing；a taboo.

きんゆう 金融 finance；〔融資〕financing.　～機関 a financial institution.　～業 financial business.　～恐慌 a financial panic.　～業者 a financier；a money broker.　～市場 the money market.　～派生商品 (デリバティブ) a derivative.

きんようび 金曜日 Friday〔略 Fri.〕.

きんよく 禁欲者 a stoic ; an ascetic. **〜主義** stoicism ; asceticism. **〜生活**〔lead〕a stoic life.

きんり 金利〔利子の割合〕an interest rate ;〔利子〕interest.

きんりょう 禁猟〔漁〕期《米》the closed〔《英》the close〕season. **〜区** a game (marine) preserve.

きんろう 勤労階級 working classes. **〜感謝の日** Labor Thanksgiving Day. **〜者** a wage earner. **〜所得（税）** an earned income (tax). **〜奉仕** labor service.

く

く 九 nine. **第〜** the ninth ;〔第九交響曲〕Beathoven's Ninth.

く 句 a phrase;〔文句〕an expression.

く 区 a section ; a district ;〔都市の〕a ward. **〜会（議員）**(a member of) a ward assembly. **〜長** the chief of a ward. **〜民** the inhabitants of a ward. **〜役所** a ward office. **中央〜** Chuo Ward.

ぐ 愚の骨頂 the height of folly ; the most foolish act.

ぐあい 具合がよい（悪い）〔機械が〕be in good order (out of order) ;〔病気で〕be〔feel〕well (unwell) ;〔都合が〕be convenient (inconvenient).

グアテマラ (the Republic of) Guatemala. **〜の** Guatemalan.

くい 杭 a post ; a stake ; a pile.

くいあらためる 悔い改める repent ; mend one's ways.

くいき 区域 an area;a district;〔地帯〕a zone.

ぐいぐい **〜飲む** quaff ; gulp down ; swill. **〜引っ張る** pull with jerks.

くいこむ 食い込む eat into ;〔資本に〕cut into the capital.

くいしんぼう 食いしん坊 a glutton ;《話》a big eater ; a gourmand《F》.

クイズ a quiz. **〜を解く** answer a quiz question. **〜番組** a quiz program〔show〕.

くいちがい 食い違い (a) discrepancy ;〔意向の〕cross-purposes.

くいちがう 食い違う cross《each other》;〔意見が〕differ《from》; go wrong《with》.

くいつく 食いつく snap〔bite〕《at》.

くいとめる 食い止める hold in check ; stop ; arrest.

クインテット a quintet.

くう 食う eat ; have ;〔虫が〕bite.

クウェート (the State of) Kuwait. **〜の** Kuwaiti.

くうかん 空間 space. **〜の**〔的な〕spatial.

くうき 空気 air ; atmosphere. **〜を入れる** fill with air ; inflate. **〜銃（まくら）** an air gun (cushion).

くうきょ 空虚な void ; vacant ; empty ; blank.

くうぐん 空軍 an air force. **〜基地** an air base.

くうこう 空港 an airport. **成田〜** Narita Airport.

くうしゃ 空車 a vacant taxi.

くうしゅう 空襲 an air raid. **〜警報** an air-raid alarm.

ぐうすう 偶数 an even number.

くうせき 空席 a vacant seat ;〔余地〕room.

ぐうぜん 偶然の accidental ; chance. **〜に** by chance〔accident〕. **〜の出来事** an accident.

くうそう 空想 a wild fancy ; a daydream. **〜の**〔的な〕fanciful ; visionary. **〜家** a daydreamer.

ぐうぞう 偶像《worship》an idol ; an image.

ぐうたら **〜亭主** a do-nothing husband.

くうちゅう 空中に in the air ; in midair. **〜の** aerial ; air. **〜分解する** come apart in midair. **〜給油** air-to-air refueling. **〜査察** (an) aerial inspection. ～戦 an air fight;a dog fight. ～楼閣 a castle in the air.

クーデター《carry out》a coup d'état 《F》; a coup.

くうどう 空洞 a cave; a cavern. ～の hollow. 産業の～化 industrial hollowing(-)out; deindustrialization.

ぐうのね ぐうの音も出ない be beaten (all) hollow.

ぐうはつ 偶発的な accidental.

くうふく 空腹 hunger. ～な hungry. ～である(を覚える)be(feel) hungry.

くうぼ 空母 an (aircraft) carrier 原子力～ a nuclear-powered carrier.

クーポン（券）a coupon (ticket).

くうゆ 空輸 air transportation; an airlift. ～する transport by air.

クーラー an airconditioner;〔冷却器〕a cooler.

クーリングオフ cooling-off.

クール ～な男 a cool-headed man.

くうろ 空路で by air; by airplane.

くうろん 空論 a futile discussion 〔theory〕.

ぐうわ 寓話 an allegory; a fable; a parable.

クエーカー ～教徒 a Quaker.

クエン ～酸 citric acid.

クオーツ (a) quartz《watch, clock》.

くかく 区画 a section; a lot;〔境界〕a boundary. ～整理 land rezoning 〔replanning〕;〔都市の〕town planning.

くがつ 九月 September〔略 Sept.〕.

くき 茎 a stalk; a stem.

くぎ 釘 a nail;〔木釘〕a peg. ～を打つ drive a nail. ～づけにする nail up. ～抜き (a pair of) pincers; a nail puller.

くきょう 苦境 adverse circumstances; distress; a fix.

くく 九々（表）the multiplication (table).

くくる 括る bind; fasten; tie; bundle (together).

くぐる 潜る pass〔creep, go〕through; dive (under the water);〔法の網を〕evade《the law》.

くさ 草 grass;〔おもに薬草〕a herb;〔雑草〕a weed.

くさい 臭い stinking; bad-smelling; stinky;〔怪しい〕(be)suspicious;〔…臭い〕smell〔be smelling〕of.

くさかり 草刈り mowing;〔人・機械〕a mower.

くさった 腐った bad; spoiled; rotten; putrid; corrupt.

くさばな 草花 a flowering plant; a flower.

くさび 楔 a wedge; a linchpin; a chock.

くさむら 草むら a bush; a thicket.

くさり 鎖 a chain. ～でつなぐ chain.

くさる 腐る go bad; get spoiled; rot; decay;〔腐敗〕turn sour;〔気が〕feel depressed.

くされえん 腐れ縁 a fated connection 〔tie, bondage〕.

くし 串 a skewer; a spit. ～に刺す skewer.

くし 櫛 a comb. ～でとかす comb.

くじ 籤 a lot; lottery. ～を引く draw 〔cast〕lots. 当たり～ a winning lot.

くじく 挫く〔手足を〕sprain;〔元気を〕dishearten; discourage.

くじける 挫ける〔手足が〕be sprained;〔元気が〕lose heart; be discouraged.

くじゃく 孔雀〔雄〕a peacock;〔雌〕a peahen.

くしゃくしゃにする crumple《a piece of paper》;〔髪・服を〕muss (up).

くしゃみ a sneeze. ～をする sneeze.

くじょ 駆除する exterminate; stamp out; destroy.

くしょう 苦笑する smile wryly 〔bitterly〕.

くじょう 苦情 a complaint. ～を言う

complain《of》; grumble《at, about》;〔反対〕raise an objection《to》.

くじら 鯨 a whale.

くしん 苦心 →くろう;〔努力〕efforts. ～する take pains ; toil and labor. ～(の)作 a fruit of much labor.

ぐず 愚図〔のろま〕a dawdler ; a laggard;〔決断の遅い〕an indecisive person.

くすくす ～笑う giggle ; titter ; chuckle.

ぐずぐず 愚図愚図 hesitate ; be slow. ～言う complain《of》.

くすぐる tickle. **くすぐったい** ticklish. 足がくすぐったい My feet tickle.

くずす 崩す〔家などを〕pull down ; demolish;〔両替〕change;〔ひざを〕sit at ease.

くすねる pilfer ; steal ;《俗》filch.

くすぶる 燻る smoke ; smolder.

くすり 薬 (a) medicine ; a drug ;〔特効薬〕a specific. ～を飲む take medicine. ～屋〔店〕a pharmacy ; a drugstore;《英》a chemist's (shop); 〔人〕a pharmacist ; a druggist.

くすりゆび 薬指 the third finger; 〔左手の〕the ring finger.

くずれる 崩れる crumble ; collapse; 〔形が〕get out of shape.

くすんだ〔色が地味な〕dark ; dull ; drab;《文》somber.

くせ 癖 a habit;〔性癖〕a propensity; 〔特色〕a peculiarity. ～がある(がつく)have (get into) a habit《of doing》.

くせもの 曲者〔怪しい人〕a suspicious person ; an old fox〔悪漢〕a rascal ; a rogue.

くせん 苦戦する fight against heavy odds ; have a tough game.

くだ 管 a pipe ; a tube ;〔ホース〕a hose.

ぐたい 具体的(な)concrete. ～化する embody;〔実現する〕materialize.

～的に concretely. ～策 a concrete measure.

くだく 砕く break ; crumble;〔粉砕〕smash.

くだける 砕ける break ; be broken ; be smashed to pieces.

くだす 下す give〔issue〕《an order》; pass《a judgement》;〔負かす〕defeat ; beat;〔下痢する〕have loose bowels, have diarrhea.

くだもの 果物 a fruit;〔集合的〕fruit. ～屋〔店〕a fruit shop〔store〕;〔人〕a fruiterer.

くだり 下り a descent. ～列車 a down train.

くだる 下る・降る come down ; descend;〔降服〕surrender《to》;〔命令などが〕be issued〔given〕.

くち 口 a mouth;〔くちばし〕a bill;〔吸い口〕a mouthpiece;〔入口〕an entrance;〔開口部〕an opening;〔栓〕a cock ; a stopper ; a tap (たるの); 〔言葉〕words;〔職〕employment ; a job. ～のうまい smooth-spoken. ～の達者な smooth-tongued. ～の悪い sharp-tongued. ～をきく speak;〔仲裁〕mediate《between》; 〔推薦〕recommend. ～をそろえて in chorus.

ぐち 愚痴 an idle complaint. ～をこぼす complain《of》;grumble《at》. ～っぽい whining.

くちあたり 口当たりのよい(悪い)pleasant (unpleasant) to the taste.

くちえ 口絵 a frontispiece.

くちがね 口金 a metallic cap;〔かばんの〕a clasp.

くちく 駆逐する expel ; drive (away). ～艦 a destroyer.

くちごたえ 口答えをする answer back ; retort.

くちコミ 口コミで《The rumor has spread》by word of mouth.

くちごもる 口籠る mumble ; falter.

くちさき 口先のうまい honey-

〔smooth-〕tongued. ～だけのお世辞 (約束) an empty compliment (promise).

くちずさむ 口ずさむ hum《a tune》; sing to oneself.

くちどめ 口止めする forbid《a person》to mention《it》; bind《a person》to secrecy. ～料 hush money.

くちばし 嘴 a beak; a bill.

くちひげ 口髭 a m(o)ustache.

くちびる 唇 a lip; 上 (下) 唇 the upper (lower) lip; 〔両唇〕lips.

くちぶえ 口笛 a whistle. ～を吹く whistle.

くちべに 口紅〔臙脂〕(a) lipstick. ～をつけている (直す) wear (touch up one's) lipstick. ～をつける rouge one's lips; put on (some) lipstick.

くちやかましい 口喧しい sharp-tongued; nagging.

くちやくそく 口約束 a verbal agreement (promise).

くちゅうざい 駆虫剤 an insecticide; 〔虫下し〕a vermifuge.

くちょう 口調 a tone; 〔抑揚〕(an) intonation. ～のよい rhythmic (al); euphonious. ～の悪い jarring.

くちる 朽ちる rot; decay; molder; rust away.

くつ 靴《a pair of》shoes. ～墨 shoe polish〔cream〕. ～底 a sole. ～直し〔人〕a cobbler. ～ひも《米》a shoestring;《英》a shoelace. ～べら a shoehorn. ～磨き〔人〕a shoeblack;《米》a shoeshine. ～屋〔店〕a shoe store;〔人〕a shoemaker.

くつう 苦痛 (a) pain; (an) agony.

くつがえす 覆す upset; overturn; capsize; overthrow.

クッキー a cookie; a cooky.

くっきょく 屈曲 bending; winding; 〔光線の〕refraction;〔屈曲部〕a bend. ～する bend; wind;〔光線が〕be refracted.

クッキング cooking.

くつした 靴下〔短〕socks;〔長〕stockings.

くつじょく 屈辱 (a) humiliation; (a) disgrace. ～的 (な) humiliating.

クッション a cushion. ～のよいシート a soft, comfortable seat.

ぐっすり ～寝る sleep soundly; be fast asleep.

くつずれ 靴擦れ (ができる) (have) a shoe sore.

くったく 屈託のない carefree.

ぐったり ～疲れる be dead tired.

くっつく stick〔adhere〕(to).

くっつける join; fix; stick; paste; attach.

くっぷく 屈服する surrender; submit; give in《to》.

くつろぐ 寛ぐ make oneself at home; relax.

くどい tedious; lengthy;〔しつこい〕importunate. くどくど言う dwell on;〔味が〕thick; heavy.

くとうてん 句読点 punctuation marks. ～を打つ punctuate.

くどく 口説く〔異性を〕woo; make approaches《to》;〔懇願〕entreat. 口説き落とす win《a person》over.

くないちょう 宮内庁 the Imperial Household Agency.

くなん 苦難 hardship (s);distress (es); suffering (s).

くに 国〔国家〕a state; a nation;〔国土〕a country; a land;〔故郷〕one's home town〔village〕.

くばる 配る distribute; deliver;serve out《dishes》;deal《cards》.

くび 首・頸〔頭〕the neck;〔頭〕the head. ～を切る behead;〔解雇〕dismiss; lay off;《話》fire; sack. ～をくくる hang oneself. ～飾り a necklace. ～筋 the nape of the neck. ～輪 a collar.

くふう 工夫 a device；an invention；〔計画〕a plan；〔手段〕a means. ～する devise；contrive；think out.

くぶん 区分 (a) division；〔分類〕(a) classification；〔区画〕a section. ～する divide《into》；classify《into》.

くべつ 区別 (a) difference；(a) distinction；〔差別〕(a) discrimination. ～する distinguish；〔識別する〕discriminate《between》；tell〔know〕《A from B》.

くべる throw into the fire；feed the fire with《firewood》.

くぼみ 窪み a hollow；a depression；a dent；(a) cavity.

くぼむ 窪む become hollow；〔陥没〕sink. 窪んだ hollow《cheeks》；sunken《eyes》.

くま 隈 目の周りの～ dark rings around the eyes.

くま 熊 a bear.

くみ 組〔一団〕a class（級）；a gang（徒党）；a company（団）；a team（競技の）；〔一そろい〕a set；〔一対〕a pair；〔トランプの〕a pack ；〔漕ぎ手の〕a crew〔印刷〕typesetting. ～になる team《with》；〔一対に〕form a pair《with》.

-くみ …組 3人～の強盗 a gang of three robbers.

くみあい 組合 an association；a union；a guild. ～員 a member of an association；〔労組の〕a union member. ～費（活動）union dues (activities).

くみあわせる 組み合わせる combine；assort；〔配する〕match.

くみかえる 組み替える〔組み直す〕reconstruct；recompose.

くみだす 汲み出す ladle；scoop out；bail (out).

くみたてる 組み立てる set up；put《pieces》together；assemble《a radio》. 組み立て工場 an assembly plant.

くみふせる 組み伏せる hold《a person》down.

くむ 汲む draw《water from a well》；〔ひしゃくで〕ladle；〔ポンプで〕pump (out)〔考慮〕consider.

くむ 組む〔共同〕unite《with》；〔競技などで〕pair《with a person》；〔腕を〕fold；〔足を〕cross；〔活字を〕set (up)；〔為替を〕draw a money order.

くめん 工面する contrive；manage；raise《money》.

くも 雲 a cloud. ～間 a break〔rift〕in the clouds.

くも 蜘蛛 a spider. ～の巣 a cobweb.

くもり 曇り〔曇天〕cloudy weather；a cloudy sky；〔鏡などの〕a blur. ～のない clear；stainless. ～ガラス frosted glass.

くもる 曇る become cloudy；overcast；〔不明瞭〕become dim〔blurred〕.

くもん 苦悶 agony. ～する writhe in agony.

くやしい 悔しい mortifying. 悔しがる feel mortified《at》.

くやみ 悔やみ (状) (a letter of) condolence (s). ～を述べる condole《with a person》；express sympathy《to》.

くよう 供養する hold〔say〕a memorial service for《the dead》.

くら 倉・庫・蔵 a warehouse；a storehouse.

くら 鞍 a saddle. ～を置く saddle《a horse》.

くらい 位〔位階〕(a) grade；(a) rank；〔およそ〕about；some；〔程度〕as …as；so … that.

くらい 暗い dark；〔陰気な〕gloomy. 暗くなる grow dark.

クライアント a client.

グライダー a glider.

クライマックス (に達する) (reach) the climax.

クラウド ～コンピューティング cloud

computing.

グラウンド a《baseball, football》ground.

クラクション a horn ; a klaxon. 〜を鳴らす sound a horn.

ぐらぐらする shaky ; unstable.

くらげ 水母・海月 a jellyfish ;〔学術名〕a medusa.

くらし 暮らし livelihood ; living ; life. →せいかつ.

グラジオラス a gladiolus.

クラシック 〜音楽 classical music. 〜カー a classic ;《英》a vintage car.

くらす 暮らす live ; get along〔on〕; earn a livelihood ;〔時を過ごす〕pass〔spend〕《one's time》.

クラス a class. 〜会 a class meeting ;〔卒業生の〕a class reunion. 〜メイト a classmate.

クラスター 〜感染 cluster infection.

グラス a《whisky》glass.

グラタン gratin《F》. マカロニ〜 macaroni au gratin.

クラッカー a cracker. 〜を鳴らす set off a cracker.

クラッチ〔車の〕a clutch. ;〔ボートの〕a crutch ; 〜をつなぐ(切る) let in (disengage) the clutch.

グラニュー グラニュー糖 granulated sugar.

グラビア (a) gravure ; (a) photogravure.

クラブ a club ;〔建物〕a clubhouse〔トランプの〕a club ;〔ゴルフ用品〕a (golf) club. 〜活動 club activities.

グラフ《make》a graph《of》. 〜で示す graph.

グラブ a glove.

グラフィック 〜アート the graphic arts. 〜デザイナー a graphic designer.

くらべる 比べる compare ;〔対照〕contrast. …に比べれば as compared with ; in comparison with.

グラマー〔文法〕grammar ;〔肉体美人〕a really stacked〔busty〕girl.

くらます 晦ます〔目を〕blind ;〔欺く〕deceive ;〔足跡・行方を〕cover《one's traces》; disappear.

クラミジア chlamydia.

くらむ 眩む be dazzled ; be blinded《by money》.

グラム a gram (me).

くらやみ 暗闇 で in the dark ; in darkness.

クラリネット a clarinet. 〜奏者 a clarinet (t) ist.

クランク《turn》a crank. 〜インする start shooting.

グランド 〜オペラ a grand opera. 〜ピアノ a grand (piano).

グランプリ grand prix《F》; the grand prize.

くり 栗 (の木) a chestnut (tree).

くりあげる 繰り上げる move up《the order》; advance《the date》. 繰り上げ発注 move up planned orders.

くりあわせる 繰り合わせる〔時間を〕make time ;〔都合を〕arrange matters.

グリース grease. 〜を塗る grease.

クリーナー a cleaner.

クリーニング cleaning. 〜に出す send《shirts》to the laundry.

クリーム〔食品〕cream ;〔化粧品〕《facial, hand》cream. 〜色の cream-colored. コールド (バニシング, クレンジング) 〜 cold (vanishing, cleansing) cream. 生〜 fresh cream.

クリーン 〜エネルギー clean〔pollution-free〕energy. 〜ヒット〔野球〕a sharp single.

グリーン green ;〔ゴルフの〕a (putting) green. 〜車 a first class car. 〜ピース (green) peas ;〔環境保護団体〕Greenpeace.

くりかえす 繰り返す repeat ; do《it》over again.

クリケット a cricket.

くりこし 繰り越し ～金 the balance carried forward〔over〕. ～高 a carry-over.

くりこす 繰り越す〔次へ〕carry forward《to》;〔前から〕bring forward《from》.

クリスタルグラス crystal (glass).

クリスチャン a Christian.

クリスマス Christmas〔略 Xmas〕. ～おめでとう Merry Christmas (to you)! ～イブ Christmas Eve. ～カード a Christmas card. ～ケーキ a Christmas cake. ～ツリー a Christmas tree. ～プレゼント a Christmas present〔gift〕.

くりだす 繰り出す〔糸などを〕let out;〔軍勢を〕dispatch;〔遊びなどに〕turn out; go out.

クリック アイコンを～する click an icon. 右～(する) right-click.

クリップ a clip;〔髪のカール用〕a curler.

グリップ a grip.

クリニック a clinic.

くりぬく 刳り貫く scoop〔hollow〕out.

くりのべる 繰り延べる〔下げる〕postpone; put off; defer.

グリル a grill; a grillroom.

くる 来る come;〔到着〕arrive;〔渡来〕be brought〔introduced〕;〔近づく〕approach.

くるう 狂う〔発狂〕go〔run〕mad;〔装置などが〕be〔get〕out of order;〔手順などが〕go wrong;〔板などが〕warp.

グループ《form》a group. ～になって in groups. ～活動 group activities. ～ホーム a group home.

くるしい 苦しい distressful; painful; lame《excuse》; awkward《position》.

くるしみ 苦しみ〔痛み〕pain;〔難儀〕suffering(s); distress; hardship(s);〔苦悩〕anguish; agony.

くるしむ 苦しむ suffer《from》; be troubled;〔困惑〕be at a loss;〔骨を折る〕work hard; take pains.

くるしめる 苦しめる worry; torment; torture.

グルタミン ～酸ナトリウム monosodium glutamate〔略 MSG〕.

クルド ～人 Kurd;〔総称〕the Kurddish.

ぐる ～になる conspire《with》; plot together.

くるぶし 踝 the ankle.

くるま 車 a vehicle; a carriage;〔自動車〕a (motor) car;〔車輪〕a wheel. ～賃 a fare.

くるまいす 車椅子《in》a wheelchair.

くるまる wrap oneself up《in》.

くるみ 胡桃 a walnut.

グルメ〔食通の人〕a gourmet;〔食道楽の人〕an epicure.

くれ 暮れ〔年末〕the end of the year. ～の year-end.

グレー gray,〔英〕grey.

グレープ crepe; crape.

グレープフルーツ a grapefruit.

クレーム《make》a claim《for damages》.

クレーン a crane. ～車 a crane truck.

クレー～射撃 trapshooting.

クレジット《sell on, buy on》credit. ～カード《on》a credit card.

クレソン watercress.

グレナダ〔国名〕Grenada.

クレバス a crevasse.

クレヨン crayon. ～画 a crayon drawing.

くれる 呉れる give; present《a person》with《a thing》.

くれる 暮れる〔日が〕grow dark;〔終わる〕end; come to a close.

ぐれる stray from the right path; turn bad.

クレンザー a cleanser.

クレンジングクリーム (a) cleansing cream.

くろ 黒 black. ～い black;〔暗黒〕

dark；〔薄黒〕dusky.
クロアチア (the Republic of) Croatia.
くろう 苦労〔困難〕hardship (s)；〔苦心〕pains；toil；〔心配〕care (s)；anxiety. ～をかける cause anxiety 《to》；give trouble 《to》. ～人 a man of the world.
クローズアップ〔大写し〕a close-up. ～される be highlighted.
くろうと 玄人 a professional；an expert《in》.
クローバー〔four-leaf〕clover.
グローバル ～化 globalization. ～スタンダード an international standard. ～ネットワーク a global network.
グローブ a glove.
クロール〔泳法〕the crawl (stroke).
クローン a clone. ～技術 cloning technology. ～人間 a cloned human (man).
くろこ 黒子 an eminence grise.
くろこげ 黒焦げになる be charred；be burnt black.
くろざとう 黒砂糖 brown sugar.
くろじ 黒字 black ink〔figures〕. ～になる be in black.
くろしお 黒潮 the Black Current.
クロス〔交差〕cross；〔接近〕close. ～カントリー a cross-country race. ～ゲーム a close game. ～ステッチ a cross-stitch. ～取引 cross trading. ～プレー a close play. ～ワードパズル a crossword (puzzle).
グロス a gross.
クロッカス a crocus.
グロッキー《be》groggy.
グロテスク (な) grotesque；bizarre.
くろパン 黒パン brown〔black〕bread.
くろビール 黒ビール blackbeer；stout.
くろぼし 黒星 a black dot；〔射的の〕the bull's-eye；〔負け〕a defeat mark.
くろまく 黒幕〔人〕a wirepuller. ～と

なる pull the wires；be〔act〕behind the curtain〔scene〕.
クロレラ chlorella.
クロロホルム chloroform.
クロワッサン a croissant《F》.
くわ 鍬 a hoe；a mattock.
くわえる 加える〔付加・加算する〕add (up)；〔危害などを〕give；inflict.
くわえる 咥える hold between one's teeth〔in one's mouth〕.
くわしい 詳しい〔詳細〕detailed；minute；particular；〔熟知〕be well acquainted《with》；be versed《in》.
くわしく 詳しく minutely；in detail.
くわせる 食わせる feed《a dog with》；〔養う〕support；〔欺く〕take in；fool；〔一撃を〕give《a blow》.
くわだて 企て a plan；a scheme；a project；an undertaking.
くわだてる 企てる plan；scheme；plot；attempt.
くわわる 加わる〔加入〕enter；join；take part《in》；participate《in》；〔増す〕increase；gain；grow.
ぐん 郡 a district；a county. ～部 rural districts.
ぐんい 軍医 an army〔navy〕surgeon〔軍医将校〕a medical officer.
ぐんか 軍歌 a war〔martial〕song.
くんかい 訓戒 (an) admonition. ～する admonish.
ぐんがくたい 軍楽隊 a military〔naval (海軍の)〕band.
ぐんかん 軍艦 a warship；〔戦艦〕a battleship
ぐんこく 軍国 ～主義 militarism. ～主義者 a militarist.
くんじ 訓示する make an address of instructions《to》.
ぐんじ 軍事（上）の military；strategic. ～基地 a military〔army, navy〕base. ～行動 military operations.
くんしゅ 君主 a sovereign；a monarch.
ぐんじゅ 軍需〔工〔産〕業 the war

industry.　～工場 a munition(s) factory.　～品 munitions.

ぐんしゅう 群集・群衆 a crowd《of》.　～心理 mob psychology.

くんしょう 勲章《wear》a decoration 〔medal〕.

ぐんじん 軍人 a soldier；a serviceman.

くんせい 薫製 smoked《salmon》.

ぐんせい 軍政《under》military administration.

ぐんたい 軍隊 an army；〔部隊〕 troops.　～生活 military〔army〕life.

ぐんとう 群島 a group of islands；an archipelago.

ぐんばつ 軍閥 the military clique；the militarists.

ぐんび 軍備 war〔military〕preparations；armaments.　～拡張〔縮小，制限〕the expansion (reduction, limitation) of armaments.　～撤廃 disarmament.

ぐんぷく 軍服 a military〔naval〕uniform.

ぐんよう 軍用 ～道路（犬，機）a military road (dog, plane).

くんりん 君臨する rule《《文》reign》over《a country》.

くんれん 訓練 training；(a) drill.　～する train；drill.

け

け 毛〔毛髪〕hair；〔羽毛〕feather；〔羊毛〕wool.

-け …家 伊藤～ the Ito family；the Itos；the house of Ito.

ケア care，～マネージャー〔介護支援専門員〕a care manager.

けあな 毛穴 pores (of the skin).

けい 刑〔罰〕a punishment；a penalty；〔宣告〕a sentence.

けい 系〔系統〕a system；〔血統〕lineage；stock；〔党派〕a faction；a clique.　日～米人 a Japanese American.

けい 罫 a (ruled) line.

げい 芸 (an) art；〔芸当〕accomplishments；〔芸当〕a performance；a feat；a stunt；〔犬などの〕a trick.

ゲイ a gay；a homosexual，〔軽蔑的〕a queer；《米》fag；faggot.　～バー a gay bar.　～ボーイ《俗》a gay boy.

けいい 敬意 を表する pay one's respects《to》.

けいえい 経営 management；〔運営〕operation.　～する manage；run；keep；operate.　～者 a manager；《米》an operator.　～者側 the management.

けいえん 敬遠する keep《a person》at a respectful distance；〔野球〕give《a batter》a walk.

けいか 経過 progress；course；〔時の〕lapse.　～する pass；elapse；〔期限が〕expire..

けいかい 軽快な light；cheerful；〔身軽な〕nimble.

けいかい 警戒 watch.　～する guard《against》；watch《for》.　～水位 the danger level《of a river》.　～線〔網〕(form, slip through) a police cordon.

けいかく 計画 a plan；a project.　～する plan；project；scheme.　～的（な）intentional.

けいかん 警官 a policeman；〔集合的〕the police.　～隊 a police force；a police squad.

けいがん 慧眼 な quick-sighted；penetrating；shrewd.

けいき 刑期 the term of imprisonment.

けいき 計器 a meter；a gauge；a scale.　～飛行 instrument flying.

けいき 景気 がよい（悪い）〔世間の〕The times are good (bad, hard).；〔市況〕Business is brisk (dull).；〔威勢〕be lively (dull).

けいきゅう 軽気球 a balloon.

けいきんぞく 軽金属 light metals.

けいく 警句《make》a witty remark；an epigram.

げいげき 迎撃する intercept《enemy bombers》. ~機 an interceptor (plane). ~用ミサイル an interceptor missile.

けいけん 経験 (an) experience. ~する experience；undergo；taste. ~のある experienced. ~のない inexperienced.

けいけん 敬虔な pious；devout.

けいこ 稽古 (an) exercise；practice；training；〔授業〕lessons. ~する practice；〔習う〕learn；take lessons《in》.

けいご 敬語 an honorific(language).

けいご 警護 (する) guard；escort.

けいこう 経口 ~投与《doses for》oral administration. ~ワクチン(an) oral vaccine. ~避妊薬 an oral contraceptive；the pill.

けいこう 傾向 a tendency；a trend；〔性向〕an inclination.

げいごう 迎合する〔世論に〕accommodate oneself to《the public opinion》；〔おもねる〕cater to《a person's wishes》. ~主義者 an opportunist.

けいこうとう 蛍光灯 a fluorescent light [lamp].

けいこく 警告 a warning. ~する warn《a person, against, that》.

けいさい 掲載する insert；publish.

けいざい 経済 economy；〔財政〕finance. ~の economic. ~的な economical. ~界(危機, 恐慌) the economic world (crisis, panic). ~学 economics. ~学者 an economist. ~学部 the department of economics. ~産業省(大臣) the Ministry (Minister) of Economy, Trade and Industry. ~封鎖 an economic blockade. 自由(統制, 計画)~ free (controlled, planned) economy.

けいさつ 警察 the police. ~官→けいかん. ~犬 a police dog. ~署(長) (a chief of) a police station (department). ~手帳 a policeman's pocketbook.

けいさん 計算 calculation；reckoning. ~する calculate；reckon；〔合計〕sum up. ~器〔簡単な〕a calculator.

けいし 軽視する make light of；slight；〔無視する〕ignore.

けいし 警視 ~総監 the Superintendent-General of the Metropolitan Police Department. ~庁 the Metropolitan Police Department 〔略 MPD〕.

けいじ 刑事 a (police) detective. ~事件 a criminal case. ~訴訟 a criminal suit. ~訴訟法 the Criminal Procedure Code.

けいじ 掲示 a notice；a notification. ~する notify；put up《a notice》. ~板 a bulletin [notice] board.

けいじか 形而下の physical；concrete；material.

けいしき 形式 a form；(a) formality. ~的(な) formal；~的に formally；〔おざなりに〕perfunctorily.

けいじじょう 形而上の metaphysical；abstract.

けいしゃ 傾斜 inclination；slope；slant；〔船の〕list. ~する slant；slope；incline；〔船が〕list. ~配点 weighted grading.

げいしゃ 芸者 a geisha (girl).

げいじゅつ 芸術 art. ~的(な) artistic. 非~的(な) inartistic. ~家 an artist. ~品 a work of art.

けいしょう 敬称 a title of honor.

けいしょう 軽傷 a slight injury [wound]；〔擦り傷〕a scratch.

けいしょう 継承する succeed to；inherit. ~者 a successor；an inheritor.

けいじょう 形状 (a) shape；(a) form.

～記憶シャツ a wrinkle-free 〔wash-and-wear〕 shirt.

けいじょう 計上する〔予算などを〕appropriate 《for》.

けいじょう 経常 **～黒字** a current-account surplus. **～利益** a pretax (recurring) profits.

けいず 系図 lineage; genealogy; pedigree; a family tree.

けいせい 形勢 the situation; the state of affairs. **～有利 (不利)** The situation is in one's favor (against one).

けいせい 形成する form; shape. **～外科** plastic surgery.

けいせき 形跡 traces;〔証跡〕a sign; an indication.

けいぞく 継続する continue; last; proceed〔go on〕with; carry on. **～的 (な)** continuous; uninterrupted.

けいそつ 軽率な rash; thoughtless. **～に** rashly, hastily.

けいたい 携帯する carry; have〔bring, take〕《an umbrella》with one. **～用の, ～に便利な** portable; handy. **～電話** a cell〔cellular, mobile〕phone. **～品** one's belongings; personal effects; hand baggage《英》luggage》.

けいだい 境内(に) (in) the precincts《of》.

けいてき 警笛 an alarm whistle;〔自動車の〕a horn.

けいと 毛糸 woolen yarn; wool.

けいど 経度 longitude.

けいとう 系統→けい(系). **～的 (に)** systematic (ally).

けいどうみゃく 頸動脈 the carotid artery.

げいにん 芸人 a (professional) entertainer;〔素人の〕an amateur entertainer.

げいのう 芸能 (public) entertainments. **～界** the entertainment world; show business. **～人** an

artist〔entertainer〕→げいにん.

けいば 競馬 horse racing. **～馬** a race horse. **～場** a racecourse; the turf.

けいはく 軽薄な frivolous; fickle; insincere. **～短小** compactization (miniaturization).

けいはんざい 軽犯罪 a minor offense. **～法**(にふれる)(violate) the Minor Offense Law.

けいび 警備 guard; defense. **～する** guard; defend. **～員** a guard. **～隊** a garrison.

けいひん 景品 a premium; a gift. **～付き売り出し** a sale with premiums〔gifts〕.

けいぶ 警部(補) a (an assistant) police inspector.

けいべつ 軽蔑 contempt; scorn. **～する** scorn; despise.

けいべん 軽便な handy; portable. **～鉄道** a light railway.

けいほう 刑法 the criminal〔penal〕law〔code (法典)〕.

けいほう 警報(を出す)(give) an alarm; a warning. **～機器(装置)** an alarm(system). **警戒～** an alert.

けいぼう 警棒 a (policeman's) club.

けいみょう 軽妙な light and easy;〔洒落などの〕witty;〔巧妙な〕smart; clever.

けいむしょ 刑務所(長)《米》the warden(《英》the governor) of) a prison; a jail (captain).

けいやく 契約 a contract. **～する** (make a) contract《with》. **～者** a party to a contract. **～社員** a contracted company employee. **～書** a (written) contract.

けいゆ 経由で〔の〕via; by way of; through.

けいよう 形容する〔修飾〕qualify;〔叙述〕describe. **～詞** an adjective.

けいり 経理 accounting. **～課** the accounting section.

けいりし 計理士→こうにん (会計士).

けいりゃく 計略 a stratagem；a ruse；a scheme.

けいりゅう 係留する moor. ～浮標 a moored buoy.

けいりょう 計量〔ボクサーなどの〕《pass》a weigh-in. ～する measure；weigh《sugar》on a scale；weigh in. ～カップ a measuring cup.

けいりん 競輪 (場) a bicycle race (track).

けいれい 敬礼 a salute；a bow. ～する salute；bow《to》.

けいれき 経歴 a career；one's personal history.

けいれん 痙攣 convulsions；a spasm；a cramp. ～を起こす have a convulsive fit.

けいろ 経路 a path；a course；a route.

けいろう 敬老の日 Respect-for-the-Aged Day.

ケーキ (a) cake. ～を焼く(作る) bake (make) a cake.

ゲージ gauge.

ケース〔容器・場合〕a case.

ケースワーカー a caseworker.

ケープ《wear》a cape.

ケーブル a cable. ～カー a cable car. ～テレビ cable TV；community antenna television〔略 CATV〕.

ゲーム a game. ～をする play a game. ～ソフト a video-game software.

けおりもの 毛織物 wool (len) goods〔fabrics, cloth〕.

けが 怪我 an injury；a hurt. ～の功名 a fluke. ～をさせる wound；injure. ～をする get hurt；be wounded.

げか 外科 surgery. ～医 a surgeon.

けがす 汚す stain；soil；defile；〔名誉を〕disgrace.

けがれ 汚れ impurity；pollution；〔汚点〕a stain. ～た filthy；dirty；

obscene. ～のない pure；stainless. ～る be polluted〔defiled〕. ～を知らぬ innocent.

けがわ 毛皮 fur. ～店 a furrier's. ～製品 a fur.

げき 劇 a play；a drama. ～の〔的な〕dramatic.

げきか 激化する grow more intense；be intensified.

げきか 劇化する dramatize.

げきげん 激減する decrease markedly〔rapidly〕.

げきさく 劇作する write a drama〔play〕. ～家 a dramatist；a playwright.

げきじょう 劇場 a theater；a playhouse.

げきじょう 激情 passion；a violent emotion.

げきする 激する be excited；be enraged. 激して excitedly；in excitement. 激しやすい excitable；hotheaded.

げきせん 激戦 a pitched battle；〔選挙などの〕a hot contest.

げきぞう 激増する increase remarkably〔rapidly〕.

げきたい 撃退する repulse；repel；drive back；put to rout.

げきだん 劇団 a theatrical company；a troupe.

げきつう 激痛 a violent pain.

げきど 激怒する get enraged〔infuriated〕《at a matter, by a person》.

げきひょう 劇評 dramatic criticism. ～家 a dramatic critic.

げきむ 激務 hard work；〔職〕a busy post.

げきめつ 撃滅 annihilation. ～する annihilate《the enemy》.

げきやく 劇薬 a powerful drug；〔毒薬〕a poison.

けぎらい 毛嫌いする be prejudiced《against》.

げきりゅう 激流 a rapid stream ; a torrent.

げきれい 激励 encouragement. ～する encourage ; urge.

げきろん 激論する have a hot discussion 《with》.

げこ 下戸 nondrinker.

けさ 今朝 (早く) (early) this morning.

げざい 下剤 an evacuant ; a purgative ; a laxative.

けし 芥子 a poppy. ～粒 a poppy seed.

げし 夏至 the summer solstice.

けしいん 消印〔郵便の〕a postmark ; a cancellation stamp.

けしかける set 《a dog》on ;〔扇動〕egg on ; urge on ; incite.

けしからぬ 怪しからぬ outrageous ; impudent ; disgraceful.

けしき 景色 a view ; a landscape ; scenery.

けしゴム 消しゴム an eraser ;《英》a rubber.

けじめ〔区別〕(a) distinction ;〔収拾〕the settlement ;〔終結〕the end. ～をつける take responsibility 《for》.

げしゃ 下車する get off 《the train》; alight 《from》. 途中～《make》a stopover.

げしゅく 下宿 (屋) a boarding 〔《米》rooming〕house. ～する board 〔lodge , room〕《at》. ～人 a boarder; a lodger. ～料 the charge for board and lodging.

げじゅん 下旬に in the latter part 《of May》.

けしょう 化粧 (a) make-up. ～する make up one's face. ～を直す (落とす) adjust (remove) one's make-up. ～水 face lotion. ～石鹸《a cake of》toilet soap. ～道具 a toilet set. ～品 toilet articles; cosmetics. ～品店 a cosmetic store.

けしん 化身 an incarnation ; a personification 《of》.

けす 消す〔灯火を〕put out ; extinguish ;〔吹き消す〕blow out ;〔スイッチで TV や明かりを〕switch 〔turn〕off〔拭いて消す〕erase ; rub 〔wipe〕out ;〔抹殺〕strike out ;〔毒を〕neutralize.

げすい 下水〔設備〕drainage ;〔溝〕a drain ; a sewer. ～管 a sewer pipe. ～処理場 a sewage treatment plant.

ゲスト a guest 《on a TV show》. ～出演する make a guest appearance 《on a TV program》.

けずる 削る〔刃物で〕shave ;〔かんなで〕plane ;〔小刀で木などを〕whittle ;〔掻き取る〕scrape ;〔尖らす〕sharpen ;〔削除〕strike out ; cancel ;〔削減〕curtail ; cut down.

けた 桁 a crossbeam ;〔橋などの〕a girder ;〔単位〕a digit ; a place.

げた 下駄 wooden clogs. ～ (ばき) で in clogs.

けだかい 気高い noble ; lofty ; dignified.

けだもの 獣 a beast 《of a man》; a brute.

けち ～な〔物惜しみする〕stingy ; close-〔tight-〕fisted ;〔卑しい〕mean ;〔つまらぬ〕worthless. ～をつける〔難くせをつける〕find fault 《with》;〔水をさす〕throw cold water 《on》.

ケチャップ ketchup ; catsup.

けちんぼう けちん坊 a miser ; a《米》cheapskate.

けつ 決を採る (take) a vote 《on》.

けつあつ 血圧が高い (低い) have a high (low) blood pressure.

けついん 欠員 a vacancy.

けつえき 血液 blood. ～型 (銀行, 検査) a blood type (bank, test).

けっか 結果 a result ; (a) consequence ; (an) outcome.

けっかい 決壊する give way ; collapse.

けっかく 結核 tuberculosis〔略 TB〕.

～性の tuberculous.

げつがく 月額 the monthly amount [sum].

けっかん 欠陥 a defect；a fault．～のある defective．～商品 defective goods；《俗》a lemon.

けっかん 血管 a blood vessel；〔静脈〕a vein；〔動脈〕an artery.

げっかんざっし 月刊雑誌 a monthly (magazine).

けつぎ 決議 a decision；〔決議案〕a resolution．～する decide；resolve；pass a vote《for, against》.

げっきゅう 月給 a (monthly) salary．～取り a salaried man．～日 a payday.

けっきょく 結局 finally；in the end；after all；ultimately；in the long run.

けっきん 欠勤 absence；nonattendance．～する absent oneself [be absent]《from》．～届 a report of absence.

げっけい 月経 menses．～痛 (a) menstrual pain．～前症候群 premenstrual syndrome〔略 PMS〕.

げっけい 月桂冠 a laurel crown [wreath]．～樹 a laurel.

けっこう 欠航する do not sail[fly] (as scheduled).

けっこう 決行する carry out．雨天～ rain or shine；under any weather.

けっこう 結構な excellent；fine；nice；〔美味〕delicious.

けつごう 結合 (a) combination；(a) union．～する combine；unite《with》；join together.

げっこう 月光 moonlight；moonbeam(s).

けっこん 血痕 a bloodstain．～のついた bloodstained.

けっこん 結婚 marriage；(a) wedding．～する marry；be married《to》．～を申し込む propose [make a proposal of marriage]《to》．～記念日 a wedding anniversary．～式

〈hold〉a wedding．～資金《have some》money to marry on．～生活 a married life．～相談所 a matrimonial〔matchmaking〕agency．～披露(宴)《give》a wedding reception《for》．～指輪 a wedding ring [band].

けっさく 傑作 a masterpiece；a masterwork.

けっさん 決算 settlement of accounts；account settlement．～する settle the accounts．～期 a settlement term．～日 a settling day．～報告 a《yearly》statement of accounts.

けっし 決死の desperate；ready to die．～隊 a suicide corps.

けっして 決して…ない never；by no means；on no account；not at all.

けっしゃ 結社 an association；a fraternity．秘密～ a secret society.

げっしゃ 月謝 a monthly(tuition) fee.

げっしゅう 月収 a monthly income《of 300,000yen》.

けっしょう 結晶(体) a crystal．〔成果〕fruit(s)．～する crystallize.

けっしょうせん 決勝戦 the final (match, game)；a play-off (引き分けまたは同点後の).

けっしょく 血色がよい(悪い)look well (pale).

げっしょく 月食 a lunar eclipse.

げっしるい 齧歯類 rodents.

けっしん 決心 (a) determination；(a) resolution．～する make up one's mind《to do》；determine；resolve.

けっせい 血清 serum．～注射 a serum injection.

けっせき 欠席(届) (a notice of) absence．～する be absent [absent oneself]《from》．～者 an absent.

けっせき 結石 a calculus.

けっせん 決戦(する) (fight) a decisive battle.

けっせんとうひょう 決戦投票(をする)

(take) a final vote.

けつぞく 血族 one's blood relation ; one's (kith and) kin. **〜結婚** intermarriage.

けっそん 欠損を生じる suffer 〔have〕 a loss 〔deficit〕.

けったん 血痰 (が出る) (spit) bloody phlegm.

けつだん 決断を下す decide ; determine. **〜力に富む人** a man of decision. **〜(力) を欠く** lack decision.

けっちん 血沈 blood sedimentation.

けってい 決定 (a) decision ; (a) settlement. **〜する** decide 《to do, for, against, upon》; fix 《a date》; 〔事柄が〕be decided 〔settled〕. **〜的 (な)** decisive ; final.

けってん 欠点 a defect ; a fault ; 〔弱点〕a weak point. **〜のある** defective ; faulty. **〜のない** faultless ; perfect.

けっとう 血統 lineage ; descent ; a family line. **〜がよい** come of good stock. **〜書付きの犬** a pedigreed dog.

けっとう 決闘を申し込む challenge 《a person》to a duel.

げっぷ a belch. **〜が出る** belch.

げっぷ 月賦 (販売) 《米》a (monthly) installment plan 〔system〕 ; 《英》a hire-purchase system. **〜で** by monthly installment.

けっぺき 潔癖な fastidious ; conscientious.

けつぼう 欠乏 want ; lack ; 〔払底〕dearth. **〜する** want ; lack ; run short 《of》.

けつまく 結膜 the conjunctiva. **〜炎** conjunctivitis.

けつまつ 結末をつける settle ; bring 《a matter》to an end. **〜がつく** be settled ; come to an end.

げつまつ 月末 (に) (at) the end of a month.

げつようび 月曜日 Monday〔略 Mon.〕.

けつれつ 決裂 (する) (come to) a rupture 〔breakup (交渉など)〕.

けつろん 結論 (に達する) (reach) a conclusion.

げどく 解毒 **〜の** antidotal. **〜剤** an antidote.

けとばす 蹴飛ばす kick (off) ; 〔拒絶〕refuse.

けなす 貶す disparage ; abuse ; cry down.

けなみ 毛並のよい have 〔with〕a fine coat of fur ; 〔血筋〕a good family background ;《文》wellborn.

ケニア (the Republic of) Kenya. **〜の** Kenyan. **〜人** a Kenyan.

けぬき 毛抜き《a pair of》(hair) tweezers.

げねつ 解熱剤 an antifebrile ; a febrifuge.

ゲノム 〔遺伝学〕a genome. **〜編集** genome editing. **ヒト〜** human genome.

けば 毛羽 fluff ; nap ; pile. **〜立った** fluffy ; nappy.

けはい 気配 a sign (of) ; an indication 《of》.

けはえぐすり 毛生え薬 a hair restorer.

けばけばしい gaudy ; showy ; flashy.

げばひょう 下馬評 an outsiders' talk ; (a) rumor.

けびょう 仮病をつかう pretend illness 〔to be ill, to be sick〕.

げひん 下品な vulgar ; coarse ; 〔卑猥〕indecent.

けぶかい 毛深い hairy ; shaggy.

けむし 毛虫 a (hairy) caterpillar.

けむたい 煙たい 〔煙い〕smoky ; 〔人が〕unapproachable.

けむり 煙 smoke.

けむる 煙る smoke ; be smoky ; 〔いぶる〕smolder. 〔かすむ〕be hazy.

けもの 獣 a beast ; a brute.

けやき 欅 a zelkova tree.

ゲラ 〜刷り a galley〔proof〕.

けらい 家来 a retainer；a follower；〔供回り〕a retinue.

げらく 下落 a fall《in price》. 〜する fall《in price》.

けり がつく be brought to an end；be settled.

げり 下痢 diarrhea. 〜する have diarrhea.

ゲリラ 〜戦 a guerrilla (warfare).

ける 蹴る kick；give a kick.〔拒絶〕refuse.

ケルト 〜語 Celtic. 〜人 a Celt.

ゲルマン 〜民族 the Germanic peoples.

けれども though；but；nevertheless；although.

ゲレンデ a ski slope《(G) Gelande》.

ケロイド keloid. 〜状の keloidal.

けわしい 険しい steep；〔表情など〕stern.

けん 券 a ticket；a coupon.

けん 県 a prefecture. 〜(立)の prefectural. 〜会(議員)(a member of) a prefectural assembly. 〜知事 a prefectural governor. 〜庁 a prefectural office.

けん 剣 a sword；〔軍刀〕a saber；〔銃剣〕a bayonet.

けん 圏内(外)に within (out of) the sphere〔range〕of.〔携帯電話〕no service.

けん 腱 a tendon.

げん 弦 a bow string；a chord；a string. 〜を張る a chord.

けんあく 険悪な threatening；stormy；〔重大な〕serious.

けんあん 懸案 a pending〔an unsettled〕question.

げんあん 原案 the original bill〔plan（計画）〕.

けんい 権威 authority；dignity；〔大家〕an authority《on》. 〜ある authoritative；authentic.

けんいん 牽引 〜車 a tractor. 〜力 pulling capacity；tractive force.

げんいん 原因 a cause；〔発端〕the origin. 〜不明の unaccountable;《a fire》of unknown cause〔origin〕.

げんえい 幻影 a phantom；a vision；an illusion.

けんえき 検疫 quarantine. 〜する quarantine. 〜所(官,期間) a quarantine station (officer, period).

げんえき 現役 の《an official》in active service；《a player》on the active list.

けんえつ 検閲 inspection；〔映画・出版物などの〕censorship. 〜する inspect；censor. 〜官 a censor.

けんか 喧嘩 a quarrel；〔つかみ合い〕a scuffle. 〜好きな〔早い〕quarrelsome. 〜する (have a) quarrel《with》；come to blows. 〜をしかける pick a quarrel《with》.

げんか 原価 the cost (price). 〜で《sell》at cost. 〜計算 cost accounting.

けんかい 見解 an opinion；a point of view.

げんかい 限界 a limit；limitation；bounds.

げんがい 言外 〜の意味を読みとる grasp an implied〔a hidden〕meaning. 〜ににおわす hint at.

けんがく 見学する tour；visit；〔体育の時間などに〕look on.

げんがく 弦楽 string music. 〜四重奏(団) a string quartet.

げんがく 減額 (a) reduction. 〜する reduce；cut down.

げんかしょうきゃく 減価償却 depreciation.

げんがっき 弦楽器 a string (ed) instrument.

げんかん 玄関 the (front) door；〔入口の部屋〕the hall. 〜番 a doorkeeper.

けんぎ 嫌疑 suspicion. 〜がかかる be suspected〔under suspicion〕《of》.

げんき 元気 spirits. ～のない low-spirited；cheerless；〔病弱な〕weak. ～のよい spirited；cheerful；〔健康な〕healthy.

けんきゅう 研究 (a) study；(a) research；(an) investigation. ～する study；investigate. ～家 a student《of》. ～室〔大学の〕an office (教官の)；a seminar (演習グループ).〔実験室〕a laboratory. ～所 a research institute.

げんきゅう 言及する refer to；allude to；touch on.

けんきょ 検挙する arrest,〔一斉に〕round up.

けんきょ 謙虚な modest；humble.

けんきん 献金 a donation. ～する donate；contribute.

げんきん 現金 cash；ready money. ～な人〔打算的な人〕a calculating person. ～勘定（払い）cash account (payment). ～出納帳 a cashbook.

げんきん 厳禁する prohibit strictly；place a ban《on》.

げんけい 原形 the original form. ～質 protoplasm.

げんけい 減刑する reduce〔mitigate〕《a sentence》.

けんげき 剣劇 a (sword-) fighting play.

けんげん 権限 power；authority；competence. ～を与える authorize. ～を越える exceed one's competence〔authority〕.

けんご 堅固な（に）strong (ly)；solid (ly)；firm (ly)；secure (ly).

げんご 言語 language；speech；words. ～学（上）の linguistic. ～学 linguistics. ～学者 a linguist.

げんご 原語 the original word〔language〕.

けんこう 健康 health. ～である be in good〔sound, perfect〕health. ～な

healthy；sound；wholesome. ～寿命 health expectancy. ～食品 health food. ～診断 a medical checkup. ～相談 a health consultation. ～ドリンク an energy〔nutritional〕drink. ～保険医（証）a health insurance doctor (card).

げんこう 言行一致している act up to one's word (s).

げんこう 原稿 a manuscript〔略 MS.〕. ～用紙 writing paper. ～料 pay (ment) for a manuscript.

げんこう 現行の existing. ～犯で捕われる be caught in the act. ～法 the laws in force〔operation〕.

げんごう 元号 an imperial era name.

けんこうこつ 肩胛骨 the shoulder blade；〔医学用語〕the scapula.

けんこく 建国記念の日 National Foundation Day.

げんこく 原告 a plaintiff；an accuser；a complainant.

げんこつ 拳骨 a clenched fist.

けんさ 検査 an examination；〔会計の〕an audit. ～する examine；inspect；audit. ～官 an inspector.

げんざい 現在 the present time；〔文法〕the present tense；〔副〕at present；〔今日まで〕to date；〔…現在〕as of《Jan.1》. ～高 the amount on〔in〕hand.

げんさく 原作《based on》the original story〔work〕《by》.

けんさつ 検札する examine (passengers') tickets.

けんさつ 検察官 a prosecutor.（最高）～庁 the (Supreme) Public Prosecutor's Office.

けんざん 検算する check〔verify〕accounts.

けんし 犬歯 a canine tooth；〔上あごの〕an eyetooth.

けんし 検視 a post-mortem examination；a coroner's inquest；an autopsy. ～する examine a corpse.

~官 a coroner.

けんじ 検事（正）a (chief) public prosecutor.

げんし 原子 an atom. ~爆弾 an atomic bomb; an A-bomb. ~物理学 nuclear physics. ~力（平和利用）(peaceful uses of) atomic energy. ~力空母（潜水艦）a nuclear-powered carrier (submarine). ~力時代 the Atomic Age. ~力発電所 an atomic〔a nuclear〕power plant. ~炉 a nuclear reactor〔furnace〕.

げんし 原始的（な）primitive. ~人 a primitive man. ~林 a primeval forest.

けんじつ 堅実な steady; sound. ~に steadily.

げんじつ 現実 actuality; the realities 《of life》. ~の actual; real. ~的な realistic. ~主義 realism.

げんしゅ 元首 a sovereign; a monarch.

けんじゅう 拳銃 a revolver;《米》a handgun.

げんじゅう 厳重な（に）severe (ly); strict (ly); stern (ly).

けんしゅう 研修 on-the-job training〔略 OJT〕; an induction course. ~する study; ~医 a resident. ~所 a training institute.

げんじゅうしょ 現住所 one's present address.

げんじゅうみん 原住民 a native;〔集合的〕the natives 《of》.

げんしゅく 厳粛な（に）solemn (ly); grave (ly); somber (ly).

げんしょ 原書〔原本〕the original (book, work). …を~で読む read…in the original.

けんしょう 懸賞（金・品）a prize; a reward. ~をつける offer a prize〔reward〕《for》. ~小説 a prize novel.

げんしょう 現象 a phenomenon (複 phenomena). ロングテール~ a long tail phenomenon.

げんしょう 減少 (a) decrease; (a) reduction, ~ する decrease; diminish.

げんじょう 現状 the present condition; the status quo《L》.

げんしょく 原色 a primary color.

げんしょく 現職を去る（に止まる）quit (remain) one's present post. ~警官 a policeman on the active list.

げんじる 減じる〔ひく〕subtract; deduct;〔減らす〕decrease; reduce; curtail;〔軽減する〕commute（刑罰などの）.

けんしん 検診 a medical checkup. 集団~ a group《cancer》examination《of workers》.

けんしん 献身的（な）devoted; self-sacrificing.

けんせい 牽制する check; make a feint,〔野球〕peg《a runner on first base》.

けんせい 厳正な strict,〔公平な〕fair; impartial. ~中立 strict neutrality.

げんぜい 減税 (a) tax cut〔reduction〕~案 a tax cut〔reduction〕bill.

けんせき 譴責 a rebuke; reprove; reprimand. ~処分を受ける receive an official reprimand《for》.

けんせつ 建設 construction;〔設立〕establishment. ~する construct; build; establish; found. ~的（な）constructive. ~会社 a construction company. ~業者 a builder. ~現場 a construction site.

けんぜん 健全な healthy; sound; wholesome.

げんせん 源泉~所得税 a withholding income tax. ~徴収 collection of taxes at the source《of income》.

げんそ 元素 an〔a chemical〕element.

げんそう 幻想 an illusion; a fantasy. ~曲 a fantasia.

げんぞう 現像 development. ~する develop《a film》. ~液 a developer. ～所 a processing laboratory.

げんそく 原則 a principle. ～として as a rule.

げんそく 舷側 the ship's side. ～に alongside 《the ship》.

けんそん 謙遜 modesty ; humility. ～する be modest 〔humble, condescending（目下に対して）〕.

げんそん 現存する exist. ～の existing ; in existence.

けんたい 倦怠期 a bored period 《in married life》. ～になる get bored with each other.

げんだい 現代 the present age 〔time〕. ～化する modernize. ～の present-day ; modern ; contemporary. ～思想 a modern idea. ～人 a modern ; 〔集合的〕 the moderns.

げんたん 減反 curtailment of rice paddy fields.

けんち 見地 a standpoint ; a point of view. …の～から見れば from 《another, a historical》 point of view.

げんち 言質を与える commit oneself 《to》. ～を取る get a person's pledge.

げんち 現地で on the spot. ～生産 local production. ～時間 local time. ～視察 an on-site inspection. ～報告 a report from the scene.

けんちく 建築 construction ;〔建築物〕a building. ～する build ; construct. ～家 an architect. ～学 architecture. ～業者 a (building) contractor. ～総合業者（ゼネコン）a general contractor. ～費 the cost of construction.

けんてい 検定する give official approval 〔sanction〕《to》. ～教科書 an authorized textbook. 英語能力～試験 an English proficiency test. 教科書～ textbook screening.

げんてい 限定する limit 《to》; restrict 《to》.

けんとう 見当〔推測〕a guess ;〔見積もり〕an estimate ;〔方向〕a direction. ～をつける make a guess ; estimate.

けんとう 拳闘 boxing.

けんとう 健闘する fight a good fight ;〔努力〕do one's best.

けんどう 剣道 kendo ; Japanese fencing ; swordsmanship.

げんどうりょく 原動力 motive power ; driving force 《of》.

げんに 現に〔事実〕actually ; really ;〔目のあたり〕〔see〕with one's own eyes ;〔たとえば〕for instance.

けんにょう 検尿 a urine test.

けんにん 兼任する hold the concurrent post 《of》.

げんば 現場（で）(on) the spot〔scene〕《of murder》. ～監督 a field overseer. ～渡し spot delivery.

げんばく 原爆→げんし（原子）.

げんばつ 厳罰 (a) severe punishment. ～に処する punish severely.

けんばん 鍵盤 a keyboard.

けんびきょう 顕微鏡 a microscope.

けんぶつ 見物する see ; visit ; see the sights 《of》. ～人〔傍観者〕a looker-on ;〔観客〕a spectator ;〔遊覧客〕a sightseer.

げんぶつ 現物 the actual〔real〕thing〔article〕;〔株式〕spots. ～給与 an allowance〔wages paid〕in kind. ～市場 the spot market.

げんぶん 原文 the text ;〔原書〕the original.

けんぺい 憲兵 a military policeman ;〔集合的〕the military police〔略 M.P.〕.

けんぺいりつ 建坪率 building coverage.

けんべん 検便 an examination of feces〔stools〕.

げんぼ 原簿 a ledger.

けんぽう 憲法（発布）(the promulgation of) a constitution. ～違反の unconstitutional. ～（上の）

constitutional. ～改正 a constitutional amendment. ～記念日 Constitution Day.

げんぽう 減俸される have one's salary reduced 〔cut〕《from…to …》.

けんぽうしょう 健忘症 (morbid) forgetfulness;〔病名〕amnesia.

けんぽん 献本 a presentation copy (本). ～する present a copy《of》.

げんみつ 厳密な(に) strict(ly);〔調査など〕close(ly).

けんめい 賢明な wise; intelligent; sagacious.

げんめい 厳命する give a strict command〔order〕.

げんめつ 幻滅を感じる be disillusioned《with》.

けんもんじょ 検問所 a checkpoint.

げんや 原野 fields; plains;〔荒れ野〕a wilderness.

けんやく 倹約 economy; thrift. ～する economize; save《money》. ～家 a thrifty person.

げんゆ 原油《the price of》crude oil.

けんらん 絢爛たる gorgeous; brilliant; flowery.

けんり 権利 a right;〔請求権〕a claim;〔特権〕a privilege. ～金 a premium;〔敷金〕(a) security.

げんり 原理 a principle; the fundamental truth《of》. (イスラム) ～主義者 a (an Islamic) fundamentalist.

げんりょう 原料 (raw) material(s).

げんりょう 減量する〔ボクサーなどが〕reduce one's weight. ～経営 belt-tightening management.

けんりょく 権力 power; authority;〔勢力〕influence. ～闘争 a struggle for power〔power struggle〕.

げんろん 言論《control》speech (and writing). ～の自由 freedom of speech.

こ

こ 子 a child;〔子孫〕offspring (集合的).→こども;〔動物の〕young (集合的);〔動物の一腹の子〕a litter;〔狐・熊などの〕a cub;〔鳥類の〕a brood;〔魚の卵〕roe.

こ 弧 an arc (of a circle).

こ 故…the late《Mr. Oda》.

-こ …個 a piece. 石鹸6～ six cakes of soap.

ご 五 five. 第～ the fifth.

ご 碁を打つ play go. ～石 a go stone. ～盤 a go board.

ご 語 a word;〔術語〕a term;〔国語〕a language.

こい 故意に on purpose; intentionally; deliberately.

こい 恋 love. ～する love; fall in love《with a person》.

こい 鯉 a carp. ～のぼり a carp streamer.

こい 濃い〔色が〕dark; deep;〔汁などが〕thick; rich;〔茶などが〕strong.

ごい 語彙 (a) vocabulary.

こいし 小石 a pebble.

こいしい 恋しい dearest; beloved. 恋しがる long for; miss《a person》.

こいにょうぼう 恋女房 one's dearest wife.

こいぬ 小犬 a little dog; 子犬 a pup(py).

こいびと 恋人〔男〕a lover;〔女〕a love;〔おもに女〕a sweetheart.

こいわずらい 恋煩い lovesickness.

コイン a coin. ～ランドリー a coin (operated) laundry;《英》a launderette. ～ロッカー a paylocker.

こう 甲〔甲羅など〕a shell; a carapace;〔成績〕(grade)A. ～の手 the back of a hand. 足の～ the instep of a foot.

こう 香 (an) incense. ～をたく burn incense.

こう〔こんなふうに〕thus; in this way

こう 号〔雑誌などの〕a number;〔雅号〕
→ペン（ネーム）.

こうあつ 高圧 high pressure. ～的
（に）high-handed（ly）. ～線 a high-
tension line.

こうあん 公安 public peace (and
order). ～委員（会）a public safety
commissioner (commission). ～官
〔鉄道の〕a railway policeman.

こうい 行為 an act;an action;〔行状〕
behavior;conduct.

こうい 好意 good will;kindness;
favor. ～ある kind;well-meant.
～を持つ have a liking《for》.

こうい 校医 a school doctor〔phy-
sician〕.

ごうい 合意で by common consent;
by mutual agreement.

こういしつ 更衣室 a dressing room.

こういしょう 後遺症 a sequela (複
sequelae). 新型コロナウイルス～
post-COVID-19 condition.

こういん 工員 a factory worker.

こういん 拘引する arrest;take《a
person》into custody.

こうう 降雨量 the(amount of)rainfall.

ごうう 豪 雨 a heavy rain;a
downpour. 集中～ a local down-
pour.

こううん 幸運 good fortune〔luck〕.
～な fortunate;lucky;happy. ～
にも fortunately;luckily.

こうえい 光栄 glory;honor. ～ある
glorious;honored.…する～に浴す
る have the honor of doing.

こうえい 後衛〔テニス〕the back
player〔サッカー〕a back.

こうえき 公益 ～事業 a public utility.
～法人 a public service corpora-
tion.

こうえつ 校閲する revise;review.

こうえん 公園 a park;a public
garden.

こうえん 公演 a public performance.

～する perform.

こうえん 後援する support. ～者 a
supporter;a patron.

こうえん 講演する（give a）lecture
《on》. ～会 a lecture meeting. ～
者 a lecturer.

こうか 効果（an）effect;efficacy. ～
のある（ない）(in) effective. ～を
生じる produce an effect;〔有効に
なる〕go into effect.

こうか 高価な expensive;costly;
high-priced.

こうか 高架線〔電線〕overhead
wires;〔高架鉄道〕an elevated
railroad. ～道路 an overpass.

こうか 校歌 a school〔college〕song.

こうか 硬化する〔させる〕harden;
stiffen《one's attitude》.

こうか 硬貨 a coin;hard currency.

ごうか 豪華な gorgeous;luxurious.
～船 a luxury liner. ～版 a deluxe
edition.

こうかい 公 海 the high seas;
international waters;〔国際法〕open
sea.

こうかい 公開する open to the public.
～講座〔大学の〕an extension
lecture;〔受講資格不問〕an open
class. ～状 an open letter. ～討論
会 an open forum;a panel
discussion. ～録音〔画〕a public
recording.

こうかい 後悔 regret;remorse;
repentance. ～する feel sorry;
regret;repent《of》.

こうかい 航海 a voyage;navigation.
～する sail;make a voyage《to》.
～日誌 a logbook.

こうがい 口外する disclose;let out《a
secret》.

こうがい 口蓋 the palate.

こうがい 公害〔環境汚染〕environ-
mental pollution;a public hazard
〔nuisance〕. ～病患者 a victim of a
pollution-related illness.

こうがい　郊外 (に) (in) the suburbs 《of》; (on) the outskirts 《of》.

ごうがい　号外 an extra; a special. ～を出す issue an extra.

こうかいどう　公会堂 a public hall; auditorium.

こうかがく　光化学スモッグ(注意報) (a)photochemical smog (warning).

こうかく　広角レンズ a wide-angle lens.

こうがく　工学 engineering. ～士(博士) a bachelor (doctor) of engineering. ～部 the department of engineering [technology]. 人間(情報) ～ human (information) engineering.

こうがく　光学 optics. ～器械 an optical instrument.

ごうかく　合格する〔試験に〕pass 〔succeed in〕an examination; 〔標準に達する〕come up to the standard. ～者 a successful candidate. ～点 a passing mark.

こうかん　交換 (an) exchange. ～する exchange. ～教授 an exchange professor. ～手 a telephone operator. ～条件 a bargaining point. ～台〔電話の〕a switchboard. ～レンズ an interchangeable lens.

こうかん　好感を与える give a favorable impression.

こうがん　睾丸 the testicles. ～炎 orchitis.

ごうかん　強姦(a) rape. ～する rape; violate.

こうがんざい　抗癌剤 an anticancer drug.

こうき　好機 (会) a good 〔golden〕 opportunity.

こうき　後期 the latter term; the latter half year.

こうぎ　抗議 a protest. ～する protest. ～を申し込む enter 〔lodge〕a protest 〔a complaint〕《with a person》. ～文 (書) a written protest.

こうぎ　講義 a lecture. ～する (give a) lecture 《on》.

ごうぎ　合議 conference; consultation. ～する confer 〔consult〕《with a person on a matter》. ～の上で by mutual consent; after consultation. ～制 a council system.

こうきあつ　高気圧 high (atmospheric) pressure.

こうきしん　好奇心 curiosity. ～に駆られて out of curiosity.

こうきゅう　高級な high-class.

こうきゅう　高給 a high salary. ～の high-salaried; highly-paid.

こうきゅう　硬球 a regulation ball.

こうきゅうび　公休日 a (public) holiday.

こうきょ　皇居 the Imperial Palace.

こうきょう　公共の public. ～事業(団体) a public enterprise (corporation). ～心 public spirit.

こうきょう　好況 prosperity; 〔市況〕a brisk market.

こうぎょう　工業 industry. ～の industrial. ～高校 (高等専門学校) a technical high school (college). ～地帯 (都市) an industrial district (city).

こうぎょう　鉱業 mining; the mining industry.

こうぎょう　興行 (する) (give) a performance; (run) a show.

こうきょうがく　交響楽 a symphony. ～団 a symphony orchestra.

こうきん　公金 (横領) (embezzlement of) public money.

ごうきん　合金 an alloy. ～にする alloy.

こうくう　航空 aviation; flying. ～会社 an air line (company). ～券 an airline ticket. ～自衛隊 the Air Self-Defense Force. ～写真 an aerial photograph. ～隊 a flying corps. ～母艦→くうぼ. ～郵便 《by》air mail. ～輸送→くうゆ. ～料

金 an airfare. **〜路** an air route [line].

こうくうげか 口腔外科 dental surgery.

こうけい 口径 a caliber;〔レンズの〕an aperture.

こうけい 光景 a spectacle; a scene; a sight.

こうけい 後継者 a successor; an inheritor;〔跡取り〕an heir. **〜内閣** the succeeding [incoming] cabinet.

こうげい 工芸 industrial arts; a craft. **〜の** technical. **〜品** a craftwork.

ごうけい 合計 the total. **〜する** sum up. **〜で…になる** amount to…in all.

こうげき 攻撃 an attack. **〜する** (make an) attack;〔襲う〕fall upon.

こうけつ 高潔 noble; high-minded; lofty.

ごうけつ 豪傑 a mighty warrior; a hero.

こうけつあつ 高血圧《suffer from》high-blood pressure.

こうけん 後見〔法律〕guardianship;〔劇〕a prompter. **〜する** act as a guardian. **〜人** a guardian.

こうけん 貢献 contribution. **〜する** contribute《to》; render services《to》.

こうげん 高原 a plateau; a tableland.

こうげん 抗原 **〜検査** an antigen test.

こうげんびょう 膠原病 collagen disease.

こうご 口語 the spoken [colloquial] language;(a) colloquialism.

こうご 交互《に》mutual (ly); reciprocal (ly); alternate (ly).

こうこう 孝行 filial duty. **〜する** be dutiful to one's parents. **〜な** dutiful.

こうこう 航行する sail; cruise; navigate.

こうごう 皇后 an empress; a queen. **〜陛下** Her Majesty the Empress.

こうこがく 考古学 archaeology. **〜者** an archaeologist.

こうこく 公告 a public announcement. **〜する** notify publicly; announce.

こうこく 広告 an advertisement;《米》an ad;〔宣伝〕publicity. **〜する** advertise《in newspapers》; announce. **〜代理店** an advertising agency. **〜塔〔欄〕** an advertisement [ad] tower (column).

こうこつ 恍惚となる be enraptured; be charmed.

こうさ 交差する cross; intersect. **〜点** a crossing.

こうざ 口座 an account. **〜を開く(が ある)** open (have) an account《with a bank》.

こうざ 講座 a lectureship; a course; a chair《of English literature》. **英語〜** a《TV, radio》English course.

こうさい 公債 a public loan [debt].

こうさい 交際 association. **〜する** 〔男女が〕go (out)《with》;〔一般に〕associate《with》; keep company《with》. **〜家** a sociable person. **〜費** entertainment expenses.

こうさく 工作〔手工〕handicraft;〔策動〕maneuvering. **外交的〜** diplomatic maneuvering. **〜員** a spy [a mole, an operative].

こうさく 交錯する cross [mingle with] each other.

こうさつ 絞殺 strangulation. **〜する** strangle.

こうさん 降参する surrender [yield]《to》; give in《to》.

こうざん 高山 a high mountain. **〜植物** an alpine plant;〔集合的〕the alpine flora. **〜病** mountain [altitude] sickness.

こうざん 鉱山 a mine. **〜技師** a mining engineer.

こうし 公私とも officially and privately. **〜混同する** mix up

public and private matters.

こうし　公使 a minister. ～館 a legation.

こうし　子牛 a calf. ～の肉 veal.

こうし　行使する use; make use of; 〔権利などを〕exercise.

こうし　格子〔戸〕a lattice; 〔格子縞〕cross stripes; checks.

こうし　講師 a lecturer; an instructor.

こうじ　工事 work (s); construction. ～中である be under construction. ～費 construction expenses.

こうじ　麹 malted rice; 〔麦麹〕malt; 〔酵母〕yeast.

こうしき　公式〔数学〕a formula. ～の(に) fomal (ly); official (ly).

こうしつ　皇室 the Imperial Household〔Family〕.

こうじつ　口実 an excuse; a pretext; a pretense.…を～として under the pretense〔pretext〕of.

こうしゃ　後者 the latter.

こうしゃ　校舎 a school building.

ごうしゃ　豪奢 luxury. ～な luxurious; magnificent.

こうしゃく　公爵 a prince;《英》a duke. ～夫人 a princess; a duchess.

こうしゃく　侯爵 a marquis. ～夫人 a marchioness.

こうしゃさい　公社債 public and corporate bonds. ～投信 a bond investment trust.

こうしゅ　攻守 offense and defense; 〔野球〕batting and fielding.

こうしゅう　公衆 the (general) public. ～の public; common. ～衛生(道徳) public health (morality). ～電話 a public telephone; a pay phone. ～便所 a public lavatory.

こうしゅう　講習会《summer》school; a short course.

こうしゅうは　高周波 high frequency.

こうしゅけい　絞首刑に(処)する sentence《a person》to death by hanging.

こうじゅつ　口述する state orally; dictate.

こうじょ　控除する subtract; deduct. ～額 an amount deducted《from the annual income》.

こうしょう　交渉 negotiation (s). ～する negotiate《with》. ～中である be in negotiations《with》. 団体～権 the right of collective bargaining.

こうしょう　高尚な noble; elegant; refined.

こうじょう　工場 a workshop; a factory; 〔大規模な〕a plant. ～長 a factory manager.

こうじょう　向上 improvement; progress. ～する improve (oneself); advance. ～心 ambition; aspiration.

ごうじょう　強情な stubborn; obstinate; stiff-necked.

こうじょうせん　甲状腺 the thyroid gland.

こうしょうにん　公証人 a notary (public).

こうしょきょうふしょう　高所恐怖症 acrophobia.

こうしょく　公職(に就く) (take up) a public office. ～選挙法 the Public Office Election Law.

こうしょく　好色な lustful; lewd; amorous.

こうしん　行進する march. ～曲 a march.

こうしんこく　後進国 an underdeveloped nation.

こうしんじょ　興信所 an inquiry office〔agency〕; a (private) detective agency.

こうじんぶつ　好人物 a good-natured person.

こうず　構図 (a) composition《of a picture》.

こうすい　香水 (a) scent; (a) perfume. ～をかける perfume《a dress》.

こうずい 洪水 a flood ; a deluge. ～にあう suffer from a flood ;〔家・土地などが〕be flooded.

こうせい 公正→こうへい. ～証書 a notarial〔notarized〕deed. ～取引委員会 the Fair Trade Commission.

こうせい 厚生 social welfare. ～施設 welfare facilities. ～年金 a welfare annuity. ～労働省 the Ministry of Health, Labour and Welfare.

こうせい 恒星 a fixed star.

こうせい 校正 proofreading ; correction. ～する correct ; proofread. ～係 a proofreader. ～刷り a proof (sheet).

こうせい 構成 construction ; composition. ～する constitute ; form. …で～されている be composed〔made up〕of.

ごうせい 合成 of a compound ; composite ; synthetic. ～写真 a (photo) montage ; a composite picture. ～樹脂 plastics. ～繊維 synthetic fiber. ～洗剤 synthetic detergent.

こうせいしんやく 向精神薬 a psychotropic (medicine).

こうせいぶっしつ 抗生物質 an antibiotic.

こうせき 功績 an exploit ; a triumph.

こうせき 鉱石 an ore ; a mineral.

こうせつ 公設 public《markets》. ～秘書 a state-paid secretary.

こうせつ 降雪 (a) snowfall. ～量 the snowfall.

こうせん 公選 public election. ～する elect by popular vote. ～の publicly-elected.

こうせん 交戦 ～国 a belligerent (power). ～状態《be in》the state of war.

こうせん 光線 a ray (of light) ; a beam (of light).

こうせん 鉱泉 a mineral spring ;〔飲料〕mineral water.

こうせん 好戦的 warlike ; bellicose.

こうぜん 公然と openly ; in public. ～の秘密 an open secret.

こうぜん 昂然として proudly ; with one's head high ; triumphantly.

こうそ 控訴 an appeal. ～する appeal《a case to》.

こうそう 高層 ～気流 an upper air current. ～建築 a high〔multistory〕building.

こうそう 構想 a plot ; a scheme ; an idea ; a plan.

こうぞう 構造 structure ; construction ; organization. ～改革 structural reform. ～不況 structural recession.

こうそく 高速 high-speed. ～道路《米》an expressway ;《英》a motorway ;〔有料の〕《米》a turnpike.

こうそく 校則 school regulations.

こうぞく 皇族 the Imperial Family ;〔個人〕an Imperial prince〔princess〕.

こうぞく 航続 ～距離 (a) flying range. ～時間 endurance. ～時間記録 an endurance record.

こうたい 交替 a relief ; shift. ～する take turns ;〔休ませる〕relieve《a person》. ～に in turn ; by turns.

こうたい 後退 (する) retreat.

こうだい 広大な vast ; extensive ; grand.

こうたいし 皇太子 the Crown Prince. ～妃 the Crown Princess. 英国～ the Prince of Wales.

こうたく 光沢 gloss ; luster ; sheen. ～のある glossy.

ごうだつ 強奪する plunder ; rob《a person》of《a thing》.

こうだん 公団 a public corporation. ～住宅 an apartment house constructed by the Housing Corporations.

こうだんし 好男子〔美男子〕a handsome man.

こうち 高地 an upland；a highland；heights. ギアナ～ Guiana Highlands.

こうち 耕地 arable land. ～面積 cultivated acreage.

こうちゃ 紅茶《a cup of》tea.

こうちゃく 膠着状態にある be in a stalemate；be deadlocked.

こうちょう 好調である be in good condition〔shape〕.

こうちょう 校長 a principal；〔男〕a headmaster；〔女〕a headmistress.

こうちょうかい 公聴会 a public hearing.

こうちょく 硬直する stiffen. ～した stiff；rigid.

こうちん 工賃 wages；pay；cost of labor.

こうつう 交通 transportation；〔往来〕traffic. ～遺児 children of traffic victims. ～違反 violation of traffic regulations. ～機関 a means of transportation. ～規則 traffic rules〔regulations〕. ～事故 a traffic accident. ～巡査 a traffic policeman. ～信号 a traffic signal. ～整理 traffic control. ～量 traffic.

こうてい 公定 official；officially fixed. ～価格 an official price. ～歩合 the official rate.

こうてい 肯定 affirmation. ～する affirm.

こうてい 皇帝 an emperor.

こうてい 高低〔高さ〕height；〔起伏〕rise and fall；undulation；〔物価の〕fluctuations；〔音の〕pitch.

こうてい 校庭 a playground；a schoolyard；〔大学〕the campus.

こうでい 拘泥する adhere〔stick〕to；be particular about.

こうていえき 口蹄疫 foot-and-mouth disease.

こうてき 公的 public；official. ～介護保険 public insurance for elderly

care. ～介護保険制度 public nursing-care insurance system. ～資金の投入 injection of public fund.

こうてつ 鋼鉄 steel.

こうてん 公転 revolution. ～する revolve.

こうてん 好転する improve；(take a) turn for the better.

こうでん 香典 an obituary〔a condolence〕gift.

こうてんてき 後天的 (な) acquired.

こうど 光度 luminosity；brightness.

こうど 高度 altitude；height. ～の high；intense；〔進歩した〕advanced. ～計 an altimeter.

こうど 硬度 hardness；solidity.

こうとう 口頭で orally. ～契約 a verbal contract. ～試問 an oral examination. ～弁論 oral pleading.

こうとう 好投する〔野球〕pitch well〔a good game〕.

こうとう 高等な high (-grade)；higher；advanced. ～学校 a senior high school. ～教育 higher education.

こうとう 喉頭《cancer of》the larynx.

こうどう 行動 (an) action；a movement；conduct；an act；behavior. ～する act；move；conduct (oneself)；behave (oneself). ～半径 a radius of action. 単独〔団体〕～をとる act independently (as a group).

こうどう 坑道〔竪坑〕a shaft；〔横坑〕a gallery；a drift.

こうどう 講堂 a (lecture) hall；an auditorium.

ごうとう 強盗〔人〕a burglar；a robber；〔事〕burglary；robbery.

ごうどう 合同する join；unite；combine；merge《into, with》.

こうどく 購読する take in；subscribe to. ～者 a subscriber《to》. ～料 a subscription.

こうない 構内(に) (on) the premises; (in) the compound.

こうにん 公認する recognize officially. ～会計士 a certified public accountant〔略 C.P.A.〕. ～記録 an official record. ～候補者 an authorized candidate.

こうにん 後任(者) a successor. ～として in succession to《a person》.

こうねん 光年 a light year.

こうのう 効能 (an) effect; efficacy. ～書〔薬の〕a statement of virtues.

ごうのう 豪農 a wealthy farmer.

こうは 硬派 the stalwart party;〔不良の〕a rowdy.

こうはい 後輩 one's junior《in school》.

こうばい 勾配 a slope;〔上傾〕acclivity;〔下傾〕declivity;〔屋根などの〕a pitch. ～をつける (ゆるくする) slope (grade).

こうばい 購買力 purchasing power.

こうはん 公判 a trial. ～廷 the court.

こうはん 後半 the second〔latter〕half.

こうばん 交番 a police box; a koban.

こうび 交尾 copulation. ～する copulate; pair; mate. ～期 the mating season.

こうひょう 公表する publish; make public; announce.

こうひょう 好評を博する win popularity; be well received.

こうひょう 講評 (a) comment; (a) review; (a) criticism.

こうふ 交付 delivery. ～する deliver; grant《to》.

こうふ 坑夫 a miner.

こうぶ 後部 the rear; the back〔hind〕part.

こうふう 校風 the school tradition〔discipline, spirit〕.

こうふく 幸福 happiness; welfare. ～な happy; fortunate. ～に暮らす lead〔live〕a happy life.

こうふく 降伏 (a) surrender. ～する surrender〔yield〕《to》.

こうぶつ 鉱物 a mineral. ～学 mineralogy.

こうふん 興奮する be〔get〕excited. ～して in excitement; excitedly. ～剤 a stimulant.

こうぶん 構文 sentence structure.

こうぶんしょ 公文書 an official document.

こうへい 公平 fairness; impartiality;〔公正〕justice. ～な (に) fair (ly); impartial (ly); just (ly).

こうへん 後編 the latter〔concluding〕part;〔続編〕a sequel.

こうべん 抗弁〔被告の〕a plea;〔反論〕(a) refutation;〔抗議〕(a) protest. ～する make a plea; refute; protest.

ごうべん 合弁会社 a《Japan-US》joint company. ～企業(事業) a joint venture (project).

ごうほ 候補(者)に立つ be a candidate for; run for《Parliament》. ～地 a site proposed《for a trip》.

こうぼ 公募する invite public participation; offer《stocks》for public subscription; advertise《for laborers》.

こうぼ 酵母 yeast; leaven. ～菌 yeast plants.

こうほう 広報 public information. ～活動 public relations〔略 P.R.〕.

こうほう 公報 an official report; a communique.

こうぼう 興亡 rise and fall; vicissitudes.

ごうほう 合法的な (に) lawful (ly); legal (ly).

こうぼく 公僕 a public servant.

こうま 仔馬・小馬〔雄の〕a colt;〔雌の〕a filly;〔小馬〕a pony.

こうまん 高慢な proud; conceited; haughty.

ごうまん 傲慢な haughty; arrogant;

overbearing.

こうみゃく　鉱脈 a mineral vein〔deposit〕.

こうみん　公民 a citizen. 〜館 a public hall. 〜権 civil rights; citizenship.

こうむ　公務 official〔public〕duties〔business〕. 〜員 a public official〔servant〕. 〜執行妨害 interference with the execution of official duties.

こうむてん　工務店 a building contractors; a builder.

こうむる　被る get; receive; suffer《damage》.

ごうめいがいしゃ　合名会社 an unlimited partnership.

こうめいせいだい　公明正大な(に) fair (ly); just (ly).

こうもく　項目 an item;〔条項〕a clause. 〜別にする itemize.

こうもり　蝙蝠 a bat;〔洋傘〕an umbrella.

こうもん　肛門 the anus.

ごうもん　拷問にかける torture; put《a person》to torture.

こうや　荒野 a wilderness; a wasteland.

こうやく　口約《make》an oral〔a verbal〕promise.

こうやく　公約 a (public) pledge〔commitment〕;〔選挙の時の〕campaign promises. 最大〜数 the greatest common divisor〔略 G.C.D.〕.

こうやく　膏薬 a plaster; a salve; an ointment.

こゆう　校友 a schoolmate;〔同窓生〕an alumnus (複 alumni) (男); an alumna (複 alumnae) (女). 〜会〔在校生の〕a students' association;〔卒業生の〕an alumni association.

ごうゆう　豪遊する have an〔go on the〕extravagant spree.

こうよう　公用 (で) (on) official〔government〕business.

こうよう　紅葉 red〔yellow〕leaves. 〜する turn red〔crimson, yellow〕.

こうら　甲羅 a shell; a carapace.

こうらく　行楽客《米》a vacationer;《英》a holidaymaker. 〜地 a resort.

こうり　小売をする (sell by〔at〕) retail. 〜商人 a retailer. 〜店 a retail shop. 〜価格 the retail price.

こうり　公理〔数学〕an axiom.

こうり　功利的 (な) utilitarian. 〜主義 utilitarianism.

こうり　高利で at high interest. 〜の dear. 〜貸し leech; a shark.

ごうり　合理化する rationalize. 〜的な (に) rational (ly). 〜化 rationalization. 〜主義 rationalism. 〜性 rationality.

ごうりき　強力〔強い力〕great(physical) strength;〔登山案内人〕a mountain guide.

こうりつ　公立の public;〔府・県立の〕prefectural;〔市立の〕municipal. 〜学校 a public school.

こうりゃく　攻略する capture; conquer; carry《a castle》.

こうりゅう　交流〔電流〕an alternating current〔略 AC〕;〔交換〕an interchange《of personnel》. 文化〜 cultural exchange.

こうりゅう　拘留 detention; custody. 〜する detain; take《a person》into custody.

ごうりゅう　合流する join《another river, a party》.

こうりょ　考慮する consider; reflect upon; think of. 〜に入れる take into consideration〔account〕.

こうりょう　香料〔食品などの〕spice (s);〔化粧品などの〕(a) perfume.

こうりょう　荒涼たる desolate; dreary; wild.

こうりょう　綱領 general principles;〔政党の〕a platform.

こうりょく　効力 effect；validity；efficacy. ～のある effective；valid；efficacious. ～のない invalid；inefficacious.

こうれい　恒例の usual；customary. ～により as usual.

こうれい　高齢 ～化社会 an aging society. ～者 a person of advanced age；〔集合的〕elderly〔old〕people；〔遠回しに〕senior citizens. ～出産 late childbearing.

ごうれい　号令(する)(give) a command〔orders〕.

こうれつ　後列 the rear(rank)；the back row.

こうろ　航路 a route；a line；a course. ～標識 a beacon.

こうろん　口論 a quarrel；a dispute. ～する quarrel；have words《with》.

こうろん　公論 public opinion.

こうわ　講和 peace. ～する make peace《with》. ～会議 a peace conference. ～条約 a peace treaty.

こえ　声 a voice；〔音響〕a sound；〔鳥の鳴き声など〕a note；a song. ～変わりする One's voice cracks〔breaks〕. ～を張り上げる(ひそめる) raise(lower) one's voice. ～をかける call out《to》.

ごえい　護衛(兵) a guard；an escort. ～する guard；escort.

こえだ　小枝 a twig；a sprig.

こおう　呼応する act in concert〔unison〕《with》. ～して in concert with；in response to.

コークス coke.

ゴーグル (a pair of) goggles.

ゴーサイン ～を出す give the go-ahead〔green light〕《to》.

コース a course；〔競走・競泳などの〕a lane.

ゴースト ～タウン a ghost town. ～ライター a ghostwriter.

コーチ a coach. ～する coach《a person in tennis》.

コーデュロイ corduroy. ～のズボン corduroy pants.

コート 〔衣服〕a coat；〔球技の〕a《tennis, basketball》court.

コード 〔電線〕a cord；〔和音〕a chord；〔暗号〕a code. ～化する code. ～ネーム a code name. ～レス電話 a cordless phone〔handset〕.

コートジボワール (the Republic of) Côte d'Ivoire.

コーナー a corner. 婦人服～ lady's wear corner. ～キック a corner kick.

コーヒー coffee. ～を入れる make coffee. ～カップ a coffee cup. ～店 coffee house. ～豆 coffee beans. ～ブレイク a coffee break. ～ミル a coffee grinder.

コーラ coke；cola.

コーラス a chorus.

コーラン the Koran；the Quran.

こおり　氷 ice. ～で冷やす(cool with) ice；put《melons》on ice. ～のような icy；ice-cold. ～砂糖 crystal sugar；rock candy. ～まくら an ice pillow. ～水 ice〔《英》iced〕water.

こおる　凍る freeze；〔凝結〕congeal. 凍った frozen.

コール ～市場 call markets.

ゴール a goal. ～する make a goal. ～インする reach〔cross〕the goal line；finish a race；〔結婚する〕get married. ～キーパー a goalkeeper. ～キック a goal kick. ～ライン a goal line.

コールガール a call girl.

コールスロー coleslaw.

コールタール coal tar.

コールてん → コーデュロイ.

ゴールデン ～アワー prime time. ～ウィーク the holiday-filled "Golden Week".

コールド ～クリーム cold cream.

コールドゲーム a called game.

コーン〔とうもろこし〕corn；〔アイスクリームの〕a cone. ～スープ corn soup. ～スターチ cornstarch. ～フレーク cornflakes.

こおろぎ 蟋蟀 a cricket.

こがい 戸外の outdoor；open-air. ～で in the open air.

ごかい 誤解 misunderstanding. ～する misunderstand；misinterpret；take《a remark》amiss.

ごかく 互角の equal；well-matched.

ごがく 語学 the study of language. ～が達者である be a good linguist. ～力 language ability.

コカ・コーラ Coca-Cola（商標名）.

こがす 焦がす burn；scorch；〔黒焦げに〕char.

こがた 小型の small-sized. ～化する miniaturize；downsize. ～自動車 a minicar.

こがたな 小刀 a knife；a pocketknife；a penknife.

ごがつ 五月 May. ～の節句 the Boy's Festival.

こかぶ 子株〔株式〕a new stock〔share〕.

こがら 小柄の of small stature〔build〕；〔女性が〕petite.

こがれる 焦がれる long〔yearn, pine〕《after, for》；be dying《for, to do》. 恋～ burn with love.

ごかん 五感 the five senses.

ごがん 護岸工事〔海岸の〕shore〔coast〕protection works；〔河川の〕bank protection works.

こき 古稀 one's seventieth birthday.

こきつかう 扱き使う work《a person》hard；sweat.

こぎつける 漕ぎ着ける〔船を〕row up《to a place》；〔仕事・地位などに〕manage《to do》；attain to《a position》.

こぎって 小切手（を振り出す）(draw)《米》a check〔英〕a cheque）. ～で払う pay by check. ～帳 a checkbook.

ごきぶり a cockroach.

こきゅう 呼吸〔息〕breath；breathing；〔こつ〕a knack. ～する breathe. ～器 the respiratory organs.

こきょう 故郷 one's home country〔town, village〕.

こぎれい 小綺麗な tidy；neat.

こく〔酒などの〕body；substance.

こく 濃くなる〔する〕deepen；thicken.

こぐ 漕ぐ row；work at the oar(s)；scull.

こくい 極意 esoteric principles；the secret《of》.

こくえい 国営の government-managed〔-run〕；national. ～にする，～化する nationalize.

こくおう 国王 a king；a monarch.

こくがい 国外に〔で〕abroad；overseas.

こくぎ 国技 a national sport.

こくご 国語〔ある国の〕a language；〔母国語〕one's mother tongue；〔日本語〕the Japanese language.

こくさい 国際的（に）international(ly). ～会議（競技，条約）an international conference（game, treaty）. ～空港 an international airport. ～警察 Interpol. ～都市 a cosmopolitan city. ～法（管理）international law（control）. ～見本市 an international trade fair.

こくさく 国策 a national policy.

こくさんひん 国産品 a home product；a homemade article.

こくし 酷使する〔人を〕work hard；〔頭を〕overtax《one's brains》.

ごくじょう 極上の first-rate；best；fancy.

こくじょく 国辱 a national disgrace〔dishonor〕.

こくじん 黒人 a black；《米》an African-American.〔全体〕black people.

こくぜい 国税 a national tax. ～庁 The National Tax Agency.

こくせいちょうさ 国勢調査 a census ; census taking. ～をする take a census.

こくせき 国籍 nationality. ～不明の of unknown nationality.

こくせんべんごにん 国選弁護人 a court-appointed lawyer.

こくそ 告訴する file a complaint 《against》; take legal proceedings 《against》. ～人 a complainant.

こくそう 国葬 a state〔national〕funeral.

こくぞく 国賊 a traitor ; a betrayer 《of his country》.

こくたい 国体〔国家形態〕national polity ;〔国民体育大会〕the National Athletic Meet.

こくてい 国定の state ; national. ～公園 a national park.

こくど 国土 a country ;(a) territory. ～開発(計画)national land development (planning). ～交通省 The Ministry of Land, Infrastructure, Transport and Tourism.

こくどう 国道 a national highway〔road〕. ～8号 Route 8.

こくない 国内の home ; domestic. ～に〔で〕in the country. ～事情 domestic affairs. ～線 a domestic flight. ～総生産 the gross domestic product〔略 GDP〕.

こくはく 告白 (a) confession. ～する confess.

こくはつ 告発 (a) prosecution ;(an) indictment. ～する indict〔prosecute, charge〕《a person for a crime》.

こくばん 黒板 a blackboard. ～ふき an eraser.

ごくひ 極秘にする keep《a matter》top secret〔strictly confidential〕.

こくひょう 酷評 (a) severe〔scathing〕criticism. ～する criticize severely.

こくひん 国賓 a state〔national〕guest.

こくべつ 告別式〔死者の〕a farewell〔funeral〕service.

こくほう 国宝 a national treasure. 人間～ a living national treasure.

こくほう 国法 the laws of the country ; the national laws.

こくぼうひ 国防費 national defense expenditure.

こくみん 国民 a nation ; a people ;〔1人〕a citizen. ～の national. ～健康保険 the national health insurance. ～所得 national income. ～性 national traits〔character〕. ～総生産 the gross national product〔略 GNP〕. ～投票 a referendum. ～年金 a national pension.

こくむ 国務 ～大臣 a minister of state. ～長官〔米国の〕the Secretary of State.

こくもつ 穀物〔米〕grain ;《英》corn ; cereals.

こくゆう 国有の state ; nationalized. ～財産 state property. ～林 a state forest.

ごくらく 極楽 the Buddhist paradise.

こくりつ 国立の national. ～公園 a national park. ～大学 a national university. ～博物館 a national museum.

こくりょく 国力 national strength〔power〕.

こくれん 国連 the United Nations〔略 U.N.〕. ～軍 the UN forces. ～総会 the United Nations General Assembly.

こけ 苔 moss ; lichen ;〔舌苔〕fur. ～むした mossy.

こけい 固形の solid. ～燃料 solid fuel. ～物 a solid ;〔食物〕solid food.

こげちゃ 焦げ茶(色) dark brown.

こげる 焦げる burn ; be charred〔scorched, burnt〕.

ごげん 語源 the origin of a word ;

etymology.

ここ 此処 here ; this place. ～かしこ(に) here and there. ～ら(に) hereabouts ; (somewhere about) here.

ここ 個々の individual ; each ; separate.

ここ 古語 an archaic word.

ごご 午後 (in) the afternoon〔略 p.m.〕. ～の afternoon.

ココア cocoa ; hot chocolate.

こごえ 小声で in a whisper ; under one's breath.

こごえる 凍える be numb〔benumbed〕with cold ; freeze.

ここく 故国 one's (own) country〔land〕; one's home.

こごと 小言を言う scold ; give《a person》a lecture.

ココナッツ (a) coconut.

こころ 心 mind ; 〔心情〕heart ; 〔意志〕will ; 〔精神〕spirit. ～暖まる heart-warming. ～から heartily ; from the bottom of one's heart. ～に描く picture to oneself. ～ゆくばかり to one's heart's content. ～を合わせて with one accord. ～を奪う fascinate ; enchant.

こころあたり 心当たりがある know of ; have an idea《of》. ～がない have no〔not the least〕idea (of).

こころえ 心得〔注意〕directions ; 〔規則〕regulations ; 〔知識〕knowledge. ～ている understand ; be aware of ; know. フランス語(医術)の～がある have some knowledge of French (an experience with medicine). 課長～ an acting chief of a section.

こころがけ 心掛け〔心構え〕one's mental attitude.〔用心〕care ; attention. ～のよい of good intentions ; careful ; prudent ; 〔経済上〕provident ; 〔正直な〕honest.

こころがける 心掛ける〔留意〕keep

〔bear〕in mind ; 〔志す〕intend ; aim《at, to do》; 〔努力〕try《to do》.

こころぐるしい 心苦しい feel sorry《for, that》.

こころざす 志す intend ; aim《at》; set one's heart《on》.

こころぼそい 心細い helpless ; discouraging. **心細くなる** feel lonesome〔helpless〕.

こころみ 試み a trial ; a test.〔企て〕an attempt ; 〔実験〕an experiment. ～に for trial.

こころみる 試みる try〔attempt〕《to do》; 〔試す〕test.

こころもち 心持〔感じ〕feeling ; sensation ; 〔気持ち〕humor ; mood ; 〔少し〕a little ; a bit ; slightly.

ごさ 誤差を見込む allow for errors.

ござ 茣蓙 a straw mat.

ごさい 後妻 a second wife. ～を迎える marry again.

こさめ 小雨 a light rain ; a drizzle.

こざら 小皿 a small plate ; 〔受皿〕a saucer.

ごさん 誤算 (a) miscalculation. ～する miscalculate.

こし 腰 the loin (s) ; the waist ; the hip (s) ; 〔障子などの〕the skirting. ～の低い modest. ～が痛い have a backache. ～が重い(軽い) be slow (ready) to act. ～が抜ける〔を抜かす〕be paralyzed. ～を掛ける seat oneself ; take a seat.

こじ 固辞する decline〔refuse〕positively.

こじ 孤児 an orphan. ～院 an orphanage.

こじ 誇示する make a display《of》; show off.

-ごし …越し 垣根～に over the fence. 10 年～の(借金，友情)(a debt, friendship) of ten years' standing.

こじあける こじ開ける pry〔force〕

open.

こしいた 腰板〔壁の〕wooden paneling；(a) wainscot；a skirting board.

こしかけ 腰掛け a chair；〔背もたれのない〕a stool. 〜**仕事** a stopgap〔temporary〕job.

こしつ 固執する persist《in》；stick《to》；insist《on》.

こしつ 個室 a single room；〔私室〕a private room〔列車の〕a compartment.

ごじつ 後日 another〔some other〕day；in (the) future.

こじつけ 〜の far-fetched；forced；distorted. 〜**る** force《the meaning》；give a strained meaning.

ゴシップ gossip. 〜**記事** a gossip item. 〜**欄** a gossip column.

こしゅ 固守する adhere to；make a stubborn resistance.

ごじゅう 五十 fifty. **第**〜 the fiftieth. 〜**音** the Japanese syllabary. 〜**年祭（周年祝典）** a golden jubilee.

ごじゅうのとう 五重の塔 a five-storied pagoda〔stupa〕.

こしょう 胡椒 pepper. 〜**入れ** a pepper caster〔shaker〕.

こしょう 故障 (a) trouble；an obstacle；a hitch；〔事故〕an accident. 〜**している** There is something wrong with《a watch》.；be out of order. 〜**する** go wrong；break down.

ごしょく 誤植 a misprint；a typographical error.

こしらえる 拵える make；manufacture；〔建造〕build；construct；〔作り事を〕invent；fabricate. 金を〜 make〔raise〕money.

こじれる 拗れる grow worse；get complicated.

こじん 故人 the deceased（複数の故人にも用いる）.

こじん 個人 an individual. 〜**の**〔的〕な individual；personal；〔私的な〕private. 〜**主義** individualism.

ごしん 誤診する make a wrong diagnosis.

ごしん 誤審する misjudge；〔競技で〕referee wrongly.

ごしん 護身用の〔に〕for self-protection〔-defense〕. 〜**術** the art of self-defense.

こす 越す・超す cross (over)；walk across；go past；〔通過〕pass through；〔引越〕remove；move《to》；〔超過〕exceed；be over.

こす 濾す filter；percolate.

こずえ 梢 the top of a tree；a treetop.

コスタリカ (the Republic of) Costa Rica.

コスチューム a costume.

コスト (a) cost. 〜**削減** cost cutting〔reduction, cutback〕. 〜**ダウンする** lower the cost. 〜**パフォーマンス** cost-effective performance〔achievement, result〕.

コスモス a cosmos.

こする 擦る rub；scrub；〔磨く〕scour；〔すりむく〕chafe.

こせい 個性 individual character；individuality；personality.

こせき 戸籍 a family register. 〜**係（簿）** a registrar (register). 〜**謄本（抄本）** a copy (an abstract) of one's family register.

こぜに 小銭 small money〔change〕. 〜**入れ** a coin purse.

こぜりあい 小競り合い a skirmish.

こせん 古銭 an old〔ancient〕coin.

ごせん 互選する elect by mutual vote.

ごぜん 午前《in》the morning〔略 a.m.〕. 〜**の** morning.

こせんじょう 古戦場 an ancient〔old〕battlefield.

ごそう 護送する convoy；escort. 〜**船（団）方式** a convoy system. 〜**車** a patrol wagon.

こそこそ stealthily ; secretly.

こそどろ こそ泥 a sneak thief ; a pilferer.

こたい 固体 a solid (body).

こだい 古代 ancient times. ～の ancient.

こだい 誇大広告 an extravagant advertisement. ～妄想狂 megalomania ;〔人〕a megalomaniac.

こたえ 答 an answer ; a reply ;〔応答〕a response. ～る answer ; reply ; respond.

こたえる 応える〔反応〕respond ;〔心に〕tell on《a person》;〔つらい〕be hard《to》.

ごたごた〔混乱〕～している be in confusion〔disorder〕. ～が起こる A trouble arises《in, between》.

こだち 木立〔林〕a grove ; a clump〔cluster〕of trees.

こだま 木霊〔反響〕an echo. ～する echo ; be echoed.

こだわる be particular《about》; be choosy.

ごちそう 御馳走する treat《a person》to《dinner》. ～になる be treated to《dinner》.

ゴチック Gothic. ～体〔活字〕Gothic type.

こちょう 誇張 (an) exaggeration. ～する exaggerate ; overstate.

ごちょう 語調 a tone. ～を強める raise one's voice.

こちら this place ; here ;〔方向〕this way ;〔こちら側〕this side ;〔物を指して〕this ; this one.

こぢんまり〔―と〕した snug ; cozy.

こつ〔骨〕→いこつ ;〔こつ〕a knack ;《know》the ropes.

こっか 国花 the national flower.

こっか 国家 a state. ～の national ; state. ～公務員〔個人〕a government official ;〔集合的〕the national service personnel. ～公務員法 the Government Officials Act.

～試験 a state〔national〕examination.

こっか 国歌 the national anthem.

こっかい 国会 a national assembly ;〔日本の〕the National Diet ;〔米の〕Congress ;〔英の〕Parliament. ～議員〔日本の〕a member of the National Diet ;〔米の下院〕a Congressman〔Congresswoman〕;〔米の上院〕a Senator ;〔英の〕a member of Parliament〔略 MP〕. ～議事堂 the Diet Building. ～図書館 the National Diet Library. 通常～ an ordinary Diet Session. 特別（臨時）～ a special〔an extraordinary〕Diet Session.

こづかい 小遣い（銭）pocket〔spending〕money ; an allowance ;〔妻の〕pin money.

こっかく 骨格 frame ;〔体格〕physique.

こっき 国旗 a national flag.

こっきょう 国境 the frontier ; the border. ～警備隊 frontier guards. ～線 a borderline. ～紛争 a border conflict.

コック〔料理人〕a cook ;〔栓〕a cock ; a tap.

こっけい 滑稽な funny ; ridiculous ; comic (al) ; ludicrous.

こっこ 国庫 the national treasury. ～収入 national revenues. ～補助（金）a government subsidy.

こっこう 国交を結ぶ（断絶する）enter into (break) diplomatic relations.

こっこく 刻々 every moment〔hour〕.

ごつごつした stiff ; rough ; rugged.

こっし 骨子 the gist《of》; the pith《of》.

こっせつ 骨折 (a) fracture of a bone. ～する have《one's leg》fractured.

こっそり secretly ; in private〔secret〕.

こった 凝った elaborate ; exquisite ;〔服装などが〕dressy.

ごったに ごった煮《米》hodgepodge ;

《英》hotchpotch.

こづつみ 小包 a (postal) parcel.　**～郵便** parcel post.

こってりした〔食物が〕rich；heavy（もたれるほど）.

こっとう 骨董(品)a curio；an antique.　**～屋**〔店〕a curio〔antique〕shop；〔人〕a curio〔an antique〕dealer.

こつばん 骨盤 the pelvis.

コップ a glass；〔大コップ〕a tumbler.

こて 小手・籠手 a gauntlet；fencing gloves.

こて 鏝〔裁縫用〕an iron；〔左官用〕a trowel；〔理髪用〕a curling iron.　**～をあてる** iron；curl《one's hair》with a curling iron.

こてい 固定する settle；fix.　**～した** fixed.　**～客** a regular customer.　**～給** a fixed〔regular〕salary.　**～資産(税)** fixed assets(tax).　**～資本** fixed capital.

こてきたい 鼓笛隊 a drum and fife band.

こてしらべ 小手調べ a trial；a tryout；a test.

こでまり 小手毬〔植物〕a spirea.

こてん 古典 classics.　**～の**〔的な〕classic (al).

こてん 個展 a one-man show；a private exhibition.

ごてん 御殿 a palace.

こと 事〔柄〕a matter；a thing；an affair；an event.　**～によると** possibly；perhaps；I'm afraid.

こと 琴 a koto；〔竪琴〕a harp.

ことう 孤島 a solitary island.

こどう 鼓動 a beat；〔病的な〕palpitation；〔激しい〕throbbing.　**～する** beat；palpitate；throb.

こどうぐ 小道具〔劇〕properties.

こどく 孤独 solitude；loneliness.　**～な** solitary；lonely.

ことし 今年 this year；the present〔current〕year.

ことなかれ 事なかれ主義 preference

for eventlessness.

ことなった 異なった different；dissimilar；〔別の〕another.

ことなる 異なる differ《from》；vary；be unlike.

ことに 殊に especially；particularly；above all.

-ごとに…毎に every；each；per；whenever.

ことば 言葉〔語〕a word；〔言語〕a language；speech；〔発言〕a remark；〔表現〕an expression；〔用語〕a term.

ことばづかい 言葉遣い wording.　**～の丁寧な(乱暴な)人** a civil-(rough-) spoken person.

こども 子供 a child；〔幼児〕an infant；〔赤ん坊〕a baby.　**～らしい** childish；childlike.　**～だまし** a mere child's play；〔品物〕a bauble.　**～の日** Children's Day.　**～部屋** a child's〔children's〕room；a nursery.

ことり 小鳥 a little bird.

ことわざ 諺 a proverb；a saying.

ことわり 断り〔拒絶〕(a)refusal；〔言い訳〕an excuse；〔予告〕(a) notice.　**～もなく** without notice.　**～状** a letter of refusal〔apology(お詫び)〕.

ことわる 断る refuse；decline；〔言い訳〕excuse oneself《from》；〔予告〕give notice of；warn.

こな 粉〔穀粉〕flour (細挽き)；meal (粗挽き)；〔粉末〕powder；dust.　**～にする** (grind into) powder；pulverize.　**～薬** powdered medicine.　**～石鹸** powder soap.　**～ミルク** powered milk.

こなす〔消化〕digest；〔物事を〕manage；master.

こにもつ 小荷物《米》a package；《英》a parcel；〔旅行の手荷物〕《米》baggage；《英》luggage.

コニャック〔洋酒〕cognac.

コネ a connection.　**～がある** have a

こねこ 子猫 a kitten；a kitty.

こねる 捏ねる〔粉を〕knead；〔粘土を〕work〔理屈を〕chop. ごね得 hold-out gains.

ごねる complain. ごね得 hold-out gains.

このごろ この頃（は）〔当今〕nowadays；these days；〔最近〕recently.

このさい この際 now；under the circumstances.

このぶん この分では at this rate. ～で行けば if things go on like this.

このへん この辺（に）around here；in this neighborhood.

このまえ この前に last (time)；before (this)．～の last；previous．～の日曜は last Sunday.

このましい 好ましい desirable. 好ましからぬ undesirable.

このみ 好み (a) liking；(a) taste；〔選択〕(a) preference；choice.

このむ 好む like；be fond of；have a taste《for》；〔選択〕prefer；choose.

このよ この世 this world〔life〕．～の worldly；earthly.

こはく 琥珀 amber. ～色の amber.

こばしり 小走りに行く go at a trot.

コバルト cobalt.

こはるびより 小春日和《米》Indian summer；《英》St. Martin's summer.

ごはん 御飯 boiled rice；〔食事〕a meal.

ごび 語尾 the ending of a word. ～変化 inflection.

コピー ～をとる (make) a copy《of》．〔模造品〕a replica. ～ライター a copywriter.

こひつじ 子羊 a lamb.

こびと 小人 a midget；a dwarf.

こびる 媚びる〔へつらう〕flatter；〔女が〕coquet.

こぶ 瘤〔皮膚の〕a wen；a bump；〔木の〕a gnarl；〔ラクダの〕a hump.

ごぶがり 五分刈りにする have one's hair cropped short.

ごふく 呉服〔日本の〕kimono fabrics；〔服地〕《米》dry goods；《英》drapery. ～屋〔日本の〕a store dealing in kimono fabrics.〔服地屋〕a dry goods store〔dealer (人)〕.

こぶし 拳（を握る）(clench) a fist.

こぶね 小舟 a (small) boat.

コブラ a cobra.

こぶり 小降りになった It has nearly stopped raining〔snowing〕.

こふん 古墳 an ancient tomb.

こぶん 子分 one's follower；a henchman.

こぶん 古文 archaic writings；〔古典〕classics.

こべつ 個別の individual. ～自衛権 a right of individual self-defense.

こべつほうもん 戸別訪問 a house-to-house visit〔canvassing〕.

ごほう 語法 usage；(an) expression；wording.

ごほう 誤報《give》a false report《of, that》.

ごぼう 牛蒡 a burdock (root).

こぼす 零す spill；shed；drop；〔不平〕complain《of》；grumble《at, about》.

こぼれる 零・毀れる〔液体が〕(over)flow；run over〔out〕；be spilt；〔刃が欠ける〕be nicked〔broken〕.

こぼんのう 子煩悩な fond〔doting〕《parents》.

こま 独楽 a top. ～を回す spin a top.

こま 駒〔馬〕a horse；〔将棋の〕a piece；〔楽器の〕a bridge.

こま 齣〔フィルムの〕a frame；〔場面〕a scene；〔漫画の〕a box；〔大学の授業〕a class.

ごま 胡麻 a sesame；〔実〕a sesame seed. ～油 sesame oil. ～塩頭 a grizzled head；a gray head.

こまい 古米 old rice；long-stored rice.

こまかい 細かい〔な〕〔微細〕small；

fine ; minute ;〔詳細〕detailed ;〔倹約〕thrifty ; frugal ;〔けち〕stingy.

ごまかし 誤魔化し trickery ;(a) deception. 〜の fraudulent ; false ; sham.

ごまかす 誤魔化す cheat ; deceive ;〔着服〕pocket.

こまぎれ 細切れ〔肉〕chopped〔hashed〕meat.

こまく 鼓膜 the eardrum ;〔医学用語〕the tympanum.

コマーシャル a《TV, radio》commercial.

こまどり 駒鳥 a robin.

こまもの 小間物 fancy goods ;《英》haberdashery. 〜屋〔店〕a fancy goods store ;〔人〕a haberdasher.

こまる 困る do not know what to do ; be perplexed〔annoyed, troubled〕; be hard up《for money》.

こみ 込みで買う buy the whole lot《of》. 税〜40万円の月給 a monthly pay of 400, 000 yen, (with) tax included.

ごみ 塵・芥 refuse ;〔台所の〕garbage ; dust. 〜収集車 a garbage truck ; a dust cart. 〜焼却場 a garbage incineration plant. 〜溜〔箱〕a garbage can ; a dustbin.

こみち 小道 a (narrow) path ; an alley ; a lane.

コミッショナー a commissioner.

コミッション a commission.

コミュニケ a communique.

コミュニケーション communication.

コミュニスト a communist.

コミュニズム communism.

コミュニティー a community. 〜センター a community center.

こむ 混む・込む be crowded〔thronged〕.

ゴム gum ; rubber. 〜の木〔観賞用〕a rubber plant ;〔ゴム生産用〕a gum tree. 〜印 a rubber stamp. 〜靴 rubber shoes〔boots（深靴）〕. 〜

底の rubber-soled《shoes》. 〜のり mucilage. 〜ひも an elastic string. 〜まり a rubber ball. 消し〜 an eraser. 輪〜 a rubber band.

こむぎ 小麦 wheat ;《英》corn. 〜粉（wheat）flour.

こめ 米 rice. 〜の飯 boiled rice. 〜俵 a straw rice bag. 〜屋〔店〕a rice shop ;〔人〕a rice dealer.

こめかみ 顳 the temple.

コメディー a comedy. **コメディアン** a〔男〕comedian ;〔女〕a comedienne.

こめる 込める〔算入〕include ;〔弾丸を〕load. 心(力)を込めて with all one's heart (strength).

ごめん 御免 〜ください Hello! ; May I come in? 〜なさい〔断り〕Excuse me.〔わびごと〕I'm sorry.

コメンテーター a commentator.

コメント (a) comment. 〜する comment《on, that》.

こもり 子守 a nurse ; a baby-sitter. 〜をする look after a baby ; baby-sit. 〜歌 a lullaby.

こもる 籠る shut oneself up《in a room》; be filled with《smoke》.

コモロ (the Union of) the Comoros.

こもん 顧問 an adviser《to》; a counselor. 〜弁護士〔会社の〕a corporation lawyer ;〔家の〕a family lawyer.

こや 小屋 a hut ; a shed ;〔家畜の〕a pen ;〔見世物などの〕a booth.

こやぎ 子山羊 a kid.

こやく 子役 a child actor〔actress〕.

ごやく 誤訳〔翻訳〕(a) mistranslation ;〔通訳〕(a) misinterpretation. 〜する〔翻訳〕mistranslate〔通訳〕misinterpret.

こゆう 固有の peculiar《to》; of one's own ;〔特性〕characteristic《of》;〔生来の〕inherent《in》; inborn. 〜名詞 a proper noun.

こゆび 小指 the little finger ;〔足の〕the little toe.

こよう　雇用　～延長 employment continuation. ～期間 the period of employment. ～契約(条件)a contract (terms) of employment. ～主 an employer. ～保険 unemployment insurance. 終身～ lifetime employment.

ごよう　御用〔用向きを尋ねる時〕何の～ですか May I help you?, What can I do for you?;〔注文〕はありませんか Have you any order today? ～納め the last business day of the year. ～組合 a company union.

ごよう　誤用 misuse. ～する misuse.

こよみ　暦 a calendar; an almanac.

こより　紙縒り a paper string. ～をよる twist paper into a string.

ごらく　娯楽 recreation; amusement. ～雑誌 a magazine for amusement. ～施設 amusement facilities. ～室 a recreation room. ～場 an amusement center. ～番組 an entertainment program.

こらす　凝らす〔工夫を〕exercise one's ingenuity;〔瞳を〕strain one's eyes.

コラム　a column.

コリー〔犬〕a collie.

こりしょう　凝り性の enthusiastic.

こりつ　孤立 isolation. ～した isolated; solitary. ～する be isolated; stand alone.

ゴリラ　a gorilla.

こりる　懲りる learn a lesson《from》.

こる　凝る〔熱中〕be absorbed 〔engrossed〕《in》; devote oneself 《to》;〔肩などが〕get stiff.

コルク　a cork. ～を抜く uncork. ～抜き a corkscrew.

コルセット　a corset;《英》stays.

ゴルフ　～をする play golf. ～がうまい(下手だ)be a good (poor) golfer. ～クラブ(ボール)a golf club (ball). ～コース a golf course. ～場 a golf links. ～道具 golf things. ～練習場 a driving range.

コレクション　a collection《of》.

コレクター　a collector.

コレクトコール　a collect call. ～する call《a person》collect.

コレステロール　cholesterol.

コレラ　cholera. ～菌 a cholera bacillus.

ころ　頃〔…する頃〕when;〔大体〕about; around.

ごろ　語呂がよい(悪い)sound pleasant (unpleasant). ～合わせ a pun.

ゴロ〔野球〕a grounder.

ころがす　転がす roll over; throw down.

ころがる　転がる roll; tumble; be thrown down;〔寝転ぶ〕lie down. 転がり込む roll in;〔遺産などが〕fall into one's hands. 転げ落ちる fall〔tumble〕down〔off〕.

ごろごろ　～いう〔猫が〕purr. ～鳴る rumble; roll. ～する roll about;〔遊び暮らす〕idle away one's time.

ころし　殺し〔殺人〕《a case of》murder. ～屋 a (professional) killer.

ころす　殺す kill;〔殺人〕murder;〔息を〕hold one's breath.

ごろつき　a rowdy; a rough; a ruffian.

コロッケ　a croquette.

コロナ〔天体の〕a corona.

ごろね　ごろ寝する lie dozing; have a nap.

ころぶ　転ぶ fall〔tumble〕down.

ころも　衣 clothes;〔僧服〕a priest's robe;〔揚げ物の〕coating.

コロン　a colon〔:〕. セミ～ a semicolon〔;〕.

コロンビア　(the Republic of) Colombia. ～の Colombian.

こわい　怖い fearful; dreadful; terrible.

こわい　強い〔堅い〕stiff; tough.

こわがる　怖がる fear; dread; be afraid《of》. 怖がらせる frighten; scare; terrify →おそれる.

こわす 壊す break；destroy；〔家を取り壊す〕pull down.

こわばる 強張る stiffen；become hard.

こわれる 壊れる break；be broken；〔破損〕be damaged.

こん 紺 dark〔navy〕blue.

こん 根〔数学〕a root. →こんき(根気).

こんがん 懇願する beg；entreat；implore.

こんき 今期 this〔the present〕term. ～の present；current.

こんき 根気 perseverance；patience；〔精力〕energy. ～のよい patient；untiring；energetic. ～仕事 a laborious work.

こんき 婚期〈reach〉marriageable age.

こんきゅう 困窮 poverty；need. ～者 a needy person.

こんきょ 根拠 a basis；the ground；〔典拠〕the authority. ～のある well-founded. ～のない unfounded；groundless. ～地 a base《of operations》.

ゴング a gong. ～が鳴る The gong sounds.

コンクール a contest；a competition〔＜《F》concours〕.

コンクリート concrete.

コングロマリット a conglomerate.

こんげつ 今月 this month.

こんけつじ 混血児 a child of mixed parentage.

こんご 今後 after this；hereafter；in (the) future. ～ずっと from now on. ～の future.

コンゴ ～民主共和国 (the Democratic Republic of) the Congo. ～共和国 (the Republic of) the Congo.

こんごう 混合する mix (together)；mingle；blend. ～ダブルス mixed doubles. ～物 a mixture.

コンコース〔駅・空港などの〕a concourse.

コンサート a concert. ～ホール a concert hall. ～マスター〔男〕a concertmaster；〔女〕a concert-mistress.

こんざつ 混雑 congestion；〔混乱〕confusion. ～する be crowded；be in confusion.

コンサルタント a《financial》consultant.

コンシェルジェ〔ホテルの〕a concierge《F》.

こんしゅう 今週 this week.

こんじょう 根性〔性質〕nature；〔気力〕spirit；〔気骨〕grit. ～がある(ない) have (no) guts. ～の悪い ill-natured. 商人～ a mercenary spirit.

こんしんかい 懇親会 a social gathering.

こんすい 昏睡(状態)《fall into》a coma〔stupor〕.

こんせい 混声の mixed《chorus》. ～四部合唱 a mixed quartette.

こんせき 痕跡《leave no》trace (s)；mark (s).

こんぜつ 根絶する eradicate；exterminate；root out.

こんせん 混線している〔電話が〕The lines are crossed.

こんぜん 婚前の premarital.

コンセンサス (a) consensus《of opinion》.

コンセント an〔a wall〕outlet；《米》a plug receptacle；《英》a plug〔wall〕socket.

コンソメ consommé《F》；clear soup.

コンタクト ～を取る make contact《with》. ～レンズ《wear, put in》a contact lens.

こんだて 献立(表) a menu；a bill of fare.

こんたん 魂胆 a secret design〔scheme〕.

こんだん 懇談する have a friendly

talk《with》; (have a) chat《with》.
～会 a talkfest; a round-table conference.

コンチェルト a concerto.

こんちゅう　昆虫 an insect. ～学 entomology.

こんてい　根底 the bottom; the foundation; the root.

コンディション ～が良い（悪い）be in (out of) condition〔shape〕.

コンテスト a contest.

コンテナ a container. ～輸送 containerization.

コンテンツ content (s). ～制作会社 a content developer.

コント a conte《F》; a short story.〔寸劇の〕a comic short play.

こんど　今度〔この度〕this time; now;〔この次〕next(time); another time. ～の this; present;〔新しい〕new;〔次の〕next; coming. ～は this time;〔この次は〕next time.

こんどう　混同する confuse〔mix up, confound〕A with B.

コンドーム a condom; a prophylactic;《俗》a rubber〔skin〕.

コンドミニアム a condominium〔condo〕.

ゴンドラ a gondola.

コントラスト (a) contrast.

コントラバス〔楽器〕a contrabass; a (double) bass.

コントラルト〔声楽〕(a) contralto.

コントローラー a controller.

コントロール（する）control. ～タワー（センター，パネル）a control tower (center, panel).

コンドル a condor.

こんとん　混沌 chaos. ～とした chaotic.

こんなん　困難 (a) difficulty; hardship. ～な difficult; hard. ～に打ち勝つ overcome difficulties.

こんにち　今日〔本日〕today;〔現今〕today; these days; nowadays.

コンパ《give》a party《to welcome freshmen》.

コンバーター〔変換装置〕a converter.

コンバーチブル convertible.

コンパートメント a compartment.

コンパイラー a compiler.

コンバイン a combine.

コンパクト a (powder) compact. ～カメラ a compact camera. ～ディスク a compact disc〔略 CD〕.

コンパス〔両脚器〕a pair of compasses;〔羅針盤〕the mariner's compass.

コンパニオン an attendant; a guide; a hostess.

こんばん　今晩 tonight; this evening. ～は〔挨拶〕"Good evening".

コンビ (a) combination. ～でやる tie up《with》. ～を組む form a pair.

コンビーフ corned beef.

コンビナート an industrial complex〔<《ロシア語》kombinat〕. 石油～ a petrochemical complex.

コンビニ a convenience store.

コンピューター a computer. ～アニメーション (a) computer animation. ～ウィルス a computer virus. ～グラフィックス computer graphics〔略 CG〕. ～ゲーム a computer game. ～ソフト computer software. ～ネットワーク a computer network. ～リテラシー computer literacy.

こんぶ　昆布 a tangle; kelp.

コンプライアンス compliance.

コンプレックス〔過度の恐怖感〕a complex;〔劣等感〕《have》an inferiority complex.

コンプレッサー a compressor.

コンペ《golf》competition.

コンベヤー a conveyor.

コンベンションセンター a convention center.

こんぼう　棍棒 a club.

こんぽん　根本の fundamental; basic.

コンマ a comma〔,〕. ～以下を切り捨
　て　る drop the figures after a
　decimal point.
こんめい 混迷 confusion. ～政局を打
　開する break a political impasse.
こんや 今夜 tonight ; this evening.
こんやく 婚約 an engagement. ～す
　る become engaged《to》. ～者〔男〕
　a fiancé《F》;〔女〕a fiancée《F》.
　～指輪 an engagement ring.
こんらん 混乱する be confused ; fall
　into confusion.
こんれい 婚礼 a wedding ceremony.
　→けっこん.

さ

さ 差〔差異〕(a) difference;〔隔たり〕
　(a) disparity ;〔不一致〕(a) dis-
　crepancy ;〔売買価の〕a margin.
　僅少の～で by a narrow margin.
ざ 座 a seat ;〔劇場〕a theater ;〔劇団〕
　a troupe. ～頭(がしら) the leader of a
　troupe.
サーカス a circus.
サーキット〔回路〕a circuit;〔レースの〕
　a race track. ～トレーニング circuit
　training.
サ ー ク ル a circle. ～ 活 動 club
　〔group〕activities. 研究～ a study
　circle《for》.
サーチ～エンジン search engine. ～
　ライト a searchlight.
サード〔三塁〕third base ;〔三塁手〕a
　third baseman. ～パーティー〔ソフ
　トウェアの〕a third party.
サーバー〔コンピュータの〕a server.
サービス service〔テニスなどの〕(a)
　service. ～がよい(悪い) The service
　is good(poor).～エリア〔高速道路の〕
　《米》a rest area;《英》a service
　area. ～業 the service industry. ～
　料〔レストランなどの〕(a) cover
　charge ;〔ホテル・旅館の〕charge
　for room service ;〔値引き〕offer

discounts. ～残業 an unpaid over-
　work;a"service overtime".
サーブ〔テニスなどの〕a service〔serve〕
　《in tennis》. ～する(を返す) deliver
　(return) a service.
サーファー a surfer.
サーフィン surfing.
サーフボード a surfboard.
サーベル a saber.
サーモスタット a thermostat.
サーモン a salmon. ～ピンク salmon
　pink.
サーロイン sirloin《of beef》. ～ステ
　ーキ a sirloin steak.
さい 犀〔動物〕a rhinoceros ; a rhino.
さい 歳 a year ;〔年齢〕age. 何～です
　か How old are you? 20 ～です I
　am twenty (years old).
さい 賽 a die(複 dice). ～を振る cast
　dice. ～の目 the spots on a die. ～
　の目に切る cube《potatoes》.
さいあい 最愛の dearest ; beloved.
ざいあく 罪悪〔宗教・道徳上の〕a
　sin ;〔犯罪〕a crime.
さいえん 才媛 a talented〔intelligent〕
　woman.
さいかい 再会する meet again.
さいかい 再開 reopening ; resump-
　tion. ～する reopen ; resume.
さいがい 災害 a calamity ; a disaster.
　～救助法 the Disaster Relief Law.
ざいかい 財界 the business〔finan-
　cial〕world〔community, circles〕.
　～人 a business〔corporate〕leader.
ざいがい 在外〔邦人〕(Japanese
　residents) abroad.
さいかいはつ 再開発 redevelop-
　ment. ～する redevelop.
ざいがく 在学中である be in school
　〔college〕. ～ 証 明 書 a student
　registration certificate. ～ 生
　students ;〔大学の〕undergraduates.
さいきょういく 再教育 re-education.
　～する re-educate ; re-train.
さいきん 細菌 a bacterium ; a germ.

~学 bacteriology. ~戦 bacteriological〔germ〕warfare. ~兵器 bacteriological〔germ〕weapon.

さいきん 最近(は)lately；recently. ~の latest；recent.

さいく 細工 work(manship). ~する〔製作〕work；〔勘定などを〕cook；tamper with.

サイクリング cycling. ~に行く go on a cycling tour.

サイクル a cycle. 4~エンジン a four-stroke engine. ~ヒットを放つ〔野球〕hit for the cycle.

さいぐんび 再軍備 rearmament. ~する rearm.

さいけいこく 最恵国条項(待遇)the most-favored-nation clause(treatment).

さいけつ 採血する take a blood sample.

さいけつ 採決する decide by voting；vote〔on〕.

さいけん 債券 a debenture；a(loan)bond.

さいけん 債権 claim；credit. ~者 a creditor. 不良~ a bad debt；a bad〔nonperforming〕loan.

さいけん 再建する rebuild；reconstruct.

さいげん 再現する reappear；reproduce.

ざいげん 財源 a source of revenue；financial resources.

さいご 最期 the end；the last；〔死〕one's death〔end〕.

さいご 最後 の last；final；conclusive. ~に lastly；in conclusion. ~まで to the last. ~の手段 the last expedient〔resort〕. ~通牒ちょう《send》an ultimatum.

ざいこ 在庫(品)goods in stock. ~調べ inventory.

さいこう 採光 lighting. ~のよい(悪い)well-(poorly-)lighted.

さいこう 最高の the highest《price》；the maximum《speed》. ~会議 the top-level meeting. ~学府 top educational institution. ~裁判所 the Supreme Court. ~点 the highest point〔marks(試験の)〕；〔選挙の〕《be elected with》the largest number of votes.

さいこう 再考する reconsider. ~の上で on reflection.

さいころ 賽子→さい(賽).

さいこん 再婚 a second marriage. ~する marry again. ~者 a remarried person.

さいさき 幸先がよい have a good〔happy〕start.

さいさん 採算がとれる(とれない)pay(do not pay). 独立~制 a self-supporting accounting system.

ざいさん 財産 (a)property；estate；a fortune；〔資産〕assets.

さいし 才子 a clever man；a man of parts.

さいしき 彩色 coloring. ~する paint；color.

さいじつ 祭日 a holiday；〔神社の〕festival day；〔国民祝日〕a national holiday.

さいしゅう 最終の last；final. ~兵器 the ultimate weapon.

さいしゅう 採集する collect. ~家 a collector(of).

さいしゅつ 歳出 an(annual)expenditure(s). ~歳入(annual)revenue and expenditure.

さいしょ 最初の first；initial；〔真先の〕foremost. ~(は)at first. ~(に)first；in the first place.

さいじょう 最上の best.

さいしょく 菜食する live on vegetables〔a vegetable diet〕. ~主義者 a vegetarian.

ざいしょく 在職する hold〔be in〕office. ~中 during one's tenure of office.

さいしん 再審 a retrial. ~する retry

《a case》.

さいしん 最新の the newest；the latest；up-to-date.

サイズ (a) size. ～が合わない be not one's size. ～を計る measure the size《of》.

さいせい 再生する be restored to life；〔録音・録画を〕play back；play；〔廃品などを〕recycle. ～紙 recycled paper.

さいせい 再製する reproduce.

ざいせい 財政 finance. ～顧問 a financial adviser. ～困難（である）(be in) financial difficulties. ～再建 fiscal reconstruction.

ざいせき 在籍する be on the《school》register.

さいせん 再選（挙）re-election. ～される be re-elected.

さいせん 賽銭 an offertory. ～箱 an offertory chest.

さいぜん 最善を尽くす do one's best〔utmost〕.

さいそく 催促する press《a person for》；urge《a person to do》.

サイダー soda pop.

ざいたく 在宅している be in；be at home. ～勤務 work from home；telework；telecommuting.

さいだん 祭壇 an altar.

ざいだん 財団 a foundation. ～法人 a foundational juridical person.

さいちゅう 最中に〔の〕in the midst of；at the height of.

ざいちゅう 在中 Enc.《invoice》. 印刷物（写真）～ Printed Matter (Photos) Only. 10万円～の財布 a wallet with 100,000 yen in it.

さいてい 最低の the lowest《price》；the minimum《wages, standard of living》.

さいてい 裁定 ～取引 arbitrage trading.

ざいテク 財テク financial〔money〕management.

さいてん 採点 marking；scoring. ～表 a score card.

さいなん 災難 a misfortune；a disaster；an accident.

サイド a side. ～ビジネス a sideline. ～ハンドスロー a sidearm pitch. ～ブレーキ a hand〔parking〕brake.

さいにゅう 歳入 annual income〔revenue (政府の)〕.

ざいにん 罪人 a criminal；a culprit.

さいのう 才能 ability；(a) talent. ～がある talented；gifted.…の～がある have a gift〔an aptitude, a genius〕《for》.

サイバー ～スペース cyberspace. ～ショッピング cyber shopping. ～テロ cyber terrorism. ～ビジネス cyber business.

さいばい 栽培 cultivation；culture. ～する cultivate；grow.

さいはつ 再発する〔病気が〕recur；〔人が主語〕have a relapse.

ざいばつ 財閥 the zaibatsu；a financial clique.

サイバネティックス cybernetics.

さいはん 再版 (a) reprint；〔第2版〕the second edition.

さいはん 再販価格維持制度 a resale price maintenance system.

さいばん 裁判〔公判〕(a) trial；〔判決〕judgement. ～する judge；try《a person, a case》；decide《on a case》. ～員 a lay judge. ～官 a judge. ～所 a court of justice；a (law) court. ～長 the presiding〔chief〕judge.

さいひょうせん 砕氷船 an icebreaker；an iceboat.

さいふ 財布 a purse；〔札入れ〕a wallet.

さいほう 裁縫 sewing；needlework. ～をする sew；do needlework.

さいぼう 細胞 a cell. ～組織 the cellular tissue. 人工多能性幹～〔ips～〕induced pluripotent stem cells.

さいほうそう 再放送する rebroadcast.

サイボーグ a cyborg.

サイホン a siphon.

さいまつ 歳末 the year end.　～の year-end.　～売出し a year-end sale.

ざいみん 催眠術 hypnotism ; mesmerism.　～術をかける hypnotize ; mesmerize.　～状態 hypnosis.

さいむ 債務 a debt.　～を果たす pay off one's debts.　～者 a debtor.　～証券化 debt securitization.

ざいむ 財務省 the Ministry of Finance.　～諸表 financial statements.

さいもく 細目 items ; details.

ざいもく 材木 wood ;《米》lumber ;《英》timber.　～置場《米》a lumberyard.　～屋 a lumber dealer.

さいよう 採用 adoption.　～する adopt ;〔雇用〕employ.　～通知 a notification of appointment.

ざいりゅう 在留する live ; reside. パリの～邦人 Japanese residents in Paris.

さいりょう 裁量に任せる leave … to a person's discretion.　～行政 discretionary (policy) administration.

ざいりょう 材料 material ;〔原料〕raw material ;〔資料〕data.

ザイル a rope〔<《G》Seil〕.

さいるい 催涙ガス tear gas.　～弾 a tear shell〔bomb〕.

サイレン《sound》a siren.

サイロ a silo.

サイン〔野球〕a signal.　～入り写真 an autographed photo.　～してもらう get a person's autograph.　～する sign one's name.　～を送る give a signal《to》;〔署名〕a signature ;〔有名人などの〕an autograph.　～会 an autograph session.　～帳 an autograph album.　～ペン a felt-tip pen.

サウジアラビア (the Kingdom of) Saudi Arabia.　～の Saudi (Arabian).

サウスポー a southpaw (pitcher).

サウナ サウナ風呂 a sauna.

- さえ〔でさえも〕even ;《cannot》so much as《do》;〔ただ…さえ〕only ; so long as.　生きて～いたら so long as we are alive.　1万円あり～したら if only I had 10,000yen.　子供で～できる Even a child can do it.

さえぎる 遮る intercept ; interrupt ; screen《from view》.

さえずる 囀る sing ; warble ; twitter ; chirp.

さえる 冴える〔月・色・頭脳などが〕be bright ; be clear ;〔腕が〕become skilled〔dexterous〕.

さお 竿 a pole ; a rod ; a staff.　～竹 a bamboo pole.

さか 坂 a slope.　～道 an uphill road.

さかえる 栄える prosper ; flourish ; thrive.

さがく 差額 the balance ; the margin.

さかぐら 酒蔵〔貯蔵所〕a wine cellar.

さかさ 逆さの upside-down ; inverted.　～に〔頭から先〕headlong ;〔上下を〕upside down ;〔裏表を〕wrong side out.

さがす 捜す search〔look〕for ;〔辞書で語を〕look up ;〔発見する〕find out.

さかずき 杯 a wine cup.

さかだち 逆立ちをする stand on one's (head and) hands.

さかだつ 逆立つ〔毛が〕stand on end ; bristle up.　逆立てる〔動物が〕bristle up ;〔鳥が〕ruffle up《its feathers》

さかだる 酒樽 a wine cask ; a wine barrel.

さかな 魚・肴〔魚〕(a) fish ;〔魚肉〕fish ;〔肴〕a relish《taken with wine》;　～屋〔店〕a fish shop ;〔人〕a fish dealer ;《英》a fishmonger.

さかのぼる 遡る〔流れを〕go〔row〕up《a stream》;〔過去に〕go《trace》back《to the past》;〔遡及ｼﾞｭｳ〕be retrospective.

さかや 酒屋〔店〕a liquor〔wine〕shop;〔人〕a liquor-shop owner;〔造り酒屋〕a brewer.

さからう 逆らう defy; disobey; go against.

さかり 盛りである〔絶頂〕be in full bloom〔花が〕; be in season〔果実が〕; be in full swing〔事柄が〕; be in the prime《of manhood, of womanhood》(人が);〔交尾期〕be in the rut〔雄が〕〔heat〔雌が〕〕.

さかりば 盛り場〔にぎやかな場所〕the busiest part of town;〔歓楽街〕the amusement quarters.

さがる 下がる〔旗などが〕hang down;〔下落〕fall; go down;〔後退〕fall〔step〕back; retire;〔位などが〕be degraded;《米》be demoted.

さかん 左官〔屋〕a plasterer.

さかん 盛んな〔繁盛〕prosperous; thriving;〔盛大〕splendid;〔旺盛〕vigorous. 〜に actively; vigorously.

さき 先〔行く先〕destination;〔先方〕the other party;〔未来〕future. 〜に行く go first〔ahead〕; go before《a person》;〔先端〕a tip; a point;〔前方に〕《two meters》ahead;《two miles》away;〔以前の〕previous;〔元の〕former. 〜の首相 the former premier;〔前もって〕《pay》beforehand〔in advance〕. これから〜 after this; in future;〔続き〕the sequel《of a story》. その〜を話せ Go on;〔順位〕the first.

さぎ 鷺 a (snowy) heron.

さぎ 詐欺を働く commit a fraud. 〜師 a swindler;《話》a con(fidence) man. 振り込め〜 a bank transfer scam.

さきおととい 一昨々日 three days back〔ago〕.

サキソフォン a saxophone;《話》a sax.

さきだつ 先立つ precede; go before

〔ahead of〕;〔先に死ぬ〕die before《one's parents》.

さきほど 先程 shortly ago. 〜から for some time.

さきまわり 先回り(を)する get ahead of《a person》;〔出し抜く〕forestall.

さきもの 先物〜取引 futures trading.

さきゅう 砂丘 a sand hill; a dune.

さぎょう 作業 work; operation. 〜室 a workroom. 〜服 a working clothes; an overall.

ざきょう 座興に(in order)to entertain the company.

さきん 砂金 gold dust.

さきんじる 先んじる go ahead《of》; take the lead《in》.

さく 作〔作物の〕a harvest; a crop;〔芸術の〕a work.

さく 策〔計画〕a plan; a measure;〔方策〕a scheme;〔術策〕a stratagem;〔政策〕a policy.

さく 柵 a fence; a paling; a palisade; a stockade. 〜を作る build a fence〔stockade〕; fence round.

さく 咲く bloom; blossom; flower; come out.

さく 裂く rend; split; tear;〔仲を〕alienate.

さくい 作為 artificiality. 〜的な artificial.

さくい 作意 a design; an intention. 〜的(な) deliberate.

さくいん 索引 an index.

さくし 策士 a tactician; a schemer.

さくし 作詞する write the words《for a tune》.

さくしゃ 作者〔著者〕an author; a writer;〔劇の〕a playwright;〔小説の〕a novelist;〔音楽の〕a composer.

さくしゅ 搾取する exploit. 中間〜 intermediary exploitation.

さくじょ 削除する strike〔cross〕out《a person's name off the list》; delete; cancel.

さくせい 作成する make；frame；〔書類などを〕draw up.

さくせん 作戦〔軍事行動〕operations；〔戦略〕strategy；〔戦術〕tactics. ～を練る consider a plan of operations.

さくどう 策動する maneuver《behind the scenes》.

さくねん 昨年 last year.

さくばん 昨晩 last evening.

さくひん 作品 a (piece of) work.

さくもつ 作物 crops；〔農作物〕farm produce.

さくや 昨夜 last night.

さくら 桜〔木〕a cherry tree；〔花〕cherry blossoms. ～色(の) light pink.

さくら〔大道商人の〕a decoy；〔劇場の〕a claque.

さくらそう 桜草 a primrose.

さくらん 錯乱する〔精神が〕be mentally deranged. 精神～ mental aberration〔derangement〕.

さくらんぼう 桜桃 a cherry.

さくりゃく 策略 a trick；an artifice；a stratagem；a ruse.

さぐる 探る〔捜す〕search《for》；look《for》；〔敵などを〕spy《on》；〔他人の意見を〕sound；〔手で〕grope《for》；〔秘密を〕probe.

ざくろ 柘榴 a pomegranate. ～石 garnet.

さけ 鮭 a salmon.

さけ 酒 sake；liquor；wine. ～が強い(弱い) be a good (poor) drinker. ～びたりになる be soaked in drink.

さけのみ 酒飲み a hard drinker；a drunkard.

さけび 叫び a shout；a cry；〔悲鳴〕a scream；〔怒号〕a howl.

さけぶ 叫ぶ shout；cry；scream；howl.

さけめ 裂け目 a rent；a crack；〔縫い目などの〕a tear.

さける 裂ける split；be split〔torn，rent〕；〔破裂〕burst.

さける 避ける avoid；〔きらって〕shun；〔かわす〕dodge；〔責任を〕shirk；〔車などを〕get out of the way of；〔近寄らない〕keep away from. 避け難い unavoidable；inevitable.

さげる 下・提げる〔降ろす〕let down；〔つるす〕hang down；〔提げる〕carry；〔価格などを〕lower；〔膳などを〕take away；〔頭を〕bow；〔刀を〕wear.

さげん 左舷 port.

ざこ 雑魚 small fish. ～寝する sleep together all in a huddle.

さこく 鎖国(主義) isolationism；a policy of no foreign contact.

さこつ 鎖骨 the collarbone；the clavicle.

ささ 笹 a bamboo grass.

ささい 些細な trifling；trivial；small；insignificant.

さざえ 栄螺(の壺焼) a turbo (cooked in its own shell).

ささえる 支える support；keep (up)；sustain；hold (out)；〔くいとめる〕resist；check；stem.

ささくれ an agnail；a hangnail.

ささげる 捧げる〔捧げ持つ〕lift〔hold〕up；〔奉る〕offer；present；〔奉仕〕sacrifice；〔一身を捧げる〕devote oneself to.

さざなみ 漣 ripples；rippling waves.

ささやき 囁き a whisper；〔小川などの〕murmurs of a brook.

ささやく 囁く whisper；〔小川などが〕murmur.

ささる 刺さる stick；pierce.

さざんか 山茶花 a sasanqua.

さじ 匙 a spoon. ～を投げる give up；despair of. 砂糖1～ a spoonful of sugar.

さしあげる 差し上げる〔進呈〕give；present《a person with a thing》；〔上に〕lift up《a thing above one's head》.

さしえ 挿し絵 an illustration ; a cut.
～を入れる illustrate《a book》.

さしおさえ 差し押さえ seizure ;
attachment ; 〔法律〕distraint. ～る
seize ; attach ; 〔法律〕distrain ;
place《property》under attachment.

さしき 挿し木 a (planted) cutting. ～
をする plant a cutting.

さじき 桟敷 a box ; a gallery ; 〔競技
場の〕a stand.

ざしき 座敷 a room ; floored with
tatami mat (室) ; 〔客室〕a drawing
room.

さしこみ 差し込み 〔挿入〕insertion ;
〔電気の〕a plug ; 〔腹痛〕the gripes.

さしこむ 差し込む insert ; plug《a
cord》into ; 〔光が〕shine 〔stream〕
in ; 〔腹が〕gripe.

さしさわり 差し障り an obstacle ; a
hindrance. ～があるといけないから
for fear of giving offense.

さしだす 差し出す 〔提出〕tender ;
send in ; 〔手を〕stretch out.

さしつかえ 差し支えがない can do ;
may do ; 〔異議がない〕do not mind.
～がなければ If you do not mind.
…しても～ありませんか May I《open
the door》?

さしつかえる 差し支える 〔支障〕be
prevented《from doing》; 〔先約な
どで〕be engaged ; 〔金品などに〕be
pressed《for》.

さしでがましい 差し出がましい
impertinent ; meddlesome.

さしひき 差し引き 〔控除〕deduction ;
〔残額〕balance.

さしひく 差し引く take away ; deduct
《from》.

さしみ 刺身 (sliced) raw fish ;
sashimi.

さしむかい 差し向かいで face to face
《with》.

さしゅ 詐取する obtain by fraud ;
swindle《money from》.

さしょう 査証 a visa. 旅券の～を受け
る get one's passport visaed. 入国
(出国) ～ an entry (exit) visa.

さしょう 詐称する assume a false
name ; 〔学歴を〕make a false
statement of one's academic career.

ざしょう 座礁する run aground ; be
stranded.

さしわたし 差し渡し《three inches》
across 〔in diameter〕.

さす 刺す 〔ぐさっと〕stab ; 〔ちくちく
と〕prick ; 〔虫が〕bite ; sting.

さす 差す・指す 〔指示〕point《at,
to》; indicate ; 〔指名する〕name《a
person》; 〔かざす〕hold《an
umbrella》over one's head ; 〔注ぐ〕
pour ; fill《a vase with water》; 〔潮
が〕rise ; flow ; 〔光が〕shine into
〔upon〕; stream in.

さす 挿す put in 〔into〕; 〔穴などに〕
stick .

さすが 流石 〔さすがは〕indeed ;
truly. ～科学者だけあって like a
scientist that he is ; 〔…ではあるが
though〕for all. ～の英雄も hero as
〔though〕he is.

さずかる 授かる receive ; be awarded
《granted》; 〔子供を〕be blessed
《with a child》. 授かり物 a gift ; a
godsend.

さずける 授ける grant ; award《to》;
confer《on》.

サスペンス suspense. ～小説 a thrill-
er ; a mystery story.

ざせき 座席 a seat. ～を取る take a
seat.

ざせつ 挫折する be frustrated ; suffer
a setback.

させる 〔強制〕make a person do ; 〔放
任〕allow 〔leave〕a person to do ; let
a person do ; 〔依頼〕have a person
do. 時計を修繕～ have one's watch
mended.

させん 左遷する《米》relegate ; de-
mote.

ざぜん 座禅を組む sit in zen meditation.

さそい 誘い〔招き〕(an)invitation；〔誘惑〕(a)temptation. ～に乗る fall a victim to temptation.

さそう 誘う〔招待〕invite《a person to a party》；〔誘いに寄る〕call for《a person》. 誘い出す lure《a person》out；〔誘惑する〕tempt.

さそり 蠍 a scorpion. ～座 Scorpio.

さだまる 定まる〔決定〕be settled〔decided , fixed〕；〔天候が〕be settled. 定まった regular；agreed；fixed.

さだめる 定める〔規則などを〕establish；lay down；〔決定する〕fix；decide；settle.

ざだん 座談 a conversation；a talk. ～会 a round table talk；a discussion.

さつ 冊〔1巻〕a volume ；〔1部〕a copy.

さつ 札 a bill；paper money；《英》a (bank) note.

さつい 殺意(を抱く)(harbor a)murderous intent.

さつえい 撮影する take a photograph〔picture〕《of》；make a film《of》；film《a scene》. ～技師 a film operator. ～所 a movie studio.

ざつえき 雑役 odd jobs.

ざつおん 雑音 noises；〔ラジオの〕jarring and grating.

さっか 作家 a writer；a novelist；〔男〕an author；〔女〕an authoress.

サッカー soccer；《英》football. ～をする play soccer.

ざっか 雑貨 miscellaneous goods；general goods；〔食料品雑貨〕groceries. ～商〔人〕a grocer；《米》a general dealer；〔店〕a grocery store；《米》a general store.

さっかく 錯覚(を起こす)(have) an illusion.

サッカリン saccharin.

さっき 殺気立つ get excited；look ferocious.

ざっきちょう 雑記帳 a notebook；a memorandum book.

ざっきょ 雑居ビル a multi-purpose〔-use〕building.

さっきょく 作曲する compose；set《a poem》to music. ～家 a composer.

さっきん 殺菌する sterilize. ～剤 a sterilizer.

ざっきん 雑菌 miscellaneous germs.

サック〔袋〕a sack；〔筒・さやなど〕a case；〔指の〕a fingerstall.

サックス〔楽器〕a saxophone.

ざっこく 雑穀(商)(a dealer in) cereals.

サッシ〔窓枠〕a sash. →アルミ(サッシ).

ざっし 雑誌 a magazine；〔定期刊行物〕a periodical.

ざっしゅ 雑種の crossbred；hybrid；mongrel.

ざっしゅうにゅう 雑収入 a miscellaneous income.

さっしん 刷新する (make a) reform；renovate；innovate.

さつじん 殺人 homicide；〔謀殺〕《commit》(a) murder；〔殺意なき殺人〕manslaughter. ～的混雑 a hell of a crush. ～的な暑さ deadly heat. ～事件 a murder case. ～犯人 a murderer.

さっする 察する〔悟る〕perceive；understand；〔推察〕guess；suppose；imagine. …から～ところ judging from；〔同情〕sympathize《with》.

さっそう 颯爽とした dashing；gallant. ～としている cut a dashing figure.

ざっそう 雑草 weeds. ～の生えた weedy.

ざつだん 雑談する (have a) chat《with》.

さっちゅうざい 殺虫剤 an insecticide.

ざっと〔急いで〕hastily；hurriedly；〔おおよそ〕about；〔おおざっぱに〕roughly；〔簡単に〕briefly. ～目を

通す glance through.

さっとう 殺到する (make a) rush《for a place》; throng to《a place》. 注文が～ have a rush of orders.

ざっとう 雑踏 bustle;〔人込み〕a crowd. ～する be crowded《with》.

ざつねん 雑念を払う dismiss worldly thoughts from one's mind.

さつばつ 殺伐とした violent; bloody; brutal; savage.

さっぱり (…でない)(not…) at all;(not…) in the least. ～した〔気分〕《be》refreshed;〔気性〕frank; openhearted;〔服装などが〕neat; clean.

ざっぴ 雑費 miscellaneous〔sundry〕expenses.

さっぷうけい 殺風景な〔興のない〕tasteless; prosaic;〔荒涼とした〕dreary; bleak;〔飾り気のない〕bare《rooms》.

さつまいも 薩摩芋 a sweet potato.

ざつむ 雑務 miscellaneous〔odd〕business〔duties〕.

ざつよう 雑用 odd affairs;〔家庭の〕chores. →ざつむ.

さてい 査定 assessment. ～する assess《taxes》.

サディスト a sadist. **サディズム** sadism.

さておき この問題は～ apart from〔setting aside〕this problem. なには～ first of all.

サテライト ～オフィス a branch office. ～スタジオ a satellite studio.

さといも 里芋 a taro.

さとう 砂糖 sugar. ～を入れる put in sugar. ～を入れますか Do you want sugar《in your tea》? ～入れ a sugar basin. ～黍 a sugar cane. ～大根 a sugar beet. 角～ lump sugar. 角～1個 a lump of sugar.

さとおや 里親 a foster parent.

さとごころ 里心がつく pine for one's home; get homesick.

さとり 悟りを開く be spiritually awakened.

さとる 悟る〔理解する〕understand; comprehend;〔気づく〕perceive; become aware of;〔感づく〕take the hint.

サドル a saddle.

サドンデス〔サッカー〕a sudden-death goal.

さなぎ 蛹 a chrysalis(複 chrysalises, chrysalides); a pupa(複 pupae).

サナトリウム a sanatorium.

サニーレタス red leaf lettuce.

さは 左派 the left wing《of a party》; the leftists.

さば 鯖 a mackerel.

さばく 砂漠 a desert.

さばく 捌く sell; find a market《for》;〔処置〕dispose of.

さばく 裁く judge; decide《on a case》;〔解決〕settle《a matter》.

さばけた 捌けた frank; sociable. ～人 a man of the world.

さび 錆 rust;〔青銅の〕patina.

さびしい 寂しい lonely; lonesome; deserted; desolate.

さびる 錆びる rust; get rusty. **錆びた** rusty.

さびれる 寂れる decline; cease to flourish. **寂れた** desolate.

サファイヤ a sapphire.

サファリ a safari. ～パーク a wild animal park;〔英〕a safari park.

サブタイトル a subtitle.

ざぶとん 座布団 a cushion.

サフラン a saffron.

サブリミナル subliminal. ～広告 subliminal advertising.

サプリメント supplements.

さべつ 差別する discriminate《A from B》. ～待遇する treat《a person》with discrimination.

サポーター〔サッカーなどの〕a supporter;〔運動選手の〕an athletic supporter;〔男性器用の〕a jockstrap.

サボタージュ〔妨業〕sabotage;〔怠業〕a go-slow.

サボテン a cactus (複 cacti, cactuses).

サボる〔仕事を〕neglect one's job;〔学校を〕play truant《from school》. →サボタージュ.

ザボン a shaddock.

-さま …様〔敬称〕〔男子の〕Mr.; Esq.〔< Esquire〕(英国で文書において姓名の後につける);Messrs.(Mr. の複);〔女性の〕Ms.; Mrs.(既婚);Miss.(未婚).〔宛て名〕加藤太郎～《米》Mr. Taro Kato;《英》Taro Kato, Esq.

サマー―タイム《米》daylight-saving time〔略 DST〕;《英》summer time.

さまざま 様々な various; diverse; of all kinds〔sorts〕.

さます 覚ます〔目を〕wake up; awake;〔迷いを〕awake; disillusion;〔酔いを〕sober《up》.

さます 冷ます〔冷やす〕cool;〔興を〕spoil《a person's pleasure》; dampen《a person's zeal》;〔熱を〕bring down《fever》;〔怒りを〕soothe; allay.

さまよう 彷徨う wander〔roam〕about; loiter; rove.

サミット a summit (meeting).

さむい 寒い cold; chilly.

さむがり 寒がりである be sensitive to the cold.

さむがる 寒がる complain of the cold; shiver with cold.

さむけ 寒気 (がする) have a chill.

さむさ 寒さ cold; coldness.

さめ 鮫 a shark. ～肌 rough skin.

さめる 冷める (become) cool; get cold;〔熱が〕subside; fall;〔興が〕be spoiled〔chilled〕.

さめる 覚める〔目が〕wake (up); awake;〔迷いが〕be disillusioned;〔酔いが〕become sober.

さも 然も as though〔if〕; just (like); quite. ～得意そうに boastingly. ～うまそうに with keen relish.

サモア (the Independent State of) Samoa.

さもしい ～心 a base spirit. ～やつ a mean fellow.

さや 莢 a pod. ～えんどう field peas.

さや 鞘 a sheath;〔刀などの〕a scabbard;〔筆などの〕a cap.

さやいんげん a string〔green〕bean.

さゆう 左右 right and left. ～する control; influence.

さよう 作用 an action; an operation. …に～する act upon.

さら 皿〔深皿〕a dish;〔平皿〕a plate;〔受皿〕a saucer;〔はかり皿〕a scale.

さらい 再来月 (週, 年) the month (week, year) after next.

さらう 浚う dredge; clean《a ditch》; drag《a river for a corpse》.

さらう 攫う〔誘拐する〕kidnap; abduct;〔奪う〕carry《off》; run away;〔波が〕sweep away.

サラきん サラ金 a small-lot money lending business (for salaried workers); consumer credit〔finance〕business. ～業者 a consumer loan〔credit〕firm;〔悪質な〕a loan shark.

さらけだす 曝け出す expose; disclose; lay bare.

さらさ 更紗 printed cotton; chintz.

ざらざらする〔物が主語〕feel rough〔coarse〕.

さらし 晒し粉 bleaching powder. ～木綿 bleached cotton.

さらす 晒す bleach;〔精製〕refine.

さらす 曝す air; expose. 風雨に曝された weather-beaten.

サラダ salad. ～油 salad oil. ハム～ ham and salad. 野菜～ vegetable

salad.

さらに 更に〔新たに〕anew；afresh；〔再び〕again；〔その上に〕besides；still more.

サラブレッド a thoroughbred. ～の thoroughbred.

サラミ salami (sausage).

サラリー a salary. ～マン a salaried worker；a salaried〔an office〕 worker.

ざりがに a crawfish；a crayfish.

サリチル サリチル酸 salicylic acid.

サリン sarin〔a nerve gas〕.

サリドマイド thalidomide《babies》.

さる 猿 a monkey；an ape. ～芝居 a monkey show.

さる 去る go away；leave；〔除去〕 remove；take off. ～5日に on the past fifth. ～7月 last July.

ざる 笊 a basket.

さるぐつわ 猿轡をはめる gag《a person》.

サルビア a salvia；a scarlet sage.

サルベージ salvage. ～船 a salvage boat.

サロン〔客間〕a salon；〔酒場〕a saloon.

サワー〔カクテル〕a sour.

さわかい 茶話会 a tea party.

さわがしい 騒がしい noisy；boisterous；〔不穏〕turbulent.

さわがす 騒がす〔世間を〕stir up a (great) sensation.

さわぎ 騒ぎ〔喧燥〕a noise；(an) uproar；〔騒動〕(a) commotion；a trouble.

さわぐ 騒ぐ be noisy；〔騒ぎ立てる〕 make a fuss；〔笑い騒ぐ〕make merry；〔不穏になる〕become agitated.

さわやか 爽やかな fresh；refreshing；bracing《air》.

さわる 触る touch；〔さわってみる〕feel.

さわる 障る〔妨げる〕hinder；interfere《with》；〔害になる〕be injurious《to》；be bad《for》；〔気に障る〕hurt《a person's feelings》；offend《a person》.

さん 三 three. 第～ the third.

さん 桟〔障子の〕a frame；〔戸締りの〕a bolt.

さん 酸 an acid；〔酸性〕acidity. ～性の acid.

さん 産〔分娩〕childbirth；delivery. ～する produce. お～が軽い（重い） have an easy (a difficult) delivery. お～をする deliver a child.〔財産〕property；a fortune；〔産出〕production. 静岡～のお茶 tea from Shizuoka.

さんいん 産院 a lying-in〔maternity〕hospital.

さんか 参加 participation. ～する participate〔take part〕《in》；join. ～国（チーム）a participating nation (team). ～者 a participant；a entry.

さんか 傘下 …～の under the control〔influence〕of.

さんか 酸化する oxidize；oxidate. ～物 an oxide.

さんかい 散会する break up；adjourn；close.

さんがい 惨害 heavy damage；havoc. ～を与える work havoc《with》. ～を被る suffer severe damage《from》.

ざんがい 残骸 remains；a wreck.

さんかく 三角 a triangle. ～の triangular. ～関係〔男女間の〕the eternal triangle；a triple love affair. ～定規 a set square.

さんがく 山岳 ～地方 a mountainous district. ～部 a mountaineering club.

さんかくす 三角州 a delta.

さんがつ 三月 March〔略 Mar.〕.

さんかん 参観する visit；see；inspect. ～人 a visitor《to》.

さんぎいん 参議院（議員）(a member of) the House of Council (l) ors.

さんきゃく 三脚（台）〔カメラなどの〕

a tripod .

ざんぎゃく 残虐 →ざんこく. **〜行為**《commit》atrocities.

さんきゅう 産休《take》a maternity leave.

さんぎょう 産業 industry. **〜の** industrial. **〜界** the industrial world. **〜革命** the Industrial Revolution. **情報（知識）〜** the information (knowledge) industry. **内需〜** the domestic demand-oriented industry.

ざんぎょう 残業 overtime work. **〜する** work overtime. **〜手当** an overtime allowance.

ざんきん 残金 the balance；the money left over.

サングラス（a pair of）sunglasses.

さんけ 産気づく begin to labor；suffer the pains of childbirth.

ざんげ 懺悔〔後悔〕repentance；〔告白〕confession. **〜する** confess；make a clean breast《of》. **〜話** a confession.

さんけい 山系 a mountain range.

さんけい 三景 the scenic trio《of Japan》.

さんけい 参詣する visit a shrine〔temple〕；（go and）worship《at a shrine》. **〜人** a visitor.

さんご 珊瑚 coral. **〜礁** a coral reef；〔環礁〕an atoll.

さんこう 参考（に）する refer to；consult《a book》. **〜書** a reference book；〔学習用〕a handbook《of English for students》. **〜人** a witness. **〜品** a specimen.

ざんごう 塹壕《dig》a trench.

ざんこく 残酷な cruel；brutal；merciless；ruthless.

さんざい 散在する lie scattered；〔場所が主語〕be dotted《with things》.

さんざい 散財する spend money《on》；〔浪費〕waste one's money；〔豪遊〕go on a great spree.

ざんさつ 惨殺する slaughter. **〜死体** a mangled body.

さんざん 散々（に）〔ひどく〕terribly；severely；〔容赦なく〕ruthlessly；mercilessly；〔すっかり〕utterly；thoroughly.

さんさんくど 三三九度の杯を交わす exchange nuptial cups.

さんさんごご 三三五五 by twos and threes；in small groups.

さんじ 惨事 a terrible accident；a disaster.

さんじ 産児制限（をする）（practice）birth control.

さんじゅう 三十 thirty. **第〜** the thirtieth.

さんじゅう 三重の threefold；triple.

さんじょ 賛助会員 a supporting member. **〜出演する** appear as a guest artist〔star〕.

ざんしょ 残暑 the lingering heat.

さんしょう 参照する refer to；compare《with》. **〜せよ** see；confer〔略 cf.〕.

さんしん 三振 a strike-out. **〜する** be struck out.

さんすう 算数〔算術〕arithmetic；〔計算〕（a）calculation.

サンスクリット Sanskrit.

さんする 産する produce；yield；bring forth.

さんせい 賛成 support；approval. **〜する** approve of《a plan》；support《a bill, a person's opinion》；vote for《a proposal》. **〜者** a supporter；a seconder.

さんせいけん 参政権 suffrage.

さんそ 酸素 oxygen. **〜吸入** oxygen inhalation.

さんぞく 山賊 a brigand；a bandit.

ざんだか 残高 the balance. **預金〜** the balance《at the bank》.

サンタクロース Santa Claus《英》Father Christmas.

サンダル《wear》sandals.

さんたん 惨憺たる pitiful；tragic；

miserable；appalling.

さんだん 三段 ～跳び the triple jump. ～論法 a syllogism.

さんだん 算段する manage；contrive 《to do》；〔金を〕raise.

さんち 山地 a mountainous district.

さんち 産地 a《rice》producing district；〔動植物の〕the habitat.

さんちょう 山頂 a summit；a peak《of a mountain》.

ざんてい 暫定的な provisional；temporary. ～的に provisionally；temporarily；for the time being.

サンドイッチ a sandwich.

さんどう 参道 the approach《to a shrine》.

サンドウェッジ〔ゴルフ〕a sand wedge.

サンドバッグ a punching bag；a sandbag.

サンドペーパー《a sheet of》sandpaper. ～をかける sandpaper.

サントメ・プリンシペ (the Democratic Republic of) São Tomé and Principe.

ざんねん 残念に思う〔失望〕be disappointed《at》；〔口惜しがる〕be chagrined《at》. ～な regrettable；〔口惜しい〕mortifying. ～ながら regrettably.

さんば 産婆 a midwife. ～役を務める act as a go-between；assist in the formation of《a cabinet》.

さんぱい 参拝する go and worship《at a shrine》.

ざんぱい 惨敗する suffer a crushing defeat；〔零敗〕《米俗》be skunked.

さんばし 桟橋 a pier；a jetty；〔浮き桟橋〕a landing stage.

さんぱつ 散髪する have one's hair cut.

さんび 賛美する praise；glorify. ～歌 a hymn.

さんぴ 賛否 ayes and nays. その案には～両論がある There are arguments for and against the plan.

ザンビア (the Republic of) Zambia.

さんぶ 三部 ～合唱 a trio. ～合奏 a trio.

さんぷく 山腹の〔に〕on the hillside〔mountainside〕.

さんふじんか 産婦人科 obstetrics and gynecology.

さんぶつ 産物 a product；〔主要産物〕the staples；〔集合的〕produce；〔成果〕an outcome.

サンプル a sample.

さんぶん 散文 prose. ～詩（劇）a prose poem (drama).

さんぽ 散歩する take a walk〔stroll〕；go (out) for a walk.

さんぽう 三方（に）(on) three sides；(on) all sides but one.

さんぼう 参謀 a staff officer；〔集合的〕the (general) staff；〔相談役〕a counselor. ～長 the chief of staff〔chief staff officer〕. ～本部 the general staff office.

さんま 秋刀魚 a (Pacific) saury.

さんまいめ 三枚目〔演劇〕a comedian.

サンマリノ (the Republic of) San Marino.

さんみゃく 山脈 a mountain range；the mountains.

さんめん 三面記事 city news. ～鏡 a triple〔winged〕mirror.

さんようすうじ 算用数字 Arabic numerals.

さんらん 産卵する lay eggs；〔魚が〕spawn. ～期 the spawning time.

さんりん 三輪 ～車 a tricycle. ～トラック a three-wheeler truck.

ざんるい 残塁する be left on《third》base.

サンルーム a sun room〔lounge〕.

さんれつしゃ 参列者 an attendant；〔集合的〕those present.

し

し 四 four. 第～ the fourth.

し 市 a city；〔行政区画〕a munic-

し 死 death. ～の灰 (nuclear) fallout；atomic (nuclear) dust.

し 詩〔総称〕poetry；〔一編の詩〕a poem；〔韻文〕verse. ～を作る compose〔write〕a poem.

シ〔音階〕si；H.

じ 字 a letter；a character. ～が上手〔下手〕write a good (poor) hand.

じ 痔 piles；hemorrhoids.

しあい 試合 a match；a game；〔勝ち抜きの〕a tournament. ～(を)する play a match〔game〕《with》.

しあげ 仕上げ〔a〕finish. ～(を)する give the finishing touches《to》. ～る finish；complete.

じあげや 地上げ屋 a land shark.

しあさって 明々後日 three days from now.

ジアスターゼ diastase.

しあつ 指圧〔療法〕a finger pressure therapy〔cure〕.

しあん 試案 a tentative plan〔draft〕.

シアン cyanogen. ～公害 cyanic pollution.

シーアイ CI；corporate identity (企業イメージ).

シーアは シーア派〔イスラム教〕Shiah；Shiism；〔教徒〕a Shiite.

シーエム a commercial message (CMは和製略語). ～を流す run a commercial.

しいく 飼育する rear；breed；raise.

シークレット a secret. ～サービス the secret service.

じいしき 自意識 self-consciousness. ～の強い highly self-conscious.

シースルーの see-through《night gown》.

シーズン a season. ～オフ the off season.

シーソー a seesaw. ～ゲーム a seesaw game.

しいたげる 虐げる〔圧政〕oppress；tyrannize《over》；〔虐待〕maltreat；

〔迫害〕persecute.

シーツ a (bed) sheet.

シーティー CT；computerized tomography〔コンピュータ断層映像〕；CAT scan. ～スキャナー a CT scanner.

シーディー《play》a CD〔< compact disk〕(複 CDs, CD's)；〔現金自動払出機〕a cash dispenser. ～ロム a CD-ROM〔< read only memory〕.

シート〔座席〕a seat；〔薄板・紙〕a sheet. ～ベルトを締める fasten a seat belt.

シード ～する seed. ～選手 a seeded player.

ジーパン《a pair of》jeans.

ジープ a Jeep (商標).

シームレス seamless《stockings》.

シーラカンス a coelacanth.

シール a seal；a sticker.

シールド ～工法 the shield method.

しいれ 仕入れをする lay in《a stock of》；stock《goods》. ～価格 the cost price. ～先 a supplier.

シーレーン〔海上通商路〕a (commercial) sea lane.

しいん 子音 a consonant.

しいん 死因 the cause of one's death.

シーン a scene.

ジーンズ〔布地〕jean；〔ジーパン〕《a pair of》jeans.

しうんてん 試運転〔乗り物の〕a trial run；〔機械の〕test working.

シェア ～60%を占める have a 60 percent market share. ～を拡大する increase one's market share.

シェアウェア〔コンピュータ〕shareware.

しえい 市営の municipal；city. ～住宅 a municipal dwelling house. ～バス a city bus.

しえい 私営の private (-owned)；privately-managed.

じえい 自衛 self-defense〔-protection〕. ～権 the right of self-defense. 海上(航空，陸上)～隊 the

Maritime (Air, Ground) Self-Defense Force.

ジェイアール JR〔< Japan Railways〕. ~線 JR lines.

シェイプアップ ~する get〔become〕in shape.

シェーカー shaker ;《shake》a (cocktail).

ジェスチャー〔身振り〕a gesture ;〔ゲーム〕charades.

ジェット ~機 (旅客機) a jet plane. ~気流 a jet stream. ~コースター a roller coaster.

ジェトロ JETRO ; the Japan External Trade Organization (日本貿易振興機構).

ジェネレーションギャップ a generation gap.

シェパード a German shepherd ;《英》an Alsatian (wolfhound).

シェフ a chef. ~のお勧め【標示】Chef's Specials.

シエラレオネ (the Republic of) Sierra Leone.

シェリー〔酒〕sherry.

しお 塩 salt. ~辛い salty. ~水 salt water ; brine.

しお 潮 the tide ;〔潮流〕a current. ~が差す (退く) flow (ebb). ~風 a sea breeze. ~干狩り shell gathering.

しおくり 仕送り (an) allowance. ~(を)する send《a person》an allowance ; send money《to》.

しおづけ 塩漬けにする salt ; pickle《food》in salt.

シオニズム Zionism. 反~ anti-Zionism.

しおらしい gentle ; modest ; tender.

しおり 栞 a bookmark ;〔案内書〕a guide.

しおれる 萎れる wither ;〔元気が〕be dejected〔out of spirits〕.

しか 市価 the market price.

しか 鹿 a deer ;〔牡鹿〕a stag.

しか 歯科 dentistry ; dental surgery. ~医 a dentist ; a dental surgeon. ~医院 a dental office.

じか 時価 the current〔market〕price. ~会計 market-value accounting. ~総額 market capitalization.

じが 自我 self ; ego. ~の強い egoistic.

しかい 市会 (議員) (a member of) the municipal〔city〕assembly.

しかい 司会する take the chair ; chair〔preside over〕《a meeting》. ~者 the chairman ; the chair (person) ;〔余興などの〕the master of ceremonies ;〔クイズ番組の〕a quizmaster.

しかい 視界 the field of view〔vision〕; visibility.

しがい 市外 (live in) the suburbs. ~局番 an area code.

しがい 市街 a street. ~戦 street fighting.

しがい 死骸 a corpse ; a (dead) body.

じかい 次回に (the) next time ; next. ~の next ; following.

しがいせん 紫外線 ultraviolet rays.

しかく 四角な square. ~の square.

しかく 死角 a dead angle.

しかく 視覚 eyesight ; (the sense of) sight.

しかく 資格 (a) qualification ;〔能力〕competency. ~がある be qualified〔for〕. …の~で in the capacity of.

じかく 自覚する become conscious of ; awaken to. ~症状 a subjective symptom.

しかけ 仕掛け a device ; a mechanism ;〔からくり〕a trick. ~花火 a set of fireworks. ~人 an initiator〔prime mover〕.

しかける 仕掛ける〔着手〕set about《one's work, doing》;〔取りつける〕install ;〔いどむ〕pick《a quarrel》with《a person》;〔戦いを〕wage (a) war《against》.

しかざん 死火山 an extinct volcano.

しかし 然し・併し but；however；and yet.

じがぞう 自画像 a self-portrait.

しかた 仕方 a way；a method. ～がない There is no help for it；It's no use …ing；It can't be helped. …の～ how to do.

しがちとかく…～である be apt to do.

しかつ 死活問題 a life-and-death problem.

しがつ 四月 April〔略 Apr.〕.

じかつ 自活する support〔sustain〕oneself.

しかつめらしい stiff；solemn；formal.

じがね 地金 ground metal；〔硬貨の〕bullion. ～を出す throw off the mask；show one's true character.

しがみつく cling《to》；grip《a thing》like a vise.

しかめる 顰める〔顔を〕make a grimace.

しかる 叱る scold；tell off；rebuke.

シガレット a cigarette. ～ケース a cigarette case.

しかん 士官 an officer.

しがん 志願する〔入学・入社などを〕apply《for》；〔自発的に〕volunteer《for》. ～者 an applicant；〔候補者〕a candidate；〔軍隊などの〕a volunteer. ～書 a written application.

じかん 次官 a vice-minister；an undersecretary；《英》an assistant secretary.

じかん 時間 time；〔1時間〕an hour. ～がかかる take(long)time. ～を守る (be) punctual. ～通りに punctually；on time. ～表 a timetable；a schedule.

しき 四季 the four seasons.

しき 士気 morale. ～を鼓舞する raise〔affect〕the morale《of》.

しき 式 a ceremony；rites；《米》exercises. ～を挙げる celebrate《a wedding》；hold a ceremony；〔型〕a style；〔方式〕a method；〔数式〕an expression.

しき 指揮する command；direct；give orders；〔楽団などを〕conduct. ～官 a commanding officer. ～者〔楽団などの〕a conductor. ～棒 a baton.

しき 敷 ～石 a paving stone. ～布 a (bed) sheet. ～布団 a mattress. ～物 a carpet；a rug〔床の一部〕河川～ a riverbed. なべ～ table mat.

じき 時期 (a) time；〔季節〕a season.

じき 時機 an opportunity；a chance；〔時〕time.

じき 磁気 magnetism. ～嵐 a magnetic storm.

じき 磁器 porcelain；pottery.

しきい 敷居 a threshold；〔窓の〕a sill.

しききん 敷金(を入れる) (make) a (security) deposit.

しきさい 色彩感覚 the color sense. →いろ（色）.

しきじょう 色情 carnal〔sexual〕desire；lust. ～狂 sexmania；〔人〕a sexmaniac；〔女性〕a nymphomaniac.

しきそ 色素 a coloring matter；a pigment.

しきち 敷地 a site；the ground.

しきべつ 識別する discern；distinguish〔tell〕《between A and B，A from B》.

しきま 色魔 a lady-killer；〔病的な〕an sexmaniac.

しきもう 色盲 color blindness；〔赤と緑の〕daltonism.

しきゅう 子宮 the womb；the uterus.

しきゅう 支給する give；allow；provide；supply《a person with a thing》.

しきゅう 至急の urgent；immediate. ～に promptly；at once；with all

speed.

じきゅう 自給 support oneself. **〜自足** (economic) independence ; self-sufficiency.

じきゅう 持久 **〜戦** a protracted war ; a war of attrition. **〜力** stamina.

じきゅう 時給 hourly wages〔pay〕. 〜 1,000 円です I am paid 1,000yen an hour.

しきゅうしき 始球式を行う throw the first ball.

しきょう 市況 the condition of the market ;〔株式市況〕the stock market.

しきょう 司教 a bishop.

じぎょう 事業 an enterprise ; an undertaking ;〔仕事〕work ; business. **〜家** an enterprise.

しぎょうしき 始業式 the opening ceremony.

しきょうひん 試供品 a sample.

しきょく 支局 a branch (office) .

じきょく 時局 the (current) situation.

しきり 仕切り a partition.

しきり 頻りに constantly ; thickly ;〔熱心に〕eagerly.

しきん 資金 funds ; capital.

しぎん 詩吟 recitation of a (Chinese) poem.

しきんせき 試金石 a touchstone.

しく 敷く〔広げる〕spread ; lay ;〔おおう〕cover《with》. 寝床を〜 make a bed ;〔線路などを〕lay ;〔石などを〕pave《a street with stones》.

じく 字句 wording ; the letter《of the law》; text.

じく 軸 an axis ; a shaft ;〔機会〕a shaft ;〔茎〕a stem ; a stalk ;〔ペン軸など〕a holder ;〔巻き物〕a roll.

しぐさ 仕種〔身ぶり〕a gesture ; acting ; action.

ジグザグ a zigzag. **〜行進** a zigzag parade.

ジグソーパズル a jigsaw puzzle.

シグナル〔信号〕a signal.

しくみ 仕組み mechanism ; a plot ;〔構造〕structure ; construction.

シクラメン a cyclamen.

しけ 時化〔暴風雨〕a storm ;〔不漁〕a poor catch of fish.

しけい 死刑 the death penalty〔sentence〕; capital punishment. 〜を執行する execute. **〜囚** a condemned criminal.

しげき 刺激〔刺激すること〕stimulation ;〔刺激物〕a stimulus. 〜する stimulate ;〔怒らす〕irritate.

しげみ 茂み・繁み a thicket ; a bush.

しげる 茂る・繁る grow thick.

しけん 試験 an exam (ination) ; a test. **〜する** examine ;〔試してみる〕test. **〜科目** a subject for examination. **〜官** an examiner. **〜管(紙)** a test tube (paper) .

しげん 資源《natural, material》resources. 人的**〜** manpower.

じけん 事件 an affair ;〔事故〕an accident ;〔訴訟事件〕a case. 殺人**〜** a murder case.

じげん 次元 a dimension.

じげん 時限〔授業〕a period. **〜爆弾** a time bomb.

しご 死後 after one's death. **〜硬直** rigor mortis.

じこ 自己 oneself ; self. **〜紹介する** introduce oneself. **〜の** one's (own) ; private. **〜本位の** self-centered ; egoistic. **〜流(で)** (in) one's own way. **〜紹介** self-introduction. **〜資本比率** a capital adequacy ratio. **〜宣伝** self-advertisement. **〜破産** individual〔personal〕bankruptcy.

じこ 事故 an accident. **〜死** (a) violent death.

しこう 施行 enforcement ; operation. **〜される** take effect. **〜する** enforce ; administer.

しこう 嗜好 (a) taste ; (a) liking. **〜品** articles of taste.

じこう 時効 prescription ; statues of limitations.

しこうさくご 試行錯誤 《by》trial and error.

じごうじとく 自業自得である have brought it on oneself ;〔ざま見ろ〕It serves you〔him, her〕right!

しこうせい 指向性 directivity. 〜アンテナ a directional antenna.

じごえ 地声 one's natural voice.

しごく 扱く 新入部員を〜 put new members through severe training.

じこく 自国 one's own country.

じこく 時刻 time.

じごく 地獄 hell. 〜のような hellish ; infernal.

しごせん 子午線 the meridian.

しごと 仕事 work ; a task ; business ; a job. 〜をする work ; do one's work〔job, task〕. 〜着 working clothes. 〜場 a workshop.

しこむ 仕込む train ; teach ; give lessons〔in〕; stock, lay in.

しこり 凝り stiffness ; lump ;〔心の〕an ill feeling.

しさ 示唆 (a) suggestion. 〜する suggest ; hint.

じさ 時差 difference in time. 〜出勤 《keep》staggered office hours. 〜ぼけ jet lag.

しさい 司祭 a priest.

しざい 私財 a private fortune.

しざい 資材 materials.

しさく 思索 (にふける) (be lost in) meditation. 〜家 a thinker.

しさく 試作 (品) a trial production. …を〜する make…experimentally.

じさく 自作 of one's own (making) ; one's own.

しさつ 視察 (an) inspection. 〜する inspect.

じさつ 自殺 suicide. 〜する kill oneself ; commit suicide.

しさん 資産 property ; (a) fortune ; means ;〔会社などの〕assets . 〜家 a man of wealth〔means〕.

じさん 持参金 a dowry. 〜人払いの手形 a check payable to bearer.

しし 嗣子〔男〕an heir ;〔女〕an heiress.

しし 獅子 a lion ;〔雌〕a lioness. 〜座 Leo. 〜鼻 a snub〔pug〕nose.

しじ 支持 を得る have〔get〕the support〔of〕. 〜する support ; back (up) ; advocate ; maintain ; stand by ; uphold.

しじ 指示〔命令〕indication ; instructions. 〜 す る indicate〔instruct〕《a person to do》; point out. →してき (指摘).

じじ 時事 current events. 〜問題 current topic.

ししつ 私室 a private room.

しじつ 史実 a historical fact.

じじつ 事実 a fact ;〔真実〕the truth. 〜上 practically ; virtually.

しじみ 蜆 a shijimi clam ; a freshwater clam.

ししゃ 支社 a branch office.

ししゃ 死者 a dead person ;〔集合的〕the dead.

ししゃ 試写 (会) a preview.

じしゃ 自社 〜株買い a share buyback. 〜 消 却 one's stock cancellation.

じしゃく 磁石 a magnet ;〔羅針盤〕a compass.

ししゃごにゅう 四捨五入する round off (numbers).

ししゅ 死守する defend《a place》to the last.

じしゅ 自主的な voluntary;independent. 〜 的 に independently. 〜 規 制 voluntary self-restraint.

じしゅ 自首する give oneself up to the police.

ししゅう 刺繍 (品) (an) embroidery. 〜する embroider.

ししゅう 詩集 an anthology ; a collection of poems.

しじゅう 四十 forty. 第～ the fortieth.

じしゅう 自習する study for oneself ; teach oneself.

じしゅく 自粛 self-control. ～する forbear.

ししゅつ 支出 expenses ; expenditure. ～する disburse ; pay ; expend.

ししゅんき 思春期《reach》adolescence.

ししょ 司書 a librarian.

じしょ 地所 land.

じしょ 辞書 a dictionary. ～を引く look up《a word》in a dictionary ; consult a dictionary.

じじょ 次女 one's second daughter.

しじょう 市場 a market. ～占有率 a market share. ～調査 a market research.

しじょう 私情 one's personal feelings.

じしょう 自称する style oneself《a poet》; pretend to《be》.

じじょう 二乗する square《a number》.

じじょう 事情 circumstances.

ししょうしゃ 死傷者 casualties.

ししょく 試食(する) sample (a cake).

じしょく 辞職 resignation. ～する resign.

じじょでん 自叙伝 autobiography.

ししょばこ 私書箱 a postoffice box 〔略 P.O.B.〕.

ししん 指針〔計器の針〕an indicator ; 〔手引〕a guide.

しじん 詩人〔男・女〕a poet ; 〔女〕a poetess.

じしん 自信《be full of, lose》confidence. ～がある be confident《of, that…》.

じしん 地震 an earthquake. ～学 seismology. ～計 a seismograph. ～帯 an earthquake zone.

じすい 自炊する cook for oneself.

しすう 指数 an index number. 物価～ a price index.

しずか 静かな calm ; quiet ; still ; silent. ～に still ; quietly ; calmly.

しずく 雫 a drop. ～がたれる drip ; fall in drops.

システム a system. ～化された systematic. ～化する systematize. ～エンジニア a systems engineer. ～キッチン a built-in kitchen unit. ～工学 systems engineering. ～構築 systems configuration.

ジステンパー distemper.

じすべり 地滑り a landslide ; a landslip.

しずまる 静・鎮まる become quiet ; calm down ; settle ; still.

しずむ 沈む sink ; 〔元気が〕be down-cast ; have the blues.

しずめる 沈める sink《a ship》.

しずめる 静・鎮める quiet ; still ; silence ; calm ; 〔鎮定〕suppress.

しせい 私製の private. ～はがき the private postcard.

しせい 施政 administration ; government. ～方針(演説)(a speech on) an administrative policy ; a policy speech.

しせい 姿勢 a posture ; a pose.

じせい 時制〔文法〕the tense.

じせい 自制する control〔restrain〕oneself.

しせいかつ 私生活 one's private 〔personal〕life.

しせいじ 私生児 an illegitimate child ; a love child ; a bastard.

しせき 史跡 a historic site〔spot〕.

しせき 歯石《remove》tartar.

じせき 自責の念《have》a guilty conscience.

しせつ 私設の private. ～応援団 one's own fan club.

しせつ 使節 a mission ; an envoy.

しせつ 施設 an institution ; an establishment ; 〔設備〕facilities.

じせつ 時節 the times ; the season.

しせん 支線 a branch line.

しせん 視線が合う《Their》eyes meet. ～を注ぐ fix one's eyes

《upon》．～をそらす turn one's eyes away《from》．

しぜん 自然 nature. ～に naturally. ～の〔な〕natural；crude；wild；native. ～科学 natural science. ～主義 naturalism. ～主義者 a naturalist. ～淘汰 natural selection.

じぜん 事前に beforehand.～運動〔選挙の〕pre-election campaign.

じぜん 慈善 charity. ～家 a philanthropist. ～事業 charities.

しそう 志操堅固な人 a man of firm purpose.

しそう 思想 thought；(an) idea. ～問題 the thought problem.

しそうのうろう 歯槽膿漏 alveolar pyorrhea.

じそく 時速…で at a speed of《30 miles》per hour.

しそん 子孫 a descendant；〔集合的〕offspring；posterity.

じそんしん 自尊心 (the spirit of) self-respect；pride.

した 下 the bottom；the foot. ～へ down；downward. (…の)～の〔に〕under；below；beneath.

した 舌 the tongue. ～打ちをする click one's tongue. ～なめずりする lick one's lips.

したあご 下顎 the lower jaw.

したい 死体 a corpse；a(dead) body. ～解剖 autopsy.

しだい 次第〔事情〕circumstance. ～に gradually；by degrees.

じたい 事態 the state of affairs；the situation.

じたい 自体〔物自体〕(in) itself.

じたい 辞退する decline；refuse.

じだい 地代 (a) ground〔land〕rent.

じだい 時代 a period；an age；〔新時代〕an epoch. ～遅れの old-fashioned. ～劇 a historical play. ～錯誤 anachronism.

したう 慕う long for；yearn；〔敬愛〕adore.

したうけ 下請け a subcontract；〔業者〕a subcontractor. ～に出す sublet；subcontract. ～工場 a subcontract factory.

したがう 従う follow；accompany；〔風習などに〕act in conformity《with》；〔命令に〕obey；〔屈服〕submit《to》.

したがえる 従える〔伴う〕be accompanied〔followed〕by.

したがき 下書き(をする) (make) a rough copy〔sketch(絵の)〕；(make) a draft《of a speech》.

したがって 従って therefore；consequently. …に～〔…のとおりに〕according to；〔…につれて〕as.

したぎ 下着 an undergarment；〔集合的〕underwear.

したく 仕度 preparation；〔身仕度〕equipment. ～(を)する prepare〔get ready〕《for, to do》.

じたく 自宅 one's home〔residence〕.

したくちびる 下唇 the lower lip.

したごころ 下心がある have a secret desire.

したごしらえ 下拵え preliminary.

したしい 親しい intimate；familiar；close；be on good terms《with》.

したじき 下敷〔文房具〕a desk pad. …の～になる be pinned〔pressed〕under.

したしみ 親しみのある friendly；familiar.

したしむ 親しむ become familiar with；〔好む〕like；be fond of.

したしらべ 下調べ a preliminary examination；preparation.

したたか 強か much；《drink》heavily；《beat》soundly. ～者 a wily old fox.

したたる 滴る drip；drop.

したっぱ 下っ端 an underling.

したづみ 下積みの生活をする live in obscurity.

したて 下手に出る humble oneself.

したて 仕立て〔裁縫〕tailoring；〔型〕cut. ～のよい well-cut〔-tailored〕. ～る tailor；make《a dress》.

したどり 下取りする take《a thing》as a trade-in. ～に出す trade in.

したばたらき 下働き a subordinate (worker).

したび 下火になる〔火事が〕be brought under control；〔物事が〕decline；〔人気などが〕cool down.

したびらめ 舌平目 a sole.

したまち 下町 the downtown (その都市の商業の中心地である繁華街).

したみ 下見 preview.

したむき 下向きの〔に〕downward. ～になる look down；〔物価などが〕begin to fall.

しだん 師団 a〔an army〕division.

じだん 示談 an out-of-court settlement. ～にする〔で済ませる〕settle privately〔out of court〕. ～金 a money paid in compromise.

じだんだ 地団駄を踏む stamp the ground.

しち 七 seven. 第～ the seventh.

しち 質〔質物〕a pawn；a pledge. ～に入れる pawn；pledge. ～屋 a pawnshop.

じち 自治 self-government；〔自治権〕autonomy. ～体 a self-governing body. 地方～体 a local government.

しちがつ 七月 July〔略 Jul.〕.

しちじゅう 七十 seventy. 第～ the seventieth.

しちめんちょう 七面鳥 a turkey.

しちゃく 試着する try on. ～室 a fitting room.

シチュー stew. ～鍋 a stewpan. ビーフ～ beef stew.

しちゅう 支柱 a support；a prop.

しちょう 市長 a mayor. ～の地位〔任期〕mayoralty.

しちょう 視聴 ～覚教育 (教材) audio-visual education (aids). ～者〔テレ

ビの〕a TV viewer. ～率 an audience rating.

じちょう 自重する〔自愛〕take care of oneself；〔慎重〕be prudent.

しつ 質〔性質〕nature；〔品質〕quality. ～が良い (悪い) be of good (poor) quality.

じつ 実 own；natural. ～に indeed；really；surely；〔非常に〕very；certainly. ～は to tell the truth.

じついん 実印 one's registered seal.

じつえん 実演 demonstration；performance. ～する demonstrate.

しっか 失火〔放火に対して〕an accidental fire.

じっか 実家 one's parents' home.

しっかく 失格する be disqualified《for, from》.

しっかり 確り (と) hard；firmly；tightly；securely；fast. ～した〔堅固な〕strong；substantial；〔人物の〕surefooted；sturdy.

じっかん 実感 realization. ～する realize.

しっき 漆器 lacquer (ed) ware.

しつぎ 質疑 a question. ～応答 questions and answers.

しっきゃく 失脚する fall；lose one's position.

しつぎょう 失業 unemployment. ～する lose one's job〔work〕. ～者 a person out of work；〔集合的〕the unemployed〔jobless〕. ～手当 an unemployment benefit；the dole. ～保険 unemployment insurance.

じっきょう 実況 the actual scene；commentary. ～放送《make》an on-the-spot broadcasting.

じつぎょう 実業〔商業〕business；〔工業〕industry. ～家 a businessman. ～界 the business world.

シック ～な chic；stylish.

しっくい 漆喰 plaster.

シックハウス ～症候群 a "sick house"

syndrome.

しつけ 躾 discipline.　～のよい（わるい）well-（ill-）bred.

しっけ 湿気 moisture；damp.

しつげん 失言（する）(make) a slip of the tongue.

じっけん 実権を握る hold the reins (of).

じっけん 実験 an experiment.　～する (make an) experiment《on》.　～室 a laboratory.

じつげん 実現 realization.　～する realize；materialize；fulfill.

しっこう 執行 execution.　～する〔公務，特に死刑を〕execute；〔責務などを〕perform；〔令状を〕serve.　～委員会 an executive committee.　～部 the executives.　～猶予（になる）(be placed on) probation.

じっこう 実行する carry out；put in (to) practice；fulfill《one's promise》.　～委員会 an executive committee.

しつごしょう 失語症 aphasia.　～患者 an aphasic.

じっさい 実際〔実情〕the actual state；〔実地〕practice；〔現実〕reality；〔事実〕a fact.　～に actually；in fact；really.　～の actual；real；true.

じつざい 実在の real.　～する exist (really).

しっさく 失策（をする）(make) a mistake；(commit, fall into) an error.

じっし 実施 practice；operation；enforcement.　～する enforce.

じっしつ 実質 substance；essence.　～的な（に）substantial (ly).

じっしゅう 実収 the net income；〔手取り〕after tax income；〔収穫〕(an) actual yield.

じっしゅう 実習する practice.　～生 probationer.

じつじょう 実情 the real condition

〔state〕；actual circumstances.

しっしん 湿疹 eczema.

じっしん 十進法 the decimal system.

じっせき 実績 achievement；track record.　～を上げる give actual results.

じっせん 実戦 actual fighting.

しっそ 質素な plain；simple；homely.　～に暮らす live frugally.

しっそう 失踪する disappear；run away.　～者 a missing person；〔逃亡者〕a runaway.

しっそう 疾走する run fast〔at full speed〕.

しっそく 失速 a stall.　～する stall.

じつぞん 実存 existence.　～主義 existentialism.　～主義者 an existentialist.

じったい 実体 substance.

じったい 実態→じつじょう.

しったかぶり 知ったか振りをする pretend to know.

じつだん 実弾〔銃の〕a bullet；〔砲の〕a shell.　～射撃 a firing with live bullets.

しっち 湿地 a damp ground.

じっち 実地に行う put into；apply to (応用)；practice；carry out.　～検証〔調査〕an inspection on the scene；an on-the-spot investigation.

しっと 嫉妬 jealousy.　～深い jealous《wives》.　～する be jealous《of》.

しつど 湿度 humidity.　～計 a hygrometer.

じっとしている keep still.　じっと見つめる gaze fixedly at.

しつない 室内 the (interior of a) room.　～の indoor.　～楽 chamber music.　～装飾 interior decoration.　～遊戯 an indoor game.

ジッパー a zipper.《英》a zip.

しっぱい 失敗 (a) failure.　～する fail《in, to do》；be unsuccessful《in》.

じっぴ 実費 actual expenses；〔原価〕the cost (price).

しっぷ　湿布 compress ; pack.

しっぷう　疾風 a gale ; fresh breeze.

じつぶつ　実物 original ; nature ; real. 〜大の life-size.

しっぺがえし　しっぺ返し(をする)(give a person) tit for tat.

しっぽ　尻尾 a tail. 〜をつかむ catch 《a person》tripping.

しつぼう　失望 disappointment. 〜する be disappointed 《at, in, with》.

しつむ　執務 work. 〜時間 business 〔office〕 hours.

じつむ　実務 〜に就く go into business. 〜型内閣 a business-first cabinet.

しつめい　失明 blindness. 〜する lose one's eyes.

しつもん　質問 a question ;〔議会の〕 an interpellation. 〜する question ; query ; quiz.

しつよう　執拗な obstinate.

じつよう　実用 〜向き(の)for practical use. 〜品〔日用品〕daily necessaries ;〔家庭用品〕domestic articles.

じつりょく　実力 ability. 〜行使 use of force. 〜者〔政界などの〕a man of influence.

しつれい　失礼 rudeness ; disrespect. 〜する〔辞去〕leave ; say good-by(e) 《to》. 〜ですが Excuse me, but…. 〜な rude ; impolite.

しつれん　失恋する be crossed 〔disappointed〕in love. 〜した brokenhearted ; be dumped〔jilted〕.

じつわ　実話 a true story.

してい　指定する appoint ; designate. 〜の approved ; appointed ; designated. 〜席 a reserved seat.

してき　私的な private ; personal.

してき　指摘 indication. 〜する indicate ; point out.

してつ　私鉄 a private (railroad) line.

してん　支店 a branch shop〔office〕. 〜長 a branch manager.

しでん　市電 a streetcar ; a tram(car).

じてん　自転 rotation 《of the earth》. 〜する rotate.

じてん　次点になる〔選挙で〕head the list of unsuccessful candidates.

じでん　自伝 an autobiography.

じてんしゃ　自転車《ride》a bicycle.

しどう　私道 a private road.

しどう　指導 guidance. 〜する guide ; direct ; coach ; handle. 〜者 a leader ;〔運動の〕a coach.

じどう　児童 a child (複 children) ; pupil ; infant. 〜向きの juvenile. 〜虐待 child abuse. 〜憲章 the Children's Charter.

じどう　自動(式)の automatic. 〜的に automatically. 〜ドア an automatic door. 〜販売機 a vending〔《英》slot〕machine.

じどうしゃ　自動車 a motor (car) ; a car ;《米》an automobile. 〜競走(旅行)a motor race (trip). 〜事故 a car accident. 電気〜 electric vehicle〔EV〕.

しとやか　淑やかな quiet ; gentle ; graceful.

しな　品(物)〔品物〕an article ; goods (商品) ;〔品質〕quality.

しな　科をつくる be coquettish.

しない　竹刀 a bamboo sword.

しなう　撓う bend ; be flexible.

しなぎれ　品切れである be out of stock〔print(絶版)〕;〔売切〕be sold out.

しなびる　萎びる wither ; shrivel.

シナモン　〔香料〕cinnamon.

しなやか　撓やかな pliant ; flexible.

じなり　地鳴り rumbling of the earth.

シナリオ　a scenario ; a screenplay. 〜ライター a scenario writer.

しなれる　死なれる lose 《a person》.

しにせ　老舗 an old〔a long-established〕store〔shop〕.

しにたえる　死に絶える die out ; become extinct.

しにめ　死に目に会う be present at a

person's deathbed.

しにわかれる 死に別れる lose《a person》.

じにん 自認（する）acknowledge (oneself).

じにん 自任する look upon〔consider〕oneself《as》.

じにん 辞任する resign. 学長を～する resign as president《of》.

しぬ 死ぬ die.

じぬし 地主 a landowner；〔大地主〕a landholder.

しのぐ 凌ぐ〔耐える〕bear；endure. 凌ぎにくい unbearable；〔防ぐ〕protect oneself《from》. 凌ぎやすい mild. 雨を～ take shelter from the rain；〔切り抜ける〕tide over《a crisis》；〔まさる〕surpass；exceed.

しのぶ 偲ぶ …を偲んで in〔to the〕memory of.

しば 芝 grass；lawn；sod.

じば 磁場 a magnetic field.

じば 地場産業 a local industry.

しはい 支配〔統治〕rule；government；〔管理〕control；〔処理〕management. ～ する rule；govern；control. ～階級 the ruling classes. ～者 a ruler.

しばい 芝居 a play；a drama. ～をする play；act. ～じみた dramatic. ～に行く go to the theater.

しばえび 芝海老 a prawn.

じはく 自白する confess《to a crime, that…》.

しばしば often；frequently；again and again.

しはつ 始発 the first train〔car, bus〕. ～駅 the starting station.

じはつ 自発的に voluntarily；spontaneously.

じばら 自腹を切る pay out of one's own pocket.

しはらい 支払い《demand, receive, postpone》payment. ～ 期日 the date of payment. ～ 停止

suspension of payment. ～人（先）a payer (payee). ～能力 solvency. ～命令 an order for payment.

しはらう 支払う pay；(手形を) honor.

しばらく 暫く briefly；momentarily.

しばる 縛る bind；tie up；〔捕縛〕arrest.

しはん 市販されている be on the market.

じばん 地盤 the foundation；the base；the ground.

しはんき 四半期 a quarter(of a year).

じひ 自費で at one's own expense.

じひ 慈悲 mercy. ～深い merciful；benevolent.

じび 耳鼻咽喉※科 otolaryngology. ～ 咽喉科医院 an ear, nose and throat hospital；《話》an E.N.T.

じビール 地ビール a regional beer.

じひつ 自筆の written in one's own handwriting.

じひょう 辞表を出す tender〔send in〕one's resignation.

じびょう 持病 one's chronic disease.

しびれ 痺れ numbness. ～る be numbed〔benumbed〕；go to sleep (手・足が).

しぶ 渋 astringency.

しぶ 支部 a branch.

じふ 自負(心)pride；self-confidence. ～する be proud of.

しぶい 渋い〔味〕astringent；〔顔つき〕glum；sullen；〔嗜好〕tasteful.

シフォンケーキ chiffon cake.

しぶがっしょう 四分合唱 a quartet (te).

しぶき 飛沫 a spray《of water》.

しふく 私服 ～巡査〔刑事〕a plainclothes policeman.

しふく 私腹を肥やす fill〔line〕one's own pocket.

ジプシー a Romany；a Gypsy.

ジブチ (the Republic of) Djibouti.

しぶつ 私物 one's personal belongings；one's personal effects.

ジフテリア diphtheria.

シフト (a) shift. ～キー a Shift key.

しぶとい stubborn；obstinate.

しぶる 渋る be reluctant《to do》；hesitate《to do, in doing》.

しぶん 四分する quarter；divide into four〔quarters〕．～の1 one fourth；a quarter.

じぶん 自分の one's own；〔私の〕my (own)．～で (by) oneself；〔独力で〕for oneself →じこ（自己）．～史 one's own history.

じぶんかって 自分勝手な selfish. ～にやる have《it》one's own way.

しへい 紙幣 paper money；《米》a bill；《英》a note.

じへいしょう 自閉症 autism. ～の autistic.

シベリア Siberia. ～の Shiberian.

しほう 四方（八方に）on all sides. 3フィート～ three feet square.

しほう 司法官 a judicial officer；〔集合的〕the judiciary. ～権 jurisdiction；judicial power.

しぼう 死亡 death. ～通知 a death notice. ～届け a report of death. ～率 the death rate.

しぼう 志望 a wish. ～する wish；desire；apply《for》（志願する）．～者 an applicant.

しぼう 脂肪 fat；grease；〔豚の〕lard. ～をとる exercise fat off（運動して）．～過多〔肥満〕obesity.

じほう 時報 a time signal. ～に時計を合わせる set a watch by the《one o'clock》time signal.

しぼむ 萎む〔植物〕wither；〔風船など〕deflate.

しぼり 絞り〔染め〕variegation；〔写真〕a stop.

しぼる 絞・搾る press〔wring〕(out)；squeeze；〔頭を〕rack one's brains.

しほん 資本 capital；funds. ～主義の capitalistic. ～家 a capitalist. ～金 (a) capital. ～主義 capitalism. ～主義経済 capitalistic economy.

しま 島 an island.

しま 縞 stripes；a striped pattern（縞柄）．～のズボン striped trousers.

しまい 姉妹 sisters. ～船（都市）a sister ship（city）．～編 a companion volume《to》．

しまうま 縞馬 a zebra.

じまえ 自前で at one's own expense.

じまく 字幕 a caption；a subtitle.

しまぐに 島国 an island country. ～根性 insularism.

しまつ 始末〔処理〕disposal. ～する dispose of. ～に負えない sad. ～書 a written explanation〔apology〕．

しまり 締まりのない〔戸が〕unlocked；〔だらしない〕slovenly；〔顔が〕stupid-looking；loosely；flabby；〔筋肉などが〕flaccid.

しまる 締・閉まる〔閉まる〕shut；close；〔緊張する〕become tight〔sober〕；〔倹約する〕be thrifty.

じまん 自慢する boast《of》；be proud〔boastful〕《of》；take pride《in》．

しみ 染み a stain. ～のある（ない）stained (stainless)．～を付ける stain.

じみ 地味な sober；quiet；plain；modest.

しみじみ keenly；heartily；deeply；〔全く〕thoroughly.

じみち 地道な steady.

シミュレーション simulation. シミュレーター a simulator.

しみる 染みる〔染み込む〕soak；〔寒さなどが〕pierce；〔煙が〕sting；〔傷などが〕smart.

しみん 市民 a citizen. ～権 citizenship.

じみんとう 自民党 the Liberal Democratic Party.

じむ 事務をとる do office work. ～員 a clerk；an office worker. ～所（室）an office (room)．

ジム a gym.

しめい 指名 nomination；designation. ～する name；nominate. ～（代）打者 a designated hitter〔略DH〕. ～手配 Wanted (Criminal).

しめきり 締め切り時間（期日）the closing hour (day)《for》；〔新聞原稿などの〕the deadline《for》.

しめころす 絞め殺す strangle《a person》to death.

じめじめした damp；soggy.

しめす 示す show；point out；indicate；prove.

しめだす 締め出す shut out.

じめつ 自滅する destroy oneself.

しめった 湿った damp；moist；wet；humid.

しめる 占める occupy；take (up). 第1位（第2位）を～ rank first(second)《in》.

しめる 湿る dampen；moisten.

しめる 締・閉・絞める〔締める〕tighten；fasten；〔閉める〕shut；close；〔絞める〕wring；strangle (首を).

しめん 紙面 space.

じめん 地面 the (surface of the) earth；the ground.

しも 霜 frost. ～が降りる It frosts.

しもて 下手 the lower part；〔舞台の〕the left (side).

じもと 地元の local. ～チーム a home (local) team. ～民 the local people.

しもやけ 霜焼け（ができる）(have) a frostbite〔chilblains〕.

しもん 指紋 a fingerprint.

しもん 諮問する consult；refer《a matter to》. ～委員会（機関）an advisory committee (body).

じもん 自問（する）question〔ask〕oneself.

しや 視野 view；sight. ～が広い（狭い）have broad (narrow) views. ～に入る come into sight.

ジャー a jar；〔魔法瓶〕a thermos bottle〔jug〕；〔炊飯器〕a rice cooker.

ジャージ a jersey；a sweat suit.

しゃあしゃあと shamelessly.

ジャーナリスト a journalist. ジャーナリズム journalism.

シャープペンシル a mechanical pencil.

シャーベット sherbet.

しゃいん 社員 a member of the staff；an office employee (会社員)；〔集合的〕the staff. ～持株制度 an ESO〔employees stock ownership〕program.

しゃかい 社会 society；〔共同社会〕community；〔世間〕the world；〔公衆〕the public. ～に出る get out into the world. ～の social. ～意識（教育, 事業, 生活, 組織, 福祉, 奉仕, 保障) social consciousness (education, work, life, organization, welfare, service, security). ～学 sociology. ～主義 socialism. ～主義者 a socialist. ～人 a member of society.

じゃがいも a potato.

しゃがむ crouch；squat (down).

しゃがれた 嗄れた hoarse〔husky〕《voice》.

しゃく 酌をする serve《a person》with sake.

しゃく 癪にさわる offensive；provoking；invidious.

-じゃく …弱 a little less than.

しやくしょ 市役所 a city office；a city hall. (建物)

しゃくち 借地 leased land；rented ground. ～権 lease (hold). ～人 a tenant.

じゃぐち 蛇口 a tap；《米》a faucet.

じゃくてん 弱点 a weak point；a weakness.

しゃくや 借家 a rented house.

しゃくやく 芍薬〔植物〕a peony.

しゃくよう 借用（する）borrow. ～証書 a bond of debt；an I.O.U.〔＝I owe you〕.

しゃげき 射撃 firing；shooting. ～する shoot；fire《at, upon》. ～場 a (firing) range.

ジャケット a jacket.

しゃけん 車検 an automobile〔safety〕inspection.

じゃけん 邪険な cruel；harsh. ～にする be hard《on》.

しゃこ 車庫 a car shed（電車の）；a garage（自動車の）.

しゃこ 蝦蛄〔甲殻類〕a squilla.

しゃこう 社交（術）(the art of) social contacts. ～的〔上の〕social. ～家 a sociable person. ～界 the fashionable world. ～性《lack》sociability. ～ダンス social〔ballroom〕dancing.

しゃさい 社債 a debenture；a bond.

しゃざい 謝罪 (an) apology. ～する apologize《for》.

しゃし 斜視 a squint. ～の squint-eyed.

しゃじつ 写実的（に）realistic (ally). ～主義 realism.

しゃしょう 車掌 a conductor；〔女〕a conductress.

しゃしん 写真 a photo (graph)；a picture. ～の photographic. ～を現像する（焼きつける）develop (print) a film. ～を撮る take a photo(graph)《of》；photo (graph). ～を引き伸ばす enlarge a photo (graph). ～家 a photo artist；a photographer. ～判定 a photo finish. ～屋〔店〕a photo(graphic) studio；〔人〕a photographer. 全身(半身)～a full-(half-) length photo (graph).

ジャズ jazz (music). ～ダンス jazz dancing. ～バンド a jazz band.

じゃすい 邪推 an unjust suspicion. ～する suspect；be suspicious《of》.

ジャスト exactly. 9時～ exactly nine o'clock. ～ミートする hit the ball right on the nose.

ジャスミン (a) jasmine.

しゃせい 写生する paint〔draw〕from life；make a sketch.

しゃせつ 社説 an editorial；a leading article.

しゃせん 車線 a lane. 4～道路 a four-lane highway.

しゃせん 斜線 an oblique line.

しゃたい 車体 the body《of a car》.

しゃたく 社宅〔live in〕a company's (apartment) house.

しゃだん 遮断 interception；seclusion. ～する block；cordon；cut〔shut〕off.

しゃだんほうじん 社団法人 a corporate juridical person.

しゃちょう 社長 the president；the chairman；the boss.

シャツ an undershirt；〔ワイシャツ〕a shirt. T～ a T-shirt.

しゃっかん 借款（を申し込む）(apply for) a loan.

ジャッキ a jack. ～で持ち上げる jack up.

しゃっきん 借金 a debt；a loan. ～する borrow money；run into debt. ～取り a debt collector.

ジャックナイフ a jackknife.

しゃっくり 吃逆をする hiccup.

ジャッジ judgment；〔審判員〕a judge.

シャッター a shutter. ～を切る release〔press〕the shutter. ～を閉める close the shutter. ～チャンス a chance for a good shot〔picture〕；a photo opportunity.

シャットアウト ～する〔締め出す〕embargo；place an embargo《on》；〔野球〕a shut out.

しゃてい 射程 a range.

しゃてきじょう 射的場 a rifle range；〔遊戯の〕a shooting gallery.

しゃどう 車道 a roadway.

じゃどう 邪道な improper.

じゃねん 邪念 an evil thought.

ジャバ Java (プログラミング言語).

ジャパン ～バッシング "Japan bashing". ～プレミアム Japan premium (surcharges).

ジャブ〔ボクシング〕a jab. ～を打つ jab.

しゃふう 社風 a corporate atmosphere.

しゃぶる suck.

しゃべる 喋る talk《to, with》; chatter.

シャベル a shovel.

シャボン soap. ～玉 a soap bubble.

じゃま 邪魔(物) an obstacle;〔妨害〕(an) interference; interruption. ～する〔乱す〕disturb;〔中断〕interrupt;〔妨害〕hinder《a person (from) doing》.

ジャマイカ Jamaica. ～の Jamaican.

ジャム jam. ～を塗る spread…with jam; spread jam《on》.

シャムねこ シャム猫 a Siamese cat.

しゃめん 斜面 a slope.

しゃもじ 杓文字 a rice scoop.

しゃよう 斜陽 ～産業 a declining industry.

しゃよう 社用で on company business. ～族 expense-account businessmen.

じゃり 砂利 gravel; pebbles. ～を敷く gravel《a path》.

しゃりょう 車両 vehicles; cars. ～故障 a car trouble.

しゃりん 車輪 a wheel.

しゃれ 洒落 a joke. ～をいう make a pun.

しゃれい 謝礼 a fee; (a) remuneration.

しゃれる 洒落る joke; make a pun.

じゃれる play《with》.

ジャワ ～島 Java.

シャワー《have, take》a shower.

ジャングル a jungle. ～ジム a jungle gym.

シャンソン a chanson. ～歌手 a chanson singer.

シャンツェ a ski-jump〔<《G》Schanze〕.

シャンデリア a chandelier.

ジャンパー a jumper; a windbreaker. ～スカート a jumper;《英》a pinafore dress.

シャンパン champagne.

ジャンプ a jump. ～する jump.

シャンプー (a) shampoo. ～する shampoo; have a shampoo.

ジャンボ a jumbo〔jet〕.

ジャンル a genre《F》. ～別にする divide…according to type; classify.

しゅ 種 a kind; a sort;〔動植物の〕a species.

しゅい 首位 the first place. ～を占める be at the head〔top〕《of》; rank first《in》.

しゅいしょ 趣意書 a prospectus.

しゅう 私有財産 private property. ～地 private land.

しゅう 州 a province; a state (米国の); a county (英国の).

しゅう 宗 a sect. 浄土～ the Jodo Sect (of Buddhism).

しゅう 週 a week. ～末 a weekend.

じゆう 自由 freedom; liberty. ～な free; independent. ～(自在)に freely; as one likes;〔随意に〕at will. 言論(集会, 信仰)の～ freedom of speech (assemblage, religion). ～意志(貿易)free will (trade). ～型〔水泳の〕free style (swimming). ～行動 free action. ～主義 liberalism. ～主義国 a free nation. ～民主党 the Liberal Democratic Party(LDP).

じゅう 十 ten. 第～ the tenth.

じゅう 銃 a gun; a rifle.

しゅうい 周囲〔まわり〕the circumference;〔環境〕the surroundings; the environment. ～の surrounding.

じゅうい 獣医 a veterinarian.

じゅういち 十一 eleven. 第～ the eleventh.

じゅういちがつ 十一月 November〔略

Nov.〕.

しゅういつ 秀逸な excellent；superb.

じゅうおう 縦横に in all directions；〔存分に〕freely.

しゅうかい 集会 a meeting；a gathering.　～所 an assembly hall.

しゅうかく 収穫 a harvest；a crop；the yield（収穫高）；〔努力などの〕the fruit《of》.　～期 the harvest time.

しゅうがく 修学旅行（に行く）（go on）a school excursion.

じゅうがつ 十月 October〔略 Oct.〕.

しゅうかん 習慣〔習性〕a habit；a way；〔慣習〕a custom；a practice（常習）；〔慣用〕(a) usage.　…するのが～である be in the habit of doing.

しゅうかん 週間の weekly.

しゅうき 周期（的）の periodic(al).　～的に periodically.

しゅうき 臭気 an offensive smell；a stink.　～止め a deodorant.

しゅうぎ 祝儀 tip；gift.

しゅうぎいん 衆議院 the House of Representatives.　～議員（議長）a member (the Speaker) of the House of Representatives.

しゅうきゅう 週休 a weekly holiday.　～2日制（である）(Our company has adopted the system of) a five-day week.

しゅうきゅう 週給 weekly pay〔wages〕.

しゅうきょう 宗教 a religion.　～上の religious.　～家 a religionist.　～団体 a religious organization.

しゅうぎょう 修業 ～証書 a certificate；a diploma.　～年限 the (term of) school years.

しゅうぎょう 終業 ～時間 the closing hour.　～式 the closing ceremony.

しゅうぎょう 就業する start〔begin〕work.　～時間 the working hours.

じゅうぎょういん 従業員 an employee；〔集合的〕the working staff.

しゅうきょく 終局 end；conclusion.

しゅうきん 集金する collect money〔bills〕.　～人 a (bill) collector.

じゅうく 十九 nineteen.　第～ the nineteenth.

ジュークボックス a jukebox.

シュークリーム cream puff.

じゅうぐん 従軍 serve in a war.　～慰安婦 sex slaves；"comfort" women.

しゅうけい 集計する tally (up)；make up.

じゅうげき 襲撃 an attack；a raid.　～する attack；raid.

じゅうけつ 充血する be congested；〔目が〕be bloodshot.

しゅうげん 祝言 a wedding.

じゅうご 十五 fifteen.　第～ the fifteenth.

しゅうこう 就航する go〔be placed〕into service.

しゅうごう 集合する gather；assemble.　～時間 the time of meeting.　～場所 a meeting place.

じゅうこう 銃口 the muzzle (of a gun).

じゅうこうぎょう 重工業 heavy industry.

じゅうごや 十五夜 a night of the full moon.

じゅうこん 重婚する commit〔be guilty of〕bigamy.

しゅうさい 秀才 a brilliant〔talented〕man〔student〕.

じゅうさつ 銃殺する execute《a person》by shooting.

じゅうさん 十三 thirteen.　第～ thirteenth.

しゅうさんち 集散地 a trading center.

しゅうし 収支 income and outgo；（歳入出）revenue and expenditure.　～を償う meet one's expenses.　～決算（をする）(make) the settlement of accounts.

しゅうし 宗旨 a sect；one's religion

（俗に宗教）. ～変えする switch over.

しゅうし 修士 master. 文学～ Master of Arts〔略 M.A.〕. 理学～ Master of Science〔略 M.S.〕

しゅうし 終始 from first to last.

しゅうじ 習字 penmanship.

しゅうじ 修辞（学）rhetoric. ～（学）上の rhetorical.

じゅうし 十四 fourteen. 第～the fourteenth.

じゅうし 重視する make〔think〕much of.

じゅうじ 十字 a cross. ～を切る cross oneself. ～架 a cross. ～軍 a crusade. ～路 a crossroads.

じゅうじ 従事する engage oneself〔be engaged〕《in》.

じゅうしち 十七 seventeen. 第～the seventeenth.

じゅうじつ 充実した full；rich；substantial.

しゅうしゅう 収拾がつかなくなる get out of control. ～する save.

しゅうしゅう 収集する collect；gather. ～家 a《coin》collector. 切手～（家）philately（a philatelist）.

しゅうしゅく 収縮する contract；deflate. ～自在である be contractible.

じゅうじゅん 柔順な obedient；gentle.

しゅうしょ 住所 an address. ～氏名 one's name and address. ～不定の unsettled.

じゅうしょう 重傷を負う be seriously wounded〔injured〕.

しゅうしょく 修飾〔文法〕modification；ornamentation. ～する adorn；embellish；〔文法〕modify. ～語 a modifier.

しゅうしょく 就職する find〔get〕a job〔position〕. ～活動 job hunting. ～口 a position. ～試験 an examination for employment. ～難 difficulty of finding employment.

じゅうしょく 住職 the chief priest《of a Buddhist temple》.

しゅうしん 終身 throughout one's life. ～会員 a life member. ～刑 a life imprisonment. ～雇用 lifetime employment.

しゅうしん 執心 attachment. ～している be devoted〔attached〕to；be infatuated with《a girl》.

しゅうじん 囚人 a prisoner；a convict.

じゅうしん 重心を保つ（失う）maintain（lose）the balance.

じゅうしん 銃身 a gun barrel.

ジュース〔果汁〕juice；〔球技で〕deuce. ～になる go to deuce. 缶～canned juice.

しゅうせい 修正 modification；correction；amendment；revision. ～する modify；amend；revise；correct. ～案 an amendment.

じゅうせい 銃声 a gun（rifle）report.

しゅうせん 終戦 the end of the war. ～後の postwar.

しゅうぜん 修繕 repair；mend；retrieval. ～する repair；mend；《米》fix.

じゅうそう 縦走する traverse《the ridges of Mt. Hotaka》.

しゅうたい 醜態をさらす make a spectacle of oneself.

じゅうたい 重態 a serious〔critical〕condition. ～である be seriously ill.

じゅうだい 十代である be in one's teens.

じゅうだい 重大な important；serious；grave.

じゅうたく 住宅 a house；a residence. ～ローン home〔housing〕loan ～地域〔地帯〕a residential quarter〔area〕

しゅうだん 集団 a group；a mass. ～（安全）保障 collective security. ～心理 mass psychology. ～強盗（すり）a pack of robbers（pickpockets）.

～中毒 mass poisoning.

じゅうたん 絨毯 a carpet; a rug. **～を敷く** carpet.

しゅうち 周知の well-known; widely known.

しゅうち 羞恥(心)the sense of shame.

しゅうちゃく 執着 fixation; adherence. **～する** cling 〔stick〕to.

しゅうちゃく 終着駅 a terminal (station); a terminus.

しゅうちゅう 集中する concentrate 《upon》; center 《on, about》. **～力** 《lack》concentration.

しゅうちょう 酋長 the chief.

しゅうてん 終点 the terminus; the terminal point.

じゅうてん 重点をおく lay stress 《on》; accentuate.

じゅうでん 充電する〔電池を〕charge; 〔精力を〕recharge〔recuperate〕oneself.

しゅうでんしゃ 終電車 the last (electric)train;the last streetcar(市街電車の).

しゅうと 舅 a father-in-law.

シュート a shot. **～する** shoot. **～ボール**〔野球〕a screwball.

しゅうどう 修道院 a monastery;〔女子の〕a convent. **～僧** a monk. **～尼** a nun; a sister.

じゅうとう 充当する appropriate 《to, for》; apply 《to》.

じゅうどう 柔道 judo.

しゅうとく 拾得する find; pick up. **～物** a find.

しゅうとめ 姑 a mother-in-law.

じゅうなん 柔軟な pliant; soft. **～性** flexibility. **～体操** calisthenics.

じゅうに 十二 twelve; a dozen. **第～** the twelfth.

じゅうにがつ 十二月 December〔略 Dec.〕.

じゅうにしちょう 十二指腸 the duodenum.

しゅうにゅう 収入 an income(所得);

revenue（歳入）; proceeds（売上など）. **～印紙** a revenue stamp.

しゅうにん 就任 assumption; inauguration. **～する** assume office 《as》; take up one's post 《as》. **～の挨拶** an inaugural speech. **～式** an inaugural ceremony.

じゅうにん 住人〔アパートなどの〕a tenant. →じゅうみん.

しゅうねん 周年 an anniversary.

しゅうねん 執念深い vindictive; spiteful.

しゅうのう 収納する store (up). **～庫** a storing place. **～室** a closet.

しゅうは 宗派 a sect; a denomination.

しゅうは 周波 a cycle. **～数**（300キロサイクル）frequency (of 300 kilocycles).

しゅうはい 集配 collection and delivery. **～人**〔郵便の〕a postman;《米》a mailman.

じゅうはち 十八 eighteen. **第～** the eighteenth.

しゅうばん 終盤(戦)the endgame;〔選挙戦などの〕the final stage《of an election campaign》.

じゅうびょう 重病(人)である be seriously ill.

しゅうぶん 秋分 the autumnal equinox.

じゅうぶん 十分に enough; sufficiently; thoroughly; fully.

しゅうほう 週報 a weekly (paper, bulletin).

シュウマイ 焼売 a shao mai; a Chinese steamed meat dumpling.

しゅうまつ 週末《at, on, over》the weekend. **～旅行** a weekend trip.

じゅうまん 十万 a hundred thousand.

じゅうみん 住民 inhabitants; residents. **～税** the resident tax. **～投票** a referendum. **～登録** resident registration.

しゅうめい 襲名する succeed to a

person's name.

しゅうや　終夜 all〔the whole〕night.
～運転〔乗り物の〕all-night service.
～営業の all-night《restaurant》.

じゅうやく　重役 a director;〔集合的〕
the board of directors.　～会議 a
meeting of (the board of) directors.

じゅうゆ　重油 heavy oil; crude
petroleum.

しゅうゆう　周遊する make an
excursion.　～券 an excursion
ticket;《米》a round-trip ticket.

しゅうよう　収容する accommodate;
〔収容できる〕seat《500 persons》(建
物が).　～所 an asylum;〔捕虜など
の〕a (concentration) camp.　～力
accommodation.

しゅうよう　修養する〔を積む〕cultivate
one's mind〔oneself〕.

じゅうよう　重要な important; of
importance.　～性 importance.　～
産業 key industries.

しゅうらい　襲来 an invasion; a raid;
an attack.　～する invade; raid;〔嵐
などが〕strike; hit.

じゅうらい　従来の old; traditional;
conventional; former.　～〔従前〕
の通り as before. →いま (今).

しゅうり　修理 →しゅうぜん.　～工 a
repairman.　～工場 a repair shop.

しゅうりょう　終了 an end; a close.　～
する end; close; finish.

しゅうりょう　修了する finish; com-
plete《the course of》.

じゅうりょう　重量 weight.　～挙げ
weightlifting.

じゅうりょく　重力 gravity;
gravitation.

じゅうりん　蹂躙する trample upon.

シュールレアリズム surrealism.

しゅうれっしゃ　終列車 the last train.

しゅうれん　収斂剤 an astringent.
～性 astringency.

じゅうろうどう　重労働 hard〔heavy〕
labor.

じゅうろく　十六 sixteen.　第～ the
sixteenth.

しゅうわい　収賄 acceptance of a
bribe.　～する take a bribe.　～事件
a bribery affair〔case〕;《米》a graft
case.

しゅえい　守衛 a guard; a gatekeeper
(門番).

しゅえん　主演する star《in》.　～俳優
（女優）a leading actor (actress).
…～映画 a movie starred by….

しゅえん　酒宴 (を張る) (give) a
feast; (hold) a banquet.

しゅかく　主格〔文法〕the subjective
〔nominative〕case.

しゅかん　主幹〔主筆〕the chief
editor; the editor-in-chief;〔編集長〕
the managing editor.　～〔主任〕the
chief manager.

しゅかん　主観 subjectivity.　～的 (な)
subjective.

しゅき　手記 a memorandum; a note.

しゅぎ　主義 a principle; a cause; a
policy (方針).

しゅぎょう　修行 practice;〔宗教上の〕
ascetic practices.　～する train
oneself;〔宗教上の〕practice
austerities.

じゅきょう　儒教 Confucianism.

じゅぎょう　授業する give lessons;
teach.　～時間 school hours.　～料 a
school〔tuition〕fee.

じゅく　塾《go to》a cram school.

しゅくがかい　祝賀会 (を催す) (hold)
a celebration.

じゅくご　熟語 an idiomatic phrase;
an idiom.

しゅくさつ　縮刷 (版) a reduced-size
edition.

しゅくじ　祝辞《make》a congratu-
latory address.

しゅくじつ　祝日 a fete〔gala〕day;〔祭
日〕a red-letter day.

しゅくしゃ　宿舎 a hotel; lodgings;
〔軍隊の〕a billet.

しゅくしゃく 縮尺 a (reduced) scale. ～1000分の1の地図 a map drawn on a scale of one by a thousand.

しゅくじょ 淑女 a lady.

しゅくしょう 縮小 (a) reduction. ～する reduce；〔予算などを〕curtail；cut down.

しゅくず 縮図 a reduced drawing；an epitome《of life》.

じゅくすい 熟睡する sleep soundly. ～している be fast asleep.

じゅくする 熟する ripen；become ripe. 熟した ripe.

しゅくせい 粛清 a purge；a cleanup. ～する clean up.

しゅくだい 宿題 homework；a home task.

じゅくち 熟知する know thoroughly；be familiar with；be well aware《of, that…》.

しゅくちょく 宿直する keep night watch. ～員 a person on night duty.

しゅくでん 祝電《send》a congratulatory telegram《to》.

じゅくどく 熟読する read carefully；peruse.

じゅくねん 熟年 middle age. ～離婚 a middle-aged divorce.

しゅくはい 祝杯を挙げる drink a toast《to, for》.

しゅくはく 宿泊する take up one's lodgings《at, in》. →とまる（泊まる）. ～所 one's lodgings. ～施設 accommodations. ～料 hotel charges.

しゅくふく 祝福 (a) blessing. ～する bless；wish《a person》good luck（前途などを）.

しゅくぼう 宿望（を達する）(attain) a cherished desire.

しゅくめい 宿命 destiny. ～的（な）predestined.

じゅくれん 熟練 skill. ～した skil(l)ful；skilled. ～する acquire skill《in》. ～工 a skilled hand

〔workman〕.

しゅくん 殊勲（賞）(a prize for) distinguished services. ～打〔野球〕a winning hit.

しゅげい 手芸（品）(a work of) handicraft.

しゅけん 主権（在民）sovereignty (rests with the people). ～者 the sovereign；the supreme ruler.

じゅけん 受験する take an examination. ～者 a candidate；an examinee. ～勉強する work for an (entrance) examination. ～料 an examination fee.

しゅご 主語〔文法〕the subject.

しゅこう 趣向 an idea；a plan（案）；a device(工夫)；a design(意匠). ～を凝らす devise an elaborate plan.

しゅごう 酒豪 a heavy drinker.

しゅこうぎょう 手工業 manual industry. ～者 a handicraftsman.

しゅこうげい 手工芸 handicrafts. ～品 a handicraft.

しゅさい 主宰する preside《over》. ～者 the president；the leader；〔会議の〕the chairperson.

しゅさい 主催（…の）～で sponsored by…；under the auspices of…. ～国 the host nation. ～者 the promoter；the sponsor.

しゅざい 取材する collect data；〔新聞記者が〕cover《a meeting》. ～活動 legwork. ～記者 a reporter；a newsperson.

しゅざん 珠算 abacus calculation. ～をする count on the abacus.

しゅし 趣旨 the purport；〔意味〕meaning；〔目的〕an aim.

しゅじ 主事 a manager；a superintendent.

しゅじい 主治医 the doctor in charge；one's family doctor.

しゅしゃ 取捨 choice；selection；adoption. ～（選択）する choose；select.

しゅじゅ 種々の various ; a variety of ; many kinds of.

しゅじゅつ 手術 an〔a surgical〕operation. ～する operate《upon》; perform an operation《on》. ～を受ける undergo an operation《for》. ～台〔衣，室〕an operating table (gown, room).

しゅしょう 首相 the premier ; the prime minister.

しゅしょう 殊勝な praiseworthy ; admirable.

じゅしょう 受賞する win a prize. ～者 a prize winner.

しゅしょうしゃ 主唱者 a promoter ; an advocate.

しゅしょく 主食 the principal〔staple〕food. 米とバナナを～とする live on rice and bananas.

しゅじん 主人 a master〔mistress (女)〕;〔雇い主〕an employer ;〔宿屋の〕a landlord〔landlady (女)〕;〔宴会などの〕a host〔hostess (女)〕;〔夫〕one's husband. ～公〔小説などの〕a hero ; a heroine (女).

じゅしん 受信する receive《a message》. ～機 a receiver ; a receiving set. ～者 an addressee ; a recipient. ～料 a《TV, radio》subscription fee.

しゅす 繻子 satin.

じゅず 数珠 a (Buddhist) rosary. ～つなぎにする tie in a row.

しゅせき 主席〔中国の〕the Chairman. 国家～ the head〔chief〕of state.

しゅせき 首席 the head ; the top ;〔外交団の〕the doyen. ～の leading ; head. ～全権 the chief delegate.

じゅぞう 受像する receive a (TV) picture. ～機 a TV set.

しゅぞうか 酒造家 a sake brewer〔distiller〕.

しゅぞく 種族〔人種〕a race ;〔部族〕a tribe ;〔動植物の〕a family.

しゅだい 主題 the theme ; the subject matter. ～歌 a theme song.

じゅだく 受諾する accept ; agree to《a proposal》.

しゅだん 手段 a means ; a measure ; a step ; an expedient (臨機の). ～をとる take a《strong》step〔measure〕.

しゅちょう 主張〔権利の〕(an) assertion ; (a) claim ;〔持論〕an opinion. ～する〔権利などを〕(lay a) claim ;〔意見を〕assert ; contend ; insist (up) on《one's innocence》.

しゅちょう 主調・主潮〔主調〕the keynote ;〔主潮〕a main current.

じゅつ 術 an art ;〔方法〕a means ; a way ;〔魔術〕magic.

しゅつえん 出演する perform ; appear on the stage. ～者 a performer. ～料 a performance fee.

しゅっか 出火する A fire starts〔breaks out〕《in the kitchen》.

しゅつがん 出願する apply《for》. ～者 an applicant.

しゅっきん 出勤する attend one's office ; go to (the) office. ～時間 the office-going hour. ～日 a workday. ～簿 an attendance book.

しゅっけつ 出血 bleeding ; hemorrhage. ～する bleed. ～販売 a sacrifice〔below-cost〕sale.

しゅつげん 出現 appearance ; advent (到来). ～する appear ; make an appearance.

じゅつご 術語 a technical term ;〔集合的〕technology.

しゅっこう 出航する leave port ; set sail《from》.

じゅっこう 熟考する think over ; consider.

しゅつごく 出獄する be released from prison.

しゅっさつ 出札係 a ticket《英》booking〕clerk. ～口 a ticket《英》booking〕office.

しゅっさん 出産 birth；childbirth；delivery.　～する give birth to《a child》.　～休暇 maternity leave.　～予定日 the expected date of confinement.　～率 birth rate.

しゅっし 出資 investment.　～する invest one's money《in》.　～者 an investor.

しゅっしゃ 出社する go to office.

しゅっしょ 出所する〔刑務所から〕be released from prison.　仮～（release on）parole.

しゅっしょう 出生 ～届け the report of a birth.　～率 birthrate.

しゅつじょう 出場する take part《in》.　～者 a participant.

しゅっしん 出身（…の）である〔学校の〕be a graduate of；〔土地の〕be a native of；come from《Kyoto》.　～校 one's alma mater.　～地 one's birthplace；one's hometown〔village〕.

しゅっせ 出世（を）する rise〔make one's way〕in the world.

しゅっせい 出生 →しゅっしょう.

しゅっせき 出席する attend；be present《at》.　～をとる call the roll.　～者 a person present；〔人々〕those present；〔集合的〕attendance.　～簿 a roll book.

しゅっちょう 出張 an official〔a business〕trip.　～する go《to a place》on（official）business.　～員〔役人〕a dispatched official；〔出張売員〕an agent.　～所 a branch office；an agency.　～旅費 (a) traveling allowance.

しゅっとう 出頭する attend《a place》；appear《before the court》；report《to the police station》.　任意～を求める ask《a person's》voluntary appearance.

しゅつどう 出動する〔軍隊が〕march；〔艦隊が〕put to sea；〔派遣される〕be dispatched〔sent〕《to》.

しゅつにゅうこく 出入国 ～管理（審査官）an immigration control(officer).

しゅつば 出馬する go in person（自分で行く）；〔選挙に〕stand as a candidate《for》；run for《the Diet》.

しゅっぱつ 出発 departure.　～する start〔set out〕《from … for》.　～点 the starting point.

しゅっぱん 出版 publication.　～する publish；issue.　～業 publishing business.　～者〔元〕a publisher.　～社 a publishing company.　～物 a publication.

しゅっぱん 出帆する set sail《from … for》；put to sea.

しゅっぴ 出費 expenses；expenditure；(an) outlay.　～がかさむ The expenses increase.

しゅっぴん 出品する exhibit.　～物 an exhibit.

しゅつぼつ 出没する haunt〔frequent，infest〕《a place》.

しゅつりょう 出漁する sail〔go〕out fishing.　～区域 a fishing area.

しゅと 首都 a capital；a metropolis.

しゅとう 種痘 vaccination.　～する vaccinate；〔種痘を受ける〕be vaccinated.

しゅどう 手動の hand-operated.　～ブレーキ a hand brake.

じゅどう 受動的(な)passive.　～態〔文法〕the passive voice.

ジュニア a youth；a young person；〔二世〕Jr.〔< junior〕.

じゅにゅう 授乳する give the breast (to)；suckle.

しゅにん 主任 the head；the chief.　営業部～ the head of the business section.　会計～ the chief treasurer.

しゅのう 首脳 a head；a top.　～会議 a top-level conference.　～会談 a summit（meeting）.　～部 the governing body.

シュノーケル a snorkel.

しゅはん 主犯〔人〕the principal

offender.

しゅはん 首班 the head. 内閣の～ the head of cabinet.

しゅび 守備 defense；〔野球〕fielding. ～につく〔野球〕take the field. ～兵 guards；〔隊〕a garrison.

しゅび 首尾よく successfully. ～よく…する succeed in doing.

しゅひん 主賓 the guest of honor.

しゅふ 主婦 a housewife；a homemaker.

シュプール ～を描く leave ski tracks.

シュプレヒコール shouting in chorus. 〔<《G》Sprechchor〕.

しゅぼうしゃ 首謀者 a ringleader.

しゅみ 趣味 a taste；interest；〔道楽〕a hobby. ～がよい（悪い）tasteful (tasteless)；in good (bad) taste (衣服などが).

シュミーズ a slip.

じゅみょう 寿命 (the span of) life. ～が長い（短い）have a long (short) life；be long- (short-) lived.

しゅもく 種目 items；an item (一種目)；〔競技の〕an event. 営業～ business items.

じゅもん 呪文を唱える mutter an incantation；chant a spell.

しゅやく 主役を演じる play the leading part；star《in a play》.

しゅよう 腫瘍 a tumor.

じゅよう 需要 (a) demand. ～がある There is a demand《for》. ～を満たす meet the demand.

ジュラき ジュラ紀 the jurassic period.

シュラフ a sleeping bag.

ジュラルミン duralumin.

しゅらん 酒乱である be a bad drunk.

しゅりゅう 主流 the main current；the mainstream. ～派〔政党などの〕the main faction.

しゅりゅうだん 手榴弾 a grenade.

しゅりょう 首領 a leader；a chief；a boss.

しゅりょう 狩猟 hunting；shooting.

～に行く go hunting〔shooting〕. ～家 a hunter.

じゅりょう 受領する receive. ～証〔書〕a receipt.

しゅりょく 主力 the main force〔strength〕.

しゅるい 種類 a kind；a sort；a variety (多種).

シュレッダー a shredder；a shredding machine.

しゅろ 棕櫚 a hemp palm.

しゅわ 手話《use》sign language；〔聴覚障害者の指文字〕dactylology.

じゅわき 受話機を取る（置く）take (hang) up a receiver.

しゅわん 手腕 ability；skill；talent. ～家 a man of ability. ～のある able；capable；talented.

しゅん 旬である（でない）be in (out of) season.

じゅん- 準〔准〕… semi-；quasi-. ～会員 an associate member. ～急 a semi-express. ～教授 an associate professor.

じゅんえき 純益 a net profit.

じゅんえん 順延される be postponed《till…》.

しゅんが 春画 an obscene picture；pornography.

じゅんかい 巡回する〔持ち場を〕go one's rounds；patrol. ～区域 one's beat. ～図書館 a traveling library.

しゅんかん 瞬間 a moment；an instant. ～の momentary；instantaneous.

じゅんかん 循環 circulation. ～する circulate. 悪～《get into》a vicious circle.

じゅんきょう 殉教 martyrdom. ～者 a martyr.

じゅんぎょう 巡業 a(provincial) tour. ～中 be on the road.

じゅんきん 純金(の) (of) pure gold.

じゅんけつ 純潔 purity；chastity. ～な pure；chaste.

じゅんけっしょう 準決勝戦 a semifinal (match, game).

じゅんこう 巡航する cruise. 〜船 a cruiser.

じゅんさ 巡査 →けいかん. 〜部長 a police sergeant.

じゅんし 巡視する make a tour of inspection; inspect.

じゅんじて 準じて in accordance with; in proportion to.

じゅんじゅん 順々に in order; by turns; 〔次第に〕gradually.

じゅんじょ 順序 order. 〜正しい in good order.

じゅんじょう 純情な naive; purehearted.

じゅんしょく 殉職する die at one's post of duty.

じゅんしん 純真な pure; naive; simple; innocent.

じゅんすい 純粋な pure; genuine.

しゅんせつ 浚渫する dredge. 〜船 a dredger.

じゅんぜん 純然たる pure; utter.

じゅんちょう 順調に smoothly; favorably; without a hitch.

しゅんとう 春闘 a spring labor offensive.

じゅんとう 順当な(に) proper(ly); regular(ly); natural(ly).

じゅんのう 順応する adapt oneself to 《the environment》.

じゅんばん 順番 (a) turn. 〜に in turn; 〔交互に〕by turns.

じゅんび 準備 《make》preparations 《for》. 〜金 a reserve fund. 〜する prepare 《for》; get ready 《for》. 〜体操 〔運動〕をする warm up.

しゅんぶん 春分 the vernal 〔spring〕equinox.

じゅんぶんがく 純文学 pure literature; belles-lettres 《F》.

じゅんぽう 遵法精神 law-abiding spirit. 〜闘争をする work to rule.

じゅんめん 純綿の all-cotton.

じゅんもう 純毛の all-wool.

じゅんようかん 巡洋艦 a cruiser.

じゅんれい 巡礼 a pilgrim. 〜する go on a pilgrimage.

じょい 女医 a woman doctor; a doctress.

しょいこむ 背負い込む be saddled 〔burdened〕with 《debts, responsibility》.

しよう 仕様 →しかた. 〜がない good-for-nothing.

しよう 私用で on private 〔personal〕business.

しよう 使用する use; make use of; employ 《a person》. 〜者 a user; an employer (雇い主). 〜人 an employee. 〜料 the rent; the hire.

しょう 賞 a prize; an award; a reward (報酬). アカデミー〜 Academy Award.

しょう 章 〔書物の〕a chapter; a section; 〔標章〕a badge; an emblem.

しょう 省 〔官庁〕a ministry (日・英の); a department (米の); 〔中国の区画〕a province.

しょう 性 nature; disposition; 〔品質〕quality. 〜が合う〔他人が〕be congenial with one; 〔仕事・食物・気候などが〕agree with one; be congenial to 《one, one's tastes》.

しょう- 小- small; minor; sub-. 〜アジア Asia Minor. 〜委員会 a subcommittee.

じよう 滋養 →えいよう.

じょう 錠 a lock. 〜を下ろす lock. 〜をあける 〔外す〕unlock.

-じょう …嬢 Miss….

しょうあく 掌握する hold; grasp; have 《a matter》at one's command.

しょうい 小異を捨てて大同につく iron out minor differences and agree on major common interests.

じょういん 上院 the Upper House; 《米》the Senate. 〜議員 a member of the Upper House; 《米》a senator.

じょうえい 上映する show；put《a film》on the screen.　～中である be on《at the theater》.

しょうエネ 省エネの energy-saving.

じょうえん 上演する stage《a drama》；put《a play》on the stage.

しょうおん 消音　～器〔装置〕a silencer；a muffler.

しょうか 昇華 sublimation.　～する(させる)sublimate.

しょうか 唱歌〔歌うこと〕singing；〔歌〕a song.

しょうか 消化(力) digestion.　～する digest.　～器 a digestive organ.　～剤 a digestive.　～不良 indigestion.

しょうか 消火にあたる fight a fire.　～器 a fire extinguisher.　～栓 a fireplug；a (fire) hydrant.

しょうが 生姜 ginger.

じょうか 浄化する purify.　～運動 a cleanup movement.

しょうかい 哨戒する patrol.　～機(艇) a patrol plane (boat).

しょうかい 商会 a company；a firm.

しょうかい 紹介 (an) introduction；(a) recommendation(推薦).　～する introduce；recommend.　～者 an introducer.　～状 a letter of introduction.

しょうかい 照会する send inquiries《about》.　～状 a letter of inquiry.

しょうがい 生涯 a life；a career；～を通して throughout one's life.　～教育 lifelong education.

しょうがい 傷害 an injury；harm.　～致死 (the infliction of) bodily injury resulting in death.　～保険 accident〔casualty〕insurance.

しょうがい 障害 an obstacle；〔身体上の〕a handicap.　～者《a mentally, physically》handicapped person；disabled people.　～物競走 an obstacle race.

しょうかく 昇格する be raised

〔elevated, promoted〕《to》.

しょうがく 奨学(資)金 a scholarship.　～生 a scholarship student.

しょうがくせい 小学生 a school child；〔男〕a schoolboy；〔女〕a schoolgirl.

しょうがつ 正月〔in〕the New Year；〔on〕New Year's Day (元日).

しょうがっこう 小学校 a primary〔an elementary〕school.

しょうかん 召喚(状) a summons；a subpoena.　～する summon；subpoena.

しょうかん 召還する recall；order a person home(本国へ).

しょうかん 償還する repay；redeem.　～期限 the term of redemption.

しょうき 正気づく〔に返る〕come〔be brought〕to one's senses.　～を失う lose one's senses；〔発狂〕go mad；〔気絶〕faint.

しょうぎ 将棋 shogi；japanese chess.　～倒しになる fall down like ninepins.　～を指す play shogi.　～の駒 a chessman.　～盤 a chessboard.

じょうき 上記の above-mentioned.

じょうき 蒸気 steam；〔水蒸気〕vapor.　～機関 a steam engine.　～機関車 a steam locomotive.

じょうき 常軌を逸した abnormal；eccentric.

じょうぎ 定規 a ruler；a rule.　三角～ a triangle.　直角～ a square.

じょうきげん 上機嫌で in a good humor.

しょうきゃく 償却する refund；redeem；pay off《debts》.

じょうきゃく 乗客 a passenger；〔バス・タクシーの〕a fare.

しょうきゅう 昇給する have one's salary raised.

じょうきゅうせい 上級生 an upper-class〔a senior〕student.

しょうきょう 商況 the condition of trade〔market〕；〔記事〕the market

report.

しょうぎょう 商業 commerce；trade. ～の commercial；business. ～英語 business English. ～高校 a commercial high school. ～地〔中心地〕a business district〔center〕. ～道徳 commercial morality.

じょうきょう 上京する go〔come〕to Tokyo.

じょうきょう 情〔状〕況 the state of affairs；the situation. ～証拠 circumstantial evidence.

しょうきょく 消極的（な）negative；passive.

しょうきん 賞金《offer, win》a prize.

じょうくう 上空 the upper air；the skies《of Tokyo》. …の～に〔を〕high above…；《fly》over….

しょうぐん 将軍 a general；〔幕府の〕a shogun.

じょうげ 上下〔上下に〕up and down；〔身分の〕high and low；social ranks；〔本〕the first and second volumes. ～する rise and fall.

しょうけい 小計 a subtotal.

しょうけん 証券 a bill；a bond；〔有価証券〕securities；〔社債〕a debenture. ～会社 a securities firm〔company〕. ～市場 a securities market. ～取引所 a stock〔securities〕exchange.

しょうげん 証言 testimony；(verbal) evidence. ～する testify《to》；bear witness《to》.

じょうけん 条件 a condition；terms. ～付きの conditional. ～反射 (a) conditioned response〔reflex〕.

しょうこ 証拠 (a) proof；evidence. ～立てる prove；testify《to》. ～隠滅（固め・不十分）destruction (corroboration, insufficiency) of evidence. ～書類 documentary evidence. ～物件 an evidence.

しょうご 正午 noon；midday.

じょうご 上戸 a drinker. 泣き（笑い）～ a maudlin (laughing) drunk.

じょうご 漏斗 a funnel.

しょうこう 将校 an officer.

しょうこう 焼香する burn incense《for the dead》.

しょうごう 称号 a title；a designation；a degree (学位).

しょうごう 照合する compare《with》；check up.

しょうこうかいぎしょ 商工会議所 a chamber of commerce and industry.

しょうこうねつ 猩紅熱 scarlet fever；〔軽い〕scarlatina.

じょうこく 上告する appeal《to the Supreme Court》.

しょうさい 商才 (のある人) (a man of) business ability〔talent〕.

しょうさい 詳細 details；particulars. ～な detailed. ～に in detail〔full〕；minutely.

じょうざい 錠剤 a tablet.

しょうさん 称賛 praise；admiration. ～する praise；admire.

しょうさん 硝酸 nitric acid. ～銀 silver nitrate.

しょうさん 勝算がある（ない）have a good (no) chance of success；The odds are in one's favor (are against one).

しょうし 少子高齢化社会 an aging society with declining birth rates.

しょうし 焼死 ～者 a person burnt to death. ～体 a charred body.

しょうじ 障子 a shoji；a paper sliding door.

じょうし 上司 one's superior；〔直属の〕one's boss.

じょうし 情死 a lovers'〔double〕suicide. ～する die together for love.

じょうじ 情事 a love affair.

しょうじがいしゃ 商事会社 a commercial firm〔company〕.

しょうじき 正直 honesty. ～な honest. ～者 an honest person.

じょうしき 常識 common sense. ～の

ある sensible. ～のない senseless；absurd.

しょうしつ 焼失する be burnt down；be consumed by fire.

じょうじつ 情実にとらわれる be moved by personal considerations.

しょうしゃ 瀟洒な elegant；neat；smart；chic.

じょうしゃ 乗車する take〔get on〕《a train》. ～口 the way in. ～券 a ticket. ～賃 a《railroad》fare.

じょうじゅ 成就する accomplish；achieve；attain《an aim》.

しょうしゅう 召集 a summons；convocation（議会などの）. ～する call out；muster；〔会議を〕convene；convoke.

しょうじゅう 小銃 a rifle；〔集合的〕small arms. ～弾 a bullet.

じょうしゅうはん 常習犯 a habitual criminal.

しょうじゅん 照準 aim. ～を合わせる (take) aim《at》.

じょうじゅん 上旬に at the beginning of《a month》；early in《April》.

しょうしょ 証書〔債務の〕a bond；an I.O.U.（借用証書）；〔譲渡の〕a deed；〔受取〕a receipt；〔証明書〕a certificate；a diploma（卒業の）.

しょうじょ 少女 a girl；a young〔little〕girl. ～時代 one's girlhood. ～まんが a comic for young girls.

しょうじょう 賞状 a certificate of merit.

しょうじょう 症状 symptoms（徴候）；the condition of illness〔a patient〕.

じょうじょう 上場する〔株式〕list《stocks》.

じょうじょう 情状を酌量して in consideration of mitigating circumstances.

しょうしょく 少食である do not eat much. ～家 a light eater.

じょうしょく 常食とする live on《rice》.

じょうじる 乗じる〔かける〕multiply by；〔機会に〕take advantage of.

しょうしん 小心な timid；cowardly. ～者 a timid person；a coward.

しょうしん 昇進する rise in rank；be promoted《to》.

しょうしん 傷心の heartbroken；sorrowful.

しょうじん 精進する devote oneself to《one's study》. ～揚げ fried vegetables. ～料理 vegetable dishes.

じょうしん 上申する report《to》. ～書 a written report.

じょうず 上手である be good《at》；be skil(l)ful《in》. ～に skil(l)fully；dexterously；《speak English》well.

じょうすいじょう 浄水場 a (water) filtration plant.

しょうすう 小数 a decimal(fraction). ～点 a decimal point.

しょうすう 少数 a few；a small number《of》. ～意見 a minority opinion. ～党〔政党の〕a minor (political) party. ～派 the minority. ～民族 a minority race.

しょうする 称する〔呼ぶ〕call；name；〔偽る〕pretend《to be a scholar》；feign.

しょうせい 招請 ～国 an inviting country；〔主催国〕the host nation. ～状《send》an invitation《to》.

じょうせき 定石 regular tactics《in the game of go》；〔比喩的〕a formula.

しょうせつ 小説 a novel；a story（物語）；〔総称〕fiction. ～的〔のような〕fictitious；romantic. ～家 a novelist.

しょうせん 商船 a merchant ship〔vessel〕. ～隊 a merchant fleet.

じょうせん 乗船する go on board《a ship》；embark.

しょうせんきょく 小選挙区制 the single-seat constituency system.

しょうぞう 肖像 a portrait. ～権 one's

portrait rights.

じょうそう 上層の upper 《classes》.

じょうそう 情操 (教育)(cultivation of aesthetic) sentiments.

じょうぞう 醸造する brew;distil(l).　**〜場** a brewery; a distillery.

しょうそく 消息 news;circumstances (事情).　**〜筋** well-informed sources.　**〜通** a well-informed person.

しょうたい 正体を現す show one's true colors. **〜がない** be dead drunk (酔って).**〜不明の** unidentified.

しょうたい 招待 an invitation.　**〜する** invite 《to》.　**〜券** an invitation ticket.　**〜状** an invitation (card).

じょうたい 状態 a condition; a state; the situation.

しょうだく 承諾 consent; assent;〔申し込みの〕acceptance. **〜する**(give one's) consent 《to》; comply with; accept.

じょうたつ 上達する make progress 《in》; improve 《in》.

しょうだん 商談する have a business talk 《with》. **〜を取り決める** close a deal.

じょうだん 冗談 a jest; a joke. **〜に** in fun; in 〔for a〕joke. **〜をいう** jest; joke; crack a joke.

しょうち 承知する〔同意〕consent 〔agree〕《to》;〔許す〕forgive; permit;〔知る〕know; be aware of.

じょうちょ 情緒 emotion; feeling; sentiment.

しょうちょう 小腸 the small intestine.

しょうちょう 象徴 a symbol.　**〜的** symbolic (al).　**〜する** symbolize.

じょうてい 上程する place 《a bill》on the order of the House.

じょうでき 上出来の well-done; splendid; excellent.

しょうてん 商店 a shop; a store; a firm (商会).

しょうてん 焦点 a focus. **〜を合わせ**る focus ; bring 《a thing》into focus. **〜距離** the focal distance 〔length〕.

しょうどう 衝動 an impulse. **〜的(な)** impulsive. **〜的に** on impulse. **〜買い** a purchase on impulse.

じょうとう 上等の high-grade; selected ; superior.

じょうとう 常套手段 one's old trick.

しょうどく 消毒 (法) disinfection. **〜する** disinfect. **〜剤** a disinfectant; an antiseptic.

しょうとつ 衝突 a collision;a conflict (意見などの) ; a quarrel (争い). **〜する** run against 〔into〕; collide with ; conflict with (意見が). **三重〜** a three-way collision.

しょうに 小児 an infant ; a little child. **〜科** pediatrics.　**〜科医** a pediatrician. **〜麻痺** polio.

しょうにゅう 鍾乳 **〜石** a stalactite. **〜洞** a limestone cave.

しょうにん 商人 a merchant ; a trader.

しょうにん 証人 a witness. **〜に立つ** bear witness 《to》.

しょうにん 承認 recognition. **〜する** recognize ; acknowledge.

じょうにん 常任 **〜委員会** a standing committee. **〜指揮者** a regular conductor. **〜理事国** a permanent member of the U.N. Security Council.

じょうねつ 情熱 passion. **〜的(な)** passionate.

しょうねん 少年 a boy ; a lad. **〜院** a reformatory. **〜時代** 《in》one's boyhood. **〜犯罪** juvenile delinquency.

しょうねんば 正念場 the moment of truth ; the crucial moment 《for one》.

しょうのう 小脳 the cerebellum.

じょうば 乗馬 horse riding. **〜クラブ** a riding club.　**〜ズボン** riding breeches. ～服 a riding clothes.

しょうはい 勝敗 victory or defeat；the issue《of a contest》.

しょうはい 賞杯・牌〔賞杯〕a prize cup；a trophy；〔賞牌〕a medal.

しょうばい 商売 trade；business；commerce. ～を始める start〔go into〕business；〔開店〕open a shop. …を～にしている deal in《vegetables》；be《a tailor》by trade. ～敵^{がたき} a business rival. ～道具 stock in trade.

しょうばつ 賞罰 reward and punishment.

じょうはつ 蒸発 evaporation. ～する〔水蒸気〕evaporate；〔人間が〕blow oneself up；disappear suddenly.

しょうひ 消費 consumption. ～する consume；spend. ～組合 a co-operative society. ～者 a consumer. ～者金融 consumer finance. ～者物価指数〔略 C.P.I.〕the consumer price index〔略 C.P.I.〕. ～税 a consumption tax；《米》a sales tax；《英》a value-added tax〔略 VAT〕.

しょうひょう 商標 a trademark.

しょうびょうへい 傷病兵 the sick and wounded (soldiers).

しょうひん 小品〔作品の〕a small piece；a sketch.

しょうひん 商品 a commodity；〔集合的〕goods；merchandise. ～券 a gift certificate.

しょうひん 賞品 (をもらう)(win) a prize.

じょうひん 上品な refined；elegant；graceful.

しょうぶ 勝負〔競技〕a match；a contest；a game. →しょうはい (勝敗). ～する fight；have a match〔game〕.

じょうふ 情夫 a lover；a paramour.

じょうふ 情婦 one's girl；a mistress.

じょうぶ 丈夫な robust；healthy；strong；〔持ちがよい〕durable.

しょうふだ 正札 a price mark〔tag〕.

しょうぶん 性分 natural disposition. →しょう (性).

じょうぶん 条文 the text《of regulations, of a treaty》.

じょうへき 城壁 a castle wall；the rampart.

しょうべん 小便 urine. ～をする urinate；make〔pass〕water.

じょうほ 譲歩する concede《to》；〔歩み寄る〕meet halfway.

しょうほう 商法 the commercial code〔law〕.

しょうぼう 消防 fire fighting. ～演習 a fire drill. ～自動車 a fire engine. ～署 a fire station. ～隊〔団〕a fire brigade. ～士 a fireman；a fire fighter. ～庁 Fire and Disaster Management Agency.

じょうほう 情報 information；〔敵側に関する〕intelligence. ～化社会 an information-oriented society. ～機関 secret service. ～公開 information disclosure. ～処理 data〔information〕processing. ～屋 an informer.

しょうみ 正味の net(weight). ～6時間 six full hours.

しょうみ 賞味期限 an expiration date；a shelf life.

じょうみゃく 静脈 a vein. ～注射 an intravenous injection.

じょうむ 常務 ～取締役 a〔an executive〕managing director.

じょうむいん 乗務員 a crew member；〔総称〕the crew. 客室～〔飛行機〕a flight〔cabin〕attendant.

しょうめい 証明 (a) proof；testimony；〔論証〕demonstration；〔立証〕verification. ～する prove；demonstrate；〔真偽を〕verify；〔身分を〕identify. ～書 a certificate.

しょうめい 照明 illumination；〔舞台などの〕lighting. ～する illumi-

nate；light up.　**～係** an illuminator.
～弾 a flare bomb.

しょうめつ 消滅 する be extinguished；〔消失〕disappear；become null（効力などが）.

しょうめん 正面 the front.　**～衝突** a head-on collision.

しょうもう 消耗 (品) (an article of) consumption.　**～する** consume；exhaust；〔疲れる〕be exhausted.

しょうもん 証文 a bond；a deed. →しょうしょ.

じょうやく 条約 a treaty；an agreement；a pact.

しょうゆ 醤油 soy (sauce).　**～差し** a soy pot.

しょうよ 賞与 a bonus. 年末**～** a year-end bonus.

じょうよ 剰余 a surplus；a residue；〔差引残額〕a balance.　**～金** surplus fund〔money〕.

しょうよう 商用の commercial；business.　**～で** on business.

じょうよう 常用の in common use.　**～する** use regularly.　**～漢字** the Chinese characters for everyday use.　**～者** a habitual user；〔麻薬など〕an addict.

しょうらい 将来 the future.　**～の** future.　**～は** in (the) future.　**～性** possibilities.　**～性のある** promising.

しょうり 勝利 (a) victory；(a) triumph.　**～者** a victor；a winner(競技の).　**～を得る** win〔gain〕a victory《over》；win (the day).

じょうりく 上陸 する land；go on shore；〔台風が〕strike《Kyushu》.

しょうりつ 勝率 the percentage of victories.

しょうりゃく 省略 omission；〔短縮〕abridgment；abbreviation.　**～する** omit；abridge；abbreviate.

じょうりゅう 上流 〔川の〕the upper stream〔reaches〕《of》；〔階級〕the upper class (es).　**～社会** the high

society.

じょうりゅう 蒸溜 distillation.　**～する** distil (l).　**～水** distilled water.

しょうりょく 省力 labor-saving.

しょうれい 奨励 encouragement.　**～する** encourage《a person to do》.　**～金** a bounty；a subsidy.

じょうれん 常連 〔顧客〕a regular customer；〔芝居などの〕a frequenter《of》.

じょうろ 如雨露 a watering pot〔can〕.

しょえん 初演 the first (public) performance；the premiere.

じょえん 助演する support.　**～俳優 (女優)** a supporting actor(actress).

ショーウインドー a show window.

ジョーカー 〔トランプ〕a joker.

ジョージア 〔国名〕(the Republic of) Georgia.

ショーツ shorts；underpants；〔女性用下着〕panties.

ショート 〔電気〕a short (circuit)；〔野球〕a shortstop. 電気が**～する** short-circuit；short.　**～カットキー** a shortcut key.　**～バウンド** a short bound.　**～パンツ** short pants；shorts.　**～ホール** 〔ゴルフ〕a par 3 hole.

ショートケーキ (a) shortcake.

ショール a shawl.

しょか 書架 a bookshelf；a bookcase.

しょがくしゃ 初学者 a beginner.

じょがくせい 女学生 a schoolgirl；〔共学の〕a coed.

しょかつ 所轄官庁 the competent authorities.　**～警察署** the district police station.

じょがっこう 女学校 a girls' (high) school.

しょき 初期 the first stage〔period〕.　**～の** early.

しょき 書記 a secretary；a clerk.　**～**

官(長) a (chief) secretary.　～長 a secretary-general.

じょきょうじゅ 助教授 an associate professor《at》(2007年、学校教育法改正により「准教授」の職名に変更).

じょきょく 序曲 an overture ; a prelude.

ジョギング jogging.　～する jog.

しょく 食 food (食物) ; a meal (食事) ; (an)appetite(食欲).　～あたり〔食中毒〕food poisoning.　～生活 dietary〔eating〕habit.

しょく 職〔勤め口〕employment ; work ; a position (地位) ; an office (官公職) ; 〔職務〕one's duties ; 〔職業〕→しょくぎょう.　～に就く take employment《at, in》; obtain a post ; take office (就任する).　～のない jobless ; unemployed.　～を求める look for a position〔job〕.

しょくいく 食育 dietary education.

しょくいん 職員〔個人〕a staff member ; 〔集合的〕the staff ; the personnel.　～課 the personnel section.　～会議 a staff meeting ; (教員の)a teachers' conference.　～室 a teachers' room.

しょくえん 食塩 table salt.　～水 a saline solution ; a solution of salt.　～注射 (a) salt injection.

しょくぎょう 職業 an occupation ; an employment ; a profession (法・医・教育・教会関係の) ; a trade (商売).　～病 an occupational disease.　～指導 vocational guidance.　公共～安定所 a Public Employment Security Office.

しょくざい 食材 foodstuff.

しょくじ 食事 a meal ; a diet.　～する take a meal.　～中である be at table.　外で～する eat〔dine〕out.

しょくじ 植字 composition ; typesetting.　～する compose〔set〕type.　～工 a compositor.

しょくしょう 食傷する〔うんざりする〕be fed up《with》; be satiated《with》; 〔食あたりする〕be poisoned by food.

しょくじりょうほう 食餌療法 a dietary cure.　～を行なう go on a dietary cure ; be on a (restricted) diet.

しょくせき 職責 one's duty〔duties〕(and responsibility).

しょくだい 燭台 a candlestick.

しょくたく 食卓 a dining table.　～につく sit at table.

しょくたく 嘱託 a part-time〔non-regular〕staff member.

しょくどう 食道 the gullet ; the esophagus.

しょくどう 食堂 a dining room ; 〔レストラン〕a restaurant ; 〔小食堂〕a diner ; 〔セルフサービスの〕a cafeteria.　～車 a dining car.

しょくにん 職人 an artisan ; a craftsman〔craftswoman(女)〕.

しょくば 職場 one's post ; a workplace　～結婚 a marriage between colleagues.　～研修 on-the-job training.　～放棄 a walkout.

しょくパン 食パン bread.　～一斤(一枚) a loaf (slice) of bread.

しょくひ 食費 food costs ; 〔下宿の〕the charge for board.

しょくぶつ 植物 a plant.　～(性) vegetable.　～園 a botanical garden.　～学 botany.　～学者 a botanist.　～状態の in a vegetative state.　～人間 a vegetable (man).

しょくみん 植民する colonize《a place》.　～地 a colony.

しょくむ 職務 duties.　～上〔から〕as a matter of duty.　～上の official.　～質問〔警官の〕a police checkup.　～怠慢《on a charge of》neglect of duties.

しょくもつ 食物 food.　～アレルギー food allergy.　～繊維 dietary fiber.　～連鎖 a food chain.

しょくよう 食用の edible；for food.
～に適する be good to eat.　～油
cooking oil.　～蛙 a bullfrog.

しょくよく 食欲 (an) appetite.　～があ
る（ない）have a good (poor)
appetite.

しょくりょう 食料 (品) food；food-
stuffs.　～品店《米》a grocery
(store)；《英》a grocer's (shop).

しょくりょう 食糧 food；provisions；
〔割り当ての〕rations.　～事情 the
food situation.

しょくりん 植林する afforest《a hill》.

しょけい 処刑〔死刑執行〕execution.
～される be executed.

じょげん 助言《a piece of》advice.　～
する advise.

じょこう 徐行する go slowly；slow
down《a car》.

しょさ 所作〔ふるまい〕the way one
moves；one's carriage；〔芝居の〕
acting.　～事 a dance play.

しょさい 書斎 a study；a library.

しょざい 所在 (をくらます) (conceal)
one's whereabouts.　～地 the site
《of》.

じょさいない 如才ない〔抜け目ない〕
smart；clever；〔あいそのよい〕
sociable.

じょさんぷ 助産婦 a midwife.

しょし 初志 (を貫徹する) (carry out)
one's original intention.

しょじ 所持 possession.　～する
possess；have；carry.　～金 money
in(on)hand.　　～品 one's be-
longings；one's personal effects.
→しょゆう.

じょし 女子 a girl；a woman；〔総称〕
→じょせい.　～学生 a female
student.　～校 a girls' school.　～大
学 a women's college.

じょし 女史 Mrs.《Sato》；〔未婚〕Miss
；〔既婚〕Mrs.

しょしき 書式 (に記入する) (fill in) a
form.

じょじし 叙事詩 an epic (poem).

じょじゅつ 叙述 (a) description；(a)
narration.　～する describe；narrate.

しょじょ 処女 a virgin；a maiden.　～
演説〔航海・作〕a maiden speech
(voyage, work).　～地 (林) a virgin
soil (forest).　～膜 the hymen.

じょじょう 叙情 lyricism.　～的 lyric
(al).　～詩 a lyric (poem).　～詩人
a lyric poet；a lyricist.

しょしん 所信 (を述べる) (express)
one's belief〔conviction, opinion〕.
～表明演説 a policy speech.

しょしん 初診〔患者〕a new patient.
～料 the fee for the first (medical)
examination.

しょしんしゃ 初心者 a beginner；a
novice.

しょする 処する〔身を〕conduct
oneself；〔処理する〕deal with；〔処
刑〕condemn〔sentence〕《a person
to death》.

じょせい 女性 a woman；a lady；《話》
a girl；〔総称〕womankind；《文》
the feminine (gender).　～的な
feminine；〔柔弱な〕effeminate.

じょせいきん 助成金 a subsidy.

しょせいじゅつ 処世術 how to get
on in the world.

じょせき 除籍する strike off a
person's name from the register《of
the school》.

じょせつ 除雪する remove (the)
snow.　～車 a snowplow.

じょせん 除染 decontamination.

じょそう 女装する wear a female
dress；〔変装〕disguise oneself as a
woman.　～趣味の人 a transvestite.

じょそう 助走 an approach run.
～路〔競技の〕a runway；an
approach.

しょぞく 所属する belong to.

しょたい 所帯 a household.　～を持
つ make a new home；get married.
～じみる be domesticated.　～道具

household necessaries. 〜主 a householder. 〜持ち a family man.

しょたい 書体 (a style of) handwriting; 〔コンピュータの〕 a font.

しょち 処置する deal with; dispose of; treat (手当する). 断固たる〜をとる take strong measures 〔steps〕.

しょちゅう 暑中〜休暇 a summer vacation; summer holidays. 〜見舞 a summer greeting (card).

しょちょう 初潮 menarche.

しょちょう 署長 the head; the chief (of a police station).

しょっかく 触角 an antenna; a feeler.

しょっかく 触覚 (the sense of) touch; the tactile sense.

しょっき 食器 tableware. 〜(戸)棚 a cupboard.

ジョッキ (beer) mug; 〔陶器製の〕 a stein.

ジョッキー 〔騎手〕 a jockey.

ショック a shock. 〜を受ける be shocked. 〜療法 shock treatment 〔therapy〕.

しょっけん 食券 a meal〔food〕coupon 〔ticket〕.

しょっけん 職権 authority; official power. 〜乱用 the abuse of authority.

しょっこう 燭光〔単位〕candle power 〔略 c.p.〕.

しょっこう 職工 a worker.

ショッピング 《go, be out》 shopping 《at Ginza》. 〜センター a shopping mall 〔center; complex〕.

しょてん 書店 a bookstore; a bookshop; 〔出版社〕 a publisher.

じょてんいん 女店員 《米》a saleswoman; 《英》a shopgirl.

しょとう 初等の elementary; primary. 〜科 the elementary course. 〜教育 elementary 〔primary〕 education.

しょどう 書道 penmanship; calligraphy.

じょどうし 助動詞〔文法〕an auxiliary

verb.

しょとく 所得 (an) income; revenue. 〜税 an income tax.

しょにち 初日 the first 〔opening〕 day 〔night〕.

しょにんきゅう 初任給 one's starting salary 〔pay〕.

しょばつ 処罰 punishment. 〜する punish.

しょはん 初版 the first edition.

しょひょう 書評 a book review.

しょぶん 処分する dispose of; deal with; 〔処罰〕 punish.

じょぶん 序文 a foreword; a preface 《to》.

しょほ 初歩 the first step; the rudiments; the elements.

しょほう 処方 (箋) a prescription (slip). 〜する prescribe.

じょまくしき 除幕式 the (ceremony of) unveiling.

しょみん 庶民 the common people. 〜的な popular; democratic.

しょむか 庶務課 the general affairs section.

しょめい 署名 a signature. 〜する sign one's name 《on》. 〜運動 a campaign to obtain signatures. 〜捺印する sign and seal 《a bond》.

じょめい 助命する spare a person's life.

じょめい 除名する strike a person's name off the list; expel.

しょめん 書面〔手紙〕a letter; 〔文書〕 a document. 〜で in writing; by letter. 〜にする put in writing.

しょや 初夜〔結婚の〕the wedding night.

じょや 除夜 New Year's Eve. 〜の鐘 the watch-night bell.

じょやく 助役〔駅の〕an assistant stationmaster; 〔市の〕a deputy mayor.

しょゆう 所有 one's (own). 〜する have; possess. 〜格〔文法〕the

possessive case. ～権 ownership.
～者 an owner. ～品 one's
belongings.

じょゆう 女優 an actress.

しょり 処理 management ; disposal ;
〔製造工程〕process. ～する manage ;
dispose of ; deal with ; process.

じょりゅうさっか 女流作家（画家）a
female writer (painter).

しょるい 書類 documents ; papers.

ショルダーバッグ a shoulder bag.

しょろう 初老の middle-aged ; elder-
ly.

しょんぼりと dejected ; with a heavy
heart.

じらい 地雷《lay》a (land) mine.

しらが 白髪 white〔gray (半白)〕hair.
～頭 white-〔gray-〕haired. ～染め
a hair dye.

しらける 白ける〔座が〕An awkward
silence reigns the company.

しらじらしい 白々しい〔嘘などの〕
transparent ;〔厚かましい〕brazen-
faced ; cheeky.

じらす 焦らす tantalize ; tease ;
irritate.

しらずしらず 知らず知らず unawares ;
without knowing it.

しらせ 知らせ〔報知〕a report ;
information ; news ; a notice ;〔前兆〕
a sign ; an omen.

しらせる 知らせる let《a person》
know ; inform a person《of, that…》;
report《to》;〔公表〕publish.

しらない 知らない do not know ; be
unaware〔ignorant〕《of》; un-
known ; strange.

しらばくれる pretend ignorance〔not
to know〕.

しらふ 素面で in (all) soberness. ～
になる sober up. ～の sober.

しらべ 調べ〔調査〕(an) investi-
gation ;〔査察〕(an) examination ;〔調〕
inquiry ;〔音調〕a tune ; a note.

しらべる 調べる investigate ;

examine ; inquire into ; prepare
《one's lessons》(予習する).

しらみ 虱 a louse (複 lice).

しらんかお 知らん顔をする pretend
〔feign〕ignorance ; ignore（無視す
る）;〔人に会って〕give a person the
go-by ; cut one dead (on the street).

しり 尻 the buttocks ; the hips ;〔ズ
ボンの〕the seat. ～に敷かれる be
henpecked《by one's wife》. ～もち
をつく fall on one's buttocks.

しり 私利 self-interese.

シリア Syria ;〔公式名〕the Syrian
Arab Republic. ～の Syrian.

しりあい 知り合い〔人〕an acquaint-
ance. ～になる become acquainted
《with a person》.

シリアル〔食物〕cereals ;〔コンピュー
タ〕serial. ～ナンバー serial number.
～ポート serial port.

シリーズ a series. ワールド～ the
world series.

シリコン silicon. ～ウェーハ silicon
wafer. ～バレー Silicon Valley.

じりじり slow but steady ; gradually ;
by inches.

しりつ 市立の municipal ; city. 京都
～病院 Kyoto City Hospital.

しりつ 私立の private. ～学校 a
private school.

じりつ 自立する become independent
《of》.

じりひん じり貧になる be driven to
one's ruin by inches.

しりゅう 支流 a branch stream ; a
tributary ; an affluent.

しりょう〔資料〕materials ; data ;〔史
料〕historical records.

しりょく 死力を尽くす make desperate
efforts.

しりょく 資力 funds ; resources ;
means.

しりょく 視力 sight ; eyesight.

シリンダー a cylinder. ～錠 a
cylinder lock.

しる 汁〔果実の〕juice；〔樹液〕sap；〔吸い物〕soup；broth.

しる 知る know；〔学ぶ〕learn；〔感じる〕feel.

シルエット a silhouette.

シルク silk. ～ロード the Silk Road.

シルクハット a silk hat；a top hat.

ジルコン zircon.

しるし 印 a sign；a mark；〔証拠〕a proof；〔記念〕a token. ～をつける mark；tick off（点検済みの）.

ジルバ jitterbug. ～を踊る jitterbug.

シルバー silver. ～シート priority seats.

しれい 司令 ～官 a commander. ～長官 a commander-in-chief. ～部 the headquarters.

しれい 指令 instructions；orders；a directive.

じれい 辞令 a written order；a writ of appointment.

じれったい 焦れったい tantalizing；vexing. 焦れったくなる get impatient《at, with》.

しれる 知れる become known；〔有名〕become famous〔well-known〕《for》.

じれる 焦れる become impatient；be irritated.

しれん 試練 a trial；an ordeal. ～を経た tried；tested.

ジレンマ a dilemma. ～に陥る fall into a dilemma.

しろ 白 white. ～い white；blank（空白の）. ～くする whiten. ～蟻 a termite. ～熊 a white〔polar〕bear. ～砂糖 white〔refined〕sugar. ～タク an unlicensed taxi. ～バイ警官 a motorcycle policeman. ～身〔卵の〕the white. ～目 the white of the eye.

しろ 城 a castle；a fortress.

しろうと 素人 an amateur；〔初心者〕a novice；〔門外漢〕an outsider. ～の amateur；nonprofessional. ～考え a

layman's idea. ～芸 amateurism.

じろじろ ～見る stare closely at；scrutinize.

シロップ sirup；syrup.

シロフォン a xylophone.

じろん 持論 one's cherished opinion〔idea〕.

しわ 皺〔顔の〕wrinkles；crow's feet（目尻の）；〔物の〕creases；folds. ～になる be crumpled；pucker (up). ～くちゃの wrinkled；crumpled.

しわざ 仕業 an act；an action；a deed；one's doing.

しわよせ 皺寄せする shift《the loss》to.

しん 心〔こころ〕heart；mind. ～底 from the bottom of one's heart.

しん 芯 core；〔木髄〕pith；〔帯の〕padding；〔ランプ・ろうそくの〕a wick；〔鉛筆の〕lead.

しん 真 true；real；genuine. ～に迫る be true to nature〔life〕.

じん 陣〔陣形〕a formation；〔陣地〕a camp；〔陣地〕a position. ～を取る〔を張る〕pitch a camp；take up a position.

ジン gin. ～フィズ gin fizz.

しんあい 親愛なる dear；beloved.

しんあん 新案 a new idea〔design〕；〔新奇な物〕a novelty. ～特許 a utility model patent.

しんい 真意〔意向〕one's real intention〔motive〕；〔言葉などの〕the true meaning.

じんいん 人員〔人数〕the number of persons；〔職員〕the personnel.

しんえい 新鋭の fresh；new and powerful《weapons》.

しんえん 深遠な deep；profound；〔難解な〕recondite.

しんか 真価《appreciate》real value〔true worth〕.

しんか 進化 evolution. ～する evolve. ～論 evolutionism；Darwinism.

シンカー〔野球〕a sinker.

シンガー a singer. ～ソングライター a singer-songwriter.

しんかい 深海 the deep sea. ～魚 a deep-sea fish.

しんがい 侵害 (an)infringement; (an) encroachment. ～する infringe 《upon》; encroach 《upon》; violate.

しんがく 神学 theology; divinity. ～校 a theological school〔seminary〕. ～者 a theologian.

じんかく 人格 character; personality; ～者 a man of character.

シンガポール (the Republic of) Singapore. ～の Singaporean.

しんがり 殿 (をつとめる)(bring up) the rear.

しんかん 信管 a fuse.

しんかん 新刊書 a new book〔publication〕. ～紹介 a book review.

しんかんせん 新幹線 the Shinkansen (Line); bullet trains.

しんき 新規の(に) (a)new; (a) fresh. ～まき直しをする make a new 〔fresh〕start. ～株式上場 an initial public offering〔略 IPO〕.

しんぎ 信義 faith; loyalty; fidelity.

しんぎ 審議する consider; discuss; deliberate 《on》. ～中である be under consideration.

しんきいってん 心機一転する take a new turn in one's mind; turn over a new leaf.

しんきじく 新機軸を出す make a new departure.

ジンギスカン Genghis Khan. ～料理 a Mongolian mutton barbecue.

しんきゅう 進級する be promoted 《to》. ～試験 a promotion examination.

しんきょう 心境 a frame of mind. ～の変化をきたす One's mind changes.

しんきょう 新教 Protestantism. ～徒 a Protestant.

しんきろう 蜃気楼 a mirage.

しんきろく 新記録を作る create〔set, establish〕a new record.

しんきんこうそく 心筋梗塞 myocardial infarction.

しんく 真紅の crimson; scarlet.

しんぐ 寝具 bedding; bedclothes.

しんくう 真空 a vacuum. ～の vacuous. ～管 a vacuum tube.

ジンクス a jinx. ～を破る break a jinx.

シンクタンク a think tank.

シングル〔テニスなどの〕a singles (match);〔洋服〕a single-breasted jacket. ～ヒット〔野球〕a single hit. ～ルーム〔ホテルなどの〕a single 〔single-bed〕room. ～プレーヤー〔ゴルフ〕a low handicapper.

シングルス〔テニス〕a singles(match).

しんけい 神経 nerves. ～過敏の oversensitive. ～系統 the nervous system. ～質な nervous. ～症 neurosis. ～衰弱 nervous prostration〔breakdown〕. ～痛 neuralgia.

しんけつ 心血を注ぐ put one's heart and soul 《into》.

しんけん 真剣な earnest; serious. ～に earnestly; seriously; in earnest. ～になる be in dead earnest.

しんけん 親権 parental authority.

しんげん 進言 advice; (a) suggestion. ～する advise; suggest.

じんけん 人権（擁護・蹂躙） (protection of, infringement upon) human〔personal〕rights.

しんげんち 震源地 the seismic center; the epicenter.

しんこう 信仰 faith; belief; devotion. ～する worship; believe 《in》. ～の厚い pious; devout.

しんこう 振興策 a measure for the promotion 《of》.

しんこう 進行 advance；progress. ～する progress；proceed；〔乗り物が〕run. ～係 a program director.

しんこう 新興 ～階級 the newly-risen〔-rising〕classes. ～国(産業) a rising nation (industry).

しんごう 信号 a signal. ～する (make a) signal. ～機 an alarm. ～所(灯・塔) a signal station (lamp, tower). 交通～ traffic lights.

じんこう 人口 population. ～過剰 overpopulation.

じんこう 人工の〔的な〕artificial. ～衛星 an artificial〔a man-made〕satellite. ～栄養〔乳児の〕bottle-feeding. ～呼吸(受精) artificial respiration (insemination). ～頭脳 a electronic brain. ～知能 artificial intelligence〔略 A.I.〕

しんこきゅう 深呼吸(をする)(draw in) a deep breath.

しんこく 申告する〔所得税の〕a return；〔税関での〕declaration. ～する report；state；file a return；declare. ～書 a statement；a report.

しんこく 深刻な serious；grave；deep《depression》.

しんこん 新婚の newly-married《life》. ～旅行(をする)(go on) a honeymoon〔a wedding trip〕.

しんさ 審査 (an) examination. ～する examine；judge. ～委員(会) a judging committee；〔個人〕a judge.

しんさい 震災 an earthquake (disaster). ～地 an earthquake-stricken district.

じんさい 人災 a disaster caused by man.

しんさつ 診察 a medical examination. ～する examine〔see〕《a patient》. ～を受ける consult a doctor. ～券 a consultation ticket. ～室 a consulting room.

しんし 紳士 a gentleman. ～らしい

gentlemanly. ～協定 a gentleman's agreement. ～服 a man's suit.

じんじ 人事 human affairs；〔職員の〕personnel affairs. ～を尽くす do all one can. ～異動 personnel changes. ～院 the National Personnel Authority. ～課 the personnel section.

しんしき 新式 new；of a new style.

シンジケート a syndicate.

しんしつ 寝室 a bedroom；a bed-chamber.

しんじつ 真実 truth. ～の true；real.

じんじふせい 人事不省になる become unconscious；faint.

しんじゃ 信者 a believer《in》；〔熱心家〕a devotee；〔キリスト教の〕a Christian.

じんじゃ 神社 a Shinto shrine.

ジンジャーエール ginger ale.

しんしゃく 斟酌する take《a matter》into consideration；allow for《the circumstances》.

しんしゅ 進取 ～の気性 a progressive〔an enterprising〕spirit.

しんじゅ 真珠(貝) a pearl (oyster). 養殖～ a cultured pearl.

じんしゅ 人種 a race. ～的差別(偏見) racial discrimination (prejudice). ～のるつぼ a racial melting pot.

しんじゅう 心中をする commit a double suicide；die together《for love》. 一家～ a whole family suicide.

しんしゅく 伸縮する expand and contract. ～自在の elastic；flexible.

しんしゅつ 進出する advance《軍隊などが》；launch《into》〔新分野に〕；extend its business《to》〔商店などが〕.

しんしょう 心証 conviction；〔印象〕(an) impression.

しんじょう 信条〔宗教の〕a creed；〔主義〕a principle.

しんしょうしゃ 身障者〔集合的〕the

physically-handicapped〔disabled〕.

しんしょく 侵蝕（作用）erosion. ～する erode.

しんじる 信じる believe《in》. 信じがたい unbelievable；incredible. 信ずべき筋 reliable sources.

しんしん 心身《be sound in》mind and body.

しんしん 新進の rising. ～気鋭の young and energetic. ～作家 a rising writer.

しんじん 新人 a newcomer；a new face. ～王 the best rookie《of the year》.

じんしん 人心 the public sentiment〔feeling〕.

じんしん 人身～攻撃をする make a personal attack《on》. ～事故 an accident involving a human life〔resulting in injury or death〕.

しんすい 心酔する adore；be fascinated《with》.

しんすい 浸水 inundation. ～する be flooded〔inundated〕. ～家屋 flooded houses.

しんすい 進水する launch. ～式 a launching ceremony.

しんずい 真髄 the essence；the pith.

しんせい 申請する apply《for》；petition《for》. ～書（を出す）(submit) a written application. ～人 an applicant.

しんせい 神聖な holy；sacred；consecrated. ～を汚す defile the sacredness《of》；desecrate.

じんせい 人生 life；〔一生〕one's life. ～観 one's view of〔outlook on〕life.

シンセサイザー a synthesizer.

しんせつ 親切 kindness；goodwill. ～な kind；obliging. ～に kindly. ～にする be kind《to》.

しんせん 新鮮な fresh；new.

しんぜん 親善 goodwill；friendly relations；friendship. ～試合 a friendly match.

しんそう 真相 the truth；the true state《of》.

しんぞう 心臓 the heart. ～弁膜症 a valvular disease of the heart. ～発作 a heart attack. ～麻痺ʰ heart failure.

じんぞう 人造の artificial. ～ゴム synthetic rubber.

じんぞう 腎臓 the kidney. ～炎 nephritis.

しんたい 身体 the body. ～の bodily；physical. ～検査 a physical checkup；〔所持品の〕searching. ～障害者 a physically handicapped person.

しんたい 進退を共にする cast in one's lot《with》. ～きわまる find oneself in a fix；be driven to the wall. ～伺い（を出す）(submit) an informal resignation.

しんだい 寝台 a bedstead（台）；a bed（付属品をふくめて）；a berth（列車などの）. ～車 a sleeping car；a sleeper. ～料金 a berth charge.

しんたく 信託会社 a trust company. 貸付（投資）～ loan（investment）trust.

しんだん 診断 (a) diagnosis. ～する diagnose. ～書 a medical certificate. 健康～ a medical checkup.

しんちゅう 心中 the heart；one's true motive；in one's mind；at heart.

しんちゅう 真鍮 brass.

しんちょう 身長 height；stature. ～1メートル70センチ be one meter seventy tall〔high, in height〕.

しんちょう 深長な〔意味が〕deep；profound；significant.

しんちょう 新調の new；newly-made；brand-new.

しんちょう 慎重な careful；cautious；prudent.

しんちんたいしゃ 新陳代謝〔肉体の〕metabolism.

じんつう 陣痛 throes；《be in》labor

(pains).

じんつうりき 神通力《have》supernatural power.

しんてい 進呈する present《a person with a thing》; offer (景品などを).

しんてん 親展 (書) a confidential [personal] letter.

しんでん 神殿 a sanctuary.

しんでんず 心電図 an electrocardiogram [略 ECG].

しんと 信徒 a believer《in》; [キリスト教の] a Christian; [熱心家] a devotee.

しんど 震度 seismic intensity.

しんとう 神道 Shintoism; Shinto.

しんとう 浸透する permeate; infiltrate; spread into.

しんとう 親等 the degree of relationship. 1 (2・3) ~ a relative in the first (second, third) degree.

しんどう 神童 an infant prodigy [genius].

しんどう 振動 (an) oscillation; (a) vibration. ~する oscillate; vibrate.

しんどう 震動 a tremor; a shock. ~する shake; tremble; quake.

シンナー thinner. ~を吸う sniff glue; inhale a paint thinner.

しんにち 親日的な pro-Japanese.

しんにゅう 侵入 (an) invasion; (an) intrusion. ~する invade; trespass《upon》(権利を); intrude《into》(他人の家などに). ~者 a trespasser; an intruder.

しんにゅうせい 新入生 a new student; a freshman (米大学の).

しんにん 信任する trust; confide《in》. ~状 credentials. ~投票《win, lose》a vote of confidence.

しんねん 信念 faith; belief.

しんねん 新年 (宴会) [特定の] the New Year (party). ~おめでとう (I wish you) a Happy New Year.

しんのう 親王 an Imperial prince; a

prince of the blood.

しんぱ 新派劇 (俳優) a play (an actor) of the new school.

シンパ a sympathizer.

しんぱい 心配 [不安] uneasiness; [気がかり] anxiety; fear; concern; [心づかい] care. ~な alarming; anxious. ~する feel uneasy; fear; be anxious《about》; [世話] care for.

ジンバブエ [国名] (the Republic of) Zimbabwe. ~の Zimbabwean.

シンバル を鳴らす strike cymbals.

しんぱん 審判 judg (e) ment. ~する judge; (act as) umpire [referee] (競技で). ~員 a judge; an umpire; a referee. **最後の~** the Last Judg (e) ment.

しんび 審美眼 (がある) (have) an eye for the beautiful.

しんぴ 神秘 (a) mystery. ~的 (な) mysterious.

しんぷ 神父 a father.

シンフォニー a symphony.

じんぶつ 人物 [劇中の] a character; [人格者] a man of character. →じんかく. ~画 a portrait.

しんぶん 新聞 a newspaper; a paper; [集合的] the press. ~販売店 (人) a newspaper agency (agent). ~売り子 a news vendor. ~記者 a newspaper reporter. ~社 a newspaper company. ~種 a news item. ~配達人 a newspaper delivery boy [girl].

しんぽ 進歩 progress; advance; improvement. ~する make progress《in》; advance; improve. ~的 progressive (ideas).

しんぼう 心棒 an axle (軸); a shaft (柄).

じんぼう 人望 popularity. ~がある (ない) be popular (unpopular)《with one's classmates》.

しんぼく 親睦 amity. ～会 a social gathering.

シンポジウム a symposium《on》.

シンボル a symbol《of》. ～マーク an emblem.

しんまい 新米〔人〕a novice；〔米の〕new rice.

じんましん 蕁麻疹 nettle rash.

しんみり heart-to-heart；feelingly. ～する feel sentimental.

じんみん 人民 the people. ～戦線 the popular front.

しんめ 新芽 a sprout；a shoot；a bud. ～を出す bud.

じんもん 尋問する examine；interrogate. 反対～ a cross-examination.

しんや 深夜に at midnight. ～営業 late-night operation. ～喫茶 an all-night tea house. ～バス a late-night bus. ～放送 a midnight broadcast.

しんゆう 親友 a good〔close, bosom〕friend.

しんよう 信用する believe；give credit《to》；put trust《in》. ～のできる trustworthy；reliable. ～を得る（失う）win (lose)《a person's》confidence. ～組合 a credit association〔union〕. ～状 a letter of credit〔略 L.C.〕.

しんらい 信頼する trust；rely《on》. ～すべき reliable；trustworthy.

しんらつ 辛辣な scathing；severe；sharp；cutting.

しんり 心理 psychology；mentality. ～的（に）psychological (ly). ～学 psychology. ～学者 a psychologist.

しんり 真理（の探求）(pursuit of) truth.

しんり 審理する try；examine；inquire into《a case》. ～中である be on trial.

しんりゃく 侵略 (an) invasion；(an)

aggression. ～する invade. ～的（な）aggressive. ～主義 an aggressive policy. ～戦争 a war of aggression.

しんりょう 心療内科 department of psychosomatic medicine；department of psychic treatment.

しんりょう 診療所 a medical office；a clinic.

しんりょく 新緑 fresh green〔verdure〕.

じんりょく 人力でなしうる（なしえない）be humanly possible (impossible).

じんりょく 尽力する make every effort；endeavor《to do》. …の～で through the good〔kind〕offices of….

しんりん 森林 a forest；a wood；woods.

しんるい 親類 a relation；a relative. 近い（遠い）～ a close (distant) relative.

じんるい 人類 mankind；human being；man. ～学 anthropology. ～学者 an anthropologist.

しんれい 心霊 ～学 psychics. ～現象 a spiritual phenomenon.

しんろ 進〔針〕路 the course.

しんろう 新郎新婦 the bride and the bridegroom.

しんわ 神話 a myth；〔集合的〕mythology.

す

す 州 a sandbank；a shoal.

す 巣〔鳥〕a nest；〔クモ〕a web, a cobweb；〔盗賊など〕a den；a haunt.

す 酢 vinegar. ～の物 a vinegared dish. ～漬けの pickled.

ず 図〔絵画〕a picture；〔図解〕a figure；an illustration；〔図表〕a diagram；〔地図〕a map；〔海図など〕a chart. ～に乗る push〔press〕

one's luck.

すあし 素足 barefoot.

ずあん 図案 a design ; a plan.

ずい 髄〔植物〕the pith ;〔動物〕the marrow.

すいあつ 水圧 hydraulic〔water〕pressure.

すいい 水位 (the) water level.

すいい 推移 transition ; change. ～する (undergo a) change.

ずいい 随意の optional ; voluntary. ～に freely ; as one's direction. ～筋 a voluntary muscle.

すいいき 水域 waters.

ずいいち 随一の the best.

スイート ～ポテト〔菓子〕a sweet potato cake. ～ルーム a suite.

スイートピー a sweet pea.

すいえい 水泳 swimming. ～パンツ swimming trunks.

すいか 西瓜 a watermelon.

すいがい 水害 flood damage. ～地 a flooded district.

すいがら 吸殻 a cigar〔cigarette〕end〔butt〕.

すいきゅう 水球 water polo.

すいぎゅう 水牛 a (water) buffalo.

すいぎん 水銀 mercury. ～灯 a mercury lamp.

すいげん 水源 the source of a river ; the source of water supply.

すいこう 推敲する elaborate ; polish.

すいこう 遂行する execute ; accomplish ; carry out.

ずいこう 随行する attend ; accompany ; follow. ～員 a suite ; an attendant ; a member of a person's suite.

すいさい 水彩 ～絵の具 water colors. ～画 a water color (painting). ～画家 a water color painter.

すいさつ 推察する guess.

すいさん 水産業 fisheries. ～大学 college of fishery. ～物 marine products.

すいじ 炊事 cooking. ～する cook. ～場 a kitchen.

ずいじ 随時 at any time ;〔好きな時に〕whenever you please ;〔必要に応じて〕as occasion calls.

すいしゃ 水車 a mill wheel. ～小屋 a (water) mill.

すいじゃく 衰弱 depression ; collapse. ～する grow weak ; waste.

すいじゅん 水準 a level ; a standard.

ずいしょ 随所に everywhere ; here and there.

すいしょう 水晶 (a)crystal. ～のような crystal(line). ～体〔解〕a (crystalline) lens.

すいしょう 推奨する recommend.

すいじょう 水上の〔に〕on the water. ～(飛行)機 a seaplane. ～競技 water sports. ～警察 the marine police. ～スキー water skiing. ～バス a water bus.

すいじょうき 水蒸気 vapor ; steam.

すいしん 水深 the depth of water.

すいしん 推進する propel ; promote. ～力 an impulse ;〔促進力〕a driving power.

スイス Switzerland ;〔公式名〕the Swiss Confederation. ～の Swiss.

すいせい 水星 Mercury.

すいせい 水生動物 an aquatic animal.

すいせい 彗星 a comet.

すいせん 水仙 a narcissus ; a daffodil.

すいせん 水洗便所 a flush toilet.

すいせん 推薦 recommendation. ～する recommend. ～状 a letter of recommendation. ～入学 admission to a school on the recommendation.

すいそ 水素 hydrogen. ～ガス hydrogen gas. ～爆弾 a hydrogen bomb.

すいそう 水槽 a water tank.

すいそう 水葬 water burial.

すいそう 吹奏する blow. ～楽 wind instrument music. ～楽団 a brass band.

すいぞう 膵臓 the pancreas.

すいそく 推測 a guess.

すいぞくかん 水族館 an aquarium.

すいだす 吸い出す suck〔draw〕out.

すいちゅう 水中の〔に〕underwater. ～カメラ an underwater camera. ～眼鏡〔潜水用〕swimming goggles;〔箱形〕a water glass.

すいちょく 垂直な〔に〕perpendicular〔ly〕. ～線 a vertical line. ～離着陸機 a vertical takeoff and landing aircraft; a VTOL.

すいつく 吸い付く ヒルのように～ stick《to》like a leech.

スイッチ a switch. ～を入れる〔切る〕switch on〔off〕. ～ヒッター〔野球〕a switch hitter.

すいてい 推定(する) estimate; presume.

すいでん 水田 a paddy〔rice〕field.

すいとう 水筒 a canteen; a water bottle.

すいとう 出納 ～係 a cashier;〔銀行の〕a teller. ～簿 an account book; a cashbook.

すいどう 水道〔設備〕waterworks; water service〔supply〕. ～局 the Waterworks Bureau. ～工事 water supply works. ～水 tap water. ～料金 water rates〔charges〕.

すいとりがみ 吸い取り紙 blotting paper.

すいとる 吸い取る absorb; suck up.

すいなん 水難に遭う be drowned; be shipwrecked.

すいばく 水爆(実験) an H-bomb (test).

すいはんき 炊飯器 a rice cooker.

すいび 衰微(a)(する) decline; decay.

ずいひつ 随筆 an essay. ～家 an essayist.

すいふ 水夫 a sailor; a seaman.

すいぶん 水分 water; moisture. ～の多い juicy.

ずいぶん 随分 very(much); awfully.

すいへい 水平の level; horizontal. ～線 the horizon. ～飛行 level flight.

すいへい 水兵 a sailor. ～服 a sailor uniform.

すいみん 睡眠 sleep. 十分に～をとる have a good sleep. ～不足 want〔lack〕of sleep. ～薬〔剤〕sleeping pill.

すいめん 水面 the surface of the water.

すいもん 水門 a floodgate; a lock.

すいようび 水曜日 Wednesday〔略 Wed.〕.

すいり 水利〔水運〕water transportation;〔灌漑かん〕irrigation;〔給水〕water supply.

すいり 推理 inference; reasoning. ～する infer; reason. ～小説 a detective story;《話》a whodunit.

すいりく 水陸両用の amphibian; amphibious. ～両用機〔車〕an amphibian.

すいりょく 水力 water power. ～発電 water power generation. ～発電所 a hydroelectric power station.

すいれん 睡蓮 a water lily.

すいろ 水路 a waterway. ～標識 a beacon.

スイング〔音楽〕swing(music);〔野球〕a swing.

すう 数 a number.

すう 吸う〔空気を〕breathe in; inhale; absorb;〔乳などを〕suck;〔タバコを〕smoke.

スウェーデン (the Kingdom of) Sweden. ～の Swedish. ～人 a Swede.

すうがく 数学 mathematics;《話》math. ～者 a mathematician.

すうこう 崇高な lofty ; sublime.

すうし 数詞〔文法〕a numeral.

すうじ 数字 a figure. アラビア（ローマ）～ the Arabian (Roman) numerals.

ずうずうしい 図々しい impudent ; cheeky ; shameless.

すうせい 趨勢 a trend〔tendency〕.

スーダン（the Republic of the）Sudan. ～の Sudanese.

スーツ a suit. ～ケース a suitcase.

スーパー super. ～カー a supercar ; a hot rod. ～大回転〔スキー〕super G. ～マーケット a supermarket. ～マン a superman. ～モデル a supermodel.

すうはい 崇拝 worship. ～する worship ; adore.

スープ soup. ～を飲む have〔eat〕soup. ～皿 a soup plate〔bowl〕. 固形～の素 a bouillon cube.

ズーム ～レンズ a zoom lens.

すえ 末〔終わり〕5 月の～に at the end of May ;〔未来〕～には in the future ;〔結局〕in the long run ;〔挙げ句に〕思案の～ after serious thought.

スエード ～の靴 suede shoes.

すえおき 据え置き. 3 年間～である be unredeemable for three years.

すえおく 据え置く〔事柄を〕leave《a matter》as it is ;〔公債などを〕leave《a loan》unredeemed.

スエズ ～運河 the Suez Canal.

すえつけ 据え付け installation ; fitting. ～る set up.

すえっこ 末っ子 the youngest child.

すえる 据える fix ; place.

ずが 図画 (a) drawing. ～用紙 drawing paper.

スカート《put on, wear》a skirt.

スカーフ a scarf.

ずかい 図解する illustrate.

ずがい 頭蓋（骨）the cranium〔skull〕.

スカイダイビング skydiving.

スカウト a scout ; a headhunter. ～する scout for.

すがお 素顔 an unpainted face.

すかし 透かし〔紙の〕watermark. ～絵 transparency. ～彫り fretwork.

すかす 透かす see through ; candle.

ずかずか〔許可なく〕without permission ;〔無作法に〕rudely.

すがた 姿 a figure ; a shape. ～を現す〔隠す〕appear〔disappear〕.

すがたみ 姿見 a full-length mirror.

スカッシュ squash.

スカル〔ボート〕a scull.

すがる 縋る つえに～ lean on a stick. 慈悲に～ throw oneself on.

ずかん 図鑑 a picture book.

スカンク a skunk.

スカンジナビア ～半島 the Scandinavian Peninsula.

すき 鋤 a spade ;《米》a plow.

すき 透き・隙〔透き間〕an opening. ～がない〔ある〕be on〔off〕one's guard. ～をうかがう watch for a chance.

すき 好きな favorite. ～である like ; be fond of ; love.

すぎ 杉 a Japanese cedar. ～花粉症 an allergy to cedar pollen.

スキー skiing ;《a pair of》skis. ～をする ski ; go skiing. ～ウェア a ski suit ; skiwear. ～場 a skiing ground. ～ヤー a skier.

すききらい 好き嫌い likes and dislikes.

ずきずき ～痛む throb with pain.

スキップ a skip. ～する skip.

すきとおる 透き通る be seen through. 透き通った transparent.

すきま 隙間 opening ; gap. ～風 a draft.

スキャナー a〔an optical〕scanner.

スキャンダル a scandal. ～に巻き込まれる get involved in a scandal. ～をもみ消す suppress〔cover up〕a scandal.

スキューバダイビング scuba diving.
すぎる 過ぎる〔通過〕pass；go past；〔時が〕pass；flash；〔…し過ぎる〕too．食べ～ eat too much；overeat (oneself)．働き～ overwork (oneself)．
スキン〔皮膚〕the skin；〔コンドーム〕a condom；《話》a rubber．～ケア skin care．～シップ physical (bodily) contact．～ヘッド skinhead．
スキンダイビング skin diving.
すく 好く like；love；be fond of.
すく 空く．列車が空いている The train is not crowded．手が空いている be free．
すく 漉・梳・鋤く〔紙を〕make《paper》；〔髪を〕comb《one's hair》；〔鋤で〕plow，plough．
すぐ immediately；at once；right away；directly；〔間もなく〕soon．
-ずく 腕～で by force.
すくい 救い help；aid；〔宗教上の〕salvation．
スクイズ〔野球〕a squeeze play.
すくう 救う help；rescue；〔命を〕save；〔罪から〕redeem．
すくう 掬う scoop．足を掬われる be tripped up．
スクーター a (motor) scooter.
スクープ〔特ダネ〕a scoop.
スクール a school．～ゾーン a school zone．～バス a school bus．
スクエア〔相場〕～にする square〔neutralize〕one's positions．～ダンス a square dance．
すくない 少ない〔数〕a few；〔量〕a little；〔数量など〕small；〔食料など〕scare；〔燃料など〕low．少なくなる decrease．少なからぬ not a little．少なくとも at least．
すくむ 竦む shrink；cower.
すくめる 竦める〔首を〕duck one's head；〔肩を〕shrug one's shoulders．
スクラップ scrap；〔屑鉄〕scrap iron.

記事を～する clip an article．～ブック a scrapbook．
スクラム〔ラグビー〕a scrummage.
スクランブル a scramble．～エッグ scrambled eggs．～交差点 an intersection with diagonal crosswalks．
スクリーン a screen．～セーバー a screen saver．
スクリプト a script (脚本).
スクリュー a screw (propeller)．～ドライバー a screwdriver．～ボール a screwball．
すぐれる 優れる excel《in》；be better than；be superior《to》．気分が優れない feel unwell．
スクロール a scroll．～バー a scroll bar．
スケート skating．～をする skate．～靴《a pair of》skates．～ボード a skateboard．～リンク a skating rink．
スケープゴート a scapegoat.
スケール a scale．～の大きい(小さい) large (small) scale；〔人が〕《a man》of large (small) caliber．
スケジュール a schedule．～どおり on schedule；as scheduled．～を立てる make out a schedule．
ずけずけ ～言う speak bluntly〔without reserve〕．
すけだち 助太刀 help；assistance.
スケッチ a sketch．～する make a sketch．～ブック a sketchbook．
スコア a score．3対1の～で by a score of 3 to 1．～ブック a scorebook．～ボード a scoreboard．
すごい 凄い〔恐ろしい〕horrible，terrible；〔程度が甚だしい〕heavy，enormous；〔すばらしい〕wonderful；amazing．
スコール a squall.
すごく extremely；awfully.
すこし 少し some；〔量〕a little；〔数〕a few．
すこしも 少しも…でない not…at all.

すごす　過ごす〔時を〕pass ; spend.

すごすご（と）dejectedly.

スコッチ Scotch《whisky》.

スコットランド Scotland. ～の Scotch〔物〕; Scots〔Scottish〕（人）. ～人 Scot.

スコップ a shovel ; a scoop.

すこやか 健やかな healthy.

スコラ ～哲学 Scholasticism.

すごろく 双六 Japanese back-gammon ; sugoroku.

すさむ 荒む go〔grow〕wild ; become degenerate.

ずさん 杜撰な careless ; slipshod.

すじ 筋〔線〕a line ;〔腱〕a nerve ; a sinew ; a tendon ;〔話・劇などの〕the plot ;〔繊維〕a string ; a fiber ;〔条理〕reason ; logic. ～の通った reasonable ; coherent.

すじがき 筋書きどおりに as arranged〔planned〕.

すじがね 筋金入りの hard core.

すじこ 筋子 salmon roe.

すしづめ 鮨詰めである cram ; squeeze ; jam-packed.

すじむかい 筋向かい. ～の家 the house diagonally opposite to《ours》.

すじょう 素性 background ; origin ; birth.

すす 煤 soot. ～だらけの sooty.

すず 錫・鈴〔錫〕tin ;〔鈴〕a bell.

すずかけ 鈴掛〔植物〕a plane (tree).

すずき 鱸〔魚〕a (sea) bass.

すすぐ rinse ; wash out.

すずしい 涼しい cool.

すすむ 進む advance ; make one's way《to》; proceed ; move.

すずむ 涼む enjoy the cool air.

すずめ 雀 a sparrow.

すすめる 進める〔前進させる〕step ; advance ;〔進行させる〕forward ; advance ; move.

すすめる 勧める〔忠告〕advise《a person to do》;〔説得〕persuade《a person to do》;〔推奨〕recommend ;〔奨励〕encourage ;〔提案〕suggest.

すずらん 鈴蘭 a lily of the valley.

すずり 硯 an ink stone.

すすりなき 啜り泣き sobbing.

すそ the skirt ; the bottom（ズボンの）; the train.

すその 裾野 the skirts〔foot〕of a mountain.

スター a star. ～の座につく achieve stardom. ～プレーヤー a star player. 映画～ a movie star.

スターティング ～ブロック a starting block. ～メンバー a starting lineup.

スタート a start. ～する start. ～台 a starting box. ～ライン starting line.

スターリング sterling. ～地域 the sterling area.

スタイリスト〔美容師〕a stylist ;〔スタイルに気をつかう人〕a smart dresser ; a dandy ;〔服飾の〕a fashion coordinator.

スタイル (a) style ;〔容姿〕a figure. ～がいい（悪い）have a good (poor) figure.

スタジアム a stadium.

スタジオ a studio.

ずたずた ～にする〔なる〕shreds ; hack.

スタッフ a staff member ; a staffer ;〔総称〕the staff.

スタミナ stamina. ～をつける develop〔build up〕one's stamina. ～ドリンク a health elixir. ～料理 fortifying food.

すだれ 簾 a bamboo blind.

すたれる 廃れる go out of fashion.

スタンス a stance.

スタンド〔観客席・売店〕a stand ;〔電灯の〕a desk lamp ; a floor lamp. ～プレー a grandstand play.

スタンバイ ～する be on standby.

スタンプ a stamp ; a postmark（消印）.

スチーム〔蒸気〕steam. ～アイロン

steam iron.
スチール〔鋼鉄〕steel；〔映画の〕a still；〔野球〕a steal.
-ずつ 1つ～ one by one.
ずつう 頭痛 headache.
スツール a stool（腰掛け）.
すっかり all；completely；entirely；quite.
ズッキーニ a zucchini.
すっきり ～する feel refreshed. ～した neat；uncluttered.
ズック〔麻の〕canvas. ～靴 canvas shoes.
ずっと all the way；a long；clear；all the time；through；ever since.
すっぱい 酸っぱい sour.
すっぽかす break an appointment.
すで 素手で with bare hands；unarmed（武器を持たずに）.
ステーキ a steak. ～を焼く grill a steak.
ステージ〔舞台〕a stage. ～に立つ appear on stage. ～衣装 a stage costume.
ステーション a station. ～ワゴン a station wagon.
ステータス status. ～シンボル a status symbol.
すてご 捨て子 a deserted child.
すてぜりふ 捨て台詞《leave with》a parting shot.
ステッカー a sticker.
ステッキ a（walking）stick；a cane.
ステップ a step；a stepwell；〔草原〕a steppe. ～を踏む step. 成功への～ a stepping-stone.
すでに 既に already.
すてね 捨て値で売る《sell》dirt-cheap〔at a sacrifice〕.
すてみ 捨て身の desperate.
すてる 捨てる throw〔cast〕away；〔ごみなどを〕dump；〔放棄する〕give up；desert；abandon.
ステレオ a stereo. ～放送 a stereophonic broadcasting.

ステンドグラス stained glass.
ステンレス stainless steel.
スト a strike. ～中である be on strike. ～破り a strike-breaker. ～をやる go on strike.
ストア ～学派 the Stoic School.
ストイック ～な stoic.
ストーカー a stalker. ～行為 stalking. ～防止法 the Anti-Stalking Law.
ストーブ a stove；a heater.
ストール a stole.
ストッキング《a pair of》stockings.
ストック〔在庫〕a stock；〔スキーの〕a（ski）stick.
ストップ stop. ～する stop. ～をかける put〔order〕a stop《to》. ～ウォッチ a stopwatch. ～高（安）a daily-trading up-（down-）limit. ～モーション a freeze-frame.
すどまり 素泊まりする stay（overnight）without meals.
ストライキ a strike. →スト.
ストライク〔野球〕a strike.
ストリップ a striptease. ～小屋 a strip joint. ストリッパー a stripper.
ストレート a straight；〔野球〕straight fastball. ～で勝つ win in straight sets. ～で飲む drink《whisky》straight；《英》drink《whisky》neat.
ストレス stress；tension；strain. ～が溜まっている be under（a lot of）stress. ～の原因 stressor. ～を解消する alleviate stress.
ストロー a straw.
ストローク a stroke.
ストロボ an electronic flash；a strobe（light）. ～をたく flash a strobe.
すな 砂 sand. ～時計 a sandglass.
すなお 素直な〔温和な〕gentle；〔従順な〕docile；obedient.
スナック〔軽食〕a snack；〔酒類を出す店〕a pub；a tavern.
スナッチ〔重量挙げ〕the snatch.
スナップ a snap（fastener）〔とめ金〕；a snap shot（写真）.

すなわち 即ち namely；that is (to say)；in other words.

スニーカー 《a pair of》sneakers.

すね 脛 the leg；the shin〔向こう脛〕. ～を齧る sponge《on one's parents》. ～齧り〔人〕a hanger-on.

すねる 拗ねる sulk；get sulky.

ずのう 頭脳 brains. ～明晰である have a clear head. ～流出 brain drain.

スノー ～タイヤ a snow tire. ～チェーン chains. ～モービル a snowmobile.

スパート sprint；spurt.

スパーリング〔ボクシング〕a sparring.

スパイ a spy；a secret agent〔行為〕espionage. ～する spy《on》.

スパイク a spike. ～シューズ spiked shoes. ～タイヤ a spike tire；a studded tire.

スパイス spice. ～のきいた spicy.

スパゲッティ spaghetti.

スパナ a wrench；〔英〕a spanner.

ずばぬける ずば抜けた才能 an outstanding talent《for》.

すばやい 素早い quick；swift；nimble.

すばらしい 素晴らしい splendid；wonderful；excellent；great；magnificent.

スパルタ ～教育〔体罰を伴う〕harshly-disciplined education〔training〕.

スピーカー a (loud) speaker；a public-address system〔略 PA〕.

スピーチ《make》a speech.

スピード speed. ～違反 speeding. ～写真 a vending machine photo. ～スケート speed skating.

スピッツ a spitz (dog).

スフィンクス a sphinx.

スプーン a spoon. ～に1杯 a spoonful《of sugar》.

ずぶとい 図太い bold.

ずぶぬれ ずぶ濡れ drench. ～になる

be wet〔soaked, drenched〕through.

スプリング〔ばね〕a spring.〔春〕spring. ～コート a topcoat.

スプリンクラー a sprinkler.

スプレー (a) spray. ～する spray.

スプロール ～現象〔都市の〕urban sprawl.

スペア a spare；〔詰め替え用〕a refill. ～タイヤ a spare tire. ～リブ spareribs.

スペイン Spain. ～語 Spanish. ～人 a Spaniard. ～の Spanish.

スペース (a) space；room. ～シャトル a space shuttle.

スペード a spade.

スペクタクル a spectacle. ～映画 a spectacular film.

スペクトル a spectrum (複 spectra).

すべすべした smooth；velvety.

スペック specifications；specs.

すべて 全て whole；all；entirely.

すべりこむ 滑り込む〔野球〕slide into《third base》.

すべる 滑る slide；slip (つるっと)；glide (滑らかに).

スペル (a) spelling. ～を間違える misspell.

スポイト a syringe.

スポーツ sports. ～をする play sports. ～ウェア sportswear. ～カー a sports car. ～シャツ a sport shirt. ～新聞 a sports paper. ～中継 a live sports broadcast. ～マン a sportsman. ～マンシップ sportsmanship.

スポーティな sporty.

ずぼし 図星を指す hit the mark.

スポット ～ライトを浴びる be spotlighted. ～広告 a spot (commercial). ～買い spot cash trade. ～価格 spot prices. ～原油 spot oil. ～放送 a spot announcement.

すぼめる 窄める purse, pucker (くちびるを)；fold (傘などを).

ずぼらな slovenly ; loose.

ズボン《a pair of》trousers ; pants. ～をはく put on one's trousers. ～下 underpants. ～吊り suspenders. ～プレッサー a trouser press.

スポンサー a sponsor.

スポンジ (a) sponge. ～ケーキ (a) sponge cake.

スマート ～な〔ほっそりとした〕slender ; slim ;〔洒落た〕stylish ; smart.

すます 済ます finish ; get through《with a matter》; do without (無しで済ます).

すます 澄ます〔耳を〕strain one's ears《at》;〔態度〕prim.　澄まして affectedly.

スマッシュ a smash. ～する smash.

すみ 炭 charcoal.

すみ 隅 a corner.

すみ 墨 India〔Chinese〕ink ;〔イカ〕sepia. ～絵 a china-ink picture.

すみこみ 住み込み ～のお手伝い a resident maid. ～の店員 a live-in employee.

すみれ 菫 a violet.

すむ 住む live ; dwell ; reside ; inhabit《a place》.

すむ 済む finish. 気が～ be satisfied.

すむ 澄む become clear ;〔液体など〕settle ; clear ; fine.

スムーズ に smoothly.

ずめん 図面 →ず (図).

すもう 相撲 sumo (wrestling) ;〔相撲取り〕a sumo wrestler.

スモークサーモン a smoked salmon.

スモッグ smog.　光化学～ photo-chemical smog.

すもも 李 a plum.

スライス a slice. ～ハム sliced ham.

スライダー〔野球〕a slider.

スライディング〔野球〕sliding.

スライド〔経済〕a slide. ～制〔賃金の〕a sliding scale.

すらすら smoothly ; without a hitch ; fluently (流暢に).

スラッガー〔野球〕a slugger.

スラックス《a pair of》slacks.

スラブ ～民族 the Slavs.

スラム a slum. ～化する turn into a slum. ～街 the slums ; the inner city.

すらりとした slender ; slim ; clean.

スランプ a slump. ～から抜け出す recover from one's slump. ～になる get into a slump.

すり 掏摸 a pickpocket ; a cutpurse.

スリーバント a two-strike bunt.

すりガラス 磨り硝子 frosted glass.

すりきず 擦り傷 a scratch ; a graze.

すりきれる 擦り切れる wear〔be worn〕out.

スリッパ mules ; scuffs ;〔軽い上靴〕《a pair of》slippers. ～をはく put on one's slippers.

スリップ〔すべること ; 下着〕a slip. ～する slip.

スリナム (the Republic of) Suriname.

すりへらす 擦り減らす wear out.

すりむく 擦り剥く graze ; scrape ; rub.

スリランカ (the Democratic Socialist Republic of) Sri Lanka (元 Ceylon). ～の Sri Lankan. ～人 a Sri Lankan.

スリル a thrill. ～のある thrilling.

する〔行なう〕do ; try ; play《a game》;〔…にする〕make《a person happy》; turn《one thing into another》(に変える) ;〔価する〕cost ; be worth ;〔…を勧める〕act as《go-between》(仲人を) ; serve as《maid》(お手伝いさんを).

する 掏る pick《a person's pocket》. 掏られる have one's pocket picked.

ずるい 狡い sly ; cunning ; crafty.

するどい 鋭い sharp ; acute ; keen ; piercing.

スレート slate. ～葺きの屋根 a slate-tiled roof.

すれちがう 擦れ違う pass《each

other〕.

すれる 擦れる〔物が〕rub；wear；scrape；〔人間が〕lose one's innocence；sophisticated.

ずれる slip off〔down〕.

スローガン a slogan.

ズロース drawers；panties.

スローフード slow food.

スローモーション a slow motion.

スロバキア Slovakia；〔公式名〕Slovak Republic.

スロベニア (the Republic of) Slovenia.

スワット SWAT〔＜ Special Weapon and Tactics〕.

スワップ ～協定 a swap agreement. ～取引 a swap transaction〔trading〕.

すわる 座る sit (down)；take〔have〕a seat. 座り込みスト a sit-down strike.

ずんぐりした fat；stumpy；stocky；fat and short；thickset.

すんし 寸志 a small〔little〕token of one's gratitude.

ずんずん rapidly；fast.

すんぜん 寸前 just before.

スンニー ～スンニー派〔イスラム教〕Sunnism；〔教徒〕Sunni；a Sunnite.

すんぽう 寸法 measure；size.

せ

せ 背 the back；〔山の〕the ridge. ～が高い（低い）be tall〔short〕.

せい 姓 a family name；a surname.

せい 性〔性質〕nature；〔男女の〕a sex. ～の sexual；gender. ～教育（転換）sex education (change). ～同一性障害〔医学用語〕gender identity disorders〔略 GID〕.

せい 精〔精髄〕essence；extract；〔精力〕energy，vigor；vitality. ～（を）出す work hard；exert oneself；〔妖精〕fairy；nymph.

-せい …の所為で owing〔due〕to；

because〔on account〕of. …の～にする put 《the blame》on a person；attribute 《one's failure》to 《bad luck》.

ぜい 税 a tax；〔関税など〕a duty. ～効果会計 tax effect accounting. ～収 tax revenue. ～制 tax〔taxation〕system. ～法 the tax law. ～務署（署員）a tax office (officer). ～率 tax rates. 直接（間接）～ a direct(an indirect) tax.

せいあつ 制圧 subjection. ～する overwhelm；pacify.

せいい 誠意 sincerity；faith. ～がある sincere.

せいいっぱい 精一杯（やる）《do》one's best.

せいう 晴雨. ～にかかわらず rain or shine. ～計 a barometer.

せいうち 海象 a walrus；a sea horse.

せいうん 星雲 a nebula；a galaxy.

せいえい 精鋭 the pick；elite.

せいえき 精液 semen；sperm.

せいえん 声援する encourage；(give) support；〔競技で〕cheer.

せいか 正価 a net price.

せいか 正課 a regular subject；〔課程〕the regular course.

せいか 生花 a fresh flower.

せいか 生家 one's birthplace.

せいか 聖火〔オリンピックの〕the Olympic Flame〔Torch〕. ～リレー the Olympic Torch Relay.

せいかい 正解《give》a correct answer.

せいかい 政界 the political world.

せいかい 盛会 a successful meeting.

せいかいけん 制海権（を握る）(have) the command of the seas.

せいかがく 生化学 biochemistry.

せいかく 正確な（に）correct(ly)；accurate(ly). この時計は～だ（でない）This watch keeps good (bad) time.

せいかく 性格 character；personality.

～的 (な) characteristic《of》. ～俳優 a character actor〔actress〕.

せいがく 声楽 vocal music. ～家 a vocalist.

せいかつ 生活 life ; living. ～が楽である (苦しい) be well (badly) off. ～する live ; make a living ; walk. 改善薬 a lifestyle-improving drug. ～協同組合 a cooperative (society) ; a co-op. ～習慣病 lifestyle-related diseases. ～設計 a design of one's life. ～難 the grim realities of life. ～費 the cost of living. ～保護世帯 a household on social welfare〔relief〕. ～力 ability to make a living.

せいがん 請願 petition《to》; plea ; suit. ～者 a petitioner.

ぜいかん 税関 a customhouse ;〔関税〕customs. ～係員 a customs officer.

せいき 世紀 a century. 21 ～ the twenty-first century.

せいき 生気 life ; vitality ; spark ; animation.

せいぎ 正義 justice. ～の right ; righteous. ～感 sense of justice.

せいきゅう 請求 a claim ; a demand ; request. ～する claim ; demand ; apply《for》. ～書 a bill.

せいぎょ 制御する control. ～装置 a controller. ～棒 a control rod.

せいきょう 生協《話》a co-op. →せいかつ (生活協同組合).

せいきょう 盛況である be a success.

せいぎょう 正業に就く take up an honest occupation.

せいきょうと 清教徒 a Puritan.

せいきょく 政局 the political situation.

せいきん 精勤する work hard ; attend …regularly. ～者 a regular attendant.

せいくうけん 制空権 (を握る)(have) the command of the air.

せいけい 生計を立てる earn one's living〔livelihood〕.

せいけい 西経 the west longitude.

せいけい 整形外科 orthopedics . ～手術《have》an orthopedic surgery.

せいけつ 清潔 cleanliness. ～な clean. ～にする clean ; make〔keep〕clean.

せいけん 政見 one's political view.

せいけん 政権を握る come to〔into〕power.

せいげん 制限 restriction ; a limit ; restraint. ～する restrict ; limit. ～なく without limit〔restriction〕. ～時間 the limited time. ～速度 a speed limit.

せいこう 成功 (a) success. ～する succeed《in》.

せいこう 性交 sexual intercourse ;《話》sex ;《婉曲》make love《to》; sleep《with》;《俗》fuck ; screw. ～不能 impotence.

せいこう 製鋼 (業) steel manufacture (industry). ～所 a steelworks.

せいこう 精巧な exquisite ; delicate ; elaborate.

せいこうほう 正攻法 a frontal attack.

せいざ 正座する sit up straight.

せいざ 星座 a constellation.

せいさい 正妻 a lawful〔wedded〕wife.

せいさい 制裁を加える punish ; apply sanctions《against》.

せいさく 政策 (a) policy.

せいさく 制作・製作 production ; manufacture. ～する make ; produce. ～者 a manufacturer ; a producer. ～所 factory.

せいさん 生産 production. ～する produce ; manufacture. ～過剰 over-production. ～者 a producer. ～高 an output ; a yield (農産物). ～地 a producing district. ～費 costs of production. ～物 a product ; produce (特に農産物). ～力 productive power.

せいさん 成算がある be sure of success. 〜がない have no hope of success.

せいさん 青酸 prussic〔hydrocyanic〕acid. 〜カリ(potassium) cyanide.

せいさん 清算する clear; settle; balance;〔借金を〕pay off.

せいさん 精算する settle accounts. 〜所〔駅の〕a fare adjustment office.

せいし 生死 life and〔or〕death.

せいし 制止する stop; hold back; keep back.

せいし 精子〔通称〕a sperm,〔医学用語〕a spermatozoon.

せいし 静止する rest; stand still.

せいし 製紙 paper manufacturing. 〜工場 a paper mill.

せいじ 政治 government; politics. 〜的〔上の〕political. 〜運動 a political campaign. 〜家 a statesman;〔通例軽蔑的〕a politician. 〜学 politics; political science. 〜活動 political activities. 〜資金 a political fund. 〜的手腕 statesmanship. 〜不信 distrust of politics.

セイシェル〔国名〕(the Republic of) Seychelles.

せいしき 正式の(に) formal(ly).

せいしつ 性質 nature; character; disposition;〔物質の〕a property; a quality.

せいじつ 誠実 sincerity; honesty. 〜な sincere; honest.

せいしゅ 清酒 (refined) sake.

せいじゅく 成熟する ripen; mature. 〜した ripe; mature.

せいしゅん 青春 one's youth; adolescence (12-18歳まで).

せいしょ 清書する make a fair copy《of》.

せいしょ 聖書 the (Holy) Bible.

せいじょう 正常な normal. 〜化する normalize.

せいしょうねん 青少年 the young people; the younger generation; youth. 〜犯罪 juvenile delinquency.

せいしょく 生殖 reproduction; generation. 〜器 the sexual〔genital〕organs.

せいしん 精神 soul; spirit; mind. 〜的な〔の〕spiritual; mental; moral. 〜鑑定 a psychiatric test. 〜病(病院) a mental disease (hospital). 〜分析 psychoanalysis. 〜分裂症 schizophrenia(2002年末に「統合失調症」に改名).

せいじん 成人 an adult; a grown-up. 〜教育 adult education. 〜式 a coming-of-age ceremony. 〜の日 Coming-of-Age Day.

せいじん 聖人 a saint.

せいしんせいい 誠心誠意 sincerely; in all sincerity.

せいず 製図 drafting; drawing.

せいすう 正数 a positive number.

せいすう 整数 an integer.

せいせい 清々する be refreshed; feel relieved.

せいぜい 精々〔たかだか〕at most〔best〕; not more than (数詞の前で).

せいせいどうどう 正々堂々と fair and square.

せいせき 成績 grade; results;〔学校の〕a record; mark (点数).

せいせん 生鮮食料品 fresh food; perishable foods; perishables.

せいせん 精選した choice; select. 〜品 a selection.

せいぜん 生前(に) in one's life.

せいぜん 整然と in (good) order; systematically.

せいそう 盛装する dress up.

せいぞう 製造する produce; make; manufacture. 〜業者〔元〕a manufacturer; a producer. 〜工場 a factory. 〜高 output.

せいそうけん 成層圏 the stratosphere.

せいぞん 生存 survival. 〜する exist；live；〔生き残る〕survive. 〜競争 the struggle for existence. 〜者 a survivor.

せいたい 政体 government；constitution.

せいたい 声帯 the vocal chords. 〜模写をする mimic〔imitate〕a person's voice.

せいだい 盛大な grand；magnificent.

ぜいたく 贅沢 luxury. 〜な luxurious；extravagant. 〜品 a luxury.

せいち 聖地 a sacred place.

せいちゅう 成虫 an imago.

せいちょう 成長・生長 growth. 〜した grown-up. 〜する grow (up). 低〜 low economic growth.

せいつう 精通 knowledge.

せいてい 制定 enactment. 〜する enact；establish.

せいてき 性的(な) sexual. 〜魅力 sex appeal.

せいてき 政敵 a political opponent〔rival〕.

せいてつ 製鉄(業) iron manufacture(industry). 〜所 an ironworks.

せいと 生徒 a student (大学の，米国では高校以上の)；a pupil (小・中学の).

せいど 制度 a system；an institution. 〜上の institutional.

せいとう 正当の just；right；fair；legal. 〜防衛 (legal) self-defense.

せいとう 正統の legitimate；orthodox.

せいとう 政党 a political party. 〜政治 party politics. 〜内閣 a party cabinet.

せいどう 青銅 bronze.

せいとん 整頓する put in order.

せいなん 西南 the southwest. 〜の southwestern.

ぜいにく 贅肉 flab. 〜がつく(をとる) put on (get rid of) extra flesh.

せいねん 成年 majority；full age. 〜に達する come of age.

せいねん 青年 a youth；a young man. 〜時代 youth；one's younger days.

せいねんがっぴ 生年月日 the date of one's birth.

せいのう 性能 performance；capability. 〜のよい efficient.

せいは 制覇 conquest. 〜する conquer；dominate.

せいばつ 征伐する conquer；subjugate.

せいはんたい 正反対の diametrically opposite；reverse.

せいび 整備 maintenance；preparation. 〜する maintain；fix. 〜員 a mechanic；〔飛行機の〕(a member of) a ground crew. 〜新幹線 planned Shinkansen〔bullet-train〕railway lines.

ぜいびき 税引きの aftertax.

せいびょう 性病 a venereal disease〔略 VD〕.

せいひれい 正比例する be in direct proportion〈to〉.

せいひん 清貧 (に甘んじる) (be contented with) honest poverty.

せいひん 製品 a manufacture；a product；manufactured goods. 外国〜 foreign products.

せいふ 政府 the government. 〜の governmental；ministerial. 〜案 a government bill.

せいふ 西部劇 a western (film).

せいふく 正副 〜議長 (the) speaker and (the) vice speaker. 〜二通 (を提出する) (submit) original and copy.

せいふく 征服する conquer；subjugate. 〜者 a conqueror.

せいふく 制服 a (school) uniform.

せいぶつ 生物 a living thing；a creature；〔集合的〕life. 〜学 biology. 〜学者 a biologist.

せいぶつ　静物（画）a still life.

せいふん　製粉所 a flour mill.

せいぶん　成分 an element；an ingredient；a component.

せいへき　性癖 one's inclination〔propensity〕.

せいへん　政変 a political change.

せいぼ　聖母 the Holy Mother；the Blessed〔virgin〕Mary.

せいぼ　歳暮 a year-end present.

せいほう　製法 manufacturing process.

せいぼう　制帽 a regulation cap；a school cap.

せいほうけい　正方形 a（regular）square.

せいほく　西北 the northwest.

せいほん　製本 bookbinding．～する bind《a book》．～屋 a（book）binder.

せいみつ　精密な minute；detailed．～に minutely；in detail．～機械 a precision machine．～検査 a close examination.

せいむ　政務 political affairs；a government business．～次官 a parliamentary vice minister.

せいめい　生命 life．～科学 life sciences．～保険 life insurance．～力 vital energies．生保〔生命保険〕レディ life insurance sales women.

せいめい　声明 a declaration；〔声明書〕a statement．～する declare；announce.

せいめい　姓名 a（full）name．～不詳の unidentified.

せいもん　正門 the front gate.

せいやく　製薬会社 a pharmaceutical company.

せいやく　誓約する swear；pledge．～書 a written promise〔pledge〕.

せいゆ　精油 refined oil．～所 an oil refinery.

せいゆう　声優 a radio actor〔actress（女）〕；a voice artist.

せいよう　西洋 the West；the Occident．～の Western；Occidental；European．～人 a Westerner.

せいよう　静養する take a rest；recuperate oneself（病後に）.

せいよく　性欲 sexual desire〔appetite, drive〕.

せいり　生理（学）physiology；menstruation（月経）．～的 physical．～学者 a physiologist．～休暇《take》a monthly physiological leave．～日 one's monthly period．～用ナプキン a sanitary napkin〔towel〕.

せいり　整理 arrangement；order．～する arrange；straighten；put in order．～だんす a commode．～屋〔債務〕a debt-cleaning house.

ぜいりし　税理士 a licensed tax accountant.

せいりつ　成立〔設立〕establishment；〔締結〕conclusion；birth．～する〔実現〕come into existence；〔締結〕be concluded；〔…より成る〕consist of.

せいりゃく　政略 a policy；political tactics．～結婚 a marriage of convenience.

せいりょう　声量 がある have a rich〔powerful〕voice.

せいりょういんりょう　清涼飲料（水）a refreshing〔soft〕drink.

せいりょく　勢力 influence；power．～のある be influential；powerful．～範囲 one's sphere of influence.

せいりょく　精力 energy；vigor；drive．～（の）旺盛な energetic；vigorous．～家 an energetic person.

せいれき　西暦 the Christian Era；Anno Domini〔略 A.D.〕.

せいれつ　整列する draw up in order；line up.

せいれん　清廉（潔白）integrity.

せいろん　正論 a sound reasoning.

セーター　a sweater.

セーフ〔野球〕《be》safe.
セーブ 〜する〔力を〕save one's energy ;〔データを〕save.
セーフティバント〔野球〕a safety bunt.
セール a sale. 年末〜 a year-end sale.
セールスマン a salesperson ;〔男〕a salesman ;〔女〕a saleswoman.
せおう 背負う hump ; shoulder.
せかい 世界 the world ;〔地球〕the earth ;〔宇宙〕the universe. 〜中(で) throughout the world ; all over the world. 〜的な worldwide ; international ; world-famous (有名な). 〜遺産 the World Heritage. 〜一周旅行 around-the-world tour. 〜平和 world peace. 第一(二)次〜大戦 World War Ⅰ(Ⅱ); the First (Second) World War.
せかす 急かす hurry《a person》; hasten.
せがむ tease.
セカンド〔二塁〕second base ;〔二塁手〕a second baseman.
せき 咳 a cough. 〜をする cough.
せき 席 a seat. 〜に着く sit down ; take one's seat.
せき 籍 family register ;〔本籍〕one's legal address on family registry. 〜がある〔学校・会などに〕be enrolled《in a school》. 〜を入れる have one's name entered in the census register.
せきがいせん 赤外線 infrared rays.
せきさい 積載する load ; carry. 〜量 carrying capacity.
せきじ 席次 the order of seats ; standing.
せきじゅうじ 赤十字社(病院) the Red Cross Society (Hospital).
せきしょ 関所(守り)(the guard station at) a barrier.
せきずい 脊髄 the spinal marrow〔cord〕.
せきせつ 積雪 (fallen) snow. 〜量 a

snowfall.
せきたん 石炭 coal. 〜酸 carbolic acid.
せきつい 脊椎 the backbone. 〜動物 a vertebrate.
せきどう 赤道 the equator ; the line. 〜の equatorial.
せきどうギニア 赤道ギニア (the Republic of) Equatorial Guinea.
せきとめる せき止める dam up ; retain ; contain.
せきにん 責任 responsibility ;〔責務〕(a) duty. 〜を負う〔とる〕take the responsibility. 〜感 a sense of responsibility. 〜者 a responsible person《for》; a person in charge《of》.
せきはい 惜敗する lose《a game》by a narrow margin.
せきひ 石碑 a stone monument ;〔墓石〕a tombstone.
せきめん 赤面する blush〔turn red〕with shame.
せきゆ 石油 oil ; petroleum ;〔灯油〕kerosene. 〜化学 petrochemistry. 〜ストーブ an oil heater〔stove〕.
せきり 赤痢 dysentery.
セクシー 〜な sexy.
セクショナリズム sectionalism.
セクハラ sexual harassment.
せけん 世間 the world. 〜知らずの naive ; green. 〜並の common ; average. 〜話 a gossip〔chat〕.
せじ 世事にたけている(疎い) know much (little) of the world.
セシウム cesium.
せしゅう 世襲 heredity ; descent. 〜の hereditary ; descendent.
ぜぜひひ 是々非々で望む deal on a case-by-case basis.
せだい 世代 a generation.
せちがらい 世知辛い世の中 a hard world (to live in).
せつ 説〔意見〕an opinion ;〔学説〕a theory ;〔風説〕a rumor.

せつ　節〔文章の〕a paragraph；〔詩の〕a stanza；〔詩・聖書の〕section；〔文楽〕a clause；〔時〕〔その節は〕on that occasion.

ぜつえん　絶縁〔電気〕insulation；〔縁〕divorce.

せっかい　切開する incise；open；operate on.　～手術 a surgical operation.

せっかい　石灰 lime.　～石 limestone.

せっかく　折角〔苦労して〕with much trouble；with (great) pains.　～ためた金を使ってしまった I've spent all the money I saved with great pains；〔親切にも〕kindly.　彼が～忠告してくれたのに in spite of his kind advice.

せっかちな hasty；impetuous.

せっかん　折檻する chastise.

ぜつがん　舌癌 (a) cancer of the tongue.

せっき　石器 a stone implement.　～時代 the Stone Age.

せっきゃく　接客　～係 a receptionist.　～業 service business.

せっきょう　説教 a sermon；preaching.　～する preach.　～壇 a pulpit.

せっきょく　積極的 (に) positive (ly).　～性 aggressiveness.

せっく　節句 a seasonal festival.

セックス sex.　～する have sex〔sexual intercourse〕《with》；make love《to》；sleep《with》.　～アピール sex appeal.　～チェック gender verification.

せっけい　設計 a plan；a design.　～する plan；design.　～者 a designer.　～書 specifications.　生活～ life planning.

ぜっけい　絶景 lovely landscape.

せっけっきゅう　赤血球 a red blood corpuscle.

せっけん　石鹸 (1個) (a cake of) soap.　～で洗う wash with soap and water.　～水 soapsuds.

せつげん　節減 reduction.　経費を～する reduce one's expenses.

ゼッケン the《player's, racing》number.

せっこう　斥候 a scout.

せっこう　石膏 plaster (of Paris).

ぜっこう　絶好の best.　～のチャンス a golden opportunity.

ぜっこう　絶交する break off《friendship》with；break with.

せっこつ　接骨 (術) bonesetting.　～医 a bonesetter；an osteopath.

せっし　摂氏 Celsius〔略 C.〕.　～20度 twenty degrees Centigrade〔20℃.〕.

せつじつ　切実な earnest.　～に keenly (ひしひしと)；vividly (生き生きと).

せっしゅ　接種〔医学用語〕inoculation.

せっしゅ　摂取する〔食物〕ingest；〔技術・習慣〕adopt.

せっしゅう　接収 (する) requisition.

せっしょう　折衝 negotiations.　～する negotiate《with》.

せつじょうしゃ　雪上車 a snowmobile.

せっしょく　接触 contact；touch.　～を保つ keep in touch《with》.

せつじょく　雪辱する《話》get even with；avenge one's loss to；clear oneself a shame (汚名をそそぐ).

ぜっしょく　絶食 fasting.　～する fast；abstain from food.

せっする　接する〔接触〕come in contact《with》；〔隣接〕border《on》；〔考えなどに〕expose；〔受け取る〕receive；〔客に〕receive；meet.

せっせい　節制 temperance.　～する be temperate.

せっせん　接戦 a close game.

ぜっせん　舌戦 a war of words；verbal warfare.

せっそう　節操を守る〔貞操〕keep one's chastity；〔節義〕keep one's integrity.　～のない unprincipled.

せつぞく 接続 connection ; joining ; junction. ～する join ; connect. ～**駅** a junction. ～**詞**〔文法〕a conjunction.

せったい 接待する receive ;〔もてなす〕entertain. ～**係** a receptionist.

ぜったい 絶対の absolute. ～に absolutely ; decidedly ;〔否定文で〕never ; by no means. ～**多数**（で）(by) an absolute majority.

ぜつだい 絶大の immeasurable ; supreme.

ぜったいぜつめい 絶体絶命になる be driven to the wall.

せっちゃくざい 接着剤 an adhesive.

せっちゅう 折衷する (make a) compromise. ～**案** a compromise plan.

ぜっちょう 絶頂〔頂上〕the top〔summit〕;〔物事の最高〕the peak〔zenith〕.

セット a set. 髪を～する set one's hair. ～**アップ** a setup. ～**ポイント** (a) set point. ～**ポジション** (a) set position.

せつど 節度 moderation. ～を守る be moderate.

せっとう 窃盗 theft ; larceny（窃盗罪）;〔人〕a thief.

せっとうじ 接頭辞〔文法〕a prefix.

せっとく 説得する persuade《a person to do》; dissuade《a person from doing》（思いとどまらせる）.

せつな 刹那的（な）momentary. …した～ the moment. ～**主義** the principle of living only for the moment.

せつない 切ない painful ; distressing.

せっぱく 切迫する draw near ; be imminent.

せっぱつまる 切羽詰まる be in a fix.

せっぱん 折半する halve ; share equally《with》.

ぜっぱん 絶版である（になる）be (go) out of print.

せつび 設備 facilities ; equipment ;

〔収容の〕accommodation. ～する equip〔furnish〕《a place》with《a thing》.

せつびじ 接尾辞〔文法〕a suffix.

せっぷく 切腹する commit harakiri.

せつぶん 節分 the advent of spring.

せっぷん 接吻 a kiss. ～する kiss《a person on the cheek》.

ぜっぺき 絶壁 a precipice ; a (steep) cliff.

ぜつぼう 絶望 despair. ～する despair《to》.

せつめい 説明 (an) explanation. ～する explain. ～**書** an explanation.

ぜつめつ 絶滅する exterminate ; root out ;〔絶える〕become extinct.

せつやく 節約 saving ; economy. ～する save ; economize.

せつゆ 説諭 admonition. ～する admonish ; reprove.

せつりつ 設立 establishment. ～する establish ; found ; set up. ～**者** a founder.

せつわ 説話 a (narrative) tale. ～**文学** narrative literature.

せとぎわ 瀬戸際にある be on the brink of《ruin》. ～になって at the last moment ; at the eleventh hour.

せともの 瀬戸物 porcelain ; china.

せなか 背中 the back. ～合わせに back to back《with a person》.

ぜにん 是認 approval. ～する approve《of》.

セネガル (the Republic of) Senegal.

ゼネコン a general contractor.

ゼ ネ ス ト《resort to》a general strike.

せばめる 狭める narrow ; reduce ; limit.

ぜひ 是非〔善悪〕right or wrong ;〔是非とも〕《Please come》without fail ;《Do it》by all means.

セピア ～色の sepia.

せひょう 世評 public opinion ;〔評判〕

popularity；〔うわさ〕rumor. ～によると people say that….

せびろ 背広 a business suit.

せぼね 背骨 the backbone.

せまい 狭い narrow；limited；〔家・庭などが〕small. 狭苦しい narrow and close.

せまる 迫る〔しいる〕press；force；〔接近〕draw near.

せみ 蝉 a cicada.

セミコロン a semicolon（記号；）.

セミプロ a semiprofessional；《俗》a semipro.

せめて〔少なくとも〕at least；〔多くても〕at most；〔…でありさえすれば〕if only….

せめる 攻める attack；〔侵略〕invade.

せめる 責める〔非難〕blame a person《for》；〔責任追求〕call《a person》to account；〔叱責〕take to task.

セメント cement. ～で固める cement.

ゼラチン gelatin(e).

セラピー therapy.

セラミックス ceramics. ～の ceramic.

ゼリー jelly.

せりあう 競り合う compete〔vie〕《with a person for a thing, in doing》；〔値段を〕bid against each other.

セリエ・アー Serie A《I》（イタリアプロサッカーの1部リーグ）.

せりふ 台詞〔役者の〕one's lines；〔言い草〕one's words.

せる 競る〔競り売りで〕bid for《a thing》. →せりあう

セルビア・モンテネグロ Serbia and Montenegro.

セルフサービス ～の self-service《eating-house》.

セルフタイマー a self-timer.

セルロイド celluloid.

セレナーデ a serenade.

ゼロ zero；nothing；《英》naught. 4

対～で勝つ defeat one's opponents four to nothing.

ゼロックス Xerox（商標名）.

セロテープ Scotch tape（商標名）；adhesive tape.

セロファン cellophane.

セロリ celery.

せわ 世話〔尽力〕good〔kind〕offices；〔推薦〕recommendation；〔面倒〕trouble；care；〔助力〕help. ～(を)する〔尽力〕do services《to》；find《a person》a position（職を）；〔面倒をみる〕look after《a person》. …をやかせる trouble《a person》. …の～で through the good offices《of》.

せわしい 忙しい busy；restless.

せわずき 世話好きな obliging；〔おせっかいな〕officious.

せん 千 a thousand.

せん 栓 a stopper；a plug；〔コルク栓〕a cork；〔水道・ガス管の〕a stopcock；〔樽の〕a bung.

せん 線 a line；〔経路・航路〕a route；〔電信・電話の〕a wire. …の～に沿って in line with《the national policy》. 東海道 the Tokaido line.

ぜん 善 good；goodness.

ぜん 禅 Zen. ～宗 the Zen sect of Buddhism.

ぜん 膳 a dining tray（1人用）；〔食卓〕a small dinner table.

ぜん - 全… the whole《city》. ～米の all-〔Pan-〕American.

ぜん - 前… former；previous；〔退職した〕ex-. ～代議士 an ex-member of the Diet. ～大統領 an ex-president. ～夫(妻) the ex-husband(-wife).

ぜんあく 善悪 good and〔or〕evil；〔正邪〕right and〔or〕wrong.

せんい 戦意 a fighting spirit；fight morale.

せんい 繊維 fiber. ～工業 the textile industry. 合成(人造)～ synthetic

(staple) fiber.

ぜんい 善意の well-intentioned. ～に〔で〕in good faith.

せんいん 船員 a seaman；〔乗員〕the crew (集合的)；one of the crew (1人).

ぜんいん 全員 all (the) members；all hands (船員にいう).

せんえい 尖鋭化する become acute. ～分子 a radical.

ぜんえい 前衛 the vanguard；〔テニス〕a forward player；〔サッカー〕a forward. ～芸術 avant-garde art.

せんえつ 僭越な presumptuous；insolent.

せんか 専科 a special course.

せんか 選科 a nonregular ［an elective］course (正科に対して).

せんか 戦禍 war's havoc；disasters〔horrors〕of war.

ぜんか 前科 a previous offense；《have》a criminal record. ～者 an ex(convict).

せんかい 旋回する circle；revolve；rotate.

ぜんかい 全快する →ぜんち (全治する). ～祝 a celebration of one's restoration to health.

ぜんかい 前回 the last time. ～の last；previous.

せんかくしゃ 先覚者 a pioneer；a forerunner.

せんかん 戦艦 a battleship.

ぜんがんしょうじょう 前癌症状 a precancerous condition.

せんき 戦記 a record of war；a war history.

ぜんき 前期〔学校・決算などの〕the first term〔semester (二期制の学校の)〕；the first-half《business》year. ～繰越金 the sum carried over from the last term.

せんきゃく 船客 (名簿) a passenger (list).

せんきょ 選挙 (an) election. ～する

elect《a person to be president》；return《a person to the Diet》；vote for《a person》(投票する). ～運動 an election campaign〔canvassing〕. ～運動員 a canvasser. ～区 a constituency. ～権 the franchise；suffrage；the right to vote. ～場 a voting〔polling〕place. ～人 an elector. ～人名簿 a pollbook. ～法（違反）(violation of) the election law.

せんぎょ 鮮魚 fresh fish.

せんきょう 戦況 the progress of a battle；the situation of a war.

せんきょうし 宣教師 a missionary.

せんぐ 船具 ship's fittings；the rigging《of a ship》.

ぜんけい 全・前景〔全景〕the whole view；〔前景〕the foreground.

せんげつ 先月 last month.

せんけん 先見の明がある foresighted；have foresight.

せんげん 宣言 a declaration；a proclamation. ～する declare；proclaim. ～書 a manifesto；a declaration.

ぜんけん 全権 full power〔authority〕. ～委員 a plenipotentiary. ～大使 an ambassador plenipotentiary.

ぜんげん 前言 (を取り消す) (take back) one's previous words.

せんご 戦後の postwar. ～派 the postwar generation.

ぜんご 前後〔前と後ろに〕before and behind (位置)；back and forth (動き). ～不覚になる lose consciousness；pass out. ～する get confused《in one's talk》.

せんこう 専攻する specialize《in》；《米》major《in》.

せんこう〔閃光〕a flash of light；〔線香〕an incense stick.

せんこう 選考 selection. ～する select；choose.

ぜんごう 前号 the preceding〔last〕

number.

せんこく 宣告する pronounce〔pass〕a sentence《on》; sentence《a person to death by hanging》.

ぜんこく 全国に all over the country; throughout the land. ~区〔選挙の〕the national constituency. ~大会 a national convention《of》. ~中継 a nationwide hookup.

せんごくじだい 戦国時代 the age of (civil) wars.

ぜんごさく 善後策を講じる devise a remedial measure.

ぜんざ 前座 a preliminary artist〔performer〕.

センサー a sensor.

せんさい 戦災(を被る) (suffer) war damage. ~者 war victims. ~地(都市) a war-damaged area (city).

せんさい 繊細な delicate; sensitive; fine.

せんざい 洗剤 a cleanser; a《neutral》detergent.

せんざい 潜在する be latent. ~意識 subconsciousness.

ぜんさい 前菜 an hors d'oeuvre; appetizer.

せんさく 詮索する search into; investigate. ~好きな inquisitive.

せんし 戦死する be killed in action. ~者 a fallen soldier;〔集合的に〕the war dead.

せんじ 戦時 wartime. ~中(に) during the war.

せんしつ 船室 a cabin.

せんじつ 先日 the other day.

ぜんじつ 前日に on the previous〔preceding〕day.

せんしゃ 洗車する wash a car. ~場 a car wash.

せんしゃ 戦車(隊) a tank (corps). 対~砲 an antitank gun.

せんじゃ 選者 a selector; a judge.

ぜんしゃ 前者 the former.

せんしゅ 船首 the bow.

せんしゅ 選手 a player; an athlete;〔一団〕a team. ~権 a championship. ~権大会 a championship series. ~権保持者 a championship〔title〕holder. ~生命 a player's career. ~宣誓 a declaration by the players. ~団 a team. ~村 athletes' dormitories. 世界~権 the world's championship.

せんしゅう 先週 last week. ~の今日 this day last week.

ぜんしゅう 全集 one's complete works.

せんじゅうみん 先住民 indigenous people; native.

せんしゅつ 選出する elect;〔代議士を〕return. ~の議員 a member of the Diet for〔elected from〕….

せんじゅつ 戦術 tactics. ~家 a tactician.

ぜんじゅつ 前述の above-mentioned. ~のように as is mentioned above.

ぜんしょ 善処する take proper measures《against》.

せんじょう 洗浄する wash; rinse; syringe; pump out《a stomach》.

せんじょう 戦場 a battlefield;〔前線〕the front.

せんじょう 扇情的(な) sensational; lascivious (みだらな).

ぜんしょう 全焼する be burnt down; be gutted by fire; be reduced to ashes.

ぜんしょう 全勝する gain a complete victory; sweep the field.

ぜんしょう 前哨戦 a (preliminary) skirmish;〔比喩的に〕a prelude《to the coming election》.

せんじる 煎じる decoct; infuse; boil.

せんしん 線審〔球技〕a linesman; a line judge.

ぜんしん 全身 the whole body; all

over the body.

ぜんしん 前進 (an) advance. ～する advance；go ahead.

せんしんこく 先進国 an advanced nation.

せんす 扇子 a (folding) fan.

センス (a) sense. ～がよい〔悪い〕 have good〔bad〕taste. ～のある tasteful.

せんすい 潜水 diving. ～する dive. ～艦 a submarine. ～夫 a diver. ～服 a diving suit.

せんせい 先生 a teacher；an instructor；〔師匠・師範〕a master；〔医師〕a doctor；〔呼びかけ〕Sir!；Ma'am!(女の先生に). 佐藤～ Mr.〔Ms., Mrs., Miss〕Sato.

せんせい 宣誓 an oath. ～する swear；take an oath. ～式 the ceremony of taking an oath. ～書 a written oath.

せんせい 専制 ～君主 a despot；an autocrat. ～政治 despotic government.

ぜんせい 全盛時代 the prosperous 〔golden〕age《of militarism》；〔個人の〕one's best days.

せんせいじゅつ 占星術 astrology. ～師 an astrologer.

センセーショナル ～な sensational.

センセーション ～を巻き起こす cause 〔create〕a sensation.

ぜんせかい 全世界 the whole world；all over the world.

せんせん 宣戦 a declaration of war. ～を布告する declare war《upon, against》.

せんぜん 戦前の prewar. ～派 the prewar generation.

ぜんせん 全線 ～開通した The whole 《Tokaido》line has been opened 〔reopened《不通の後で》〕.

ぜんせん 前線 the front (line). 温暖 (寒冷，停滞) ～ a warm (cold, stationary) front.

ぜんぜん 全然 entirely；utterly；〔否定語と共に〕《not》at all.

せんせんげつ 先々月 the month before last.

せんぞ 先祖 an ancestor；a progenitor. ～(代々)の ancestral.

せんそう 戦争 war；〔戦闘〕a battle. ～をする make war《with》；wage war against. ～放棄 the renunciation of war.

ぜんそう 前奏 an introduction. ～曲 a prelude.

せんぞく 専属の exclusive；attached to…. ～契約 an exclusive contract.

ぜんそく 喘息 asthma. ～患者 an asthmatic.

ぜんそくりょく 全速力で at full〔top〕speed.

センター 〔野球〕the centerfield；a centerfielder (中堅手)；〔中心地〕a 《business, leisure, shopping》center. ～ライン〔道路の〕the center line.

せんたい 船体 the hull.

せんだい 先代 one's predecessor. ～の former.

ぜんたい 全体 the whole. ～で in all；as a whole. ～の whole；entire. ～会議 a plenary session. ～主義 totalitarianism.

ぜんだい 前代未聞の unheard of；unprecedented.

せんたく 洗濯 wash；washing. ～がきく bear washing；be washable. ～する wash. ～機 a washing machine. ～石鹸 washing soap. ～代 one's laundry charge. ～物 the laundry；washing. ～屋 a laundry. →クリーニング.

せんたく 選択 selection. ～する select；choose. ～科目 an《米》elective；《英》optional〕subject.

センタリング centering.

せんたん 先端 the point；the tip. 流行(時代)の～を行く lead the

fashion (be in the van of the new era).

ぜんち 全治する recover completely 《from》; be completely cured 《of》. ～1週間の傷 a wound which will take a week to heal completely.

ぜんちし 前置詞〔文法〕a preposition.

ぜんちぜんのう 全知全能 ～の神 the Almighty.

センチメートル a centimeter〔記号 cm.〕.

センチメンタル ～な sentimental.

せんちゃく 先着順に in the order of arrivals〔receipt (申込書などの)〕.

せんちょう 船長 a captain. ～室 the (captain's) cabin.

ぜんちょう 前兆 an omen;〔しるし〕a sign; a symptom.

せんて 先手を取る take the initiative; get ahead 《of》.

ぜんてい 前提 a premise. …を―として on the assumption that…. ～条件 a precondition.

せんてん 先天 ～的な inherent; innate; congenital (病気などの).

せんでん 宣伝 propaganda; publicity;〔広告〕advertisement. ～する propagate; give publicity 《to》;〔広告する〕advertise. ～ビラ a handbill; a leaflet.

ぜんてんこう 全天候 ～型トラック an all-weather track.

せんと 遷都 relocation of the capital.

ぜんと 前途 (one's) future; the outlook. ～有望な promising; hopeful.

せんとう 先頭 the head;〔行進などの〕the forefront. ～に立つ head; lead (a group); take the lead 《of, in doing》.

せんとう 戦闘 a battle; a fight. ～員 a combatant. ～機 fighter. ～力 fighting strength.

せんどう 船頭 a boatman. ～多くして

船山に登る Too many cooks spoil the broth.

せんどう 扇動する instigate; incite; abet. ～的 (な) seditious; inflammatory. ～者 an instigator; an agitator.

セントクリストファー・ネイビス〔国名〕Saint Christopher and Nevis.

セントビンセント（およびグレナディーン諸島）Saint Vincent (and the Grenadines).

セントラル ～ヒーティング central heating. ～リーグ〔プロ野球〕the Central League.

セントルシア Saint Lucia.

ぜんにちせい 全日制の full-time 《senior high school》.

せんにゅうかん 先入観 a preconception; a prejudice. ～を抱く have a preconceived idea.

せんにん 専任 ～講師 a full-time instructor 《〈英〉lecturer》.

せんにん 仙人〔神仙〕a superhuman being;〔隠者〕a hermit.

ぜんにん 善人 a good person.

せんぬき 栓抜き a corkscrew (コルク栓の); a cap opener (ビールびんなどの).

せんねん 専念する devote oneself 《to music, to doing》.

ぜんのう 前・全納〔前納〕pay in advance;〔全納〕pay in full.

せんばい 専売 monopoly. ～する monopolize. ～特許 patent. ～特許品 a patent (article).

せんぱい 先輩 a senior.

ぜんばい 全敗する lose every game 《match, bout》.

ぜんぱい 全廃する abolish.

せんぱく 船舶 ships;〔集合的〕shipping; marine.

せんばつ 選抜 selection. ～する select; choose; pick out. ～チーム an all-star team.

せんぱつ 先発隊 an advance party.

～投手 a starting pitcher ; a starter.

せんばん 旋盤 a lathe. ～工 a turner.

ぜんぱん 全般の whole ; general. ～に generally.

ぜんはん 前半 the first half.

せんび 船尾 the stern.

ぜんぴ 前非(を悔いる) (repent of) one's past misdeeds.

せんびょうしつ 腺病質の〔病弱〕sickly ;〔医学用語〕scrofulous.

ぜんぶ 全部 all ; the whole ; all ; wholly ; entirely ; altogether. ～の all ; whole ; every.

ぜんぶ 前部 the first part (第一部);〔車などの〕the front.

せんぷう 旋風 a whirlwind ; a cyclone ; a tornado.

せんぷうき 扇風機 an electric fan.

せんぷく 潜伏する hide ; lie hidden 〔concealed〕;〔病気が〕be latent. ～期(間)〔病気の〕the latent period.

ぜんぶん 全文 the whole passage ;〔要約の〕the full text.

ぜんぶん 前文 the above sentence ;〔条文の〕the preamble.

せんべい 煎餅 a rice cracker. ～ぶとん a hard thin mattress.

せんべつ 餞別 a farewell gift.

ぜんぺん 前編 the first part (後編に対して).

せんぼう 羨望の的である be the envy 《of everyone》.

せんぽう 先方 the other party ;〔行く先〕one's destination.

せんぽう 先鋒となる be in the van (guard)《of》.

ぜんぼう 全貌 the whole picture 〔aspect, circumstances〕.

ぜんぽう 前方に ahead《of》; in front 《of》.

ぜんほうい 全方位外交 an omnidirectional diplomacy.

せんぼうきょう 潜望鏡 a periscope.

ぜんまい 発条〔ばね〕a spring ; a mainspring (主ぜんまい);a hairspring (髭ぜんまい). ～仕掛けの clockwork.

せんむ 専務 ～取締役 a managing 〔an executive〕director.

せんめい 鮮明な clear ; distinct.

ぜんめつ 全滅する be annihilated 〔exterminated〕.

せんめん 洗面する wash one's face. ～器 a washbasin. ～所 a lavatory ; a washroom.

ぜんめん 全面的(な)all-out ; general. ～的に entirely ; extensively. ～戦争 an all-out war.

ぜんめん 前面 the front ;〔建物の〕the facade. ～に in front《of》.

せんもん 専門 a special(i)ty ; the subject of one's study. を…にやる specialize in…;《米》major in…. ～医 a medical specialist. ～家 a specialist ; a professional ;〔熟練家〕an expert《in》. ～学校 a vocational〔technical〕school. ～語 a technical term.

ぜんや 前夜 the night before ;〔祭日・事件などの〕the eve ;〔昨夜〕last night. ～祭 an eve.

せんやく 先約 a previous engagement.

せんゆう 専有する enjoy sole〔exclusive〕possession of ; monopolize.

せんゆう 戦友 a comrade ; a fellow soldier.

せんよう 専用の exclusive ; private (個人の).

せんりがん 千里眼 clairvoyance ;〔人〕a clairvoyant(男); a clairvoyante (女).

せんりひん 戦利品 a trophy ;〔掠奪品〕spoils (of war).

せんりゃく 戦略 strategy. ～爆撃(物資) strategic bombing (materials).

せんりょう 占領 occupation. ～する occupy ; capture ; take possession of. ～地 an occupied territory〔area〕.

せんりょう 染料 dyestuffs；dyes.

ぜんりょう 善良な good；honest.

ぜんりょく 全力を尽くす do one's best；do all one can.

せんれい 洗礼 baptism；christening（嬰児の）.　～を施す baptize.　～名 one's Christian name.

ぜんれい 前例 a precedent.

ぜんれつ 前列 the front row〔rank〕.

せんれん 洗練された refined；polished；elegant.

せんろ 線路 a (railway) line；《米》a track.

そ

そ 祖 an ancestor；〔創始者〕the founder〔father〕《of》.

ソ〔音階〕sol；so.

そう 層 a layer；a stratum.　知識～ the intellectual class；intellectuals.

そう〔そのように〕so.　～です That's it.　～ですか〔驚いて〕Is that so?〔納得して〕I see；〔そんなに〕《not》so《good》.　～急ぐな Don't be in such a hurry；〔…らしい〕seem；look.　雨が降り～だ It looks like rain.；〔…だそうだ〕I hear (that) ….　They say (that) ….

ぞう 象 an elephant.

ぞう 像〔画像〕an image；〔立像〕a statue.

そうあん 草案 a (rough) draft.

そうい 相違 (a) difference；(a) disparity（懸隔）；(a) discrepancy（食い違い）.　～する differ《from》；disagree《with》.　～なく certainly；without fail.　…に～ない《He》must be《ill》.　I'm sure《he is ill》.

そうい 創意 an original idea；originality.

そうい 総意 the general will《of the nation》.

ぞういん 増員する reinforce；increase the staff.

そううつびょう 躁鬱病 manic depression.

ぞうお 憎悪 hatred.　～する hate；abhor.

そうおう 相応な〔適当な〕adequate；suitable；fitting；〔かなりの〕fair；〔恥ずかしくない〕decent；〔比例した〕proportionate《to》.

そうおん 騒音 a noise；din.　～防止 prevention of noises.　～規制法 the Noise Regulation Law.

ぞうか 造化 creation.　～の神 the Creator.　～の妙 the wonder of Nature.

ぞうか 造花 an artificial flower.

ぞうか 増加 (an) increase.　～する increase；augment.

そうかい 爽快な refreshing；exhilarating；bracing.

そうかい 掃海する sweep the sea.　～艇 a minesweeper.

そうかい 総会 a general meeting〔assembly〕.

そうかいや 総会屋〔株主総会の〕a fixer〔manipulator〕of a stockholders' general meeting.　a corporate racketeer〔extortionist〕.

そうがく 総額 the total amount；the sum total（総計）.

ぞうがく 増額 an increase《in wages》.　～する increase《a person's salary to 400,000yen》.

そうかん 壮観 a grand sight〔spectacle〕.

そうかん 送還する send back；repatriate（捕虜などを）.

ぞうがん 象嵌する inlay《ivory with gold》.　～細工 an inlaid work.

そうがんきょう 双眼鏡 binoculars；field glasses（野外用）.

そうかんごう 創刊号 the initial

number 《of a magazine》.

そうき 早期治療(診断)をする make an early treatment (diagnosis)《of》.

そうぎ 争議 a(labor)trouble〔dispute〕；a strike (ストライキ).

そうぎ 葬儀 (を行う) (hold) a funeral. ～屋〔人〕an undertaker；〔店〕an undertaker's.

ぞうき 雑木林〔低木林〕a thicket；〔小さな木〕a coppice〔copse〕.

ぞうき 臓器 internal organs. ～移植 an organ transplant. ～提供者〔バンク〕an organ donor〔bank〕.

そうぎょう 操業する operate；run. ～短縮 reduced operation of factory. ～費 operating expenses.

ぞうきょう 増強する reinforce；increase；build up.

そうきょくせん 双曲線 a hyperbola.

そうきん 送金 remittance. ～する remit〔send〕money.

ぞうきん 雑巾 (をかける) (wipe with) a dustcloth.

そうぐう 遭遇する encounter；meet with；come across.

そうくつ 巣窟 a den；a nest；a hang-out；a lair (獣の).

ぞうげ 象牙 ivory. ～の塔 the tower of ivory.

そうけい 総計 the (sum) total. ～する sum up.

そうけい 造形 molding；modeling. ～美術 plastic arts.

ぞうけつ 増結する add(extra)cars《to the train》.

ぞうけつざい 増血剤 hematinic.

そうけん 送検する〔人を〕commit《a person》for trial；〔書類を〕send one's papers to the public prosecutor's office.

そうげん 草原 a plain；a prairie (北米の大草原).

ぞうげん 増減する increase and decrease.

そうこ 倉庫 a storehouse；a warehouse. ～に預ける〔保管する〕store；warehouse.

そうご 相互の mutual；reciprocal. ～に mutually；each other；one another (ふつう3人以上). ～安全保障 mutual security. ～銀行 a mutual financing bank.

そうごう 総合 (a) synthesis. ～する synthesize；integrate. ～口座 an integrated bank account. ～雑誌 an all- (a) round magazine. ～商社 a general trading company. ～職 a career-track job. ～大学 a university. ～病院 a general hospital.

そうこうかい 壮行会《give》a send-off party《in honor of a person》.

そうこうげき 総攻撃 a general attack.

そうこん 早婚 (an) early marriage.

そうごん 荘厳な majestic；grand；sublime.

そうさ 捜査 (criminal) investigation. ～する investigate《a case》；search for《a murderer》. ～本部 the investigation headquarters. ～網《spread》a dragnet. ～令状《issue》a search warrant.

そうさ 操作 operation. ～する operate；handle.

そうさい 相殺する offset；cancel each other.

そうさい 総裁 a president；a governor.

そうざい 惣菜 a delicatessen.

そうさく 捜索 search. ～する search〔look〕for；rummage. ～隊 a search party. ～願いを出す apply to the police for the search《of a person》.

そうさく 創作〔創造〕(a) creation；〔小説〕a novel. ～する create；write a novel〔story〕. ～力 creative power.

ぞうさく 造作 fixtures；〔顔立〕one's features.

ぞうさん 増産 increased production

[yield（農作物の）]．　～する increase the production［yield］《of》.

そうじ 掃除する clean；sweep（掃く）；dust（ほこりをとる）.

ぞうし 増資する increase the capital. ～株 additional stocks.

そうしき 葬式 a funeral（service）；funeral rites.

そうじしょく 総辞職する resign in a body［en masse en bloc］.

そうしつ 喪失 loss；forfeiture. ～する lose；forfeit.

そうしはいにん 総支配人 a general manager.

そうじゅう 操縦する［機械・部下などを］control；［乗り物を］pilot（飛行機を）；steer（船を）；drive（車を）. ～士［航空機の］a pilot. 副～士 a copilot.

ぞうしゅう 増収 an additional［increase of］income；［作物の］an increase of crop. ～高 the amount of increase.

そうじゅく 早熟 precocity. ～な precocious；premature.

そうしょ 草書 a cursive［running］style［character］.

そうしょ 叢書 a library；a series《of books》.

ぞうしょ 蔵書〔1冊〕one's book；〔全体〕one's library［collection of books］. ～目録 a library catalogue.

そうしょう 総称 a generic name［term］.

そうじょう 僧正 a bishop. 大～ an archbishop.

そうしょく 装飾 decoration；ornament. ～する decorate；ornament；embellish. ～美術 decorative art. ～品 ornaments.

そうしん 送信する send［transmit］a message. ～機 a transmitter. ～局 a transmitting station.

ぞうしん 増進 promotion. ～する promote；further.

そうしんぐ 装身具 personal ornaments；accessories.

ぞうすい 増水する〔川が〕rise；swell.

そうすう 総数 the total number.

ぞうぜい 増税 a tax increase［hike］. ～する increase taxes.

そうせいじ 双生児 twins；a twin（その1人）. 一〔二〕卵性～ identical（fraternal）twins.

ぞうせつ 増設する establish《three more colleges》；install《ten new public telephones》.

そうぜん 騒然となる be thrown into uproar［confusion］.

ぞうせん 造船 shipbuilding. ～技師 a marine engineer. ～所 a shipbuilding yard；a dockyard.

そうせんきょ 総選挙 a general election.

そうそう 早々 early《next week》；〔…するやいなや〕as soon as…；〔急いで〕in a hurry.

そうそう 錚々たる prominent；leading；eminent.

そうぞう 創造 creation. ～する create. ～的（な）creative.

そうぞう 想像 imagination；fancy；〔臆測〕（a）conjecture. ～する imagine；fancy；suppose；guess；picture to oneself. ～力 imaginative power.

そうそく 総則 general rules.

そうぞく 相続 succession；inheritance（財産の）. ～する succeed《a person, to a position》；inherit. ～税 an inheritance tax. ～人〔家督相続人〕an heir；an heiress（女）；〔後継者〕a successor.

そうたい 相対的（な）relative. ～性（原理）(the theory of）relativity.

そうだい 総代 a representative；a deputy；a spokesman（代弁者）；a valedictorian（卒業生など）. ～になる represent《a class》.

そうだつ　争奪（戦）a competition 《for》；〔競技の〕a contest 《for》. 選手権～戦 a championship series.

そうだん　相談 (a) consultation；a talk. ～する consult 《with a person about a matter》；talk 《over》. ～所 a consultation office；an advice bureau.

そうち　装置〔事〕(a) device；equipment；installation（据え付け）；mechanism（仕掛け）；〔物〕an appliance；an apparatus. …を～する fit 〔equip〕《a thing》with 《another》.

ぞうちく　増築する build an annex；extend a building.

そうちょう　早朝に early in the morning.

そうちょう　総長 a president.

ぞうちょう　増長する become presumptuous；be puffed up.

そうで　総出で in full force；in a body；all together.

そうてい　装丁 binding；format. ～する bind 《a book》.

そうてい　贈呈 presentation. ～する give；present 《a person》with 《a thing》.

そうてん　装填する load 〔charge〕《a gun》.

そうでん　送電 electric supply. ～する transmit 〔supply〕electricity. ～線 a power cable.

そうとう　相当な〔の〕〔適当な〕suitable；fit；〔りっぱな〕respectable；〔十分な〕adequate；〔かなりの〕considerable. ～する〔該当する〕correspond 《to》；〔つり合う〕be appropriate 《to》；〔適当〕be fit 《for, to do》. ～に〔かなり〕fairly 《good》.

そうとう　掃討する annihilate；sweep away；mop up.

そうどう　騒動〔騒ぎ〕(a) disturbance；(an) uproar；〔もめ事〕a trouble；〔混乱〕disorder；confusion；〔暴動〕a riot.

ぞうとう　贈答用の《articles》for a 《year-end》gift. ～品 a gift；a present.

そうとく　総督 a governor general；a viceroy.

そうなん　遭難する meet with an accident 〔a disaster〕；〔船が〕be wrecked. ～者 a sufferer；a victim；a survivor（生存者）. ～船 a wrecked ship.

ぞうに　雑煮 rice cakes boiled with vegetables.

そうにゅう　挿入する insert；put 《a thing》in 〔into〕.

そうねん　壮年《in one's》manhood；《in》the prime of 《one's》life.

そうは　走破する run the whole course 《of》.

そうは　掻爬〔医学〕curettage. ～する curette.

そうば　相場〔時価〕the current price；〔市価〕the market price；〔投機〕(a) speculation；〔評価〕estimation. 株式～ stock-market quotations. 為替～ the rate of exchange 〔exchange rate〕. ドル～ the exchange rate of the dollar.

そうはく　蒼白な pale；white. ～になる〔顔が〕turn white.

ぞうはつ　増発する〔列車を〕run a special train.

そうばん　早晩 sooner or later.

そうび　装備 equipment；(an) outfit. ～する equip；mount.

ぞうふく　増幅〔電気〕amplification. ～する amplify. ～器 an amplifier.

ぞうへいきょく　造幣局 the Mint Bureau.

そうべつ　送別会（を開く）(give) a farewell party 〔meeting〕.

ぞうほ　増補 a supplement. ～する enlarge；supplement. ～（改訂）版 an (a revised and) enlarged edition.

そうむ 総務 general affairs. ～省 the Ministry of Internal Affairs and Communications. ～部 the general affairs department.

そうめん 素麺 Japanese vermicelli; fine noodles.

そうもく 草木 plants; vegetation.

ぞうもつ 臓物 guts; entrails;〔鳥の〕giblets;〔獣の〕pluck.

ぞうよ 贈与する →ぞうてい. ～税 a gift tax.

そうらん 騒乱 (a) disturbance; (a) riot. ～罪 the crime of rioting.

そうり 総理大臣 the Prime Minister; the Premier.

ぞうり 草履 sandals. ～ばきで in sandals.

そうりつ 創立 establishment; foundation. ～する establish; found. ～者 the founder.

そうりょ 僧侶 a (Buddhist) priest.

そうりょう 送料 the postage; the carriage《on a parcel》.

そうりょうじ 総領事 a consul general. ～館 a consulate general.

ソウル Seoul (韓国の首都).

ソウルミュージック soul music.

そうるい 走塁〔野球〕(base) running.

そうれつ 壮烈な最期(を遂げる)(die) a heroic death.

そうろう 早漏 (a) premature ejaculation.

そうろん 総論 a general introduction; an outline.

そうわ 送話器 a transmitter. ～口 a mouthpiece.

ぞうわい 贈賄する bribe《a person》. ～罪《be charged with》bribery. ～事件 a bribery case. ～者 a briber.

そえる 添える〔付加〕add《a thing to》;〔添付〕attach《a thing to》;〔料理を〕garnish《a dish》with《vegetables》.

そえん 疎遠になる become estranged《from》.

ソース〔調味料〕sauce; Worcester sauce (日本で言うソース);〔源〕(the) source《of news》.

ソーセージ (a) sausage. ウインナ～ (a) Vienna sausage. フランクフルト～ (a) frankfurter.

ソーダ soda. ～水 soda water〔pop〕.

ソート データを ABC 順に～する sort data in alphabetical order.

ソープランド a massage parlor.

ソーホー SOHO〔< small office, home office〕.

ソーラー ～カー a solar car. ～システム a solar system. ～ハウス a solar house.

ゾーン a zone. ～ディフェンス zone defense. ストライク～ a strike zone.

そがい 疎外する alienate; keep《a person》at a distance. ～感を持つ have a feeling of alienation.

そかく 組閣する form〔organize〕a (new) cabinet. ～本部 the cabinet formation headquarters.

そぐ 削る・殺ぐ〔削り取る〕chip; split off; slice off;〔感興などを〕diminish; lessen; weaken; damp.

ぞく 俗に commonly; popularly; vulgarly.

ぞく 族〔種族〕a tribe;〔生物〕family.

ぞく 属〔生物〕a genus.

ぞく 賊〔盗賊〕a thief; a robber;〔反徒〕a rebel.

ぞくあく 俗悪な coarse; vulgar; gross.

そくい 即位する accede to the throne.

ぞくうけ 俗受けする appeal to popular taste.

ぞくえい 続映する continue to show; run《for another week》.

ぞくえん 続演する〔劇などが〕run《for six months》.

ぞくご 俗語〔集合的〕slang;〔1語〕a slang word.

そくし 即死する be killed instantly〔on

the spot〕.

ぞくじ 俗事 everyday business 〔affairs〕; worldly affairs.

そくじつ 即日 on the(very) same day.

ぞくしゅつ 続出する occur in succession; follow one after another.

そくしん 促進する promote; speed up. ～運動 a promotion campaign.

ぞくじん 俗人〔僧に対して〕a layman;〔俗物〕a philistine.

ぞくする 属する belong〔appertain〕《to》.

ぞくせい 属性 an attribute.

そくせいさいばい 促成栽培 forcing culture. ～する force《strawberries》.

そくせき 即席の〔に〕offhand; extempore; impromptu. ～料理 an instant meal.

ぞくぞく 続々 one after another; in rapid succession.

そくたつ 速達 by express. ～郵便 quick-delivery〔express〕post;《米》special-delivery mail.

そくだん 速断する decide hastily; jump to a conclusion.

そくど 速度 (a) speed; (a) velocity. ～を増す increase〔gather〕speed; speed up. ～を落とす reduce the speed; slow down. ～計 a speedometer. ～制限《set》the speed limit. 制限～ the regulation speed.

そくとう 即答する reply at once; give an immediate answer.

そくばい 即売する sell on the spot. 展示～会 an exhibition and spot sale.

そくばく 束縛 (a) restriction; (a) restraint; fetters. ～する restrict; restrain; bind.

ぞくぶつ 俗物 a philistine; a snob. ～根性 philistinism; snobbery.

ぞくへん 続編 a sequel《to, of》.

そくほう 速報〔ニュース〕a news flash 〔bulletin〕;〔一般〕a flash report. 選挙～ hour-by-hour reports of the election returns.

そくめん 側面 a side; a flank. ～援助《give》indirect aid《to》. ～図〔観〕a side view. ～攻撃 a flank attack.

そくりょう 測量 measurement;survey (ing)(土地の);sounding(水深の). ～する survey;sound. ～技師 a surveyor.

そくりょく 速力 →そくど. 全～で at full〔top〕speed.

そげき 狙撃 snipe; shoot《at》. ～兵 a sniper.

ソケット a socket. 二股～ a two-way socket.

そこ 底 the bottom;〔川・池の〕the bed;〔靴の〕the sole.

そこう 素行 conduct;behavior. ～が修まらない be loose in one's morals. ～を改める mend one's ways. ～調査 an investigation into a person's conduct.

そこく 祖国(愛) (love of) one's fatherland〔mother country〕.

そこから 底力のある energetic; powerful;〔声が〕deep.

そこなう 損なう hurt; injure; damage; harm; spoil. …し～ fail to do. 乗り～ miss《a bus》.

そこに there; in that place.

そこぬけ 底抜けの bottomless. ～のお人好し be good to the core.

そざい 素材 (a) material. ～事業 a basic materials industry.

そし 阻止する stop; check; arrest; hold《the enemy》in check; prevent《a person from doing》.

そしき 組織(a)system;(an) organization;〔生物の〕tissue. ～する form; organize;〔会社を〕incorporate. ～的(に) systematic (ally); methodical (ly). ～化 systematization. ～票 block votes.

そしつ 素質 makings (資質); quality

（特質）；(a) nature（気質）；(a) genius〔gift〕《for》（才能）；constitution（体の）.

そしゃく 咀嚼 mastication；〔意味などを〕digestion. ～する chew；masticate；digest.

そしゃく 租借 ～する lease《a territory》. ～権 leasehold；a lease. ～地 a leased ground〔territory〕.

そしょう 訴訟 （を起こす）(bring) a suit〔an action〕《against》. ～事件 a (legal) case. ～人 a plaintiff.

そしょく 粗食《live on》a simple〔plain〕diet.

そせい 蘇生 resuscitation. ～する come to life again；resuscitate.

そせい 組成 composition；formation. ～する compose；form.

そせい 粗製 ～乱造 (する) (make a) careless and overabundant manufacture. ～品 a coarse article.

そせん 祖先 an ancestor；〔集合的〕ancestry.

そそぐ 注ぐ 〔注入〕pour《into》；〔掛ける〕pour《water》on〔over〕；〔川などが〕pour itself into《the sea》.

そそっかしい careless；heedless；hare-brained.

そそのかす 唆す 〔誘う〕tempt《a person to do》；〔扇動〕incite；instigate；egg《a person》on《to do》.

そだち 育ちのよい 〔人が〕well-bred；〔成長〕of rapid growth. ～の悪い 〔人が〕ill-bred；〔成長〕of slow growth.

そだつ 育つ grow (up)；be brought up.

そだてる 育てる 〔子供を〕bring up；foster；train（訓育）；〔動植物を〕raise；breed.

そつがない 〔完璧〕be perfect《in doing anything》；〔気転がきく〕be tactful；〔慎重〕be prudent.

そつう 疎通 〔意志の〕good understanding. 意志の～を図る promote a better understanding《between》.

ぞっか 俗化する vulgarize；be vulgarized.

そっき 速記 shorthand；stenography. ～する take down in shorthand. ～者 a stenographer；a shorthand writer. ～録 shorthand records.

そっきょう 即興 improvised；extempore. ～詩人 an improvisator.

そつぎょう 卒業 graduation. ～する finish one's school；graduate from 《英》at）. ～式 a graduation ceremony；《米》a commencement (ceremony). ～証書 a certificate；a diploma（学位証書）. ～生 a graduate；an alumnus（男）（複 -ni）；an alumna（女）（複 -nae）. ～論文（試験）a graduation thesis (examination).

そっきん 即金で《pay 100,000 yen》cash down；《buy a thing》in cash. ～払い cash〔spot〕payment.

ソックス《a pair of》socks.

そっくり 〔そのまま〕just as it is；〔みんな〕all；altogether；〔相似〕like two peas（瓜二つ）；true to life（実物にそっくり）.

そっけ 素っ気ない cold；blunt；curt. ～なく coldly；flatly.

そっけつ 即決する decide《a matter》on the spot.

そっこうじょ 測候所 a meteorological observatory.

ぞっこく 属国 a dependency；a subject state.

そっせん 率先する lead；take the lead. ～して…する be the first to do.

そっちのけ そっち退けにする neglect；pay no attention《to》；lay aside.

そっちゅう 卒中 apoplexy.

そっちょく 率直な simple and honest；frank. ～に honestly；frankly. ～に言えば frankly speaking.

そっと quietly；softly；gently.　～しておく leave《a matter》as it is.

そっとう 卒倒する fall down senseless；faint；swoon.

ぞっとする shudder；shiver；be thrilled.

そっぱ 反っ歯 a projecting tooth；a bucktooth.

そで 袖 a sleeve.　～口 a cuff.　～ぐり an armhole.　～丈 sleeve length.　～なし sleeveless.

ソテー saute.　ポーク～ pork saute.

そと 外〔戸外〕out of doors；〔外側・外面〕the outside；the exterior.　～で〔に〕outdoors；out of doors；outside.　～の〔戸外の〕outdoor；open-air；〔外側・外面の〕outer；external.　～海 the open sea.

そなえ 備え〔準備〕readiness《for》；preparation (s)；〔防備〕defenses.

そなえる 供える offer；dedicate.

そなえる 備える〔準備〕prepare〔provide〕《for》；〔備えつける〕furnish〔equip〕《a house》with；install（機械などを）；〔具え持つ〕possess；be endowed with《talent》.

ソナタ〔音楽〕a sonata.

そなわる 備わる〔場所が主語〕be equipped《with》（備えてある）；〔人が主語〕be endowed《with a talent》.

そのうえ その上 moreover；besides；into the bargain.

そのうち その内（に）before long；in time；in due course.

そのご その後 afterward；since (then).　～の later.

そのころ その頃 at that time；then；in those days.

そのすじ その筋（の命令により）(by order of) the authorities.

そのた その他〔…など〕and so on；and the like.

そのば その場で then and there；on the spot.

そのひ その日《on》that day.　～暮し 《lead》a hand-to-mouth life.

そのへん その辺（に）about there；thereabout (s)（其のくらい）.

そのまま その儘にしておく leave《a matter》as it is.

そば 側 the side；the neighborhood（付近）.　～の near；nearby；neighboring（近所の）.　…の～に by (the side of) …；beside…；near〔close〕by….

そば 蕎麦〔植物〕buckwheat；〔食品〕buckwheat noodles；soba.　～屋 a buckwheat-noodle shop.

そばかす 雀斑 freckles.　～だらけの freckled.

そばだてる 欹てる〔耳を〕prick up one's ears《at》.

そばづえ 側杖を食う get a by-blow《in a quarrel of others》.

そびえる 聳える rise；tower；soar.

そふ 祖父 a grandfather.

ソファー a sofa；a couch.

ソフト ～ウェア〔コンピュータの〕software.　ソフトエネルギー low-impact energy sources.　～クリーム (a) soft ice cream.　～ドリンク (a) soft drink.　～ボール (play) softball.　～レンズ a soft contact lens.

ソプラノ soprano.　～歌手 a soprano (singer).

そぶり 素振り〔態度〕behavior；〔顔色〕a look；〔様子〕an air.　～をする behave〔bear〕oneself《as, like》.

そぼ 祖母 a grandmother.

そぼく 素朴な simple；artless；unsophisticated.

そまつ 粗末にする〔人を〕treat lightly；neglect；〔物を〕use〔handle〕carelessly；waste（浪費する）.　～な coarse；poor；shabby；〔粗略な〕careless.

ソマリア Somalia；〔公式名〕(the) Federal Republic of Somalia.

そまる 染まる〔色に〕be dyed；dye

《well, badly》；〔悪風に〕be tainted with. 血に染まった bloodstained.

そむく 背く go against；act contrary to；disobey（命令などに）；break（約束などに）；violate（規則に）；betray（他人の信頼に）；〔叛く〕rise〔revolt〕against.

そむける 背ける〔顔を〕turn one's face away《from》；〔目を〕avert one's eyes《from》.

ソムリエ a sommelier《F》.

そめ 染め dyeing（染めること）；the dye（染めた色）. 〜る a dye. 〜粉 a dye. 〜物 dyed goods. 〜物屋 a dyer.

そよう 素養 がある have some knowledge《of》.

そよかぜ 微風 a gentle breeze；a soft wind.

そよぐ 戦ぐ rustle；wave；quiver.

そら 空 the sky. 〜色の sky-blue；azure. 〜で〔暗記で〕〈learn〉by heart；《recite》from memory. 〜飛ぶ円盤 a flying saucer. 〜の旅 an air trip. 〜模様 the look of the sky；the weather.

そら There！ 〜見ろ！I told you so！Serve（s）you right！（いい気味だ）

そらす 反らす bend；warp（板などを）. 体を〜 bend oneself backward. 胸を〜 throw out one's chest.

そらす 逸らす〔避ける〕evade；dodge；parry（受け流す）；〔他方へ向ける〕turn《a thing》aside〔away〕；avert《one's eyes〔face〕from》.

そらに 空似 an accidental resemblance《between strangers》.

そらまめ 空豆 a broad〔horse〕bean.

そり 反り a curve；a warp. 〜が合わぬ cannot get along《with》.

そり 橇 a sledge；a sleigh.

そりゅうし 素粒子 an elementary particle.

そる 反る bend；warp（板などが）；bend backward（あおむけに）.

そる 剃る〔顔を〕(have a) shave；shave oneself；have one's face shaved（剃ってもらう）.

ソルベンシー・マージン a solvency margin(ratio)（保険会社の支払い能力）.

それ それ it；that. 〜だけ so〔that〕much.

それから and；(and) then；after that；since then.

それぞれ 夫々 each；respectively.

それでは then；if so；in that case.

それとなく indirectly；casually.

それなり 〜に as it is；as they are.

それほど それ程 so；such；so much.

それまで till then〔that time〕.

それる 逸れる〔話などが〕deviate from the subject；〔進路を〕turn aside《from》；〔弾丸などが〕miss《the mark》.

ソれん ソ連 旧〜 the former Soviet Union〔USSR〕.

ソロ〔音楽〕a solo.

そろい 揃い a set《of》；〔衣服の〕a suit《of》. 〜の matching；uniform；of the same pattern. 〜も揃って without exception.

そろう 揃う be complete；〔一様になる〕be equal；〔集まる〕gather.

そろえる 揃える prepare a complete set《of》；arrange《things》in order；〔集める〕collect.

そろそろ slowly；gently；now(もはや).

そろばん 算盤 an abacus；a soroban. 〜をはじく count on an abacus；〔打算的〕be guided by self-interest.

ソロモン〔諸島〕the Solomon Islands.

そわそわする be restless〔nervous, fidgety〕.

そん 損 (a)loss(損失)；damage(損傷)；disadvantage (不利). 〜な losing；disadvantageous（立場などが）；bad《bargain》（買物などが）. 〜する make〔suffer〕a loss.

そんえき 損益 (勘定) (a) profit and

loss (account).

そんがい 損害 damage ; (an) injury ; (a) loss (損失) ; casualties (死傷者数). ～を与える inflict damage 〔a loss〕《on》. ～を被る be damaged 《by》; suffer a loss. ～賠償 compensation for damages. ～保険 insurance against damage.

そんけい 尊敬 respect ; esteem. ～する respect ; hold《a person》in esteem.

そんげん 尊厳 dignity《of an individual》. ～死 death with dignity.

そんざい 存在 existence. ～する exist ; 〔残存〕remain.

ぞんざいな careless ; rude. ～に carelessly ; roughly.

そんしつ 損失である be a《heavy》 loss《to》. ～補塡 a loss compensation.

そんしょう 損傷する be damaged 〔injured〕.

そんしょく 遜色がない compare favorably《with》; be a match 《for》.

そんぞく 存続 continuance. ～する continue ; last.

そんだい 尊大な arrogant ; haughty. ～ぶる put on airs.

そんちょう 村長 a village head〔chief〕.

そんちょう 尊重する esteem ; respect ; hold in esteem.

そんとく 損得 profit and loss ; gain and loss.

た

た 田 a rice field ; 〔水田〕a paddy field.

た 他 (の人・物) the rest ; the others. ～の other ; another.

ダークホース a dark horse.

ターゲット a target. 女性に～をしぼる be aimed only at woman ; target woman.

ダース a dozen〔略 doz.〕.

ダーティー ～な dirty. ～フロート〔経済〕a dirty float.

ダートコース a dirt course〔track〕.

タートルネック a turtleneck〔《英》polo-neck〕(sweater).

ターバン《wear》a turban.

ダービー the Derby.

タービン a turbine.

ターボ →チャージャー a turbocharger.

ターミナル 〔終着駅〕a terminal (station). ～アダプター a terminal adapter〔略 TA〕.

ターン 〔水泳などの〕a turn. ～する turn.

たい 対〔…に対する〕versus〔略 v., vs.〕; against ; to. 3―1で by a score of three to one. 巨人―阪神 Yomiuri Giants vs. Hanshin Tigers. 早稲田～慶応野球試合〔早慶戦〕a baseball game between Waseda and Keio.

たい 隊 a party ; a company ; a corps ; a group ; a team ; a band.

たい 鯛 a sea bream.

タイ 〔国〕(the Kingdom of) Thailand. ～の Thai. ～人 a Thai.

タイ 〔ネクタイ〕a necktie ; a tie ; 〔同点・互角〕a tie. ～となる end in a tie; tie. ～記録を出す tie the《world》 record. ～スコア a tie score.

だい 台 a stand ; a table (卓) ; a bench (作業台) ; 〔彫像の〕pedestal ; 〔薪割り台など〕a block ; 〔宝石の〕a mount.

だい 代 a generation ; a time. 1990年～に in the 1990s. 10 (20, 30) ～である be in one's teens (twenties, thirties). 代々 for generations ; from father to son. 代々 hereditary ; successive. 〔代金〕a charge ; a rate. バス～ a bus fare.

だい 題 a title ; a theme ; a subject.

だい 第… ～1 (2, 3, 4…) No, 1 (2, 3, 4…) ; the first (second, third,

fourth, …）；1st（2nd, 3rd, 4th…）.
～1の the first；the foremost. ～1
に in the first place；first（of all）.

タイアップ a tie-up. ～する tie up
《with》.

ダイアログ〔対話〕(a) dialogue. ～
ボックス〔コンピュータ〕a dialog box.

たいあん 大安 a blessed day.

だいあん 代案 an alternative plan.

たいい 大意〔要旨〕the gist；〔概略〕
an outline；a summary.

たいい 退位 (an) abdication. ～する
abdicate《from》.

たいいく 体育 physical training
〔culture〕；〔教科名〕physical
education〔略 PE〕. ～館 a
gymnasium；《米》a gym. ～の日
Health-Sports Day.

だいいち 第一の the first；primary.
～に firstly；first of all.

だいいちにんしゃ 第一人者 the first
man；the greatest authority《on》.

だいいっせん 第一線〔前線〕the
forefront. 政界の～で活躍中である
be actively at work in the political
world.

たいいん 退院 discharge. ～する
leave（the）hospital.

ダイエット a diet. ～中である〔する〕
be (go) on a diet. ～食品 diet food.

たいおう 対応 (a) correspondence.
～する correspond《to》.

ダイオード a diode.

ダイオキシン dioxin.

たいおん 体温（を計る）(take) one's
temperature. ～計 a clinical ther-
mometer.

たいか 大火 a great〔big〕fire；a
conflagration.

たいか 大家 an authority《on》；an
expert《in, at》；a great master《of
painting》.

たいか 退化 degeneration. ～する
degenerate.

たいか 耐火の (a) fireproof《build-

ing》.

たいかい 大会 a rally；〔総会〕a
general meeting；〔会議〕a
convention；〔競技の〕a tournament.
弁論～ a speech contest.

たいがい 対外 的(な) foreign；
external；〔海外の〕oversea (s). ～
関係 foreign〔international〕
relations. ～政策 a foreign policy.
～貿易 foreign trade.

たいがい 大概〔たいてい〕generally；
〔ほとんど〕almost；mostly. ～の
most；nearly all；〔たぶん〕
probably.

たいかく 体格 (a) build；(a) physique.
～のよい well-build (well-made).

たいがく 退学する leave〔quit〕school.
～させる expel《a student》from
school（学校が）；remove《one's
son》from school（親が）.

だいがく 大学〔総合〕a university；〔単
科・分科〕a college. ～院 a (post)
graduate school. ～学〔総〕長 a
president. ～ a university
〔college〕student. ～入学共通テスト
the Common Test for University
Admissions.

たいかくせん 対角線 a diagonal
(line).

たいがん 対岸《on》the opposite bank
〔shore〕.

たいかんしき 戴冠式 a coronation.

だいかんみんこく 大韓民国 the Re-
public of Korea.

たいき 大気 the atmosphere；the air.
～汚染 air pollution. ～圏外 outer
space.

たいき 待機する stand by；watch and
wait《for a chance》.

だいぎし 代議士 a member of the
Diet；a member of the House of
Representatives. →こっかい（国会
議員）. ～に立候補する stand〔run〕
for the Diet. 女性～ a Dietwoman.

たいきゃく 退却 (a) retreat. ～する

retreat；beat〔make〕a retreat；withdraw.

だいきゅう 代休(を与える，取る)(give, get) a compensatory day off《for attendance on a holiday》.

たいきゅうりょく 耐久力 durability；stamina.

たいきょ 大挙して in large numbers；in (great) force.

たいきょく 大局 perspective；the general situation.

だいきらい 大嫌いである hate；detest. ～な detestable.

たいきん 大金 a large sum of money；a lot of money.

だいきん 代金〔価〕the price；the charge. ～を払う pay the price.

だいく 大工 a carpenter；〔職・仕事〕《do》carpentry.

たいくう 滞空 ～時間 the duration of flight.

たいぐう 待遇 treatment；〔接待〕reception；〔旅館などの〕service；〔telephone 給与〕pay. ～がよい hospitable《歓迎してくれる》；well-paid (給料がよい). ～改善 an improvement of labor conditions (労働者の).

たいくつ 退屈な boring；tedious；dull. ～しのぎに (in order) to kill time. ～する be bored；become weary《of》.

たいぐん 大軍 a great army.

たいぐん 大群 a large crowd〔herd (牛・馬・豚などの)，flock (羊・ヤギ・鳥などの)，shoal (魚の)〕《of》.

たいけい 体系 a system《of philosophy》. ～づける systematize. ～的(に) systematic《ally》.

たいけい 体形 →たいかく(体格).

だいけい 台形 a trapezoid.

たいけつ 対決 (a) confrontation. ～する〔させる〕confront.

たいけん 体験する→けいけん(経験).

たいこ 大鼓 a drum. ～腹 a potbelly.

たいこう 大綱 scheme；〔概略〕an outline.

たいこう 対抗する rival；oppose；cope with. …に～して in opposition to…；against…. ～策 a counter-measure.

たいこうじあい 対校試合 an interschool〔intercollegiate (大学の)〕game〔match〕.

たいこうしゃ 対向車 an oncoming car. ～線 the opposite line.

だいこん 大根 a garden radish；〔役者〕a poor actor.

たいさ 大差がない There is no great difference《between》.

たいざい 滞在 (a) stay；a sojourn. ～する stay；sojourn. ～者 a visitor.

だいざい 題材 a subject matter；a theme.

たいさく 大作 a great work；a masterpiece.

たいさく 対策 a measure. ～を立てる take a countermeasure.

だいさん 第三者 the〔a〕third person〔party〕；outsider. ～世界 the Third World.

たいし 大志(を抱く)(have) an ambition.

たいし 大使 an ambassador. ～館 an embassy.

たいじ 胎児 an embryo (妊娠8週未満)；a fetus (妊娠9週以後).

たいじ 退治する〔虫など〕exterminate；get rid of….

だいじ 大事な important；precious. ～にする take good care of；make much of. ～をとる play safe.

ダイジェスト a digest. ～版 an abridged version.

たいした 大した〔偉大な〕great；〔重大な〕serious；grave；important (重要な)；〔数量〕many；much；considerable.

だいじけん 大事件 a serious affair.

たいしつ 体質 (a) (physical) constitution.

たいして 大して（…でない）(not) very …; (not so) much《of》….

たいしぼう 体脂肪 body fat.

たいしゃ 退社する〔退職〕retire from the company;〔退出〕leave the office; check out. ～時刻 the quitting time.

たいしゃく 貸借 (a) loan. ～関係 financial relations; accounts. ～対照表 a balance sheet〔略 B/S, b.s.〕.

たいしゅう 大衆 the masses; the general public. ～化する popularize. ～向きの popular. ～化 popularization. ～酒場《米》a saloon;《英》a public house;《英話》a pub. ～作家 a popular writer. ～文学 popular literature.

たいしゅう 体臭 a body odor〔略 BO〕.

たいじゅう 体重 weight. ～が…ある weigh《60kg》. ～計 a scale.

だいしょ 代書する write for《a person》.

たいしょう 大将〔官位〕a general (陸); an admiral (海);〔頭領〕a boss.

たいしょう 大勝 (する) (gain; win) a great victory.

たいしょう 対象 an object; a target.

たいしょう 対照 (をなす) (form) a contrast. ～する contrast〔compare〕《A with B》;〔照合〕collate.

たいじょう 退場する leave《a place》; walk out of《a conference》.

だいしょう 代償 compensation; reparation; indemnity.

だいじょうぶ 大丈夫 right;〔確かに〕certainly; surely; I can assure you. ～な〔安全〕secure; safe.

たいしょく 大食 gluttony. ～家〔漢〕a glutton.

たいしょく 退職する retire from office〔service〕; quit〔leave〕one's job. ～手当 a retirement allowance. ～給付債務 a retirement-incurred debt.

たいしょくしゃ 退職者 a leaver. 早期～ an early leaver.

たいしん 耐震の earthquake-proof《building》.

たいじん 対人関係 personal relations.

だいじん 大臣 a minister (of state); a secretary《米》.

だいず 大豆 a soybean.

たいすう 対数 a logarithm.

たいすう 代数 (学) algebra. ～的 algebraic.

だいすき 大好きな favorite; pet; dearest.

たいする 対する〔面する〕face; be opposite《to》; oppose (反対する);〔…に対しての〕against; toward; to. →たい (対).

たいせい 大勢 the general trend; the main current.

たいせい 体制 a system; a structure;〔社会の既成体制〕the Establishment. 反～の anti-Establishment.

たいせい 態勢を整える make ready《for, to do》. ～を挽回する turn the tide of war (戦いの).

たいせいよう 大西洋 the Atlantic (Ocean).

たいせき 体積 volume; capacity.

たいせき 堆積 an accumulation; a heap. ～する accumulate; heap.

たいせつ 大切な〔重要な〕important;〔重大な〕grave;〔貴重な〕valuable; precious.

たいせん 大戦〔大きな戦争〕a great war;〔世界戦争〕a world war.

たいぜん 泰然(自若)として calmly; composedly.

たいそう 体操 gymnastics;〔運動〕athletic〔physical〕exercises. ～(を)する practice gymnastics. ～選手 a gymnast.

だいそれた 大それた audacious;

impudent ; bold.

たいだ 怠惰 idleness ; laziness. ～な idle ; lazy.

だいたい 代替の alternative. ～エネルギー alternative energy.

だいたい 大体〔およそ〕about ; generally ; almost (ほとんど).

だいたいこつ 大腿骨 a thighbone ; a femur.

だいだいてき 大々的に extensively ; on a large scale.

だいたすう 大多数 the majority 〔greater part〕《of》.

たいだん 対談する have a talk 《with》. ～番組 chat〔talk〕show.

だいたん 大胆な(に) bold (ly) ; daring (ly) ; fearless (ly).

だいち 大地 the (mother) earth.

だいち 台地 a tableland ; a plateau.

たいちょう 体調を整える fix up one's (physical) condition. ～をよくする shape up.

たいちょう 隊長 a captain ; a commander ; a leader.

だいちょう 大腸 the large intestine. ～炎 colitis. ～菌 a coliform bacillus (複 bacilli).

だいちょう 台帳 a ledger.

タイツ《be in》tights. 網～《black》mesh tights.

たいてき 大敵 a powerful enemy 〔rival (競争相手)〕.

たいど 態度 an attitude ; an air ; a manner.

たいとう 対等 equality. ～の equal 《to》; even 《with》.

だいとうりょう 大統領 a president. ～選挙(候補者)a presidential election (candidate).

たいとく 体得する learn from experience ; master (習得する).

だいどころ 台所 a kitchen.

タイトル a title ;〔選手権〕a championship. ～を防衛する defend one's title. ～マッチ a title match.

たいない 対内的 (な) domestic ; internal. ～政策 a home policy.

たいない 胎内 the interior of the womb.

だいなし 台無しにする spoil ; ruin ; mar ;〔汚す〕soil.

ダイナマイト《a stick of》dynamite.

ダイナミック ～な dynamic.

だいに 第二の second ; secondary.

たいにち 対日 ～関係 relations with Japan. ～感情 the feelings toward Japan. ～貿易 trade with Japan.

たいにん 大任(を果す)(accomplish) a great task〔mission〕; (perform) an important duty〔part〕.

ダイニングキッチン a (combined) kitchen-dining room ; a kitchen-cum-dining room.

たいのう 滞納する fail to pay ; be in arrears. ～金 arrears. ～者 a defaulter ; a delinquent (税金の).

だいのう 大脳 the cerebrum. ～の cerebral.

ダイバー a diver.

たいはい 大敗(を喫する)(suffer) a heavy〔serious〕defeat.

たいはい 退廃 corruption ; a decay. ～的 (な) decadent.

たいばつ 体罰を加える《inflict》corporal punishment 《on》.

たいはん 大半 the majority ; the greater〔most〕part《of》.

たいひ 対比する compare 《with 〔to〕》.

たいひ 退避する take shelter.

たいひ 待避 ～駅 a shunting station. ～線 a sidetrack ; a siding. ～路〔自動車道路の〕a turnout.

たいびょう 大病である be seriously ill. ～にかかる be taken〔get〕seriously ill.

だいひょう 代表する represent. ～的な representative ; typical《of》. ～

者 a representative ; a deputy. ~取締役 president.

ダイビング ~する dive. ~キャッチ a diving catch. ~スーツ a diving suit.

たいぶ 大部の voluminous ; bulky.

タイプ〔型〕a type. 彼女は私の~です She is my type.

タイプ〔タイプライター〕a typewriter.

だいぶ 大分 greatly ; considerably ; very much.

たいふう 台風 a typhoon. ~の目 the eye of a typhoon.

だいぶぶん 大部分 most《of》; the greater [most] part《of》.

たいべい 対米 ~政策 a policy toward the United States. ~輸出 exports to the United States.

たいへいよう 太平洋 the Pacific (Ocean). ~の Pacific. ~戦争 the Pacific War.

たいべつ 大別する divide [classify] roughly《into》.

たいへん 大変な〔重大な〕serious ;〔難しい〕difficult ;〔面倒な〕troublesome ;〔すてきな〕splendid ;〔非常な〕terrible. ~(に) very ; →ひじょう.

だいべん 大便 feces ;〔動物の〕dung. ~をする go to stool.

たいほ 逮捕 (an) arrest. ~する arrest ; nab. ~状《issue》a warrant for the arrest《of》.

たいほう 大砲 a (heavy) gun ; a cannon.

たいぼう 耐乏 austerity. ~生活(をする) (live) an austere life.

たいぼう 待望する expect ; look forward to《a matter, doing》. ~の long-awaited [-expected].

だいほん 台本〔劇の〕a playbook ;〔映画の〕a screenplay ;〔劇・テレビドラマの〕a script.

たいま 大麻 hemp ; marijuana.

タイマー a timer.

締役 president.

たいまつ 松明 a torch ; torchlight.

だいまん 怠慢 negligence ; neglect.

だいみょう 大名 a daimyo ; a feudal lord.

タイミング ~の悪い(いい)bad (good) timing.

タイム time ;〔タイムアウト〕time-out. ~を計る time a runner [race]. ~をかける call a time-out. ~アップ Time is up. ~カード a time card. ~カプセル a time capsule. ~サービス a limited special offer.

だいめい 題名 a title.

だいめいし 代名詞〔文法〕a pronoun.

たいめん 体面〔威信〕dignity ;〔体裁〕appearance ;〔めんつ〕face ;〔名誉〕honor. ~を保つ save one's face. ~上 for honor's [appearances'] sake.

たいめん 対面 meeting. ~する (have an) interview《with》; meet ; see. ~交通 face-to-face traffic.

タイヤ《米》a tire ;《英》a tyre. ~がパンクした I had a flat tire. ~チェーン (tire) chains.

ダイヤ〔列車の〕a [train] schedule ;〔宝石〕a diamond.

たいやく 対訳 (の)(with) a parallel translation.

ダイヤモンド〔宝石〕a diamond ;〔野球場の〕the diamond.

ダイヤル a dial. ~を回す dial. ~アップ dial-up《access》. ~イン方式 direct dialing. フリー~《米》toll-free ;《英》freephone.

たいよ 貸与 (a) loan. ~する lend ; loan.

たいよう 大洋 the ocean.

たいよう 太陽 the sun. ~系 (暦) the solar system (calendar). ~光発電 photovoltaic power generation. ~熱利用システム solar system. ~黒点 a solar spot ; a sunspot.

たいよう 耐用年数 durability ; the life《of a machine》.

だいよう 代用する substitute ; use《a

thing》in place of《another》. **～品** a substitute.

たいら 平ら even；level；flat. **～にする** level；flatten.

たいらげる 平らげる〔食べ尽くす〕eat up.

だいり 代理 deputation；〔人〕a proxy；a deputy. **～の** acting；deputy. **～をする** act for. **～母** a surrogate mother. **～部〔店〕**an agency.

だいリーグ 大リーグ the major leagues；the majors.

たいりく 大陸 a continent. **～の**〔性の，的〕continental. **～横断の** transcontinental. **～間弾道弾** an intercontinental ballistic missile〔略 ICBM〕. **～棚** a continental shelf.

だいりせき 大理石 marble.

たいりつ 対立する confront；be opposed to〔confronted with〕《each other》. →たいこう（対抗する）.

たいりょう 大漁 a large catch〔take〕.

たいりょう 大量 a large quantity《of》. **～生産** mass production.

たいりょく 体力 physical strength.

タイル a tile. **～張りの** tiled《bathroom》.

ダイレクトメール direct mail；junk mail.

たいろ 退路（を断つ）（cut off）the retreat.

だいろっかん 第六感 a sixth sense.

たいわ 対話 a dialogue；〔会話〕a conversation.

たいわん 台湾 Taiwan. **～の** Taiwanese. **～人** a Taiwanese.

ダウ **～式平均株価** the Dow Jones Industrial average〔略 DOW〕.

たうえ 田植えをする plant rice.

タウン **～誌** a magazine for town news.

ダウン 風邪で～した I was down with a cold. 彼の成績は～した His grades fell〔dropped〕. **～サイジング**〔小型化〕a downsizing. **～症** Down's syndrome.

ダウンジャケット a down jacket.

ダウンロード **～する** download.

たえがたい 堪え難い intolerable；unbearable.

だえき 唾液 saliva；spittle.

たえず 絶えず ceaselessly；continuously；all the time.

たえま 絶え間ない ceaseless；continuous. **～なく**→たえず.

たえる 絶える〔終わる〕cease；(come to an) end；〔絶滅〕become extinct.

たえる 耐・堪える bear；endure；〔使用に〕be good《for》；〔任に〕be equal《to》.

だえん 楕円 an ellipse. **～の** elliptic(al).

たおす 倒す throw down；overthrow；trip up（つまずく）；knock down（なぐって）；fell（切倒す）；kill（殺す）.

タオル a towel. **～で体を拭く** dry oneself with a towel. **～掛け** a towel rack. **～ケット** a blanket made of toweling. **～地** toweling. **バス～** a bath towel.

たおれる 倒れる〔立っているものが〕fall (down)；tumble down；collapse（崩壊）；〔病気などで〕break down；succumb《to a disease》.

たか 鷹 a hawk；a falcon. **～狩り** falconry. **～派** a hawk；〔集合的〕the hawks.

たが 箍 a hoop.

だが but；however；while.

たかい 高い high；tall（背の）；elevated（地位・土地などが）；〔声高い〕loud；〔価の〕dear；costly；high（価格が）.

たがい 互いに mutually；《with, to》each other；《with, to》one another.

だかい 打開する〔行き詰まりを〕break the deadlock.

たがえる 違える〔約束を〕break；〔筋などを〕strain；〔困難を〕solve.

たかく 多角（的な）diversified；multilateral《trade》．　～経営 multiple management《of business》．

たかく 高く high；highly；tall；〔声高に〕loudly．

たがく 多額 a large sum〔amount〕《of》．

たかさ 高さ height；〔高度〕altitude；〔値段の〕expensiveness；〔声の〕pitch．　～3メートル three meters high〔in height〕．

だがし 駄菓子 cheap confectionery〔sweets〕．

たかしお 高潮 a flood〔high〕tide．

たかだい 高台 a height；a plateau；an eminence．

だがっき 打楽器 a percussion instrument．

たかとび 〔高飛び〕abscondence（逃亡）．～（を）する abscond；decamp；〔競技〕a high jump．

たかなる 高鳴る〔胸が〕throb；pulse《with》．

たかね 高値 a high price．

たかのぞみ 高望み aim too high．

たかぶる 高ぶる〔感情〕get excited；get nervous．

たかまる 高まる rise《in fame》．

たかめる 高める raise；heighten；enhance．

たがやす 耕す till；plow；cultivate．

たから 宝 a treasure；a family heirloom（家宝）．～捜し a treasure hunt．～島 a treasure island．

だから 〔それゆえ〕so（that）；therefore；〔…のために〕as；since；because《of》．

たからくじ 宝籤 a public lottery．～を買う buy a lottery ticket．

たかる 〔群が〕swam；gather；crowd；〔せびる〕sponge《on a person for a thing》．たかり体質 a sponging disposition．

たき 滝 a waterfall；falls；〔小滝〕a cascade．　～壺 the basin《of a waterfall》．

たぎ 多義の polysemous．　～語 polysemous word．

だきあげる 抱き上げる take（a baby）up in one's arms．

たきぎ 薪 fuel；firewood．

だきこむ 抱き込む win（a person）over to one's side．

タキシード a tuxedo．

だきしめる 抱き締める hug；press close to one's breast．

たきだし 炊き出しをする provide〔distribute〕boiled rice《to the sufferers》．

だきつく 抱きつく cling to；embrace．

たきつける たきつける〔火を〕kindle；make a fire；〔扇動する〕incite；egg《a person》on《to do》．

たきのう 多機能の multi-function．

だきょう 妥協する（come to a）compromise；meet《a person》halfway．

だきよせる 抱き寄せる nestle；press．

たぎる 滾る seethe；bubble；boil．

たく 焚く〔火を〕kindle；〔香を〕burn．

たく 炊く cook；boil．

だく 抱く〔抱きかかえる〕hold〔carry〕in one's arms；〔抱擁〕embrace；hug；〔卵を〕sit on〔brood〕《eggs》．

たぐい 類 a description；a kind；a sort．　～まれな incomparable《beauty》．

だくおん 濁音 a voiced consonant．

たくさん 沢山の a lot of．〔量〕much；〔数〕many；〔十分〕enough．

たくしあげる たくし上げる tuck〔roll〕up《one's sleeves》．

タクシー《米》a cab；《英》a taxi；～に乗る（を拾う）take（pick up）a taxi．～運転手 a taxi driver．～乗り場 a taxi stand．～料金 the taxi fare．

たくじしょ 託児所 a public nursery；a day-care center；a day nursery．

たくする 託する entrust《a person

with a thing》.

たくち 宅地 a building lot〔estate〕.

タクト (を振る) (take) a baton.

たくはい 宅配(便) home delivery 〔door-to-door〕service.

タグボート a tugboat.

たくましい 逞しい robust；muscular；〔精神的に〕tough.

たくみ 巧みな(に) skillful(ly)；dexterous(ly)；clever(ly).

たくらみ 企み a plot；a scheme.

たくらむ 企む plot；scheme；work out《a plan》.

だくりゅう 濁流 a muddy〔turbid〕stream.

たぐる 手繰る pull on〔at〕(a rope).

たくわえ 蓄え・貯え〔貯金〕savings；〔貯蔵〕(a) store；(a) stock(原料など).

たくわえる 蓄える・貯える〔貯金する〕save；〔貯蔵する〕store (up).

たけ 丈 a length.〔身長〕height.

たけ 竹 a bamboo. ～の子 bamboo shoots. ～やぶ a bamboo grove.

-だけ only；alone；just.

たげい 多芸 versatile

だげき 打撃 a blow；a shock；〔野球〕batting.

だけつ 妥結する reach an agreement；come to a settlement.

たけなわ 酣である be at its height〔best〕；be in full swing.

たこ 凧 a kite. ～揚げ kite flying.

たこ 蛸 an octopus.

たこ 胼胝〔できもの〕a callosity；a callus. ～ができる A callosity forms.

たこくせき 多国籍の multinational. ～企業 a multinational corporation.

タコス a taco (複 tacos).

タコメーター a tachometer；〔記録用〕a tachograph (タコグラフ).

ださい tasteless；crude；《米》hick.

ださく 駄作 a poor 〔failed〕 work；trash；《話》twaddle.

たさつ 他殺 (a) murder.

たさん 多産の prolific；fecund.

ださん 打算的な calculating；selfish.

たし 足しになる help；be of some use. ～にする supplement《one's income by doing a side job》.

だし 山車 a festival car；a float.

だし 出汁を取る make (soup) stock. 人を～に使う make a tool〔a cat's-paw〕of《a person》.

たしか 確かな〔確実な〕certain；sure；〔信頼できる〕reliable (人・事)；〔安全な〕safe；〔堅実な〕sound；firm；〔腕の確かな〕competent. ～に certainly；surely；without fail (必ず).

たしかめる 確かめる make sure；check；confirm.

タジキスタン〔国名〕(the Republic of) Tajikistan.

たしざん 足し算 addition. ～する add.

たしなみ 嗜み prudence；modesty. ～のよい prudent；modest；decorous.

たしなむ 嗜む be fond of；have a taste for；like；love.

だしぬく 出し抜く〔人を〕outwit；〔記事などで〕scoop.

だじゃれ 駄洒落 a poor pun；《make》a cheap joke.

たじゅう 多重 multiple. ～債務 multiple debt. ～放送 multiple broadcasting.

だじゅん 打順〔野球〕the batting order.

たしょう 多少 more or less；a little；somewhat. ～の some；slight.

たじょう 多情な passionate；amorous.

だしん 打診する sound《a person on a matter》.

たす 足す〔加える〕add；〔補う〕supply.

だす 出す〔取り出す〕take out；turn on (水・ガスなどを)；〔差し出す〕hold out；extend (延ばす)；〔露出する〕expose；〔提出する〕submit；

present；〔公表・出版する〕utter；mention；publish；〔提供する〕serve《tea》；〔金を〕pay；contribute；pool (出し合う)；〔送る〕send.

たすう 多数 a large number；a majority (過半数)．～を占める have a majority．～決 decision by majority．～派 the majority.

たすかる 助かる〔命〕be saved；survive《a disaster》；〔時間・労力などが〕save《a person time and labor》.

たすけ 助け aid；help；assistance．～を求める call 〔cry〕for help；ask for aid (援助を).

たすけだす 助け出す rescue.

たすける 助ける〔助力〕aid；help；assist；〔救助〕save；rescue；〔助命〕spare.

たずさえる 携える carry 〔bring〕《a thing with one》.

たずさわる 携わる take part in；be concerned in.

ダストシュート a rubbish chute.

たずねびと 尋ね人 a missing person.

たずねる 訪ねる (pay a) visit；call on.

たずねる 尋ねる〔聞く〕ask；inquire；〔捜す〕seek；look 〔search〕.

だせい 惰性 inertia.

たそがれ 黄昏 dusk；twilight.

ただ 只〔無料〕free；gratis；for nothing；〔単なる・普通〕usual；common.

ただ 唯〔たった〕merely；only；alone；〔ひたすら〕plain.

だだ 駄々をこねる be fretful；be peevish．～っ子 a spoilt child.

だたい 堕胎 (an) abortion．～する have an abortion.

たたえる 湛える〔満たす〕fill；〔いっぱいである〕be filled with；〔笑みを〕beam with a joy.

たたかい 戦い〔戦争〕(a) war；〔戦闘〕a fight；a battle；〔闘争〕a struggle.

たたかいぬく 戦い抜く fight it out；

fight to the last.

たたかう 戦う fight《with, against》；〔困難などと〕struggle《against》；〔試合と〕play《a game with》.

たたきこむ 叩き込む drive in《a nail》；〔教え込む〕hammer〔beat〕《an idea》into a person's head.

たたきつける 叩きつける throw《a thing》《at, against》.

たたく 叩く strike；〔扉などを〕beat；knock《at》；〔手を〕clap.

ただしい 正しい right；just；proper；〔正確〕correct.

ただしがき 但し書き a proviso.

ただしく 正しく rightly；correctly；properly.

ただす 正す〔訂正〕correct；〔矯正〕reform；set to rights；〔調整〕adjust．姿勢を～ straighten oneself.

ただす 質す〔質問〕question；ask；〔確認〕ascertain；make sure.

ただす 糺す inquire into；examine.

たたずむ 佇む stand (still)；〔いつまでもいる〕linger.

ただちに 直ちに at once；right away；immediately.

ただならぬ 唯ならぬ unusual；serious.

たたみ 畳 a tatami；a mat.

たたむ 畳む fold up；〔閉鎖〕close；windup.

ただよう 漂う drift；float.

たたり 祟り a curse.

たたる 祟る curse《a person with an evil》；haunt.

ただれ 爛れ a sore；(an) inflammation.

ただれる 爛れる〔皮膚などが〕become inflamed 〔fester〕；〔生活が〕lead a loose life.

たち 質 (a) nature；character；a tendency．～のよい(悪い)good-(ill-) natured.

たちあい 立ち会い〔取引所の〕a session．～の上で in one's presence．～

人〔証人〕a witness ; observer.

たちあう 立ち会う〔証人になる〕be a witness《to》;〔列席〕attend ; be present《at》.

たちあがる 立ち上がる stand up ; rise to one's feet ;〔奮起する〕rise (up).

たちあげる 立ち上げる boot (up)《a computer》.

たちいり …の立入禁止【標示】Off limits to《cars》; Keep off〔out〕《the grass》.

たちいる 立ち入る enter ; go into ;〔干渉〕meddle with《a person's work》.

たちおうじょう 立ち往生(を)する come to a standstill〔deadlock〕;〔当惑〕be at a loss.

たちおくれる 立ち遅れる be handicapped at the start.

たちき 立木 a standing tree.

たちぎえ 立ち消えになる〔計画などが〕fizzle ; be left off.

たちぎき 立ち聞きする eavesdrop ; overhear.

たちきる 断ち切る cut off ; sever.

たちぐい 立ち食いする eat standing. 〜そば屋 a stand-up soba shop.

たちくらみ 立ちくらみがする feel giddy〔dizzy〕.

たちこめる 立ち込める〔煙などが〕screen ; shroud ; envelop.

たちどおす 立ち通す stand all the way ; keep standing.

たちどまる 立ち止まる pause ; stop (short) ; stand (still).

たちなおる 立ち直る regain one's footing ; recover (oneself).

たちならぶ 立ち並ぶ stand in a row.

たちのき 立ち退き vacation ; removal. 〜を命じる order《a person》to vacate. 〜料 the compensation for eviction.

たちのく 立ち退く leave ; remove ; vacate《a house》.

たちば 立場〔境遇〕a situation ; a position ;〔見地〕a standpoint ; one's point of view.

たちふさがる 立ち塞がる block〔stand in〕one's way.

たちまち 忽ち at once ; in an instant ; in a moment.

たちまわり 立ち回り〔芝居の〕a fighting scene.

たちみ 立見をする see a play standing〔in the gallery〕. 〜の客〔集合的〕the gallery ;〔1人〕a standee.

だちょう 駝鳥 an ostrich.

たちよみ 立ち読みする read《a magazine》in a bookstore.

たつ 竜 a dragon.

たつ 立つ rise (up) ; stand (up).

たつ 発つ leave ; start.

たつ 建つ be built〔erected〕.

たつ 経つ〔時が〕pass ; go by.

たつ 断・絶つ〔切る・やめる〕sever ; cut (off) ;〔酒などを〕abstain from ; give up《drinking》;〔さえぎる〕interrupt ;〔終わらせる〕end.

たつ 裁つ cut out.

だっかん 奪還する recover ; regain ; win back.

たっきゅう 卓球《play》table tennis ; ping-pong.

だっきゅう 脱臼 (a) dislocation. 〜する be dislocated.

ダッグアウト〔野球〕a dugout.

ダックスフント a dachshund.

タッグマッチ a tag (-team) match.

タックル a tackle ; tackling. 〜する tackle.

だつサラ 脱サラする to become self-employed.

だっしふんにゅう 脱脂粉乳 skim milk.

だっしめん 脱脂綿 absorbent cotton.

たっしゃ 達者な〔壮健〕healthy ; well ; strong ;〔上手〕skillful《in》; good《at》. 口が〜だ be a good talker.

ダッシュ a dash〔—〕; a prime〔'〕. 〜する dash.

たつじん 達人 an expert《at, in》; a master《of》.

たっする 達する〔達成する〕attain; achieve; accomplish;〔至る, 着く〕reach; arrive at; get to;〔数量が〕amount to.

だつぜい 脱税する evade a tax. ~者 a tax evader.

だっせん 脱線する〔列車が〕be derailed; run off the track〔rails〕;〔話が〕make a digression.

だっそう 脱走する desert; run away. ~兵 a deserter.

たった only; merely; just; but.

だったい 脱退 withdraw. ~する withdraw《from》.

タッチ ~する touch;〔野球〕tag (a runner with the ball);〔ラグビー・アメフト〕make a touchdown;〔関係〕have nothing to do《with》. ~の差で by a touch〔hair〕. ~パネル式ディスプレー a touch-sensitive panel display.

だっちょう 脱腸 (a) hernia.

だっとう 脱党する leave a party. ~者《米》a bolter.

たっとぶ 尊ぶ〔尊敬〕respect; honor;〔尊重〕value; prize.

たづな 手綱を締める (緩める) tighten (slacken) the reins.

たつのおとしご 竜の落とし子 a sea horse.

タッパー《a piece of》Tupperware (商標名).

だっぴ 脱皮する slough;〔比喩的〕break from.

たっぴつ 達筆《write》a skillful hand;〔達筆な人〕a good penman.

タップダンス a tap dance. ~を踊る tap-dance. タップダンサー a tap dancer.

たっぷり fully; enough; amply. → じゅうぶん.

だつぼう 脱帽する take off one's hat.

たつまき 竜巻 a tornado; a water-spout.

だつもう 脱毛 loss of hair.

だつらく 脱落する fall off;〔漏れる〕be omitted.

たて 楯 a shield.

たて 縦 length;〔高さ〕height. ~に lengthways. ~2メートル two meters long〔in length〕. ~の longitudinal.

たてうり 建売住宅 a ready-built house.

たてかえる 立て替える〔代わって払う〕pay for《a person》.

たてかける 立て掛ける lean〔set〕《a thing》against《a wall》.

たてがみ 鬣 a mane.

たてぐ 建具 fittings; fixtures. ~屋 a joiner.

たてごと 竪琴 a harp.

たてこもる 立て籠る hold《a castle》stubbornly.

たてつけ 立て付け〔建材〕fitting.

たてつぼ 建坪 the building area; the floor space.

たてなおす 立て直す recover; restore;〔政策を〕reshuffle.

たてなおす 建て直す rebuild; reconstruct.

たてぶえ 縦笛 a recorder.

たてふだ 立札 a notice〔《米》bulletin〕board.

たてまえ 建て前〔方針〕a principle; a policy;〔原則〕a rule. ~と本音 appearance and essence.

たてまし 建て増しをする enlarge《a building》; build an annex《to》.

たてもの 建物 a building; a structure.

たてやくしゃ 立役者 a leading actor〔man〕.

たてる 立てる stand; erect; raise;〔設立〕establish; found;〔説を〕advance; advocate;〔案を〕plan;〔音を〕roar;〔生計を〕earn;〔尊敬する〕respect; look up to《a person as》.

たてる　建てる　build；construct；erect.

たてわり　縦割り行政　bureaucratic sectionalism.

だでん　打電する　telegraph；send a telegram《to》.

だとう　打倒する　knock out；overthrow.

だとう　妥当な　appropriate；proper；right.

たとえ　譬え・喩え　a simile；a metaphor；〔諺〕a proverb；a saying；〔寓話〕a fable；〔例〕an example.

たとえ　…でも　(even) though〔if〕…；though.

たとえば　例えば　for instance；for example.

たとえる　例える　liken〔compare〕《A》to《B》.

たどる　辿る　follow；trace；〔記憶を〕reach back《in one's mind》.

たな　棚　a shelf；〔網棚〕a rack；〔食器の〕a cupboard；〔藤棚など〕a trellis.　～ぼた　a windfall.　自分のことを～に上げる　forget one's own defects.

たなあげ　棚上げする〔法案などを〕shelve〔pigeonhole〕《a bill》.

たなおろし　棚・店卸しをする　take stock.　～資産　inventory.

たなこ　店子　a tenant.

たなざらえ　棚ざらえ（の売出し）(a) clearance (sale).

たなざらし　棚ざらしの（品）shopworn (articles).

たなばた　七夕（祭）the Star Festival；Vega.

たなびく　棚引く　trail；hang〔lie〕over.

たに　谷（間）a valley；〔峡谷〕a ravine；a gorge；canyon；〔気圧の〕a trough.

たにん　他人〔部外者〕an unrelated person；〔他の人々〕others；〔見知らぬ人〕a stranger.

たぬき　狸　a raccoon dog.　～おやじ　an old fox.　～寝入りをする　pretend to be asleep.

たね　種　a seed；a stone（核）.　～を蒔く　sow (seed)；〔獣の〕a breed；a stock〔主題〕a subject；a topic（話題）；〔原因・源〕the source；the cause.　馬　a studhorse；a stallion.　～本　a source book；〔手品などの〕a secret；a trick；〔材料〕material.　新聞～　news matter.

たねぎれ　種切れになる　run short；be out of stock.

たねん　多年　for (many) years.　～生植物　a perennial plant.

たのしい　楽しい　pleasant；delightful；happy.

たのしく　楽しく　pleasantly；cheerfully；happily.

たのしみ　楽しみ　pleasure；happiness；〔慰め〕(a) comfort；〔娯楽〕(an) amusement；〔気晴し〕a diversion；〔道楽〕a hobby.　…を～に待つ　look forward to《a matter, doing》.

たのしむ　楽しむ　enjoy；take pleasure〔delight〕《in》.

たのみ　頼み　(a) request.　君に～がある　I have a favor to ask of you.　～の綱　one's last hope.

たのむ　頼む　ask；request；beg；〔信頼〕rely《depend》upon.

たのもしい　頼もしい　reliable；trustworthy；〔前途有望な〕promising.

たば　束　a bundle；〔稲などの〕a sheaf；〔花など〕a bunch.

だは　打破する　break down；get rid of（悪習など）.

たばこ　煙草　tobacco；a cigaret (te).　～を吸う　smoke；have a smoke.

たばねる　束ねる　bundle；tie up in a bundle.

たび　足袋〔1足〕(a pair of) tabi.

たび　旅　trip；journey；travel；tour.　～人　a traveler.

たび　度　…する～（ごと）に　whenever；every time.

たびたび　度々　many times；often；repeatedly.

タヒチ Tahiti. ～の Tahitian. ～人 a Tahitian.

ダビング ～する dub《a tape》.

タフ ～な tough.

タブー (a) taboo.

だぶだぶの loose；baggy.

だふや だふ屋 a (ticket) scalper.

ダフる〔ゴルフ〕duff.

ダブる be doubled；overlap.

ダブル double；〔洋服〕a double-breasted jacket. ～スチールをする pull off a double steal. ～フォールト a double fault. ～プレー a double play. ～ヘッダー〔野球〕a doubleheader. ～ベッド a double bed. ～ボギー a double bogey.

ダブルス〔テニス〕(a) doubles.

タブレット a tablet.

タブロイド a tabloid (新聞).

たぶん 多分 probably；perhaps；likely；maybe.

たべあきる 食べ飽きる be surfeited《with》；be tired《of》.

たべあるき 食べ歩き make an eating tour.

たべかけ 食べかけの half-eaten.

たべかた 食べ方 how to eat；〔料理法〕how to cook；〔作法〕table manners.

たべすぎる 食べ過ぎる overeat (oneself)；eat too much.

たべもの 食べ物 food；《I want》something to eat.

たべる 食べる eat；have；take；〔常食・生活する〕live on. 食べられる(ない) (not) good to eat.

だほ 拿捕 capture；prize.

たほう 他方 the other side；the other (2つのうち). ～では on the other hand.

たぼう 多忙な busy. ～である have much to do；be busy.

たほうめん 多方面の many-sided；various.

だぼくしょう 打撲傷〔get〕a bruise；a contusion.

たま 玉・球 a ball；〔汗などの〕a bead；〔めがねの〕glass(es)；a lens；〔電球〕a light bulb. ～に瑕 a flaw in a gem.

たま 弾〔弾丸〕(a) shot；a shell；a bullet (小銃弾). ～をこめる load〔charge〕a gun.

たまご 卵 an egg；〔魚・貝などの〕spawn. ～の黄身（白身）the yolk (white) of an egg. ～を産む lay an egg；spawn (魚の). ～焼き fried eggs (目玉焼き)；an omelet (オムレツ). ゆで（半熟）～ a hard-boiled (soft-boiled) egg.

たましい 魂 a soul；a spirit. ～を奪う enchant；bewitch. ～を打ち込む put one's heart and soul《into》.

だます 騙す deceive；cheat；take in；〔宥める〕soothe；humor.

たまたま 偶々〔偶然〕accidentally；by chance (accident).

たまつき 玉突き (をする) (play) billiards. ～衝突 a chain collision.

たまに occasionally；rarely. ～の occasional；rare.

たまねぎ 玉葱 an onion.

たまむし 玉虫色〔色〕iridescent；〔ぼかし言葉〕weasel words.

たまもの 賜物〔恩恵〕a boon；〔贈り物〕blessing；〔結果〕fruits《of one's efforts》.

たまらない 堪らない〔堪え難い〕unbearable；intolerable；〔思わず…してしまう〕cannot help …ing；cannot but《do》；〔…したくて堪らない〕be dying《to …》.

たまり 溜まり（場）〔控え室〕a waiting room；〔タクシーなどの〕a stand；〔絶えず出入りする所〕a haunt《of drunks》. 水～ a pool.

たまる 溜まる〔集まる〕collect；gather；〔積もる〕accumulate；〔水が〕stay；〔支払いが〕be in arrears；〔金が〕be saved.

だまる 黙る keep silence ; hold one's tongue.

ダム 《construct》a dam.

ため 為に〔利益〕for ; for the sake of ; on a person's account ;〔結果〕consequently ;〔目的〕for the purpose of ; in order to do ; so that one may ;〔原因・理由〕on account of ; because of ; owing [due] to ; because ; as ; since ; for ; from 《old age》; by (よって). ～にならない do 《a person》harm [no good] ; be harmful [injurious] 《to》. ～になる benefit ; do 《a person》good ; be beneficial [instructive (教育的)] 《to》.

だめ 駄目な fruitless ; hopeless ; useless. ～になる〔破損〕be spoilt ;〔計画などが〕go wrong.

ためいき 溜息をつく sigh ; heave a sigh.

ためいけ 溜池 an irrigation pond ; a reservoir.

ダメージ damage. ～を与える cause [do]damage to. ～を受ける be hurt.

ためし 試し(a)trial ; a test ;〔実験〕an experiment.

ためす 試す try ; test ; have a try 《at》; put 《a thing》to trial [a test] ;〔実験〕experiment.

ためらう 躊躇う hesitate ; waver ; falter.

ためる 溜める〔貯える〕save ; store ;〔貯蓄する〕accumulate ;〔集める〕collect ; gather.

たもくてき 多目的の multipurpose.

たもつ 保つ hold (out) ; keep (up) ; maintain ; support ; preserve ; retain.

たもと 袂〔袖〕the sleeve.〔近く〕the end 《of a bridge》.

たゆまぬ 弛まぬ untiring ; persistent.

たより 便り a letter ; news. ～がある(ない)hear (nothing) from 《a person》.

たより 頼り dependence ; reliance ; support. ～にする depend ; rely ; trust. ～になる(ならない)(un) reliable ; (un) dependable.

たよる 頼る rely on ; depend on ; turn to 《a person》for help.

たら 鱈 a cod (fish). ～子 cod roe.

たらい 盥 a washtub. ～回し〔役職などの〕musical chairs ;〔政権の〕rotation 《of political power》.

だらく 堕落 corruption ; degradation. ～した corrupt ; rotten. ～する go to the bad ; be corrupted.

-だらけ …～である be covered with 《dust》; be smeared with 《blood》; be full of 《mistakes》.

だらしない slovenly ; loose ; wild.

たらす 垂らす〔こぼす〕drop ; drip ; spill ;〔つるす〕hang down ; suspend.

-たらず …足らず(の)less than 《an hour》. 舌～の tongue-tied.

タラソテラピー Thalassotherapy.

だらだら(と)〔水などが〕《fall》in drops ;〔ぐずぐず〕slowly ; sluggishly.

タラップ〔飛行機の〕a (landing) ramp ;〔船の〕a gangway ; an accommodation ladder.

ダリア a dahlia.

だりつ 打率〔野球〕a batting average 《stands at .330》.

たりょう 多量 a large quantity 《of》; plenty 《of》.

たりる 足りる be sufficient ; be enough ;〔価値がある〕be worth 《doing》; be worthy 《of》; deserve.

たる 樽 a cask ; a barrel ; a keg. ～詰めの casked.

だるい 怠い be lazy ; be dull ; feel tired.

タルタルソース tartar sauce.

たるむ 弛む become loose ; slacken ;〔気が〕relax.

だれ 誰 who. ～に, を whom. ～の

whose.〔不特定の〕someone〔body〕; anyone.〔すべての人〕everyone〔body〕; anyone〔body〕. ～も…ない nobody ; no one（単数）.

たれこみ 垂れ込み a tip（off）.

たれる 垂れる〔下げる〕hang down ; droop ;〔したたる〕drip ; drop ; trickle.

だれる〔気持が〕feel dull ;〔事が〕get〔become〕dull ; flag.

タレント a personality ;〔集合的〕《young》talent. テレビ～ a TV personality〔star, performer〕.

タワー a tower. ～型パソコン a tower model PC.

たわいない〔容易な〕easy ;〔無邪気な〕innocent ;〔取りとめない〕silly ; absurd. ～なく easily ;〔無心に〕innocently.

たわむれ 戯れに for fun ; for sport ; in play.

たわむれる 戯れる play ; frolic（はしゃぐ）; jest（冗談をいう）;〔男女が〕dally〔flirt〕《with》.

たわら 俵 a straw bag.

たん 痰 phlegm. ～を吐く spit（phlegm）.

たん 反〔土地の〕a tan ;〔織物の〕a roll of cloth.

タン〔料理〕(a) tongue. ～シチュー tongue stew.

だん 団 a body ; a group ; a party ; a gang.

だん 段〔階段〕a step ; a stair ;〔段落・欄〕a column ;〔等級〕a grade ; a class.

だん 壇 a platform ;〔祭壇〕an altar.

だんあつ 弾圧 suppression. ～する suppress ; oppress.

たんい 単位 a unit ;〔貨幣の〕a denomination ;〔授業の〕a credit. ドイツ語で4～とる take 4 credits on German.

たんいつ 単一の unique ; single ; simple. ～化する unify ; simplify.

～化 unification.

たんか 担架《carry a person on》a stretcher.

たんか 単価 a unit price. ～50円で at fifty yen per piece.

たんか 啖呵を切る swear《at》; hurl defiance《at a person》.

タンカー a tanker.

だんかい 段階 a stage ;〔局面〕a phase.

だんかい 団塊 ～世代 a baby-boom generation. ～世代ジュニア the generation Y.

だんがい 断崖 a precipice ; a cliff.

だんがい 弾劾する impeach. ～裁判 an impeachment trial.

たんかだいがく 単科大学 a college.

たんがん 嘆願する entreat ; implore ; beseech ; petition. ～書 a (written) petition.

だんがん 弾丸 a shot ; a bullet ;〔大砲の〕a shell.

たんき 短気な quick〔short, hot〕-tempered ; irritable ; hasty.

たんき 短期の short (-term). ～貸付 a short (-term) loan. ～大学〔短大〕a junior college.

たんきゅう 探究 (a) research ; (an) investigation ;〔研究〕(a) study. ～する study ; investigate ; explore.

たんきょり 短距離（の）(a) short distance. ～競走 a sprint ; a dash. ～選手 a sprinter.

タンク a tank. ～ローリー a tank truck.

タングステン tungsten.

だんけつ 団結 unity. ～する unite ; band〔stand〕together.

たんけん 短剣 a dirk ; a dagger.

たんけん 探検 an exploration ; an expedition. ～する explore. ～家 an explorer. ～隊 an expedition.

だんげん 断言する assert ; affirm ; declare.

たんご 単語 a word.

タンゴ the tango.

だんこ 断固たる firm；resolute；positive；decided.

だんご 団子 (a) dumpling. ～鼻 a snub nose.

たんこう 炭坑・炭鉱 a coal mine. ～夫 a coal miner.

だんこう 断行する carry out.

だんごう 談合する a huddle；consult with；〔入札〕(collusive) bid-rigging. ～入札する bid at preconcerted prices. 官製～ government-initiated collusive bidding.

たんこうぼん 単行本 a book. ～として in book form.

ダンサー a dancer；a dancing girl.

たんさいぼう 単細胞 a single sell. 〔生物〕unicellular. ～な(人) simple-minded.

タンザニア 〔国名〕(the United Republic of) Tanzania.

たんさん 炭酸 (ガス) carbonic acid (gas). ～水 soda water. ～ソーダ carbonate of soda.

たんさん 単三〔電池〕a size AA battery.

だんじき 断食 a fast；fasting. ～する fast.

だんじて 断じて decidedly；positively；〔否定〕never；on no account；by no means.

だんしゃく 男爵 a baron. ～夫人 a baroness.

たんじゅう 胆汁 bile.

たんしゅく 短縮 shortening；reduction. ～する shorten；reduce；curtail. ～ダイヤル simplified dialing.

たんじゅん 単純な simple；plain；〔性質が〕simple-minded.

たんしょ 短所 a weak point；a defect.

だんじょ 男女 men and women. ～共学 coeducation. ～同権 equal rights for men and women.

たんじょう 誕生 birth. ～する be born. ～日 one's birthday.

だんしょう 談笑する talk pleasantly；have a chat《with》.

たんしん 単身で alone；by oneself. ～赴任者 a business bachelor.

たんしん 短針〔時計の〕the short 〔hour〕hand.

たんす 箪笥 a chest of drawers；a wardrobe；《米》a bureau (衣装箪笥). ～預金 under-the-mattress money.

ダンス《go to》a dance；《go》dancing. ～をする dance. ～パーティ《give》a dance.

たんすい 淡水 fresh water. ～魚 a fresh-water fish.

だんすい 断水する the water supply is suspended〔cut off〕.

たんすいかぶつ 炭水化物 a carbohydrate.

たんすう 単数〔文法〕the singular (number). ～の singular.

たんせい 丹精して with the utmost care.

だんせい 男性 the male (sex)；《文》the masculine (gender). ～的な manly.

たんせき 胆石 a gallstone.

だんぜつ 断絶 disconnection；severance. 国交の～ (a) rupture of diplomatic relations. 世代の～ a generation gap.

たんせん 単線 a single line〔track〕.

だんぜん 断然 by far；flat.

たんそ 炭素 carbon. 低～社会 a low-carbon society.

だんそう 断層 a fault. X 線～写真 a tomogram.

だんそう 男装する wear〔be in〕men's clothes.

たんそく 嘆息する (have a) sigh；〔嘆く〕lament.

だんぞく 断続的に on and off；intermittently.

だんたい 団体 a party；a body. ～競技 a mass game. ～交渉 collective bargaining. ～生活 a group life.

~旅行 a group tour.

たんたん 淡々たる indifferent ; disinterested ; unconcerned.

たんたん 坦々とした〔平らな〕level ; smooth ;〔無事な〕uneventful《life》.

だんだん 段々 gradually ; by degrees.

たんち 探知する spot out ; detect. ~器 a《metal》detector.

だんち 団地《米》a housing development〔project〕;《英》a housing estate.

だんちがい 段違いである〔すぐれて〕be incomparable《with》;〔劣って〕be no match《for》.

たんちょう 単調な monotonous ; dull. ~な仕事 dreary work.

たんつぼ 痰壺 a spittoon ;《米》a cuspidor.

たんてい 探偵 a detective. ~小説 a detective story. 私立~（所）a private detective（agency）.

だんてい 断定する decide ; conclude.

ダンディー ~な（人）(a) dandy.

たんてき 端的な direct ; frank.

たんとう 短刀 a dagger ; a short sword.

たんとう 担当する take charge《of》. ~者 a person in charge《of》.

だんとう 弾頭 a warhead. 核~ a nuclear warhead.

だんとういへん 暖冬異変《We have》an abnormally mild winter.

だんとうだい 断頭台 a guillotine ; a scaffold.

たんとうちょくにゅう 単刀直入 directly.

たんどく 単独で〔に〕singly ; separately ; independently ;〔1人で〕alone ; by oneself ;〔独力で〕for oneself. ~行動（をとる）(take) an independent action. ~犯 without an accomplice.

ダントツ ~の会社 a runaway leader

company.

だんどり 段取り a plan ; a program ; arrangements.

だんな 旦那 a master ; a patron（妾の）;〔夫〕a husband ;〔敬称〕sir.

たんに 単に only ; merely ; simply.

たんにん 担任 homeroom teacher. ~する take charge《of》. ~教師 the teacher in charge《of a class》.

タンニン tannin.

たんねん 丹念に most carefully ; closely.

だんねん 断念する give up ; abandon.

たんのう 堪能する enjoy ; be satisfied《with》. …に~である be good at….

たんのう 胆嚢（炎）(inflammation of) the gallbladder.

たんぱ 短波放送 shortwave broadcasting.

たんぱく 蛋白（質）protein ; albumin（尿などの）.

たんぱく 淡白な〔性質の〕frank ;〔食物の〕light ; plain.

タンバリン a tambourine.

だんぱん 談判 negotiation (s) ; (a) conference. ~する negotiate〔confer〕《with》.

たんび 耽美的（な）aesthetic. ~主義 aestheticism.

ダンピング dumping.

ダンプカー a dump truck ;《英》a tipper lorry〔truck〕.

タンブラー a tumbler.

ダンベル《a pair of》dumbbells.

たんぺん 短編〔小説〕a short story ;〔映画〕a short film.

だんぺん 断片 a fragment. ~的な fragmentary.

たんぼ 田圃（道）(a lane through) rice fields.

たんぽ 担保（物）(a) security ;(a) mortgage ;〔見返り担保〕a collateral. ~に入れる give《a thing》as a security《for》.

たんぼう 探訪する make an inquiry 〔a private inquiry〕《into》. ~記者 a reporter.

だんぼう 暖房装置 a heating system；〔器具〕a heater.

だんボール 段ボール cardboard. ~箱 corrugated〔cardboard〕box.

たんぽぽ 蒲公英 a dandelion.

タンポン a surgical pad；〔生理用〕a tampon.

たんまつ 端末〔コンピュータ〕a terminal.

だんまつま 断末魔の苦しみ the agonies of death.

たんめい 短命 a short life. ~の short-lived.

だんめん 断面（図）a cross section. ~の sectional.

たんもの 反物《米》yard goods.

だんやく 弾薬 ammunition. ~庫 a magazine.

だんらん （一家）団欒の楽しみ the happiness of a cozy home life.

だんりゅう 暖流 a warm current.

だんりょく 弾力 elasticity. ~のある elastic；resilient.

たんれん 鍛練・鍛錬する〔心身を〕train, drill；〔鉄などを〕temper.

だんろ 暖炉 a fireplace；a hearth；a stove.

だんわ 談話(a) conversation；(a) talk. ~する talk, chat. ~室 a lounge；a parlor.

ち

ち 地〔地面〕earth；ground；〔場所〕place；area.

ち 血 blood. ~が出る bleed. ~だらけの bloody；bloodstained. ~に飢えた bloodthirsty. ~走った bloodshot〔eyes〕. ~を分けた《brothers》of the same blood.

チアガール a cheerleader.

ちあん 治安を維持する（乱す）maintain (disturb) public peace.

ちい 地位 a rank；social status〔station〕；a position.

ちいき 地域 an area；a region. ~的な local；regional. ~社会 a local community.

チークダンス a cheek-to-cheek dance.

ちいさい 小さい small；little；tiny；〔年齢〕little；〔数量〕tiny；low；〔音量〕small；low；〔程度〕small；light；〔些細な〕trifling. 小さくなる dwindle.

チーズ cheese. ~ケーキ (a) cheesecake. ~バーガー a cheeseburger.

チータ a cheetah.

チーフ a chief；a head.

チーム《organize, break up》a team. ~ワーク teamwork.

ちえ 知恵 wisdom；wit. ~のある wise；intelligent. ~のない dullwitted；foolish.

チェーン a chain. ~ストア a chain store.

チェコ Czech；〔正式名〕the Czech Republic. ~の Czech. ~人 Czech.

チェス ~をする play chess. ~の駒 a chessman. ~盤 a chessboard.

チェチェン Chechnya. ~の Chechen.

チェッカーフラッグ a checkered flag.

チェック〔模様〕check；checker. ~する check；monitor. ~の checked；checkered；〔照合〕a check.

チェックアウト ~する check out《of》.

チェックイン ~する check in《at》.

チェルノブイリ ~原発事故 a Chernobyl nuclear power plant accident〔disaster〕.

チェロ a cello. ~奏者 a cellist.

チェンジ a change；〔交換〕an exchange. ~する change. ~アップ〔野球〕a change-up. ~レバー a gearshift.

チェンバロ a cembalo；a harpsichord.

ちか 地下の underground. ～2階 the second basement. ～街(道)an underground market (passage). ～室 a basement. ～鉄 an underground railway;《米》a subway.

ちか 地価《売買の》the price of land;〔法定の〕the taxable〔assessed〕value of land.

ちかい 近い〔距離〕close by; near (at hand); close to〔upon〕;〔時間〕close; immediate. ～うちに before long; in a short time.

ちかい 誓いを立てる make a vow; give a pledge.

ちがい 違い a difference;〔区別〕(a) distinction.

ちがいほうけん 治外法権 an extra-territoriality.

ちかう 誓う swear; pledge one's word; promise《to do》. 誓って upon my word〔honor〕.

ちがう 違う〔相違〕be different《from》; differ《in opinion》; be unlike;〔間違い〕be wrong; be mistaken.

ちがく 地学〔地理学〕geography;〔地質学〕geology;〔地球科学〕earth science.

ちかごろ 近頃 recently; lately; of late; nowadays.

ちかてつ 地下鉄《米》a subway;《英》an underground;《英話》a tube.

ちかみち 近道《take》a shortcut.

ちかよる 近寄る draw〔come〕near; approach. 近寄りやすい(にくい) be easy (difficult) of access.

ちから 力〔作用〕force; power;〔体力〕(physical) strength〔force〕;〔気力〕spirit; vigor;〔尽力〕efforts;〔助力〕aid; help;〔能力〕ability; talent. ～ある strong; powerful; able; talented. ～が尽きる be exhausted; be tired out. ～ずくで. ～任せに by force. ～に及ばない be beyond《one's》power〔ability〕. ～にする

rely on. ～のかぎり as far as one can. ～を落とす lose heart; be discouraged. ～仕事 manual labor. ～持ち a man of great physical strength.

ちかん 痴漢 a molester; a groper;《米俗》a masher.

ちきゅう 地球 the earth; the globe. ～儀 a globe. ～温暖化 global warming.

ちぎる 千切る tear off;〔寸断する〕tear to pieces.

ちぎれる be torn off; break.

ちく 地区 a district; an area;〔敷地〕a lot. 商業～ commercial area.

ちくいち 逐一 from beginning to end; in detail.

ちくご 逐語 literal; verbal. ～訳 a word-for-word translation.

ちくさん 畜産 livestock breeding.

ちくじ 逐次通訳 a consecutive interpretation.

ちくしょう 畜生(birds and)beasts. ～め! damn it!

ちくせき 蓄積 accumulation. ～する accumulate; store up.

ちくでん 蓄電 storage. ～池 a storage battery.

ちぐはぐな inconsistent; irregular.

ちくび 乳首〔人間の〕a nipple;〔動物の〕a teat.

ちくねつ 蓄熱 thermal storage.

ちけい 地形 topography; the lay of the land.

チケット a ticket.

ちこく 遅刻する be behind time; be late〔for school〕. ～者 a latecomer.

ちさんちしょう 地産地消 local production for local consumption.

ちじ 知事 a governor.

ちしき 知識 knowledge;〔見聞〕information. ～階級 the educated class; the intelligentsia. ～人 an intellectual; an educated person;《米俗》a high-brow.

ちしつ 地質 (the nature of) the soil.
〜学 geology. 〜学者 a geologist.

ちしま 千島列島 the Kurile islands.

ちじょう 地上 ground ; earth. 〜で
〔に〕on the ground. 〜の earthly.
〜権 surface rights. 〜波デジタル
放送 digital terrestrial TV broad-
casting.

ちじょく 恥辱 (a) disgrace ; (a)
dishonor ; (a) shame. 〜である be
a disgrace〔shame〕《to》.

ちしりょう 致死量〔薬の〕a lethal〔fatal〕
dose.

ちじん 知人 an acquaintance.

ちず 地図 a map. 〜帳 an atlas.

ちすい 治水工事 embankment works
;《米》levee works.

ちすじ 血筋 lineage ; pedigree de-
scent.

ちせい 知性 intellect ; intelligence.

ちたい 地帯 a zone ; an area.

チタン titanium.

ちち 父 a father. 〜方の paternal.

ちち 乳 milk →ちぶさ. 〜を飲ませる
give milk〔the breast〕《to a child》.

ちぢむ 縮む shrink ;〔皺になる〕
wrinkle ;〔収縮〕contract ;〔短縮〕
shorten. 縮み上がる shrink《with
fear》.

ちぢめる 縮める shorten ; contract ;
〔衣服を〕take in.

ちちゅう 地中に〔の〕under the
ground ; underground.

ちちゅうかい 地中海 the Mediter-
ranean Sea.

ちぢれげ 縮れ毛 curly〔wavy〕hair.

ちぢれる 縮れる curl up ; be wavy ;
〔柔らかに〕curl.

ちつじょ 秩序 order ;〔規律〕disci-
pline. 〜のある orderly ; systematic.
〜のない disorderly ; unsystematic.
社会〜《maintain, disturb》public
order.

ちっそ 窒素 nitrogen. 〜肥料 (a)
nitrogenous fertilizer.

ちっそく 窒息する be suffocated
〔choked〕《to death》.

チップ〔心付け〕a tip ;〔電子工学〕a
(micro) chip. 〜をやる give a tip ;
tip.

ちてき 知的 (な) intellectual. 〜に
intellectually. 〜所有権 an
intellectual property right.

ちてん 地点 a spot ; a point.

ちどりあし 千鳥足で歩く stagger along
〔down〕.

ちなまぐさい 血生臭い bloody ;
bloodstained.

ちなんで 因んで《name a baby》after
《his father》;〔祝って〕in celebra-
tion of.

ちねつ 地熱 subterranean〔terrestrial〕
heat. 〜の geothermal.

ちのう 知能 intelligence ; mental
faculties. 〜指数 an intelligence
quotient〔略 IQ〕. 〜犯 an intellec-
tual crime〔criminal (犯人)〕.

ちのみご 乳飲み子 a suckling ; an
infant.

ちはい 遅配 delay. 給料の〜 a delay
in the payment of wages.

ちび a dwarf ;〔子供〕a chit ; a kid.

ちぶさ 乳房 the breast (s).

チフス typhoid fever ; typhus.

ちへいせん 地平線 horizon ; skyline.
〜上(下)に above (below) the hori-
zon.

チベット Tibet. 〜人 a Tibetan.

ちほう 地方 a locality ; a district ; a
region ;〔いなか〕the country. 〜
の provincial ; local. 〜裁判所 a
district court. 〜色 local color. 〜
新聞 a local paper. 〜税 local taxes
〔rates〕.

ちほう 痴呆 dementia. 老人性〜症
senile dementia.

ちまなこ 血眼になって《look for a
thing》desperately.

ちまめ 血豆 (ができる) (get) a blood
blister.

ちみ 地味（が豊かである）the soil (is rich).

ちみつ 緻密な elaborate ; minute.

ちめい 地名 a place name. ～辞典 a gazetteer.

ちめい 知名の well-known ; noted.

ちめい 致命的（な）fatal. ～傷 a mortal [fatal] wound.

ちゃ 茶〔飲料〕tea ;〔茶の木〕a tea plant. ～を出す offer a cup of tea ; serve tea. ～をいれる make tea. ～釜 a teakettle. ～室 a tea-ceremony room. ～代 a gratuity ; a tip. ～托 a saucer. ～壺〔茶筒〕a tea jar〔caddy〕. ～道具 tea-things ; a tea set. ～畑 a tea plantation. ～碗 a teacup.

チャーハン 炒飯 fried rice.

チャーミング ～な女の子 a pretty〔an attractive〕girl.

チャイム a chime ;〔チャイムの音〕《ring》the chimes.

チャイルドシート an auto child seat ; a child safety〔car〕seat.

ちゃいろ 茶色（の）brown.

ちゃかす 茶化す make fun of ; turn《a matter》into joke.

ちゃきちゃきの true ; genuine. ～江戸っ子 an "Edokko" to the core.

ちゃく …着〔洋服〕～ a suit of clothes ;〔到着〕arrival ;〔順位〕2 (3)～になる come out second(third)《in a race》.

ちゃくがん 着眼点 one's aim ;〔見地〕one's viewpoint.

ちゃくじつ 着実な steady ;〔健全な〕sound.

ちゃくしゅ 着手する start《the work, to do》; set about.

ちゃくしょく 着色 coloring ; painting. ～する color.

ちゃくすい 着水する land on the water.

ちゃくせき 着席する sit ; seat.

ちゃくそう 着想《have》an idea.

ちゃくちゃく 着々（と）steadily ; step by step ;〔急速に〕rapidly.

ちゃくメロ 着メロ a cell phone melody.

ちゃくりく 着陸する land ; make a landing. ～場 a landing ground.

ちゃさじ 茶匙 a teaspoon. ～1杯 a teaspoonful.

ちゃっかりした shrewd and clever ; calculating.

チャック a zipper ; a zip fastener.

チャド (the Republic of) Chad.

ちゃのま 茶の間《米》a living room ;《英》a sitting room.

ちゃのゆ 茶の湯《a party of》tea ceremony.

ちゃばん 茶番 (狂言) a farce. ～じみた farcical.

ちゃめ 茶目〔人〕a playful〔jovial〕fellow.

チャリティーショー a charity show.

チャルメラ a street vendor's flute (charamela はポルトガル語).

チャレンジ a challenge ; try. ～する challenge (the champion).

チャンス a chance.

ちゃんと properly (正しく); regularly (規則正しく); thoroughly (すっかり); punctually (時間を正確に).

チャンネル〔テレビの〕a channel. 第8～で on Channel 8.

チャンピオン a champion ; a champ. ～ベルト the champion's belt.

ちゃんぽんに alternately. ビールとウイスキーを～にする drink beer with whisky.

ちゅう 注 a note.

ちゅう 宙に《fly》in the air ;《hang》in midair.

ちゅうい 注意〔注目〕attention ; care ;〔用心〕care ;〔警告〕warning ; caution ;〔忠告〕advice. ～して carefully ; with care. ～深い careful ; attentive. ～を引く attract〔draw〕《a person's》attention. ～人物 a person on the black list.

ちゅういする 注意する notice；note；regard；attend；〔用心する〕mark；mind；take care；〔忠告する〕warn；caution.

チューインガム (chewing) gum.

ちゅうおう 中央 the center〔middle〕. ～銀行（市場，政府）the central bank (market, government). ～分離帯〔道路の〕a median〔medial〕strip.

ちゅうおうアフリカ 中央アフリカ共和国 the Central African Republic.

ちゅうか ～料理 Chinese dishes. ～料理店 a Chinese restaurant. ～人民共和国 the People's Republic of China.

ちゅうかい 仲介 mediation. ～の労をとる act as go between；mediate. → しょうかい（紹介）.

ちゅうがえり 宙返りする turn a somersault；〔飛行機が〕loop the loop.

ちゅうがっこう 中学校 a junior high school.

ちゅうかん 中間の middle；intermediate. ～色 neutral tints. ～管理職 a middle manager. ～試験 a midterm examination. ～報告 an interim report.

ちゅうぎ 忠義 loyalty；fidelity. ～な loyal；faithful《to》.

ちゅうきょり 中距離競走（走者）a middle-distance race (runner).

ちゅうきんとう 中近東 the Middle and Near East.

ちゅうけい 中継〔電波を〕a relay；a hookup. ～放送する relay；rebroadcast. ～局 a relay station.

ちゅうけん 中堅 the backbone；the mainstay.

ちゅうげん 中元〔贈物〕a Bon〔mid-year〕present.

ちゅうこ 中古の secondhand；used.

ちゅうこうねん 中高年 middle age.

ちゅうこく 忠告 advice；〔警告〕warning. ～する advise；〔警告〕warn；〔訓告〕admonish.

ちゅうごく 中国 (the People's Republic of) China. ～の Chinese. ～人 a Chinese.

ちゅうごし 中腰になって half sitting〔rising〕.

ちゅうざ 中座する leave《one's seat》in the middle of《dinner》.

ちゅうさい 仲裁 mediation；arbitration. ～する mediate；arbitrate. ～人 a mediator；a peacemaker.

ちゅうざい 駐在する reside；be stationed《at》. ～所〔警官の〕a police substation.

ちゅうさんかいきゅう 中産階級 the middle class (es)；the bourgeoisie.

ちゅうし 中止する stop；suspend；discontinue.

ちゅうじえん 中耳炎 inflammation of middle ear；〔医学用語〕otitis media.

ちゅうじつ 忠実な（に）faithful (ly)；true (ly).

ちゅうしゃ 注射 (an) injection；〔予防の〕(an) inoculation. ～する inject；give a shot.

ちゅうしゃ 駐車する park. ～違反(a) parking violation. ～場 a parking lot；《英》a car park.

ちゅうしゃく 注釈 explanatory notes；an annotation. ～する annotate；note. ～付きの annotated；with notes. ～者 an annotator.

ちゅうしょう 中傷 (a) slander. ～する slander. ～的な slanderous.

ちゅうしょう 抽象的な (な) abstract. ～化する abstract.

ちゅうしょうきぎょう 中小企業 a small and medium-size enterprise〔company〕；a small〔minor〕concern.

ちゅうしょく 昼食 (a) lunch. ～をとる take lunch.

ちゅうしん 中心 the center. ～人物 the leading figure.

ちゅうすいえん 虫垂炎 appendicitis.

ちゅうすう　中枢 the center ; the focus ; the pivot.　～神経 the central nerves.

ちゅうせい　中世 the Middle Ages.　～の medieval.

ちゅうせい　中性〔化学〕neutrality.　～洗剤 (a) neutral detergent.

ちゅうせい　忠誠 loyalty ; allegiance《to》.

ちゅうぜつ　中絶する〔妊娠を〕interrupt pregnancy.　妊娠～ (artificial) abortion.

ちゅうせん　抽選・抽籤 a lottery.　～する draw [cast] lots.　～で by lot.　～券 a lottery ticket.

ちゅうせんきょくせい　中選挙区制 the medium constituency system.

ちゅうぞう　鋳造 casting ;〔貨幣の〕minting.　～する cast ; mint.

ちゅうたい　中退 a dropout.

ちゅうだん　中断 (an) interruption.　～する interrupt ; stop ;〔やめる〕discontinue.

ちゅうちょ　躊躇 hesitation.　～する hesitate ; waver.　～なく without hesitation ; unhesitatingly.

ちゅうと　中途(半端)で [に] halfway.

ちゅうとう　中等教育 secondary [middle-school] education.

ちゅうどく　中毒〔毒物〕poisoning ;〔麻薬〕intoxication.　～する be poisoned《by》.　アルコール～〔人〕an alcoholic.　仕事～〔人〕an workaholic.　食～ food poisoning.

チュートリアル a tutorial manual.

チューナー a tuner.

ちゅうにくちゅうぜい　中肉中背の《a man》of medium build.

ちゅうにゅう　注入する pour《into》; infuse《into》.

ちゅうねん　中年の middle-aged《persons》.

ちゅうハイ　酎ハイ an alcoholic drink of shochu mixed with juice, soda, etc.

ちゅうぶ　中部 the central part.　～地方 the Chubu [Central] District.

チューブ a tube.　～入りの tube (d)《tooth paste》.

ちゅうふく　中腹に halfway up《a mountain》.

ちゅうもく　注目する watch ; notice ; pay attention to.

ちゅうもん　注文 an order ;〔希望〕one's wish ; a request.　～する order.　～書 a written order ;〔英〕an indent.

ちゅうよう　中庸を得た take the golden mean ; moderate ;《米》middle-of-the-road.

ちゅうりつ　中立 (を守る) (maintain) neutrality.　～主義 neutralism.　～地帯 (国) a neutral zone (power).

チューリップ a tulip.

ちゅうりゅう　中流〔川〕the midstream ;〔階級〕the middle class.　～意識 middle-class consciousness.

ちゅうりゅう　駐留する be stationed《at, in》.　～軍 stationary troops.

ちゅうりんじょう　駐輪場 a parking lot for bicycles.

ちゅうわ　中和 neutralization.　～する neutralize.

チュニジア (the Republic of) Tunisia.

ちょう　兆〔数〕《米》a trillion ;《英》a billion ;〔徴候〕signs.

ちょう　長 the chief ; the head ;〔長所〕a merit.

ちょう　腸 the intestines ; the bowels.　～の intestinal.

ちょう　蝶 a butterfly.　～ネクタイ a bow tie.

ちょうあい　寵愛 favor.　～する favor ; love ; patronize.　～の one's favorite《pupil》.

ちょういきん　弔慰金 condolence money.

ちょういん　調印 a signature.　～する sign《a treaty》.

ちょうえき　懲役 penal servitude.

ちょうえつ 超越する〔勝{まさ}る〕be superior《to》；〔無関心である〕be disinterested (利害を)；stand above《the world》.

ちょうおんそく 超音速の supersonic《planes》.

ちょうおんぱ 超音波 supersonic waves. 〜検査 ultrasonography.

ちょうか 超過 excess；surplus. 〜する exceed. 〜勤務 overwork.

ちょうかい 懲戒 〜免職 (処分) disciplinary dismissal (action).

ちょうかく 聴覚 (the sense of) hearing. 〜障害 hearing-impairment；auditory difficulties.

ちょうかん 長官 secretary；director general.

ちょうかん 朝刊 the morning paper.

ちょうき 長期計画(予報)a long-range plan (forecast). 〜滞在 a long stay. 〜取引 a long-term transaction.

ちょうきょり 長距離 a long distance；〔競走〕a long-distance race. 〜電話 a long-distance call.

ちょうけし 帳消しにする cross off《accounts》；〔取り消す〕cancel.

ちょうこう 徴候・兆候 signs；indications；symptoms (病気の).

ちょうこう 聴講する attend a lecture. 〜生 an auditor.

ちょうごう 調合する prepare；make up；〔飲み物〕concoct；〔薬〕compound.

ちょうこうそう 超高層ビル a skyscraper；a high-rise building.

ちょうこく 彫刻(物) (a) sculpture. 〜する engrave；carve；sculpture. 〜家 an engraver；a sculptor(彫塑家).

ちょうさ 調査 (an) examination；(an) investigation；(an) inquiry. 〜する examine；investigate；inquire into.

ちょうざい 調剤する〔薬を〕prepare a medicine. 〜師 a pharmacist.

ちょうし 調子 〔具合〕condition；order；〔やり方〕way；manner；〔音

の〕(a) tune；〔高低の〕(a) pitch；〔音・色の〕a tone. 〜が合っている (いない) be in (out of) tune.

ちょうじ 弔辞《make》a funeral address；《offer》condolences.

ちょうじ 寵児 a favorite (child). 時代の〜 hero of the time.

ちょうししゃ 聴視者〔テレビの〕a TV viewer.

ちょうしゅ 聴取する hear；listen to《the radio》. 〜者 a (radio) listener.

ちょうじゅ 長寿 (の秘訣) (the secret of) longevity.

ちょうしゅう 聴衆 the audience.

ちょうしゅう 徴収 collection. 〜する collect；charge.

ちょうしょ 長所 a strong point；a merit.

ちょうしょ 調書 a record. 〜をとる put on record.

ちょうじょ 長女 the eldest〔oldest〕daughter.

ちょうしょう 嘲笑 ridicule. 〜する laugh at.

ちょうじょう 頂上〔山の〕the top；〔極点〕the peak.

ちょうじょうげんしょう 超常現象 a supernatural phenomenon.

ちょうしょく 朝食《have, take》breakfast.

ちょうじり 帳尻 the balance of accounts. 〜が合う (合わない) the accounts balance(do not balance).

ちょうじん 超人 a superman. 〜的 (な) superhuman.

ちょうしんき 聴診器 a stethoscope.

ちょうせい 調整 (a) adjustment；regulation. 〜する adjust；control.

ちょうぜい 徴税 tax collection. 〜する collect taxes.

ちょうせつ 調節 regulation；adjustment；control. 〜する regulate；adjust；control；〔ラジオを〕tune《the radio》in.

ちょうせん 朝鮮 Korea. ～の Korean. ～人 a Korean. ～民主主義人民共和国 the Democratic People's Republic of Korea.

ちょうせん 挑戦する challenge. ～的な defiant 《attitude》.

ちょうぜん 超然としている stand aloof; rise above the world.

ちょうぞう 彫像 a (carved) statue; a sculpture; an image.

ちょうたつ 調達する〔金を〕raise;〔物を〕procure.

ちょうちん 提灯・提燈 a paper lantern. ～行列 a lantern procession.

ちょうつがい 蝶番 a hinge. ～のついた hinged.

ちょうてい 調停 arbitration; mediation. ～する arbitrate; mediate. ～案(委員会) a mediation plan (committee). ～裁判所 a court of arbitration.

ちょうてん 頂点 the highest point; the apex; the climax.

ちょうでん 弔電 a telegram of condolence.

ちょうでんどう 超伝導の superconductive.

ちょうど 丁度 exactly; just; as if 〔though〕(まるで).

ちょうなん 長男 one's eldest 〔oldest〕son.

ちょうはつ 長髪 long hair.

ちょうはつ 挑発する provoke 《anger》; excite. ～的な provocative; seductive.

ちょうばつ 懲罰 punishment. ～委員会に付する refer 《a case》to the disciplinary committee.

ちょうふく 重複 overlap; duplication. ～する overlap; be duplicated.

ちょうへい 徴兵 conscription. ～制度 military draft.

ちょうへん 長編〔小説〕a long novel;〔映画〕a long film.

ちょうぼ 帳簿 a 〔an account〕book;

a register (登記簿). ～に記入する enter in a book. ～係 a bookkeeper.

ちょうほう 重宝な convenient; handy; useful; serviceable.

ちょうぼう 眺望 a view; a prospect; the scenery 《of》. ～権 a right to a view.

ちょうほうき 超法規行動 an extra legal act〔action〕.

ちょうほうけい 長方形 a rectangle. ～の rectangular.

ちょうほんにん 張本人 a ringleader.

ちょうみりょう 調味料 (a) seasoning; spice.

ちょうむすび 蝶結び (にする) tie 《a ribbon》in a bow.

ちょうめん 帳面 a notebook.

ちょうやく 跳躍 a jump; jumping. ～する jump.

ちょうり 調理 cooking; preparation.

ちょうりゅう 潮流 a (tidal) current; the tide.

ちょうりょく 聴力 (the power of) hearing.

ちょうりょく(表面)張力《surface》tension.

ちょうれい 朝礼 a morning assembly.

ちょうろう 長老 an elder; one's senior.

ちょうろう 嘲弄 mockery; derision. ～する mock; ridicule.

ちょうわ 調和 harmony. ～する harmonize 《with》. ～のとれた harmonious. ～のとれない inharmonious.

チョーク 《a piece of》chalk.

ちょきん 貯金〔行為〕saving;〔貯蓄金〕savings. ～する save 《money》; deposit 《in a bank》. ～を出す〔おろす〕withdraw one's savings. ～通帳 a savings passbook.

ちょくえい 直営 の the direct management 《of》.

ちょくご 直後 (に) immediately 〔right,

just〕after.

ちょくしゃ 直射〔光線の〕direct rays；〔鉄砲の〕direct fire.

ちょくせつ 直接の direct；〔個人的〕personal. ～ に direct (ly)；personally. ～行動 a direct action.

ちょくせん 直線 a straight line.

ちょくちょう 直腸 the rectum.

ちょくつう 直通 ～電話 a direct telephone service. ～列車 (で行く)《go by》a through train.

ちょくばい 直売 direct sales. ～する sell directly.

ちょくめん 直面する face《death》；confront.

ちょくやく 直訳 a literal〔word-for-word〕translation. ～する translate literally〔verbatim〕.

ちょくゆにゅう 直輸入 direct import. ～品 direct imports.

ちょくりつ 直立の vertical；upright. ～する stand upright.

ちょくりゅう 直流 a direct current〔略DC〕.

チョコレート chocolate. 板～ a chocolate bar.

ちょさく 著作 a(literary)work；writings；a book. ～する write books. ～権 (所有) copyright (ed). ～権侵害 piracy.

ちょしゃ 著者〔著作者・著述家〕an author；a writer.

ちょしょ 著書 a work；a book.

ちょすい 貯水池 a reservoir. ～量 pondage.

ちょぞう 貯蔵する preserve；store；lay by.

ちょちく 貯蓄 saving；〔貯金〕savings. ～する save；lay by.

ちょっかく 直角 a right angle. ～の right-angled. ～定規 a square.

ちょっかつ 直轄の under the direct control of….

ちょっかん 直感 a hunch.

ちょっかん 直観 (する) (know〔feel〕by)

intuition.

チョッキ a vest；《英》a waistcoat.

ちょっきゅう 直球〔野球〕a fastball.

ちょっけい 直径 a diameter. ～2メートル two meters across〔in diameter〕.

ちょっけい 直系 direct. ～会社 a controlled company.

ちょっこう 直行する go direct〔straight〕《to》；〔航空機が〕fly nonstop《to》.

ちょっと 〔時〕just (for a moment)；〔程度〕a little；slightly；a bit；〔呼び掛け〕Excuse me；I say；Say；〔簡単に〕easily. ～した slight；trifling. ～の間に in a moment；in no time.

ちょめい 著名な well-known；famous；noted.

ちらかす 散らかす scatter；put《things》out of order.

ちらす 散らす scatter；disperse；〔腫は れ物などを〕resolve《a swelling》.

ちらばる 散らばる be scattered.

ちらりと ～見る glance at.

ちり 塵〔ほこり〕dust；〔ごみ〕dirt.

ちり 地理 (学) geography；〔地形〕topography. ～上の geographical. ～学者 a geographer.

チリ (the Republic of) Chile. ～の Chilean. ～人 Chilean.

ちりがみ 塵紙〔ティッシュ〕(a) tissue；〔トイレ用の〕toilet paper〔tissue〕.

ちりぢり 散り散りになる〔四散〕be scattered；〔離散〕break up.

ちりばめる 鏤める inlay；set (a box with jewels).

ちりょう 治療 medical treatment. ～する treat；cure. ～費 a doctor's fee. ～法 a cure (for).

ちる 散 る disperse；scatter；fly about；〔気が〕be distracted；〔インクなどが〕spread；run.

チルド ～食品 chilled foods. ～輸送 chilled transport.

チン ～する〔電子レンジで〕nuke〔zap；

microwave].

ちんあげ 賃上げ raise；rise. **〜要求する** demand a wage hike. **〜闘争** a struggle for a wage hike〔higher wages〕.

ちんあつ 鎮圧 suppression；repression. **〜する** suppress；put down《a riot》.

ちんか 沈下する sink；subside.

ちんか 鎮火する be put out；be brought under control.

ちんきゃく 珍客 a rare guest〔visitor〕.

ちんぎん 賃金 wages. **〜生活者** a wage earner. **〜闘争** a wage struggle.

ちんじ 珍事 a rare event；an accident.

ちんしごと 賃仕事 (をする) (do) a job〔piecework（出来高払いの）〕.

ちんしゃく 賃借する rent；lease. **〜人** a renter；a lessee. **〜料** (a) rent.

ちんじゅ 鎮守〔神〕 a tutelary deity；〔社〕 a village shrine.

ちんじゅつ 陳述 (a) statement. **〜する** state.

ちんじょう 陳情する a petition. **〜書** a (written) petition.

ちんせいざい 鎮静剤 a sedative；a tranquilizer.

ちんたい 沈滞する stagnate；fall into dullness.

ちんたい 賃貸する lease；rent. **〜契約** a rental contract. **〜借** lease；rent. **〜人** a lessor. **〜料** (a) rent.

ちんだん 珍談 an amusing〔a funny〕story.

ちんちゃく 沈着な calm；self-possessed；composed.

ちんちょう 珍重する prize highly；think〔make〕much of.

ちんつう 沈痛な grave；serious；pathetic；touching.

ちんつうざい 鎮痛剤 a painkiller；an anodyne；(an) aspirin.

ちんでん 沈殿する settle；be deposited. **〜物** a deposit.

チンパンジー a chimpanzee.

チンピラ a hooligan；a punk；《俗》a rat.

ちんぴん 珍品 a rare article；a curio；a treasure.

ちんぼつ 沈没する sink. **〜船** a sunken ship.

ちんみ 珍味 a delicacy；a dainty.

ちんもく 沈黙 (a) silence；(a) hush. **〜する** (を守る) keep silence；hold one's tongue.

ちんれつ 陳列する show；arrange；exhibit；display. **〜室** (棚・窓) a showroom (showcase, show window).

つ

ツアー a package〔group〕tour. スキー〜に行く go on a ski tour. **〜コンダクター** a tour conductor.

つい 対 a pair；a couple.

つい〔ほんの〕just；only；but；〔うっかり・ふと〕by chance（偶然）；by mistake（間違えて）；without knowing（知らずに）；in spite of oneself（思わず）.

ツイード〔生地〕tweed.

ついえる 潰える〔計画・野心などが〕be baffled；come to nothing（無に帰す）.

ついか 追加 (an) addition. **〜する** add；supplement. **〜予算** a supplementary budget.

ついきゅう〔追及する〕press；accuse；charge〔法律〕cross-examine；〔追求する〕search；reach；〔追究する〕seek.

ついげき 追撃 (a) chase. **〜する** chase；pursue.

ついし 追試 (験)《give, take》a supplementary examination；《米》makeup〔exam (test)〕.

ついしん 追伸 a postscript〔略 P. S.〕.

ついせき 追跡する pursue；chase；

give chase《to》; scent. ～調査 a follow-up survey.

ついそう 追想 retrospect; retrospection. ～する recollect; look back 《upon》.

ついたち 一日 the first day《of April》.

ついたて 衝立て a (single-leaf) screen.

ついちょう 追徴する collect《money》in addition. ～ 金 money collected in addition;〔罰金〕a forfeit. ～税 a penalty tax.

ついて (…に)〔関して〕of; about; on; as to; concerning; as regards;〔…の下で〕《study》under《a teacher》;〔沿って〕along;〔ごとに〕per《dozen》.

ついで 序で …に行く～に on one's way to ….　話の～だが by the way; talking of ….　お～の節に at your convenience.

ついとう 追悼 ～演説 (をする)(give) a memorial address《for》. ～会 (を行う)(hold) a memorial service《for》.

ついとつ 追突する bump into the rear 《of》.

ついに 遂に at last; finally; in the end; at length (やっと); in time (遂には);〔結局〕after all

ついばむ 啄む peck〔pick〕《at》.

ついほう 追放 banishment. ～する banish; purge (公職から).

ついやす 費やす spend; expend; waste.

ついらく 墜落する fall; drop;〔飛行機が〕crash.

ツイン ～ベッド a twin bed. ～ルーム a twin〔twin-bed〕room.

つう 通である be an authority《on》; be a connoisseur《of》(美術品などの);〔熟知〕be versed〔well-informed〕.

つういん 通院する go to the hospital 《once a week》.

つうか 通貨 currency; money. ～危機 a currency crisis. ～単位 a currency unit. ～不安 monetary uncertainty.

つうか 通過 passage. ～する pass;〔議案が〕be carried. ～査証 transit visa.

つうかい 痛快な thrilling; very exciting; delightful.

つうがく 通学する go to school.

つうかん 通関 (する) pass the customs. ～申告書 a bill of entry. ～手続き〔出港の〕customs clearance;〔一般の〕a customs procedure.

つうかん 痛感する feel keenly 〔deeply〕.

つうきん 通勤する commute; go to office. ～手当 a commutation allowance.

つうこう 通行する pass; go〔walk〕past. ～できる (できない) (im-)passable. ～止め No thoroughfare 【標示】. ～人 a passer-by. ～料金 〔高速道路などの〕a toll.

つうじ 通じがとまる become costive. ～がある have a bowel movement.

つうしょう 通称 one's popular name.

つうしょう 通商 trade; commerce. ～を開く open commerce〔trade〕《with》. ～条約〔協定〕a treaty of commerce.

つうじょう 通常 usually. ～会員 an ordinary member. ～ 国会 an ordinary session of the Diet.

つうじる 通じる〔精通〕be versed 《in》; know;〔意思が〕be understood; make oneself understood; 〔交通機関が〕pass; run; be opened 《to》(開通);〔道が〕lead《to》;〔電流などが〕transmit;〔電話を〕connect.

つうしん 通信〔文通〕correspondence;〔交信〕communication;〔報道〕a dispatch. ～する correspond 〔communicate〕《with》. ～ 員 a correspondent ; a reporter. ～衛星 a communications satellite. ～教育〔講座〕a correspondence course. ～販売(業) mail-order business. ～簿 a school report. ～網 a network of news service.

つうせつ 痛切に《feel》(most) keenly〔acutely〕.

つうぞく 通俗的 (な) popular ; common. ～化する popularize. ～小説 a popular novel.

つうたつ 通達 a notice ; (a) notification. ～する notify〔inform〕《a person of, a person that》.

つうち 通知 a report ; a notice. ～する inform ; notify.

つうちょう 通帳〔預金の〕a bankbook ; a deposit passbook.

つうどく 通読する read 《a book》 through.

ツートンカラー ～の two-tone 《shoes》.

ツーバイフォー ～工法 the two-by-four method.

ツーピース〔服〕a two-piece dress〔suit〕.

つうふう 通風 (装置) ventilation. ～機 a ventilator.

つうほう 通報 report. ～する report ; notify.

つうやく 通訳 interpretation. ～する人 an interpreter. ～する interpret.

つうよう 通用する〔貨幣などが〕current ;〔切符などが〕be available ;〔慣習などが〕obtain. ～門 the side gate.

ツーリスト a tourist. ～メニュー a tourist menu (旅行者用の定食のこと).

ツール〔道具〕tools. ～バー〔コンピュータ〕a toolbar.

つうろ 通路 a passage ; a way ;〔劇場・車内などの〕an aisle.

つうわ 通話 telephone communication ; call. ～料 the charge for a telephone call.

つえ 杖 a cane ; a (walking) stick.

つか 柄 the hilt (刀の) ; the haft (刃物の).

つか 塚 a hill ; a mound.

つかい 使い〔人〕a messenger ; the bearer (持参人) ;〔用事〕an errand. ～に行く(にやる) go (send《a person》) on an errand.

つがい 番〔鳥などの〕a pair ; a couple.

つかいかた 使い方 how to use ; use ;〔運用〕application.

つかいこむ 使い込む〔横領〕peculate ; embezzle.

つかいすぎる 使い過ぎる use too much ;〔金を〕spend too much money ;〔体・頭を〕overwork oneself〔one's brains〕.

つかいすて 使い捨ての a disposable ; throwaway.

つかいならす 使い慣らす use《a thing》for a long time.

つかいみち 使い道 use. ～がある(ない) be useful (useless).

つかう 使う〔使用〕use ; employ ;〔消費〕spend ;〔取り扱う〕handle ; operate ; treat (人を).

つかえる 仕える serve.

つかえる 支える〔障害〕be obstructed〔hindered〕《by》; be blocked《with》;〔席などが〕be full〔occu-pied〕;〔胸に〕weigh heavy on the stomach ;〔言葉が〕falter.

つかのま 束の間の transient ; momentary.

つかませる 掴ませる〔金を〕bribe ;〔にせ物などを〕palm《off》; pass off《a thing》on《a person》.

つかむ 掴む seize ; grasp ; grip ; take hold of.

つかる 浸かる be flooded ; soak《in》.

つかる 漬かる be steeped《in》;〔漬け物が〕be well seasoned.

つかれ 疲れ fatigue. ～る be〔get〕tired《from one's work》; be exhausted (ぐったりと).

つき 月〔天体〕the moon；〔暦〕a month. 〜明かりで by〔in the〕moonlight. 〜の出 the rise of the moon. 〜を見をする enjoy the moonlight. 〜夜 a moonlit night.

つぎ 次 next；following；coming；〔隣の〕adjoining. 〜に next；secondly；in the second place. 次々に successively；one after another〔the other（二者の場合）〕.

つぎ 継ぎ a patch. 〜だらけの patchy. 〜を当てる patch.

つきあい 付き合い〔交際〕association；intercourse. 〜易い approachable.

つきあう 付き合う associate〔keep company〕with；accompany《a person》（共に行く）.

つきあたり 突き当たり the end of《a street, a lane, an alley》.

つきあたる 突き当たる run〔knock, bump, dash〕against.

つきおくれ 月遅れの（雑誌）a back number《of a magazine》.

つきおとす 突き落とす push〔thrust〕down.

つきかえす 突き返す thrust back；send back；〔拒否〕reject.

つぎき 接ぎ木〔方法〕grafting；〔木〕a grafted tree. 〜する graft《a tree into a stock》.

つきぎめ 月極めの monthly. 〜で by the month.

つきさす 突き刺す stab.

つきずえ 月末〔at〕the end of a month.

つきそい 付き添い（人）〔病人・子供の〕a nurse；〔従者〕an attendant.

つきそう 付き添う attend on；accompany；escort.

つきたおす 突き倒す knock down；push over.

つきだす 突き出す thrust〔push〕out；turn〔hand〕（a thief）over to（the police）.

つぎたす 継ぎ足す add《a word to》；

splice（なわなどを）.

つきづき 月々 every month；a〔per〕month（一か月当たり）. 〜の monthly《allowance》.

つきつける 突き付ける thrust《a thing》in a person face；〔銃などを〕point《a gun at》.

つきとおす 突き通す pierce〔thrust, run, drive〕through.

つきとばす 突き飛ばす push；shove.

つきとめる 突き止める discover；find out；locate.

つきはじめ 月初め《at》the beginning of a month.

つきばらい 月払い〔月掛け〕monthly payment〔installment〕.

つぎほ 接ぎ穂 a graft；〔話の〕the thread of the talk.

つきまとう 付き纏う follow《a person》about；shadow.

つぎめ 継ぎ目 a joint；a seam（縫い目）. 〜なしの jointless；seamless.

つきゆび 突き指をする sprain a finger；have a finger sprained.

つきる 尽きる be exhausted〔used up〕；〔終わる〕end；expire（期限が）.

つく 付く〔付着〕stick《to》；〔加担〕side with；take the side of；〔付属〕be attached《to》；〔付随〕follow；〔付添う〕attend；〔点灯・点火〕be lighted（明かりが）；catch fire（引火）；〔傷あとが〕leave；〔実・利子などが〕bear.

つく 突く push；thrust；〔刃物で〕stab；〔針で〕prick.

つく 着・就・即く〔到着〕reach；arrive《at, in》；〔着席〕take《one's seat》；sit up；〔職業・地位に〕find〔attain, hold〕a position；〔即位〕accede to《the throne》.

つく 搗く pound《rice》.

つく 撞く toll（鐘を）；strike（球を）；bounce《a ball》（まりを）.

つぐ 注ぐ pour《in, out》；fill《a glass》.

つぐ 接ぐ join；〔骨を〕set；〔木を〕graft.

つぐ 継ぐ〔家・職などを〕succeed《a person, to an office》；〔財産を〕inherit；〔衣服などを〕patch.

つくえ 机 a (writing) table；a desk.

つくす 尽くす〔使い尽くす〕consume；use up；〔尽力〕do one's best；fulfill (本分を)；do good《to》(人に).

つくづく〔全く〕thoroughly；utterly；entirely；quite；〔痛切に〕keenly. ～考える muse；ponder《over》.

つぐなう 償う make up《for》；compensate《for》；atone《for》；cover《the loss》.

つぐみ 鶫 a (dusky) thrush；a song bird.

つくり 作り・造り make；structure；〔化粧〕toilet.

つくりごえ 作り声で in a feigned〔an affected〕voice.

つくりごと 作り事 a fiction；a made-up story.

つくる 作る・造る make；manufacture；〔形成〕form；〔栽培〕raise；grow；〔文などを〕write；compose；〔化粧〕make up《one's face》；〔料理〕cook.

つくろい 繕い repair (s)；mending.

つくろう 繕う repair；mend；darn (かがる)；〔調整〕adjust.

つけ 付け a bill. 私の～にしてください charge it to my account.

つけあがる 付け上がる be self-conceited〔puffed up〕；〔付け込む〕take advantage of (a person's kindness).

つげぐち 告げ口する〔Aのことを B に〕tell《B》on《A》.

つけくわえる 付け加える add.

つけこむ 付け込む take (a mean) advantage of；play〔trade〕on (a person's weakness).

つけね 付け根 a joint；the base；〔腿（もも）の〕the groin.

つけもの 漬物 pickles；salted vegetables.

つける 付・着・就ける〔付ける〕put on；attach《to》；affix《to》；apply (薬などを)；〔しるす〕put down；enter；〔値を〕offer〔bid〕《for》；〔尾行〕follow；〔盛る〕serve；help；〔暖める〕warm《sake》；〔着用する〕put on；wear；〔船を〕bring《a ship》alongside《the pier》；〔車を〕pull up《at》；〔就く〕post；seat.

つける 点ける〔点灯・点火〕light《a cigarette》；switch〔turn〕on《an electric light》；set fire《to》(放火).

つける 漬ける〔漬物を〕pickle；salt.

つげる 告げる tell；inform；〔公告〕announce；〔命令〕bid.

つごう 都合〔便宜〕convenience；〔事情〕circumstances. ～がよい（わるい）(in) convenient；(un) favorable. ～する〔処置〕manage《to do》；〔調達〕raise《money》. ～よく conveniently；smoothly (支障なく)；fortunately (幸いに).

つじつま 辻褄の合わない inconsistent；incoherent. ～の合った consistent；coherent.

つた 蔦 an ivy.

つたえる 伝える〔伝達〕tell；report；convey《to》；〔後世に〕hand down《to posterity》；〔伝授〕teach；initiate《a person into the secrets of》.

つたわる 伝わる〔伝承〕be handed down；〔音・光などが〕be conveyed〔transmitted〕；travel；〔液体が〕flow；run；〔伝来〕be introduced；〔噂などが〕spread.

つち 土〔地面〕the ground；〔土壌〕earth；soil；〔泥〕mud；clay. ～かずである〔勝負で〕have a clean record.

つち 槌 a mallet；a hammer.

つちふまず 土踏まず〔足裏の〕the arch (of the foot).

つつ 筒 a pipe; a tube. ～先 the muzzle (銃の); the snout (ポンプなどの).

つっかいぼう 突っ支い (棒) a prop; a support.

つっかける 突っ掛ける slip on 《one's sandals》.

つづき 続き continuation; 〔続編〕 a sequel; 〔一連の〕 a series of. ～物 a serial(story). 前号の～ continued (from the last number).

つっきる 突っ切る cross; run across.

つつく 突く poke 〔pick at〕; 〔鳥が〕 peck 《at》.

つづく 続く continue; last; 〔後続〕 succeed; follow. (次号へ) ～ To be continued (on the next number).

つづけて 続けて continuously; continually; 〔後続〕 successively.

つづける 続ける continue 《to do, doing》; go on 《doing, with one's talk》.

つっこむ 突っ込む thrust in 〔into〕; 〔質問〕 shoot a question at 《a person》.

つつじ 躑躅 an azalea.

つつしみ 慎み深い modest. ～のない immodest.

つつしむ 慎む 〔抑制〕 restrain oneself; abstain 《from drinking》; 〔用心〕 be careful 《of, about》

つつしんで 謹んで respectfully; humbly (へりくだって).

つっぱる 突っ張る 〔支柱で〕 prop up; 〔手足を〕 stretch 《an arm, a leg》; 〔痙攣で〕 have a cramp; 〔固執〕 persist 《in》; 〔抵抗〕 resist; 〔相撲で〕 make a volley of thrusts.

つつましい 慎ましい modest; 〔倹約した〕 frugal. 慎ましく modestly; frugally; 《live》 in a small way.

つつみ 堤 a bank.

つつみ 包み 〔小形〕 a package; a packet; a parcel; 〔大形〕 a bale. ～紙 wrapping paper.

つづみ 鼓 a hand drum.

つつむ 包む 〔くるむ〕 wrap; 〔荷造り〕 pack; 〔覆う〕 cover; 〔囲む〕 envelop; surround. 包み隠さず frankly.

つつもたせ 美人局 a badger game.

つづり 綴り spelling. ～を間違える misspell.

つづる 綴る 〔文字を〕 spell; 〔文を〕 compose.

つて 伝手 〔縁故〕 a connection; 〔手づる〕 influence; a pull 《of》.

つどい 集い a (friendly) gathering 〔meeting〕; a party.

つとめ 勤め 〔勤務〕 work; employment; 〔義務・職務〕 duty; service. ～口 an employment; a job; a situation. ～先 one's office; one's job (勤め口). ～人 a salaried man.

つとめる 努める endeavor; make efforts; try 《to do》.

つとめる 務・勤める hold a post 〔an office〕; serve 《in》; preside; fill; 〔俳優が役を〕 play 〔act〕 《the part of》.

つな 綱 a line; a rope; a cord; a cable (綱索).

ツナ tuna (fish).

つながる 繋がる be connected 《with》; be joined 《with, to》; 〔血筋が〕 be related by blood 《with》.

つなぎ 繋ぎ 〔連絡〕 a connection; a link; 〔繋ぎ目〕 a joint; 〔間にあわせ〕 a stopgap.

つなぐ 繋ぐ 〔連結〕 connect; put 《a person》 on (電話で); 〔結ぶ〕 tie; fasten; 〔船を〕moor; 〔犬を〕chain; 〔命を〕 sustain 《one's life》.

つなひき 綱引き a tug of war.

つなみ 津波 a tidal wave; a tsunami.

つなわたり 綱渡り tightrope walking; 〔人〕 a tightrope walker. ～をする walk on a (tight) rope.

つね 常に always; as a rule. ～のごとく as usual. …するのを～とする be in the habit of doing; make it a rule to do.

つねる 抓る pinch ; nip.

つの 角 a horn ;〔鹿の〕an antler. ～笛 a horn.

つのる 募る〔集める〕collect ; raise ;〔激しくなる〕grow violent〔worse (悪化)〕; become intense. →ぼしゅう.

つば 唾 spittle ; saliva. ～を吐く spit ; salivate.

つば 鍔〔刀の〕a sword guard ;〔帽子などの〕a brim.

つばき 椿 a camellia. ～油 camellia oil.

つばさ 翼 (を広げる) (spread the) wings.

つばめ 燕 a swallow.

ツバル 〔国名〕Tuvalu.

つぶ 粒 a grain ;〔細粒〕a granule ;〔1滴〕a drop.

つぶす 潰す crush ; smash ;〔時間を〕waste ; kill《time》(暇潰し) ;〔身代を〕squander〔lose〕《one's fortune》;〔屠殺する〕kill ; butcher.

つぶやき 呟き a murmur.

つぶやく 呟く murmur ; mutter.

つぶれる 潰れる collapse ;〔砕ける〕be crushed ;〔摩滅〕be effaced〔worn down〕;〔時間が〕be wasted ;〔身代が〕be ruined ;〔面目が〕lose one's face ;〔酔って〕pass out.

ツベルクリン ～反応 a tuberculin reaction.

つぼ 壺 a jar ; a pot.

つぼみ 蕾 a (flower) bud.

つぼめる 窄める〔傘などを〕shut ; make narrower (狭くする) ;〔口などを〕pucker up.

つま 妻 a wife ;〔刺身などの〕a garnish.

つまさき 爪先 the tip of a toe ;《stand on》tiptoe.

つまずく 躓く stumble over〔against〕; trip over〔on〕.

つまはじき 爪弾きする〔排斥〕shun ;

〔村八分〕ostracize.

つまびく 爪弾く play《the samisen》with one's fingers ; pick《a guitar》.

つまみ 摘み〔一摘み〕a pinch《of salt》;〔酒の〕a simple relish ;〔取っ手〕a knob ; controls.

つまみぐい 摘み食いをする eat by stealth.

つまみだす 摘み出す pick out ;〔追い出す〕turn out.

つまむ 摘む〔指で〕pinch ; pick.

つまらない〔些細な〕trifling ; trivial ; worthless ;〔面白くない〕uninteresting ; dull.

つまり 詰まり〔結局〕in the end ;〔要するに〕in short〔a word〕.

つまる 詰まる be clogged ; be stopped ; be choked (息が) ; be stuffed (up) (鼻が) ;〔窮する〕be hard pressed for《money》; run short of《food》;〔短縮〕contract ; become short ;〔充満〕be full《of》; be packed.

つみ 罪〔法律上の〕a crime ; an offense ;〔精神上の〕a sin ;〔過失〕a fault ;〔咎め〕blame. ～な《do》cruel《things》. ～のない innocent ; guiltless. ～ほろぼしをする atone〔make up〕for one's sins. ～を犯す commit a crime〔sin〕.

-づみ …積み 7トン～貨車 a 7-ton freight car.

つみき 積木 building blocks ; (a box of) bricks.

つみだす 積み出す〔列車で〕send off by train ;〔船で〕ship off.

つみたてる 積み立てる save up ; lay by. ～金 a reserved fund. ～貯金 installment savings.

つみに 積荷 a load ; freight ;〔船の〕a cargo.

つむ 摘む pick ; pluck ; nip.

つむ 積む pile〔heap〕(up) ; lay (れんがなどを) ;〔積載〕load ; ship (船に) ;〔船が主語で〕take in.

つむぐ 紡ぐ spin. 糸に ～ spin《cotton》into to yarn.

つむじ 旋毛 the whirl of hair on the head. ～曲りの perverse ; cranky. ～風 a whirlwind.

つめ 爪 a nail ;〔禽獣の〕a claw ;〔猛鳥の〕a talon. ～を切る cut〔trim〕one's nails. ～跡 a nail mark ;〔傷〕a scratch. ～切りばさみ nail scissors.

つめあわせ 詰め合わせ an assortment. ビスケットの ～ assorted biscuits.

つめえり 詰め襟の洋服 stand-up collar.

つめこむ 詰め込む stuff ; pack ;〔すし詰め〕jam ;〔知識の〕cram.

つめしょ 詰め所 a station ;〔番人の〕a guardroom.

つめたい 冷たい cold ; chilly. ～戦争 a cold war.

つめもの 詰め物 stuffing ;〔洋服の肩の〕padding.

つめる 詰める stuff;fill;can (缶に) ; bottle (びんに) ;〔短縮〕shorten ;〔簡略〕abridge ;〔省略〕omit ;〔席を〕make room《for a person》;〔将棋〕checkmate.

つもり 積もりである intend〔plan, be going〕《to do》; will《do》. …する ～で for the purpose of doing.

つもる 積もる estimate (評価する) ; measure (寸法を) ;〔堆積する〕be piled (up) ; accumulate ;〔雪など〕lie《on》.

つや 艶 gloss ; luster ; polish. ～消しの〔ガラスなどが〕frosted. ～のある glossy ; lustrous.

つや 通夜をする hold a wake ; keep vigil.

つゆ 汁 soup ;〔肉汁の〕broth ;〔果実の〕juice ;〔樹液〕sap.

つゆ 露 dew ; a dewdrop. ～が下りる dews fall on. ～を帯びた dewy.

つゆ 梅雨 (の入り・の明け) (the setting-in of, the passing of) the rainy〔wet〕season.

つよい 強い strong;powerful ;〔勇敢〕brave.

つよき 強気の bold ; aggressive〔株式〕a bull ; the buying spirit.

つよく 強く strongly ;〔激しく〕hard ;〔元気よく〕vigorously.

つよさ 強さ strength ; toughness ; intensity.

つよみ 強味 a strong point ; an advantage.

つよめる 強める strengthen ;〔度を〕intensify ;〔所信を〕confirm ;〔意味・語調を〕emphasize.

つらあて 面当てを言う say spiteful things. ～に out of spite.

つらい 辛い hard ; painful ; trying ; bitter ; cruel. 辛く当たる treat《a person》cruelly.

つらなる 連なる〔一列に〕stand〔stretch〕in a row ;〔列席〕be present《at》; attend.

つらぬく 貫く〔貫通〕pierce ; run through ;〔遂げる〕persist《in》.

つらよごし 面汚しである be a disgrace〔shame〕《to》.

つらら 氷柱 an icicle.

つり 釣り fishing. ～に行く go fishing. ～をする fish. ～竿 a fishing rod. ～道具 fishing tackle. ～針 a fishhook. ～堀 a fishing pond. ～上げる fish up ; land.

つりあい 釣り合い balance ;〔均衡〕equilibrium ;〔対比〕proportion ;〔調和〕harmony. ～のよい (悪い) well- (ill-) balanced ; well- (ill-) matched. ～を取る balance〔poise〕oneself (体の) ; harmonize《one thing》with《another》.

つりあう 釣り合う〔調和〕harmonize《with》;〔似合う〕match ; become ; suit.

つりあげる 吊り上げる lift ; haul up ; hoist ;〔市価を〕boost the prices.

つりかわ 吊革 (につかまる) (hold on

to) a strap.

つりさげる 吊り下げる〔提げる〕carry;〔上から〕hang;suspend.

つりせん 釣り銭 change.

つりばし 吊り橋 a suspension bridge.

つる 弦〔弓の〕a bowstring;〔楽器の〕a string.

つる 鶴 a crane. ～の一声で at a word of authority《from》.

つる 蔓 a vine;〔巻き髭〕a tendril;〔めがねの〕a temple. ～草 a vine;a climber;a creeper〔地這い〕.

つる 釣る・吊る・攣る〔釣る〕fish;〔吊る〕suspend;hang;〔手足が〕be cramped;〔だます〕allure;cheat.

つるしあげ 吊し上げ《米話》a kangaroo court.

つるはし 鶴嘴 a pick (axe);a mattock (両端の平らな).

つれ 連れ a companion;〔集合的〕company. ～になる become a companion;bear《a person》company.

つれこ 連れ子 a child by one's former marriage.

つれだす 連れ出す take〔entice (誘って)〕out;〔誘拐〕abduct.

つれる 連れる take〔bring〕《a person》with《one》;〔供を〕be attended by《a person》.

つわり 悪阻 morning sickness.

つんざく 劈く tear;rend;pierce. 耳を～ような deafening.

つんとした stiff;proud;〔冷たい〕cold;〔女が〕prim;〔お高くとまった〕haughty.

ツンドラ ～地帯 a tundra area.

て

て 手 a hand;an arm (腕);a palm (手のひら);a paw (犬・猫などの);〔相撲などの〕a trick;〔将棋などの〕a move;〔柄〕a handle;〔種類〕a kind;〔人手・カルタの〕a hand. ～

があいている be free. ～がかかる give much trouble;troublesome. ～が塞がっている be busy. ～に手を取って hand in hand;〔手段〕a way;a means. ～に取るように vividly. ～のこんだ elaborate;〔制御〕～に余る unmanageable. ～のつけようがない be at a loss what to do《with》;〔売買〕strike a bargain. ～を貸す lend《a person》a (helping) hand;〔手数〕trouble. ～を切る break off《with a person》. ～を尽す try every means. ～を省く save trouble. ～を引く wash one's hands of《an affair》.

で出〔出費〕expenditure;〔出具合〕(a) flow.

てあし 手足 hand and foot;the limbs (四肢).

であし 出足 a start.

てあたりしだい 手当たり次第に at random.

てあつい 手厚い〔接待などが〕hospitable;warm;〔介抱などが〕careful.

てあて 手当て〔治療〕medical treatment. ～をする treat《a patient》;dress《a wound》;〔給与〕an allowance. 家族(地域) ～ a family (regional) allowance.

てあみ 手編みの hand-knit.

であるく 出歩く go out;gad about.

ていあん 提案 a proposal. ～する propose. ～者 a proposer.

ティー tea. ～カップ a tea cup. ～スプーン a teaspoon. ～タイム tea time;〔休憩〕tea〔coffee〕break. ～バッグ a tea bag.

ティー 〔ゴルフの〕a tee. ～ショット a tee shot.

ティーシャツ a T-shirt;a tee-shirt.

ディーゼル エンジン a diesel engine. ～機関車 a diesel-electric locomotive.

ディーピーイー photo finishing〔processing〕service (DPE は和製

英語).

ティーピーオー ～をわきまえて行動する behave suitably 〔properly〕for the occasion (TPO は和製英語).

ディーラー a dealer.

ていいん 定員〔収容力〕(seating) capacity;a complement (船の);〔定員数〕the fixed number ; a quorum (定数).

ティーンエージャー a teenager.

ていえん 庭園 (a) garden ; a park.

ていおう 帝王 an emperor. ～切開 a Caesarean operation 〔section〕.

ていおん 低音 a low-pitched voice ; 〔低音部〕bass.

ていおん 低温 low temperature.

ていか 低下 a fall ;〔質の〕deterioration. ～する fall ; deteriorate.

ていか 定価 a fixed 〔set, list〕price. ～表 a price list.

ていがく 停学 (a) suspension. ～を命じる suspend《a student》from school.

ていかん 定款 the articles of association.

ていき 定期の regular;periodical. ～刊行物 a periodical. ～(乗車)券 a season 〔《米》commutation〕ticket. ～航路 a regular line. ～船 a liner. ～預金 a fixed deposit.

ていぎ 定義 a definition. ～を下す define.

ていきあつ 低気圧 (a) low pressure. ～の中心 the center of a depression.

ていきゅうび 定休日 a regular holiday.

ていきょう 提供 an offer ; a tender. ～する offer ; tender.

ていくう 低空を飛ぶ fly low. ～飛行 a low-altitude flight.

デイケア day-care ; day service.

ていけい 定型 a fixed form.

ていけい 提携 cooperation. ～する cooperate《with》. 技術～《have》a technical tie-up《with》.

ていけつ 締結 conclusion. ～する conclude《a treaty》.

ていこう 抵抗する resist ; make resistance ;〔反対〕oppose. ～力 (power of) resistance.

ていこく 定刻《at》the fixed time ; 《at》the appointed time.

ていこく 帝国 an empire. ～主義 imperialism. ～主義者 an imperialist. ～主義的 imperialistic.

ていさい 体裁 appearance ; show ; 〔形〕a style ; format (書物の). ～がよい(悪い)make a good (poor) appearance.

ていさつ 偵察する reconnoiter ; scout. ～飛行(機)a reconnaissance 〔scouting〕flight (plane).

ていし 停止 suspension《of》. ～する suspend ; stop. ～信号 a stop signal.

ていじ 定時 a fixed time. ～退社をする observe regular hours. ～制高等学校 a part-time high school.

ていじ 提示する present.

ていせい 低姿勢(をとる)(take) a humble attitude.

ていしゃ 停車する stop. ～場 a (railway) station ;《米》a depot. 10分間～ a ten-minute stop.

ていしゅ 亭主 a husband. ～関白 a male chauvinist.

ていしゅく 貞淑な chaste ; virtuous ; faithful ; devoted.

ていしゅつ 提出 presentation. ～する present;〔願いなどを〕submit;〔抗議を〕lodge;〔動議を〕move.

ていしょう 提唱 advocate ; advance《an opinion》.

ていしょく 定食 a set meal ; a table d'hôte《F》.

ていしょく 定職 a regular employment 〔job〕.

ていしょく 抵触する conflict《with》; be contrary《to》.

ていしょく 停職になる be suspended

from office.

でいすい 泥酔する be dead drunk；《話》get boozy.

ていすう 定数 a fixed number；〔会議などの〕a quorum.

ディスカウント(a) discount. ～ショップ discount shop.

ディスク a disk. ～オペレーティングシステム〔コンピュータ〕a disk operating system〔略 DOS〕. ～ジョッキー〔人〕a disk jockey；a DJ.

ディスコ a disco (theque). ～に踊りに行く go discoing.

ディスプレイ display；〔モニター〕a monitor.

ていせい 帝政 imperial government；monarchy.

ていせい 訂正 (a) correction. ～する correct；〔改定〕revise.

ていせん 停戦 a cease-fire. ～する cease fire.

ていせん 停船 ～を命じる stop a ship.

ていそう 貞操を重んじる(破る・汚す) prize (break, violate)《a person's》chastity.

ていたい 停滞する〔水などが〕be stagnant；〔貨物・資金が〕be tied up；〔支払いが〕fall into arrears.

ていたく 邸宅 a mansion；a residence (住宅).

ていち 低地 low ground；lowland.

ていちゃく 定着 fixing. ～する fix；〔考えなどが〕take root；〔外来語などが〕be assimilated《into the Japanese language》. ～液 a fixing solution.

ていちょう 低調な〔不振〕inactive；dull；《be》in a slump.

ティッシュ tissues；(a) Kleenex (もと商標).

ていでん 停電 the power failure. ～する The electric current is (cut) off. 計画～ rolling blackouts.

ていど 程度 (a) degree；(a) standard

(of living)；〔範囲〕(an) extent；〔限度〕a limit. ～の高い (低い) of high (low) standard. ある～(まで) to some degree.

ていとう 抵当→たんぽ (担保). ～権 mortgage.

ていとく 提督 an admiral.

ディナー (a) dinner. ～ショー a dinner (and floor) show.

ていねい 丁寧な (に) polite (ly)；civil (ly)；〔慎重〕careful (ly).

ていねん 定・停年(に達する) (reach) an age limit；a (mandatory) retirement age. ～制 a (mandatory) retirement system.

ていはく 停泊する (cast) anchor. ～している《lie》at anchor.

ていばん 定番の standard goods.

ていひょう 定評ある acknowledged；recognized.

ていへん 底辺 the base.

ていぼう 堤防 a bank；an embankment；a dike.

ていり 定理 a theorem.

ていり 低利で at a low rate (of interest).

でいり 出入りする go in and out；〔しばしば行く〕frequent；〔常雇い〕be in regular employ. ～口 an entrance.

ていりゅうじょ 停留所 a《bus》stop.

ていりょう 定量 a fixed quantity.

ていれ 手入れをする〔修繕〕repair；mend；〔木・髪の〕trim；〔警察の〕make a raid《on》.

ディレクター a director.

ディレクトリ a directory.

ディンクス dinks〔< double income (with) no kids〕.

ティンパニ timpani (複数扱い).

テークアウト a takeout；a carryout；《英》a takeaway.

テーゼ a thesis.

データ data. ～管理 (処理) data management (processing). ～互換 (a) data interchange. ～通信 data

transmission〔communications〕.
～バンク a data bank.　～ベース a
database.　圧縮～ compressed data.

デート a date.　～する have a date
《with》.

テープ〔ひも・録音用〕a tape;〔歓送用〕
《throw》a paper streamer.　～に録
音する record (a speech) on a tape
(recorder).　～レコーダー a tape
recorder.

テーブル a table.　～クロス a table
cover;a tablecloth.　～スピーチ a
speech at a party;an after-dinner
speech.　～マナー table manners.

テーマ a theme;a subject.　～音楽
program music.　～パーク a theme
park.

テール a tail.　～エンド the tail end.
～ライト a taillight.

ておくれ 手遅れである be too late;
〔病気などが〕be past cure.

ておち 手落ち a mistake;a fault;an
oversight (見落とし).

ており 手織りの home-woven;
homespun.

デカ〔刑事〕a cop;a detective;《米俗》
a dick;〔10を表す〕deca-.

てがかり 手掛かり a clue《to》;the
trace《of》.

てがける 手掛ける deal《with》;
handle.

でかける 出掛ける〔外出〕go out;〔出
発〕set out;start.

でかせぎ 出稼ぎ(an)emigration;〔人〕
a seasonal worker.　～する go to《a
place》to work.

てがた 手形 a draft;a bill.　～取(名
宛) 人 the payee (drawee) of a bill.
～交換所 a clearing house.　～引受
(振出) 人 the acceptor (drawer) of
a bill.　空～ (を出す)(draw) a
fictitious bill《on a person》.

でかた 出方 one's attitude〔move〕.

てがたく 手堅く《work》steadily;《do
business》on a sound〔firm〕basis;

〔慎重に〕prudently.

てがみ 手紙 a letter;a note (簡単な).
～を出す write (a letter)《to》.

てがら 手柄 an exploit;an achieve-
ment.　～を立て distinguish
oneself《in》.

てがる 手軽な simple;plain;〔軽い〕
light;〔安い〕cheap;〔儀式ばらぬ〕
informal.　～に simply;easily;
informally.

てき 敵 an enemy;a foe;〔反対者〕
an opponent;〔匹敵者〕a match;〔競
争者〕a rival.

でき 出来〔拵え〕work;make;〔結
果〕the result;〔収穫〕a crop;a
harvest.

できあい 出来合いの ready-made.

できあい 溺愛する love blindly;〔子
供などを〕dote《on》.

できあがる 出来上がる be finished;
be completed.

てきい 敵意〔敵愾心〕enmity;a
hostile feeling.

てきおう 適応 adaptation;orienta-
tion.　～性がある be flexible.　～す
る adapt oneself to《one's
circumstances》.

てきかく 的確な(に) exact (ly);
precise (ly);accurate (ly).

てきぎ 適宜に properly.　～計らう do
《a matter》as one sees fit.　～の処
置をとる take a suitable measure.

できごころ 出来心 a caprice;a
passing fancy.

できごと 出来事 an event;a
happening;an accident.

てきざい 適材適所 a right person in
a right place.

てきし 敵視する regard《a person》
with hostility.

できし 溺死する be〔get〕drowned.　～
者 (体) a drowned person (body).

てきしゅつ 摘出する extract;pick
out;take out.

テキスト a text;〔教科書〕a textbook.

~ファイル（エディター）a text file (editor).

てきする 適する suit；fit《for, to》〔食物・気候が〕agree with《a person》；→てきとう.

てきせい 適性 an aptitude. ~検査 an aptitude test.

てきせつ 適切な appropriate；to the point；〔時機が〕timely.

てきたい 敵対する oppose；resist；stand against《a person》.

できだか 出来高 the price；〔穀物の〕a crop；a yield；〔製品の〕an output.

できたて 出来立ての brand-new；〔料理が〕fresh from the oven.

できちゃった ~結婚 a shotgun wedding.

てきちゅう 的中する hit the mark；〔予想が〕guess right.

てきど 適度の moderate；a proper amount of《exercise》.

てきとう 適当な fit《for》；suitable 《for, to do》；proper. ~ に properly；〔適宜に〕as you think fit.

てきにん 適任である be fit《for》. ~者 the right man《for》；a well-qualified person《for》.

てきぱき（と） with dispatch；in a business-like way.

てきはつ 摘発する expose；prosecute 《an offender》.

てきめん 覿面に immediately；instantly；swiftly（速く）.

できもの 出来物 a boil；a swelling.

てきよう 適用 application. ~する apply《to》.

てきよう 摘要 a summary；a digest；an outline（概要）.

てきりょう 適量 a proper quantity〔dose（薬の）〕.

できる 出来る〔能力〕can《do》；be able《to do》；〔熟達〕be proficient 《in》；〔出来上がる〕be completed；〔製品が〕be made〔manufactured〕；〔作物などが〕be raised；grow.

てきれい 適齢期〔結婚の〕a marriageable age.

てぎれきん 手切金 consolation money；an alimony（別居手当）；a solatium（慰謝料）.

てぎわ 手際よく skillfully；neatly.

てぐせ 手癖の悪い light-fingered；thievish.

でぐち 出口 an exit；《英》the way out.

テクニック (a) technique.

テクノクラート a technocrat.

てくび 手首 a wrist.

てこ 梃子 a lever. ~入れする prop up.

てごころ 手心を加える〔裁量〕use one's discretion；〔斟酌する〕make allowance《for》.

てこずる have trouble.

てごたえ 手応えがある be effective；〔手強い〕tough；strong.

でこぼこ uneven；rugged.

デコレーション decoration. ~ケーキ a fancy cake.

てごろ 手頃な handy；portable；〔値段が〕moderate.

テコンドー 〔格闘技〕taekwondo.

デザート dessert.

デザイン a design；〔デザインすること〕designing.

でさかり 出盛り〔野菜などの〕the best season《for》.

てさき 手先〔指先〕the fingers；〔手下〕a cat's paw.

てさぐり 手探りで行く grope〔feel〕one's way.

てさげ 手提げ〔婦人用〕a handbag；〔通学用カバン〕a satchel. ~金庫 a portable cashbox.

てざわり 手触り（が柔らかい）(be soft to) the touch〔feel〕.

でし 弟子 a disciple；a pupil；〔徒弟〕an apprentice.

デジタル digital. ~化 digitization.

～信号 a digital signal. ～カメラ a digital camera. ～格差 the digital divide. ～通信 digital communications. ～時計 a digital clock〔watch〕. ～ビデオディスク digital videodisk〔略 DVD〕. ～放送 digital broadcasting.

てじな 手品 magic ; a trick. ～師 a juggler ; a conjurer ; magician.

でしゃばる push oneself forward ; meddle《in》.

てじゅん 手順を定める arrange《for》; (make a) plan《for》.

てじょう 手錠 handcuffs. ～を掛ける shackle《a person's hands》.

てすう 手数 ～料〔料金〕a fee ; a charge ;〔口銭〕a commission.

デスク a desk. ～トップコンピュータ a desktop computer. ～ワーク deskwork.

テスト a test. ～ケース a test case.

デスマスク a death mask《of》.

デスマッチ a fight to the death.

てすり a handrail.

てせい 手製の handmade ;〔自家製〕homemade.

てそう 手相を見る read one's hand〔palm〕. ～見 a palmist.

てだし 手出しをする〔干渉〕meddle《in, with》;〔喧嘩で〕strike the first blow.

てだま 手玉にとる lead《a person》by the nose ; twist《a person》around one's(little)finger(特に, 女が男を).

でたらめ 出鱈目〔意味のない〕nonsense ;〔俗〕bullshit ;〔いい加減〕irresponsible. ～な random. ; wild. ～を言う talk nonsense.

てちがい 手違いが生じる go wrong. 何かの～で by some mistake.

てちょう 手帳 a notebook ;《英》a pocketbook.

てつ 鉄 iron. ～かぶと a (steel) helmet. ～の iron. ～材 iron〔steel〕material. ～瓶 an iron kettle. ～轍を踏む follow in a person's wake.

てっかい 撤回する withdraw《one's resignation》; retract.

てつがく 哲学 philosophy, ～的 (に) philosophical (ly) . ～者 a philosopher.

デッキ〔船の〕the deck ;〔列車の〕the platform. ～チェア a deck chair.

てっきょ 撤去する remove《the barricades from》.

てっきょう 鉄橋 an iron bridge ; a railroad bridge.

てっきん 鉄筋コンクリート reinforced concrete.

てつけ 手付け金を払う pay earnest money ; make a deposit.

てっこう 鉄工 an ironsmith. ～所 an ironworks.

てっこつ 鉄骨 an iron frame ; a steel skeleton.

デッサン a (rough) sketch. 〔<《F》 dessin〕.

てつじょうもう 鉄条網(barbed-wire) entanglements.

てったい 撤退 (an) evacuation. ～する withdraw《from》; evacuate《a place》.

てつだい 手伝い help ;〔人〕an assistant ; a helper.

てつだう 手伝う help ; assist ; aid.

でっちあげる make up《a story》.

てつづき 手続き〔形式〕formalities ;〔措置〕steps ;〔訴訟・議会などの〕procedure. ～をする take steps《to do》; bring proceedings《for divorce》.

てってい 徹底的な (に) thorough (ly) ; complete (ly) ; exhaustive (ly) .

てつどう 鉄道《米》a railroad ;《英》a railway. ～(便) で by rail. ～運賃 a railway fare. ～網(線路) a railway network (line) .

デッドヒート ～を繰り広げる be in a dead heat《with》.

デッドボール〔野球〕～を食う be hit by a pitched ball.

でっぱ 出っ歯 a projecting〔protruding〕tooth.

てっぱい 撤廃 abolition. ～する abolish；lift《the ban》.

てっぱん 鉄板 an iron plate；〔料理用〕a hot plate.

てっぺい 撤兵する withdraw troops；evacuate《a place》.

てつぼう 鉄棒〔体操の〕a horizontal bar.

てっぽう 鉄砲 a gun；〔小銃〕a musket；〔旋条銃〕a rifle. ～玉〔小銃の〕a bullet.

てつや 徹夜する sit up all night. ～の all-night.

てどり 手取(金) net receipts〔proceeds, income〕. ～給料 take-home pay.

テナー tenor. ～歌手 a tenor.

てなおし 手直し(a)modification；(an)alteration. ～する modify；improve.

てなげだん 手投げ弾 a (hand) grenade.

テナント a tenant. ～募集【標示】For Rent；《英》To Let.

テニス (lawn) tennis. ～をする play tennis. ～コート a tennis court. ～選手 a tennis player.

デニム denim.

てにもつ 手荷物《米》baggage；《英》luggage. ～取扱所 a baggage〔luggage〕office.

てぬい 手縫いの hand-sewn.

てぬぐい 手拭い(掛け) a towel；a washcloth (rack).

てぬるい 手緩い lenient；lax《with》.

テノール tenor；〔歌手〕a tenor (singer).

てのひら 掌 the palm (of the hand).

デノミネーション redenomination (of a currency).

デパート a department store. デパ地下 the food department in a department store basement.

てはい 手配する arrange《for》；〔警察が〕cast a dragnet《for》. ～写真 a facial photograph of a wanted criminal.

てはず 手筈を整える arrange〔make arrangements〕《with a person for》.

てばなし 手放し with one's hands free；〔露骨に〕freely；outright.

てばなす 手放す dispose of；part with《a thing》.

デビスカップ the Davis Cup (tournament).

デビットカード a debit card.

デビュー a debut. ～する make one's debut《at》；come out. ～曲 one's first recording. ～作 one's first publication.

てびょうし 手拍子 a handclap. ～をとる beat time with the hands.

てぶくろ 手袋《a pair of》gloves〔mittens（親指だけが分かれたもの）〕.

てぶら 手ぶらで (come home) empty-handed.

デフラグ〔コンピュータ〕defragmentation.

デフレ deflation. ～政策 a deflationary policy. ～スパイラル a deflationary spiral.

テフロン ～加工のフライパン a Teflon-coated frying pan (Teflon は商標).

てほどき 手解きをする induct (a person)《to》；give the first lessons《in》.

てほん 手本〔模範〕a model；〔習字の〕a copy.

てま 手間〔時〕time；〔面倒〕trouble；〔労力〕labor；〔手間賃〕wages. ～がかかる take time；cost much trouble.

デマ ～を飛ばす set a false rumor〔report〕.

てまね 手真似をする gesture；make

gestures. ～で話す talk in signs.

てまねき 手招きする beckon (to a person).

てまわし 手回しがよい be ready (beforehand).

でむかえる 出迎える (go to) meet ; receive.

でも 〔でさえ〕even ;〔たとえ…でも〕even though… ; even if ;〔しかし〕but ; (and) yet.

デモ a demonstration ; a demo. ～行進 a demonstration parade.

デモクラシー democracy. ～の democratic. 大正～ Taisho Democracy.

てもと 手元に at hand ;《place a child》under one's care ;〔持ち合せている〕(all the money) on〔in〕hand.

デモンストレーション ～をする give a demonstration. →デモ.

デュエット a duet. ～で歌う sing a duet.

てら 寺 a temple.

てらう 衒う〔誇示〕show off ; make a display of ;〔装う〕pretend.

てらす 照らす shine《upon》; light《up》; illuminate. …に照らして in the light of ….

テラス a terrace ; a patio.

デラックス ～なホテル a deluxe hotel.

テリア 〔犬〕a terrier.

テリーヌ (a) terrine.

デリカ a delicatessen ; a deli.

てりかえす 照り返す reflect. **照り返し** reflection.

デリカシー delicacy. ～のある人 a tactful person. ～のない人 an insensitive person.

デリケート ～な sensitive ; fragile ; delicate.

デリバティブ 〔金融派生商品〕(financial) derivatives.

てりょうり 手料理 a home-made dish.

デリンジャー ～現象 Dellinger fade-

out〔phenomena〕.

てる 照る shine《upon, into》;〔月が〕be bright.

でる 出る〔出現〕come out ; appear ; turn up ; rise (太陽・月が) ;〔外出〕go out ;〔出席〕attend ; be present《at》;〔流出〕flow out ;〔発芽〕sprout ; shoot ;〔発行〕be issued〔published〕;〔露出〕be exposed ;〔出発〕start ; leave ; depart ; set out〔off〕.

デルタ a delta. ～地帯 a delta region.

テレクラ a telephone dating club.

テレックス (a) telex. ～でニュースを送る telex news.

テレパシー telepathy.

テレビ television ; TV ;〔受信機〕a Television (set) ; a TV. ～で見る watch…on TV. ～に出る go on TV. ～をつける(消す) turn on (off) the television. ～を見る watch television. ～映画 a made-for-TV movie ; a telefilm. ～会議 a television〔TV〕conference. ～局 a TV station. ～ゲーム a video game. ～電話 a video-phone ; a picture-phone. ～ドラマ a TV drama ; a teleplay. ～番組 a television program.

テレホン ～カード a (prepaid) (tele) phone card. ～サービス telephone information service. ～ショッピング telephone shopping. ～バンキング telephone banking.

テレマーケティング telemarketing.

てれる 照れる be embarrassed ; feel shy.

テロップ ～を流す run a telop on TV.

テロリスト a terrorist.

テロリズム terrorism. 反～対策 an antiterrorism measure.

てわけ 手分けをする〔仕事を〕divide《a piece of work among》;〔人を〕separate into parties.

てわたす 手渡す hand《over》(a

thing to a person).

てん 天 the heavens ; the sky ;〔天国〕Heaven ; Paradise. ~の heavenly ; celestial.

てん 点 a dot ; a point ;〔斑点〕a spot ;〔評価〕marks ;〔競技の〕a score ;〔見地〕a viewpoint. ~をつける mark.

てん 貂〔動物〕a sable (黒) ; an ermine (白).

でんあつ 電圧 voltage. ~計 a voltmeter.

てんい 転移する〔癌などが〕spread 《to》.

てんいん 店員 a clerk ; an employee ;《英》a shop assistant.

でんえん 田園 the country ; farms. ~生活 (a) rural life. ~都市 a garden city.

てんか 天下 the world. ~を取る conquer the whole world ;〔君臨〕reign over the whole land ;〔政権を〕come into power. ~一品 matchless ; unequalled. ~泰平 peace reigns over the land. ~分け目の decisive (battle).

てんか 点火 ignition. ~する light ; ignite.

てんか 転嫁する lay (the blame) on (a person) ; shift (the responsibility) on (a person).

でんか 電化 electrification. ~する electrify (a railroad).

でんか 殿下 His〔Her〕(Imperial, Royal)Highness〔略 H. (I., R.) H.〕.

てんかい 展開〔局面の〕development ;〔軍隊の〕deployment. ~する develop ; deploy.

てんかん 転換する convert (a thing to another) ; change 《over》;〔気分を〕divert. ~期 a turning point.

てんかん 癲癇 epilepsy. ~発作 petit mal.

てんき 天気 weather ;〔晴天〕fair〔fine〕weather. ~になる clear up. ~予報

(図) a weather forecast (chart).

てんき 転機 a turning point.

でんき 伝記 a biography. ~作家 a biographer.

でんき 電気 electricity. ~の electric (al). ~かみそり(洗濯機, 時計, 冷蔵庫) an electric shaver (washing machine, clock, refrigerator). ~器具 electric appliances. ~スタンド a desk lamp. ~掃除機 a vacuum cleaner.

でんきゅう 電球 an electric bulb.

てんぎょう 転業する change one's occupation〔trade〕.

てんきん 転勤になる be transferred〔moved〕《to》.

てんけい 典型 a type ; a model. ~的(な) typical ; model.

てんけん 点検 (an) inspection. ~する inspect ; check.

でんげん 電源 a power supply〔source〕.

てんこ 点呼 a roll call. ~をとる call the roll.

てんこう 転向 conversion. ~する be converted 《to》.

てんこう 転校する change one's school. ~生 transfer student.

でんこう 電光 (a flash of) lightning. ~ニュース a moving electric news-sign.

てんごく 天国 (the Kingdom of) Heaven ; Paradise.

でんごん 伝言する send (a person) word ; leave a message (with a person) (伝言を残す). ~を頼まれる be asked to give a message 《to》.

てんさい 天才〔人〕a(man of) genius ;〔才能〕(a) genius 《in》.

てんさい 天災 a natural calamity〔disaster〕.

てんさい 転載する reprint. 禁~ All rights reserved.

てんざい 点在する〔場所が主語〕be dotted〔scattered〕with.

てんさく 添削 (a) correction. ～する correct; revise.

てんし 天使 an angel; a seraph; a cherub (無邪気).

てんじ 点字 the braille.

てんじ 展示 exhibition. ～する exhibit. ～会 an exhibition.

でん 電子 an electron. ～オルガン an electric organ. ～顕微鏡 an electron microscope. ～工学 electronics. ～書籍 an electronic book[e-book]. ～メール electronic mail. ～商店 online shop. ～レンジ a microwave oven.

でんしゃ 電車 an electric train;[1両] an electric car;[路面電車]《米》a streetcar;《米》a trolley car;《英》a tram (car). ～で by tram [car]. ～賃 carfare.

てんじゅ 天寿を全うする die a natural death.

てんしゅかく 天守閣 a castle tower.

てんじょう 天井 the ceiling. ～裏で in the ceiling.

てんじょういん 添乗員 a tour conductor.

てんしょく 天職 a mission (in life); one's calling.

でんしょばと 伝書鳩 a carrier [homing] pigeon.

でんしん 電信 telegraph; wire. ～為替 a cable transfer.

てんしんらんまん 天真爛漫 innocent; naive.

てんせい 天性の natural. ～で by nature.

てんせい 展性[金属の] malleability.

てんせき 転籍 full-fledged transfer.

でんせつ 伝説 a tradition; a legend. ～的な legendary.

てんせん 点線 a dotted [perforated (切取線)] line.

でんせん 伝染[間接の] infection; [接触による] contagion. ～する[病気が主語] spread;[人が主語] be infected《with》. ～性の infectious; contagious. ～病 an infectious [contagious] disease; an epidemic.

でんせん 伝線する[ストッキングが]《米》get a run [runner];《英》get a ladder.

でんせん 電線 an electric wire;[電信の] a telegraphic wire.

てんそう 転送する transmit; forward《a letter》.

でんそう 電送する[無線で] transmit by radio. ～写真 a telephoto (graph).

てんたい 天体 a heavenly body. ～物理学 astrophysics. ～望遠鏡 an astronomical telescope. ～力学 celestial mechanics.

でんたく 電卓 a calculator.

てんち 天地 heaven and earth; the universe.

てんち 転地 go to《Atami》for a change of air. ～療養 a change of air for one's health.

でんち 電池 an electric battery[cell]. ～式の cordless《shaver》. 燃料～ fuel cell.

でんちゅう 電柱[電気・電話線用の] a utility pole;[電話線用の] a telephone pole.

てんてき 点滴 a drip. ～注射《be given》an intravenous drip injection.

てんてつ 転轍 ～機《米》a switch;《英》points.

てんてん 点々と here and there;《be》dotted《with trees》.

てんてん 転々(と) する roll (ころがる); go from hand to hand (持ち主が変わる); wander about (放浪する).

でんでんむし a snail.

テント a tent. ～を張る (たたむ) pitch (strike) a tent.

てんとう 店頭 a storefront. ～で over the counter. ～に出す put《goods》

on sale. ～市場 (an) over-the-counter market. ～見本 a display model.

てんとう 転倒する fall；〔逆になる〕invert；〔気が〕be upset.

でんとう 伝統 (的な) tradition (al)；convention (al).

でんとう 電灯 an electric light〔lamp〕.

でんどう 伝道〔事業〕mission work；〔説教〕preaching. ～する preach the Gospel；engage in mission work.

でんどう 伝導 conduction. ～体 a conductor.

でんどう 殿堂 the Pantheon. 野球の～ the Baseball Hall of Fame.

てんにん 転任する be transferred《from…to》.

てんねん 天然の (に) natural (ly). ～ガス natural gas. ～記念物 natural monument. ～資源 natural resources.

てんねんとう 天然痘 smallpox.

てんのう 天皇 the Emperor. ～制 the Emperor system. ～陛下 His Majesty the Emperor.

てんのうせい 天王星 Uranus.

でんぱ 電波 an electric wave. ～探知機 a radar. ～妨害 jamming.

てんばい 転売 resale. ～する resell.

てんばつ 天罰 be punished by Heaven.

てんび 天火《bake in》an oven.

てんびき 天引き deduction. ～する deduct in advance.

でんぴょう 伝票 (を切る) (issue) a slip. 支払～ a paying-out slip.

てんびん 天秤 a balance. ～にかける weigh … in the balance. ～座 Libra.

てんぷく 転覆する〔くつがえす〕overthrow；upset；capsize；〔くつがえる〕be overthrown〔upset, capsized〕.

てんぷら 天ぷら a tempura. エビの～ a battered prawn.

てんぶん 天分 genius；one's natural gifts〔talent〕.

でんぷん 澱粉 starch；farina.

テンペラ ～画 (a) tempera (painting).

テンポ tempo. ～の速い(遅い) quick- (slow-) paced.

てんぼう 展望する view；observe. ～台 an observation platform. 財界～ a review of the financial world.

でんぽう 電報 a telegram；a cable (海外電報). ～で by wire〔cable〕. ～を打つ send a telegram. ～為替 a telegraphic transfer.

デンマーク (kingdom of) Denmark. ～(人・語) の Danish. ～人 a Dane. ～語 Dan-ish.

てんめい 天命 Providence；〔運命〕fate；destiny.

てんもん 天文 (学) astronomy. ～学者 an astronomer. ～台 an astronomical observatory.

てんよう 転用する divert (a thing)《to》.

てんらんかい 展覧会 (場) an exhibition (gallery).

でんりゅう 電流 an electric current. ～計 an ammeter.

でんりょく 電力《supply》electric power. ～卸売り an independent power producer〔略 IPP〕. ～不足 power shortage.

でんれい 伝令 an orderly；a runner.

でんわ 電話 a(tele)phone. ～で by(tele) phone；《talk》over the phone. ～をかける (tele) phone《to》；ring up (呼び出す). ～がかかる be called up；be wanted on the phone. ～を切る hang up. ～交換手 a telephone operator. ～帳 a telephone directory. ～番号 a (tele) phone number. IP～ IP phone.

と

と 戸〔とびら〕a door；〔窓の〕a shutter；〔雨戸〕a sliding door.

と 都 the Metropolis. ～営→とえい. ～議会〔議員〕(a member of) the Metropolitan Assembly. ～庁〔知事〕the Metropolitan Government (Governor). ～電 a metropolitan streetcar. ～民 citizens of Tokyo. 東京～ Tokyo Metropolis.

ト 〔音階〕sol；G. ～長(短)調 G major (minor). ～音記号 G clef.

ど 度〔程度〕degree；measure. ～を過す go to excess；〔温度・角度〕a degree；〔度数〕times.

ド 〔音階〕do；C.

ドア a door. 自動～ an automatic door.

とい 樋 a conduit pipe；〔雨樋〕a gutter.

といあわせる 問い合わせる inquire《of a person about a matter》；make inquiries；refer to(照会する).

といし 砥石 a whetstone；a grind-stone；a hone (かみそりの).

ドイツ (the Federal Republic of) Germany. ～の German. ～語 German. ～人 a German.

といつめる 問い詰める question《a person》closely；cross-question.

トイレ a bathroom；〔英〕a toilet；a lavatory；〔公共の〕a restroom.

トイレットペーパー toilet paper (tissue).

とう 党〔党派〕a party；〔小党〕a clique；〔団結〕a league.

とう 塔 a tower；〔尖塔〕a steeple；〔仏寺の〕a pagoda.

とう 等〔等級〕a grade；a class. 1 (2) ～ the first (second) class；〔など〕and others〔so on〕；etc.

とう 藤 a cane；a rattan. ～椅子 a cane chair.

とう 問う〔尋ねる〕ask；inquire；〔罪・責任などを〕charge《a person》with；accuse《a person》of. …を問わず without regard to；no matter《what》；whether…or.

とう 薹 ～が立つ go to seed；〔盛りを過ぎる〕be past one's prime.

どう 胴〔身体の〕the body；the trunk；a torso (影像の)；〔楽器の〕the frame.

どう 銅 copper.

どう how；what. ～いたしまして Don't mention it.；You are welcome. ～かしている Something is wrong with《a thing》. 君～したのだ What is the matter with you?

とうあん 答案 an answer；〔用紙〕an examination paper.

どうい 同意する agree《with, to》；(give one's) consent《to》.

どういご 同意語 a synonym.

とういそくみょう 当意即妙な witty；ready- (quick-) witted.

とういつ 統一 unity；unification. ～する unify；unite；〔標準化〕standardize.

とういん 党員 a member(of a party).

どういん 動員 mobilization. ～する mobilize.

とうえい 投影 a projection；a shadow (影).

とうか 灯火 a light；a lamplight. ～管制 a blackout.

とうか 投下する throw down；drop；〔資本を〕invest.

どうか 同化 assimilation. ～する assimilate.

どうか〔なにとぞ〕please；Be so kind as to《do》；〔どうにか〕somehow. ～して〔どうにかして〕somehow (or other)；〔是非〕by all means；〔…かどうか〕if；whether (…or not).

とうがい 当該の concerned. ～者 the said person. ～官庁 the authorities concerned.

とうかく 頭角を現す distinguish oneself.

どうかく 同格の equal《in rank》．〔文法〕apposition.

どうかせん 導火線 a fuse；〔誘因〕an incentive.

とうかつ 統轄 supervision；control. ～する supervise；preside. ～者 the person in charge.

とうから (for a) long (time) (長い間)；long ago (以前に).

とうがらし 唐辛子 a red〔cayenne〕pepper.

とうかん 投函する post〔《米》mail〕《a letter》.

とうがん 冬瓜 a wax gourd.

どうかん 同感である be of the same opinion；agree《with》.

とうき 当期(配当) (the dividend for) this〔the present〕term.

とうき 投機 speculation. ～的 (な) speculative.

とうき 陶器 earthenware；china (ware)；crockery；pottery. ～の china；ceramic. ～商 a crockery dealer.

とうき 登記する register；enter《in a book》. ～所 a registry. ～料 a registration fee.

とうき 騰貴する〔物価が〕rise；go up；〔貨幣価値が〕appreciate.

とうぎ 討議 a debate；a discussion. ～する discuss；debate.

どうき 同期 the same period. ～会 a class reunion. ～生 a classmate.

どうき 動悸 palpitation. ～がする palpitate；throb.

どうき 動機 a motive《of a crime》.

どうぎ (緊急) 動議を出す introduce an (an urgent) motion.

どうぎご 同義語 a synonym.

トウキック 〔サッカー〕toe kick.

とうきゅう 投球〔野球〕pitching. ～する throw a ball《to》.

とうきゅう 等級 a class；a grade. ～

をつける grade；classify.

とうぎゅう 闘牛 a bullfight. ～士 a bullfighter. ～場 a bullring.

どうきゅうせい 同級生 a classmate.

どうきょ 同居する live〔lodge〕with《a person, a family》. ～人《keep》a lodger；a boarder.

どうぎょう 同業 the same business〔trade〕. ～組合 a trade association〔guild〕. ～者 a fellow trader.

とうきょく 当局 (者) the authorities (concerned).

どうぐ 道具 a tool；an instrument；〔ある目的の用具一揃い〕an outfit；utensils (台所の). ～箱 a tool box. ～屋 a furniture dealer.

とうげ 峠 a (mountain) pass；〔危機〕《pass》a crisis；〔絶頂〕《pass》the peak.

どうけ 道化 clownery. ～芝居 a farce. ～役者 a clown；a buffoon.

とうけい 東経 the east longitude. ～23度 23 degrees of east longitude.

とうけい 統計 (学) statistics. ～学者 a statistician.

とうげい 陶芸 ceramics. ～家 a ceramist；a ceramic artist.

どうけい 同系の cognate；kindred. ～会社 an affiliated company.

とうけつ 凍結する〔資産を〕freeze《assets》. →こおる.

とうこう 投稿 a contribution. ～する contribute《to》.

とうこう 登校する go to school；attend school. 不～ school refusal. 不～児 a truant〔school-phobic〕student.

とうごう 統合する unite；combine；put together. ～失調症 schizophrenia.

どうこう 瞳孔 the pupil.

どうこう 動向 a tendency；a trend；a movement.

どうこくじん 同国人 a fellow countryman〔countrywoman〕.

とうざ 当座〔銀行の〕a current account;〔しばらくは〕for the time being. ~しのぎ〈に〉(as) a temporary expedient. ~の temporary;《the money》for the present.

どうさ 動作 movement(s);《be slow in》action.

とうざい 東西 east and west. ~南北 north, south, east, and west;〔四方〕the four quarters.

とうさく 倒錯 perversion. ~者 a《sexual》pervert.

どうさつ 洞察する see into〔through〕. ~力《a man of》insight.

とうさん 倒産する go insolvent〔bankrupt〕.

どうさん 動産 movable property; movables.

とうし 投資(金)(an) investment. ~する invest《in》. ~家 an investor. ~信託 an investment trust. 設備~ investment in plant and equipment.

とうし 透視する see through;〔X線で〕examine《the chest》through a fluoroscope.

とうし 凍死する be frozen to death. ~者 a person frozen to death.

とうし 闘志 fight.〔闘争心〕fighting spirit;〔闘士〕a fighter.

とうじ 冬至 the winter solstice.

とうじ 当時は at that time; in those days. ~の of those days; the then《Premier》.

とうじ 答辞を述べる(読む)make(read) an address in reply.

どうし 同志〔士〕a comrade.

どうし 動詞〔文法〕a verb.

どうじ 同時に at the same time; simultaneously. ~通訳〔人〕a simultaneous interpreter. ~放送 a simulcast《on radio and television》.

とうじしゃ 当事者 the party〔person〕concerned.

どうじだい 同時代の contemporary. ~人 a contemporary.

とうじつ 当日に on that〔the〕day. ~券 a ticket sold on the day of the performance.

どうして〔理由〕why;〔方法〕how.

どうしても anyway; possibly; by any means;〔否定〕by no means.

とうしゅ 投手〔野球〕a pitcher. ~戦 a pitcher's duel. 勝利(敗戦)~ a winning(losing) pitcher.

とうしゅう 踏襲する follow; tread in a person's(foot) steps.

どうしゅく 同宿する stay with《a person》. ~者 a fellow lodger.

とうしょ 投書 a contribution. ~する write a letter《to》; contribute an article《to》(寄稿). ~家 a contributor. ~欄 the readers' column.

とうしょう 凍傷 frostbite; chilblain. ~にかかる be frostbitten.

とうじょう 搭乗 boarding. ~する〔飛行機に〕board a plane. ~員〔集合的〕the crew;〔1人〕a crewmember. ~券 a boarding pass.

とうじょう 登場する enter the stage. ~人物 a character.

どうじょう 道場 a gymnasium; a training school〔arena〕.

どうじょう 同情 sympathy. ~する sympathize《with》. ~的(な) sympathetic. ~者 a sympathizer.

どうじょう 同乗する ride in the same car. ~させる give a person a lift.

とうしん 等身 life-size. ~像 a life-size statue.

とうすい 陶酔 intoxication. ~する be intoxicated《with》. 自己~《fall into》self-complacency.

とうせい 統制 control; regulation. ~する control; regulate.

どうせい 同性の of the same sex. ~愛 homosexuality; homosexual love;〔女性間の〕lesbianism.

どうせい 同棲する live together;

cohabit《with》.

どうせい 動静〔行動〕one's doings〔movements〕;〔状態〕conditions《of the political world》.

どうせき 同席する sit with;keep company with.

とうせん 当選する〔選挙に〕be elected;〔代議士に〕be returned《to the Diet》;〔懸賞などに〕win a prize. ～者 a successful candidate;a prize winner.

とうせん 当籤する draw a prize. ～者 a prize winner. ～番号(券) a winning number (ticket).

とうぜん 当然の just;right;natural;〔正当〕deserved. ～に naturally;deservedly.

とうぜん 陶然とする〔酒で〕《俗》be mellow with drink. →うっとりする.

どうぞ …してください please《do》. Will you kindly〔please〕《do》?

とうそう 逃走 flight;escape. ～中である be on the run. →にげる.

とうそう 闘争 a strife;a struggle;a fight. ～する struggle《for, against》. ～資金 funds for a strike.

どうそう 同窓(生)a fellow student;a schoolmate. ～会 an alumni (男の)〔alumnae (女の)〕association.

どうぞう 銅像 a bronze statue.

とうそつ 統率する command;lead. ～者 a leader.

とうた 淘汰する select;weed out;sift;〔人員を〕comb out.

とうだい 灯台 a lighthouse. ～守 a lighthouse keeper.

どうたい 胴体→どう(胴).

どうたい 導体 a conductor.

とうち 統治する govern;rule《over》;reign《over》. ～権 the supreme power;sovereignty.

とうちゃく 到着 arrival. ～順に in order of arrival. ～する reach;arrive《at, in》.

とうちょう 盗聴する〔電話などを〕tap

《a telephone》;listen in.

どうちょう 同調する side with《a person》;align oneself with. ～者 a sympathizer.

とうちょく 当直 duty;watch. ～である be on duty.

どうてい 童貞 virginity;〔人〕a virgin.

どうてん 同点 a tie;a draw. ～になる tie with《a team in a game》.

とうとい 尊い・貴い〔貴重〕precious;valuable;〔高貴〕noble.

とうとう 滔々とした〔流水〕rushing《water》;〔弁舌〕eloquent;fluent. ～と《flow》rapidly;《speak》eloquently.

どうとう 同等の equal. ～に equally;on equal terms.

どうどう 堂々とした grand;majestic;dignified;magnificent. ～と with great dignity;magnificently.

どうとく 道徳 morals;morality;virtue. ～上〔的に〕morally;moral. ～家 a moralist.

とうどり 頭取 the president;《英》the governor.

とうなん 東南 the southeast. ～の southeast(ern). ～アジア諸国連合 the Association of Southeast Asian Nations〔略 ASEAN〕.

とうなん 盗難に遭う be robbed《of a thing》;〔物が主語〕be stolen. ～事件 a case of burglary〔robbery〕.

どうにか (こうにか) somehow or other;by some means or other.

とうにゅう 豆乳 a soybean milk.

どうにゅう 導入 introduction《of foreign capital》. ～する introduce.

とうにょうびょう 糖尿病 diabetes. ～患者 a diabetic.

とうにん 当人 the person in question;the said person.

どうねんぱい 同年輩である be of an age〔the same age〕.

とうは 党派 a party;a faction (党内

とうは 踏破する tramp《a land》；travel all over《a country》.

どうはい 同輩 an equal；a compeer.

とうばん 当番《be on》duty；〔人〕a person on duty.

とうばん 登板する〔野球〕take the plate〔mound〕.

どうはん 同伴〔同道〕する go (in company) with；go together.

とうひ 逃避する escape；flee. ～的(な)escapist.

とうひょう 投票〔行為〕voting；〔票〕a ballot；a vote. ～する (cast a) vote〔ballot〕《for, against》. ～者 a voter. ～所 a polling station. ～箱 a ballot box. ～用紙〔無記名の〕a voting paper；〔無記名の〕a ballot. 決戦～ a final vote.

とうふ 豆腐 bean curd；tofu.

どうふう 同封する enclose《a thing in a letter》.

どうぶつ 動物 an animal. ～園 a zoological garden；a zoo. ～学 zoology. ～学者 a zoologist.

とうぶん 当分〔今のところ〕for the present；for some time〔しばらくの間〕.

とうぶん 等分する divide (into equal parts).

とうへき 盗癖 a thieving habit；kleptomania. ～のある thievish.

とうべん 答弁 an answer；a reply；〔弁明〕an explanation. ～する answer；reply；〔弁明〕explain.

とうぼう 逃亡 (an) escape. ～者 a fugitive. →にげる.

どうほう 同胞 brothers；fellow countrymen〔countrywomen〕.

とうほく 東北 the northeast. ～の northeast (ern).

とうほん (戸籍)謄本 a copy (of one's family register)；a transcript.

どうみゃく 動脈 an artery. ～硬化症 arteriosclerosis.

とうみん 島民 an islander.

とうみん 冬眠 hibernation. ～する hibernate.

とうめい 透明な transparent；lucid；clear (澄んだ).

どうめい 同盟 an alliance；a league. ～する be allied〔leagued〕《with》. ～国 an allied power；an ally.

とうめん 当面の〔即時の〕immediate；〔緊急の〕urgent；pressing；impending. ～の問題 the problem for the moment.

どうもう 獰猛な ferocious；fierce；terrible.

とうもろこし 玉蜀黍《米》(Indian) corn；《英》maize.

とうやく 投薬する prescribe (medicine)《for a patient》.

どうやら seem《to do》；be likely《to do》. →たぶん.

とうよう 東洋 the East；the Orient；the Far East (極東). ～の Oriental；Eastern. ～人 an Oriental.

とうよう 盗用する〔物を〕steal for one's use；〔金を〕embezzle.

とうよう 登用する〔任用〕appoint；〔昇進〕promote；〔外部より〕take《a person》into《government》service.

どうよう 童謡 a children's song；a nursery rhyme (子守歌).

どうよう 同様に similarly；equally；in the same way.

どうよう 動揺 tossing；〔縦ゆれ〕pitching；〔横ゆれ〕rolling；〔騒ぎ〕agitation；(a) commotion. ～する shake；pitch；roll；toss；〔心が〕be disturbed.

どうらく 道楽 a loose life；dissipation (放蕩)；〔趣味〕a hobby. ～する dissipate. ～に for (the sake of) amusement. ～息子 a prodigal son.

どうらん 動乱 a disturbance；a commotion.

どうり 道理 reason. ～にかなった reasonable. ～に反した unreasonable；perverse.

とうりゅうもん 登竜門 a way to success〔honors〕.

とうりょう 棟梁〔大工の〕a master carpenter；〔首領〕a leader；a boss.

どうりょう 同僚 a colleague；an associate；a co-worker.

どうりょく 動力 motive power. ～の dynamic. ～装置 a power plant.

とうるい 盗塁〔野球〕base stealing. ～する steal a base.

どうろ 道路 a road；a street；〔大道〕a thoroughfare；a highway. ～交通法 the Road Traffic Law.

とうろう 灯籠 a lantern；a dedicatory lantern（神前の）.

とうろく 登録 registration；entry. ～する register；make an entry〈of〉. ～商標 a registered trademark.

とうろん 討論 (a) debate；(a) discussion. ～する debate；discuss. ～会 a《TV》debate. 公開～会 an open forum.

どうわ 童話 a tale for children；a fairy tale〔story〕.

とえい 都営バス（住宅）a metropolitan bus（dwelling house）.

とおあさ 遠浅になっている〔海が〕The sea is shallow for some distance from the shore.

とおい 遠い〔くの〕far；distant；remote. 遠く〔に，で〕a long way off；far away〔off〕；in the distance.

とおえん 遠縁の親類 a distant relative〔kinsman〕.

とおからず 遠からず soon；before long；in the near future.

とおく 遠く→とおい.

トークショー a talk show；《英》a chat show.

トークン a token（代用貨幣）.

トーゴ 〔国名〕(the Republic of) Togo.

とおざかる 遠ざかる go away from；〔音が〕die away；〔隔離〕keep off from；〔練習から〕be out of practice.

とおざける 遠ざける keep off；keep《a person》at a distance；〔避ける〕avoid；〔節制〕abstain from《smoking》.

とおす 通す〔通過〕let《a person》pass；let in（中へ）〔out（外へ）〕；admit（出入を許す）；〔光・熱を〕be pervious《to light, to heat》；〔貫通〕let《water》pass through《a pipe》；〔貫徹〕carry out（目的・意志を）；keep〔stick〕《to》（主義・主張を）；〔持続〕keep；continue；remain（終わりまで）；〔案内〕show《a person》in.

トースター a toaster.

トースト a toast. パンを～する toast《a slice of》bread.

トーテムポール a totem pole.

ドーナツ a doughnut. ～現象 urban sprawl.

トーナメント a tournament. ～プロ a player on the pro tour.

とおのく 遠のく become distant；〔人が〕keep away from.

とおのり 遠乗りする make〔have〕a long ride〔drive〕.

ドーピング doping. ～テスト a drug check〔test〕；drug testing.

とおぼえ 遠吠えする bay；howl.

とおまわし 遠回しに in a roundabout way. ～に言う hint at；suggest.

とおまわり 遠回りをする make a detour〔roundabout way〕.

ドーム a dome. ～球場 a domed baseball stadium.

ドーラン grease paint.〔＜《G》Dohran（会社名）〕

とおり 通り a road；〔街〕a street. …の～に (just) as；according to；in accordance with. ～魔 a phantom killer.

とおりあめ 通り雨 a passing rain；a shower.

とおりがかり 通り掛かりに on the〔one's〕way《to》.

とおりかかる 通り掛かる happen to

pass ; pass by.

とおりすぎる 通り過ぎる go beyond 〔past〕; pass (by) 《a place》.

とおりぬけ 通り抜ける pass 〔go〕 through. **～禁止【標示】** No Thorough-fare.

とおりま 通り魔 《be assaulted by》a phantom robber 〔killer〕.

とおりみち 通り道 a passage ; a way. →とちゅう.

とおる 通る pass ; 〔通用〕pass for ; 〔声が〕be sonorous. **通れる（れない）**(im) passable.

とおる 透る penetrate .

トーン a tone. **声の～を上げる（下げる）**tone one's voice up (down).

とかい 都会 a city ; a town. **～の** urban. **～人** a city dweller. **～生活** city life.

トがき ト書き stage directions.

とかげ 蜥蜴 a lizard.

とかす 梳かす〔髪を〕comb 《one's hair》.

とかす 溶かす〔熱で〕melt ; 〔水で〕dissolve.

とがめる 咎める〔責める〕blame ; rebuke ; reproach ; 〔気が〕feel guilty 《about》.

とがらす 尖らす sharpen ; pout 《one's mouth》; make up a lips ; 〔神経を〕get nervous.

とがる 尖る be sharpened. **尖った** sharp ; pointed.

どかん 土管 an earthen〔a drain〕pipe.

とき 時 time ; hour ; 〔時機・場合〕(a) time ; an opportunity ; an occasion ; 〔時代〕times ; an age. **～を得た（ならぬ）**(un) timely ; (un) seasonable. **～の首相** the then premier. **～を違えず** punctually. **～をつくる（鶏が）**crow. **～の人** a man of the moment. **～の話題** current topics. **…の～** when ; while (間に). **～の記念日** Time Day.

とき 鴇 a Japanese crested ibis.

どき 土器 an earthen vessel ; 〔集合的〕earthenware.

ときどき 時々 sometimes ; now and then ; occasionally.

どきどきする〔心臓が〕beat 《with》; throb.

ときのこえ 関の声 (を上げる) (raise) a war cry.

ときめく〔胸が〕beat fast ; throb.

ドキュメンタリー a documentary 《film》.

どきょう 度胸 spirit ; courage ; boldness. **～のある** confident ; courageous. **～のない** timid ; cowardly. **～のよい** daring ; bold.

とく 得 gains ; (a) profit ; 〔有利〕advantage. **～をする** gain ; profit ; be of advantage 《to one》.

とく 徳 virtue. **～の高い** virtuous ; 《a man》of virtue.

とく 説く〔説明〕explain ; elucidate ; 〔説得〕convince ; persuade 《a person to do》; 〔説教〕preach.

とく 解く→ほどく ; 〔問題を〕solve ; 〔解除〕disband(隊を) ; disarm(武装を) ; raise (囲みを) ; remove 〔lift〕《a ban》(解禁) ; 〔疑いを〕clear up ; dispel.

とぐ 研ぐ〔刃物を〕whet ; sharpen ; 〔米を〕wash.

どく 毒 poison. **～する** poison ; harm ; 〔精神的に〕corrupt. **～な** poisonous ; venomous ; 〔害になる〕injurious. **～を入れた〔塗った〕**poisoned. **～ガス** poison gas.

どく 退く move aside ; get out of the way.

とくい 得意〔自負〕pride ; 〔得手〕one's forte 〔speciality〕; 〔得意先〕a customer ; a patron ; custom (集合的). **～になる〔がる〕**be proud of ; boast of. **～の** proud ; favorite.

とくい 特異 **～な** unique ; differential. **特異体質** idiosyncrasy.

どくえんかい 独演会〔落語などの〕a one-man show.

どくがく 独学する study by oneself. ～者 a self-educated person; a man of self-education.

とくぎ 特技 special talent〔accomplishments〕.

どくさい 独裁 ～者 a dictator. ～主義国 a despotic nation. ～政治 dictatorship.

とくさく 得策 a good policy. ～である It is advisable〔wise〕《to do, that》.

どくさつ 毒殺する (kill with) poison; poison《a dog》to death.

とくさん 特産 (物) a special product.

とくし 特使《dispatch》a special envoy.

とくし 篤志 ～家 a charitable person. 〔慈善家〕a philanthropist;〔率先者〕a volunteer.

どくじ 独自の one's own; original; unique.

とくしつ 得失 merits and demerits.

とくしゃ 特赦 (を行う) (grant) an amnesty.

どくしゃ 読者 a reader;〔新聞・雑誌の購読者〕a subscriber.

どくじゃ 毒蛇 a venomous snake.

とくしゅ 特殊な special. ～学校 a special school. ～法人 a special public corporation.

とくしゅう 特集 a special edition. ～記事 a feature article. ～号 a special number〔issue〕《for》.

どくしょ 読書 reading. ～する read《a book》. ～家 an extensive reader. ～会 a reading circle.

どくしょう 独唱 a (vocal) solo. ～する sing a solo.

とくしょく 特色 a special〔distinctive〕feature《of》. ～づける characterize. ～のある characteristic; distinctive.

どくしん 独身 single; unmarried;〔男〕a bachelor;〔女〕a single woman. ～で暮らす live single《all one's life》. ～の single; unmarried. ～貴族 an aristocratic〔swinging〕single. ～者 an unmarried person. ～生活 single life.

とくせい 特性 a special〔distinctive〕character; a characteristic; a property; a peculiarity.

とくせい 特製の specially-made; of special make.

どくぜつ 毒舌 (をふるう) (use) a venomous tongue.

どくせん 独占 monopoly; exclusive possession. ～する monopolize. ～事業 a monopoly. ～者 a monopolist.

どくそ 毒素 poisonous matter; a toxin.

どくそう 独奏 a solo. ～する perform a solo. ～会 a recital.

どくそう 独創的 (な) original; creative. ～力 originality.

とくそく 督促 a demand.

ドクター a doctor. ～コース a doctoral program. ～ストップ the doctor's order to stop.

とくたい 特待生 a scholarship student.

とくだね 特種〔新聞の〕a scoop.

どくだん 独断の dogmatic; arbitrary. ～で by one's own decision; on one's own authority〔responsibility〕.

とくちょう 特徴 a characteristic; a special〔distinctive〕character〔feature〕.

とくてい 特定の specific;〔特別の〕special.

とくてん 特典 a privilege.

とくてん 得点 the marks〔points〕obtained; the score;〔野球〕the runs. ～を得る score a point〔a run〕.

とくとう 特等 a special class. ～席

（室） a special seat (room).

どくとく 独特の peculiar《to》; characteristic《of》; unique.

どくどくしい 毒々しい gaudy; glaring《colors》.

とくに 特に (e) specially; particularly; on purpose (ことさら).

とくは 特派 **～員**〔新聞の〕a correspondent.

とくばい 特売 a sale. **～場** a bargain counter; a bazaar.

どくはく 独白 a monologue. **～劇** a monodrama.

とくひつ 特筆する mention specially.

とくひょう 得票 one's poll; the number of votes obtained.

とくべつ 特別の (e) special; particular;〔例外〕exceptional. **～に** (e) specially; particularly; in particular. **～会員（席・号）** a special member (seat, number).

とくほう 特報 news special. **～する** flash the news.

とくめい 特命 **～全権大使（公使）** an ambassador (a minister) extraordinary and plenipotentiary.

とくめい 匿名 anonymity. **～で** anonymously; incognito《I》. **～の** anonymous.

とくやく 特約する make a special contract《with》. **～店** a special agent.

どくやく 毒薬 (a) poison.

とくゆう 特有の peculiar《to》; characteristic《of》.

とくよう 徳用の economical; cheap.

どくりつ 独立 independence;〔自活〕self-support. **～する** become independent《of》. **～の** independent. **～国** an independent state. **～心** an independent spirit.

どくりょく 独力で all by oneself; alone; single-handed.

とぐろ **～を巻く**〔蛇が〕coil oneself;〔すわっている〕《米俗》sit around.

とげ 刺 a thorn; a prickle. **～のある** thorny; prickly;〔言葉が〕harsh. **～が刺さる** a thorn runs《into》.

とけい 時計 a clock (柱・置時計); a watch (懐中時計・腕時計). **～台** a clock tower. **～屋**〔人〕a watchmaker;〔店〕a watch store. **腕～** a wrist watch.

とけつ 吐血する spit [vomit] blood.

とける 溶ける〔熱で〕melt;〔水の中で〕dissolve.

とける 解ける〔ほどける〕become loose; be untied;〔問題などが〕be solved;〔疑いが〕be cleared;〔怒りが〕be appeased.

とげる 遂げる〔完遂〕accomplish;〔達成〕attain; achieve;〔実現〕realize.

とこ 床〔寝床・苗床〕a bed. **～につく** go to bed;〔病気で〕be laid up《with illness》. **～ずれ** a bedsore.

どこ 何処 (に・へ) Where…?; what place…?; **～かに**〔肯定〕somewhere;〔疑問〕anywhere. **～にも**〔肯定〕everywhere;〔否定〕nowhere;《not》anywhere.

とこう 渡航する make a voyage《to》; go over《to》;〔移住〕emigrate《to》. **～者** a passenger; an emigrant.

とこなつ 常夏 **～の国** a land of eternal summer.

とこや 床屋〔店〕《米》a barbershop;《英》a barber's (shop);〔人〕a barber; a hairdresser.

ところ 所〔場所〕a place; a scene (現場); room (余地); space (余地);〔家〕one's house;〔住所〕one's address.

- どころか far from《(being) rich》;〔…はもちろん…も〕to say nothing of …; not only…but also.

ところどころ 所々 here and there.

とさか 鶏冠 the crest [comb] (of a cock); the cockscomb.

どさくさまぎれに 《escape》in the confusion 《of》.

とさつ 屠殺する slaughter ; butcher. ～所 a slaughterhouse.

とざん 登山 mountain climbing ; mountaineering. ～する climb 〔go up, ascend〕 a mountain. ～者 a mountaineer ; an alpinist ; a (mountain) climber.

とし 年 a year ;〔年齢〕age. ～取った old ; aged. ～の割に〔年よりは〕for one's age. ～を取る grow old ; advance in age. お年はおいくつですか How old are you?

とし 都市 a city ; town. ～の urban. ～計画 city 〔town〕 planning. →とかい.

としうえ 年上の older ; senior.

としご 年子 children born in consecutive years.

とじこみ 綴じ込み a file. ～にする keep on file.

とじこめる 閉じ込める confine ; shut up 《in》.

とじこもる 閉じ込もる shut oneself 《in》; keep indoors.

としごろ 年頃の〔婚期〕marriageable ;〔青春期〕adolescent.

としした 年下の younger ; junior.

としま 年増 a middle-aged woman.

とじまり 戸締まりをする fasten 〔bolt, lock up〕 the doors.

どしゃぶり 土砂降り a heavy 〔torrential〕 rain ;〔突然の〕 a downpour. ～に降る rain in torrents.

としょ 図書 a book. ～館 a library. ～館員 a librarian(司書); a library clerk (書記). ～館長 the chief 〔curator〕 of a library. ～目録 a book catalogue.

としより 年寄り an old people.〔相撲の〕a retired sumo wrestler. →ろうじん.

とじる 閉じる shut ; close.

とじる 綴じる bind (製本); file (紙

などを); sew (縫う).

としん 都心 downtown.《live in》the center〔heart〕(of Tokyo).

トス a toss. ～する toss 《a ball》.

どすう 度数 (the number of) times ; frequency.

どすぐろい どす黒い dusky ; dark ; darkish.

どせい 土星 Saturn.

とぜつ 途絶する be stopped 〔interrupted, blocked, cut off〕.

とそう 塗装する coat with paint.

どそく 土足で with shoes on. ～厳禁【標示】Shoes Off.

どだい 土台 the foundation ; the basis ; the groundwork.

どたキャン a last-minute cancellation.

とだな 戸棚 a closet ;〔食器の〕a cupboard ;〔洋服の〕a wardrobe.

とたん 途端 just as… ; the moment (that) … ; in the act of doing ; just at that moment (その途端に).

トタン zinc. ～板 sheet zinc. ～屋根 a tin 〔zinc〕 roof.

とち 土地〔地面〕ground;land;〔地味〕soil ;〔地方〕a district. ～の local ;〔地所〕《a piece of》land ; an estate ;〔領土〕territory. ～の者 a native.

どちゃく 土着の native ; aboriginal. ～民 a native.

とちゅう 途中で on the way 〔one's way〕《from, to》;〔途中で〕《stop》halfway. ～下車する stop over 〔off〕《at》.

どちら ～が…ですか Which…? ～へ Where…? ～も〔肯定〕both ;〔否定〕neither ;〔二者中どちらでも〕either.

とっか 特価 a special price. ～販売→とくばい.

とっかん 突貫 a charge ; a rush. →つきげき. ～工事 (a) rush work.

とっき 突起 a projection. ～する project.

とっきゅう 特急 a special〔limited〕express (train). 超 ～ a super-express (train).

とっきょ 特許〔特別許可〕a special permission〔license〕;〔採掘などの〕a concession;〔専売〕a patent. ～権 a patent(right). ～所有者 a patentee. ～品 a patented article.

ドッキング docking;linkup. ～する dock《with》.

とつぐ 嫁ぐ marry;marry into《a family》.

ドック〔船の〕a (dry) dock;〔人間ドック〕a physical checkup. ～に入れる (put into) dock.

ドッグ a dog. ～フード dog food. ～レッグ〔ゴルフ〕a dogleg.

とっくに long ago〔since〕.

とっくみあい 取っ組み合い a grapple. ～をする grapple〔wrestle〕《with》.

とっくり 徳利 a sake bottle;〔えりの形〕a turtleneck.

とつげき 突撃 a charge. ～する charge《at, on》;rush《at, on》.

とっけん 特権 a privilege. ～階級 the privileged classes.

とっこうやく 特効薬 a specific (medicine)《for》.

とっさ 咄嗟(の間に) in an instant.

ドッジボール《play》dodge ball.

とっしゅつ 突出(部) (a) projection. ～する project;jut out.

どっしり(と)した of heavy-build;dignified.

とっしん 突進 a rush. ～する rush.

とつぜん 突然 suddenly;abruptly;without notice (予告なしに). ～(の)sudden (ly);unexpected (ly). ～変異 mutation;〔変異体〕a mutation.

どっち→どちら.

とって 取っ手 a handle;a knob;an ear (水差しの).

とって 取って来る go and bring;fetch. ～おきの spare;reserved;

treasured (秘蔵の). ～おく〔保存〕keep《a thing》(in store);preserve;set aside;put by.

とってい 突堤 a jetty;a mole;a breakwater (防波堤).

どっと ～笑う burst into laughter. ～流れ出る flow out with a rush. ～逃げ出す run away in panic.

とっぱ 突破する break through;〔標準を〕rise above.

とっぱつ 突発する break out. ～的(に)unexpected (ly);sudden (ly). ～事件 emergency.

とっぱん 凸版(印刷) relief printing.

とっぴ 突飛な extravagant;eccentric (風変わり);reckless (向こう見ず).

トップ a top. ～を切る lead;be the first《to do》. ギアを入れる put into high gear. ～会談 a summit conference. ～バッター〔野球〕a lead-off batter.

とっぷう 突風 a〔sudden〕gust of wind.

トップレス〔ドレス・水着〕a topless. ～の topless《bathing suit, waitress》.

とつレンズ 凸レンズ a convex lens.

どて 土手 a bank;a dike;《米》a levee.

とても〔どうしても〕《not》…possibly〔at all〕;〔非常に〕very;so;awfully;〔全く〕quite;entirely.

ととう 徒党を組む form a faction〔clique〕;band together.

トトカルチョ〔サッカーくじ〕the soccer pool〔lottery〕;totocalcio《I》.

とどく 届く arrive《at》;reach;〔荷物が〕come to hand;〔及ぶ〕reach〔extend〕《to》;〔願いが〕be fulfilled.

とどけ 届け(書)a report. (欠席)～を出す send in a report (of absence). ～先 the destination.

とどける 届ける〔届け出る〕report《to》;〔送る〕send;forward;〔配達〕

deliver.

とどこおり 滞り〔遅滞〕(a) delay；〔支障〕a hitch；〔未払い〕arrears. ～なく duly；without accident〔a hitch〕.

とどこおる 滞る〔物事が〕be delayed；〔支払いが〕be overdue.

ととのう 整う〔整頓〕be (put) in order；〔用意〕be ready〔prepared〕；〔調達〕be raised. →ととのえる. 整った regular；well-ordered；〔服装などの〕neat.

ととのえる 整える〔整頓〕put in order；〔調整〕regulate；〔準備〕prepare《for》；〔調達〕raise《money》〔金を〕；supply《an article》（品物を）；〔相談などを〕settle；arrange.

とどまる 留・止まる〔止まる〕stop；stand still；〔残る〕remain；stay；〔限られる〕be confined《to》.

とどめる 留・止める stop；check；arrest；〔痕跡を〕leave.

とどろく 轟く roar；roll；reverberate.

トナー〔コピー機などの〕toner.

ドナー a donor. ～カード a donor card.

となえる 唱える〔念仏などを〕recite；chant；say《masses》；〔提唱〕advance；advocate；〔反対を〕raise《an objection》.

トナカイ 馴鹿 a reindeer.

となり 隣 the next door；the adjoining house. ～の next (-door)；neighboring；adjoining. ～近所 the neighborhood；neighbors（近隣の人々）.

どなる 怒鳴る roar；shout；yell.

どの 殿 Mister〔略 Mr.〕；Esquire〔略 Esq.〕. →-さま.

どのくらい どの位 how much（量）〔many（数），long（時間），far（距離）〕…?

とばく 賭博 gambling. ～をする gamble. ～場 a gambling house

〔room〕；《米俗》a joint.

とばす 飛ばす let《a thing》fly；〔風が〕blow off；〔水などを〕splash；spatter；drive《to a place》in a motorcar（車を）；gallop《a horse》；〔ページなどを〕skip (over). 飛ばし〔金融用語〕a loss-flying deal.

とばっちり を食う (get) a by-blow.

とびあがる 飛び・跳び上る〔空中に〕soar；fly up；〔人が〕jump up.

とびいし 飛び石（伝いに）(walking over) stepping stones. ～連休 sandwiched holidays.

とびいり 飛び入りをする join in《a game》from the outside. ～自由の（競技）(a) free-for-all.

とびうお 飛魚 a flying fish.

とびおきる 飛び起きる jump out of one's bed；〔驚いて〕start to one's feet.

とびおりる 飛び降りる jump down；jump off《a moving car》.

とびかかる 飛び掛かる spring〔pounce〕upon；fly at.

とびきゅう 飛び級 advanced placement.

とびこす 跳び越す jump over；〔跳躍で〕clear《the bar》.

とびこむ 飛び込む plunge《into》；〔水中へ〕dive.

とびだす 飛び出す jump〔fly〕out；〔急いで〕run〔rush〕out；〔逃亡〕run away；〔突出〕protrude.

とびちる 飛び散る scatter；〔水などが〕splash.

とびつく 飛び付く jump up to（高い所）；fly to（子供が母親などに）；jump at（欲しがって）. →とびかかる.

トピック a topic；a subject.

とびどうぐ 飛び道具 a missile；〔火器〕a firearm.

とびのく 飛び退く spring aside〔back〕.

とびのる 飛び乗る jump into a moving car（車に）.

とびひ 飛び火 flying sparks. ～する

とびまわる 飛び回る〔空中を〕fly about；〔はね回る〕jump about；〔子供などが〕romp about；〔多忙で〕hustle about.

どひょう 土俵〔相撲の〕the ring. **～入り** a display of sumo wrestlers in the ring. **～際で** at the last moment.

とぶ 飛ぶ・跳ぶ fly；〔舞い上がる〕soar；〔ひらひらと〕flutter；〔跳躍〕jump；leap；spring；〔片足で〕hop；〔軽く〕skip；〔吹き飛ぶ〕be blown away.

どぶ 溝《clear》a ditch；〔排水用に〕a drain.

とほ 徒歩で on foot. **～旅行** a walking tour〔trip〕.

とほう 途方に暮れる be bewildered；be at a loss；be at one's wit's end. **～もない** extraordinary；ridiculous.

どぼく 土木〔工事〕engineering〔public（公共の）〕works. **～技師** a civil engineer. **～作業員** a construction worker.

とぼける 惚ける〔知らぬふりをする〕pretend ignorance；〔おどける〕be droll. **惚けた**〔ばかげた〕foolish；〔ひょうきんな〕droll.

とぼしい 乏しい scarce；scanty；《be》short of《money》；《be》lacking《in》.

とぼとぼ 〜歩く trudge along；make one's weary way.

どま 土間〔家の〕an earth floor；〔劇場の〕the pit.

トマト a tomato（複 tomatoes）. **～ケチャップ** tomato ketchup. **～ジュース** tomato juice.

とまどう 戸惑う be perplexed《at》；be at a loss.

とまり 泊まり staying. **～客** a（staying）guest. 一晩〜の旅行に行く make an overnight trip《to》；〔宿直〕night duty. 今夜は〜だ I am on duty tonight.

とまりぎ 止まり木 a perch.

とまる 止・留まる stop；halt；〔鳥が〕perch；alight.

とまる 泊まる stay《at a place, with a person》；〔宿屋に〕put up at《an inn》；〔ホテルに〕check in.

とみ 富 riches；wealth.

ドミニカ Dominica. **～共和国** the Dominican Republic. **～国** the Commonwealth of Dominica.

ドミノ dominoes. **～効果** the domino effect. **～倒し** knock down like a line of dominoes.

とむ 富む be rich《in》；abound《in》；have a wealth《of》.

とむらい 弔い→そうしき. **～合戦** an avenging battle.

とむらう 弔う〔死者を〕pray〔say masses〕for《the dead》.

ドメイン **～買い占め** cyber squatting. **～ネーム**〔通信〕a domain name.

とめる 止・留・停める stop；〔栓を〕turn off；〔電流などを〕switch off《the radio》；〔固定〕fasten〔fix〕《a thing on〔to〕another》；〔抑止〕check；dissuade《a person from doing》；〔引留める〕detain；keep；〔禁止〕forbid；prohibit.

とめる 泊める lodge〔and board（食事つきで）〕《a person》；give《a person》a night's lodging（一晩）.

とも 友 a friend；〔仲よし〕a chum；〔同僚〕a companion.

とも 供をする accompany；follow；go with；〔随行〕attend on《a person》.

とも 艫 the stern.

ともかく at all events；at any rate；anyway.

ともかせぎ 共稼ぎ a two-paycheck married couple.

ともぐい 共食い cannibalism. **～する** feed on each other.

ともす 点・灯す light；burn.

ともだおれ 共倒れになる be ruined together；share the same fate.

ともだち 友達 a friend；a companion（仲間）.

ともなう 伴う〔…に伴う〕follow；accompany；attend；〔…を伴う〕take《a person》with《one》；〔含む〕involve.

ともに 共に together；both（両方とも）…，と～〔等しく〕equally；〔…につれて〕as《one grows older》.

ともばたらき 共働きする work in double harness. あの家は～だ In that family both husband and wife are wage earners.

どもる 吃る stammer；stutter；falter.

どやがい どや街 a flophouse area.

どようび 土曜日 Saturday（略 Sat.）.

とら 虎 a tiger；〔牝〕a tigress.

どら 銅鑼（がなる）a gong（sounds）.

トライ ～する〔ラグビー〕score a try.

ドライ ～な〔そっけない〕dry；〔現実的〕businesslike；practical；realistic. ～アイス dry ice. ～カレー rice fried with meat, vegetables and curry powder. ～クリーニング dry cleaning. ～フラワー dried flowers.

トライアスロン the triathlon.

トライアングル〔楽器〕《sound》a triangle.

ドライバー〔運転手〕a driver；〔ねじ回し〕a〔plus, minus〕screw driver；〔ゴルフの〕a driver.

ドライブ《go for》a drive. ～イン a roadside restaurant. ～スルー a drive-through.

ドライヤー a《hair》dryer.

トラウマ (a) trauma.

とらえる 捕らえる catch；take hold of；〔把握する〕get；grasp.〔逮捕〕arrest；〔捕獲〕capture.

トラクター a tractor.

トラスト a trust. 反～法 antitrust laws.

トラック〔貨物自動車〕a (motor) truck；《英》lorry；〔走路〕a (running) track. ～競技 a track event. 大型～ a large truck. 小型～ a pickup.

ドラッグ〔薬・麻薬〕a drug. ～する〔コンピュータ〕drag. ～ストア a drugstore；a pharmacy；《英》a chemist's shop.

とらのまき 虎の巻 a (pupils') crib《to》；〔比喩的〕a bible《for, of》.

ドラフト a draft. ～会議〔委員会〕draft commission；〔会合〕a drafting session.

トラブル ～に巻き込まれる get into trouble. ～を起こす cause trouble.

トラホーム trachoma.

ドラマ a drama.

ドラム (をたたく)(beat) a drum. ～缶 a drum《of gasoline》. ドラマー a drummer.

とらわれる 捕らわれる be caught〔taken prisoner〕；〔思想・習慣に〕be biased《with》；be a slave《of》.

トランキライザー a tranquilizer.

トランク a trunk；a suitcase；〔自動車の〕a trunk《英》a boot.

トランクス (a pair of) trunks.

トランシーバー a transceiver.

トランジスター ～ラジオ a transistor radio.

トランス〔電気〕(power) transformer.

トランプ《play》cards. ～を切る shuffle the cards. ～を配る deal the cards. ～占い fortune telling from cards.

トランペット《blow》a trumpet. ～奏者 a trumpeter.

トランポリン《bounce on》a trampoline.

とり 鳥 a bird；a fowl；〔鶏〕a hen；a cock；〔鶏肉〕(meat of) fowl；chicken. かごの～ a caged bird.

とりあう 取り合う〔奪い合う〕scramble〔struggle〕for《a seat》；〔聞いてやる〕give ear《to》；listen《to》.

とりあえず 取りあえず〔当分〕for the

time being；〔第一に〕first of all.

とりあげる 取り上げる〔手に〕take up；〔奪う〕take away；〔没収〕confiscate；〔産児を〕deliver《a woman of a child》；〔受理〕accept；listen to.

とりあつかう 取り扱う handle（物品を）；manage（事務を）；treat（人を）；〔販売〕deal in《rice》；〔処理〕deal with.

とりあわせ 取り合わせ (an) assortment；〔配合〕combination.

といいる 取り入る work〔worm, steal〕oneself into《a person's》favor.

とりいれる 取り入れる〔収穫〕harvest；take in；〔説などを〕adopt；accept；introduce（紹介する）.

とりうち 鳥打ち〔帽子〕a hunting cap.

とりえ 取り柄〔価値〕worth；merit；〔長所〕a strong point. 〜のある〔ない〕valuable；useful；worthless.

トリオ a trio.

とりおさえる 取り押さえる arrest；catch.

とりかえし 取り返しがつかない (be) irrevocable〔irretrievable〕.

とりかえす 取り返す take〔get〕back；regain；retrieve.

とりかご 鳥籠 a (bird) cage.

とりかぶと〔植物〕(an) aconite；a wolfsbane；a monkshood.

とりくみ 取り組み〔相撲などの〕a bout；a match；〔取組表〕a program of matches. 取り組む wrestle《with》.

とりけし 取り消し〔契約・判決などの〕(a) cancellation；〔revocation；〔おもに，謝罪的〕(a) retraction.

とりけす 取り消す cancel；retract；revoke；withdraw.

とりこしぐろう 取り越し苦労をする worry too much about the future.

とりこむ 取り込む〔洗濯物などを〕take in；〔多忙〕be very busy；〔混雑〕be in confusion.

とりこわす 取り壊す demolish；pull〔break〕down《a house》.

とりさげる 取り下げる〔訴訟などを〕withdraw；drop《a suit》.

とりしまり 取り締まり〔統制〕control；〔監督〕supervision；〔監督者〕a supervisor. 取締役 a (managing) director.

とりしまる 取り締る control；supervise；superintend.

とりしらべ 取り調べを受ける〔警察の〕be examined by the police.

とりだす 取り出す take out；produce.

とりたて 取り立て〔集金〕collection；〔徴集〕levy. 〜る collect；levy；〔地位に〕promote《a person to a post》.

とりたて 取り立ての fresh《fruit》.

とりちがえる 取り違える take《A》for《B》；mistake；〔誤解〕misunderstand.

とりつ 都 立 の metropolitan；municipal.

とりつぎ 取り次ぎ〔商売〕. 〜の者 an usher. 〜所 an agency. 〜人 an agent. 〜販売 sale on commission；〔来客の〕〜に出る answer the door〔bell〕.

とりつく 取り付く cling《to》；〔考えなどが〕possess.

トリック a trick. 〜にひっかかる be tricked.

とりつぐ 取り次ぐ〔取次販売〕act as an agent；〔伝言〕tell；〔来客を〕answer the door〔bell〕（取り次ぎに出る）.

とりつくろう 取り繕う smooth over（言い繕う）；save the situation（その場を）；appearances（体裁を）.

とりつけ 取り付け〔銀行の〕a run《on a bank》；〔据付け〕installation. 〜る〔家具などを〕install；fit up；fix.

とりで 砦 a fort；a fortress（要塞）.

とりとめ 取り留めのない incoherent；absurd（ばかげた）.

とりなし 執り成し mediation ;
intercession.

とりなす 執り成す mediate ;
intercede《with a teacher for a
student》;〔推薦〕recommend.

トリニダード・トバゴ〔国名〕(the
Republic of) Trinidad and Tobago.

とりのぞく 取り除く take〔clear〕
away ; remove ;〔別にする〕set〔put〕
aside〔apart〕.

とりはずす 取り外す detach,〔分解〕
take away〔to pieces〕;〔設備を〕
dismantle. 取り外しのできる de-
tachable.

とりはだ 鳥肌《get, have》goose flesh
〔skin〕.

とりひき 取引〔する〕(do) business
《with》;(have) dealings《with》. ～
銀行 one's own bank. ～先〔顧客〕
a customer ;〔取引関係者〕business
connections.

トリプル triple. ～プレー a triple
play. ～ボギー a triple bogey.

ドリブル a dribble. ～する dribble.

とりまく 取り巻く surround ;
envelop ;〔へつらって〕fawn upon.
取巻き連 followers ; attendants ;
henchmen.

とりみだす 取り乱す〔乱雑〕(put in)
disorder ;〔あわてる〕lose one's
composure〔presence of mind〕.

トリミング trimming. ～する trim.

とりめ 鳥目 night blindness. ～の
night-blind.

トリュフ (a) truffle.

とりょう 塗料 paints.

どりょう 度量の広い broad-minded ;
magnanimous. ～の狭い narrow-
minded.

どりょうこう 度量衡 weights and
measures.

どりょく 努力〔an) effort ; (an) en-
deavor. ～する make an effort ;
endeavor《to do》; do one's best.

とりよせる 取り寄せる〔注文して〕

order《a book》from《America》.

ドリル a drill. ～で穴をあける drill a
hole《in》. ～ブック a workbook.

ドリンク a drink. ～剤 a health
〔vitamin〕drink ; an energy〔supple-
mentary〕drink.

とる 取・採・執・捕・撮る take ;〔捕獲〕
catch ; capture ;〔渡す〕pass ;〔得る〕
get ; receive ; win (賞などを) ;〔除去〕
remove ;〔蓋などを〕take off ;
lift ;〔席などを〕reserve ; engage (予
約) ;〔盗む〕steal ; rob ;〔受納〕
accept ;〔採用〕adopt ; assume (態
度を) ;〔採択〕choose ; prefer ;〔購読
する〕take (in) ; subscribe《for》;〔料金を〕
charge ; ask ;〔採集〕gather ; pick (花
・果実を) ;〔撮影〕take ; snap.

ドル a dollar. ～相場 the exchange
rate of the dollar. ～高 (安) strong-
er〔weaker〕dollar. ～建て dollar-
based.

トルクメニスタン〔国名〕Turkme-
nistan.

トルコ〔国名〕(the Republic of)
Turkey. ～の Turkish. ～石 (a)
turquoise. ～人 Turk. ～帽 a fez.

どれ which…? ～でも any ;
whichever. ～も all ; every (one) ;
〔否定〕none. ～か any….

どれい 奴隷 a slave. ～のような
slavish. ～制度 slavery.

トレーシングペーパー tracing paper.

トレース a tracing. ～する trace.

トレード a trade. A から B に～さ
れる be traded from A to B. ～マーク
a trademark.

トレーナー〔人〕a trainer ;〔衣料〕a
sweat shirt.

トレーニング training. ～を受けてい
る be (under) training《for》. ～シ
ャツ a sweat shirt. ～シューズ gym
shoes. ～パンツ sweat pants.

トレーラー a trailer. ～ハウス a
(house) trailer ;〔英〕a caravan.

ドレス a dress. ～アップする dress

up；get dressed up.

ドレッシング (a) (salad) dressing.
～をかける put dressing《on》.

トレパン sweat pants. →トレーニング.

とれる 取れる〔脱落〕come off；〔得る〕
get, take.

トレンチコート a trench coat.

トレンド a trend.

どろ 泥 mud. ～だらけの muddy；
covered with mud. ～臭い〔洗練さ
れていない〕unrefined. ～沼 a bog.

ドロー〔引き分け試合〕a drawn game
〔match, bout〔拳闘〕）.

トローチ a (throat) lozenge；a
troche.

トローリング〔流し釣り〕trolling.

トロール a trawl (net). ～漁業 trawl-
ing. ～船 a trawler.

どろじあい 泥仕合をする engage in
mudslinging《to each other》.

トロッコ a truck；《英》a trolley.

ドロップ a drop. ～ゴール a dropped
goal. ～ショット a dropshot.

どろどろになる become muddy
〔slushy〕；〔溶けて〕become pasty；
〔汁が〕become thick.

とろび とろ火 a low fire. ～で煮る
stew；simmer.

トロフィー a trophy.

どろぼう 泥棒 a thief；a burglar；a
robber. ～する commit a theft；
steal《a thing》from《a person》.

トロリーバス a trolley bus.

トロンボーン《blow》a trombone. ～
奏者 a trombonist.

トン a ton；tonnage. 総～数 gross
tonnage. 4 ～積みのトラック a four-
ton truck. ～税 tonnage duties.

トンガ (the Kingdom of) Tonga. ～
の Tongan. ～人 a Tongan.

とんカツ 豚カツ a breaded and deep-
fried pork cutlet.

どんかん 鈍感な dull；stupid；thick-
skinned；insensible.

とんだ〔とんでもない〕surprising；

unexpected；absurd.

とんち 頓知のある ready-〔quick-〕
witted；witty.

とんちゃく 頓着する mind；(take)
heed；care about.

とんちんかんな nonsensical；absurd.

とんとん ～拍子に swimmingly；
without a hitch.

どんどん〔迅速に〕rapidly；in rapid
succession；〔沢山〕copiously；in
large numbers〔quantities〕.

どんな what. ～…でも whatever；
any. ～事があろうとも whatever may
happen；under any circumstances.

トンネル a tunnel. ～を抜ける pass
〔go〕through a tunnel. ～を掘る cut
〔dig〕a tunnel《through》. ～会社 a
dummy company.

ドンファン a Don Juan.

とんぷく 頓服 (薬) a dose《of
medicine》.

どんぶり 丼 a (deep) bowl.

とんぼ 蜻蛉 a dragonfly. ～返りをす
る turn a somersault.

ドンマイ Never mind；Don't worry.

とんや 問屋〔店〕a wholesale store；
〔人〕a wholesaler.

な

な 名〔氏名・名称〕a name；〔呼び名〕
a first〔Christian〕name；〔名字〕a
surname〔family name〕；〔標題〕a
title；〔名声〕fame；reputation. ～
ばかりの only in name；nominal.
～もない nameless；unknown；
obscure. ～を付ける give a name；
christen；name；call.

ナース a nurse. ～ステーション a
nurses station.

ない 無い not；no；none；〔見当たら
ない〕be missing；cannot be
found；〔所有せず〕have no…；〔欠
いている〕lack.

ナイーブ ～な innocent；sensitive.

ないえん 内縁の common-law《wife》.

ないか 内科 (internal) medicine. ～医 a physician.

ないがい 内外 in (side) and out (side);〔国の内外〕home and abroad. ～価格差 price differences between Japanese and foreign products.

ないかく 内閣 a cabinet. ～改造 a cabinet reshuffle. 岸田～ the Kishida Cabinet. ～府 Cabinet Office.

ないき 内規 bylaws; customary regulations〔rules〕.

ないきん 内勤 desk work. ～員 a desk worker.

ないし from…to;〔または〕or.

ナイジェリア (the Federal Republic of) Nigeria. ～の Nigerian.

ないじゅ 内需〔経済〕domestic demand. ～拡大 the expansion of domestic demand.

ないしゅっけつ 内出血 internal bleeding.

ないしょ 内緒で in secret. ～話 a confidential talk.

ないしょく 内職 a side job〔line〕. ～する do a side job.

ないしん 内心の intimate. ～は in one's heart.

ないしんしょ 内申書 a school report.

ナイス ～キャッチする make a nice catch. ～ショット！ Good shot!. ～ミドル the beautiful〔attractive〕middle aged〔people〕.

ないせい 内政 home administration. ～干渉 intervention.

ないせん 内線の 354 番をお願いします Give me extension354, please.

ないぞう 内臓 the internal organs;〔臓腑ぞう〕the viscera.

ナイター a night game.

ないだく 内諾 an informal consent.

ないち 内地〔国内〕home;〔本土〕the mainland;〔奥地〕the inland. ～の home; domestic; inland. ～産米 homegrown rice.

ないつう 内通する hold secret communication《with》.

ないてい 内定する decide unofficially〔informally〕.

ナイト〔夜〕a night;〔騎士〕a knight. ～ガウン a dressing gown. ～キャップ a nightcap. ～クラブ a nightclub.

ないない 内々の(に) secret(ly); private(ly); confidential(ly).

ナイフ a knife;〔折り畳み式〕a jackknife;〔懐中用〕a pocketknife.

ないぶ 内部 the inside〔interior〕. ～に inside; within. ～告発〔行為〕whistle-blowing;〔人〕a whistle-blower.

ないふく 内服の《a medicine》for internal use.

ないぶんぴつ 内分泌(物・液)(an) internal secretion. ～撹乱物質(環境ホルモン) endocrine disruptors.

ないめい 内命 secret〔private〕orders〔instructions〕.

ないや 内野〔野球〕the infield. ～手 an infielder.

ないよう 内容 contents;〔実質〕substance. ～見本 advance sheets (本の).

ないらん 内乱 a civil war.

ナイロン nylon. ～のストッキング《a pair of》nylon stockings.

なう 綯う〔縄を〕twist〔make〕《a rope》.

ナウル〔国名〕(the Republic of) Nauru.

なえ 苗 a seedling; a sapling. ～床 a seedbed.

なお 尚 more; still more;〔いっそう〕still; yet.

なおさら 尚更 still more〔less〕; all the more《for , because》.

なおし 直し〔訂正〕correction;〔修繕〕mending; repair. ～にやる send

《one's shoes to a shoemaker's》to be repaired. ～物 one's mending.

なおす 直・治す〔訂正〕correct;〔改善〕improve;〔修繕〕mend;repair;〔治癒〕cure;heal.

なおる 直・治る〔矯正〕be corrected;get rid of (癖 などが);〔修繕〕be mended [repaired];〔治癒〕recover 《from》;get well;heal (傷が).

なおれ 名折れになる bring disgrace 〔discredit〕《upon》.

なか 中〔内部〕the inside；〔真ん中〕the midst;the center. ～に〔で〕in;into (中へ);amid (st)(真ん中で);among (多数の中で). ～を〔通って〕through;〔雨・風の中を〕in.

なか 仲 relations;relationship. ～がいい(悪い)be on good (bad) terms 《with》. ～のいい(悪い)close (hostile). ～よく《live》in harmony 〔peace〕.

ながあめ 長雨 a long rain；a spell of wet weather.

ながい 長・永い long；lengthy.

ながいき 長生き a long life;longevity. ～する live long；〔他の人より〕outlive 《a person》.

なかがい 仲買〔業〕brokerage;〔人〕a broker；a commission merchant 〔agent〕；a middleman.

ながく 長・永く long；for a long time. ～かかる take (much) time. ～とも at the longest.

ながぐつ 長靴《米》boots；《英》high boots.

ながさ 長さ length；measure；〔…の長さがある〕《two meters》long [in length].

ながし 流し〔台所の〕a sink. ～のタクシー a cruising taxi.

ながしめ 流し目に見る look askance 《at》.

ながす 流す〔液体を〕let《water》flow；shed《tears》；〔水が橋などを〕wash away [off]；〔タクシーが街を〕

cruise. 流される be carried away；drift out (to sea)(沖へ).

ながたらしい 長たらしい lengthy；long-winded.

なかつぎ 中継ぎ〔仲介〕intermediation；〔中継〕a relay. ～投手 a middle reliever.

なかなおり 仲直りをする become reconciled 《with》；patch up a quarrel《with》.

なかなか 中々〔案外〕rather；〔非常に〕very；quite；〔容易には〕easily.

ながなが 長々(と)for a long time；〔長たらしく〕《speak, fall》at full length.

なかにわ 中庭 a courtyard.

ながねん 長年 の《friendship》of long standing；many years 《hardship》.

なかば 半ば〔半分〕a half；〔中ごろ〕the middle；the midst. …の～に in the course 〔midst, middle〕of.

ながびく 長引く be delayed；be prolonged；take time.

なかま 仲間 a companion；an associate；a mate；〔連中〕a company；a party；a gang. ～に入る take part《in》；join. ～外れにされる be left out of《a game》.

なかみ 中身 the contents；the insides.

ながめ 眺め a view；scenery；〔眺望〕a prospect.

ながめる 眺める see；look at；view；〔凝視〕gaze 〔stare〕at；watch.

なかゆび 中指 the middle [long] finger.

ながれ 流れ a stream；a current；〔末流〕descent；〔流派〕a school. ～つく drift ashore. お～になる〔流会〕be called off；〔実現しない〕do not materialize.

ながれだま 流れ弾 a stray bullet；a random shot.

ながれる 流れる flow；run；〔漂う〕

float ; drift ;〔流出〕be carried 〔washed〕away ;〔質物が〕be forfeited.

なぎ 凪 a calm ;〔小凪〕a lull. ～になる〔風が〕drop ;〔海が〕calm down.

なきがお 泣き顔〔面〕a tearful〔tear-stained〕face.

なきごえ 泣・鳴き声〔泣き声〕a tearful voice ;〔鳴き声〕a cry（鳥・獣の）; a song〔note〕（小鳥の）.

なぎさ 渚 a beach ; a shore.

なきじょうご 泣き上戸〔酒の上での〕a maudlin drinker.

なきだす 泣き出す begin to weep ;〔わっと〕burst into tears.

なきつく 泣き付く beg ; implore ; entreat〔for〕.

なきねいり 泣き寝入りする〔寝る〕cry oneself to sleep ;〔黙って耐える〕bear humbly ; swallow《an insult》.

なきむし 泣き虫 a crybaby.

なきやむ 泣き止む stop crying.

なきわかれ 泣き別れする part in tears.

なきわらい 泣き笑いする smile through one's tears.

なく 泣く cry ; weep ;〔すすり泣く〕sob ;〔金切り声で〕scream.

なく 鳴く〔犬〕bark ;〔猫〕mew ;〔牛〕bellow ;〔子牛・ヤギ・羊〕bleat ;〔ロバ〕bray ;〔豚〕grunt ;〔馬〕neigh ;〔鳥・虫〕sing ;〔小鳥など〕chirp〔twitter〕;〔雄鶏〕crow ;〔雌鶏〕cluck ;〔ひな〕peep ;〔カラス〕caw ;〔カッコウ〕cuckoo ;〔ハト〕coo ;〔フクロウ〕hoot ;〔カエル〕croak.

なぐさめる 慰める comfort ; console ; cheer（励ます）.

なくす 亡くす lose ;〔肉親を〕be bereaved〔of〕.

なくす 無くす lose ; dissolve（希望などを）.

なくなる 亡くなる die ; pass away（死亡）.

なくなる 無くなる〔尽きる〕be exhausted ;〔紛失〕be lost ;〔欠乏〕run out ;〔消失〕disappear.

なぐりあい 殴り合い a scuffle ; a fistic fight〔encounter〕.

なぐる 殴る hit ; knock ; beat ; strike.

なげうり 投げ売り (a) sacrifice sale ; ～する sell at a sacrifice〔loss〕.

なげかわしい 嘆かわしい sad ; deplorable ; lamentable.

なげき 嘆き grief ; sorrow ; lamentation.

なげく 嘆く grieve ; lament ; deplore ; weep〔for〕.

なげだす 投げ出す throw《out, down》; spread〔stretch〕out《one's legs》;〔放棄〕give up ; abandon in despair. 命を投げ出して at the risk of one's life.

なけなしの what little《money》one has.

なげなわ 投げ縄 a lasso. ～で捕える lasso《a horse》.

なげる 投げる throw ; fling ; hurl ; cast ; pitch《a ball》;〔放棄〕throw〔give〕up.

なこうど 仲人〔をする〕(act as) a go-between〔matchmaker〕.

なごり 名残り〔痕跡〕traces ; vestiges ;〔別離〕a farewell. ～を惜しむ be sorry to part from《a friend》.

なさけ 情け〔同情〕sympathy ;〔憐憫〕pity ;〔慈悲〕mercy. ～ない pitiful ; wretched ; miserable. ～深い sympathetic ; charitable ; good-hearted. お～で out of pity.

なし 梨〔木〕a pear (tree) ;〔実〕a pear.

なしとげる 成し遂げる achieve ; accomplish.

なじみ 馴染み〔知人〕a familiar acquaintance ;〔馴染み客〕a patron. ～になる make friends《with》.

ナショナリズム nationalism.

なす 茄子 an eggplant.

ナスダック the NASDAQ; the National Association of Securities Dealers Automated Quotations（全米証券業協会相場報道システム）.

なする rub《a thing on another》; smear《with》; daub;〔罪を〕lay《the blame on a person》.

なぜ 何故 why; what for; how.

なぞ 謎 a riddle; a puzzle. ～をかける put a riddle《to》;〔暗示〕drop《a person》a hint《at》. ～を解く solve a riddle.

なぞる trace.

なたね 菜種 colza; rapeseed. ～油 colza oil.

なだめる 宥める appease; soothe; pacify.

なだれ 雪崩 a snowslide; a snowslip; an avalanche.

ナチス the Nazis. ～党員 a Nazi.

ナチズム Nazism.

なつ 夏 summer. ～負けする suffer from summer heat. ～やせする lose weight in summer. ～時間《米》daylight-saving time;《英》summer time. ～服 summer clothes. ～休み a summer vacation.

なついん 捺印する seal; attach〔put〕one's seal《to》.

なつかしい 懐かしい dear. 懐かしそうに longingly.

なつく 懐く《子供が》take to《a person》;《動物が》be tamed.

ナックルボール〔野球〕a knuckle ball.

なっとく 納得 satisfaction. ～する〔承諾〕consent《to》;〔了解〕understand;〔得心〕persuade oneself《of, that…》.

なっぱ 菜っ葉 greens.

ナップサック a knapsack.

なつみかん 夏蜜柑 a Chinese citron.

ナツメグ a nutmeg seed.

なつメロ 懐メロ an old hit song; a golden oldie.

なでつける 撫で付ける〔髪を〕comb〔brush〕《one's hair》.

なでる 撫でる stroke; pat;〔撫で付ける〕smooth.

-など 等 and〔or〕the like; and so on〔forth〕; et cetera.

ナトリウム sodium.

なな 七 →しち.

ななころびやおき 七転び八起きの《a life》full of ups and downs;《文》vicissitudes.

ななじゅう 七十 →しちじゅう.

ななふしぎ 七不思議 the seven wonders《of the world》.

ななめに 斜めに diagonally; slantingly; askew.

なに 何 what;〔何か〕something; anything;〔驚き〕What!

なにげなく 何気なく casually; without intention.

なにごと 何事 what;〔何事も〕anything;〔何事が〕something.

なにしろ 何しろ〔ともかく〕anyhow;〔どうしても〕at all events.

なにより 何よりの (the) most《desirable》; (the) best.

ナノ nano-（10億分の1）. ～サイエンス nanoscience. ～セカンド nanosecond（略 ns,nsec）. ～グラム nanogram〔略 ng〕. ～テクノロジー nanotechnology.

ナパーム ナパーム弾 a napalm bomb.

なびく 靡く bend; bow《to, before》;〔翻る〕wave;〔服従〕submit《to》; yield《to》.

ナビゲーション navigation.

ナプキン a (table) napkin; a serviette. 生理用～ a sanitary napkin〔towel〕.

なふだ 名札〔表札〕a nameplate; a placard;〔荷物の〕a tag.

ナフタリン naphthalene. ～錠 a moth ball.

なべ 鍋〔浅い〕a pan;〔深い〕a pot.

なま 生の〔未調理の〕raw; uncooked；fresh；〔録画・録音でない〕live. ～クリーム whipped cream. ～コン ready-mixed concrete. ～ハム pro-sciutto. ～ビール draft beer.

なまいき 生意気 な confident；cheeky；impudent.

なまえ 名前 →な.

なまかじり 生齧り（する）(have) a smattering《of French》. ～の 超 superficial knowledge.

なまきず 生傷 a fresh wound.

なまぐさい 生臭い (be) fishy.

なまけもの 怠け者 a lazy〔an idle〕fellow；a lazybones；a sluggard.

なまける 怠ける neglect；be idle；idle away one's time.

なまず 鯰 a catfish.

なまづめ 生爪を剥がす have a nail torn off.

なまなましい 生々しい vivid；fresh《in one's memory》.

なまぬるい 生温い lukewarm；tepid.

なまめかしい 艶めかしい amorous；coquettish.

なまもの 生物 uncooked food.

なまやけの 生焼けの half-roasted〔-baked〕；《米》rare；《英》under-done.

なまり 鉛 lead. ～色の leaden；livid.

なまり 訛り a provincial accent；dialect（方言）

なまる 訛る speak with a provincial accent；〔言葉が〕corrupt.

なみ 波 a wave；〔大波〕a billow；〔うねり〕a surge；〔岸打つ波〕surf；〔砕け波〕a breaker；〔さざ波〕a ripple.

なみうちぎわ 波打際 the beach；the shore.

なみうつ 波打つ rise and fall；undulate；wave.

なみがしら 波頭 a wave crest.

なみき 並木 a row of trees. ～道 an avenue；a boulevard.

なみだ 涙〔1滴の〕a tear. ～ぐんで，～ながらに with tears (in one's eyes).

～もろい sentimental；tearful.

なみなみと (full) to the brim；brimfully.

なみのり 波乗り surfing. ～板 a surfboard.

ナミビア (the Republic of) Namibia. ～の Namibian. ～人 a Namibian.

なめくじ 蛞蝓 a slug.

なめす 鞣す tan；taw. 鞣し皮 tanned leather.

なめらか 滑らかな smooth；clean；sleek.

なめる 嘗・舐める〔舌で〕lick；lap；〔味わう〕taste；〔経験する〕experience.

なや 納屋 a shed；a barn.

なやましい 悩ましい〔色っぽい〕seductive.

なやます 悩ます worry；trouble；torment.

なやみ 悩み suffering (s)；trouble；(an) anguish.

なやむ 悩む suffer《from》；be tormented《with》. 恋に～ be lovesick.

なら 楢 a Japanese oak.

ならう 習う learn；take lessons《on, in》；practice.

ならう 倣う imitate；follow《the example of》；model《after》. …に倣って on the model of….

ならす 均す level；smooth；〔平均する〕average.

ならす 鳴らす〔音を出す〕sound；ring（鐘を）；whistle（笛などを）；clap（手を）；click（舌を）；〔名声〕be well-known；win fame.

ならす 慣・馴らす〔慣らす〕accustom；〔訓練〕train；drill；〔馴らす〕tame；domesticate.

ならぶ 並ぶ〔横に〕stand side by side；〔縦に〕stand in a row〔line〕；〔列を作る〕queue up（買物などで）.

ならべる 並べる arrange〔place〕in a row〔line〕；〔陳列〕(put on)

display ; 〔列挙〕enumerate.

なりあがり 成り上がり(者) an up-start ; a parvenu ; a nouveau riche.

なりきん 成金 an upstart billionaire.

なりたつ 成り立つ〔実現〕be realized ; 〔締結〕be concluded ; 〔構成〕consist of ; be made up 〔of〕.

なりひびく 鳴り響く〔鳴り渡る〕resound ; echo.

なりゆき 成り行き〔結果〕a result ; 〔経過〕the process. 〜に任せる leave 《a matter》to take its own course.

なる 生る〔実が〕《trees》bear 《fruit》; 《fruits》grow 《on a tree》.

なる 成る grow ; become ; get ; 〔…に変わる〕turn into ; 〔…するようになる〕come to do ; 〔結果〕result in ; turn out ; 〔完成〕be completed 〔finished〕; 〔成立〕consist of ; 〔年齢が〕reach ; attain.

なる 鳴る〔鐘・ベルが〕sound ; ring ; 〔時計などが〕strike ; 〔雷などが〕rumble.

ナルシ(シ)ズム narcissism.

ナルシスト a narcissist.

なるべく〔なるたけ〕as《soon》as possible 〔one can〕; 〔なるべくなら〕if possible.

なるほど I see ; indeed ; really.

なれあい 馴れ合い仕事 a put-up job.

なれあう 馴れ合う intrigue 〔conspire〕with ; plot together.

ナレーション a narration.

ナレーター a narrator.

なれなれしい 馴々しい familiar ; free. 馴々しく familiarly ; with undue familiarity.

なれる 馴・慣れる〔慣れる〕be 〔get〕used《to》; become experienced《in》(経験); 〔馴れる〕become tame.

なわ 縄 a rope ; a cord. 〜梯子ぼa rope ladder.

なわとび 縄跳び (rope) skipping. 〜

をする skip rope.

なわばり 縄張り one's domain 〔territory〕.

なんい 南緯 the south latitude.

なんか 軟化する soften ; become conciliatory.

なんがつ 今月は〜か What month is it?

なんきょく 南極 the South Pole ; the Antarctic. 〜探検(隊) an Antarctic expedition.

なんきょく 難局 a difficult situation ; 〔危機〕a crisis.

なんきんまめ 南京豆 a peanut ; a groundnut.

なんきんむし 南京虫 a bedbug.

なんくせ 難癖をつける find fault 〔pick a quarrel (喧嘩)〕with《a person》.

なんこう 軟膏 (a) salve ; (an) ointment.

なんざん 難産《have》a difficult delivery.

なんじゃく 軟弱な weak ; feeble ; 〔女性的な〕effeminate.

ナンセンス nonsense. 〜な nonsensical.

なんだい 難題 a difficult problem ; 〔不当な要求〕an unjust demand.

なんちゃくりく 軟着陸〔天体への〕soft landing. 〜する soft-land.

なんでも 何でも any ; anything ; whatever ; everything (すべて); 〔是非とも〕by all means ; at any cost. 〜ない (There's) nothing the matter 《with one》.

なんとか 何とか〔どうにか〕barely ; possibly. 〔名称のはっきりしない〕something ; so-and-so.

なんとなく 何となく somehow ; I don't know why, but….

なんにち 何日 how many days ; how long, 今日は〜か What day (of the month) is it today?

なんねん 何年 how many years. 今

年は～か What year is it?

なんぱ 軟派 ～する pick up《girls》.

なんぱ 難破 (a) shipwreck.　～する be (ship) wrecked.　**～船** a wreck；a wrecked ship.

ナンバー number；〔自動車の〕a license number.　**～プレート**〔自動車の〕a license plate；《英》a numberplate.　**～ワン**《話》a number one.

なんぴょうよう 南氷洋 the Antarctic Ocean.

なんぴん 難平〔証券〕averaging.

なんぶつ 難物 a hard task；a hard nut to crack.

なんべい 南米 South America.　**～諸国** nations in South America；Latin-American countries.

なんべん 何遍〔何度〕how often；how many times.

なんみん 難民 refugees；boat people.　**～キャンプ** refugee camp.

なんもん 難問 a difficult problem〔question〕；a poser.

なんよう 南洋 the South Seas.　**～諸島** the South Sea Islands.

に

に 二 two.　**第～** the second.

に 荷 a load；〔手荷物〕baggage；《英》luggage；〔貨物〕freight；goods；〔船荷〕(a) cargo.　～を積む〔降ろす〕(un) load.　～を解く unpack.

-に〔時刻・年齢・位置・方向〕at；in；on；into；〔受身・原因〕by；for；with；〔並びに〕and.

にあう 似合う become；suit；fit；match.　似合った・似合いの (似合わない) (un) becoming；well- (ill-) matched.

にあげ 荷揚げ landing；unloading.

ニアピン〔ゴルフ〕a near pin.

ニアミス a near miss；a narrow escape.

ニーズ ～に応える meet the needs 《of》.

にえきらない 煮え切らない irresolute；halfhearted.

にえる 煮える be boiled；be cooked.

におい 匂・臭い (a) smell；(an) odor；(a) scent；〔芳香〕fragrance.　～のある，～入りの scented；perfumed《soap》.　～のよい sweet-smelling；fragrant.

におう 匂・臭う smell；〔芳香〕be fragrant；〔悪臭を〕stink.

にかい 二階《米》the second floor；《英》the first floor.

にがい 苦い bitter.　**～顔**《make》a sour face.

にがお 似顔 a portrait；a likeness.

にがす 逃がす let《a person》go；set《a person》free；〔機会などを〕miss.

にがつ 二月 February〔略 Feb.〕.

にがて 苦手〔弱点〕a weak point；〔相手〕a hard fellow to deal with.

にがにがしい 苦々しい〔不快な〕unpleasant；〔恥ずべき〕shameful.

にがみ 苦味 a bitter taste.

ニカラグア (the Republic of) Nicaragua.

にかわ 膠 (でつける) glue.

にがわらい a bitter smile；苦笑いする smile bitterly

にがんレフ 二眼レフカメラ a twin-lens reflex camera.

にきび 面皰 a pimple.　**～面** pimple-faced.

にぎやか 賑やかな lively；animated；gay；〔性格が〕jovial.

にぎり 握り a handle；a knob.　**～こぶし** a (clenched) fist.　**～飯** a rice ball.

にぎりつぶす 握り潰す crush with the hand；〔要求・議案などを〕leave《a request》unanswered；shelve《a bill》.

にぎる 握る grasp；seize.

にぎわう 賑わう be crowded《with》; 〔繁盛〕prosper.

にく 肉 flesh ; 〔食用〕meat ; 〔印肉〕sealing ink ; an ink pad. 〜がつく(落ちる) gain (lose) flesh.

にくい 憎い hateful ; detestable.

にくがん 肉眼で with the (naked) eye.

にくしょく 肉食獣(鳥) a carnivorous〔flesh-eating〕beast (bird) of prey.

にくしん 肉親〔人〕a blood relation〔relative〕.

にくたい 肉体 the flesh ; the body. 〜美 physical beauty. 〜労働 physical labor.

にくはく 肉薄する press《a person》hard《with a question》; close in upon《the enemy》.

にくまれる 憎まれる be hated ; be disliked. 憎まれ口をたたく speak ill of ; wag a vicious tongue《at》.

にくむ 憎む hate ; detest, 憎めない innocent.

にくや 肉屋〔店〕a meat shop ; 〔人〕a butcher.

にぐるま 荷車〔2輪〕a cart ; 〔4輪〕a wagon.

ニクロム(線) nichrome (wire).

にげる 逃げる run away〔off〕; get off ; escape.

にごす 濁す (make) muddy;〔返事を〕give a vague answer.

ニコチン nicotine. 〜中毒 nicotine addiction.

にごった 濁った muddy ; cloudy ;〔不純〕impure.

にこむ 煮込む stew.

にごる 濁る become muddy〔cloudy〕;〔酒などが〕become impure.

にさん 二三の two or three ; a few ; a couple of.

にし 西 the west. 〜の western. 〜日 the afternoon sun.

にじ 虹 a rainbow.

にじ 二次 〜会 a second party

〔feasting〕.

ニジェール (the Republic of) Niger.

にじます 虹鱒 a rainbow trout.

にじむ 滲む blot ; run. 滲んでいる be blurred《with ink》.

にじゅう 二十 twenty ; a score. 第〜 the twentieth.

にじゅう 二重の double ; twofold ; duplicate. 〜に doubly ; double ; twice. 〜結婚 bigamy. 〜人格 (a) dual personality. 〜生活 a double life〔living〕.

にじりよる にじり寄る draw near〔nearer〕.

にしん 鰊 a herring.

ニス varnish. 〜を塗る varnish.

にせ 贋の false;counterfeit. 〜物〔模造品〕an imitation ;〔贋造品〕a counterfeit ; a forgery.

にせい 二世〔日系米人〕a Nisei (複 Nisei, Niseis).

にたりよったり 似たり寄ったりである be much the same ; There is little difference《between the two》.

にちぎん 日銀 the Bank of Japan. 〜券 Bank of Japan notes. 〜総裁 Governor of the Bank of Japan.

にちじょう 日常の daily ; everyday ;〔普通の〕ordinary.

にちべい 日米 〜安全保障条約 the Japan-U. S. Security Treaty. 〜関係 the Japan-U.S. relations.

にちぼつ 日没に at sunset ; at sundown.

にちや 日夜 day and night.

にちよう 日曜(日)Sunday〔略 Sun.〕. 〜学校 a Sunday school. 〜大工 a weekend carpenter.

にちよう 日用の for daily use. 〜品 daily necessities.

にっか 日課 a daily〔day's〕work〔lesson〕.

にっかん 日刊の daily. 〜新聞 a daily (newspaper).

にっかん 肉感的な sensual ;

voluptuous.

にっき 日記 a diary. ～をつける keep one's diary.

にっきゅう 日給 daily wages.

にっきょうそ 日教組 the Japan Teachers' Union.

ニックネーム a nickname. ～をつける a nickname.

にづくり 荷造り pack. ～する pack (up)；make up《a package》. ～人 a packer. ～費 packing charges.

にっけい 日系米人 a Japanese (-descended) American.

ニッケル nickel.

にっこう 日光 sunlight；sunshine；the sun. ～消毒 sunlight disinfection. ～浴 a sun bath.

にっしゃびょう 日射病 (にかかる) (have) sunstroke.

にっしょうき 日章旗 the Flag of the Rising Sun.

にっしょうけん 日照権 a right to sunshine.

にっしょく 日食 a solar eclipse.

ニッチ ～産業 a niche industry.

にっちゅう 日中関係 (貿易) the relations(trade) between Japan and China.

にってい 日程 the day's program 〔schedule〕；〔審議事項〕the agenda.

ニット knit. ～ウェア knitwear.

にっとう 日当 a daily allowance；a daily pay.

につめる 煮詰める boil down.

にど 二度 twice；〔再び〕again. ～目 の second.

にとう 二等 the second class；〔二着〕 the second. ～船室 a second-class cabin《〔英〕carriage》.

ニトログリセリン nitroglycerin(e).

ににんさんきゃく 二人三脚 a three-legged race.

にのうで 二の腕 an upper arm.

にばん 二番 the second；number two.

ニヒル nihil. **ニヒリスト** a nihilist. **ニヒリズム** nihilism.

にぶ 二部 two parts. ～合唱〔奏〕a duet. ～授業 a two-shift school system.

にぶい 鈍い dull；slow；blunt.

にふだ 荷札 a tag；a label.

にぶる 鈍る get dull 〔blunt〕；relax；slacken.

にほん 日本 Japan. ～製の made in Japan. ～の Japanese. ～風の Japanese-style. ～画 traditional Japanese painting. ～語 Japanese；the Japanese language. ～酒 sake. ～人 a Japanese. ～茶 Japanese tea. ～刀 a Japanese sword. ～舞踊 traditional Japanese dance. ～料理 a Japanese-style dish. ～列島 the Japanese Islands.

にもつ 荷物→に (荷).

にやけた foppish.

にやりとする grin；smile. an ironical smile (皮肉な笑い).

ニュアンス a nuance. 意味の～ a shade of meaning.

ニュー ～エコノミー the New Economy. ～タウン a new town 〔community；housing development〕. ～ファミリー a new-type family. ～メディア new (electronic) media. ～モード a new fashion. ～ライフ a new lifestyle.

にゅういん 入院する (している) go to (be in) hospital. ～患者 an inpatient. ～料 hospital charges.

にゅうか 入荷 an arrival of goods. ～品 new arrivals.

にゅうかい 入会する join 〔become a member of〕《a society》. ～金 an entrance fee.

にゅうかく 入閣する enter 〔take a seat in〕 the Cabinet.

にゅうがく 入学する enter a school；be admitted《to》；matriculate《at a university》. ～願書 an application for admission. ～志願者 an applicant for admission. ～試験(を受ける)(sit for) an entrance examination.

にゅうがん 乳癌 a breast cancer.

にゅうぎゅう 乳牛 a milk cow.

にゅうきょ 入居する〔アパートなどに〕move into《a flat》. ～者 a tenant.

にゅうきん 入金〔支払い〕payment;〔受領額〕cash receipts. ～する〔支払い〕pay;〔受領〕receive.

にゅうこう 入港する come into port; make《a port》.

にゅうこく 入国する enter〔immigrate into《移民が》〕a country. ～管理局 the Immigration Bureau. ～許可証 an entry permit.

にゅうざい 乳剤 (an) emulsion.

にゅうさつ 入札する make a tender〔bid〕. ～者 a tenderer; a bidder.

にゅうさん 乳酸(菌)lactic acid (bacilli).

にゅうじ 乳児 a suckling; a baby.

ニュージーランド New Zealand. ～の New Zealand. ～人 a New Zealander.

にゅうしゃ 入社する enter a company. ～試験 an entrance examination.

にゅうしょう 入賞する win a prize. ～者 a prizewinner.

にゅうじょう 入場 entrance; admission. ～する enter; be admitted. ～券 an admission ticket. ～券売場 a ticket〔booking〕office. ～無料【標示】Admission Free. ～料 an admission fee.

ニュース news. ～映画 a newsreel; a newsfilm. ～解説《TV, radio》news commentary. ～解説者 a news commentator. ～カメラマン a news cameraman. ～キャスター a newscaster;〔総合司会者〕an anchorperson. ～速報 news flash.

にゅうせき 入籍する register one's marriage; have one's name entered in the family register.

にゅうせん 入選する be accepted《for a contest》. ～者 a winner.

ニュートラル ギアを～に入れる shift into neutral (gear).

ニューフェース a new face.

にゅうもん 入門 an introduction. ～する become a pupil.

にゅうよく 入浴 a(hot)bath; bathing. ～する take a (hot) bath.

にゅうりょく 入力 input; entry. ～する input; key into.

にょう 尿 urine. ～道 the urethra. ～毒症 uremia.

にら 韮 a leek.

にらみ 睨み a glare. ～がきく have much authority《over》.

にらみあう 睨み合う glare at each other;〔不和〕be at odds《with》.

にらむ 睨む stare〔glare〕《at》;〔目当てをつける〕spot.

にる 似る resemble; look like, 似た like; similar《to》.

にる 煮る boil;〔料理する〕cook.

にれ 楡 an elm.

にわ 庭 a garden; a yard. ～師 a (landscape) gardener.

にわかあめ 俄雨 a (sudden) shower.

にわとり 鶏 a chicken;〔雌〕a hen;〔雄〕a cock;《米》a rooster;〔ひな〕a chick;〔総称〕《米》chicken;《英》fowl.

にん 任に当たる take charge of. →にんむ

にんい 任意の optional; voluntary. ～に of one's own free will.

にんか 認可 authorization;〔裁可〕sanction;〔是認〕approval. ～する authorize; sanction; approve《of》.

にんき 人気 popularity. ～のある popular. ～を得る win popularity. ～投票 a popularity vote. ～者 a favorite. ～役者 a popular actor〔star〕.

にんき 任期 one's tenure〔term〕of

office.

にんぎょ 人魚〔女〕a mermaid；〔男〕
a merman.

にんぎょう 人形 a doll；〔操り人形〕
a puppet. ～芝居 a puppet show.
～使い a puppet-show man.

にんげん 人間 a human being；a
man；〔人類〕mankind. ～国宝 a
living national treasure. ～並の
average；ordinary. ～味 humanity.

にんしき 認識〔認めること〕
cognition；cognizance；〔理解〕
understanding. ～する recognize；
understand.

にんじゅう 忍従 submission. ～する
resign oneself《to fate》.

にんじょう 人情 human nature
〔feelings〕；〔人道〕humanity. ～の
ある humane. ～の無い cold；
unfeeling.

にんしん 妊娠 conception；pregnan-
cy. ～している be with child. ～す
る become pregnant；conceive.

にんじん 人参 a carrot；〔朝鮮人参〕
a ginseng.

にんずう 人数 the number (of
persons).

にんそう 人相 a look；features；
physiognomy. ～のよくない evil-
looking. ～書き a person's
description.

にんたい 忍耐 patience；endur-
ance；〔忍耐力〕perseverance.

にんてい 認定〔承認〕recognition；
〔認可〕authorization. ～する
recognize；authorize；acknowl-
edge.

にんにく 大蒜 (a) garlic.

にんぷ 妊婦 a pregnant woman.

にんむ 任務 one's (official) duties；
a task；〔使命〕a mission. ある～を
帯びて on a certain mission.

にんめい 任命する appoint；des-
ignate.

ぬ

ぬいあわせる 縫い合わせる sew
〔stitch〕together.

ぬいぐるみ 縫いぐるみ〔人形〕a
stuffed doll〔toy〕.

ぬいめ 縫い目 a seam. ～無しの
seamless.

ぬう 縫う sew；stitch.

ヌード a nude. ～写真 a nude photo-
graph〔photo collection〕. ～ショー
a strip show；a striptease.

ぬか 糠 rice bran. ～漬けの pickled
in salty rice bran.

ぬかす 抜かす omit；leave out.

ぬがす 脱がす undress《a person》；
take off《a person's dress》.

ぬかる be muddy；〔手落ち〕make a
slip〔blunder〕.

ぬかるみ〔泥〕mud；mire.

-ぬき -抜き 5人～ a contest for five
successive victories.

ぬきあし 抜き足（差し足）で with
stealthy steps.

ぬきうち 抜き打ち解散 a surprise
dissolution of the Diet. ～的に
without notice〔warning〕.

ぬきがき 抜き書き an extract.

ぬきとる 抜き取る pull〔draw〕out；
extract；〔盗む〕steal.

ぬきんでる 抜きん出る excel；surpass
《others》.

ぬく 抜く〔引っ張って〕pull〔draw〕
out；uncork（栓を）；〔除去〕remove；
omit；〔抜粋〕select；extract；〔追い
抜く〕outrun；outstrip《a person》.

ぬぐ 脱ぐ take off；pull off；〔脱ぎ捨
てる〕throw off.

ぬぐう 拭う wipe off；mop；〔泥など
を〕scrape away〔off〕.

ぬけあな 抜け穴 an underground
passage；a tunnel.

ぬけがら 抜け殻 a shell；〔蛇の〕a
slough.

ぬけげ 抜け毛 fallen hair.

ぬけだす 抜け出す steal〔slip〕out of 《a room》.

ぬけみち 抜け道〔裏道〕a byway;〔秘密通路〕a secret path;〔法律などの〕a loophole.

ぬけめ 抜け目のない shrewd; clever; smart.

ぬける 抜ける〔脱落〕come off; fall out;〔不足〕be left out; be missing;〔通過〕pass through;〔回復する〕get rid of《of a cold》;〔脱退〕quit; withdraw《from》.

ぬげる 脱げる come off; slip off〔down〕.

ぬすまれる 盗まれる be stolen;〔人が主語〕have《a thing》stolen.

ぬすみみる 盗み見る steal a glance《at》; flicker《at》.

ぬすむ 盗む〔盗む〕steal; rob《a person》of《a thing》;〔くすねる〕pilfer.

ぬの 布 cloth;〔木綿〕cotton.

ぬま 沼(池) a swamp; a marsh; a bog.

ぬらす 濡らす wet; dampen; moisten.

ぬりぐすり 塗り薬 (an) ointment.

ぬる 塗る〔絵の具・ペンキ〕paint;〔ペンキなどを〕coat;〔薬を〕apply.

ぬるい 温い tepid; lukewarm. ぬるま湯 tepid water.

ぬるぬるした slimy;〔油で〕greasy;〔すべる〕slippery.

ぬれる 濡れる get〔be〕wet;〔びしょ濡れに〕be wet〔drenched〕to the skin. 濡れた wet;〔湿った〕moist; damp.

ね

ね 根 a root;〔根源〕the source. ~付く strike〔take〕root. ~に持つ bear《a person》a grudge.

ね 値→ねだん.

ねあか 根明 a good-natured person.

ねあげ 値上げ〔物価の〕a rise in prices;〔賃金の〕a raise of wages. ~する raise the price〔wages, fare, rent〕.

ねあせ 寝汗(をかく) (have) night sweat.

ねうち 値打ち value; worth. ~のある valuable; of value. ~のない valueless; worthless; of no value.

ネーブル a navel orange.

ネーム a name. ~バリューがある be well-known〔famous〕; have a name〔fame〕. ~プレート a name-plate.

ネームバリュー publicity value.

ネオン neon. ~サイン a neon sign〔light〕.

ネガ〔写真〕a negative.

ねがい 願い (a) wish; (a) desire;〔懇願〕(an) entreaty;〔祈願〕a prayer. ~出る apply《for》. お~があります I have a favor to ask of you.

ねがう 願う wish; desire; entreat; beg; request.

ねがえり 寝返りを打つ turn(in bed);〔裏切る〕betray.

ねかす 寝かす put《a child》to sleep;〔横にする〕lay down; lay on its side;〔商品・資金などを〕let《goods》lie idle.

ねぎ 葱 a leek; a long green onion.

ねぎらう 労う thank〔reward〕a person《for》.

ねぎる 値切る beat down《the price》; haggle over《the price》.

ネクタイ ~を締める put on a necktie〔tie〕. ~を緩める loosen one's tie. ~ピン〔上から刺す〕a tie tack; a tiepin;〔横からはさむ〕a tie bar〔clip; clasp〕.

ねぐら 根暗 a gloomy-natured person.

ねぐら 塒 a roost. ~につく go to roost.

ネグリジェ a nightgown.

ねぐるしい 寝苦しい have a bad sleep.

ねこ　猫 a cat；〔愛称〕a puss．～背
round shoulders．　～なで声 a
coaxing voice.

ねごこち　寝心地がよい《a bed》
comfortable to sleep in.

ねごと　寝言を言う talk in one's
sleep；〔愚言〕talk nonsense.

ねころぶ　寝転ぶ lie〔throw oneself〕
down.

ねさがり　値下がり a fall〔drop,
decline〕in price．～する drop〔fall,
decline〕in price.

ねさげ　値下げ a cut in price〔in
wages（賃銀の）〕．～する cut
〔reduce〕the price.

ねざけ　寝酒《take》a nightcap.

ねざめ　寝覚めが悪い cannot sleep in
peace；feel remorseful.

ねじ　捩子 a screw．～で締める screw
down.

ねじきる　捩じ切る〔捩じ取る〕wrench
off；twist off；wrest.

ねじこむ　捩じ込む〔物を〕screw in；
thrust in；〔人の所に〕protest《to》；
demand《a person》apology《for》.

ねじまわし　捩じ回し a screw driver；
a wrench.

ねしょうべん　寝小便をする wet the
bed.

ねじる　捩じる twist；wrench；〔ゆが
める〕contort.

ねすごす　寝過ごす oversleep.

ねずのばん　寝ずの番 all-night
watch．～をする keep vigil.

ねずみ　鼠 a rat；〔二十日鼠〕a mouse
（複 mice）．～色の dark gray．～講
a pyramid investment scheme．～
取り a rattrap.

ねた　〔新聞の〕a news item；〔小説な
どの〕a material；〔証拠〕evidence.

ねたきり　寝たきりの bedridden《old
men》.

ねたむ　妬む be jealous〔envious〕
《of》；envy.

ねだる　ask importunately；tease a

person《for》.

ねだん　値段 a price；〔原価〕a cost．
～が高い（安い）expensive (in-
expensive, cheep)．～を掛け合う
haggle.

ネチケット　a netiquette；a network
etiquette.

ねつ　熱 heat；〔発熱〕fever；〔体温〕
temperature；〔熱狂〕mania；craze.
～が出る（ある）become（be）feverish.
～を計る take one's temperature．～
病 a fever.

ねつかく　熱核反応（融合）thermo-
nuclear reaction (fusion).

ネッカチーフ　a neckerchief.

ねつき　寝付きが良い go to sleep at
once．～が悪い be wakeful.

ねっきょう　熱狂する become wild
with excitement．～的（に）enthu-
siastic (ally)；frantic (ally).

ネック　〔障害〕a bottleneck.

ネックレス　a necklace.

ねつじょう　熱情 passion；ardor.

ねっしん　熱心 zeal；ardor；
enthusiasm．～な（に）zealous (ly)；
enthusiastic (ally)；eager (ly).

ねっする　熱する heat；〔物が〕be
heated；〔激昂〕get excited.

ねつぞう　捏造する fabricate；forge；
concoct.

ねったい　熱帯（地方）the tropics．～
雨林 a rain forest．～魚（植物）a
tropical fish (plant)．～夜 a tropical
night.

ねっちゅう　熱中 absorption；
enthusiasm．～する〔夢中〕be crazy
《about, on》；〔専心〕devote one-
self〔give oneself up〕《to》.

ネット　〔ヘアネット〕a hairnet；〔インタ
ーネット〕the Net．～裏〔野球〕
behind the backstop．～オークショ
ン a Net auction．～サーファー a
netsurfer．～サーフィン netsurfing.
～商店街〔モール〕an Internet〔an
online；a Net〕(shopping) mall

〔center〕. **～店舗** an Internet〔an online；a Net〕shop. **～取引** 〔株の〕Internet〔Net〕stock trading. **～バンキング** Internet〔online；Net〕banking.

ねっとう 熱湯 boiling water.

ネットワーク a〔TV, Internet〕network.

ねっぼう 熱望 an ardent wish〔desire〕. **～する** wish〔desire〕eagerly《for, to do》.

ねづよい 根強い deep-rooted；incorrigible.

ねつれつ 熱烈な passionate《love》；ardent.

ネパール Nepal. **～の** Nepalese. **～人** a Nepalese.

ね ば り 粘 り(気)stickiness；viscosity；〔根気〕tenacity.

ねばる 粘る be sticky〔adhesive〕；〔根気〕persevere；fight (it) out（勝負事で）；〔長居〕stay long.

ねびえ 寝冷えをする get chilled while asleep.

ねびき 値引き discount. **～する** reduce the price.

ねぶそく 寝不足 want of sleep. **～である** did not have enough sleep《last night》.

ねぶみ 値踏みする value；price；estimate《a thing at…》.

ねぼう 寝坊 a late riser. **～する** oversleep.

ねぼける 寝惚ける be half-asleep.

ねまき 寝間着《a pair of》pajamas；〔婦人・子供用〕a nightdress；〔男子用〕a nightshirt.

ねまわし spadework 根回しする lay the foundation《for》.

ね む い 眠 い be〔feel〕sleepy〔drowsy〕.

ねむそう 眠そうな sleepy；drowsy；heavy《eyes》.

ねむり 眠り (a) sleep；a slumber.

ね む る 眠 る (go to) sleep；fall

asleep；slumber.

ねらい 狙いを定める take (a) good aim《at》.

ねらう 狙う aim《at》；take aim《at》；〔窺 ^{うかが} う〕watch for.

ね る 寝る〔眠る〕sleep；〔床につく〕go to bed；〔横臥 ^が〕lie down；be laid up《with illness》.

ね る 練る〔粉を〕knead；〔金属を〕temper；〔文章などを〕polish up；〔計画を〕elaborate；〔技を〕train；drill.

ネル flannel. **綿～** cotton flannel；flannellette.

ねん 年《once》a year；yearly；per annum.

ねん 念〔念力〕will power；〔願望〕desire；〔入念〕attention；care. **～をおす** call《a person's》attention to；remind《a person》of. **～のため** by way of precaution；to make sure (of it). **～を入れて** with care；thoroughly.

ねんえき 粘液 mucus；viscous liquid.

ねんが 年賀状 (郵便) a New Year's card (mail).

ねんき 年季を入れる get along experience《in》.

ねんきん 年金《receive, live on》a pension；an annuity. **～受領者** 〔生活者〕a pensioner.

ねんこう 年功 seniority. **～序列** seniority system.

ねんごう 年号 the name of〔an era〕.

ねんごろ 懇ろな (に) 〔親切〕kind (ly)；〔丁重〕courteous (ly)；〔手厚い〕warm (ly). **～になる** become intimate《with》（男女が）.

ね ん ざ 捻挫する sprain《one's ankle》；twist.

ねんし 年始回り (に行く) (make) New Year's calls.

ねんじ 年次の annual；yearly. **～計画** a yearly program. **～報告** an

annual report.
ねんじゅう 年中 all the year(round).
〜行事 annual functions〔observances, events〕.
ねんしょう 年商 annual turnover.
ねんしょう 燃焼 combustion. **〜する** burn.　完全(不完全)**〜** perfect (imperfect) combustion.
ねんだい 年代 an age；a period. **〜順の** chronological.
ねんちゃく 粘着 adhesion. **〜テープ** (an) adhesive tape. **〜力** adhesive power；viscosity.
ねんちょうしゃ 年長者 a senior；an elder.
ねんど 年度 the fiscal year(会計年度)；an academic year. **〜替りに** at the end(change)of the fiscal year.
ねんど 粘土 clay；slime.
ねんぱい 年輩の middle-aged；elderly.
ねんぴょう 年表 a chronological table.
ねんぽう 年俸 an annual income〔salary〕. **〜制** an annual pay system.
ねんまく 粘膜 a mucous membrane.
ねんまつ 年末《at》the end of the year. **〜賞与(調整)** a year-end bonus (adjustment).
ねんり 年利《at》an annual interest《of 3%》.
ねんりょう 燃料 fuel.　液体(固体)**〜** liquid (solid) fuel.
ねんりん 年輪 an annual ring《of a tree》.
ねんれい 年齢 age. **〜順《in》** order of age. **〜層** an age bracket.　精神**〜** mental age.

の

ノイローゼ a nervous breakdown；〔医学用語〕neurosis. **〜患者** a neurotic.

のう 能 (舞台・役者) a No (h) play (stage, actor).
のう 脳 the brain；〔知力〕brains. **〜下垂体** the pituitary gland. **〜外科(医)** brain surgery (a brain surgeon). **〜波** brain waves.
のういっけつ 脳溢血〔出血〕cerebral hemorrhage.
のうか 農家 a farmhouse；〔人〕a farmer.
のうがき 能書〔自己宣伝〕a self-advertisement；〔薬の〕a statement of virtues.
のうかんき 農閑期 the farmers' slack〔leisure〕season.
のうぎょう 農業 agriculture；farming. **〜の** agricultural. **〜国** an agricultural country.
のうぐ 農具 a farming tool；an agricultural implement.
のうこう 濃厚な(に) thick (ly)；dense (ly)；rich (ly). **〜になる**〔疑いなどが〕become strong〔pronounced〕.
のうこつどう 納骨堂 a charnel house.
のうさつ 悩殺する fascinate；captivate.
のうさんぶつ 農産物 agricultural〔farm〕products.
のうし 脳死 brain death. **〜の** brain-dead.
のうじょう 農場 a farm；〔大規模の〕a plantation.
のうしんとう 脳震盪 concussion of the brain.
のうぜい 納税 payment of taxes. **〜する** pay taxes. **〜者** a taxpayer.
のうそん 農村 a farm village；〔地方〕an agricultural district.
のうち 農地(改革) (an) agricultural land (reform).
のうてん 脳天 the crown(of the head).
のうどう 能動的(な) active. **〜態**〔文法〕the active voice.
のうとれ 脳トレ brain training.
ノウハウ know-how. **〜を獲得する**

のうはんき 農繁期 the busy farming season.

のうひんけつ 脳貧血 cerebral anemia.

のうふ 納付 payment；〔物品の〕delivery. ～する pay；deliver.

のうまく 脳膜 the meninges. ～炎 meningitis.

のうみん 農民 a farmer；a peasant；〔集合的〕peasantry.

のうむ 濃霧〔注意報〕a dense fog〔warning〕.

のうやく 農薬 an agricultural chemical；pesticide. 無～ pesticide-free.

のうりつ 能率 efficiency. ～を上げる〔増進する〕increase〔promote〕efficiency；get more result《out of a job》.

のうりょく 能力 faculty；ability；capacity. ～のある able；capable；competent.

のうりんすいさん 農林水産省〔大臣〕the Ministry〔Minister〕of Agriculture, Forestry and Fisheries.

ノー〔いいえ〕no. ～アイロンのシャツ a drip-dry〔wash-and-wear〕shirt.

ノーカット ～版 an uncut version.

ノーコメント ～です No comment.

ノースリーブの sleeveless.

ノート a notebook. ～を取る take notes《of a lecture》. ～型パソコン a notebook personal computer；a notebook PC；a laptop.

ノーベルしょう ノーベル賞 a Nobel prize. ～受賞者 a Nobel prize winner〔laureate〕；a Nobelist. ～医学生理学賞 Nobel Prize in Physiology or Medicine. ～化学賞 Nobel Prize in Chemistry. ～経済学賞 Nobel Prize in Economic Sciences. ～物理学賞 Nobel Prize in Physics. ～文学賞 Nobel Prize in Literature. ～平和賞 Nobel Peace Prize.

のがれる 逃れる escape；get off；〔回避〕avoid；evade.

のき 軒 the eaves. ～並に at every house〔door〕；from door to door. ～を並べる stand in a row.

ノクターン a nocturne〔夜想曲〕.

のこぎり 鋸〔の目立てをする〕(set) a saw. ～で引く saw.

のこす 残す leave；〔死後に〕bequeath；〔溜める〕save；〔留め置く〕keep back；〔後の使用のために〕reserve.

のこらず 残らず all；wholly；entirely；with no exception. 一人～ to a man；every one of《them, you, us》. 全校〔村〕～ the whole school〔village〕.

のこり 残り(物) the remainder；the remnant；the residue. ～の remaining；residual.

のこる 残る remain；be left；〔とどまる〕stay.

のさばる have one's (own) way；domineer.

のじゅく 野宿する camp out；sleep in the open air.

ノスタルジア《feel》nostalgia《for》.

のせる 載・乗せる〔置く〕place〔put〕《a thing》on《a matter》；〔乗り物に〕load《goods》on to《a ship》；give《a person》a lift（同乗させる）；〔乗り物が主語〕carry《passengers, goods》；〔記載〕record；publish；print.

のぞく 除く〔除去〕remove；〔除外〕exclude；〔省く〕omit；〔削除〕strike off. …をのぞいて except；excepting.

のぞく 覗く peep〔peek〕《into, through, out of》.

のぞましい 望ましい desirable.

のぞみ 望み (a) wish；a desire；(an) ambition；〔期待〕(a) hope；expectation(s)；promise（見込み）. ～のある hopeful；promising；〔選択〕choice.

のぞむ　望む　wish；desire；〔期待〕hope；expect；〔抱負〕aspire《to》；〔見渡す〕command《a view》.

のぞむ　臨む　overlook；face (on)；look out upon；〔当面〕face；meet；〔臨席〕be present《at》；attend.

のたれじに　野垂れ死にをする　die in a ditch；die on the road.

のち　後に　afterward；later on；〔将来〕in future；〔…の後に〕after…．～　later；future.

ノック　～する　knock《at the door》.

ノックアウト　a knockout〔略 KO〕. ～する　knock out.

ノックダウン　a knockdown. ～する　knock down.

ノット〔船の速度〕a knot.

のっとる　則る　conform《to》；model《on》.

のっとる　乗っ取る　take possession of；capture；seize.

のっぴき　退っ引きならない　be in a fix；unavoidable.

のっぽ　a tall man.

のど　喉・咽　the throat；〔声〕a voice. 良い～である　have a sweet voice. ～　笛　the windpipe. ～　仏　the Adam's apple. 素人ミミ～自慢　an amateurs' singing contest.

のどか　長閑な　peaceful；calm；quiet.

ののしる　罵る　abuse；swear at.

のばす　延・伸ばす　extend；stretch (out)；lengthen；〔手を〕hold out；〔しわなどを〕smooth；〔金属を〕beat out；〔曲がったものを〕straighten；〔延期〕put off；postpone.

のはら　野原　a field；〔平野〕a plain.

のび　伸びをする　stretch oneself.

のびあがる　伸び上がる　stand on tiptoe.

のびのび　伸び伸びする　feel at ease. 延び延びになる　be delayed.

のびる　延・伸びる　〔延長〕extend；lengthen（長くなる）；〔日限が〕be put off；be postponed；〔期間が〕be prolonged；〔生長〕grow；〔しわなどが〕be straightened；become smooth；〔塗料などが〕spread well；〔倒れる〕be down and out；〔ぐったりする〕be exhausted.

のべ　延べ　total. ～日数　the total number of days.

のべつ　（幕なしに）continuously；ceaselessly；incessantly.

のべる　述べる　state；relate；express；mention.

のぼせる　feel dizzy；〔女に〕be crazy《about》；be infatuated《with》.

のぼり　幟　a flag；a streamer.

のぼり　上り　ascent；acclivity. ～列車　an up train.

のぼる　上・登・昇る　〔上る・登る〕go〔walk〕up；ascend；mount；climb（登攀½）；〔太陽・温度などが〕rise；〔総額が〕amount《to》；〔昇進する〕rise；be promoted《to》.

のまれる〔飲まれる〕be swallowed(up)《by waves》；〔勢いなどに〕cower；be overawed《by》.

のみ　鑿　a chisel.

のみ　蚤　a flea. ～市　a flea market. ～屋　an illegal bookie〔bookmaker〕；a bookie〔bookmaker〕.

のみかい　飲み会（を開く）(give) a drinking party.

のみぐすり　飲み薬　an internal medicine.

のみこむ　飲み込む　swallow；〔理解〕understand；grasp.

のみならず　not only〔merely〕…but (also)；as well as；besides；moreover.

のみにくい　飲み（呑み）にくい　distasteful to drink (swallow).

ノミネート　～される　be nominated《for, as》.

のみみず　飲水　drinking water；water to drink.

のむ　飲・呑む〔飲む〕drink；take；〔タバコを〕smoke；〔呑む〕swallow；

〔相手を〕make nothing of；〔受諾〕accept《an offer》.

のめる 飲める be good to drink；〔人が酒を〕drink.

のめる 〔前に〕fall〔tumble〕forward.

のらいぬ 野良犬 a stray〔masterless〕dog.

のり 糊 paste；glue；starch.

のり 海苔 laver.

のりあげる 乗り上げる〔船が〕run aground；be stranded.

のりおくれる 乗り遅れる miss《a bus》.

のりかえ 乗換え a change《of trains》. ～る change《trains at Shinjuku for Mitaka》. ～駅 a junction. ～切符 a transfer (-ticket).

のりき 乗り気 take an interest《in》. ～になって enthusiastically；with interest.

のりきる 乗り切る weather《a storm》；tide over《difficulties》.

のりくみいん 乗組員 (a member of) a (ship's) crew.

のりこす 乗り越す ride past. **乗り越し料金** an excess fare.

のりこむ 乗り込む →のる《乗る》；〔繰り込む〕march《into》；〔到着〕arrive《at, in》.

のりすてる 乗り捨てる drop off.

のりだす 乗り出す〔船が〕set sail；〔体を〕bend (oneself) forward；〔着手〕set about《doing》.

のりにげ 乗り逃げをする steal a ride；〔車を盗む〕ride away with《a car》.

のりもの 乗り物〔交通機関〕a vehicle；a ride.

のる 乗る ride in〔on〕《a car》；get in〔on〕《a train, a car》；mount《a horse》；go aboard〔on board〕《a ship》；《米》board《a train》；〔相談に〕take part in《a consultation》；〔計略などに〕be taken in.

のる 載る〔記事〕be printed〔reported〕；〔記録〕be recorded.

ノルウェー (the Kingdom of) Norway. ～の Norwegian.

ノルディック Nordic. **～複合競技** a Nordic combined.

ノルマ a quota. ～を決める set a quota. ～を果たす fill one's quota.

のれん 暖簾 a shop curtain；〔店の信用〕reputation.

のろい 呪い a curse；an imprecation.

のろい 〔遅い〕slow；tardy；〔女などに〕spoony《on》.

のろう 呪う curse；imprecate；execrate.

のろし 狼煙をあげる fire a rocket；set up a signal fire.

のろま a slow〔dull, stupid〕fellow；《話》a slowpoke〔slowcoach〕.

のんき 暢気な easygoing；〔心配のない〕carefree；〔行きあたりばったりの〕happy-go-lucky. ～に構える take things〔life〕easy.

ノンキャリア ～組 noncareer bureaucrats.

ノンシュガー nonsugar《candies》.

ノンストップ《run, fly》nonstop.

ノンバンク a nonbank financial institution；a limited service bank. **～バンク** a nonbank bank.

のんびりした 〔ひま〕quiet (ly)；〔楽〕comfortable (-bly)；〔心配のない〕(in a) carefree (way).

ノンフィクション nonfiction. **～作家** a nonfiction writer.

ノンプロの nonprofessional；《米俗》nonpro；《英》amateur.

ノンリコースローン a nonrecourse loan.

は 刃 an edge；a blade. ～のついた edged.

は 派〔宗派〕a sect；〔流派〕a school；〔党派〕a party；〔派閥〕a faction.

は 歯 a tooth (複 teeth)；〔歯車の〕a

cog. ～が痛む have a toothache. ～が立たない It is beyond my power. ～抜けの toothless. ～を抜く〔歯医者で〕have one's tooth extracted.

ハ〔音階〕do；C. ～長調 C major.

は 葉 a leaf；〔草の葉〕a blade.

ば 場〔場所〕a place；room（空所）；〔芝居の〕a scene. その～で on the spot；then and there.

バー〔酒場〕a bar（room）；《米》a saloon；《英》a public house；《英口》a pub. ～を飛び越える clear a bar.

パー〔ゴルフ〕a par. ～プレー par play. ～で回る par the course.

ばあい 場合 a case；an occasion. ～によっては according to circumstances. …の～には when …；in case….

バーゲンセール a bargain sale.

バーコード a bar code.

バーサー a purser.

バージョン a version. ～アップする upgrade.

バースデー a birthday. ～ケーキ a birthday cake.

パーセンテージ percentage.

パーセント percent；《英》per cent〔記号 ％〕. …の 20 ～ twenty percent of…. 30 ～ 引 き a 30 percent discount.

バーター barter. ～貿易 barter trade.

バーチャル ～銀行 an Internet〔a virtual〕bank. ～リアリティー virtual reality.

バーディー〔ゴルフ〕a birdie.

パーティー ～を開く give〔hold〕a party；party. 6 人の～を組む form a party of six.

バーテン（ダー）a bartender；《英》a barman.

ハート〔心〕heart；〔トランプの〕a heart. ～形の heart-shaped. ～を

射止める win a person's heart.

ハード ～ウェア hardware. ～カバーの本 a hardcover〔hardbound〕book. ～スケジュール a heavy schedule. ～ディスク a hard disk〔略 HD〕.

パート（タイム）～の part-time《teachers, jobs》. ～で働く work part-time. パートタイマー a part-timer.

ハードウェア〔コンピュータの〕hardware.

パートナー a partner《in a dance》.

ハードル a hurdle. ～レース a hurdle race；the hurdles.

ハーフ〔人〕a person of mixed blood.

ハーフ A と B の～である be half A and half B. ～コート a half-length coat. ～タイム half-time.

ハーブ a herb. ～ティー herb tea.

ハープ a harp. ～奏者 a harpist.

バーベキュー a barbecue.

バーベル ～を挙げる lift a barbell.

バーボン bourbon（whiskey）.

パーマ（ネント）a permanent wave；a perm. ～をかける have one's hair waved〔permed〕.

パームトップ ～コンピュータ a palmtop PC.

ハーモニー harmony.

ハーモニカ a harmonica.

バーレーン（the Kingdom of）Bahrain.

ハーレム a harem.

はい 灰 ashes. ～色の ashy-gray；gray. ～になる be reduced to ashes.

はい 胚 an embryo. ～性幹細胞（ES 細胞）an embryonic stem cell.

はい 肺（臓）〔片肺〕a lung；〔両肺〕(the) lungs.

はい yes；Yes, sir〔madam〕；〔出席の返事〕Here, sir.

ハイ 気分が～になる hype up；blow a hype up on the hype.

ばい 倍 twice as large〔much（量），many（数）〕《as》.

-ばい … 倍 times；-fold. 2 ～

double ; twice. 百〜 a hundred times ; a hundredfold. 彼の収入は私の３〜だ His income is three times as large as mine.

パイ〔食品〕a pie ; a tart ;〔マージャンの〕a tile.

はいあがる はい上がる（出す・込む）creep〔crawl〕up (out, in).

ハイウェイ an expressway ; a freeway ;《英》a motorway.

はいえい 背泳 the backstroke.

ハイエナ a hyena.

はいえん 肺炎 pneumonia. **急性〜** acute pneumonia.

ばいえん 煤煙 smoke ; soot. 〜の多い（少ない）smoky (smokeless).

バイオ 〜テクノロジー biotechnology. 〜食品 bioengineered food.

バイオリン a violin.

バイオリニスト a violinist.

ばいか 倍加する be doubled.

ハイカー a hiker.

ばいかい 媒介〔仲介〕mediation ;〔周旋〕good offices. 〜する mediate《between》;〔病原菌を〕carry.

ハイカラ 〜な dandy ; stylish ; smart ; chic.

はいがん 肺癌 lung cancer.

はいき 排気〜ガス exhaust gases. 〜ガス規制 exhaust gas control. 〜装置 an air escape.

はいきゅう 配給 distribution ;〔割当て の〕ration. 〜する distribute ; ration.

はいきょ 廃墟 the ruins《of Rome》. 〜となっている lie in ruins.

はいぎょう 廃業する shut upon one's shop ; give up one's business.

ばいきん 黴菌 a bacillus ; bacteria.

ハイキング《go》hiking ;《go on》a hike.

バイキング the Vikings ;〔料理〕(a) smorgasbord ; all-you-can-eat for one price.

はいく 俳句 a seventeen-syllabled verse ; a haiku.

バイク a motorcycle ; a motorbike. 〜便 motorcycle delivery.

はいぐうしゃ 配偶者 a spouse. 〜控除 a tax deduction for one's spouse.

はいけい 拝啓 Dear Sir〔Madam〕; Dear Mr.〔Ms., Mrs., Miss 〜〕; My dear.〔会社・団体 宛て〕〔Ladies and〕Gentlemen.

はいけい 背景 a background,〔舞台の〕scenery ; setting.

はいけっかく 肺結核（pulmonary）tuberculosis〔略 TB〕. 〜患者 a tubercular〔TB〕patient.

はいご 背後 the rear ; the back. …の〜に behind…, at the back《of》.

はいごう 配合〔取り合せ〕combination ;〔調和〕harmony. 〜する combine ; harmonize ; match. 〜の良い（悪い）well (ill) -matched.

ばいこくど 売国奴 a traitor to (one's country).

はいざら 灰皿 an ashtray.

はいざん 敗残 〜者〔人生の〕a failure《in life》. 〜兵 a straggler.

はいし 廃止 abolition. 〜する abolish ; repeal.

はいしゃ 歯医者 a dentist ; a dental surgeon.

ばいしゃく 媒酌 matchmaking. 〜する act as go-between. …の〜で through〔by〕the good offices of《a person》. 〜人 a go-between.

ハイジャック 〜する hijack《an airplane》.

ばいしゅう 買収する purchase ;〔賄賂 ろ で〕buy over ; bribe.

はいしゅつ 排出する discharge ; exhaust《gas》.

ばいしゅん 売春 prostitution. 〜禁止法 the Anti-Prostitution Law. 〜婦 a prostitute ; (a) whore ;《米俗》a hooker.

はいじょ 排除する exclude ; put《a person》out of the way. 実力で〜する remove《sit-down strikers》by force.

ばいしょう 賠償 compensation；
reparation． ～する make up for；
indemnify；make reparation for．
～金 an indemnity.

はいしん 背信 (行為) (a) betrayal；
treachery；(a) breach of trust.

ばいしん 陪審 ～員 〔全体〕the jury；
〔個人〕a juror． ～制度 the jury
system.

はいすい 背水 ～の陣を敷く fight
with our backs to the wall〔burn
the bridge behind one〕.

はいすい 排水する drain《the land》；
pump out《water》． ～が良い(悪い)
drain well (ill)． ～工事 drainage
works． ～ポンプ a drain pump.

ばいすう 倍数 a multiple.

はいせき 排斥 rejection． ～する
reject；boycott.

はいせつ 排泄する excrete；dis-
charge． ～物 discharges；excre-
ments；excreta.

はいせん 配線 wiring． ～する wire《a
house》.

はいせん 敗戦 a lost battle；a defeat.
～国 a defeated nation． ～投手 a
losing pitcher.

ハイセンス a good〔an excellent〕taste.

はいそう 敗走する be routed；be put
to rout.

ハイソックス《a pair of》knee socks.

はいたつ 配達 delivery． ～する
deliver． ～先 the destination；〔受
取人〕the receiver． ～人 a delivery
man；〔郵便の〕a mailman；a
postman；〔新聞の〕a paper boy
〔girl〕． ～料 the delivery charge.

バイタリティー《be full of》vitality.

はいち 配置 arrangement． ～する
arrange；dispose；station；post.
～転換 (a) personnel transposition.

ハイチ (the Republic of) Haiti.

ハイティーン a boy〔girl〕in his〔her〕
late teens.

ハイテク high technology；high-tech.
～産業 a high-tech industry． ～犯罪
a high-tech crime.

はいでん 配電 ～所 a power
distributing station〔plant〕.

ばいてん 売店 a stand；a stall.

バイト 〔アルバイト〕a part-time job；
〔情報量単位〕a byte.

はいとう 配当 (金) a dividend． ～する
give dividends． ～付 cum dividend
〔cum div.〕.

ばいどく 梅毒 syphilis． ～の
syphilitic.

パイナップル a pineapple.

ばいばい 売買する trade；deal in
《rice》． ～契約 a bargain；a
contract of sale.

バイパス a bypass.

ハイヒール high-heeled shoes；high-
heels.

ハイビジョン Hi-vision． ～テレビ high-
definition television〔略 HDTV〕.

ハイビスカス a hibiscus.

パイプ a pipe；a cigarette holder.

ハイファイ high fidelity． ～の high-
fidelity；hi-fi.

はいぶつ 廃物 a useless article；
waste materials． ～利用 the
recycling (utilization) of waste.

ハイブリッド ～材料 hybrid materials.
～車 a hybrid (-engine) car〔vehi-
cle〕；a gasoline-electric hybrid car.

バイブル the Bible.

ハイフン a hyphen〔-〕． ～でつなぐ
hyphenate.

ハイボール《米》a highball；《英》a
whisky and soda.

はいぼく 敗北 (a) defeat． ～する
suffer a defeat；be defeated.

ばいめい 売名《for one's》self-
advertisement；publicity seeking.

ハイヤー a limousine taxi；a hired
〔chauffeur-driven〕car.

バイヤー a buyer.

はいやく 配役 the cast《of a play》.

ばいやく 売約 ～済【標示】Sold.

はいゆう 俳優 an actor；an actress（女）

ばいよう 培養 culture. ～する cultivate；culture《bacteria》.

ハイライト a highlight. ～シーン the highlights《of》.

はいらん 排卵する ovulate. ～誘発剤 fertility drug.

ばいりつ 倍率（の高い）(of high) magnifying power. ～5倍のレンズ a lens of 5 magnifications.

はいりょ 配慮 care；consideration.

バイリンガル ～の bilingual.

はいる 入る enter；come〔get, go, step〕in. 入っていいですか May I come in?；〔侵入〕break into；〔加入〕join；〔収容〕accommodate；〔含む〕include.

ハイレグ ～の水着 a bathing suit with high-cut legs.

はいれつ 配列 arrangement；disposition；order. ～する arrange in order；put on display.

パイロット a pilot. ～ランプ a pilot lamp〔light〕.

バインダー a binder.

はう 這う crawl；creep；〔よつんばいで〕go〔creep〕on all fours.

ハウス a house. ～栽培 greenhouse cultivation.

パウダー powder.

ハウツー ～本 a how-to〔how-to-do-it〕book《on》.

バウンド ～する bound；bounce.

はえ 蝿 a fly. ～たたき a fly swatter.

はえぬき 生え抜きの born and bred；to the marrow.

はえる 生える grow；sprout；cut《a tooth》.

はか 墓 a grave；a tomb. ～場 a graveyard；a cemetery.

ばか 馬鹿 a fool；an idiot. ～な，～げた foolish；silly；absurd. ～に awfully. ～にする make a fool of.

～正直な stupidly honest. ～笑い a horselaugh.

はかい 破壊 destruction；demolition. ～する destroy；break down. ～的（な）destructive. ～分子 a subversive element. ～力 destructive power.

はがき 葉書 a post (al) card. 往復～ a return post (al) card.

はかく 破格の exceptional；unprecedented；special.

はがす 剥がす strip〔take〕off；tear off；bare；〔皮を〕skin.

ばかず 場数を踏んだ gain experience；veteran.

はかせ 博士 a doctor. 伊藤 ～ Dr. Ito. ～号 a doctor's degree. ～論文 a doctoral thesis〔dissertation〕.

はかどる 捗る progress (in).

はかない 儚い fleeting；transient；ephemeral. ～恋 short-lived love. ～夢 empty dream.

はかなむ 儚む despair of；grow weary of《life》.

はかばかしく 捗々しくない make little progress；〔商売・病気などが〕be not doing well.

はがゆい 歯痒い〔歯痒く思う〕feel impatient《at》；〔いらいらさせる〕be irritating.

バカラ〔トランプ〕baccarat.

はからい 計らい management；arrangement；discretion.

はからう 計らう arrange；see to it (that …).

はかり 秤〔さお秤〕a steelyard；〔天秤（てんびん）〕a balance；〔皿〕a pair of scales；〔体重計〕a weighing machine. ～にかける weigh《in the scales》.

-ばかり〔数量〕about；some；〔時機〕just；only. …ではなく not only…but (also)；as well as….

はかる 計・量・測・謀・図る〔度量衡〕

measure ; weigh ; 〔計算〕
calculate ; count ; 〔測る〕survey ;
sound (海の深さを) ; 〔計画〕plan ;
attempt ; aim ; plot (謀る).

バカンス a vacation; holidays. 〔<
《F》vacances〕.

はき 破棄する cancel《a contract》,
break《a promise》; revoke ;
annul ; scrap《a treaty》.

はきけ 吐き気を催す feel sick ; feel
nausea.

はぎしり 歯軋りする gnash〔grind〕
one's teeth.

パキスタン (the Islamic Republic of)
Pakistan. ～の Pakistani.

はぎとる 剥ぎ取る strip〔deprive〕《a
person》of《a thing》.

はきはきとした smart ; brisk. ～と
briskly.

はきもの 履物 footgear ; footwear.

はきょく 破局 a catastrophe ; a fatal
conclusion.

はく 箔 〔厚い〕foil ; 〔薄い〕leaf. ～
がつく gain prestige.

はく 吐く vomit ; throw up ; 〔煙を〕
send up ; 〔火を〕emit.

はく 掃く sweep. 掃き掃除をする
sweep and dean.

はく 履・佩く put on ; wear (履いて
いる).

はくあい 博愛 (主義) philanthropy.
～家 a philanthropist.

はくい 白衣の《a woman》in white〔a
white robe〕.

ばくおん 爆音 〔航空機などの〕the
roaring of an engine.

はくがい 迫害 persecution. ～する
persecute ; oppress.

はくがく 博学 extensive learning ;
《文》erudition ; 〔人〕a man of
profound learning. ～の《文》
erudite ; learned.

はくがんし 白眼視する hold《a
person》in disfavor ; frown upon.

はぐき 歯茎 the gums.

ばくげき 爆撃する bomb. ～機 a
bomber.

はくし 白紙〔blank〕sheet of
paper. ～答案 (を出す)(hand in) a
blank paper.

はくしゃ 薄謝を呈する offer a small
reward《for》.

はくしゃく 伯爵 a count ;《英》an
earl. ～夫人 a countess.

はくじゃく 薄弱な feeble ; weak ; 〔意
志が〕weak-willed.

はくしゅ 拍手する clap one's hands ;
applaud ; cheer.

はくしょ 白書 a white paper.

はくじょう 白状 confession. ～する
confess ; own (up) ; acknowledge ;
make a clean breast of.

はくじょう 薄情な heartless ; cold-
hearted ; cruel.

はくじん 白人 a white ; the white race
(白人種).

はくせい 剥製の stuffed. ～にする
stuff《a bird》.

ばくぜん 漠然とした (漠然と) vague
(ly) ; 〔あいまい〕ambiguous (ly).

ばくだい 莫大な huge ; vast ;
enormous ; immense.

ばくだん 爆弾 a bomb. ～動議 a
bombshell motion.

はくち 白痴 idiocy ; 〔人〕an idiot. ～
美 idiotic beauty.

ばくち 博打 gambling. ～を打つ
gamble. ～打ち a gambler. ～場 a
gambling house.

はくちょう 白鳥 a swan ; 〔子〕a
cygnet.

バクテリア bacteria.

はくねつ 白熱する glow white ; 〔比喩
的〕reach the climax. ～した white-
hot ; heated ; incandescent.

ばくは 爆破する blow up ; explode.

はくはつ 白髪の gray-haired (半白) ;
white-haired (全白).

ばくはつ 爆発 (音) (an) explosion.
～する explode ; burst ; detonate ; 〔火

山が〕erupt. ～物 an explosive.

はくひょう 白票を投じる cast a blank vote.

ば く ふ 幕 府 the《Tokugawa》shogunate.

はくぶつ 博物学 natural history. ～学者 a naturalist. ～館 a museum.

はくぼく 白墨 (1本) (a piece of) chalk.

はくまい 白米 polished rice.

ばくやく 爆薬 an explosive (compound).

はくらい 舶来の imported；exotic (外来の). ～品 imported goods；a foreign-made article.

はくらんかい 博覧会 a fair；《米》an exposition.

はぐるま 歯車 a cogwheel；a cog.

はぐれる be separated from; get lost from.

ばくろ 暴露する expose；lay bare；bring《a matter》to light.

はけ 刷毛 a brush.

はげ 禿 a bald spot〔patch〕；〔人〕a bald-headed person. ～頭 a bald head. ～山 a bare hill.

はげしい 激しい violent；furious；severe；intense；terrible. 激しく violently；furiously；intensely.

はげたか 禿鷹 a vulture.

バケツ a bucket; a pail.

ばけのかわ 化けの皮が剥げる betray oneself. ～を剥ぐ unmask《a hypocrite》.

はげます 励ます encourage；cheer up.

はげみ 励み an encouragement；〔刺激〕a stimulus.

はげむ 励む strive《for, to do》；apply oneself to；endeavor《to do》.

ばけもの 化け物 a ghost；a spook；〔怪物〕a monster.

はける 捌ける〔水など〕flow；drain off；〔商品〕sell.

はげる 禿げる grow bald；lose hair；〔山など〕become bare.

はげる 剥げる〔取れる〕scale〔peel, come〕off；〔色が〕fade.

ばける 化ける transform oneself《into》；disguise oneself《as》. …に化けて under the guise〔mask〕《of》.

はけん 派遣する dispatch；send.

はけん 覇権を握る win the championship (競技で).

ばけん 馬券 a horse-race betting ticket.

はこ 箱 a box；a case.

はごいた 羽子板 a battledore.

はこいり 箱入り娘 a naive girl of a respectable family.

は こ ぶ 運 ぶ carry；convey；transport；〔仕事を〕carry on.

バザー a bazaar.

はさまる 挟まる be caught in；be hemmed in.

はさみ〔鋏〕scissors；shears (大鋏)；a punch (切符鋏)；〔カニなどの鋏〕nippers.

はさみうち 挟撃ち an attack from both sides〔flanks〕.

はさむ 挟む put between；〔指などで〕pinch；nip；〔挿入〕insert；put in (言葉を).

はさん 破産 bankruptcy. ～する go〔become〕bankrupt. ～ 者 a bankrupt. 自 己 ～ personal bankruptcy.

は し 橋 a bridge. ～桁 a bridge girder.

はし 端 the edge；〔ふち〕a border；〔末端〕an end；〔先端〕a tip.

はし 箸《a pair of》chopsticks. ～箱 a chopstick case.

はじ 恥 (a) shame；(a) disgrace；(a) dishonor. ～知らずの shameless. ～をかかせる put《a person》to shame.

はしか 麻疹 measles.

はじく 弾く〔指で〕flip；snap；〔水などを〕repel.

はしご 梯子 a ladder；〔梯子段〕a staircase；a stairs.

はしたがね 端金 a little sum《of money》.

はじまる 始まる begin；start；open；commence；〔店などが〕be opened；〔起因〕originate in；〔時代的に〕date back from.

はじめ 初・始め the beginning；〔起因〕the origin. ～て for the first time. ～に〔は〕first of all；at the beginning；originally（もともと）. ～の first（初めての）；initial；early.

はじめる 始める begin；commence；open；start.

はしゃ 覇者〔征服者〕a conqueror；〔優勝者〕a champion；a victor；a winner.

ばしゃ 馬車 a carriage；coach〔cart（荷馬車）〕. ～馬のように働く work like a horse.

はしゃぐ make merry；romp about；frolic.

パジャマ《米》pajamas；《英》pyjamas.

はしゅつ 派出する dispatch. ～所 a branch office；〔警官の〕a police box. ～婦 a visiting housekeeper.

ばじゅつ 馬術 horsemanship.

ばしょ 場所 a place；〔現場〕a scene；〔余地〕space；room；〔位置〕a position；a situation；a site；a locality.

はじょう 波状 ～攻撃 an attack in waves. ～スト a piston strike.

はしょうふう 破傷風 tetanus；lock-jaw.

はしょる〔裾を〕tuck up；〔省略〕cut short.

はしら 柱 a pillar；a post；a column（円柱）；〔電柱など〕a pole；〔支柱〕a support；a prop. ～時計 a wall clock.

はしり 走り〔初物〕the first supply《of tea》；the season's first《bonito》.

はしりがき 走り書き hurried note；cursive writing. ～する scribble.

はしりよみ 走り読み run one's eyes《through, over》.

はしる 走る run；rush；〔船が〕sail.

はじる 恥じる be ashamed《of》；blush. …に恥じない be worthy of《the name》.

はしわたし 橋渡しをする act as go-between；mediate《between》.

はす 蓮 a lotus；〔蓮根〕a lotus root.

バス〔乗り物〕a bus；〔ふろ〕a bath；〔音楽〕bass. ～付きの部屋 a room with a bath. ～に乗り遅れる miss the bus. ～に乗る get on a bus. ～ガイド a guide on a sightseeing bus. ～ターミナル a bus terminal；《英》a bus depot. ～タオル a bath towel. ～停 a bus stop. ～ルーム a bathroom. ～ローブ a bathrobe. ～路線 a bus line. 貸し切り～ a chartered bus. 観光～ a sightseeing bus. 深夜～ a midnight [late-night] bus. スクール～ a school bus. 長距離～ a long-distance bus；a coach. 通勤～ a commuter bus. 二階建て～ a double-decker. マイクロ～ a minibus.

パス〔無料切符〕a free ticket；〔定期券〕a commutation ticket；《英》a season ticket；〔送球〕a pass.

はすう 端数 a fractional number；《omit》fractions.

バズーカ ～砲 a bazooka.

ばすえ 場末 the outskirts. ～の suburban.

はずかしい 恥ずかしい be ashamed《of》；dishonorable；shameful. ～話だが I am ashamed to say….

はずかしがる 恥ずかしがる be shy；be bashful.

ハスキーな husky《voice》.

バスケットボール basketball.

はずす 外す take off；unfasten；undo；〔関節を〕dislocate；〔機会な

どを〕lose；miss；〔回避〕avoid；〔席を〕leave《one's seat》.

パステル ～画 a pastel. **～カラー** a pastel color.

バスト〔胸像・胸囲〕a bust.

パスポート a passport. ～を申請〔更新〕する renew〔apply for〕one's passport.

はずみ 弾み a bound；momentum；impetus，その時の～で on the impulse〔spur〕of the moment.

はずむ 弾む bounce；(re)bound. 息が～ pant；be out of breath.

パズル a puzzle. ～を解く work out a puzzle.

はずれる 外れる come off；〔関節が〕be dislocated；〔当たらぬ〕miss；〔あてが〕do not come true.

パスワード a password.

パセリ (a) parsley.

パソコン a (personal) computer〔略 PC〕. **～通信** computer communications.

はそん 破損 damage；injury. ～する be damaged.

はた 機 a loom. ～を織る weave.

はた 旗 a flag；a banner；pennant.

はた 傍の者 the others；outsiders；bystanders.

はだ 肌〔皮膚〕the skin.

バター butter. ～で炒める fry…in butter. パンに～を塗る spread butter on bread. ～入れ a butter dish.

パター〔ゴルフ〕a putter.

パターン a pattern. **～化する** patternize. **～認識** pattern recognition.

はだか 裸 naked；nude；bare. ～にする strip naked；denude. ～になる take off one's clothes；undress.

はだかむぎ 裸麦 rye.

はたき a duster.

はたく〔ほこりを〕dust；〔打つ〕beat；slap；〔財布を〕empty《one's purse》.

はたけ 畑 a field；a farm；a vegetable garden (家庭菜園)；〔専

門〕one's line〔speciality〕. ～違いである be out of one's line.

はだざわり 肌触り the touch；the feel.

はだし 裸足で barefoot；barefooted.

はたす 果たす finish；carry out；accomplish；〔職責を〕discharge；〔約束を〕keep one's promise；fulfill；〔望みを〕realize.

はたび 旗日 a national holiday.

バタフライ〔水泳〕(the) butterfly.

はたらき 働き〔仕事〕work，〔労働〕labor；〔機能〕function；〔活動〕activity；〔努力〕efforts；〔能力〕ability；〔功績〕service. ～かける make advances〔an overture〕《to》. **～者** a hard worker；《米》a go-getter (敏腕家).

はたらく 働く work；labor；〔勤務〕be in the service《of》；work with《a firm》；〔悪事を〕commit《a crime》.

はたん 破綻 をきたす fail；be ruined；break down.

はだん 破談 になる come to a rupture；〔縁談などが〕be broken off.

はち 八 eight. 第～ the eighth. **～時間労働** eight-hour labor.

はち 鉢 a bowl；〔植木鉢〕a pot；〔頭蓋〕the brainpan.

はち 蜂〔蜜蜂〕a bee；〔地蜂〕a wasp. ～の巣 a beehive. ～の蜜 honey.

ばち 撥〔弦楽器の〕a pick；〔太鼓の〕a drum stick.

ばち 罰 が当たる be punished by Heaven. ～当たり an ungrateful wretch；a damned fellow.

はちがつ 八月 August〔略 Aug.〕.

バチカン〔教皇庁〕the Vatican (Palace). **～市国** the Vatican (City State).

はちく 破竹 の勢いで進む sweep everything before《one》.

はちじゅう 八十 eighty；a fourscore. 第～ the eightieth.

はちミリ 八ミリ (ビデオカメラ) an 8mm

video camera.

はちゅうるい 爬虫類 the reptiles.

はちょう 波長を合せる tune in on the wavelength《of the first program of the NHK》.

パチンコ pachinko; a Japanese pinball game. ～店 a pachinko hall.

ばつ 閥 a clique; a clan; a faction.

ばつ 罰(a) punishment; a penalty. → ばっする.

はつあん 発案 a suggestion; an idea; a proposal.

はついく 発育 the growth; development. ～する grow up.

ばついち be once-divorced.

はつおん 発音 pronunciation. ～する pronounce.

はっか 薄荷 peppermint; mint.

ハッカー〔コンピュータ〕a hacker.

はっかく 八角(形)an octagon. ～(形)の octagonal.

はっかく 発覚する be found out; be discovered.

はっかん 発汗(作用) perspiration. ～する perspire.

はつがん 発癌性の carcinogenic. ～物質 a carcinogen.

はっき 発揮する exhibit; display; demonstrate; show.

はっきゅう 薄給 a small salary. ～の low-salaried; poorly-paid.

はっきょう 発狂する go〔run〕mad; become insane.

はっきりと clearly; distinctly; positively; definitely.

はっきん 白金 platinum.

ばっきん 罰金 a fine. ～を課する fine 《a person 50,000yen》.

バック〔背景〕a background;〔後援者〕a supporter;〔テニスの〕backhand (stroke). ～させる back《a car》. 青空を～に against the blue sky. ～アップ backing;〔コンピュータ〕(a) back-up (file). ～グラウンドミュー

ジック back-ground music. ～スクリーン〔野球〕a center-field screen. ～ナンバー a back number. ～ネット〔野球〕a backstop. ～ボーン the backbone. ～ミラー a rearview mirror. ～ライト a backup light.

バッグ a bag; a handbag.

パック a pack. ～旅行 a package tour. 真空～の vacuum-packed 《food》.

はっくつ 発掘 excavation. ～する excavate; dig up.

バックル a buckle.

パッケージ a package.

はっけっきゅう 白血球 a white blood corpuscle.

はっけん 発見(物)(a) discovery. ～する discover; find out; detect. ～者 a discoverer; a finder.

はつげん 発言 remark; word. ～する speak; utter; propose. ～権がある(ない) have a (no) voice 《in the matter》. ～権を得る get〔have〕the floor.

はつこい 初恋 one's first love.

はっこう 醗酵 fermentation. ～する ferment.

はっこう 発行 publication. ～する publish; issue. ～所 a publishing house. ～高 the issue amount (貨幣などの). ～部数 a circulation.

はつこうえん 初公演 the first public presentation.

はっさん 発散する let off;〔熱気など〕give off;〔排気ガスなど〕emit; give out〔off〕.

バッジ〔wear〕a badge.

はっしゃ 発車 depart; start; leave.

はっしゃ 発射する fire《a gun, a revolver》; shoot《a rifle, a bullet》; blast off《a rocket》. ～場(台)〔ロケットなどの〕a launching site (pad).

はっしん 発疹 ～チフス eruptive

typhus.

はっしん 発信する dispatch《a telegraph》; send《a letter》. **～人** a sender; an addresser.

ばっすい 抜粋 an extract;〔選集〕a selection. **～する** extract; select.

はっする 発する〔出発〕leave; start;〔命令を〕issue;〔声を〕utter;〔発散〕emit; issue;〔発生〕originate《in》.

ハッスル **～する** hustle;《米話》get a hustle on《a matter》.

ばっする 罰する punish; penalize.

はっせい 発生 occurrence; outbreak. **～する** occur; break out; originate《in》. **～地** the birthplace《of》.

はっせい 発声 utterance. **～法** vocalization.

はっそう 発送する send out; dispatch; forward; mail;《英》post.

ばっそく 罰則 (に触れる) (infringe) penal regulations.

ばった a grasshopper.

バッター a batter. **～ボックス** the batter's box.

はったつ 発達 growth; development; progress; advancement. **～する** develop; make progress; advance.

はったり a bluff.

ばったり〔急に〕suddenly;《fall》with a thud; come on across.

ハッチ a hatch. **～バック** a hatchback.

バッチ **～ファイル** a batch file.

はっちゃく 発着 arrival and departure. **～時間表**《米》a《railroad》schedule;《英》a《railway》timetable.

ばってき 抜擢する select; choose; single out《for》.

バッテリー a battery. **～が上がった** The battery is dead. **～を組む**〔野球〕form a battery.

はってん 発展 development. **～する** develop;〔繁栄〕prosper. **～家** a

debauchee. **～途上国** a developing country.

はつでん 発電〔electric〕power generation. **～機** a power generator; a dynamo. **～所** an electric-power station.

バット a bat. **～を振る** swing a bat.

パット〔ゴルフ〕a putt. **～する** putt.

パッド a pad. **肩に～の入った** with padded shoulders.

はつどう 発動する operate; put《a law》into operation; invoke(法を).

はつどうき 発動機 a motor; an engine.

ハットトリック a hat trick.

はつねつ 発熱する have a fever; become feverish.

はっぱ 発破をかける〔比喩的〕spur〔urge〕a person to do.

はつばい 発売する offer for sale; put on the market. **～禁止** prohibition of〔ban on〕the sale.

はっぴょう 発表(an)announcement;〔公表〕publication. **～する** announce; publish; make public; release.

はっぷ 発布 promulgation. **～する** promulgate.

はつぶたい 初舞台 one's debut.

はっぷん 発奮する be roused〔spurred〕up.

はっぽう 八方 on all sides. **～美人** an everybody's friend.

はっぽう 発砲する fire; discharge.

はっぽうしゅ 発泡酒 a low-malt beer.

はつめい 発明 invention. **～する** invent. **～者** an inventor. **～品** an invention.

はつらつ 溌剌とした lively; fresh; full of life.

はつろ 発露 (an) expression; (a) manifestation.

はて 果て〔終局〕the end;〔結果〕the consequence;〔限界〕the limit; the bound.

はで 派手な gay；showy；gaudy. ～に gaily；showily.

パテ putty.

はてしがない 果てしがない have〔know〕no end；endless.

はてな〔意外〕Dear me!；〔思案〕Let me see.

パテント《get, grant》a patent.

はと 鳩 a dove；a pigeon. ～派 a dove；〔集合的〕the doves. ～胸の pigeon-breasted.

ばとう 罵倒する call《a person》bad names；cry down.

パトカー a patrol〔squad〕car.

はとば 波止場 a wharf；a quay.

パドック a paddock.

バドミントン badminton. ～の羽根 a shuttlecock.

パトロール a patrol. ～カー a patrol〔squad〕car. ～警官 a policeman on patrol.

パトロン a patron.

バトン a baton ～ガール a baton twirler. ～タッチ a baton pass.

はな 花 a flower；〔果樹の〕a blossom.

はな 洟 snivel. ～をかむ blow one's nose. ～をする snivel；sniff. ～をたらす run at the nose.

はな 鼻 a nose；〔象の〕a trunk；〔犬・馬などの〕a muzzle；〔豚などの〕a snout. ～であしらう sniff at；snub. ～にかける be vain of；take (a) pride in. ～の下が長い《話》be spoony. ～を明かす〔折る〕take the conceit out of《a person》.

バナー〔コンピュータ〕a banner. ～広告 banner advertising；a banner ad.

はなうた 鼻唄を歌う hum a song.

はなお 鼻緒 a clog thong.

はなかぜ 鼻風邪 a cold in the head〔nose〕.

はながた 花形 a star；the flower《of the society》. ～選手 a star player.

はなごえ 鼻声 a nasal voice〔tone, twang〕.

はなことば 花言葉 flower language.

はなざかり 花盛り《be》in full bloom〔blossom〕.

はなさき 鼻先に under one's very nose.

はなし 話〔談話〕a talk；conversation；〔雑談〕a chat；〔物語〕a story. ～がつく come to an understanding. ～をする talk；chat. ～上手(下手)a good(poor)talker.(お)～中です〔電話で〕(Line is) busy.

はなしかける 話しかける speak to, talk to；accost；address.

はなしこむ 話し込む have a long chat《with》.

はなしずき 話し好き〔人〕a chatty〔talkative〕fellow.

はなす 放す let go《one's hold of》；〔釈放〕set free.

はなす 話す〔語る〕speak《to, with》；〔告げる〕tell；〔語り合う〕talk《with》；〔述べる〕relate；state.

はなすじ 鼻筋の通った《a man》with a shapely nose.

はなせる 話せる can speak；〔理解ある〕sensible.

はなたば 花束 a bunch of flowers；a nosegay；a bouquet.

はなぢ 鼻血を出す bleed at the nose；have a nosebleed.

はなつ 放つ〔発射〕shoot；fire；〔発散〕emit；send forth.

バナナ a banana. ～の皮をむく peel a banana

はなび 花火をあげる set off fireworks. 仕掛け～ a set piece of fireworks.

パナマ (the Republic of) Panama. ～運河 the Panama Canal. ～帽 a Panama hat.

はなみ 花見に行く go to see the cherry blossoms.

はなみち 花道〔劇場の〕a runway.

はなむこ 花婿 a bridegroom.

はなめがね 鼻眼鏡 (a pair of) eyeglasses ; a pince-nez.

はなもち 鼻持ちならない odious ; disgusting ; lousy.

はなや 花屋〔店〕a flower shop;〔人〕a florist.

はなやか 華やかな gay ; gorgeous ; showy.

はなよめ 花嫁 a bride. ～衣装 a wedding dress. ～姿で in bridal dress.

はなれ 離れ a cottage apart from the main building《of a hotel》;〔座敷〕a detached room.

はなれる 離れる come off ; separate from ; leave.

はなれわざ 離れ業 a wonderful feat ; a stunt.

はなわ 花輪 a wreath ; a garland.

パニック ～に陥る get into a panic.

バニラ ～アイス vanilla icecream.

バヌアツ (the Republic of) Vanuatu.

はね 羽 a feather ;〔羽全体〕plumage ;〔翼〕a wing.

はね 羽根をつく play (at) battledore and shuttlecock.

はね 跳ね〔泥の〕splashes of mud. ～を上げる splash〔spatter〕mud ;〔芝居などの〕the close.

ばね 撥条 (仕掛けの) (worked by) a spring.

はねおきる 跳ね起きる jump up ; spring to one's feet ;〔寝床から〕spring up from one's bed.

はねかえる 跳ね返る rebound ; bound〔spring〕back.

はねかす 跳ねかす splash.

ハネムーン a honeymoon.

はねる〔跳ねる〕leap ; spring ; jump ; bound ;〔炭などが〕crackle ;〔飛散splash ;〔終わる〕be over. 自動車に はねられる be knocked down by a car ;〔拒否〕reject ;〔除去〕eliminate ;〔上前を〕pocket ;〔芝居などが〕close.

パネルディスカッション a panel discussion.

パノラマ a panorama. ～写真 a panoramic photograph.

はは 母 a mother. ～らしい motherly. ～方の on the mother's side. ～の日 Mother's Day.

はば 幅 width ; breadth ;《five-meter-》wide〔in width, in breadth〕. ～がきく have influence《over》.

パパ a dad ; daddy.

パパイヤ a papaya.

はばたく 羽搏く flap the wings ; flutter.

はばつ 派閥 a faction ; a clique. ～争い a factional strife. ～均衡内閣 a factionally-balanced cabinet.

はばとび (立ち・走り) 幅跳び a (standing, running) broad jump.

バハマ〔国名〕(the Commonwealth of) the Bahamas.

パパラッチ paparazzi.

ババロア Bavarian cream.

はびこる〔草木が〕grow thick ;〔病気や犯罪が〕be rampant.

パビリオン a pavilion.

パピルス papyrus.

ハブ〔通信〕a hub. ～空港 a hub airport.

パフ a (powder) puff.

パブ a pub.

パプア・ニューギニア the Independent State of Pupua New Guinea.

パフォーマンス a performance. ～政治 politics of publicity (stunts).

はぶく 省く omit ; leave out ; exclude. 手数 (時間) を～ save trouble (time).

ハプニング〔意外な〕an unexpected thing ;〔出来事〕a happening.

はブラシ 歯ブラシ a toothbrush.

バブル ～経済 the bubble economy ; economic bubbles.

バベル ～の塔 the Tower of Babel.

はへん 破片 a piece ; a fragment ; a splinter.

はまき 葉巻 (タバコ) a cigar ; a cheroot (両切り).

はまぐり 蛤 a clam.

はま(べ) 浜(辺) the seashore ; the beach.

はまち〔魚〕a young yellowtail.

はまる〔嵌{は}る〕fit in ;〔だまされる〕be taken in.

はみがき 歯磨き〔粉〕tooth powder ;〔練り〕toothpaste.

ハミング humming. ～する hum.

ハム〔a slice of〕ham. ～エッグ (サラダ) ham and eggs (salad) ;〔アマチュア無線技士〕a radio ham.

はめ 羽目になる〔苦しい〕get in a fix〔a sad plight〕. ～をはずす go to excess. ～板 a weatherboard.

はめつ 破滅 ruin. ～を招く bring ruin upon《oneself》;〔事柄が〕bring about one's destruction.

はめる 嵌める put〔fix〕in ; set ; insert ;〔だます〕take in.

はもの 刃物 an edged tool ;〔集合的〕cutlery.

はもん 破門する〔宗教上〕excommunicate ;〔一般に〕expel.

はやい 早・速い quick ; fast ; swift ; rapid ;〔時期が〕early. 早く quickly ; fast ; swiftly ; rapidly ; speedily ; hastily (急いで);〔敏捷(しょう)に〕promptly ;〔早期に〕early ; soon.

はやおき 早起きする rise〔get up〕early. ～の人 an early riser.

はやく 端役《an actor playing》a minor role〔part〕.

はやくち 早口に話す speak fast〔rapidly〕.

はやさ 早・速さ quickness ; swiftness ; rapidity ; speed.

はやし 林 a wood ;〔木立ち〕a grove ;〔雑木林〕a copse.

はやし 囃子 a musical accompaniment.

はやじに 早死に early death. ～する die young.

ハヤシライス rice with hashed meat.

はやす 生やす grow ; cultivate.

はやす 囃す〔伴奏〕accompany《on drums》;〔冷やかす〕banter ; jeer at ;〔喝采〕applaud ; cheer.

はやね 早寝する go to bed early. ～早起きする keep early hours.

はやのみこみ 早呑み込み〔合点〕する jump〔rush〕to a conclusion ; swallow.

はやまった 早まった hasty ; rash. 早まって hastily.

はやめる 速める quicken ; hasten ; speed up.

はやる 流行る be in fashion〔in vogue〕; be popular ; prevail ; be prevalent ;〔繁盛〕have a large custom ; prosper ; have a large practice (開業医などの).

はやわざ 早業 a clever trick ;〔手先の〕sleight of hand.

はら 原 a field ;〔平原〕a plain ;〔大草原〕a prairie.

はら 腹 the abdomen ; the belly ;〔胃〕the stomach ;〔腸〕the bowels. ～が張る feel heavy in the stomach ;〔心〕heart ; mind ; intention (意図).

バラ 薔薇 a rose ;〔木〕a rose〔bush〕. ～色の rosy.

はらい 払い payment ;〔勘定書〕a bill. ～がよい(悪い) be punctual (behind) in payment. ～しはらい.

はらいこみ 払い込み payment. ～済の paid-up〔-in〕.

はらいこむ 払い込む pay in ; pay up ; pay into《a person's account in a bank》.

はらいさげる 払い下げる sell ; dispose of.

はらいもどし 払い戻し (a) repayment ; (a) refund.

はらいもどす 払い戻す pay back；
repay；refund.

はらう 払う pay《for》；〔はき落とす〕
brush《off, away》.

バラエティー (に富んでいる) (be rich
in) variety. ～ショー a variety show.

パラオ (the Republic of) Palau.

パラグアイ (the Republic of) Para-
guay.

パラグライダー a paraglider.

パラグラフ a paragraph.

はらごなし 腹ごなしに to help
digestion.

パラサイト ～シングル (a) young
unmarried adults living off their
parents.

パラシュート a parachute.

はらす 晴す〔疑いなどを〕clear on
oneself《a suspicion》；〔鬱憤を〕
wreak《anger upon》；(恨みを)
revenge oneself upon《a person》.

ばらす〔分解する〕take to pieces；〔あ
ばく〕expose；〔殺す〕kill.

パラソル a parasol.

パラダイス (a) paradise.

はらちがい 腹違いの half《brother,
sister》. ～の弟 a brother on the
paternal side.

バラック〔英〕barracks；a shack.

パラドックス (a) paradox.

パラノイア paranoia. ～の paranoid.

はらばい 腹這いになる lie on one's
belly.

ばらばら (に)《tear》in〔to, into〕
pieces；〔一人一人〕separately. ～死
体 a mutilated〔dismembered〕body.

はらはらする feel uneasy；be kept in
suspense. ～させるような thrilling；
breathtaking.

パラフィン paraffin. ～紙 wax (ed)
paper.

バラモン ～教 Brahmanism.

パラリンピック the Paralympics.

はらわた 腸 the intestines；〔臓腑〕
the entrails.

はらん 波乱 ups and downs《of
life》；〔栄枯盛衰〕vicissitudes. ～
に富んだ full of ups and downs；
checkered《career》.

バランス《keep, lose》balance.

はり 梁 a (cross) beam；〔根太受け〕
a girder.

はり 針・鍼〔縫い針・注射針〕a needle；
〔留め針〕a pin；〔つり針など〕a hook；
〔とげ〕a thorn；〔虫の〕a sting；〔時
計の〕a hand；〔レコードプレーヤーの〕
a stylus；〔鍼治療〕acupuncture.

パリ Paris. ～の Parisian.

はりあい 張り合いがある(ない)be (be
not) worth doing；be encouraging
(discouraging).

はりあう 張り合う rival；compete
《with》.

バリアフリー ～の barrier-free.

バリウム barium.

バリエーション (a) variation.

はりがね 針金 (a) wire. ～のような
wiry.

はりがみ 貼紙《stick》a bill；《put
up》a poster.

バリカン《a pair of》(hair) clippers.

ばりき 馬力 horse power〔略 h.p.〕
～のある energetic. ～をかける get
up steam；put on a spurt.

はりきる 張り切る be full of pep；〔熱
心〕be enthusiastic《about》；be
eager《to do》.

バリケード (を作る) (set up) a
barricade.

ハリケーン a hurricane.

はりこむ 張り込む〔警官が〕keep (a)
watch on〔over〕；〔奮発する〕treat
oneself〔a person (他人に)〕to《a
thing》.

はりしごと 針仕事 needlework；
sewing. ～をする do needlework.

はりたおす 張り倒す knock down.

はりだす〔張り出す〕project；jut
out；〔貼り出す〕post up《a notice》.

はりつけ 磔 crucifixion. ～にする

crucify.

はりつける 貼り付ける stick〔paste〕《a thing》on.

バリトン（歌手）(a) baritone.

ばりばりする crisp; crispy. ～の leading.

はる 春 spring. ～の spring. ～一番 the first gale in the spring. ～先 early spring.

は る 貼 る stick〔put〕on; paste; affix; apply（薬を）.

はる 張る〔縄を〕stretch;〔網を〕spread;〔胸を〕突き出す throw out;〔肘 を〕square;〔打つ〕slap;〔賭 ける〕stake; bet;〔宴を〕hold; give;〔水を〕fill up;〔氷が〕freeze;〔値段が〕be high;〔肩が〕be stiff.

はるかに 遥かに in the distance; far away〔off〕;〔程度〕by far《the better》.

バルカン ～半島 the Balkan Peninsula.

バルコニー a balcony.

バルバドス〔国〕Barbados.

はるばる 遥々《go, come》all the way《to Kumamoto, from Kumamoto》.

バルブ a valve（弁）; a bulb（電球）.

パルプ pulp. ～材 pulpwood.

はれ 晴れ fine〔fair〕weather. ～である It is fine. ～の場所で in public, on a grand occasion.

はれ 腫れ swelling;〔水気〕dropsy. ～物 a swelling.

バレエ〔舞踊〕(a) ballet. ～の踊り子 a ballet dancer.

ハレーすいせい ハレー彗星 Halley's Comet.

パレード a parade. ～する parade《along the streets》.

バレーボール volleyball.

はれぎ 晴着（を着て）(in) one's holiday〔best〕clothes.

パレスチナ Palestine. ～の Palestinian. ～人 a Palestinian.

はれつ 破裂 (an) explosion;〔談判などの〕(a) rupture. ～する explode; burst; blow up;〔談判などが〕be broken off.

パレット a palette.

バレリーナ a ballerina.

はれる 晴れる〔天候〕clear up;〔疑惑が〕be cleared of《suspicion》;〔気が〕be refreshed.

はれる 腫れる swell (up). 腫れた swollen; tumid.

バレル a barrel.

ハレルヤ hallelujah.

バレンタインデー (St.) Valentine's Day.

バロック Baroque.

パロディー a parody.

バロメーター a barometer.

パワー power. ～ショベル a power shovel. パワハラ power harassment.

ハワイ Hawaii. ～の Hawaiian.

はん 半 a half. ～日（月・年）half a day (month, year). 2時間～ two hours and a half.

はん 判〔はんこ〕a stamp; a seal. ～を押す affix a seal to; put a stamp on.

はん 版〔印刷〕printing;〔版数・型〕edition. 第2～第3刷 the third impression of the second edition.

はん - 汎…. ～アメリカ主義 Pan-Americanism.

ばん 判 size. 大～の large-sized.

ばん 晩 evening;〔夜〕night. ～の〔に〕in the evening. 日曜の～に on Sunday evening. 今（明）～ this (tomorrow) evening.

ばん 番〔見張り〕(a) watch; (a) guard; (a) lookout;〔番号〕number;〔順番〕order; one's turn. ～をする watch; stand〔keep〕guard《over》;〔当番〕be on duty.

ばん 盤 a board; a block;〔円盤〕a disk.

バン a van.

パン bread;〔菓子パン〕a bun.　～屑 bread crumbs.　～粉〔原料〕flour.　～屋〔店〕a bakery;〔人〕a baker.

はんい 範囲 a scope; a sphere; the bounds.

はんいご 反意語 an antonym.

はんえい 繁栄 prosperity; welfare.　～する prosper;thrive;flourish;〔商売が〕do good business.

はんえんけい 半円形 a semicircle.　～の semicircular.

はんか 繁華 a busy; bustling; thriving.　～街 business quarters; an amusement center (娯楽街).

はんが 版画 a (wood-block) print;〔銅板〕an etching.　～の printed.

ばんか 挽歌 an elegy; a dirge.

ハンガー ～に掛ける hang《a dress》on a hanger.

バンカー a bunker.

ばんがい 番外の extra; additional; special.

はんがく 半額 half the sum.　～で at half the (usual) price.

ハンカチ a (pocket) handkerchief.

ハンガリー Hungary.

バンガロー a bungalow.

はんかん 反感を抱く(買う) harbor (provoke) ill feeling; feel antipathy.

はんき 半期の half-yearly; semi-annual.　上(下)～ the first(second) half year.

はんきゅう 半球 a hemisphere. 北(南)～ the Northern (Southern) Hemisphere.

はんきょう 反響〔こだま〕an echo;〔反応〕reaction (a response;〔影響〕influence.　～する echo; resound; reverberate.

パンク a blowout; a puncture; a flat (tire).　～する go flat; blow out; be punctured.　～ロック punk rock.

ハンググライダー a hang glider.

ばんぐみ 番組 a program; a repertoire.

バングラデシュ (People's Republic of) Bangladesh.

ハングル Hangul;the Korean alphabet.

ばんくるわせ 番狂わせ an unexpected result《of a game》.

はんけい 半径 a radius.

パンケーキ a pancake.

はんげき 反撃(する) (make)a counterattack.

はんけつ 判決 decision; judgment; a sentence〔verdict〕.　～を下す decide (deliver) on《a case》; pass judgment on《a person》.

ばんけん 版権 copyright.　～所有【標示】Copyrighted.　～侵害 an infringement of copyright.

はんげん 半減する reduce by (one) half.

ばんけん 番犬 a watchdog.

はんご 反語〔皮肉〕irony;〔反意語〕an antonym.

はんこう 反抗する resist; oppose; make resistance《to》.　～的な子 a rebellious child.　～期 the period of rebelliousness.

はんこう 犯行 a crime.　～を自白する confess one's crime.　～を否認する deny the offense.

はんごう 飯盒 a canteen.

ばんごう 番号 a number.　～を打つ number.

ばんこく 万国 all nations; the world.　～博覧会 an International Exposition;《米》a world's fair.

ばんこん 晩婚 (彼女は) ～だった (She) married late in life.

はんざい 犯罪 a criminal offense; a crime.　～行為 a criminal act.　～捜査 (a) criminal investigation.　～人〔者〕a culprit.

ばんざい 万歳 ～を三唱する give three"Banzai"cheers.

ハンサム ～な男の子 a handsome

boy.

はんさよう 反作用 (a) reaction；counteraction.

ばんさん 晩餐 dinner. ~会 a dinner party.

はんし 半死(半生)の half-dead；more dead than alive.

はんじ 判事 a judge.

ばんじ 万事〔万端〕everything；all things. ~金だ Money is everything. ~休す All is up《with one》.

パンジー a pansy.

バンジージャンプ (a) bungee jump〔jumping〕.

はんしゃ 反射 reflection. ~する reflect. ~望遠鏡 a reflecting telescope. ~炉 a reverberatory furnace.

ばんしゃく 晩酌をする have a drink at supper.

はんじゅく 半熟の soft-boiled；〔果実が〕half-ripe.

はんしょう 半鐘 a fire bell；an alarm bell.

はんしょう 反証 (a) disproof；counterevidence. ~をあげる produce counterevidence.

バンジョー a banjo.

はんしょく 繁殖 propagation. ~する propagate itself；multiply.

はんしん 半身 ~像 a bust. ~不随 paralysis of one side of the body. 上(下)~ the upper (lower) half of the body.

はんしんはんぎ 半信半疑で dubiously〔doubtfully〕；be half in doubt.

ハンスト a hunger strike.

はんズボン 半ズボン shorts；knee breeches.

はんする 反する be contrary to；〔違反〕violate《the rule》. これに反して on the contrary；on the other hand.

はんせい 反省 reflection. ~する reflect《upon oneself》.

はんせん 反戦 ~運動 an antiwar movement. ~主義(者) pacifism (a pacifist).

はんせん 帆船 a sailing ship〔vessel〕.

ハンセン ~病 Hansen's disease；leprosy.

ばんぜん 万全の策 the safest and wisest measure.

ばんそう 伴奏 accompaniment. ピアノで~する accompany《a person》on the piano. ~者 an accompanist.

ばんそうこう 絆創膏 a plaster；an adhesive plaster〔tape〕.

はんそく 反則 violation of the rules；〔競技の〕a foul. ~する break the rules；〔競技で〕play foul.

はんそで 半袖の short-sleeved《shirt》.

はんだ 半田(付けにする) solder.

パンダ a (giant) panda.

はんたい 反対〔逆〕the reverse；the opposite；〔反抗〕opposition；〔異議〕objection. ~運動を起す start a counter campaign《against》. ~する oppose；object to. ~に〔方向〕in the opposite direction；〔これに反して〕on the contrary. ~の opposite；reverse；contrary. ~者 an opponent；an objector. ~党 the opposition party. ~投票 a negative vote.

パンタグラフ a pantograph.

バンタム ~級 the bantamweight division.

はんだん 判断 judgment；〔夢などの〕interpretation. ~する judge；interpret（夢などを）. ~力 judgment.

ばんち 番地 one's house〔street〕number.

パンチ〔ボクシング〕a punch；〔はさみ〕a punch. ~を入れる punch《a ticket》.

パンツ〔下着〕briefs；〔男・女用〕

underpants；〔運動用〕athletic shorts；〔水泳・拳闘用〕trunks；〔ズボン〕《米話》pants.

はんてい 判定 (a) decision；(a) judgement.　～勝ちを得る win the decision《over》.　写真～ a photo finish.

パンティー panties.　～ストッキング《a pair of》pantyhose.

ハンディキャップ a handicap.　～をつける handicap《a person》.

はんてん 斑点 a spot；a speck.

ハンド 〔野球〕a bunt.　～する bunt 《the ball》.
～ブック a handbag；a purse.　～ブック a handbook；a manual.　～ボール handball.　～メイドの handmade.

バント 〔野球〕a bunt.　～する bunt 《the ball》.

バンド 〔革帯〕a leather band；〔洋服の〕a belt；〔楽団〕a (music) band.

はんドア 半ドアになっている be not completely closed.

はんとう 半島 a peninsula.　～の peninsular.

はんどう 反動 (力) (a) reaction；rebound.　～的 (な) reactionary.　～分子 (勢力) reactionary elements (power).

はんどうたい 半導体 a semiconductor.

はんどく 判読する decipher；make out.

パントマイム a pantomime.　～俳優 a pantomimist.

ハンドル a handle；〔自動車の〕a (steering) wheel.　～を左に切る drive〔wheel〕to the left.　右～の車 a right-hand-drive car.

ばんなん 万難を排して despite various difficulties；by all means.

はんにん 犯人 a criminal；the perpetrator《of a crime》.

ばんにん 番人 a watch (man)；a keeper；a guard；a caretaker (留守居).　～小屋 a watch box.

ばんねん 晩年 (に) (in) one's last years.

ばんのう 反応 (a) reaction；〔効果〕(an) effect.　～がある react；〔薬などが〕have effect《on》.

ばんのう 万能の almighty.　～選手 an all-round〔-around〕player.　～薬 a panacea.

はんぱ 半端の odd；incomplete.　～物 an odd article.

バンパー a bumper.

ハンバーガー a hamburger (steak).

ハンバーグ (ステーキ) a hamburger (steak).

はんばい 販売 sale.　～する sell；deal〔trade〕in (rice).　～員 a salesman；a saleswoman (女).　～価格 the selling price.　～店 a shop；a store.　～網 a sales network.

はんばく 反駁 (a) refutation.　～する refute；retort.

はんばつ 反発 (力) repulsion.　～する repulse；repel.

はんぴれい 反比例 inverse〔reciprocal〕proportion〔ratio〕.　～する be in inverse proportion《to》.

パンプス 《a pair of》pumps.

ばんぶつ 万物 all things；creation；〔自然〕Nature.　～の霊長 the lord of creation.

パンフレット a brochure；a pamphlet.

はんぶん 半分 a half.　～にする divide into halves；halve.

ばんぺい 番兵 a guard；a sentinel；a sentry.

はんぼいん 半母音 a semivowel.

ハンマー ～投げ the hammer throw.

ハンモック a hammock.

はんもん 煩悶 agony；worry.　～する be in agony；worry.

パンヤ kapok；silk cotton；〔木〕a ceiba tree.

はんらん 反乱 (を起こす) (raise in) a revolt〔rebellion〕.

はんらん 氾濫 an overflow；flood；

inundation. ～する inundate；
flood.

はんれい 凡例 introductory remarks；
explanatory notes.

はんろ 販路《open》a market《for》.

ひ

ひ 火 a fire；〔火花〕a spark〔灯〕a
light〔炎〕a flame. ～がつく catch
fire；〔発火〕ignite. ～の番 a night
watchman. ～をつける make a
fire. ～をおこす make a
fire. ～をつける set fire to.

ひ 日〔太陽〕the sun；〔1日〕a day；〔時〕
time；〔日付〕date.

ひ 碑〔墓石〕a tombstone；〔記念碑〕
a monument.

び 美 beauty；〔美しいもの〕the
beautiful.

ひあい 悲哀〔失望〕sadness；〔心の
痛み〕sorrow；〔深い悲しみ〕grief.

ひあがる 干上がる dry up；parch；〔口
が〕starve.

ピアス a pierced earring.

ひあたり 日当たりで in the sun. ～がよ
い（悪い）be sunny (unsunny).

ピアノ a piano. ～を弾く play (on)
the piano. **ピアニスト** a pianist.

ピーアール public relations〔略 PR,
P.R.〕.

ビーカー a beaker.

ひいき 晶屓 にする favor；
patronize；be partial《to》. ～の
favorite；pet. ～客〔筋〕a patron；a
fan.

ピーク ～に達する〔を越える〕reach
〔pass〕a peak. ～時 a peak hour.

ヒーター a heater.

ビーチパラソル a beach umbrella.

ビート〔拍子〕a beat.

ピーナツ a peanut；(複 peanuts).

ビーバー a beaver.

ピーマン (a) green pepper；(a) pi-
m (i) ento.

ビール beer. 黒～ porter. 生～ draft
beer.

ヒーロー a hero.

ひえしょう 冷え性である have a chilly
constitution；sensitive to cold.

ひえる 冷える grow〔get〕cold〔chilly〕.

ピエロ a clown.

ビオラ a viola. ～奏者 a violist.

ひか 皮下注射《have》a hypodermic
injection.

びか 美化 beautification. ～する
beautify.

ひがい 被害 damage；injury. ～者 a
sufferer；a victim；〔集合的〕the
injured. ～地 a damaged area.

ひかえ 控 え a note；a memo-
randum；〔副本〕a duplicate；a
copy；〔予備〕a reserve. ～室 a
waiting room；an anteroom.

ひかえめ 控 え 目 な moderate；
temperate.

ひがえり 日帰りをする go and return
in one day. ～旅行 a day ('s) trip.

ひかえる 控える〔書留める〕jot〔note〕
down；〔制 す る〕refrain from
doing；〔ほどほどにする〕be
temperate《in》.

ひかく 比較 (a) comparison. ～する
compare《the two, A with B》. ～的
（に）comparatively.

ひかく 非核三原則 three non-nuclear
principles.

びがく 美学 aesthetics. ～の
aesthetic.

ひかげ 日陰 the shade；a shady spot.
～者 a social outcast.

ひがさ 日傘 a sunshade；a parasol.

ひがし 東 the east. ～の east；
eastern.

ひがしティモール 東ティモール The
Democratic Republic of Timor-
Leste.

ひがみ 僻み prejudice；envy. ～を起
こす be prejudiced《against》；grow
jealous《of》.

ひからびる 干からびる dry up；shrivel；wither.

ひかり 光 (a)light；a glimmer（微光）；a twinkle（星などの）；〔光輝〕brightness；〔光沢〕luster；gloss. ～ファイバー optical fiber.

ひかる 光る shine；glimmer；twinkle；glitter；〔露などが〕glisten；〔雷光などが〕flash；〔目立つ〕shine among《one's classmates》；outshine《others》.

ひかん 悲観（論）a pessimistic view；pessimism. ～する be pessimistic. ～論者 a pessimist.

ひかん 避寒 wintering. ～する (pass the) winter《at, in》. ～地 a winter resort.

ひがん 彼岸（の中日）the equinoctial week（the equinox）.

びかん 美観 a beautiful sight.

びがん 美顔術 beauty treatment；《米》(a) facial.

ひきあい 引き合いに出す refer to；mention.

ひきあう 引き合う pay (well)；be profitable；paying.

ひきあげ 引き上げ〔船の〕salvage；〔撤退〕withdrawal；〔本国への〕repatriation；〔増額〕a raise《of wages》.

ひきあげる 引き上げる pull up；〔船を〕salvage；refloat；〔撤退〕evacuate；withdraw；〔増額〕raise；〔去る〕quit.

ひきあて 引当金 reserve.

ひきあわせる 引き合わせる・合わせる〔紹介〕introduce；〔対照〕compare《with》；〔校合（きょうごう）〕check.

ひきいる 率いる lead；head. 率いて in command of.

ひきいれる 引き入れる pull〔draw〕in；〔味方に〕gain over.

ひきうけ 引き受け〔仕事の〕undertaking；〔手形の〕acceptance. ～人 an acceptor（手形の）.

ひきうける 引き受ける〔仕事を〕undertake；take on；〔注文・手形を〕accept；〔責任を〕take the responsibility upon oneself；〔保証〕guarantee.

ひきおこす 引き起こす〔物を〕raise up；〔事件などを〕cause；bring about.

ひきかえ 引き換える exchange《for》. ～に in exchange《for》. 代金～で《send, goods》cash on delivery.

ひきがね 引き金 a trigger《of a gun》.

ひきこみせん 引込線〔電灯の〕a service wire；〔アンテナの〕a lead-in；〔鉄道の〕a sidetrack.

ひきこもり 引きこもり social withdrawal.

ひきころす 轢き殺す kill《a person》by running over.

ひきさがる 引き下がる withdraw.

ひきさく 引き裂く tear (up)；tear to pieces.

ひきざん 引き算 (a) subtraction. ～する subtract.

ひきしお 引き潮 an ebb tide；a low tide. ～になる ebb.

ひきしめる 引き締める tighten；〔気分を〕brace (oneself) up；〔風紀などを〕enforce discipline.

ひきずる 引きずる drag；〔裾などを〕trail.

ひきだし 引き出し a drawer.

ひきだす 引き出す draw〔pull, bring〕out；drag out（引きずり出す）；〔預金を〕draw money《from a bank》.

ひきたつ 引き立つ be set off《against》；look better；〔気持が〕feel cheered up.

ひきたてる 引き立てる〔愛顧〕favor；patronize；〔気を〕cheer up；〔見ばえ〕enhance《the beauty》；set off (to advantage).

ひきつぐ 引き継ぐ〔仕事を〕take over；〔継承〕succeed《to》.

ひきつる 引きつる〔けいれん〕have a cramp《in one's leg》.

ひきとめる 引き止める detain；stop；hold back.

ひきとる 引き取る〔受け取る〕receive；take back（商品を）；claim（死体・紛失物などを）；〔世話〕take care of.

ビキニ〔水着〕《a girl in》a bikini.

ひきにく 挽肉 ground meat；minced meat.

ひきにげ 轢き逃げする hit and run. **～運転手（事件）** a hit-and-run driver (case).

ひきのばし 引き伸ばし **～写真** an enlarged photograph.

ひきのばす 引き延ばす・伸ばす stretch；〔延期する〕put off；〔写真を〕enlarge.

ひきはらう 引き払う leave；vacate；evacuate；move《from》.

ひきもどす 引き戻す pull〔draw，bring〕back.

ひきょう 卑怯 cowardice. **～な** cowardly；〔卑劣な〕mean. **～者** a coward.

ひきよせる 引き寄せる draw《a thing》nearer.

ひきわけ 引き分け〔競技〕a draw；a drawn game. **～になる** end in a draw〔tie〕.

ひきわたし 引き渡し delivery. 引き渡す deliver；transfer；handover；〔罪人を〕surrender.

ひく 引く〔引っ張る〕draw；pull；haul；tug；〔引きずる〕drag；trail；〔注意を〕attract；〔辞書を〕consult；look up《a word in a dictionary》；〔図・線・幕・弓・車などを〕draw；〔引用〕quote；cite；〔水などを〕conduct；〔系統を〕be descended from；〔減価〕discount；cut off；〔減数〕subtract；〔電話などを〕install.

ひく 退く〔退職〕resign；retire from service〔business〕；〔後退〕retreat；〔減退〕abate；subside；〔潮が〕ebb.

ひく 挽く〔粉に〕grind；〔鋸 ${}^{のこ}_{ぎり}$ で〕saw；〔ろくろで〕turn.

ひく 弾く play (on)《the piano》.

ひく 轢く run over；〔はねて〕knock down. **轢かれる** be run over (and killed)《by》.

ひくい 低い low；〔背が〕short；〔地位などが〕humble；mean.

ひくつ 卑屈な servile；sneaking（こそこそした）.

びくともしない do not turn a hair；be unmoved.

ピクニック **～に行く** go on a picnic.

びくびくする be afraid；〔神経が〕feel nervous.

ピクルス pickles.

ひけ 引けをとらない be second to none《in》. **～（目）を感じる** feel small；feel inferior《to》. **～時**〔会社などの〕quitting time.

ひげ 髭〔口髭〕a mustache；〔顎髭〕a beard；〔頬髭または猫などの〕whiskers. **～を剃る** shave oneself；have a shave. **～を生やす** grow a mustache〔a beard，etc.〕.

ひげき 悲劇 a tragedy；a tragical〔disastrous〕event. **～の〔的な〕** tragic. **～役者** a tragedian.

ひけつ 否決 rejection；disapproval. **～する** reject；vote down；decide against.

ひけつ 秘訣 a secret of；a key to《success》.

ひこう 非行 a misconduct. **～少年**〔少女〕a juvenile delinquent.

ひこう 飛行 a flight；flying；〔飛行術〕aviation. **～する** fly；make a flight. **～距離** a flight. **～時間**〔飛行機の〕flight time；flying hours.

びこう 鼻孔 a nostril.

びこう 備考 a note；a remark.

びこう 尾行する follow；shadow. **～をまく** shake off the shadow.

ひこうき 飛行機《get on board》an airplane；a plane；(an) aircraft. **～で行く** go by plane〔by air〕；fly to《Hawaii》. ～に酔う get airsickness.

ひこうしき 非公式の(に) unofficial (ly); private (ly); informal (ly).

ひこうじょう 飛行場 an airfield; an airport (空港).

ひこうてい 飛行艇 a flying boat.

ひごうほう 非合法の illegal; unlawful.

ひこく 被告〔民事〕a defendant;〔刑事〕the accused.

ひごろ 日頃 always; usually;〔長い間〕for a long time. ～の願い one's long-cherished wish.

ひざ 膝 the knee; one's lap (すわって腰から膝頭まで). ～をくずす sit at ease. ～を正す sit up straight. ～頭 the kneepan.

ビザ〔入国(出国)査証〕an entry(exit) visa. ～をとる get a visa (for my passport).

ピザ a pizza (pie).

びざい 微罪 a petty〔minor〕offense.

ひさし 庇 eaves.〔帽子の〕a visor.

ひさしぶり 久し振りで〔に・の〕after a long separation〔absence〕. …してから～ It's a long time since.

ひざづめ 膝詰め ～談判をする have direct negotiations《with》.

ひざまずく 跪く kneel; fall on one's knees.

ひさん 悲惨 misery. ～な miserable; tragic; sad.

ひじ 肘 an elbow. ～をつく rest one's elbow《upon》. ～を張る square one's elbows. ～掛椅子 an armchair.

ひしがた 菱形 a diamond; a lozenge; a rhombus.

ひじでっぽう 肘鉄砲をくう〔ひじの先で突く〕be elbowed;〔拒絶する〕(meet with) a rebuff. ～をくわす give《a person》a rebuff〔brush-off〕; jilt《a person》.

ビジネス business. ～マン〔実業家〕a businessman;〔会社員〕an office worker.

ひしめく〔さわぐ〕clamor;〔押し合う〕jostle《each other》.

ひしゃく 柄杓 a ladle; a dipper.

ひじゅう 比重 specific gravity;〔重要性〕relative importance.

びじゅつ 美術 the fine arts; art. ～の artistic. ～家 an artist. ～館 an art museum. ～展覧会 an art exhibition. ～品 an object〔a work〕of art.

ひじゅん 批准 (a) ratification. ～する ratify《a treaty》.

ひしょ 秘書(官) a secretary.

ひしょ 避暑 summering. ～する(pass the) summer《at, in》; go to…for summering. ～地 a summer resort.

ひしょう 費消〔公金の〕peculation;〔依託金の〕embezzlement. ～する spend; peculate; embezzle.

ひじょう 非常な extraordinary; uncommon; unusual; extreme. ～に very (much); extremely; exceedingly; awfully. ～口(呼集，手段，ブレーキ) an emergency exit (call, measures, brake). ～時(に) (in) an emergency《a crisis》. ～線(を張る)(post) a police cordon.

びしょう 微笑 a smile. ～する smile. ～して with a smile.

ひじょうしき 非常識な senseless; thoughtless; irrational.

びしょくか 美食家 an epicure.

びじん 美人 a beautiful〔pretty〕woman; a beauty. ～コンテスト a beauty contest.

ビス a screw. ～で留める screw.

ひすい 翡翠 jade; green jadeite (硬玉).

ビスケット a cracker;《英》a biscuit.

ヒスタミン histamine. 抗～剤 an antihistamine.

ヒステリー hysteria. ～を起こす go into hysterics.

ピストル a gun; a pistol;〔連発銃〕a revolver.

ひづめ 蹄 a hoof.

ひせいさんてき 非生産的(な) unproductive; nonproductive.

ひせんきょけん 被選挙権《have》 eligibility for election.

ひせんとういん 非戦闘員 a noncombatant; a civilian.

ひそ 砒素 arsenic. ～中毒 arsenic poisoning.

ひそう 悲壮な tragic; heroic (英雄的).

ひぞう 秘蔵の treasured. ～する treasure; cherish.

ひぞう 脾臓 the spleen.

ひそか 密かに secretly; in private; stealthily.

ひそひそ ～話をする talk in whispers.

ひそめる 潜める〔影を〕disappear;〔声を〕lower.

ひだ 襞 a pleat; a fold; a tuck. ～をとる pleat; tuck.

ひたい 額 the forehead; the brow.

ひたす 浸す steep; dip; immerse;〔浸潤〕soak.

ひだち (母子ともに)肥立ちがよい〔産後の〕(Both mother and baby) are doing〔progressing〕well.

ビタミン a vitamin. ～剤 a vitamin pill.

ひだり 左 the left. ～の left. ～きき a left-hander;〔酒好きの人〕a drinker. ～投手 a southpaw.

ひたる 浸る〔水に〕be soaked〔immersed〕《in》;〔ふける〕indulge (oneself)《in》;〔雰囲気などに〕abandon oneself《to》.

びだん 美談 a beautiful episode.

ひっかかる 引っ掛かる be caught《on a nail》;〔魚が釣針に〕be hooked;〔欺かれる〕be taken in.

ひっかく 引っ掻く scratch; claw.

ひっき 筆記 a note. ～する note〔write, jot〕down. ～試験 a written

examination. ～帳 a notebook.

ピックアップ ～する choose; pick (out).

ひっくりかえす 引っ繰り返す overturn; upset; tip over;〔さかさにする〕turn upside down;〔倒す〕throw down.

ひっくりかえる 引っくり返る topple over; upset; fall on one's back (仰向けに);〔船が〕be capsized.

びっくりする be surprised; be startled;〔仰天する〕be frightened to.

ひづけ 日付 a date;〔日付印〕a date stamp. ～を書く date.

ひっこう 筆耕 copying;〔人〕a copyist.

ひっこす 引っ越す remove〔move〕《to, into》.

ひっこむ 引っ込む〔退く〕retire; withdraw;〔月などが〕sink (沈む);〔家に〕stay indoors.

ひっこめる 引っ込める〔引き入れる〕pull in;〔撤回する〕withdraw;〔下げる〕put back.

ひっし 必死の desperate. ～に desperately.

ひつじ 羊 a sheep;〔子羊〕a lamb;〔雄〕a ram;〔雌〕a ewe. ～飼い a shepherd. ～の肉 mutton.

ひっしゅう 必修科目 a required〔compulsory〕subject.

ひつじゅひん 必需品 the necessaries《of life》; daily necessities.

ひっしょう 必勝を期する be sure of victory.

びっしょり(濡れる)(be wet)to the skin.

ひっせき 筆跡 handwriting; penmanship.

ひつぜん 必然(的)な natural; inevitable. ～的に necessarily; inevitably. ～性 necessity; inevitability.

ひったくり〔人〕a snatcher. ～にあう have《one's handbag》snatched away.

ひったくる snatch (away)；tear (off) 《a thing》from.

ひつだん 筆談する talk by means of writing.

ピッチ pitch；〔ボートの〕a stroke；〔能率〕a pace；〔投球〕a pitch.

ヒッチハイク a hitchhike. ～する hitchhike.

ピッチャー 〔野球〕a pitcher；〔水差し〕a pitcher；《英》a jug.

ひってき 匹敵 ～する者なし have no equal 《in》；stand alone.

ヒット 〔野球〕a (single) hit；〔成功〕a hit；a success. ～する〔野球〕(make a) hit；〔事が〕be a hit.

ひっぱく 逼迫する be short of 《money》；〔金融などが〕be tight.

ひっぱたく beat；strike；〔平手で〕slap.

ひっぱりだこ 引っ張り凧である be much sought after；be in great demand；〔人が〕be very popular.

ひっぱる 引っ張る pull；draw；tug；strain (ぴんと張る).

ヒッピー a hippie.

ヒップ one's hips.

ひつよう 必要 necessity；need. ～な necessary；〔不可欠〕indispensable；〔資格上〕requisite；〔肝要〕essential. (…の) ～のない don't have [need] 《money》. ～品 a necessary；a requisite.

ビデ a bidet.

ひてい 否定 (a) denial；(a) disavowal. ～する deny；disavow. ～的な negative. ～できぬ undeniable；indisputable.

ビデオ 〔テープ〕video (tape)；〔デッキ〕a videocassette recorder〔略 VCR〕. ～に録画する record 《a race》on videotape. ～カセット a videocassette. ～カメラ a video camera. デジタル～ディスク a digital videodisk〔略 DVD〕.

ひでり 日照り (a) drought；(a spell of) dry weather.

びてん 美点 a good quality；a merit；a virtue；a beauty.

ひでんか 妃殿下 Her (Imperial) Highness.

ひと 人 a man；a person；〔世人〕people；〔人類〕man；mankind；〔集合的〕human-beings. ～のよい (悪い) good- (ill-) natured.

ひどい hard；severe；cruel；intense；violent；awful；terrible；dreadful. ～雨 a heavy rain. ～目に遭う have an awful experience；have a hard time of it.

ひといき 一息ついて after a pause. ～に at a stretch.

びとう 尾灯 a tail light；a tail lamp；a rear lamp.

ひとおもい 一思いに with one effort；once for all.

ひとかかえ 一抱え an armful 《of books》；〔太さ〕a circle of one's arms.

ひとかげ 人影〔影法師〕a silhouette；〔姿〕a human figure. ～がない Not a soul is to be seen.

ひとかど 一角 ～の役に立つ be of some service 《to》.

ひとがら 人柄 personal character.

ひどく hard；severely；cruelly；intensely；terribly.

びとく 美徳 virtue.

ひとくせ 一癖 peculiarity. ～ある人 an ugly customer.

ひとくち 一口に言えば in short；in a word. ～に食う make a mouthful of. ～話 a short (comic) story.

ひどけい 日時計 a sundial.

ヒトゲノム 〔遺伝子情報〕human genome.

ひとごみ 人込み a crowd；a throng；〔場所〕a crowded place.

ひとさしゆび 人差し指 the forefinger.

ひとさらい 人攫い〔事〕kidnapping；〔人〕a kidnapper.

ひとさわがせ 人騒がせをする give a false alarm ; cry wolf.

ひとしい 等しい equal《to》; equivalent ; the same ; no better 〔more〕than.

ひとじち 人質にとる take《a person》as a hostage.

ひとずき 人好きのする amiable ; attractive ; charming. ～のしない unattractive ; repulsive.

ひとたまり 一溜りもなく instantly ; very easily ; without the least resistance.

ひとちがい 人違いをする (mis)take a person for another.

ひとつ 一つ（の）one ; single ; 〔同一〕the same ; equal. ～置きに alternately. 一つ一つ one by one ; separately.

ひとづま 人妻 a married woman ; a person's wife.

ひとで 人手〔援助〕a help ; 〔働き手〕a hand. ～が足りない be short of hands.

ひとで 人出 a (large) crowd of people ; a turnout. 町は～が多かった The streets were much crowded.

ひととおり 一通り ～話して聞かす give an outline 〔a short account〕《of》.

ひとどおり 人通り traffic. ～の多い（ない）通り a busy (an empty) street.

ひとなみ 人並の common ; average ; ordinary. ～に like most people. ～はずれた uncommon ; extraordinary.

ひとはだ 一肌脱ぐ support ; lend《a person》assistance.

ひとばん 一晩 one evening ; 〔一晩中〕all night.

ひとまえ 人前で〔人前も憚（はばか）らず〕before others ; in company 〔public〕.

ひとまく 一幕物 a one-act play ; a one-scene piece.

ひとまず for the time being ; for a while.

ひとまとめ 一纏めに in the 〔a〕lump ; all together. ～にする put《things》together.

ひとまわり 一回りする make a round of《the garden》; go around《a swimming pool》. ～大きい be a size of larger.

ひとみ 瞳 the pupil.

ひとみしり 人見知りをする be shy of strangers.

ひとめ 一目で at a glance. ～見る glance at ; have a look at. ～惚れする love《a girl》at first sight.

ひとめ 人目をひく attract attention ; be eye-catching.

ひとり 一人・独りで alone ; by oneself. 一人残らず every one《of them》. 一人っ子（息子・娘）an only child (son, daughter). 一人一人 one at a time ; one by one.

ひどり 日取り ～を決める fix the day《for a meeting》.

ひとりごと 独り言をいう talk to oneself ; think aloud.

ひとりでに of itself; of its own accord.

ひとりぶたい 独り舞台 have the stage all to oneself ; 〔比喩的〕be the master of the situation.

ひとりよがり 独りよがりの self-satisfied ; self-complacent.

ひな 雛〔人形〕a doll ; 〔雛鳥〕a chicken ; a young bird. ～祭 the Girls' 〔Dolls'〕Festival.

ひながた 雛形〔手本〕a pattern ; 〔模型〕a model.

ひなた 日向 a sunny place. ～ぼっこをする bask in the sun.

ひなん 非難〔(a) censure ; (an) adverse ; 〔批判〕criticism. ～する blame ; censure ; criticize ; denounce.

ひなん 避難する take refuge《in,

from》. ～者〔民〕a refugee. ～所 a
refuge; a shelter.

ビニール vinyl; plastics. ～袋 a plastic
bag. ビニ本 a vinyl-covered porno
(graphic) book.

ひにく 皮肉 (a) sarcasm; (an) irony.
～な sarcastic; cynical; ironical.
～屋 a cynic.

ひにん 否認 say no《to》; denial;
disavowal. ～する deny; disavow.

ひにん 避妊(法)contraception; birth
control. 経口～薬 an oral contra-
ceptive; the pill.

ひねくれた crooked; perverse;
cantankerous.

びねつ 微熱 (がある) (have) a slight
fever.

ひねる 捻る twist;〔開閉〕turn on
〔off〕;〔強引に〕wring.

ひのき 檜 a Japanese cypress; a
hinoki cypress. ～舞台をふむ
perform on a first-class stage.

ひのけ 火の気 ～のない部屋 an
unheated room.

ひのこ 火の粉 (flying) sparks《of
fire》.

ひので 火の手が上がる flare up;
burst out into flames.

ひので 日の出 sunrise. ～の勢いで
in the ascendant.

ひのべ 日延べする postpone; put
off; extend.

ひのまる 日の丸〔旗〕the flag of the
rising-sun.

ひばい 非売品 an article not for
sale;【標示】Not for Sale.

ひばし 火箸《a pair of》fire tongs.

ひばち 火鉢 a brazier.

ひばな 火花 a spark. ～が散る
spark; emit sparks.

ひばり 雲雀《a skylark; a lark.

ひはん 批判 (a) criticism. ～する
criticize.

ひばん 非番で (ある) (be) off duty.

ひび chaps. ～がきれる be chapped.

ひび〔割れ目〕a crack; a fissure. ～
がはいる be cracked.

びび 微々たる slight; little;
insignificant.

ひびき 響き a sound;〔反響〕an
echo;〔鉄砲の〕a report.

ひびく 響く sound; resound; echo;
〔影響〕affect.

ひひょう 批評 (a) criticism; (a)
comment. ～する criticize;
comment《on》; review. ～家 a
critic; a reviewer.

ひふ 皮膚 the skin. ～病 a skin
disease.

ビフィズス ビフィズス菌 a bifido-
bacterium.

びふう 美風 (a) commendable
custom; a virtue.

びふう 微風 a light〔gentle〕wind; a
breeze.

ひぶくれ 火膨れ a blister. ～になる
blister.

ひぶそう 非武装地帯 a demilitarized
zone〔略 DMZ〕. ～中立 unarmed
neutrality. ～都市 an open city.

ひぶた 火蓋 ～を切る open fire;〔始
める〕start; begin.

ビフテキ (a) beefsteak.

びぼう 美貌 beauty;《have》good
looks.

ひぼん 非凡な extraordinary;
uncommon; rare.

ひま 暇 time (to spare); leisure. ～
である be free; be at leisure;〔商
売が〕be dull〔slack〕. ～人 an idler.

ひまご 曾孫 a great-grandson
〔-granddaughter〕.

ひまし 日増しに daily; day by day;
every day.

ヒマラヤ (山脈) the Himalayas.

ひまん 肥満 obese; corpulent; fat.
～児 an overweight child.

びみ 美味 deliciousness;〔うまい物〕
delicacies; a rich diet.

ひみつ 秘密 a secret; secrecy;〔神秘〕

(a) mystery. ～に secretly；in secrecy；confidentially；privately. ～にする keep《a matter》secret. ～の secret；confidential；〔私の〕private. ～会議 a conclave. ～外交 secret diplomacy. ～条約 a secret treaty. ～文書 a confidential document.

びみょう 微妙な delicate；subtle.

ひめい 悲鳴 a cry；a scream；a shriek. ～をあげる cry；shriek；scream《for help》.

ひも 紐 a string；a cord；a ribbon；〔打ち紐〕a braid；〔皮紐〕a strap.

ひもと 火元は…である The fire started in《a place》.

ひや 冷やで飲む〔酒を〕take sake cold.

ひやあせ 冷や汗をかく be in a cold sweat《with terror》.

ビヤガーデン a beer garden.

ひやかす 冷かす〔からかう〕make fun of；banter；tease；〔店を〕window-shop.

ひやく 飛躍する leap；jump；〔進歩〕make a remarkable progress《in》；〔論理が〕a leap in argument.

ひゃく 百 a〔one〕hundred. 第～ the hundredth.

ひゃくしょう 百姓〔農夫〕a peasant(小作農)；a farmer(自作農)；〔集合的〕peasantry；〔いなか者〕a rustic.

ひゃくにちぜき 百日咳 whooping cough；pertussis.

ひゃくねん 百年 one hundred years；a century. ～祭 a centenary.

ひゃくぶん 百分の one-hundredth. ～率 percentage.

ひゃくまん 百万 a million. ～長者 a millionaire.

ひやけ 日焼けした sunburnt；sun-tanned. ～止め sunscreen；sunblock.

ヒヤシンス a hyacinth.

ひやす 冷やす cool；〔氷で〕ice. 冷やした cooled；iced.

ひゃっか 百科事典〔全書〕an encyclopedia.

ひゃっかてん 百貨店 a department store.

ひやとい 日雇〔労働者〕a day laborer.

ひやひや 冷や冷やする〔恐怖〕be in great fear；be scared.

ビヤホール a beer hall；《英》a beerhouse.

ひややか 冷ややかな cold. ～に coldly；cold-heartedly.

ひやり 冷やりとする feel a chill；〔驚いて〕be frightened《at》.

ひゆ 比喩 a figure of speech；a simile；a metaphor. ～的な(に) figurative(ly)；metaphorical(ly).

ヒューズ a fuse. ～が飛ぶ(切れる) A fuse blows (is burnt out).

ヒューマニズム humanism.

ヒュッテ 〔山小屋〕a hut《for mountaineers》.〔<《G》Hutte〕.

ビュッフェ a buffet.

ひょう 表 a table；〔目録〕a list；〔図表〕a diagram.

ひよう 費用 cost；expense(s)；expenditure；〔出費〕outlay.

ひょう 豹 a leopard；a panther.

ひょう 票 a vote；a ballot. ～を投じる cast a vote〔a ballot〕《for》.

ひょう 雹 hail；〔一粒の〕a hailstone. ～が降る It hails.

びよう 美容院 a beauty parlor. ～(形成)外科 cosmetic surgery. ～師 a beautician. ～術 cosmetology. ～体操 shape-up exercise；calisthenics.

びょう 秒 a second. ～を刻む tick away the time.

びょう 鋲 a tack；a thumbtack (画鋲)；〔靴底などの〕a hob；〔締め鋲〕a rivet. ～で留める pin up《a picture》；tack down《a carpet》.

びょういん 病院 a hospital. 救急～ an emergency hospital. 総合～ an general hospital.

ひょうか 評価 appraisal；valuation；〔人物などの〕estimation. ～する appraise；value；estimate.

ひょうが 氷河 a glacier.

ひょうき 表記の written〔inscribed〕on the face〔outside〕.

ひょうぎ 評議する have a conference；confer；discuss；consult《with》. ～員 a council (l) or. ～会 a council；a conference.

びょうき 病気 (an) illness；《米》(a) sickness；〔疾患〕a disease. ～が重くなる get〔become〕worse. ～が直る get well；recover from illness. ～休暇中である be on sick leave. ～にかかる be suffering from；be taken ill；fall〔get〕ill. ～の ill；sick. ～届 a report of《one's》illness. ～見舞 a visit to a sick person.

ひょうきん 剽軽な jocular；droll. ～者 a joker；a wag.

ひょうけいさん 表計算ソフト a spreadsheet software.

ひょうげん 表現 (an) expression. ～する express.

ひょうご 標語 a motto；a slogan；a watchword.

ひょうさつ 表札 a doorplate；a nameplate.

ひょうざん 氷山 an iceberg；a floating mass of ice.

ひょうし 表紙 a cover. ～をつける cover a book《in paper》.

ひょうし 拍子をとる beat time.

びょうし 病死 death from illness. ～する die of illness.

ひょうしき 標識 a mark. 航空～a radio beacon. 航路～a beacon.

びょうしつ 病室 a sickroom；〔病棟〕a ward.

びょうしゃ 描写 (a) description；(a) portrait. ～する describe；〔絵で〕draw；sketch.

ひょうじゅん 標準 a standard. ～化する standardize. ～の standard；normal. ～を定める fix the standard. ～語 (時) the standard language (time).

ひょうしょう 表彰する commend officially. ～式 (台)〔競技などの〕a prize-awarding ceremony (platform). ～状 a testimonial.

ひょうじょう 表情 (an)expression；〔顔つき〕a look. ～に富んだ expressive. ～のない expressionless；blank.

びょうしょう 病床にある be on one's sickbed.

びょうしん 病身の sickly；weak；delicate《health》.

ひょうせつ 剽窃 plagiarism. ～する plagiarize. ～行為〔物〕a plagiarism.

ひょうそう 表装〔絵などの〕mounting. ～する mount《a picture》.

ひょうだい 表題 a title；a heading.

ひょうてんか 氷点下20度 twenty degrees below the freezing point.

びょうどう 平等 equality. ～にする equalize. ～の (に) equal (ly)；even (ly).

びょうにん 病人 a sick person；an invalid；〔急患〕a patient.

ひょうはく 漂白する bleach. ～剤 bleaching powder.

ひょうばん 評判〔名声〕fame；reputation；〔人気〕popularity；〔風説〕rumor. ～がよい (悪い) be well-(ill-) spoken of. ～の famous；popular；〔悪名〕notorious.

ひょうほん 標本 a specimen；〔見本〕a sample.

ひょうめん 表面 the surface；〔外面〕the outside. ～に on the face〔surface〕. ～の external；outward；〔皮相の〕superficial.

ひょうり 表裏のある double-dealing.

びょうり 病理 (学) pathology. ～の pathological.

ひょうりゅう 漂流する drift about. ～者 a castaway. ～船 a drifting ship. ～物 drifts;〔集合的〕driftage.

ひょうろん 評論〔時事の〕(a) comment;〔書物などの〕(a) criticism; (a) review. ～家 a critic; a commentator; a reviewer. ～雑誌 a review.

ひよく 肥沃な fertile; rich《soil》.

びよく 尾翼 the tail.

ひよけ 日除け a shade; a sunscreen.

ひよこ 雛 a chick (en).

ひより 日和 weather. ～見をする sit on the fence. ～見主義者 an opportunist.

ビラ a handbill;〔張り札〕a poster; a placard.

ひらいしん 避雷針 a lightning rod〔conductor〕.

ひらおよぎ 平泳ぎ《swim》breaststroke.

ひらがな 平仮名 the Japanese cursive syllabary.

ひらき 開き〔戸棚〕a closet;〔とびら〕a hinged door;〔間隔〕distance; margin（原価と売価の）;〔差〕(a) difference.

ひらく 開く open;〔蓋を〕lift;〔広げる〕unfold;〔設立〕found; establish;〔開催・開会〕open; hold《a council》; give《a party》;〔開花〕bloom; blossom.

ひらけた 開けた civilized; modernized; cultivated.

ひらける 開ける〔文明化〕become civilized;〔近代化〕be modernized;〔原野などが〕be cultivated.

ピラニア a piranha.

ピラフ pilaf (f).

ピラミッド a pyramid.

ひらめ 鮃 a flatfish; a flounder; a turbot.

ひらめき 閃き a flash; a gleam; a glitter.

ひらめく 閃く flash; gleam;〔旗が〕wave; flutter.

ひらや 平屋 a one-storied house.

びり the last; the bottom《of one's class》.

ピリオド a period;《英》a full stop. ～を打つ〔終わりにする〕bring to an end; put an end〔a period〕《to》.

ひりつ 比率 a ratio; percentage. 3対2の～ the three-two ratio.

ひりひりする〔傷が〕smart;〔味が〕taste hot.

ビリヤード《play》billiards. ～場 a billiard parlor.

ひりょう 肥料 manure; fertilizer. ～を施す manure.

びりょく 微力を尽す do one's bit; do what (little) one can.

ひる 昼 the daytime;〔正午〕noon; midday. ～過ぎに in the afternoon. ～前に in the morning. ～間は in the daytime. ～寝をする take a (midday) nap. ～飯 the midday meal; lunch. ～休み a midday recess.

ビル an office building. ～街 a street of large office buildings.

ピル《be on》the pill. →けいこう（経口）.

ひるがえす 翻す wave; fly;〔説・心などを〕change.

ひるがえる 翻る wave; fly; float.

ひるむ flinch; shrink《from》.

ひれ 鰭 a fin.

ヒレ〔肉〕a fillet.

ひれい 比例 proportion;〔比率〕ratio. …に～して in proportion《to》. 正(反)～ direct (inverse) proportion.

ひれつ 卑劣な dirty; mean; cowardly.

ひろい 広い wide; broad; extensive; spacious; roomy.

ひろいもの 拾い物をする find《a thing on the road》;〔掘出物〕make a (lucky) find.

ひろいよみ 拾い読みする〔所々読む〕

read at random.

ヒロイン a heroine.

ひろう 拾う pick up；〔見つける〕find；〔拾い集める〕gather；collect；〔落ち穂を〕glean.

ひろう 披露 announcement. ～する announce；introduce. 結婚～宴 a wedding reception.

ひろう 疲労 fatigue. ～する be tired.

ビロード velvet. ～のような velvety.

ひろがる 広がる spread；extend；〔噂など〕get abroad.

ひろく 広く widely；extensively；〔一般に〕generally. ～する widen；broaden；〔大きくする〕enlarge.

ひろげる 広げる spread；extend；〔狭い物を〕widen；〔開く〕open；unfold；unroll；〔旗・帆を〕unfurl.

ひろさ 広さ〔広がり〕(an) extent；〔幅〕(a) width；(a) breadth；〔面積〕area.

ひ ろ ば 広場 an open space；a square；〔大広場〕a plaza.

ひろま 広間 a hall；a saloon；a spacious room.

ひろまる 広まる spread；get around；diffuse；be propagated；〔流行〕become popular《with》.

ひろめる 広める spread；propagate.

ピロリ ピロリ菌 Helicobacter pylori.

びわ 枇杷 a loquat；a Japan medlar.

ひわり 日割り a daily rate；〔日程〕a schedule. ～で《pay》by the day.

ひ ん 品〔上品〕grace；〔洗練〕elegance；〔威厳〕dignity. ～のよい（悪い）graceful (unrefined)；elegant；refined；dignified；〔粗野〕vulgar.

びん 瓶・壜 a bottle；〔広口の〕a jar；〔薬・香水びん〕a vial〔phial〕；〔フラスコ〕a flask.

ピン a pin；〔髪の〕a hairpin.

びんかん 敏感な susceptible；sensitive《to》.

ピンク pink.

ひんけつ 貧血（症）anemia. ～の anemic.

ひんこう 品行 behavior；conduct. ～のよい（悪い）well- (ill-) behaved.

ひんこん 貧困 poverty. ～の poor；〔極貧の〕indigent.

ひんし 品詞〔文法〕a part of speech. 八～ the eight parts of speech.

ひんし 瀕死の dying；on the verge of death.

ひんしつ 品質 quality. ～がよい（悪い）be good (bad) in quality.

ひんじゃく 貧弱な poor；meager；limited；scanty.

ひんしゅ 品種 a variety；a bleed；a kind. ～改良〔家畜の〕improvement of breed；〔植物の〕plant breeding.

びんしょう 敏捷な(に) quick (ly)；swift (ly)；〔性格が〕sharp.

びんじょう 便乗する take advantage of；avail oneself of. ～主義 opportunism. ～主義者 an opportunist. ～値上げ follow-up〔me-too〕price hikes.

ヒンズー ～教 Hinduism. ～教徒 a Hindu.

ひんせい 品性 character. ～下劣な人 a man of base character.

ピンセット 《a pair of》tweezers.

びんせん 便箋 letter paper；〔はぎとりの〕a writing pad.

ひんそう 貧相な poor-looking.

ピンチ ～である be in a pinch.

びんづめ 瓶詰めの bottled《beer》.

ヒンディー ～語 Hindi.

ヒント 《give, get》a hint.

ピント〔焦点〕(a) focus. ～が合って（はずれて）いる be in (out of) focus. ～を合わせる focus《a camera》on.

ピンはね ピン撥ねする keep a percentage《of》.

ひんぱん 頻繁な frequent. ～に very often；frequently.

ひんぴょう 品評会 a competitive

show 〔exhibition〕; a fair.

ピンポイント 爆撃 a pinpoint 〔precision ; point〕bombing.

びんぼう 貧乏 poverty. ～くじを引く be unlucky. ～暮らしをする live from hand to mouth. ～な poor ; needy.

ピンぼけ ～の out of focus. →ピント.

ピンポン table tennis ; ping-pong.

ひんみん 貧民 the poor ; the needy. ～窟 the slums.

びんらん 便覧 a handbook ; a manual.

びんわんか 敏腕家 a man of ability ; an able〔capable〕person ;《米話》a go-getter.

ふ

ふ 譜 music.〔譜面〕a score.

ふ 負〔負の数〕a negative number.

ぶ 部 a part ; a section ; a department ;〔1冊〕a copy.

ぶ 分〔割合〕percent. 3 ～の利息 で with 3 percent interest.

ファ〔音階〕fa ; F.

ファースト〔一塁〕first (base) ;〔一塁手〕a first (baseman). ～クラス first class. ～レディー〔大統領夫人〕the First Lady.

ファーストフード fast food.

ぶあい 歩合 a rate ;(a) percentage. ～を出す give a percentage. ～制 a commission system.

ぶあいそう 無愛想な unfriendly ; surly ; curt (返事などの).

ファイト〔闘志〕a fight ; a fighting spirit ;〔掛け声〕Let's go!

ファイバー ～スコープ a fiberscope.

ファイヤーウォール〔通信〕firewall.

ファイル〔書類の〕a file. ～する file. ～名〔コンピュータ〕a filename.

ファイン ～プレー《make》a fine play.

ファインダー〔望遠鏡〕a finder ;〔カメラ〕a viewfinder.

ファウル〔野球〕a foul. ～する foul《to》. ～チップ(フライ, ボール) a foul tip (fly, ball).

ファクシミリ facsimile. → ファックス

ファジー fuzzy.

ファシスト a fascist.

ファシズム fascism.

ファスナー a zipper ;《英》a zip fastener. ～を閉める〔開ける〕zip up《unzip》.

ファックス (a) fax ; facsimile ; telefax ;〔機械〕a fax machine. ～で手紙を送信する send a letter by fax.

ファッション (a) fashion. ～ショー(モデル) a fashion show (model).

ふあん 不安 uneasy ; insecure 《position》. ～に思う feel uneasy《about》; be anxious《about》.

ファン a fan. 映画(野球) ～ a movie (baseball) fan.

ファンデーション〔化粧の下地〕a foundation ;〔婦人の下着〕a foundation (garment).

ファンド〔資金〕a fund ;〔国債・公債〕the (public) fund.

ふあんない 不案内である〔土地に〕be a stranger《in a place》.

ふい 不意の (に) sudden (ly) ; abrupt (ly) ; unexpected (ly). ～打ちを食わせる take《the enemy》by surprise.

フィアンセ〔男〕a fiancé ;〔女〕a fiancée.

フィート foot (複 feet)〔略 ft.〕(=30. 48cm).

フィードバック feedback.

フィールド a field ;〔種目〕a field event.

フィギュアスケート figure skating.

フィクション fiction. ～の fictitious.

フィジー (the Republic of) Fiji. ～の Fijian. ～人 a Fijian.

ふいちょう 吹聴する let it be known ; make《it》known ;〔推奨〕recommend.

フィットネス ～クラブ a fitness 〔health〕 club.

フィナーレ the finale.

ブイヤベース (a) bouillabaisse.

フィヨルド a fjord; a fiord.

ブイヨン bouillon 《F》.

フィラメント a filament.

フィリピン (the Republic of) the Philippines. ～人〔男性〕a Filipino; 〔女性〕a Filipina.

フィルター〔カメラ〕a filter. ～つきタバコ a filter-(tipped) cigarette.

フィルム カラー～ a color film. **36枚撮り～** a roll of film with 36 exposures. **白黒～** a black-and-white film. **ポジ～** a positive film.

フィンランド (the Republic of) Finland. ～の Finnish. ～人 a Finn.

ふう 封(印) a seal. ～をする seal. ～を切る break the seal.

ふうあつ 風圧 wind pressure; leeway.

ブーイング booing (and hissing). ～する boo; snort at ….

ふうう 風雨 wind and rain. ～にさらされた weather-beaten. ～注意報 a storm warning.

ふうか 風化(作用) weathering.

ふうが 風雅な elegant; tasteful; refined.

ふうき 風紀 public morals;〔規律〕discipline. ～の退廃 demoralization.

ふうきり 封切〔映画の〕a release. ～する release 《a film》. ～映画(館) a first-run film (theater).

ふうけい 風景 a landscape; scenery; a view; a scene. ～画 a landscape.

ふうこうめいび 風光明媚の of〔rich in〕beautiful scenery.

ふうさ 封鎖 a blockade. ～する blockade 《a harbor》.

ふうさい 風采 appearance; presence. 立派な～ a fine presence.

ふうし 諷刺 a satire. ～する satirize; lampoon〔絵で〕. ～的(な) satirical. ～家 a satirist. ～画 a caricature; a cartoon.

ふうしゃ 風車 a windmill. ～小屋 a windmill shed.

ふうしゅう 風習 (manners and) customs; practices.

ふうしょ 封書 a sealed letter.

ふうすいがい 風水害 damage(s) from storm and flood.

ふうせん 風船 a balloon. ～玉 a toy balloon.

ふうそく 風速 the velocity of the wind. ～計 an anemometer.

ふうぞく 風俗〔風習〕manners and customs;〔性産業〕the sex industry;〔風紀〕public morals. ～を乱す corrupt public morals.

ふうたい 風袋 packing; tare. ～ぬきの容量(重量) net content (weight).

ブータン (the Kingdom of) Bhutan. ～の Bhutanese.

ふうち 風致 scenic beauty. ～地区 a scenic zone.

ふうちょう 風潮 世の～に従う swim with the trend〔tendency, current〕of the times.

ブーツ 《a pair of》boots.

ふうど 風土 climate. ～病 an endemic.

ふうは 風波が高まる(静まる) The wind and sea rise (go down).

ふうび 風靡する dominate; rule 《the time》.

ふうふ 夫婦 husband〔man〕and wife; a (married) couple. ～の matrimonial. ～別姓《keep》separate surnames〔one's maiden name (女性が)〕for married couples.

ふうぶつ 風物 natural features; things 《Japanese》.

ふうみ 風味 flavor ; taste ; savor. ～のよい taste good ; savory.

ブーム a boom. ～である be booming 《very popular》; 〔一時的〕a fad.

ブーメラン a boomerang.

フーリガン a hooligan.

ふうりゅう 風流な tasteful ; elegant ; 《a man》of taste.

プール 〔水泳用〕a swimming pool ; 〔共同資金〕a pool. 温水～ a heated (swimming) pool.

ふうん 不運 (a) misfortune. ～な unfortunate ; ill-fated.

ふえ 笛 a flute ; a pipe, 〔呼び子・警笛〕a whistle. ～を吹く play (on) a flute ; blow a whistle.

フェア ～な fair. ～プレー (ボール) a fair play (ball).

ふえいよう 富栄養化 eutrophication.

フェーン フェーン現象 a foehn phenomenon.

フェザー フェザー級 the featherweight division.

ふえて 不得手 one's weak point. ～である be not good 《at English》; be weak 〔unskillful〕《in》.

フェミニスト 〔女性に優しい〕a true gentleman (to women) ; 〔男女同権論者〕a feminist. 彼は～だ He is always kind to women.

フェリー a ferry (boat).

ふえる 増える increase 《in number, in quantity》; 〔目方が〕gain (2 kilograms) in weight.

フェルト felt. ～ペン a felt (-tip) pen.

プエルトリコ (Commonwealth of) Puerto Rico. ～の Puerto Rican. ～人 a Puerto Rican.

ふえん 敷衍する amplify 〔enlarge〕《on》.

フェンシング fencing.

フェンダー 〔泥除け〕a fender.

ぶえんりょ 無遠慮な rude ; unreserved ; outspoken.

フォアグラ foie gras 《F》.

フォアボール 〔野球〕a base on balls ; a walk. ～で1塁に出る get (to) first on balls. ～を与える walk 《a batter》.

フォーク a fork. ～ボール 〔野球〕a fork ball.

フォークソング a folk song. ～歌手 a folk singer.

フォークダンス a folk dance.

フォーマット a format. ディスクを～する format a diskette.

フォーマル ～ウェア a formal dress 〔suit〕.

フォーラム a forum.

フォルダ a folder.

ふおん 不穏な 〔形勢・天候〕threatening.

フォント a font.

ふおんとう 不穏当な 〔言語・行動が〕improper ; unfair.

ふか 鱶 a shark.

ふか 孵化する hatch ; incubate.

ぶか 部下 a subordinate ; one's men. …の～として働く work under a person.

ふかい 深い deep ; profound ; 〔濃い・茂った〕thick ; dense.

ふかいしすう 不快指数 discomfort index 〔略 DI〕.

ふがいない 腑甲斐ない cowardly ; good-for-nothing.

ふかいり 深入りする go too far ; get deeply involved 《in》.

ふかかい 不可解な strange ; mysterious ; incomprehensible.

ふかく 深く deeply ; 〔心から〕heartily.

ふかこうりょく 不可抗力 an act of God. ～の inevitable ; unavoidable.

ふかさ 深さ depth.

ふかしん 不可侵 ～条約 a non-aggression pact.

ふかす 蒸かす・吹かす 〔蒸す〕steam 《rice》; 〔葉巻を〕puff at 《a cigar》; 〔パイプを〕smoke 《a pipe》; 〔エンジンを〕rev (up) 《an engine》.

ぶかっこう 不格好な ill-shaped；awkward；clumsy.

ふかっぱつ 不活発な inactive；dull；slack；sluggish.

ふかのう 不可能な impossible.

ふかみ 深み〔場所〕a depth；a deep place，〔深味〕depth.

ぶかん 武官 a military；officer. 大使館付〜 a military attache to an embassy.

ふかんしょう 不感症 frigidity；〔鈍感〕insensitivity.

ふかんず 俯瞰図 a bird's-eye view《of》.

ふかんぜん 不完全な imperfect；incomplete；defective.

ふぎ 不義〔男女の〕adultery. 〜の illicit；immoral.

ぶき 武器 arms；a weapon.

ふきあげる 吹き上げる blow up，〔水などを〕spout.

ふきかける 吹き掛ける blow〔breathe〕on；spray；pick《a quarrel with a person》；〔高値を〕ask a fancy price.

ふきけす 吹き消す blow out《a candle》.

ふきこむ 吹き込む blow into，〔鼓吹〕inspire；instill；〔レコードに〕put《a song》on a record.

ふきさらし 吹きさらしの wind-swept；windy；exposed to the wind.

ふきそく 不規則な irregular. 〜に irregularly.

ふきだす 吹き出す spout，〔笑い出す〕burst out laughing.

ふきつ 不吉な ominous；unlucky.

ふきつける 吹きつける blow against《the window》.

ふきでもの 吹き出物 a skin eruption；a rash.

ふきとばす 吹き飛ばす blow off《a hat》.

ふきゅう 不朽の immortal；everlasting；eternal.

ふきゅう 普及する spread；become popular. 〜版 a popular edition.

ふきょう 不況 (business) depression.

ふきょう 布教 propagation；missionary. 〜する preach；propagate《a religion》.

ぶきよう 不器用な (に) awkward (ly)；clumsy (-sily).

ふぎり 不義理をする do《a person》wrong；be ungrateful to；fail to express one's gratitude《to》.

ふきん 付近 (に) near here；《in》the neighborhood〔vicinity〕《of》. 〜の neighboring；near here.

ふきんしん 不謹慎な indiscreet；imprudent.

ふく 服 clothes；a suit；a dress.

ふく 吹く〔風が〕blow；〔息を〕breathe；〔吹き鳴らす〕sound；blow《a pipe》；〔口笛を〕whistle；〔ほらを〕talk big；brag.

ふく 拭く wipe.

ふく 噴く spout；spurt〔gush, run〕out.

ふく 葺く〔屋根を〕roof；thatch (草で)；tile over (かわらで).

ふく‐ 副‐ 〜議長 (社長・総裁・大統領・頭取) a vice-president. 〜支配人 an assistant manager. 〜首相(総理) a deputy prime minister.

ふぐ 河豚 a globefish；a swellfish.

ふくあん 腹案 a plan〔scheme〕(in one's mind)《for》；an idea.

ふくいん 福音〔キリスト教の〕the Gospel；〔吉報〕good news. 〜書 the Gospels.

ふぐう 不遇の地位にある be in a position of obscurity.

ふくぎょう 副業 a side job；a side line.

ふくざつ 複雑な complicated；complex；intricate.

ふくさよう 副作用 a side effect. 〜がある produce side effects《on》.

ふくさんぶつ 副産物 a by-product.

ふくし 副詞〔文法〕an adverb.

ふくし　福祉 welfare；well-being. ～国家 a welfare state. ～制度 a welfare system.

ふくしゃ　複写する take a copy《of》. ～器 a duplicator.

ふくしゅう　復習 (a) review. ～する review〔do〕one's lessons.

ふくしゅう　復讐 revenge；vengeance. ～する revenge〔avenge〕oneself 《on》. ～戦〔競技の〕a return match.

ふくじゅう　服従 obedience；submission. ～する obey；submit 《to》.

ふくしょく　服飾 dresses and ornaments〔accessories〕.

ふくしょく　復職する be reinstated《in an office》.

ふくしょくぶつ　副食物 a side dish (主食，主菜以外の料理).

ふくしん　腹心の devoted；confidential；trusted.

ふくすう　複数〔文法〕the plural (number). ～の plural.

ふくせい　複製 a reproduction. ～する reproduce.

ふくせん　伏線を張る drop an advance hint；〔出し抜く〕lay plans to forestall《a person》.

ふくせん　複線〔鉄道の〕a double-track〔railroad〕line. ～である be double-tracked.

ふくそう　服装 dress；costume；attire.

ふくつう　腹痛 ～がする have a stomachache.

ふくどく　服毒する take poison.

ふくとしん　副都心 a subcenter of 《Tokyo》.

ふくびき　福引 lottery. ～を引く draw a lot.

ふくまく　腹膜 the peritoneum. ～炎 peritonitis.

ふくまでん　伏魔殿 a pandemonium.

ふくみ　含み益 (損) paper〔dormant, unrealized〕profits (losses).

ふくむ　含む〔口に〕hold〔keep〕in one's mouth；〔含有〕contain；〔包含〕include；〔意味を〕imply.

ふくめん　覆面〔画布〕a veil；〔仮面〕a mask. ～をする wear a mask. ～作家 an anonymous writer.

ふくらしこ　膨らし粉 baking powder.

ふくらはぎ　the calf.

ふくらます　膨らます swell；blow up；puff out〔up〕.

ふくり　福利→ふくし (福祉)，こうせい (厚生).

ふくり　複利 (で) (at) compound interest.

ふくれる　膨れる swell；expand；be inflated；〔怒る〕get sulky. 膨れ面を a sulky look.

ふくろ　袋 a bag；a sack；〔手さげ〕a pouch.

ふくろう　梟 an owl. ～が鳴く Owls hoot〔screech〕.

ふくわじゅつ　腹話術 ventriloquism. ～師 a ventriloquist.

ふけ　dandruff；scurf. ～だらけの scurfy.

ふけいき　不景気 (business) recession；depression；hard times. ～な dull；slack. ～な顔をする look gloomy.

ふけいざい　不経済な uneconomical；wasteful.

ふけつ　不潔な dirty；filthy.

ふける　(夜が) 更ける The night wears on. It grows late.

ふける　耽る be addicted (to)；indulge 《in》；〔夢中〕be absorbed 《in》.

ふけんこう　不健康な unhealthy；〔病的な〕morbid.

ふげんじっこう　不言実行 action before words.

ふこう　不幸 (a) misfortune. ～な unhappy；unfortunate；unlucky. ～にも unfortunately；unhappily；unluckily.

ふ

ふこう 不孝な undutiful《son》.

ふごう 符号 a mark；a sign；a symbol.

ふごう 符合する agree；tally；coincide；correspond《with》.

ふごう 富豪 a man of wealth；a(multi) millionaire.

ふごうかく 不合格になる〔試験に〕fail《in》；〔資格・規格検査などに〕be rejected. ～者 a disqualified person. ～品 a rejected article.

ふこうへい 不公平 partiality. ～な unfair；partial；unjust.

ふごうり 不合理な irrational；absurd；unreasonable.

ふこく 布告 a decree；a proclamation；an edict. ～する declare；proclaim；announce.

ふこころえ 不心得な imprudent；indiscreet.

ぶこつ 武骨な rustic；blunt；clumsy.

ふさ 房 a tassel；a tuft；a fringe（縁の）. ～のついた tasseled；fringed（縁に）；〔ブドウなどの〕a bunch；a cluster.

ふさい 夫妻 伊藤～ Mr. and Mrs. Ito.

ふさい 負債 a debt；liabilities.

ふざい 不在 absence. ～である be absent；be out；be away《from》. ～者投票 absentee voting.

ふさがる 塞がる〔詰まる〕be filled；〔使用中〕be occupied.

ふさく 不作 a bad crop〔harvest〕；a poor harvest.

ふさぐ 塞ぐ〔閉じる〕close；cover；shut；〔詰める〕fill；stop up；〔場所を〕occupy《room》；〔ブドウなどの〕stand in a person way（行く手を）.

ふさぐ 鬱ぐ be depressed；be in low spirits；be in the blues.

ふざける 〔はね回る〕frolic；〔冗談〕joke；《米》kid；〔男女が〕flirt《with》. ふざけて in fun；in play.

ぶさた 無沙汰する neglect to write

〔visit〕. 御～して申し訳ありません Excuse me for my long silence.

ぶさほう 無作法な ill-mannered；rude.

ぶざま 無様な ungraceful；awkward；clumsy.

ふさわしい 相応しい suitable；becoming《to》；proper；appropriate.

ふさんせい 不賛成～を唱える disapprove《of》；object《to》；raise an objection《to》.

ふし 節〔関節〕a joint；a knuckle（指の）；〔節・瘤〕a knot；a gnarl（木の瘤）. ～穴〔戸などの〕a knothole；〔歌の〕an air；a tune；a melody（節回し）.

ふじ 不治の〔病気が〕incurable；fatal.

ぶし 武士 a samurai (warrior). ～道 Bushido；chivalry.

ぶじ 無事 safety；security. ～でいる be well；be in good health. ～な safe；peaceful；quiet. ～に without (any) accident；safe (ly)；in peace；amicably（円満に）.

ふしぎ 不思議 a wonder；a miracle. ～な strange；wonderful；miraculous. ～な事には strange to say. …なのも～はない (It is) no wonder that….

ふしぜん 不自然な unnatural；artificial.

ふしだらな slovenly；loose.

ふじちゃく 不時着する make a forced landing.

ふしまつ 不始末〔失態〕mismanagement；〔非行〕misconduct；〔不注意〕carelessness.

ふじみ 不死身である〔痛みを感じない〕be insensitive；have more lives than a cat. ～の invulnerable.

ふじゆう 不自由 inconvenience；discomfort. ～な inconvenient；〔身体の〕disabled. 何～なく暮らす live in comfort. 目の～な人 a visually handicapped person.

ふじゅうぶん 不十分な insufficient；imperfect；〔不満足な〕unsatisfactory.

ふじゅん 不純な impure；〔動機などの〕mixed. **～物** impurities.

ふじゅん 不順な unseasonable；changeable《weather》.

ふじょ 扶助→えんじょ. **相互～** mutual aid.

ぶしょ 部署を定める assign a post to 《a person》.

ふしょう 負傷 an injury；a wound. **～する** be injured；be wounded；get hurt. **～者（兵）** an injured〔a wounded〕person（soldier）；〔集合的に〕the wounded.

ぶしょう 無精な lazy；indolent. **～者** lazy fellow.

ふしょうか 不消化 indigestion；dyspepsia. **～の（消化の悪い）** indigestible〔heavy〕《food》.

ふしょうじき 不正直 dishonesty. **～な** dishonest.

ふしょく 腐蝕 corrosion；erosion（酸が腐蝕させる）. **～する** corrode；rust（さびる）. **～剤** a corrosive.

ぶじょく 侮辱 an insult；a contempt. **～する** insult；put《a person》to shame；disgrace.

ふしん 不振である be dull；be in a slump.

ふしん 不審な doubtful；suspicious；strange.

ふじん 夫人 one's wife；〔敬称〕Mrs.；Madam.

ふじん 婦人→じょせい（女性）. **～警官** a policewoman.

ふしんじん 不信心〔不信仰〕impiety；unbelief. **～な** impious；unbelieving；irreligious.

ふしんじんもん 不審尋問 **～を受ける** be questioned《by a policeman》.

ふしんせつ 不親切 unkindness. **～な** be unkind.

ふしんにん 不信任 nonconfidence. 内閣～案を上程（決議）する present （pass）a bill of nonconfidence in the cabinet.

ふすま 襖 a sliding door〔screen〕.

ふする 付する set；refer〔submit〕《a matter》《to a committee for arbitration》.

ふせい 不正な injustice；wrong；unlawful；dishonest. **～行為** cheating（試験での）. **～手段** an unlawful〔dishonest〕means.

ふぜい 風情 an air；appearance. **～のある** tasteful；charming.

ふせいかく 不正確な（に）incorrect（ly）；inaccurate（ly）.

ふせいこう 不成功 **～に終わる** end〔result〕in a failure. **～の** unsuccessful.

ふせいじつ 不誠実 insincerity. **～な** insincere；faithless.

ふせいせき 不成績 a poor〔a disappointing〕result.

ふせいりつ 不成立となる fail；be rejected.

ふせぐ 防ぐ defend；protect；〔予防〕prevent《from》；guard《against》；〔抵抗〕resist；〔防止〕check；keep off.

ふせつ 敷設する construct；lay《a railroad》.

ふせっせい 不摂生をする neglect one's health. **～な** unwholesome.

ふせる 伏せる〔本を〕lay；〔身を〕lie down；〔裏返す〕put《a thing》upside down；turn over；〔かぶせる〕put《a thing》over《another》；〔隠す〕keep《a matter》secret.

ふせん 付箋 a tag；a label；a slip.

ぶそう 武装 arms；〔要塞 ，軍艦などの〕armaments. **～した** armed. **～する** arm. **～解除** disarmament.

ふそうおう 不相応な unsuitable. 身分～な生活 life beyond one's means.

ふそく 不足 shortage；〔欠乏〕lack《of

sleep》. ～する be〔fall, run〕short
《of》. ～額 a shortage; a deficit (収
入の).

ふぞく 付属する belong《to》; be
attached《to》. ～の accessory;
attached. ～小学校 an elementary
school attached to《a university》.
～品 accessories.

ふぞろい 不揃いの uneven;
irregular; not uniform.

ふた 蓋 a lid; a cover; a flap (ポケッ
トなどの). ～をする(とる)put on(take
off) the lid; cover (uncover).

ふだ 札 a card;〔レッテル〕a label;〔下
げ札〕a tag;〔ビラ〕a hand-bill;〔張
り札〕a poster.

ぶた 豚 a pig;〔去勢した〕a hog;〔雄
の〕a boar;〔雌〕a sow. ～の脂 lard.
～小屋 a pigsty. ～肉 pork.

ふたい 付帯の incidental《to》;
supplementary. …に～する
accompanying.

ぶたい 部隊 a unit; a corps. ～長 a
commander.

ぶたい 舞台に立つ go on the stage.
～に出る appear on the stage. ～監
督 a stage director〔manager〕. ～
劇 a stage drama. ～効果 stage
effects. ～装置 the (stage) setting.

ふたえ 二重の double; twofold. ～ま
ぶた a double eyelid.

ふたご 双子 twins; twin brothers
〔sisters〕;〔双子の一人〕a twin.
～座 Gemini.

ふたたび 再び again; twice; once
more. ～する repeat.

ふたつ 二つ two. ～とも both. ～とも
…でない Neither of them. ～に
《cut》in two; into two parts. ～返
事で most willingly.

ふたまた 二股の forked. 〔日和見〕
double-dealing. ～に分かれる fork
off. ～ソケット a two-way socket.

ふたん 負担 a burden; a share; a
load; a charge. ～する〔責任を〕

bear;〔費用を〕pay; share(一部を).
～となる be a burden《on》.

ふだん 不断の constant.

ふだん 普段の usual; ordinary. ～は
usually; always. ～着 casual wear.

ふち 淵〔川の〕a pool; the depths;〔深
淵ネ〕an abyss.

ふち 縁 an edge; a brink;〔杯・帽子
などの〕a brim;〔眼鏡などの〕a
rim;〔周縁〕a margin;〔外郭〕a
border;〔枠〕a frame. ～なし眼鏡《a
pair of》rimless glasses.

ぶち 斑 a spot. ～の spotted;
piebald.

ふちゃく 付着する stick〔cling, adhere〕
《to》.

ふちゅうい 不注意 carelessness. ～
な careless; inattentive.

ふちょう 不調である be in a bad
condition.

ふちょう 符牒 a mark; a code;〔合
い言葉〕a password.

ぶちょう 部長 the head〔chief〕of a
section〔department〕.

ふちょうわ 不調和 disharmony;
discordance. ～な inharmonious;
discordant.

ふつう 不通 ～となる〔交通・通信な
どが〕be cut off; be interrupted
〔suspended (中止)〕, blocked up (途
絶)〕.

ふつう 普通の average; ordinary;
common; usual. ～(に) usually;
commonly. ～車 a standard-sized
car. ～列車 a local train.

ぶっか 物価 prices rise《fall》. ～指
数 a price index. ～水準 the price
level.

ふっかつ 復活 revival; resur-
rection; restoration. ～する be
revived; come to life again. ～祭
the Easter.

ふつかよい 二日酔い a hangover;
《米話》the morning after.

ぶつかる〔衝突〕hit; strike; collide

ふ

[clash] with ; knock [dash, run] against ; [目がかち合う] fall on.

ふっきゅう 復旧 restoration. ～する be restored to the former state. ～**工事** repair works.

ぶっきょう 仏教 Buddhism. ～徒 a Buddhist.

ぶっきらぼうな blunt; curt; brusque.

ぶつける throw [fling] at ; knock against.

ふっこう 復興 revival ; restoration ; [文芸～] the Renaissance ; [再建] reconstruction. ～する revive ; be rehabilitated [reconstructed].

ふつごう 不都合 [不便] inconvenience ; [行為] a misdeed. ～な [不便な]inconvenient ; wrong ; outrageous.

ふっこちょう 復古調 a reactionary tendency.

ぶっさん 物産 products. ～展 an exhibition of the products.

ぶっし 物資 goods ; commodities ; [天然の] resources ; materials.

ぶっしつ 物質 matter ; substance. ～の material ; physical. ～文明 material civilization.

プッシュ ～する push. ～ホン a push-button phone.

フッそ フッ素 fluorine.

ぶっそう 物騒な unsafe ; dangerous ; [不穏な] troubled. ～な世の中 [in these] troubled times.

ぶつぞう 仏像 a Buddhist image.

ぶったい 物体 an object ; a body.

ふってい 払底 (a) scarcity ; (a) dearth. →ふそく.

ふっとう 沸騰する boil (up) ; effervesce ; [世論などが] become excited ; be roused. ～点 the boiling point.

ぶっとおし ぶっ通しで continuously ; without break ;《for six hours》running.

フットボール [球] a football ; [競技] football.

ぶつぶつこうかん 物々交換 ～をする barter.

ぶつめつ 仏滅 a cursed day.

ぶつり 物理 (学) physics. ～的 (に) physical (ly). ～学者 a physicist.

ふつりあい 不釣合 imbalance ; disproportion ; disharmony. ～な ill-matched ; imbalanced.

ふで 筆 [毛筆・絵筆] a brush ; [ペン] a pen. ～が立つ be a good writer. ～無精 (まめ) a lazy (good) correspondent.

ふてい 不貞な unfaithful《to one's husband》.

ふていき 不定期の irregular. ～列車 a nonscheduled train.

ブティック a boutique.

ふてき 不敵な defiant ; fearless.

ふでき 不出来である [物が] be poorly made ; [仕事が] be bad done.

ふてきとう 不適当な unfit ; unsuitable ; inadequate.

ふてきにん 不適任の unfit ; unqualified ; incompetent.

ふてくされる ふて腐れる become sulky [perverse].

ふと by chance ; by accident. ～した impulsively.

ふとい 太い big ; thick ; [声の] deep ; [横着な] impudent.

ふとう 不当な unjust ; unreasonable. ～利益 unjustified profits.

ふとう 埠頭 a pier ; a quay.

ふどう 不動の immovable ; firm ; [一定の] fixed ; [常時の] constant. ～産 immovables ; real estate. ～産業者 a real estate agent.

ふどう 浮動する float ; [相場が] fluctuate. ～株 [株式] floating stocks. ～票 floating votes.

ぶとう 舞踏 a dance ; dancing. ～会 a ball.

ぶどう 葡萄 a grape ; [木] a (grape) vine. ～園 a vineyard. ～酒 wine ;

〔赤〕red；〔白〕white；〔ロゼ〕rose.

ブドウきゅうきん ブドウ球菌 a staphylococcus (bacterium).

ふどうとく 不道徳 immorality. ~な immoral；loose.

ふとうめい 不透明な opaque.

ふところ 懐 the bosom；the breast. ~が寂しい (暖かい) have a light (heavy) purse. ~刀 one's right-hand man. ~具合 one's funds.

ふとさ 太さ thickness；be《10cm.》thick〔in thickness〕.

ふとった 太った fat；plump；fleshy；stout；portly.

ふとっぱら 太っ腹の broad-minded；generous；magnanimous.

ふとる 太る get fat〔plump〕.

ふとん 布団〔敷布団〕a mattress；〔掛布団〕a quilt.

ぶな 橅 a beech (tree)

ふなうた 船歌 a boatmen's song；a chant (e) y.

ふながいしゃ 船会社 a shipping company.

ふなちん 船賃〔客の〕a fare；〔貨物運賃〕freight.

ふなづみ 船積 shipping. ~する ship；load《a ship》.

ふなに 船荷 a cargo. ~証券 a bill of lading.

ふなのり 船乗り a sailor；a seaman.

ふなびん 船便 sea mail；〔航空便に対して海陸便〕surface mail. ~で送る send《a parcel》by sea.

ふなよい 船酔い seasickness. ~する get seasick.

ふなれ 不慣れな inexperienced《in》；unaccustomed《to》.

ぶなん 無難な safe；secure；passable.

ふにん 赴任する leave〔start〕for one's new post.

ふにんしょう 不妊症 sterility；barrenness. ~の sterile.

ふにんじょう 不人情な heartless；cold-hearted.

ふね 船 a ship；a boat；a vessel. ~で in a boat〔ship〕；by ship. ~に強い (弱い) be a good (poor) sailor.

ふねっしんな 不熱心な unenthusiastic；halfhearted.

ふのう 不能の impossible；〔性的〕impotent.

ふはい 腐敗 decay；rotting；putrefaction. ~した rotten；corrupt (ed). ~する rot；be corrupted.

ふはつ ~になる misfire. ~弾 a blind shell.

ふひょう 不評 (判) discredit；unpopularity. ~な unpopular.

ぶひん 部品 parts.

ふぶき 吹雪 a snowstorm；〔大吹雪〕a blizzard.

ふふく 不服→ふへい, ふまん.

ぶぶん 部分 a part；a portion；a section. ~的 (な) partial.

ふぶんりつ 不文律 an unwritten law.

ふへい 不平 discontent；dissatisfaction. ~をいう grumble《about, at》；complain《of》. ~家 a grumbler.

ふへん 不変の unchanging；invariable；constant.

ふべん 不便 inconvenience. ~な inconvenient.

ふへんてき 普遍的 (な) universal；general.

ふぼ 父母 father and mother. ~の parental《love》.

ふほう 不法な〔不埒な〕violent；〔違法〕illegal；unlawful. ~監禁 illegal confinement. ~侵入 (a) trespass. ~占拠 squatting.

ふほんい 不本意な disappointing. ~ながら against one's will；reluctantly.

ふまん 不満 dissatisfaction. ~である be dissatisfied〔discontented〕《with》. ~ (足) な unsatisfactory.

ふ

ふみかためる 踏み固める tread〔stamp〕down.

ふみきり 踏切 a (railroad) crossing. **～番** a watchman (at a crossing).

ふみきる 踏み切る〔決意〕take the plunge；〔跳躍〕take off.

ふみこむ 踏み込む step into；〔侵入する〕break into；raid.

ふみだい 踏み台 a footstool；〔比喩的〕a springboard《for success》.

ふみたおす 踏み倒す trample down；〔借金などを〕bilk.

ふみだん 踏み段 steps；〔車の〕a footboard.

ふみつける 踏みつける trample down；〔不当に扱う〕tread《a person》unduly.

ふみつぶす 踏みつぶす crush under one's feet.

ふみとどまる 踏み止まる remain；stay on；keep one's stand.

ふみにじる 踏みにじる trample down.

ふみはずす 踏み外す miss〔lose〕one's step.

ふみんしょう 不眠症 insomnia；sleeplessness.

ふむ 踏む step upon；tread on.

ふむき 不向きな unsuitable for；unfit for.

ふめい 不明の unknown. **～である** remain unexplained.

ふめいよ 不名誉〔不面目〕(a) dishonor；(a) disgrace. **～な** dishonorable；disgraceful；shameful.

ふもう 不毛の sterile《soil》；barren《land》.

ふもと 麓 the foot《of a hill》.

ぶもん 部門→ぶ(部).

ふやける swell up；be sodden.

ふやす 殖やす increase；add to；〔繁殖〕raise.

ふゆ 冬 winter. **～の** winter；for winter use (冬向きの). **～服** winter clothes〔wear〕. **～休み** the winter vacation.

ぶゆう 武勇 valor；bravery；〔行為〕a heroic deed.

ふゆかい 不愉快な unpleasant；disagreeable；uncomfortable.

ふゆきとどき 不行届き negligence；carelessness (不注意)；〔接待の〕poor service.

ふよう 不用 useless；unnecessary；disused.

ふよう 扶養する maintain；support. **～家族** one's dependent (s). **～家族手当** a family allowance.

ぶようじん 不用心 unsafe；〔不注意〕careless.

フライ〔料理〕(deep-) fried food；〔野球〕a fly (ball). **～パン** a frying pan.

フライト a flight. **～レコーダー** a flight (data) recorder.

フライド **～チキン** fried chicken. **～ポテト** French fries；fried potatoes；《英》chips.

プライド pride. **～が高い** be proud《of》. **～を傷つける** hurt〔injure〕a person's pride.

フライング《make》a false start.

プライバシー privacy **～の侵害** infringement on privacy.

ブラインド a blind；a window shade. **～を上げる〔下げる〕** raise〔lower〕the blinds.

ブラウザ〔閲覧ソフト〕a browser.

ブラウス a blouse.

ブラウン **～管** a (picture) tube；a cathode-ray tube〔略 CRT〕.

プラカード a placard.

ぶらく 部落 a village；a community.

プラグ a plug. **～を差し込む** plug in.

ブラシ a brush. **～をかける** brush《one's hat》.

ブラジャー a brassiere；a bra.

ブラジル (the Federative Republic of) Brazil. **～の** Brazilian. **～人** Brazilian.

プラス ～マイナスゼロ no gain.

フラスコ a flask.

プラスチック plastic (s).

フラストレーション (a) frustration. ～が溜まる get〔grow〕frustrated.

ブラスバンド a brass band.

プラズマ plasma.

フラダンス《dance》a hula.

プラチナ platinum.

ぶらつく loiter; stroll; saunter.

ブラックリスト a blacklist. ～に載せる blacklist.

フラッシュ a flash. ～をたく use a flash bulb.

プラットホーム a platform.

プラネタリウム a planetarium.

ふらふら ～する feel dizzy;〔足が〕totter;〔心が〕waver;〔思わず〕in spite of oneself. ～と unsteadily.

フラメンコ《dance》the flamenco.

プラモデル a plastic model.

フラン a franc (通貨単位)〔略 Fr.〕.

プラン ～を立てる make a plan.

プランクトン plankton.

フランクフルト ～ソーセージ a frankfurter.

ぶらんこ a swing. ～に乗る play on a swing.

フランス France.〔公式名〕the French Republic. ～の French. ～人 Frenchman;a Frenchwoman.〔総称〕the French.

プランター a flower planter.

フランチャイズ a franchise chain. ～店 a franchise (shop).

ブランデー brandy.

ブランド 自社～ one's own brand. ～商品 brand-name goods〔items〕.

プラント ～輸出 plant exports.

フランネル flannel.

ふり 不利(益) disadvantage. ～な disadvantageous;《be》to one's disadvantage.

ふり 振りをする pretend《illness, to be ill》; feign; affect.

- ぶり …振り. 話し～ one's way of speaking. 10日～で on the tenth day. 5年～で after five years.

フリーザー a freezer.

フリージア a freesia.

フリーター a job-hoping part-time worker.

フリーダイヤル a toll-free (phone) call.

プリーツ ～スカート a pleated skirt.

ブリーフ〔下着〕《a pair of》briefs.

フリーランサー a freelance.

ふりおとす 振り落とす shake off. 振り落とされる be thrown off《from a horse》.

ふりかえ 振替 change; transfer. ～る transfer. ～貯金(口座) transfer savings (account).

ふりかえる 振り返る〔向く〕turn round; look back.

ふりかかる 降り掛かる fall on; befall.

ふりかける 振り掛ける sprinkle over.

ふりがな 振り仮名 ～をつける show the reading《of one's name》in kana letters.

ブリキ tin plate. ～屋 a tinsmith.

ふりこ 振り子 a pendulum.

ふりしきる 降りしきる It rains〔snows〕incessantly.

フリスビー a frying disc; a Frisbee〔商標〕.

プリズム a prism.

ふりそで 振り袖〔着物〕a long-sleeved kimono.

ふりだす 降り出す〔雨が〕begin to rain;〔手形を〕issue; draw.

ふりつけ 振りつける arrange a dance《to a song》.

ブリッジ〔トランプ〕《play》bridge.

ふりはなす 振り放す〔払う・切る〕shake off; push away〔押しのける〕.

プリペイドカード a prepaid card.

ふりまわす 振り回す brandish; swing;〔誇示〕display; show off;

〔濫用〕abuse.

プリマドンナ a prima donna.

ふりょ 不慮の unforeseen；unexpected；accidental. ～の災難 an accident. ～の死を遂げる be killed in an accident.

ふりょう 不良な bad；poor；wicked；delinquent；〔堕落した〕depraved. ～債権 bad loans. ～少年(少女) a delinquent boy (girl).

ふりょく 浮力 buoyancy；lift(揚力).

ぶりょく 武力 military power.

フリル a frill. ～のブラウス a blouse with frills on it.

ふりん 不倫 adultery. ～する commit adultery.

プリン (a) 《custard》pudding.

プリンタ a printer.

プリント 〔配布物〕a handout；〔生地〕a print.〔写真〕(a) print. ～する print. ～合板 printed plywood. ～配線基盤 a printed circuit board.

ふる 降る fall；It rains〔snows, hails〕.

ふる 振る〔振り動かす〕wave (旗・帽子など)に；shake (瓶を)；swing (バットなどを)；wag(犬などが尾を)；〔嫌う〕refuse；reject；jilt (男を).

-ぶる affect；put on airs；set oneself up as.

ふるい 篩 (a) sieve. ～にかける sift (out)；〔取り捨て〕sort out.

ふるい 古い old；ancient；〔旧式な〕old-fashioned；〔由緒ある〕time-honored；〔古物の〕used《cars》；〔古臭い〕stale.

ふるいおこす 奮い起こす〔勇気を〕summon up one's courage.

ふるいおとす 篩い落とす shake off；〔予選などで〕eliminate.

ふるう 振るう・奮う shake off；〔振り回す〕brandish；wield《a weapon》；〔権力・暴力などを〕exercise《authority over》；resort to《violence》；〔実力発揮〕give full play《to》.

ブルース the blues.

フルート a flute. ～奏者 a flutist；a flute player.

ブルーベリー a blueberry.

ふるえあがる 震え上がる tremble 〔shake〕with fear.

ふるえごえ 震え声で in a trembling 〔tremulous〕voice.

ふるえる 震える shake；tremble；shiver；shudder.

ブルガリア (the Republic of) Bulgaria. ～の Bulgarian.

ふるぎ 古着(屋)(a dealer in) secondhand clothing.

ブルキナ・ファソ〔国名〕Burkina Faso.

ブルジョア a bourgeois. ～階級 the bourgeoisie.

ふるす 古巣 one's old home〔haunt〕.

ふるどうぐ 古道具(屋)(a dealer in) secondhand articles.

ブルドーザー a bulldozer.

ブルドッグ a bulldog.

プルトニウム plutonium.

ブルネイ〔国名〕Brunei (Darussalam).

フルベース〔野球〕～で (with) bases loaded〔full〕.

ブルペン a bullpen.

ふるほん 古本 a secondhand book. ～屋 a secondhand bookstore；〔人〕a secondhand bookseller.

ブルマー bloomers.

ふるまい 振る舞い〔仕業〕an act；action；conduct；behavior；〔馳走〕a treat.

ふるまう 振る舞う behave；〔馳走〕treat《a person》to《beer》.

ブルンジ (the Republic of) Burundi.

ぶれい 無礼 rudeness；impoliteness. ～な impolite；rude；insolent. ～講 a free and informal party.

プレイガイド a theater ticket agency.

フレー〔掛け声〕Hooray!；Hurrah!

ブレーキ ～をかける (ゆるめる) put on

(take off) the brake.

プレーヤー a player.　レコード～ a record player.

ブレザーコート a blazer.

プレス〔アイロンなどの〕press;〔報道機関〕the press.

ブレスレット a bracelet.

プレゼン (a) presentation.

プレゼント a present.

フレックスタイム ～制 a flexible working hours〔flextime〕system.

プレッシャー ～をかける put pressure on.

プレハブ ～住宅 a prefabricated house;《話》a prefab.

プレミアム (付きで) (at) a premium.

ふれる 触れる touch; feel; come in contact with;〔抵触〕infringe; clash〔connect〕with《the law》;〔触れ回る〕spread《news》abroad;〔言及〕refer to.

ぶれる ぶれた写真 blurry photo.

ブレンド a blend. ～する blend. ～コーヒー blended coffee.

ふろ 風呂 a bath.　～に入る take a bath.　～おけ a bathtub.　～場 a bathroom.

プロ a professional;《話》a pro. ～野球 pro(fessional) baseball.

ふろうしゃ 浮浪者 a vagabond; a tramp;《米》a bum.

ふろうしょとく 不労所得 an unearned income〔gain〕.

ブローカー a broker.　～の手数料 brokerage.

ブローチ a brooch.

ブロードバンド ～の〔通信〕broadband.

ふろく 付録 a supplement; an appendix.

プログラマー a programmer.

プログラム a program.

プロジェクト ～を組む draw up a project; organize a project team.

ふろしき 風呂敷 a cloth wrapper.

プロダクション (a) production. 編集～ an editorial〔editing〕agency.

ブロック〔連盟・団体〕a bloc;〔区画〕a block. ～建築 a block building.

ブロッコリー (a) broccoli.

フロッピーディスク a floppy (disk)〔略 FD〕.

プロテスタント〔信者〕a Protestant;〔教義〕Protestantism. ～の Protestant.

プロバイダー〔通信〕a provider; an Internet access provider.

プロパガンダ propaganda.

プロパンガス propane gas.

プロファイリング profiling.

プロフィール a profile.

プロフェッショナル professional.

プロペラ a propeller.

プロポーション a proportion; a figure. ～がよい女性 a well-proportioned woman.

プロポーズ a proposal. 彼女に～する propose to her.

ブロマイド a bromide photograph; a still《of a movie star》.

プロレス professional wrestling. プロレスラー a professional wrestler.

プロレタリア a proletarian;〔階級〕the proletariat (e).

プロローグ a prologue.

フロン Freon; chlorofluorocarbon〔略 CFC〕. 代替～ alternatives to chlorofluorocarbons.

ブロンズ ～像 a bronze statue.

フロント〔ホテルの〕the reception (front) desk. ～係 a desk clerk. ～ガラス〔車の〕a windshield.

ブロンド blond (hair). ～の女性 a blonde.

ふわ 不和 discord; (a) strife. ～である be on bad terms《with》. 家庭～ family trouble.

ふわたり 不渡り ～小切手 (手形) a dishonored check (bill).

ふん 分 a minute.

ふん　糞　excrement ; feces ;《俗》a turd ;《卑》shit ;〔鳥獣の〕dung ; droppings.

ぶん　文　a sentence ; writings ; a composition ; the pen (the sword (武) の対).

ぶん　分〔部分〕a part ;〔取り分〕a share ;〔分際〕one's social position ; means (資力).→みぶん ;〔状態〕a state ; a condition ;〔本分〕one's duty. 2 ～の1 one〔a〕half. 3 ～の1 one〔a〕third. 4 ～の1a quarter. 5 ～の1 one fifth. 5 ～の3 three fifths.

ふんいき　雰囲気　an atmosphere.

ふんか　噴火　(an) eruption. ～する erupt ; become active. ～口 a crater. ～山 a volcano.

ぶんか　文化　culture ; civilization. ～勲章 an Order of Culture. ～国家 a cultured nation. ～財 (a) cultural property. ～人 a cultured man. ～生活 a cultural〔civilized〕life. ～の日 Culture Day.

ふんがい　憤慨する　feel indignant《at》; resent.

ぶんかい　分解　solution ; decomposition. ～する analyze ; solve ; decompose ;〔機械などを〕break up ; take to pieces.

ぶんがく　文学　literature. ～の literary. ～士 a Bachelor of Arts〔略 B.A. 学位〕. ～史 the history of literature. ～青年 a young lover of literature. ～博士 a Doctor of Literature〔略 D.Lit.〕. ～部 the faculty of literature.

ぶんかつ　分割　division. ～する divide ; partition ; cut up.

ぶんかん　文官　a civil official.

ふんき　奮起する　rouse oneself up ; be inspired《by》.

ぶんぎょう　分業　division of labor〔work〕.

ぶんけ　分家する　set up a branch family.

ぶんげい　文芸　learning (and art) ; literature. ～復興 the Renaissance. ～欄 a literary column.

ぶんけん　文献　literature ; documentary records.

ぶんこ　文庫〔手箱〕a hand box ;〔叢書〕a library ; a paperback book.

ぶんご　文語　a literary word ; the written language.

ぶんこう　分校　a branch school.

ぶんごう　文豪　a great writer ; a literary giant.

ふんさい　粉砕する　crush ; shatter to pieces ;〔敵を〕smash.

ぶんさい　文才　literary ability ; a talent for writing.

ぶんし　文士　a man of letters ; a writer. 三文～ a hack writer.

ぶんし　分子〔数学〕a numerator ;〔化学〕a molecule.

ぶんし　分詞〔文法〕a participle. 過去(現在)～ a past (present) participle.

ふんしつ　紛失する　lose. ～物 a lost article.

ふんしゅつ　噴出する　spout ; jet ; gush out〔forth〕.

ぶんしょう　文章　a sentence ; a composition.

ぶんじょう　分譲する〔土地を〕sell《land》in lots ; subdivide. ～地 land for sale in lots ; a subdivision.

ふんすい　噴水　a fountain ; a jet《of water》.

ぶんすいれい　分水嶺　a watershed ;《米》a divide.

ぶんすう　分数　a fraction. ～の fractional.

ふんする　扮する　act as ;〔役をする〕play the role〔part〕of.

ぶんせき　分析　(an) analysis. ～する analyze.

ふんぜん　憤然として　indignantly.

ふんそう 扮装 (a) make-up. 〜する
make up《as》;〔変装〕disguise
oneself《as a woman》.

ぶんたい 文体 (a) (literary) style.

ぶんたん 分担する take charge of;
take a part《of the work》upon
oneself(一部を);〔費用を〕share the
expenses. 〜させる allot〔assign〕《a
part to a person》.

ぶんだん 文壇 the literary world
〔circles〕.

ぶんちん 文鎮 a paperweight.

ぶんつう 文通する correspond with;
write to.

ふんとう 奮闘 a hard struggle〔fight〕.
〜する fight desperately;〔努力〕
make a strenuous effort.

ふんどう 分銅 a weight. 〜秤 a
balance.

ぶんどる 分捕る capture; seize;〔略
奪〕spoil; plunder. 分捕り品
booty; spoil(s).

ぶんぱい 分配する distribute; allot;
divide.

ふんぱつ 奮発する exert oneself;
make great efforts《to do》. 新しい
時計を〜する treat oneself to a new
watch.

ふんばる 踏ん張る〔足を〕keep one's
feet;〔努力〕make an effort; persist
《in》.

ぶんぴつ 分泌 (物) (a) secretion. 〜
する secrete.

ぶんぷ 分布 distribution. 〜図 a
distribution chart.

ぶんぶん 〜怒る angrily; be in a
huff. 〜匂う smell strong《of
wine》.

ふんべつ 分別 discretion; pru-
dence; wisdom; judgment; good
sense. 〜のある sensible; discreet.
〜のない thoughtless; indiscreet.
〜盛り an age of mature wisdom.

ぶんべん 分娩する deliver《a boy》.
無痛〜 painless delivery.

ぶんぼ 分母 a denominator.

ぶんぽう 文法 grammar. 〜上 (の)
grammatical《mistakes》. 〜学者
〔家〕a grammarian.

ぶんぼうぐ 文房具 stationery. 〜屋
a stationery store.

ふんまつ 粉末にする pulverize;
grind into powder.

ぶんみゃく 文脈 a context.

ぶんめい 文明 civilization. 〜の
civilized; enlightened.

ぶんり 分離 separation. 〜する
separate; isolate.

ぶんりょう 分量 (a) quantity;〔薬の〕
a dose.

ぶんるい 分類 classification. 〜する
classify; assort.

ぶんれつ 分裂 split; disunion. 〜す
る split; break up.

へ

へ 屁をする pass gas;《婉曲》break
wind;《俗》fart. 〜とも思わぬ
think nothing of.

ベア pay hikes.

ベア〔ベースアップ〕a pay rise〔in-
crease; hike〕.

ペア a pair. 〜を組む pair with a
person. 〜ルックの2人 a couple
with matching clothing.

ベアリング〔軸受け〕a bearing.

へい 塀 a wall;〔垣〕a fence.

へいえき 兵役 military service. 〜
に服する serve in the army〔the
navy〕.

ペイオフ a deposit refunding
guarantee〔cap〕.

へいおん 平穏な peaceful; quiet;
tranquil.

へいか 平価 par. 〜切り下げ
devaluation. 〜切り上げ
revaluation. 〜で at par.

へいか 陛下 His〔Her〕Majesty;〔両
陛下〕Their Majesties.

べいか 米価 the price of rice.

へいかい 閉会する close a meeting ; adjourn.

へいがい 弊害 a vice ; an evil.

へいかん 閉館する close. 〜時間 closing time.

へいき 兵器 arms ; ordnance. 〜庫 an armory.

へいき 平気な calm ; unconcerned. →へいぜん.

へいきん 平均 an average ;〔平衡〕balance. 〜して on an〔the〕average. 〜の average. 〜寿命 the average life span. 〜点 the average mark.

へいげん 平原 a plain ;〔大草原〕a prairie.

へいこう 平行の parallel. 〜する run〔be〕parallel《to》. 〜四辺形 a parallelogram. 〜線 parallel lines.

へいこう 閉口する be annoyed ; be at one's wits' end ; be at a loss ;〔辟易する〕shrink from.

へいごう 併合 annexation ; merge. 〜する annex ; merge ; amalgamate.

へいさ 閉鎖する close《a road》; be closed.

べいさく 米作 cultivation of rice ;〔収穫〕a rice crop.

へいし 兵士 a soldier ; a private.

へいせい 平静 composure ; calm (ness). 〜な calm ; quiet.

へいぜん 平然として coolly ; calmly ; composedly.

へいち 平地 level〔flat〕land〔ground〕.

へいてい 平定する restore order ; subjugate.

へいてん 閉店する close ;〔廃業する〕shut up shop.

へいねつ 平熱 one's normal temperature.

ペイパービュー pay-per-view(視聴した分だけ料金を払う方式)〔略 PPV〕.

へいはつ 併発する concur ;〔病気が〕accompany《another disease》.

へいほう 平方 a square. 〜根 a square root. 3〜メートル three meters square.

へいぼん 平凡な common (place) ; mediocre ; ordinary.

へいめん 平面 a plane. 〜の plane ; level ; flat.

へいや 平野 a plain.

へいりょく 兵力 military force〔power〕.

へいれつ 並列する stand in a row〔line〕.

へいわ 平和 peace. 〜な peaceful ; quiet. 〜に peacefully. 〜を保つ(回復する)maintain(restore) peace. 〜運動(会議) a peace movement (conference). 〜論者 a pacifist.

ベーグル a bagel.

ベーコン bacon.

ページ a page.

ページェント a pageant.

ベース〔野球〕a base;〔低音〕bass;〔賃金〕a base. 20万円〜 a 200,000 yen-based wage.

ベージュ 〜のスーツ a beige suit.

ペース a pace. 〜が速い〔遅い〕be at a rapid〔slow〕pace. 〜メーカー a pacemaker.

ペーパー paper. フリー〜 freepaper.

ベール《wear》a veil.

へきが 壁画 a wall〔mural〕painting ; a fresco.

ヘクタール a hectare〔記号 ha〕.

ヘクトパスカル a hectopascal〔記号 hPa〕.

ベクトル a vector.

へこたれる lose heart; be discouraged;〔疲労〕be tired out.

へこます indent; dent;〔屈服させる〕put down ; silence (議論で).

へこむ become dented;〔屈服する〕give in ; surrender.

ベスト best. 〜を尽くす do one's best.

~セラー a best seller. ~テン the top ten.

ペスト the plague.

へそ 臍 a navel. ~繰り secret savings.

へた 下手な awkward; clumsy; poor. ~である be bad《at》.

へだたる 隔たる be distant〔apart〕《from》;〔疎遠〕become estranged《from》.

へだて 隔て a partition; a barrier; distinction. ~のある cold; reserved;〔差別的な〕discriminating. ~のない open; frank.

へだてて 隔てて at intervals of; at a distance of; across.

べたべたする be all over; be sticky.

ペダル a pedal. ~を踏む pedal.

ペチコート a petticoat.

べつ 別〔差異〕(a) difference;〔区別〕(a)distinction. ~に separately;〔特に〕particularly. ~の different; separate; another. ~にする put aside; set apart.

べっきょ 別居する live separately. ~手当〔妻への〕an alimony.

べっさつ 別冊 a separate volume;〔雑誌の〕an extra number.

べっし 別紙に書く write on another sheet. ~の通り as stated in the attached paper.

ヘッジファンド a hedge fund.

べつじょう 別条 生命に~なし The wound is not fatal.

べつじん 別人 a different person; another man.

べっそう 別荘《米》a cottage;《英》a country house;〔豪壮な〕a villa;〔夏の間の〕a summer house.

べっと 別途の another; special.

ベッド a bed. ~に入る〔から出る〕go into〔out of〕bed. ~タウン a bedroom town.

ペット a pet; an animal companion.

ペットボトル a PET bottle; a plastic bottle (PET は polyethylene terephthalate の略).

ヘッドホン《wear》headphones.

べつべつ 別々の separate. ~に separately;〔追って〕later.

べつもんだい 別問題 another〔a different〕problem.

へつらう 諂う flatter; fawn on; make〔butler〕up to《a person》.

べつり 別離 →わかれ.

ヘディング a header. ~する head the ball. ~シュート a header for the goal.

ベテラン〔老練な〕a veteran.〔熟達した〕an expert.

ぺてんにかける cheat; trick《a person into doing》.

ベトナム (the Socialist Republic of) Vietnam. ~の Vietnamese. ~戦争 the Vietnam (ese) War.

ペナルティー penalty. ~キック a penalty kick.

ベナン (the Republic of) Benin.

ペナント a pennant. ~レース a pennant race.

べに 紅 rouge. ~色の deep red; vermilion.

ペニー a penny (複 pence)〔略 p.〕.

ペニシリン penicillin.

ペニス penis.

ベニヤ (a) veneer. ~板 plywood.

ベネズエラ (the Bolivarian Republic of) Venezuela. ~の Venezuelan.

ベネルックス Benelux (Belgium, the Netherlands and Luxembourg の総称).

ペパーミント peppermint.

へび 蛇 a snake;〔大蛇〕a serpent. ~使い a snake charmer.

ヘビー ヘビー級 the heavyweight class (division).

ヘブライ ~語 Hebrew.

ヘモグロビン hemoglobin.

へや 部屋 a room; a chamber;〔ア

パートで1世帯分の〕an apartment.
～代 a room rent.

へら 箆 a spatula ;〔裁縫用〕a tracing
spatula.

へらす 減らす reduce ; lessen ;
decrease.

ぺらぺら〔話し方〕fluently ; volubly ;
〔薄い〕thin.

ベラルーシ (the Republic of) Bela-
rus.

ベランダ a veranda (h) ; a porch.

へり 縁→ふち（縁）.

ベリーズ〔国名〕Belize.

ヘリウム helium.

ペリカン a pelican.

へりくだる 遜る be humble.

へりくつ 屁理屈を言う quibble.

ヘリコプター a helicopter ;《話》a
chopper. **ヘリポート** a heliport.

へる 経る〔時〕pass ; elapse ;〔通過〕
pass through. …を経て〔場所〕by
way of ;〔手を〕through ;〔時〕after.

へる 減る decrease ; lessen ; wear
away.

ベル a bell. **～を押す** press〔push〕
the bell button.

ペルー (the Republic of) Peru. **～の**
Peruvian. **～人** Peruvian.

ベルギー (the Kingdom of) Bel-
gium. **～の** Belgian. **～人** a
Belgian.

ペルシア Persia. **～湾** the Persian
Gulf.

ヘルツ a hertz〔記号 Hz〕.

ベルト a belt. **～を締める**〔座席の〕
fasten〔buckle〕one's seatbelt ;
buckle up. **～コンベア** a conveyor
belt.

ヘルニア (a) hernia.

ヘルメット a (crash) helmet.

ベルモット vermouth.

ベレー〔帽子〕a beret.

ヘロイン heroin.

へん 変な odd ; strange ; queer.

べん 弁〔花の〕a petal ;〔管の〕a

valve ;〔楽器の〕a ventil ;〔弁舌〕
speech ;〔方言〕a dialect ; an
accent ;〔訛り〕brogue.

べん 便 convenience ; facilities ; a
service. バスの～がある There is a
bus service. →だいべん .

ペン a pen. **～習字** penmanship. **～
ネーム** a pen name.

へんあつ 変圧 voltage trans-
formation. **～器** a transformer.

へんか 変化 (a) change ; (a)
variation ; (an) alteration. **～する**
change ; vary ; alter.

べんかい 弁解〔説明〕an
explanation ;〔言い訳〕an excuse.
～する explain ; make an excuse
〔for〕.

へんがく 変額生命保険 a variable
life insurance.

べんき 便器 a toilet (seat) ;〔寝室用〕
a chamber pot.

べんぎ 便宜 convenience ; facilities.
→べんり.

ペンキ paint. **～で〔を〕塗る** paint. **～
(塗立て) 注意** Wet〔Fresh〕Paint【標
示】. **～屋** a painter.

べんきょう 勉強 study ;〔精励〕
diligence ; assiduity. **～する**
study ; do one's lessons (学課を) ;
〔勤勉〕work hard ;〔廉売〕sell
《goods》cheap. **～家** a hard
worker.

へんきょく 編曲する arrange《a
melody into a jazz》.

へんきん 返金する pay back ; repay.

ペンギン a penguin.

へんけい 変形 (a) transformation. **～
する** transform ; change ;〔変化〕
change《into》.

へんけん 偏見 (a) prejudice ; a biased
〔distorted〕view.

べんご 弁護 (a) defense ; (a) plea ;
advocacy. **～する** defend〔plead
for〕《a person》. **～士** a lawyer ;
an attorney (at low) ;〔法廷弁護士〕

《英》a barrister；〔事務弁護士〕《英》a solicitor；〔総称〕the bar〔Bar〕．　**～人** counsel．　**～士を開業する** practice law.

へんこう 変更する change；alter.

へんさい 返済 (re) payment．**～する** repay；pay back.

へんさち 偏差値 a deviation value.

へんし 変死する die an unnatural〔a violent〕death.

へんじ 返事 a reply；an answer．**～する** reply；answer.

へんしつ 変質する change in quality；go bad．**～者** a degenerate；a〔sexual〕pervert.

へんしゅ 変種 a variety.

へんしゅう 編集 editing；compilation．**～する** edit；〔編さん〕compile．**～者** an editor；an editorial staff member．**～長** a chief editor．**～部** the editorial staff.

べんじょ 便所 a lavatory (学校などの)；a restroom (公共の場所の)；a washroom (個人の家の).

べんしょう 弁償 reparation．**～する** pay for《the damage》；indemnify；make reparation《for》.

へんしょく 変色 discoloration．**～する** fade；discolor.

へんしょく 偏食する have an unbalanced diet.

ペンション a pension.

へんしん 返信 a reply．**～料** return postage.

へんしん 変身する transform oneself《into》；〔生活態度が変わる〕change from what one used to be.

へんじん 変人 an odd〔a queer〕person〔《話》fish〕.

ベンジン benzine.

へんせい 編成 organization．**～する** organize；form.

べんぜつ 弁舌 eloquence．**～さわやかに** fluently；eloquently.

ベンゼン benzene；benzol.

へんそう 変装する disguise oneself．**～して** in disguise.

へんそく 変則 irregularity．**～の** irregular.

へんたい 編隊 a formation《of five planes》.

へんたい 変態 abnormality．**～心理** abnormal mentality．**～性欲** sexual perversion.

ペンタゴン 〔米国防総省〕the Pentagon.

ペンダント a pendant.

ベンチ 〔腰掛け〕a bench；〔野球場の〕a dugout.

ペンチ 《a pair of》pliers.

ベンチャー **～キャピタル** (a) venture capital．**～ビジネス** (a) venture business.

へんちょう 変調 **～をきたす** go wrong；get out of order.

へんどう 変動 (a) change；〔相場の〕fluctuations．**～する** change；fluctuate.

べんとう 弁当 (をつくる) (prepare) a lunch．**～箱** a lunch box.

へんとうせん 扁桃腺 the tonsils．**～炎** tonsillitis.

へんにゅう 編入する admit《into》；incorporate《into》.

へんぴ 辺鄙な remote；out-of-the-way.

べんぴ 便秘 constipation．**～する** be constipated.

べんぽう 便法 (を講じる) (think out) an expedient.

へんめい 変名する change one's name；〔偽名〕assume a false name.

べんめい 弁明→べんかい．**～書** a written explanation.

べんり 便利 convenience；〔手ごろ〕handiness．**～な** convenient；handy.

へんれい 返礼する make a return present〔call〕.

べんろん 弁論 a speech；〔議論〕(a)

discussion；a debate；〔法廷の〕pleading.　～大会 a speech (oratorical) contest.

ほ

ほ 歩 a step；〔歩幅〕a pace.
ほ 穂 an ear；a head《of a spear》.
ほ 帆 a sail.　～をあげる〔かける〕hoist a sail；set sail.
ほいく 保育する bring up.　～園 a nursery school.
ボイコット a boycott.　～する boycott《a store》.
ホイッスル《blow》a whistle.
ボイラー a boiler.
ぼいん 母音 a vowel.
ぼいん 拇印を押す seal《a paper》 with the thumb.
ポイント a point；a mark；〔転轍器〕points.
ほう 法 the law；a rule；a regulation；〔礼儀・作法〕manners.
ぼう 某 a certain《place, person》.
ぼう 棒 a club；a cudgel；a rod；a stick.
ほうあん 法案を可決（否決）する pass (reject) a bill.
ほうい 包囲する envelop；surround；〔城などを〕besiege.
ほういがく 法医学 medical jurisprudence.
ぼういん 暴飲 excessive drinking.　～暴食する overeat and overdrink.
ぼうえい 防衛 defense.　～する defend；protect.　～の defensive.　～省 Ministry of Defense. 専守～ exclusively-defensive defense.
ぼうえき 防疫 the prevention of epidemics.　～官 a health official.
ぼうえき 貿易 trade；commerce.　～する trade；have trade relations《with》.　～黒字（赤字）a trade surplus (deficit).　～商 a trader；a merchant.　～商会 a trading firm.

～風 the trade wind.　～摩擦 a trade conflict.
ぼうえん 望遠 ～鏡 a telescope；〔双眼の〕《a pair of》field glasses.　～レンズ a telephoto lens.
ほうおう 法王 a pope.　～庁 the Vatican. ローマ～ the Pope.
ぼうおん 防音の soundproof.　～装置 sound arrester；〔機器につけた〕a silencer.
ほうか 放火 incendiarism；〔放火罪〕arson.　～する set fire to；commit arson.　～犯人 an arsonist.
ほうか 法科 the law department；the faculty of law.　～大学院 a law school.
ほうか 砲火 artillery fire.　～を浴びる be under fire.
ほうか 防火 fire prevention.　～壁 a fireproof wall；firewall.
ほうかい 崩壊 (a) collapse.　～する collapse；fall to pieces.
ほうがい 法外な unreasonable；extravagant；exorbitant.
ぼうがい 妨害(物) (an) obstruction；(a) interference.　～する obstruct；hinder；interrupt.
ほうがく 方角 a direction；〔方位・位置〕bearings.
ほうがく 邦楽 Japanese music.
ほうがく 法学士（博士）a Bachelor (Doctor) of Laws.　～部 the faculty of law.
ほうかご 放課後 after school (is over).
ほうかつ 包括する include；comprehend；comprise.
ほうがん 砲丸 a cannon ball.　～投げ the shot put (ting).
ぼうかん 防寒具 protections against the cold.　～服（靴）winter clothes (boots).
ぼうかん 傍観する look on；remain a bystander.　～者 an onlooker.
ぼうかん 暴漢 a ruffian；a rowdy；a

hooligan.

ほうき 箒 a broom. 〜の柄 a broomstick.

ほうき 放棄する renounce; give up; abandon; forsake.

ぼうきょ 暴挙 violence; an outrage; a rash〔reckless〕act.

ぼうぎょ 防御 defense. 〜する defend.

ぼうきょう 望郷の念 homesickness; nostalgia《for》.

ぼうくん 暴君 a tyrant; a despot.

ほうげき 砲撃する bombard; shell; batter.

ほうけん 封建的な feudal; feudalistic. 〜時代 the feudal age〔times〕. 〜制度 feudalism.

ほうげん 方言 a dialect.

ほうげん 放言する make a careless talk〔remark〕.

ぼうけん 冒険 an adventure. 〜する run a risk; take chances. 〜的な risky; adventurous.

ぼうげん 暴言を吐く use violent〔abusive〕language.

ほうこ 宝庫 a treasury; a treasure house.

ほうこう 方向 a direction. 〜指示灯〔自動車の〕a winker.

ほうこう 芳香を放つ give out fragrance.

ほうこう 奉公〔主への〕(domestic) service;〔従弟〕apprenticeship;〔国家・社会への〕public duty. 〜する work for《an employer》. 〜人 a servant; an employee.

ぼうこう 膀胱 the bladder.

ぼうこう 暴行する assault; do violence to;〔女性に〕rape.

ほうこく 報告 a report;〔合計数の〕returns;〔学会の〕a journal. 〜する report; inform; return.

ほうさく 豊作 a rich harvest; a bumper crop.

ほうし 奉仕 service. 〜する serve;

minister《to》. 〜品 a bargain (good).

ほうじ 法事をする hold a Buddhist service for the dead《for》.

ぼうし 防止 prevention;〔抑止〕check. 〜する prevent; stop; check.

ぼうし 帽子〔縁つきの〕a hat;〔縁なしの〕a cap;〔縁なし 婦人帽〕a bonnet. 〜掛け a hatrack;〔くぎ〕a hat peg. 〜屋〔人〕a hatter;〔婦人の〕a milliner;〔店〕a hat store.

ほうしゃ 放射する emit; radiate. 〜性廃棄物 radioactive waste. 〜線 radiant rays. 〜能 radioactivity;〔死の灰〕fallout.

ほうしゅう 報酬 pay; (a) reward;〔医師などの〕a fee. 〜として in reward《for》.

ほうじゅう 放縦 self-indulgent; licentious; loose《life》.

ほうじょ 幇助する〔犯罪を〕aid and abet. 〜者 an abettor.

ほうしょう 報償（金）(a) compensation; (a) remuneration.

ほうしょく 暴食 gluttony. 〜する eat to excess; overeat.

ほうじる 焙じる roast《tea》.

ほうしん 方針 a course (of action);〔計画〕a plan;〔主義〕a principle;〔政策〕a policy.

ほうしん 放心（状態）distraction; absent-mindedness.

ほうじん 法人 a juridical person; a corporation. 学校〜 a educational foundation. 公益〜 a public-interest juridical body. 〜税 a corporate tax.

ぼうず 坊主 a bonze;〔住職〕a (Buddhist)priest. 〜になる become a bonze;〔坊主頭に〕have one's head shaven.

ほうすい 放水する drain water off. 〜路 a drain; a drainage canal.

ぼうすい 防水の〔不透〕waterproof;

〔不漏〕watertight. 〜布 water-proofed cloth.

ほうせき 宝石 a jewel；a gem. 〜店 a jeweler's. 〜類 jewelry.

ぼうせき 紡績 (cotton) spinning. 〜業 the spinning industry.

ほうそう 包装 packing；wrapping. 〜がよい(悪い)be well (ill) packed.

ほうそう 放送《radio, television》broadcasting；〔1回の〕a《radio, television》broadcast. 〔局が〕〜する broadcast《by radio, by television》；put《news》on the air；〔人が〕speak over the radio；go on television. 〜局 a《radio, TV》broadcasting station. 〜劇 a radio drama. 〜時間 broadcasting hours. 〜番組 a radio〔TV〕program. 〜網 a《radio, television》network. ワンセグ〜 One Seg (broadcasting).

ぼうそう 暴走族 hot rodders.

ほうそく 法則 a law；a rule；a formula.

ほうたい 包帯 a bandage. 〜する bandage.

ほうだい 砲台 a battery；〔要塞〕a fortress；a fort.

ぼうたかとび 棒高跳び the pole vault〔jump〕.

ぼうだん 防弾 (ガラス，チョッキ) bulletproof (glass, jacket).

ほうちこく 法治国 a law-governed〔constitutional〕state.

ほうちょう 庖丁 a kitchen knife；〔肉切り用〕a cleaver.

ぼうちょう 傍聴する hear；listen to；attend《a trial》. 〜禁止で with closed doors. 〜券 an admission ticket. 〜席〔法廷・議会などの〕the visitors' gallery. 〜人 a hearer；a spectator.

ぼうちょう 膨脹 (an) expansion；swelling. 〜する expand；swell；grow. 人口の〜 increase of population.

ほうてい 法廷 a (law) court；《stand at》the bar.

ほうてい 法定の legal. 〜価格 the legal price.

ぼうと 暴徒 a mob；rioters.

ほうとう 放蕩する live a fast life；indulge in dissipation. 〜息子 a prodigal son.

ほうどう 報道 news；information；a report. 〜する report. 〜写真(陣) a news photo (front).

ぼうとう 暴騰〔物価の〕a sudden rise；〔株式の〕a boom. 〜する rise suddenly；boom.

ぼうどう 暴動 a riot；a mutiny. 〜を起こす raise riot.

ほうにん 放任する let alone；leave《a matter》to take its own course. 〜主義 a laissez-faire principle.

ほうねん 豊年 a fruitful year；a bumper year.

ぼうねんかい 忘年会 (を催す) (hold) a year-end party.

ほうのう 奉納する dedicate；offer.

ぼうはてい 防波堤 a breakwater.

ぼうはん 防犯週間 Crime Prevention Week. 〜ベル a burglar alarm.

ほうび 褒美 a reward；〔賞〕a prize. 〜をもらう be rewarded《for》；win a prize.

ぼうび 防備 defense；guard. 〜を施す fortify.

ほうふ 抱負 (an) ambition；(an) aspiration；hopes.

ほうふ 豊富 abundance；plenty. 〜な abundant；ample；rich.

ぼうふ 防腐の antiseptic. 〜剤 an antiseptic.

ぼうふうう 暴風雨 a rainstorm. 〜警報 a rainstorm warning.

ぼうふうりん 防風林 a windbreak；a shelter belt.

ほうふく 報復 retaliation；revenge. 〜手段《take》a retaliatory

measure；〔国家間の〕a reprisal.

ほうぶつせん 放物線《describe》a parabola.

ほうぶん 法文化する enact《a matter》into a law.

ほうべん 方便〔手段〕a means；〔一時の〕an expedient.

ほうほう 方法 a way；(a) means；a measure；a method.

ほうぼう 方々 everywhere；here and there；in all directions.

ほうぼく 放牧する pasture；graze.

ほうまん 豊満な plump；well-developed；〔女性が〕voluptuous.

ほうまんざいせい 放漫財政 loose economy；〔政策〕a loose economic policy.

ほうむ 法務 ～省 the Ministry of Justice. ～大臣 the Minister of Justice.

ほうむる 葬る bury《a body》；shelve《a bill》.

ぼうめい 亡命する exile；seek refuge《in》. ～者 an exile；a refugee.

ほうめん 方面〔方向〕a direction；a quarter；〔分野・局面〕a line；an aspect；a field.

ほうめん 放免 release. ～する release；set free.

ほうもん 訪問 a call；a visit. ～する call《on a person, at a place》；visit；pay a visit《to》. ～着 a semi-ceremonial kimono；a visit. ～記事 an interview. ～者 a caller；a visitor. ～販売 door-to-door sales.

ほうよう 抱擁する embrace；clasp《a person》in one's arms.

ぼうらく 暴落〔株式の〕a slump《in the stock market》. ～する slump《to》.

ぼうり 暴利をむさぼる make excessive profits.

ほうりつ 法律 (a) law. ～上（は）legally. ～上の legal. ～家 a lawyer；jurist. ～事務所 a law office.

ぼうりょく 暴力を振るう use〔resort to〕

force〔violence〕. ～行為 an act of violence. ～団 a gangster〔criminal〕organization〔syndicate〕. ～団員 a gangster〔mobster〕.

ボウリング《go》bowling. ～場 a bowling alley.

ボウル〔器〕a bowl.

ほうれつ 放列〔テレビ〕カメラの～ a forest of (television) cameras.

ほうれんそう 菠薐草 spinach；spinage.

ほうろう 放浪する wander about. ～生活 a vagrant life.

ほうわ 飽和する saturate. ～状態 saturation.

ほえる 吠える〔犬が〕bark；〔狼が〕howl；〔咆哮〕roar.

ほお 頬 a cheek. ～骨 the cheekbone.

ボーイ a boy；〔食堂の〕a waiter,〔客船の〕a cabin boy.〔ホテルの〕a bell boy；《英》a page.

ポーカー〔トランプ〕《play》poker. ～フェイス《wear》a poker face.

ほおかぶり 頬被りする〔知らぬふりをする〕pretend ignorance.

ボーカル a vocal (performance).

ボーキサイト bauxite.

ホース a hose.

ポーズ a pose. ～をとる pose for one's portrait〔picture〕.

ポータブル ～の portable《radio, TV set》.

ボーク〔野球〕a balk.

ボート《row》a boat. ～の選手 an oarsman. ～レース a boat race；a regatta.

ポートフォリオ ～投資 portfolio investments.

ボーナス a bonus.

ほおばる 頬張る fill one's mouth《of》.

ほおべに 頬紅（をつける）rouge《one's cheeks》.

ホーム〔家庭〕a home；〔野球〕the

home base；〔駅の〕a platform.
ホームイン〔野球〕a home-in. ～する get home.
ホームシック homesick.
ホームラン〔野球〕a home run；a homer. 場外～ an out-of-the-park home run. 満塁～ a grand slam；a bases-loaded homer.
ポーランド (the Republic of) Poland. ～の Polish. ～人 a Pole.
ボーリング〔石油・温泉の〕boring.
ホール a hall；〔ダンスの〕a dance hall；〔ゴルフの〕the hole. ～ イン ワン《make》a hole in one.
ボール〔球〕a ball；～投げをする play catch.
ボールがみ ボール紙 cardboard.
ボールペン a ballpoint (pen)；a ball pen.
ほか 外・他〔他の人・もの〕the others；the rest；〔他所(よそ)〕another place；elsewhere；〔外に〕besides；more over. ～の another；(the) other. …の～は except.
ほかく 捕獲する catch；capture；seize.
ぼかし 量し shading；gradation. 量す〔色を〕shade off；gradate；〔返事を〕do not commit oneself.
ほがらか 朗らかな〔声〕clear；melodious；〔気分〕cheerful；pleasant；merry.
ほかん 保管 keeping；custody. ～する keep；take custody of；take《a thing》in charge. ～料 a charge for custody.
ぼき 簿記 bookkeeping. ～をつける keep books.
ボギー〔ゴルフ〕a bogey.
ほきゅう 補給する supply《food》；replenish《fuel》.
ほきょう 補強する reinforce；strengthen.
ほきんしゃ 保菌者 a germ carrier.
ほくい 北緯 north latitude〔略 N. L.〕.

～38度 38°N. L.
ボクサー a boxer；〔プロ〕a prize-fighter.
ぼくし 牧師 a pastor；a minister；a clergyman.
ぼくじょう 牧場 a stock farm；a pasture；《米》a ranch.
ボクシング boxing. ～ジム a boxing (training) gym.
ぼくちく 牧畜 stock farming；cattle breeding. ～業者 a stock farmer；a cattle breeder.
ほくとしちせい 北斗七星 the Big Dipper.
ほくべい 北米 North America. ～の North American.
ぼくめつ 撲滅する eradicate；stamp out.
ほぐれる get disentangled〔loose〕；〔気持が〕《ill feelings》melt.
ほくろ 黒子 a mole.
ほげい 捕鯨(業) whale fishing. ～船 a whaler.
ほけつ 補欠 a sub (stitute)《player》. ～選挙 a special election.
ポケット a pocket. ～ベル a pager；a beeper. ～マネー pocket money. 内～ an inside pocket. 胸(横)～ a breast (side) pocket.
ぼける〔もうろくする〕grow senile《with age》；be in one's dotage；〔色が〕be blurred〔blurry〕；fade；grow faint.
ほけん 保健 (preservation of) good health；sanitation. ～所 a health center. ～婦 a (public) health nurse.
ほけん 保険 insurance. ～をかける insure《oneself, one's house against fire》. ～会社 (代理店) an insurance company (agent)；an insurer. ～金《pay the》insurance money. ～金受取人 a beneficiary. ～金額 an insured amount. ～契約者〔被保険者〕the insured. ～証書 an insurance policy. 海上(火災・健康

自動車・生命・損害) ～ marine (fire, health, car, life, casualty and property) insurance.

ほこ 矛 a halberd. **～を収める** lay down arms.

ほご 保護 protection；preservation(of wild life)． **～ する** protect；preserve. **～ 者** a protector；a patron；a guardian. **～ 色** a protective color. **～鳥** a protected bird.

ほご 補語 〔文法〕a complement.

ぼご 母語 one's mother tongue.

ぼこう 母校 one's alma mater；one's old school.

ほこうしゃ 歩 行 者 a walker；a pedestrian. **～天国** a pedestrians' mall〔paradise' precinct〕.

ぼこく 母国 one's mother country. **～語** one's mother tongue.

ほこさき 矛先をかわす evade the point 《of an argument》.

ほこり 埃 dust. **～だらけの** dusty.

ほこり 誇り pride. **～を持つ** take pride 《in》.

ほこる 誇る be proud of；take pride in；boast of.

ほころびる 綻びる〔衣服が〕be rent；〔花が〕open；bloom.

ほさ 補佐する aid；assist；counsel. assistant to. **大 統 領 ～ 官** a presidential assistant.

ほし 星 a star；〔点〕a spot. **～印** an asterisk.

ほしい 欲 し い want (to have)；desire；wish for.

ほしぶどう 干葡萄 raisins；〔小粒の〕currants.

ほしゃく 保釈になる be released on bail. **～金** bail (money)． **～願い** an application for bail.

ほしゅ 保守主義 conservatism. **～的（ な ）** conservative. **～ 党** the Conservative Party.

ほじゅう 補充する supplement；fill up；replenish.

ぼしゅう 募集する〔人を〕recruit；collect；invite. **～人員** the number to be accepted〔admitted〕.

ほじょ 補助→えんじょ． ～の subsidiary；assistant. **～椅子** a spare chair. **～金** a subsidy.

ほしょう 歩哨 a sentinel. **～に立つ** be on sentry.

ほしょう 保証 guarantee；assurance. **～する** guarantee；warrant；〔確約〕assure. **～期間** period of guarantee. **～金** security money. **～人** a surety；〔身元の〕a reference.

ほしょう 保障 guarantee；security. **～条約** a security treaty〔pact〕.

ほしょう 補償 compensation. **～する** compensate《for》． **～ 金** a compensation；an indemnity.

ほじる pick；ferret out(詮索ᵉⁿˢᵃᵏᵘする)．

ほす 干す dry；air；〔水を〕draw off；drain；〔盃を〕empty one's cup.

ボス a boss.

ポスター（を貼る）(put up) a poster.

ホステス a hostess；a barmaid；a bar〔cabaret〕hostess.

ポスト〔地位〕a post；〔郵便の〕《米》a mailbox；《英》a postbox.

ボストンバッグ a Boston bag.

ボスニア・ヘルツェゴビナ Bosnia and Herzegovina.

ホスピス a hospice.

ほせい 補正する revise. **～予算** a supplementary budget.

ぼせいあい 母性愛 maternal love〔affection〕.

ほそい 細い slender；thin；narrow.

ほそう 舗装 pavement. **～する** pave. **～道路** a paved road.

ほ そ く 補 足 a supplement；a complement. **～する** make good《a deficiency》；make up《for》；complement.

ほぞん 保存 preservation. **～する** preserve；keep.

ポタージュ potage; thick〔cream〕soup.

ぼたい 母体 a mother's body.

ほたてがい 帆立貝 a scallop.

ほ た る 螢 a firefly. ～狩 firefly catching.

ボタン a button;〔飾り〕a stud. ～をかける button (up). ～をはずす unbutton. ～穴 a buttonhole.

ぼち 墓地 a graveyard ; a cemetery.

ホチキス a stapler. ～の針 a staple.

ほちょう 歩調をそろえる〔合わせる〕keep pace〔step〕《with》.

ぼっか 牧歌 a pastoral (song). ～的な pastoral.

ほっき 発起 promotion ; projection ; proposal ; suggestion. …の～で at the proposal of ; under the auspices of. ～人 a promoter.

ぼっき 勃起 an erection ; a hard-on. ～したペニス an erect penis. ～不全 impotence;〔医 学〕erectile dysfunction〔略 ED〕.

ほっきょく 北極 the North Pole. ～の arctic ; polar. ～星 the polestar; Polaris. ～探検 a polar〔an arctic〕expedition〔exploration〕.

ホック a hook. ～で留める hook.

ホッケー《play》hockey.

ぼっこう 勃 興 a (sudden) rise〔growth〕. ～する rise to power.

ぼつこうしょう 没交渉である have nothing to do with.

ほっさ 発 作 a fit ; an attack《of heart》. ～的に by fits ; spasmodically.

ぼっしゅう 没収 confiscation. ～する confiscate ; forfeit.

ぼったくり ～バー a rip-off bar.

ぼっちゃん 坊ちゃん〔呼び掛け〕sonny ;〔親に対して〕your son ;〔男児〕a boy ;〔世間知らず〕a greenhorn.

ほっと ～する feel relieved. ～息をつく give a sigh of relief.

ぼっとう 没頭する be absorbed in《one's studies》.

ホットケーキ a hot cake.

ほっぱつ 勃発 an outbreak《of war》. ～する break out.

ほっぴょうよう 北氷洋 the Arctic Ocean.

ホップ a hop;〔実〕hops.

ポップコーン popcorn.

ポップス pop (music).

ぼつらく 没落 ruin ; (down) fall. ～する be ruined.

ボツリヌス ボツリヌス菌 botulinus bacillus.

ほつれる be frayed;〔髪などが〕become loose.

ボツワナ (the Republic of) Botswana.

ボディー a body《of an automobile》. ～ガード a bodyguard. ～ビル body building (exercise).

ほてる 火照る feel hot ; burn.

ホテル a hotel. ～に泊まる check in.

ほど 程〔程度〕degree ;〔制限〕limit ;〔適度〕moderation ;〔…であればあるほど〕the+比較級, the+比較級. 早い～よい The sooner, the better;〔…ほど…でない〕not so《tall》as.

ほどう 歩道《米》a sidewalk ;《英》a pavement. ～橋 a footbridge.

ほどく 解く untie ; unfasten ; loosen ; undo;〔もつれを〕untangle ;〔着物を〕take to pieces ;〔荷を〕unpack.

ほとけ 仏 Buddha ;〔故人〕the departed (soul). 故…氏 the late Mr.….

ほどける 解ける come loose.

ほどこし 施しをする give alms〔money in charity〕.

ほとばしる 迸る gush out〔forth〕; spurt ; spout.

ほとんど almost; nearly. ～…ない hardly ; scarcely.

ポニーテール ～の女の子 a girl in

〔with〕a ponytail.

ほにゅう 哺乳 ～動物 a mammal. ～
瓶 a nursing bottle.

ぼにゅう 母乳 ～で育てる rear《a
child》at the breast.

ほね 骨 a bone；〔扇などの〕a rib；〔気
骨〕backbone. ～の折れる
painstaking《work》；～を折る〔苦労
する〕take pains；endeavor《to do》.

ほねおしみ 骨惜しみする spare
oneself《the trouble of》.

ほねおり 骨折り pains；effort (s).
→ほね.

ほねぐみ 骨組み〔体格〕a build；
physique；〔構造〕a framework；〔概
要〕an outline.

ほねぬき 骨抜きになる〔される〕be
mutilated（議案などが）.

ほのお 炎 a flame.

ほのめかす 仄めかす allude to；
hint；intimate；suggest.

ホバークラフト a hovercraft.

ポピュラー ～音楽 popular music.

ボブスレー a bobsled；a bobsleigh；
〔競技〕bobsledding；bobsleighing.

ポプラ a poplar.

ほへい 歩兵〔隊〕infantry；〔兵〕an
infantryman.

ほぼ 保母 a nurse；〔幼稚園の〕a
kindergarten teacher.

ほぼ almost；nearly；about；for the
most part.

ほほえみ 微笑み a smile. 微笑む
smile.

ポマード pomade.

ほめる 誉める praise；admire；〔推賞〕
commend.

ぼや 〔小火事〕a small fire.

ほよう 保養〔病後の〕recuperation.
～する recuperate.

ほら 法螺を吹く talk big. ～吹く a
boaster；a brag.

ホラー ～映画 a horror film〔picture〕.

ほらあな 洞穴 a cave；a cavern.

ボランティア a volunteer《for social

welfare activities》.

ほり 堀 a moat；a canal.

ポリープ a polyp.

ポリエチレン polyethylene.

ポリオ polio；poliomyelitis.

ほりだしもの 掘り出し物《make》a
(rare) find.

ほりだす 掘り出す dig out；unearth；
exhume.

ポリネシア Polynesia. ～の Poly-
nesian. ～人 a Polynesian.

ボリビア (the Plurinational State of)
Bolivia. ～の Bolivian. ～人 a
Bolivian.

ほりゅう 保留 reservation. ～する
reserve；〔議決などを〕shelve.

ボリューム volume. ～を調節する(上
げる，下げる) adjust (turn up, turn
down) the volume.

ほりょ 捕虜 a prisoner of war〔略 a
P.O.W〕；a captive. ～にする take《a
person》prisoner. ～収容所 a
concentration camp.

ほる 彫る carve；engrave；chisel.

ほる 掘る dig；〔発掘〕excavate；〔穴
を〕bore；〔井戸を〕sink.

ぼる ask an exorbitant price. ぼられ
る be charged high.

ポルトガル Portugal；〔公式名〕the
Portuguese Republic. ～の
Portuguese. ～語 Portuguese.

ポルノ pornography；《俗》porn (o).
～映画 a pornographic movie
〔film〕.

ホルマリン formalin.

ホルモン hormone.

ホルン 《play, sound》a horn.

ほれぼれ 惚れ惚れする be charmed
《by, with》；charming；fasci-
nating；enchanting.

ほれる 惚れる fall in love《with》；
take a fancy《to》.

ほろ 幌 a hood. ～馬車 a covered
wagon.

ぼろ 襤褸 rags；tatters. ～の ragged；tattered.

ホログラフィー holography；holo-gram.

ポロシャツ a polo shirt.

ほろびる 滅びる fall；perish；be ruined；be destroyed.

ほろぼす 滅ぼす ruin；destroy；overthrow；exterminate.

ほろよい ほろ酔い気分である be tipsy〔mellow〕with drink.

ほん 本 a book. ～立て a bookstand. ～棚 a bookshelf. ～箱 a bookcase.

ぼん 盆〔祭り〕the Bon〔Lantern〕Festival；the Buddhist festival of the Dead；〔容器〕a tray；〔金属の〕a salver. ～踊り the Bon Festival dance.

ぼん 梵 ～語 Sanskrit；～字 Sanskrit characters.

ほんあん 翻案〔物〕(an) adaptation. ～する adapt《from》.

ほんか 本科 the regular course.

ほんかいぎ 本会議 the plenary session《of the Diet》；a general meeting；a full session.

ほんかくてき 本格的 regular；real；full-scale.

ほんかん 本館 the main building.

ほんき 本気で seriously；《work》in earnest. ～にする take《a person's words》seriously. 君は～で言っているのか Do you really mean it?

ほんきょく 本局 the main office.〔電話局〕the telephone exchange；〔郵便局〕the central post.

ほんけ 本家 the head family〔house〕.

ほんこく 翻刻 a reprint. ～する reprint；reproduce.

ほんごく 本国 one's home country. ～政府 the home government.

ぽんこつ ぽんこつ屋 a junk-car dealer.

ホンコン 香港 Hong Kong.

ほんさい 本妻 one's legal〔lawful〕wife.

ぼんさい 盆栽 a potted〔fancy〕plant.

ほんしつ 本質 essence；〔実質〕substance. ～的(な) essential.

ほんしゃ 本社〔店〕the head office.

ホンジュラス (the Republic of) Honduras.

ほんしょう 本性 one's true character. ～を現わす betray oneself.

ほんしょく 本職 one's occupation〔business〕；〔玄人〕a professional；an expert《in》.

ほんしん 本心〔正気〕one's right mind；〔本音〕one's real intention.

ぼんじん 凡人 an ordinary man；a mortal.

ポンず ポン酢 a sauce containing soy sauce and vinegar or citrus juice.

ほんせき 本籍 one's (permanent) domicile.

ほんそう 奔走する busy oneself《about》.

ほんぞん 本尊 ～は…である〔寺が〕be dedicated to《Kannon》.

ぼんち 盆地 a basin.

ほんてん 本店 the head office〔store〕.

ほんど 本土 the《Chinese》mainland.

ポンド a pound〔記号£(貨幣)〕, lb.(重さ)〕.

ほんとう 本当の true；real；〔純正の〕genuine. ～に truly；really；in fact. ～は in reality；to tell the truth.

ほんにん 本人 the person himself；the person in question；〔代理人に対して〕the principal. ～自身 personally；in person.

ほんの mere；just；but；〔量〕a little；〔数〕a few.

ほんのう 本能 instinct. ～的(な) instinctive.

ほんば 本場 the home；the center；the best place《for》；〔本物〕genuine.

ほんばん 本番 a take；a performance. ぶっつけ～ acting without rehearsal.

ほんぶ 本部 the head office；the

headquarters.

ポンプ a pump. ～でくみ出す(上げる) pump out (up) 《water》.

ほんぶん 本文 the text ; the body《of a letter》.

ほんぶん 本分を尽くす do〔fulfill〕 one's duty ; do one's part.

ボンベ a cylinder ; a refill.

ほんめい 本命《競馬の》the favorite ;〔一般に〕the likely winner.

ほんもう 本望である be perfectly satisfied《with》. ～をとげる attain one's long-cherished desire

ほんもの 本物の real ; genuine ;〔正規の〕regular.

ほんや 本屋〔店〕《米》a bookstore ;《英》a bookshop ;〔人〕a bookseller ;〔出版屋〕a publisher.

ほんやく 翻訳(物) (a) translation. ～する translate〔put〕《Japanese into English》. ～者 a translator.

ぽんやり 〔茫然と〕vacantly ; absent-mindedly ; idly ;〔無為に〕;〔不明瞭に〕dimly ; indistinctly ;〔人〕a blockhead ; a careless person. ～した〔鈍い〕dull (-witted) ; stupid ;〔茫然〕absent-minded ;〔朦朧〕dim ; vague.

ほんらい 本来 originally ; primarily ; naturally. ～の original ;〔本質的〕essential.

ほんりゅう 本流 the main stream.

ほんりょう 本領を発揮する show one's true skill〔self〕.

ほんるい 本塁〔野球〕the home base. →ホームイン.

ほんろう 翻弄する make fun of ; play《with》;〔波が〕toss about ;〔敵など を〕baffle.

ほんろん 本論 the main discourse ;〔この論〕this subject.

ま

ま 真に受ける take《a matter》as true〔seriously〕.

ま 間 a room ; an apartment ;〔あき〕room ;〔時〕time ; leisure. ～が悪い〔不運〕be unlucky ;〔ばつが悪い〕feel awkward. ～の抜けた stupid. 少し～を置いて after a short interval.

ま 魔が差す be tempted〔possessed〕by an evil spirit.

まあ 〔ちょっと〕just. ～お待ちなさい Just wait! ;〔驚き〕Indeed! Dear me! ;〔躊躇〕well. I should say.

マーガリン margarine.

マーク a mark ;〔レッテル〕a label. ～シート a computer-scored answer sheet.

マーケット a market.

マーシャル ～諸島 (the Republic of) the Marshall Islands.

マージャン 麻雀をする play mah-jong (g).

マージン 〔利ざや〕a margin.

まあたらしい 真新しい brand-new.

マーチ a march.

まい 舞を舞う dance.

まい- 毎… every ; each. ～年(月・週・日) every year (month, week, day). ～年(月・週・日) yearly (monthly, weekly, daily).

まいあがる 舞い上がる rise (in the air) ;〔飛び上がる〕fly up ;〔鳥など〕soar ;〔吹かれて〕be blown up.

まいおりる 舞い降りる fly down ; swoop down ; alight on.

マイク 〔俗〕a mike ; a microphone.

マイクロ ～コンピュータ a microcomputer. ～チップ a microchip. ～フィルム a microfilm.

まいご 迷子 a stray〔lost〕child. ～になる get lost ;〔道に迷う〕lose one's way. ～札 a child's tag.

まいそう 埋葬 burial. ～する bury ; entomb.

マイナス minus ;〔損失〕a deficit ;〔不利〕a disadvantage. ～5度 minus five degrees. ～イメージ a negative image.

マイペース ～で on one's own way 〔pace〕.

まいる 参る〔敗北〕be defeated 〔beaten〕;〔閉口〕be stumped.

マイル a mile. ～数 (a) mileage.

マイレージサービス a frequent flier service 〔plan; program〕.

まうえ 真上に right〔just〕above 〔over〕.

ましろ 真後ろに right〔just〕behind.

マウス〔動物〕a mouse (複 mice).〔コンピュータの〕a mouse (複 mouses もあり).

マウンド ～に立つ〔野球〕(take) the mound.

まえ 前〔場所〕the front;〔人前〕presence;〔時〕to; before; ago. ～に〔場所〕in front《of》;〔時〕previously; formerly; before. ～の former; ex.

まえあし 前足 a foreleg.

まえうり 前売りする sell in advance. ～券 an advance ticket.

まえおき 前置き a preface; an introduction.

まえがり 前借りする borrow in advance.

まえば 前歯 a front tooth.

まえばらい 前払いする prepay; pay in advance.

まえもって 前以って beforehand; in advance.

マカオ Macao. ～特別行政区 the Macao Special Administrative Region of the People's Republic of China.

まかす 負かす beat; defeat.

まかせる 任せる〔委任〕leave〔place, put〕《in a person's hands》;〔放任〕leave; abandon《oneself to fate》.

まかない 賄い ～付き下宿 board and lodging. ～料 charge for board.

まかなう 賄う〔食事を〕board; purvey;〔費用を〕cover.

まがり 曲がり a curve; a bend. ～角 a corner《of a street》.

まがり 間借する rent a room. ～人 a lodger;《米》a roomer.

まがる 曲がる bend; curve;〔しなる〕be pliant;〔道などが〕turn;〔傾く〕tilt;〔歪む〕be awry. 曲がった bent; crooked.

マカロニ macaroni. ～ウェスタン〔映画〕a spaghetti western. ～グラタン macaroni au gratin.

まき 薪 firewood.

まきあげる 巻き上げる roll〔wind〕up;〔金などを〕swindle《a person out of his money》.

まきこむ 巻き込む roll in; enfold. 巻き込まれる〔巻き添えをくう〕get involved in《a scandal》.

まきちらす 撒き散らす scatter about; sprinkle;〔金銭を〕squander.

まきつく 巻き付く wind itself round. 巻き付ける wind round.

まぎらす 紛らす〔心などを〕divert; distract;〔そらす〕evade.

まぎらわしい 紛らわしい ambiguous; misleading.

まぎれる 紛れる〔紛失〕be lost《in, among》;〔気が〕be diverted. 闇に～れて under the cover of night.

まぎわ 間際に on the point〔verge〕of; just before.

まく 幕〔帳が〕a curtain;〔天幕〕a tent. ～を開ける(閉める)raise(drop) a curtain;〔劇の一幕〕an act.

まく 膜 a membrane; a film.

まく〔蒔く〕sow; seed;〔撒く〕scatter; strew;〔水を〕sprinkle; water;〔人を〕give《a person》the slip.

まく 巻く wind (up); roll (up);〔渦形に〕coil;〔包む〕wrap;〔くくる〕bind;〔糸を〕reel.

まくあい 幕間《米》an intermission；《英》an interval.

まくうち 幕内力士 a senior-grade sumo wrestler.

まぐち 間口 the frontage；《ten feet in》width.

マグニチュード a magnitude.

マグネシウム magnesium.

まくら 枕 a pillow. ～木《米》a crosstie；《英》a sleeper.

まくる 捲る turn〔roll, tuck〕up.

まぐれあたり まぐれ当り a fluke；a chance hit.

マクロ macro. ～経済学 macroeconomics.

まぐろ 鮪 a tuna，〔鮪の肉〕tuna.

まけ 負け a defeat；a lost game.

まけおしみ 負け惜しみが強い do not admit one's own defeat. ～を言う cry sour grapes.

まけずおとらず 負けず劣らず vying with each other；equally.

まける 負ける〔敗北〕be defeated；be beaten；lose《a battle, a game, a lawsuit》；〔価を〕reduce；lower《the price》.

まげる 曲げる bend；〔事実などを〕distort；〔主義などを〕depart from；〔法を〕stretch.

まご 孫 a grandchild；〔男の孫〕a grandson；〔孫娘〕a granddaughter.

まごまごする〔まごつく〕get confused；be upset；〔ぐずぐずする〕be slow《in taking action》.

マザコン a mother complex.

まさつ 摩擦 rubbing；〔軋轢〕friction. ～する rub；chafe. 貿易～ trade friction.

まさに 正に just；exactly；surely；duly《receive a letter》.

まさに 将に《be》about《to do》；on the point of《doing》.

まざまざと vividly；clearly；plainly.

まさゆめ 正夢 a prophetic dream. ～だった The dream came true.

まさる 勝る surpass；excel；be better than.

まざる 混ざる mingle《with》；be mixed《with》.

まし ～である be better《than》；be preferable《to》；I would rather《die》than《do it》.

ました 真下に just under；directly below；beneath.

マジック（ペン・インク）〔太め〕a（magic）marker；〔小さめ〕a felt〔-tip〕pen. ～テープ《a piece of》Velcro. ～ミラー one-sided mirror.

まじない 呪いをする cast a spell《upon》；exorcize.

マシュマロ〔菓子〕a marshmallow.

まじめ 真面目な（に）serious(ly)；earnest(ly)；honest(ly).

まじゅつ 魔術 magic；〔手品〕jugglery. ～師 a magician；a conjurer.

まじょ 魔女 a witch.

まじる 混じる mix；be mixed；mingle；be mingled.

ます 枡 a measure；〔劇場の〕a box(seat).

ます 鱒 a trout.

ます 増す increase；swell；〔高まる〕rise；〔高める〕raise.

まず 先ず〔第一に〕first of all；〔ほとんど〕almost；〔とにかく〕anyway；〔おそらく〕perhaps；〔先ず…でない〕hardly.

ますい 麻酔 anesthesia. ～をかける anesthetize. ～剤 an anesthetic. 全身（局部）～ general（local）anesthesia.

まずい 不味・拙い〔味〕unpalatable；unsavory；untasty；〔拙劣〕poor；awkward；clumsy.

マスカット a muscat.

マスカラ mascara.

マスク ～をかける wear a mask.

マスクメロン a muskmelon.

マスゲーム synchronized performances by a large group.

マスコット a mascot.

マスコミ mass communication；〔報道機関〕the (mass) media.

マスター a master；〔バーなどの〕the manager；〔経営者〕the proprietor. ~する master《English》.

マスタード mustard.

マスターベーション masturbation.

マスト〔帆柱〕a mast.

マスプロ mass production.

ますます 益々 more and more；still more；increasingly.

マスメディア the mass media.

ませた precocious；forward.

まぜもの 混ぜ物 an impurity；an adulterant.

まぜる 混ぜる mix；mingle；〔不純物を〕adulterate.

マゾヒズム masochism.

また 股〔人・木などの股〕the crotch；〔分かれている部分〕a fork.

また 又〔その上〕and；besides；〔再び〕again；〔…もまた〕too；also；〔又は〕or.

まだ 未だ〔not〕yet；〔今のところ〕(as) yet；〔なお〕still；more.

またいとこ 又従兄弟 a second cousin.

またがし 又貸しする〔家・部屋などを〕sublet；sublease.

マダガスカル (the Republic of) Madagascar.

またがり 又借りする borrow secondhand.

またがる 跨がる〔馬などに〕mount；bestride；〔わたる〕extend over；〔橋が〕span.

またぎき 又聞きする learn by hearsay.

またぐ 跨ぐ step over〔across〕.

またせる 待たせる keep《a person》waiting.

マタニティドレス a maternity dress.

または 又は or；or else.

マダム a madam；〔バーなどの経営者〕the proprietress.

まだら 斑 spotted；mottled；speckled.

まち 町 a town；a city；〔街路〕a street.

まちあいしつ 待合室 a waiting room.

まちがい 間違い〔誤り〕a mistake；an error；a blunder（大間違い）；〔過失〕a fault；〔事故〕an accident；〔男女間の〕an indiscretion. ～なく〔確かに〕without fail；certainly；〔正しく〕correctly.

まちがえる 間違える (make a) mistake；commit an error；〔誤認〕(mis)take《A》for《B》. 間違った mistaken；wrong. 間違っている be wrong；be mistaken.

まちかまえる 待ち構える wait for；be prepared for.

まちくたびれる 待ちくたびれる grow tired of waiting《for》.

まちこがれる 待ち焦がれる wait impatiently《for》.

まちどおしい 待ち遠しい〔対象が主語〕be long in coming；〔話者が主語〕be waiting impatiently《for》.

まちぶせ 待ち伏せをする lie in wait〔ambush〕《for》.

まつ 松 a pine (tree). ～林 a pine grove.

まつ 待つ wait；〔期待〕expect；look forward to《a vacation》.

まっか 真っ赤な red；crimson. ～な嘘 a barefaced lie.

まっき 末期 the end；the last stage. ～医療 terminal care. ～患者 a terminal patient.

まっくら 真っ暗な very dark；pitch-dark.

まっくろ 真っ黒な deep-black；jet-black；ebony.

まつげ 睫 the eyelashes.　付け～《wear》false eyelashes.

マッサージ (a) massage.　～する massage《a person on the shoulders》.　～師 a massagist.

まっさいちゅう 真っ最中である be at the height《of》; be in full swing.

まっさお 真っ青な deep-blue;〔顔色が〕deadly pale.

まっさかさま 真っ逆さまに head foremost [over heals]; headlong.

まっさき 真っ先に foremost; first of all.　～に…する be the first《to do》.

まっさつ 抹殺する eliminate;〔抹消〕erase; cross out;〔根絶〕exterminate.

マッシュポテト mashed potatoes.

マッシュルーム a mushroom.

まっしょう 末梢的な minor; trivial.　～神経 the peripheral nervous system.

まっしょう 抹消する erase; strike [cross, blot] out.

まっしょうめん 真っ正面に right opposite; right in front《of》.

まっしろ 真っ白な white; pure white; as white as snow.

まっすぐ 真っ直ぐな straight;〔直立した〕upright; erect;〔性質が〕honest.　～に straight; upright.

まったく 全く〔全然〕quite; entirely; utterly;〔少しも…でない〕《not》at all;《not》in the least;〔まことに〕truly; indeed.

まつたけ 松茸 a matsutake mushroom.

マッチ a match.　～をする strike a match.　～箱 a matchbox;〔試合〕a match.　～ポイント the match point.

まっちゃ 抹茶 powdered tea.

マット a mat.　～レス a mattress.

マッハ Mach (number)〔略 M〕.　～3 で at mach 3.

まつば 松葉 a pine needle.　～杖 a crutch.

まっぱだか 真っ裸になる strip oneself stark naked.

まっぴるま 真っ昼間に in broad daylight.

まつり 祭り a festival; a fete.　お～騒ぎをする make a great fuss《about》.

まつりあげる 祭り上げる set《a person》up《as》.

まつる 祭る〔神に〕deify;〔社に〕enshrine;〔あがめる〕worship.

-まで …迄〔時〕till [until] (迄); before [by] (迄には);〔場所〕to; as far as;〔程度〕even;《go》so far as《to do》.

まてんろう 摩天楼 a skyscraper.

まと 的 an aim;〔射撃の〕a target;〔嘲笑などの〕a butt.

まど 窓 a window.　～ガラス a windowpane.　～枠 a window frame.

まどぎわ 窓際族 the deadwood [surplus workers].

まとまる 纏まる〔決定〕be settled [decided, concluded];〔集まる〕be gathered;〔統一〕become united.

まとめる 纏める〔決定〕settle; decide;〔完結〕finish;〔集める〕collect; gather.　纏めて払う pay in the lump.　考えを～ get one's ideas in order.

まどり 間取り the plan of a house.

マナー《table》manners.　～がよい(悪い)have good (bad) manners.

まないた 俎 a cutting board.

まなぶ 学ぶ learn; study; take a course《in》.

マニア〔事〕a mania;〔人〕a maniac.

まにあう 間に合う will do; answer [serve] the purpose;〔時間に〕be in time《for》; catch《the train》.

まにあわせ 間に合わせ ～の makeshift ; temporary.　～る makeshift 《with》;〔期限に〕have《a thing》 ready in time.

マニキュア〔液〕nail polish ;〔手入れ法〕(a) manicure.　～除光液 polish remover.

マニフェスト election manifesto.

マニュアル〔教程本〕a manual ;〔手引き書〕a handbook.

まぬがれる 免れる escape ; get rid of ; be freed from.

まぬけ 間抜け a stupid fellow ; a dunce.

まね 真似 imitation ; mimicry.　～する imitate ; mimic.

マネーロンダリング money laundering.

マネキン a mannequin ; a manikin.

まねく 招く invite ;〔迎えにやる〕send for ;〔自ら招く〕bring upon oneself ; incur ;〔差し招く〕beckon.

まばたき 瞬きする wink ; blink ;〔星などが〕twinkle.

まばゆい 目映い dazzling ; glaring.

まばらな sparse ; thin ; scattered ; straggling.

まひ 麻痺 paralysis.　～する be paralyzed ; be benumbed.

まびく 間引く thin out《plants》.

マフィア the Mafia ; the Mob.

マフィン a muffin.

まぶしい 眩しい dazzling ; glaring.

まぶた 瞼 an eyelid.

マフラー〔襟巻き〕《wear》a scarfe ;〔消音装置〕a muffler ;《英》a silencer.

まほう 魔法 magic ; sorcery.　～使い a sorcerer ;〔男〕a wizard ;〔女〕a witch.　～瓶 a thermos bottle.

マホメット Muhammad.

ママ mom ; mommy.

ままこ 継子 a stepchild ;〔男〕a stepson ;〔女〕a stepdaughter.　～扱いにする treat《a person》coldly.

ままちち 継父 a stepfather.

ままはは 継母 a stepmother.

ママレード marmalade.

まむかい 真向かいに right〔directly〕opposite ; just in front《of》.

まめ 豆 a bean ;〔エンドウ〕a pea ;〔大豆〕a soybean ;〔空豆〕a broad bean ;〔インゲン〕a kidney bean ;〔コーヒー〕a coffee bean.

まめ 肉刺〔足の底のまめ〕a corn ;〔水ぶくれ〕a blister.

まめつ 摩滅する be defaced ; be worn out.

まめな(に)〔忠実〕faithful(ly) ;〔勤勉〕diligent(ly) ;〔達者〕well.

まもなく 間もなく soon ; shortly ; before long.

まもの 魔物 a devil ; a demon.

まもり 守り defense.　～につく stand on the defensive.　～を固める strengthen the defense.

まもる 守る〔保護〕protect ;〔防ぐ〕defend ;〔護衛〕guard ;〔約束を〕keep ;〔規則などを〕obey ; observe.

まやく 麻薬 (a) drug ; (a) narcotic ;《俗》(a) dope.　～中毒者 a junkie.　～中毒者 a narcotic〔drug〕addict.　～取締法 the Narcotics Control Act.　～密売者 a narcotic trafficker.

まゆ 眉(毛) an eyebrow ; brows.　～をひそめる knit one's brows.　～墨 an eyebrow pencil.

まよい 迷い (a) delusion ; (an) illusion.

まよう 迷う〔道に〕get lost ; lose one's way ;〔当惑〕be at a loss ; be puzzled ;〔女に〕be infatuated《with》.

まよなか 真夜中(に) (at) dead of night ; (at) midnight.

マヨネーズ mayonnaise.

まよわせる 迷わせる〔誤らす〕mislead ; lead astray ;〔誘惑〕seduce ;〔心を奪う〕charm ;

fascinate.

マラウイ (the Republic of) Malawi.

マラソン a marathon (race). **～選手** a marathon runner.

マラリア malaria.

まり 鞠・毬 a ball. **～をつく** bounce a ball.

マリ (the Republic of) Mali.

マリア 〔聖母〕 the Virgin Mary.

まる 円・丸 a circle; a ring. **～い〔円〕** round; 〔球〕globular. **～く** round; in a circle; 〔円滑に〕 peacefully.

マリネ (a) marinade.

マリファナ marijuana; grass; pot.

マリンバ a marimba.

マルク 〔ドイツ貨幣〕a mark.

マルクス **～レーニン主義** Marxism-Leninism.

まるくび 丸首 **～のシャツ** a T-shirt. **～のセーター** a crew-neck 〔round-neck〕sweater.

まるぞん 丸損 **～をする** suffer a total 〔dead〕loss.

まるた 丸太 a log. **～小屋** a log cabin.

マルタ (the Republic of) Malta.

まるで 〔全然〕wholly; entirely; quite; 〔あたかも〕as if.

まるてんじょう 丸(円)天井 a vault; a dome.

まるなげ 丸投げ one hundred percent (100%) subcontracting.

まるばつ ○×式テスト a true-false test.

まるひ マル秘の書類 restricted 〔confidential; classified〕documents.

まるめこむ 丸め込む win over; dupe.

まるめる 丸める〔背を〕hunch up; 〔紙などを〕crumple into a ball; 〔頭を〕shave one's head.

まるやき 丸焼き a barbecue. **ひな鳥の～** a whole roasted chicken.

まれ 稀な rare; unusual. **～に** rarely; seldom.

マレーシア Malaysia. **～の** Malaysian. **～人** a Malaysian.

まわす 回す turn; spin; 〔順番に〕send 〔pass〕round.

まわり 回り→しゅうい. **～に〔を〕** around.

まわりぶたい 回り舞台 a revolving stage.

まわりみち 回り道をする take a roundabout way.

まわる 回る〔回転〕go round; revolve; spin; 〔巡回〕go round 〔one's rounds of〕; make a tour 《round》.

まん 万 ten thousand. 10 **～** a hundred thousand. 100 **～** a million.

まん‐ 満… **～30歳《be》**full thirty years old. **～10年** ten full years.

まんいち 万一 by any chance. **～の場合には** in case of emergency.

まんいん 満員である be packed 〔filled〕《with》; be full (up). **～電車** a jam-packed train.

まんえん 蔓延する spread; become rampant.

まんが 漫画 〔諷刺〕a caricature; 〔時事〕a cartoon; 〔4コマ〕a comic strip; 〔4コマ以上の続き漫画・劇画〕comics. **～家** a caricaturist; a cartoonist. **～本(雑誌)** a comic book (magazine).

まんかい 満開である be in full bloom.

まんき 満期になる〔期限が〕expire; 〔手形などが〕fall due.

まんげつ 満月 a full moon.

マンゴー a mango.

まんざ 満座の中で in company; before the whole company.

まんさい 満載する〔荷物を〕carry a full load 《of》(車が); carry a full cargo (船が); 〔乗客を〕be packed 《with》.

まんじゅう 饅頭 a steamed bean-jam bun.

まんじょう 満場一致で unanimously.

マンション an apartment house; a condominium;《話》a condo;《話》a flat;〔マンションの一区画〕an apartment.

まんせい 慢性の chronic. ～になる become chronic.

まんぞく 満足 satisfaction; gratification;〔自足〕contentment. ～させる satisfy; gratify. ～する be satisfied〔contented〕《with》. ～な satisfactory;〔完全な〕perfect.

まんタン 満タンにする fill up《a tank with gas〔gasoline〕》.

まんだん 漫談 an idle talk;〔寄席の〕a comic chat.

まんちょう 満潮 the high〔full〕tide.

マンツーマン ～ディフェンス a one-on-one〔man-to-man〕defense.

まんてん 満点〔をとる〕(win) full marks.

マント a mantle; a cloak.

マンドリン a mandolin. ～奏者 a mandolinist.

まんなか 真ん中の middle; central. ～に in the center〔middle〕《of》.

マンネリズム a mannerism.

まんねんひつ 万年筆 a fountain pen.

まんびき 万引き shoplifting;〔人〕a shoplifter. ～をする steal〔lift〕《a thing》in a shop.

まんぷく 満腹する have had enough《of》; be full. もう～です I'm full.

まんべん 万遍なく〔皆に〕for〔to〕everybody;〔一律に〕evenly.

マンボ a mambo. ～を踊る mambo.

マンホール a manhole.

マンモス a mammoth. ～都市 a megalopolis.

まんりき 万力 a vise;《英》a vice.

まんるい 満塁〔野球〕a bases-loaded

situation. 一(無) 死～である The bases are full with one (no) down. ～ホームラン a bases-loaded homer; a grand slam.

み

み 身〔身体〕the body;〔自己〕one's self;〔肉〕flesh. ～の毛がよだつ One's hair stands on end《with horror》. ～の回り品 one's personal effects. ～を入れる put one's heart to.

み 実〔果実〕fruit; a nut (堅果); a berry (漿果);〔実質〕substance; matter. ～を結ぶ bear fruit.

みあい 見合いする have an interview with the prospective bride〔bridegroom〕. ～結婚 an arranged marriage.

みあげる 見上げる look up《to, at》. ～ような towering. 見上げた〔りっぱな〕praiseworthy《act》.

みあわせる 見合わせる〔顔を〕look at each other;〔中止する〕put off (延期); give up (断念).

ミーティング a meeting.

ミーハー a teenybopper; a trendy dresser; a lowbrow.

ミイラ a mummy.

みうしなう 見失う lose sight of.

みえ 見栄 show; vanity. ～を張る show off. ～っ張り a vain person.

みえる 見える be seen〔visible〕;〔現れる〕appear;〔思われる〕seem; appear; look. 見えなくなる go out of sight.

みおくり 見送り a send-off. ～人 a sender-off.

みおくる 見送る see〔send〕《a person》off;〔機会を〕let《an opportunity》pass.

みおさめ 見納め《take》one's last look《at》.

みおとし 見落とし an oversight; an

omission.

みおとす 見落とす fail to see 〔notice〕; overlook; miss.

みおぼえ 見覚えがある recognize; remember.

みかい 未開の uncivilized; undeveloped.

みかく 味覚 the (sense of) taste. ～をそそる appetizing.

みがく 磨く polish; brush (up);〔技能など〕improve; train.

みかけ 見掛けは in appearance. ～倒しである be not (half) so《good》as《it》looks.

みかげいし 御影石 granite.

みかた 見方 a viewpoint; one's way of looking《a things》.

みかた 味方 an ally; a friend. ～する〔になる〕support; side〔take sides〕with《a person》.

みかづき 三日月 a crescent moon. ～形の crescent.

みかねる 見兼ねる cannot remain a mere spectator.

みがまえる 身構える stand ready; stand on guard.

みがる 身軽な(に) light (ly); nimble (nimbly).

みがわり 身代わりになる act as a substitute《for》.

みかん 未刊の unpublished.

みかん 未完の unfinished. ～の大器 a person of great promise.

みかん 蜜柑 a mandarin orange;《英》a satsuma (orange).

みき 幹 a trunk.

みぎ 右 the right; the right side〔hand〕. ～の right.

ミキサー〔食品の〕a blender;〔調音装置・技師〕a mixer. ～車 a cement mixer.

みきり ～をつける give up; wash one's hands《of》. ～品 a bargain.

みくだす 見下す despise; look down upon《a person》.

みくびる 見縊る make light of; undervalue.

みぐるしい 見苦しい unsightly; ugly;〔服装の〕shabby.

ミクロネシア Micronesia.〔国名〕(the Federated States of) Micronesia.

ミクロン a micron (複 microns, micra).

みけつ 未決の undecided; unsettled; pending《question》. ～囚 an unconvicted prisoner.

みこし 神輿 a portable shrine.

みこす 見越す anticipate. 見越して in anticipation of.

みごと 見事な splendid; admirable;〔美しい〕beautiful. ～に admirably; skillfully; beautifully.

みこみ 見込み promise; hope. ～のある(ない)(un) promising. する～がある(ない) It is (un) likely that.

みこむ 見込む〔期待〕expect;〔当てにする〕count on;〔見積もる〕estimate. 見込んで in expectation of;〔頼って〕in reliance on. 見込まれる win a person's confidence.

みごろし 見殺しにする stand by and watch《a person dying》; leave《a person》in the lurch.

みこん 未婚の unmarried; single. ～の母 a single mother.

ミサ (a) mass. ～にあずかる go to〔attend〕mass.

ミサイル a missile. ～基地 a missile base. 核弾頭～ a nuclear-warhead missile. 地対空～ a surface-to-air missile. 長(短) 距離～ a long-(short-) range missile.

みさお 操 chastity. ～を立てる remain faithful.

みさかい 見境がなくなる get wildly excited; forget oneself.

みさき 岬 a cape; a promontory; a headland.

みさだめる 見定める make sure《of》; ascertain.

みじかい 短い short;〔簡単〕brief. 短く short; briefly. 短くなる shorten; become shorter. 短くする shorten; cut short.

みじめ 惨めな miserable; wretched.

みじゅく 未熟な unripe; immature; inexperienced. ～児 a premature baby.

ミシン a sewing machine.

ミス 〔間違い〕a miss;〔嬢〕a miss.

みず 水 water;〔洪水〕a flood. ～で割る weaken; dilute. ～も漏らさぬ waterproof; watertight《plan》. ～割りのウイスキー whisky and water. ～を差す pour water《into》;〔計画などに〕throw cold water on;〔離間〕cause estrangement《between》. ～をやる water(草木に).

みすい 未遂 ～に終わる fail in the attempt. 殺人～ an attempted murder.

みずいろ 水色 (の) pale〔light〕blue.

みずうみ 湖 a lake.

みずかき 水掻き〔水鳥などの〕a web; a webfoot.

みずかけろん 水掛け論 an endless dispute; a useless argument.

みずがめざ 水瓶座 Aquarius.

みずから 自ら oneself;〔自分で〕in person.

みずぎ 水着 a swimsuit; a bathing suit.

みずぎわ 水際 the water's edge. ～立った brilliant; splendid.

みずくさい 水臭い〔よそよそしい〕too distant〔cold, reserved〕.

みずけ 水気 moisture;〔果実などの〕juice. ～のある (ない) damp (dry);〔果実が〕juicy.

みずけむり 水煙を立てる raise spray.

みずさき 水先案内をする pilot. ～案内 (人) a pilot.

みずさし 水差し a pitcher; a jug.

みずしごと 水仕事 kitchen work; washing.

みずしょうばい 水商売 the restaurant〔bar〕business;〔不安定な仕事〕an uncertain trade.

みずたま 水玉 a waterdrop. ～模様の polka-dot.

みずたまり 水溜まり a pool; a puddle.

みずっぱな 水っ洟をたらす run at the nose; snivel.

みずっぽい 水っぽい weak; insipid《beer》; wishy-washy《soup》.

ミステリー (a) mystery. ～小説 a mystery story〔novel〕.

みすてる 見捨てる desert; forsake; give up.

みずとり 水鳥 (a) waterfowl.

みずはけ 水捌け ～がよい(悪い) drain well (badly).

みずぶくれ 水脹れ a blister. ～した blistered; swollen.

みすぼらしい 見窄らしい shabby; seedy.

みずまし 水増しする water《sake》(down); pad《the bill》. ～請求 a padded demand.

みすみす 見す見す before one's very eyes; helplessly.

みずむし 水虫 athlete's foot; water eczema.

みせ 店《米》a store;《英》a shop;〔事務所〕an office. ～を閉じる〔たたむ〕shut up a shop; close a business. ～を開く open〔set up〕a shop; start a business.

みせいねん 未成年者 a minor; person under age.

みせかける 見せ掛ける pretend; feign; make a show of.

みせしめ 見せしめにする make an example〔a lesson〕of.

ミセス Mrs.; a married woman.

みせびらかす 見せびらかす show

off ; make a display of.

みせもの 見世物 a show ; an exhibition.

みせる 見せる show ;〔陳列して〕exhibit ;〔医者に〕consult.

みそ 味噌 miso ; bean paste.

みぞ 溝 a drain ; a gutter ; a ditch ;〔敷居やレコードの〕a groove.

みぞおち 鳩尾 the pit (of the stomach) .

みそぎ 禊ぎ purification.

みそしる 味噌汁 miso soup.

みそめる 見初める fall in love with《a girl》at first sight.

みぞれ 霙 sleet. ～が降る It sleets.

みだし 見出し〔索引〕an index ;〔標題〕a title.

みだしなみ 身嗜みがよい be careful about one's personal appearance.

みたす 満たす fill 〔up〕 ;〔望みなどを〕satisfy ; gratify.

みだす 乱す〔混乱〕put out of order ; throw into confusion ; disturb ;〔風紀を〕demoralize ;〔髪などを〕dishevel.

みだらな 淫らな indecent ; improper ; lewd ; obscene.

みだりに 妄りに〔勝手に〕freely ; without permission ;〔理由なく〕without good reason.

みだれる 乱れる〔混乱〕go out of order ;〔風紀などが〕be demoralized ;〔髪が〕be disheveled.

みち 道・路 a way ; a road ;〔公道〕a highway ;〔街路〕a street ;〔順路〕a route ;〔方法〕a way. ～に迷う lose one's way. ～を聞く (教える) ask (show) the way 《to》. ～を譲る make way 《for》.

みちがえる 見違える (mis) take《a person》for《another》.

みちくさ 道草を食う loiter about on one's way.

みちじゅん 道順 a route ; a course.

みちづれ 道連れ〔旅の〕a fellow traveler.

みちひ 満ち干 ebb and flow ; the rise and fall of the tide.

みちびく 導く lead ; guide ; conduct.

みちみち 道々〔道すがら〕on one's way ; as one walks along ;〔途中ずっと〕all the way.

みつ 蜜 honey. ～蜂 a honeybee ; a bee.

みつぐ 貢ぐ give financial aid《to》; support.

みつける 見付ける find (out) ; discover.

みつご 三つ子〔三生児〕triplets ;〔三歳児〕a three-year-old child. ～の魂百まで A leopard can't change its spots.

みっこう 密航する stow away ; make a secret passage《to》. ～者 a stowaway.

みっこく 密告する inform secretly《against》; tip off. ～者 an informer.

みっし 密使 a secret envoy ; an emissary.

みっしつ 密室で《confer》behind closed doors. ～殺人事件 a locked-room murder case.

みっしゅう 密集する crowd ; mass ; swarm.

ミッションスクール a missionary school.

みっせつ 密接な (に) close (ly) ; intimate (ly) .

みつぞう 密造する manufacture 〔brew《酒を》〕illicitly. ～酒《話》moonshine.

みつぞろい 三つ揃い〔服〕a suit ; a three-piece suit.

みつだん 密談《have》a secret 〔confidential〕talk《with》.

みっちゃく 密着 ～する stick to. ～印画法〔写真〕contact printing.

ミット〔野球〕a mitt.

み

みっともない〔こっけいな〕
ridiculous；〔見苦しい〕unsightly；
〔服装が〕shabby.

みつにゅうこく 密入国する smuggle
oneself into《Japan》.

みつばい 密売 (an) illicit sale. 〜す
る sell secretly.

みっぷう 密封する seal up.

みっぺい 密閉する close up tight；
〔気密に〕make airtight.

みつめる 見詰める stare〔gaze〕at；
fix one's eyes on.

みつもり 見積り〜価格 an estimated
value. 〜書 a written estimate；〔仕
様書〕a specification.

みつもる 見積もる estimate；
calculate；appraise.

みつゆ 密輸 smuggling. 〜する〔密
輸入(出)〕smuggle (smuggle out).
〜業者 a smuggler. 〜品 smuggled
goods.

みつりょう 密猟 〜する poach. 〜者
a poacher.

みてい 未定である remain unsettled
〔undecided〕.

ミディアム〔肉の焼き方〕medium.

みとおし 見通し a perspective；a
vista；〔予想〕(a) forecast；〔見込み〕
a prospect.

みとめいん 認め印 one's seal；one's
signet.

みとめる 認める recognize；
acknowledge；〔許す〕allow；
admit；〔見る〕notice；find.

みどり 緑 green；〔青葉〕(fresh)
verdure；〔髪の〕jetblack. 〜の日
Greenery Day.

みとれる 見惚れる be lost in
admiration《of》；feast one's eyes
《on》；be fascinated《by》.

みな 皆 all；everything；everyone.
〜で in all；all together.

みなおす 見直す look again；〔他人
などを〕think better of.

みなぎる 漲る be filled (with)；be

full (of)；swell；overflow；
pervade.

みなげ 身投げする drown oneself.

みなごろし 皆殺しにする massacre；
〔害虫などを〕exterminate.

みなす 見做す regard〔reckon,
consider〕《as》.

みなと 港 a harbor；a port. 〜町 a
port (town).

みなみ 南 the south. 〜の southern.
〜半球 the southern hemisphere.

みなみアフリカ 南アフリカ (the
Republic of) South Africa.

みなもと 源 a source；〔起源〕an
origin. 〜を…に発する〔川が〕rise
from.

みならい 見習い apprenticeship；〔人〕
an apprentice.

みならう 見習う follow a person's
example；imitate.

みなれない 見慣れない strange. 〜人
a stranger.

みにくい 醜い ugly；〔見苦しい〕
unsightly. →見苦しい.

ミニコミ 〜誌 a free paper
〔magazine〕.

ミニスカート miniskirt；《話》a mini.

ミニチュア a miniature《of》.

みぬく 見抜く see through；
perceive；detect.

みね 峰〔山の〕a peak；a summit；〔連
峰〕the ridge；〔刀の〕the back.

ミネラルウォーター mineral water.

みのう 未納金 arrears. 〜者 a
person in arrears.

みのうえ 身の上 〜相談欄 a personal
advice〔《英話》agony〕column. 〜
話 one's personal history；one's
circumstances〔situation〕.

みのがす 見逃す overlook；〔黙認〕
connive at；〔見落とす〕miss.

みのしろきん 身の代金 (a) ransom.
〜を要求する demand a《50, 000,
000yen》ransom《for a kidnapped
child》.

みのる 実る bear fruit.

みばえ 見栄えのする（しない）(un) attractive ; good (poor) -looking.

みはからう 見計らう choose《the time for》; use one's discretion.

みはなす 見放す〔見限る〕give up ; abandon ; leave.

みはらい 未払いの unpaid ; unsettled.

みはらし 見晴らしがよい command a fine view.

みはらす 見晴らす command a view《of Mt. Fuji》.

みはり 見張り watch ;〔人〕a watchman.

みはる 見張る keep watch ; be on the lookout《for》.

みぶり 身振り a gesture. ～をする make gestures ; motion《a person to do》.

みぶん 身分 a social position ; (a) status. ～（不）相応に within (beyond) one's means. ～のある人 a man of position. ～証明書 an identification [ID] card.

みぼうじん 未亡人 a widow.

みほん 見本〔商品の〕a sample ; 〔柄の〕a pattern ;〔本・雑誌の〕a sample copy. ～市 a trade fair. ～注文 an order by sample.

みまい 見舞い an inquiry《after a sick person》; a visit. ～客 a visitor. ～状 a letter of sympathy. ～品 a present.

みまう 見舞う（visit and）inquire after《a person's health》.

みまん 未満 under ; less than.

みみ 耳 an ear ;〔端〕an edge ;〔織物の〕a selvage. ～が早い（遠い）be quick (hard) of hearing. ～に残る ring〔linger〕in one's ears. ～を貸さない turn a deaf ear《to》.

みみあか 耳垢 earwax. ～をとる clean one's ears.

みみうち 耳打ちする whisper in (to) a person's ear.

みみかき 耳掻き an earpick.

みみざわり 耳障りな offensive to the ear ; jarring.

みみず 蚯蚓 an earthworm. ～腫れ a wale.

みみたぶ 耳朶 an earlobe.

みみなり 耳鳴りがする have a singing〔ringing〕in one's ears.

みもち 身持がよい（悪い）be well-behaved (loose).

みもと 身元 one's antecedents〔identity（素性）〕. ～が判明する be identified. ～保証人 a surety.

みもの 見物 a sight ; a spectacle.

みゃく 脈〔血管・鉱脈〕a vein ;〔脈拍〕a pulse ; (a) pulsation. ～をとる feel a person's pulse.

みやげ 土産 a present ; a gift ;〔記念の〕a souvenir.

みやすい 見易い easy to see〔perceive〕;〔明白〕obvious ; clear ;〔字が〕legible.

みやぶる 見破る see through ; penetrate into.

ミャンマー (the Republic of the Union of) Myanmar.

ミュージカル a musical (comedy).

みょう 妙な strange ; queer ; odd ; funny ; curious.

みょう- 明… ～後日 the day after tomorrow. ～朝（晩）tomorrow morning (evening). ～日 tomorrow.

みょうぎ 妙技 a wonderful feat (技)〔skill（熟練）〕.

みょうじ 苗字・名字 a family name ; a surname.

みょうじょう 明星〔暁又は宵の〕Venus ;〔比喩的〕a leading star.

みょうみ 妙味 (a) charm ; the beauty《of a plan》.

みょうやく 妙薬 a specific ; an infallible remedy《for》.

みらい 未来 future ; the time to

come；〔あの世〕the next world.
～の future. ～学 futurology.　～形
〔文法〕the future tense. ～像 an
image of the future.

ミリ- ～グラム a milligram〔略 mg.〕.
～メートル a millimeter〔略 mm.〕.

ミリオンセラー a million seller.

みりょく 魅力 (a)charm；(a) fascina-
tion. ～ある charming；fascinat-
ing.

みりん 味醂 mirin；sweet sake for
cooking.

みる 見・視る see；(take a) look at
〔upon〕；watch；〔捜す〕look for；〔世
話〕look after；〔調査〕examine；
inspect. ～間に before one's eyes；
in a moment.

ミルク milk. ～ティー tea with milk.
～セーキ a milk shake.

みれん 未練 ～がある feel regret《in
doing》；have a lingering affection
《for》. ～がましく with a bad
grace.

みわく 魅惑する fascinate；enchant.
→みりょく.

みわける 見分ける tell《A from B》；
distinguish；discriminate.

みわたす 見渡す look over；〔見回す〕
look around. ～限り as far as one
can see〔the eye can reach〕.

みんかん 民間の civil；private. ～人
a civilian.　～放送(局)(a)
commercial broadcasting(station).

ミンク a mink. ～の毛皮 mink.

みんげい 民芸(品)(an object of)
folk art；folk craft.

みんじ 民事 civil affairs.

みんしゅ 民主的 (な)democratic. ～
化する democratize.　～国家 a
democratic state.　～主義
democracy. ～主義者 a democrat.
～党《米》the Democratic Party.

みんしゅう 民衆 the people；the
masses. →たいしゅう(大衆)

みんせい 民生 ～委員 (a) social

welfare (commissioner, officer).

みんぞく 民族 a race.　～意識
national consciousness.　～主義
racism. ～衣装 native costume.

みんぞくがく 民俗学 folklore. ～者
a folklorist.

みんぞくがく 民族学 ethnology. ～
者 an ethnologist.

ミンチ minced meet；《英》mince.

みんぽう 民法 the civil law；〔法典〕
the civil code.

みんよう 民謡 a Japanese classical
folk song.

む

む 無 nothing；naught. ～になる (す
る) come (bring) to naught.

むいしき 無意識の (に) unconscious
(ly)；involuntary (-ily).

むいみ 無意味な meaningless；
senseless.

ムース (a) mousse.

ムード〔場の雰囲気〕an atmos-
phere；〔気分〕mood；〔人の様子〕
an air.

ムームー a muumuu；a mumu.

ムエタイ muay-thai.

むがい 無害 harmless；innocuous.

むかいあう 向かい合う face each
other. 向かい合って face to face.

むかいかぜ 向かい風 a head〔an
adverse〕wind.

むかう 向かう〔対面〕face；〔前進〕
go toward.　に向かって toward；
for；to；〔敵対〕against.

むかえる 迎える meet；greet；
receive；〔迎えにやる〕send《a
person》for《a doctor》.

むがく 無学 illiteracy.　～な
illiterate；ignorant.

むかし 昔 (は) long ago；in ancient
times. ～から since early times　～
の old；former；ancient；past.

むかで 百足 a centipede.

むかむかする feel sick〔nauseated〕; be sick at the stomach;〔不愉快〕be disgusted《at》.

むかんけい 無関係である have nothing to do《with》. ～になる wash one's hands《of》.

むき 向き a direction. ～の〔に適した〕for; suitable《for》.

むき 無機 ～化学 inorganic chemistry. ～物 an inorganic substance〔matter〕.

むき ～になる become serious; fly into a passion.

むぎ 麦〔小麦〕wheat;〔大麦〕barley;〔燕麦〕oat;〔ライ麦〕rye. ～飯 boiled rice and barley.

むきえんき 無期延期 indefinite postponement. ～になる be postponed indefinitely.

むきげん 無期限に indefinitely; without a time limit. ～ストに入る go on strike indefinitely.

むきだし 剥き出しの(に)naked (ly);〔率直〕frank (ly).

むきちょうえき 無期懲役 life imprisonment.

むきめい 無記名(式)の blank; unregistered. ～投票 a secret ballot.

むきりょく 無気力な spiritless; inactive; nerveless.

むく 向く face; turn; tend《toward》;〔適する〕suit.

むく 剥く skin; strip off;〔果物などを〕peel; pare.

むくい 報い(a) reward;(a) return;(a) compensation;〔悪事の〕(a) retribution; penalty.

むくいる 報いる reward; repay; requite; recompense.

むくち 無口な silent; taciturn; reticent.

むくむ 浮腫む become bloated〔swollen, dropsical〕.

むけい 無形の〔見えない〕invisible;

〔形のない〕incorporeal. ～文化財 an intangible cultural property.

むけいさつ 無警察状態 a lawless state; a reign of violence.

むける 向ける〔顔などを〕turn《to》;〔武器を〕point《at》;〔注意などを〕direct《to》.

むける 剥ける peel〔off〕; come off.

むげん 無限の(に)infinite (ly); limitless (ly).

むこ 婿 a son-in-law;〔花婿〕a bridegroom.

むこう 向こう the other〔opposite〕side (向こう側); the other party (先方);〔今後の〕next. ～に over there; on the other side; in the distance. …の～に beyond; across.

むこう 無効とする make null and void; invalidate. ～の invalid. ～投票 an invalid vote.

むごん 無言の(で)silent (ly). ～劇 a pantomime.

むざい 無罪 innocence. ～の innocent; guiltless.

むささび a flying squirrel.

むさぼる 貪る covet; devour; be greedy《of》.

むし 虫〔昆虫〕an insect;〔蠕虫〕a worm;〔幼虫〕a caterpillar;〔さなぎ〕a larva;〔害虫の総称〕vermin. ～のいい selfish; cheeky; brazen-faced. ～の息で gaspingly.

むし 無視する ignore; disregard; set at naught.

むじ 無地の plain;〔模様のない〕unfigured.

むしあつい 蒸し暑い hot and humid; sultry.

むしかく 無資格の unqualified;〔無免許〕unlicensed.

むじつ 無実(を主張する)(plead one's) innocence. ～である be innocent《of》. ～の罪(をきせる)(bring) a false charge《against a person》.

むしば 虫歯 a decayed tooth.

むしぶろ 蒸し風呂 a vapor bath ; a sudatorium.

むしぼし 虫干し airing. ～をする air《clothes》.

むしめがね 虫眼鏡 a magnifying glass.

むしやき 蒸し焼きにする roast.

むじゃき 無邪気な(に) innocent (ly) ; artless (ly) ; naive (ly).

むしゃぶるい 武者震いする tremble with excitement.

むしゅう 無臭の scentless.

むじゅん 矛盾 (self-) contradiction. ～した inconsistent ; conflicting. ～する contradict ; be contradictory《to》.

むじょう 無上の greatest ; highest ; supreme.

むじょう 無情な heartless ; unfeeling ; cruel.

むじょうけん 無条件の unconditional《surrender》; unqualified. ～で unconditionally.

むしょく 無色の colorless.

むしょく 無職である have no occupation ;〔失業中〕be out of work.

むしょぞく 無所属の independent. ～代議士 an independent.

むしる 毟る pluck ; pull off.

むしろ 寧ろ《I would》rather《die》than《live in disgrace》.

むしん 無心〔無邪気〕innocence. ～する ask〔beg〕《a person》for《money》. ～な innocent ;〔頼み〕a request.

むじん 無人の uninhabited ; deserted. ～島 a desert island.

むしんけい 無神経な insensible《of, to》; callous.

むしんろん 無神論 atheism. ～者 an atheist.

むす 蒸す〔ふかす〕steam ;〔蒸し暑い〕be sultry.

むすう 無数の countless ; numberless ; innumerable.

むずかしい 難しい hard ; difficult ; knotty ; serious (重大な).

むずかる fret ; be peevish.

むすこ 息子 a son ;〔少年〕a boy.

むすび 結び〔握り飯〕a rice ball ;〔結末〕an end ; a conclusion. ～目 a knot ; a tie.

むすぶ 結ぶ tie ; knot ;〔締結〕contract ; conclude ;〔終える〕end ; close ;〔実を〕bear《fruit》.

むすめ 娘 a daughter ;〔少女〕a girl. ～らしい girlish.

むせいげん 無制限に freely ; without any restriction. ～の free ; unlimited.

むせきにん 無責任な irresponsible《for》.

むせる 噎せる be choked《with smoke》.

むせん 無線 ～装置 a radio〔wireless〕telegraphic apparatus. ～タクシー a radio taxi. ～電信《米》radio《英》wireless〕telegraph. ～電信を打つ radio ; (send a) wireless. ～電信局 a radio〔wireless〕station. ～電話 a wireless telephone ; a radiophone. ～放送 radiobroadcasting. ～ **LAN** wireless LAN〔local area network〕.

むせん 無銭 ～飲食をする bilk〔skip out on,《米》jump〕《a bill》. ～旅行 a penniless trip.

むだ 無駄な useless ; futile ; fruitless ; wasteful ;《be》in vain ;《be》of no use. ～にする waste ; throw away. ～になる come to nothing ; go to waste.

むだん 無断で〔無届け〕without notice ;〔無許可〕without leave. ～欠勤 absence without leave.

むち 鞭 a whip ; a rod ;〔鞭ひも〕a lash. ～打つ whip ; lash ; swish. ～打ち症 a whiplash (injury).

むち 無知 ignorance. ～な ignorant; stupid.

むちゃ 無茶な〔混乱〕disorderly; confused;〔無意味〕absurd; ridiculous;〔無思慮〕thoughtless; mad.

むちゃくりく 無着陸飛行 a nonstop flight.

むちゅう 夢中で〔に〕beside oneself; without knowing what one is doing. ～になる be absorbed《in》;〔女に〕run mad《after》.

むちんじょうしゃ 無賃乗車 a free ride. ～をする steal a ride《on a train》.

むつ〔魚〕a Japanese bluefish.

むっつりした taciturn; sullen.

むっとする〔蒸す〕be sultry;〔立腹〕take offense.

むつまじい 睦まじく in harmony;《live》happily together.

むてっぽう 無鉄砲な rash; reckless.

むでん 無電《米》radio;《英》wireless.

むとう 無党派層 nonpartisan voters.

むとんちゃく 無頓着である be indifferent《to》; do not trouble oneself《about》.

むなぐら 胸倉を掴む seize《a person》by the collar of his coat.

むなげ 胸毛 chest hair.

むに 無二の matchless; unrivaled. ～の親友 one's bosom friend.

むね 胸 a chest;〔主に女性の乳房〕a breast; a bosom;〔女性の胸回り〕a bust. ～がやける have heartburn. ～が悪くなる feel sick 〔disgusted〕.

むね 棟 the ridge (of a roof). ～上げ (the ceremony of) the completion of the framing.

むのう 無能な incompetent; inefficient. ～力者 an incompetent (person).

むふんべつ 無分別な reckless; indiscreet; thoughtless.

むほう 無法な violent; outrageous; unreasonable.

むぼう 無謀な reckless; rash.

むぼうび 無防備の defenseless. ～都市 an open city.

むほん 謀反 (a) rebellion; (a) revolt;〔陰謀〕(a) conspiracy. ～する rebel; rise in revolt《against》. ～人 a rebel; a traitor; a conspirator.

むめんきょ 無免許の unlicensed. ～運転する drive《a car》without license.

むやみ 無闇な (に) reckless (ly); rash (ly); excessive (ly).

むゆうびょう 夢遊病 (者) sleepwalking (a sleepwalker).

むら 村 a village. ～人 a villager. ～役場 a village office.

むら 斑のある patched; blurred;〔気分の〕capricious. ～のない even.

むらがる 群がる crowd; flock;〔虫などが〕swarm.

むらさき 紫 (の) purple.

むり 無理な〔不当な〕unjust; unreasonable;〔こじつけの〕strained; forced;〔不可能な〕impossible;〔過度の〕excessive. ～に by force. ～もない natural; reasonable. ～難題 an unreasonable demand.

むりょう 無料で free (of charge); cost-free. ～配達 free delivery.

むりょく 無力 powerlessness; impotency. ～な powerless.

むるい 無類の matchless; peerless; unequaled.

むれ 群れ〔人の〕a group; a crowd;〔動物の〕a herd (牛・馬・鹿・象などの); a flock (羊・兎などの); a pack (猟犬・狼などの);〔鳥群〕a flock; a bevy (鶉などの);〔虫の〕a swarm; a cloud (い

なご などの）〕；〔魚群〕a shoal；a school.

むれる 蒸れる〔飯が〕be steamed；become stuffy（むんむんする）.

め

め 目 an eye；〔視力〕eyesight；〔網などの〕a mesh；〔碁盤などの〕a grid；〔鋸などの〕a tooth；〔織物の〕texture；〔木目〕grain；〔編物の〕a stitch. ～がきく（きかない）have an eye（no eye）《for painting》. ～がくらむ be dazzled《by money》. ～がさめる wake (up)；awake. ～がない be much fond of《sweets》. ～に留まる〔つく〕attract one's attention. ～に見えて perceptibly；remarkably. ～を通す look over. ～を放さない keep one's eyes《on》. ～を回す faint.

め 芽 a bud；a sprout；a shoot. ～が出る bud；sprout；〔運が向く〕Luck turns in one's favor.

めあて 目当て an aim；an object. ～にする aim at；expect.

めい 姪 a niece.

めいあん 名案 a good〔splended〕idea〔plan〕.

めいおうせい 冥王星 Pluto.

めいかい 明快な clear；lucid.

めいがら 銘柄 a brand. ～品 articles〔goods〕of an excellent brand.

めいき 明記する state clearly；specify；mention expressly.

めいぎ 名義 one's〔the〕name. ～上の〔だけの〕nominal. の～で in〔under〕the name of.

めいきゅう 迷宮 a labyrinth. ～に入る〔事件が〕get into a blind alley；get into an unsolved case.

めいげつ 明月 a bright moon. **中秋**の～ the harvest moon.

めいさい 明細→しょうさい（詳細）.

~書 a specification.

めいさく 名作 a masterpiece.

めいさん 名産 a noted product《in》.

めいし 名士 a leading figure；a celebrity.

めいし 名刺 a（《米》calling,《英》visiting) card.

めいし 名詞〔文法〕a noun.

めいしゃ 目医者 an oculist；an eye doctor.

めいしょ 名所 a noted place. ～見物をする see〔do〕the sights. ～旧跡 noted spots and historic sites.

めいしん 迷信 (a) superstition. ～家 a superstitious person.

めいじん 名人 an expert《in》；a great master《of》.

めいせい 名声 fame；reputation.

めいそう 瞑想にふける be lost in meditation〔thought〕.

めいだい 命題 a proposition.

めいちゅう 命中する hit (the mark).

めいてんがい 名店街 a quarter of famous specialty stores.

めいど 冥土 the world of the dead；〔あの世〕the other〔next〕world.

めいにち 命日《on》the anniversary of a person's death.

めいはく 明白な (に) plain (ly)；clear (ly)；evident (ly).

めいふく 冥福を祈る pray for (the repose of) the dead.

めいぶつ 名物→めいさん. ～男 a popular figure.

めいぼ 名簿 a register〔list, roll〕(of names).

めいめい 命名 ～する give a name《to》；christen. ～式 the ceremony of naming〔christening〕.

めいめい each (one)；every one.

めいもく 名目 ～（上）の nominal. …という～で under the pretext of.

めいゆう 名優 a celebrated actor〔actress（女）〕；a star.

めいよ 名誉 honor；reputation；

fame；〔体面〕prestige．**〜会長（会員，市民）**an honorary president (member, citizen)．**〜毀損**（き）〔法律〕defamation；〔文書による〕a libel；〔発言による〕a slander．**〜教授**a professor emeritus．**〜職**an honorary post.

めいりょう 明瞭な（に）clear (ly)；plain (ly)；distinct (ly).

めいる 滅入る be depressed《in spirit》；feel gloomy.

めいれい 命令 a command；orders；instructions．**〜する** command；order；give orders〔instructions〕.

めいろ 迷路 a maze；a labyrinth.

めいろう 明朗な〔天候が〕bright and clear；〔性格〕cheerful.

めいわく 迷惑 trouble；annoyance；inconvenience．**〜をかける** trouble；bother；put《a person》to trouble.

めうえ 目上 one's superior.

めうつり 目移りがする be attracted by different things；cannot decide which one to take.

メーカー a maker；〔会社〕a manufacturing company．**〜品** an article made by a well-known manufacturer.

メーキャップ (a) make-up．**〜をする** make up《one's face, for the part of Hamlet》.

メーター〔長さ・計器〕a meter．**タクシー〜** a taximeter.

メートル a meter．**〜法** the metric system.

メール e-mail; electronic mail．**〜を出す** e-mail《a person》．**〜マガジン** an e-mail magazine；an e-mail newsletter.

メカ a mechanism.

メガ mega．**〜バイト** a megabyte．**〜バンク** a megabank．**〜ヘルツ** a megahertz〔記号 MHz〕.

めかくし 目隠しをする blindfold；〔馬に〕put blinders on.

めかけ 妾（〜をもつ）(keep) a mistress.

めかじき 眼梶木 a swordfish.

めかす be dressed up；deck oneself up.

めかた 目方 weight．**〜が…ある** weigh《10kg》.

メカニズム mechanism.

めがね 眼鏡《wear, put on, take off》spectacles；(eye) glasses，〔ほこりよけの〕goggles．**〜屋** an optician．**黒〜** dark glasses.

メガホン a megaphone.

めがみ 女神 a goddess.

メキシコ Mexico．〔公式名〕the United Mexican States．**〜の** Mexican．**〜人** a Mexican.

めキャベツ 芽キャベツ Brussels sprouts.

めぐすり 目薬 eyewash；(an) eye lotion.

めくばせ 目配せする wink《at》；give《a person》a wink.

めぐまれた 恵まれた (ない) (un) fortunate；〔環境などが〕(un) favorable.

めぐみ 恵み a blessing；grace；bounty.

めぐむ 恵む give；give《a thing》in charity.

めくる 捲る turn over《pages》.

めさき 目先 **〜の変わった** new；novel．**〜のきく** shrewd；clever.

めざす 目指す aim at；have an eye to.

めざまし 目覚まし時計 an alarm clock.

めざましい 目覚ましい brilliant；remarkable；striking.

めざめる 目覚める wake (up)；be awakened《to》.

めざわり 目障りである be an eyesore；offend the eye.

めした 目下 one's inferior.

め

めしつかい 召使 a servant;〔女〕a maidservant.

めしべ 雌蕊 a pistil.

メジャー〔巻き尺〕a tape measure;〔石油資本〕the majors.　**～リーグ** the Major Leagues; the Majors.

めじり 目尻 the corner of the eye.

めじるし 目印 a mark.

めす 雌・牝 a female.　**～犬** a female〔she-〕dog;《米話・卑》a bitch.　**～牛** a cow.　**～馬** a mare.　**～猫** a she-cat.　**～羊** a ewe.　**山羊** a she-goat.

メス a surgical knife; a scalpel.

めずらしい 珍しい〔まれな〕rare; unusual; uncommon;〔奇妙な〕strange; curious.　珍しく unusually.

メセナ a mecenat《F》; corporate philanthropy.

メゾソプラノ mezzo-soprano.

メソポタミア Mesopotamia.

めそめそ ～泣く whimper; sob.

めだか 目高 a killifish.

めだつ 目立つ (be) conspicuous; (be) prominent.

メタボリック・シンドローム metabolic syndrome.

めだま 目玉 an eyeball;〔人目を引くもの〕an eye-catcher.　**～商品** a loss leader.　**～焼き**〔卵の〕fried eggs; sunny-side up.

メダル a medal.

メタン methane.

めちゃくちゃな absurd; incoherent; confused.　**～にする** spoil; upset;〔混乱させる〕throw into confusion.

メチルアルコール methyl alcohol.

メッカ Mecca.〔中心地〕a mecca.

めつき 目付き a look; one's eyes.

めっき 鍍金 plating; gilding.　**～が剥げる**〔比喩的〕betray oneself.　**～する** plate; gild.

メッセージ《send》a message.

めったに ～…しない seldom; rarely.

めつぼう 滅亡 (a) fall; (a) downfall.　**～する** be ruined.

めでたい auspicious; happy;〔愚鈍な〕stupid.　**おめでとう** Congratulations!　I wish you《a Happy New Year, a Merry Christmas》.　めでたく happily;〔首尾よく〕successfully.　**お～人** a simpleton.

めとる 娶る marry; take《a woman》to wife.

メドレー〔音楽・競技〕a medley.

メニュー a menu.

めぬき 目抜きの場所〔大通り〕the main street;〔中心街〕the central quarters.

めのう 瑪瑙 agate.

めのまえ 目の前で under〔before〕one's eyes.

めぼし 目星をつける〔目当て〕have one's eyes on;〔警察などが〕spot.

めぼしい 目ぼしい valuable; important.

めまい 眩暈 dizziness; vertigo.　**～する** feel giddy.

めまぐるしい 目まぐるしい dizzy; bewildering.　**～変化** kaleidoscopic changes.

めめしい 女々しい unmanly; effeminate; womanish.

メモ a memo; a memorandum.　**～を取る** take notes《of》.

めもり 目盛 graduation.　**～をつける** graduate; mark with degrees.

メモリ〔コンピュータ〕a memory.

めやに 目脂 eye mucus.

メラニン melanin.

メリーゴーランド a merry-go-round.

メリケン ～粉 flour.

めりこむ めり込む cave in; sink into《the ground》.

メリット〔有利な点・強み〕an advantage;〔美点・長所〕a merit.

メリヤス knit〔knitted〕fabric;

knitwear.

メルとも メル友 an email 〔online〕 friend.

メルヘン a fairy tale. 〔<《G》 Märchen〕.

メロディー a melody.

メロドラマ a melodrama.

メロン a melon.

めん 面 〔仮面〕 a mask;〔剣術などの〕 a face guard;〔側面・方面〕 an aspect; a side. ～と向かって to one's face.

めん 綿 ～織物 cotton fabrics. ～製品 cotton goods.

めんえき 免疫(性) immunity. ～になる become immune《from》.

めんかい 面会する have an interview 《with》; see. ～人 a visitor; a caller. ～日 an at-home day.

めんきょ 免許 permission; license. ～証を取上げられる have one's license forfeited. ～のある(ない) licensed (unlicensed). ～証 a 《driver's, practitioner's》 license;〔証書〕 a certificate.

めんじょ 免除 exemption. ～する exempt 《a person from》.

めんしょく 免職 dismissal. ～する dismiss;《米話》fire.

めんする 面する face; front;〔見晴らす〕 look out《on》.

めんぜい 免税 exemption from taxes 〔duties〕 tax exemption 〔-free〕.～する exempt from taxation. ～店 a duty-free shop. ～品 tax-free goods.

めんせき 面積 (an) area.

めんせつ 面接する→めんかい. ～試験〔就職などの〕 a personal interview.

めんだん 面談する have an interview《with》.

メンチカツ a fried cake of minced meat.

メンツ 面子 ～が丸つぶれである lose

face completely.

メンテナンス maintenance. ～する do 〔carry out〕 the maintenance 《of》.

めんどう 面倒 trouble; difficulty;〔世話〕 care. ～な troublesome; difficult; annoying. ～を見る look after.

めんどり 雌鳥 a female bird;〔にわとりの〕 a hen.

メンバー a member;〔顔ぶれ〕 a line-up.

めんぼく 面目 ～ない be ashamed of oneself. ～を失う lose one's face. ～を施す gain honor; get credit.

めんみつ 綿密な minute; close; elaborate; careful.

も

も 喪 mourning. ～中である be in mourning《for》.

も 藻 waterweed; seaweed.

-も〔もまた〕too;(and) also;〔もまた…でない〕not…either;〔AもBも〕both A and B; B as well as A;〔AもBも…でない〕neither A nor B;〔くらい〕as much 〔many〕 as;〔さえも〕even.

もう now; already; by this time;〔疑問で〕yet;〔さらに〕more; another;〔もう…でない〕no more; no longer.

もうあ 盲唖学校 a school for the blind and the mute.

もうい 猛威をふるう rage; be rampant.

もうか 猛火 raging flames;〔大火〕a conflagration.

もうかる 儲かる be profitable.

もうけ 儲け a profit; gains; earnings. ～口 a profitable job. ～物 a godsend; a good bargain.

もうける 設ける〔準備〕prepare;〔設立〕establish;〔制定〕lay down.

もうける 儲ける earn ; gain ; make 《money, a profit》.

もうしこみ 申し込み (an) application. ～人 an applicant. ～用紙 an application form.

もうしこむ 申し込む〔出願〕apply 《for》;〔予約〕subscribe 《for》; reserve ;〔提議〕propose ;〔要求〕ask 《for》.

もうしでる 申し出る〔提議〕propose ;〔提供〕offer ;〔請求〕claim ;〔出願〕apply 《for》.

もうじゅう 猛獣 a savage〔wild〕beast ; a beast of prey. ～狩り《go》big-game hunting.

もうぜん 猛然たる (と) resolute (ly) ; furious (ly).

もうちょう 盲腸 the blind gut ;〔虫垂〕the appendix ;〔医学〕the cecum ;〔虫垂炎〕appendicitis.

もうてん 盲点〔網膜上の〕a blind spot ;〔比喩的〕a blind spot 《in the Japanese mind》; a blind point 《of law》.

もうどうけん 盲導犬 a guide dog.

もうふ 毛布 a blanket.

もうまく 網膜 the retina. ～剥離 detachment of the retina.

もうもく 盲目的 (に) blind (ly).

もうら 網羅する include ; comprise ; cover 《all the items》.

もうれつ 猛烈な (に) violent (ly) ; fierce (ly) ;〔精力的〕energetic (ally) ;〔ひどい〕awful (ly) ; terrible (-bly).

もうろう 朦朧とした dim ; hazy 《consciousness》.

もうろく 耄碌する be in one's dotage. ～した senile.

もえさし 燃えさし a brand ; cinders ; embers.

もえつく 燃え付く catch fire ; ignite ; kindle.

もえる 燃える burn. 燃え上がる go up into flames.

モーション (a) motion. ～をかける〔異性に〕make eyes 《at》.

モーセ Moses. ～の十戒 the Ten Commandments.

モーター a motor. ～ボート (バイク) a motorboat (bike).

モーテル a motel.

モード the mode ; (a) fashion.

モーニング ～コート a morning coat ;〔礼服〕a morning dress. ～コール a wake-up call. ～サービス a breakfast special.

モーリシャス (the Republic of) Mauritius.

モーリタニア (the Islamic Republic of) Mauritania.

モールスしんごう モールス信号 Morse code.

もがく struggle ; writhe ; make frantic efforts.

もぎ 模擬 ～試験 a mock〔trial, practice〕examination. ～店 a booth.

もぐ tear〔pluck, pick〕off ; wrest away.

もくげき 目撃する witness ; see with one's own eyes. ～者 an eyewitness.

もくざい 木材 wood ;〔建築用〕timber.

もくじ 目次 (a table of) contents.

もくせい 木星 Jupiter.

もくせい 木製の wooden ; made of wood.

もくぞう 木造の built〔made〕of wood ; wooden.

もくそく 目測する measure with the eye.

もくてき 目的 an aim ; an object ; a purpose…. の～で with a view to〔for the purpose of〕《doing》. ～格〔文法〕the objective case. ～地 one's destination.

もくとう 黙祷する offer a silent prayer 《for》.

もくにん 黙認する acquiesce；give a tacit consent.

もくば 木馬〔体操の跳馬〕a vaulting horse；〔玩具(がん)〕a rocking horse. **回転～** a merry-go-round.

もくはん 木版 block printing；〔版木〕a printing block. **～画** a woodcut；a wood block print.

もくひけん 黙秘権を行使する exercise the right to refuse to answer.

もくひょう 目標 a mark；an aim. **～にする** aim《at》.

もくめ 木目 the grain of wood.

もくようび 木曜日 Thursday〔略 Thur(s).〕.

もぐら 土竜 a mole.

もぐり 潜りの〔無免許の〕unlicensed〔practitioner〕.

もぐる 潜る creep〔crawl〕in；〔水中に〕dive《into》；〔地下に〕go underground.

もくれい 目礼する (give a) nod《to》；nod recognition.

もけい 模型〔ひな形〕a model；〔鋳型(いがた)など〕a mold.

もさ 猛者 a stalwart；a veteran.

モザンビーク (the Republic of) Mozambique.

もし 若しも if；in case (of)；provided〔suppose〕(that).

もじ 文字〔字形〕a character；〔表意文字〕an ideograph. **～どおり** literally. **～化け** garbling；a garble. **～盤** a dial (plate).

もしもし〔呼びかけ〕I say；Excuse me.〔電話で〕Hello!

もじもじする〔落ち着かぬ〕fidget；〔ためらう〕hesitate.

もじる 捩る〔歌などを〕travesty；parody.

モスク〔イスラムの〕a mosque.

モスクワ Moscow.

もぞう 模造 **～品** (an) imitation. **～する** imitate.

もだえ 悶え agony. **～る** be in agony；agonize.

もたれる 凭れる lean《against》；〔食物が〕lie〔sit〕heavy《on the stomach》.

もち 餅 rice cake. **～をつく** pound rice into rice cake.

もち 持ちが良い (悪い)〔衣服などが〕(do not) wear well；〔長続き〕(do not) last long.

もちあがる 持ち上がる be lifted〔raised〕；〔事件が〕arise；turn up.

もちあげる 持ち上げる lift；raise；〔おだてる〕flatter；coax《a person into doing》.

もちあわせ 持ち合わせがある have《some money》on hand；have《a thing》with one.

モチーフ a motif；a motive.

もちいる 用いる use；make use of；〔適用〕apply；〔採用〕adopt.

もちかえる 持ち帰る take〔bring〕home〔back〕.

もちきり …の話で持ち切りである be the absorbing topic《of》；be the talk《of all the town》.

もちこす 持ち越す carry《the problem》over《to next month》.

もちこむ 持ち込む carry〔bring〕in；lodge《a protest with a person》.

もちごめ 糯米 glutinous rice.

もちだす 持ち出す take out；〔持ち逃げ〕run away with《a thing》；〔提出〕propose；bring up《a subject》.

もちにげ 持ち逃げする run away《with》.

もちぬし 持ち主 the owner；〔経営主〕the proprietor.

もちば 持ち場 (を守る) (hold) one's post.

もちまえ 持ち前の inherent；characteristic.

もちもの 持ち物 one's personal effects 〔property〕.

もちろん 勿論 of course ; naturally ; no doubt.

もつ 持つ have ; possess ; own ; hold ; carry ; 〔保つ〕hold ; wear well (衣服などが) ; keep (食物などが).

もっきん 木琴 a xylophone. ～奏者 a xylophonist.

もったい 勿体振る (をつける) give oneself (put on) airs. ～振って with an air of importance.

もったいない 勿体ない too good ; 〔無駄〕wasteful.

モットー a motto.

もっとも 尤も～らしい plausible. ～な reasonable ; (quite) right ; natural.

もっぱら 専ら chiefly ; exclusively ; 〔専心〕whole-heartedly.

モップ a mop. ～で拭く mop.

もつれる 縺れる be entangled ; become knotted ; 〔事柄が〕become complicated ; 〔舌が〕get tongue-tied.

もてあそぶ 玩ぶ play 〔trifle, tamper〕 with.

もてあます 持て余す do not know what to do with《a matter》; 〔事が主語〕be too much for《one》.

もてなし 〔供応〕entertainment ; service (旅館などの) ; 〔歓待〕 hospitality.

もてなす entertain ; treat.

もてはやす 持て囃す make much of ; be loud in《a person's》 praises.

もてる be popular《with girls》.

モデル a model. ～になる sit for《a painter》.

もと 元・本 〔起源〕the origin ; the source ; 〔原因〕the cause ; 〔根底〕 the foundation ; 〔元は〕originally ; formerly ; once ; before.

もとから 元から〔元々〕from the first 〔beginning〕.

もときん 元金〔利子の〕the principal ; 〔資本〕the capital.

モトクロス a motocross.

もどす 戻す pay 〔give ; put〕back ; 〔吐く〕vomit.

もとちょう 元帳 a ledger.

もとづく 基づく be based《on》; 〔原因〕be due to. …に基づいて in accordance with.

もとどおり 元通り as ever ; as it was before.

もとめる 求める〔請う〕ask for ; request ; 〔探求〕look for ; search after 〔for〕; seek (after, for).

もどる 戻る return ; come 〔go〕back ; 〔来た道を〕retrace one's steps ; 〔よじれたなどが〕unwind itself ; 〔ねじなどが〕run down.

モナコ (the Principality of) Monaco.

もの 物 a thing ; an object ; 〔物質〕 substance ; 〔品質〕matter. ～にする〔獲得〕obtain ; 〔習得〕 master. ～になる〔実現〕 materialize ; 〔一人前に〕become somebody. ～をいう〔有効〕count ; carry weight.

ものおき 物置 a storeroom ; a lumber room.

ものがたり 物語 a tale ; a story.

ものがたる 物語る tell ; relate ; narrate.

モノクロ ～写真 a monochrome.

ものごと 物事 things ; a matter.

ものさし 物差し a ruler ; a measure.

ものしり 物知り a learned man ; a well-informed person.

ものずき 物好きな curious. ～に（も）out of curiosity.

ものすごい 物凄い dismal ; ghastly ; 〔ひどい〕terrible.

ものたりない 物足りない be not quite satisfactory ; lack something ; 〔人が主語〕be dissatisfied 《with》.

ものほし 物干 **～竿** a clothes pole. **～台** a drying place.

ものまね 物真似 mimicry. **～をする** mimic；imitate.

ものものしい 物々しい〔厳重な〕strict；〔大げさな〕pompous；exaggerated.

モノラル ～の monaural；monophonic.

モノレール a monorail.

ものわかれ 物別れになる reach no agreement.

もはん 模範 a model；an example. **～的(な)** model；exemplary. **～を示す** set an example《to》.

もふく 喪服を着て(た) in mourning〔black〕. **～外交** funeral diplomacy.

モヘア mohair.

もほう 模倣 imitation. **～する** copy；imitate. **～犯** copycat criminal.

もまれる 揉まれる be knocked〔jostled, tossed〕about.

もみあう 揉み合う push and pull；jostle.

もみあげ 揉み上げ sideburns.

もみけす 揉み消す smother；〔事件などを〕suppress；hush up《a scandal》.

もみじ 紅葉〔カエデ〕a maple；〔紅葉〕red〔autumnal〕leaves.

もみで 揉み手をする rub one's hands.

もむ 揉む〔こする〕rub；〔しわに〕crumple；〔按摩〕massage.

もめる 揉める〔不利〕have (a) trouble《with》；〔議論する〕make a hot discussion《of》；〔気が〕be anxious《about》.

もめん 木綿 cotton. **～製品で(糸)** cotton goods (thread).

もも 股 a thigh；〔肉〕a round (牛肉の)；a ham (豚肉の). **～引き** long underpants；tights.

もも 桃 a peach. **～色の** pink；rosy.

ももんが a small Eurasian flying squirrel.

もや 靄 a haze；a mist.

もやす 燃やす burn；kindle.

もよう 模様 a pattern；a design；〔様子〕appearance.

もよおし 催し a (social) gathering；an entertainment.

もよおす 催す〔開催〕hold；give；〔感じる〕feel《sleepy》；have a sudden urge《to》.

もらいなき 貰い泣きする weep in sympathy《with》.

もらいもの 貰い物 a gift；a present.

もらう 貰う get；receive；〔してもらう〕have a person do；get a matter done《by a person》.

もらす 漏らす〔不満などを〕express；give vent《to》；〔秘密を〕leak；let out；〔抜かす〕miss；leave out；〔小便を〕wet one's pants.

モラル morals.

モラルハザード moral hazard.

もり 森 a wood；〔小さな〕a grove；〔森林〕a forest.

もり 銛 a harpoon. **～を打つ** harpoon.

もりあがり 盛り上がり a climax.

もりあがる 盛り上がる rise；gather stream.

もりかえす 盛り返す recover；rally《one's energy》.

もる 盛る〔積む〕pile〔heap〕up；〔食物を〕serve；dish (up).

もる 漏る〔屋根などが〕leak；〔ガスなどが〕escape.

モルジブ (the Republic of) Maldives. **～諸島** the Maldives.

モルタル mortar. 木造**～**2階建て(の家) a two-storied mortared wooden house.

モルドバ (the Republic of) Moldova.

モルヒネ morphine. **～中毒**

morphinism.

モルモット a guinea pig.

もれる 漏れる〔気体などが〕leak；escape；〔秘密などが〕leak out；transpire；〔脱落〕be omitted；be left out.

もろい 脆い weak；frail；brittle；fragile.

モロッコ (the Kingdom of) Morocco.

もん 門 a gate；a gateway；〔分類上の〕an order. ～衛〔番〕a porter；a gatekeeper.

もん 紋 a crest；〔紋章〕a coat of arms. ～付きの crested.

もんがいかん 門外漢 an outsider.

もんがまえ 門構えの《a house》with a gate.

もんく 文句 an expression；a phrase；a passage；〔言い回し〕wording；〔不平〕a complaint. ～をいう raise an objection《to》；complain《of》；grumble《about》.

もんげん 門限 the closing time《of a gate》；curfew.

モンゴル Mongolia.

もんし 門歯 an incisor (tooth).

モンスーン a monsoon.

モンスターペアレンツ monster parent.

もんぜん 門前〔に〕in front of a gate. ～払いを食わせる refuse to see；shut the door《on》.

モンタージュ a montage. ～写真 a montage picture.

もんだい 問題 a question；a problem；〔主題〕a subject. ～にしない ignore. ～にする call into question. ～にならない be out of the question. ～になる come into question.

もんぶ 文部科学省 (大臣) Ministry (Minister) of Education, Culture, Sports, Science and Technology.

や 矢 an arrow. ～を射る shoot an arrow《at》.

ヤード a yard〔略 yd〕. ～ポンド法 the yard-pound system.

やえ 八重 ～桜〔木〕a double-blossomed cherry tree；〔花〕double (-petaled) cherry blossoms. ～歯〔重なった〕a double tooth；〔斜めに出た〕an oblique tooth.

やおちょう 八百長 a fix；a fixed〔put-up〕affair《game (試合)》.

やおもて 矢面に立つ bear the brunt of an attack》；become the target《of criticism》.

やおや 八百屋 a fruit and vegetable shop；〔英〕a greengrocer's.

やかい 夜会 an evening party；〔舞踏会〕a ball. ～服 an evening dress.

やがい 野外で outdoors；in the open air. ～の outdoor《sports》. ～劇場 an open-air theater.

やがく 夜学 (校) a night〔an evening〕school.

やかたぶね 屋形船 a houseboat.

やがて soon；before long.

やかましい 喧しい noisy；uproarious；clamorous；〔厳しい〕fault-finding (粗探しをする)；particular (えり好みする)；fastidious (気むずかしい)；strict (厳格な). 喧し屋 a faultfinder；a fastidious person.

やかん 夜間 (に) at〔by〕night. ～勤務《on》night duty；〔交替制の〕《on》a night shift. ～飛行 a night flight.

やかん 薬罐 a (tea) kettle.

やぎ 山羊 a goat；〔仔山羊〕a kid. ～ひげ a goatee. ～座 Capricorn.

やきいも 焼き芋 (屋) (a seller of) baked sweet potatoes.

やきざかな 焼き魚 broiled fish.

やきすぎる 焼き過ぎる overroast；

overbake.［写真を］overprint.

やきたて 焼き立ての hot；fresh from the oven.

やきつけ 焼き付け printing. ～る［写真を］print；［陶器に］glaze；［記憶に］brand《on a person's memory》.

やきとり 焼き鳥 grilled chicken (on a skewer).

やきなおし 焼き直し［食物の］rebaking；［文学作品などの改作］a rehash《of》；an adaptation《from》.

やきにく 焼き肉 roast meat.

やきば 焼き場 a crematory.

やきぶた 焼き豚 roast pork.

やきまし 焼き増しする［写真］make an extra copy《of a photograph》.

やきもち 焼き餅 →しっと. ～焼き a jealous person.

やきゅう 野球(をする) (play) baseball. ～場 a ballpark；a baseball ground［stadium］. ～部 the baseball club《of a school》. ～ボール a baseball. ～帽 a baseball cap.

やきん 冶金 (学) metallurgy.

やきん 夜勤 →やかん (勤務).

やく 役［官職］an office；a post；［役目］one's duty；［演劇の］a part. ～に立つ(立たない) be useful(useless).

やく 約〔およそ〕about；some；nearly.

やく 訳 (a) translation；version. ～す translate.

やく 焼く burn；［焦がす］scorch；singe；［食物を］roast；bake；broil；grill (くしに刺して)；toast (パンをあぶる)；［陶器類を］bake；fire；［炭を］make；［写真を］print；［火葬］cremate；［嫉妬する］be jealous《of》.

やぐ 夜具［寝具］bedding；［掛け布団］a quilt.

やくいん 役員 an officer；an official.

やくがい 薬害 a harmful effect of a medicine《on》．～訴訟 lawsuit on the drug-induced sufferings.

やくがく 薬学 pharmacy. ～部 the department of pharmacy.

やくご 訳語 words used in a translation；［対応語］an equivalent.

やくざ［暴力団員］a yakuza；［総称］the yakuza；［ろくでなし］a good-for-nothing；《米俗》a hoodlum；［ばくち打ち］a gambler；［ギャング］a gangster.

やくざい 薬剤師 a pharmacist；《米》a druggist.

やくしゃ 役者 an actor；［女優］an actress.

やくしょ 役所 a public office.

やくじょう 約定[契約] a contract；［協定］an agreement；［規定］a stipulation. ～書 a written contract.

やくしん 躍進する make rapid strides［progress, advance］.

やくそう 薬草 a medicinal herb［plant］.

やくそく 約束 a promise；［面会などの］an appointment. ～する (make a) promise；make an appointment《米》a date《with》. ～手形 a promissory note.

やくとく 役得 a perquisite.

やくどし 厄年 an unlucky year；［年齢の］a critical age.

やくにん 役人 a government official. ～根性 officialism.

やくび 厄日 an evil［unlucky］day.

やくひん 薬品 medicines；《米》drugs；［化学薬品］chemicals.

やくみ 薬味 spices；condiments.

やぐら 櫓 a tower；a turret；［足場］a scaffold.

やくわり 役割 a part；a role；［配役］a cast.

やけ 自棄 ～を起こす［になる］become desperate.

やけあと 焼跡 the site［ruins］of a fire.

やけい 夜景 a night view［scene］.

やけい 夜警《keep》night watch；［人］

a night watchman.

やけおちる 焼け落ちる be burnt down.

やけしぬ 焼け死ぬ be burnt to death；perish in the flames.

やけだされる 焼け出される be burnt out (of house).

やけど 火傷〔火の〕a burn；〔湯の〕a scald. ～をする burn〔scald〕oneself.

やけに desperately；〔ひどく〕terribly；awfully；〔激しく〕violently.

やける 妬ける be jealous《of》.

やける 焼ける be burnt；〔料理〕be roasted (肉などが)〔baked (パンなどが)〕；〔日に〕be sunburnt；〔色が〕fade (あせる)；be discolored (変色する).

やけん 野犬 (狩りをする) (round up) stray〔ownerless〕dogs.

やこう 夜行性 nocturnal habit. ～性**動物** nocturnal animals. ～**列車** a night train.

やこう 夜光 ～**虫** a noctiluca (複 noctilucae). ～**時計** luminous watch. ～**塗料** a luminous paint.

やごう 屋号 a shop〔firm〕name.

やごう 野合政権 an administration of shotgun wedding.

ヤコブびょう ヤコブ病 the Creutzfeldt-Jakob disease〔略 CJD〕.

やさい 野菜 vegetables.

やさおとこ 優男 an effeminate man；a gentle-〔delicate-〕looking man；〔きゃしゃな〕a slight man.

やさしい 優・易しい gentle；tender；〔容易〕easy；simple. 優しく kindly；gently；tenderly；〔容易に〕easily.

やし 椰子の木 a palm (tree). ～**の実** a coconut. ～**油** coconut oil.

やじ 野次 hooting；jeering. ～**る** hoot〔disturb (妨げる)〕《a speaker, a

speech》；〔議会で〕heckle；〔口笛を吹いて〕hiss《at》. ～**馬連** a rabble；a curious crowd；spectators.

やしき 屋敷 a residence；a mansion；〔地所も含む〕the premises.

やしなう 養う〔養育〕bring up；foster；rear；〔扶養〕support.

やじゅう 野獣 a wild beast〔animal〕.

やしょく 夜食〔夕食〕supper；〔深夜食〕a midnight meal〔snack (軽食)〕.

やしん 野心 (an) ambition. ～**家** an ambitious person.

やすい 安い cheap；inexpensive. 安上がりである be economical；cost little. 安く《buy》cheap〔at a low price〕.

やすうけあい 安請け合いをする be too ready to promise.

やすうり 安売り a bargain sale.

やすっぽい 安っぽい cheap；flashy (安びか物の).

やすまる 休まる〔体が〕〔人が主語〕be rested〔refreshed〕；〔心が〕be set at ease. 休める《体を》rest oneself.

やすみ 休み a rest；a recess；〔休日〕a holiday；a vacation. ～**なく** without rest；continuously. ～**時間** a recess.

やすむ 休む〔休息〕rest；take a rest；〔中止〕suspend《business》；〔欠席〕be absent〔absent oneself〕from《school, one's office》；〔就寝〕go to bed；〔眠る〕sleep.

やすもの 安物 a cheap article.

やすやす 易々と easily；with ease. →やさしい.

やすらか 安らかな peaceful；calm. ～**に** peacefully.

やすり 鑢 a file；a rasp. ～**を掛ける** file.

やせい 野生 wild《plants, animals》.

やせい 野性 wild nature. ～**的 (な)** wild；rough.

やせがまん 痩せ我慢をする bear from pride.

やせた 痩せた lean；thin；slim.

やせる 痩せる become thin〔lean〕；〔土地が〕become sterile.

やたい 屋台〔店〕a stall；a booth；a stand.

やたら 矢鱈に〔無差別に〕indiscriminately；at random〔手当たり次第に〕；〔考えなく〕rashly；〔過度に〕excessively.

やちん 家賃 a house rent.

やつあたり 八つ当たりする wreak《one's anger》upon others.

やっかい 厄介をかける give《a person》trouble. **～な** troublesome. **～になる**〔居候{いそうろう}〕live on《a friend》；〔滞在〕stay with《a person》. **～者**〔居候〕a hanger-on. **～物** a burden.

やっき 躍起となる be eager《to do》；get excited《over, about》. **～となって** eagerly.

やっきょく 薬局 a drugstore；a pharmacy.

ヤッケ an anorak；a parka.

やっと〔最後に〕at last；at length；〔辛うじて〕with difficulty；barely；only.

やつれる 窶れる become thin〔emaciated〕；be worn out.

やど 宿をとる →とまる(泊まる). **～帳** a hotel register. **～賃** hotel charges. **～屋** an inn；a hotel.

やとう 野党 an opposition party.

やとう 雇う engage；employ；〔賃借する〕hire. **雇い人** an employee；〔召使〕a servant. **雇い主** an employer.

やなぎ 柳 a willow.

やに 脂〔樹木の〕resin；〔タバコの〕nicotine.

やにょうしょう 夜尿症 bed-wetting；enuresis.

やぬし 家主 the owner of a house；a landlord；a landlady.

やね 屋根 a roof. **～裏(部屋)** an attic；a garret. **～がわら** a roof tile.

やはり〔もまた同様に〕too；also；as well；〔否定語と共に〕either；〔依然として〕still；nevertheless；all the same；〔結局のところ〕after all.

やばん 野蛮な barbarous. **～人** a barbarian；a savage.

やひ 野卑な vulgar；mean；boorish.

やぶ 藪〔藪しげみ〕a thicket；〔小藪〕a bush；〔竹藪〕a bamboo grove. **～医者** a quack (doctor).

やぶる 破る〔裂く〕tear；rend；〔こわす〕break；〔負かす〕defeat；〔犯す〕break；violate；〔約束を〕break.

やぶれる 破れる〔裂ける〕be torn〔rent〕；〔すり切れる〕wear〔be worn〕out；〔戦いに〕be defeated；〔事が〕be frustrated《in one's design》. **破れた** torn；〔ぼろぼろの〕ragged；〔すり切れた〕worn-out.

やぼ 野暮な unrefined；vulgar；boorish.

やま 山 a mountain；a hill. **～のような** mountainous. **～火事** a forest fire. **～崩れ** a landslide. **～小屋** a hut for mountaineers；a mountain lodge〔cottage〕. **～びこ** an echo. **～開き** the opening of a mountain to climbers. **～道** a mountain path；〔堆積〕a pile；a heap；〔劇などの〕the climax；〔投機〕**～をかける** take a chance《in》.

やまし 山師〔投機家〕a speculator；〔詐欺師〕a swindler.

やましい 疚しいところがない have a good〔clear〕conscience. **～ところがある** have a bad conscience；feel guilty《about》.

やまたか 山高帽子 a derby《《英》bowler》(hat).

やまねこ 山猫 a wildcat. **～スト** a wildcat strike.

やまもり 山盛りにする heap (up)《a bowl with rice》.

やまわけ 山分けにする divide equally《between, among》；go

fifty-fifty《with》.

やまんば 山姥 an old mountain hag.

やみ 闇 (に紛れて) (under cover of) darkness. ～給与 a secret pay. ～取引 black marketeering. ～値 a black-market price.

やみあがり 病み上がりの(人)(a) convalescent; (a person) weak from recent illness.

やむ 止む stop; cease; end; be over; 〔風が〕fall.

やむをえない 已むを得ない unavoidable; inevitable; 〔さし迫った〕urgent; 〔しかたがない〕《It》cannot be helped. 已むを得ず…する be compelled [forced] 《to do》.

やめる 止める 〔廃止〕abolish; 〔中止〕cease 《to do, doing, a fight》; stop 《doing, a fight》; give up 《drinking》; 〔辞職〕resign (from) 《one's post》.

やもめ a widow. 男～ a widower.

やや somewhat; to some degree [extent]; 〔少し〕slightly; a little; 〔かなり〕pretty; rather.

やり 槍 a spear; a lance. ～投げ javelin throw.

やりかけ 遣り掛けの half-finished.

やりくり 遣り繰り a makeshift. ～する make shift 《with, without(…なしで)》; 〔時間を〕make time 《to do》.

やりこめる 遣り込める put 《a person》to silence.

やりだま 槍玉 にあげる make 《a person》a target of attack [criticism]; make a victim (犠牲に)[an example (見せしめに)] of 《a person》.

やりて 遣り手 a man of ability; 《米》a go-getter.

やりとり 遣り取りする exchange; give 《presents》to each other.

やる 〔与える〕give; 〔送る〕send; 〔行う〕do; 〔試みる〕try; 〔競技を〕play; 〔催す〕hold; give.

やろう 野郎 a fellow; a chap; 《米》a guy.

やわらかい 柔らかい soft; tender; gentle.

やわらぐ 和らぐ be softened; 〔風が〕be calmed down; 〔怒りが〕relent; 〔痛みが〕abate.

やわらげる 和らげる soften; appease; soothe; pacify.

ヤンマ 〔トンボ〕a (large) dragonfly.

ゆ

ゆ 湯 hot water; 〔風呂〕→ふろ. ～を使わせる bathe 《a child》. ～たんぽ a hot-water bottle. ～殿 a bathroom. ～槽 a bathtub. ～沸器 a water heater. 男(女)～ the men's (women's) section 《of a bathhouse》.

ゆいいつ 唯一の the only; sole. ～無二の unique.

ゆいごん 遺言 (する) (leave) a will 〔verbal will (口頭の)〕. ～状 a will; a holograph will (自筆の).

ゆいしょ 由緒ある 〔歴史上〕historic; 〔血統上〕of a noble family; 〔物が〕storied.

ゆいしんろん 唯心論 spiritualism. ～者 a spiritualist.

ゆいのう 結納 (を取りかわす) (exchange) betrothal presents.

ゆいぶつ 唯物論 materialism. ～論者 a materialist. 史的～論 〔～史観〕historical materialism.

ゆう 勇を鼓す pluck [summon] up one's courage.

ゆう 結う 〔髪を〕dress; do; arrange.

ゆうい 有為の able; capable; 〔前途有望な〕promising.

ゆういぎ 有意義な significant; useful.

ゆううつ 憂鬱な gloomy; melancholy. ～症 hypochondria.

ゆうえき 有益な useful; instructive;

beneficial.

ゆうえつ 優越感 a sense of superiority ; superiority complex.

ゆうえんち 遊園地 a recreation〔pleasure〕ground ; an amusement park.

ゆうか 有価証券 securities.

ゆうが 優雅な graceful ; elegant ; refined.

ゆうかい 誘拐 kidnapping;abduction（堅い語）. 〜する abduct ; kidnap. 〜殺人 kidnap-murder. 〜者 an abductor ; a kidnapper.

ゆうがた 夕方 evening ; twilight ; dusk. 〜に in the evening. 〜にかけて towards evening.

ユーカリ a eucalyptus.

ゆうかん 夕刊 an evening paper（夕刊紙）; an evening edition（朝刊に対して）.

ゆうかん 有閑 〜階級 the leisure (d) class. 〜マダム a leisured lady.

ゆうかん 勇敢な brave ; courageous ; daring.

ゆうかんじしん 有感地震 a felt earthquake.

ゆうき 有機 〜の organic. 〜ELディスプレー organic electroluminescene display. 〜化学 organic chemistry. 〜栽培 organic farming. 〜体 an organism.

ゆうき 勇気 courage ;〔胆力〕guts. 〜づける encourage《a person》. 〜のある brave ; courageous. 〜凛々と spiritedly. 〜を出す pluck up one's courage.

ゆうぎ 遊戯 a play ; a game.

ゆうきゅう 有給休暇 a paid vacation〔holiday〕.

ゆうきゅう 遊休 〜施設 idle facilities. 〜資本 unemployed capital.

ゆうきょう 遊興（飲食）税 the amusement〔entertainment〕(eating

and drinking) tax.

ゆうぐう 優遇する treat《a person》warmly ;〔給料〕pay a good salary. 〜措置 preferential treatment.

ユークリッド 〜幾何学 Euclidian geometry.

ゆうけん 有権者 a voter ; an elector.

ゆうげん 有限（責任）会社 a limited (liability) company〔略 Co., Ltd.〕.

ゆうこう 友好関係（を結ぶ）(make) friendly relations《with》.

ゆうこう 有効な valid ; effective ;〔通用する〕available. 〜期間 the term of validity. 〜打〔ボクシング〕a telling blow. 〜投票 a valid ballot.

ゆうごう 融合 fusion. 〜する fuse《into one》; unite. 核〜 nuclear fusion.

ユーゴスラビア（the Federal Republic of) Yugoslavia（2003年にセルビア・モンテネグロに国名変更，2006年には各々が正式に独立・分裂）.

ユーザー a user. 〜インターフェイス a user interface. 〜登録 (a) user registration.

ゆうざい 有罪の guilty. 〜になる be convicted.

ゆうし 有史以前の prehistoric. 〜以来 since the dawn of history.

ゆうし 有志（者）a supporter ; a volunteer.

ゆうし 勇士 a brave warrior ; a hero.

ゆうし 雄姿 a gallant figure.

ゆうし 融資 financing ;〔資金〕funds. 〜する finance ; furnish funds《to》.

ゆうじ 有事立法 emergency defense legislation.

ゆうしゅう 優秀な superior.

ゆうじゅうふだん 優柔不断 irresolution ; indecision. 〜な irresolute ; indecisive.

ゆうしょう 優勝する win the championship. 〜旗（杯）the

champion flag(cup). ～者 a victor; a winner; a champion. ～決定戦 a play-off. ～候補 the favorite.

ゆうじょう 友情 friendship.

ゆうしょく 夕食《have, take》dinner (正餐); supper (軽い夕食).

ゆうじん 友人 a friend. ～になる make friends《with》.

ゆうすう 有数の rare; eminent; leading.

ゆうずう 融通する lend《a person money》;〔資金を〕finance《a person, an enterprise》. ～のきかぬ〔人が〕rigid; strict; stupid (ばかな). ～のきく〔人が〕adaptable; flexible.

ユースホステル a youth hostel.

ゆうせいがく 優生学 eugenics. ～学上の eugenic.

ゆうせい 優勢な superior《to》; predominant《over》.

ゆうぜい 遊説する make a canvassing tour. ～員 a canvasser.

ゆうせん 優先(権) priority; precedence. ～株《米》preferred stocks;《英》preference shares. ～順位 (the order of) priority.

ゆうそう 勇壮な heroic; brave.

ゆうそう 郵送する send by mail〔post〕; mail; post.

ユーターン ～する〔車が〕make a U-turn. ～禁止【標示】No U-turn.

ゆうたい 勇退する resign voluntarily.

ゆうたい 優待する →ゆうぐう. ～券 a complimentary ticket.

ゆうだい 雄大な grand; magnificent; imposing.

ゆうだち 夕立 a (sudden) shower.

ゆうち 誘致する lure; allure; attract.

ゆうちょう 悠長な slow; leisurely.

ユーティリティー; utilities. ～ソフト a utility program.

ゆうとう 優等である be excellent《in》. ～で《graduate》with honors. ～賞 an honor prize. ～生 an honor

student (卒業生の).

ゆうどう 誘導する induce; lead; conduct. ～尋問《ask》a leading question. ～装置〔ミサイルなどの〕a guidance system. ～弾 a guided missile.

ゆうどく 有毒な poisonous; mephitic.

ユートピア an ideal place; a heaven (素晴らしい場所); (a) utopia (桃源郷).

ゆうのう 有能な capable; competent;《a man》of ability.

ゆうはつ 誘発する induce; lead (up) to; touch off《a war》.

ゆうひ 夕日 the setting sun.

ゆうびん 郵便《米》mail;《英》post. ～を出す mail; post《a letter》. ～受け a mailbox. ～為替 a postal order〔note (小為替)〕. ～局 a post office. ～私書箱 a post office box〔略 P.O.B〕. ～貯金 postal savings. ～配達 mail〔post〕delivery;〔人〕a mailman; a postman. ～番号 a postal code;《米》a zip code. ～物 mail〔postal〕matter. ～料金 postage.

ユーフォー a UFO〔< unidentified flying object: 未確認飛行物体〕.

ゆうべ 夕べ an evening. モーツァルトの～ a Mozart evening.

ゆうべ 昨夜 last night〔evening〕; yesterday evening.

ゆうべん 雄弁 eloquence. ～な (に) eloquent (ly). ～家 an eloquent speaker; an orator.

ゆうぼう 有望な promising; hopeful.

ゆうぼく 遊牧 ～生活 a nomadic life. ～民 nomads.

ゆうめい 有名な famous; noted; celebrated; well-known《for》;〔悪名〕notorious《for》. ～人 a big name; a celebrity.

ゆうめいむじつ 有名無実の only in name; nominal.

ユーモア humor. ～に富む be

humorous. ～を解さない have no
sense of humor. ～作家 a
humorous writer. ～小説 a
humorous novel〔story〕.

ゆうやけ 夕焼け an evening glow；
an afterglow.

ゆうやみ 夕闇 (evening) twilight；
dusk.

ゆうゆう 悠々たる (と) slow (ly)；
leisure(ly)；〔落ち着いて〕calm(ly).

ゆうよ 猶予する postpone；give
time；〔刑の執行を〕respite.

ユーラシア ～大陸 the Eurasian
Continent.

ゆうらん 遊覧 ～船(列車) an
excursion boat (train). ～バス a
sightseeing bus.

ゆうり 有利な〔利益になる〕
profitable；〔好都合な〕advantage-
ous；favorable.

ゆうり 遊離する isolate；separate.
～した isolated；unrealistic (現実
から).

ゆうりょう 有料の charged. ～道路
(駐車場) a toll road (parking lot).
～便所 a pay toilet.

ゆうりょく 有力な powerful；
influential；〔一流の〕leading. ～
者 a man of influence〔weight〕.

ゆうれい 幽霊 a ghost；a specter；
an apparition.

ユーロ (通貨の呼称) the euro；a euro
(複 euro,euros) (通貨単位)〔記号€〕.

ゆうわ 宥和政策 ～(adopt) an
appeasement policy.

ゆうわ 融和する melt；〔人と〕
harmonize《with》；be reconciled
《with》.

ゆうわく 誘惑 (a) temptation. ～する
tempt；〔女性を〕seduce.

ゆか 床 a floor. ～板 a floorboard.

ゆかい 愉快な (に) joyful (ly)；
pleasant (ly)；delightful (ly).

ゆかた 浴衣 an informal summer
kimono；a yukata.

ゆがめる 歪める warp；distort. 歪む
warp；be distorted.

ゆき 雪 snow. ～が降る It snows.
Snow falls. ～を頂いた snow-
capped. ～降りの snowy. ～明か
り the light of snow. ～男 a yeti.
～合戦(をする)(play at)snowballing.
～国 a snowy country〔district〕. ～
景色 a snow-covered landscape. ～
だるま a snowman.

ゆき 行きに on one's way《to》.

-ゆき …行き for；〔船が〕bound for.
東京～《a train》for Tokyo.

ゆきあたりばったり 行き当たりばった
りの haphazard；happy-go-lucky.

ゆきあたる 行き当たる strike
《against》；come across.

ゆきかき 雪掻きをする rake〔shovel〕
the snow.

ゆきき 行き来〔人・車の〕traffic；〔交際〕
intercourse.

ゆきだおれ 行き倒れ a person dying
on the road.

ゆきちがい 行き違い〔誤解〕mis-
understanding；〔衝突〕(a)
collision；〔食い違い〕discrepancy.
～になる〔人・手紙などが〕pass
〔cross〕《each other》on the way.

ゆきつけ 行きつけの one's favorite
《barroom》；《a shop》which one
patronizes.

ゆきづまり 行き詰まり a deadlock；a
standstill；〔道〕a blind alley. 行き
詰まる come to a standstill
〔deadlock〕.

ゆきどけ 雪解け ～する thaw. ～の季
節 a thaw. ～の泥道 a slushy road.

ゆきとどいた 行き届いた consider-
ate；thoroughgoing.

ゆきどまり 行き止まり〔道〕a blind
alley；a dead end.

ゆきわたる 行き渡る pervade；
spread；go round.

ゆく 行く go；come (相手の所へ)；
〔訪ねる〕visit；call《on a person at

his house》.

ゆくえ 行方 one's whereabouts. ～不明の（である）(be) missing. ～をくらます disappear ; cover one's traces.

ゆくさき 行く先 one's destination.

ゆげ 湯気 steam ; vapor. ～が立つ steam.

ゆけつ 輸血 (a) blood transfusion. ～する（受ける）give (have) a blood transfusion.

ゆざめ 湯冷めする feel cold〔a chill〕after a bath.

ゆしゅつ 輸出 export. ～する export. ～超過 an excess of exports (over imports). ～品 exports.

ゆすぐ 濯ぐ wash ; rinse ;〔口を〕gargle.

ゆすり 強請 blackmail ; extortion ;〔人〕a blackmailer.

ゆずりうける 譲り受ける take over ;〔買う〕buy ;〔継承〕inherit.

ゆずりわたす 譲り渡す transfer ; hand over.

ゆする 揺する shake ; rock ; swing ; roll.

ゆする 強請る extort《money from a person》; blackmail《a person》.

ゆずる 譲る〔譲与・譲渡〕transfer ; hand over ; give (与える) ;〔売る〕sell ;〔席を〕offer a seat ;〔譲歩〕give way to ; concede《a point》; compromise (妥協).

ゆそう 輸送 transport(ation). ～する transport ; convey. ～機 a transport plane. ～船 a transport ship.

ゆたか 豊かな〔豊富〕abundant ; plentiful ;〔富裕〕rich ; wealthy ; well-off.

ゆだねる 委ねる〔委託〕entrust〔leave〕《a matter》to《a person》;〔身をささげる〕devote oneself《to》.

ユダヤ Judea. ～の Jewish. ～教 Judaism. ～人 a Jew. ～民族 the Jews.

ゆだん 油断 ～しない be watchful ;

be on one's guard. ～する be careless ; be off one's guard. ～ならない sly ; cunning. ～に乗じる take《a person》by surprise.

ゆちゃく 癒着する〔傷口が〕heal up ;〔骨などが〕knit ;〔政財界などの〕collusion《between politicians and business》.

ゆっくり slowly; unhurriedly (急がず) ;〔気長に〕leisurely ; at one's leisure. ～する〔くつろぐ〕feel at ease〔at home〕;〔訪問して〕stay long.

ゆでる 茹でる boil. 茹で卵 a boiled egg.

ゆでん 油田 an oil field.

ゆとり ～ある教育 a relaxed education.

ユニーク ～な unique ; unusual.

ユニセフ UNICEF〔< the United Nations Children's Fund〕.

ユニット a unit. ～バス a modular bath.

ユニバーシアード the Universiade.

ユニホーム a uniform.

ゆにゅう 輸入 import. ～する import ;〔風俗・思想などを〕introduce. ～税 import duty. ～超過 an excess of imports (over exports). ～品 imported articles.

ユネスコ the UNESCO〔< the United Nations Educational, Scientific and Cultural Organization〕.

ゆび 指〔手の〕a finger ;〔足の〕a toe. ～（の）先 a finger tip. ～貫 a thimble. ～輪 a ring.

ゆびおり 指折の leading ; one of the《greatest singers》.

ゆびさす 指差す point《at, to》.

ゆみ 弓 a bow. ～を引く draw a bow ;〔謀反〕rebel.

ゆめ 夢 a dream. ～を見る dream ; have a dream ;〔夢想〕dream of. ～がさめる awake from a dream ;〔迷いから〕be disillusioned.

ゆらい 由来〔根源〕origin；〔来歴〕history. ～する originate《in, from》；be derived《from》.

ゆり 百合 a lily. ～の根 a lily bulb.

ゆりおこす 揺り起こす shake《a person》out of sleep.

ゆりかご 揺り籠 a cradle. ～から墓場まで from the cradle to the grave.

ゆるい 緩い loose；slack. 緩く loose；lightly.

ゆるし〔許し〕permission；leave；initiation（奥義の）；〔容赦〕pardon；forgiveness.

ゆるす 許す〔許可〕allow；permit；license；sanction；grant；〔容赦〕pardon；forgive；〔放免〕release；let《a person》off.

ゆるむ 緩む slacken；grow〔come〕loose；loosen；relax.

ゆるめる 緩める loosen；slacken；relax.

ゆるやか 緩やかな slack；〔寛大〕lenient；generous；〔坂などの〕gentle；easy.

ゆれ 揺れ shaking；a shake；a tremor；〔車の〕jolting.

ゆれる 揺れる shake；sway；rock；swing；〔車が〕jolt.

よ

よ 世〔世間〕the world；〔社会〕society；〔人生〕life；〔時代〕the age；the times. ～に出る〔生まれる〕see the light；〔出世〕rise in the world. ～にもまれな unique；unrivaled.

よあけ 夜明けに at dawn〔daybreak, break of day〕.

よあそび 夜遊びをする go out at night for amusement.

よい 宵 early in the evening. ～の明星 the evening star；Venus. ～闇 the (evening) dusk.

よい 好い〔良い〕good；nice；fine；excellent；〔正しい〕right；just；〔美しい〕fine；pretty；〔適当な〕fitting；suitable；〔すべきである〕ought to《do》；〔したほうがよい〕had better《do》；〔してもよい〕may；can；〔しなくてもよい〕do not have to《do》；〔間にあう〕will do. ～所へ〔時に〕(come) in good time.

よう 用〔用事〕business；an engagement（仕事）；an errand（使いの）. ～がある（ない）have something (nothing) to do；be busy (多忙) free (暇である)《人に》(do not) want to speak to《a person》. ～を足す do one's business.

よう 酔う〔酒に〕get drunk〔tipsy, intoxicated〕；〔乗り物に〕feel seasick（船に）〔carsick（車に）, airsick（飛行機に）〕.

ようい 容易 ease. ～な easy；simple. ～に easily；with ease〔facility〕；without difficulty.

ようい 用意〔準備〕preparation (s)；arrangement (s)（手はず）；〔命令〕Ready! ～する prepare〔provide〕《for》；get ready《for》. ～周到な circumspect；discreet.

よういく 養育する bring up；rear.

ようえき 溶液 a solution.

ようえん 妖艶な voluptuous；fascinating.

ようが 洋画 (a) Western-style painting；〔映画〕a Western film.

ようが 陽画 a positive (picture).

ようかい 溶解 (dis) solution. ～する dissolve；melt.

ようがん 溶岩 (流) (a stream of) lava.

ようき 容器 a container；〔なべ・皿などの〕a vessel.

ようき 陽気〔天候〕weather；〔気質〕cheerfulness (快活)；liveliness (活気). ～な cheerful；merry；lively.

ようぎ 容疑 suspicion. ～者 a suspect. 殺人～者 a suspected murderer.

ようきゅう 要求 a claim; a demand; a request. 〜する claim; demand; request. 〜に応じる meet a requirement. 時代の〜 the needs of the times.

ようぎょ 養魚 fish breeding. 〜場(池) a breeding ground (pond).

ようぎょう 窯業 ceramic industry. 〜家 a ceramist.

ようぐ 用具 a tool; an implement; an outfit (一式).

ようけい 養鶏 poultry raising. 〜所 a poultry farm.

ようご 用語 a term. 専門〜 technical terms.

ようご 養護 nursing; protective care. 〜学校(学級) a school (class) for disabled children. 〜教諭 a school nurse. 〜施設 a protective institution. 〜老人ホーム a nursing home for the aged.

ようご 擁護 protection; defense. 〜する protect; defend.

ようこうろ 鎔鉱炉 a furnace;〔鉄の〕a cupola.

ようさい 洋裁(を習う) (take lessons in) dressmaking.

ようさい 要塞 a fortress; a stronghold.

ようし 用紙 a (blank) form;〔印刷された所定の〕a printed form.

ようし 容姿 one's appearance; looks. 〜端麗である She has a graceful figure.

ようし 養子 an adopted child〔son (男), daughter (女)〕. 〜にする adopt《a child as one's son》.

ようじ 用事 →よう(用).

ようじ 幼児 an infant;〔赤ん坊〕a baby.

ようじ 楊枝 爪〜 a toothpick.

ようしき 洋式 の Western-style《lavatory》.

ようしき 様式 a style; a mode《of living》.

ようしゃ 容赦する →ゆるす. 〜なく without mercy; relentlessly.

ようしゅ 洋酒 Western liquors.

ようしょ 洋書 a foreign〔Western〕book.

ようしょ 要所 an important position〔point (要点)〕.

ようじょ 養女 an adopted〔a foster〕daughter.

ようじょう 養生する take (good) care of one's health;〔病後に〕recuperate oneself.

ようしょく 洋食 Western food〔dishes〕.

ようしょく 養殖 culture. 〜する cultivate; raise. 〜場 a nursery.

ようじん 用心する take precautions; guard《against》. 〜棒 a bodyguard;〔酒場などの〕a bouncer.

ようじん 要人 a very important person; a V.I.P.〔略 VIP.〕(複 VIPs).

ようす 様子〔状態〕(a) condition; circumstances;〔外見〕(an) appearance; a look;〔態度〕a manner;〔兆候〕a sign. 〜を窺う watch how things would turn.

ようすいいけ 用水池 an irrigation pond; a reservoir.

ようする 要する require; need; take. 〜に in short.

ようせい 妖精〔昔話の〕a fairy;〔小妖精〕an elf.

ようせい 陽性の〔理科・医学〕positive;〔性質が〕sanguine.

ようせい 養成する foster; cultivate; train. 看護婦〜所 a training school for nurses.

ようせき 容積 bulk; capacity; volume.

ようせつ 溶接する weld. 〜工 a welder. 電気〜 electric welding.

ようそ 要素 an(essential)element; an important factor.

ようだい 容態 the condition《of a

patient》.

ようたし 用足しに行く go on business；〔人に頼まれて〕go on an errand；〔…にやる〕send《a person》on an errand.

ようだんす 用箪笥 a bureau；a cabinet.

ようち 用地 a lot；a site《for》.

ようち 幼稚な childish；〔未熟な〕crude；〔原始的な〕primitive. 〜園 a kindergarten.

ようちゅう 幼虫 a larva.

ようてん 要点 the gist；the (main) point；〔趣旨〕the purport.

ようとん 養豚《米》hog raising；《英》pig breeding. 〜業者《米》a hog raiser；《英》a pig breeder.

ようひん 洋品店 a dry goods store；a haberdashery.

ようふ 妖婦 a vamp；an enchantress.

ようふ 養父 a foster father.

ようふう 洋風の of foreign style；Western-style.

ようふく 洋服 foreign〔European〕clothes. 〜掛け a《coat, suit》hanger. 〜だんす a wardrobe. 〜屋〔人〕a tailor；〔店〕a tailor's《shop》.

ようぼ 養母 a foster mother.

ようほう 用法 the use；how to use；〔用法書き〕the directions.

ようほう 養蜂 apiculture；beekeeping. 〜家 an apiarist；beekeeper.

ようぼう 容貌 one's looks；one's features.

ようぼう 要望 a demand；〔切望〕an urgent request. 〜する demand；call for. 〜書 a written demand.

ようもう 羊毛 wool. 〜（製）の woolen. 〜を刈る shear〔fleece〕sheep.

ようもうざい 養毛剤 a hair tonic.

ようやく 漸く〔段々〕gradually；〔遂に〕at last；at length；〔辛うじて〕barely；with difficulty (苦労して).

ようらん 揺籃 a cradle. 〜の地 the cradle land.

ようらん 要覧 an outline；a survey〔案内書〕a handbook.

ようりょう 要領 the point；the gist；〔大要〕the outline. 〜のいい clever；shrewd. 〜のわるい clumsy；dull；awkward. 〜を得ない be vague in what one says；vague；inconsistent；〔こつ〕a knack. 〜を得る (得たことを言う) be (speak) to the point. 〜を知っている know the ropes.

ようりょう 容量 capacity.

ようりょくそ 葉緑素 chlorophyl (l).

ようれい 用例《cite》an example；an illustration.

ヨーグルト yogurt.

ヨード iodine. 〜チンキ tincture of iodine.

ヨーヨー《play with》a yo-yo.

ヨーロッパ Europe. 〜の European. 〜人 a European.

よか 余暇（に）(at one's) spare time；(at one's) leisure.

ヨガ practice yoga. 〜行者 a yogi.

よかぜ 夜風が身にしみる A night wind chills one.

よかん 予感（がする）(have) a presentiment〔hunch〕.

よき 予期 expectation；anticipation. 〜した (しない) (un) expected. 〜する expect；anticipate.

よきょう 余興 an entertainment. 〜として by way of entertainment.

よきん 預金 (money on) deposit；〔貯金〕savings. 〜する deposit money. 〜通帳 a passbook.

よく 欲〔貪欲〕avarice；greed；〔欲望〕(a) desire.

よく 翼 a wing；〔陣形の〕a flank.

よく well；〔十分に〕thoroughly；fully；enough；〔まったく〕quite；〔しばしば〕often；frequently.

よく- 翌… 〜朝(晩, 日, 週, 月, 年)the

next〔following〕morning (evening, day, week, month, year).

よくあつ 抑圧 oppression；suppression. ～する oppress；suppress；keep down.

よくしつ 浴室 a bathroom.

よくじょう 浴場 a bath；a public bathhouse.

よくじょう 欲情 (a) desire；(an) appetite；〔色情〕(a) lust.

よくする 浴する〔愛顧・恩恵などに〕receive〔enjoy〕《a person's patronage〔favor〕》.

よくせい 抑制 (する) control；check. ～できない uncontrollable.

よくそう 浴槽 a bathtub.

よくとく 欲得ずくで for gain；from self-interest.

よくばり 欲張り avarice；greed；〔人〕a greedy person.

よくばる 欲張る be avaricious〔greedy〕. 欲張った avaricious；greedy.

よくぼう 欲望 (a) desire；(a) want.

よくよう 抑揚 intonation.

よくりゅう 抑留する detain；intern.

よけい 余計な too many〔much〕. → よぶん(余分な)；〔不必要な〕needless；〔頼まれもしない〕uncalled-for. ～なお世話だ Mind your own business. ～に all the more.

よける 避ける〔風雨・災難を〕take shelter《from》；〔近づかない〕keep off《from》；〔道をあける〕get out of the way《of》；〔身をかわす〕dodge.

よげん 予言 a prediction；a prophecy. ～する foretell；predict；prophesy. ～者 a prophet.

よこ 横〔幅〕the width；〔横面〕the side；the flank (建物などの横面). ～3メートル three meters wide〔in width〕. ～に across；horizontally. ～になる lie down. ～の sidelong；lateral.

よご 予後 (a) prognosis；〔回復〕convalescence. ～病棟 a convalescent ward.

よこがお 横顔 one's profile；the side face.

よこぎる 横切る cross；go〔cut〕across.

よこく 予告 a (previous) notice；a previous announcement. ～する give a notice《to》. ～編〔映画の〕a trailer；a preview.

よこす 寄越す〔差し向ける〕send；〔くれる〕give；〔手渡す〕hand (over).

よごす 汚す soil；blot；〔汚点をつける〕stain.

よこすべり 横滑りする sideslip into《another position》.

よこたえる 横たえる lay (down)；lay across.

よこたわる 横たわる lie；lie across；stretch.

よこちょう 横町 a bystreet；a side street；〔小路〕an alley.

よこづけ 横付けにする bring《a ship》alongside《the pier》；draw up《a car》to《a gate》.

よこづな 横綱 a grand champion sumo wrestler.

よこどり 横取りする seize；snatch；〔横領〕usurp.

よこながし 横流しをする sell through illegal channels.

よこならび 横並び harmonize with others.

よこばい 横這いをする crawl sideway(s)；〔物価などが〕remain on the same level.

よこぶえ 横笛 a flute.

よこみち 横道 a byroad；a bystreet. ～へはいる〔話が〕deviate from the subject.

よこむき 横向きに sideways. ～の写真 a photo in profile.

よこめ 横目で見る look askance《at》.

よこやり 横槍を入れる interrupt；cut in (話に口を出す)；lodge an

objection《against》(反対を唱える).

よこゆれ 横揺れ rolling. 〜する roll.

よごれ 汚れ dirt ; soil〔汚点〕a stain.

よごれる 汚れる become dirty〔filthy〕; be soiled. 汚れた dirty ; soiled ; stained. 汚れっぽい be easily soiled.

よざい 余罪 other offenses〔crimes〕.

よさん 予算 a budget ;〔見積もり〕an estimate. 〜を立てる make an estimate〔a budget〕. 〜案 a budget. 補正(暫定)〜 a supplementary (provisional) budget.

よじげん 四次元の four-dimensional.

よじのぼる よじ登る climb(up) ; scale《a wall ; a cliff》.

よしゅう 予習する prepare one's lessons.

よじょう 余剰農産物 surplus farm produce.

よじる 捩る twist. 捩れる be twisted.

よしん 予審《be under》a preliminary examination. 〜判事 an examining judge.

よしん 余震 an aftershock.

よせ 寄席《米》a vaudeville theater ;《英》a variety hall.

よせい 余生 the rest of one's life〔days〕.

よせぎ 寄木(細工) wooden mosaic〔家具〕marquetry ;〔床〕parquetry.

よせつけない 寄せつけない keep off〔away (敵などを)〕.

よせる 寄せる〔近くに〕draw up《a thing to one》;〔わきに〕put aside ;〔加算〕add ;〔集める〕gather.

よせん 予選 preliminary selection ;〔選挙の〕pre-election ;〔競技などの〕an elimination ; the semifinals (準決勝戦).

よそ 余所(で・へ) elsewhere ; somewhere else ; (at, to) another place. 〜行きの着物 one's best clothes.

よそう 予想〔予測〕a forecast ;〔予期〕

(an) expectation. 〜する forecast ; expect. 〜屋〔競馬などの〕a tout.

よそう serve ; dish up〔out〕;〔自分で〕help oneself《to》.

よそおう 装う〔服装〕dress oneself《in》;〔化粧〕make oneself up ;〔ふりをする〕pretend. 装い attire.

よそく 予測する forecast ; predict ;〔予知〕foresee.

よそみ 余所見する look away〔aside, off〕.

よそもの 余所者 a stranger ; an outsider.

よたもの 与太者《米俗》a hoodlum ;《英俗》a hooligan.

よだれ 涎 saliva. 〜が出る One's mouth waters. 〜をたらす drivel ; slaver. 〜掛け a bib ; a pinafore.

よち 予知する foresee ; foretell《an earthquake》.

よち 余地 room ; space.

よつかど 四つ角 a crossroads ; a (street) crossing.

よっきゅう 欲求 (a) desire《for》;〔熱望〕(a) craving. 〜不満 frustration.

よって consequently ;〔結果〕therefore.

ヨット a yacht. 〜遊びに行く go yachting. 〜ハーバー a yacht harbor. 〜レース a yacht race.

よっぱらう 酔っ払う get drunk〔tipsy〕. 酔っ払い a drunkard.

よづり 夜釣りに行く go fishing at night.

よつんばい 四つん這いになる crawl on all fours.

よてい 予定 a plan ; a schedule. 〜の行動 a prearranged act. 〜を立てる make a plan〔schedule〕. 〜利率 a guaranteed interest rate.

よとう 与党 the government party ; the party in power.

よどおし 夜通し all night (long) ; throughout the night.

よどみ 淀み〔停滞〕stagnation ;〔沈

殿物〕a deposit.　～なく《speak》fluently.

よどむ 淀む〔停滞〕stagnate；〔沈積〕settle at the bottom.　淀んだ stagnant.

よなか 夜中に at〔in the〕dead of night；at midnight.

よなれた 世馴れた worldly-wise. 世馴れている have seen much of life.

よにげ 夜逃げ(を)する take a moonlight flit.

よねつ 余熱 remaining heat.

よねん 余念なく wholly engrossed 《in》；quite intent《on》.

よのなか 世の中 the world. →よ.

よは 余波 an aftermath；a trail.

よはく 余白 (a blank) space；〔欄外の〕a margin.

よび 予備 (a) reserve；〔準備〕(a) preparation.　～の backup；pre-paratory；spare.　～会議 a preliminary conference.　～校 a prep(aratory) school.　～知識《have some》preliminary knowledge.

よびあつめる 呼び集める call together；summon.

よびこ 呼び子《blow》a whistle.

よびすて 呼び捨てにする call《a person》by his first name alone.

よびだし 呼び出し〔召喚〕a summons；〔相撲の〕a caller.

よびだす 呼び出す call (out)；summon；〔電話で〕call〔ring〕up.

よびつける 呼び付ける summon；send for.

よびとめる 呼び止める (call and) stop《a person》.

よびもの 呼び物 the chief attrac-tion；the feature.

よびょう 余病 (を併発する) (develop) a complication.

よびりん 呼び鈴〔戸口の〕a (door) buzzer；a bell.

よぶ 呼ぶ call；call to《a person》；hail《a taxi》；〔呼び寄せる〕

summon；send for (呼びにやる).

よふかし 夜更かしをする keep late hours；sit up late at night.

よふけ 夜更けに late at night.

よぶん 余分 (an) excess；(a) surplus.　～な surplus；remaining (残った).

よほう 予報 (a) forecast；(a) prediction.　～する forecast；predict. 天気～ a weather forecast.

よぼう 予防 prevention.　～する prevent；take preventive measures.　～注射 a preventive injection.

よほど 余程〔大いに〕very；(very) much；〔a good〔great〕deal；〔はるかに〕far；〔数〕a good many.

よぼよぼ《walk》totteringly.　～の decrepit.

よみあげる 読み上げる read out〔aloud〕.

よみあわせる 読み合わせる〔照合〕(read out and) collate.

よみおえる 読み終える finish reading；read《a book》through.

よみおとす 読み落とす omit〔miss〕《a word》in reading.

よみがえる 甦る revive；〔元気などが〕be refreshed.

よみせ 夜店《open, keep》a night stall.

よみにくい 読み難い〔字体が〕illegible；〔難しい〕difficult to read.

よみふける 読み耽る be lost〔absorbed〕in《a book》.

よみやすい 読み易い〔字体が〕legible；〔易しい〕easy to read.

よむ 読む read；chant (経文などを)；recite (詩や経文を朗読する)；〔歌を〕compose《a poem》.

よめ 嫁〔花嫁〕a bride；〔妻〕a wife；〔息子の妻〕a daughter-in-law.　～に行く be married《to》.　～にやる marry one's daughter《to》.　～入り道具 a bride's outfit；a trousseau.

よめる 読める〔字体が〕be legible；〔読み得る〕can read；〔面白い〕be

readable.

よやく 予約 a reservation；a booking；〔医院などの〕an appointment；〔商品などの〕an advance order；〔出版物の〕subscription. ~する reserve；book；make a reservation；make an appointment；order in advance；subscribe 《to,for》. ~（申し込み）金 subscription money. ~者 a subscriber. ~済み【標示】Reserved；Sold. ~席 a reserved seat. ~販売(する) sale (sell) by subscription.

よゆう 余裕〔余地〕room；〔時間・金の〕time〔money〕to spare；spare time〔money〕. …する~がない cannot afford《to do》. ~綽々 ¦:¦ である〔平静〕be calm and composed；〔金銭上〕have enough and to spare.

より 縒り twist；ply. ~を戻す〔糸の〕untwist；〔仲直り〕become reconciled. 腕に~をかける do one's best.

-より〔時〕from；since〔比較〕than；〔より外には〕but；except；no other than.

よりあい 寄り合い a meeting. ~世帯 a scratch team.

よりかかる 寄り掛かる lean《against, on, upon》.

よりそう 寄り添う sit close《by》；draw near《to》.

よりみち 寄り道をする stop〔make a call (他人の家へ)〕on one's way 《from, to》.

よる 夜 (a) night；(a) evening. ~遅くまで《work》till late at night. ~に at〔by〕night；in the night(夜中に). ~も昼も night and day.

よる 寄る〔近寄る〕approach；draw near；〔訪問〕call《at, on》；〔寄港〕touch at；〔集まる〕meet；gather.

よる 拠る〔基づく〕be based on；〔依存〕depend on；〔起因〕be due to.

よる 縒る twist together；twine.

よる 選る choose；select；pick out.

ヨルダン (the Hashemite Kingdom of) Jordan. ~の Jordanian.

よれる 縒れる get twisted〔tangled〕.

よろい 鎧 an armor. ~戸 shutters.

よろける →よろめく.

よろこばす 喜ばす delight；please；〔慰める〕cheer.

よろこび 喜び joy；delight；pleasure；〔有頂天〕rapture；〔祝意〕《offer》congratulations《on》.

よろこぶ 喜ぶ be glad；be delighted《at》. 喜んで gladly；joyfully；with joy；〔進んで〕willingly.

よろしく …に宜しく Please give my best regards to.

よろめく〔よろける〕reel；totter, stagger；〔異性に〕misconduct oneself.

よろん 世論 public opinion. ~に訴える appeal to the public. ~調査 a public survey〔poll〕.

よわい 弱い〔身体が〕weak；feeble；delicate；〔気が〕faint-hearted；timid；〔酒類が〕mild；weak；〔風が〕gentle；〔光などが〕faint. 数学に~ be not good at math. 酒に~ get easily drunk.

よわき 弱気を出す become timid〔weak-kneed,pessimistic〕；lose courage〔one's nerve〕.

よわたり 世渡りする get along (well) in the world. ~の上手な (下手な) shrewd (shiftless).

よわね 弱音を吐く complain《of》；sing small. ~を吐くな Chin up! Never say die!

よわみ 弱み《show》one's weakness〔weak point〕.

よわむし 弱虫 a coward；a chicken.

よわる 弱る〔衰弱〕grow weak〔feeble〕；〔困る〕be perplexed〔at a loss〕.

よん 四→し.

よんじゅう 四十→しじゅう.

ら

ラ〔音階〕la, A.

ラーゆ ラー油 spicy oil used to season Chinese food.

らいう 雷雨 a thunderstorm.

ラード lard.

ラーメン ramen ; Chinese noodles (in soup).

ライオン a lion ;〔雌〕a lioness.

らいげつ 来月 next month. ～の今日 this day (next) month.

らいしゅう 来週 next〔the coming〕 week.

ライスカレー curry and rice.

らいせ 来世 the next〔other〕life.

ライセンス a license ;《英》a licence.

ライター a(cigarette)lighter;〔著作家〕 a writer. ～の石 a lighter flint.

ライチ a litchi ; a lychee.

ライト〔明かり〕a light ;〔野球〕right field. ～級 the lightweight division. ～バン a station wagon ;《英》an estate car.

らいにち 来日する visit〔come to〕 Japan.

らいねん 来年 next〔the coming〕 year.

ライバル a rival《in, for》.

らいひん 来賓 a guest. ～席 the seats for guests.

ライフル〔銃〕a rifle.

ライム a lime.

ライむぎ ライ麦 rye.

らいめい 雷鳴 a thunderclap ; a〔peal of〕thunder.

ライラック a lilac.

ラインアップ〔陣容〕a lineup.

ラウンド〔試合の〕a round.

ラオス Laos ;〔公式名〕the Lao People's Democratic Republic. ～の Laotian. ～人 a Laotian.

らく 楽な〔容易〕easy ;〔安楽〕 comfortable. ～に easily ; with

ease ;〔安楽〕comfortably ; in comfort ; at ease.

らくいん 烙印 a brand ; a stigma.

らくがき 落書き scribbles ;〔壁などの〕 graffiti. ～する scribble《on》.

らくご 落伍する drop behind ; straggle. ～者 a straggler ; a failure〔in life〕.

らくご 落語(家)a comic story(teller).

らくさつ 落札する make a successful bid.

らくしょう 楽勝する have an easy win.

らくせい 落成 completion. ～する be completed〔finished〕. ～式 a completion ceremony《of a house》.

らくせん 落選する be defeated《in an election》;〔出品作が〕be rejected. ～者 an unsuccessful candidate.

らくだ 駱駝 a camel.

らくだい 落第する fail ;《米話》flunk. ～生 a flunked student. ～点 failure mark.

らくちゃく 落着する be settled ; come to a settlement.

らくちょう 落丁 a missing page〔leaf〕.

らくてん 楽天(主義)optimism. ～的 (な)optimistic. ～家 an optimist.

らくのう 酪農 dairy farming.

らくば 落馬する be thrown off a horse.

らくばん 落盤 a cave-in. ～する cave in.

ラグビー rugby (football).

らくらい 落雷する be struck by lightning.

ラケット a racket ;〔卓球の〕a bat.

ラジウム radium.

ラジエーター a radiator.

ラジオ radio. ～で(音楽を)聞く listen (to music) on〔over〕the radio. ～の音を大きく(小さく)する turn up (down) the radio. ～をかける(切る) switch on (off) the radio.

ラシャ 羅紗 (woolen) cloth.

らしんばん 羅針盤 a compass.

ラストスパート《make》the last spurt.

ラズベリー a raspberry.

らせん 螺旋〔うずまき〕a spiral;〔ねじ〕a screw. 〜形の spiral. 〜階段 spiral stairs.

らたい 裸体 a naked body. 〜の naked; nude. 〜画 a nude (picture).

らち 拉致 abduction; kidnapping. 〜する abduct; kidnap; take away.

らっか 落下する fall; descend. 〜傘 a parachute.

らっかん 楽観する take a hopeful view《of》; be optimistic《about》. 〜主義者 an optimist.

らっきょう 辣韮 a scallion.

ラック 〔台〕a rack;〔ラグビー〕a ruck.

らっこ a sea otter.

ラッシュアワー the rush hour (s).

ラッセル 〔除雪車〕a Russel〔wedge-type〕plow;《米》a snowplow;《英》a snowplough.

らっぱ a trumpet;〔軍隊の〕a bugle. 〜飲みする drink straight from the bottle. 〜手 a bugler.

ラップ 〔食品を包む〕a plastic wrap;〔音楽の〕rap (music).

ラップトップ〔コンピュータ〕a laptop computer.

らつわん 辣腕を振るう display one's uncommon ability〔shrewdness〕.

ラテン Latin. 〜アメリカ Latin America. 〜音楽 Latin-American music. 〜語 (a) Latin. 〜民族 the Latin races.

ラトビア (the Republic of) Latvia.

ラプソディー〔狂想曲〕a rhapsody.

ラベル a label. 〜を貼る put a label 《on》.

ラベンダー (a) lavender.

ラマ 〜教 Lamaism. 〜僧 a lama.

ラマーズ 〜法 the Lamaze method.

ラム 〔子羊〕a lamb;〔肉〕lamb.〔酒〕rum.

ラムネ lemonade; lemon soda.

ラワン 〜材 lauan.

ラリー a rally.

られつ 羅列する list; enumerate.

らん 蘭 an orchid.

らん 欄〔新聞などの〕a column. スポーツ〜 the sports section.

らんおう 卵黄 (a) yolk.

らんがい 欄外 the margin; the space. 〜の (に) marginal (ly).

らんかん 欄干 a railing; a handrail; a balustrade.

ランキング ranking. 〜上位の top-ranked.

ランク a rank. 〜付けする rank.

らんざつ 乱雑になっている be in confusion (disorder).

らんし 卵子 an ovum（複 ova）; an egg.

らんし 乱視 astigmatism. 〜の astigmatic.

ランジェリー lingerie《F》.

らんじゅく 爛熟した overripe. 〜期に (の)at the apex of. 〜する overripe; reach full maturity.

らんせい 卵生の oviparous.

らんそう 卵巣 the ovary; the ovarium.

らんだ 乱打する〔鐘を〕strike wildly;〔人を〕give《a person》a shower of blows.

ランダム 〜に at random.

ランチ 〔昼食〕a lunch;〔はしけ〕a (steam) launch.

ランデブー a rendezvous.

らんとう 乱闘 confused fighting; a free-for-all (fight).

らんどく 乱読 excursive reading. 〜する read《books》at random.

ランドセル a school satchel.

ランナー a runner.

らんにゅう 乱入する intrude〔break〕《into》; raid《into》.

ランニング running. 〜シャツ an athletic shirt. 〜ホーマー an

inside-the-park homer.

らんぱく 卵白 the white (of an egg)；the albumen.

らんばつ 乱伐 reckless deforestation〔felling of trees〕．〜する fell 《trees》indiscriminately.

らんぱつ 乱発する overissue《paper money》．

ランプ a lamp；〔高速道路の〕a ramp.

らんぼう 乱暴する resort to violence．〜な violent；rude．〜者 an unruly person；a rowdy.

らんま 欄間 a transom.

らんみゃく 乱脈である be in utter〔chaotic〕confusion.

らんよう 乱用 (an) abuse；〔公金などの〕misappropriation．〜する abuse；misappropriate.

り

リアス 〜式海岸 a sawtooth〔jagged〕coastline.

リアリズム realism．リアリスト a realist.

リアル 〜な real；《to》realistic.

リーグ a league．〜戦 a league competition.

リース a lease．〜する lease．〜料金 a (lease) charge.

リーダー 〔指導者〕a leader；〔読本〕a reader.

リードする lead《a person in a race〔dance〕》．

りえき 利益〔もうけ〕profit；gain (s)；returns；〔便益〕advantage．〜が多い give〔yield〕much profit；profitable；paying．〜金 (a) profit；〔収益〕returns；proceeds.

りか 理科 science；〔学科〕the science course．〜離れ losing interest in science.

りかい 理解力 understanding．〜する understand．〜のある人 a man of understanding〔sense〕．

りがい 利害 interests；advantages and disadvantages．〜関係者 the interested parties.

りがく 理学士(博士)Bachelor(Doctor) of Science〔略 B. (D.) Sc.〕．〜部 the faculty of science.

りき 利器〔文明の〕a modern convenience；modern facilities.

りきがく 力学 dynamics.

りきさく 力作 a laborious work；〔傑作〕a masterpiece.

りきむ 力む strain oneself；〔威張る〕swagger.

リキュール a liqueur.

りく 陸 land．〜路《travel》by land.

りくあげ 陸揚げする〔陸へ〕land；〔船から〕unload.

リクエスト 〜曲 a requested tune〔song〕．〜番組 a request program.

りくぐん 陸軍 the army．〜の military.

りくじょう 陸上で〔に〕on land〔shore〕；ashore．〜競技 field and track events.

りくつ 理屈っぽい argumentative．〜に合う stand to reason．〜をこねる chop logic.

りけん 利権 rights；〔土地・売店などの〕concessions.

りこ 利己的な selfish；self-seeking；egoistic．〜主義 egoism．〜主義者 an egoist.

りこう 履行する carry out；perform；keep《one's promise》．

りこうがくぶ 理工学部 the faculty of science and engineering.

りこうな 利口な clever；bright；wise；〔抜け目ない〕sharp.

リコール 〜する recall．〜運動 a recall campaign.

りこん 離婚 (a) divorce．〜する divorce《one's wife》．〜訴訟 a divorce suit.

りさい 罹災者 a sufferer；〔死者〕a victim．〜地 a stricken〔an afflicted〕

area 〔district〕.

リサイクル 〔廃品の〕recycling. ～可能の recyclable. ～ショップ a second-hand store.

リサイタル 《give》a recital.

りし 利子 interest. 三分の～で at three percent interest. 三分の～が付く yield three percent interest.

りじ 理事 a director；a manager. ～会（長）(the chairman of) a board of directors.

りしょく 利殖 money-making.

りしょく 離職する quit a job；lose employment.

りす 栗鼠 a squirrel.

リスト 〔一覧表〕a list；〔手首〕wrist. ～アップする list；make a list《of》.

リストラ 〔企業再構築〕restructuring；〔人員整理〕job shedding.

リズム (a) rhythm. ～のある rhythmic (al).

りせい 理性 reason. ～的〔のある〕rational.

リセット ～する reset.

りそう 理想 an ideal. ～的（な）ideal. ～郷 a Utopia.

リゾート a resort.

リタイア ～する retire《from》.

りち 理知 intellect. ～的な intellectual.

リチウム ～電池 a lithium battery.

りちぎ 律義な simple and honest；faithful；conscientious.

りつ 率 a rate. 出生（死亡）～ birth (death) rate.

りつあん 立案する draft；frame；draw up《a plan》. ～者 a deviser；a planner.

りっきゃく 立脚する be based《on facts》. …に～して from the standpoint 〔viewpoint〕of.

りっきょう 陸橋 an overpass；《英》a crossover.

りっけん 立憲 ～君主（民主）政体

constitutional monarchy (democracy). ～政治 constitutional government.

りっこうほ 立候補する run for《an election, presidency》. ～者 a candidate.

りっしゅう 立秋 the first day of autumn.

りっしゅん 立春 the first day of spring.

りっしょく 立食パーティー a buffet-style party.

りつぞう 立像 a statue；〔小形の〕a statuette.

りったい 立体 a solid (body). ～幾何学 solid geometry. ～交差 a two-level crossing；〔道路〕a freeway；a clover-leaf（四つ葉クローバー型の）. ～派 cubism.

リットル a liter.

りっぱ 立派な fine；splendid；admirable；magnificent；〔高潔な〕noble. ～に finely；splendidly；admirably.

りっぽう 立方《数》cube. 2メートル～ two-meter cube. ～根 the cube root. ～体 a cube.

りっぽう 立法機関 a legislative organ. ～権 legislative power. ～者 a legislator；a lawgiver.

リテール retail. ～銀行業 retail banking.

リトアニア (the Republic of) Lithuania.

リトグラフ a lithograph.

リトマス ～試験紙 litmus paper.

りにゅう 離乳する wean《a baby》. ～期 the weaning period.

リハーサル a rehearsal.

リバーシブル reversible《coat》.

リバイバル ～映画 a revival movie.

りはつ 理髪 hairdressing. ～師 a barber；a hairdresser. ～店 a barber's (shop).

リハビリテーション rehabilitation.

リビア Libya ～の Libyan ～人 a Libyan.

リヒテンシュタイン (the Principality of) Liechtenstein.

リビングルーム a living room.

リフォーム home improvements.

リフト〔スキー場などの〕a chair lift.

リベート (a) rebate.

リベリア (the Republic of) Liberia. ～の Liberian. ～人 a Liberian.

リボン a ribbon.

りまわり 利回り an interest; a return. ～がよい（悪い）yield a good (bad) interest.

リムジン a limousine.

りめん 裏面 the back; the other〔reverse〕side;〔内面〕the inside. ～工作 behind-the-scenes maneuvering. ～史 an inside history.

リモート ～アクセス remote access.

リモコン remote control. ～の remote-controlled.

リヤカー a (bicycle-drawn) cart.

りゃく 略す abridge; abbreviate;〔省く〕omit. ～語 an abbreviation. ～式の informal.

りゃくず 略図《take》a sketch《of》;〔路地図〕an outline map.

りゃくだつ 掠奪する plunder; pillage; loot; sack.

りゃくれき 略歴 a brief personal record.

りゆう 理由 (a) reason; cause;〔根拠〕ground;〔口実〕a pretext. ～なく without (any) reason.

りゅう 流〔流儀〕a style;〔流派〕a school.

りゅう 龍 a dragon.

りゅういき 流域 a basin; a valley.

りゅういん 溜飲がさがる feel a keen delight《at》.

りゅうかい 流会になる be adjourned.

りゅうがく 留学 ～する go abroad for study; go to《America》for study. ～生〔海外への〕a student sent abroad for study;〔海外からの〕a foreign student staying in Japan for study.

りゅうかん 流感 influenza;《俗》the flu.

りゅうき 隆起 rising; (an) upheaval. ～する upheave; rise.

りゅうぎ 流儀 a style; a mode; a fashion.

りゅうぐう 竜宮 the Dragon Palace at the bottom of the ocean.

りゅうけつ 流血 ～の惨事 a bloodshed (accident).

りゅうげん 流言（飛語）a(wild) rumor.

りゅうこう 流行 a fashion; a fad; vogue. ～遅れの old-fashioned; out of fashion. ～する come into〔be in (状態)〕fashion〔vogue〕;〔病気などが〕be widespread. ～の in fashion〔vogue〕;〔当世風〕a la mode. ～歌 a popular song. ～歌手 a singer of popular songs. ～作家 a popular writer.

りゅうさん 硫酸 sulfuric acid.

りゅうざん 流産 (an) abortion. ～する miscarry; abort;〔不成立〕do not materialize.

りゅうせい 流星 a shooting star; a meteor. ～群 a meteor shower.

りゅうせんけい 流線形の streamline (d).

りゅうち 留置 ～する detain; keep《a person》in custody. ～場 a lockup; a cell of detention.

りゅうちょう 流暢な fluent; smooth. ～に《speak》fluently.

りゅうつう 流通〔貨幣の〕circulation;〔空気の〕ventilation. ～する〔貨幣が〕circulate;〔空気が〕ventilate; air. ～機構 a marketing mechanism. ～資本 circulating capital. ～手形 a negotiable bill.

りゅうどう 流動 ～資本 floating capital. ～食 liquid food.

りゅうとうだび 竜頭蛇尾に終わる end

in an anticlimax; peter out.

りゅうねん 留年になる be not promoted;〔卒業年次に〕be not allowed to graduate.

りゅうひょう 流氷 a drift ice;〔大きな〕a floe.

リューマチ rheumatism.

りゅうよう 流用する divert; (mis)appropriate.

リュックサック《英》a rucksack;《米》a backpack.

りよう 利用する make(good) use of; turn to account;〔機会などを〕avail oneself of; take advantage of.

りょう 猟・漁(に行く)〔猟〕(go) hunting; (go) shooting;〔漁〕(go) fishing. ～が多い〔猟〕have much game;〔漁〕make a good catch. 猟場・漁場〔猟〕a hunting ground;〔漁〕fisheries.

りょう 量 quantity. ～の quantitative.

りょう 寮 a dormitory;〔海岸などの保養所〕a retreat house. ～生 a boarder. ～母 a matron.

りょういき 領域 a domain; a sphere.

りょうえん 良縁を求める find a good match《for》.

りょうかい 了解〔理解〕understanding;〔承諾〕consent. ～する understand; consent to《a proposal》.

りょうかい 領海 territorial waters.

りょうがえ 両替 exchange. ～する change《money》; exchange《dollars into yen》. ～機 a moneychanger. ～レート exchange rate.

りょうき 猟・漁期 a hunting〔fishing(漁)〕season.

りょうきょく 両極 the two poles. ～端 the two extremes.

りょうきん 料金 a charge; a fee;〔乗り物の〕a fare. ～なしで free of charge. ～を課する charge. 公共～ public utility charges.

りょうくう 領空(侵犯) (violation of) territorial air〔space〕.

りょうけ 良家の出である come of a good family. ～の子女 children of good families.

りょうけん 料簡〔意図〕intention;〔考え〕an idea;〔動機〕a motive. ～違い〔悪行〕a misdeed; a wrongdoing.

りょうけん 猟犬 a hunting dog; a hound.

りょうさい 良妻賢母 a good wife and wise mother.

りょうし 猟師・漁師〔猟師〕a hunter;〔漁師〕a fisherman.

りょうじ (総)領事 a consul(general). ～の consular.(総) ～館 the consulate (general).

りょうしき 良識 《have》good sense.

りょうしゅう 領収する receive. ～証 a receipt.

りょうじゅう 猟銃 a hunting gun;〔鳥打ち用〕a fowling piece.

りょうしん 両親 one's parents.

りょうしん 良心 conscience. ～的(な) conscientious.

りょうせい 両性 ～愛者 a bisexual (person). ～具有者 an androgyne.

りょうせいるい 両生類 amphibians.

りょうて 両手 both hands.

りょうてんびん 両天秤にかける have two strings to one's bow.

りょうど 領土 a territory; a dominion.

りょうにらみ 両睨みの bifocal〔double-edged〕.

りょうはん 量販店 mass sales store.

りょうば 両刃の double-edged.

りょうへいか 両陛下 Their Majesties; the Emperor and the Empress.

りょうほう 両方 both; both sides;〔否定〕neither. ～の both.

りょうめん 両面 both sides. ～の double-sided. ～テープ double-faced (adhesive) tape.

り

りょうよう 療養する receive medical treatment；〔回復期に〕recuperate (oneself)．～所 a sanatorium.

りょうり 料理〔調理〕cooking；〔調理品〕dishes．～する cook；prepare．～人 a cook．～場 a kitchen；a cookery．～屋 a restaurant．一品～(dishes) à la carte.

りょうりつ 両立する（しない）be (in) compatible《with》；be (in) consistent《with》.

りょかく 旅客〔旅人〕a traveler；〔乗客〕a passenger.

りょかん 旅館 a hotel；an inn.

りょくちたい 緑地帯 a green belt.

りょくちゃ 緑茶 green tea.

りょけん 旅券（の発行を申請する）(apply for) a passport．～査証 a visa.

りょこう 旅行 (a) travel；a journey；〔短期の〕a trip；〔回遊〕a tour；〔航海〕a voyage；〔遠足〕an excursion．～する travel；make a journey；take a trip．～案内 a travelers' guidebook．～者 a traveler；a tourist．～傷害保険 travel accident insurance．～代理店 travel agency.

りょだん 旅団 a brigade.

りょひ 旅費 traveling expenses.

リラックスする relax.

リリーフ (a) relief．～投手 a relief pitcher.

りりく 離陸する〔飛行機が〕take off (the ground)．

りりしい 凛々しい valiant；manly；majestic；dignified.

りりつ 利率 the rate of interest.

リレー a relay (race).

りれき 履歴（書）one's personal history．→けいれき.

りろ 理路整然たる logical；logically consistent.

りろん 理論 (a) theory．～的（な）theoretical．～家 a theorist．～物理学 theoretical physics.

りん 燐 phosphorus．～光 phosphorescence.

りんかい 臨海学校 a seaside summer school.

りんかい 臨界 critical．～事故 criticality accident.

りんかく 輪郭 an outline；the contour (lines).

りんかん 林間学校 a camping〔an open-air〕school.

りんき 臨機（応変）の expedient；suitable to the occasion．～の処置（を取る）(take) expedient measures.

りんぎしょ 稟議書 consensus-building approval document.

りんぎょう 林業 (practical) forestry.

リンク 〔ゴルフの〕(a) golf links；〔スケートの〕a skating rink.

リング 〔拳闘の〕a ring．～サイド（で）(at) the ringside.

りんげつ 臨月に近い be near her time (of confinement).

りんご 林檎 an apple．～酒 cider.

りんさん 燐酸 phosphoric acid.

りんじ 臨時の〔一時的な〕temporary；〔特別の〕special；extra(ordinary)．～に temporarily；specially；for the time being．～国会 an extraordinary session of the Diet．～休業（列車）a special holiday(train)．～増刊 an extra edition〔number〕．～閉鎖 temporary closure.

りんしょう 臨床の clinical．～医 a clinician．～医学 clinical medicine.

りんじゅう 臨終に at one's deathbed.

りんじん 隣人 a neighbor．～愛 neighborly love.

リンス (a) rinse．～する rinse《one's hair》.

リンチ ～を加える lynch《a person》.

りんてんき 輪転機 a cylinder〔rotary〕press.

リンパせん リンパ腺 a lymphatic gland.

りんびょう 淋病 gonorrh (o) ea；〔俗〕

clap.

りんり 倫理 (学) ethics ; ethical science ; moral philosophy. **〜学者** an ethicist ; a moral philosopher.

る

ルアー 〜で釣る fish with a lure.

るい 塁〔防塁〕a parapet ; a rampart ;〔野球〕a base.

るい 類〔種類〕a kind ; a sort ; an order (博物の)〔類例〕a parallel 〜のない unique ;〔前例のない〕unprecedented.

るいじ 類似する resemble ; be similar to. 〜の similar ; analogous 《to》. 〜品 an imitation.

るいしょう 類焼する be burnt (down) in a spreading fire.

るいしん 累進する get a successive promotion. **〜課税** progressive taxation.

るいじんえん 類人猿 an anthropoid (ape).

るいすい 類推 (an) analogy. 〜する analogize.

ルー roux《F》. カレー〜 curry roux.

ルーキー〔野球〕《俗》a rookie (新人選手).

ルージュ rouge ;〔棒口紅〕a lipstick.

ルーズ 〜な〔ずさんな〕sloppy ; shoddy. 時間に〜である be not punctual.

ルーチン a routine. **〜ワーク** one's daily routine.

ルート a route.

ルーブル〔露貨〕a rouble ;〔ルーブル美術館〕the Louvre.

ループ a loop. **〜タイ** a bolo〔bola〕tie.

ルーマニア Romania ; Rumania. 〜の Romanian ; Rumanian. **〜人** a Romanian ; a Rumanian.

ルール a rule. 〜を守る observe a rule.

ルーレット《play》roulette.

ルクス〔照度〕a lux〔記号 lx〕.

ルクセンブルク (the Grand Duchy of) Luxembourg. 〜の Luxembourgian.

るす 留守にする〔である〕be out ; be not at home. **〜録**〔テレビの〕automatic time recording.

るすばん 留守番をする look after the house ; take care of the house ; housesit. **〜電話** an answering machine.

ルックス 〜がいい have a good looks.

ルッコラ〔植物〕a rocket salad ; a rucola《I》.

るつぼ 坩堝 a crucible ; a melting pot.

ルネッサンス the Renaissance.

ルビー a ruby.

ルポルタージュ a report《on》〔<《F》reportage〕.

ルワンダ (the Republic of) Rwanda. 〜の Rwandan. **〜人** a Rwandan.

ルンバ rumba. 〜を踊る rumba.

れ

レ〔音階〕re ; D.

レア〔肉の焼き方〕rare.

れい 礼〔礼儀〕etiquette ;〔挨拶〕salutation ;〔謝辞〕thanks ;〔謝礼〕a reward. 〜をいう thank《a person for》. 〜をする〔謝礼〕remunerate ;〔挨拶〕salute ;〔お辞儀〕bow.

れい 例〔慣例〕a custom ; a practice ;〔実例〕an instance ; an example ; a precedent (前例). 〜の usual ; customary ; that. 〜の通り as usual. **〜題** an exercise.

レイ〔ハワイの〕a lei.

レイアウト (a) layout. 〜する do〔arrange〕the layout.

れいえん 霊園 a graveyard.

レイオフ (a) layoff. 〜する lay off.

れいか 零下《five degrees》below

zero.

れいかい 例会 a regular meeting.

れいがい 冷害 cold-weather damage.

れいがい 例外 an exception. ～〔的〕 exceptional.

れいかん 霊感 (an) inspiration.

れいぎ 礼儀 etiquette. ～正しい courteous；polite. ～を知らない ill-mannered；impolite.

れいきゅうしゃ 霊柩車 a hearse.

れいぐう 冷遇する give《a person》a cold treatment；snub.

れいけつ 冷血 の cold-blooded《animals》；cold-hearted《persons》.

れいこく 冷酷な cold；cruel；cold-hearted.

れいこん 霊魂 the soul；the spirit.

れいさい 零細な small；trifling；petty. ～企業 a minute-scale business.

れいしょう 冷笑する sneer at；deride.

れいじょう 礼状 a letter of thanks.

れいじょう 令状を執行する serve a warrant on《a person》.

れいじょう 霊場 a hallowed〔sacred〕ground.

れいすい 冷水 cold water. ～摩擦をする have a rubdown with a cold wet towel. ～浴をする take a cold bath.

れいせい 冷静な cool；composed.

れいせい 冷製 chilled.

れいぞう 冷蔵 refrigeration. ～する refrigerate. ～庫 a refrigerator；《米話》a fridge. ～車 a cold-storage car.

れいぞく 隷属する be subject〔subordinated〕《to》.

れいたん 冷淡な(に)cold(ly)；cold-hearted(ly)；〔無関心(に)〕indifferent (ly).

れいだんぼう 冷暖房 air conditioning.

れいてん 零点 zero；no mark. ～をとる get zero《in》.

れいど 零度(以下)zero (degree)〔the freezing point〕.

れいとう 冷凍 refrigeration. ～する refrigerate；deep-freeze. ～魚(肉) deep-frozen fish〔meat〕. ～(庫付き) 冷蔵庫 a refrigerator with a deep-freezer.

れいねん 例年 every year；annually. ～通り as usual. ～の〔毎年の〕annual；〔平年の〕of(in)the average year.

れいはい 礼拝する worship. ～者 a worshiper. ～堂 a chapel.

れいばい 霊媒 a medium.

れいふく 礼服 formal〔full〕dress. ～で in full dress.

れいぶん 例文 an example sentence.

れいぼう 冷房 air conditioning. ～をかける air-condition《a room》. ～装置 an air-conditioner.

れいれい 麗々しく ostentatiously；pretentiously.

レインコート a raincoat；〔ゴム引きの〕a mackintosh.

レーサー〔人〕a racer；a racing driver.

レーザー ～光線 laser beams. ～ディスク a laser disc〔disk〕(LD). ～プリンター a laser printer. ～メス a laser surgical knife.

レース〔競争〕a race. ～をする race《with》. ～コース a race course. 〔編み物〕lace；～をつける trim with lace.

レーズン〔干し葡萄〕a raisin.

レーダー (a) radar. ～基地(網)a radar base (network).

レート a rate. ～を上げる(下げる) raise (lower) the rate.

レーヨン rayon.

レール rails；a railroad track. カーテン～ a curtain rod.

レオタード a leotard.

れきし 歴史 history. 〜的 (な)〔歴史上有名な〕historic《events》;〔歴史上の〕historical《facts》. 〜家 a historian. 〜小説 a historical novel.

れきし 轢死する be run over and killed《by a train》.

レギュラー〔正式の〕regular;〔正選手〕a regular player.

レクリエーション (a) recreation.

レゲエ reggae.

レコード〔記録〕a record. 〜破りの record-breaking. 〜を作る create〔set〕a record. 〜を破る break〔beat〕the record. 〜音楽 recorded music. 〜プレーヤー a record player. 〜保持者 a record holder;〔音盤〕a record ; a disk. 〜をかける play a record.

レジ〔金銭登録機〕a register;〔係〕a cashier.

レシート〔領収証〕a receipt.

レシーブ ボールを〜する receive a ball.

レシピ a recipe.

レジャー leisure.

レジュメ a résumé.

レスキュー 〜隊 a squad.

レストラン a restaurant.

レズビアン a lesbian;《話》a les (bo).

レスリング wrestling. **レスラー** a wrestler.

レセプション《hold》a reception.

レソト (the Kingdom of) Lesotho.

レタス (a) lettuce.

れつ 列 a row ; a line;〔順番を待つ〕a queue;〔横型〕a rank;〔縦列〕a file. 〜を作る form a line ; line up in a queue.

レッカー 〜車 a wrecker.

れっきょ 列挙する enumerate ; list.

れっこく 列国 the nations;〔列強〕the great powers.

れっしゃ 列車 a train. 上り (下り)〜 an up(a down) train. 〜事故 a train accident.

レッスン a lesson.

レッテル a label. 〜を貼る label《a bottle》.

れっとう 列島 an archipelago. 日本〜 the Japan Archipelago. 千島〜 the Kurile Islands.

れっとう 劣等な inferior. 〜感 inferiority complex.

レッドカード〔サッカー〕a red card.

レディーメード 〜の ready-made《suits》.

レトルト〔蒸留学〕a retort. 〜食品 a retort〔pouch〕-packed food ; food packed in a retort pouch.

レトロ 〜調 retro-styled.

レバー〔肝臓〕a liver;〔機械の〕a lever ;〔自動車の〕a gear shift.

レパートリー a repertory ; a repertoire.

レバノン (the Republic of) Lebanon. 〜の Lebanese. 〜人 a Lebanese.

レビュー〔ショー〕a revue;〔批評〕a review.

レフ〔カメラ〕a reflex camera. 一(二)眼〜 a single- (twin-) lens reflex.

レフェリー a referee.

レフト〔野球〕left field ; a left fielder (左翼手).

レベル a level. 〜の高い (低い) high-(low-) level.

レポート a report;〔学校で課す〕a (research) paper.

レモネード lemonade.

レモン a lemon. 〜絞り器 a lemon squeezer. 〜スカッシュ lemon squash. 〜ティー tea with lemon.

れんあい 恋愛 love. 〜する fall in love《with》. 〜結婚 (事件, 小説, 詩) a love match (affair, story, poem).

れんが 煉瓦 a brick. 〜塀 a brick wall.

れんきゅう 連休である have《three》

straight holidays.

れんけつ 連結する connect; join. 8 両～の列車 an eight-car〔-carriage〕train. ～器 a coupler. ～（単独）決算 a consolidate (parent company-only) account settlement.

れんこう 連行する take《a suspect to a police station》.

れんごう 連合する combine; unite; confederate《with》. ～して in concert〔alliance〕《with》. ～の combined; united. ～軍(国) the allied army〔forces〕(powers).

れんさい 連載する serialize. ～小説 a serial novel.

れんさはんのう 連鎖反応(を起こす) (touch off) a chain reaction.

レンジ a gas stove〔range〕.《英》a gas cooker;〔オーブン〕an oven. 電子～ a microwave (oven).

レンジャー a ranger; a commando. ～部隊 a commando〔ranger〕unit.

れんしゅう 練習 training; practice; (an) exercise. ～する train; practice; exercise;〔劇を〕rehearse. ～試合 a practice game. ～問題 exercises.

れんしょう 連勝する win《six》straight victories.

レンズ a lens. ～をしぼる stop down the lens. ～を向ける direct the lens《to》. 魚眼～ a fish-eye lens. 広角～ a wide-angle lens. ズーム～ a zoom lens. 望遠～ a telescopic lens.

れんそう 連想 (an) association (of ideas). ～する associate《A with B》;〔思い出す〕be reminded (of).

れんぞく 連続の(に) continuous (ly); successive (ly). ～ドラマ a serial drama. ～漫画 a comic strip. ～3週間 for three weeks running.

れんたい 連隊 a regiment.

れんたいせきにん 連帯責任 joint responsibility〔liability〕.

レンタカー a rental car;〔借りた車〕a

rented car.

レンタル ～ビデオ a rental video.

れんちゅう 連中 a party; a company; a lot;〔派閥〕a clique.

レントゲン ～写真を撮ってもらう have an X-ray photograph《of one's chest》taken. ～線 the Röntgen〔Roentgen〕rays; X-rays.

れんぱい 連敗する lose《six》games straight.

れんぽう 連邦 a federation; a federal state. ～国家 a federation. ～政府 the federal government. ～捜査局《米》the Federal Bureau of Investigation〔略FBI〕.

れんめい 連名で under joint signature; jointly.

れんらく 連絡 connection;〔通信・交通〕communication;〔軍隊などの〕contact. ～する connect《with》; communicate《with》; (get in) contact《with》. ～を保つ keep in touch〔communication, contact〕《with》. ～切符 a through ticket. ～船 a ferryboat.

れんりつないかく 連立内閣 a coalition cabinet.

ろ

ろ 炉 a hearth; a fireplace. ～端 the fireside.

ロイター ～通信社 Reuters. ～電 a Reuters dispatch〔report〕.

ろう 牢 a prison; a jail〔gaol〕. ～番 a turnkey; a jailer.

ろう 蝋 wax. ～引きの waxed. ～を引く wax.

ろうあ 聾唖学校 a deaf-mute school. ～者 a deaf-mute.

ろうか 老化現象 symptoms of aging.

ろうか 廊下 a passage; a corridor; a lobby.

ろうかい 老獪な old and crafty〔wily〕; cunning.

ろうがん 老眼 presbyopia.　～鏡 spectacles for the aged.

ろうきゅう 老朽した too old for use.

ろうご 老後　～に備える provide against one's old age.

ろうさい 労災 a labor accident.　～保険 workers' (accident) compensation insurance.

ろうし 労使 協調 cooperation of capital and labor.

ろうじょう 籠城する be (be) sieged ; 〔家に〕keep indoors.

ろうじん 老人 an old man ; 〔集合的〕the aged.　～医学 geriatrics ; gerontology.　～病 the diseases of old age.　～ホーム a home for the aged.

ろうそく 蝋燭 a candle.　～立て a candlestick.

ろうでん 漏電 a short circuit.　～する short-circuit.

ろうどう 労働 labor.　～する labor ; work.　～組合 a labor 〔trade〕union.　～組合員 a union man.　～時間 working hours.　～者 a laborer ; a working man.　～(者) 階級 the working〔laboring〕classes.　～省(大臣)the Ministry (Minister) of Labor.　厚生～省（大臣）→こうせい.　～不足 (不安, 行政, 問題, 争議, 運動) labor shortage (unrest, administration, problem, dispute, movement).　～力 labor force.

ろうどく 朗読する recite ; read aloud.

ろうにゃくなんにょ 老若男女 persons of all ages and sexes.

ろうねん 老年 old age ; advanced age.

ろうばい 狼狽する be upset ; be confused ; lose one's head.

ろうばしん 老婆心から out of sheer kindness.

ろうひ 浪費する waste ; squander ; throw away.

ろうむかんり 労務管理 personnel 〔labor〕management.

ろうりょく 労力 labor ; 〔ほねおり〕pains ; 〔努力〕effort.

ろうれん 老練な experienced ; veteran.　～家 a veteran.

ローカル local.　～カラー local color.　～線〔鉄道〕a local line.　～ニュース local news.

ローション lotion.

ロース〔豚肉〕(sir) loin.

ロースト　～チキン(ビーフ) roast chicken (beef).

ロータリー a rotary.　～クラブ the Rotary Club.

ローティーン　～の少女 a girl in her early teens.

ロードショー a road show ; a special release《of a film》.

ロードワーク《do》roadwork.

ローヒール《a pair of》low-heeled shoes.

ロープ a rope ; 〔リングの〕the ropes.　～ウェイ a ropeway.

ローマ Rome.　～字 Roman letters ; Romaji.　～人 a Roman.　～数字 Roman numerals.　～法王 the Pope.

ローミング roaming《system》.

ローラー a roller.　～スケート roller skating〔skates (器具)〕.

ロールキャベツ cabbage rolls.

ローン《on》a《bank, housing》loan.

ろか 濾過する filter.　～器 a filter.　～紙 filter paper.

ろかた 路肩 the shoulder(of a road).　～注意【標示】Soft Shoulders.

ロカビリー rockabilly (music).

ろく 六 six.　第～ the sixth.　～連発銃 a six-shooter.

ろく 碌　な《no》good ;《not》satisfactory.　～でもない worthless.　～に《not》satisfactorily《not》well ;《not》enough.

ろくおん 録音する record《a speech》.

ろくが 録画〔テレビ〕video recording.　～する record《a scene on video

tape〉.

ろくがつ 六月 June〔略 Jun., Ju.〕.

ろくじゅう 六十 sixty. 第〜 the sixtieth.

ろくでなし〔人〕a good-for-nothing.

ろくまく 肋膜 the pleura. 〜炎 pleurisy.

ろくろ 轆轤〔陶工の〕a potter's wheel.

ロケ〔映画の〕location.

ロケット a rocket. 〜工学〔技術〕 rocketry. 〜発射装置 a rocket launcher. 宇宙（月）〜 a space (moon)rocket. 3段式（多段式）〜 a three-stage (multi-stage) rocket;〔装身具〕a locket.

ろけん 露見する be found out 〔detected, brought to light〕.

ロココ〔調rococo-style.

ろこつ 露骨な plain-spoken; unreserved;〔卑猥な〕indecent. 〜に言えば to be plain〔frank〕with you.

ろじ 路地 an alley; a lane.

ロシア Russia;〔公式名〕the Russian Federation. 〜の Russian. 〜人 a Russian.

ろしゅつ 露出〔写真〕exposure. 〜する expose;〔現われる〕be exposed. 〜狂〔人〕an exhibitionist.

ロス 時間の〜 (a) loss〔waste〕of time. 〜タイム〔サッカー〕an injury time.

ロッカー a locker. 〜ルーム a locker room.

ろっかん〔第〕六感 a sixth sense《tells one that》.

ロック〔錠〕a lock;〔岩〕a rock;〔音楽〕rock (music).

ロックンロール rock'n'roll.

ろっこつ 肋骨 a rib;〔全体〕the ribs.

ロッジ a lodge.

ろっぽう 六法(全書)the Compendium of Laws.

ろてん 露店 a stall; a booth. 〜商人 a stallkeeper.

ろとう 路頭に迷う be made homeless.

ろば 驢馬 a donkey; an ass.

ロビー a lobby; a lounge.

ロビイスト a lobbyist.

ロフト 〜付きのマンション an apartment with a loft.

ろぼう 路傍(に) (on) the roadside〔wayside〕.

ロボット a robot;〔名目だけの頭首〕a figurehead.

ロマネスク 〜建築 Romanesque architecture.

ロマンス a romance; a romantic affair. 〜カー a deluxe coach. 〜シート a love seat.

ロマンチシズム romanticism.

ロマンチスト〔夢想家〕a romantic;〔ロマン主義者〕a romanticist.

ロマンチック romantic.

ろめん 路面 road surface. 〜電車《米》a streetcar;《英》a tram (car).

ロリコン a Lolita complex.

ろれつ 呂律が回らない be inarticulate《in one's speech》.

ろんがい 論外である be out of question.

ろんぎ 論議 a discussion.

ロングセラー a longtime〔long-term〕seller.

ろんこく 論告 prosecution. 〜する prosecute.

ろんし 論旨 the point〔purport〕of an argument.

ろんじる 論じる discuss; argue; treat《of》.

ろんせつ 論説〔新聞・雑誌の〕《米》an editorial;《英》a leader.

ろんせん 論戦 a debate; a discussion.

ろんそう 論争 a dispute; a controversy. 〜する argue〔dispute〕《with a person about a matter》.

ロンドン (the City of) London. 〜なまり (a) cockney (accent).

ろんばく 論駁する refute; disprove.

ろんぶん 論文〔一般の〕an essay;〔学術的〕a treatise;〔学位論文など〕a thesis;〔新聞・雑誌の〕an article;〔報告の〕a paper.

ろんり 論理〔学〕logic. ～上〔的に〕logically. ～上の〔的な〕logical. ～学者 a logician.

わ

わ 和 ～の政治 politics of harmony.

わ 輪〔輪形〕a circle;a ring;〔車輪〕a wheel;〔たが〕a hoop.

ワーカホリック a workaholic.

ワークステーション a workstation.

ワースト ～記録 the worst record.

ワープロ《type a letter on》a word processor.

ワールド ～カップ the World Cup. ～ワイド・ウェブ World Wide Web〔略 WWW〕.

ワイシャツ a shirt. ～姿で in one's shirt sleeves.

わいせつ 猥褻な obscene;indecent.

わいだん 猥談 an obscene〔a filthy〕talk.

ワイド ～番組 a long《TV, radio》program.

ワイパー a (windshield) wiper.

ワイヤレス ～マイク a wireless microphone.

ワイルドピッチ〔野球〕《throw》a wild pitch.

わいろ 賄賂〔行為〕bribery;〔品〕a bribe. ～を使う bribe《a person》.

ワイン wine. 赤～ red wine. 白～ white wine. ～オープナー a corkscrew. ～グラス a wineglass.

わか 和歌 a Japanese ode;a waka;a tanka.

わかい 和解する be reconciled《with》;make peace《with》.

わかい 若い young;youthful. ～者 a youth;a young man.

わかがえる 若返る grow younger.

若返り (法) rejuvenation.

わかげ 若気 ～の過ち youthful follies. ～の至りで as one is too young and rash.

わかさ 若さ youth;〔若々しさ〕youthfulness.

わかさぎ 公魚 a pond smelt.

わかじに 若死にする die young.

わかす 沸かす boil《water》;heat《the bath》. 風呂を～ prepare the bath. 観客を～ make the audience excited.

わかだんな 若旦那〔若い主人〕a young master;〔大家の息子〕a young gentleman.

わかば 若葉 young leaves;〔新緑〕fresh verdure.

わがまま 我が儘 willfulness;〔利己〕selfishness;〔気まぐれ〕caprice. ～な willful;selfish;capricious.

わかめ 若布〔海草〕wakame (seaweed).

わからずや 分からず屋〔頑固な人〕an obstinate person;〔あほう〕a blockhead [numskull, dummy].

わからない 分からない →わかり (分かり難い);〔理解のない〕unreasonable;incorrigible. →わかる.

わかり 分かりにくい hard [difficult] to understand;〔曖昧な〕obscure;〔文字が〕illegible. ～やすい easy to understand;〔はっきりした〕clear;〔文字が〕legible.

わかる 分かる〔了解する〕understand;make out;see;〔知る〕know;(見当がつく) can tell;(…だと判別する) prove to be《true》;〔発見する〕find;discover;〔理解がある〕have (good) sense.

わかれ 別・分かれ〔別離〕farewell;parting;〔分派〕a branch. ～目 a turning point《in life》.

わかれる 別・分かれる〔別離〕part《from, with》;separate《from》;say good-by(e)《to》;〔離婚〕

わき 脇〔かたわら〕the side. …の～に by; beside; by the side of;〔他所〕another place [house]. ～を見る look aside [away]. ～役 a supporting actor [actress].

わき 腋の下 the armpit. ～(の下) にかかえる carry《a thing》under one's arm. ～臭 body odor. ～毛 the hair of the armpit.

わき 和気藹々たる happy and merry《home》.

わきみち 脇道 a byroad; a branch road. ～にそれる〔話が〕be sidetracked; make a digression.

わく 枠〔額などの〕a frame;〔制限〕《within》the limits《of》.

わく 沸く〔沸騰〕boil;〔湧出〕gush forth [out]; spout;〔発生〕breed;〔起こる〕happen; befall.

わくせい 惑星 a planet;〔人〕a dark horse.

ワクチン vaccine. ～注射 a vaccine injection.

わくばん 枠番 ～連勝 (枠連) 複式 bracket quinella. ～連勝 (枠連) 単式 bracket exacta.

わくわく ～する get excited; be thrilled. ～させるような exciting.

わけ 訳〔理由〕reason; ground (根拠); cause (原因);〔意味〕meaning; sense;〔事情〕the circumstances.

わけない 訳ない easy; simple. 訳なく easily; without difficulty.

わけまえ 分け前 a share; a portion.

わける 分ける〔区分〕divide《into》;〔髪を〕part one's hair《in the middle, on the left》;〔分配〕divide [distribute]《among》;〔離す〕separate [part]《from》.

わごう 和合する be [live] in harmony [peace]《with》.

わゴム 輪ゴム a rubber band.

ワゴン〔手押し車〕《米》a tea wagon;《英》a tea trolley; a trolleytable;〔車〕《米》a station wagon;《英》an estate car.

わざ 業〔行為〕work; an act; one's doing (s);〔技〕an art; skill;〔柔道の〕a trick. 寝 (立ち) ～〔柔道の〕lying-down (standing) tricks.

わざと purposely; on purpose; intentionally. ～らしい unnatural; studied; forced (無理に装った).

わさび 山葵 horseradish.

わざわい 災い a misfortune; a disaster; a calamity.

わざわざ →わざと. ～…する take the trouble to do. ～行く (来る) go (come) all the way《to do》.

わし 鷲 an eagle. ～掴みにする clutch; grasp.

わしき 和式の Japanese-style.

わしつ 和室 a Japanese-style room; a tatami room.

わしょく 和食 Japanese food.

わずか 僅か (な)〔数〕a few;〔量〕a little;〔ささいな〕trifling;〔ほんの〕mere;〔乏しい〕scanty. ～に only;〔かろうじて〕barely.

わずらわしい 煩わしい troublesome; annoying;〔複雑な〕complicated.

わずらわす 煩わす bother; trouble; give《a person》(much) trouble.

わすれっぽい 忘れっぽい have a poor [bad] memory; forgetful.

わすれもの 忘れ物をする leave《a thing》behind.

わすれる 忘れる forget;〔置き忘れる〕leave《a thing》behind. 忘れ難い unforgettable; memorable.

わた 綿 cotton. ～菓子 cotton candy.

わだい 話題 a topic (of conversation).

わだかまり 蟠りがある〔心に〕be troubled in mind;〔他人に〕bear ill

feeling《toward》.

わたくし 私〔自分〕I；myself.　～の my；mine；〔個人的な〕private；personal.

わたし 渡し〔渡船場〕a ferry.　～**船** a ferryboat.

わたす 渡す〔手渡す〕hand (over)；deliver；〔譲渡〕transfer；〔支払う〕pay；give；〔船で〕ferry over；〔かける〕span《橋を》；lay《板を》.

わたり 渡りをつける〔交渉〕negotiate《with》；〔了解〕secure a person's understanding.　渡り〔退職官僚の〕frequent golden parachutes.　～**鳥** migratory bird.　～**者** a wandering workman（労働者）；a vagabond.

わたる 亘る〔範囲・距離・時間が〕cover；extend《over》.

わたる 渡る cross；go〔walk〕across；〔渡し船で〕ferry.

ワックス wax.　～を塗る wax《a car》.

ワット a watt〔略 W〕. 40 ～の電球 a 40-watt bulb.

ワッフル a waffle.

ワッペン a badge；〔紋章〕a coat of arms.〔＜《G》Wappen〕.

わな 罠 a trap；a snare.　～をかける lay a snare；set a trap.

わに 鰐 a crocodile；an alligator.　～**皮**の alligator (skin)《handbags》.

わび 詫び (an) apology；〔言い訳〕an excuse.

わびしい 侘しい lonesome；joyless；desolate.

わびる 詫びる apologize；beg a person's pardon.

わふく 和服 Japanese clothes；a kimono.

わぶん 和文英訳 (をする) translation (translate) from Japanese into English.

わへい 和平〔平和〕peace；〔休戦〕a truce.　～**交渉** peace negotiations.

わぼく 和睦する make peace《with》.

わめく 喚く shout；cry；scream.

わやく 和訳する translate from 《English》into Japanese.

わら 藁 straw.　～**人形** a straw effigy.

わらい 笑い (声) a laugh；a laughter；〔微笑〕a smile.　～**事**ではない It is no joke.　～**草** a laughingstock.　～**上戸** a mirthful drinker.　～**話** a funny story.

わらう 笑う laugh；〔ほほえむ〕smile；〔くすくすと〕chuckle；〔あざ笑う〕laugh at；ridicule；jeer at.

ワラントさい ワラント債 a bond with (stock purchase) warrants；a warrant bond（新株引受権付社債）〔略 WB〕.

わり 割→わりあい. 1 (2)　～ ten (twenty) percent.

わりあい 割合 (a) rate；percentage；〔比例〕a proportion.　の～で at the rate of；in the proportion of…to….　～ (に) comparatively；relatively；for《one's age》.

わりあて 割り当て allotment；〔割り当て量〕a quota.　～る allot《to》；〔分配〕apportion〔distribute〕《among》.　～**制** a quota system.

わりかん 割り勘にする go Dutch〔fifty-fifty〕《on the bill with a person》.

わりきれる 割り切れる be divisible.　割り切れない be indivisible；〔疑惑を残す〕leave some room for doubt.

わりこむ 割り込む squeeze《wedge》oneself《in, into, between》；〔なわ張りなどに〕intrude《into, upon》.

わりざん 割り算 division.

わりだか 割高である be comparatively high.

わりびき 割り引きする discount；reduce《the price》.　～して《sell》at a discount；〔割り引いて聞く〕take《a story》with a grain of salt.　～**券** a discount coupon.

わりまえ 割り前を払う pay a person's

share.

わりまし 割り増し（金）a premium；〔追加料金〕an extra.

わりもどす 割り戻す rebate；allow a drawback. 割り戻し（金）(a) rebate.

わる 割る〔除数で〕divide《by》. 10を2で～ divide ten by two；〔分ける〕divide《into》；〔破壊する〕break；smash；〔混ぜる〕mix《whisky with water》.

わるい 悪い bad；〔間違った〕mistaken；wrong(不正な)；wicked (邪悪な)；〔有害な〕injurious《to》；〔不吉な〕ominous；〔醜い〕homely；plain；〔品質が〕coarse；〔身体が〕sick；ill；〔道が〕bad；muddy.

わるぎ 悪気のない innocent；good-natured.

わるくち 悪口を言う call《a person》names；speak ill of《a person》.

わるだくみ 悪巧み an evil design；〔陰謀〕a plot.

わるちえ 悪智恵 cunning；wiles. ～のある cunning；wily.

ワルツ a waltz. ～を踊る dance a waltz.

わるびれず 悪びれず(に)〔いさぎよく〕with (a) good grace；〔落ち着いて〕calmly；with composure.

わるふざけ 悪ふざけをする play pranks〔a trick〕《on》.

われ 我〔自身〕oneself. ～に返る come to oneself〔one's senses〕. ～を忘れて forgetting〔in spite of〕oneself.

われがち 我勝ちに席を取る scramble for seats.

われめ 割れ目 a crack；a crevice；a fissure；a slit.

われもの 割れ物 a fragile article；breakables. ～注意【標示】Fragile.

われる 割れる〔裂ける〕be cracked〔split〕；〔砕ける〕be broken《to pieces》. ～ような喝采 a thunderous

applause.

わん 椀 a (wooden) bowl.

わん 湾 a bay；〔大きい〕a gulf. 東京～ Tokyo Bay.

ワンオン ～する〔ゴルフ〕make the green in one shot.

わんがん 湾岸 ～戦争 the Gulf War (in 1991). ～道路 a coastal road.

わんしょう 腕章《wear》an armband.

ワンセグ the One Seg(broadcasting).

ワンダーフォーゲル a hiking club. 〔<《G》Wander Vogel〕.

わんぱく 腕白な naughty. ～小僧 an urchin.

ワンパターン ～な発想 a one-track mind；a single-track mind.

ワンピース〔服〕a one-piece dress.

ワンボックスカー a minivan.

ワンマン〔独裁的〕an autocrat；〔専横的〕an absolute〔domineering〕boss. ～である boss it《in a group》. ～ショウ solo performance. ～バス a one-man bus；a driver-operated bus.

わんりょく 腕力 physical〔muscular〕strength. ～で by force. ～を用いる resort〔have recourse〕to violence.

ワンルーム ～マンション a one-room condo (minium)；a studio (apartment).

実用文例集

お祝い

● 誕生日

20歳のお誕生日おめでとう。これからも素敵なことがたくさん訪れますように。

Congratulations on your 20th birthday. The best of all good things for this day and all the many more to come.

あなたの人生の記念すべき日を心よりお祝いし、ご多幸をお祈り申し上げます。お祝いに心ばかりの品をお送りいたしました。ご笑納頂ければ幸いに存じます。ご家族の皆さまにもよろしくお伝え下さいませ。

Heartfelt congratulations and best wishes on this very special day in your life. I hope you will accept a little present which I am sending you in celebration of this happy event. Please convey my kind regards to all your family.

● 結婚

ご結婚おめでとうございます。お話を伺い、家族一同喜んでおります。お二人のご多幸をお祈りいたします。

I congratulate you on the marriage of you. My family and I are delighted to learn about your marriage. I will send you both best wishes for all the good things in life.

ご結婚おめでとうございます。おふたりがどんなに幸せか目に浮かぶようです。年ごとにますますお幸せになられますように心からお祈りしております。

Please accept my best wishes for your marriage. I can imagine how happy you must be. I hope that each coming year finds you happier than the one before.

● 出産

ご子息（ご令嬢）のお誕生おめでとうございます。ご両親に似て可愛らしいお子さまでしょう。お二人とご子息（ご令嬢）のお幸せを祈っております。

Congratulations on the arrival of your new son (daughter). He (She) is sure to be handsome (pretty) if he (she) looks like his (her) parents. We wish you both and your new son (daughter) all possible joy and happiness.

● 入学

このたびはX大学の入学試験に見事合格との由、誠におめでとうございます。心からお祝いを申し上げますとともに、輝かしい未来に幸多きことをお祈り申し上げます。

We hear you have passed X University's entrance examination. I express my sincerest congratulations and best wishes for your brilliant future.

● 卒業

このたびはY大学を優秀な成績でご卒業との由、おめでとうございます。新たな人生でのご活躍を心よりお祈り申し上げます。

We congratulate you on the graduation of you from Y University in excellent results lately. I pray your great activity in new life from the heart.

挨拶

● 年末年始

クリスマスと新年のご挨拶を申し上げます。新年が皆さまにとって幸多き年となりますよう、お祈りしています。

Best wishes for a Merry Christmas and a Happy New Year! May the New Year be a happy one for you and all your family.

● 転居

この度引っ越しいたしました。新しい住所は次の通りですので、どうぞ住所録の記載をご変更ください。よろしくお願いいたします。

［新住所・名前］

I moved lately. Since the new address is as follows, please revise your address book. Thank you.

［name・new address］

お見舞い

ご病気だと伺い、大変心配しております。この手紙が届く頃にはよくなっていらっしゃるとよいのですが。一刻も早い全快を心よりお祈りし

ております。

I am deeply sorry to hear of your illness. I hope this letter will find you feeling much better. With best wishes for your quick and full recovery.

お悔やみ

お母様がお亡くなりになったとの由、ご愁傷様でございます。心よりお悔やみ申し上げます。

I am truly sorry to hear about a loss of your mother and would like to express my heartfelt sympathy.

学校への届出

● 欠席

一郎は急な発熱のため、学校を欠席させていただきます。かかりつけのお医者様の話では少なくとも今週中は安静にしているようにとのことでした。

Please excuse Ichiro from school for a sudden high fever. Our family doctor advised him to stay in bed at least until this weekend.

● 遅刻

太郎が本日朝に腹痛を訴えたため、遅刻をいたしまして申し訳ございませんでした。ようやく回復したようですので、遅くなりましたが、登校させることにしました。

Please excuse Taro's tardiness today, since he complained of a stomachache this morning. He is feeling better now and I have allowed him to go to school at this time.

● 早退

健康診断のため、本日の午後は、花子を早退させていただきます。12時に迎えに参りますので、よろしくお願い申し上げます。

Please excuse Hanako from school this afternoon because she has a medical checkup. I will come to school to pick her up at twelve o'clock. Thank you.

紹介・推薦状

　鈴木一郎氏をご紹介させていただきます。本人はＺ大学で物理工学を専攻しています。聡明かつまじめな人物であり、人格、能力、やる気に関して彼の右に出るものはおりません。私は自信を持って彼を推薦いたします。御社にご採用いただけましたら、幸いに存じます。

I have the pleasure of introducing Mr. Ichiro Suzuki to you. He is now at Z University majoring in physical engineering. Bright and sincere, he has very few equals in the area of character, talent and guts. He is someone I can recommend with complete confidence. I should be grateful if you would accept him at your company.

通信販売

◉ カタログ請求

　御社の商品について詳細を知りたいので、最新のカタログを下記宛にお送りいただきたいのですが。
　早々のお手配よろしくお願い申し上げます。
［住所・名前］

I am interested in your products and would like to learn more about them. Could you send me your latest catalogue to the address below ? Thank you for your quick reply.
[name・address]

◉ 注文

　カタログをお送りいただきましてありがとうございました。
　下記の商品を注文させていただきますので、保険つきの航空便で送付して下さい。
　折り返し、その際の送料及び手数料をお知らせ下さいますようお願いいたします。
［ページ、品番、品名、数量、値段等］

Thank you for sending your catalogue. I would like to order as follows, please send them by insured air mail and inform me of shipping and handling charges by return.
[page, item no. item, quantity, price]

● 苦情

　2月1日付けの書簡は届いておりますでしょうか。為替を同封して注文書を送ったのですが、いっこうに連絡がありません。こちらの注文が入っているかどうかをご確認いただけますか。早急にご返答下さいますようお願いいたします。

I wonder if you received my letter of February 1st. In that letter, I sent my order including a money order to you, but I have not received any confirmation from you. Could you confirm that you have received my order? I am waiting for your prompt reply.

　こちらの注文したものと違うものが届きましたので返品させていただきます。ご確認の上、注文のものを至急お送り下さい。

I am returning the item, as it is not one that I ordered. Please check your records, and send me a correct one as soon as possible.

　注文したものを返品させていただきます。カタログの説明と異なっています。代金はすぐに全額払い戻して下さい。

I am returning the item. This is different from the description in the catalogue. I would like a full refund soon, please.

予約

● 宿泊

　4月29日から5月3日までの4泊、バス付きのツインを一部屋予約したいので、よろしくお願いします。

I would like to book a twin room with bath from April 29th to May 3rd for 4 nights. Please confirm my booking. Sincerely,

● 航空機

　4月28日のロンドン行き xxx 便を2席予約したいので、よろしくお願いします。

I would like to reserve 2 seats on Flight no. xxx to London, for April 28th. Please confirm my reservation. Sincerely,

● 再確認

4月28日のロンドン行き xxx 便を2席予約していますが、再確認をお願いいたします。

I would like to reconfirm the reservation for 2 seats on Flight no. xxx to London on April 28th. Thank you,

● 変更依頼

5月2日、バス付きツイン一部屋の予約をバス付きシングル二部屋に変更したいので、よろしくお願いいたします。

I would like to change my reservations from 1 twin room with bath, to 2 single rooms with bath on May 2nd. Please confirm my reservation. Thank you,

一般的な書式の例

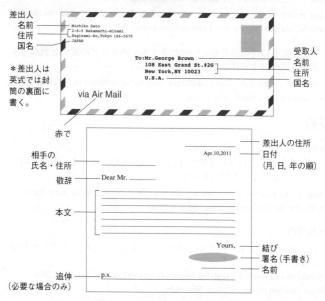

差出人
名前 — Michiko Sato
住所 — 2-6-5 Nakamachi-minami
Suginami-ku,Tokyo 166-5670
国名 — JAPAN

＊差出人は英式では封筒の裏面に書く。

To:Mr.George Brown
108 East Grand St.#2G
New York,NY 10023
U.S.A.

受取人
名前
住所
国名

via Air Mail

赤で

差出人の住所
Apr.10,2011 — 日付
(月, 日, 年の順)

相手の氏名・住所
敬辞 — Dear Mr.

本文

Yours, — 結び
署名(手書き)
名前

追伸 — p.s.
(必要な場合のみ)

＊結びの句—Sincerely, Sincerely yours, Best regards, Yours など

不規則動詞変化一覧

現在	過去	過去分詞	現在	過去	過去分詞
abide	abode, abided	abode, abided	cling	clung	clung
			come	came	come
arise	arose	arisen	cost	cost	cost
awake	awoke, awaked	awoke, awaked	creep	crept	crept
			curse	cursed, curst	cursed, curst
be	was, were	been	cut	cut	cut
(am,is,are)			deal[1]	dealt	dealt
bear[2]	bore	borne, born	dig	dug	dug
beat	beat	beaten, beat	dive	dived, dove	dived
become	became	become	do	did	done
begin	began	begun	draw	drew	drawn
bend	bent	bent	dream	dreamed, dreamt	dreamed, dreamt
bet	bet, betted	bet, betted			
bid	bade, bad, bid	bidden, bid	drink	drank	drunk, drank
			drive	drove	driven
bind	bound	bound	drop	dropped, dropt	dropped, dropt
bite	bit	bitten, bit			
bleed	bled	bled	eat	ate	eaten
blend	blended, blent	blended, blent	fall	fell	fallen
			feed	fed	fed
bless	blessed, blest	blessed, blest	feel	felt	felt
			fight	fought	fought
blow	blew	blown, blowed	find	found	fouud
break	broke	broken	flee	fled	fled
breed	bred	bred	fly[1]	flew, fled, flied	flown, fled, flied
bring	brought	brought	forbid	forbade, forbad	forbidden, forbid
broadcast	broadcast, broadcasted	broadcast, broadcasted			
			forecast	forecast, forecasted	forecast, forecasted
build	built	built			
burn	burnt, burned	burnt, burned	forget	forgot	forgotten
			forgive	forgave	forgiven
burst	burst	burst	forsake	forsook	forsaken
buy	bought	bought	freeze	froze	frozen
can	could		get	got	got, gotten
cast	cast	cast	give	gave	given
catch	caught	caught	go	went	gone
choose	chose	chosen			

現在	過去	過去分詞	現在	過去	過去分詞
grind	ground	ground	overgrow	overgrew	overgrown
grow	grew	grown	overhang	overhung	overhung
hang	hung, hanged	hung, hanged	overhear	overheard	overheard
			override	overrode	overridden
have, has	had	had	overrun	overran	overrun
hear	heard	heard	oversee	oversaw	overseen
hide[1]	hid	hidden, hid	overtake	overtook	overtaken
hit	hit	hit	overthrow	overthrew	overthrown
hold[1]	held	held	pay	paid	paid
hurt	hurt	hurt	prove	proved	proved, proven
keep	kept	kept			
kneel	knelt, kneeled	knelt, kneeled	put	put	put
knit	knitted, knit	knitted, knit	quit	quitted, quit	quitted, quit
know	knew	known	read	read	read
lay[1]	laid	laid	remake	remade	remade
lead[1]	led	led	rid	rid, ridded	rid, ridded
lean[1]	leaned, leant	leaned, leant	ride	rode	ridden
			ring	rang	rung
leap	leaped, leapt	leaped, leapt	rise	rose	risen
learn	learned, learnt	learned, learnt	run	ran	run
			say	said	said
leave[1]	left	left	see	saw	seen
lend	lent	lent	seek	sought	sought
let	let	let	sell	sold	sold
lie[1]	lay	lain	send	sent	sent
light[1]	lighted, lit	lighted, lit	set	set	set
lose	lost	lost	sew	sewed	sewed, sewn
make	made	made	shake	shook	shaken
may	might		shall	should	
mean[1]	meant	meant	shave	shaved	shaved, shaven
meet	met	met	shed[1]	shed	shed
mistake	mistook	mistaken	shine	shone, shined	shone, shined
misunderstand	misunderstood	misunderstood			
			shoot	shot	shot
output	outputted, output	outputted, output	show	showed	shown, showed
			shrink	shrank, shrunk	shrunk, shrunken
overcome	overcame	overcome	shut	shut	shut
overdo	overdid	overdone	sing	sang	sung
overflow	overflowed	overflown	sink	sank, sunk	sunk

現在	過去	過去分詞
sit	sat	sat
sleep	slept	slept
slide	slid	slid, slidden
slip	slipped	slipped
slit	slit	slit
smell	smelled, smelt	smelled, smelt
speak	spoke	spoken
speed	sped, speeded	sped, speeded
spell[2]	spelled, spelt	spelled, spelt
spend	spent	spent
spill	spilled, spilt	spilled, spilt
spin	spun	spun
spit	spit, spat	spit, spat
split	split	split
spoil	spoiled, spoilt	spoiled, spoilt
spread	spread	spread
spring	sprang, sprung	sprung
stand	stood	stood
steal	stole	stolen
stick[2]	stuck	stuck
sting	stung	stung
stink	stank, stunk	stunk
stride	strode	stridden
strike	struck	struck, stricken
string	strung	strung
strive	strove, strived	striven, strived
strow	strowed	strown, strowed
swear	swore	sworn
sweat	sweat, sweated	sweat, sweated
sweep	swept	swept

現在	過去	過去分詞
swell	swelled	swelled, swollen
swim	swam	swum
swing	swung	swung
take	took	taken
teach	taught	taught
tear[1]	tore	torn
telecast	telecast, telecasted	telecast, telecasted
tell	told	told
think	thought	thought
throw	threw	thrown
undergo	underwent	undergone
understand	understood	understood
undertake	undertook	undertaken
undo	undid	undone
uphold	upheld	upheld
upset	upset	upset
wake	woke, waked	woken, waked
wear	wore	worn
weave	wove	woven
wed	wedded	wedded
weep	wept	wept
wet	wet, wetted	wet, wetted
will	would	
win	won	won
wind[2]	wound	wound
wind[3]	winded, wound	winded, wound
withdraw	withdrew	withdrawn
wrap	wrapped, wrapt	wrapped, wrapt
write	wrote	written

編者：石山宏一（いしやま・こういち）

　1947年秋田市生まれ。1965年「グルー基金」奨学生試験合格、渡米。1969年米国ミドルベリー大学教養学部政治学科卒業（B.A.）。1970年米国タフツ大学フレッチャー法律外交大学院修士課程修了（M.A.）。その後、同時通訳者・AP通信記者・ザ・タイムズ（ロンドン）記者などを経て、桐蔭横浜大学法学部客員教授・早稲田大学大学院政治学研究科（ジャーナリズムコース）非常勤講師・大妻女子大学大学院人間文化研究科及び同大学文学部コミュニケーション文化学科非常勤講師を務めた。新語の翻訳研究をはじめ、時事英語、ビジネス英語、国際経済学にいたる幅広い研究活動を行う。著作に『トレンド日米表現辞典第4版』（編集主幹、小学館）、『ポケットプログレッシブ英和・和英辞典第3版』（共編著、小学館）、単著『現代用語を英語にする』（ジャパンタイムズ社）等多数。

■レイアウト●マニエール

■編集協力●(株)雅麗、(株)エスクリプト

ポケット版 実用 英和・和英辞典 ［第3版］

2024年5月20日発行

編　者	石山宏一 いしやまこういち
発行者	深見公子
発行所	成美堂出版 〒162-8445　東京都新宿区新小川町1-7 電話(03)5206-8151　FAX(03)5206-8159
印　刷	大盛印刷株式会社

©SEIBIDO SHUPPAN 2023　PRINTED IN JAPAN
ISBN978-4-415-33253-6

数・数式の読み方

1. 大きな数 (big number)

百	100	one hundred
百七	107	one hundred and seven
千	1,000	one thousand
一万	10,000	ten thousand
十万	100,000	one hundred thousand
百万	1,000,000	one million
一千万	10,000,000	ten million
一億	100,000,000	one hundred million
十億	1,000,000,000	one billion
一兆	1,000,000,000,000	one trillion

2. 小数 (decimal)・分数 (fraction)・倍数 (multiple)

小数 0.4 zero point four; point four

分数	$\frac{1}{2}$	a half; one half
	$\frac{1}{3}$	one third
	$\frac{1}{4}$	a quarter; one fourth
	$\frac{2}{5}$	two fifths
	$\frac{75}{83}$	seventy-five oner eighty-three
	$2\frac{3}{5}$	two and three fifths

倍数	2倍	twice
	3倍	triple
	4倍	four times

3. 日付 (date)

11月3日	Nov. 3	November (the) third: the third of November
4月21日	Apr.21	April (the) twenty-first: the twenty-first of April
1994年	1994	nineteen-ninety-fours
2003年	2003	two thousand and three
2014年	2014	two thousand fourteen; twenty fourteen
西暦1789年	1789 AD [注]	seventeen eighty-nine
紀元前350年	350 BC [注]	three hundred and fifty BC

注) 1789 CE (Common Era) , 350 BCE (Before Common Era) という言い方も.

| 1980年代 | 1980s | nineteen eighties; the eighties |

4. 時刻 (time)

1時	one (o'clock)
2時15分	two fifteen / a quarter past [after] two
10時40分	ten fourty / forty past [after] ten.
5時半	five thirty / half past [after] five
4時45分	four forty-five / (=5時15分前)a quarter to [before, of] five
8時10分前	ten to [before, of] eight / (=7時50分)seven fifty
1分	one minute
30分	thirty minutes / half an hour
1時間	one hour

参考:午前a.m., またはin the morning
　　　午後p.m., またはin the afternoon [evening]